Völkerrecht I/2

Völkerrecht

Begründet von Georg Dahm

2., völlig neu bearbeitete Auflage von

Jost Delbrück und Rüdiger Wolfrum

Band I/2

Der Staat und andere Völkerrechtssubjekte;
Räume unter internationaler Verwaltung

W DE G RECHT

2002

De Gruyter Recht · Berlin

Professor em. Dr. Dr. h. c. Jost Delbrück, LL.M., LL.D. h. c., ehem. Direktor des Walther-Schücking-Instituts für Internationales Recht an der Universität Kiel

Professor Dr. Dr. h. c. Rüdiger Wolfrum, Direktor am Max-Planck-Institut für ausländisches öffentliches Recht und Völkerrecht in Heidelberg

ISBN 3-89949-023-1

Bibliografische Information Der Deutschen Bibliothek

Die Deutsche Bibliothek verzeichnet diese Publikation in Der Deutschen Nationalbiografie; detaillierte bibliografische Daten sind im Internet über <http://dnb.ddb.de> abrufbar.

Printed in Germany
Satz und Datenkonvertierung: jürgen ullrich typosatz, Nördlingen
Druck und Bindung: Kösel GmbH & Co KG, Kempten

Vorwort

Die beiden jetzt vorliegenden Teilbände vervollständigen Band I der Neubearbeitung der 1958–1961 erschienenen systematischen Darstellung des Völkerrechts von Georg Dahm. Ihre Fertigstellung hat wesentlich länger gedauert, als es sich die Autoren ursprünglich vorgestellt hatten. Die lange Bearbeitungszeit hat aber zumindest auch einen Vorteil; so war es möglich, die neuesten Entwicklungen im Bereich der Staatenverantwortlichkeit und des internationalen Strafrechts mit aufzunehmen.

Gegenstand dieser Teilbände sind die völkerrechtlichen Regelungen zu den Komplexen Staatsvolk, nichtstaatliche Völkerrechtssubjekte, das Recht völkerrechtlicher Verträge, die staatsfreien Räume, die Grundrechte und -pflichten der Staaten, die Staatenverantwortlichkeit und das internationale Strafrecht. Die Grundrechte und -pflichten der Staaten, die Staatenverantwortlichkeit und das internationale Strafrecht wurden unter dem Titel die inhaltliche Ordnung der Staatengemeinschaft zusammengefaßt. Dies gibt den allgemeinen Rahmen für die in Band II zu behandelnden speziellen Ordnungen vor. Band II wird, wie bereits angekündigt, die völkerrechtlichen Ordnungen im einzelnen behandeln: Friedenssicherung, Menschenrechtsschutz, Wirtschafts- und Sozialordnung, die Ordnungen der Kommunikation und des Verkehrs, die internationale Kulturordnung und das internationale Prozeßrecht sowie – in einem zweiten Teilband – das Recht der internationalen Organisationen.

Die Bearbeitung der §§ 82–115, 143–153, 155–156 wurde von Jost Delbrück, die der §§ 116–142, 154, 157–199 von Rüdiger Wolfrum vorgenommen. Für Anregungen, Hinweise und weiterführende Diskussionen haben wir Generationen von Referenten und wissenschaftlichen Mitarbeitern am Max-Planck-Institut für ausländisches öffentliches Recht und Völkerrecht (Heidelberg) und am Walther-Schücking-Institut (Kiel) herzlich zu danken. Ohne diese engagierte Mitarbeit wäre die Fertigstellung dieser Bände nicht möglich gewesen. Für die Schlußredaktion des Manuskripts danken wir Cristina Hoss und Karen Raible, wissenschaftliche Mitarbeiterinnen am Max-Planck-Institut, die diese Arbeiten mit großem persönlichen Einsatz betreut haben.

Kiel/Heidelberg, Oktober 2002 — Jost Delbrück/Rüdiger Wolfrum

Inhaltsverzeichnis

Band I, Teilband 2

Inhaltsverzeichnis

Band I, Teilband 3

Gliederung für Band II

Abkürzungsverzeichnis

Zur Systematik der Abkürzungen der Vereinten Nationen wird verwiesen auf:
United Nations Document Series Symbols 1946–1996, Cummulative List with Indexes, UN Doc. ST/LIB/SER.B/5/Rev. 4, Rev. 5.

A. A.	anderer Ansicht
aaO	am angegebenen Ort
Abs.	Absatz
Add.	Addendum
AFDI	Annuaire Français de droit international
AJCL	American Journal of Comparative Law
AJIL	American Journal of International Law
Anh.	Anhang
Anm.	Anmerkung
Annuaire de l'A. A. A.	Annuaire de l'Association des auditeurs et anciens auditeurs de l'Academie de Droit International de La Haye
AöR	Archiv des öffentlichen Rechts
ARSPh	Archiv für Rechts- und Sozialphilosophie
Art.	Artikel
ASEAN	Association of South-East Asian Nations
Aufl.	Auflage
AusYBIL	Australian Yearbook of International Law
AVR	Archiv des Völkerrechts
AWD	Außenwirtschaftsdienst
Az.	Aktenzeichen
BayVBl	Bayerische Verwaltungsblätter
Bd(e).	Band/Bände
Berichte DGVR	Berichte der Deutschen Gesellschaft für Völkerrecht
BFH(E)	Bundesfinanzhof (Entscheidungen)
BGBl.	Bundesgesetzblatt
BGE	Entscheidungen des schweizerischen Bundesgerichtshofs
BGH (Z, St)	Bundesgerichtshof
BSozG(E)	Bundessozialgericht(sentscheidungen)
BT Drs.	Bundestagsdrucksache
BT Sten.Ber.	Stenographische Berichte des Bundestages
BVerfG(E)	Bundesverfassungsgericht(sentscheidungen)
BVerWG(E)	Bundesverwaltungsgericht(sentscheidungen)
BYIL	British Yearbook of International Law
bzw.	beziehungsweise
C.	Case
CanYBIL	The Canadian Yearbook of International Law
C. E. E.	Communaute economique europeenne
Cir.	Circuit (Gerichtsbezirk)
CLP	Current Legal Problems
Clunet	Journal de droit international, begründet von *E. Clunet*

COMECON	Council of Mutual Economic Assistance
Corr.	Corrigendum
Dall.	Dallas' Pennsylvania and United States Reports
DDR	Deutsche Demokratische Republik
ders.	derselbe
dgl.	dergleichen
DGVR	Deutsche Gesellschaft für Völkerrecht
d. h.	das heißt
dies.	dieselbe
Div.	Division
DJZ	Deutsche Juristen-Zeitung
DVBl.	Deutsches Verwaltungsblatt
EA	Europa-Archiv
ebd.	ebenda
ECOSOC	Economic and Social Councii
ed(s).	editor(s)/edition
EEC	European Economic Community
EEZ	Exclusive Economic Zone
EG	Europäische Gemeinschaft(en)
EGBGB	Einführungsgesetz zum Bürgerlichen Gesetzbuch
EGKS	Europäische Gemeinschaft für Kohle und Stahl
EMRK	Europäische Menschenrechtskonvention
EPIL	Encyclopedia of Public International Law
etc.	et cetera
ETS	European Treaty Series
EuGH Slg.	Sammlung der Entscheidungen des Europäischen Gerichtshofes
EuGRZ	Europäische Grundrechte-Zeitschrift
EuR	Europa-Recht
EWG	Europäische Wirtschaftsgemeinschaft
EWGV	Vertrag zur Gründung der Europäischen Wirtschaftsgemeinschaft vom 25. März 1957
f(ff)	folgende
F2d	Federal Reporter
F Supp	Federal Supplement
frz.	französisch
GA (OR)	General Assembly (Official Records)
GATT	General Agreement on Tariffs and Trade
GBl. DDR	Gesetzblatt der DDR
gem.	gemäß
GG	Grundgesetz für die Bundesrepublik Deutschland
ggf.	gegebenenfalls
G. m. b. H.	Gesellschaft mit beschränkter Haftung
GMBl.	Gemeinsames Ministerialblatt (Herausgeber Bundesministerium des Inneren)
GSZ	Großer Senat für Zivilsachen
GWB	Gesetz gegen Wettbewerbsbeschränkungen
GVB1.	Gesetz- und Verordnungsblatt
GVG	Gerichtsverfassungsgesetz
GYIL	German Yearbook of International Law (ab 1977; zuvor „Jahrbuch für Internationales Recht")

Harvard ILJ	Harvard International Law Journal
h. L.	herrschende Lehre
HLKO	Haager Landkriegsordnung
HLR	Harvard Law Review
HRLJ	Human Rights Law Journal
Hrsg.	Herausgeber
IAEA	International Atomic Energy Agency
ICAO	International Civil Aviation Organisation
ICJ	International Court of Justice
ICLQ	International and Comparative Law Quarterly
IGH	Internationaler Gerichtshof
IJIL	Indian Journal of International Law
ILA	International Law Association
ILC	International Law Commission
ILM	International Legal Materials
ILO	International Labour Organization
ILQ	The International Law Quarterly
ILR	International Law Reports
IMO	International Maritime Organization
IMT	International Military Tribunal
IO	International Organization
IPR	Internationales Privatrecht
i. (e.) S.	im (engeren) Sinne
ItalYBIL	Italian Yearbook of International Law
i. V. m.	in Verbindung mit
IWF	Internationaler Währungsfonds
JAIL	Japanese Annual of International Law
JBl.	Justizblatt
JIR	Jahrbuch für Internationales Recht (von 1948–1976; ab 1977 „German Yearbook of International Law")
JMLC	Journal of Maritime Law and Commerce
JöR (N. F.)	Jahrbuch des öffentlichen Rechts der Gegenwart (Neue Folge)
JuS	Juristische Schulung
JW	Juristische Wochenschrift (bis 1939)
JWTL	Journal of World Trade Law
JZ	Juristenzeitung
KG	Kammergericht (Berlin)
L.	Limited
LG	Landgericht
lit.	litera (Buchstabe)
LNTS	League of Nations Treaty Series
LoN Doc.	League of Nations, Document
MDR	Monatsschrift des Deutschen Rechts
Mill.	Millionen
mwN	mit weiteren Nachweisen
NATO	North Atlantic Treaty Organisation
N. F.	Neue Folge
NILR	Netherlands International Law Review
NIOC	National Iranian Oil Company

NJW	Neue Juristische Wochenschrift (ab 1947/48)
No.	number, numero
NRdT	Nouveau Recueil de Traités (Hrsg. *de Martens,* fortgesetzt von *Saalfeld)*
NRG	Nouveau recueil général de traités (Hrsg. *de Martens,* fortgesetzt von *Triefel)*
NRJ	Natural Resources Journal
NRL	Natural Resources Lawyer
NYIL	Netherlands Yearbook of International Law
NTIR	Nederlands Tijdschrift voor Internationaal Recht
NZIR	Niemeyers Zeitschrift für Internationales Recht
o. ä.	oder ähnliche(s)
OAS	Organisation of American States
OAU	Organisation of African Unity
ODILA	Ocean Development and International Law
OECD	Organisation for Economic Cooperation and Development
OGHZ	Oberster Gerichtshof für die britische Zone, Entscheidungen in Zivilsachen
ÖJZ	Österreichische Juristenzeitung
OLG	Oberlandesgericht
ONUC	Opérations des Nations Unies au Congo
OR.	Official Records
OVG(E)	Oberverwaltungsgericht (Entscheidungen)
OWiG	Gesetz über Ordnungswidrigkeiten
ÖZöR	Österreichische Zeitschrift für öffentliches Recht und Völkerrecht
para(s)	paragraph(s)
PCIJ	Permanent Court of International Justice
PLO	Palestinian Liberation Organisation
PolYBIL	Polish Yearbook of International Law
PrGS	Preußische Gesetzessammlung
PVS	Politische Vierteljahresschrift
RabelsZ	Rabels Zeitschrift für ausländisches und internationales Privatrecht
RBDI	Revue belge de droit international
RCDIP	Revue critique de droit international privé
RdC	Recueil des Cours
RDI	Revue de droit international, des sciences diplomatiques, politiques et sociales
RDILC	Revue de droit international et de legislation comparee
Rép.	*Lapradelle/Niboyet* (Hrsg.), Répertoire de droit international, 1929 ff.
Rdn.	Randnummer
RevEgypt	Revue Egyptienne de droit international
RFH	Reichsfinanzhof
RGDIP	Revue générale du droit international public
RGSt(E)	Reichsgericht in Strafsachen
RGW	Rat für gegenseitige Wirtschaftshilfe
RGZ	Reichsgericht in Zivilsachen
RHellDI	Revue Hellenique de droit International
RIAA	Reports of International Arbitral Awards (UN-Publication)
Riv.	Rivista di diritto internazionale
RIW/AWD	Recht der Internationalen Wirtschaft, Außenwirtschaftsdienst des Betriebsberaters
RMC	Revue du marché commun
Rs.	Rechtssache

s.	siehe
S.	Seite
SchwJIR	Schweizer Jahrbuch für Internationales Recht
sec.	section (Paragraph)
Ser.	Serie, Series, Serie
Slg.	Sammlung der Entscheidungen des EuGH
sm.	Seemeile(n) (1 sm = 1,852 km)
spec.	special
sog.	sogenannt(e)
SRÜ	Seerechtsübereinkommen vom 10. Dezember 1982
StGB	Strafgesetzbuch
StIGH	Ständiger Internationaler Gerichtshof
StISchH	Ständiger Internationaler Schiedshof
supp.	Supplement (Ergänzungsband)
TIAS	United States Treaties and other international Acts Series
u. a.	unter anderem; und andere(s)
U. K.	United Kingdom
UN	United Nations
UNAMIC	United Nations Advance Mission in Cambodia
UNAMSIL	United Nations Mission in Sierra Leone
UNAVEM I	United Nations Angola Verification Mission I
UNAVEM II	United Nations Angola Verification Mission II
UNAVEM III	United Nations Angola Verification Mission III
UNCLOS	United Nations Conference on the Law of the Sea
UN Doc.	United Nations Document
UNEF	United Nations Emergency Force
UNEP	United Nations Environmental Programme
UNESCO	United Nations Educational, Scientific and Cultural Organization
UNFICYP	United Nations Peace-Keeping Force in Cyprus
UNIFIL	United Nations Interim Force in Lebanon
UNIIMOG	United Nations Iran-Iraq Military Obersver Group
UNIKOM	United Nations Iraq-Kuwait Observation Mission
UNMA	United Nations Mission in Angola
UNMEE	United Nations Mission in Ethiopia and Eritrea
UNMIBH	United Nations Mission in Bosnia and Herzegovina
UNMIK	United Nations Interim Administration Mission in Kosovo
UNMRIWS	United Nations Mission for the Referendum in Western Sahara
UNO	United Nations Organisation
UNOA	United Nations Office in Angola
UNOMA	United Nations Observer Mission in Angola
UNOMIL	United Nations Observer Mission in Liberia
UNOMSIL	United Nations Observer Mission in Sierra Leone
UNOSOM I	United Nations Operation in Somalia I
UNOSOM II	United Nations Operation in Somalia II
UNPROFOR	United Nations Protection Force
UNTAC	United Nations Transitional Authority in Cambodia
UNTAET	United Nations Transitional Administration in East Timor
UN ST/LEG/SER.B	United Nations Legislative Series
UNTS	United Nations Treaty Series
UNYB	United Nations Yearbook
US.	United States Report (Sammlung der U. S. Supreme Court-Entscheidungen)
US Digest	Digest of United States Practice of International Law

UST	United States Treaty Series
usw.	und so weiter
u. U.	unter Umständen
VG	Verwaltungsgericht
vgl.	vergleiche
VJIL	Virginia Journal of International Law
VN	Vereinte Nationen (Zeitschrift)
vol(s).	volume(s)
VRÜ	Verfassung und Recht in Übersee
VVDStRL	Veröffentlichungen der Vereinigung der Deutschen Staatsrechtslehrer
WEU	Westeuropäische Union
WHG	Wasserhaushaltsgesetz
WPM	Wertpapiermitteilungen
WRV	Weimarer Reichsverfassung
WVK	Wiener Vertragsrechtskonvention
YB	Yearbook
YBWA	Yearbook of World Affairs
ZaöRV	Zeitschrift für ausländisches öffentliches Recht und Völkerrecht
z. B.	zum Beispiel
ZfP	Zeitschrift für Politik
ZfR	Zeitschrift für Rechtspolitik
Ziff.	Ziffer
ZIR	Zeitschrift für Internationales Recht
ZöffR	Zeitschrift für öffentliches Recht
ZPO	Zivilprozeßordnung
ZRP	Zeitschrift für Rechtspolitik

Verzeichnis der Gesamtdarstellungen und Werke allgemeinen Charakters

In den einzelnen Kapiteln und Paragraphen dieses Buches ist nur eine Auswahl aus der Sonderliteratur angegeben. Auf eine Angabe der einschlägigen Abschnitte in den Gesamtdarstellungen wird in aller Regel aus Gründen der Raumersparnis verzichtet.

Academie de droit international (Hrsg.), Recueil des Cours. Collected courses of the Hague Academy of International Law, *1925* ff.
Accioly, Tratado de direito internacional público, 2 Bde., 2. Aufl. *1956*
Agúilar Navarro, Derecho internacional público, 2 Bde., *1952*
Akehurst, A Modern Introduction to International Law, *6.* Aufl. *1987(*s. *Malanzcuk)*
Alland (Hrsg.), Droit International Public, *2000*
Alvarez, El nuevo derecho internacional, *1962*
D'Amato, International Law: Process and Prospect, *1987*
Anzilotti, Corso di diritto internazionale, Bd. *I, 4.* Aufl. *1955;* Bd. III 1, 1. Aufl. *1915* (zit.: Anzilotti, Corso) – Lehrbuch des Völkerrechts, Bd. *I, 1929*
Arbeitsgemeinschaft für Völkerrecht beim Institut für Internationale Beziehungen an der Akademie für Staats- und Rechtswissenschaft der DDR (Hrsg.), Völkerrecht, 2 Bde., *1981–1982*

Balladore Pallieri, Diritto internazionale pubblico, 8. Aufl. *1962*
Baty, The Canons of International Law, *1930*
Berber, Lehrbuch des Völkerrechts, Bd. I, 2. Aufl. *1975;* Bd. II, 2. Aufl. *1969;* Bd. III, 2. Aufl. *1977*
Bernhardt (Hrsg.), Encyclopedia of Public International Law, 12 Bde., *1981–1990*
Bernhardt (Hrsg.), Encyclopedia of Public International Law, I (A-D) 1992; II (E-I) 1995; III (J-P) 1997; IV (Q-Z) 2000
Besta, Lineamenti di diritto internazionale, *1934*
Biscottini, Diritto internazionale pubblico, *1943*
Bishop, International Law. Cases and Materials, *3.* Aufl. *1962*
Bluntschli, Das moderne Völkerrecht der civilisierten Staaten als Rechtsbuch dargestellt, *3.* Aufl. *1878*
Buergenthal/Maier, Public International Law in a Nutshell, *1985*
Brierly, The Law of Nations, 6. Aufl. *1963*
Briggs, The Law of Nations, 2. Aufl. *1952*
Brownlie, Principles of Public International Law, 5. Aufl. *1998*
Bustamante y Sirven, Derecho internacional público (Franz. Übersetzung), *5* Bde., *1934–39*

Calvo, Le droit international théorique et pratique, *6* Bde., *5.* Aufl. *1896*
Cassese, Il diritto internazionale nal mondo contemporaneo, *1984*
Cassese, International Law, *2001*
Castberg, Folkerett, 2. Aufl., *1948*
Castel, International Law, *3.* Aufl. *1976*
Cavaglieri, Corso di diritto internazionale, 3. Aufl. *1934*
Cavaré, Le droit international public positif, 2 Bde., *3.* Aufl. *1967, 1969*
Chin, Conference on Contemporary Issues of International Law, *1985*
Colombos, Internationales Seerecht (Deutsche Ausgabe), *1963*
Combacau/Sur, Droit International Public, 5. Aufl. *2001*
Cot/Pellet (Hrsg.), La Charte des Nations Unies, *1985*

Dahm, Völkerrecht, *3* Bde., 1. Aufl. *1958–1961*
Delbez, Manuel de droit international public, 2. Aufl. *1951*
Despagnet, Cours de droit international public (Hrsg. Boeck), *4*. Aufl. *1910*
Diena, Principi di diritto internazionale, *3*. Aufl. *1930*
Diez de Velasco, Instituciones de derecho internacional público, *I*, *7*. Aufl. *1985*, *II*, *5*. Aufl. *1986*
Doehring, Völkerrecht, *1999*
Drost, Grundlagen des Völkerrechts, *1936*
Dupuy, Droit International Public, *5. Aufl. 2000*

Evangelisches Staatslexikon, hrsg. von Herzog/Kunst/Schlaich/Schneemelcher, 2 Bde., 3. Aufl. 1987

Falk u. a. (Hrsg.), The Future of the International Legal Order, 5 Bde., 1969 ff.
Fauchille, Traité de droit international public, 4 Bde., 8. Aufl. 1921–1926
Fedozzi, Corso di diritto internazionale, 4. Aufl. 1940
Fenwick, International Law, 4. Aufl. 1965
Fiore, Trattato di diritto internazionale pubblico, 4. Aufl. 1904
– Il diritto internazionale codificato, 5. Aufl. 1915
François, Handboek van het volkenrecht, 2 Bde., 2. Aufl. 1949–50
– Grondlijnen van het volkenrecht, 1954

García, Manual de derecho internacional público, 1975
Gelberg, Grundriß des Völkerrechts (aus dem Polnischen), 1985
von Glahn, Law Among Nations, 4. Aufl. 1976
van Goethem/Suy, Beknopt Handboek van het volkenrecht, 1966
Gonçalves Pereira, Curso de direito internacional público, 2. Aufl. 1975
Goodrich/Hambro/Simons, Charter of the United Nations, 3. Aufl. 1969
Gould, An Introduction to International Law, 1957
Green, International Law Through the Cases, 4. Aufl. 1978
Guggenheim, Lehrbuch des Völkerrechts, 2 Bde., 1948–1951
– Traité de droit international public, Bd. I, 2. Aufl. 1967; Bd. II, 1. Aufl. 1954 (zit.: Guggenheim, Traité)

Hall, A Treatise an International Law (Hrsg. Higgins), 8. Aufl. 1924
Hatschek, Das Völkerrecht als System rechtlich bedeutsamer Staatsakte, 1923
Heilborn, Das System des Völkerrechts, 1896
– Grundbegriffe des Völkerrechts, 1912
Henkin/Pugh/Schachter/Smit, International Law. Cases and Materials, 2. Aufl. 1987
Herdegen, Völkerrecht, 2000
Hershey, The Essentials of International Public Law and Organization, 2. Aufl. 1927
Hochleitner, Derecho internacional público, 1952
Hold v. Ferneck, Lehrbuch des Völkerrechts, 2 Bde., 1930–32
Holzendorff, Handbuch des Völkerrechts, 4 Bde., 1885–89
Hyde, International Law, Chiefly as Interpreted and Applied by the United States, 3 Bde., 2. Aufl. 1947

Ipsen (Hrsg.), Völkerrecht, 4. Aufl. *1999*

Jessup, A Modern Law of Nations, 1949 (Nachdruck 1968)
Jimenez de Arechaga u. a., Curso de derecho internacional público, Bd. 1–5, 1978

Kelsen, Théorie générale du droit international public, RdC 42 (1932 IV), 117
– General Theory of Law and State, 1949
– Théorie du droit international public, RdC 84 (1953 III), 1

– Principles of International Law, z. Aufl. 1966 (zit.: Principles)
Kimminich/Hobe, Einführung in das Völkerrecht, 7. Aufl. 2000
Korowicz, Introduction to International Law, 1964
Korowin, Das Völkerrecht der Übergangszeit (dt. Übertragung), 1929
Krylow, Les notions principales du droit des gens (la doctrine soviétique du droit international), RdC 70 (1947 I), 407

de Lapradelle/Niboyet (Hrsg.), Répertoire de droit international, 1929 ff.
Lauterpacht, The Function of Law in the International Community, 1933
– Private Law Sources and Analogfies of International Law, 2. Aufl. 1970 (zit.: Analogfies)
Lawrence, The Principles of International Law (Hrsg. Winfield), 7. Aufl. 1925
Le Fur, Précis de droit international public, 4. Aufl. 1939
L'Huillier, Eléments de droit international public, 1950
v. Liszt/Fleischmann, Das Völkerrecht, 12. Aufl. 1925
de Louter, Le droit international positif, 2 Bde., 1920

Manin, Droit international public, 1979
Maris, International Law, An introduction, 1984.
v. Martens, Völkerrecht (Hrsg. Bergbohm), 2 Bde., 1883–86
Macdonald/Johnston (Hrsg.), The Structure and Process of International Law, 1983
Malanczuk, Akehurst's modern introduction to international law, 8. Aufl. 2001
Maunz/Dürig/Herzog/Scholz, Grundgesetz-Kommentar, Loseblattsammlung 39. Ergänzungslieferung zur 1. Aufl. 2001
McDougal and Associates, Studies in World Public Order, Neudruck (New Haven Studies in World Public Order 1), 1987
Mérignhac, Traité de droit public international, 3 Bde., 1905–12
Miaja de la Muela, Introducción al derecho internacional público, 7. Aufl. 1979
Miele, Diritto internazionale, 3. Aufl. 1972
Möller, Folkeretten i Fredstid og Krigstid, 2 Bde., 1925–34
Mössner, Einführung in das Völkerrecht, 1977
Monaco, Manuale di diritto internazionale pubblico e privato, 1949
– Manuale di diritto internazionale pubblico, 2. Aufl. 1971
Morelli, Nozioni di diritto internazionale, 6. Aufl. 1963
Moreno, Lecciones de, derecho internacional público, 1934
Müller, Praxis des Völkerrechts, 3. Aufl. 2001
von Münch, Völkerrecht in programmierter Form, 2. Aufl. 1982

Niemeyer, Völkerrecht, 1923
Neuhold/Hummer/Schreuer (Hrsg.), Österreichisches Handbuch des Völkerrechts, 2 Bde., 3. Aufl. 1997
Nguyen-Quoc-Dinh/Daillier/Pellet, Droit International Public, 6. Aufl. 1999
Nys, Le droit international, 3 Bde., 1912

O'Connell, International Law, 2, Bde., 2. Aufl. 1970
O'Connell/Shearer, The International Law of the Sea, 2 Bde., 1982–1984
Olivi, Diritto internazionale pubblico, 3. Aufl. 1933
Oppenheim/Lauterpacht, International Law – A Treatise, Bd. 1, 8. Aufl. 1955; Bd. II, 7. Aufl. 1952
Oppenheim/Jennings/Watts, Oppenheim's international law, 9. Aufl. 1992
Ottolenghi, Corso di diritto internazionale pubblico, 1956

Paredes, Manual de derecho internacional público, 1951
Pastor Ridruejo, Curso de derecho internacional público, 1986
Perassi, Lezioni di diritto internazionale, 7. Aufl. 1961
Pinto, Le droit des relations internationales, 1972

Pradier-Fodéré, Traité de droit international public, *8* Bde., *1885–1906*

Quadri, Diritto internazionale pubblico, *5.* Aufl. *1968*

Redslob, Traité de droit des gens, *1950*
Reibstein, Völkerrecht. Eine Geschichte seiner Ideen in Lehre und Praxis, 2 Bde., *1957/1963*
Rivier, Principes du droit des gens, 2 Bde., *1896*
Romano, Corso di diritto internazionale, *4.* Aufl. *1939*
Ross, Lehrbuch des Völkerrechts, *1951*
Rousseau, Principes généraux du droit international public *I, 1944*
– Droit international public, Bd. *I, 1970;* Bd. *II, 1974;* Bd. *III, 1977;* Bd. *IV, 1980;* Bd. *V, 1983*

Sastry, International Law, *1937*
Sauer, E., Grundlehre des Völkerrechts, *3.* Aufl. *1955*
Sauer, W., System des Völkerrechts, *1952*
Scelle, Précis de droit des gens, 2 Bde., *1932–1934*
– Manuel élémentaire de droit international public, *1943*
Schücking/Wehberg, Die Satzung des Völkerbundes, *3.* Aufl. *I 1931*
Schwarzenberger, International Law, Bd. I, 3. Aufl. 1957
– Power Politics, 2. Aufl. 1951
– A Manual of International Law, 6. Aufl. 1976
– The Fundamental Principles of International Law, RdC 87 (1955 1),–190
Seidl-Hohenveldern/Stein, Völkerrecht, 10. Aufl. 2000
Sepulveda, Derecho internacional, 1979
Sereni, Diritto internazionale, Bd. I, 1956 – IV, 1965
Shaw, International Law, 5. Aufl. 1997
Sibert, Traité de droit international public, 2 Bde., 1951
Sørensen (Hrsg.), Manual of Public International Law, 1968, Neudruck 1978
The *Spirit of Uppsala.* Proceedings of the Joint UNITAR – Uppsala University Seminar of International Law and Organization for a New World Order, hrsg. von Grahl-Madsen/Toman, 1984
Spiropoulos, Theorie générale du droit international, 1930
– Traité théorique et pratique du droit international public, 1933
Starke, Introduction to International Law, 8. Aufl. 1977
Stowell, International Law, 1931
Strupp, Grundzüge des positiven Völkerrechts, 5. Aufl. 1932
– Wörterbuch des Völkerrechts und der Diplomatie, 3 Bde., 1. Aufl. 1924–1929
Strupp/Schlochauer, Wörterbuch des Völkerrechts, 3 Bde., 1960–1962
Sundberg, Folkrätt, 2. Aufl. 1950
Svarlien, An Introduction to the Law of Nations, 1955

Takano, Einführung in das Völkerrecht, 2 Bde., 1979/1984
Thierry/Combacau/Sur/Vallée, Droit International Public, 1981
Tunkin, Recht und Gewalt im internationalen System, 1986
– International Law. A Textbook, 1986

Verdross, Die Verfassung der Völkerrechtsgemeinschaft, 1926
– Völkerrecht, 5. Aufl. 1964
Verdross/Simma, Universelles Völkerrecht, 3. Aufl. 1984
Verzijl, International Law in Historical Perspective, 9 Bde., 1968 ff.
de Visscher, Théories et réalités en droit international public, 1953
Vitzthum (Hrsg.), Völkerrecht, 2. Aufl. 2001

Wengler, Völkerrecht, 2 Bde., 1964
Westlake, International Law, 2 Bde., 2. Aufl. 1910–13

Weston/Falk/D'Amato, International Law and World Order. A Problem-Oriented Source-Book, 1980
Wheaton, Elements of International Law, Nachdruck der 8. Aufl. 1866 (Hrsg. Dana)
– Elements of International Law (Hrsg. Keith), I, 6. Aufl. 1929; Bd. II, 7. Aufl. 1944
Whiteman, Digest of International Law, 15 Bde., 1963–1973
Wilson/Tucker, International Law, 9. Aufl. 1935
Wolgast, Völkerrecht, 1934
Wolfrum, United Nations: Law, Policies and Practice, 1995

Zorn, Grundzüge des Völkerrechts, 2. Aufl. 1903

Verzeichnis der abgekürzt zitierten Dokument(en)- und Fallsammlungen

Annual Digest	*Lauterpacht* (Hrsg.), Annual Digest and Reports of Public International Law Cases, 1929 ff.
British International Law Cases, 9 Bde., 1964–1973	
Clunet	Journal de droit international, begr. von *E. Clunet*
Delbrück, Friedensdokumente	*Delbrück* (Hrsg.), Friedensdokumente aus fünf Jahrhunderten. Kriegsverhütung – Rüstungskontrolle – Abrüstung, 2 Bde., 1984
Hackworth, Digest	*Hackworth* (Hrsg.), Digest of International Law, 7 Bde., 1940–1943
Harris	*Harris* (Hrsg.), Cases and Materials on International Law, 3. Aufl., 1983
Hudson	*Hudson* (Hrsg.), International Legislation, 9 Bde., 1931–1950
ILR	*Lauterpacht* (Hrsg.), International Law Reports, 1950 ff.
Lapradelle/Politis	*Lapradelle/Politis* (Hrsg.), Recueil des arbitrages internationaux, 3 Bde., 1905–1954
Moore, Arbitrations	*Moore* (Hrsg.), History and Digest of the International Arbitrations to which the United States has been a Party, 6 Bde., 1898
Moore, Digest	*Moore* (Hrsg.), A Digest of International Law, 8 Bde., 1906
Ralston	*Ralston*, Venezuelan Arbitrations of 1903, 1904
Scott I/II	*Scott* (Hrsg.), The Hague Court Reports I, 1916; II, 1932
Sirey	(s. Tribunaux)
Strupp, Documents	*Strupp* (Hrsg.), Documents pour servir à l'histoire du droit des gens, 5 Bde., 2. Aufl. 1923
Tableau général	Institut de droit international, Tableau général des resolutions, 1873 ff.
Tribunaux Arbitraux mixtes	*Sirey* (Hrsg.), Recueil des decisions des Tribunaux mixtes, 1922–1930
Whiteman, Digest	*Whiteman* (Hrsg.), Digest of International Law, 13 Bde. 1963–1969

Verzeichnis wichtiger völkerrechtlicher Festschriften

Festschrift Abendroth, *Girardot/Ridder* (Hrsg.) 1982
Festschrift Abi-Saab, *Boisson de Chazournes/Gowland-Debbas* (Hrsg.), 2001
Festschrift Alford, *Freedman* (Hrsg.), 1990
Festschrift Andrassy, *Ibler* (Hrsg.), 1968
Festschrift Akehurst, *Lowe* (Hrsg.), 1994
Festschrift van Asbeck, Volkenrechtelijke Opstellen, 1957
Festschrift Apollis, *Dupuy* (Hrsg.), 1992
Festschrift Aubin, *Baer-Kaupert/Leistner/Schwaiger* (Hrsg.), 1979

Festschrift Baehr, *Castermans-Holleman* (Hrsg.), 1998
Festschrift Barcia Trelles, *Legaz Lacambra/García Arias* (Hrsg), 1958
Festschrift Bedjaoui, *Yapko* (Hrsg.), 1999
Festschrift Berber, *Blumenwitz/Randelzhofer* (Hrsg.), 1973
Festschrift Berlia, Droit public interne et international. Etudes et réflexions, 1980
Festschrift Bernhardt, *Beyerlin* (Hrsg.), 1995
Festschrift Bilfinger, *Max-Planck-Institut* (Hrsg.), 1954
Festschrift Bindschedler, *Diez/Monnier/Müller/Wildhaber* (Hrsg.), 1980
Festschrift Böckstiegel, *Benkö* (Hrsg.), 2001
Festschrift Bos, *von Hebel* (Hrsg.), 1999
Festschrift Bouchez, *Gill* (Hrsg.), 2000
Festschrift Brownlie, *Goodwin-Gill* (Hrsg.), 1999
Festschrift Bridel, *Faculté de Droit de l'Université de Lausanne* (Hrsg.), 1968
Festschrift Buergenthal, *Trinidade* (Hrsg.), 1996
Festschrift Burhenne, *Kiss* (Hrsg.), 1994

Festschrift Carstens, *Bröner/Jahrreiß/Stern* (Hrsg.), 2 Bde., 1984
Festschrift Cassin, Amicorum discipulorumque liber, 4 Bde. 1969–1972
Festschrift Castberg, Legal Essays, 1963
Festschrift Castren, *Hakapaä* (Hrsg.), 1979
Festschrift Chaumont, *Charpenter/Chemillier-Gendreau/Colin/Lang/Salmon* (Hrsg), 1985
Festschrift Commission Internationale de l'Etat civil, *Section suisse de la CIEC/Office fédéral de la Justice* (Hrsg.),1997
Festschrift Constantopoulos, Modern Problems of International Law and Philosophy of Law, 1981
Festschrift Czaja, *Zieger/Meissner/Blumenwitz* (Hrsg.), 1985

Festschrift Diederiks-Verschoor, *Storm van's Gravensande/van der Veen Vonk* (Hrsg.), 1985
Festschrift Doehring, *Stein* (Hrsg.), 1984
Festschrift Doehring, *Hailbronner* (Hrsg.), 1989
Festschrift Doehring, *Hailbronner* (Hrsg.), 2000
Festschrift Domke, *Sanders* (Hrsg.), 1967
Festschrift Dupuy, Humanité et droit international, 1991

Festschrift Fox, *Rothstein* (Hrsg.), 1991
Festschrift Friedmann, *Wiener* (Hrsg.), 1979

Festschrift Ganshof van der Meersch, *Centre universitaire de Droit public/Université libre de Bruxelles* (Hrsg.), 3 Bde., 1972
Festschrift Gautier, *Bank* (Hrsg.), 1997
Festschrift Giacometti, Demokratie und Staat, 1953

Festschrift Gidel, *Velins* (Hrsg.), 1961
Festschrift Ginther, *Benedek* (Hrsg.), 1999
Festschrift Godenhielm, *Hakapää* (Hrsg.), 1984
Festschrift Gold, *Ebke* (Hrsg.), 1990
Festschrift Goldmann, Le droit des relations économiques internationales, 1982
Festschrift Goy, Du droit interne au droit international le facteur religieux et l'exigence des droits de l'homme, 1998
Festschrift Grewe, *Kroneck/Oppermann* (Hrsg.), 1981
Festschrift Gross, *Deutsch/Hoffmann* (Hrsg.), 1968
Festschrift Guggenheim, *Institut Universitaire des Hautes Etudes Internationales de Genève* (Hrsg.), 1968
Festschrift Gutzweiler, Ius et Lex, 1959

Festschrift Haug, *Hangartner/Trechsel* (Hrsg.), 1986
Festschrift von der Heydte, *Kipp/Mayer/Steinkamm* (Hrsg.), 2 Bde. 1977
Festscrift Herjner, *Ramberg* (Hrsg.), 1990
Festschrift Huber, Recht als Prozeß und Gefüge, 1981
Festschrift Hüfner, *Metzger* (Hrsg.), 2000

Festschrift Institut für Internationale Angelegenheiten, *Gantzel* (Hrsg.), Kolonialrechtswissenschaft, Kriegsursachenforschung, Internationale Angelegenheiten, 1983
Festschrift Institut für Internationales Recht, Fünfzig Jahre Institut für Internationales Recht der Universität Kiel, 1965
Festschrift International Law Association, *Bös* (Hrsg.), 1973

Festschrift Jackson, *Bronckers* (Hrsg.), 2000
Festschrift Jaenicke, *Böckstiegel/Götz/Selmer* (Hrsg.), 1984
Festschrift Jaenicke, *Ress* (Hrsg.), 1989
Festschrift Jaenicke, *Götz* (Hrsg.), 1998
Festschrift Jessup, *Friedmann/Henkin/Lissitzyn*, 1972

Festschrift Kahn, *Leben* (Hrsg.), 2000
Festschrift Kiss, *Prieur* (Hrsg.), 1998
Festschrift Kraus, *Göttinger Arbeitskreis* (Hrsg.), Mensch und Staat in Recht und Geschichte, 1954
Festschrift Kraus, *Göttinger Arbeitskreis* (Hrsg.), Recht im Dienste der Menschenwürde, 1964

Festschrift Lachs, *Makarczyk* (Hrsg.), 1984
Festschrift Lalive, *Dominicé* (Hrsg.), 1993
Festschrift Landheer, *Reigersman-van der Erden/Zoon* (Hrsg.), 1974
Festschrift Laun, *Constantopoulos/Wehberg* (Hrsg.), 1953
Festschrift Laun, *Jahrbuch für internationales Recht*, Bd. 11, 1962
Festschrift Laun, *Meissner/Tomson* (Hrsg.), 1972
Festschrift Loussouarn, L'internationalisation du droit, 1994

Festschrift MacDonald, *May* (Hrsg.), 2001
Festschrift Mac Dougal, New York Law School Law Review 24 (1978), S. 1–335
Festschrift Mac Nair, Cambridge Essays in International Law, 1965
Festschrift Mann, *Flume/Hahn/Kegel/Simmonds* (Hrsg.), 1977
Festschrift Manning, The Bases of International Order 1973
Festschrift Marcic, *Mayer-Maly/Simmons* (Hrsg.), 1983
Gedächtnisschrift Martens, *Selmer/von Münch* (Hrsg.), 1987
Festschrift Mateesco-Matte, Annuaire de droit maritime et aéro-spatial, Bd. 12, 1993
Festschrift Mayor, UNESCO, 2 Bde., 1995
Festschrift Menzel, *Delbrück/Ipsen/Rauschning* (Hrsg.), 1975
Festschrift Miaja de la Muela, Estudios de derecho internacional, 2 Bde., 1979
Festschrift Miehsler, *Karl* (Hrsg.), 1996
Festschrift Modinos, Problèmes des droits de l'homme et de l'unification européenne, 1968

Festschrift Möller, *Gudmundur Alfredsson* (Hrsg.), 2001
Festschrift Mosler, *Bernhardt/Geck* (Hrsg.), 1983

Festschrift Nascimiento e Silva, *Casella* (Hrsg.), 2000
Festschrift Nawiasky, *Maunz* (Hrsg.), 1956

Festschrift Oda, *Ando/McWhinney/Wolfrum* (Hrsg.), 2002
Festschrift Opsahl, *Eide* (Hrsg.), 1991

Festschrift von Panhuys, *Kalshoven/Kuyper/Lammers* (Hrsg.), 1980
Festschrift Partsch, *Jekewitz* (Hrsg.), 1989
Festschrift Perrin, *Dutoit* (Hrsg.), 1984
Festschrift Pettiti, Mélanges en hommage à Louis Edmond Pettiti, 1998
Festschrift Pictet, *Swinarski* (Hrsg.), 1984

Festschrift Raschhofer, *Abelein/Kimminich* (Hrsg.), 1977
Festschrift Reuter, *Bardonnet* (Hrsg.), 1981
Festschrift Riesenfeld, *Jayme/Kegel/Lutter* (Hrsg.), 1983
Festschrift Riphagen, *Bos/Siblesz* (Hrsg.), 1986
Festschrift Roeling, *Akkerman/van Krieken/Pannenborg* (Hrsg.), 1977
Festschrift Rolin, Problèmes de droit des gens, 1964
Festschrift Rosenne, *Dinstein* (Hrsg.), 1989
Festschrift Rostow, *MacDougal/Reisman* (Hrsg.), 1985
Festschrift Rousseau, La Communauté internationale, 1974
Festschrift Ruda, *Armas Barea* (Hrsg.), 2000

Festschrift Sanders, *Schultz/van den Berg* (Hrsg.), 1982
Gedächtnisschrift Sasse, *Bieber/Bleckmann/Capotori u. a.* (Hrsg.), 2 Bde., 1981
Festschrift Schätzel, *Brüel/Constantonopoulos* (Hrsg.), 1960
Festschrift Scheuner, *Ehmke/Kaiser/Keitienig/Meesen* (Hrsg.), 1979
Festschrift Schindler, *Haller* (Hrsg.), 1989
Festschrift Schlochauer, *von Münch* (Hrsg.), 1981
Festschrift Schwob, *Flauss* (Hrsg.), 1997
Festschrift Seidl-Hohenveldern, *Hafner* (Hrsg.), 1998
Festschrift Simmonds, *Norton* (Hrsg.), 1998
Festschrift Skubiszewski, *Markarczyk* (Hrsg.), 1996
Festschrift Sohn, *Buergenthal* (Hrsg.), 1979
Festschrift Sperduti, Fonti internazionali e rapporti fra ordinamenti l'individuo, nel diritto internazionale, altri contributi, 1984
Festschrift Spiropoulos, *Constantopoulos/Eustathiades/Fragistas* (Hrsg.), 1957
Festschrift Steinberger, *Cremer/Giegerich/Richter/Zimmermann* (Hrsg.), 2002
Festschrift Stoedter, *Ipsen/Necker* (Hrsg.), 1979
Festschrift Suy, *Wellens* (Hrsg.), 1998

Gedächtnisschrift Tenhumberg, *Thimme/Wöste* (Hrsg.), 1982
Festschrift Thierry, *Decaux* (Hrsg.), 1998
Festschrift Tinbergen, *Chatterji* (Hrsg.), 1994

Festschrift Udina, *Pubblicazioni della Facoltà di Giurisprudenza della Università di Trieste*, 2 Bde, 1975
Festschrift United Nations, *Jasentuliyana* (Hrsg.), 1995

Festschrift Valticos, *Dupuy* (Hrsg.), 1999
Festschrift Veiter, *Riedl* (Hrsg.), 1967
Festschrift Verdross, *von der Heydte/Seidl-Hohenveldern/Verosta/Zemanek* (Hrsg.), 1960
Festschrift Verdross, *Marcic/Mosler/Suy/Zemanek*, 1971
Festschrift Verdross, *Miehsler/Mock/Simma/Tammelo* (Hrsg.), 1980
Festschrift Verosta, *Fischer/Köck/Verdross* (Hrsg.), 1980
Festschrift Verzijl, *Volkenrechtelijke Opstellen*, 1957

Festschrift Verzijl, *Soon* (Hrsg.), 1990
Festschrift Vierdag, *Klabbers* (Hrsg.), 1998
Festschrift Virally, Le droit international au service de la paix, de la justice et du développement, 1991
Festschrift de Visscher, Evolution constitutionnelle en Belgique et relations internationales, 1984

Festschrift de Waart, *Denters* (Hrsg.), 1998
Festschrift Wang Tieya, *Macdonald* (Hrsg.), 1994
Festschrift Weber, *Schneider/Götz* (Hrsg.), 1974
Festschrift Wehberg, *Schätzel/Schlochauer* (Hrsg.), 1956
Festschrift Wengler, *Tittel* (Hrsg.), Bd. 1, 1973
Festschrift Wilberforce, *Bos* (Hrsg.), 1987
Festschrift Wilson, *Deener* (Hrsg.), 1970

Festschrift Zemanek, *Ginther* (Hrsg.), 1994
Festschrift Zweigert, *Bemstein/Drobnig/Kötz* (Hrsg.), 1981

Judikaturverzeichnis

Die fettgedruckten Ziffern weisen auf die Paragraphen hin, in denen die jeweiligen Entscheidungen enthalten sind.

I. Internationale Gerichte

1. Ständiger Internationaler Gerichtshof

Acquisition of Polish Nationality, PCIJ Series B, 7, 17 (1923) **110, 153**
Borchgrave, PCIJ Series A/B, 72, 165 (1937) **187**
Brazilian Loans Case, PCIJ Series A, 20/21, 17 (1929) **160, 182, 153**
Certain German Interests in Polish Upper Silesia, PCIJ Series A, 7, 30 (1925) **164, 175, 153, 152, 96, 151, 182, 171, 94, 84**
Chorzów Factory, PCIJ Series A, 17, 27 (1927) **186, 173, 182, 184, 151**
Competence of the ILO to Regulate Agricultural Labour, PCIJ Series B, 2, 23 (1922) **153**
Competence of the International Labour Organization to Regulate Incidentially the Personal Work of the Employer, PCIJ Series B, 13, 14 f. (1926) **143**
Convention of 1919 concerning Employment of Women at Night, PCIJ Series A/B, 50, 380 (1932) **153**
Customs Régime Between Germany and Austria, PCIJ Series A/B, 41, 47 (1931) **146**
Electricity Company of Sofia and Bulgaria, PCIJ Series A/B, 77, 92 (1927) **156, 158**
Free Zones of Upper Savoy and the District of Gex, PCIJ Series A/B, 46, 147 (1932) **156, 157, 152, 153, 161, 171**
Fürsten Pless, PCIJ Series A/B, 52, S. 16 (1933) **182**
German Settlers in Poland, PCIJ Series B, 6, 25 (1923) **110, 153**
Greco- Bulgarian „Communities", PCIJ Series B, 17, 32, 1930, **110**
Hochsavoyen und Gex, PCIJ Series C, 17-I, 88 (1930) **161**
International Commission of the River Oder, PCIJ Series A, 23, 42 (1929) **153**
Jaworzina, PCIJ Series B, 8, 37 (1924) **153**
Jurisdiction of the Courts of Danzig, PCIJ Series B, 15, 18 (1928) **153, 152, 175, 109**
Jurisdiction of the European Commission of the Danube, PCIJ Series B, 14, 64 (1927) **106**
Legal Status of Eastern Greenland, PCIJ Series A/B, 53, 22 (1933) **146, 142, 185, 164**
Lotus, PCIJ Series A, 10, 7 (1927) **118, 166, 175, 195**
Mavrommatis Palestine Concessions, PCIJ Series A, 2 ,12 (1924) **146, 151, 173, 176, 182, 153, 161, 156**
Minority Schools in Albania, PCIJ Series A/B, 64, 19 (1935) **110, 166**
Mossul (Article 3, Paragraph 2, of the Treaty of Lausanne – Frontier between Turkey and Iraq), PCIJ Series B, 12, 20 (1925) **158, 153**
Oscar Chinn, PCIJ Series A/B, 63 (1934) **156, 118, 157, 156, 157, 164, 184**
Panevezys-Saldutiskis Railway, PCIJ Series A/B, 76 (1939) **94, 182, 98, 173, 182**
Peter Pázmány University, PCIJ Series A/B, 61, 208 (1933) **185, 94, 96**
Phosphates in Morocco, PCIJ Series A/B, 74, 28 (1938) **175, 173**
Polish Postal Service in Danzig, PCIJ Series B, 11, 39 (1925) **153**
Railway Traffic between Lithuania and Poland, PCIJ Series A/B, 42, 116 (1931) **143, 146, 161**
Rechtsgutachten über die Staatsangehörigkeitsdekrete in Tunis und Marokko, PCIJ Series B, 4 (1923) **84**
Serbischen Anleihen in Frankreich, PCIJ Series A, 14, 41 (1930) **108**
The Diversion of Water from the Meuse, PCIJ Series A/B, 70, 21 (1937) **153, 159**

2. Internationaler Gerichtshof

3. Internationaler Seegerichtshof

4. Ständiger Internationaler Schiedshof

5. Internationales Militärtribunal Nürnberg

6. Internationaler Strafgerichtshof für das ehemalige Jugoslawien

Prosecutor v. Brdjanin, Talic and Zupljanin, IT-99-36, 1999 (2001) **193**
Prosecutor v. Duško Tadiç , IT-94-1 (1995) **193, 175, 177**
Prosecutor v. Duško Tadiç, ILM 35 (1996), 32 (1996) **104, 102, 169**
Prosecutor v. Duško Tadiç , ILR 112 (1997), 1 (1997) **177, 197**
Prosecutor v. Furundzija, IT-95-17/1, para. 227 (1998) **193, 191**
Prosecutor v. Jelesic, IT-95-10 (1999) **193**
Prosecutor v. Karadzic and Mladic , IT-95-5, IT-95-18 (1995) **193**
Prosecutor v. Kovacevic and Drljaca, IT-97-24 (1998) **193**
Prosecutor v. Krajisnik and Plavsik, IT-00-39, 40 (2001) **193**
Prosecutor v. Krstic, IT-98-33-I (1999) **193**
Prosecutor v. Meakic, IT-95-4 (1998) **193**
Prosecutor v. Milosevic, IT-02-54 (2001) **193**
Prosecutor v. Obrenovic and Blagojevic, IT-02-53 (1999) **193**
Prosecutor v. Sikirica et al., IT-95-8 (2001) **193**

7. Internationaler Strafgerichtshof für Ruanda

Prosecutor v. Akayesu, ICTR-96-4, (1998), **193**
Prosecutor v. Kambanda, ICTR-97-23, (1998), **193**
Prosecutor v. Kayishema and Ruzindana, ICTR-95-1, (1999), **193**
Prosecutor v. Musema, ICTR-96-13, (2000) 2001, **193**
Prosecutor v. Ruggiu, ICTR-97-32, (2000), **193**
Prosecutor v. Rutaganda, ICTR-96-3, (1999), **193**
Prosecutor v. Serushago, ICTR-98-39, (1998), **193**

8. Gerichtshof der Europäischen Gemeinschaften

AETR, Slg. 1971, 263 (1971) **144**
Bonsignore v. Stadt Köln, Slg. 1975, 297 (1975) **99**
Costa/ENEL, Slg. 1964, 1251 (1964) **106**
Fédéchar, Slg. 1956, 295 (1956) **106**
Gullung, Slg. 1988, 111 (1988) **84**
Gutachten 1/94, Slg. 1994, I-5267 (1994) **144**
Gutachten 2/91, Slg. 1993, I-1061 (1993) **144**
Gutachten 2/92, Slg. 1995, I-521 (1995) **144**
Kommission v. Italien, Slg. 1984, 2361 (1984) **151**
Kramer, Slg. 1976, 1279 (1976) **144**
Massey-Ferguson, Slg. 1973, 897 (1973) **144**
Micheletti, Slg. 1992, I-4239 (1992) **84**
Royer v. Ministère de la Justice, Slg. 1976, 497 (1976) **99**
Rutili v. Ministère de l'Interieur, Slg. 1975, 1219 (1975) **99**
Sala, Slg. 1998-I, 2691 (1998) **95**
Van Duyn v. Home Office, Slg. 1974, 1337 (1974) **99,**

9. Europäischer Gerichtshof für Menschenrechte

Ahmed v. Österreich, RUDH 9, 386 ff. (1997) **99**
Artico, EuGRZ 1980, 662 (1980) **187**
Belilos v. Switzerland, ECHR, Series A, No. 132 (1988) **148,**
Campbell und Cosans, EuGRZ 1985, 575 (1983) **187**
Certain Aspects of the Laws on the Use of Languages in Education in Belgium, ECHR, Series A, No. 6 (1968) **110**

10. Schiedsgerichte

II. Nationale Gerichte

1. Ägypten

2. Argentinien

3. Australien

4. Belgien

5. Brasilien

6. Chile

7. Deutschland

a. Deutsches Reich

b. Bundesrepublik Deutschland

aa. Bundesverfassungsgericht

bb. Bundesgerichtshof

cc. Bundesverwaltungsgericht

dd. Bundespatentgericht

ee. andere Gerichte

8. Frankreich

a. Cour de Cassation

b. Andere Gerichte

9. Griechenland

10. Großbritannien

11. Guatemala

12. Hongkong

13. Indien

14. Irland

15. Israel

16. Italien

a. Corte di Cassazione

b. andere Gerichte

17. Kanada

18. Niederlande

19. Norwegen

20. Österreich

21. Palästina

22. Polen

23. Schweiz

24. Seychellen

25. Südarika

26. Transvaal

27. Venezuela

28. Vereinigte Staaten von Amerika

a. U. S. Supreme Court

b. andere Gerichte

29. Zentralamerikanischer Gerichtshof

UN-Menschenrechtsausschuss

Lovelace v. Canada, Comm. No. 24/1977, UN Doc. A/36/40 (1981), 166 ff. (1981) **110**
Mikmaq Tribal Society v. Canada, Comm. No. 78/1980, UN Doc. A/39/40 (1984), 200 ff.; EuGRZ 11 (1984), 388 ff. (1984) **110**
Lubicon Lake Band v. Canada, Comm. No. 167/1984, UN Doc. A/45/40, Vol. II (1990), 1 ff.; HRLJ 11 (1990), 305 ff. (1990) **110**
Kitok v. Sweden, Comm. No. 197/1985, UN Doc. A/43/40 (1988), 221 ff.; HRLJ 11 (1990), 148 ff.) (1988) **110**
McIntyre et al. v. Canada, Comm. No. 359/1989, HRLJ 14 (1993), 171 (1993) **110**
Kindler v. Canada, Comm. No. 470/1991 v. 30. 7. 1993; ILR 98, 426 ff. (1993) **102**
Ng v. Canada, Comm. No. 469/1991 v. 5. 11. 1993; ILR 98, 479 ff. (1993) **102**
Lovelace case, GAOR 36 th Sess., Suppl. 40 (A/36/40 (1981)), 166, paras. 10–11 (1981) **174**

Vertragsindex (chronologisch)

Der Index enthält nur eine Auswahl der wichtigsten im Text zitierten Verträge.

Datum vor 1900	Name des Vertrags	Quellenangabe	Angabe §
19. 11. 1794	Treaty of Amity, Commerce and Navigation between Great Britain and the United States (Jay-Vertrag)	52 CTS, 243	170
27. 3. 1802	Definitive Treaty of Peace between Great Britain, France, Spain, and the Batavian Republic (Vertrag von Amiens)	56 CTS, 289	114
30. 3. 1856	General Treaty for the Re-Establishment of Peace between Austria, France, Great Britain, Prussia, Sardinia and Turkey, and Russia (Vertrag von Paris)	114 CTS, 409	152; 156; 159; 161; 180
22. 8. 1864	Genfer Abkommen zur Verbesserung des Loses der Verwundeten der Heere im Felde	129 CTS, 361 (frz.) Bevans, Vol. 1 (1968), 7 (engl.)	115
30. 3. 1867	Vertrag zwischen Rußland und den Vereinigten Staaten von Amerika über die Zession Alaskas	134 CTS, 331	142
22. 2. 1868	Naturalization Convention between the North German Confederation and the United States	137 CTS, 7	90; 91; 92
26. 2. 1871	Friedensvertrag zwischen dem Deutschen Reich und Frankreich	RGBl. 1871, 223	90
8. 5. 1871	Treaty between Great Britain and the United States for Amicable Settlement of All Causes of Difference between the Two Countries (Vertrag von Washington)	143 CTS, 145	170
24. 1. 1874	Auslieferungsvertrag zwischen dem Deutschen Reich und der Schweiz (Extradition Treaty between Germany and Switzerland)	147 CTS, 223 RGBl. 1874, 113	100
20. 3. 1883	Pariser Verbandsübereinkunft zum Schutz des gewerblichen Eigentums	RGBl. 1903, 147 BGBl. 1970 II, 391	156

Datum vor 1900	Name des Vertrags	Quellenangabe	Angabe §
14.3.1884	Internationaler Vertrag zum Schutze der unterseeischen Telegraphenkabel	RGBl. 1888, 151	195
2.7.1890	Brüsseler Generalakte zur Unterdrükkung des Sklavenhandels	de Martens, NRG II, tome XVII, 168 RGBl. 1894, 605	194
14.4.1891	Madrider Abkommen über die internationale Registrierung von Marken (Madrid Agreement for the Registration of Trademarks)	BGBl. 1970 II, 418	148; 162
14.4.1891	Madrider Abkommen über die Unterdrückung falscher oder irreführender Herkunftsangaben auf Waren	BGBl. 1961 II, 293	148; 162
15.4.1893	Sanitary Convention between Austria-Hungary, Belgium, France, Germany, Great Britain, Luxembourg, Russia and Switzerland (Dresdner Gesundheitspolizeiabkommen)	178 CTS, 369	148
17.4.1895	Friedensvertrag von Shimonoseki zwischen Japan und China	NRG 2ème série, XXI, 642	90
31.12.1896	Extradition Treaty between Germany and the Netherlands	184 CTS, 88 RGBl. 1897, 731	100
10.12.1898	Pariser Friedensvertrag zwischen den Vereinigten Staaten von Amerika und Spanien	11 Bevans, 615	90
29.7.1899	Haager Abkommen betreffend die Gesetze und Gebräuche des Landkriegs nebst Anlage der (ersten) Haager Landkriegsordnung	RGBl. 1901, 423	112; 143; 162; 191; 192; 194
29.7.1899	Haager Abkommen betreffend die Anwendung der Grundsätze der Genfer Konvention vom 22.8.1864 auf den Seekrieg	RGBl. 1901, 455	162
29.7.1899	Haager Erklärung betreffend das Verbot der Verwendung von Geschossen mit erstickenden oder giftigen Gasen	RGBl. 1901, 474	162
29.7.1899	Haager Erklärung betreffend das Verbot von Geschossen, die sich leicht im menschlichen Körper ausdehnen oder platt drücken	RGBl. 1901, 478	162

Datum	Name des Vertrags	Quellenangabe	Angabe §
1900–1910			
13. 8. 1906	Convention of the Third International Conference of the American States (Panamerikanisches Abkommen von Rio de Janeiro)	de Martens, NRG III, tome VI, 215	87; 92
6. 7. 1906	Abkommen zur Verbesserung des Loses der Verwundeten und Kranken bei den im Felde stehenden Heeren	RGBl 1907, 279	115
18. 10. 1907	I. Haager Abkommen zur friedlichen Erledigung internationaler Streitfälle	RGBl. 1910, 5	148; 162; 170;
18. 10. 1907	II. Haager Abkommen betreffend die Beschränkung der Anwendung von Gewalt bei der Eintreibung von Vertragsschulden (Drago-Porter Konvention)	RGBl. 1910, 59	162; 169
18. 10. 1907	III. Haager Abkommen über den Beginn der Feindseligkeiten	RGBl. 1910, 82	162; 164
18. 10. 1907	IV. Haager Abkommen betreffend die Gesetze und Gebräuche des Landkrieges	RGBl. 1910, 107	157; 162; 176; 191; 192; 194; 198;
18. 10. 1907	V. Haager Abkommen betreffend die Rechte und Pflichten der neutralen Mächte und Personen im Falle des Landkrieges	RGBl. 1910, 151	162
18. 10. 1907	VI. Haager Abkommen über die Behandlung der feindlichen Kauffahrteischiffe beim Ausbruch der Feindseligkeiten	RGBl. 1910, 181	162
18. 10. 1907	VII. Haager Abkommen über die Umwandlung von Kauffahrteischiffen in Kriegsschiffe	RGBl. 1910, 207	162
18. 10. 1907	VIII. Haager Abkommen über die Legung von unterseeischen selbsttätigen Kontaktminen	RGBl. 1910, 231	162; 164
18. 10. 1907	IX. Haager Abkommen betreffend die Beschießung durch Seestreitkräfte in Kriegszeiten	RGBl. 1910, 256	162; 164
18. 10. 1907	X. Haager Abkommen betreffend die Anwendung der Grundsätze des Genfer Abkommens auf den Seekrieg	RGBl. 1910, 283	162

Datum	Name des Vertrags	Quellenangabe	Angabe §
18. 10. 1907	XI. Haager Abkommen über gewisse Beschränkungen in der Ausübung des Beuterechts im Seekriege	RGBl. 1910, 316	162
18. 10. 1907	XII. Haager Abkommen über die Errichtung eines Internationalen Prisenhofs	205 CTS, 381	162
18. 10. 1907	XIII. Haager Abkommen betreffend die Rechte und Pflichten der Neutralen im Falle eines Seekriegs	RGBl. 1910, 343	162
23. 9. 1910	Übereinkommen zur einheitlichen Feststellung von Regeln über den Zusammenstoß von Schiffen	RGBl. 1913, 49	118
1911–1920			
29. 9. 1913	Friedensvertrag von Konstantinopel zwischen Bulgarien und der Türkei	NRG 3ème série VIII, 78	90
28. 6. 1919	Vertrag von Versailles	RGBl. 1919, 687	84; 89; 90; 92; 101; 143; 146; 152; 156; 158; 159; 162; 169; 191; 192
10. 9. 1919	Vertrag von Saint-Germain-en-Laye	ö.Staatsgesetzblatt Nr. 303/1920	84; 89; 90; 92; 101; 119; 156; 162
27. 11. 1919	Vertrag von Neuilly	NRG 3ème série, XII, 323	90
9. 2. 1920	Treaty concerning the Archipelago of Spitsbergen (Spitzbergenvertrag)	RGBl. 1925 II, 763 2 LNTS, 7	142
4. 6. 1920	Treaty of Peace between the Allied and Associated Powers and Hungary (Vertrag von Trianon)	LNTS 6, 187	89; 90; 92; 94; 161; 162
12. 11. 1920	Vertrag von Rapallo (Treaty signed at Rapallo, Italy and Kingdom of the Serbs, Croats and Slovenes)	18 LNTS, 387	90; 156
1921–1930			
20. 4. 1921	Barcelona-Statut über das Regime der internationalen Schiffahrtswege (Convention and Statute on the Regime of Navigable Waterways of International Concern)	7 LNTS, 35	96

Datum	Name des Vertrags	Quellenangabe	Angabe §
6. 2. 1922	Washingtoner Fünfmächtevertrag über den Gebrauch von Unterseebooten (Treaty on Limitation of naval armament)	US Treaties, Vol. 2, 351, TS 671	155
10. 4. 1922	Deutsch-Dänischer Vertrag	RGBl. 1922 II, 201	90
24. 7. 1923	Treaty of Peace between the British Empire, France, Italy, Greece & Turkey, signed at Lausanne (Vertrag von Lausanne)	28 LNTS, 11	90; 152; 156; 164; 190
9. 12. 1923	Genfer Übereinkommen und Statut über die internationale Rechtsordnung der Seehäfen	RGBl. 1928 II, 23	96; 155; 162
23. 1. 1924	Convention concernant la prohibition de l'importation, aux Etats-Unis d'Amérique, des spiritueux se trouvant à bord des navires britanniques (Liquor-Convention)	de Martens, NRG III, tome XIII, 283 27, LNTS, 181	119
17. 6. 1925	Genfer Protokoll über das Verbot der Verwendung von erstickenden, giftigen oder ähnlichen Gasen sowie von bakteriologischen Mitteln im Kriege (Geneva Protocol for the Prohibition of the Use in War of Asphyxiating, Poisonous or Other Gases, and of Bacteriological Methods of Warfare)	94 LNTS, 65 RGBl. 1929 II, 173	146; 191
16. 10. 1925	Treaty of Mutual Guarantee, done at Locarno (Vertrag von Locarno)	54 LNTS, 289 RGBl. 1925 II, 975	156; 159; 169
2. 6. 1926	Brüsseler Abkommen zur einheitlichen Feststellung von Regeln über die Immunitäten der Staatsschiffe (International Convention for the Unification of Certain Rules Relating to Maritime Liens and Mortages)	120 LNTS, 187	162
25. 9. 1926	Übereinkommen über die Sklaverei (Slavery Convention)	60 LNTS, 253 BGBl. 1972 II, 1473	119; 143; 194
20. 2. 1928	Convention on Private International Law (Konvention über das Internationale Privatrecht, Havanna-Konvention)	86 LNTS, 111	84
20. 2. 1928	Convention on the Status of Aliens (Codigo Bustamente)	AJIL 22 (1928), suppl., 136 132 LNTS, 301	96; 99

Datum	Name des Vertrags	Quellenangabe	Angabe §
27. 8. 1928	Vertrag über die Ächtung des Krieges (Kellogg-Briand-Pakt)	RGBl. 1929 II, 97	156; 159; 191
11. 2. 1929	Lateranvertrag zwischen Italien und dem Hl. Stuhl	AJIL 23 (1929) suppl., 187	113
20. 4. 1929	Internationales Abkommen zur Bekämpfung der Falschmünzerei (International Convention for the Suppression of Counterfeiting Currency)	112 LNTS, 371 RGBl. 1933, 914	189; 190
27. 7. 1929	Genfer Abkommen zur Verbesserung des Loses der Verwundeten und Kranken der Heere im Felde (Geneva Convention for the Amelioration of the Conditions of the Wounded and Sick in Armies in the Field)	118 LNTS, 303 RGBl. 1934 II, 207	114
27. 7. 1929	Genfer Abkommen über die Behandlung der Kriegsgefangenen (Geneva Convention Relating to the Treatment of Prisoners in War)	AJIL 27 (1933), 59 RGBl. 1934 II, 227	114; 156
12. 10. 1929	Abkommen zur Vereinheitlichung von Regeln über die Beförderung im internationalen Luftverkehr (Convention for the Unification of Certain Rules Relating to International Transportation by Air; Warschauer Konvention)	137 LNTS, 11 AJIL 28 (1934), suppl., 84	114; 155
12. 4. 1930	Special Protocol relating to certain cases of statelessness	179 LNTS, 115	84; 91; 93
12. 4. 1930	Haager Übereinkommen über gewisse Fragen der Kollision von Staatsangehörigkeitsgesetzen (Convention on Certain Questions relating to the Conflict of Nationality Laws)	179 LNTS, 89 de Martens, NRG III; tome XXXIV, 435. 2	84; 85; 88; 92; 93; 182
30. 4. 1930	Final Act of the First Conference for the Codification of International Law, The Hague	AJIL 24 (1930), suppl., 169	84; 88; 92
1931–1940			
10. 10. 1933	Anti-War Treaty on Non-Aggression and Conciliation (Saavedra-Lamas Vertrag)	163 LNTS, 393 AJIL 28 (1934), suppl., 79	169
26. 12. 1933	Abkommen über die Staatsangehörigkeit der Frauen (Convention on the Nationality of Women)	AJIL 28 (1934), Supp., 61	84; 88

Datum	Name des Vertrags	Quellenangabe	Angabe §
26. 12. 1933	Konvention über die Rechte und Pflichten der Staaten (Convention on Rights and Duties of States adopted by the Seventh International Conference of American States; Montevideo-Konvention)	165 LNTS, 19 AJIL 28 (1934), supp., 70	82; 95; 100
26. 6. 1936	Convention for the Suppression of the Illicit Traffic in Dangerous Drugs	198 LNTS, 299	119
16. 11. 1937	Konvention zur Verhütung und Bekämpfung des Terrorismus	LN Doc. C. 546 (1),1937 (V); 7 Hudson 1935–1937, 862	101; 196
16. 11. 1937	Konvention zur Errichtung eines Internationalen Strafgerichtshofs	LN Doc. C. 547 (1).M.384 (1), 1937 (V); 7 Hudson 1935–1937, 878	196
14. 9. 1937	Nyon Arrangement between the United Kingdom of Great Britain and Northern Ireland, Bulgaria, Egypt, France, Greece, Roumania, Turkey, the Union of Soviet Socialist Republics and Yugoslavia (Piraterie-Abkommen)	181 LNTS, 135	119
8. 7. 1939	Vertrag zwischen dem Deutschen Reich und Litauen	RGBl. 1939 II, 1000	90
1941–1950			
22. 7. 1944	Abkommen über die Internationale Bank für Wiederaufbau und Entwicklung (International Bank for Reconstruction and Development)	BGBl. 1952 II, 664	96
7. 12. 1944	Vereinbarung über den Durchflug im internationalen Fluglinienverkehr (International Air Services Transit Agreement)	84 UNTS, 389 BGBl. 1956 II, 442	162; 163
22. 3. 1945	Pakt der Arabischen Liga (Pact of the League of Arab States)	70 UNTS, 237	167; 168
26. 6. 1945	Charta der Vereinten Nationen	BGBl. 1973 II, 431	82; 84; 95; 106; 107; 177; 180; 192

Datum	Name des Vertrags	Quellenangabe	Angabe §
12. 8. 1949	II. Genfer Abkommen zur Verbesserung des Loses der Verwundeten, Kranken und Schiffbrüchigen der Streitkräfte zur See	BGBl. 1954 II, 813	101; 111; 112; 115; 159; 162; 189; 190–192; 198
12. 8. 1949	III. Genfer Abkommen über die Behandlung der Kriegsgefangenen	BGBl. 1954 II, 838	101; 111; 112; 115; 157; 159; 160; 162; 189; 190–192; 194; 196; 198
12. 8. 1949	IV. Genfer Abkommen zum Schutze der Zivilpersonen in Kriegszeiten	BGBl. 1954 II, 917	101; 111; 112; 115; 159; 167; 189–192; 194; 196; 198
21. 3. 1950	Konvention zur Unterbindung des Menschenhandels und der Ausnutzung der Prostitution anderer (Convention for the Suppression of the Traffic in Persons and of the Exploitation of the Prostitution of Others)	96 UNTS, 271	190; 194
4. 11. 1950	Europäische Konvention zum Schutze der Menschenrechte und Grundfreiheiten (Convention for the Protection of Human Rights and Fundamental Freedoms)	213 UNTS, 221; BGBl. 1952 II, 685 Neufassung: BGBl. 2002 II, 1055	84; 107; 110; 151; 152; 156; 159; 162; 163; 168; 176; 180; 182; 190; 191; 194
1951–1960			
18. 4. 1951	Vertrag über die Gründung der Europäischen Gemeinschaft für Kohle und Stahl	BGBl. 1952 II, 445, BGBl. 1999 II, 416	158
28. 7. 1951	Abkommen über die Rechtsstellung der Flüchtlinge (Convention relating to the Status of Refugees)	189 UNTS, 150 BGBl. 1953 II, 559	84; 95; 103; 148; 149; 153; 177; 194
29. 11. 1951	Auslieferungsvertrag zwischen der Bundesrepublik Deutschland und Frankreich	BGBl. 1953 II, 151	100

Datum	Name des Vertrags	Quellenangabe	Angabe §
10.5.1952	Internationales Übereinkommen zur Vereinheitlichung von Regeln über die zivilgerichtliche Zuständigkeit bei Schiffszusammenstößen und anderen mit der Führung eines Seeschiffes zusammenhängenden Ereignissen	BGBl. 1972 II, 663	118
7.10.1952	Rome Convention on Damage caused by Foreign Aircraft to Third Parties on the Surface	310 UNTS, 181	183
31.3.1953	Übereinkommen über die politischen Rechte der Frau	BGBl. 1969 II, 1929	158
11.12.1953	Europäisches Fürsorgeabkommen (European Convention on Social and Medical Assistance)	ETS No. 14 BGBl. 1956 II, 563	95; 99
12.5.1954	Internationales Übereinkommen zur Verhütung der Verschmutzung der See durch Öl (International Convention for the Prevention of Pollution of the Sea by Oil)	ILM 9 (1970), 1 BGBl. 1956 II, 379	119; 146; 155
28.9.1954	Übereinkommen über die Rechtsstellung der Staatenlosen (Convention relating the Status of Stateless Persons)	360 UNTS, 130 BGBl. 1976 II, 473	84; 93; 103; 149; 194
23.10.1954	Vertrag zwischen der Bundesrepublik Deutschland und den drei Westmächten zur Regelung aus Krieg und Besatzung entstandener Fragen	BGBl. 1955 II, 405	109
23.10.1954	Protokoll über die Beendigung des Besatzungsregimes in der Bundesrepublik Deutschland	BGBl. 1955 II, 213	109
14.5.1955	Treaty of Friendship, Cooperation and Mutual Assisstance (Warschauer Pakt)	219 UNTS, 3	158
13.12.1955	Europäisches Niederlassungsabkommen (European Convention on Establishment)	529 UNTS, 141, ETS No. 19 BGBl. 1959 II, 997	95; 96; 99
1.6.1956	Haager Konvention über die Anerkennung der Rechtspersönlichkeit ausländischer Unternehmen, Gesellschaften und Stiftungen	Moniteur Belge, 10850	94
7.9.1956	Zusatzübereinkommen über die Abschaffung der Sklaverei, des Sklavenhandels und sklavereiähnlicher Einrichtungen und Praktiken	BGBl. 1958 II, 203	143; 194

Datum	Name des Vertrags	Quellenangabe	Angabe §
20.2.1957	Konvention über die Staatsangehörigkeit verheirateter Frauen (Convention on the nationality of married women)	309 UNTS, 65 BGBl. 1974 II, 1250	88; 93
25.3.1957	Vertrag zur Gründung der Europäischen Wirtschaftsgemeinschaft	BGBl. 1957 II, 766 295 UNTS, 17	83; 84; 151; 156
25.3.1957	Vertrag zur Gründung der Europäischen Atomgemeinschaft	BGBl. 1957 II, 1014 295 UNTS, 259	156
29.4.1957	Europäisches Abkommen zur Beilegung von Streitigkeiten	ETS No. 23, BGBl. 1961 II, 82	182
26.6.1957	Konvention zum Schutz und zur Integration von indigenen Völkern und anderen tribalen oder halbtribalen Völkern in unabhängige Staaten (Convention concerning the protection and integration of indigenious and other tribal or semitribal populations in independent countries)	328 UNTS, 247	110
23.11.1957	Abkommen über die Flüchtlingsseeleute (Agreement relating to refugee seamen)	506 UNTS, 125 BGBl. 1961 II, 829	103
13.12.1957	Europäisches Auslieferungsübereinkommen (European Convention on Extradition)	359 UNTS, 273 ETS No. 24 BGBl. 1964 II, 1369	100; 190; 196
29.4.1958	Übereinkommen über die Hohe See (Convention on the High Seas)	450 UNTS, 82 BGBl. 1972 II, 1089	195
29.4.1958	Fakultatives Protokoll über die obligatorische Beilegung von Streitigkeiten (Optional Protocol of Signature concerning the Compulsory Settlement of Disputes)	450 UNTS, 169	195
29.4.1958	Genfer Übereinkommen über den Festlandsockel (Convention on the Continental Shelf)	499 UNTS, 311	142
29.4.1958	Übereinkommen über das Küstenmeer und die Anschlußzone (Convention on the Territorial Sea and the Contiguous Zone)	516 UNTS, 205	195

Datum	Name des Vertrags	Quellenangabe	Angabe §
29.4.1958	Konvention über die Fischerei und die Erhaltung der biologischen Reichtümer der Hohen See (Convention on Fishing and Conservation of the Living Resources of the High Seas)	559 UNTS, 285	116; 195
25.6.1958	Übereinkommen über die Diskriminierung in Beruf und Beschäftigung (ILO Convention (No. 111) concerning discrimination in respect of employment and occupation)	362 UNTS, 31 BGBl. 1961 II, 97	143; 156
20.4.1959	Europäisches Übereinkommen über die Abschaffung des Sichtvermerkzwangs für Flüchtlinge (European Agreement on the Abolition of Visas for Refugees)	ETS No. 31 BGBl. 1961 II, 1089	156
1.12.1959	Antarktisvertrag (The Antarctic Treaty)	402 UNTS, 71 BGBl. 1978 II, 1517	138; 139; 140; 141; 152; 162; 164
29.7.1960	Übereinkommen über die Haftung gegenüber Dritten auf dem Gebiet der Kernenergie (Convention on the Third Party Liability in the Field of Nuclear Energy)	BGBl. 1976 II, 310	175; 183
16.8.1960	Vertrag zwischen dem Vereinigten Königreich, Griechenland, der Türkei einerseits und Zypern andererseits	382 UNTS, 8	89
14.12.1960	Übereinkommen gegen Diskriminierung im Unterrichtswesen (Convention against discrimination in education)	429 UNTS, 93 BGBl. 1968 II, 386	143; 156
1961–1970			
30.3.1961	Einheits-Übereinkommen über Suchtstoffe (Single Convention on Narcotic Drugs)	520 UNTS, 151 BGBl. 1973 II, 1353	190
18.4.1961	Wiener Übereinkommen über diplomatische Beziehungen	BGBl. 1964 II, 958	98; 166; 174; 180
21.4.1961	Europäisches Übereinkommen über die internationale Handelsschiedsgerichtsbarkeit	BGBl. 1964 II, 425	156
30.8.1961	Übereinkommen zur Verminderung der Staatenlosigkeit (Convention on the reduction of statelessness)	989 UNTS, 175 BGBl. 1977 II, 597	84; 85; 87–91; 93; 156

Datum	Name des Vertrags	Quellenangabe	Angabe §
18. 10. 1961	Europäische Sozialcharta (European Social Charter)	ETS No. 35 BGBl. 1964 II, 1261	96; 156
25. 5. 1962	Übereinkommen über die Haftung der Inhaber von Reaktorschiffen (Convention on the Liability of Operators of Nuclear Ships)	BGBl. 1975 II, 977	180; 183
19. 3. 1962	Vertrag von Evian zwischen Algerien und Frankreich	507 UNTS, 25 J. O. 20. 3. 1962, 3019	89; 112
27. 6. 1962	Treaty Concerning Extradition and Mutual Assistance in Criminal Matters	616 UNTS, 80	100
24. 4. 1963	Wiener Übereinkommen über konsularische Beziehungen (Vienna Convention on Consular Relations)	596 UNTS, 261 BGBl. II, 1585	98; 181
24. 4. 1963	Optional Protocol to the Vienna Convention on Consular Relations concerning Acquisition of Nationality	596 UNTS, 469 BGBl. 1969 II, 1675	85
6. 5. 1963	Übereinkommen über die Verringerung der Mehrstaatigkeit und über die Wehrpflicht von Mehrstaaten (Convention on the reduction of cases of multiple nationality and military obligations in cases of multiple nationality)	634 UNTS, 221 ETS No. 43 BGBl. 1969 II, 1953	91; 92
21. 5. 1963	Wiener Übereinkommen über die zivilrechtliche Haftung für nukleare Schäden (Vienna Convention on civil liability for nuclear damage)	1063 UNTS, 265 BGBl. 2001 II, 207	180; 183
25. 5. 1963	Charta der Organisation für Afrikanische Einheit (Charter of the Organization of African Unity)	479 UNTS, 39	167; 168
5. 8. 1963	Vertrag über das Verbot von Kernwaffenversuchen in der Atmosphäre, im Weltraum und unter Wasser (Treaty banning nuclear weapon tests in the atmosphere, in outer space and under water)	480 UNTS, 43 BGBl. 1964 II, 906	134
14. 9. 1963	Abkommen über strafbare und bestimmte andere an Bord von Luftfahrzeugen begangene Handlungen (Convention on offences and certain other acts committed on board of aircraft)	704 UNTS, 219 BGBl. 1969 II, 121	190; 196

Datum	Name des Vertrags	Quellenangabe	Angabe §
16. 9. 1963	4. Zusatzprotokoll zur Europäischen Konvention zum Schutz der Menschenrechte und Grundfreiheiten	BGBl. 1968 II, 423	99
22. 1. 1965	Europäisches Abkommen zur Verhütung von Rundfunksendern, die von Sendestellen außerhalb der staatlichen Hoheitsgebiete gesendet werden (European Agreement for the Prevention of Broadcasts transmitted from Stations outside National Territories)	ETS No. 53 ILM 4 (1965), 115	119
18. 3. 1965	Übereinkommen zur Beilegung von Investitionsstreitigkeiten zwischen Staaten und Angehörigen anderer Staaten (Convention on the Settlement of Investment Disputes Between States and Nationals of Other States)	ILM 4 (1965), 532 BGBl. 1969 II, 369	108; 182
12. 11. 1965	Internationaler Fernmeldevertrag	BGBl. 1968 II, 931	135
7. 3. 1966	Internationales Übereinkommen zur Beseitigung jeder Form von Rassendiskriminierung	UNTS 660, 195 BGBl. 1969 II, 962	84; 86; 89; 96; 110; 148; 150; 156; 168; 174; 177; 182; 190; 193
5. 4. 1966	Internationales Freibord-Übereinkommen (International Convention on Load Lines)	640 UNTS, 133 BGBl. 1969 II, 250	119; 120; 124
14. 5. 1966	International Convention for the Conservation of Atlantic Tunas	673 UNTS, 63	124
19. 12. 1966	Internationaler Pakt über wirtschaftliche, soziale und kulturelle Rechte (International Covenant on Economic, Social and Cultural Rights)	993 UNTS, 3 BGBl. 1973 II, 1570	83; 96; 110; 143; 150; 156; 162
19. 12. 1966	Internationaler Pakt über bürgerliche und politische Rechte (International Covenant on Civil and Political Rights)	999 UNTS, 172 BGBl. 1973 II, 1534	82–84; 88; 90; 91; 93; 96; 98; 99; 110; 143; 150; 156; 162; 165–168; 177; 182; 190; 191; 194

Datum	Name des Vertrags	Quellenangabe	Angabe §
19. 12. 1966	I. Fakultativprotokoll zum Internationalen Pakt über bürgerliche und politische Rechte	999 UNTS, 302 BGBl. 1992 II, 1247	152
27. 1. 1967	Vertrag über die Grundsätze zur Regelung der Tätigkeiten von Staaten bei der Erforschung und Nutzung des Weltraums einschließlich des Mondes und anderer Himmelskörper (Treaty on principles governing the activities of states in the exploration and use of outer space including the moon and other celestial bodies)	610 UNTS, 205 BGBl. 1969 II, 1968	128; 132–135; 152; 172; 177
31. 1. 1967	Protokoll über die Rechtsstellung der Flüchtlinge (Protocol relating to the Status of Refugees)	606 UNTS, 267 BGBl. 1969 II, 1293	84; 103
14. 2. 1967	Treaty for the Prohibition of Nuclear Weapons in Latin America (Vertrag von Tlatelolco)	634 UNTS, 281	152
14. 7. 1967	Übereinkommen über die Errichtung der Weltorganisation für geistiges Eigentum	BGBl. 1970 II, 295	105
31. 3. 1968	Internationales Kaffeeabkommen (International Coffee Agreement)	647 UNTS, 3 BGBl. 1974 II, 90	151
22. 4. 1968	Übereinkommen über die Rettung und Rückführung von Raumfahrern sowie die Rückgabe von in den Weltraum gestarteten Gegenständen	BGBl.1971 II, 237	132
1. 7. 1968	Vertrag über die Nichtverbreitung von Kernwaffen (Treaty on the Non-Proliferation of Nuclear Weapons)	729 UNTS, 161 BGBl. 1974 II, 785	150
7. 6. 1968	Europäisches Übereinkommen zur Befreiung der von diplomatischen oder konsularischen Vertretern errichteten Urkunden von der Legislation	BGBl. 1971 II, 86	156
27. 9. 1968	Übereinkommen über die gerichtliche Zuständigkeit und die Vollstreckung gerichtlicher Entscheidungen in Zivil- und Handelssachen	BGBl. 1972 II, 774	151
15. 1. 1969	Abkommen über die Erfüllung besonderer Vorschriften in Bezug auf die Staatsangehörigkeitsgesetze (Agreement on the implementation of certain provisions concerning nationality laws)	667 UNTS, 73	84

Datum	Name des Vertrags	Quellenangabe	Angabe §
23.5.1969	Wiener Übereinkommen über das Recht der Verträge (Vienna Convention on the Law of Treaties)	1155 UNTS, 331 BGBl. 1985 II, 926	84; 106; 143–164; 180; 181
10.9.1969	OAU Convention governing the specific aspects of refugee problems in Africa	1001 UNTS, 45	103
22.11.1969	Amerikanische Menschenrechtskonvention (American Convention on Human Rights)	ILM 9 (1970), 673	84; 99; 148; 156; 182; 194
29.11.1969	Internationales Übereinkommen über Maßnahmen auf Hoher See bei Ölverschmutzungsunfällen	BGBl. 1975 II, 139	156
29.11.1969	Internationales Übereinkommen über die zivilrechtliche Haftung von Ölverschmutzungsschäden	BGBl. 1975 II, 305 Neufassung: BGBl. 1996 II, 670	175; 183
24.10.1970	Declaration on Principles of International Law Concerning Friendly Relations and Cooperation Among States in Accordance with the Charter of the United Nations	GA Res. 2625 (XXV)	110; 147; 165; 171; 172; 192
16.12.1970	Übereinkommen zur Bekämpfung der widerrechtlichen Inbesitznahme von Luftfahrzeugen (Convention on the suppression of unlawful seizure of aircraft)	860 UNTS, 105 BGBl. 1972 II, 1505	102; 189; 190; 191; 196
1971–1980			
18.12.1971	Übereinkommen über die Errichtung eines Internationalen Fonds zur Entschädigung für Ölverschmutzungsschäden	BGBl. 1975 II, 320	175
2.2.1971	Übereinkommen über Feuchtgebiete, insbesondere als Lebensraum für Wasser- und Wattvögel, von internationaler Bedeutung (Convention on Wetlands of International Importance, „Ramsar Konvention")	ILM 11 (1972), 969 BGBl. 1976 II, 1266	107
2.2.1971	Convention to Prevent and Punish the Acts of Terrorism Taking the Form of Crimes against Persons and Related Extortion that are of International Significance	ILM 10 (1971), 255	196

Datum	Name des Vertrags	Quellenangabe	Angabe §
11.2.1971	Vertrag über das Verbot der Anbringung von Kernwaffen und anderen Massenvernichtungswaffen auf dem Meeresboden und im Meeresuntergrund (United Nations Treaty on the Prohibition of the Replacement of Nuclear Weapons and other Weapons of Mass Destruction on the Sea-Bed and the Ocean Floor and in the Subsoil Thereof)	ILM 10 (1971), 145 BGBl. 1972 II, 325	152
21.2.1971	Übereinkommen über psychotrope Stoffe (Convention on psychotropic substances)	1019 UNTS, 175 BGBl. 1976 II, 1478	190
29.3.1971	Internationales Weizenübereinkommen	203 UNTS, 179	151
24.7.1971	Pariser Übereinkünfte auf dem Gebiet des Urheberrechts	BGBl. 1973 II, 1069	156
20.8.1971	Übereinkommen über die Internationale Fernmeldeorganisation INTELSAT	BGBl. 1973 II, 249	136
23.9.1971	Abkommen zur Bekämpfung widerrechtlicher Handlungen gegen die Sicherheit der Zivilluftfahrt (Convention for the suppression of unlawful acts against the safety of civil aviation, Montreal Convention)	974 UNTS, 177 BGBl. 1977 II, 1229	102; 189–191; 196
15.2.1972	Übereinkommen zur Verhütung der Meeresverschmutzung durch das Einbringen durch Schiffe und Luftfahrzeuge (Convention for the Prevention of Marine Pollution by Dumping from Ships and Aircraft)	ILM 11 (1972), 262 BGBl. 1977 II, 169	126; 180
29.3.1972	Übereinkommen über die völkerrechtliche Haftung für Schäden durch Weltraumgegenstände (Convention on the international liability for damage caused by space objects)	961 UNTS, 187 BGBl. 1975 II, 1210	106; 132; 173; 175; 179; 180; 183
26.5.1972	Vertrag zwischen den Vereinigten Staaten von Amerika und der UdSSR über die Begrenzung der Systeme zur Abwehr ballistischer Flugkörper	ILM 11 (1972), 784 23 UST 1972 TI-AS 7503, 3435	134
1.6.1972	Übereinkommen zur Erhaltung der antarktischen Robben (Convention for the Conservation of Antarctic Seals)	ILM 11 (1972), 251 BGBl. 1987 II, 90	138; 139
17.11.1972	UNESCO-Konvention zum Schutz des Natur- und Kulturerbes der Welt	1037 UNTS, 251	165

Datum	Name des Vertrags	Quellenangabe	Angabe §
14. 12. 1972	Europäisches Abkommen über Soziale Sicherheit (European Convention on Social Security)	ETS No. 78	103
29. 12. 1972	Übereinkommen zur Verhütung der Meeresverschmutzung durch das Einbringen von Abfällen und anderen Stoffen	BGBl. 1977 II, 180	126
15. 2. 1973	Memorandum of Understanding on the Hijacking of Aircraft and Vessels (Abkommen zwischen den Vereinigten Staaten von Amerika und Kuba zur Bekämpfung von Flugzeug- und Schiffsentführungen)	ILM 12 (1973), 370	196
3. 3. 1973	Übereinkommen über den internationalen Handel mit gefährdeten Arten freilebender Tiere und Pflanzen (Convention on International Trade in Endangered Species of Wild Fauna and Flora)	ILM 12 (1973), 1088 BGBl. 1975 II, 777	107
12. 6. 1973	Zusatzprotokoll über das Abkommen über die Flüchtlingsseeleute (Protocol relating to refugee seamen)	965 UNTS, 445 BGBl. 1975 II, 422	103
13. 9. 1973	Übereinkommen zur Verringerung der Fälle von Staatenlosigkeit	BGBl. 1977 II, 613	93
2. 11. 1973	Internationales Übereinkommen zur Verhütung der Meeresverschmutzung durch Schiffe (International Convention for the Prevention of Pollution from Ships)	ILM 12 (1973), 1319 BGBl. 1982 II, 4	119; 120; 180
30. 11. 1973	Konvention über die Bekämpfung und Ahndung der Verbrechen der Apartheid (International Convention on the Suppression and Punishment of the Crime of Apartheid)	1015 UNTS, 243 VN 1975, 57 ILM 13 (1974), 51	91; 189–191; 194
14. 12. 1973	Übereinkommen über die Verhütung, Verfolgung und Bestrafung von Straftaten gegen völkerrechtlich geschützte Personen, einschließlich Diplomaten (Convention on the Prevention and Punishment of Crimes against Internationally Protected Persons, including Diplomatic Agents)	1035 UNTS, 167; GA Res. 3166 (XXVIII) BGBl. 1976 II, 1745	189; 191; 196
22. 3. 1974	Übereinkommen über den Schutz der Meeresumwelt des Ostseegebietes	BGBl. 1979 II, 1229	156

Datum	Name des Vertrags	Quellenangabe	Angabe §
1. 11. 1974	Internationales Übereinkommen von 1974 zum Schutz des menschlichen Lebens auf See (International Convention for the Safety of Life at Sea)	ILM 14 (1975), 959, 17 (1978), 579 BGBl. 1979 II, 141	120
13. 12. 1974	Athener Abkommen über den Transport von Passagieren (Athens Convention relating to the Carriage of passengers and their luggage by sea)	ILM 14 (1975), 945	118
14. 1. 1975	Übereinkommen über die Registrierung von in den Weltraum gestarteten Gegenständen	BGBl. 1979 II, 650	132; 134
30. 5. 1975	Agreement on the Establishment of a European Space Agency (Übereinkommen zur Gründung der Europäischen Weltraumorganisation)	ILM 14 (1975); 855 BGBl. 1976 II, 1862	135
1. 8. 1975	Conference on Security and Cooperation in Europe, Final Act (KSZE-Schlußakte)	ILM 14 (1975), 1292	83; 143
16. 2. 1976	Abkommen zum Schutze des Mittelmeeres (Convention for the Protection of the Mediterranean Sea against Pollution)	ILM 15 (1976), 290	126
3. 9. 1976	Übereinkommen über die Internationale Seefunksatelliten-Organisation INMARSAT	BGBl. 1979 II, 1081	136
29. 10. 1976	Übereinkommen Nr. 147 der Internationalen Arbeitsorganisation über Mindestnormen auf Handelsschiffen	BGBl 1980 II, 608	120
27. 1. 1977	Europäisches Übereinkommen zur Bekämpfung des Terrorismus (European Convention on the Suppression of Terrorism)	ETS No. 90 BGBl. 1978 II, 321	101; 102; 176; 189; 190; 196
2. 4. 1977	Internationales Übereinkommen über die Sicherheit von Fischereifahrzeugen	BGBl. 1983 II; 659	118
8. 5. 1977	Zusatzprotokoll I zu den Genfer Abkommen vom 12. 8. 1949 über den Schutz der Opfer internationaler bewaffneter Konflikte (Protocol additional to the Geneva Conventions of 12 August 1949, and relating to the protection of victims of international armed conflicts, Protocol I)	1125 UNTS, 3 BGBl. 1990 II, 1551	111; 112; 152; 156; 159; 176; 189–192; 196–198

Datum	Name des Vertrags	Quellenangabe	Angabe §
18.5.1977	Vertrag über das Verbot der militärischen oder sonstigen feindseligen Nutzung umweltverändernder Techniken (Convention on the prohibition of military or any other hostile use of environmental modification techniques)	1108 UNTS, 151 BGBl. 1983 II, 125	134
8.6.1977	Zusatzprotkoll II zu den Genfer Abkommen vom 12.8.1949 über den Schutz der Opfer nichtinternationaler bewaffneter Konflikte (Protocol additional to the Geneva Conventions of 12 August 1949, and relating to the protection of victims of noninternational armed conflicts, Protocol II)	1125 UNTS, 609 BGBl. 1990 II, 1637	111; 112; 159; 162; 176; 189–192; 196; 198
24.11.1977	Europäisches Übereinkommen über die Rechtsstellung der Wanderarbeitnehmer (European Convention on the Legal Status of Migrant Workers)	ETS No. 93 ILM 16 (1977), 1381	92; 95; 96; 99
17.2.1978	Protokoll zur Änderung des Internationalen Übereinkommens zur Verhütung der Meeresverschmutzung durch Schiffe (Protocol of 1978 Relating to the International Convention for the Prevention of Pollution from Ships)	ILM 17 (1978), 546	180
7.7.1978	Internationales Übereinkommen über Normen für die Ausbildung, die Erteilung von Befähigungszeugnissen und den Wachdienst von Seeleuten	BGBl. 1982 II, 298	118; 120
24.4.1978	Kuwait Regional Convention for Cooperation on the Protection of the Marine Environment from Pollution	ILM 17 (1978), 526	126
23.8.1978	Wiener Konvention über die Staatennachfolge in Verträgen (Vienna Convention on Succession of States in Respect of Treaties)	ILM 17 (1978), 1488	151
27.4.1979	Internationales Übereinkommen über den Such- und Rettungsdienst auf See	BGBl. 1982 II, 485	156
26.10.1979	Übereinkommen über den physischen Schutz von Kernmaterial (Convention on the Physical Protection of Nuclear Material)	ILM 18 (1979), 1419 BGBl. 1990 II, 327	196

Datum	Name des Vertrags	Quellenangabe	Angabe §
13.11.1979	Übereinkommen über weiträumige grenzüberschreitende Luftverunreinigung (Convention on long range transboundary air pollution)	1302 UNTS, 217 BGBl. 1982 II, 374	166
4.12.1979	Übereinkommen über die Anwendung des Europäischen Übereinkommens zur Bekämpfung des Terrorismus zwischen den Mitgliedsstaaten der Europäischen Gemeinschaft (Agreement concerning the application of the European Convention on the Suppression of Terrorism among the Member States)	ILM 19 (1980), 325	196
5.12.1979	Übereinkommen zur Regelung der Tätigkeiten von Staaten auf dem Mond und anderer Himmelskörper (Agreement governing the activities of States on the moon and other celestial bodies)	ILM 18 (1979), 1434	133; 134; 152
18.12.1979	Übereinkommen zur Beseitigung jeder Form der Diskriminierung der Frau (Convention on the Elimination of All Forms of Discrimination against Women)	1249 UNTS, 13 BGBl. 1985 II, 647	88; 119; 148; 156; 190
18.12.1979	Internationales Übereinkommen gegen Geiselnahme (International Convention against the Taking of Hostages)	1316 UNTS 206 BGBl. 1980 II, 1361	189; 191; 195; 196
20.5.1980	Übereinkommen über die Erhaltung der lebenden Meeresschätze der Antarktis (Convention on the Conservation of antarctic Marine Living Resources)	BGBl. 1982 II, 421 ILM 19 (1980), 841	138; 140
19.6.1980	Übereinkommen über das auf vertragliche Schuldverhältnisse anzuwendende Recht	BGBl. 1986 II, 810	151; 156
16.10.1980	Europäisches Übereinkommen über den Übergang der Verantwortung für Flüchtlinge (European Agreement on Transfer of Responsibility for Refugees)	ETS. No. 107 BGBl. 1992 II, 959	103
25.10.1980	Haager Übereinkommen über die zivilrechtlichen Aspekte internationaler Kindesentführung	1343 UNTS, 89 BGBl. 1990 II, 207	156
1981–1990			
25.2.1981	Inter-American Convention on Extradition	ILM 20 (1981), 723	100

Datum	Name des Vertrags	Quellenangabe	Angabe §
8. 6. 1981	Treaty Establishing the Organization of Eastern Caribbean States	1338 UNTS, 97 ILM 20 (1981), 1166	170
27. 6. 1981	African Charter on Human and Peoples' Rights (Banjul Charter)	1520 UNTS, 217 ILM 21 (1982), 59	96; 99; 167; 190
26. 1. 1982	Pariser Vereinbarung über die Hafenstaatkontrolle	BGBl. 1982 II, 586	120
2. 3. 1982	Convention for the Conservation of Salmon in the North Atlantic	1338 UNTS, 33	124
15. 7. 1982	Abkommen zur Gründung der Europäischen Fernmeldesatellitenorganisation EUTELSAT	BGBl. 1984 II, 682	136
2. 9. 1982	Abkommen über die vorläufige Regelung für polymetallische Knollen des Tiefseebodens	ILM 21 (1982), 950 BGBl. 1982 II, 983	129
10. 12. 1982	Seerechtsübereinkommen der Vereinten Nationen (United Nations Convention on the Law of the Sea)	ILM 21 (1982), 1261 BGBl. 1994 II, 1799	98; 106; 148; 150; 152; 153; 155; 157; 158; 163; 165; 166; 170; 172; 173; 176; 177; 180-182; 189; 195
8. 3. 1983	Konvention über die Staatennachfolge in Staatsvermögen, Staatsarchive und Staatsschulden (Vienna Convention on Succession of States in Respect of Property, Archives and Debts)	ILM 22 (1983), 306	150
15. 3. 1983	Eastern Pacific Fisheries Agreement	FAO Fisheries Report No. 293, 189	124
21. 3. 1983	Europäisches Übereinkommen über die Überstellung verurteilter Personen (Convention on the Transfer of Sentenced Persons)	ETS No. 112 BGBl. 1991 II, 1007	100
28. 4. 1983	Protokoll Nr. 6 zur Konvention zum Schutze der Menschenrechte und Grundfreiheiten über die Abschaffung der Todesstrafe (Protocol No. 6 to the Convention for the Protection of Human Rights and Fundamental Freedoms concerning the Abolition of the Death Penalty)	ETS No. 114 BGBl. 1988 II, 662	148

Datum	Name des Vertrags	Quellenangabe	Angabe §
25. 5. 1984	Internationales Übereinkommen von 1984 über die zivilrechtliche Haftung für Ölverschmutzungsschäden	BGBl. 1988 II, 825	175
3. 8. 1984	Vorläufige Absprache über Fragen des Tiefseebodens (Provisional Understanding Regarding Deep Sea-Bed Mining)	1409 UNTS, 463 BGBl. 1984 II, 747	129
22. 11. 1984	Protocol No. 7 to the Convention for the Protection of Human Rights and Fundamental Freedoms	ETS No. 117 1525 UNTS, 195	99
10. 12. 1984	Übereinkommen der Vereinten Nationen gegen Folter und andere grausame, unmenschliche oder erniedrigende Behandlung oder Strafe (Convention against torture and other cruel, inhuman or degrading treatment or punishment)	1465 UNTS, 85 BGBl. 1990 II, 246	100; 101; 156; 159; 168; 189–191; 194
19. 3. 1985	Protocol No. 8 to the Convention for the Protection of Human Rights and Fundamental Freedoms	ETS No. 118 1604 UNTS, 275 BGBl. 1989 II, 547	194
22. 3. 1985	Übereinkommen zum Schutz der Ozonschicht (Vienna Convention for the Protection of the Ozone Layer)	1513 UNTS, 293 ILM 26 (1987), 1529 BGBl. 1988 II, 902	165; 172
6. 8. 1985	South Pacific Nuclear Free Zone Treaty	1445 UNTS, 177 ILM 24 (1985), 1440	117
7. 2. 1986	United Nations Convention on Conditions for the Registration of Ships	ILM 26 (1987), 1229	121
21. 3. 1986	Wiener Konvention über das Recht der Verträge zwischen Internationalen Organisationen und Staaten oder zwischen Internationalen Organisationen (Vienna Convention on the Law of Treaties between States and International Organizations or between International Organizations)	ILM 25 (1986), 543 BGBl. 1990 II, 1415	143–150; 158; 161
24. 4. 1986	Europäisches Übereinkommen über die Anerkennung der Rechtspersönlichkeit internationaler, nichtstaatlicher Organisationen (European Convention on the Recognition of the Legal Personality of International Non-Governmental Organisations)	ETS No. 124 1704 UNTS, 95	107

Datum	Name des Vertrags	Quellenangabe	Angabe §
14. 8. 1987	Agreement on the Resolution of Practical Problems with Respect to Deep Sea Bed Mining Areas	ILM 26 (1987), 1505	129
16. 9. 1987	Montrealer Protokoll über Stoffe, die zu einem Abbau der Ozonschicht führen (Montreal Protocol on Substances that Deplete the Ozone Layer)	1522 UNTS, 3 BGBl. 1988 II, 1015	153; 165; 172; 181
26. 11. 1987	Europäisches Übereinkommen zur Verhütung von Folter und unmenschlicher oder erniedrigender Behandlung oder Strafe (European Convention for the Prevention of Torture and Inhuman or Degrading Treatment or Punishment)	ETS No. 126 ILM 27 (1988), 1154 BGBl. 1989 II, 946	156
24. 2. 1988	Protokoll zur Bekämpfung widerrechtlicher gewalttätiger Handlungen auf Flughäfen, die der internationalen Luftfahrt dienen (Protocol for the Suppression of Unlawful Acts of Violence at Airports Serving International Civil Aviation, supplementary to the Montreal Convention)	ILM 27 (1988), 627 BGBl. 1993 II, 867	196
10. 3. 1988	Convention for the Suppression of Unlawful Acts against the Safety of Maritime Navigation	ILM 27 (1988), 672	119; 190; 195; 196
10. 3. 1988	Protokoll zur Bekämpfung widerrechtlicher Handlungen gegen die Sicherheit fester Plattformen, die sich auf dem Festlandsockel befinden (Protocol for the Suppression of Unlawful Acts against the Safety of Fixed Platforms Located on the Continental Shelf)	ILM 27 (1988), 685 BGBl. 1990 II, 494	191; 195; 196
2. 6. 1988	Convention on the Regulation of Antarctic Mineral Resource Activities	ILM 27 (1988), 865	138; 141; 177; 183
20. 12. 1988	United Nations Convention against Illiscit Traffic in Narcotic Drugs and Psychotropic Substances	ILM 28 (1989), 497	119; 191
22. 3. 1989	Basel Convention on Hazardous Wastes	1673 UNTS, 57 BGBl. 1994 II, 2740	187
27. 6. 1989	Konvention betreffend indigene und tribale Völker in unabhängigen Staaten (Convention concerning Indigenious and Tribal peoples in Independent Countries)	ILM 28 (1989), 1382 1650 UNTS, 383	110

Datum	Name des Vertrags	Quellenangabe	Angabe §
20. 11. 1989	Konvention über die Rechte des Kindes (Convention on the Rights of the Child)	1577 UNTS, 3 BGBl. 1992 II, 121	84; 93; 148; 159; 190; 192
4. 12. 1989	Konvention gegen Söldner (International Convention against the Recruitment, Use, Financing and Training of Mercenaries)	ILM 19 (1990), 89	190; 198
15. 12. 1989	Zweites Fakultativprotokoll zum Internationalen Pakt über bürgerliche und politische Rechte zur Abschaffung der Todesstrafe	1642 UNTS, 414 BGBl. 1992 II, 391	148
29. 5. 1990	Übereinkommen zur Errichtung der Europäischen Bank für Wiederaufbau und Entwicklung	1646 UNTS, 97	105
29. 6. 1990	Document of the Copenhagen Meeting of the Conference on the Human Dimension of the CSCE	ILM 29 (1990), 1305	83
31. 8. 1990	Vertrag zwischen der Bundesrepublik Deutschland und der Deutschen Demokratischen Republik über die Herstellung der Einheit Deutschlands (Einigungsvertrag)	BGBl. 1990 II, 889	146; 151
12. 9. 1990	Vertrag über die abschließende Regelung in Bezug auf Deutschland (Zwei-plus-Vier Vertrag)	1696 UNTS, 115 BGBl. 1990 II, 1318	146; 164
21. 11. 1990	Charter of Paris for a New Europe and Supplementary Document to give Effect to Certain Provisions of the Charter (Charta von Paris)	ILM 30 (1991), 190	83
14. 12. 1990	United Nations Model Treaty on Extradition	ILM 30 (1991), 1407	100
1991–2002			
4. 10. 1991	Umweltschutzprotokoll zum Antarktisvertrag (Protocol on Environmental Protection to the Antarctic Treaty)	ILM 30 (1991), 1460 BGBl. 1994 II, 2478. Berichtigung: BGBl. 1997 II, 708	138; 141
5. 2. 1992	Convention on the Participation of Foreigners in Public Life at Local Level	ETS No. 144	98
7. 2. 1992	Vertrag über die Europäische Union, Vertrag von Maastricht	BGBl. 1992 II, 1251	83; 84; 98

Datum	Name des Vertrags	Quellenangabe	Angabe §
2. 5. 1992	Abkommen über den Europäischen Wirtschaftsraum	BGBl. 1993 II, 265	105
9. 5. 1992	Rahmenübereinkommen der Vereinten Nationen über Klimaänderungen (UN Framework Convention on Climate Change)	ILM 31 (1992), 849 BGBl. 1993 II, 1784	150; 158; 165; 166; 172
5. 6. 1992	Übereinkommen über die biologische Vielfalt (United Nations Convention on biological diversity)	ILM 30 (1991), 818 BGBl. 1993 II, 1742	107; 152; 155; 165; 166; 172
14. 6. 1992	Rio Declaration on Environment and Development	ILM 31 (1992), 874	166
22. 9. 1992	Abkommen zum Schutz der Meeresumwelt des Nordost-Atlantiks	ILM 32 (1993), 1072	126
22. 12. 1992	Constitution and Convention of the International Telecommunication Union	BGBl. 1996 II, 1306	136
22. 1. 1993	Charta der Gemeinschaft Unabhängiger Staaten	1819 UNTS, 37 ILM 34 (1995), 1279	104
21. 6. 1993	Convention on Civil Liability for Damage resulting from Activities Dangerous to Environment	ETS No. 150 ILM 32 (1993), 1230	175; 180
15. 4. 1994	Abkommen zur Errichtung der Welthandelsorganisation	BGBl. 1994 II, 1438	156
15. 4. 1994	General Agreement on Tariffs and Trade	BGBl. 1994 II, 1625	156
15. 4. 1994	General Agreement on Trade in Services	BGBl. 1994 II, 1473 (engl.); 1643 (dtsch.)	156
15. 4. 1994	Agreement on Trade-Related Aspects of Intellectual Property Rights	BGBl. 1994 II, 1730	156
15. 4. 1994	Understanding on rules and procedures governing the settlement of disputes	BGBl. 1994 II, 1598	156
11. 5. 1994	Protocol No. 11 to the Convention for the Protection of Human Rights and Fundamental Freedoms, restructuring the control machinery established thereby	ETS. No. 155 BGBl. 1995 II, 579	109

Datum	Name des Vertrags	Quellenangabe	Angabe §
28.7.1994	Übereinkommen zur Durchführung des Teiles X des Seerechtsübereinkommens der Vereinten Nationen (Agreement relating to the implementation of part XI of the United Nations Convention on the Law of the Sea)	ILM 33 (1994), 1309 BGBl. 1994 II, 2566	152; 155
14.10.1994	Konvention zum Schutz gegen Wüstenbildung (Convention to Combat Desertification in Countries Experiencing Serious Drought and/or Desertification)	ILM 33 (1994), 1328	107; 144; 172
1.2.1995	Rahmenübereinkommen zum Schutz nationaler Minderheiten (Framework Convention for the Protection of National Minorities)	ETS. No. 157	149
10.3.1995	Abkommen der Mitgliedsstasten der Europäischen Gemeinschaften über die Vereinfachung und Modernisierung der Verfahren zur Übermittlung von Auslieferungsersuchen	BGBl. 1995 II, 969	100
4.8.1995	Konvention über grenzüberschreitende und weitschwimmende Fischarten (Agreement for the Implementation of the Provisions of the United nations Convention on the Law of the Sea Relating to the Conservation and Management of Straddling Fisch Stocks and Highly Migratory Fish Stocks)	ILM 34 (1995), 1542 BGBl. 2000 II, 1023	143; 172
2.10.1997	Vertrag von Amsterdam	BGBl. 1998 II, 387	95; 99
6.11.1997	Europäisches Übereinkommen über die Staatsangehörigkeit (European Convention on Nationality)	ETS No. 166 ILM 37 (1998), 47	83; 91; 92
18.9.1997	Übereinkommen über das Verbot des Einsatzes, der Lagerung, der Herstellung und der Weitergabe von Antipersonenminen und über deren Vernichtung	BGBl. 1998 II, 779	107; 149; 152
12.1.1998	International Convention for the Suppression of Terrorist Bombings	ILM 37 (1998), 249	196
17.7.1998	Römisches Statut des Internationalen Strafgerichtshofs (Rome Statute of the International Criminal Court)	ILM 37 (1998), 999 BGBl. 2000 II, 1394	165; 167; 189; 191–194; 196–199
9.12.1999	International Convention for the Suppression of the Financing of Terrorism	ILM 39 (2000), 270	196

2. TEIL
Der Staat und andere Völkerrechtssubjekte

4. ABSCHNITT
Das Volk, Volksgruppen und Minderheiten, das Individuum

Aus der Sicht des Völkerrechts war lange Zeit der Staat als ganzer, seine Einheit als effektive, territorialbezogene Ordnung und seine Handlungsfähigkeit als Völkerrechtssubjekt von vorrangiger Bedeutung. Obwohl der Staat als spezifische Erscheinungsform eines sozialen Verbandes seinen Entstehungsgrund und seine Legitimation letztlich im Dienst an den in ihm zusammengefaßten Menschen findet, hat sich das Völkerrecht – wie eingangs gezeigt[1] – eher als zwischenstaatliches, nicht als Recht zwischen den Völkern oder gar zwischen einzelnen Volksgruppen oder Minderheitengruppen[2] und Einzelmenschen verstanden. Mit der sich verstärkenden Interdependenz der Staaten, ihrer zunehmenden Öffnung zu einer internationalen Kooperation in praktisch allen Bereichen des öffentlichen Lebens und namentlich im Bereich des internationalen Schutzes der Menschenrechte, der Umwelt und im internationalen Wirtschaftsrecht ist jedoch gegenüber dem traditionellen, klassischen Völkerrechtsverständnis ein Wandel eingetreten.[3] Das personelle Element des Staates, das in ihm zusammengefaßte Volk, aber auch Volksteile oder -gruppen sowie Minderheiten und der einzelne Mensch haben zunehmend Teil an der internationalen Rechtsordnung. Entsprechend sind sie stärker in das Blickfeld des Völkerrechts gerückt.

Indessen wäre es falsch bzw. zu einseitig, wollte man annehmen, daß das Interesse des Völkerrechts an den im Staat zusammengefaßten Menschen ausschließlich ein Resultat der modernen politisch-sozialen Entwicklung und ihrer Folgen im Völkerrecht sei. Nicht nur war von jeher das personale Substrat des Staates – das (Staats-)Volk – von Völkerrechts wegen konstitutives Element des Staates. Vielmehr sind die staatliche Kompetenz zur Verleihung der Staatsangehörigkeit, die Fragen des räumlichen, zeitlichen und inhaltlichen Umfangs staatlicher Jurisdiktion und schließlich die Fragen des Umfangs und der Grenzen staatlicher Jurisdiktion über Ausländer Gegenstand völkerrechtlicher Regelungen. Sie sind im folgenden unter Einbeziehung der zunehmenden personalen und menschenrechtlichen Ausrichtung des modernen Völkerrechts zu behandeln. Der hier angesprochene Ansatz äußert sich u. a. im Schutz der Völker oder von Gruppen durch das Verbot des Völkermordes sowie in jüngster Zeit in der mit der Anerkennung des Prinzips des „Gemeinsamen Erbes der Menschheit“ *(common heritage of humankind)* verbundenen Wahrnehmung der Mensch-

---

[1] Siehe oben Bd. I/1, S. 23 ff und 28 f.

[2] Zu denken ist hier an die sog. „neuen Minderheiten“, das heißt Gruppen von Menschen, die im Zuge der globalen Wanderungsbewegungen vor allem in den westlichen Industriestaaten zumindest als *De-facto*-Einwanderer dauerhaften Wohnsitz nehmen, ohne jedoch in den meisten Fällen Staatsangehörige der Aufenthaltsstaaten zu werden; vgl. zum Begriff der „neuen Minderheiten“ *R. Wolfrum*, The Emergence of „New Minorities“ as a Result of Migration, in: *C. Brölmann et al.* (eds.), Peoples and Minorities in International Law, 1993, 153 ff; zur Gesamtproblematik der Wanderungsbewegungen *R. Brubaker* (ed.), Immigration and the Politics of Citizenship in Europe and North America, 1989.

[3] *W. Friedman*, The Changing Structure of International Law, 1964; *C. Tomuschat*, International Law: Ensuring the Survival of Mankind on the Eve of a New Century, General Course on Public International Law, RdC 281 (1999), 10 (56).

heit als ganzer als rechtliches Bezugssubjekt. Neuesten Datums ist schließlich auch die Berücksichtigung der Interessen späterer Generationen.[4]

[4] *E. Brown Weiss*, In Fairness to Future Generations: International Law, Common Patrimony and Intergenerational Equity, 1989.

13. KAPITEL
Das Staatsvolk

§ 82 Begriffliches: Das Volk, Volks- und Minderheitengruppen, das Staatsvolk

Schrifttum: wie zu § 12; ferner *H. Heller*, Staatslehre, hrsg.von *G. Niemann*, 1934 (4. unveränderte Auflage, 1970); *G. Leibholz*, Volk, Nation und Staat im 20. Jh., 1958; *B. Akzin*, States and Nations, 1966 (ursprünglich veröffentlicht unter dem Titel „Staat und Nation", 1964); *D. A. Rustow*, A World of Nations: Problems of Political Modernization, 1967; *ders.*, Nation, in: *W. Sills* (ed.), International Encyclopedia of the Social Sciences, 1968, Vol. 11, 7 ff; *A. Fatouros*, Participation of the „New" States in the International Legal Order of the Future, in: *R. A. Falk/C. Black* (eds.), The Future of the International Legal Order, Vol. 1, 1969, 317 ff; *F. Ermacora*, Allgemeine Staatslehre, Bd. I, 1970, 50 ff; *R. Herzog*, Allgemeine Staatslehre, 1971, 118 ff; *R. Grawert*, Staat und Staatsangehörigkeit, 1973; *K. Doehring*, Das Selbstbestimmungsrecht der Völker als Grundsatz des Völkerrechts, in: Berichte DGVR 14 (1974); *Ch. Rousseau*, Droit International Public, tome II, Les sujets de Droit, 1974; *B. Meissner*, Der Nationsbegriff und die Frage nach dem Subjekt oder Träger des Selbstbestimmungsrechts, in: Nation und Selbstbestimmung in Politik und Recht, 1984, 23 ff; *W. Schlau*, Nation und Volk in soziologischer Sicht, ebd., 57 ff; *H. Rumpf*, Die Nation in rechtlicher Sicht, ebd., 7 ff; *R. Grawert*, Staatsvolk und Staatsangehörigkeit, HStRBRD, Bd. I (1987), 663 ff; *K. Doehring*, State, EPIL IV (2000), 600 ff; *C. Thomas*, In Search of Security: the Third World in International Relations, 1987; *G.-R. de Groot*, Staatsangehörigkeitsrecht im Wandel. Eine rechtsvergleichende Studie über Erwerbs- und Verlustgründe der Staatsangehörigkeit, 1989; *E. Jayme/H.-P. Mansel* (Hrsg.), Nation und Staat im Internationalen Privatrecht – Zum kollisionsrechtlichen Staatsangehörigkeitsprinzip in verfassungsrechtlicher und international-privatrechtlicher Sicht, 1990; *W. Fiedler*, Die Nation als Rechtsbegriff – Bemerkungen zu ihrem völkerrechtlichen Stellenwert, in: *E. Jayme/H.-P. Mansel* (Hrsg.), Nation und Staat im IPR, 1990, 45 ff; *E. Klein*, Völker und Grenzen im 20. Jahrhundert, Der Staat 32 (1993), 357 ff; *R. Zippelius*, Allgemeine Staatslehre (Politikwissenschaft), 12. Aufl. 1994; *R. Brubaker* (ed.), Immigration and the Politics of Citizenship in Europe and North America, 1989; *J. Delbrück*, Das Staatsvolk und die Offene Republik, in: *U. Beyerlin* (Hrsg.), Recht zwischen Umbruch und Bewahrung, Festschrift für *Rudolf Bernhardt*, 1995, 777 ff.; *T. D. Musgrave*, Self-Determination and National Minorities, 1997; *B. R. Elsner*, Die Bedeutung des Volks im Völkerrecht: Unter besonderer Berücksichtigung der historischen Entwicklung und der Praxis des Selbstbestimmungsrechts der Völker, 2000.

I. 1. Es gibt keinen Staat ohne Staatsvolk.[1] Insofern ist ein Staatsvolk für die Existenz eines Staates schlechterdings konstituierend.

2. Der Begriff „Staatsvolk" als Bezeichnung des personalen Elements, des „personalen Herrschaftssubstrats"[2] des modernen Staates wirft zunächst einmal die Frage nach der Bedeutung des Wortes „Volk" in Verbindung mit dem Wort „Staat" auf. „Volk" ist ein Begriff mit vielfältigen Bedeutungen, die sowohl empirische als auch normative Inhalte umfassen. Als empirischer Begriff bezeichnet „Volk" eine Gesamtheit von Personen, die „reale

[1] Vgl. statt vieler *Tomuschat*, S. 96. Vgl. jedoch dazu das deutsch-tschechoslowakische gemischte Schiedsgericht im Fall *Loy et Marcus (C. Empire allemand et Deutsche Ostafrikanische Bank AG*, vom 27. 4. 1923), Tribunaux Arbitraux Mixtes (Entscheidungssammlung) 3, 998, 1008: „*En théorie pure de droit international public, il est possible, peut-être, d'imaginer un État sans ressortissants...*".

[2] So *Grawert*, Staatsvolk und Staatsangehörigkeit, HStRBRD, Bd. I, 663 ff.

Bevölkerung" in einem gegebenen territorialen Bezugsrahmen, der durch ein bloß faktisch bzw. geographisch näher bestimmtes Siedlungsgebiet oder aber durch ein politisch und rechtlich umrissenes Staatsgebiet bestimmt sein kann. Als normativer, jedoch nicht positivrechtlicher Begriff bezeichnet „Volk" eine Gesamtheit von Personen, die auf Dauer angelegt ist und deren Angehörige durch bestimmte äußere (z. B. Sprache, Geschichte, Kultur) und/oder subjektive Merkmale (z. B. Zusammengehörigkeitsgefühl) verbunden fühlen.[3] Will man diese Merkmale jedoch nicht als positiv das Volk konstituierende akzeptieren, so unterscheiden sie jedenfalls negativ eine durch diese Merkmale bestimmte Personengesamtheit von anderen Personengesamtheiten (Völkern).[4] Im einzelnen sind die Kriterien, die normativ ein Volk von anderen Personengesamtheiten abgrenzen bzw. positiv seine Identität konstituieren, nicht nur in ihrem die beabsichtigten Unterscheidungen tragenden Inhalt, sondern auch in ihrer generellen Unterscheidungskraft umstritten. Namentlich ist darauf hinzuweisen, daß die objektiven und subjektiven Kriterien, die für die Existenz eines Volkes für wesentlich gehalten werden, in gleicher Weise auf die Bestimmung von Volksteilen (Volksgruppen) oder ethnischen Gruppen bzw. Ethnien zutreffend sein können und somit letztlich nicht für die inhaltliche Bestimmung des Begriffes „Volk" allein ausschlaggebend sind. Hinzuzufügen ist, daß – soweit die für die Deutung des Begriffes Volk vorhandenen Kriterien für die Definition des Begriffes Volksgruppe (Ethnie) herangezogen werden – dieselben Unsicherheiten und Meinungsverschiedenheiten hinsichtlich ihrer Aussagekraft bestehen. Weiter wird die Frage der Aussagekraft solcher Kriterien gegenwärtig dadurch kompliziert, daß aufgrund der globalen Wanderungsbewegungen sich Menschen unterschiedlichster Herkunft dauerhaft in fremden Ländern niederlassen und jedenfalls *de facto* Bestandteile des Gesamtvolkes eines Staates werden.[5]

Der Schwierigkeit, begrifflich eindeutige Aussagen darüber zu treffen, unter welchen Voraussetzungen bzw. bei Erfüllung welcher Kriterien ein sozialer Verband ein Volk oder eine Volksgruppe bildet, entspricht die Schwierigkeit, terminologische Klarheit zu gewinnen. Dies deshalb, weil in der anthropologischen, sozialwissenschaftlichen und rechtswissenschaftlichen Diskussion des Begriffes des Volkes und der Ethnie ebenfalls – z. T. synonym – die Begriffe „Nation", „Nationalität" oder „nationale Minderheit" verwandt werden. So begegnet man im angelsächsischen und romanischen Sprachraum häufig, wenn nicht sogar überwiegend, der Verwendung des Begriffes *„nation"* anstelle des Begriffes *„people"* bzw. *„peuple"* als Bezeichnung von staatlich organisierten Völkern.[6] Nicht staatlich organisierte

---

[3] Näher hierzu: *Akzin*, 35 ff; *A. Besier*, Volk, in: Evangelisches Staatslexikon, Bd. II, 3. Aufl. 1987, Sp. 3890 ff; *Schlau*, 57 ff; *E. K. Francis*, Volk, in: Staatslexikon der Görres-Gesellschaft, Bd. VIII, 6. Aufl. 1963, Sp. 282 ff (286 ff); *Ermacora*, Bd. I, 50 ff; *G. Leibholz*, Nation, in: Evangelisches Staatslexikon, Bd. II, 3. Aufl. 1987, Sp. 2193 ff; *ders.*, Volk, Nation und Staat im 20. Jahrhundert, 1958.

[4] Zur Kritik an der Aussagekraft solcher Kriterien vgl. *Akzin*, 35 ff, der die Funktion solcher objektiven und subjektiven Merkmale auf eine bloße „similar/dissimilar"-Unterscheidung von ethnischen Gruppen und Völkern beschränken möchte; so auch *Heller*, 148 ff; kritisch auch *Francis* (Anm. 3), Sp. 288 f; zu weiteren Inhaltsdeutungen des Begriffs „Volk" s. *Leibholz*, Nation (Anm. 3), Sp. 2193; *Rumpf*, 7 ff; *Besier* (Anm. 3), Sp. 3890 ff.

[5] Zur Frage der sich gegenwärtig aufgrund der weltweiten Migration allenthalben ausbildenden multikulturellen Gesellschaften vgl. *M. Knapp* (Hrsg.), Migration im neuen Europa, 1993; *A. Schulte*, Multikulturelle Gesellschaft: Chance, Ideologie oder Bedrohung?, Aus Politik und Zeitgeschehen 1993, B 23–24, 3 ff; auch *Delbrück*, in: FS *Bernhardt*, 777 f, 781 ff.

[6] Vgl. z. B. *Akzin*, 9 ff; *Rousseau*, Tome II, 17 ff; zu dem unterschiedlichen Sprachgebrauch auch *Rumpf*, 9, 11; abweichend von dem sonst im angelsächsischen Sprachraum üblichen Sprachgebrauch allerdings die US-Verfassung: *„We the People of the United States…"* und unter deren Einfluß auch die Charta der VN: „Wir die Völker der Vereinten Nationen…" (*„We the Peoples of the United Nations…"*); im Sinne der Verwendung des Wortes *„peoples"* als Bezeichnung für staatlich organisierte Völker (Staatsvölker) und nicht staatlich organisierte Völker s. den Wortlaut der Art. 1 der Internationalen Pakte für bürgerliche und politische sowie für wirtschaftliche, soziale und kulturelle Rechte von 1966: „Alle Völker haben das Recht…" (*„All peoples have the*

Völker, die jedoch als sozialer Verband politische Interessen artikulieren – etwa das Recht der Selbstbestimmung geltend machen –, werden teils mit dem Begriff *„people“ („peuple“)*, teils – so im Falle eines politisch bewußt gewordenen Volkes, das auf staatliche Organisation drängt – mit *„nation“* bezeichnet.[7] Eine entsprechend mehrdeutige Begriffsverwendung findet sich auch im deutschen Sprachraum. In der deutschen Literatur – so etwa die prägende Schrift Friedrich Meinekes „Weltbürgertum und Nationalstaat“[8] – wird der Begriff des Volkes im Sinne der „Kulturnation“ einerseits und „Staatsnation“ andererseits verwendet. Angesichts dieser terminologischen Unsicherheiten ist von verschiedenen theoretischen – und z. T. auch von ideologisch bestimmten – Positionen her die Auffassung geäußert worden, daß wissenschaftlich vertretbare und praktisch brauchbare Begriffsbestimmungen hinsichtlich der hier in Rede stehenden Erscheinungsformen sozialer Verbände zum einen nicht erreichbar und zum anderen auch überflüssig bzw. irrelevant seien.[9] Dem widerspricht jedoch die Wirklichkeit. Es mag durchaus zutreffend sein, daß es angesichts der ethnischen, rassischen, religiösen oder ideologisch bestimmten Vielfalt sozialer Verbände nicht möglich ist, generell-abstrakt gültige Kriterien zur Abgrenzung bzw. positiven Charakterisierung oder Identifizierung solcher Verbände aufzustellen, die als Volk oder Ethnie, Nation oder Nationalität (nationale Minderheit) anzusehen sind. Doch kann nicht übersehen werden, daß nicht nur die politisch-soziale Wirklichkeit im konkreten historischen Kontext die Annahme der Existenz von sozialen Verbänden als Volk/Nation oder Volksgruppe/nationale Minderheit theoretisch rechtfertigt, sondern auch – namentlich im Sinne einer an den oben genannten Kriterien ausgerichteten Unterscheidung – die Existenz von Völkern/Nationen oder Volksgruppen Realität besitzt. Völker in diesem Sinne haben an den internationalen Beziehungen teil und bilden – man mag dies billigen oder nicht – im Laufe der Geschichte in immer neuen Konstellationen[10] den Anknüpfungspunkt für die – auch völkerrechtliche – Ordnung der internationalen Beziehungen.[11]

II. Mit der Feststellung, daß der Begriff „Volk“ einerseits die existierende Bevölkerung in einem faktisch oder rechtlich fest umrissenen Gebiet, andererseits einen durch bestimmte gemeinsame objektive und/oder subjektive Merkmale bestimmten sozialen Verband bezeichnet, ist die Frage noch nicht beantwortet, in welcher dieser zwei Bedeutungen der Begriff „Volk“ in der Wortverbindung „Staatsvolk“ zu verstehen ist. Aus rechtsnormativer Sicht liegt es nahe, das Staatsvolk im Sinne der Summe der einem bestimmten Staat zugeordneten, durch das rechtliche Band der Staatsangehörigkeit verbundenen Menschen zu verstehen. In diesem Sinne ist die Aussage zu verstehen, daß der Staat als rechtliche Ordnung das Volk als Staatsvolk konstituiere.[12] Aus dieser Sicht ist der Fall, daß ein Staatsvolk zugleich ein Volk im Sinne eines durch objektive und/oder subjektive Merkmale bestimmten sozialen Verbandes bildet, für die Staatsbildung eher akzidentiell denn essentiell.

---

right...“), dazu näher *Delbrück*, in: FS *Bernhardt*, 784; siehe auch unten § 83.

[7] Näher dazu *Leibholz* (Anm. 3), Sp. 2194 ff; *Ermacora*, Bd. I, 54 ff; *Rousseau*, Tome II, 17 ff.

[8] F. *Meinecke*, Weltbürgertum und Nationalstaat, 7. Aufl. 1928, 3 und 7.

[9] Vgl. entsprechende Hinweise bei *Akzin*, 35 f.

[10] *Akzin*, 42 f. Angesichts der kaum lösbaren Probleme strikter Definition des jeweils als Träger des Selbstbestimmungsrechts anzuerkennenden Volkes (das zugleich Nation ist) hebt *Doehring*, Berichte DGVR, 14 (1974), 24 f, auf die im konkreten historischen Kontext gegebene Evidenz der Existenz eines Volkes ab.

[11] Ein besonders drastisches – und abschreckendes – Beispiel hierfür ist der Krieg in Bosnien-Herzegowina, in dem verbindliche territoriale Zuordnungen durch sog. „ethnische Säuberungen“ präjudiziert werden sollen und dies in einem Land, das von einer starken Mischsiedlung der verschiedenen Ethnien charakterisiert ist.

[12] S. oben Bd. I/1, S. 127; zur Frage der inhaltlichen Ausfüllung des Begriffes des Staatsvolkes während der Teilung Deutschlands *R. Grawert*, Staatsangehörigkeit und Staatsbürgerschaft, Der Staat, 1984, 179 ff.

Aus der Geschichte der Staatsbildung wird in diesem Sinne beispielhaft auf die Vielvölkerstaaten wie die Schweiz oder – vor dem Ersten Weltkrieg – Österreich-Ungarn, aber auch auf die Vereinigten Staaten von Amerika hingewiesen. Das Staatsvolk als Einheit wird in diesen Fällen rechtlich durch den Rahmen der Verfassung und die darauf beruhende Staatsangehörigkeitsregelung konstituiert. Als weitere Beispiele für die rechtsnormative Sicht des Staatsvolkes können die durch die Dekolonisierung entstandenen – oft verschiedene Ethnien erfassenden – Staaten, vor allem in Afrika, dienen.[13]

Indessen kann sich die Bestimmung des Begriffes „Staatsvolk" im Lichte der historischen und gegenwärtigen Erfahrung nicht in einer solchen rein normativen Sicht erschöpfen. Richtig ist, daß die rechtlich eindeutige Bestimmung der Personengesamtheit, die ein Staatsvolk bilden soll, eine notwendige, aber auch hinreichende Voraussetzung der Konstituierung eines Staatsvolkes im Rechtssinne ist.[14]
Unübersehbar ist es aber auch, daß die Bedeutung des Begriffes „Staatsvolk" in der Wirklichkeit des staatlichen und internationalen Lebens über die rechtsnormativen Dimensionen hinausweist. Hier ist zunächst daran zu erinnern, daß die Geschichte eine Reihe von Beispielen kennt, in denen Staatsbildungen – trotz der Existenz normativer Regelungen zur Bestimmung des jeweiligen Staatsvolkes – gescheitert sind, weil sich u. a. das einigende Band der Staatsangehörigkeit als nicht hinreichend erwies, um die notwendige Integration des personalen Substrates des Staates als effektiver, international handlungsfähiger Einheit zu gewährleisten.

Als Beispiel für derartige Entwicklungen kann der Untergang des durch die Teilung Vietnams nach dem Ende der französischen Kolonialherrschaft entstandenen Staates Südvietnam angeführt werden. Neben der kommunistischen Subversion von Seiten Nordvietnams war auch ein wesentlicher Faktor für den Zerfall, daß es dem jungen Staat an einem integrierten Staatsvolk mangelte. Selbst eine effektive Staatsgewalt, auch und gerade eine diktatorische Herrschaftsausübung, vermögen den Zusammenhalt eines lediglich normativ konstituierten Staatsvolkes als Basis einer Staatsbildung auf Dauer nicht zu sichern. Als eine nur vorübergehende Erscheinung hat sich auch die Vereinigte Arabische Republik (Ägypten, Syrien) erwiesen, u. a. weil diese Staatsbildung nicht in einer dauerhaften Einheit des Staatsvolkes verankert war. Weitere Beispiele bieten der Zusammenbruch der UdSSR und Jugoslawiens sowie das Auseinanderfallen der Tschechoslowakei.

Die auf der politischen Integration beruhende Stabilität des Staatsvolkes und damit des Staates als Wirkungseinheit ist jedoch eine Voraussetzung für die Existenz eines Staates sowie ein wesentliches Erfordernis nicht nur für das effektive Funktionieren des Staates nach innen, sondern auch für die Gewährleistung verläßlicher internationaler Beziehungen zwischen den Staaten.[15] Die Bedeutung dieser Stabilität spiegelt sich in besonderem Maße

---

[13] Wie schwach sich allerdings in vielen Fällen das juristische Band der Staatsangehörigkeit auf die tatsächliche Ausprägung eines Staatsvolkes in den jungen Staaten Asiens und Afrikas auswirkte, zeigen politikwissenschaftliche Untersuchungen zur Frage des *„nation-building"* in diesen Staaten, für die die Vorstellung eines dauerhaften, geeinigten Staates mit festgelegten Grenzen, ein „Europäischer Import", ebenso fremd ist wie die auf dieser Vorstellung aufbauende Idee des Staatsvolkes *(nation)*, vgl. dazu etwa *A. Cassese*, International Law in a Divided World, 1986, 116, unter Verweis auf *D. K. Fieldhouse*, Colonialism 1870–1945, 1981; ferner dazu *Thomas*, 2, 10 ff und 34; auch *Rustow*, 35 ff; *Klein*, Der Staat 32 (1993), 397 f; *Fatouros*, 317 (324 f), der unter Übernahme einer Formulierung von *Stanley Hoffmann* von *„governments in search of their nation"* spricht.

[14] Vgl. oben Bd. I/1, S. 127; auch *Doehring*, State, EPIL, Bd. IV (2000), 600 (601 f).

[15] Die Forderung nach Stabilität des Staatsvolkes kommt u. a. in Art. 1 der Montevideo-Konvention von 1933 (LNTS 165, 19) zum Ausdruck: *„The State as a person of international law should possess the following qualifications: a)* permanent *population..."* (Hervorhebung durch den Verf.). Das Vorhandensein aller Staatsmerkmale einschließlich eines Staatsvolkes hielt *Jessup* als Vertreter der USA im Sicherheitsrat der UN hinsichtlich des neugegründeten Staates Israel für gegeben, ließ dabei jedoch in seiner Rede das Attribut *„permanent"* fort und sprach nur allgemein von der Existenz eines *„people"*, UN SCOR (3), 383. Sitzung, vom 2. 12. 1948, 9 ff (auszugsweise wiedergegeben in: *Henkin/Pugh/Schachter/Smit*, 246 ff).

in der internationalen Praxis der Staatsbildung wider. Aus historischer Sicht läßt sich feststellen, daß die Ausbildung des modernen Staates überall dort besonders zügig vorangeschritten ist, wo sie sich auf der Basis eines sozial stark integrierten, durch Geschichte, Sprache und kulturelle Verhaltensweisen verbundenen sozialen Verbandes vollzog, so daß ihr als tragendes Element die Identifikation des Staatsvolks mit dem eigenen Staat zugrunde lag (Frankreich, England). Aber auch in den Fällen, wo eine Staatsbildung nicht nur ein Volk umfaßte, ist festzustellen, daß das jeweilige Staatsvolk eine über die normative Zusammenfügung hinausgehende soziale Wirklichkeit ist.

So spricht man trotz aller ethnischen, religiösen und letztlich auch politischen Vielfalt, die die amerikanische Gesellschaft kennzeichnet, von der amerikanischen Nation, was nichts anderes bezeichnet als die sozio-politische Wirklichkeit eines amerikanischen Staatsvolkes jenseits seiner juristischen Bestimmung. Entsprechendes gilt für die Schweiz, obwohl in ihrem Falle – anders als (noch) in den Vereinigten Staaten – sogar das einigende Band einer einheitlichen Landessprache fehlt.[16]

Schließlich zeigt die Praxis der Staatsbildung im Bereich der durch die Dekolonisierung neu entstandenen Staaten, daß dort alle Anstrengungen zu einer politischen und kulturellen Sozialisation der heterogenen Bevölkerung unternommen werden. Sie zielen darauf, in den normativ determinierten Staatsvölkern soziale Kohärenz, Integration und Identifikation mit dem Staat als dessen tragendes empirisches Fundament herbeizuführen, mit anderen Worten, ein Staats- oder Nationalbewußtsein[17] zu schaffen.

Volk im Sinne von Staatsvolk ist also nach den vorstehenden Überlegungen in erster Linie die „reale Bevölkerung" eines Staates, die rechtlich durch Verfassung und Staatsangehörigkeitsrecht zu einer Einheit erhoben wird; dabei ist unbeachtlich, ob diese auf dem betreffenden Staatsgebiet lebt.[18] Volk im Sinne von Staatsvolk ist aber auch in der Lebenswirklichkeit – ohne daß dies rechtlich zwingend ist – ein durch objektive und/oder subjektive Merkmale zusammengehaltener, auf Dauer angelegter Personenverband.[19] Dieser über den juristisch determinierten Begriff des Staatsvolkes hinausgehende Befund ist für das Völkerrecht durchaus relevant, wie die oben angeführten Beispiele zeigen. Aber auch aus staatsrechtlicher Sicht hat das Staatsvolk als nicht nur rechtlich determinierte Einheit in der Staatspaxis Bedeutung.

§ 83 Das Staatsvolk im einzelnen

Schrifttum: wie zu § 82.

I. In staatsrechtlicher Betrachtung ist das Staatsvolk als rein rechtlich, d. h. durch die Staatsangehörigkeitsregelungen bestimmte Personengesamtheit in mehrfacher Hinsicht von Bedeutung. Das Staatsvolk in diesem Sinne ist als solches Gegenstand der Personalhoheit eines Staates.[1] Obwohl der Staat primär ein Personenverband ist – ein Staat ohne Staatsvolk

---

[16] Vgl. zu den Vereinigten Staaten näher *Delbrück*, in: FS *Bernhardt*, 783 f; auch *L. Levinson*, Constitutional Faith, 1988; *K. Karst*, Belonging to America, 1989; *Akzin*, 109 ff; zur Schweiz siehe O. *Weis*, Volk und Staat der Schweizer, 2. Aufl. 1941, 3 ff; *H. Daalder*, On Building Consociational Nations. The Cases of the Netherlands and Switzerland, International Social Science Journal 23 (1971), 356 (362 f); zur Viersprachigkeit vgl. auch *A. Favre*, Droit Constitutionel Suisse, 1966, 37 ff.

[17] Vgl. Hinweise in Anm. 12.

[18] Jedoch kann es Unterschiede hinsichtlich des rechtlichen Status geben, z. B. bezüglich des Wahlrechts.

[19] In nüchterner Klarheit und Kürze *Oppenheim/Jennings/Watts*, Vol. I/2, 121: „*A people is an aggregate of individuals who live together as a community though they belong to different races or creeds or cultures, or be of different colour.*"

[1] Dazu schon oben Bd. I/1, S. 127.

ist nicht möglich[2] – so ist doch in der Praxis die Bedeutung der Personalhoheit gegenüber der Gebietshoheit im Laufe der Zeit zurückgetreten.[3] Es sind eher Ausnahmefälle, in denen Personalhoheit und Gebietshoheit als Grundlage der Ausübung von Staatsgewalt über das Staatsvolk bzw. dessen Mitglieder auseinanderfallen. So bestimmt in Fällen, in denen ein Staat seine Hoheitsgewalt ausnahmsweise über sein Gebiet hinaus ausüben will – so z. B. im Bereich des Strafrechts bei der Ahndung von Vergehen, die von seinen Staatsangehörigen im Ausland begangen werden –, die Zugehörigkeit von Menschen zu einem Staatsvolk Umfang (und Grenzen) der personalen Hoheitsgewalt. Unter der Geltung der modernen republikanisch ausgerichteten Staatsverfassungen ist darüber hinaus das Staatsvolk Träger der Souveränität (Gedanke der Volkssouveränität). In demokratisch-republikanischen Staatsordnungen kommt dem Staatsvolk sowohl die verfassungsgebende als auch die verfassungsändernde Gewalt zu. Das Staatsvolk vermittelt der Staatsgewalt auch Legitimation und Legalität, indem von ihm alle Staatsgewalt ausgeht bzw. ihre Ausübung nur legitim ist, wenn sie sich auf die legitimierende Kraft des Staatsvolkes zurückführen läßt.[4] Das Staatsvolk selbst nimmt in demokratischen Verfassungsordnungen die Rolle eines unmittelbar durch die Verfassung eingesetzten Staatsorgans ein, wenn es in Wahlen und Abstimmungen (Volksentscheiden, Volksbegehren) Staatsgewalt ausübt.[5]

Die hier aufgeführten staatsrechtlichen Funktionen kommen dem Staatsvolk – so scheint es – allein auf der Basis rechtlicher Zuordnung von Personen zu diesem Staatsvolk zu. Mit anderen Worten: es erscheint allein die rechtliche Bestimmung der Personengesamtheit, die das Staatsvolk bilden soll, hinreichend, um die genannten Funktionen ausfüllen zu können. Das heißt, die Bestimmung des Staatsvolkes erfolgt unabhängig davon, ob dieses Staatsvolk zugleich ein „Volk“ im Sinne außerrechtlicher Bestimmungskriterien darstellt. Indes ergibt sich bei genauerer Untersuchung, daß diese außer- oder metarechtlichen Dimensionen, die dem Begriff des Staatsvolkes zugemessen werden, bei der rechtlichen Eingrenzung der einem Staatsvolk zuzuordnenden Menschen zum Tragen kommt. So zeigt die Staatspraxis, daß die Aufnahme von Personen, die bisher anderen Staaten angehört haben, in ein Staatsvolk häufig von zeitlichen Bedingungen abhängig gemacht wird, z. B. von einer Mindestdauer ihres Aufenthaltes und Lebens im Bereich des Staatsvolkes, in das diese Personen aufgenommen werden sollen. Der Grund für solche Wartefristen liegt u. a. in der Auffassung, daß nur ein mit der Sprache, Lebensweise und politisch-sozialen Umwelt vertrauter Mensch seinen Platz in dem für ihn neuen Staatsvolk finden kann; nicht zuletzt spielt auch der Gedanke eine Rolle, daß Mitglied eines Staatsvolkes zu sein ein Mindestmaß an Loyalität gegenüber diesem erfordert – alles Faktoren, die über die rein rechtliche Dimension des Begriffes des Staatsvolkes hinausgehen, jedoch rechtlich ihren Niederschlag in Einbürgerungsregelungen gefunden haben.

So verlangen die Vereinigten Staaten von Amerika als Voraussetzung für den Erwerb der amerikanischen Staatsbürgerschaft eine mindestens 5-jährige ununterbrochende Präsenz auf dem Staatsgebiet der Vereinigten Staaten und im Rahmen der Einbürgerung die Ablegung eines Treueides *(oath of allegiance)* sowie den Nachweis englischer Sprachkenntnisse.[6] Andere Staaten, die – anders als die

---

[2] Vgl. oben.

[3] Ebenso *Verdross/Simma*, 230; zum Verhältnis von Personal- und Gebietshoheit ferner *C. Gloria*, in: *Ipsen* (Hrsg.), Völkerrecht, 4. Aufl. 1999, § 23 Rdn. 3 f und § 24 Rdn. 1 ff; dazu auch schon oben Bd. I/1, S. 271.

[4] Zusammenfassend dazu statt anderer *K. Hesse*, Grundzüge des Verfassungsrechts der Bundesrepublik Deutschland, 20. Aufl. 1995, Rdn. 127 ff, 145 ff; *A. Hollerbach*, Volk (II), in: Staatslexikon, Bd. V, 1989, Sp. 770 mwN; *E. K. Francis*, Volk, in: Staatslexikon, Bd. VI, 1963, Sp. 281.

[5] *Hollerbach*, ebd.

[6] Vgl. *US Immigration and Nationality Act (Act of June* 27, 1952, 66 Stat. 163; 8 *U.S.C.* 1101 *et seq., as amended through January* 1, 1989) sec. 312 (Erfordernis von Sprach-, Geschichts- und Verfassungskenntnissen), sec. 316 (Erfordernis des fünfjährigen Aufenthaltes in den USA als legal eingereister *„permanent resident“* und eines untadeligen Charakters

Vereinigten Staaten von Amerika – sich nicht als Einwanderungsländer verstehen, verlangen z. T. geringere Residenzzeiten und begnügen sich mit dem Nachweis von Sprachkenntnissen.[7] Die Bundesrepublik Deutschland verlangt nach § 85 Abs. 1 AuslG ein Bekenntnis zur freiheitlichen demokratischen Grundordnung, einen rechtmäßigen Aufenthalt im Bundesgebiet von acht Jahren, die Unterhaltsfähigkeit, den Verlust oder die Aufgabe der bisherigen Staatsangehörigkeit sowie Straffreiheit. Ausschlußgründe stellen nach § 86 AuslG fehlende Kenntnisse der deutschen Sprache, verfassungsfeindliche oder extremistische Bestrebungen oder ein Ausweisungsgrund dar.[8]

Auf der anderen Seite gibt es Beispiele, in denen Staaten die Ausübung staatsbürgerlicher Rechte, die im Regelfall an die rechtlich geregelte Zugehörigkeit zu einem Staatsvolk, d. h. an die Staatsangehörigkeit, geknüpft ist, über den Kreis der das Staatsvolk im rechtlichen Sinne bildenden Personen hinaus einräumen. So werden etwa in der Bundesrepublik Deutschland Personen, – ohne die deutsche Staatsangehörigkeit zu besitzen – aufgrund ihrer Volkszugehörigkeit, also aufgrund eines empirischen (ethnischen) Kriteriums, in den Kreis z. B. der Wahlberechtigten eingereiht (Art. 116 I GG).[9] In Israel gibt das *Law of Return* von 1950 jedem Juden,[10] der nicht bereits die israelische Staatsangehörigkeit besitzt, das Recht, in den Staat Israel einzuwandern. Einmal eingewandert, erwirbt jeder jüdische Einwanderer nach dem *Nationality Law* von 1952 automatisch die israelische Staatsangehörigkeit, es sei denn, er lehnt dies innerhalb von drei Monaten nach seiner Einreise ab.[11]

Wie Art. 116 I GG zeigt, bildet die ethnische Zugehörigkeit noch immer ein bedeutsames Kriterium für die Einbeziehung von Personen in das Staatsvolk. Das gleiche galt und gilt in einzelnen Fällen auch heute noch für die ethnische und die religiöse Abstammung bzw. Zugehörigkeit als Kriterium der Zulassung zum Staatsvolk. Diese Praxis dokumentiert sich in jüngster Zeit in der weitgehenden Ausgrenzung der russischen Bevölkerungsteile von der Staatsangehörigkeit und damit von der Ausübung staatsbürgerlicher Rechte in den wiedererrichteten Baltischen Republiken[12], aber auch im

---

etc.), sec. 337 (Loyalitätserklärung und Treueid (*„oath of renunciation and allegiance"*)).

[7] Vgl. die Länderberichte zum Staatsangehörigkeitsrecht von neun westeuropäischen Ländern in *de Groot*, 39 ff.

[8] Mit dem Gesetz zur Reform des Staatsangehörigkeitsrechts vom 15.7.1999 (BGBl. 1999 I, 1618) wurden u. a. Erleichterungen im Bereich der Einbürgerung in die §§ 85–91 AuslG aufgenommen; vgl. hierzu *Hailbronner/Renner*, Staatsangehörigkeitsrecht, 3. Aufl. 2001, Kommentierung zu § 85 AuslG; *A. Zimmermann*, Staats- und völkerrechtliche Fragen der Reform des deutschen Staatsangehörigkeitsrechts, IPRax 2000, 180; *A. Zimmermann/T. Marauhn*, Die Neuregelung des Staatsangehörigkeitsrechts, DÖV 2000, 95.

[9] Vgl. auch §§ 12, 15 Bundeswahlgesetz; dazu *W. Schreiber*, Handbuch des Wahlrechts zum Deutschen Bundestag, 3. Aufl., 1986, Rdn. 5 ff zu § 12 BundeswahlG bzw. Rdn. 9 zu § 15 BundeswahlG; ferner dazu *H. Meyer*, in: *J. Isensee/P. Kirchhof*, HStBRD, Bd. II (1987), § 38 Rdn. 4 ff; nach der Rechtsprechung des Bundesverfassungsgerichts schlossen dagegen die Art. 20 Abs. 1 und 28 Abs. 1 GG die gesetzliche Einführung eines Ausländerwahlrechts bei den Wahlen zu den Vertretungskörperschaften in Bund, Ländern und Gemeinden aus (BVerfGE 83, 37 [50 ff]). Hinsichtlich der Wahlen in Kreisen und Gemeinden ist insoweit durch den im Vertrag von Maastricht eingeführten Art. 19 Abs. 1 EGV auch eine Änderung der deutschen Verfassungslage eingetreten. Nach Art. 28 Abs. 1 Satz 3 GG sind bei Wahlen in Kreisen und Gemeinden „auch Personen, die die Staatsangehörigkeit eines Mitgliedstaates der Europäischen Gemeinschaft besitzen, nach Maßgabe von Recht der Europäischen Gemeinschaft wahlberechtigt und wählbar".

[10] Ungeachtet der in Israel bekannten und nach wie vor andauernden Diskussion um die Frage, wer Jude ist, definiert sec. 4 B des *Law of Return* als Juden, wer von einer jüdischen Mutter geboren wurde oder sich zum Judentum bekehrt hat und nicht Angehöriger einer anderen Religion ist. Seit 1970 erstreckt sich das Einwanderungsrecht nach sec. 4 A des *Law of Return* zusätzlich auf das Kind und Enkelkind eines Juden sowie auf den Ehegatten des Kindes bzw. des Enkelkindes eines Juden. Aus dem Anwendungsbereich des *Law of Return* sind Personen ausgenommen, die Juden waren und ihre Religion freiwillig geändert haben.

[11] Vgl. *C. Klein*, The Right of Return in Israeli Law, Tel Aviv University Studies in Law 13 (1997), 53 ff; *J. Gera-Grünbaum/A. Zwergbaum*, Das Staatsangehörigkeitsrecht von Israel, 1974 (Nachtrag von 1981); *M. D. Gouldman*, Israel Nationality Law, 1970.

[12] Zur Gestaltung der Staatsangehörigkeitregelung und zur Stellung der russischen Bevölkerungsteile in den drei baltischen Republiken nach deren Wiedererlangung der Unabhängigkeit vgl. *C. Schmidt*, Der Minderheitenschutz in den baltischen Staaten, Kulturstiftung der deutschen Vertriebenen, 1993; *P. Kolst*,

Widerstand einzelner Bevölkerungsgruppen in Deutschland gegen die dauerhafte Einwanderung und Einbürgerung von Ausländern.[13] Dabei spielt die in Teilen Europas fast 200jährige Geschichte einer vom Gedanken ethnischer Homogenität geprägten Vorstellung vom (National-) Staatsvolk eine bedeutsame Rolle.[14] Diese Vorstellung, wie immer gegenwärtig lebendig in den ethno-nationalen Konflikten Europas, ist nicht mehr zeitgemäß. In der Ära wachsenden Menschenrechtsbewußtseins und weltweit zunehmender Zustimmung zur rechts- und verfassungsstaatlichen sowie demokratischen Staats- und Regierungsform ist die Enge klassischen, ethnisch geprägten Nationalstaatsdenkens ein Anachronismus. Nicht nur aus innerstaatlicher Sicht, sondern auch aus der völkerrechtlichen Perspektive[15] muß die Staatsform der Zukunft die „Offene Republik" sein, zu deren Staatsvolk jedermann Zugang haben kann, der oder die sich zu den Werten der „republikanischen Idee" bekennt.[16]

Schließlich spielen Fragen der politischen Loyalität gegenüber einem Staat und die Integration von Personen in einen Staatsverband auch bei der Frage eine Rolle, ob Ausländer ohne Erwerb der Staatsangehörigkeit ein Wahlrecht – zumindest auf der kommunalen Ebene – erhalten sollen.[17]

Diese Frage wird in den einzelnen Staaten unterschiedlich beantwortet. Überwiegend wird Nichtstaatsbürgern jedes Wahlrecht verweigert. Die Staatsangehörigen der Mitgliedstaaten der Europäischen Gemeinschaft sind insofern privilegiert, als der durch den Vertrag von Maastricht eingeführte Art. 19 Abs. 1 EGV jedem Unionsbürger, der seinen Wohnsitz in einem Mitgliedstaat der Europäischen Gemeinschaft hat, dessen Staatsangehörigkeit er nicht besitzt, das aktive und passive Wahlrecht bei den dort stattfindenden Kommunalwahlen gewährt. In der das kommunale Wahlrecht der Unionsbürger konkretisierenden Kommunalwahlrichtlinie 94/80/EG[18] wird die Kommunalwahl als eine allgemeine, unmittelbare Wahl bezeichnet, die darauf abzielt, die Mitglieder der Vertretungskörperschaft einer „lokalen Gebietskörperschaft der Grundstufe" zu bestimmen. In Deutschland gelten laut Anhang der Kommunalwahlrichtlinie als „lokale Gebietskörperschaft der Grundstufe":

The New Russian Diaspora: Minority Protection in the Soviet Successor States, Journal of Peace Research 30 (1993), 197 ff; auch *R. Vetik*, Ethnic Conflict and Accommodation in post-Communist Estonia, Journal of Peace Research 30 (1993), 271 ff; *M. Geistlinger/A. Kirch*, Estonia – A new framework for the Estonian majority and the Russian minority (1995); *G. Hanne/E.-C. Onken/N. Götz*, Ethnopolitik, in: *H. Graf/M. Kerner* (Hrsg.), Handbuch Baltikum heute (1998), 299 ff.

[13] Zu Reaktionen in Deutschland auf die Einwanderung ferner *A. Mühlum*, Armutswanderung, Asyl und Abwehrverhalten, Aus Politik und Zeitgeschehen 1993, B 7, 3 ff (11 ff); *H. G. Jaschke*, Nationalismus und Ethnopluralismus, Aus Politik und Zeitgeschehen 1992, B 3–4, 3 ff (8 f); *N. Aziz*, Zur Lage der Nicht-Deutschen in Deutschland, Aus Politik und Zeitgeschehen 1992, B 9, 37 ff.

[14] Vgl. dazu *Delbrück*, in: FS *Bernhardt*, 777 ff, 779 ff.

[15] Dazu unten 17. Kapitel.

[16] Dazu näher *Delbrück*, in: FS *Bernhardt*, 777 ff, 785 ff.

[17] Zur Diskussion dieser Problematik in Deutschland vgl. *M. Birkenheier*, Wahlrecht für Ausländer. Zugleich ein Beitrag zum Volksbegriff des Grundgesetzes, Schriften zum Öffentlichen Recht, 1976, 287; *K. Doehring*, Nationales Kommunalrecht für europäische Ausländer?, in: Festschrift Grewe, 1981, 109 ff; *M. Breer*, Die Mitwirkung von Ausländern an der politischen Willensbildung in der Bundesrepublik Deutschland durch Gewährung des Wahlrechts, insbesondere des Kommunalwahlrechts, Schriften zum Öffentlichen Recht, 1982, 422; *H.-J. Papier*, Verfassungsrechtliche Probleme des Ausländerwahlrechts, Aus Politik und Zeitgeschehen 1988, B 24, 37 ff; *M. Zuleeg*, Juristische Streitpunkte zum Kommunalwahlrecht für Ausländer, ZAR 1 (1988), 13 ff; *S. Niedermayer-Krauß*, Kommunalwahlrecht für Ausländer und Erleichterung der Einbürgerung: Integrationsmöglichkeiten aus verfassungs- und europarechtlicher Sicht, 1989; *K. Sieveking* (Hrsg.), Das Kommunalwahlrecht für Ausländer, 1989; *G. Liegmann*, Kommunales Wahlrecht für Ausländer in den Bundesländern und Europa: Dokumentation und Stellungnahmen, 1990; *K. Barley*, Das Kommunalwahlrecht für Ausländer nach der Neuordnung des Art. 28 Abs. 1 S. 3 GG, 1999; siehe auch BVerfGE 83, 37 (für Schleswig-Holstein) und 60 (für Hamburg). Eine eindrucksvolle Begründung für die Gewährung des vollen Wahlrechts an *„lawful permanent residents"* in den USA gibt *Paul Tiao*, Non-Citizen Suffrage: An Argument Based on the Voting Rights Act and Related Law, Columbia Human Rights Law Review 25 (1993), 171 ff.

[18] Richtlinie 94/80/EG des Rates vom 19. 12. 1994 über die Einzelheiten der Ausübung des aktiven und passiven Wahlrechts bei den Kommunalwahlen für Unionsbürger mit Wohnsitz in einem Mitgliedstaat, dessen Staatsangehörigkeit sie nicht besitzen (ABl. EG L 368 vom 31. 12. 1994, 38 ff; geändert durch ABl. EG L 122 vom 22. 5. 1996, 14).

„kreisfreie Stadt bzw. Stadt, Kreis; Gemeinde, Bezirk in der Freien und Hansestadt Hamburg und im Land Berlin; Stadtgemeinde Bremen in der Freien Hansestadt Bremen; Stadt-, Gemeinde- oder Ortsbezirke bzw. Ortschaften". In Umsetzung der Kommunalwahlrichtlinie haben die deutschen Länder das kommunale Wahlrecht der Unionsbürger teilweise in den Landesverfassungen verankert und die Ausübung durch Eintragung in die Wählerverzeichnisse von Amts wegen erleichtert. In Bayern und Sachsen wurde das passive kommunale Wahlrecht restriktiver als in den anderen Ländern geregelt.[19] Die Auffassung, daß nur Staatsangehörigen ein Wahlrecht zukommen kann, wird allerdings durch Art. 19 Abs. 1 EGV nicht grundsätzlich in Frage gestellt. Da die Unionsbürgerschaft über die Staatsangehörigkeit einer Person in einem Mitgliedsstaat der Europäischen Gemeinschaft vermittelt wird, bleibt die Staatsangehörigkeit zumindest mittelbar als Anknüpfungspunkt für das kommunale Wahlrecht erhalten.[20] Schon vor Inkrafttreten des Vertrags von Maastricht war – unter Beachtung gewisser Mindestaufenthaltszeiten – ein kommunales Wahlrecht für alle dort ansässigen Staatsangehörigen anderer Mitgliedstaaten der Europäischen Gemeinschaft in Dänemark, Schweden, Irland und den Niederlanden vorgesehen. Das Vereinigte Königreich räumte dieses Recht nur irischen Staatsangehörigen ein, Spanien und Portugal gewährten es auf der Basis der Reziprozität.[21]

II. 1. Das Staatsvolk als konstitutiver Teil des Staates hatte bis in die Zeit nach dem Zweiten Weltkrieg als solches keinen eigenen rechtlichen Status auf völkerrechtlicher Ebene. Der Staat als ganzer, als aus einem Staatsgebiet, einem Staatsvolk und einer Staatsgewalt bestehende Wirkungseinheit, mediatisierte das Staatsvolk gegenüber der internationalen Rechtsordnung. Dies bedeutete indessen nicht, daß das Staatsvolk völkerrechtlich ohne Belang war. Wie bereits erwähnt, enthielt und enthält das Völkerrecht Regelungen darüber, in welchen Grenzen ein Staat Menschen zu Angehörigen seines Staatsvolkes machen darf.[22]

---

[19] Vgl. zur Umsetzung der Kommunalwahlrichtlinie allgemein *J. Gundel*, Probleme der Umsetzung des EG-Kommunalwahlrechts und ihrer gerichtlichen Kontrolle in Frankreich und Deutschland: Zur Auslegung von Art. 8b Abs. 1 EGV und der Richtlinie 94/80/EG durch den französischen Verfassungsrat und durch deutsche Gerichte, DÖV 52 (1999) 9, 353 ff; *K. Hasselbach*, Europäisches Kommunalwahlrecht: zur Umsetzung der EG-Richtlinie über das Kommunalwahlrecht der Unionsbürger in den EU-Mitgliedstaaten, Zeitschrift für Gesetzgebung 12 (1997) 1, 49 ff und in den deutschen Ländern *M. Hilf*, in: *E. Grabitz/M. Hilf* (Hrsg.), Das Recht der Europäischen Union, Loseblatt, Stand: März 2000, Art. 8b EGV Rdn. 22 f; *B. Pieroth/M. Schmülling*, Die Umsetzung der Richtlinie des Rates zum Kommunalwahlrecht der Unionsbürger in den deutschen Ländern, DVBl 113 (1998) 8, 365 ff; *R. Roller*, Kommunalwahlrecht für Unionsbürger im Wohnsitzmitgliedstaat: zu Artikel 72 Abs. 1 S. 2 und Artikel 26 Abs. 8 der Landesverfassung Baden-Württemberg, 1996; *M. Wollenschläger*, Kommunalwahlrecht für nichtdeutsche Unionsbürger: Die EG-Richtlinie 94/80 und ihre Umsetzung in Bayern, BayVBl 41 (1995) 13, 395 ff.

[20] Vgl. zum kommunalen Wahlrecht der Unionsbürger und zur Unionsbürgerschaft allgemein die Angaben in Anm. 9 und *K.-D. Borchardt*, Der sozialrechtliche Gehalt der Unionsbürgerschaft, NJW 53 (2000) 29, 2057 ff; *N. Kotalakidis*, Von der nationalen Staatsangehörigkeit zur Unionsbürgerschaft: die Person und das Gemeinwesen, 2000; *V.-M. Bader*, Citizenship of the European Union: Human Rights, Rights of Citizens of the Union and of Members States, Ratio juris 12 (1999) 2, 153 ff; *K. Engelken/K. Oellers-Frahm*, Politische Rechte von EU-Angehörigen, insbesondere Kommunalwahlrecht, in: *K. Hailbronner* (Hrsg.), 30 Jahre Freizügigkeit in Europa, 1998, 157 ff; *T. Kostakopoulou*, European Union Citizenship as a Model of Citizenship beyond the Nation State, in: *A. Weale* (ed.), Political Theory and the European Union, 1998, 158 ff; *P. Fischer*, Die Unionsbürgerschaft: Ein neues Konzept im Völker- und Europarecht, in: *H. Haller* (Hrsg.), Staat und Recht, 1997, 237 ff; *C. Sauerwald*, Die Unionsbürgerschaft und das Staatsangehörigkeitsrecht in den Mitgliedstaaten der Europäischen Union, 1996; *U. K. Preuß*, Problems of a Concept of European Citizenship, European Law Journal 1 (1995) 3, 267 ff; A. C. *Evans/H. U. Jessurun d'Oliveira*, Nationality and Citizenship, in: *A. Cassese/J. Weiler/A. Clapham* (eds.), Human Rights and the European Community – Methods of Protection (1991), 299 ff.

[21] Vgl. dazu *B. Koolen*, Kommunalwahlrecht für Ausländer in den Niederlanden, ZAR 19 (1999), 79 ff; *Bericht des Max-Planck-Instituts für ausländisches öffentliches Recht und Völkerrecht vom 14. März 1990*, abgedruckt in: *J. Isensee/E. Schmidt-Jortzig* (Hrsg.), Das Ausländerwahlrecht vor dem Bundesverfassungsgericht, 1993, 284–342 (287 ff).

[22] Zu verweisen ist in diesem Zusammenhang auf das später noch zu behandelnde Europäische Übereinkommen über die Staatsangehörigkeit vom 15. 2. 1997, das am 1. 3. 2000 in Kraft getreten ist. Es gibt jedem Staat das grundsätzliche Recht die Staatsangehörigkeit selbst zu regeln.

Die in enger rechtlicher Bindung zu einem Staat stehende Personengesamtheit wird in ihrem zahlenmäßigen Umfang nicht allein durch den Staatssouverän bestimmt, sondern der Staat hat bei der Entscheidung, wer seine Staatsangehörigkeit erwerben soll, völkerrechtliche Schranken zu beachten; er darf nicht willkürlich Personen für sich durch die staatsangehörigkeitsrechtliche Eingliederung in das Staatsvolk in Anspruch nehmen.[23] Liegt diesem Prinzip – wie schon im Fall der staatsrechtlichen Betrachtung des Staatsvolkes – ebenfalls ein außerrechtlicher Gesichtspunkt zugrunde, daß nämlich dem Staatsvolk völlig fremde Personen ohne vernünftige Beziehung zu ihm in der Regel nicht in den Personenverband Staatsvolk rechtlich eingegliedert werden sollen[24], so ist dieses außerrechtliche Moment hier jedoch schwächer als bei der innerstaatlichen Entscheidung, etwa Volkszugehörige ohne formale Einbürgerung zum Staatsvolk zu zählen und z. B. an Wahlen teilhaben zu lassen.
Von völkerrechtlicher Bedeutung ist ferner die Dauerhaftigkeit der Existenz eines Staatsvolkes. Die Anerkennung von Staatlichkeit, und damit der Rechtsstellung des Staates als Subjekt des Völkerrechts, wird u. a. an das Kriterium einer permanenten Bevölkerung geknüpft.[25] In die völkerrechtliche Würdigung einer Staatsbildung fließen deshalb notwendigerweise außerrechtliche Bewertungskriterien – hier: die dauerhafte Kohärenz und Integration eines Staatsvolkes – ein.

So hat zwar in der Diskussion um die Staatlichkeit der Deutschen Demokratischen Republik vornehmlich die Frage der Existenz einer originären, effektiven Staatsgewalt im Vordergrund gestanden. Indessen hat es namentlich von Seiten der Bundesrepublik Deutschland an wiederholten Hinweisen nicht gefehlt, daß die „deutsche Nation", d. h. das bis zum Zusammenbruch des Dritten Reiches existierende Staatsvolk fortbestehe, und es eine eigene dauerhafte Staatsnation (Staatsvolk) in der DDR nicht gebe.[26] – In der älteren Völkerrechtslehre ist u. a. wegen der mangelnden Seßhaftigkeit und dadurch auch Permanenz des „Staatsvolkes" den Nomadenvölkern die Möglichkeit des Erwerbs staatlicher Organisation prinzipiell bestritten worden.[27] Dies ist nicht mehr zeitgemäß. So weisen *Henkin/Pugh/Schachter/Smit* mit Recht darauf hin, daß eine begrenzte Zahl permanent seßhafter Menschen auf einem Territorium als ausreichend im Sinne der Drei-Elementen-Lehre anzusehen sei, selbst wenn eine große Zahl von Nomaden in das jeweilige Gebiet einwandert und es auch wieder verläßt.[28] Zudem hat der IGH im West-Sahara-Gutachten die ältere Lehre stark relativiert. Er hat einerseits dem bloßen Faktum der Seßhaftigkeit hinsichtlich der Bildung eines Staatsvolkes und der Begründung seiner souveränen Rechte an dem Siedlungsgebiet keine entscheidende Bedeutung beigemessen, andererseits aber den Nomadenvölkern rechtliche Bindungen an das Gebiet, durch das sie ziehen, zugesprochen.[29]

2. Zeigten die vorstehenden Hinweise, daß das Staatsvolk als Gegenstand völkerrechtlicher Regelung also durchaus schon zu Zeiten des klassischen Völkerrechts Bedeutung hatte, so ist die weitgehende Mediatisierung des Staatsvolkes durch den Staat als ganzen auf der Ebene des Völkerrechts nunmehr in einem begrenzten, jedoch bedeutsamen Bereich relativiert worden.

a) Dem Volk wird unter menschenrechtlichem Aspekt ein eigener Rechtsstatus als Träger des Rechts auf Selbstbestimmung zugesprochen. Jeweils Art. 1 der Internationalen Pakte über bürgerliche und politische sowie wirtschaftliche, soziale und kulturelle Rechte enthält das

---

[23] Dazu unten Kapitel 14.

[24] Gefordert wird insoweit in Lehre und internationaler Rechtsprechung ein sog. *„genuine link"*, eine „echte", „effektive" oder „enge" Verknüpfung, vgl. dazu das Urteil des IGH im *Nottebohm*-Fall *(Liechtenstein v. Guatemala*, Urteil vom 6. 5. 1955), ICJ Reports 1955, 23; C. *Gloria*, in: *Ipsen* (Hrsg.), Völkerrecht, 4. Aufl. 1999, § 23 Rdn. 95; sowie unten § 84.

[25] Siehe dazu die Angaben oben § 82, Anm. 15.

[26] Vgl. dazu die in § 14 angeführte Literatur.

[27] Vgl. statt anderer *Rousseau*, Tome II, 42.

[28] *Henkin/Pugh/Schachter/Smit*, 247 f, unter Hinweis auf das *Restatement of the Foreign Relations Law of the United States (Revised)*, 1986, § 201, *Comment* c.

[29] *Western Sahara*, Advisory Opinion vom 16. 10. 1975, ICJ Reports (1975), 63 ff, Rdn. 152.

Recht aller Völker auf Selbstbestimmung, kraft dessen sie „frei" über ihren politischen Status entscheiden und „in Freiheit ihre wirtschaftliche, soziale und kulturelle Entwicklung" gestalten. Ohne an dieser Stelle bereits auf die gesamte Problematik des Selbstbestimmungsrechts einzugehen[30], darf aufgrund der Vorgeschichte der Ausarbeitung der Pakte und der späteren Interpretationen, etwa durch die Organe der Vereinten Nationen, in Übereinstimmung mit der Haltung einer großen Zahl von Staaten und mit weiten Teilen der Literatur festgestellt werden, daß nicht nur Völker, die in kolonialer Abhängigkeit leben oder sonst ihrer Selbstbestimmung durch Dritte gewaltsam beraubt sind, sondern auch in bereits existierenden Staaten lebende (Staats-) Völker Träger eines – in seinem Geltungsumfang allerdings umstrittenen – Rechts auf Selbstbestimmung sind.[31] Dabei werden zwei unterschiedliche Ziele mit dem Prinzip des Schutzes von Völkern in ihrem Recht auf Selbstbestimmung verfolgt, die als externes Selbstbestimmungsrecht einerseits bzw. als internes Selbstbestimmungsrecht andererseits bezeichnet werden:

b) Auf der einen Seite soll dieses Recht den Schutz der Völker – also auch der staatlich organisierten – vor äußerer Fremdherrschaft gewährleisten; Völker sollen in Verwirklichung eines so verstandenen Selbstbestimmungsrechts eigenständige staatliche Organisation erlangen oder ihre zeitweilig aufgehobene oder aktuell bedrohte Existenz als staatlich organisiertes Volk verteidigen dürfen. Als Berechtigte werden Kolonialvölker[32] bzw. Völker unter Fremdherrschaft genannt. Nach dem Verständnis der Vereinten Nationen bezieht sich das Selbstbestimmungsrecht in erster Linie auf Kolonialvölker. Bedingt durch den weitgehend abgeschlossenen Dekolonisierungsprozeß[33] hat es an politischer Sprengkraft verloren. In eine zweite Gruppe gehören die Völker unter Fremdherrschaft.

Historische Beispiele für die Ausübung des Selbstbestimmungsrechts, die *Murswiek* als „offensive Selbstbestimmung" bezeichnet[34], sind die im Zuge der italienischen Nationalstaatsbildung erfolgte Emanzipation von österreichischer Vorherrschaft in Oberitalien sowie die Gründung der baltischen Staaten (Litauen, Lettland und Estland), Finnlands, Polens und der Tschechoslowakei nach dem Ende des Ersten Weltkrieges. Beispiele für die Wiederherstellung der aufgehobenen Staatlichkeit – *Murswiek* nennt sie „defensive Selbstbestimmung"[35] – sind die Wiedererrichtung eines eigenen ungarischen Staates nach dem Ausscheiden Ungarns aus der Habsburger Doppelmonarchie sowie die Wiedererlangung staatlicher Selbständigkeit seitens der baltischen Staaten, die die Ausübung ihres Rechtes auf Selbstbestimmung nicht als Sezession – was völkerrechtlich bisher auch nicht anerkannt ist[36] – ansehen, sondern als Befreiung von sowjetischer Herrschaft, der sie durch die

---

30 Umfassend hierzu *Tomuschat*, 240 ff.; *T. D. Musgrave*, Kapitel 18.

31 So die UN-Studie zum Selbstbestimmungsrecht (UN Doc. E/CN.4/Sub.2/404/Rev.1, 1981 vorgelegt vom *Special Rapporteur of the Sub-Commission on Prevention of Discrimination and Protection of Minorities, A. Cristescu)*, 39 ff (42); auch *J. Crawford*, The Creation of States in International Law, 1979, 95 ff; *Doehring*, Berichte DGVR, 14 (1974), 22; *Henkin/Pugh/Schachter/Smit*, 303 ff; deutlich in dem hier vertretenen Sinne, insbesondere unter Auswertung auch der sozialistischen Völkerrechtslehre *Meissner*, 23 ff; *O. Schachter*, The United Nations and Internal Conflict, in: *J. N. Moore* (ed.), Law and Civil War in the Modern World, 1974, 307 f; *A. Rosas*, Internal Self-Determination, in: *Ch. Tomuschat* (ed.), Modern Law of Self-Determination, 1993, 225 ff, sowie die dortigen weiteren wertvollen Beiträge zum Thema der Träger des Selbstbestimmungsrechts; grundsätzlich ablehnend *G. Fitzmaurice*, The Future of Public International Law and of the International Legal System in the Circumstances of Today, in: *Institut de Droit International*, Livre du Centenaire, 196 ff (233); *Rumpf* hält ebenfalls die Nation (hier jedenfalls auch verstanden als Staatsnation) nicht für ein auch nur partielles Völkerrechtssubjekt (12 ff), muß jedoch zugeben, daß Völkern (Nationen) durch das Selbstbestimmungsrecht eine „beschränkte Rechtsträgerschaft" zugerechnet wird und das Selbstbestimmungsrecht „als eine Art natürliches Recht" den Völkern zukommt (15). Es bleibt allerdings unklar, was mit dieser „Rechtsträgerschaft" im Unterschied zu einer hier angenommenen beschränkten Völkerrechtssubjektivität gemeint ist.

32 *Tomuschat*, 244 ff.

33 GA Res. 1514 (XV) vom 14. 12. 1960.

34 *D. Murswiek*, Offensives und defensives Selbstverteidigungsrecht, Der Staat 23 (1984), 523 (537 f).

35 *ders.*, ebd.

36 Die UN gehen in der Praxis – vor allem der General-

völkerrechtswidrige Annexion im Jahre 1940 unterworfen wurden.[37] Mit in diese Kategorie gehört die Ausübung des Selbstbestimmungsrechts und eines Sezessionsrechts von Bevölkerungsgruppen, denen eine Mitwirkung an der politischen Gestaltung eines Staates auf Dauer versagt wird,[38] deren Menschenrechte beharrlich verletzt wurden[39] oder wenn ein unversöhnlicher Konflikt zwischen Teilen der Bevölkerung besteht.[40]

Eine eigenständige Ethnizität reicht für sich nicht aus, um ein Selbstbestimmungsrecht im Sinne eines eigenen Staates zu begründen. Etwas anderes widerspräche der völkerrechtlichen Praxis, wie immer der Begriff der Ethnizität definiert wird.[41]
Äußere Selbstbestimmung staatlich organisierter Völker (Staatsvölker) ist im Regelfall, d. h. wenn ein Staatsvolk seine Existenz in seinem Staat als legal und legitim ansieht, der Sache nach identisch mit dem Recht der jeweiligen Staaten auf Respektierung ihrer Souveränität.[42]

c) Auf der anderen Seite wird das Recht der Völker auf Selbstbestimmung – in Aufnahme der staatsrechtlichen Vorstellung vom Volk als Träger der Staatsgewalt und als Organ des Staates im Sinne einer Aktivbürgerschaft – auch im Völkerrecht in Gestalt des Rechts auf Selbstregierung, auf freie Entscheidung über die innere Verfassungsordnung eines Staates und deren Gestaltung anerkannt. Der jeweilige Art. 1 der beiden Internationalen Menschenrechtspakte enthält ein solches Recht ausdrücklich, indem dort festgelegt ist, daß die Völker aufgrund des Selbstbestimmungsrechts auch das Recht haben, ihren politischen Status sowie ihre wirtschaftliche, kulturelle und soziale Entwicklung zu bestimmen. Ob dieses Recht der internen Selbstbestimmung lediglich in einem formalen Sinne das Recht bedeutet, die Staats- und Gesellschaftsordnung – wie immer ausgestaltet – frei von äußerem Zwang oder äußerer Einmischung zu bestimmen,[43] oder ob diese Selbstbestimmungsgarantie sich auf ein Recht auf eine demokratische Verfassungsordnung bezieht, war bis in die jüngere Vergangenheit umstritten.[44] Mit dem umfassenden Umbruch der politischen Nachkriegsordnung und dem

---

versammlung – davon aus, daß das Recht auf Selbstbestimmung nicht das Recht auf Sezession umfaßt; vgl. die *Declaration on Principles of International Law concerning Friendly Relations and Co-operation among States*, GA Res. 2625 (XXV) vom 24. 10. 1970; dazu insgesamt die UN-Studie, 39 ff; dazu auch *H. Veiter*, Volksgruppenrecht und Selbstbestimmungsrecht als Menschenrecht, in: FS *Czaja*, 1985, 81 ff. In der General Recommendation XXI (1996) des Ausschusses gegen Rassendiskriminierung (CERD) (UN Doc. HRI/GEN/1/Rev.3, 113 f) wird zwischen dem „internal" und dem „external" Aspekt des Selbstbestimmungsrechts unterschieden. Der Ausschuß verneint eine völkerrechtliche Anerkennung eines Rechts auf Sezession.

[37] Dazu oben Bd. I/1, S. 143 mwN.

[38] *Elsner*, 303 unter Verweis auf GA Res. 2625 (XXV) vom 24. 10. 1970, Abs. 7.

[39] So im Falle Ost-Timor, vgl. dazu *L. H. Miller*, East-Timor, Collective Action, and Global Order, Temple International and Comparative Law Journal 14 (2000), 89 ff (95 f).

[40] *Elsner*, 303.

[41] *Doehring*, 53; er hält folgende Kriterien für relevant: homogene kulturelle Struktur; Bewußtsein dieser Homogenität und Interesse diese zu schützen; gemeinsame Geschichte, gemeinsamer Lebensraum; vgl. dazu auch *Musgrave*, 161, der allerdings die eigenständige Ethnizität nicht für ausreichend hält, um darauf ein Selbstbestimmungsrecht im Sinne eigener Staatlichkeit zu stützen.

[42] Dies wird besonders deutlich in der Praxis der Formulierung von einschlägigen Resolutionen der Generalversammlung; vgl. dazu zusammenfassend die UN-Studie (Anm. 36), 42 f.

[43] In diesem weitgefaßten, aber auch nicht mehr sehr spezifischen Sinne die UN-Studie (Anm. 36), 51.

[44] Skeptisch bzw. ablehnend gegenüber einer auf bestimmte Regierungsformen ausgerichteten Interpretation des internen Selbstbestimmungsrechts, weil als innere Angelegenheit der Staaten ohnehin geschützt, *Doehring*, Berichte DGVR, 14 (1974), 28; auch *Wengler*, Bd. II, 1033; dagegen sehr weitgehend in der Anerkennung des internen Selbstbestimmungsrechts, einschließlich einer demokratischen Komponente, die auf den engen Zusammenhang des Selbstbestimmungsrechts mit den demokratischen Grundrechten der freien Meinungsäußerung und des Versammlungsrechts u. a. gestützt wird, *A. Cassese*, International Law in a divided World, 1986, 96 ff; hierzu auch *Henkin/Pugh/Schachter/Smit*, 308 unter Hinweis auf GA Res. 45/150 vom 18. 12. 1990 und GA Res. 46/137 vom 17. 12. 1991, in denen die Bedeutung von regelmäßigen freien Wahlen *(„periodic and genuine elections")* betont wird. Siehe auch GA Res. 2671 F (XXV) vom 8. 12. 1970 (UNYB 1970, 152) sowie auch GA Res. 2775 F (XXVI) vom 29. 11. 1971. In diesen Resolutionen fordert

Niedergang des Kommunismus hat die demokratische Idee jedoch in den vergangenen Jahren seit 1989 einen deutlichen Aufschwung genommen. Namentlich die Praxis des Sicherheitsrates der Vereinten Nationen, zum Schutz bestehender oder zum Aufbau neuer demokratischer Regierungssysteme in einzelnen Staaten zu intervenieren[45], bedeutet einen wesentlichen Schritt vorwärts in Richtung auf die weltweite Anerkennung eines Rechtes der Völker auf eine demokratisch-rechtsstaatliche Ordnung.

In seiner Arbeit *„The Emerging Right to Democratic Governance"*[46] hat *Th. Franck* eine beeindruckende Bestandsaufnahme der Praxis der Vereinten Nationen zur Sicherung demokratischer Regierungsweise vorgelegt, die von der Überwachung von freien Wahlen bis zum Aufbau elementar für die Demokratisierung unentbehrlicher Infrastrukturen[47] reicht. Hinzukommen die – rechtlich nicht verbindlichen, politisch jedoch außerordentlich gewichtigen – Bekenntnisse der Mitgliedstaaten der OSZE (früher KSZE) zum Rechtsstaat und zur Demokratie in der Kopenhagener Erklärung zum Minderheitenschutz und in der Charta von Paris, beide im Jahre 1990 angenommen.[48] Trotz dieses eindrucksvollen Befundes neigt *Franck* zur Vorsicht. Ein universales Recht auf demokratische Regierungsform sieht er im völkerrechtlichen Gewohnheitsrecht noch nicht verankert.[49] Dem muß wohl zugestimmt werden, zumal die Postulierung eines solchen Rechts im Völkergewohnheitsrecht ohne eine wirklich weltweit gesicherte langfristige Durchsetzung dem Anliegen der Förderung des demokratischen Gedankens eher abträglich sein kann. Anzumerken ist jedoch, daß eine Anerkennung des Rechts auf Selbstbestimmung als ein Recht auf Demokratie rechtspolitisch äußerst wünschenswert ist – bildet doch ein so verstandenes Selbstbestimmungsrecht das völkerrechtliche Korrelat zur Staatsform der „Offenen Republik".[50]

3. Ein Schutz von nationalen, ethnischen, religiös oder rassisch bestimmten Gruppen erfolgt auch über die Konvention über die Verhütung und Bestrafung des Völkermordes.[51] Allerdings begründet diese Konvention keine Rechtssubjektivität der genannten Gruppen. Dies zeigt sich bereits darin, daß nicht diesen Gruppen oder einzelnen ihrer Mitglieder ein Verfolgungsrecht zukommt, sondern den Staaten in deren Gebiet die entsprechenden Taten begangen worden sind bzw. einem internationalen Gericht.

---

die Generalversammlung Wahlen in der Republik Südafrika auf der Grundlage des allgemeinen Wahlrechts für Erwachsene *(„to attain majority rule in the country as a whole, based on universal adult suffrage")*. Siehe auch die Schlußakte der KSZE (Prinzip VIII).

[45] Vgl. dazu näher *J. Delbrück*, Wirksameres Völkerrecht oder Neues Weltinnenrecht, in: *W. Kühne* (Hrsg.), Blauhelme in einer turbulenten Welt, 1993, 101 ff; *ders.*, A More Effective International Law or a New „World Law"?, Indiana Law Journal 68 (1993), 755 ff; zu diesem Thema auch *W. Kühne*, Völkerrecht und Friedenssicherung in einer turbulenten Welt: Eine analytische Zusammenfassung der Grundprobleme und Entwicklungsperspektiven, in: *ders.* (Hrsg.), Blauhelme in einer turbulenten Welt, 1993, 17 ff; *D. Senghaas*, Überlegungen zu einer Kasuistik internationaler Interventionen, in: *Kühne*, ebd., 435 ff.

[46] *Th. Franck*, AJIL 86 (1992), 46 ff.

[47] Zum Fall Kambodscha vgl. etwa *G. Will*, Die Wahlen in Kambodscha. Bilanz einer UN-Mission, Außenpolitik 44 (1993), 393 ff; auch *D. Beusch*, Kambodscha – Der unvollendete Frieden, EA 49 (1994), 21 ff. Zur UN-Mission in Somalia vgl. *K. Eikenberg*, Testfall Somalia – Läßt sich Frieden erzwingen?, Jahrbuch Dritte Welt 1994, 99 ff; auch *V. Matthies*, Zwischen Rettungsaktion und Entmündigung, Vereinte Nationen 41 (1993), 45 ff. Weitere einschlägige Fälle stellen die Intervention der UN, unter Führung der USA, in Haiti zur Wiedereinsetzung des demokratisch gewählten Präsidenten Aristide und zur Gewährleistung der demokratischen Regierungsform und die Hilfe der UN zur Beendigung des Bürgerkrieges und der Herstellung demokratischer Strukturen in Angola dar; vgl. dazu *M. J. Glennon*, Sovereignty and Community after Haiti: Rethinking the Collective Use of Force, AJIL 89 (1995), 70 ff; *M. J. Anstee*, Angola: The Forgotten Tragedy-A Test Case for U. N. Peacekeeping, International Relations, Vol. 11, 1993, 495 ff.

[48] Erklärung von Kopenhagen vom 29. 6. 1990, ILM 29 (1990), 1305 (englisch)/EA 45(1990), D 380 ff (deutsch); Charta von Paris vom 21. 11. 1990, ILM 30 (1991), 190 (englisch)/EA 45 (1990), D 656 ff (deutsch).

[49] *Franck* (Anm. 46), 90 f.

[50] Dazu *Delbrück*, in: FS *Bernhardt*, 777 ff, 792 ff.

[51] BGBl. 1954 II, 730; UNTS Vol. 78, 277; vgl. dazu ausführlich § 194.

4. Für die hier zu behandelnde Frage, ob und inwieweit dem Volk als Staatsvolk ein eigener, völkerrechtsunmittelbarer Status zukommt, genügt es festzustellen, daß – wie immer die angeschnittenen Probleme hinsichtlich des Umfangs und der Wirkungsrichtung des Selbstbestimmungsrechts aufzulösen sind[52] – im gegenwärtigen Völkerrecht eine neben dem Staat existierende und von diesem nicht vermittelte Rechtsträgerschaft auch des Staatsvolkes zunehmend Anerkennung findet. Ausdruck dessen sind nicht zuletzt die Ansätze der Völkerrechtspraxis, die Zustimmung der Staatsvölker zu ihrer jeweiligen Verfassungsordnung zu einem die Anerkennug von Staaten legitimierenden Kriterium zu erheben.[53] Dieser Befund darf indessen nicht überbewertet werden. In der vorherrschenden völkerrechtlichen Praxis bleibt das Staatsvolk nach wie vor unselbständiger Teil des Staates und damit in erster Linie Gegenstand völkerrechtlicher Regelungen im Unterschied zu einer selbständigen, eigenen Rolle als Subjekt des Völkerrechts neben dem Staat.

[52] Dazu oben Bd. I/1, S. 199, S. 201.

[53] Ein deutliches Beispiel der Nichtanerkennung von Staaten aufgrund mangelnder Legitimität bilden die Fälle der von Südafrika errichteten „unabhängigen" Homelands, vgl. dazu *J. Delbrück*, Apartheid, EPIL 1 (1992), 192 (193).

14. KAPITEL
Der Einzelne in seinem Verhältnis zum Staat: Die Staatsangehörigkeit

Schrifttum: *E. M. Borchard*, The Diplomatic Protection of Citizens Abroad, 1915; *Harvard Law School*, The Law of Nationality, AJIL 23 (1929), supp., Part 1; *R. W. Flournoy/M. O. Hudson* (eds.), A Collection of Nationality Laws of Various Countries as Contained in Constitutions, Statutes and Treaties, 1929 (Nachdruck 1983); *R. Quadri*, La sudditanza nel diritto internazionale, 1936; *H. Lessing*, Das Recht der Staatsangehörigkeit und die Aberkennung der Staatsangehörigkeit, 1937; *M. Koessler*, „Subject", „Citizen", „National" and „Permanent Allegiance", Yale Law Journal 56 (1946–47), 58 ff; *H. Jellinek*, Der automatische Erwerb und Verlust der Staatsangehörigkeit durch völkerrechtliche Vorgänge, 1951; *W. Schätzel*, Staatsangehörigkeit, in: *L. Neumann/H. C. Nipperdey/U. Scheuner* (Hrsg.), Die Grundrechte. Handbuch der Theorie und Praxis der Grundrechte, Band 2, 1954, 535 ff; *M. Lichter*, Die Staatsangehörigkeit nach deutschem und ausländischem Recht, 2. Aufl. 1955; *W. K. Geck*, Der Anspruch des Staatsbürgers auf Schutz gegenüber dem Ausland nach deutschem Recht, ZaöRV 17 (1956/57), 476 ff; *K. Katzarov*, Hat der Bürger ein Recht auf diplomatischen Schutz?, ÖZöR 8 (1957/58), 434 ff; *W. Schätzel*, Das deutsche Staatsangehörigkeitsrecht, 2. Aufl. 1958; *H. F. van Panhuys*, The Role of Nationality in International Law, 1959; *K. Doehring*, Die Pflicht des Staates zur Gewährung diplomatischen Schutzes, 1959; *W. Schätzel*, De facto-Staatsangehörigkeit und de facto-Staatenlosigkeit, in: *F. A. von der Heydte* (Hrsg.), Völkerrecht und rechtliches Weltbild, Festschrift für *Alfred Verdross*, 1960, 217 ff; *W. Wengler*, Betrachtungen zum Begriff der Staatsangehörigkeit, in: *F. Brüel* (Hrsg.), Internationalrechtliche und staatsrechtliche Abhandlungen, Festschrift für *Walter Schätzel*, 1960, 545 ff; *A. Makarov*, Allgemeine Lehren des Staatsangehörigkeitsrechts, 2. Aufl. 1962; *K. Oberthür*, Der Anspruch der deutschen Staatsangehörigen auf diplomatischen und konsularischen Schutz gegenüber anderen Staaten, 1965; *K. M. Meessen*, Option der Staatsangehörigkeit, 1966; *H. Hecker*, Mehrseitige völkerrechtliche Verträge zum Staatsangehörigkeitsrecht, 1970; *ders.*, Die Staatsangehörigkeitsregelungen in den vier überseeischen Kontinenten, 1970; *G. Zieger*, Die Staatsangehörigkeit im geteilten Deutschland, 1971; *R. Grawert*, Staat und Staatsangehörigkeit, 1973; *H. Hecker*, Die Staatsangehörigkeitsregelungen in Europa. Register der innerstaatlichen und völkerrechtlichen Vorschriften zum Staatsangehörigkeitsrecht der 33 außerdeutschen Staaten in Europa, 1974; *J. de Burlet*, De l'importance d'un droit international coutumier de la nationalité, Revue Critique de Droit International Privé 67 (1978), 305 ff; *S. Stuth*, Multilaterale Verträge der BRD in Staatsangehörigkeitsfragen, in: *H. Hecker* (Hrsg.), Staatsangehörigkeit und Völkerrecht in Deutschland, 1977, 1 ff; *E. Klein*, Diplomatischer Schutz und grundrechtliche Schutzpflicht, DÖV 32 (1977), 704 ff; *J. H. Kettner*, The Development of American Citizenship 1608–1870, 1978; *P. Weis*, Nationality and Statelessness in International Law, 2. Aufl. 1979; *H. v. Mangoldt*, Deutsche Staatsangehörigkeit und Abgrenzungspolitik – die Entwicklung des deutschen Staatsangehörigkeitsrechts seit den 60er Jahren, Politik und Kultur 1981, 27 ff; *K. Hailbronner*, Deutsche Staatsangehörigkeit und DDR-Staatsbürgerschaft, JuS 21 (1981), 712 ff; *Ko Swan Sik*, Nationality in Public and Private International Law, Netherlands International Law Review 1982, 100 ff; *K. Stern*, Das Staatsrecht der Bundesrepublik Deutschland, Bd. I, 2. Aufl. 1984; *ders.*, Die deutsche Staatsangehörigkeit – Positionen und Begriffe, DVBl. 97 (1982), 165 ff; *A. Randelzhofer*, in: *Th. Maunz/G. Dürig/R. Herzog/R. Scholz/P. Lerche/H. J. Papier/A. Randelzhofer/E. Schmidt-Aßmann* (Hrsg.), Kommentar zu Art. 16 Abs. 1 GG, 1983; *R. Grawert*, Staatsangehörigkeit und Staatsbürgerschaft, Der Staat 23 (1984), 179 ff; *O. Kimminich*, in: Bonner Kommentar, zu Art. 16 GG (Drittbearbeitung, 1984); *A. Randelzhofer*, Nationality, in: EPIL III (1997), 501 ff; *W. Bergmann/J. Korth*, Deutsches Staatsangehörigkeits- und Paßrecht, 1985; *W. Hannappel*, Staatsangehörigkeit und Völkerrecht. Die Einwirkung des Völkerrechts auf das Staatsangehörigkeitsrecht in der Bundesrepublik Deutschland, 1986; *H. J. Jellinek*, Entwicklungstendenzen und Probleme des deutschen Staatsangehörigkeitsrechts, 1986; *H. Rust*, Staatsangehörigkeit, in: Evangelisches Staatslexikon, 3. Aufl., 1987, Sp. 3392 ff; *E. Klein*, Die Bedeutung des Staatsbürgerschaftsrechts der DDR für die (gesamt-) deutsche Staatsangehörigkeit, JuS 27 (1987), 279 ff; *G. Riege*, Die Staatsbürgerschaft der DDR, 2. Aufl. 1986; *M. Silagi*, Staatsangehörigkeit im geteilten Deutschland – Zum Beschluß des Bundesverfassungsgerichts vom 21. 10. 1987, Das Standesamt 41 (1988), 64 ff; *A. Makarov/H. v. Mangoldt*, Deutsches Staatsangehörigkeitsrecht, 3. Aufl., 10. Lfg., Stand 1993; *S. Braga*, Zur Dogmatik des Staatsangehörigkeitsrechts, in: *K. H. Böckstiegel* (Hrsg.), Völkerrecht, Recht der Internationalen Organisationen, Weltwirtschaftsrecht, Festschrift für *Ignaz Seidl-Hohenveldern*, 1988, 35 ff; *H. v. Mangoldt*, Anerkennung der Staatsangehörigkeit und effektive Staatsangehörigkeit natürlicher Personen im Völkerrecht und im Internationalen Privatrecht, Berichte DGVR Heft 29 (1988), 37 ff; *H.-P. Mansel*, Personalstatut, Staatsangehörigkeit und Effektivität, 1988; *A. G. Maurer*, Die staatsangehörigkeitsrechtlichen Beziehungen geteilter Staaten, 1988; *G.-R. de Groot*, Staatsangehörigkeit im Wandel, 1989; *R. Plender*, International Migration Law, 2. Aufl. 1988; *S. Niedermeyer-Krauss*, Kommunalwahlrecht für Ausländer und Erleichterungen der Einbürgerung, 1989; *M. Lang*, Grundkonzeption und Entwicklung des deutschen Staatsangehörigkeitsrechts, 1990; *H. Rittstieg*, Staatsangehörigkeit und Minderheiten in der transnationalen Industriegesellschaft, NJW 44 (1991), 1383 ff; *A. Bleckmann*, Der Vertrag über die Europäische Union, DVBl. 107 (1992), 335 ff; *H. G. Fischer*, Die Unionsbürgerschaft, Europäische Zeitschrift für Wirtschaftsrecht 3 (1992), 566 ff; *C. Gordon/S. Mailman* (eds.), Immigration Law and Procedure, 1993; *M. Degen*, Die Unionsbürgerschaft nach dem Vertrag über die Europäische Union unter besonderer Berücksichtigung des Wahlrechts, Die Öffentliche Verwaltung 46 (1993), 749 ff.; *S. Hobe*, Die Unionsbürgerschaft nach dem Vertrag von Maastricht, Der Staat 32 (1993), 245 ff; *R. Donner*, The Regulation of Nationality in International Law, 2. Aufl. 1994; *R. Hofmann* (Hrsg.), Non-State Actors as New Subjects of International Law, 1999; *J. Delbrück*, Das Staatsvolk und die „offene Republik", Staatstheoretische, völker- und staatsrechtliche Aspekte, Festschrift Bernhardt, 1995, 777; *K. Hailbronner/G. Renner*, Staatsangehörigkeitsrecht, 3. Aufl., 2001; *T. Giegerich/R. Wolfrum* (Hrsg.), Einwanderungsrecht – national und international, 2001.

§ 84 Allgemeines über die Staatsangehörigkeit

I. 1. So bedeutsam die Staatsangehörigkeit als das juristische Band, das ein Volk oder mehrere Volksteile zu einem Staatsvolk zusammenfaßt sowohl in staatsrechtlicher als auch in völkerrechtlicher Hinsicht ist, so ist doch hervorzuheben, daß sie in ihrer Wirkung für den einzelnen Menschen in seinen sozialen Beziehungen innerhalb und außerhalb seines Staates von ungleich größerer, ja in gewissem Sinne von existentieller Bedeutung ist. Der Staat ist ein sozialer Verband von Menschen, die zu ihm in engeren rechtlichen Beziehungen als andere stehen. Ausdruck dieser Beziehungen ist die Staatsangehörigkeit, deren Bedeutung bisher auch durch neuere Tendenzen, den Einzelmenschen aus der Mediatisierung durch den Staat zu lösen und ihn mit einem eigenen – menschenrechtlichen – Status in der Völkerrechtsordnung zu versehen, nicht relativiert wird. Die Staatsangehörigkeit in ihrer heutigen staatsrechtlichen wie völkerrechtlichen Ausprägung ist das Ergebnis einer relativ jungen Rechtsentwicklung, die eng zusammenhängt mit der Entwicklung des modernen Staates und insbesondere der durch die politischen Vorstellungen der französischen Revolution bewirkten Herauslösung des Menschen aus ständischen und anderen Ordnungen, die seine Stellung im Sozialleben bestimmten.[1]

Diese waren im Mittelalter und noch in der Frühzeit der Entstehung des modernen Staates für den Status der Menschen in ihrem jeweiligen politischen und staatlichen Verband ausschlaggebend. Mit dem Erstarken der zentralen Staatsgewalt im aufkommenden Territorialstaat und der damit verbundenen schrittweisen Verdrängung der intermediären Gewalten hat die Staatsangehörigkeit zunehmend an Gewicht gewonnen, und zwar ihren beiden Ursprüngen – Abgrenzung der staat-

[1] Siehe dazu näher *Grawert*, Der Staat 23 (1984), 179 f; zur historischen Entwicklung *ders.*, Staat und Staatsangehörigkeit, 37 ff; *Hailbronner/Renner*, Einleitung, Abschnitt A, Rdn. 1 ff; zusammenfassend auch *Randelzhofer*, Rdn. 1 ff zu Art. 16 GG.

lichen Personalhoheit im internationalen Rechtsverkehr und Zuordnung der Menschen zum jeweiligen Staat anstelle ständischer Einbindung – folgend, völkerrechtlich und staatsrechtlich. Erste ausdrückliche Regelungen der Staatsangehörigkeit wurden in Frankreich (Verfassung vom 3. September 1791) und in Österreich[2] getroffen. Dem französischen Vorbild folgten dann in der ersten Hälfte des 19. Jahrhunderts eine Reihe weiterer europäischer und außereuropäischer[3] Staaten. In Deutschland setzte die Entwicklung rechtlicher Regelungen der Staatsangehörigkeit in Bayern 1818, in Württemberg 1819, in Hessen 1820 und in Sachsen-Meiningen 1829 ein[4]. Später wurde in anderen Staaten die Staatsangehörigkeit im Rahmen der Zivilgesetzgebung geregelt[5]. In Preußen wurde schließlich mit dem Erlaß des „Gesetz[es] über den Erwerb und den Verlust der Eigenschaft als preußischer Unterthan sowie über den Eintritt in fremden Staatsdienst" vom 31. Dezember 1842 das erste spezielle Staatsangehörigkeitsgesetz geschaffen, das u. a. Vorbild für die deutschen Reichs- und Staatsangehörigkeitsgesetze von 1870 und 1913 wurde. Die in der hier knapp skizzierten Entwicklung der normativen Regelung der Staatsangehörigkeit zum Ausdruck kommende Verfeinerung der Gesetzgebungstechnik spiegelt in interessanter Weise den Bedeutungszuwachs wider, den die Staatsangehörigkeit in der Entwicklung des modernen Staates erfahren hat.

2. Ein Schutzverhältnis[6] zwischen einem Staat und bestimmten Individuen kann auch

---

[2] Dazu *Grawert*, Staat und Staatsangehörigkeit, 146 ff; *Makarov*, Allgemeine Lehren, 102 ff; auch *Randelzhofer*, Rdn. 2 zu Art. 16 GG.

[3] Dazu näher *Makarov*, Allgemeine Lehren, 110 f.

[4] Siehe Nachweise bei *Randelzhofer*, Rdn. 2 zu Art. 16 GG; zur geschichtlichen Entwicklung ausführlich *Lang*, 35 ff.

[5] So im Großherzogtum Baden, vgl. Nachweis bei *Randelzhofer*, Rdn. 2 zu Art. 16 Abs. 1 GG, und – modellhaft – in Frankreich, vgl. dazu den Länderbericht „Frankreich" in: *de Groot*, 76 ff. In Österreich regelte das Allgemeine Bürgerliche Gesetzbuch vom 1. Juni 1811 die Staatsangehörigkeit; die relevanten §§ 28 ff sind abgedruckt in *H.-J. Seeler*, Das Staatsangehörigkeitsrecht Österreichs, 2. Auflage 1967, 99.

[6] Von rein historischer Bedeutung ist das Institut der Schutzgenossenschaft. Engere Beziehungen dieser Art können sich aus Verträgen ergeben. So erhielt z. B. Polen durch Art. 104 Versailler Friedensvertrag iVm. Art. 2 des Vertrages vom 9. 11. 1920 zwischen der Freien Stadt Danzig und Polen (LNTS 6, 190) die auswärtige Vertretung Danzigs übertragen und damit auch die Pflicht des diplomatischen Schutzes der Danziger; aus der Tatsache, daß vertragliche Regelungen in diesem Sinne bestehen, zieht das Rechtsgutachten des StIGH über die Staatsangehörigkeitsdekrete in Tunis und Marokko den Schluß, daß Fragen dieser Art nicht dem ausschließlich nationalen Zuständigkeitsbereich i.S. des Art. 15 VBS angehören. Weitgehend von historischer Bedeutung sind entsprechende vertragliche Regelungen im Rahmen von Protektorats- und Mandatsverhältnissen. Die Bewohner eines unter einem Protektorat stehenden Staates behielten zwar ihre eigene Staatsangehörigkeit (so zB. der französische Cour de Cassation bei *Clunet* 32 (1905), 367, im Hinblick auf Tunis). Das schloß freilich nicht aus, daß solche Personen in bestimmter Hinsicht den Staatsangehörigen gleichgestellt wurden, so das deutsch-französische Schiedsgericht, *Falla-Nataf et frères c. Etat allemand*, 1927; Tribunaux Arbitraux mixtes, Bd. VII, 653). Die Bewohner der Treuhandgebiete erwarben jedenfalls nicht die Staatsangehörigkeit des Staates, der für ihre Verwaltung zuständig war (so schon die ältere Praxis, vgl. dazu etwa die Resolution des Völkerbundrates, SdN, Journal Officiel 1923, 604, wonach die Bewohner der B-und C-Mandate nicht die Staatsangehörigkeit der Verwaltungsmacht erhielten). Auch die der A-Mandate waren Träger einer eigenen, besonders geregelten Nationalität. Die englischen und palästinensischen Gerichte haben daher den Bewohnern von Palästina die Eigenschaft als *„British subjects"* versagt und die Praxis hat sie als *„British protected persons"* behandelt, vgl. zB. die Entscheidung des Court of Appeal in *The King v. Ketter* (1940) 1 K. B. 787; siehe auch High Court of Australia in *Wong Man On v. The Commonwealth*, ILR 19 (1952), C. 58, wonach Angehörige der C-Mandate nicht als britische Staatsangehörige angesehen werden). Aber aus den Verträgen, die für die Rechtsstellung dieser Gebiete maßgebend waren, konnten sich Recht und Pflicht der Protektorats-, Mandats- oder Treuhandsmacht zur Wahrnehmung der Interessen der zu diesen Gebieten gehörenden Menschen ergeben (siehe Art. 76 Charta der Vereinten Nationen sowie – im Hinblick auf *„non-self-governing territories"* – Art. 73 Charta der Vereinten Nationen). In der Vergangenheit haben die europäischen Staaten in Asien und Afrika ihren Schutz vielfach auf Teile der einheimischen Bevölkerung, z. B. auf die einheimischen Angestellten und Bediensteten ihrer Gesandtschaften und Konsulate, erstreckt, diese damit in gewissem Umfange der örtlichen Staatsgewalt entzogen und mit ihren eigenen Staatsangehörigen auf gleiche Stufe gestellt (sog. *protégés* oder *de facto*-Untertanen; Zum Begriff der *„protégés"* vgl. Schiedsspruch des StISchGH im Falle der *Muscat Dhows* (1905), *Scott*, I 93, 97 f).

dadurch entstehen, daß ein Staat durch Vertrag den diplomatischen und konsularischen Schutz der Staatsangehörigen eines anderen Staates in einem Lande übernimmt, in dem jener Staat nicht vertreten ist.[7] Ein solches Verhältnis kann sich als vorübergehendes Schutzverhältnis auch aus der Übernahme der Vertretung eines anderen Staates, der sich im Kriege mit dritten Staaten befindet oder dessen Vertretung in einem anderen Staat nach einem Abbruch der diplomatischen Beziehungen unterbrochen wird, ergeben.[8]

So hat die Schweiz – eine als dauernd neutrale Macht bevorzugte diplomatische Schutzmacht – während des Zweiten Weltkrieges für eine große Zahl von Staaten, die wegen des Krieges keine diplomatischen Beziehungen mit den Achsenmächten unterhielten, die Interessenvertretung und damit auch den Schutz der Staatsangehörigen der entsprechenden Staaten übernommen, so etwa für die Vereinigten Staaten und Großbritannien gegenüber Deutschland und für Deutschland gegenüber diesen Staaten und ebenso gegenüber den meisten lateinamerikanischen Staaten.[9] Ein weiteres Mal spielte die Schweiz als Schutzmacht eine herausragende Rolle während des Yom-Kippur-Krieges im Jahre 1973.[10]

Deutschland hat seit der Wiedervereinigung eine Interessenvertetung in Nordkorea unter schwedischer Schutzmacht unterhalten. Im Gegenzug hatte Nordkorea in Berlin eine Vertretung unter chinesischer Schutzmacht eingerichtet. Die betreffenden Räumlichkeiten waren zuvor im Rahmen der diplomatischen Beziehungen zwischen der DDR und Nordkorea genutzt worden.[11]

3. Der bloße Inlandsaufenthalt dagegen, z. B. Wohnsitz oder Domizil, lassen kein der Staatsangehörigkeit ähnliches Rechtsverhältnis entstehen.[12] Solche Personen sind als Ausländer zu behandeln, und der Aufenthaltsstaat hat – jedenfalls *de lege lata* – nicht das Recht, sie gegenüber dem Ausland zu schützen, auch dann nicht, wenn sie Schritte getan haben, um sich einbürgern zu lassen.[13]

II. 1. Stimmen Lehre und Rechtsprechung zwar darin überein, daß die Staatsanghörigkeit das „rechtliche Band“ *(legal bond)* darstellt, das den einzelnen Menschen einem Staat

---

[7] Eine besondere Form eines solchen Schutzverhältnisses stellt Art. 20 EGV dar, wonach der Unionsbürger ein Recht auf diplomatischen und konsularischen Schutz eines jeden Mitgliedstaates in einem Drittstaat besitzt, in dem der Mitgliedstaat, dessen Staatsangehörigkeit er besitzt, nicht vertreten ist. Vgl. dazu *M. Ruffert*, Diplomatischer und konsularischer Schutz zwischen Völker- und Europarecht, AöR 35 (1997), 459 ff; *T. Stein*, Die Regelung des diplomatischen Schutzes im Vertrag über die Europäische Union, in: *G. Ress/T. Stein* (Hrsg.), Der diplomatische Schutz im Völker- und Europarecht, 1996, 97 ff.

[8] Siehe dazu Bd. I/1, S. 294.

[9] Vgl. dazu die Aufstellung der Schutzmachtvertretungen der Schweiz, SchwJIR 1 (1944), 130 ff.

[10] Vgl. *Verdross/Simma*, 589, Anm. 94.

[11] Deutschland und Nordkorea haben Anfang 2001 mit einem Notenaustausch die Aufnahme diplomatischer Beziehungen vereinbart, so daß beide Länder in Zukunft sich keiner Schutzmacht mehr bedienen werden.

[12] Hiervon ist allerdings der Fall zu unterscheiden, in dem der Wohnsitz mit *„animus manendi“*, d. h. in der Absicht dauernden Aufenthaltes begründet wird, vgl. dazu unten §§ 86, 87, 89.

[13] Im Widerspruch dazu stand das Verhalten der Regierung der Vereinigten Staaten zu Beginn der 50er Jahre des vergangenen Jahrhunderts im Falle *Koszta* (1853; *Moore*, Digest, Vol. III, 820, 824). *Koszta*, ein Ungar, hatte sich als politischer Flüchtling in den USA niedergelassen und einen Einbürgerungsantrag gestellt, sich dann aber nach Smyrna begeben. Dort wurde er mit Gewalt an Bord eines österreichischen Kriegsschiffs gebracht. Darauf drohte der Kommandant eines ebenfalls dort liegenden amerikanischen Kriegsschiffs, daß er zur Befreiung *Kosztas* Gewalt anwenden werde. Die Angelegenheit wurde schließlich im Verhandlungswege bereinigt und *Koszta* in Freiheit gesetzt. Das Vorgehen der USA in diesem Fall war um so weniger zu vertreten, als es sich gegen den Staat richtete, dem die geschützte Person angehörte. Darin lag eine Einmischung in das innere Verhältnis eines fremden Staates zu seinem eigenen Staatsangehörigen, der das Völkerrecht jedenfalls seinerzeit keine Grundlage bot. Das Vorgehen entsprach aber einer auch heute noch das Verhalten der USA bestimmenden Auffassung, völkerrechtliche Regeln zu mißachten, wenn ihre Befolgung – hier des Einmischungsverbots – der amerikanischen Vorstellung materieller Gerechtigkeit widerspricht – d. h., daß in Fällen wie diesem, aber auch gravierenderen, ein dem *bellum iustum*-Gedanken verhaftetes Zweck-Mittel-Denken das Vorgehen beherrscht, vgl. dazu *Henkin et al.*, Right v. Might – International Law and the Use of Force, 1989.

zuordnet[14], so ist die genaue Bestimmung des Begriffes bzw. dogmatische Einordnung der Staatsangehörigkeit auch heute noch kontrovers.[15]

a) Nach einer Auffassung wird die Staatsangehörigkeit als Rechtsverhältnis mit gegenseitigen Rechten und Pflichten[16], nach einer anderen als Eigenschaft oder Status gesehen.[17] Eine solche Ausschließlichkeit der dogmatischen Einordnung der Staatsangehörigkeit als Rechtsverhältnis oder Rechtsstatus erscheint theoretisch wenig fruchtbar und entspricht auch nicht der ganz überwiegenden Staatspraxis. Zwar ist eine gewisse Präferenz für eine statusorientierte Begriffsbestimmung der Staatsangehörigkeit – z. B. in den auf dem römischen Recht aufbauenden Staatsangehörigkeitsregelungen – nicht zu übersehen[18], während im anglo-amerikanischen Rechtskreis aufgrund der geschichtlichen Entwicklung der Staatsangehörigkeit aus der feudalen Personalbeziehung zwischen König und Untertan[19] eine am Begriff des Rechtsverhältnisses *(legal relationship)* ausgerichtete Sicht der Staatsangehörigkeit stärker im Vordergrund steht bzw. bisher bis in der jüngeren Vergangenheit gestanden hat.[20] Eine genauere Analyse der reichen internationalen und nationalen Judikatur zu Staatsangehörigkeitsfragen zeigt jedoch, daß keineswegs begriffliche Einheitlichkeit entlang der Trennungslinie zwischen den beiden Auffassungen vom Wesen der Staatsangehörigkeit herrscht.[21]

---

[14] Vgl. *Oppenheim/Jennings/Watts*, Vol. I, parts 2–4, 851; *C. Gloria*, in: *Ipsen* (Hrsg.), Völkerrecht, 4. Aufl. 1999, § 24 Rdn. 3; *Verdross/Simma*, 787 f; siehe auch die Entscheidung der *Mixed Claims Commission* im *Lynch Claim*-Fall *(Great Britain v. United Mexican States)* 1929; RIAA, Vol. 5, 17 (18), wo es heißt: *„A man's nationality is the continuing legal relationship between the sovereign State on the one hand and the citizen on the other. The fundamental basis of a man's nationality is his membership of an independent political community.“*

[15] Zum Meinungsstreit siehe *Makarov*, Allgemeine Lehren, 19 ff; *Weis*, 29 ff; *Makarov/v. Mangoldt*, Einleitung, Rdn. 1 ff; *Kimminich*, Bonner Kommentar, Rdn. 1 ff zu Art. 16 GG; *de Groot*, 10 ff; *Hailbronner/Renner*, Einleitung, Abschnitt C, Rdn. 1 ff. Die Kontroverse um die dogmatische Einordnung der Staatsangehörigkeit spiegelt sich auch in der intensiven Diskussion und Kritik zum Urteil des IGH im Fall *Nottebohm* (ICJ Reports 1955, 4) wider. Der IGH hatte hier (ICJ 1955, 23) gesagt: Staatsangehörigkeit sei „a legal bond having as its basis a social fact of attachment, a genuine connection of existence, interests and sentiments, together with the existence of reciprocal rights and duties. It may be said to constitute a juridical expression of the fact that the individual upon whom it is conferred, either directly by the law or as a result of an act of the authorities, is in fact more closely connected with the population of the State conferring nationality than with that of any other State.“ Kritiker sahen hierin eine Rückkehr zur Lehre von der Staatsangehörigkeit als Rechtsverhältnis. Diese Besorgnis erwies sich als unbegründet, vgl. dazu *Kimminich*, Bonner Kommentar, Rdn. 5 zu Art. 16 GG m.w.N.

[16] Nachweise bei *Makarov*, Allgemeine Lehren, 21 f; auch *Weis*, 30, Anm. 18; *de Groot*, 12, Anm. 93 und 94; zur Rechtsverhältnistheorie stehen noch heute *Benz*, 4, und *K. Kammann*, Probleme mehrfacher Staatsangehörigkeit, 1984, 7 ff.

[17] Nachweise bei *Makarov*, Allgemeine Lehren, 24 ff; Staatsangehörigkeit als Status einzuordnen, heißt für *I. Brownlie „to state the obvious“*, siehe The Relations of Nationality in Public International Law, BYIL 39 (1963), 284 ff; Staatsangehörigkeit als Status i.S. eines reinen „Bereitschaftsstatus“ definiert *v. Mangoldt*, Berichte DGVR, 29 (1988), 42 ff; hierzu auch in gleichem Sinne *de Groot*, 11 ff, für den Staatsangehörigkeit sogar sowohl nach Völkerrecht als auch nach Staatsrecht lediglich ein „leerer Koppelungsbegriff“ ist (17); vgl. zu diesen Auffassungen auch *Ko Swan Sik*, NILR 29 (1982), 100 ff.

[18] Vgl. dazu *Weis*, 30.

[19] Hierauf verweisen *Oppenheim/Jennings/Watts*, Vol. I, parts 2–4, 851 f.

[20] Vgl. dazu *Weis*, 30; übertrieben daher *Brownlies* in Anm. 17 zitierte Bemerkung, die im Lichte der neueren rechtsgeschichtlichen Forschung so nicht haltbar ist, vgl. hierzu etwa *Kettner*, The Development of American Citizenship, 1608–1870, 1978.

[21] So definiert der US Supreme Court in *Luria v. United States* 231 US 9 (1913) Staatsangehörigkeit als *„membership in a political society <which> implies a duty of allegiance on the part of the member and a duty of protection on the part of society. These are reciprocal obligations ...“* (22); ähnlich schon *United States v. Cruikshank* 92 US 542, hier 543 (1875) und *Minor v. Happersett* 88 US (21 Wall.) 162, hier 166–168 (1874); unter Übernahme der Definition in *US v. Cruikshank* der Washington State Supreme Court in *Harriott v. City of Seattle* 500 P. 2d 101, 109 (1971), wo allerdings das Zitat eingeleitet wird mit den Worten: *„citizenship is the* status *accorded to those persons ...“* (Hervorhebung durch den Verf.); der Charakter der *„citizenship“* als einer reziproken Beziehung wird ebenfalls und ausdrücklich hervorgehoben im Fall *Re Hoffman*, 3 F. Supp. 907, wo der US District Court for the Southern District of Cali-

Zutreffend ist im Ergebnis eine Bestimmung des Rechtscharakters der Staatsangehörigkeit, die sowohl das auf Gegenseitigkeit beruhende Rechtsverhältnis als auch den Statusaspekt berücksichtigt.[22] Die Staatsangehörigkeit läßt sich also als eine Rechtsbeziehung zwischen dem Staat und den ihm enger verbundenen Personen deuten, sie läßt sich aber auch als eine (rechtliche) Eigenschaft (Status) verstehen, aus der sich für die Mitglieder des sozialen Verbandes bestimmte Rechte und Pflichten ergeben.

b) Auch in der Frage, in welcher Weise die Beziehung zwischen der Staatsangehörigkeit und deren mit ihr „zusammenhängenden" Rechten und Pflichten rechtlich näher zu qualifizieren ist, besteht in der Lehre keine einheitliche Auffassung.[23] Soweit Staatsangehörigkeit als Rechtsverhältnis aufgefaßt wird, geht die Lehre – und mit ihr ohne nähere Reflexion der Status- oder Rechtsverhältnisfrage die nationale und internationale Rechtsprechung[24] – davon aus, daß gegenseitige Rechte und Pflichten unmittelbar mit der Entstehung des Rechtsverhältnisses Staatsangehörigkeit „begründet" werden, und zwar in der allgemeinsten Hinsicht in Gestalt der Loyalitätspflicht des Staatsangehörigen gegenüber seinem Staat

---

fornia ausführt, daß die Staatsangehörigkeit *(citizenship) „is founded upon reciprocal relations, protection to the subject and allegiance to the sovereign"*. In diesem Sinne äußert sich auch die englische Rechtsprechung, ausgehend von *Lord Coke*, der im *Calvin's Case* (7 Coke's Rep. 1a – hier 5a –, 77 E. R. 377 (Ex.-Cham. 1608) die Basis der Staatsangehörigkeit in der *„allegiance" (legentia)* sah, die ein *„duplex et reciprocum ligamen"* sei; siehe dazu die Entscheidung aus dem Jahre 1916 im Fall *Ex parte Weber* (1 A. C. 421, hier 424); das Bundesverfassungsgericht qualifizierte in seiner Rechtsprechung die Staatsangehörigkeit einmal als einen „bedeutsamen Status" (BVerfGE 37, 217 (239)), ein anderes Mal als ein „umfassendes Rechtsverhältnis" (BVerfGE 54, 53 (70)). Die Entscheidung zum Kommunalwahlrecht der Ausländer folgt wieder der Statustheorie (BVerfGE 83, 37 (51): „Die Zugehörigkeit zum Staatsvolk wird also grundsätzlich durch die Staatsangehörigkeit vermittelt. Die Staatsangehörigkeit ist die rechtliche Voraussetzung für den gleichen staatsbürgerlichen Status, der einerseits gleiche Pflichten, zum anderen aber auch die Rechte begründet, durch deren Ausübung die Staatsgewalt in der Demokratie ihre Legitimation erfährt..." Ähnlich unterschiedlich und uneinheitlich ist die Begriffsbestimmung der Staatsangehörigkeit in internationalen Judikaten: Im *Nottebohm*-Fall (ICJ Reports 1955, 4, 23) hat der IGH unter Bezugnahme auf die Praxis der umfangreichen Judikatur internationaler Schiedsgerichte Staatsangehörigkeit definiert als *„a legal bond having as its basis a social fact of attachment, a genuine connection of existance, interests sentiments, together with the existance of* reciprocal rights and duties" (Hervorhebung durch den Verf.); weitgehend übereinstimmend hiermit die *Mixed Claims Commission* (Großbritannien/Mexiko) im *Lynch Claim*-Fall (RIAA, Vol. 5, 17). Andererseits bestimmte die amerikanisch-deutsche *Mixed Claims Commission in Administrative Decision No.* 1 den Begriff der Staatsangehörigkeit allgemein als *„the status of a person in relation to the tie binding such person to a particular sovereign nation"*, definierte aber in derselben Entscheidung, wer amerikanischer Staatsbürger ist, mit den Worten: *„a person wheresoever domiciled owing permanent allegiance to the United States"* – ein spätes Echo der Auffassung *Lord Coke*'s in *Calvin's Case*. Zum *Calvin's Case* und *Lord Coke*'s Argumentation vgl. ausführlich *Kettner*, 16 ff.

22 Eine vermittelnde Meinung, wie sie zunächst vor allem von *Makarov* vertreten wurde, hat sich heute weitgehend durchgesetzt, so auch *Randelzhofer*, Rdn. 8 zu Art. 16 Abs. 1 GG; *Hailbronner/Renner*, Einleitung, Abschnitt C, Rdn. 2; *de Groot*, 12 mwN., der aber später (17) aus der Doppelnatur der Staatsangehörigkeit keine Konsequenzen zieht und sie als „leeren Koppelungsbegriff" bezeichnet, was mit dem „auch-Rechtsverhältnischarakter" der Staatsangehörigkeit nicht zusammenpaßt; vgl. dazu auch unten; kritisch zu der vermittelnden Auffassung aus der Sicht der ehemaligen DDR *Riege*, 62.

23 So z. B. *Weis*, 29; *Stern*, Bd. I, 256; *Kimminich*, Bonner Kommentar, Rdn. 6 zu Art. 16 GG mwN.; zur Kontroverse neuerdings *Hailbronner/Renner*, Einleitung, Abschnitt C, Rdn. 4 f.

24 Siehe *Luria v. United States* 231 U.S. 9 (22) (1913): *„This legal relationship involves rights and corresponding duties upon both – on the part of the citizen no less than on the part of the State"*; *Mixed Claims Commission* (Großbritannien/Mexiko) im *Lynch Claim*-Fall: *„Citizenship is membership in a political society and implies a duty of allegiance on the part of the member and a duty of protection on the part of the society."*; der IGH im *Nottebohm*-Fall (ICJ Reports, 1955, 23): *„..., together with the existence of reciprocal rights and duties."*; BVerfGE 37, 217 (239): „Mit alledem wäre die Auffassung unvereinbar, die Entscheidung über den Erwerb eines *derart bedeutsamen Status* (Hervorhebung durch den Verf.) könne in freiem Belieben von Staatsorganen stehen;..."; BVerfGE 54, 53 (70): „... die deutsche Staatsangehörigkeit als ein umfassendes Rechtsverhältnis, aus dem Rechte und Pflichten erwachsen."

und der Schutzpflicht des Staates gegenüber seinem Staatsangehörigen, die jeweils korrespondierend auch gegenseitige Rechte darstellen. Aus der Sicht einer statusorientierten Qualifikation der Staatsangehörigkeit wird dagegen die Annahme unmittelbar aus der Staatsangehörigkeit fließender Rechte und Pflichten kritisiert. Die Vorstellung, aus der Staatsangehörigkeit ergäben sich unmittelbar – wechselseitige – Rechte und Pflichten, sei aus einer Reihe von Gründen unzutreffend. Zunächst werde von Vertretern dieser Auffassung die notwendige Unterscheidung zwischen dem völkerrechtlichen und dem staatsrechtlichen Begriff und Gehalt der Staatsangehörigkeit außer acht gelassen. Beide seien nämlich nicht deckungsgleich, da die einzelstaatliche Ausgestaltung der Staatsangehörigkeit stark variiere. Bei näherer Betrachtung der Staatsangehörigkeit aus staatsrechtlicher Sicht zeige sich allerdings, daß Staatsangehörigkeitsregelungen z. B. in Verfassungen keine Aussage über – wie immer verstandene – mit der Staatsangehörigkeit verbundene Rechte und Pflichten enthielten.[25] Diese werden vielmehr in aller Regel in Anknüpfung an die Staatsangehörigkeit durch von der eigentlichen Staatsangehörigkeitsregelung getrennte Verfassungs- oder einzelgesetzliche Regelungen begründet.

In der Bundesrepublik Deutschland würden beispielsweise Rechte und Pflichten der deutschen Staatsangehörigen durch die Grundrechtsverbürgungen, Wehrdienst- und Wahlrechtsregelungen konkret bestimmt, wobei die Staatsangehörigkeit für den Erwerb dieser Rechte und Pflichten nicht einmal immer eine notwendige oder gelegentlich notwendige, jedoch nicht hinreichende Bedingung ist. Sog. „Deutschenrechte" stehen auch Volkszugehörigen – Deutschen i.S.d. Art. 116 I GG – zu, der Wehrpflicht unterliegen in der Regel nur Deutsche, die sich ständig im Bundesgebiet aufhalten. Auch in den Vereinigten Staaten gibt die Verfassung (14. *Amendment)* über unmittelbar mit der *„citizenship"* verbundene Rechte und Pflichten keine Auskunft und so wird z. B. das Wahlrecht an bestimmte Alters- und Residenzbedingungen geknüpft.[26]

Angesichts dessen sei es gegenüber der überwiegenden Lehre und Rechtsprechung allein zutreffend, die Staatsangehörigkeit nicht nur allgemein als Status, sondern speziell nur als „Bereitschaftsstatus" zu qualifizieren. Dieser „Bereitschaftsstatus" diene als Grundlage der näheren verfassungs- und gesetzesrechtlichen Ausfüllung des Gehaltes der Staatsangehörigkeit in staatsrechtlicher Hinsicht.[27]

Völkerrechtlich gesehen sei es zwar richtig, daß aus der Begründung der Staatsangehörigkeit unmittelbar Rechte und Pflichten entstünden. Diese bestimmten jedoch nicht das wechselseitige Verhältnis zwischen Individuum und Staat, vielmehr bestünden derartige Rechte und Pflichten, d. h. in erster Linie die Schutzpflicht des Staates[28] und dessen Pflicht, seine eigenen Staatsangehörigen im Inland aufzunehmen, im Verhältnis der Staaten untereinander.[29]

So überzeugend das eine oder andere Einzelargument auch sein mag, so wenig kann das Gesamtergebnis dieser kritischen Überlegungen im Lichte der Staatspraxis befriedigen. Insbesondere im Hinblick auf die innerstaatliche Gestaltung z. B. der gesetzlichen Voraussetzungen einer Einbürgerung, die im besonderen Maße Auskunft über die Grundvor-

---

[25] So für das deutsche Staatsangehörigkeitsrecht *Randelzhofer*, Rdn. 9 zu Art. 16 Abs. 1 GG; *Hailbronner/Renner*, Einleitung, Abschnitt C, Rdn. 5; allgemeiner in gleichem Sinne *de Groot*, 13 f.

[26] Siehe dazu *J. E. Nowak/R. D. Rotunda/J. N. Young*, Constitutional Law, 3. Aufl. 1986 (supp. 1988), 721 (728 ff).

[27] So *Wengler*, in: FS *Schätzel*, 546; *Makarov*, Allgemeine Lehren, 28 ff; *v. Mangoldt*, Berichte DGVR, 29 (1988), 42 ff, 67 ff; *Randelzhofer*, Rdn. 9 zu Art. 16 Abs. 1 GG; *ders.* etwas skeptischer: Berichte DGVR, 29 (1988), 116; anders *Hailbronner/Renner*, Einleitung, Abschnitt C, Rdn. 5, die zu Recht an einer Qualifikation der Staatsangehörigkeit als Status mit einem materiellen Mindestinhalt festhalten.

[28] Sogenannter „diplomatischer Schutz" *(„diplomatic protection")*, vgl. Bd. I/1 S. 270.

[29] *Randelzhofer*, Rdn. 9 zu Art. 16 GG, der aber – abweichend von *v. Mangoldt*, völkerrechtlich die Staatsangehörigkeit als Rechtsverhältnis gekennzeichnet wissen möchte, Berichte DGVR, 29 (1988), z. B. 72.

stellung der Staaten über Gehalt und Rechtsnatur der Staatsangehörigkeit geben, bestehen Bedenken. Die Qualifikation der Staatsangehörigkeit als „leerer Kopplungsbegriff", „leere Hülse" oder eben „bloßer Bereitschaftsstatus" trifft nicht die Realität ihrer Bedeutung, die diese für die einzelne Person trotz mancher durch den internationalen Menschenrechtsschutz bewirkten Relativierung noch hat. Die Herausnahme spezifischer Rechte und Pflichten aus dem Begriff der Staatsangehörigkeit, die herkömmlich mit dem Rechtsverhältnis und/oder Status der Staatsangehörigkeit im innerstaatlichen Recht verbunden worden sind, wie das Wahlrecht und die Wehrpflicht, führt nämlich nicht zu einem entleerten Konzept, wie dies die Verfechter der Bereitschaftsstatuslehre annehmen wollen. Selbst in Fällen nämlich, in denen unbestreitbar erst besondere positivrechtliche Regelungen bestimmte Rechte und Pflichten in Anknüpfung an die Staatsangehörigkeit zu konkretisieren scheinen, liegt dieser Anknüpfung eine Konzeption von Staatsangehörigkeit zugrunde, die inhaltlich werthaft aufgefüllt ist: Weil der Staatsangehörige in einer besonderen, engen Verbundenheit zum Staat steht, Mitglied des Staatsvolkes ist, dient die Staatsangehörigkeit und nicht ein irgendwie geartetes anderes Kriterium jedenfalls als Mindestvoraussetzung für die Übertragung des Rechts auf Mitwirkung an der staatlichen Willensbildung oder die Heranziehung des Staatsangehörigen zum Wehrdienst. Die Staatsangehörigkeit als Anknüpfung für die Heranziehung zum Wehrdienst oder für ein Wahlrecht bedeutet zwar nicht – wie zutreffend betont wird –, daß sie rechtslogisch zwingend mit spezifischen Rechten und Pflichten verbunden ist. Wohl aber ist ihr das Prinzip gegenseitiger Schutz- und Loyalitätspflichten – in welchem Grade auch immer von einzelnen Personen im Verhältnis zu ihrem Staat oder von diesem gegenüber seinen Staatsangehörigen realisiert – inhärent.[30]

Auch rechtsdogmatisch kann die Reduktion der Staatsangehörigkeit auf einen bloßen Bereitschaftsstatus jedenfalls dann nicht überzeugen, wenn von einzelnen Anhängern dieser Lehre gleichzeitig daran festgehalten wird, daß die Staatsangehörigkeit Status, aber auch Rechtsverhältnis sei. Ein Rechtsverhältnis, das keinerlei unmittelbare Rechte und Pflichten zwischen seinen Partnern entfaltet, widerspricht dem Begriff eines solchen.[31] Daraus folgt, daß entweder Staatsangehörigkeit als Status nicht zugleich auch Rechtsverhältnis sein kann, oder aber, daß der Status der Staatsangehörigkeit, der zugleich Rechtsverhältnis ist, in die aus diesem Rechtsverhältnis unmittelbar fließenden Rechte und Pflichten eingebunden ist. Staatsangehörigkeit als Status und Rechtsverhältnis mit unmittelbar hieraus resultierenden zumindest elementaren Rechten und Pflichten im Sinne gegenseitiger Schutz- und Loyalitätspflichten erscheint somit nach wie vor rechtsdogmatisch vertretbar und der Wirklichkeit des Staatslebens nach wie vor angemessen. Abweichungen in der Praxis einzelner Staaten – so etwa in der Bundesrepublik Deutschland – vermögen die prinzipielle Qualifikation der Staatsangehörigkeit als Status und Rechtsverhältnis nicht zu widerlegen, sind solche Abweichungen doch – wie etwa die Übertragung des Wahlrechts an deutsche Volkszugehörige, die nicht Staatsangehörige sind – Ergebnis einer historisch bedingten besonderen staatsrechtlichen und völkerrechtlichen Lage Deutschlands und nicht Ausdruck einer allgemeinen Umdeutung der Konzeption der Staatsangehörigkeit.[32]

---

[30] Vgl. die Entscheidung im *Lynch Claim*-Fall (Anm. 24); kritisch zu der inhaltlichen Entleerung des Staatsangehörigkeitsbegriffs auch *Doehring*, Diskussionsbeitrag, Berichte DGVR, 29 (1988), 113 f; im hier vertretenen Sinne auch *Hailbronner*, ebd., 115, sowie *Hailbronner/Renner*, Einleitung, Abschnitt C, Rdn. 5.

[31] Vgl. dazu auch kritisch *Hailbronner/Renner*, Einleitung, Abschnitt C, Rdn. 5.

[32] Auf den engen Zusammenhang der deutschen Lehre vom Bereitschaftsstatus mit der bisher obwaltenden besonderen Rechtslage Deutschlands weist zu Recht hin *Randelzhofer*, Diskussionsbeitrag (Anm. 27), 116. Aus diesem Grunde kann auch der von *Hailbronner/Renner*, Einleitung, Abschnitt C, Rdn. 6, vorgenommenen Modifizierung der Einordnung der Staatsangehörigkeit auf einen, allerdings inhaltlich „aufgeladenen" Bereitschaftsstatus nicht gefolgt werden. Auch hier werden im wesentlichen spezifi-

c) Eine weitere Kontroverse, die jedenfalls zum Teil mit der zuvor behandelten Problematik zusammenhängt, betrifft die Frage, ob die Staatsangehörigkeit als einheitliches Konzept im Staats- und Völkerrecht begriffen werden kann, oder ob für jeden Rechtsbereich getrennte Begriffe angenommen werden müssen. Wie oben erwähnt, hält ein Teil der Lehre eine nach völkerrechtlichen und staatsrechtlichen Aspekten getrennte Betrachtung der Staatsangehörigkeit für geboten, da der völkerrechtlich relevante Gehalt der Staatsangehörigkeit mit dem innerstaatlichen angesichts vielfältiger, unterschiedlicher Ausgestaltungen des Staatsangehörigkeitsverhältnisses nicht übereinstimmen muß. Hieraus ist sogar der Schluß gezogen worden, es gebe in der Tat zwei verschiedene Staatsangehörigkeitsbegriffe, einen nach Völkerrecht und einen anderen nach innerstaatlichem Recht.[33] Wie die Vorstellung eines jeder materiellen Bedeutung entkleideten Staatsangehörigkeitsstatus, so entspricht auch die Annahme zweier getrennter Staatsangehörigkeitsbegriffe im Völkerrecht und im innerstaatlichen Recht nicht der Wirklichkeit. Völkerrechtlicher und innerstaatlicher Gehalt der Staatsangehörigkeit können voneinander abweichen und tun dies in aller Regel auch.[34] Dies hängt damit zusammen, daß die Regelung der Staatsangehörigkeit in erster Linie in die Kompetenz der Staaten fällt, und im Völkerrecht nur die für den zwischenstaatlichen Verkehr relevanten Aspekte der Staatsangehörigkeit den Staatsangehörigkeitsbegriff inhaltlich bestimmen. Es sind dies die Fragen der Abgrenzung der Personalhoheit der Staaten, des diplomatischen Schutzes der Staatsangehörigen und der Pflicht zur Aufnahme von Staatsangehörigen im jeweiligen Staat.[35] Indessen erscheint es überspitzt, aus solchen Differenzen rechtlich den einheitlichen Lebenssachverhalt „Staatsangehörigkeit" auseinanderreißen zu wollen.

d) Staatsangehörigkeit ist, zusammenfassend gesagt, die rechtsbegriffliche Erfassung des Zugeordnetseins eines Menschen zu einem bestimmten sozialen Verband, nämlich zu seinem Staat, die sowohl völkerrechtlicher als auch staatsrechtlicher Natur ist.

2. Weder völkerrechtlicher noch staatsrechtlicher Natur ist die durch den Vertrag von Maastricht in Art. 17 Abs. 1 S. 1 EGV eingeführte Unionsbürgerschaft. Sie ist überhaupt keine „Staats"-angehörigkeit, da der Europäischen Union als „Staatenverbund"[36] bisher die Staatsqualität fehlt. Die Europäische Union besitzt weder ein europäisches Staatsvolk,[37] noch ein Staatsgebiet. Lediglich der Anwendungsbereich des EUV und der Gemeinschaftsverträge bezieht sich auf das Territorium der Mitgliedstaaten. Ebensowenig weist die Europäische Union die für die Staatlichkeit notwendige „Kompetenz-Kompetenz" auf.[38]

---

sche deutsche Besonderheiten zur Begründung angeführt.

33 Vgl. dazu *Wengler*, in: FS *Schätzel*, 545 ff; *Panhuys*, 24 ff; *Weis*, 59 ff; *de Groot*, 14 mwN, der allerdings *Dahm* in der 1. Aufl., 449, mißverstanden hat. *Dahm* ging – wie die jetzige Auflage auch – von einem einheitlichen Staatsangehörigkeitsbegriff aus, der jedoch in seinem völkerrechtlichen Gehalt nicht mit dem des nationalen Rechts übereinstimmen muß. Zur Unterscheidung eines völkerrechtlichen und eines staatsrechtlichen Staatsangehörigkeitsbegriffs ablehnend *Hailbronner/Renner*, Einleitung, Abschnitt C, Rdn. 8, für eine Unterscheidung des staatsrechtlichen und des völkerrechtlichen Staatsangehörigkeitsbegriffs *Lang*, 31, der die staatsrechtliche Staatsangehörigkeit als Bereitschaftsstatus, die völkerrechtliche als Rechtsverhältnis verstehen will.

34 Anschaulich, wenn auch in der Annahme *„that there is... no one concept of nationality but as many concepts as there are municipal laws"* bedenklich. (Es gibt nicht mehrere *„concepts"*, sondern unterschiedliche Konkretisierungen der Staatsangehörigkeit nach nationalem Recht.), *Weis*, 239.

35 *Weis*, 32 ff und zusammenfassend 239; für die Annahme eines einheitlichen Staatsangehörigkeitsbegriffs im innerstaatlichen und Völkerrecht auch *Makarov*, Allgemeine Lehren, 11 ff – an diesen einheitlich gedachten Begriff werden nach *Makarov* vom Völkerrecht und vom innerstaatlichen Recht jeweils unterschiedliche Folgen geknüpft, eine Auffassung, die dogmatisch zwar von der hier vertretenen Ansicht abweicht, der Sache nach jedoch weitgehend mit ihr übereinstimmt.

36 So BVerfGE 89, 155 (181).

37 Vgl. dazu *A. Augustin*, Das Volk der Europäischen Union, 2000; *K. Hailbronner*, in: *Vitzthum*, Rdn. 102.

38 Vgl. zur Staatsqualität der Europäischen Union

Die Unionsbürgerschaft knüpft an die Staatsangehörigkeit der Mitgliedstaaten an. Es wird durch sie ein rechtliches Band geschaffen „... das zwar nicht eine der gemeinsamen Zugehörigkeit zu einem Staat vergleichbarer Dichte besitzt, dem bestehenden Maß existentieller Gemeinsamkeit jedoch einen rechtlichen Ausdruck verleiht".[39] Den an die Staatsangehörigkeit anknüpfenden Rechtsfolgen kommt die Unionsbürgerschaft jedoch insofern nahe, als mit ihr politische Mitwirkungs- und Kontrollrechte sowie diplomatische Schutzrechte verbunden sind. Über die Unionsbürgerschaft wird den Angehörigen eines Mitgliedsstaates, die in einem anderen leben, das aktive und passive Wahlrecht sowohl bei den Wahlen zu den kommunalen Vertretungskörperschaften ihres Aufenthaltsstaates (Art. 19 Abs. 1 EGV) als auch bei den Wahlen zum Europäischen Parlament (Art. 19 Abs. 2 EGV) eingeräumt.[40] Hinzu kommt nach Art. 20 EGV das Recht des Unionbürgers auf diplomatischen und konsularischen Schutz durch einen jeden Mitgliedstaat in einem Drittstaat, in dem der Mitgliedstaat, dessen Staatsangehörigkeit er besitzt, nicht vertreten ist.[41] Auch Art. 17 Abs. 1 S. 2 EGV stellt nun ausdrücklich fest, daß die Unionsbürgerschaft die nationale Staatsangehörigkeit ergänzt, nicht aber ersetzt.[42]

Hieraus ergeben sich keine unmittelbaren wohl aber mittelbare Einschränkungen nationaler Kompetenzen zur Regelung der Staatsangehörigkeit und der sich aus ihr ergebenden Rechte und Pflichten. Im Fall „Gullung" entschied der EuGH, daß die Mitgliedstaaten zwar die Befugnis zur Regelung staatsangehörigkeitsrechtlicher Angelegenheiten hätten, daß sie aber von dieser Befugnis nicht in einer Weise Gebrauch machen dürften, die die im Vertrag verankerten Freiheiten zunichte macht.[43] Im Fall Micheletti führte der EuGH aus, daß ein Mitgliedstaat über die Staatsangehörigkeit eines Mitgliedstaates hinaus keine zusätzlichen Anforderungen an die Geltendmachung der Rechte eines Unionsbürgers stellen dürfe.[44]

III. 1. So wichtig die Staatsangehörigkeit für das Völkerrecht auch ist, so bleibt die Regelung der Voraussetzungen für den Erwerb und Verlust der Staatsangehörigkeit doch in erster Linie

M. Pechstein/C. Koenig, Die Europäische Union, 2000, Rdn. 56 ff; *F. Cromme*, Spezifische Verfassungselemente des Staatenverbundes: Bausteine für die Europäische Union, 1997; *S. Breitenmoser*, Die Europäische Union zwischen Völkerrecht und Staatsrecht, ZaöRV 55 (1995) 4, 951 ff; *P. Hommelhoff/P. Kirchhof*, Der Staatenverbund der Europäischen Union: Beiträge und Diskussionen des Symposions am 21./22. Januar 1994 in Heidelberg, 1994.

[39] BVerfGE 89, 155, 184.

[40] Vgl. zum kommunalen Wahlrecht bereits Anm. 19 und 20 zu § 83 und zum Wahlrecht zum Europäischen Parlament das Gutachten des Max-Planck-Instituts für ausländisches Öffentliches Recht und Völkerrecht, Heidelberg vom 30. Juni 1993: Das aktive und passive Wahlrecht zum Europäischen Parlament im Recht der Mitgliedstaaten der Europäischen Gemeinschaften, erstattet im Auftrag der Kommission der Europäischen Gemeinschaften, 1993. Eine Konkretisierung erfährt das Wahlrecht zum Europäischen Parlament durch die Richtlinie 93/109/EG des Rates vom 6. Dezember 1993 über die Einzelheiten der Ausübung des aktiven und passiven Wahlrechts bei den Wahlen zum Europäischen Parlament für Unionsbürger mit Wohnsitz in einem Mitgliedstaat, dessen Staatsangehörigkeit sie nicht besitzen (ABl. EG L 329 vom 30. 12. 1993, 34 ff).

[41] Vgl. *T. Stein*, Die Regelung des diplomatischen Schutzes im Vertrag über die Europäische Union, in: *G. Ress/T. Stein* (Hrsg.), Der diplomatische Schutz im Völker- und Europarecht, 1996, 97 ff; *M. Ruffert*, Diplomatischer und konsularischer Schutz zwischen Völker- und Europarecht, AöR 35 (1997), 459 ff. Art. 20 EGV wird durch den Beschluß 95/553/EG der im Rat vereinigten Vertreter der Regierungen der Mitgliedstaaten vom 19. Dezember 1995 über den Schutz der Bürger der Europäischen Union durch die diplomatischen und konsularischen Vertretungen ausgeführt (ABl. EG L 314 vom 28. 12. 1995, 73 ff). Art. 21 EGV bezieht das durch Art. 194 EGV garantierte Petitionsrecht zum Europäischen Parlament und das durch Art. 195 EGV verbürgte Recht, sich an den Bürgerbeauftragten zu wenden, in die Rechte der Unionsbürger mit ein. Die Antragsberechtigung ist nach Art. 194 und 195 EGV allerdings nicht auf Unionsbürger beschränkt.

[42] *K. Hailbronner*, in: *Vitzthum*, Rdn. 102 betont die nationalstaatlichen Kompetenzen deutlicher.

[43] EuGH, Urteil vom 19. 1. 1988, Rs. 292/86 Slg 1988, 111 *(Gullung)*.

[44] EuGH, Urteil vom 7. 7. 1992, Rs. 369/90, Slg 1992, I-4239 ff. *(Micheletti)*; vgl. dazu *de Groot*, Auf dem Weg zu einer europäischen Staatsangehörigkeit, Festschrift *Bleckmann*, 1993, 87 (100 ff); *ders.*, in: *La Torre* (ed.), European Citizenship, 1998, 115 (126 f).

dem nationalen Recht überlassen. Das hängt damit zusammen, daß das Völkerrecht bis vor noch kurzer Zeit mit dem einzelnen Menschen nur auf dem Umweg über die Staaten befaßt war. Wer zu ihm gehört, entscheidet nach dem positiven Völkerrecht – wenn auch in gewissen, durch das Völkerrecht gezogenen Grenzen – jeder Staat nach seinem Ermessen.[45] Innerhalb der noch zu erörternden Grenzen sind Fragen der Staatsangehörigkeit solche des vorbehaltenen Hoheitsbereichs, sie sind i.S.d. Art. 2 (7) der Charta der Vereinten Nationen Angelegenheiten wesentlich innerstaatlichen Charakters, in die andere Staaten und die zwischenstaatlichen Organisationen sich nicht einmischen dürfen.[46] Daraus ergibt sich ein völkerrechtliches Verbot für die Staaten, die Staatsangehörigkeit anderer Staaten zu regeln bzw. in deren Regelungen einzugreifen. Der Versuch dazu enthielte einen völkerrechtswidrigen Eingriff in die personenbezogene Hoheitsgewalt des Staates, um dessen Staatsangehörigkeit es sich dabei handelt. Internationale Instanzen und andere Staaten hätten derartige Regelungen nicht zu beachten.

Ein Staat A kann z. B. einer Ausländerin, eine Staatsangehörige des Staates B, die einen Inländer heiratet, seine Staatsangehörigkeit übertragen. Er kann aber nicht bestimmen, daß die Staatsangehörige des Staates B dadurch die Staatsangehörigkeit von B verliert. Darüber vermag nur B zu entscheiden. Auf der Basis dieses Grundsatzes hat der Bundesgerichtshof z. B. geschlossen, daß die österreichische Staatsangehörigkeitsgesetzgebung nach dem Zweiten Weltkrieg nicht die Macht gehabt habe, über die deutsche Staatsangehörigkeit zu verfügen und daher auch die durch den Anschluß erworbene deutsche Staatsangehörigkeit nicht habe aufheben können.[47]

---

[45] Die freie staatliche Regelungskompetenz betonte der StIGH im Rechtsgutachten über die Staatsangehörigkeitsdekrete in Tunis und Marokko, 1923; PCIJ, Series B, Advisory Opinions, Bd. I, Nr. 4; auch PCIJ, Series B, ebd., Nr. 7; ferner die französisch-mexikanische Schiedskommission im *Georges Pinson*-Fall, 1928, RIAA, Vol. 5, 327 (393) sowie die deutsch-mexikanische Schiedskommission im Fall *Klemp*, 1927, RIAA, Vol. 5, 579; einschränkender der IGH im *Nottebohm*-Fall, ICJ Reports 1955, 4 (20): *„It is for Liechtenstein, as it is for every sovereign State, to settle by its own legislation, the rules relating to the acquisition of its nationality, and to confer that nationality by naturalization granted by its own organs in accordance with that legislation.“* Der IGH fährt dann aber fort: *„The question to be decided is whether that act* (d. h. die nach nationalem Recht vorgenommene Naturalisierung *Nottebohms* – d. Verf.) *has the international effect here under consideration“* (21). Die hierüber vom IGH angestellten Überlegungen betreffen unmittelbar die völkerrechtlichen Schranken der Anerkennung der liechtensteinschen Berechtigung zur Ausübung des diplomatischen Schutzes zugunsten *Nottebohms*, sind jedoch mittelbar auch für die Frage der Freiheit der Staaten bei Einbürgerungsentscheidungen relevant (a.A. insoweit *Randelzhofer*, Rdn. 22 zu Art. 16 Abs. 1 GG; *ders.*, Nationality, EPIL III (1997), 501 ff (506). Im Sinne der Betonung der staatlichen Regelungskompetenz auch die nationale Rechtsprechung, vgl. der englische Court of Chancery in *Stoeck v. Public Trustee* (1921) 2 Ch. 67, weitere Nachweise englischer Entscheidungen bei *Weis*, 79 ff; US Supreme Court in *U. S. v. Wong Kim Ark* 169 U.S. 649 (1898); High Court von Australien in *The King v. Burgess*, Annual Digest 8 (1935–37), C. 19; schweiz. BGE 60 I, 67 (81) und 75 I, 289 (293); BVerfGE 1, 322 (329), auch BVerfGE 37, 217 (218); BGHZ 3, 178 (181–182), 8, 378 (381); BGHSt 5, 230 (234); BVerwGE 1, 206 (208). Von diesem Grundsatz gehen schließlich auch eine Reihe von internationalen Übereinkommen aus z. B. Art. 1 und 2 Haager Abkommen über gewisse Fragen beim Konflikt von Staatsangehörigkeitsgesetzen vom 12. 4. 1930, LNTS 1979, 89. In diesem Abkommen heißt es: *„It is for each State to determine under its own law who are its nationals. This law shall be recognized by other States as far as it is consistent with international conventions, international custom and the principles of law generally recognized with regard to nationality...“*. Art. 9, *Código Bustamante* (Anh. z. Havanna-Konvention zum Internationalen Privatrecht vom 20. 2. 1928, LNTS 86, 111 (256) und Art. 2 Harvard-Entwurf zum Staatsangehörigkeitsrecht, AJIL 23 (1929), spec. supp., 24. Vgl. dazu *Donner*, 17 ff.; *Weis*, Nationality and Statelessness in International Law, 2. Aufl., 1979; *R. Wolfrum*, Völkerrechtliche Rahmenbedingungen für die Einwanderung, 19 (27).

[46] So die ganz h.L., vgl. die umfangreichen Nachweise u. a. bei *de Groot*, 17 ff (insbesondere Anm. 133); *Oppenheim/Jennings/Watts*, Vol. I, parts 2–4, 852 mwN; *Hailbronner/Renner*, Einleitung, Abschnitt E, Rdn. 1 ff; daß vertragliche Pflichten diese grundsätzlich bestehende Freiheit der Staaten einschränken bzw. die Staatsangehörigkeitsfrage zu einer internationalen Frage erheben können, wird vom StIGH im Rechtsgutachten über die Staatsangehörigkeitsdekrete in Tunis und Marokko, Anm. 30, 28, im Hinblick auf Art. 15 Abs. 8 VBS ausgeführt.

[47] So z. B. BGHZ 3, 178 (184, 186), BGHSt 9, 53 (57), BVerwGE 1, 206, OLG Celle, NJW 1947/48, 593. Verfehlt BVerfGE 4, 322 (329), es habe die öster-

Dagegen ist es den Staaten nicht versagt, in den Fällen einer Zu diesem Begriff *Makarov*, Allgemeine Lehren, 12 ff, 60 ff; dazu auch *Hailbronner/Renner*, Einleitung, Abschnitt C, III, Rdn. 9, und Abschnitt E II, Rdn. 6 mwN. Staatsangehörigkeit",4>sog. funktionellen[48] Staatsangehörigkeit, die nur für bestimmte gesetzlich oder vertraglich geregelte Sachverhalte das Anknüpfungsmoment bildet, Regelungen mit Bezug auf eine fremde Staatsangehörigkeit zu treffen.

So war es nicht völkerrechtswidrig, als die Vereinigten Staaten von Amerika in den frühen zwanziger Jahren in ihren Einwanderungsgesetzen festlegten, wer im Sinne dieser Gesetze Staatsangehöriger eines Auswanderungslandes war.[49] Ebenso zulässig ist es nach Völkerrecht, eine Einbürgerung von einem Ausscheiden aus einer früheren Einbürgerung abhängig zu machen.[50]

2. Die Staaten pflegen den Erwerb und Verlust ihrer Staatsangehörigkeit in ihren Verfassungen und/oder in besonderen Gesetzen zu regeln. Die Staatspraxis weist hier eine große Vielfalt der Regelungstechniken auf, so daß eine allgemein gültige Typisierung kaum möglich ist.

Auffällig ist allerdings, daß vor allem Staaten Asiens, Afrikas und Ozeaniens, aber bis zu einem gewissen Grade auch die im 19. Jahrhundert aus kolonialer Abhängigkeit befreiten Staaten Lateinamerikas, einer Regelung der Staatsangehörigkeit in ihren Verfassungen – z. T. sehr detailliert – den Vorzug gegeben haben. Dagegen begnügen sich die Staaten Europas, eine Reihe islamischer Staaten und die Volksrepublik China, aber auch z. B. die Vereinigten Staaten als ein typisches Einwanderungsland, mit entweder nur kurzen grundsätzlichen Feststellungen zur Staatsangehörigkeit oder mit der Feststellung eines Verfassungsauftrages zur gesetzlichen Regelung der Staatsangehörigkeit und/oder überlassen die Regelung der Staatsangehörigkeit im übrigen der einfachgesetzlichen Ordnung. Grob kategorisiert[51] wird man feststellen dürfen, daß ein Teil der heute ca. 190 Staaten der Welt die Staatsangehörigkeit in der Verfassung und in Gesetzen regelt, ein weit geringerer Teil der Staaten hat die Regelungen der Staatsangehörigkeit ausschließlich in der Verfassung vorgenommen. Die weitaus größte Zahl der Staaten hat demgegenüber – vor allem basierend auf den Modellen Großbritanniens oder Frankreichs – einer nur einfachgesetzlichen Ordnung den Vorzug gegeben. Eine ins Detail gehende Übersicht über die in einzelnen Staaten getroffenen Regelungen würde hier zu weit führen. Einige Beispiele typischer Regelungsformen in den verschiedenen Regionen der Welt seien jedoch kurz angeführt.

Interessante Beispiele ausschließlich verfassungsrechtlicher Staatsangehörigkeitsregelungen enthalten die Verfassungen einiger junger Staaten in Asien (z. B. Malaysia[52], *Part* III, *Chapters* I – III, Art. 14–31 in der Verfassung von 1987; Singapur[53], *Part* X, *sec.* 120–141 der Verfassung von 1963 in

---

reichische Gesetzgebung nicht nur die alte österreichische Staatsangehörigkeit wieder aufleben lassen, sondern auch der deutschen Staatsangehörigkeit der ehemaligen Österreicher ein Ende bereitet, auch wenn sie sich in Deutschland befanden und ohne Rücksicht auf ihren Willen; dazu auch *Hailbronner/Renner*, Einleitung, Rdn. 38 mwN. Entsprechend hat 1928 ein französisch-türkisches Schiedsgericht die dem französischen Recht entsprechende, aber nach türkischem Recht in Ermangelung der erforderlichen Genehmigung unwirksame Einbürgerung einer Türkin durch Frankreich als rechtswirksam behandelt, da nur Frankreich über seine Staatsangehörigkeit zu entscheiden vermöge. Siehe dazu Fall *Apostolides*, 1928; Tribunaux Arbitraux mixtes Bd. VIII, 373; auch das amerikanisch-ägyptische Schiedsgericht im Falle *Salem*, 1931, RIAA, Vol. 2, 1163, 1186 f.

[48] Zu diesem Begriff *Makarov*, Allgemeine Lehren, 12 ff, 60 ff; dazu auch *Hailbronner/Renner*, Einleitung, Abschnitt C, III, Rdn. 9, und Abschnitt E II, Rdn. 6 mwN.

[49] Vgl. Sec. 12 des US *Immigration Act of* 1924, c. 190, 43 Stat. 153, siehe dazu z. B. *Trevor*, An Analysis of the American Immigration Act of 1924, International Conciliation, Nr. 202 (1924), insbes. 386/387; hierzu auch *Makarov*, Allgemeine Lehren, 60; *Randelzhofer*, Rdn. 12 zu Art. 16 Abs. 1 GG.

[50] *J. Delbrück*, 777; *R. Wolfrum* (Anm. 46), 27.

[51] Vgl. dazu *H. Hecker*, Staatsangehörigkeitsregelungen in den vier überseeischen Kontinenten, 1970, 10.

[52] Fundstelle bei *D. S. Zakaria*, Malaysia (1995), in: *A. P. Blaustein/G. H. Flanz* (eds.), Constitutions of the Countries of the World, Vol. XI.

[53] Fundstelle bei *K. Y. L. Tan*, Singapore (1995), in: *A. P. Blaustein/G. H. Flanz* (eds.), Constitutions of the Countries of the World, Vol. XVI.

der Fassung von 1986[54]); und in Afrika (z. B. bis 1982 Botswana[55], bis heute Nigeria[56], auch Uganda[57]). In Ozeanien finden sich die ausführlichsten Verfassungsregelungen über die Staatsangehörigkeit z. B. in Fiji[58] und in Tuvalu[59] (1978); in Lateinamerika ist abweichend von der sonst hier üblichen Praxis nur in Paraguay die Staatsangehörigkeit allein in der Verfassung geregelt. Typische Beispiele gemischt verfassungsrechtlicher und einfachgesetzlicher Regelungen finden sich im asiatischen Bereich z. B. in Indien[60] *(Part* II, *sec.* 5–11 der Verfassung von 1950 in der Fassung von 1992, Staatsangehörigkeitsgesetz von 1955) und in Nepal[61] *(Part* 2, *sec.* 8–10, Staatsangehörigkeitsgesetz von 1964); im lateinamerikanischen Bereich in Brasilien[62] und in Nordamerika in den Vereinigten Staaten[63] (*14th Amendment* zur Verfassung von 1787, *sec.* 1, 1. Satz, *Immigration and Nationality Act* von 1952 in der Fassung vom 1. 1. 1989, 66 Stat. 163, 8 U.S.C. 1101 ff), in Europa in der Russischen Föderation[64] und in der Bundesrepublik Deutschland[65] (Art. 116 I GG, Reichs- und Staatsangehörigkeitsgesetz von 1913, zuletzt geändert durch Gesetz vom 23. 7. 1999[66]. Ausschließlich einfachgesetzliche Regelungen finden sich in Frankreich[67] und Großbritannien[68].

Betrachtet man insbesondere die gesetzlich festgelegten Bedingungen für eine Einbürgerung in den verschiedenen Staatsangehörigkeitsregelungen,[69] so wird eindrucksvoll deutlich, daß

[54] Spätere Verfassungszusätze berühren den Teil über die Staatsangehörigkeit nicht; die letzte Verfassungergänzung wurde 1991 vorgenommen, vgl. den Text dieser und vorangegangener Ergänzungen bei *K. Y. L. Tan*, Singapore (1995), in: *A. P. Blaustein/G. H. Flanz* (eds.), Constitutions of the Countries of the World, Vol. XVI, 83 ff.

[55] Verfassung von Botswana von 1966, Fundstelle bei *P. E. Larkin/R. J. Kukubo/K. M. Boyle*, Botswana (1989), in: *A. P. Blaustein/G. H. Flanz* (eds.), Constitutions of the Countries of the World, Vol. III, Chapter III, sec. 20 ff. Diese *„sections"* wurden durch *The Constitution Amendment Act*, *No.* 32 *of* 1982 ersetzt durch den *Citizenship Act*, *No.* 25 *of* 1982 und die *Citizenship Regulations* von 1983 (Texte ebd.).

[56] Dazu Chapter III, sec. 25 ff *Constitution of the Federal Republic of Nigeria* 1989, Fundstelle bei *G. H. Flanz*, The Federal Republic of Nigeria (1999), in: *A. P. Blaustein/G. H. Flanz* (eds.), Constitutions of the Countries of the World, Vol. XIV.

[57] Chapter II, sec. 4 ff *of the Constitution of the Republic of Uganda* von 1967, Fundstelle bei *J. J. Ruchti*, Uganda (1996), in: *A. P. Blaustein/G. H. Flanz* (eds.), Constitutions of the Countries of the World, Vol. X-VIII.

[58] Vgl. Chapter IV, sec. 22 ff *Schedule to the Constitution of the Sovereign Democratic Republic of Fiji (Promulgation) Decree* 1990 Fundstelle bei-*C. G. Powles*, Republic of the Fiji Islands (1998), in: *A. P. Blaustein/G. H. Flanz* (eds.), Constitutions of the Countries of the World, Vol. VI.

[59] Part III, sec. 43 ff *Constitution of Tuvalu Ordinance* 1986, Fundstelle bei *A. H. Angelo/R. Gordon*, Tuvalu (1996), in: *A. P. Blaustein/G. H. Flanz* (eds.), Constitutions of the Countries of the World, Vol. XVIII.

[60] *S. D. Abhyankar*, India (1997), in: *A. P. Blaustein/G. H. Flanz* (eds.), Constitutions of the Countries of the World, Vol. VIII; Nachweise zum Staatsangehörigkeitsgesetz von 1955 bei *Hecker*, Staatsangehörigkeitsregelungen, 50.

[61] *K. M. Sharma/K. D. Gharti-Chetry/M. J. Plotkin*, Nepal (1994), in: *A. P. Blaustein/G. H. Flanz* (eds.), Constitutions of the Countries of the World, Vol.-XIII, Nachweise zum Staatsangehörigkeitsgesetz bei *Hecker*, Staatsangehörigkeitsregelungen, 70.

[62] Titel II, Kapitel III, Art. 12 f, Constituçao da República Federativa Do Brasil, Fundstelle bei *K. S. Rosenn*, Brazil (2000), in: *A. P. Blaustein/G. H. Flanz* (eds.), Constitutions of the Countries of the World, Vol. III.

[63] Näheres bei *Gordon/Rosenfield*, Nationality and Citizenship, in: *Gordon/Mailman*, Bd. IV (1989), Teil 2 (Kapitel 11, 12 und 13).

[64] Art. 6 der Verfassung von 1993, *A. P. Blaustein*, Russia (1994), in: *A. P. Blaustein/G. H. Flanz* (eds.), Constitutions of the Countries of the World, Vol. XV.

[65] Dazu grundlegend *Makarov/v. Mangoldt*; *Hailbronner/Renner*, Einleitung, Abschnitt B, V, Rdn. 28 ff; ferner siehe den Länderbericht zum Staatsangehörigkeitsrecht der Bundesrepublik Deutschland bei *de Groot*, 54 ff mwN.

[66] BGBl. 1999 I, 1618, gültig seit dem 1. 1. 2000.

[67] Dazu Länderbericht Frankreich bei *de Groot*, 76 ff mwN; ferner *S. Hobe*, Law of Asylum – A Solution to the Migration Problem?, GYIL 36 (1993), 60 (72 ff). Im Juli 1993 Reform des französischen Staatsangehörigkeitsrechts: Die entsprechenden Bestimmungen, die bisher im *Code de la Nationalité* geregelt waren, wurden in den *Code civil* integriert. Vgl. *N. Guimezanes*, Les étrangers et les recents réformes du droit de l'immigration et de la nationalité, Journal du Droit International 121 (1994), 59 ff (84 ff mwN). Die letzte Reform fand 1998 durch *Loi no. 98–170 du 16 mars 1998 relative à la nationalité* statt. Vgl. *P. Lagarde*, La loi du 16 mars 1998 sur la nationalité: une réforme incertaine, Revue critique de droit international privé, 87 (3), 279 ff, *H. Fulchiron*, Rétablissement du droit du sol et réforme du droit de la nationalité (commentaire de la loi no. 98–170 du 16 mars 1998, Journal du Droit international 125 (1998), 341 ff.

[68] Dazu Länderbericht Großbritannien, bei *de Groot*, 96 ff mwN; zum *British Nationality Act* 1981 vgl. auch *R. M. White/F. J. Hampton*, What is my nation? Who talks of my nation?, ICLQ 31 (1962), 849 ff. Vgl. unten.

[69] Vgl. § 86.

die Staaten in der Staatsangehörigkeit mehr sehen, als einen rechtstechnisch „leeren Kopplungsbegriff" oder „Bereitschaftsstatus".

3. Da jeder Staat allein über seine Staatsangehörigkeit entscheidet, ist die von ihm getroffene Regelung grundsätzlich auch völkerrechtlich verbindlich. Personen, die ein Staat als seine Angehörigen gelten läßt, müssen daher auch internationale Behörden und Gerichte und ausländische Staaten als solche behandeln.[70] Umgekehrt dürfen sie keine Personen als Staatsangehörige eines Staates behandeln, dessen Staatsangehörigkeitsrecht sie als solche nicht anerkennt.

Allerdings unterliegt der in der Gewährung oder Entziehung der Staatsangehörigkeit liegende Hoheitsakt, wenn er Wirkung im Ausland beansprucht, der Kontrolle des Rechtsinstituts des *ordre public*.[71] Auch hier kommt die Vorbehaltsklausel zur Geltung. Für völkerrechtswidrige Hoheitsakte oder solche, die dem *ordre public* des ausländischen Staates grob widersprechen, kann ein Staat keine extraterritoriale Wirkung verlangen. Wenn ein Staat z. B. jemandem seine Staatsangehörigkeit unter Verletzung des Völkerrechts aufzwingt, brauchen andere Staaten und internationale Gerichte seine Entscheidung nicht gelten zu lassen. Oder wenn ein Staat seinen Bürgern die Staatsangehörigkeit aufgrund von Gesetzen entzieht, die zur internationalen Ordnung oder dem *ordre public* anderer Staaten im Widerspruch stehen, so dürfen diese die aberkannte Staatsangehörigkeit als noch bestehend behandeln.[72]

---

[70] In der englischen Praxis wurde jedoch der während des Krieges erfolgten Einbürgerung von Inländern durch einen feindlichen Staat die Wirkung im Inland versagt. Solche Personen behielten die britische Staatsangehörigkeit und machten sich durch die Einbürgerung im feindlichen Ausland des Hochverrats schuldig. Diese Praxis, die auf Prinzipien des *common law* beruht, gilt auch noch heute. Dabei ist zu berücksichtigen, daß die Nichtanerkennung einer Naturalisierung eines britischen Staatsangehörigen während eines Krieges durch einen Feindstaat keine Abweichung von der auch von Großbritannien anerkannten Regel ist, daß es grundsätzlich allein Sache jedes Staates ist, zu entscheiden, wen er zu seinen Staatsangehörigen zählen will (siehe *Stoeck v. Public Trustee* [1921] 2 Ch. 67). Was im Kriegsfall Ausnahmen rechtfertigt, sind Gesichtspunkte der *„public policy"* und der Staatssicherheit, aufgrund der nach englischem *common law* der Naturalisierung von Inländern durch einen Feindstaat vor britischen Gerichten die Wirksamkeit abgesprochen wird. Der *„leading case"* ist die Entscheidung des Court of Appeal in *The King v. Lynch* [1903] 1 K.B. 444, die einen Vorfall dieser Art während des Burenkrieges betrifft. Vgl. auch *King's Bench* in *Ex parte Freyberger* [1917] 2 K. B. 129 und *Supreme* von Südafrika in *Ex parte Schumann*, *Annual Digest* 9 (1938–40), c. 115. Entsprechend hat der englische High Court of Justice während des Zweiten Weltkrieges ausgebürgerte deutsche Juden weiter als feindliche Staatsangehörige angesehen; vgl. *The King v. The Home Secretary* [1945] 1 K.B. 7; zur britischen Praxis vgl. näher auch *Weis*, 79 ff. Eine Einschränkung der oben entwickelten völkerrechtlichen Regel stellt die Entscheidung des IGH im *Nottebohm*-Fall dar; vgl. dazu unten.

[71] Siehe dazu Bd. I/1, S. 485 ff.

[72] Zu den völkerrechtlichen Schranken der innerstaatlichen Regelung der eigenen Staatsangehörigkeit vgl. *Hailbronner/Renner*, Einleitung, Abschnitt E, II, Rdn. 7 ff; *Makarov/v.Mangoldt*, Einleitung I, Rdn. 5 ff; knapp dazu auch *Verdross/Simma*, 793 ff; *C. Gloria*, in: *Ipsen* (Hrsg.), Völkerrecht, 4. Aufl. 1999, § 24 Rdn. 4 ff; *Oppenheim/Jennings/Watts*, Vol. I, Parts 2–4, 868 ff; auch *Makarov*, Allgemeine Lehren, 184 f. So für den internationalen *ordre public* ausdrücklich Art. 1 des Haager Abkommens über gewisse Fragen beim Konflikt von Staatsangehörigkeitsgesetzen vom 12. 4. 1930, LNTS 179, 89, und Schiedsspruch im *Pinson*-Fall (Anm. 46), 381, 393. – Diesen Grundsatz hatte der BGH auch im damals sog. interzonalen Recht Deutschlands zur Geltung gebracht. Nach BGHSt 5, 317 (322) sollten in der DDR erfolgte Einbürgerungen in der Bundesrepublik unwirksam sein, wenn sie zu dem Zweck hier fortgeltender Gesetze oder zur Ordnung der Bundesrepublik im Widerspruch stehen. So wurde die dort im Widerspruch zum RuStAG erfolgte Einbürgerung krimineller oder bedürftiger Personen als für die Bundesrepublik unverbindlich angesehen. Diese Linie der Rechtsprechung ist auch nach Erlaß des Staatsbürgerschaftsgesetzes in der DDR beibehalten worden, vgl. dazu zB. BVerwG, NJW 39 (1986), 1506 (= Das Standesamt 39 [1986], 297) und die Anmerkung von *Klein*, JuS 27 (1987), 279 ff sowie BVerwG, JZ 38 (1983), 539, mit Anmerkung von *v.Mangoldt*, JZ 38 (1983), 543 ff. Zur Frage der Anerkennung der Ausbürgerung der deutschen Juden vgl. auch das schweizerische Bundesgericht, BGE 72, I, 407 (Unverbindlichkeit der Ausbürgerung, da diese dem *ordre public* der Schweiz widerspreche). Abweichender Meinung *Schnitzer*, Handbuch des inter-

IV. 1. Der Grundsatz, daß jeder Staat über sein Staatsangehörigkeitsrecht nach seinem Ermessen entscheidet, gilt nicht unbeschränkt. Zunächst kann ein Staat sich zu einer bestimmten Gestaltung seines Staatsangehörigkeitsrechts durch Verträge verpflichten. Es bestehen auf diesem Gebiet zahlreiche zweiseitige und einige multilaterale Verträge. Eingehende Bestimmungen über die Staatsangehörigkeit waren namentlich auch in den Friedensverträgen nach dem Ersten Weltkrieg enthalten.[73]

Der Versuch einer umfassenden Regelung auf der Haager Kodifikationskonferenz 1930 ist allerdings gescheitert. Doch hat man sich über einzelne Fragen geeinigt. Es sind damals ein Abkommen über einzelne Fragen, in denen die nationalen Staatsangehörigkeitsgesetze unterschiedliche Regelungen vorsahen, und drei Protokolle sowie eine Schlußakte vom 12. 4. 1930 zustandegekommen.[74] Außerdem hat die Konferenz eine Reihe von Wünschen und Empfehlungen zum Ausdruck gebracht. Die Zahl der an diesen Verträgen beteiligten und durch Ratifikation gebundenen Staaten ist freilich gering. Eine Reihe von Abkommen haben auch die amerikanischen Staaten geschlossen. Vor allem der der Konvention über das Internationale Privatrecht vom 20. 2. 1928 angeschlossene *Código Bustamante* sowie das Montevideo-Abkommen über die Staatsangehörigkeit von Frauen vom 26. 12. 1933 sind hier zu nennen.[75]

Nach dem Ende des Zweiten Weltkrieges sind völkerrechtliche Regelungen im Bereich des internationalen Menschenrechtsschutzes auch für die Gestaltung des Staatsangehörigkeitsrechts bedeutsam geworden.

Die Allgemeine Erklärung der Menschenrechte von 1948[76] statuiert in Art. 15 den Besitz einer Staatsangehörigkeit als ein Menschenrecht. Diese Festlegung hat unmittelbar keine völkerrechtliche Verbindlichkeit, da die Erklärung als ganze nur eine unverbindliche Deklaration der Generalversammlung der Vereinten Nationen darstellt. Anders als einige der fundamentalen Grundrechte, die in der Erklärung aufgeführt sind, kann nicht davon ausgegangen werden, daß auch Art. 15 als Satz des Gewohnheitsrechts Geltung erlangt hat.[77] Indessen hat dieser Art. 15 als Ausdruck eines ernsthaften internationalen Anliegens nachhaltigen Einfluß auf die weitere Rechtsentwicklung gehabt. Nicht nur die von den Vereinten Nationen erarbeiteten Konventionen über die Rechtsstellung von Flüchtlingen[78] (vom 28. 7. 1951), über die Rechtsstellung von Staatenlosen[79] (vom 28. 9. 1954) und die Verminderung der Staatenlosigkeit[80] (vom 30. 8. 1961), sondern auch der

---

nationalen Privatrechts, Bd. I (1957), 151, der die Auffassung vertritt, es dürfe die Berufung auf den *ordre public* nie dazu führen, daß jemand als Staatsangehöriger eines Staates behandelt werde, dessen Staatsangehörigkeit er nach dem Recht dieses Staates nicht habe; zu eng auch der schweizerische Bundesgerichtshof, BGE 60 I, 67 (81), 74 I, 346 (349), 75 I, 289 (293).

73 So zB. im Versailler Vertrag, RGBl. 1919, 687 ff, Art. 91 bzgl. der Staatsangehörigkeit von deutschen Bürgern in Polen zugeordneten Gebieten und Art. 112 f für die Staatsangehörigkeit in Nord- und Südschleswig. Im Vertrag von Saint-Germain-en-Laye (mit Österreich), Art. 70 ff, abgedruckt zB. in: *H. W. V. Temperley* (ed.), A History of the Peace Conference of Paris, 1921, Vol. V, 198 ff.

74 Haager Abkommen über gewisse Fragen beim Konflikt von Staatsangehörigkeitsgesetzen vom 12. 4. 1930, LNTS 179, 89, auch abgedruckt bei *Hecker*, 1970, Mehrseitige völkerrechtliche Verträge zum Staatsangehörigkeitsrecht, 13 ff.

75 Die Konvention über das Internationale Privatrecht ist zusammen mit dem *Código Bustamante* abgedruckt in LNTS 86, 111 ff bzw. 246 ff, auch abgedruckt in englischer Fassung bei *Flournoy/Hudson*, 651 ff; die Konvention ist von 15 lateinamerikanischen Staaten ratifiziert worden; vgl. auch *A. Makarov*, Quellen des Internationalen Privatrechts, 2. Aufl. 1960, Bd. II, 1 ff; die (Montevideo) *Inter-American Convention on the Nationality of Women* trat am 29. 8. 1934 in Kraft, Text in Bevans, U.S. Treaties and Other International Agreements of the U. S., 1776–1949, Vol. 3, 141.

76 GA Res. 217 (III) vom 10. 12. 1948; dazu auch *Hannappel*, 30 f; *Donner*, 188 ff.

77 Vgl. zur allgemeinen Problematik der Verbindlichkeit von Deklarationen der Generalversammlung der UN Bd. I/1, S. 72 ff; zur Allgemeinen Erklärung der Menschenrechte betreffend Art. 15 auch *Donner*, 190 und 201 ff.; *Randelzhofer*, Rdn. 45, Anm. 132 zu Art. 16 Abs. 1 GG; *Verzijl*, Bd. V, 54, die auch die Frage aufwerfen, ob die Allgemeine Erklärung eine Konkretisierung der UN-Charta ist und als solche an der Verbindlichkeit teilhat.

78 UNTS 189, 150; BGBl. 1953 II, 559; ergänzend hierzu das Protokoll über die Rechtsstellung der Flüchtlinge vom 31. 1. 1967, UNTS 606, 267.

79 UNTS 360, 130; BGBl. 1976 II, 473.

80 UNTS 989, 175; die Konvention ist auch abgedruckt bei *Hecker*, Mehrseitige Verträge zum Staatsange-

Internationale Pakt über bürgerliche und politische Rechte (IPBPR) sind von dem in Art. 15 der Allgemeinen Erklärung niedergelegten Bekenntnis beeinflußt worden. Art. 24 Abs. 3 IPBPR legt das Recht jedes Kindes fest, eine Staatsangehörigkeit zu erwerben. Ein entsprechendes Recht wurde in der Erklärung der Generalversammlung über die Rechte des Kindes (Prinzip 3) vom 20. 11. 1959[81] aufgeführt, das in Art. 7 Abs. 2 der Konvention über die Rechte des Kindes vom 20. 11. 1989 aufgenommen worden ist.[82] Hinzuweisen ist auch auf Art. 5 lit. d der Konvention zur Beseitigung jeder Form von Rassendiskriminierung vom 21. 12. 1965, wonach sich die Vertragsstaaten verpflichten, ohne Unterschied der Rasse, Hautfarbe, des nationalen Ursprungs oder des Volkstums das Recht jedes einzelnen auf Gleichheit vor dem Gesetz zu gewährleisten, so auch für „das Recht auf die Staatsangehörigkeit".[83] Diese vertraglichen Festlegungen sind zwar nicht innerstaatlich unmittelbar anwendbares Recht, sie binden jedoch die Vertragsstaaten in dem Sinne, daß sie ihr Staatsangehörigkeitsrecht entsprechend anzupassen haben. Das gilt auch für die Flüchtlingskonventionen und die Staatenlosenkonventionen, die Flüchtlingen bzw. Staatenlosen zwar keinen Einbürgerungsanspruch einräumen, wohl aber auf einzelnen Gebieten einen dem des Inländers angepaßten Status und das Recht auf erleichterte Einbürgerung (Art. 24, 32) gewähren. Die Konvention über die Verminderung der Staatenlosigkeit enthält Vorschriften über den Erwerb der Staatsangehörigkeit z. B. für Kinder, die die Staatsangehörigkeit nach dem Recht des Staates erwerben sollen, in dem sie geboren wurden, falls sie bei der Geburt nicht schon eine andere Staatsangehörigkeit erwerben und deshalb staatenlos würden.[84]

Auf regionaler Ebene enthält nur die amerikanische Menschenrechtskonvention (Art. 20)[85] ein Recht jeder Person auf eine Staatsangehörigkeit und ein Recht auf die Staatsangehörigkeit des Staates, auf dessen Territorium sie geboren wurde, falls sie keine andere Staatsangehörigkeit erwirbt. Die Europäische Menschenrechtskonvention enthält keine entsprechende Regelung. Zutreffend weist jedoch *Donner* darauf hin, daß über das im europäischen Konventionsrecht geltende allgemeine Verbot der Diskriminierung jedenfalls diskriminierende Staatsangehörigkeitsregelungen – z. B. willkürlicher Entzug o. ä. – ausgeschlossen werden.[86]

2. Auch durch das allgemeine Völkerrecht sind den Staaten bei der Ausgestaltung des Staatsangehörigkeitsrechts Schranken gesetzt. Ihnen verbleibt letztlich nur eine relative Freiheit.[87] Denn die Abgrenzung der Personalhoheit ist, weil sie auch die Belange anderer Staaten berühren kann, ihrem Wesen nach ein internationales Problem, dessen Lösung nicht in das unbeschränkte Belieben der Staaten gestellt werden kann. Vollends läßt die veränderte Rechtsstellung des Einzelnen im modernen Völkerrecht eine Beschränkung des staatlichen Ermessens als geboten erscheinen.

Das kommt auch in Art. 1 des Haager Abkommens[88] zum Ausdruck, wenn es dort heißt, daß andere Staaten verpflichtet seien, das nationale Staatsangehörigkeitsrecht gelten zu lassen, soweit es sich mit den Verträgen, der internationalen Gewohnheit und den auf diesem Gebiet allgemein anerkannten Grundsätzen des Rechts in Übereinstimmung halte.[89]

hörigkeitsrecht, 59 ff; sie ist am 13. 12. 1975 in Kraft getreten, bindet jedoch nur eine kleine Zahl von Staaten, darunter die Bundesrepublik Deutschland, BGBl. 1977 II, 1217.

81 GA Res. 1386 (XIV) vom 20. 11. 1959.

82 Annex zu GA Res. 44/25 vom 20. 11. 1989, vgl. auch ILM 28 (1989), 1448; BGBl. 1992 II, 121.

83 UNTS 660, 195; BGBl. 1969 II 962.

84 Dazu auch unten.

85 OEA/Ser. K/XVI/1. 1/Doc. 65 *(English)* Rev. 1, Corr. 2, vom 7. 1. 1970, Text in ILM 9 (1970), 99; auch in JIR 15 (1971), 822.

86 Siehe hierzu *Donner*, 224 ff (228); anders *Verzijl*, Bd. V, 54, der keine auch nur indirekte Erwähnung des Rechts auf eine Staatsangehörigkeit in der EMRK sieht; zum Vorstehenden auch *Hannappel*, 30 ff.

87 Zumindest übertreibend also die amerikanisch-mexikanische *General Claims Commission* im Falle *Solis* (1928), RIAA, Vol. 4, 358 (360): *„Citizenship is a domestic matter in no way governed by international law...".*

88 S. oben unter IV 1.

89 Noch deutlicher heißt es in Art. 2 des Harvard-Entwurfes (Anm. 46), daß zwar jeder Staat über seine Staatsangehörigkeit zu bestimmen vermöge, aber sein Recht zur Übertragung seiner Staatsangehörigkeit doch nicht unbeschränkt sei. Vgl. auch den Schiedsspruch der französisch-mexikanischen Schiedskommission (unter Vorsitz von *Verzijl)* im Falle *Pinson* (Anm. 46), 393: „Car s'il est vrai que, en règle générale, tout Etat est souverain pour déterminer quelles personnes il considérera comme ses

Inwieweit das Völkerrecht in das Staatsangehörigkeitsrecht eingreift, ist lebhaft umstritten.[90]

Angesichts der zunehmenden regionalen Integration, die sich in Europa vollzieht, ist erwägenswert, ob sich hieraus zusätzliche Schranken der staatlichen Dispositionsfreiheit im Bereich des Staatsangehörigkeitsrechts ergeben.[91] Zwar enthält das Europäische Gemeinschaftsrecht beim gegenwärtigen Stand der Integration keine Regelungskompetenzen der Europäischen Gemeinschaft für das Staatsangehörigkeitsrecht der Mitgliedstaaten. Allerdings hat der Europäische Gerichtshof wiederholt betont, daß sich auch das nationale Staatsangehörigkeitsrecht der einzelnen Mitgliedstaaten an den Vorgaben des Gemeinschaftsrechts messen lassen muß.[92] Unabhängig von etwaigen regionalen vertraglichen Regelungen – wie sie im Vertrag von Maastricht auch im Hinblick auf die Schaffung einer Unionsbürgerschaft getroffen worden sind -,[93] könnte z. B. erwogen werden, ob bestimmte, national getroffene, aber inhaltlich übereinstimmende Regelungen, etwa über die Gleichberechtigung von Mann und Frau im Staatsangehörigkeitsrecht, als regionales Völkerrecht die Regelungsfreiheit der betreffenden Staaten begrenzen.

V. Die nationalen Rechtsfolgen der Staatsangehörigkeit müssen nicht mit denen des Völkerrechts übereinstimmen. Daher braucht sich der völkerrechtliche Begriff der Staatsangehörigkeit mit dem des inländischen Rechts nicht zu decken.[94] Es besteht ein Unterschied zwischen „innerer und äußerer" Staatsangehörigkeit *(H. Jellinek)*. Im einzelnen heißt das:

1. Es ist denkbar, daß ein Staat gewisse Personen im internationalen Rechtsverkehr als seine Staatsangehörigen ansieht, sie aber im inländischen Rechtskreis nicht als solche behandelt.

So kennt das englische Recht auch heute noch nach dem *British Nationality Act* 1981[95] den Begriff der British protected persons. Diese Personen, die England zwar im Verhältnis zum Ausland wie Inländer behandelt und denen es diplomatischen und konsularischen Schutz zuteil werden läßt, stehen im Inland aber britischen Staatsangehörigen nicht gleich.[96] So können sie z. B. nicht ohne weiteres nach Großbritannien einreisen – ein wesentlicher Zweck der Neuregelung des Staatsangehörigkeitsrechtes durch den *Nationality Act* 1981.[97]

Umgekehrt kann ein Staat Personen im Inland als seine Staatsangehörigen behandeln, ohne daß sie seine Staatsangehörigen im Sinne des Völkerrechts wären.

So gab es eine alle Staatsangehörigen der Commonwealthländer verbindende *Commonwealth citizenship*. Diese war doch nicht eigentlich völkerrechtlich bedeutsam, sondern im internationalen Rechtsverkehr war es die Zugehörigkeit zu den einzelnen Commonwealthländern, die zählte.[98] In der Neuregelung des englischen Staatsangehörigkeitsrechts ist diese allgemeine *citizenship* aufgegeben. An ihre Stelle sind – bezogen auf nach wie vor bestehende Besonderheiten in bezug auf die

---

ressortissants, il n'en est pas moins vrai, que ... cette souveraineté peut être limitée par des règles du droit des gens, règles qui peuvent s'enraciner non seulement dans les traités formels, mais encore dans une communis opinio juris sanctionnée par le droit coutumier".

[90] Vgl. dazu im einzelnen unten § 86 III.

[91] Vgl. dazu *de Groot*, 23 ff.; *K. Raible*, in: *Giegerich/Wolfrum* (Hrsg.), 37 ff.

[92] Vgl. hierzu z. B. EuGH, Rs. 369/90, *Micheletti*, Slg. 1990, 4239 ff. Vgl. zu den Vorgaben des Gemeinschaftsrechts im einzelnen *A. Zimmermann*, Staats- und völkerrechtliche Fragen der Reform des deutschen Staatsangehörigkeitsrechts, IPRax 2000, 180 ff; *ders.*, Europäisches Gemeinschaftsrecht und Staatsangehörigkeitsrecht der Mitgliedstaaten unter besonderer Berücksichtigung der Probleme mehrfacher Staatsangehörigkeit, EuR 30 (1995), 54 ff.

[93] Vgl. zur Unionsbürgerschaft oben II.2 und die dort zitierte Literatur.

[94] Siehe oben.

[95] Vgl. dazu *de Groot*, Länderbericht Großbritannien, 103 mwN.

[96] AaO, 96.

[97] AaO, 96.

[98] Vgl. zu dieser früheren Rechtslage zB. *Oppenheim/Lauterpacht*, Vol. I, §§ 293, 298a; zusammenfassend zur älteren Rechtslage auch *de Groot*, Länderbericht Großbritannien, 96 ff.

Stellung nicht-englischer Staatsangehöriger aus bestimmten überseeischen Gebieten – die Begriffe des *„British Dependent Territories Citizen"*, *„British Overseas Citizen"*, des *„British Subject without Citizenship"* und des oben erwähnten Begriffes der *„British Protected Person"* getreten.[99]

Weiterhin ist es möglich, daß ein Staat Personen, die nach dem Völkerrecht als dessen Staatsangehörige gelten, nicht als solche anerkennt.

Probleme dieser Art traten in der jüngeren Vergangenheit im Verhältnis der von der Republik Südafrika in die Unabhängigkeit entlassenen *„homelands"* zur übrigen Staatengemeinschaft auf. Sie sind ganz überwiegend international nicht anerkannt worden.[100] Sie sollten aber nach dem Willen der Republik Südafrika eine eigene Staatsangehörigkeit haben und ihre Staatsangehörigen sollten nicht als Südafrikaner gelten. Dies aber blieben sie für die nicht anerkennenden Drittstaaten.
Die ausschließlich innerstaatliche Entscheidung über die Staatsangehörigkeit erfährt durch neue völkerrechtliche Entwicklungen, z. B. im Menschenrechtsschutz, Einschränkungen.
Ein anderes Beispiel ist das der volksdeutschen Flüchtlinge und Aussiedler, die Art. 116 Abs. 1 GG als „Deutsche" mit den deutschen Staatsangehörigen auf gleicher Stufe behandelt, ohne sie jedoch für den internationalen Rechtsverkehr als solche gelten zu lassen.

Besondere Fragen ergeben sich hinsichtlich der Staatsangehörigkeit der Palästinenser. Soweit sie sich im Zeitpunkt der Gründung des Staates Israels auf dessen Territorium befanden, erwarben sie nach *Section* 3 des israelischen *Nationality Law* von 1952 die israelische Staatsangehörigkeit. Außerhalb der Staatsgrenzen von Israel – im Westjordanland und im Gaza-Streifen – waren die Palästinenser staatenlos. Zwar erwarben sie im Westjordanland nach dem jordanischen Staatsangehörigkeitsrecht von 1949 und 1954 zunächst die jordanische Staatsangehörigkeit, verloren diese aber 1988 wieder, als Jordanien seine Souveränität über das Westjordanland aufgab. Im Interim-Abkommen zwischen Israel und der PLO über das Westjordanland und den Gaza-Streifen vom 28. September 1995 erkennt Israel die Gültigkeit palästinensischer Personalausweise und Reisepässe, die von palästinensischen Behörden für die Bewohner des Westjordanlands und des Gaza-Streifens ausgestellt werden, ausdrücklich an. Da Drittstaaten nach Art. 34 der Wiener Vertragsrechtskonvention jedoch an die im Interimabkommen getroffenen Regelungen nicht gebunden sind, bleiben die Palästinenser aus dem Westjordanland und dem Gaza-Streifen, solange keine Anerkennung durch Drittstaaten erfolgt, für diese weiterhin staatenlos.[101]

2. Es gibt viele Rechtsordnungen, die zwischen verschiedenen Arten von Staatsangehörigen unterscheiden, nämlich im inländischen Rechtskreise den Vollbesitz aller Rechte, namentlich die politischen Rechte, einem engeren Kreise von Staatsangehörigen reservieren.

Es wird etwa zwischen *nationals* und *citizens*[102], *nationaux* und *citoyens*, *sudditi* und *cittadini*, zwischen *nacionalidad* und *ciudadanía* unterschieden.[103] So hat auch das deutsche ReichsbürgerG v.

---

[99] Siehe *de Groot*, 96 und 103; *R. Bank/R. Grote*, in: *Giegerich/Wolfrum* (Hrsg.), 303 (308 f).

[100] Dazu Bd. I/1, S. 133, 199.

[101] Vgl. zur Staatsangehörigkeit der Palästinenser *A. Zimmermann*, The Nationality of the Inhabitants of the Palestinian Autonomous Authorities, in: *A. Shapira/M. Tabory* (eds.), New Political Entities in Public and Private International Law, 1999, 231 ff, der von einer palästinensischen Staatsangehörigkeit im Werden *(„nationality in statu nascendi")* spricht; *M. Hilf*, Die Staatsangehörigkeit der Palästina-Flüchtlinge, Standesamt 1973, 84 ff; *M. Gouldman*, Israel Nationality Law, 1970.

[102] Auch in den Vereinigten Staaten von Amerika unterscheidet der *Immigration and Nationality Act* noch zwischen *„nationals"* und *„citizens"*. Die Verfassung kennt den Begriff des *„national"* nicht. Er wurde in das Staatsangehörigkeitsrecht eingeführt, als die Vereinigten Staaten von Amerika überseeische Gebiete erwarben. *„Nationals"* wurden zur weiteren *„national community"* der USA gezählt und nicht als Ausländer angesehen. Sie hatten jedoch einen Status minderen Rechts, d. h. erhielten nicht die gleichen staatsbürgerlichen Rechte wie *„citizens"*, standen jedoch unter dem Schutz der Vereinigten Staaten. Siehe dazu Sec. 101 (a) (21) *Immigration and Nationality Act of* 1952, heute 8 U.S.C. Sec. 1101 (a) (21, 22); ferner *Gordon/Rosenfield*, Nationality and Citizenship, in: *Gordon/Mailman*, Kapitel 11, 8 ff.

[103] In Israel wird zwischen *„nationals"* und *„citizens"* nur in amtlichen Dokumenten, wie z. B. in Personalausweisen, unterschieden. Dabei werden beide Begriffe nebeneinander gebraucht. Unter dem Begriff *„nationality"* wird die religiöse Zugehörigkeit oder ethnische Herkunft eines israelischen Staatsangehörigen verstanden. Da Israel sich in der Unabhängig-

15. 9. 1935 zwischen Reichsbürgern als engerem und Staatsangehörigen als weiterem Kreis unterschieden. In dieser Weise pflegten namentlich Staaten mit Kolonialbesitz zwischen der Bevölkerung des Mutterlandes und der eingeborenen Bevölkerung der Kolonien zu differenzieren.[104]

Unterschiede dieser Art sind nur für die innere Staatsangehörigkeit von Bedeutung. Für das Völkerrecht stehen auch die Staatsangehörigen minderen Ranges allen anderen gleich: *„A la lueur des relations internationales, la distinction entre les sujets qui se trouvent en pleine jouissance de leurs droits politiques et ceux qui ne s'y trouvent pas disparaît comme négligeable et les deux catégories se confondent en une seule vis-à-vis de l'étranger"*.[105]

VI. 1. Auch wenn jeder Staat selbst darüber entscheidet, wer sein Staatsangehöriger ist, besagt dies nicht, daß fremde Staaten oder internationale Gerichte das Bestehen oder Nichtbestehen seiner Staatsangehörigkeit nicht nachprüfen könnten.[106]
Dabei sind zu unterscheiden die Frage der Beweismittel und diejenige des materiellen Rechts.
Nach überwiegender, wenn auch nicht unbestrittener, Ansicht haben die internationalen Gerichte im Zweifel bei der Auswahl der Beweismittel und der Würdigung der Beweise einen Ermessenspielraum.[107] Sie sind nicht an die Beweisregeln der nationalen Rechte, sei es des klagenden, sei es des beklagten Staates gebunden.[108] Der Umstand, daß die zuständigen Behörden des Staates jemanden als dessen Staatsangehörigen betrachten, sowie die darüber ausgestellten Bescheinigungen sind in den Verfahren vor den internationalen Gerichten zwar keineswegs ohne Bedeutung, aber nicht förmlich verbindlich.
Als Beweismittel für das Bestehen der Staatsangehörigkeit sind im internationalen Rechtsverkehr namentlich Pässe und die Registrierungsbescheinigungen der Konsulate bedeutsam. Die Regeln über die Ausstellung dieser Urkunden bestimmen sich nach dem Recht des Staates, um dessen Staatsangehörigkeit es sich dabei handelt. Soweit keine Verträge bestehen, gibt es keine völkerrechtlichen Regeln darüber. In der internationalen Praxis

keitserklärung von 1948 selbst als jüdischen Staat definiert, ist die Angabe der *„jewish nationality"* in amtlichen Dokumenten von besonderer Bedeutung. Allerdings ist mit einer anderen *„nationality"* nicht unmittelbar eine mindere Rechtsstellung verbunden. Vgl. in diesem Zusammenhang auch *M. H. Ellis*, Indegenous Minority Rights, Citizenship and the New Jerusalem: Reflections on the Future of Palestinians and Jews in the Expanded State of Israel, Journal of Church and State 42 (2000) 2, 297 ff.

104 Dazu *Makarov*, Allgemeine Lehren, 42 f.

105 So die französisch-mexikanische Schiedskommission im *Pinson*-Fall (Anm. 46), 400; zu dieser Unterscheidung auch der italienische Kassationshof in der Entscheidung Cass. 6VIII/1935 zur Rechtsstellung des *suddito coloniale*, auszugsweise wiedergegeben in dem Länderbericht von *W. Wengler*, ZaöRV 6 (1936), 161, 168 f.

106 So etwa StIGH im Urteil über die deutschen Interessen in Polnisch Oberschlesien. *German Interests in Polish Upper Silesia (Merits)*, PCIJ, Series A 7 (1926), 73, wonach das Gericht befugt sei, von sich aus zu prüfen, ob Fürst L. tschechoslowakischer Staatsanghöriger sei oder nicht; ferner die deutsch-mexikanische Schiedskommission im Fall *Klemp* (Anm. 46), 579. Dazu *Makarov*, Allgemeine Lehren, 323 ff; *Borchard*, 486 ff; *Weis*, 204 ff; zur Frage des über die Staatsangehörigkeit als Vorfrage in einem internationalprivatrechtlichen Rechtsstreit entscheidenden Rechts vgl. auch *Hailbronner/Renner*, Einleitung, Abschnitt D, IV, Rdn. 12 ff; eine andere, nämlich keine Frage der Tatsachenfeststellung, sondern der rechtlichen Beurteilung, ist die Frage, ob Gerichte und Behörden anderer Staaten verpflichtet sind, eine dem internationalen oder nationalen *ordre public* widersprechende Verleihung oder Anerkennung der Staatsangehörigkeit gelten zu lassen, dazu oben.

107 *„..., the greatest liberality will obtain in the admission of evidence before this Commission with the view of discovering the whole truth with respect to each claim submitted"* – so die amerikanisch-mexikanische *General Claims Commission* im Falle *Parker* (1926), RIAA, Vol. 4, 35 (39).

108 So aufgrund eingehender Erwägungen der Schiedsspruch im Falle *Pinson* (Anm. 46), 356 f. – Vgl. demgegenüber den Schiedsspruch im Falle der *Expropriated Religious Properties* (Frankreich, Spanien und Großbritannien v. Portugal, 1920), RIAA, Vol. 1, 7 ff. In dieser Entscheidung werden die von Spanien aufgrund der Wegnahme kirchlichen Vermögens in Portugal geltend gemachten Ansprüche in den meisten Fällen abgewiesen, da Spanien die spanische Staatsangehörigkeit der Berechtigten nicht nach den Regeln des spanischen oder portugiesischen Rechts habe nachweisen können.

genießen diese Urkunden einen hohen Beweiswert. Sie begründen eine Vermutung, erbringen den Beweis des ersten Anscheins dafür, daß der Inhaber des Passes die Staatsangehörigkeit des Ausstellerstaates besitzt, der den Paß ausgestellt hat. Aber diese Vermutung ist nicht unwiderlegbar, und wenn sich Zweifel ergeben, müssen die internationalen Gerichte nach dem Grundsatz der freien Beweiswürdigung darüber entscheiden, ob der beurkundete Sachverhalt besteht oder nicht. So ist letztlich der innere Beweiswert dieser Dokumente entscheidend.

2. Andere Regeln ergeben sich, wenn die Frage der Staatsangehörigkeit vor den Gerichten eines anderen Staates aufgeworfen wird. Die entsprechenden Beweisregelungen ergeben sich aus dem Internationalen Zivilverfahrensrecht des Staates, der mit der Frage befaßt ist.[109]

3. Materiellrechtlich kann eine Einbürgerung gegen das Recht des einbürgernden Staates oder das Völkerrecht verstoßen bzw. einen Rechtsmißbrauch darstellen. Internationale Gerichte oder nationale Gerichte sind grundsätzlich dazu befugt, zu prüfen, ob eine Einbürgerung rechtskräftig war. Denn soweit Rechtsfolgen von dem Bestehen oder Nichtbestehen der Staatsangehörigkeit abhängig sind, nimmt das Völkerrecht auf das Staatsangehörigkeitsrecht der einzelnen Staaten Bezug, und auch für andere Staaten ist das Recht des einbürgernden Staates verbindlich. Daher müssen internationale und ausländische Organe den Erwerb der Staatsangehörigkeit nach dem Recht des einbürgernden Staates als Vorfrage nachprüfen können.[110] Das ist namentlich wichtig, wenn der Eingebürgerte die Einbürgerung zur Umgehung des Gesetzes oder sonst für Zwecke erstrebt, für die sie nicht benutzt werden darf (Handeln *in fraudem legis*).[111] Es verschafft sich jemand die Staatsangehörigkeit eines fremden Staates nicht in der Absicht, zu jenem Staat in Beziehung zu treten, sondern lediglich zu dem Zweck, um sich der Wehrpflicht zu entziehen, eine Ehescheidung zu ermöglichen, die ihm das Recht seines eigenen Staates versagt, oder um sich Zugang zu den internationalen Gerichten zu verschaffen.[112] In Fällen dieser Art braucht der in seinen Interessen betroffene Staat und brauchen internationale Instanzen die Einbürgerung nicht gelten zu lassen.[113] Und das ist auch dann der Fall, wenn jemand sich die Einbürgerung durch Täuschung, etwa durch falsche Angaben gegenüber den für die Einbürgerung zuständigen Behörden, erschleicht. Wenn

---

[109] Sonderregelungen gelten wiederum für Doppelstaatsangehörige.

[110] Im *Nottebohm*-Fall, ICJ Reports 1955, 30 ff, hat das Gericht sich der Prüfung entzogen, ob die Einbürgerung *Nottebohms* durch Liechtenstein nach dessen Recht wirksam war, und damit die zu Recht kritisierte Trennung zwischen einer möglicherweise national wirksamen, aber international nicht wirksamen Einbürgerung herbeigeführt. Kritisch dazu mit Recht die abweichende Meinung des Richters *ad hoc Guggenheim*, ICJ Reports 1955, 50 f; auch *A. N. Makarov*, Das Urteil des Internationalen Gerichtshofes im Fall Nottebohm, ZaöRV 16 (1955–56), 405 ff (412). Dazu auch kritisch *Hailbronner/Renner*, Einleitung, Abschnitt E, Rdn. 21, die zu Recht darauf hinweisen, daß eine völkerrechtswidrige Einbürgerung auch innerstaatlich jedenfalls dann rechtswidrig ist, wenn – wie im Falle z. B. Deutschlands – die entsprechenden völkerrechtlichen Regeln Bestandteil der innerstaatlichen Rechtsordnung mit Vorrang vor den nationalen Gesetzen und darauf beruhenden Verwaltungsakten sind (Art. 25 GG).

[111] Eingehend dazu *Makarov*, Allgemeine Lehren, 206 ff. Nach *Makarov* kommen Fälle, in denen der Einbürgerung die Wirksamkeit wegen Handelns *in fraudem legis* abgesprochen wird, in der internationalen Praxis immer seltener vor (222); zur älteren Spruchpraxis vgl. die zahlreichen Nachweise bei *Weis*, 218 ff.

[112] Daß der *„caractère fictif"* eine Anerkennung der Einbürgerung verbietet, hat auch das deutsch-polnische gemischte Schiedsgericht im Falle *Hermann c. Etat polonais*, Tribunaux Arbitraux mixtes 6, 993 (996), zum Ausdruck gebracht.

[113] Vgl. auch *Makarov*, Allgemeine Lehren, 206; auf die internationale Rechtsprechung hat der 1862 entschiedene *Medina Claim*-Fall großen Einfluß gehabt, vgl. *J. B. Moore*, Vol. 3 (1898), 2583 (2586 ff). In dieser Entscheidung wird das Recht zur Nachprüfung einer Einbürgerung unter dem Gesichtspunkt des Handelns *in fraudem legis* mit Nachdruck betont; vgl. auch die Entscheidung des ägyptischen Appellationsgerichts im Falle *Marie Taamy et al. v. Adèle Taamy et al.*, Annual Digest 8 (1935–37), C. 128 (auch bei *Clunet* 65 (1938), 552 ff), sowie den bereits erwähnten *Salem*-Fall (Anm. 48), 1185 f; weitere Belege bei *Weis*, 218 f; Zweifel am Recht zur Nachprüfung äußerte aber Schiedsrichter *Nielsen* in seiner abweichenden Meinungsäußerung im *Salem*-Fall, aaO, 1209: *„I have serious doubts with respect to the propriety of attempts of any international tribunal in effect to nullify the decrees of a domestic tribunal conferring naturalization."*

freilich die Einbürgerung, obwohl erschlichen, doch nach dem Recht des einbürgernden Staates zunächst einmal rechtswirksam ist, dürfen auch internationale und ausländische Organe die Einbürgerung nicht einfach als nichtig behandeln.[114]

VII. Die Staatsangehörigkeit kann erworben werden durch Geburt, infolge eines Gebietsübergangs, durch konkret auf den Einzelfall bezogene Willensakte des Staates oder Tatbestände, die sich auf Willensentschließungen der einzelnen zurückführen lassen wie etwa die Eheschließung, der Eintritt in fremden Staats- und Wehrdienst u. ä. Nicht alle diese Erwerbsgründe sind vom Völkerrecht in gleicher Weise anerkannt.[115] Auch weisen die einzelstaatlichen Regelungspraktiken und die ihnen zugrundeliegende Staatsangehörigkeitspolitik vielfältige Unterschiede auf.
Die Beziehungen des einzelnen zu seinem Staat werden in hohem Maße durch geschichtliche, religiöse oder kulturelle Überlieferungen und durch weltanschauliche und politische Überzeugungen bestimmt, die ihrem Wesen nach individueller Natur sind. Einerseits läßt sich die Zugehörigkeit zum Staat als eine durch Abstammung und Volkszugehörigkeit schicksalhaft bestimmte Bindung verstehen. Andererseits kann man das Staatsvolk auch als eine Willensgemeinschaft von Menschen begreifen, die dem Staat angehören, weil sie sich in Freiheit dafür entscheiden. Zu diesen Verschiedenheiten kommt die der bevölkerungspolitischen Verhältnisse und Interessen, namentlich der Unterschied zwischen Einwanderungs- und Auswanderungsländern, hinzu. Im Hinblick auf diese Verschiedenheiten ist auch für die Zukunft eine einheitliche Gestaltung des Staatsangehörigkeitsrechts kaum zu erwarten, wenngleich regional – z. B. in Europa – gewisse Vereinheitlichungstendenzen, u. a. im Rahmen des Europarates, nicht zu übersehen sind.[116]

§ 85 Der Erwerb der Staatsangehörigkeit durch Geburt

Schrifttum: wie zu § 84.

I. 1. Die Mehrzahl der Menschen erwirbt eine bestimmte Staatsangehörigkeit, und manche erwerben mehrere Staatsangehörigkeiten mit der Geburt. Die Rechtssysteme, die hier bestehen, können auf zwei Grundformen, das Ortsprinzip *(ius soli)* und den Abstam-

---

[114] Unrichtig nach damals und auch heute noch geltendem US-amerikanischem Recht insoweit RG in JW 1915, 583, das eine Einbürgerung in den Vereinigten Staaten von Amerika mit der Begründung als unwirksam behandelte, daß das amerikanische Recht selbst erschlichene Einbürgerungen als nichtig behandelt. Das amerikanische Recht fordert eine Aufhebung der Einbürgerung durch gerichtliche oder administrative Entscheidung, vgl. dazu Sec. 340 (i), US *Immigration and Nationality Act of* 1952, 8 U.S.C. 1451 (i), dazu im einzelnen *Gordon/Rosenfield*, in: *Gordon/Mailman*, Kapitel 20, 4 ff; die Entscheidungen zur Ausbürgerung und Auslieferung von *Fedorenko* und *Demjanjuk* belegten die rechtliche Notwendigkeit, auf die Aufhebung der erschlichenen Einbürgerungen zu erkennen; vgl. *Fedorenko v. United States*; 449 US 490 (1980); *United States v. Demjanjuk*, 518 F. Supp. 1362 (1386) – N. D. Ohio (1981). Im 1958 vom französischen Cour de Cassation entschiedenen Fall *Schulte-Malbun c. Les Domaines de la Seine et al.*, 1958, ILR 26 (1958), 401, wurde ein deutscher Staatsangehöriger, der in Liechtenstein eingebürgert worden war, für bestimmte Zwecke des französischen Rechts weiterhin als deutscher Staatsangehöriger behandelt.

[115] Vgl. dazu *Oppenheim/Jennings/Watts*, Vol. I/2, 868 ff; *Brownlie*, Principles, 385 ff; C. *Gloria*, in: *Ipsen* (Hrsg.), Völkerrecht, 4. Aufl. 1999, § 24 Rdn. 9 ff; zusammenfassend auch *Kimminich/Hobe*, Völkerrecht, 90 ff; *Verdross/Simma*, 788 f.

[116] Vgl. auf überregionaler Ebene dazu das Berner Abkommen der *Commission Internationale de l'Etat Civil* vom 13. 9. 1973, Text in: BGBl 1977 II 613; zu den europäischen Bemühungen *de Groot*, 34 ff; dem Ziel solcher Bemühungen sind auch dessen rechtsvergleichende Untersuchungen in der hier zitierten Arbeit verpflichtet. Auch die skandinavischen Staaten (Dänemark, Finnland, Norwegen und Schweden) haben durch das Abkommen über die Erfüllung bestimmter Vorschriften in Bezug auf die Staatsangehörigkeitsgesetze von 1969, UNTS Vol. 667, no. 9491, erfolgreiche Schritte zur Harmonisierung ihres Staatangehörigkeitsrechts unternommen.

mungsprinzip *(ius sanguinis)* zurückgeführt werden. Nach dem ersteren erwirbt das Kind die Staatsangehörigkeit des Staates, auf dessen Gebiet es geboren wird. Nach dem letzteren kommt es auf die Abstammung an: Das Kind erwirbt die Staatangehörigkeit des Staates, dessen Staatsangehöriger der Vater und/oder die Mutter ist. Die früher in vielen Rechtsordnungen dominierende Vermittlung der Staatsangehörigkeit allein durch den Vater weicht heute im Zuge der rechtlichen Gleichstellung von Mann und Frau Regelungen, die dem Kind die Staatsanghörigkeit nach dem einen oder anderen Elternteil vermittelt, d. h. die nationalen Rechtsordnungen sehen heute verstärkt den Erwerb der Staatsangehörigkeit eines Kindes durch Geburt in dem Staat vor, in dem jedenfalls ein Elternteil Inländer oder Inländerin ist.[1] Im Gefolge dieses grundsätzlichen Wandels in der Anwendung des Abstammungsprinzips hat auch die in manchen Rechtsordnungen bisher vorgesehene Unterscheidung von ehelichen und nichtehelichen Kindern beim Erwerb der Staatsangehörigkeit durch Abstammung an Bedeutung verloren.

Von diesen Systemen des Erwerbs der Staatsanghörigkeit durch Geburt ist das *ius soli* das ältere Rechtsprinzip. Erst verhältnismäßig spät wurde es üblich, daß im Ausland geborene Kinder von Staatsangehörigen als Inländer gelten. Das *ius sanguinis* entspricht seinerseits vor allem dem Nationalitätenprinzip, aus dessen Sicht eine möglichst enge Verbindung von Staats- und Volkszugehörigkeit wünschenswert ist. Zu ihm neigten vornehmlich die Auswanderungsländer, die zwar aus oft zwingenden (insbesondere ökonomischen) Gründen die Auswanderung ihrer Staatsanghörigen hinnehmen müssen oder sogar fördern, aber dennoch den Zusammenhang mit ihren Volkszugehörigen auch im Ausland zu bewahren bestrebt sind. Dem *ius soli* dagegen waren und sind – wenn auch nicht ausschließlich – die älteren und jüngeren, aus kolonialer Abhängigkeit befreiten Staaten geneigt, die entweder ihre Bevölkerung mit Einwanderern auffüllen wollten (so die unabhängig gewordenen Staaten Nord- und Südamerikas) oder den Zusammenhalt ihrer oft aus verschiedenen Ethnien – teilweise recht willkürlich – zusammengesetzten Bevölkerungen zu sichern bemüht sein mußten (so viele Staaten Afrikas und Asiens, die Vereinigten Staaten von Amerika etc.). Allerdings ist bei den Staaten Asiens und Afrikas der Einfluß des Staatsangehörigkeitsrechts der ehemaligen Kolonialmächte ein mindestens ebenso starker, wenn nicht sogar letztlich ausschlaggebender Faktor.[2]

2. Der Erwerb der Staatsangehörigkeit durch Geburt ausschließlich oder doch ganz überwiegend nach dem Abstammungsprinzip *(ius sanguinis)* wird heute nur noch in wenigen Staaten (z. B. Finnland, Italien, Österreich, Schweiz)[3] vorgesehen. In der ganz überwiegenden Staatspraxis wird heute eine Mischung beider Erwerbsprinzipien – *ius sanguinis* und *ius soli* – angewandt. Dies gilt sowohl für die in früherer Zeit überwiegend zum *ius sanguinis* neigenden Staaten wie z. B. Frankreich[4], Spanien[5] als auch das vorwiegend, wenn nicht gar

[1] Vgl. dazu die Hinweise auf entsprechende Rechtsänderungen in den Länderberichten bei *de Groot*, passim.

[2] Vgl. dazu die umfangreichen Erhebungen über die Verteilung der verschiedenen Systeme in der Staatenwelt, die teilweise aber schon älteren Datums sind und deshalb den gegenwärtigen Stand nicht genau, sondern nur tendenziell anzeigen, *O. V. Sandifer*, A Comparative Study of Laws Relating to Nationality at Birth and to Loss of Nationality, in: AJIL 29 (1935) 248 ff; *C. Parry*, Nationality and Citizenship Laws of the Commonwealth and of the Republic of Ireland, 1957; *UN Legislative Series*, Supplement to the Volume on the Laws Concerning Nationality 1954 (1959) – ST/LEG/SER B/9 –; neuere Hinweise bei *Weis*, 153 ff; *M. Verwilghen* (Hrsg.), Nationalité et Statut Personnel, 1984; eingehend auch *Brownlie*, 386 ff; *R. Donner*, The Regulation of Nationality in International Law, 2. Aufl. 1994, 31 ff, 112 ff.

[3] Vgl. Finnland: § 1 *Finish Nationality Act of* 1941; Italien: Art. 5 Abs. 1 Gesetz über die Staatsangehörigkeit von 1983; Österreich: § 7 StBG; Schweiz: Art. 1 Abs. 1 lit. a BüG; dazu auch die Länderberichte bei *de Groot*, 54 ff; 113 ff; 141 ff; 156 ff; zu Finnland *Donner*, 32.

[4] Vgl. Länderbericht bei *de Groot*, 76 ff.

[5] Vgl. Länderbericht bei *de Groot*, 178 ff; *H. Rau*, Staatsangehörigkeitsrecht (Spanien), StAZ 1982, 289 ff.

ausschließlich dem *ius soli* zuneigende Großbritannien, das mit dem Inkrafttreten des *British Nationality Act* 1981 das *ius sanguinis* einführte und das *ius soli* daneben als Erwerbsgrund vor allem für Gebiete außerhalb des Vereinigten Königreiches anerkennt.[6] Auch das System der Vereinigten Staaten von Amerika, deren Staatsangehörigkeitsrecht zunächst dem englischen Erbe folgend weitgehend auf dem *ius soli* beruhte, stellt heute ein Mischsystem dar.[7]

Das deutsche Staatsangehörigkeitsrecht, das bislang ausschließlich den Erwerb der Staatsangehörigkeit durch Geburt nach dem *ius sanguinis* vorsah, wurde durch Gesetz vom 15. Juli 1999 reformiert.[8] Zentraler Bestandteil der Reform ist die Einführung eines neuen *ius soli*-Erwerbstatbestandes. Ab dem 1. Januar 2000 erwirbt ein Kind ausländischer Eltern durch die Geburt im Inland nach § 4 Abs. 3 StAG die deutsche Staatsangehörigkeit, wenn ein Elternteil seit acht Jahren rechtmäßig seinen gewöhnlichen Aufenthalt im Inland hat und eine Aufenthaltsberechtigung oder seit drei Jahren eine unbefristete Aufenthaltserlaubnis besitzt. In den Fällen, in denen das Staatsangehörigkeitsrecht der Eltern einen Erwerb der Staatsangehörigkeit durch Abstammung vorsieht, wird das Kind neben der deutschen mindestens eine weitere Staatsangehörigkeit erwerben. Nach dem Optionsmodell des § 29 StAG muß sich das Kind nach Erreichen der Volljährigkeit entscheiden, ob es die deutsche oder die ausländische Staatsangehörigkeit behalten will. Will das Kind die deutsche Staatsangehörigkeit behalten, muß es grundsätzlich bis zum 23. Lebensjahr nachweisen, daß die andere Staatsangehörigkeit nicht mehr besteht.[9]

Neben den reinen Systemen weist die Staatspraxis auch eine Kombination der beiden grundlegenden Erwerbstatbestände durch Geburt – *ius sanguinis* und *ius soli* – in der Weise auf, daß sie kumulativ zu Erfordernissen des Erwerbs der Staatsangehörigkeit durch Geburt erhoben werden. In diesen Fällen wird Geburt im Inland und Abstammung von Inländern gefordert.

So erwarb ein Kind die tschechoslowakische Staatsangehörigkeit durch Geburt, wenn es in der Tschechoslowakei geboren wurde *(ius soli)* und außerdem ein Elternteil Tschechoslowake war *(ius sanguinis)*; auch ein im Ausland geborenes Kind, dessen beide Eltern tschechoslowakische Staatsangehörige waren, hatte die tschechische Staatsangehörigkeit (reines *ius sanguinis*). Ein Kind dagegen, das im Ausland geboren wurde und dessen einer Elternteil Inländer war, erwarb die tschechoslowakische Staatsangehörigkeit nur auf Antrag dieses Elternteils, über den die Verwaltungsbehörde nach Ermessen entschied.[10]

---

[6] Sec. 1 (1) a *British Nationality Act*, 1981, *(ius sanguinis)* und Sec. 1 (1) b *(ius soli)*; dazu *Oppenheim/Jennings/Watts*, Vol. I/2, 870 f: auch Länderbericht bei *de Groot*, 104 f.

[7] Dazu im einzelnen *Gordon/Rosenfield*, in: *Gordon/Mailman*, Kapitel 12, 7 ff und Kapitel 13, 3 ff. Das *ius soli*, aus dem englischen *common law* in die Kolonien übernommen und in den USA seit der Gründung angewandt, erhielt erst mit dem *Nationality Act* von 1940 (Sec. 201 (a) – 54 *Stat.* 1138), später Sec. 301 (a) (1) *Act of* 1952, 8 U.S.C. 1401 (a) (1), eine gesetzliche Grundlage. Das *ius sanguinis* findet sich als Regelung für Kinder amerikanischer Staatsbürger, die außerhalb der Landesgrenzen geboren werden, in Sec. 301 a (3) und (4) *Act of* 1952.

[8] BGBl. I 1999, 1618 ff.

[9] Vgl. zur Reform des deutschen Staatsangehörigkeitsrechts *A. Zimmermann*, Staats- und völkerrechtliche Fragen zur Reform des deutschen Staatsangehörigkeitsrechts, IPRax 20 (2000) 3, 180 ff; *G. Renner*, Reform des deutschen Staatsangehörigkeitsrechts, Neue Justiz 54 (2000) 1, 15 ff; *ders.*, Was ist neu am deutschen Staatsangehörigkeitsrecht?, ZAR 19 (1999) 4, 154 ff; *ders.*, Grundgesetz und deutsche Staatsangehörigkeit, Neue Justiz 53 (1999) 5, 230 ff; *K.-D. Schnapauff*, Zur Reform des deutschen Staatsangehörigkeitsrechts, in: *K. Barwig*, Neue Regierung – neue Ausländerpolitik?, 1999, 69 ff.; *P. Huber/K. Butzke*, Das neue Staatsangehörigkeitsrecht und sein verfassungsrechtliches Element, NJW 1999, 2769 ff; *K. Hailbronner*, Die Reform des deutschen Staatsangehörigkeitsrechts, NVwZ 18 (1999) 12, 1273 ff; *G. Witte*, Reform des Staatsangehörigkeitsrechts: aus Sicht des Deutschen Städtetages, Zeitschrift für Gesetzgebung 14 (1999) 1, 68 ff; *T. Gnielinski*, Die Reform des deutschen Staatsangehörigkeitsrechts, 1999.

[10] Ähnlich z. B. die Rechte von Albanien und Bulgarien, vgl. *M. Lichter*, Die Staatsangehörigkeit nach deutschem und ausländischem Recht, 2. Aufl. 1955, X 3 und 10; *U. A. Vokopola*, The Nationality Law of Albania, Osteuropa-Recht 1967, 241 ff; *J. P. Waeh-*

II. Den Staaten steht es frei, zwischen diesen Systemen zu wählen und sie so zu verbinden, wie es ihnen zweckmäßig scheint. Dies gilt, obwohl die Anwendung der reinen Systeme oft zu unbefriedigenden Ergebnissen führt. So kann die Anwendung des *ius soli* zur Folge haben, daß ein Kind die Staatsangehörigkeit eines Landes erwirbt, zu dem es selbst und seine Familie gar keine Beziehungen hat. Aber auch nach dem *ius sanguinis* erwirbt ein Kind die Staatsangehörigkeit seiner Eltern selbst dann, wenn seine Vorfahren schon seit Generationen im Ausland am Ort der Geburt ansässig sind und zu dem Land ihrer Abstammung nicht mehr in Beziehungen stehen.[11]

Es besteht auch keine allgemeine Regel des Völkerrechts, wonach der Erwerb der Staatsangehörigkeit durch Geburt das Bestehen oder die Entstehung einer wirklichen Lebensbeziehung zwischen dem Staat und seinem Staatsangehörigen zur Voraussetzung hätte. Es gibt also kein allgemeines Prinzip der Effektivität, das auch für den Erwerb der Staatsangehörigkeit durch Geburt maßgebend wäre.[12] So ist – wenn auch heute praktisch kaum noch in strenger Form verwirklicht – der Erwerb der Staatsangehörigkeit durch Geburt auf dem Gebiet eines Staates, in dem sich die Eltern des Kindes nur auf der Durchreise befinden, völkerrechtlich zulässig, obwohl die Verbindung zum Durchreisestaat rein zufällig ist. Das Völkerrecht gebietet den Staaten auch nicht, sich zwischen den zur Wahl stehenden Grundformen des Staatsangehörigkeitserwerbs durch Geburt zu entscheiden.[13] Wie bereits oben[14] erwähnt, steht es den Staaten frei, die Erwerbstatbestände des Abstammungs- und Ortsprinzips in vielfältiger Weise zu verbinden, u. a. auch in der Weise, daß keines der beiden Systeme als vorherrschend anzusehen ist. Dies ist freilich nicht unumstritten. So sah der Harvard-Entwurf für eine Konvention über die Staatsangehörigkeit[15] (Art. 3) die Verpflichtung der Staaten vor, sich zwischen den Systemen zu entscheiden. Weder das Vertragsrecht noch das allgemeine Völkerrecht sind jedoch diesem Vorschlag gefolgt. Lediglich die für nur

---

ler, Das bulgarische Staatsbürgerschaftsgesetz vom Oktober 1968, StAZ 1969, 21; *Hecker*, Die Staatsangehörigkeitsregelungen in Europa, 1974, 5 ff (Albanien), 38 ff (Bulgarien). Zu den seit der Auflösung der CSFR geltenden Regelungen, *M. Hosková*, Die Selbstauflösung der CSFR – ausgewählte rechtliche Aspekte, ZaöRV 53, 1993, 689 ff, 701 f (Slowakische Republik), 710 f (Tschechische Republik).

[11] Auf mögliche Konflikte infolge der geltenden Regelungen weist auch *Tomuschat* in Diskussion *v. Mangoldt*, Anerkennung, Berichte DGVR, 29 (1988), 120, kritisch hin und erwägt eine völkerrechtliche Pflicht der Staaten anzunehmen, das staatsangehörigkeitsrechtliche Band derjenigen Doppelstaatler nach Ablauf gewisser Zeiträume zu kappen, die keine echte Beziehung mehr zu dem Staat aufweisen, dessen Staatsangehörigkeit sie nur formal – oft über Generationen – innehaben (so z. B. deutsche Auswanderer in Brasilien). Schon Art. 4 des Harvard-Entwurfs, AJIL 23 (1929), spec. supp., 24, suchte diesem Problem zu begegnen, indem dem Abstammungsprinzip Grenzen gesetzt werden sollten. Kein Staat sollte seine Staatsangehörigkeit auf eine Person übertragen dürfen, die auf dem Gebiet eines anderen Staates geboren ist, wenn schon mehr als zwei Generationen von Vorfahren dort geboren sind und dort ihren ständigen Wohnsitz gehabt haben und die Person die Staatsangehörigkeit des Staates hat, auf desen Gebiet sie ansässig ist.

[12] Diese Regel ist zu unterscheiden von der umstrittenen Frage, ob bei der Einbürgerung das Vorhandensein eines effektiven oder genuinen Anknüpfungspunktes Wirksamkeitsvoraussetzung ist, vgl. dazu unten § 86, sowie schon oben § 83 und § 84.

[13] Anders noch die Vorauflage; die neueren Entwicklungen der nationalen Gestaltung der Staatsangehörigkeitsgesetze, insbesondere die Vielfalt der Kombinationen der Erwerbsgründe, sprechen heute eindeutig gegen die Annahme einer – auch bisher schon umstrittenen – Pflicht der Staaten, sich alternativ zwischen den beiden Grundsytemen – *ius soli* oder *ius sanguinis* – zu entscheiden; wie hier auch *Randelzhofer*, Rdn. 15 und Anm. 47 zu Art. 16 GG; *Brownlie*, Principles, 387; wohl auch *Makarov*, Allgemeine Lehren, 103; zweifelnd *Weis*, 96 („The very fact, however, that the nationality law of a majority of States combines both principles makes their *exclusive* character ***a matter of degree***. In the absence of historical examples it is ***a matter of conjecture*** whether a nationality law based equally on *ius soli* and *ius sanguinis* would be regarded as inconsistent with international law or general principles of law." – Hervorhebung durch den Verf.); anders dagegen Art. 3 des Harvard-Entwurfs (Anm. 11); siehe auch *H. Triepel*, Internationale Regelung der Staatsangehörigkeit, ZaöRV 1 (1929), 185 ff, 196.

[14] Siehe oben.

[15] Siehe dazu die in Anm. 11 und 13 genannten Hinweise.

wenige Staaten verbindliche Konvention über die Verminderung der Staatenlosigkeit von 1961 hat es den Vertragsstaaten zur Pflicht gemacht, das *ius soli*-Prinzip jedenfalls dann zur Anwendung zu bringen, wenn eine Person bei Nichtanwendung dieses Prinzips staatenlos wäre.[16] Auf der anderen Seite sind die Staaten nicht vollends frei in der Wahl des Anknüpfungspunktes für den Erwerb der Staatsangehörigkeit durch Geburt, soweit es sich um Fälle handelt, in denen weder durch eine Abstammung von Inländern noch durch eine nähere (territoriale o. ä.) Beziehung zu dem Staat, dessen Staatsangehörigkeit durch Geburt erworben werden soll, ein Näheverhältnis besteht. In solchen Fällen bedarf es eines besonderen, völkerrechtlich anerkannten, allerdings nicht notwendigerweise effektiven[17] Anknüpfungspunktes. Es besteht also ein gewisser *numerus clausus* der Anknüpfungstatbestände.

III. Die Anwendung des *ius soli*-Prinzips wirft in einigen besonderen Fällen Rechtsfragen auf, die in der Staatspraxis einerseits durch Ausnahmen vom Prinzip, andererseits durch eine Ausdehnung des Anwendungsbereichs gelöst werden. Was zunächst die Ausnahmen vom *ius soli*-Prinzip angeht, so besteht eine völkergewohnheitsrechtliche[18], aber darüber hinaus auch eine vertragsrechtliche Regelung[19] dahingehend, daß Kinder der Diplomaten und konsularischen Vertreter nicht vom *ius soli* erfaßt werden, sie also nicht durch Geburt auf dem Gebiet des Empfangsstaates dessen Staatsangehörigkeit erwerben. Mit dieser Ausnahme vom *ius soli* wird der besonderen Rechtsstellung der Angehörigen des diplomatischen und konsularischen Korps im Verhältnis zum Empfangsstaat bzw. zum Entsendestaat Rechnung getragen.

IV. Der Gebietsbegriff wird nicht immer einheitlich verwandt. So werden die an Bord englischer Schiffe auch auf hoher See oder in fremden Hoheitsgewässern geborenen Kinder englische Staatsangehörige. Diese in einigen Staaten geübte Praxis, Kindern, die auf Schiffen oder in Flugzeugen geboren werden, die Staatsangehörigkeit des Flaggenstaates bzw. des Staates, in dem das Flugzeug registriert ist, zu verleihen, stellt eine über die dem *ius soli* zugrundeliegende, strikt territoriale Komponente hinausgehende Ausdehnung des Prinzips dar. Es hängt diese Praxis mit der im älteren Völkerrecht vertretenen, heute jedoch weitgehend aufgegebenen Auffassung von Schiff und Flugzeug als „schwimmendem" bzw. „fliegendem" Staatsgebietes des Flaggen- oder Registerstaates zusammen.[20]

Die Praxis ist nicht konsequent. Z. B. erwerben nach amerikanischem Recht die an Bord amerikanischer Schiffe außerhalb amerikanischer Hoheitsgewässer geborenen Kinder ausländischer Eltern die Staatsangehörigkeit der Vereinigten Staaten von Amerika nicht. Dagegen erwerben die an Bord fremder Schiffe in den US-amerikanischen Küstengewässern geborenen Kinder nach

---

16 Vgl. Art. 1 Konvention über die Verminderung der Staatenlosigkeit von 1961, UNTS 989, 175; BGBl. 1977 II, 597.

17 Dazu unten § 86.

18 Diese völkergewohnheitsrechtliche Regelung wurde auch vom *Institut de droit international* im Jahre 1929 (*Tableau général des résolutions*, 26 – Art. 10) und vom Harvard-Entwurf zur Kodifikation vorgeschlagen; die gewohnheitsrechtliche Geltung dieser Regel nehmen auch *Verdross/Simma*, 788, und *Randelzhofer*, Rdn. 16 zu Art. 16 GG, an. Auch *Oppenheim/Jennings/Watts*, Vol. I/2, 870, Anm. 2 neigen unter Hinweis auf entsprechende Äußerungen der *International Law Commission* (ILC Commentary (Diplomatic Relations), Art. 35, YBILC 1958, Vol. II, 35) zur Annahme einer gewohnheitsrechtlichen Geltung dieser Regel.

19 Art. 12 der Haager Konvention vom 12. 4. 1930 über gewisse Fragen beim Konflikt von Staatsangehörigkeitsgesetzen (LNTS 179, 91) sowie Art. II des Fakultativprotokolls vom 18. 4. 1961 über den Erwerb der Staatsangehörigkeit zum Wiener Übereinkommen über diplomatische Beziehungen (UNTS 500, 223; BGBl. 1964 II, 1006) und Art. II des Fakultativprotokolls vom 24. 4. 1963 über den Erwerb der Staatsangehörigkeit zum Wiener Übereinkommen über konsularische Beziehungen (UNTS 596, 469; BGBl. 1969 II, 1674).

20 Zur älteren Lehre vgl. statt anderer *Oppenheim/Lauterpacht*, Vol. I, § 172a mwN.

amerikanischem Recht die amerikanische Staatsangehörigkeit; unter gleichen Umständen erwerben jedoch nach englischem Recht Kinder nicht die englische Staatsangehörigkeit.[21]

§ 86 Der nachträgliche Erwerb der Staatsangehörigkeit: Die Einbürgerung

Schrifttum: wie zu § 84.

I. Neben dem ursprünglichen Staatsangehörigkeitserwerb durch Geburt gibt es einen nachträglichen Erwerb der Staatsangehörigkeit. Man spricht hier von Naturalisierung oder Einbürgerung im weiteren Sinne.[1] Diese erfolgt in Form eines Verleihungsaktes oder durch Gesetz.[2]

1. Die Einbürgerung kommt einmal – in Verbindung mit anderen Voraussetzungen – aufgrund einer Initiative (Antrag, Option, Reklamation) dessen zustande, der die Staatsangehörigkeit dadurch erwerben will. Dies ist die Einbürgerung im eigentlichen oder engeren Sinne des Wortes.

2. Denkbar ist auch eine Einbürgerung ohne Rücksicht auf den ausdrücklich erklärten Willen der dadurch betroffenen Menschen. Man mag hier von einer Zwangseinbürgerung oder Auferlegung der Staatsangehörigkeit sprechen.

Der Erwerb der Staatsangehörigkeit kann an Vorgänge geknüpft werden, die wie z. B. die Eheschließung, der Eintritt in den staatlichen Dienst, die Niederlassung im Lande mit der Absicht, dort auf Dauer zu bleiben *(animus manendi)*, oder sonstige Ereignisse den Erwerb der Staatsangehörigkeit automatisch, also *ipso iure*, bewirken. Ging man in der Vergangenheit davon aus[3], daß in Fällen dieser Art die Einbürgerung nicht unmittelbar bzw. ausdrücklich dem Willen der eingebürgerten Person zu entsprechen braucht, so muß man unter menschenrechtlichen Aspekten heute insoweit wohl schärfere Maßstäbe anlegen. Also ist in den meisten Fällen der genannten Art davon auszugehen, daß die *ipso iure* Einbürgerung jedenfalls nicht gegen deren Willen geschieht. Etwas anderes kann im Falle der Wohnsitzbegründung gelten. Deshalb ist die Zulässigkeit der Einbürgerung aufgrund von auf Dauer ausgerichteter Niederlassung (dauernde Wohnsitzbegründung oder langanhaltender Inlandsaufenthalt) in der Praxis an die Bedingung geknüpft worden, daß den betroffenen Personen ein Recht zur Ablehnung der Einbürgerung eingeräumt wird[4]. Wohnsitzbegründung führt auch dann nicht zur automatischen Änderung der Staatsangehörigkeit, wenn von dem Wohnsitzstaat vertraglich Niederlassungsfreiheit gewährt wird. Ein Wechsel der Staatsangehörigkeit kann aus völkerrechtlich erheblichen Vorgängen, namentlich dem Gebietswechsel folgen. Es kommt dann zu einer kollektiven Einbürgerung, zunächst ohne Rücksicht auf den Willen dadurch betroffener Menschen. Doch ist das Willensmoment in Gestalt der Option auch hier von Bedeutung.

---

[21] Eine gewisse Vereinheitlichung dessen, was als „schwimmendes" oder „fliegendes" Staatsgebiet angesehen und vor allem welche Wirkung diese – im übrigen heute nicht mehr relevanten – Begriffe für den Erwerb der Staatsangehörigkeit haben, strebt die Konvention über die Verminderung der Staatenlosigkeit vom 30. 8. 1961 an: Nach Art. 3 gilt ein an Bord eines Schiffes geborenes Kind als in dem Lande geboren, dessen Flagge das Schiff führt. Entsprechendes soll für die an Bord von Flugzeugen geborenen Kinder gelten, vgl. den Text des Abkommens in UNTS 989, 175 und BGBl 1977 II, 597 (598 ff).

[1] Zur Unterscheidung der Einbürgerung im weiteren und engeren bzw. eigentlichen Sinne vgl. auch *Weis*, 96, 99; im weiteren Sinne wird der Begriff der Einbürgerung (Naturalisierung) z. B. in Art. 1 (c) des Harvard-Entwurfes zum Staatsangehörigkeitsrecht, AJIL 23 (1929), spec. supp., 23, im engeren Sinne wird der Begriff der Einbürgerung im RuStAG §§ 3, 8 verwendet.

[2] Z. B. erfolgt die Einbürgerung in Belgien durch Gesetz.

[3] So auch die Vorauflage, Bd. I, S. 456.

[4] Vgl. zur Praxis in einigen lateinamerikanischen Staaten unten § 87; siehe hierzu auch *Randelzhofer*, Rdn. 18 zu Art. 16 GG; *Weis*, 102 ff.

3. Eine besondere Art der Einbürgerung stellt die Wiedereinbürgerung, Wiederaufnahme, Reintegration früherer Staatsangehöriger in den Staatsverband dar. Viele Rechtsordnungen erleichtern die Wiedereinbürgerung von Personen, die ihre Staatsangehörigkeit verloren haben, diese aber später, z. B. nach der Rückkehr in die Heimat oder nach Auflösung der Ehe mit dem Ausländer, wiederherstellen wollen.[5] Anders liegt der Fall, wenn ein Staat die zunächst ausgesprochene Ausbürgerung eines Staatsangehörigen als unwirksam ansieht, weil dieser seinen Wohnsitz auch nach der Ausbürgerung im Inland behält, also zu erkennen gibt, daß er die Lebensbeziehung zu seinem Heimatstaat nicht zu lösen gedenkt. Hier wäre besser von der Rücknahme der Ausbürgerung zu sprechen.[6]

II. 1. Ebenso wie die Regeln über den Erwerb und Verlust der Staatsangehörigkeit, gehören die Regeln für die Einbürgerung dem nationalen Recht, nicht dem Völkerrecht an. Jeder Staat entscheidet selbst darüber, wen er unter welchen formellen und materiellen Voraussetzungen einbürgern will, sowie über die Zuständigkeiten auf diesem Gebiet. In ihrer Einbürgerungspolitik verfolgen die Staaten verschiedene Ansätze. So ist teilweise der Nachweis der Integration der Ausländer in den Aufnahmestaat eine Bedingung für die Einbürgerung.[7] Andere Staaten sehen die Einbürgerung als Voraussetzung für die Integration an.[8]

2. Zumeist verlangen die einschlägigen nationalen Regelungen für die Einbürgerung den Nachweis einer gewissen Lebensbeziehung zwischen dem Eingebürgerten und dem Staat, der ihn aufnimmt.[9]
Der Erwerb der Staatsangehörigkeit durch Einbürgerung wird fast überall davon abhängig gemacht, daß der Antragsteller im Inland ansässig[10] ist oder dies über eine Reihe von Jahren

---

[5] Dazu *Weis*, 96; vgl. auch § 13 RuStAG; eine echte Wiedereinbürgerung sieht auch Art. 116 Abs. 2 GG für bestimmte Personengruppen vor, denen zwischen dem 30. 1. 1933 und dem 8. 5. 1945 die Staatsangehörigkeit aus politischen, rassischen oder religiösen Gründen entzogen worden ist. Dazu *Makarov/v. Mangoldt*, Rdn. 67 ff zu Art. 116 GG; *Hailbronner/Renner*, Einleitung, Abschnitt E, Rdn. 35 und Kommentierung zu Art. 116 GG, Rdn. 36 ff.

[6] Als Beispiel für eine Wiederherstellung des staatsangehörigkeitsrechtlichen *Status quo ante* ohne förmlichen Akt der Wiedereinbürgerung – also für eine Aufhebung einer zuvor ausgesprochenen Ausbürgerung – ist Art. 116 Abs. 2 S. 2 GG zu nennen, demzufolge Personen, die i.S. des Art. 116 Abs. 2 S. 1 GG ausgebürgert worden waren und ihren Wohnsitz nach dem 8. 5. 1945 wieder in Deutschland genommen haben, nicht als ausgebürgert gelten.

[7] Dem entspricht etwa die niederländische Regelung; dazu *M. Köbele*, Das Einwanderungsrecht ausgewählter Staaten: Niederlande, in: *T. Giegerich/R. Wolfrum* (Hrsg.), Einwanderungsrecht – national und international, 2001, 165 ff (188).

[8] Dem entspricht etwa die schwedische Regelung; dazu *L. Radermacher*, Das Einwanderungsrecht ausgewählter Staaten: Schweden, in: *Giegerich/Wolfrum* (Hrsg.), Einwanderungsrecht, 219 ff (239).

[9] Ein zentraler Bestandteil der Reform des deutschen Staatsangehörigkeitsrechts durch das Gesetz vom 15. 7. 1999 ist die Erleichterung der Einbürgerung. Seit dem 1. 1. 2000 besteht ein Einbürgerungsanspruch bereits aufgrund eines achtjährigen rechtmäßigen gewöhnlichen Aufenthalts im Inland. Darüber hinaus ist der Anspruch gemäß §§ 85, 86 AuslG abhängig von einem Bekenntnis zur freiheitlichen demokratischen Grundordnung, dem Besitz einer Aufenthaltserlaubnis oder Aufenthaltsberechtigung, der Fähigkeit zur Bestreitung des Lebensunterhalts, dem Nachweis ausreichender Kenntnisse der deutschen Sprache, der Nichtverurteilung wegen einer Straftat und der Aufgabe bzw. des Verlustes der bisherigen Staatsangehörigkeit. Darüber hinaus sieht § 40b StAG für Ausländer, die am 1. 1. 2000 rechtmäßig ihren gewöhnlichen Aufenthalt im Inland und das zehnte Lebensjahr noch nicht vollendet haben, einen Einbürgerungsanspruch vor, wenn bei der Geburt des Ausländers die Voraussetzungen des § 4 Abs. 3 StAG vorgelegen haben. Auch für diese Kinder gilt das Optionsmodell, d. h. sie müssen sich nach Erreichen der Volljährigkeit für eine Staatsangehörigkeit entscheiden.

[10] Vgl. z. B. US *Immigration and Nationality Act (Act of June* 27, 1952; 66 Stat. 163; 8 U.S.C. 1101 *et seq., as amended through January* 1, 1989), Sec. 316 (Erfordernis des 5-jährigen Aufenthaltes in den USA als legal eingereister *„permanent resident"*); Art. 21–17 n.F. des französischen *Code Civil* (Aufenthalt in Frankreich von mindestens 5 Jahren); Sec. b *British Nationality Act* (Erfordernis von mindestens fünfjährigem Aufenthalt in Großbritannien, in dieser Zeit nicht mehr als 450 Tage Auslandsaufenthalt); ebenso das Staatsangehörigkeitsrecht Belgiens und der Niederlande (vgl. dazu *de Groot*, 50, 134), zehn Jahre Inlandsaufenthalt fordert das österreichische Recht,

gewesen ist. Daneben können die Betätigung im Staats- oder Wehrdienst, nicht selten auch politische Verdienste um das aufnehmende Land der Einbürgerung eine Grundlage bieten.[11] Oft werden Bedingungen gestellt, die der Aufnahme unerwünschter Personen vorbeugen sollen. So wird die Einbürgerung zum Beispiel davon abhängig gemacht, daß der Antragsteller eine berufliche Tätigkeit im Inland ausübt, oder es wird der Nachweis verlangt, daß er den Lebensunterhalt für sich und seine Familie zu bestreiten vermag.[12] Auch moralische Unbescholtenheit wird vielfach verlangt.[13] Auch darf der einbürgernde Staat besondere Bedingungen stellen, deren Erfüllung die Eingliederung des Aufzunehmenden gewährleisten sollen[14] oder sich der Loyalität des Antragstellers durch die Auferlegung eines Treueides versichern.[15]

Völkerrechtlich unzulässig ist die in der Vergangenheit von Einwanderungsländern vielfach geübte Praxis angesehen, bestimmte Quoten für die Zulassung von Einwanderern nach deren Herkunftsländern festzulegen. Hierin liegt ein Verstoß gegen Art. 5 lit. d i.V.m. Art. 1 des Übereinkommens zur Beseitigung jeder Form der Rassendiskriminierung.[16] Danach besteht eine Verpflichtung der Vertragsstaaten, ein Recht auf Staatsangehörigkeit ohne Unterschied der Rasse, der Hautfarbe, des nationalen Ursprungs oder des Volkstums auf der Basis der Gleichheit vor dem Gesetz zu gewährleisten. Zwar läßt das Übereinkommen gemäß seinem Art. 1 Abs. 3 die nationalen Vorschriften der Vertragsstaaten über Staatsangehörigkeit, Staatsbürgerschaft oder Einbürgerung unberührt. Allerdings gilt dies nur

---

§ 10 STBG; in der Bundesrepublik Deutschland enthält § 8 RuStAG kein ausdrückliches Erfordernis längeren Aufenthaltes, nach den Einbürgerungsrichtlinien des Bundesministers des Innern wird jedoch „Hinwendung zu Deutschland" und Einpassung in die deutschen Lebensverhältnisse gefordert, wozu in der Regel ein Mindestaufenthalt im Inland von acht Jahren – allerdings mit Ausnahmen – für erforderlich gehalten wird, vgl. dazu den Text der Richtlinien bei *Bergmann/Korth*, Rdn. 178, auch bei *Hailbronner/Renner*, Anhang A, 625 ff, dazu auch oben § 82.

[11] So etwa Art. 21–19 Ziff. 4 und 6 n.F. des französischen *Code Civil*: Militärdienst oder besondere Verdienste um Frankreich, vorausgesetzt der *Conseil d'Etat* stimmt einem entsprechenden Vorschlag zu (dieses Zustimmungserfordernis entfällt, wenn der oder die Einzubürgernde drei oder mehr minderjährige Kinder hat! – vgl. *de Groot*, 90); auch Sec. 328 US *Immigration and Nationality Act* (Act of 1952, 66 Stat. 163; 8 U.S.C. 1439): *„honorable military service for three years"*, dann Einbürgerung nach den allgemein geltenden Regeln, jedoch mit einer Reihe von Erleichterungen, z. B. im Hinblick auf die Aufenthaltserfordernisse, vgl. dazu *Gordon/Rosenfield*, in: *Gordon/Mailman*, Kapitel 17, Naturalization of Special Classes, 39 ff.

[12] So z. B. § 8 Ziff. 4 RuStAG, dazu *Makarov/v.Mangoldt*, Rdn. 35 ff; *Hailbronner/Renner*, § 8 RuStAG, Rdn. 22 ff.

[13] Ein besonders eindrucksvolles Beispiel findet sich im englischen Staatsangehörigkeitsrecht. Es fordert *„good character"*, dessen Inhalt vom *Minister of State at the Home Office* im *House of Commons (Hansard*, 19. 3. 1981, Sp. 692, 700) ausführlich erläutert wurde: „A person with a serious criminal record cannot be regarded as a person of good character... Sexual morality, however, is not normally taken into account, nor are ... homosexual activities within the law.... Financial irresponsibility, serious insolvency or bankruptcy invariably leads to refusal. But mere financial incompetence is not necessarily a bar, and neither is unemployment or receipt of social security benefits..."; § 8 RuStAG fordert einen „unbescholtenen Lebenswandel", dazu *Hailbronner/Renner*, § 8 RuStAG, Rdn. 16 ff.

[14] So z. B. der bereits zitierte US *Immigration and Nationality Act (Act of* 1952, Anm. 9), Sec. 312 (Erfordernis von Sprachkenntnissen, Kenntnis der Grundlagen der amerikanischen Geschichte und Verfassung); die deutsche Einbürgerungspraxis fordert Hinwendung zu Deutschland, Grundkenntnisse der deutschen staatlichen Ordnung und ein Bekenntnis zur freiheitlich-demokratischen Grundordnung, vgl. dazu die Einbürgerungsrichtlinien des Bundesministers des Innern 3. 1 ff, Text bei *Bergmann/Korth*, Rdn. 178; auch bei *Hailbronner/Renner*, Anhang A, 626 ff; ferner z. B. BVerwG, Entscheidung vom 27. 3. 1983, DVBl 1983, 1013; anders dagegen VGH Baden-Württemberg, Entscheidung vom 10. 9. 1984, Das Standesamt 38 (1985), 76 mit kritischer Anmerkung von *v. Mangoldt*, ebd. 169; dazu auch *W. Meyer*, Die deutsche Staatsangehörigkeit in der Rechtsprechung des BVerwG, NVwZ 1987, 15 ff (20 ff); zum Vorstehenden auch *Makarov/v. Mangoldt*, Rdn. 58 zu § 8 RuStAG; unter dem Oberbegriff „Staatsbürgerliche und kulturelle Voraussetzungen" dazu auch *Hailbronner/Renner*, § 8 RuStAG, Rdn. 34 ff.

[15] Vgl. US *Immigration and Nationality Act (Act of* 1952, Anm. 9), Sec. 337 *(„oath of renunciation and allegiance")*.

[16] BGBl. 1969 II, 961.

„sofern diese Vorschriften nicht Angehörige eines bestimmten Staates" diskriminieren.[17] Dies schließt Einwanderungsquoten bzw. Einbürgerungsquoten aus, die sich gezielt gegen die Bürger eines Staates oder einer Region richten.[18] Zulässig sind dagegen Quoten, die eine gleichmäßige Einwanderung aus allen Regionen zu gewährleisten suchen. Ihnen fehlt die gezielt diskriminierende Wertung, gegen die sich das Übereinkommen zur Beseitigung jeder Form von Rassendiskriminierung wendet. Verboten sind auch administrative Landesregelungen für die Einwanderung aus bestimmten Staaten oder Regionen.

4. Dem Staat, der einen Ausländer einbürgert, wird in der Regel daran gelegen sein, daß der Neubürger seine Beziehungen zu seinem bisherigen Staatsverband auflöst. Er darf daher die Einbürgerung von der gleichzeitigen Aufgabe der bisherigen Staatsangehörigkeit abhängig machen, allerdings kann er die vorherige Staatsangehörigkeit nicht für erledigt erklären. Andererseits ist die Einbürgerung auch ohne die Zustimmung des Heimatstaates wirksam. Wenn dieser seine Zustimmung verweigert, z. B. seinen Staatsangehörigen nicht expatriiert, weil dieser etwa nicht seiner Wehrpflicht genügt hat, so erlangt dieser gleichwohl die neue Staatsangehörigkeit, wenn seine Einbürgerung dem Recht des einbürgernden Staates entspricht. Andere Staaten und internationale Gerichte haben den Eingebürgerten dann auch als Staatsangehörigen des einbürgernden Staates gelten zu lassen.[19] So ist der Eingebürgerte bei der Anwendung von Auslieferungsverträgen als Angehöriger des Staates zu behandeln, dessen Staatsangehörigkeit er durch Einbürgerung erlangt hat. Andererseits geht die bisherige Staatsangehörigkeit ohne den Willen des Heimatstaates nicht verloren. Der Eingebürgerte ist dann Träger einer mehrfachen Staatsangehörigkeit. Die sich dadurch ergebende doppelte Staatsangehörigkeit ist bisher allerdings als nicht erwünscht angesehen worden. Die Staaten haben durch den Abschluß bi- und multilateraler Verträge versucht, dem Auftreten der Doppel- oder Mehrstaatigkeit zu begegnen.[20]

Der durch das Gesetz zur Reform des deutschen Staatsangehörigkeitsrechts geänderte § 87 AuslG erlaubt die Einbürgerung ab dem 1. 1. 2000 unter Hinnahme der Mehrstaatigkeit, wenn es z. B. nach dem Recht des anderen Staates nicht möglich ist, die Staatsangehörigkeit aufzugeben oder andere Umstände vorliegen, die die Aufgabe der anderen Staatsangehörigkeit unzumutbar machen. § 29 Abs. 4 StAG sieht im Rahmen des Optionsmodells die Möglichkeit der Beibehaltung der ausländischen Staatsangehörigkeit neben der deutschen in den gleichen Fällen vor.[21]

III. 1. Eine andere, nach völkerrechtlichen Regeln zu beantwortende Frage ist, ob ein Staat jemanden einbürgern darf, zu dem er gar keine Beziehungen hat und der die Staatsangehörigkeit eines anderen Staates besitzt, mit dem Ergebnis, daß jetzt eine doppelte Staatsangehörigkeit entsteht. Gegen die Zulässigkeit einer derartigen Einbürgerung spricht, daß ein Staat, der den Angehörigen eines anderen Staates in seinen Staatsverband aufnimmt, die Bindung des Eingebürgerten an dessen Heimatstaat zum mindesten lockert und dessen Personalhoheit notwendig abschwächt.[22] So ist es nach wohl richtiger Ansicht nicht zulässig,

---

[17] Art. 1 Abs. 3 letzter Halbsatz des Übereinkommens zur Beseitigung jeder Form von Rassendiskriminierung.

[18] *R. Wolfrum,* Völkerrechtliche Rahmenbedingungen für die Einwanderung, 28 f.

[19] Siehe dazu im Fall *Apostolides* (1928) den Schiedsspruch des französisch-türkischen Schiedsgerichts, Tribunaux Arbitraux mixtes, Bd. VIII, 373; dazu auch oben § 84 II 3.

[20] Vgl. das UN-Übereinkommen zur Verminderung der Staatenlosigkeit vom 30. 8. 1961, UNTS 989, 175. Das Abkommen ist bisher allerdings nur für 16 Staaten in Kraft, darunter die Bundesrepublik Deutschland, vgl. BGBl. 1977 II, 1217.

[21] Vgl. zur Reform des deutschen Staatsangehörigkeitsrechts oben § 85 II 2 und Anm. 8 und 9 sowie § 86 II 2.

[22] In den vergangenen Jahren hat die Praxis der Bundesrepublik Deutschland, die gesamtdeutsche Reichs- und Staatsangehörigkeit nach dem Gesetz nach 1913 trotz der Entstehung zweier Staaten auf dem Boden des Reiches aufrechtzuerhalten und dementsprechend die Bürger der DDR als deutsche Staatsangehörige anzusehen und ihnen im Ausland ggf. auf ihren Wunsch diplomatischen Schutz zu gewähren, scharfe Kritik seitens der seinerzeitigen kommunisti-

die Staatsangehörigkeit ohne jede Rücksicht auf das Vorhandensein eines sinnvollen Anknüpfungspunktes zu verleihen, und dieser Anknüpfungspunkt muß sich im Rahmen des international Üblichen halten.[23] Die Konkretisierung dessen, was ein sinnvoller Anknüpfungspunkt sein kann, ist umstritten. Dies gilt insbesondere für den in der internationalen Judikatur vielfach vorgenommenen Rückgriff auf das Konzept der echten oder ernsthaften Lebensbeziehung einer Person zu dem Staat, dessen Staatsangehörigkeit sie erwerben soll. So hat der IGH im *Nottebohm*-Fall Staatsangehörigkeit im Zusammenhang mit dem Recht Liechtensteins, dem von ihm eingebürgerten *Nottebohm* diplomatischen Schutz zu gewähren, als *„a legal bond having as its basis a social fact of attachment a genuine connection of existence, interests and sentiments...“* definiert – Elemente, die das Gericht im Fall der Einbürgerung *Nottebohms* nicht als gegeben erachtete, da dieser zur Zeit vor, während und nach seiner Einbürgerung in Liechtenstein zu diesem Staat keine irgendwie gearteten näheren Beziehungen gehabt habe.[24] Zwar ließ das Gericht offen, ob *Nottebohms* Einbürgerung nach liechtensteinschem Recht wirksam war. Auf der Ebene des Völkerrechts, d. h. hier im Bereich der Ausübung des Rechts des diplomatischen Schutzes durch Liechtenstein gegenüber Guatemala, meinte das Gericht, der Einbürgung internationale Wirksamkeit absprechen zu müssen. Trotz aller Bedenken, denen die *Nottebohm*-Entscheidung insbesondere im Ergebnis begegnen muß[25], darf heute angesichts der gerade auch im nationalen Staatsangehörigkeitsrecht verbreiteten Praxis[26], effektive Anknüpfungsmomente bei einer

---

schen Regierung der DDR hervorgerufen. Diese Praxis wurde als völkerrechtswidrige Einmischung in die Personalrechte der DDR verurteilt. Demgegenüber hat jedoch die ganz überwiegende Staatspraxis und Lehre die Auffassung der Bundesrepublik Deutschland geteilt, daß die Behandlung der DDR-Bürger als Deutsche nicht völkerrechtswidrig war, weil aus historischen Gründen hinreichende Anknüpfungselemente für die Aufrechterhaltung der deutschen Staatsangehörigkeit der DDR-Bürger durch die Bundesrepublik Deutschland vorhanden waren (Vgl. dazu aus der umfangreichen Literatur etwa *G. Ress*, Die Rechtslage Deutschlands nach dem Grundlagenvertrag vom 21. 12. 1972, 1978, 203 ff; *Hailbronner*, JuS 21 (1981), 712 ff (714); *Stern*, DVBl. 97 (1982), 165 (169 ff); *Makarov/v. Mangoldt*, Einleitung V, Rdn. 33 f; *Randelzhofer*, Rdn. 70 ff zu Art. 16 Abs. 1 GG; *Klein*, JuS 27 (1987), 279 ff; anders dagegen *H. Ridder*, Die „deutsche“ Staatsangehörigkeit und die beiden deutschen Staaten, in: FS *F. Klein*, 1977, 437 (447 ff). So z. B. *H. Triepel*, Internationale Regelung der Staatsangehörigkeit, ZaöRV 1 (1929) 185 (195 f); *G. Leibholz*, Das Verbot der Willkür und des Ermessensmißbrauchs im völkerrechtlichen Verkehr der Staaten, ZaöRV 1 (1929) 77 (99); *S. Rundstein*, Die allgemeinen Rechtsgrundsätze des Völkerrechts und die Fragen der Staatszugehörigkeit, ZVR 16 (1932) 14 (41 f); *G. Scelle*, A propos de la loi allemande du 14 juillet 1933 sur la déchéance de la nationalité, RCDIP 29 (1934), 63 (67); *E. Kaufmann*, Règles générales du droit de la paix, RdC 1935 IV, 374 f; *Balladore Pallieri*, 431; *Hyde* II, 1066; *Hailbronner/Renner*, Einleitung E, Abschnitt II, Rdn. 16 ff; Vgl. auch BGHSt 5, 234, wonach die „willkürliche Verleihung der Staatsangehörigkeit, ohne Rücksicht auf das Vorliegen allgemein anerkannter Anknüpfungspunkte“, eine Verletzung des Völkerrechts sei, und BVerfGE 1, 322 (329). Zurückhaltend gegenüber dem allgemeinen Rechtsmißbrauchsgedanken dagegen *Makarov*, Allgemeine Lehren, 1962, 90 f, 95 f, der nur konkrete Einzelregeln annehmen will.

23 So wird – in einer recht engen Auffassung von den Grenzen staatlicher Regelungsfreiheit – vertreten, daß ein Staat seine Staatsangehörigkeit keinen Personen aufzwingen darf, die „keine einzige Anknüpfung an seine Rechtsordnung aufweisen können“ (so *Makarov*, Allgemeine Lehren, 95) oder „die zu ihm keinerlei Beziehung haben“ (so *B. Dubois*, Die Frage der völkerrechtlichen Schranken landesrechtlicher Regelungen der Staatsangehörigkeit, 1955, 25). Zutreffend stellen *Hailbronner/Renner*, Einleitung E, Abschnitt II, Rdn. 17, fest, daß mit Formulierungen wie den zitierten „lediglich ein äußerstes Minimum“ bezeichnet wird.

24 IGH, ICJ Reports 1955, 4 (24 ff).

25 Aus der umfangreichen kritischen Literatur vgl. nur *A. N. Makarov*, Das Urteil des Internationalen Gerichtshofes im Fall Nottebohm, ZaöRV 16 (1955/56), 407 ff; *E. H. Loewenfeld*, Der Fall Nottebohm, AVR 5 (1955/56), 387 ff; *J. Maury*, L'arrêt Nottebohm et la condition de nationalité éffective, in: FS *Makarov*, RabelsZ 23 (1958), 515 ff; *H. Golsong*, Nationalité et Protection diplomatique. A propos de l'affaire Nottebohm, JIR 8 (1957/58), 258 ff; *J. L. Kunz*, The Nottebohm Judgement, AJIL 54 (1960), 536 ff; eine ausführliche Würdigung des Urteils auch bei *Brownlie*, Principles, 407 ff; neuerdings *Randelzhofer*, Rdn. 38 f zu Art. 16 Abs. 1 GG; *Hailbronner/Renner*, Einleitung E, Abschnitt II, Rdn. 18 f.

26 Vgl. oben und die dortigen Nachweise; auf die Signifikanz der nationalen Gesetzgebung für das Gewicht, das die Staaten der Einbürgerung/Staatsange-

Einbürgerung zu berücksichtigen, der Aussage des IGH im *Nottebohm*-Fall allgemeine völkerrechtliche Bedeutung beigemessen werden. Dabei ist allerdings Zurückhaltung in den Anforderungen an das geboten, was eine effektive oder genuine Verbindung zwischen einem Einzubürgernden und dem einbürgernden Staat darstellt. Ein überzogenes Maß an Anforderungen würde seinerseits das souveräne Recht der Staaten, den Erwerb der Staatsangehörigkeit selbst zu regeln u. U. unangemessen einschränken.[27]

Wie bereits ausgeführt[28], hat der IGH im *Nottebohm*-Fall unmittelbar zu der Frage, ob die Verleihung der Staatsangehörigkeit an *Nottebohm* durch Liechtenstein nach dessen internem Recht wirksam war oder nicht, keine Stellung genommen. Das Gericht ließ diese Frage offen. Seine Entscheidung, daß für eine international zu berücksichtigende Einbürgerung ein *„genuine link"* zwischen einbürgerndem Staat und Einzubürgerndem bestehen muß, soll deshalb nach Meinung einzelner Autoren[29] nicht als Ausdruck eines allgemeinen Satzes des Völkerrechts angesehen werden können, wonach ein Staat nur dann eine Person einbürgern darf, wenn eine echte Lebensbeziehung als Anknüpfungspunkt für die Einbürgerung besteht. Dies ist jedoch wohl ein zu enges Verständnis der Entscheidung. Zunächst einmal mißt diese Auffassung der nicht dem Völkerrecht entsprechenden Auseinanderreißung von inländischer Staatsangehörigkeit und völkerrechtlicher Wirkung, z. B. wie im *Nottebohm*-Fall als Grundlage der Ausübung des diplomatischen Schutzes, eine der Sache nicht gerecht werdende Bedeutung bei. Geht man – wie hier vertreten – von der grundsätzlichen Einheit von inländischem und völkerrechtlichem Staatsangehörigkeitsbegriff aus, so kommt der Internationale Gerichtshof gegenüber der liechtensteinischen Einbürgerung ausgesprochenen Versagung der internationalen Wirksamkeit doch eine allgemeine Bedeutung im Sinne der Festlegung völkerrechtlich gebotener Anknüpfungselemente für eine zulässige und damit national und international wirksame Einbürgerung zu, allerdings mit der Maßgabe, daß der IGH in seiner unkritischen Übertragung des im Kontext der Doppel-/Mehrstaatigkeit angewandten Kriteriums des *„effective link"* auf die Einbürgerung zu weit gegangen ist.[30] Wohl aber ist im Lichte der Entscheidung im *Nottebohm*-Fall richtigerweise davon auszugehen, daß ein gewisses Mindestmaß von Effektivität der Lebensbeziehung zwischen Einzubürgerndem und Einbürgerungsstaat erforderlich ist, das *„effective link"*-Prinzip also nicht ausschließlich für den Bereich von Doppel- und Mehrstaatigkeit gilt.[31] Irgendein sinnvoller Anknüpfungspunkt muß nachweisbar sein.[32] Wo den Eingebürgerten

---

hörigkeit beimessen, verweist auch *Brownlie*, Principles, 394; in diesem Sinne auch *Hailbronner* in der Diskussion zu *v.Mangoldt*, Berichte DGVR, 29 (1988), 115.

27 So weist z. B. *Brownlie*, Principles, 399, darauf hin, daß es eine Vermutung *(„presumption")* gebe, daß eine Einbürgerung seitens eines Staates *„in good faith"* vorgenommen ist. Die Nichtanerkennung eines solchen Aktes bedürfe der *„clear cases"*; die wohl überwiegende Lehre lehnt dagegen den Grundsatz der Effektivität als Anknüpfungsmoment im Sinne eines allgemeinen Prinzips des Staatsangehörigkeitsrechts ab, vgl. *Randelzhofer*, Rdn. 38 zu Art. 16 Abs. 1 GG; *Weis*, 180; siehe dagegen etwas vorsichtig *Verdross/Simma*, 790, die davon sprechen, daß sich der im *Nottebohm*-Urteil niedergelegte Grundsatz der notwendigen Effektivität in der völkerrechtlichen Judikatur zumindest für die Lösung von Konflikten bei mehrfacher Staatsangehörigkeit durchgesetzt habe; in dem hier vertretenen Sinne mit etwas anderer Akzentsetzung *Hailbronner/Renner*, Einleitung E, Abschnitt II, Rdn. 28, unter Zurückweisung des Einwandes von *de Groot*, 21, das Kriterium der *„genuine connection"* sei zu vage.

28 Siehe oben S. 26 f (Anm. 45).

29 So z. B. *Randelzhofer*, Rdn. 38 zu Art. 16 GG; wie dieser auch *Weis*, 179; *H. Rittstieg*, Doppelte Staatsangehörigkeit im Völkerrecht, NJW 1990, 1401 (1402).

30 So zutreffend *Hailbronner/Renner*, Einleitung, Abschnitt E, Rdn. 28, die jedoch trotz dieser Kritik zu Recht anmerken, daß „[die] Zielrichtung der *Nottebohm*-Entscheidung, Mißbrauchsfälle der Einbürgerung zu verhindern, durchaus zu begrüßen" ist.

31 Zutreffend weist *Brownlie*, Principles, 410, darauf hin, daß der IGH im *Nottebohm*-Fall die bisherige Rechtsprechung im Sinne einer bereits erfolgten Akzeptanz des Prinzips des *„effective links"* zitierte, also keineswegs eine neue Regel aufstellen wollte. Die Hinweise auf die vorangegangene Spruchpraxis mache deutlich, daß es dem IGH um die konkrete Anwendung eines umfassenderen, allgemeinen Rechtsgrundsatzes ging.

32 In diese Richtung tendierend auch *Verdross/Simma*, 789/90 („Der ... Grundsatz der notwendigen Effektivität der Staatsangehörigkeit hat sich in der völkerrechtlichen Judikatur *zumindest* für die Lösung von Konflikten bei mehrfacher Staatsangehörigkeit durchgesetzt." – Hervorhebung durch den Verf.); wie hier *Hailbronner/Renner*, Einleitung, Abschnitt E, Rdn. 28. Vgl. in diesem Sinne auch *Brownlie*,

keinerlei Lebensbeziehung mit dem einbürgernden Staate verbindet und wo er darüber hinaus – anders als im *Nottebohm*-Fall – die Staatsangehörigkeit eines anderen Staates besitzt, zu dem er überdies in wirklichen Beziehungen steht, dort kann die Einbürgerung allerdings mißbräuchlich sein. Ein Staat darf den Anknüpfungspunkt für die Einbürgerung nicht willkürlich wählen.[33] Andererseits darf man – hierauf wurde schon hingewiesen – die Anforderungen an das Bestehen hinreichend enger Beziehungen zwischen Einzubürgerndem und Einbürgerungsstaat nicht überspannen. Eine differenzierende Betrachtung erscheint hier angemessen und geboten. Wenn die Einbürgerung dem Willen des Antragstellers entspricht, genügt bei staatenlosen Personen der Antrag allein, bei Staatsangehörigen anderer Staaten aber schon eine verhältnismäßig lockere Lebensbeziehung[34]. So ginge es zu weit, wollte man die Einbürgerung unter allen Umständen von der Niederlassung auf dem Gebiet des einbürgernden Staates abhängig machen. Neben räumlichen Beziehungen kommt z. B. auch die Abstammung von Inländern oder ein Dienstverhältnis als völkerrechtlich ausreichender Anknüpfungspunkt in Betracht.[35]

Durch die Einbürgerung wird der bisherige Ausländer oder Staatenlose in den Staatsverband aufgenommen, und mit ihm nach älterem Recht ganz überwiegend, heute nur noch gelegentlich seine Ehefrau und seine minderjährigen Kinder (kollektive Einbürgerung).[36] Diese Praxis ist völkerrechtlich problematisch, da eine Einbürgerung in einen Staat gegen den Willen des Eingebürgerten gegen menschenrechtliche Grundsätze verstößt. Über die Rechtsstellung des Eingebürgerten entscheidet hinfort das Recht des einbürgernden Staates.

Principles, 406, 418 ff, der besonders die Allgemeingültigkeit des *„effective link"*-Prinzips deutlich macht. Dem entspricht auch die internationale und nationale Judikatur zu Fällen, in denen über die Effektivität einer Staatsangehörigkeit bei Doppelstaatsangehörigkeit zu entscheiden war, so z. B. *Magalhais v. Fernandes*, Annual Digest 11 (1941/42), c. no. 83; *In re Heinz*, Annual Digest 11 (1942), c. no. 98; *Canevaro*, RIAA Vol. XI, 405; *Spoulding Claim*, ILR 24 (1955), 452; Eine ausführliche Untersuchung der Akzeptanz des Prinzips in der Staatenpraxis auch bei *Donner*, 70 ff. Gegen eine Generalisierung der *„link theory"* wendet sich *Weis*, 180.

33 Vgl. dazu schon oben § 84 III 3 und dortige Anm. 73; in diesem Sinne auch schon die Entschließung des *Institut de droit international* von 1928, Art. 3 (1), Tableau général des Resolutions, 43. Danach soll niemand die Staatsangehörigkeit eines anderen Staates erwerben, solange er noch in dem Lande ansässig ist, dessen Staatsangehörigkeit er schon hat. Art. 14 des Harvard-Entwurfes (Anm. 1) sah vor, daß ein Staat keinen Ausländer einbürgern dürfe, der auf dem Gebiet eines anderen Staates dauernd ansässig ist. Der Ausspruch des amerikanisch-ägyptischen Schiedsgerichts im Falle *Salem* – RIAA, Vol. 2, 1161 (1187) – *„le principe ... de la nationalité éffective n'apparait pas comme suffisamment fondé en droit international public"* – ist in dieser Allgemeinheit nicht haltbar.

34 So schon z. B. *E. J. S. Castrén*, Die gegenseitigen Pflichten der Staaten in bezug auf den Aufenthalt und die Aufnahme ihrer Staatsangehörigen und der Staatenlosen, ZaöRV 11 (1942), 325 (341), der sich „mit ziemlich losen Anknüpfungspunkten" begnügen will. Vgl. auch *G. Leibholz*, Das Verbot der Willkür und des Ermessensmißbrauches im völkerrechtlichen Verkehr der Staaten, ZaöRV 1 (1929), 77 (100), und *H. Triepel*, Internationale Regelung der Staatszugehörigkeit, ZaöRV 1 (1929) 185 (195 f); *Hailbronner/Renner*, Einleitung, Abschnitt E, Rdn. 33; *K. Hailbronner*, Citizenship and Nationhood in Germany, in: *R. Brubaker* (ed.), Immigration and the Politics of Citizenship in Europe and North America, 1989, 76. Eine enge Beziehung als Voraussetzung einer Einbürgerung hält unter Berufung auf das *Nottebohm*-Urteil C. *Gloria*, in: *Ipsen* (Hrsg.), Völkerrecht, 4. Aufl. 1999, § 24 Rdn. 10, für erforderlich.

35 Es ist hier allerdings darauf hinzuweisen, daß das Problem des Rechtsmißbrauchs auch im umgekehrten Fall auftreten kann, d. h. auch bei Bestehen einer Lebensbeziehung kann die Einbürgerung rechtsmißbräuchlich sein. Das ist der Fall, wenn der einbürgernde Staat seine Pflicht zur Rücksichtnahme auf andere Staaten und vor allem auf den Staat, dessen Staatsangehörigkeit der Einzubürgernde hat, außer acht läßt. Er nimmt z. B. die Einbürgerung vor, um einem anderen Staat, auf dessen Gebiet die Einzubürgernden ansässig sind, Schwierigkeiten zu machen, dem Neubürger seinen Schutz gegenüber dem eigenen Staat, z. B. vor strafrechtlicher Verfolgung, zukommen zu lassen oder dem Eingebürgerten sonst unangemessene Vorteile zu bieten, die ihm das Recht seines Staates versagt. Aber auch hier sind die Grenzen nicht abstrakt-generell zu ziehen. So kann im Einzelfall eine sonst als rechtsmißbräulich anzusehende Einbürgerung dann als wirksam anzusehen sein, wenn sie aus menschenrechtlicher Sicht die einzige Möglichkeit bietet, den Eingebürgerten vor Verfolgung zu schützen, ihn also etwa einzubürgern, um das Recht des diplomatischen Schutzes für ihn auszuüben.

36 Dazu unten § 88.

Es gibt Rechtsordnungen, die zwischen den eingebürgerten Staatsangehörigen und anderen einen Unterschied machen, jenen z. B. Rechte vorenthalten, die sie diesen gewähren. Nach der Verfassung der Vereinigten Staaten z. B. ist das Amt des Präsidenten eingebürgerten Personen verschlossen.[37] Nach den Rechtsordnungen mancher Länder können eingebürgerte Personen erst nach dem Ablauf einer gewissen Zeit zu öffentlichen Ämtern oder anderen Stellungen zugelassen werden. Oft ist auch die Wiederausbürgerung der Naturalisierten eher möglich als die Ausbürgerung anderer Personen.[38]

Solche Unterscheidungen sind völkerrechtlich, was den Status der Staatsangehörigkeit betrifft, ohne Bedeutung. Das allgemeine Völkerrecht jedenfalls kennt nur eine einzige Staatsangehörigkeit. Namentlich darf jeder Staat die Eingebürgerten gegenüber dem Ausland und vor internationalen Gerichten ebenso schützen wie seine anderen Bürger.

§ 87 Die Auferlegung der Staatsangehörigkeit (Zwangseinbürgerung)

Schrifttum: wie zu §§ 84, 85; sowie ferner *B. Huber*, Aktuelle Unzulänglichkeiten des Einbürgerungsrechts vor dem Hintergrund von Migrationsprozessen, in: *K. Barwig u. a.* (Hrsg.), Aufenthalt – Niederlassung – Einbürgerung, 1987, 167 ff.

I. Es fragt sich, ob der Staat seine Staatsangehörigkeit aufzwingen darf. Auf den ersten Blick sprechen starke Gründe dagegen. Wenn sich die Staatsangehörigkeit auch nicht als eine vertragliche Beziehung zwischen dem Staat und seinem Staatsangehörigen auffassen läßt[1], so verletzt doch die Zwangseinbürgerung die Freiheit und Würde des Menschen, und wenn der Eingebürgerte schon eine andere Staatsangehörigkeit hat, bedeutet sie einen Eingriff in die personale Hoheitsgewalt des anderen Staates.[2] Insofern führt sie zu Störungen der internationalen Beziehungen. Andererseits gibt es aber Fälle, in denen das positive Völkerrecht eine Auferlegung der Staatsangehörigkeit ohne Rücksicht auf den Willen der eingebürgerten Personen gestattet, so in Gestalt der kollektiven Einbürgerung und kollektiven Option und des Staatsangehörigkeitswechsels bei dem Übergang von einem Gebiet.

Völkerrechtliche Probleme hat in der Vergangenheit die Gesetzgebung einer Reihe von lateinamerikanischen Staaten – Mexiko, Brasilien, Venezuela u. a. – aufgeworfen. Nach den von diesen Staaten erlassenen Gesetzen sollten Ausländer, die inländischen Grundbesitz erworben hatten oder

---

[37] Art. II sec. 1 (5).

[38] Vgl. etwa das Recht Großbritanniens (Sec. 40 *British Nationality Act* von 1981) das eine Entziehung der Staatsangehörigkeit bei Eingebürgerten z. B. bei Verurteilung zu einer Freiheitsstrafe von mehr als zwölf Monaten innerhalb von fünf Jahren nach der Einbürgerung vorsieht.

[1] Vgl. dazu oben.

[2] Im Sinne eines grundsätzlichen Verbotes die wohl h.L., vgl. etwa aus der älteren Lehre *Borchard*, 43, *A. F. Schnitzer*, Handbuch des Internationalen Privatrechts, Bd. I, 4. Aufl. 1957, 154; *Kelsen*, Principles, 374; *Verdross*, Völkerrecht, 308 f. Auch der Harvard-Entwurf, AJIL 23 (1929), spec. supp., 23, spricht sich in Art. 15 in dem hier vertretenen Sinne aus, wobei der Kommentar dazu ausdrücklich festhält, daß die Autoren davon ausgehen, es handele sich bei dieser Regel um ein Prinzip, das *„generally recognized"* sei. In gleichem Sinne bereits der Entwurf des Sachverständigen-Ausschusses des Völkerbundes 1926, Art. 6 (1), der fordert, daß den Eingebürgerten zum mindesten die Möglichkeit einer ablehnenden Entscheidung eingeräumt werde. Im Rechtsstreit zwischen Großbritannien und Frankreich um die Einbürgerungsdekrete in Tunis und Marokko hat auch Großbritannien die Auffassung von der Zustimmungsbedürftigkeit einer Einbürgerung zugunsten des Eingebürgerten vertreten. Jedoch wurde diese Streitfrage nach der Entscheidung im Wege besonderer vertraglicher Abmachungen, insbesondere durch Einräumung eines Rechts, die französische Staatsangehörigkeit abzulehnen, geregelt. In der jüngeren Literatur wie hier *Weis*, 110 mwN; *Hailbronner/Renner*, Einleitung, Abschnitt E, Rdn. 34 ff; *Donner*, 148; zurückhaltend *Verdross/Simma*, 790; ebenso im Sinne der Nichtanerkennung *Oppenheim/Jennings/Watts*, Vol. I/2, 874 f; vgl. dazu auch *United States ex. rel. Schwarzkopf v. Uhl*, 137 F 2d 898 (902), auch in A. D. 12 (1943–45), c. no. 5 4; OLG Köln, Entscheidung v. 16. 5. 1960, ILR 32, 166; BVerwGE 21, 200, auch in ILR 43, 194; Kammergericht, Urteil vom 21. 12. 1965, ILR 43, 191.

seit längerer Zeit ihren Wohnsitz im Inland hatten, die Staatsangehörigkeit des betreffenden Staates erwerben, wenn sie nicht ihren Willen zur Beibehaltung ihrer bisherigen Staatsangehörigkeit innerhalb bestimmter Fristen erklärt hatten. Das hatte zur Folge, daß Ausländer, die die Frist verstreichen ließen, nunmehr als Träger einer doppelten Staatsangehörigkeit von ihrem Heimatstaat nicht mehr vor Übergriffen des Aufenthaltsstaates geschützt werden konnten. Diese Gesetzgebung hat seinerzeit Proteste ausgelöst[3] und auch die internationalen Schiedsgerichte beschäftigt. Diese haben in einer Reihe von Fällen die Schwierigkeiten durch eine liberale Auslegung der nationalen Gesetze umgangen.[4] Die französisch-mexikanische Schiedskommission hat im Falle *Pinson* keinen Zweifel darüber gelassen, daß die zwangsweise Auferlegung der Staatsangehörigkeit zum Völkerrecht im Widerspruch stehe.[5]

II. 1. Die Auferlegung der Staatsangehörigkeit entbehrt in der Regel der rechtlichen Wirkung[6], kann allerdings in Ausnahmefällen zulässig sein.

2. Welche Fälle hier, abgesehen von denen der kollektiven Einbürgerung und des Gebietswechsels, in Betracht kommen können, läßt sich nur schwer allgemein sagen. Der bloße Aufenthalt im Lande, der Grundbesitz oder die berufliche Betätigung im Inland für sich allein reichen nicht aus.[7]

---

[3] Einzelheiten über die Streitigkeiten zwischen den Vereinigten Staaten von Amerika und Mexiko über die verfassungsrechtlich vorgesehene Auferlegung der mexikanischen Staatsangehörigkeit (Verfassung von 1857) bei *Moore*, History and Digest of the International Arbitrations, Vol. 3, 2467 (2468 f); bzgl. des entsprechend weitreichende Zwangseinbürgerungen vorsehenden mexikanischen Gesetzes von 1886 erklärte der amerikanische Außenminister *Bayard* in einer Note an den Botschafter (Minister) in Mexiko: „The United States, while claiming for aliens within its jurisdiction the right to expatriation, has always maintained that the transfer of allegiance must be a distinctly voluntary act, and the loss of citizenship cannot be imposed as a penalty *nor a new status forced as a favour by one government upon a citizen of another*" (Hervorhebung durch den Verf., vgl. Foreign Relations 1886, 723, auch *Moore*, Digest, Vol. 3, 306); ferner *Weis*, 105 f; diese Streitfrage wurde erneut aktuell im Zusammenhang mit Streitigkeiten über Ansprüche gegen Mexiko im Gefolge der mexikanischen Revolution. In dem von der deutsch-mexikanischen Schiedskommission entschiedenen Fall *Rau* (Re Rau, A. D. 6 (1931–32), c.no. 124) wurde das mexikanische Gesetz von der Kommission so ausgelegt, daß es nicht im Sinne einer automatischen Auferlegung der mexikanischen Staatsanghörigkeit verstanden werden mußte, dazu näher *Donner*, 106 f. Ähnliche Fälle sind im Verhältnis zu Brasilien aufgetreten, vgl. dazu *Weis*, 104, und schon vorher bezüglich Peru, dazu *Donner*, 129, und *R. Plender*, International Migration Law, 1972, 286; zum Vorstehenden auch *Oppenheim/Jennings/Watts*, Vol. I/2, 874, Anm. 8, 10 f. In der Zeit nach dem Zweiten Weltkrieg wurde die Frage der unfreiwilligen Einbürgerung durch die argentinische Verfassung von 1949 und das Ausführungsgesetz von 1954 erneut aufgeworfen, wonach legale Einwanderer nach fünfjährigem Aufenthalt automatisch die argentinische Staatsangehörigkeit erwerben sollten, wenn sie nicht innerhalb einer bestimmten Frist ihre Ablehnung äußerten. Nach diplomatischen Interventionen stellte die argentinische Regierung klar, daß ein wirklich automatischer Staatsangehörigkeitserwerb nicht vorgesehen sei, vgl. *Weis*, 108 f.

[4] Vgl. z. B. die bei *Moore*, Arbitrations, Vol. 3, 2479 f veröffentlichten Schiedssprüche der amerikanisch-mexikanischen Schiedsgerichte, den Schiedsspruch der deutsch-mexikanischen Schiedskommission im Fall *Rau* (Anm. 3) und den Schiedsspruch im Fall *Pinson* (1928), RIAA 5, 327 (390 f). Nach der letztgenannten Entscheidung sollen die mexikanischen Gesetze den Ausländern lediglich ein Recht auf den Erwerb der Staatsangehörigkeit einräumen, nicht aber diese zwangsweise auferlegen wollen. Wollte man anders auslegen, *„ce serait faire outrage à la législation d'un pays civilisé"*.

[5] *Pinson*-Fall (Anm. 4), 393. Vgl. auch die Entscheidung des *Tribunal Civil Seine* in *Mathieu Ullmann und Nathan Ullmann c. Ministère Public*, Revue de droit international privé 11–12 (1915–16), 67, nach der ein brasilianisches Gesetz von 1889 dieser Art in Brasilien ansässigen Deutschen die brasilianische Staatsangehörigkeit nicht habe auferlegen können. Teilweise anders *Weis*, 110 ff (112), der darauf abstellt, ob die Gesetzgebung den betroffenen Personen ein echtes Wahlrecht einräumt.

[6] So etwa C. *Parry* (ed.), A British Digest of International Law 5, 25: „There is today a strong current of international legal thinking to the effect that, apart from the case of cession of territory or in very special circumstances, international recognition need not be accorded to the nationality of a State conferred on the recipient not at his request or without his consent, unless, by both parentage and permanent domicile, he has a genuine connexion with that State."; dazu auch *Oppenheim/Jennings/Watts*, Vol. I/2, 874; vgl. auch BGHSt 5, 230 (235).

[7] *Hailbronner/Renner*, Einleitung, Abschnitt E, Rdn. 34.

Nicht ausreichend für einen Staatsangehörigkeitswechsel ist der freiwillige Eintritt in den Staatsdienst oder die Armee eines anderen Staates[8], obwohl dadurch nicht nur eine tatsächliche Lebensbeziehung begründet wird, sondern dies auch eine Willensentscheidung der betroffenen Personen enthält.

Als eine freiwillige Wiedereinbürgerung und nicht als eine zwangsweise Auferlegung der Staatsangehörigkeit kann die Niederlassung ehemaliger, in einem anderen Staat naturalisierter Staatsangehöriger aufgefaßt werden. Die frühere Staatsangehörigkeit in Verbindung mit erneuter Niederlassung in der Heimat bietet einen völkerrechtlich haltbaren Anknüpfungspunkt.[9]

Zweifelhaft ist die Rechtslage im Hinblick auf staatenlose Personen. Die Auferlegung der Staatsangehörigkeit beseitigt hier einen Zustand, der völkerrechtlich unerwünscht ist.[10] Dem stehen allerdings die Regelungen der Konvention über die Verminderung der Staatenlosigkeit[11] entgegen. Deren Art. 1 sieht den *ipso iure*-Erwerb der Staatsangehörigkeit nach dem *ius soli*-Prinzip vor. Dies ist als eine Ausnahmeregelung zu sehen. Sie bestätigt, daß Staatenlosen keinesfalls die Staatsangehörigkeit des Aufenthaltsstaates aufgedrängt werden kann.

Auf keinen Fall ist es möglich, daß ein Staat Staatenlosen seine Staatsangehörigkeit aufdrängt, die im Ausland leben. Dies ist insbesondere für Staatenlose relevant, die emigriert sind und denen die Staatsangehörigkeit aberkannt worden ist.[12]

---

8 Nach den aufgehobenen §§ 14, 15 RuSTAG galt die Anstellung eines Ausländers im Staatsdienst als Einbürgerung. Nach der gegenwärtigen Praxis der Staaten ist eine solche automatische Einbürgerung nicht mehr vorgesehen, vielmehr wird die besondere Einbürgerung in Fällen des Eintritts in den Staatsdienst/Militärdienst oder besonderer Verdienste um den einbürgernden Staat nur wesentlich erleichtert. Eine Besonderheit stellt in diesem Zusammenhang das Urteil des französischen Cour de Cassation vom 14. 5. 1923 dar, das im Falle des Prinzen *Elie von Bourbon-Parma*, der im österreichischen Heer gedient hatte (und damit Art. 249 des Vertrages von St. Germain unterfiel), sich in dem Verfahren jedoch auf seine spanische Staatsangehörigkeit berief, hilfsweise sich als staatenlos betrachtete, entschied, durch den freiwilligen Eintritt in die feindliche Armee habe sich Prinz *Bourbon-Parma* zu einem aktiven Element ihrer Stärke gemacht, sich der Souveränität Österreichs unterworfen und damit einen internationalen Status erlangt, der absolut identisch mit dem eines Staatsangehörigen sei, vgl. *Sirey* 1923, Teil I, 241, auch A. D. 2 (1923–24), c.no. 119.

9 So war in der inter-amerikanischen Konvention vom 13. 8. 1906 (Rio de Janeiro) in Art. 1 vorgesehen, daß jemand, der nach seiner Naturalisierung in einem Staat seinen dauernden Aufenthalt erneut in seinem Ursprungsland begründet, *„will be considered as having resumed his original citizenship, and as having renounced the citizenship acquired by the said naturalization"* (hier zitiert nach AJIL 23 (1929) spec. supp. 58); eine ähnliche Vorschrift war im italienisch-nicaraguanischen Vertrag vom 20. 9. 1917 enthalten. Nach Art. 16 Harvard-Entwurf sollte der Ursprungsstaat eines im Ausland naturalisierten Bürgers diesem die ursprüngliche Staatsangehörigkeit wieder auferlegen dürfen, wenn der Betreffende seinen dauernden Aufenthalt erneut im Ursprungsland nimmt, vgl. Harvard-Entwurf (Anm. 2), 55.

10 Die Auferlegung der Staatsangehörigkeit auf Staatenlose halten für zulässig *R. Graupner*, Nationality and State Succession, Grotius Society 32 (1946), 87 (95 f); *E. Zéballos*, La Nationalité au point de vue de la Législation comparé et du Droit privé humain, Bd. 1, 1914, 238; *Weis*, 115, der allerdings auf die Ungereimtheit hinweist, daß man zwischen Ausländern und Staatenlosen insoweit einen Unterschied macht, letztere also diskriminiert, wohl aus Gründen der Vermeidung der international unerwünschten Staatenlosigkeit.

11 Dazu oben § 85 II Anm. 16.

12 Auch Art. 116 Abs. 2 GG gestattet eine Wiedereinbürgerung von Personen, denen die Staatsangehörigkeit zwischen 1933 und 1945 aberkannt worden ist, nur mit ihrem Willen. Vgl. auch *H. Lauterpacht*, The Nationality of Denationalized Persons, Jewish Yearbook of International Law 1948, 164 ff, und die Entschließung der *Association européenne pour l'étude du problème des refugiés* von 1956, AVR 6 (1956–57), 199. Ebenso auch die Entscheidungen des schweizerischen Bundesgerichts und des Cour d'Appel Colmar, wonach die deutsche Staatsangehörigkeit der durch die nationalsozialistische Gesetzgebung ausgebürgerten Juden nach der Aufhebung dieser Gesetze nicht automatisch wiederaufleben soll, siehe die Mitteilung der Entscheidungen in AVR 2 (1950), 229; ebenso die französische Cour de Cassation *(civ.)*, *Clunet* 78 (1951), 176; dazu auch das 1. Gesetz zur Regelung von Fragen der Staatsangehörigkeit vom 22. 2. 1955 (BGBl. 1955 I, 65 (66), dessen § 12 nicht die automatische Wiederherstellung der früheren Staatsangehörigkeit, sondern das Recht auf Einbürgerung vorsieht.

3. Vollends bestehen Bedenken gegen die kollektive Einbürgerung ganzer Bevölkerungsgruppen aus weltanschaulichen, religiösen, politischen oder sonstigen Gründen. Ein Staat darf seine Staatsangehörigkeit nicht einseitig allen Personen einer bestimmten Konfession auferlegen oder seine Staatsangehörigkeit nicht auf Personen im Ausland ausdehnen, deren Volkstum seiner Meinung nach dem der Mehrheit des einbürgernden Staates entspricht. Auch ist es den Staaten völkerrechtlich verboten, die Bevölkerung oder Teile derselben in militärisch besetzten Gebieten ihre Staatsangehörigkeit aufzuzwingen.[13]

§ 88 Sonderfragen von Ehe und Familie im Staatsangehörigkeitsrecht

Schrifttum: wie vor § 84 und zu § 84; ferner *A. N. Makarov*, La nationalité de la femme mariée, RdC 60 (1937 II), 115 ff; *R. Hegi*, La nationalité de la femme mariée, 1954; Nationality of Married Women, Report submitted by the Secretary-General, UN Doc. E/CN.6/254, 1954; *W. Schätzel*, Das *Jus sanguinis* der ehelichen Mutter, in: *F. Schwinge* (Hrsg.), Festgabe für *Heinrich Herrfahrdt*, 1961, 167 ff; *W. Hoffmann*, Die Staatsangehörigkeit des ehelichen Kindes einer deutschen Mutter und eines ausländischen Vaters, Das Standesamt 17 (1964), 35 ff; *K.-H. Seifert*, Das UN-Übereinkommen über die Staatsangehörigkeit verheirateter Frauen, VN 16 (1968), 188 ff; *B. Dutoit* (Hrsg.), La nationalité de la femme mariée, 3 Bde., 1973–80; *A. N. Makarov*, Die Behandlung staatsangehörigkeitsrechtlicher Fragen im Europarat, ZaöRV 33 (1973), 108 ff; *H. Mosler*, Gleichheit der Eltern beim Erwerb der Staatsangehörigkeit der Kinder, in: *H. Ehmke* (Hrsg.), FS für *Ulrich Scheuner*, 1973, 473 ff; *H. Gundrum*, Das Übereinkommen über die Staatsangehörigkeit verheirateter Frauen hat keine Auswirkungen auf das deutsche Staatsangehörigkeitsrecht, Das Standesamt 27 (1974), 304 ff; *F. Sturm*, Deutsch wie Vater oder Mutter, FamRZ 1974, 617 ff; *H.v. Mangoldt*, Effektive Staatsangehörigkeit bei familienrechtlichen Vorfragen des deutschen Staatsangehörigkeitsrechts, JZ 1984, 821 ff; *W. Hannappel*, Staatsangehörigkeit und Völkerrecht, 1986, 53 ff (Staatsangehörigkeitsrechtliche Stellung der Frau); *F. Sturm*/*G. Sturm*, Erwerb des Schweizer Bürgerrechts durch Kinder einer Schweizer Mutter, Das Standesamt 39 (1986), 29 ff; *G. Sturm*, Das Kantons- und Gemeindebürgerrecht der Schweizerin, Das Standesamt 42 (1989), 191 ff; *K. Müller*, Die nichteheliche Vaterschaft im internationalen Privatrecht, Das Standesamt 42 (1989), 301 ff.

I. Bis in die Mitte des 20. Jahrhunderts herrschte in den nationalen Staatsangehörigkeitsgesetzen das Bestreben vor, die Einheit der Familie durch eine gemeinsame Staatsangehörigkeit aller ihrer Mitglieder zu sichern. In aller Regel erhielt die Ehefrau mit der Eheschließung – in der Regel automatisch – die Staatsangehörigkeit des Ehemannes und die Kinder die der Eltern, wobei die Stellung des Vaters in der Vermittlung seiner Staatsangehörigkeit an die Familie dominierte.[1]

So gab es eine weit verbreitete Regel, daß die Ehefrau durch die Heirat mit einem Ausländer nicht nur die Staatsangehörigkeit des Ehemannes *ipso iure* erwarb, sondern auch zugleich *ipso iure* ihre bisherige Staatsangehörigkeit verlor.[2] Auch zog einer verbreiteten Regel nach der Staatsangehörig-

[13] Dies folgt aus dem Annexionsverbot, vgl. dazu *H. P. Glaser*, in: *D. Fleck*, Handbuch des humanitären Völkerrechts in bewaffneten Konflikten, 1994, 195.

[1] Das frühere Staatsangehörigkeitsrecht verband somit das Prinzip der Familieneinheit mit dem des rechtlichen Übergewichts des Mannes, vgl. dazu *Makarov*, Allgemeine Lehren, 77; *Makarov/v.Mangoldt*, Deutsches Staatsangehörigkeitsrecht, Kommentar, 3. Aufl., Lfg. 10 – Stand Aug. 1993, Rdn. 8 zu Art. 3 GG; auch *Hailbronner/Renner*, Einleitung, Abschnitt E, Rdn. 31; kurz dazu auch *Weis*, 96 f; das RuStAG von 1913 realisierte diese Prinzipien in den §§ 6 und 17; eine gewisse Einschränkung erfuhren diese Vorschriften jedoch in den §§ 18 und 25 a.F., wonach der Antrag auf Entlassung aus der Staatsangehörigkeit seitens des Mannes der Zustimmung der Frau bedurfte (§ 18 Satz 2, der nach § 25 entsprechende Anwendung fand); zur gegenwärtigen Rechtslage in Deutschland, vgl. *Hailbronner/Renner*, § 8 StAG, Rdn. 86 ff, die zugleich auf die völkerrechtlichen Grenzen des Prinzips der einheitlichen Staatsangehörigkeit in der Familie hinweisen.

[2] Zur Staatspraxis in der Regelung der Wirkung der Eheschließung auf die Staatsangehörigkeit der Frau vgl. die umfangreichen Nachweise im Kommentar zu

keitswechsel des Ehemannes ohne weiteres den der Ehefrau – und der Kinder – nach sich.[3] Wiewohl schon in der Zeit vor dem Zweiten Weltkrieg die Übertragung einer Staatsangehörigkeit nach dem Völkerrecht an die Zustimmung des Einzubürgernden gebunden sein sollte, so wurde im Bereich von Ehe und Familie dieser Grundsatz dem Prinzip der staatsangehörigkeitsrechtlichen Einheit der Familie untergeordnet.[4]

Insoweit ist im heutigen Völkerrecht – und weitgehend auch im nationalen Staatsangehörigkeitsrecht namentlich der westlich-europäischen Staaten – ein grundlegender Wandel eingetreten. In der modernen Industriegesellschaft und der postmodernen Informations- und Dienstleistungsgesellschaft unterliegt die Rolle der Frau und infolgedessen auch die des Mannes nicht nur einer neuen Bestimmung im Sinne formalrechtlicher Gleichstellung, sondern vor allem auch im Sinne einer Umwertung und Neuordnung ihrer Funktionen in Familie und Gesellschaft. Zwei fundamentale normative Prinzipien gesellschaftlicher Ordnung kommen heute in diesem Wandlungsprozeß zum Tragen: zum einen die menschenrechtlich dimensionierte Betonung der Entscheidungsfreiheit und Selbstbestimmung des Individuums und zum anderen das Prinzip der Gleichberechtigung der Geschlechter.[5] Dementsprechend ist der Grundsatz, daß die Frau mit der Heirat mit einem Ausländer automatisch die Staatsangehörigkeit des Mannes erwirbt und ihre bisherige Staatsangehörigkeit zugleich *ipso iure* verliert, nicht nur im nationalen Recht der Staaten weitgehend aufgehoben, sondern findet auch im modernen Völkerrecht keine Grundlage mehr. Folgt man der Entwicklung internationaler Staatsangehörigkeitsordnungen, so liegt es nahe, auch völkerrechtlich davon auszugehen, daß etwaige Veränderungen in der Staatsangehörigkeit aufgrund einer Eheschließung mit einem Ausländer unabhängig vom Geschlecht zu regeln sind, d. h., daß Mann und Frau gleichberechtigt über die Annahme der Staatsangehörigkeit des jeweils anderen Ehepartners bzw. über die Beibehaltung ihrer jeweiligen Staatsangehörigkeit entscheiden. Dies gilt entsprechend auch im Hinblick auf die staatsangehörigkeitsrechtliche Stellung des Kindes.

II. 1. Der Gedanke der individuellen Entscheidungsfreiheit als Grundlage der Staatsangehörigkeit und der Gleichberechtigung beider Geschlechter bestimmt die völkerrechtliche Entwicklung seit der Zwischenkriegszeit.

Entsprechende Vorschläge unterbreiteten bereits 1928 das Institut de droit international sowie der Harvard-Entwurf von 1929.[6] Auch die Haager Schlußakte von 1930 enthielt eine Empfehlung an die

---

Art. 19 des Harvard-Entwurfes zur Staatsangehörigkeit, AJIL 23 (1929), Special Supp., 69 ff (zur Zeit der Erstellung des Entwurfs erhielt die ausländische Frau in über vierzig Ländern automatisch die Staatsangehörigkeit des Mannes). Noch 1953 sahen nur vier nationale Ordnungen vor, daß die Heirat keine Auswirkungen auf die Staatsangehörigkeit der Frau haben sollte, vgl. UN Doc. E/CN.6/206, insbes. 25; vgl. auch *Weis*, 98; zu der differenzierten Praxis gegenüber Ausländern und Ausländerinnen in Deutschland vgl. *Hailbronner/Renner*, § 8 RuStAG Rdn. 43.

[3] So etwa § 16 Abs. 2 RuStAG in seiner bis zum 31. 3. 1953 geltenden Fassung.

[4] Die Favorisierung des Prinzips der Familieneinheit fand z. B. noch seinen deutlichen Ausdruck in den Beschlüssen der Stockholmer Tagung des Institut de droit international vom 28. 8. 1928, *Tableau général des résolutions de l'Institut de droit international* (1873–1956), 44. Ihnen war ein „Wunsch" des Inhalts hinzugefügt, *„que, dans leur législation sur la nationalité, les Etats respectent et maintiennent l'unité de la famille autant que le permettent les circonstances"*. Heute hält nur die Schweiz bezüglich der Ehefrau am Prinzip der Einheit der Familie fest, vgl. Art. 3 Bundesgesetz über Erwerb und Verlust des Schweizerbürgerrechts (BüG) und *de Groot*, 277.

[5] Vgl. dazu aus der Fülle der einschlägigen Menschenrechtsnormen die individualrechtliche Freiheitsverbürgung Art. 1 Allg. Erklärung der Menschenrechte von 1948, ferner z. B. das Recht der individuellen Freiheit der Aufenthaltsbestimmung (Art. 12 IPBürg) sowie die gegen die Diskriminierung der Frau und auf ihre Gleichstellung mit dem Mann gerichteten allgemeinen und speziellen Verbürgungen in der Allg. Erklärung der Menschenrechte (Art. 2, 7), im IPBürg (Art. 26), Konvention über die Staatsangehörigkeit der verheirateten Frau vom 20. 2. 1957 (UNTS 309, 65; BGBl. 1974 II, 1304), und die Konvention zur Beseitigung jeder Form der Diskriminierung der Frau vom 18. 12. 1979; UNTS 1249, 13; BGBl. 1985 II, 1234.

[6] Vgl. Art. 3 Abs. 2 des Vorschlags des Institut de droit

Staaten des Inhalts, sie möchten sich bei der Gestaltung ihres Staatsangehörigkeitsrechts bemühen, die Gleichberechtigung von Mann und Frau zur Geltung zu bringen und zu bestimmen, daß die Eheschließung und der Staatsangehörigkeitswechsel des Mannes die Staatsangehörigkeit der Frau nicht ohne ihren Willen berühre.[7] Das dann auf der Haager Konferenz verabschiedete Abkommen[8] hat diesen Gedanken jedoch nur im Ansatz verwirklicht.
Art. 8 und 9 des Abkommens versuchen nur, die Entstehung der Staatenlosigkeit zu verhindern.[9] In Art. 10 ist die Einbürgerung der Ehefrau von ihrer Zustimmung abhängig gemacht, und nach Art. 11 erwirbt sie nach Auflösung ihrer Ehe, wenn diese den Verlust der Staatsangehörigkeit herbeigeführt hat, die alte Staatsangehörigkeit nur auf Antrag zurück.
Dem Entwicklungsstand der amerikanischen Staaten in beiden Subkontinenten entsprechend, der von einer weitgehenden Aufgeschlossenheit gegenüber dem Gleichberechtigungsprinzip gekennzeichnet war, haben diese Staaten auf der 7. Panamerikanischen Konferenz entschlossener der Gleichberechtigung der Frau im Staatsangehörigkeitsrecht mit dem Abkommen vom 26. 12. 1933 über die Staatsangehörigkeit der Frauen[10] zum Durchbruch verholfen.
Es bestimmt in Art. 1, daß Gesetzgebung und Praxis der Vertragsstaaten auf dem Gebiet der Staatsangehörigkeit nicht mehr nach dem Geschlecht unterscheiden sollten. Hinzu tritt das Abkommen über die Staatsangehörigkeit.[11] Nach dessen Art. 5 bleibt die Wirkung der Einbürgerung auf den Antragsteller persönlich beschränkt, und nach Art. 6 sollen Eingehung und Auflösung der Ehe die Staatsangehörigkeit der Frau nicht berühren.

Diese Grundgedanken wurden in den Kodifikationsvorhaben der Vereinten Nationen auf dem Gebiet der Gleichberechtigung der Geschlechter wieder aufgegriffen. Abgesehen von den zahlreichen allgemeinen Menschenrechtskodifikationen, die das Verbot der Diskriminierung der Frau enthalten, ist speziell für das Staatsangehörigkeitsrecht zunächst das Abkommen über die Staatsangehörigkeit verheirateter Frauen vom 20. 2. 1957[12] zu nennen. Nach Art. 1 soll weder die Eheschließung noch die Auflösung der Ehe noch der Staatsangehörigkeitswechsel des Mannes, nach Art. 2 weder der freiwillige Erwerb der Staatsangehörigkeit durch den Mann noch dessen Verzicht auf die Staatsangehörigkeit an derjenigen der Frau etwas ändern. Ein Gegengewicht gegen die damit verbundene Gefahr für die Einheit der Familie und die Möglichkeit der Staatenlosigkeit bietet Art. 3, wonach der ausländischen Ehefrau die Einbürgerung auf Antrag gewährt werden soll, es sei denn, daß sich aus Gründen der Sicherheit und Ordnung Bedenken ergeben. Eine über das spezielle Anliegen der Konvention von 1957 hinausgehende Gleichstellungsregelung enthält Art. 9 der Konvention über die Beseitigung jeder Form der Diskriminierung der Frauen vom 18. 12. 1979[13]. Ganz generell werden die Vertragsstaaten verpflichtet, die Gleichberechtigung von Mann und

---

international vom 28. 8. 1928, *Tableau général des résolutions de l'Institut de droit international* (1873–1956), 44, sowie Art. 15, 19 des Harvard-Entwurfes zur Staatsangehörigkeit, AJIL 23 (1929), Special Supp., 53 und 69; zur Geschichte der Behandlung dieser Fragen im Rahmen des Völkerbundes vgl. *M. O. Hudson*, The Hague Convention of 1930 and the Nationality of Women, AJIL 27 (1933), 117 ff.

[7] Vgl. Abschnitt A VI des Final Act of the First Conference for the Codification of International Law, AJIL 24 (1930), Supp., 169 ff (183); dazu auch *M. O. Hudson*, The First Conference for the Codification of International Law, AJIL 24 (1930), 447 ff (452); *R. W. Flournoy*, Nationality Convention, Protocols and Recommendations Adopted by the First Conference on the Codification of International Law, AJIL 24 (1930), 467 ff (477).

[8] (Haager) Abkommen über gewisse Fragen beim Konflikt von Staatsangehörigkeitsgesetzen vom 12. 4. 1930, LNTS 179, 89.

[9] Dazu auch unten § 93.

[10] Convention on Nationality vom 26. 12. 1933, AJIL 28 (1934), Supp., 61 f.

[11] Convention on Nationality vom 26. 12. 1933, AJIL 28 (1934), Supp., 63 f.

[12] Siehe Angaben in Anm. 5; auch *Oppenheim/Jennings/Watts*, Vol. I/2, 873 f mwN; *Hailbronner/Renner*, Einleitung, Abschnitt E, Rdn. 31 sowie unten.

[13] Siehe Angaben in Anm. 5 und unten Anm. 21–23; bereits im Jahre 1967 hatte die Generalversammlung der UN mit ihrer Resolution 2263 (XXII) vom 7. 11. 1967 die Deklaration über die Beseitigung der Diskriminierung der Frauen verabschiedet, nach deren Art. 5 die Gleichstellung von Mann und Frau hinsichtlich des Erwerbs, des Wechsels oder der Beibehaltung der Staatsangehörigkeit und die Unberührtheit der Staatsangehörigkeit durch die Ehe mit einem Ausländer festgelegt wurde; dazu auch kurz *Hannappel*, 53 f.

Frau verfassungsrechtlich zu garantieren und alle Diskriminierungen in bestehenden Gesetzen zu beseitigen (Art. 2 lit. a und f). Darüber hinaus gewähren die Vertragsstaaten insbesondere nach Art. 9 den Frauen „die gleichen Rechte wie Männern hinsichtlich des Erwerbs, des Wechsels oder der Beibehaltung der Staatsangehörigkeit. Insbesondere stellen die Vertragsstaaten sicher, daß weder durch Eheschließung mit einem Ausländer noch durch Wechsel der Staatsangehörigkeit des Ehemannes im Laufe der Ehe ohne weiteres sich die Staatsangehörigkeit der Frau ändert, diese staatenlos wird oder ihr die Staatsangehörigkeit des Mannes aufgezwungen wird." (Art. 9 Abs. 1). Nach Abs. 2 des Art. 9 gewähren die Vertragsstaaten „Frauen die gleichen Rechte wie Männern im Hinblick auf die Staatsangehörigkeit der Kinder".
Auf regionaler Ebene hat sich namentlich der Europarat mit der Frage der staatsangehörigkeitsrechtlichen Stellung der Frauen befaßt.[14] Die Parlamentarische Versammlung hatte mit Beschluß 519 (1968) vom 2.2.1968[15] dem Ministerrat empfohlen, die Mitgliedstaaten aufzufordern, die VN-Konvention über die Staatsangehörigkeit verheirateter Frauen von 1957 zu zeichnen und zu ratifizieren oder, falls dies nicht möglich sei, in ihrer nationalen Gesetzgebung ausländischen Frauen, die einen ihrer Staatsangehörigen heiraten, volle Entscheidungsfreiheit darüber einzuräumen, ob sie die Staatsangehörigkeit ihres Mannes annehmen wollen oder nicht. Mit der Entschließung 77/12 vom 27. 5. 1977[16] ging sodann der Ministerrat einen Schritt weiter, indem er den Regierungen der Mitgliedstaaten empfahl, „die Unterschiede, die zwischen den Voraussetzungen bestehen, unter denen die Staatsangehörigkeit von ausländischen Ehemännern bzw. den ausländischen Ehefrauen ihrer Staatsangehörigen erworben werden kann"[17], zu beseitigen. Ferner sollten sie sicherstellen, „daß die ausländischen Ehemänner ihrer Staatsangehörigen beim Erwerb ihrer Staatsangehörigkeit so weitgehend wie möglich wie die ausländischen Ehefrauen ihrer Staatsangehörigen behandelt werden". Außerdem fordert der Ministerrat, für den Erwerb der Staatsangehörigkeit durch den ausländischen Ehegatten auf „einen Aufenthalt von über fünf Jahren in ihrem Hoheitsgebiet bzw. von über drei Jahren nach der Eheschließung" zu verzichten und dafür Sorge zu tragen, „daß ausländische Ehegatten ihrer Staatsangehörigen die Staatsangehörigkeit auf jeden Fall zu günstigeren Bedingungen erwerben können als andere Ausländer".

2. Was die Praxis der einzelnen Staaten anlangt, so ist festzustellen, daß die genannten internationalen Abkommen überwiegend bereits eine breite Annahme gefunden haben. Das Haager Abkommen von 1930 ist bisher zwar nur von 21 Staaten ratifiziert[18], und das Montevideo-Abkommen vom 26. 12. 1933 ist aufgrund seiner regionalen Begrenzung für nur 15 Staaten, darunter die Vereinigten Staaten, in Kraft.[19] Demgegenüber haben seit seiner Verabschiedung 70 Staaten die VN-Konvention über die Staatsangehörigkeit verheirateter Frauen vom 20. 2. 1957[20] und bis Mitte 2001 168 Staaten das Übereinkommen über die Beseitigung jeder Diskriminierung der Frauen vom 18. 12. 1979 ratifiziert, alle mittel- und

[14] Vgl. dazu *Makarov*, Die Behandlung staatsangehörigkeitsrechtlicher Fragen im Europarat, ZaöRV 33 (1973), 121 ff.

[15] Consultative Assembly of the Council of Europe, 19th Ordinary Session, Recommendation 519 (1968) on the Nationality of Married Women, abgedruckt auch bei *Hannappel*, 70 f.

[16] Council of Europe Committee of Ministers Resolution 77 (12) on the Nationality of Spouses of Different Nationalities, verabschiedet während der 271. Sitzung der Ministerstellvertreter am 27. 5. 1977, abgedruckt auch bei *Hannappel*, 89.

[17] Zitiert nach dem deutschen Text bei *Hannappel*, 55 f.

[18] Vgl. LNTS 179, 89; zum gegenwärtigen Status siehe *Multilateral Treaties Deposited with the Secretary-General*, ST/LEG/SER.E/20 Status vom 31. 12. 2001, vol. II, 432 f.

[19] Siehe *US Department of State Publications 9433, Treaties in Force* (January 1, 1988), 333.

[20] Stand Juni 2001: Das Vereinigte Königreich hat den Vertrag mit Wirkung vom 24. 12. 1982 am 24. 12. 1981 gekündigt, wobei dies allerdings kein Abrücken von dem Prinzip der Gleichstellung der Frau in Staatsangehörigkeitsfragen bedeutete.

osteuropäischen Staaten, fast alle lateinamerikanischen und nordamerikanischen Staaten[21] sowie die wichtigsten Staaten Asiens und Afrikas sowie Australien und Neuseeland. Die wenigen Vorbehalte zu dem hier einschlägigen Art. 9 betreffen vorwiegend den Absatz 2, der die Gleichstellung der Frau im Hinblick auf die Staatsangehörigkeit der Kinder betrifft, und diese Vorbehalte sind in einigen Fällen auch nicht prinzipieller Art.[22] Es läßt sich somit feststellen, daß sich der Grundsatz der Gleichberechtigung von Mann und Frau im Staatsangehörigkeitsrecht völkerrechtlich in hohem Maße durchgesetzt hat.
Was die nationale Rechtsgestaltung angeht, so kann jedenfalls für den europäischen Bereich, insbesondere den west-, nord- und südeuropäischen, sowie für den nord- und südamerikanischen Bereich gesagt werden, daß auch das nationale Staatsangehörigkeitsrecht den Gleichberechtigungsgrundsatz und den Grundsatz der individuellen Entscheidungsfreiheit ganz überwiegend verwirklicht hat.[23]

3. Angesichts dieses Befundes erhebt sich heute die Frage, ob sich die Unterwerfung der Frau unter die Staatsangehörigkeit des Mannes ohne ihren Willen noch mit dem allgemeinen Völkerrecht vereinbaren läßt. Die Frage ist trotz der weite Teile der Staatengemeinschaft bindenden völkerrechtlichen Vertragsregelungen nicht unerheblich, da immerhin noch zahlreiche Staaten z. B. den Übereinkommen über die Beseitigung jeder Form der Diskriminierung der Frauen ferngeblieben sind, die Frage also, ob diese Staaten über eine völkergewohnheitsrechtliche Regel, die die Gleichstellung von Mann und Frau im Staatsangehörigkeitsrecht fordert, gebunden sind, durchaus praktische Bedeutung hat. Im westeuropäischen Bereich neigt etwa *de Groot*[24] zu der Annahme eines entsprechenden regionalen Gewohnheitsrechts. Aber auch universell gesehen spricht vieles dafür, heute bereits ein über das geltende Vertragsrecht hinaus bindendes Gewohnheitsrechtsprinzip der Gleichstellung der Geschlechter im Staatsangehörigkeitsrecht anzuerkennen. Gewiß gibt es in einzelnen Teilen der Welt – so in den fundamentalistisch orientierten islamischen Staaten – noch prinzipielle Einwände gegenüber einer umfassenden Gleichstellung der Frau in Staat und Gesellschaft. Auch spielt der bisher dominierende Gedanke der staatsangehörigkeitsrechtlichen Einheit der Familie in manchen Staaten noch eine stärkere Rolle als namentlich in den westeuropäischen Industriestaaten. Doch verlieren diese teils religiös, teils weltanschaulich begründeten Vorbehalte gegenüber der mit großer Dynamik sich entwickelnden allgemeinen Rechtsüberzeugung, daß die Diskriminierung der Frau im Staatsangehörigkeitsrecht nicht mehr der Stellung und Rolle der Frau in der Gegenwart entspreche, deutlich an Einfluß. Es ist deshalb gerechtfertigt, nicht nur von einem regionalen, sondern auch schon von einem universalen Rechtsgrundsatz der Gleichberechtigung der Geschlechter im Staatsangehörigkeitsrecht auszugehen, freilich mit der Einschränkung, daß den Staaten bei der Ausgestaltung dieses Prinzips in den nationalen Ordnungen noch ein gewisser, den lokalen Anschauungen und Bedürfnissen entsprechender Spielraum zuzugestehen ist.

III. 1. Das Prinzip der Einheit der Familie hat im bisherigen nationalen und internationalen

---

21 Die Vereinigten Staaten haben das Übereinkommen bisher nur unterzeichnet.

22 Vgl. die Vorbehalte von Jordanien (Art. 9 Abs. 2), Republik Korea (Art. 9), Thailand (Art. 9 II teilweise), Tunesien (Art. 9 Abs. 2 – Vorrang des *Tunesian Nationality Code)*, Türkei (Art. 9 Abs. 1 – Annahme nur in konformer Auslegung mit dem nationalen Recht) und Vereinigtes Königreich (Art. 9 – jedoch nicht im Prinzip), ST/LEG/SER.E/20 Status vom 31. 12. 2001, vol. I, 240 ff.

23 Siehe dazu *de Groot*, 22 f; 274 ff; nur in der Schweiz erwirbt die Ausländerin, die einen Schweizer heiratet, noch automatisch die schweizerische Staatsangehörigkeit ohne Möglichkeit der Ausschlagung (Art. 3 BüG), es gilt hier noch das Prinzip der staatsangehörigkeitsrechtlichen Einheit der Familie.

24 *De Groot*, 23.

Staatsangehörigkeitsrecht dazu geführt, daß minderjährige Kinder im Regelfall die Staatsangehörigkeit ihrer Eltern erlangen.[25]

Typisch ist insoweit die Regelung des § 4 StAG, wonach ein Kind die deutsche Staatsangehörigkeit erwirbt, wenn ein Elternteil die deutsche Staatsangehörigkeit besitzt. Unerheblich ist insoweit, ob ein Kind nichtehelich geboren ist.[26] Eine Sonderregelung gilt für die Staatsangehörigkeit eines nichtehelichen Kindes, dessen Vater die deutsche Staatsangehörigkeit besitzt. Hier sieht das deutsche Recht die Möglichkeit vor, daß die deutsche Staatsangehörigkeit des Vaters geltend gemacht wird. Allerdings muß die Vaterschaft anerkannt oder festgestellt werden und dies muß vor dem 23. Lebensjahr des Kindes erfolgt sein.[27] Andere Staaten haben vergleichbare Regelungen.[28]

Dennoch sind in zweierlei Hinsicht auch Änderungen in der bisherigen Praxis der Staatsangehörigkeitsregelung für minderjährige Kinder nicht zu übersehen. Zum einen hat die zunehmende Anerkennung des Willens der Einzelperson als Bestimmungselement der Staatsangehörigkeit dazu geführt, daß Kindern nach Erlangung der Volljährigkeit heute vielfach ein Optionsrecht dahingehend eingeräumt wird, daß sie z. B. zwischen einer ihnen nach *ius soli* zukommenden Staatsangehörigkeit und der elterlichen, nach dem *ius sanguinis* vermittelten Staatsangehörigkeit wählen können.[29] Aber auch darin ist hinsichtlich der staatsangehörigkeitsrechtlichen Stellung des Kindes ein Wandel eingetreten, daß sie jedenfalls dann dem elterlichen staatsangehörigkeitsrechtlichen Status nicht mehr folgen sollen, wenn dies für das Kind Staatenlosigkeit bedeuten würde. Diese z. B. in der Konvention zur Verminderung der Staatenlosigkeit niedergelegte Regel (Art. 1)[30] liegt gewiß neben dem Ziel der Vermeidung von Staatenlosigkeit der Gedanke zugrunde, daß der Individualität des Kindes mit der – zwar aus Gründen mangelnder Geschäftsfähigkeit nicht auf seinem Willen beruhenden – Übertragung einer Staatsangehörigkeit Rechnung getragen werden soll. Von grundsätzlicher Bedeutung ist in dieser Hinsicht auch die Anerkennung eines Rechts des Kindes auf eine Staatsangehörigkeit, wie sie in dem Übereinkommen über die Rechte des Kindes niedergelegt ist.[31]

2. Besonderheiten gelten für die Änderung der Staatsangehörigkeit des Kindes. Nach früherem Recht folgte sie insoweit – wie die der Ehefrau – dem Staatsangehörigkeitswechsel des Vaters. Dies gilt nicht mehr. Bereits das Montevideo-Abkommen über die Staatsangehörigkeit von 1933[32] hatte in Art. 5 und 6 das Individualisierungsprinzip auf die Kinder ausgedehnt.

---

25 Siehe Nachweise bei *de Groot*, 190 ff für das geltende Recht und zur Entwicklung 311 f mwN.

26 Die nach der Gesetzesänderung des Reichs- und Staatsangehörigkeitsgesetzes von 1964 eingefügte Regelung, wonach nichteheliche Kinder die Staatsangehörigkeit der Mutter erwarben, nicht aber unbedingt eheliche Kinder einer Deutschen und eines Ausländers ist für verfassungswidrig erklärt worden (BVerfGE 37, 217).

27 § 4 Abs. 1 StAG; vgl. dazu *Hailbronner/Renner*, Rdn. 29.

28 Einen Einbürgerungsanspruch sieht auch das österreichische Recht dem Grundsatz nach vor (§ 12 lit. d i.V.m. § 17 Abs. 1 Ziff. 3 und § 10 Abs. 1 Ziff. 2–8 und Abs. 2 Staatsbürgerschaftsgesetz). Nach englischem Recht ist nach Sec. 3 (1) *British Nationality Act* eine im Ermessen des *Secretary of State* liegende Registrierung als englischer Staatsbürger möglich.

29 Vgl. dazu *de Groot*, 190 ff. In Belgien (Art. 13–15 *Code de Nationalité belge)* und den Niederlanden (Art. 6 Abs. 1 lit. a *Rijkswet op het Nederlandschap)* haben alle Personen, die im Inland geboren sind, ein Optionsrecht auf die betreffende Staatsangehörigkeit, vgl. *de Groot*, 205; im italienischen Recht besteht eine Wahlverpflichtung des volljährig gewordenen Doppelstaatlers, sich innerhalb eines Jahres zwischen der italienischen und der fremden Staatsangehörigkeit zu entscheiden (Art. 5 Abs. 2 des Gesetzes 123 vom 21. 4. 1983), dazu *de Groot*, 300; diesem Ansatz folgt auch § 29 Abs. 2 StAG, wobei die Erklärungsfrist fünf Jahre beträgt.

30 UNTS 989, 175; BGBl. 1977 II, 1217.

31 *Convention on the Rights of the Child* vom 20. 11. 1989, UN Doc. A/44/736, Art. 7, BGBl 1992 II 990; zu dieser Konvention *R. Wolfrum*, Die UN-Konvention über die Rechte des Kindes: Entwicklung, Inhalt und Einbettung in den internationalen Menschenrechtsschutz, in: Dokumentation „UN-Konvention über die Rechte des Kindes", hrsg. vom Deutschen Kinderhilfswerk, 1990, 7 ff.

32 AJIL 28 (1934) Supp., 63 f.

Die Praxis in den nationalen Staatsangehörigkeitsregelungen ist unterschiedlich, je nach dem, ob dem Prinzip der Familieneinheit oder der freien Entscheidung des Kindes der Vorrang gegeben wird. Nach deutschem Recht ist § 25 StAG maßgeblich. Danach verliert ein deutsches minderjähriges Kind seine deutsche Staatsangehörigkeit nur, wenn die Berechtigten der Personensorge die Aufnahme in eine andere Staatsangehörigkeit ausdrücklich für sich und das Kind stellen. Wird ein derartiger Antrag für das Kind nicht gestellt, verliert es die deutsche Staatsangehörigkeit nicht, selbst wenn es eine ausländische erwirbt.[33]
Im einzelnen besteht hinsichtlich der Regelung der Staatsangehörigkeit minderjähriger Kinder bei unterschiedlicher Staatsangehörigkeit der Eltern – insbesondere bei nichtehelichen Kindern – noch eine Vielfalt von Gestaltungsformen. Ein völkerrechtliches Gewohnheitsrecht besteht insoweit nicht. Auch das Vertragsrecht[34], das u. a. auch einer Sicherung und Vereinheitlichung der staatsangehörigkeitsrechtlichen Stellung minderjähriger Kinder dienen soll, hat bisher nur geringe Akzeptanz gefunden.

§ 89 Staatsangehörigkeit und Gebietsveränderung

Schrifttum: wie vor § 84; ferner *E. Borchard*, Collective Naturalization after Conquest – Its Inapplicability to Non-Residents, AJIL 37 (1943), 634 ff; *R. Graupner*, Nationality and State Succession, Transactions of the Grotius Society 32 (1946), 87 ff; *A. Zatzépine*, Le droit de la nationalité des Républiques francophones d'Afrique et de Madagascar, 1963; *H. A. Schmidt*, Staatsangehörigkeitswechsel bei Staatensukzessionen, 1966; *J. de Burlet*, Nationalité des personnes physiques et décolonisation, 1975; *Ch. Breunig*, Staatsangehörigkeit und Entkolonisierung, 1974; *A. Zatzépine*, L'évolution des droits de la nationalité des Républiques francophones et de Madagascar, Recueil Penant 84 (1975), 147 ff und 346 ff; *F. Münch*, Staatsangehörigkeit und Gebietswechsel, in: *N. Achterberg* (Hrsg.), Recht und Staat im sozialen Wandel, Festschrift für *Hans Ulrich Scupin*, 1983, 441 ff; *A. Zimmermann*, Staatsangehörigkeitsrechtliche Probleme des Souveränitätsübergangs in Hongkong und Macao, Das Standesamt 4 (1991), 93 ff; *C. Schmidt*, Das Staatsangehörigkeitsgesetz der Rußländischen Föderation, Monatshefte für Osteuropäisches Recht 1992, 103 ff; *H. Hecker*, Die Staatsangehörigkeit in den Republiken vor der Gründung, während des Bestehens und nach dem Zerfall der Sowjetunion, Das Standesamt 13 (2000), 129 ff.

I. **1.** Ist die Regelung der Staatsangehörigkeit in erster Linie eine innerstaatliche Angelegenheit, die nur in begrenztem Umfang auch völkerrechtlichen Regelungen unterliegt, so ergeben sich besondere völkerrechtliche Fragen des Staatsangehörigkeitsrechts, wenn ein Gebiet von einem Staat auf einen anderen übergeht, ein Teilgebiet sich selbständig macht oder ein Staat in einem anderen aufgeht. In solchen Fällen werden z. B. folgende Probleme aufgeworfen: die völkerrechtliche Pflicht dritter Staaten, die Übertragung der Staatsangehörigkeit des Nachfolgestaates auf die bisherigen Staatsangehörigen des Vorgängerstaates anzuerkennen; die Wirksamkeit der Übertragung der Staatsangehörigkeit auf solche Personen, die dem Vorgängerstaat angehörten, sich aber im Zeitpunkt des Gebietsüberganges außerhalb des betreffenden Territoriums aufhielten und die Legalität eines Gebietsüberganges als Voraussetzung der Wirksamkeit staatsangehörigkeitsrechtlicher Regelungen des ein Gebiet übernehmenden Staates. Wie *Weis*[1] zutreffend hervorgehoben hat, werden bei einem Gebietswechsel und seiner Wirkung auf die Staatsangehörigkeit auf die Bewohner *ipso facto* zumindest zwei Staaten (oder mehrere) betroffen; damit wird ein solcher Ge-

[33] BVerwG, Buchholz 130 § 25 RuStG Nr. 6; *Hailbronner/Renner*, § 25 StAG, Rdn. 13.

[34] So etwa die Konvention zur Verminderung der Staatenlosigkeit, vgl. dazu oben § 84 III 1.

[1] *Weis*, 135, unter Bezugnahme auf den Schiedsspruch über eine Meinungsverschiedenheit zwischen der Regierung des Deutschen Reiches und der Regierung der Republik Litauen betreffend die Staatsangehörigkeit verschiedener Personen (Fall *Treichler, Häwert* u. a.), ZaöRV 7 (1937), 881 ff (908), auch RIAA 3, 1719 ff (1752).

bietswechsel eine Angelegenheit des Völkerrechts und seiner Regeln über die Gebietswechsel und hört auf, eine solche ausschließlich des nationalen Rechts zu sein. Theoretisch bestehen zur Lösung der aus einem Gebietswechsel entstehenden Staatsangehörigkeitsfragen vier Möglichkeiten: Die Bewohner des betroffenen Gebietes können die Staatsangehörigkeit des erwerbenden Staates erhalten – in der Regel unter Verlust der bisherigen Staatsangehörigkeit; die Bewohner können – falls der Vorgängerstaat weiterhin besteht – dessen Staatsangehörigkeit behalten (sie bilden dann eine staatsangehörigkeitsrechtliche Minderheit im Nachfolgestaat, es sei denn, sie verlassen ihn); oder es können für die Bewohner des übergehenden Gebietes Doppelstaatigkeit oder Staatenlosigkeit eintreten. In jedem Fall bleiben Angehörige dritter Staaten, d. h. von Staaten, die von dem Gebietswechsel nicht territorial betroffen sind, von dem Gebietswechsel in ihrer Staatsangehörigkeit, jedenfalls sofern sie insoweit keinen gegenteiligen Willen bekunden, unberührt.[2]

2. Diesen Regelungsmodellen ist die Staatenpraxis in der Vergangenheit, in vielen Fällen aufgrund von entsprechenden Verträgen, gefolgt. In den Grundzügen entsprechen diese Regelungsmodelle auch heute noch dem geltenden Recht. Im einzelnen bestand und besteht jedoch hinsichtlich der rechtlichen Konstruktion des Übergangs der Staatsangehörigkeit auf die Bewohner eines übertragenen Gebietes keine einheitliche Auffassung in Lehre und Praxis, so etwa hinsichtlich der personalen bzw. extraterritorialen Reichweite von Staatsangehörigkeitsregelungen im Zusammenhang mit Gebietswechseln oder hinsichtlich der Verpflichtung von an Gebietswechseln beteiligten Staaten, den Bewohnern die neue Staatsangehörigkeit zu übertragen bzw. sie aus der bisherigen zu entlassen. So ist strittig, ob der Erwerb der Staatsangehörigkeit des ein Gebiet erwerbenden Staates automatisch auf die Bewohner übergeht oder nicht.[3] Weiter werden unterschiedliche Meinungen darüber vertreten, ob die Übertragung der Staatsangehörigkeit des übernehmenden Staates auf die Bewohner des betroffenen Gebietes extraterritoriale Wirkung entfalten kann, d. h., ob Bewohner des Gebietes, die sich im Zeitpunkt des Gebietswechsels nicht dort aufhalten und auch nicht dorthin zurückkehren, dem Staatsangehörigkeitswechsel mit unterliegen, dritte Staaten sowie der Vorgängerstaat also verpflichtet sind, den Staatsangehörigkeitswechsel solcher Personen anzuerkennen. Schließlich ist auch umstritten, ob der Nachfolgestaat nicht nur berechtigt, sondern auch verpflichtet ist, den Bewohnern des vom Gebietswechsel betroffenen Territoriums seine Staatsangehörigkeit zu übertragen, wobei in dieser Frage – wie auch in anderen – vielfach zwischen Fällen der Universalsukzession, also der Übernahme eines ganzen Staates durch den Nachfolgestaat, und Fällen der Teilsukzession, also des Übergangs oder der Loslösung bloß eines Teilgebietes, unterschieden wird. Angesichts dieser Uneinheitlichkeit der Lehre und der einschlägigen Praxis sowie der bedeutsamen Veränderung des Völkerrechts, die dieses etwa durch das Verbot der Annexion als Ausfluß des Gewaltverbotes und die stärkere menschenrechtliche Dimensionierung auch des Staatsangehörigkeitsrechts erfahren hat, erscheint es angezeigt, den Blick zunächst noch einmal auf die ältere Lehre und Staatspraxis zurückzulenken und sich erst dann dem geltenden Recht zuzuwenden.

---

[2] So im Sinne der ganz überwiegenden Meinung schon der Schiedsspruch im Falle *Masson v. Mexiko* (1876) bei *Moore*, Arbitrations, Vol. 3, 2542 f, wonach ein in Texas lebender Franzose durch die Annexion von Texas durch die Vereinigten Staaten nicht die amerikanische Staatsangehörigkeit erwarb. Siehe auch den Schiedsspruch der deutsch-jugoslawischen Gemischten Schiedskommission im Falle *Peinitsch*, Tribunaux Arbitraux Mixtes 2 (1923), 610 (621) – auch A. D. 1923–24, Nr. 121.

[3] Zum Meinungsstand etwa *Randelzhofer*, Rdn. 27 ff zu Art. 16 Abs. 1 GG; ferner *Weis*, 135 ff mwN; *Makarov*, Allgemeine Lehren, 97 ff; *Hailbronner/Renner*, Einleitung, Abschnitt E, Rdn. 37 ff; siehe auch dazu *Verzijl*, Bd. V, 86.

II. 1. Bei Annexionen, Gebietsabtretungen (Zessionen) und in Fällen der Verselbständigung von Teilgebieten eines Staates gingen die ältere Lehre und Praxis davon aus, daß die Bewohner der unter die neue Staatsgewalt gelangenden Gebiete die Staatsangehörigkeit des neuen oder erwerbenden Staates automatisch erhielten.[4]

So erwarben nach Erlangung der Selbständigkeit durch die Vereinigten Staaten von Amerika die dort ansässigen, bisher englischen Staatsangehörigen automatisch die amerikanische und verloren zugleich ihre englische Staatsangehörigkeit. Gleichfalls ging Großbritannien nach der Annexion Burmas (heute Myanmar) 1886 und nach den Annexionen aufgrund des Burenkrieges im Jahre 1900 davon aus, daß die Staatsangehörigen des jeweils eroberten Staates englische Staatsangehörige *(British subjects)* wurden.[5] Auch im Falle der Annexion von Texas erhielten die Staatsangehörigen mit dem Datum der Annexion die amerikanische Staatsangehörigkeit und ebenso die Angehörigen der Republik Hawaii – hier mit der Besonderheit, daß auch die außerhalb lebenden Personen in die Übertragung der amerikanischen Staatsangehörigkeit einbezogen wurden.[6] Weitere Beispiele dafür, daß der Gebietswechsel auch den Wechsel der Staatsangehörigkeit nach sich zog, bieten der Friedensvertrag zwischen Preußen/Deutschland und Frankreich (1871)[7] und die Friedensverträge von St. Germain und Trianon, die in Art. 70 (St. Germain) und Art. 61 (Trianon) vorsahen, daß „every person possessing rights of citizenship (pertinenza) in territory which formed part of the territories of the former Austro-Hungarian Monarchy shall obtain *ipso facto* to the exclusion of Austrian (Hungarian) nationality the nationality of the State excercising sovereignty over such territory".[8] Allerdings wurde dieser automatische Staatsangehörigkeitserwerb durch ausführliche, differenzierende Optionsrechte für bestimmte Personengruppen gemildert.[9]

Seltener kam es vor, daß die Bewohner eines abgetretenen Gebietes ihre bisherige Staatsangehörigkeit behielten und doch auf dem Gebiet ansässig blieben. Diese Regelung haben sich jedoch die amerikanischen Staaten auf der 7. Panamerikanischen Konferenz von Montevideo zu eigen gemacht, um die kollektive Zwangseinbürgerung zu vermeiden.

Nach Art. 4 des Abkommens über die Staatsangehörigkeit vom 26. 12. 1933[10] sollen bei einem Gebietsübergang die Bewohner die Staatsangehörigkeit des Nachfolgestaates nur dann erwerben, wenn sie sich ausdrücklich dafür entscheiden.

Diese Regelung bildete jedoch die Ausnahme von der sonst herrschenden Staatenpraxis, die sich auch in der Judikatur der Zeit deutlich widerspiegelt.[11]

---

[4] Daß dies auch nach dem 2. Weltkrieg dem geltenden Recht entspreche, nehmen *Jellinek*, 50 ff, 60, sowie *Dubois, Bernhard*, Die Frage der völkerrechtlichen Schranken landesrechtlicher Regelungen der Staatsangehörigkeit, Abhandlungen zum schweizerischen Recht, Heft 314, Bern 1955, 34 f, und *Münch*, 447 ff, an. Vgl. zu dieser Problematik allgemein auch *Oppenheim/Jennings/Watts*, vol. I/2, 877 mwN.

[5] Vgl. *Reports of the Law Officers of the Crown* (L. O.R.)1897, Nr. 33, 104 f; L. O.R. (Col.Off.), 1900, Nr. 100, 19 ff; L. O.R. (For.Off.) 1901. Nr. 8., 21 f; dazu auch *Weis*, 139.

[6] Vgl. *Moore, Digest*, vol. III, 314 (zur Annexion von Texas insgesamt *ders.*, vol. I, 446, 455/56, sowie zu Hawaii *ders.*, vol. III, 475, 503, 510). In Sec. 4 des *Act of Congress* vom 30. 4. 1900 *„to provide a government for the Territory of Hawaii"* wurden *„all persons who were citizens of the Republic of Hawaii"* mit dem Tage des förmlichen Übergangs der Souveränität der Vereinigten Staaten auf Hawaii, also am 12. 8. 1898, *„declared to be citizens of the United States and citizens of the Territory of Hawaii"* (31 Stat. 141). Ein Hinweis auf eine Beschränkung auf nur solche Staatsangehörige Hawaiis, die am Tage des Gebietswechsels dort ihren Wohnsitz hatten, fehlt in diesem Gesetz, so auch der Kommentar zum Harvard-Entwurf zu Art. 18, AJIL 23 (1929), Spec. Supp., 63.

[7] Martens, NRT (2. Séries), XIX, 688; dazu auch *Oppenheim/Jennings/Watts*, Vol. I/2, 685 mwN.

[8] Vertrag von St. Germain vom 10. 9. 1919 – Österreich – (Martens, NRG (3. Serie), XI) und Vertrag von Trianon vom 4. 6. 1920 – Ungarn – (Martens, NRG (3. Serie), XII, 423).

[9] Art. 2 preußisch/deutscher Friedensvertrag; Art. 78 Vertrag von St. Germain; Art. 63 Vertrag von Trianon. Dazu auch *Oppenheim/Jennings/Watts*, Vol. I/2, 685 mwN.

[10] Text in AJIL 28 (1934), Supp. 63.

[11] Siehe hierzu Nachweise bei *R. Donner*, 210 ff; *Verzijl*, Bd. V, 87; *Weis*, 138 ff; hinsichtlich der Personen, die sich außerhalb des der Gebietsveränderung unterliegenden Territoriums befinden, gibt es unterschiedliche Entscheidungen: im Falle des *Grafen Platen-Hallermund* entschied das Preußische Kammergericht im Jahre 1868, daß Platen-Hallermund durch

Zeigt die Staatspraxis hinsichtlich des Übergangs der Staatsangehörigkeit bei Gebietswechseln weitgehende Einheitlichkeit darin, daß die Staatsangehörigkeit des Nachfolgestaates auf die Bewohner des transferierten Gebietes übergeht, so war die rechtliche Konstruktion dieses Übergangs keineswegs einheitlich. Einerseits gingen Staaten wie Großbritannien in älterer Zeit im Falle der Annexion und gingen die siegreichen Staaten des Ersten Weltkrieges in den Friedensverträgen von St. Germain und Trianon von einem *ipso facto*-Übergang der Staatsangehörigkeit aus[12], andererseits aber nahmen beispielsweise die Vereinigten Staaten die Übertragung ihrer Staatsangehörigkeit im Falle der Annexion von Hawaii durch Gesetz vor, was auch der Praxis Großbritanniens entspricht.[13] Uneinheitlich war die Praxis auch hinsichtlich der extraterritorialen Reichweite des Staatsangehörigkeitsübergangs. Nicht einmal innerhalb der Praxis ein und desselben Staates war ein gleichförmiges Vorgehen gesichert. So gingen die Vereinigten Staaten wie Großbritannien im Regelfall davon aus, daß von der Übertragung der Staatsangehörigkeit nur die dort z.Zt. des Gebietswechsels ansässigen Bewohner erfaßt wurden.[14] Indessen traf – wie erwähnt – der amerikanische Kongreß im Falle der Annexion von Hawaii eine andere Regelung.[15] Auch Preußen ging von der extraterritorialen Wirkung der Staatsangehörigkeitsübertragung nach der Annexion von Hannover im Jahre 1886 aus.[16]

Eine gewisse Modifizierung und Differenzierung erfuhren die Regeln, nach denen sich die Staatspraxis vollzogen hatte, in den Vorschlägen des Harvard-Entwurfes.[17] In Art. 18 wurde zum einem ein unterschiedliches Vorgehen bei Universalsukzessionen und Teilsukzessionen vorgeschlagen, zum anderen wurde in den Vorgang der Übertragung der Staatsangehörigkeit seitens des Nachfolgestaates ein Element der Berücksichtigung des Willens der betroffenen Personen eingeführt. Bei Universalsukzessionen sah Art. 18 Abs. 1 den Übergang der Staatsangehörigkeit des Nachfolgestaates auf die bisherigen Staatsangehörigen des Vorgängerstaates, unabhängig von ihrem Aufenthaltsort, vor. Ihnen wurde jedoch ein Recht auf Ausschlagung zugebilligt, was unter den Modalitäten der Universalsukzession Staatenlosigkeit bedeuten konnte. Bei der Teilsukzession schlug Art. 18 Abs. 2 vor, daß nur diejenigen Bewohner, die ihren gewöhnlichen Aufenthalt in dem Gebiet aufrechterhielten, die Staatsangehörigkeit des Nachfolgestaates erhalten sollten, es sei denn, sie machten von der Ausschlagung entsprechend dem Recht des Nachfolgestaates Gebrauch. Aber diese Vor-

---

die Annexion Hannovers durch Preußen die preußische Staatsangehörigkeit erworben habe, obwohl er sich in England befand, siehe dazu *Borchard*, AJIL 37 (1943), 634 ff (637); *Oppenheim/Jennings/Watts*, Vol. I/2, 701 Anm. 4 mwN; ebenso der Egyptian Mixed Court of Appeal in *Pini v. Pini (Gazette des Tribunaux Mixtes d'Egypte*, 1926, 161/A. D. 1925–26, Nr. 196) und *Romano v. Comma (Gazette des Tribunaux Mixtes d'Egypte*, 1926, 158/A. D. 1925–26, Nr. 195); anders dagegen die deutsch-jugoslawische Gemischte Schiedskommission im Fall *Peinitsch, Tribunaux Arbitraux Mixtes* 2 (1923), 610 (621); auch *United States ex rel. Schwarzkopf v. Uhl* 137 F 2d 898 (1943)/A. D. 1943–45, Nr. 54.

[12] Siehe dazu die Angaben in Anm. 5–8.

[13] Seit dem *Nationality Act* von 1948 werden diejenigen Personen, die durch Gebietsübergang in den englischen Staatsverband eingegliedert werden, durch *„Order in Council"* bestimmt (*„specified"*), vgl. dazu *Weis*, 140.

[14] Während in *Brown v. United States* der *US Court of Claims* wie das preußische Kammergericht noch von der extraterritorialen Wirkung der Übertragung der preußischen Staatsangehörigkeit auf das annektierte Königreich Hannover ausging (5 US Ct. of Cl., 521–1869), entschied der *US Court of Appeals, 2nd Circuit*, in *United States ex rel. Schwarzkopf v. Uhl* (137 F 2d 898(1943)/A. D. 1943–45, Nr. 54) in Übereinstimmung mit der ganz überwiegenden Meinung gegen eine solche Wirkung (hier ging es um einen Österreicher, der zur Zeit des Anschlusses in den USA lebte; das Gericht lehnte es ab, der Übertragung der deutschen Staatsangehörigkeit auf die Österreicher extraterritoriale Wirkung beizumessen, so daß er in den USA nicht als *„alien enemy"* anzusehen war). Anders allerdings entschied der *US Court of Appeal, 3rd Circuit, in United States ex rel. Reichel v. Carusi* (157 F 2d 732–1946), dies jedoch nur deshalb, weil der Betroffene als deutscher Staatsangehöriger gelten wollte (ebenso *United States ex rel. Zeller v. Watkins*,167 F 2d 279 (1948)/A. D. 1948, Nr. 51); zur englischen Praxis siehe *Weis*, 139 ff.

[15] Siehe oben II.1 und dortige Anm. 6.

[16] Siehe dazu den *Graf-Platen-Hallermund*-Fall (Anm. 12).

[17] Siehe AJIL 23 (1929) Special Supp., 60 ff.

schläge fanden nicht allgemeine Zustimmung, und es kann angesichts der uneinheitlichen Staatspraxis auch nicht davon ausgegangen werden, daß sie bereits bestehendes Völkergewohnheitsrecht wiedergaben.[18]

2. Während des Zweiten Weltkrieges und in der Nachkriegszeit zeigt die Staatspraxis einerseits ein Festhalten an den Grundmodellen des Staatsangehörigkeitsüberganges bei Gebietswechseln, andererseits kriegsbedingte Abweichungen von der bisher üblichen Praxis, die – auch wegen ihrer zum Teil klaren Völkerrechtswidrigkeit – nicht als Faktoren der Bildung einer neuen Rechtsüberzeugung angesehen werden können.

So entsprach die im Friedensvertrag von 1947 mit Italien[19] in Art. 6 (1) des Anhangs VI getroffene Regelung über den automatischen Erwerb der Staatsangehörigkeit im Freistaat Triest der üblichen Praxis der Vorkriegszeit. Weniger eindeutig ist die allgemeine Vorschrift des Art. 19 (1), wonach die Staatsangehörigen in den von Italien abgetretenen Gebieten Staatsangehörige des Neustaates „werden mit allen bürgerlichen und politischen Rechten aufgrund der Gesetzgebung, die dieser Staat innerhalb von drei Monaten nach Inkrafttreten des Vertrages einführen soll“. Nach Art. 19 (2) sollen die Personen, die für Italien optieren, ihre italienische Staatsangehörigkeit „behalten“ und nicht so angesehen werden, als hätten sie die des Neustaates erlangt. Nach dem Wortlaut dieser Bestimmungen kann zweifelhaft sein, was Gegenstand der zu erlassenden Gesetze sein soll, ob die Übertragung der neuen Staatsangehörigkeit überhaupt oder nur die Einzelheiten der Rechtsstellung, die den Bewohnern durch den Erwerb der neuen Staatsangehörigkeit zukommen soll, ob also ein automatischer Übergang der Staatsangehörigkeit stattfinden soll oder nicht.

Eine von der bisherigen Praxis, bei Gebietswechsel der betroffenen Bevölkerung die Staatsangehörigkeit des Hoheitsgewalt über das Gebiet und die Bevölkerung erlangenden Staates zu übertragen, abweichende Regelung stellt die Behandlung der deutschen Bevölkerung in den Sudeten und den ehemaligen deutschen Ostgebieten nach dem Ende des Zweiten Weltkrieges dar.[20] Der in diesen Gebieten, die teils – wie das Sudetenland – in das Herrschaftsgebiet des das Gebiet vor dem Kriege besitzenden Staates (die Tschechoslowakei) und teils aufgrund der Beschlüsse der Alliierten Siegermächte u. a. auf der Konferenz von Potsdam auf Polen und die UdSSR übergingen, verbliebenen deutschen Bevölkerung wurde nicht die sowjetische, polnische oder tschechoslowakische Staatsangehörigkeit übertragen. Vielmehr wurden diese Deutschen – soweit sie nicht bereits geflohen waren – aus den betroffenen Gebieten unter Verletzung des Völkerrechts vertrieben.[21] Diese Maßnahmen sind allein als Reaktion auf den Angriffskrieg Hitlers und die im Zusammenhang damit begangenen schweren Verbrechen an den betroffenen Staaten und Völkern zu verstehen.

---

[18] So zutreffend *Randelzhofer*, Rdn. 29 zu Art. 16 Abs. 1 GG.

[19] *W. Cornides/E. Menzel* (Hrsg.), Quellen für Politik und Völkerrecht, Bd. 1: Die Friedensverträge von 1947 mit Italien, Ungarn, Bulgarien, Rumänien und Finnland, Oberursel (Taunus) 1948, 65 ff, mit einer Einführung von *E. Menzel.*

[20] Eine entsprechende, von der üblichen Praxis abweichende Regelung hatte allerdings auch der Versailler Friedensvertrag vorgesehen (RGBl. 1919 II, Nr. 140), nach dessen Art. 54 große Teile der dort ansässigen und auch dort geborenen Menschen von dem Erwerb der französischen Staatsangehörigkeit ausgeschlossen und damit zur Abwanderung nach Deutschland gezwungen wurden; dazu auch *L. Kunz*, Die völkerrechtliche Option, Bd. 1, 1923, 205 f; anders liegt dagegen etwa die staatsangehörigkeitsrechtliche Behandlung der Einwohner Danzigs. Hier wurde die Übertragung der deutschen Staatsangehörigkeit in Übereinstimmung mit der üblichen Praxis – Übergang der Staatsangehörigkeit des annektierenden Staates auf die Bevölkerung des annektierten Gebietes – vorgenommen – ihre Rechtswidrigkeit ergibt sich aus dem Gesichtspunkt, daß die Annexion als solche rechtswidrig war und deshalb international die Staatsangehörigkeitsübertragung keine Rechtswirksamkeit erlangen konnte, vgl. dazu etwa *Verzijl*, Bd. V, 87 ff mit scharfer Kritik an zwei niederländischen Entscheidungen, die die Übertragung der deutschen Staatsangehörigkeit auf die Bewohner Danzigs als rechtswirksam behandelten.

[21] Der *„orderly transfer“* der deutschen Bevölkerung der betroffenen Gebiete, durch das Potsdamer Abkommen „sanktioniert“, wurde dankenswerterweise erstmalig von dem tschechoslowakischen Staatspräsidenten *Havel* anläßlich des Staatsbesuches des Bundespräsidenten von Weizsäcker am Jahrestag des Einzugs Hitlers in Prag in mutiger Weise als Unrecht an den deutschen Vertriebenen bezeichnet.

3. Besondere Bedeutung hat die Frage des Staatsangehörigkeitswechsels im Zusammenhang mit der durch die Dekolonisierung bewirkten Entstehung neuer Staaten auf dem Boden der ehemaligen Kolonialgebiete erlangt. Die Regelungen über den Staatsangehörigkeitserwerb der Bevölkerung der neuen Staaten waren teils in Verträgen[22], teils in Rechtsakten der ehemaligen Kolonialmacht enthalten, die häufig zugleich die Verfassung der neuen Staaten einschlossen.[23] Von diesen Staatsangehörigkeitsregelungen wurden keineswegs alle Personen erfaßt, die auf dem Boden der neuen Staaten wohnten. Anknüpfungspunkte für den Erwerb der neuen Staatsangehörigkeit – und damit für den Verlust der bisherigen englischen, französischen oder portugiesischen Staatsangehörigkeit – bildeten in unterschiedlicher Kombination die Geburt auf dem betreffenden Staatsgebiet *(ius soli)*, die Abstammung von Eltern und/oder Großeltern[24], die auf dem Gebiet geboren wurden (Kombination von *ius soli* und *ius sanguinis)*[25] und in seltenen Fällen der Wohnsitz, der allerdings ein „qualifizierter", d. h. ein über eine Mindestzeit bestehender Wohnsitz sein mußte.[26] Auch haben ethnische Gesichtspunkte bei der Bestimmung der durch das Band der Staatsangehörigkeit zusammenzufügenden Menschen in einer Reihe von Fällen eine Rolle gespielt.[27]

4. Eine Vielzahl von Regelungen zur Staatsangehörigkeit ergab sich aus dem Auseinanderbrechen der ehemaligen UdSSR, der ehemaligen Tschechoslowakei und dem ehemaligen Jugoslawien. Die Regelungen differieren, wenn auch bestimmte Grundlinien erkennbar bleiben. Die Unterschiede ergeben sich z. T. daraus, ob die Staatlichkeit wieder hergestellt wurde (baltische Staaten)[28] und ob Bundesstaaten mit einer eigenen Landesstaatsangehörigkeit bestanden.

Der Praxis ist zu entnehmen, daß kein automatischer Staatsangehörigkeitswechsel erfolgte. Vielmehr erließen die wieder hergestellten Staaten bzw. die neu entstandenen Staaten eigene Regelungen. Die neu entstandenen Staaten griffen in aller Regel auf die vorherige Landesstaatsangehörigkeit zurück, soweit nicht der Aufenthalt auf dem Staatsgebiet zu einem bestimmten Zeitpunkt maßgeblich war. Die wieder hergestellten Staaten verleihen demgegenüber die Staatsangehörigkeit auch an die Personen und ihre Nachkommen, die die Staatsangehörigkeit vor der Annexion durch die UdSSR besessen hatten.[29] Gleichzeitig schlossen sie von dem Erwerb – in unterschiedlichem Umfang – Personen aus, die ihren Wohnsitz in dem Staatsgebiet erst nach der Annexion genommen hatten.

5. Bei aller Vielfalt der getroffenen Regelungen kann eines als charakteristisch für sie festgestellt werden: Die geübte Praxis läßt nicht erkennen, daß die neuen Staaten vom

---

[22] So z. B. für Algerien (Abkommen von Evian vom 18. 3. 1962, J. O. v. 20. 3. 1962, 3019), dazu *Charpentier, Pratique Française du Droit International Public*, AFDI VIII (1962), 985 ff (994 ff zur Frage der Staatsangehörigkeit); ferner auch Burma (Myanmar), Zypern und Indonesien; *Weis*, 153.

[23] Dazu *Weis*, 153.

[24] Sog. Regel der dritten Generation; so wurden nach dem *Burmese Independence Act* von 1947 burmesische Staatsangehörige solche Personen, die selbst oder deren Vater oder Großvater väterlicherseits in Burma geboren sind.

[25] Dazu *Weis*, 155.

[26] So etwa im Fall Zypern, wo ein fünfjähriger Aufenthalt *(residence)* vor dem Inkrafttreten des Vertrages vom 16. 8. 1960 zwischen dem Vereinigten Königreich, Griechenland, der Türkei einerseits und Zypern andererseits (UNTS 382, 8) vorgesehen war; dazu *Weis*, 155.

[27] Beispiele bei *Weis*, 155; der Gesichtspunkt der Volkszugehörigkeit wurde von Deutschland seit 1938 im Zusammenhang mit der Expansionspolitik in das deutsche Staatsangehörigkeitsrecht eingeführt, wurde aber auch nach dem Ende des Zweiten Weltkrieges weiter aufrechterhalten und fand sogar Eingang in das Grundgesetz (Art. 116 II). Das dem österreichischen Recht entstammende Heimatprinzip wurde in den Friedensverträgen von St. Germain (Art. 64, 70) und Trianon (Art. 61) angewandt; es wurde auch von Deutschland nach 1938 aufgenommen; dazu *H. Jellinek*, Der automatische Erwerb und Verlust der Staatsangehörigkeit durch völkerrechtliche Vorgänge, zugleich ein Beitrag zur Lehre von der Staatensukzession, Beiträge zum ausländischen öffentlichen Recht und Völkerrecht, Heft 27, 77.

[28] *Hecker*, 129.

[29] *Hailbronner/Renner*, Einleitung, Abschnitt E, Rdn. 49–52.

Prinzip des automatischen Staatsangehörigkeitserwerbs aufgrund des Wechsels der Staatsgewalt über die betreffenden Gebiete ausgingen. Dafür spricht auch die Tatsache, daß es z. B. im Zuge der Dekolonisierung in einzelnen Fällen sogar zur Staatenlosigkeit von Personen und Personengruppen gekommen ist, da sie weder von der ehemaligen Kolonialmacht als deren Staatsangehörige noch von dem neuentstandenen Staat in den Kreis der Staatsangehörigen einbezogen wurden.[30]

III. 1. Für das geltende Völkerrecht ist davon auszugehen, daß bei einem Gebietswechsel im Regelfall auch ein Übergang der Staatsangehörigkeit des Nachfolge- oder Erwerberstaates auf die betroffene Bevölkerung stattfindet. Abgesehen von Vertragsregelungen, die völkerrechtlich zulässig einen automatischen Übergang der Staatsangehörigkeit vorsehen, ist nach allgemeinem Völkerrecht der Staatsangehörigkeitswechsel aus Anlaß von Gebietsveränderungen nicht automatisch. Die gegenteilige Auffassung kann angesichts der Staatenpraxis nicht überzeugen.[31] Insbesondere kann der Hinweis auf die den automatischen Staatsangehörigkeitswechsel vorsehenden Vertragsregelungen nach dem Ersten Weltkrieg[32] die Auffassung vom automatischen Staatsangehörigkeitswechsel nicht stützen. Zum einen ist die Tatsache, daß der automatische Staatsangehörigkeitswechsel in einer Reihe von Fällen Gegenstand vertraglicher Regelung war, zumindest ein Indiz dafür, daß entsprechendes Völkergewohnheitsrecht nicht besteht. Zum anderen ist in den genannten Verträgen das Prinzip des automatischen Erwerbs auch keineswegs strikt und umfassend durchgeführt, da für beachtliche Bevölkerungsgruppen den automatischen Erwerb modifizierende bzw. ausschließende Optionsrechte vorgesehen wurden.[33] Vollends spricht heute die umfangreiche Praxis der durch die Dekolonisierung neuentstandenen Staaten und der Wiederherstellung bzw. Neugründung von Staaten nach 1990, die nicht dem Prinzip des automatischen Erwerbs der Staatsangehörigkeit folgt, gegen die Existenz einer allgemeinen Regel über den automatischen Staatsangehörigkeitswechsel bei Gebietsveränderung. Auch rechtsdogmatische Gründe sprechen gegen die Vorstellung eines automatischen Erwerbs der Staatsangehörigkeit bei Gebietswechsel. Eine entsprechende Regel als automatisch wirkende Norm wäre gar nicht bestimmt genug, sie bedürfte erst der Konkretisierung durch Verträge oder durch Gesetze des Nachfolgestaates, etwa im Hinblick auf den einzubeziehenden Personenkreis.

2. Das allgemeine Völkerrecht anerkennt dagegen ein Recht der Staaten, bei Gebietsveränderung als Nachfolgestaaten ihre Staatsangehörigkeit kollektiv auf die betroffene Bevölkerung zu übertragen.[34] Allerdings unterliegt dieses Recht einer Reihe von Ausnahmeregelungen. Dem Prinzip der sinnvollen Anknüpfung bei der Staatsangehörigkeitsver-

[30] Dazu *Weis*, 153 f.

[31] So zutreffend *Randelzhofer*, Rdn. 29 f zu Art. 16 Abs. 1 GG; ebenso *Weis*, 155 im Hinblick auf die Praxis der durch die Dekolonisierung entstandenen Staaten, der im übrigen für die generelle Staatspraxis ebenfalls den automatischen Staatsangehörigkeitserwerb nicht als eine bindende Regel ansieht (137), aber doch beim Fehlen ausdrücklicher vertraglicher oder gesetzlicher Regelungen eine Vermutung gelten lassen will, daß das Recht des Nachfolgestaates die Staatsangehörigkeit auf die Bevölkerung des von der Gebietsveränderung betroffenen Territoriums hat übertragen wollen. Kritisch dazu *Brownlie*, *Principles*, 661 ff, der trotz Unterschieden in der Praxis und in manchen Punkten verbleibenden Zweifeln den automatischen Übergang der Staatsangehörigkeit beim Gebietswechsel für die geltende Regel hält; wie *Brownlie Oppenheim/Jennings/Watts*, Vol. I/2, 877; *Hyde*, Bd. II, 1090; *H. W. Briggs*, 501 ff; *Rousseau*, Bd. III, 368; *Makarov/v. Mangoldt*, Rdn. 34 zu § 17 RuStAG; einen automatischen Übergang der Staatsangehörigkeit als bindende Regel lehnen u. a. auch ab *O'Connell*, *International Law*, Bd. I, 391 f; *Berber*, Bd. I, 269; *Verdross*, Völkerrecht, 5. Aufl. 1964, 256 f; *Wengler*, Völkerrecht, Bd. II, 993; *Seidl-Hohenveldern/Stein*, Völkerrecht, Rdn. 1325; nicht völlig festgelegt *Doehring*, Rdn. 72.

[32] Siehe dazu oben.

[33] Dazu Anm. 10.

[34] So statt anderer zutreffend *Randelzhofer*, Rdn. 30 zu Art. 16 Abs. 1 GG.

leihung folgend, kann das Recht zur kollektiven Staatsangehörigkeitsübertragung nur gegenüber solchen Personen ausgeübt werden, die in einer engeren Lebensbeziehung zu dem vom Gebietswechsel betroffenen Raum stehen. Das heißt, Angehörige dritter Staaten, die sich auf diesem Gebiet nur vorübergehend aufhalten, sind *per se* von der Erstreckung der Staatsangehörigkeit des neuen oder erwerbenden Staates ausgenommen.[35] Selbst wenn sie für einen längeren Zeitraum ihren Wohnsitz in dem entsprechenden Gebiet haben, jedoch ohne die Absicht, auf Dauer dort zu bleiben *(animus manendi)*, bleiben sie außerhalb des Kreises der von der Staatsangehörigkeitsübertragung erfaßten Personen.[36]

Das Recht zur kollektiven Übertragung der Staatsangehörigkeit findet ferner eine Grenze hinsichtlich solcher Personen, die zwar die Staatsangehörigkeit des bisher Hoheitsgewalt über das von der Veränderung betroffene Gebiet besitzenden Staates haben und auch ihren dauernden Wohnsitz dort unterhalten, sich im Zeitpunkt des Gebietsüberganges dort jedoch nicht aufhielten und auch nicht dorthin zurückgekehrt sind oder zurückzukehren beabsichtigen.[37] Für den Fall, daß der das Gebiet abgebende Staat fortbesteht, widerspricht die Erstreckung der neuen Staatsangehörigkeit auf solche Personen unter zwei Gesichtspunkten dem geltenden Recht: Sie verletzt die Personalhoheit des Vorgängerstaates und das im modernen Völkerrecht in wachsendem Maße anerkannte Recht des Individuums, nicht ohne seinen Willen einer neuen oder zumindest zusätzlichen Staatsangehörigkeit unterworfen zu werden.[38]

Anders dürfte die Rechtslage allerdings für den Fall zu beurteilen sein, daß die Gebietsveränderung zugleich den Untergang des bisherigen Staates bewirkt. In solchem Falle würde jedenfalls die Personalhoheit dieses Staates schon aus logischen Gründen nicht verletzt werden – sie ist erloschen –, und könnte zugunsten der Ersteckung der neuen Staatsangehörigkeit auf die sich in dritten Staaten aufhaltenden Einwohner des betreffenden Gebietes der Gedanke der Vermeidung von Staatenlosigkeit angeführt werden.[39] Dies würde indessen voraussetzen, daß der Eintritt von Staatenlosigkeit mit dem geltenden Völkerrecht unvereinbar ist. Nur unter dieser Voraussetzung könnte das Recht des einzelnen, nicht ohne seinen Willen eine Staatsangehörigkeit zu erhalten, zurücktreten müssen. Davon kann jedoch generell keine Rede sein. Die Staatenlosigkeit ist völkerrechtspolitisch unerwünscht und von den an entsprechendes Vertragsrecht gebundenen Staaten auch zu verhindern, sie ist jedoch bisher nicht völkerrechtswidrig.[40]

---

[35] So die heute ganz überwiegende Meinung, vgl. aus der älteren Literatur etwa *A. Verdross*, Völkerrecht, 5. Aufl., 1964, 238; *H. Kelsen*, *Principles*, 375 f; *Borchard*, AJIL 37 (1943), 634 f; in jüngerer Zeit *Weis*, 142 ff; *R. Donner*, 180 ff (215); vgl. auch die Entscheidungen der deutsch-jugoslawischen gemischten Schiedskommission im Falle *Peinitsch*, Tribunaux Arbitraux Mixtes 2 (1923), 610 (621); des deutsch-rumänischen gemischten Schiedsgerichts im Falle *Meyer-Willermann gegen Stimmes u. a.*, Tribunaux Arbitraux Mixtes 4 (1925), 842 (845); des türkisch-rumänischen Schiedsgerichts im Falle *Kalfa*, *Tribunaux Arbitraux Mixtes* 9 (1930), 626 (629) und des ägyptischen gemischten Appellationsgerichts im Falle *Agapios*, A. D. 1919–1922, Nr. 136. Anders dagegen *Castrén*, RdC 1951 I, *Aspects récents de la Succession d'États*, 385 ff (486 f).

[36] Die Staatenpraxis hierzu ist uneinheitlich; dem heutigen, den Willen der Menschen bei Erwerb oder Verlust der Staatsangehörigkeit stärker berücksichtigenden Völkerrecht entspricht es jedoch nicht mehr, den bloßen Wohnsitz ohne *animus manendi* als für den Erwerb der Staatsangehörigkeit des Nachfolgestaates ausreichende Anknüpfung zu erachten. In Grenzfällen wird insbesondere die Dauer des Inlandsaufenthaltes ein bestimmendes Kriterium bilden müssen; anders wohl *Randelzhofer*, Rdn. 30 zu Art. 16 Abs. 1 GG. Siehe dazu allgemein oben.

[37] Die Rückkehr in das vom Gebietswechsel betroffene Territorium mit *animus manendi* wird von manchen Autoren als stillschweigende Akzeptanz des Angebots seitens des Nachfolgestaates zur (kollektiven) Einbürgerung begriffen, vgl. dazu *Weis*, 149.

[38] So zutreffend *Weis*, 149.

[39] So die Vorauflage, Bd. I, 471.

[40] So zutreffend *Randelzhofer*, Rdn. 34 und 45 f zu Art. 16 Abs. 1 GG; die praktischen Auswirkungen dieser Ansicht dürften angesichts der Tatsache, daß heute – wie auch weitgehend bisher schon – bei Gebietsveränderungen vertragliche Regelungen die Regel bilden, eher gering sein.

Schließlich ist die Ausübung des Rechts zur kollektiven Staatsangehörigkeitsübertragung bei Gebietsveränderungen an deren Rechtmäßigkeit gebunden. Kollektiveinbürgerungen aufgrund von Annexionen etwa können heute nicht mehr als mit dem Völkerrecht vereinbar angesehen werden.

Dies galt auch bereits zur Zeit des Zweiten Weltkrieges. So konnte das Deutsche Reich etwa im sog. Protektorat Böhmen und Mähren, in den von Polen und Jugoslawien annektierten Gebieten grundsätzlich keine wirksame Verleihung der deutschen Staatsangehörigkeit vornehmen. Angesichts der Tatsache jedoch, daß etwa Polen und die Tschechoslowakei nach Kriegsende die deutschen Staatsangehörigen nicht in die Regelung über die Wiederherstellung der polnischen bzw. tschechoslowakischen Staatsangehörigkeit einbezogen, also nicht als ihre Staatsangehörigen in Anspruch nahmen, hat die deutsche Gesetzgebung und Rechtsprechung die Sammeleinbürgerungen der deutschen Volkszugehörigen anerkannt, soweit sie nicht als Staatsangehörige der annektierten Staaten in Anspruch genommen wurden oder die deutsche Staatsangehörigkeit ausgeschlagen haben.[41]

3. Fraglich ist, ob dem Recht der Staaten, der Bevölkerung eines von einem Gebietswechsel betroffenen Raumes ihre Staatsangehörigkeit zu übertragen, auch eine Pflicht korrespondiert, diese Bevölkerung staatsangehörigkeitsrechtlich zu übernehmen. Eine solche Pflicht wird mit dem Argument rundheraus abgelehnt, daß sie mit der grundsätzlichen Freiheit der Staaten bei der Bestimmung ihrer Staatsangehörigen unvereinbar sei.[42] Dem kann nicht uneingeschränkt gefolgt werden. Wie zuvor gezeigt, ist diese Freiheit nicht unbeschränkt. Es ist also schon aus diesem grundsätzlichen Gesichtspunkt heraus nicht zwingend, eine Beschränkung der Entscheidungsfreiheit der Staaten in Staatsangehörigkeitsfragen durch eine Pflicht zur Übernahme der Bevölkerung bei Gebietswechsel als völkerrechtswidrig anzusehen. Auch wenn man eine umfassende Übernahmepflicht als zu weitgehend und von der Rechtsüberzeugung der Staaten[43] als nicht getragen ansieht, erscheint es doch richtig, unter gewissen Umständen Staaten, deren Hoheitsgewalt durch einen Gebietswechsel auf die ansässige Bevölkerung erstreckt wird, als zur Übertragung ihrer Staatsangehörigkeit verpflichtet anzusehen. So hat *Weis*[44] im Anschluß an *Brownlie* im Hinblick auf völkerrechtliche Grenzen des Rechts der Staaten, die Staatsangehörigkeit zu entziehen, den Gedanken entwickelt, solche Grenzen aus dem Diskriminierungsverbot abzuleiten. Die Übertragung dieses Gedankens auf die Frage der Pflicht der Staaten zur Verleihung der

---

[41] Vgl. dazu das Gesetz zur Regelung von Fragen der Staatsangehörigkeit vom 22.2.1955 (BGBl. I, 65) sowie *Makarov/v.Mangoldt*, Rdn. 11 zu § 1 StAG; *Hailbronner/Renner*, Vorbemerkungen zum StAG, Rdn. 1 ff sowie Rdn. 5 ff zu § 1 StAngRegG. Im Falle Österreichs war die deutsche höchstrichterliche Rechtsprechung sowie die ausländische Rechtsprechung nicht einheitlich; das Bundesverfassungsgericht (E 4, 322 (329)) hat die Wiederherstellung der österreichischen Staatsangehörigkeit für alle durch den Anschluß zu deutschen Staatsangehörigen gewordenen Österreicher unabhängig von ihrem Wohnsitz anerkannt, während das Bundesverwaltungsgericht die Wirkung des österreichischen Gesetzes vom 27.4.1945 auf die in Österreich lebenden Österreicher beschränkte, vgl. dazu etwa *Adolf Schnitzer*, Handbuch des Internationalen Privatrechts, Bd. I, 4. Aufl., Basel 1957, 155. Der deutsche Gesetzgeber hat durch das Zweite Gesetz zur Regelung von Fragen der Staatsangehörigkeit vom 17.5.1956 (BGBl. I, 431) die Reichsverordnungen über die deutsche Staatsangehörigkeit im „Lande" Österreich aufgehoben und zugleich das Reichsgesetz über die Wiedervereinigung Österreichs mit dem Deutschen Reich als außer Kraft getreten erklärt; dazu näher *Makarov/v. Mangoldt*, Rdn. 17 zu § 17 2. StAngRegG.

[42] So etwa *Randelzhofer*, Rdn. 30 zu Art. 16 Abs. 1 GG; *Hailbronner/Renner*, Einleitung, Abschnitt E, Rn. 38 ff; *Makarov/v.Mangoldt*, Rdn. 30 ff zu § 17 Staatsangehörigkeitsrecht.

[43] So noch die Vorauflage, Bd. I, 472.

[44] Siehe *Weis*, 123 ff; *Brownlie*, The Relations of Nationality in Public International Law, BYBIL 39 (1963), 284 ff, 339; siehe dazu auch *Wengler*, Völkerrecht II, 1030 und dortige Anm. 2, der zudem auch menschenrechtliche Schranken für den Erwerberstaat etwa im Hinblick auf die Versagung des Auslandsschutzes gegenüber der durch Gebietserwerb übernommenen Bevölkerung erwägt, ebd., 989, Anm. 1.

Staatsangehörigkeit bei Gebietswechseln erscheint geboten. Man hat davon auszugehen, daß eine Diskriminierung des Nachfolgestaates bei der Übertragung seiner Staatsangehörigkeit auf die betroffene Bevölkerung nicht mehr mit dem Völkerrecht vereinbar ist.[45] Darüber hinaus ist es gerechtfertigt, eine Übertragungspflicht dann anzunehmen, wenn ein Staat aus freiem Entschluß ein bestimmtes Gebiet übernimmt. Es würde dem Grundsatz des *venire contra factum proprium* widersprechen, wenn ein Staat im Anschluß an eine freiwillige Gebietsübernahme sich der Verantwortung für die betroffene Bevölkerung oder zumindest Teilen derselben entziehen kann und diese entweder staatenlos werden oder sie durch Vorenthaltung seiner Staatsangehörigkeit zum Verlassen ihrer bisherigen Heimat gezwungen werden.[46]

IV. Ist die Gebietsveränderung völkerrechtlich legal vollzogen worden, so ist der Vorgängerstaat und sind dritte Staaten zur Anerkennung des mit der Gebietsveränderung verbundenen Staatsangehörigkeitswechsels verpflichtet.[47] Insbesondere ist in solchen Fällen der Vorgängerstaat dazu verpflichtet, seine bisherigen Staatsangehörigen aus seiner Staatsangehörigkeit zu entlassen, sofern sie ihren dauernden Aufenthalt in dem zum Nachfolgestaat übergegangenen Gebiet behalten. Eine extraterritoriale Erstreckung auf im Zeitpunkt des Gebietsüberganges sich in dritten Staaten aufhaltenden Personen hat der Vorgängerstaat von Völkerrechts wegen jedoch nicht zu akzeptieren.[48] Dasselbe gilt selbstverständlich für rechtswidrige Gebietsveränderungen oder solche, deren Endgültigkeit von Völkerrechts wegen noch nicht anerkannt ist.

So bestand für die Bundesrepublik keine Pflicht, die in den ehemaligen deutschen Ostgebieten verbliebenen Deutschen bis zu einer für Gesamtdeutschland verbindlichen Anerkennung des Übergangs dieser Gebiete an Polen und die UdSSR nicht mehr als deutsche Staatsangehörige anzusehen.[49]

§ 90 Die Option

Schrifttum: wie zu § 89; ferner *C. G. Bruns*, Staatsangehörigkeitswechsel und Option im Friedensvertrage von Versailles, 1921; *J. L. Kunz*, Die völkerrechtliche Option, 2 Bde., 1923–28; *ders.*, L'option de nationalité, RdC 31 (1930 I), 107 ff; *E. Szlechter*, Les options légales de nationalité en droit français, 1942; *J. L. Kunz*, Nationality and Option Clauses in the Italian Peace Treaty of 1947, AJIL 41 (1947), 622 ff; *E. Szlechter*, Les options conventionelles de nationalité à la suite des cessions de territoires, 1948; *A. Makarov*, Le droit d'option en cas de double nationalité dans les conventions internationales, Varia Juris Gentium, in: Festschrift *François*, 1959, 194 ff; *R. Bernhardt*, Option, in: *K. Strupp/H.-J. Schlochauer* (Hrsg.), Wörterbuch des Völkerrechts, Bd. 2, 2. Aufl. 1961, 661 ff; *G. Ginsburgs*, Option of Nationality in Soviet Treaty Practice, 1917–1924, AJIL 55 (1961), 919 ff; *K. M. Meessen*, Die Option der Staatsangehörigkeit, 1966; *Y. Onuma*, Nationality and Territorial Change: In Search of the State of the Law, Yale Journal of World Public Order 8 (1981–82), 1 ff; *K. M. Meessen*, Option of Nationality, EPIL III (1997), 784 ff.

---

[45] Unterstützend ließe sich hierzu auf die Grundgedanken des Übereinkommens zur Beseitigung jeder Form von Rassendiskriminierung verweisen. Ihr Art. 1 Abs. 3 schließt gerade die Diskriminierung von Bürgern eines bestimmten Staates aus (BGBl. 1969 II, 961).

[46] Ein einschlägiges Beispiel dafür, daß für eine Regel, wie sie hier als geltendes Recht angesehen wird, ein aktuelles Bedürfnis besteht, ist das Schicksal der asiatischen Minderheit in Uganda, deren ugandische Staatsangehörigkeit zehn Jahre nach Erlangung der Unabhängigkeit „überprüft" und bei 12 000 Personen nicht anerkannt wurde, vgl. dazu *Weis*, 153 f; auch der Fall der nicht in die französische Staatsangehörigkeit übernommenen Deutschen in Elsaß-Lothringen nach dem Ersten Weltkrieg weist in diese Richtung, vgl. oben II.2, Anm. 20.

[47] So zutreffend *Weis*, 147.

[48] *Weis*, 148 mit Rechtsprechungsnachweisen.

[49] So die ganz h.M.; vgl. statt anderer *Randelzhofer*, Rdn. 70 ff zu Art. 16 Abs. 1 GG mwN.

I. Der Übergang des Staatsgebietes zieht in der Regel den kollektiven Wechsel der Staatsangehörigkeit der Bevölkerung nach sich, ein Wechsel, der sich grundsätzlich ohne Rücksicht auf den Willen der betroffenen Menschen vollzieht. Selbst wenn eine Volksabstimmung stattfindet, wird doch der Minderheit eine Staatsangehörigkeit auferlegt, die ihr vermutlich unerwünscht ist. Das wird, je stärker der Wille der Menschen bei der Zuordnung der Staatsangehörigkeit im allgemeinen an Bedeutung gewinnt, die Staatsangehörigkeit zugleich aber auch in vieler Hinsicht weiterhin ein für den einzelnen bedeutsames Element seiner Lebensgestaltung bleibt, als Härte empfunden. Die Staatenpraxis ist daher seit langer Zeit darauf bedacht, diese Härte zu mildern und die Entscheidung über die Staatsangehörigkeit dem einzelnen zu überlassen, diesem ein individuelles Selbstbestimmungsrecht zu gewähren.

Seit dem 17. Jahrhundert ist die alte Auffassung von der Bevölkerung als Zubehör des Staatsgebiets ins Wanken geraten. Seither häufen sich die Verträge, in denen die Vertragsstaaten den Bewohnern abgetretener Gebiete erlauben, sich der neuen Staatsgewalt zu entziehen, für die alte Staatsangehörigkeit zu optieren. Im Anschluß an *Kunz*[1] pflegt man zwei Formen der Option zu unterscheiden:

1. Option älterer Art: Sie bedeutet, daß den Bewohnern das Recht der Auswanderung *(beneficium emigrandi)* eingeräumt wird. Diese dürfen, ohne eine besondere Erklärung abgeben zu müssen, das Land verlassen. Es handelt sich noch nicht eigentlich um die Frage der Staatsangehörigkeit, sondern des Verbleibens im Lande.

2. Die Option jüngerer Art: Seit dem Beginn des 19. Jahrhunderts kommt unter dem Einfluß der Ideen der französischen Revolution (Idee des Gesellschaftsvertrages) der Gedanke zur Geltung, daß der einzelne nicht gegen seinen Willen einer ihm unerwünschten Staatsgewalt unterstellt werden dürfe. Er darf daher entscheiden, ob er die alte Staatsangehörigkeit behalten oder die neue annehmen will. In der Regel wird den Bewohnern Gelegenheit gegeben, sich ausdrücklich für die Beibehaltung der früheren Staatsangehörigkeit zu entscheiden. Diese Art der Option ist in neuerer Zeit geradezu die Regel geworden. Doch weist die Staatspraxis des 20. Jahrhunderts im Zusammenhang mit den umfangreichen Gebietsveränderungen nach den beiden Weltkriegen deutliche Ausnahmen auf.

So wurde bei der Rückkehr von Elsaß-Lothringen zu Frankreich – anders als im Vertrag von Frankfurt[2] nach dem Ende des deutsch-französischen Krieges und der erfolgten Annexion dieser Gebiete – im Versailler Friedensvertrag der Bevölkerung kein Optionsrecht eingeräumt; man ging davon aus, daß dieses Gebiet niemals den Status als französisches Territorium verloren und die Bevölkerung die französische Staatsangehörigkeit erhalten hatte. Auch wurde nach dem Ende des Zweiten Weltkrieges der Bevölkerung in den ehemaligen deutschen Ostgebieten die Möglichkeit der Option versagt und ihre zwangsweise Übersiedlung nach Deutschland durch das Potsdamer Abkommen angeordnet.[3]

Von einem Optionsrecht ging auch die Badinter-Kommission in Bezug auf die Serben in Bosnien-Herzegowina aus.[4]

II. 1. Die Option ist in ihrer neueren Form eine Willenserklärung, durch die der Berechtigte innerhalb einer bestimmten Frist und unter Einhaltung bestimmter Formen sowie u. U. auch bestimmter Voraussetzungen entscheidet, welche Staatsangehörigkeit er annehmen will. Die

---

[1] *Kunz*, Option I, 85 ff, 127 ff; das Wahlrecht (Optionsrecht) wird in der Regel in Gestalt einer *facultas alternativa* gewährt. Die Verträge gehen von dem Wechsel der Staatsangehörigkeit aus, gestatten aber dem einzelnen, sich für die alte Staatsangehörigkeit zu entscheiden.

[2] Friedensvertrag zwischen dem Deutschen Reich und Frankreich, RGBl. 1871, 223.

[3] Siehe dazu Abschnitt XIII Potsdamer Abkommens, Text in: *v. Münch* I, 32 ff (Auszug).

[4] *Conference on Yugoslavia Arbitration Commission, Opinion No. 2 of January 11, 1992*, ILR vol. 92 (1993), 167.

rechtliche Grundlage der Option als einer besonderen Form der Staatsangehörigkeitsregelung ist – wie diese allgemein – in erster Linie im nationalen Staatsangehörigkeitsrecht zu sehen. In der Staatenpraxis überwiegen allerdings die Fälle, in denen mit einer vertragsrechtlichen Verpflichtung der an einem Gebietswechsel beteiligten Staaten, ein Optionsrecht zu gewähren, auch häufig ins einzelne gehende Vorschriften über Form, Frist und Bedingungen der Ausübung des Optionsrechtes einhergehen.[5]
Die Entscheidung des Optanten wirkt in der Regel konstitutiv. Die Option ist nicht nur ein Einbürgerungsantrag, so daß es der Zustimmung oder Annahme durch den Staat, für den sich der Optant entscheidet, nicht mehr bedarf.[6] Die Bescheinigung, die über die Optionsentscheidung ausgestellt wird, stellt also nur den Sachverhalt fest.[7] Auch besteht insoweit bei Erfüllung der Frist-, Form- und sonstigen Bedingungen für die Verwaltungsbehörden kein Ermessensspielraum hinsichtlich der Anerkennung der Optionsentscheidung.[8] Auf der anderen Seite ergibt sich jedoch aus der Tatsache, daß eine Option den oft außerordentlich komplizierten Vorschriften über die Berechtigung zur Ausübung der Option und über das Verfahren entsprechen muß, ein Recht zur Überprüfung der Optionsberechtigung, und zwar sowohl für die betreffenden innerstaatlichen Behörden als auch ggf. für internationale Organe.[9]

2. Bei der Bestimmung des Kreises der zur Option berechtigten Personen wendet man dieselben Grundsätze an, die für den Übergang der Staatsangehörigkeit gelten. Die Verträge verwenden auch hier das Wohnsitz-, das Abstammungs-, das Heimatprinzip und den Grundsatz der Volkszugehörigkeit, und sie verbinden und durchkreuzen diese Prinzipien in mannigfaltiger Weise. Nach manchen Verträgen haben alle Personen, die der Nachfolgestaat übernimmt, auch das Recht der Option – so im allgemeinen die Pariser Vorortverträge von 1919 –, oder es wird der Kreis der Optionsberechtigten enger gezogen. So wird etwa die neue Staatsangehörigkeit allen Personen gewährt, die in dem abgetretenen Gebiet ansässig sind, aber das Recht der Option auf diejenigen beschränkt, die aufgrund ihrer Volkszugehörigkeit zu dem Staate gehören, für den sie optieren. Es entspricht dies dem Prinzip, daß die Entscheidung über den Erwerb (oder Verlust) der Staatsangehörigkeit – von wem immer getroffen (Staat oder Individuum) – von Völkerrechts wegen nicht völlig frei, sondern in Anknüpfung an bestimmte, sachbezogene Kriterien erfolgen soll.[10]

Beispiele für eine Beschränkung des Optionsrechts auf die Angehörigen der völkischen Minderheit bieten die Verträge von St. Germain (Art. 80), Trianon (Art. 64) und Lausanne (Art. 32, 34) oder der Vertrag zwischen dem Deutschen Reich und der tschechoslowakischen Republik vom 20. 11. 1938 (RGBl. 1938 II, 896 ff), der das Optionsrecht in den sudetendeutschen Gebieten und der Tsche-

---

5 *Meessen*, Die Option, 66 f, 91 ff; *ders.*, EPIL III, 786.

6 Es gibt jedoch Ausnahmen von dieser Regel, Fälle, in denen die Entscheidung des Optanten der Zustimmung des Staates bedarf, für dessen Staatsangehörigkeit er optiert. So z. B. Art. 5 des Friedensvertrages von Shimonoseki zwischen Japan und China vom 17. 4. 1895 (NRG, *2ème Série*, XXI, 642); Art. 7 Abs. 2 des Friedensvertrages von Konstantinopel zwischen Bulgarien und der Türkei von 1913 (NRG, *3ème Série*, VIII, 78); Art. 32 und 34 des Vertrages von Lausanne (in bestimmen Einzelfällen). In der Zeit nach dem Zweiten Weltkrieg wurden auch die Optionen tschechoslowakischer und russischer Volkszugehöriger nach dem Protokoll zum Vertrag vom 29. 6. 1945 zwischen der UdSSR und der Tschechoslowakei (abgedruckt in: *B. Meissner*, Das Ostpaket-System, Dokumentensammlung, 1955) in dieser Weise behandelt; siehe dazu auch unten.

7 Vgl. dazu den Schiedsspruch im Rechtsstreit zwischen Deutschland und Litauen über Meinungsverschiedenheiten über die Staatsangehörigkeit verschiedener Personen (Fall *Treichler*, *Häwert* et al., ZaöRV 7 (1937), 881 (908), auch RIAA 3, 1719 ff (1753)).

8 *Meessen*, EPIL III, 784.

9 Siehe dazu die Ausführungen des Schiedsrichters Dr. *Merz* (Schweiz) in dem Rechtsstreit zwischen Deutschland und Litauen über Meinungsverschiedenheiten über die Staatsangehörigkeit verschiedener Personen (Fall *Treichler*, *Häwert et al.*, ZaöRV 7 (1937), 881 ff (908 ff); auch RIAA 3, 1719 ff (1752 f)).

10 Vgl. dazu oben.

choslowakei zum Gegenstand hatte.[11] Nach dem Zweiten Weltkrieg ist dieser Grundgedanke im Friedensvertrag vom 10. 2. 1947 mit Italien zum Ausdruck gekommen.[12] Auch nach diesem Vertrag erfolgt der Wechsel der Staatsangehörigkeit nach dem Wohnsitzprinzip (Art. 19 Abs. 1). Aber nach Art. 19 Abs. 2 dürfen die dadurch betroffenen Personen für Italien optieren, wenn sie gewohnt sind, italienisch zu sprechen.[13] Weder die freie Willensentscheidung des einzelnen noch seine Volkszugehörigkeit, sondern die Sprache, aber wiederum nicht die Muttersprache, sondern die – möglicherweise auf individueller Entscheidung beruhende – gewöhnlich gesprochene Sprache *(„customary language", „langage usuelle")* soll maßgebend sein (Sprachenprinzip). Die Badinter-Kommission bezog sich auf *„minorities and ethnic groups"* Außerhalb Europas hat man das Optionsrecht nach der Errichtung des Staates Indonesien unter Gesichtspunkten der Volkszugehörigkeit ausgestaltet.

3. Die im Vorhergehenden behandelte Option jüngerer Art, die sich im Zuge von Gebietsveränderungen in der Staatspraxis entwickelt hat, bildet nur eine bestimmte Erscheinungsform eines umfassenden Optionsrechtes[14], das im Laufe des 20. Jahrhunderts nicht nur in das völkervertragsrechtliche, sondern auch in das innerstaatliche Staatsangehörigkeitsrecht Eingang gefunden hat. Gemeint ist hier die nicht an territoriale Änderungen gebundene Option, die in zwei unterschiedlichen Konstellationen von Bedeutung ist. Zum einen kennen eine Reihe von nationalen Staatsangehörigkeitsregelungen das Recht der Option eines Individuums in dem Sinne, daß z. B. bei Bestehen von Doppelstaatigkeit die betreffende Person sich für eine Staatsangehörigkeit ihrer Präferenz entscheiden und sich damit der zweiten (oder mehrfachen) Staatsangehörigkeit entledigen kann.

So schreibt das amerikanische Staatsangehörigkeitsrecht vor, daß jemand, der durch das in den Vereinigten Staaten von Amerika geltende *ius soli* durch Geburt in den Vereinigten Staaten von Amerika die amerikanische Staatsangehörigkeit erworben hat, zugleich aber auch diejenige seiner nichtamerikanischen Eltern aufgrund des Abstammungsprinzips hat, bei Erreichen der Volljährigkeit für die amerikanische Staatsangehörigkeit optieren kann.[15] Auch das englische Staatsangehörigkeitsrecht – wie das einer Reihe anderer Staaten (z. B. Belgien, Frankreich) – kennt die Option als Staatsangehörigkeitserwerbsgrund.[16] § 29 StAG sieht nicht ein Optionsrecht als Erwerbungsgrund vor, sondern verlangt von Personen, die die deutsche Staatsangehörigkeit auf der Basis des *ius soli* Prinzips erworben haben, eine Erklärung, ob er diese oder eine ausländische Staatsangehörigkeit behalten will. Erfolgt bis zur Vollendung des 23. Lebensjahres keine Erklärung oder optiert der Betreffende für die Beibehaltung der ausländischen Staatsangehörigkeit, so geht die deutsche Staatsangehörigkeit verloren.[17]

Zum anderen haben völkerrechtliche Verträge neben der territorial bezogenen Option auch eine solche vorgesehen, die es Menschen auf der Basis ihrer Volkszugehörigkeit unabhängig von ihrem Wohnsitz erlaubt, für die Staatsangehörigkeit des Staates zu optieren, dessen

[11] Ebenso der Vertrag zwischen dem Deutschen Reich und Litauen vom 8. 7. 1939 (RGBl. 1939 II, 1000 f).

[12] Dazu *Kunz*, AJIL 41 (1947), 622 ff; Text in: UNTS 49, 3.

[13] Entsprechend Art. 20 Abs. 1 im Hinblick auf die Option zugunsten Jugoslawiens und Anhang VI, Art. 6 Abs. 2 in bezug auf Triest.

[14] Dazu näher *Meessen*, Die Option, 79 ff; *ders.*, EPIL III, 785.

[15] Vgl. Sec. 349 (a) (1), *Act of 1952*, 8 U.S.C. 1481 (a) (1); siehe dazu auch die Entscheidungen des US Supreme Court in *Perkins v. Elg* 307 U.S. 325 (1939), A. D. 1938–40, N Cr. 116 und *Mandoli v. Acheson* 344 U.S. 133 (1952), A. D. 1951, N Cr. 64.

[16] Siehe dazu *de Groot*, Länderbericht Belgien (Art. 13 und 16 CNB, 49) und das Vereinigte Königreich (Sec. 3 Abs. 1–4 BNA 1981, 105). Zu Frankreich s. Art. 21–27 und 21–28 *Code civil* i. d. F. vom 22. 7. 1993, sowie *de Groot*, 402, Anm. 97, der dort die neue Rechtslage schon richtig skizziert. Bei der Option nach belgischem Recht handelt es sich allerdings um ein sog. kontrolliertes Optionsrecht, d. h. die Optionserklärung kann unter bestimmten Voraussetzungen (z. B. Unwürdigkeit) abgelehnt werden. Ebenso war die Rechtslage in Frankreich vor der Reform vom 22. Juli 1993. Siehe dazu *de Groot*, Länderbericht Frankreich (Art. 44 ff CNF i.d.F. von 1984, Art. 52 ff CNF 1945, 91 f), sowie *P. Courbe*, *Le nouveau droit de la nationalité*, 68 f.

[17] Vgl. dazu *Hailbronner/Renner*, § 29 StAG, Rdn. 23 ff.

Bevölkerung sie sich zugehörig fühlen. Maßstäbe für die Berechtigung zur Ausübung dieser – freien[18] – Option bildeten also vornehmlich Volkszugehörigkeit oder Sprache.

Beispiele: Der Versailler Friedensvertrag gewährte allen in Deutschland oder im Ausland lebenden Polen und Tschechen deutscher Staatsangehörigkeit das Recht, für die polnische (tschechoslowakische) Staatsangehörigkeit zu optieren (Art. 85 Abs. 1, S. 2, Abs. 5, Art. 91, Abs. 4 und 9).[19] Ebenso wurde in dem Vertrag zwischen dem Deutschen Reich und der Tschechoslowakei vom 20. 11. 1938 nicht nur den Tschechoslowaken in den abgetretenen sudetendeutschen Gebieten, sondern auch den deutschen Volkszugehörigen in der restlichen Tschechoslowakei das Recht der Option zugestanden (§ 4). Ebenso durften nach dem Friedensvertrag mit Italien von 1947 in Italien lebende Personen für Jugoslawien optieren, die es gewohnt waren, serbisch, kroatisch oder slowenisch zu sprechen (Art. 20). Allerdings erwarben gerade diese Personen die gewünschte Staatsangehörigkeit – abweichend von der Regel – nicht automatisch, sondern nur mit Zustimmung des Landes ihrer Wahl.[20] Schließlich hatten nach dem Staatsangehörigengesetz Litauens vom 3. 11. 1989 alle Personen, die über einen ständigen Wohnsitz in Litauen verfügten, jedoch keine litauischen Staatsangehörigen waren, das Recht, binnen zweier Jahre für die litauische Staatsangehörigkeit zu optieren (Art. 35 StAG). Seitdem gelten die in Art. 15 StAG von Litauen niedergelegten Einbürgerungsvoraussetzungen (Sprachkenntnisse etc.).[21]

In Fällen dieser Art wird die Option von dem räumlichen Vorgang des Gebietswechsels gelöst. Auch wo beide – wie in der Vertragspraxis üblich – zusammen den Gegenstand der Regelung bilden, haben sie im Grunde doch nichts miteinander zu tun. Fälle der freien Option stellen auch vertraglich vereinbarte, auf freiwilliger Entscheidung der einzelnen beruhende Umsiedlungen dar.[22]

III. 1. Wenn von dem Recht der Option Gebrauch gemacht wird, erhebt sich die Frage, wie die Rechtsstellung des Optierenden in der Zwischenzeit zwischen dem Übergang des Gebiets und der Option zu beurteilen ist. Es wäre hier denkbar, daß die Optionsberechtigten die neue Staatsangehörigkeit sofort und automatisch erwerben. Die Option hat dann den Rückerwerb der früheren Staatsangehörigkeit zur Folge. Das Ergebnis wäre somit ein zweimaliger Wechsel der Staatsangehörigkeit. Es läßt sich aber auch eine Regelung denken, kraft derer die alte Staatsangehörigkeit zunächst für alle weiterbesteht und die neue Staatsangehörigkeit nur auf diejenigen übertragen wird, die durch das Verstreichenlassen der Optionsfrist beweisen, daß ihnen nicht daran liegt, die alte Staatsangehörigkeit zu bewahren. Die vielleicht ansprechendste Lösung wird in der Regel enthalten, daß die Optionsberechtigten sogleich mit dem Übergang des Gebiets die Staatsangehörigkeit des Neustaates erwerben, die spätere Option aber rückwirkende Kraft hat.[23] Der Optierende wird dann kraft einer rechtlichen Fiktion so angesehen, als hätte er die Staatsangehörigkeit niemals gewechselt.[24]
Die Verträge stimmen in der Regelung dieser Frage nicht überein. Der Friedensvertrag mit Italien von 1947 etwa läßt keine Zweifel darüber, daß der Optant seine bisherige Staats-

---

18 *Kunz*, AJIL 41 (1947), 622 ff (627), bezeichnete diese Option als „unechte" bzw. „uneigentliche". Der hier gewählte Begriff der „freien" Option erscheint geeigneter, den Unterschied zwischen der territorial gebundenen und der rein personenbezogenen Option zu verdeutlichen.

19 Vgl. auch dazu den Art. 40 des Vertrages von Neuilly und den Art. 34 des Vertrages von Lausanne.

20 Vgl. Art. 20 Friedensvertrag mit Italien; auch nach dem Versailler Friedensvertrag erwarben die polnischen und tschechoslowakischen Optanten die gewünschte Staatsangehörigkeit nur nach Maßgabe des Rechts jener Staaten (Art. 85 Abs. 5, 91 Abs. 9).

21 *J. A. Frowein/R. Hofmann/S. Oeter* (Hrsg.), Das Minderheitenrecht europäischer Staaten, 2. Teil, 1994, 178.

22 So wurde eine Umsiedlung der bulgarischen und griechischen Minderheiten in Thrazien und Mazedonien auf der Grundlage der Freiwilligkeit im Vertrag von Neuilly (Art. 56 Abs. 2) in Verbindung mit dem gesonderten Vertrag vom 27. 11. 1919 näher geregelt; siehe dazu auch das Rechtsgutachten des StIGH Serie B Nr. 17 (dort auch der Text des Vertrages vom 27. 11. 1919, 37 ff).

23 *Kunz*, Option I, 156.

24 So auch die Wirkung des Ausschlagungsrechts nach § 3 des Gesetzes zur Regelung von Fragen der Staatsangehörigkeit vom 22. 2. 1955 (BGBl. 1955 I, 65).

angehörigkeit „behält“ und so angesehen werden soll, als hätte er die neue Staatsangehörigkeit niemals erworben (Art. 19 Abs. 2). Zweifelhaft war die Rechtslage nach den Pariser Vorortsverträgen und den Minderheitenschutzverträgen nach dem Ersten Weltkrieg. Nach überwiegender und wohl richtiger Ansicht war ein doppelter Wechsel der Staatsangehörigkeit anzunehmen.[25]

2. Bis vor kurzer Zeit war auch das Optionsrecht von dem Grundsatz der Familieneinheit beherrscht. Die Option war nach den Verträgen bis zum Ersten Weltkrieg und in den Pariser Vorortsverträgen eine kollektive Option. Die Entscheidung des Ehemannes schloß die Ehefrau und die nicht verheirateten Kinder bis zum Alter von 18 Jahren (also nicht notwendig bis zur Volljährigkeit) ein.[26] Der Friedensvertrag mit Italien dagegen folgt – der modernen Tendenz zur Gleichstellung von Mann und Frau entsprechend – dem Grundsatz der individuellen Option (Art. 19 Abs. 2 S. 3 und Art. 20 Abs. 4). Nur im Hinblick auf die Kinder bleibt es auch hier bei der kollektiven Option.

IV. 1. Die Option ist aus dem *ius emigrandi* entstanden. Aber im Laufe der Zeit ist aus dem Recht zur Auswanderung eine Verpflichtung geworden. Der Optant darf die alte Staatsangehörigkeit zwar behalten, aber um den Preis des Verzichts auf die Heimat.

Das war in den Verträgen vor dem Ersten Weltkrieg die Regel.[27] Ihr sind auch die Pariser Vorortsverträge gefolgt.[28] Im Friedensvertrag mit Italien von 1947 ist dieser Grundsatz aber dahin abgeschwächt, daß der Neustaat den Optanten dazu auffordern darf, seinen Wohnsitz in das Land seiner Wahl zu verlegen.[29] Außerhalb Europas hat die Option im Zusammenhang mit der Errichtung der Staaten Indonesien und Burma keine Pflicht zur Auswanderung nach sich gezogen.

Wenn die Optanten auswandern müssen, erhebt sich die Frage, wie die Rechtslage ist, wenn sie gleichwohl im Lande verbleiben. Maßgebend dafür sind die Verträge und das Recht des Aufenthaltsstaates. In früherer Zeit scheint die Auffassung überwogen zu haben, es sei die Auswanderung als Bedingung für eine rechtswirksame Option anzusehen und diese unwirksam, wenn der Optant im Lande verbleibt.[30] Nach den Pariser Vorortsverträgen und dem Friedensvertrag mit Italien ist der Wechsel der Staatsangehörigkeit nur an die Option als solche geknüpft.[31] Aber da der Optierende Ausländer wird, kann der Aufenthaltsstaat ihn ausweisen, wenn er nicht freiwillig seinen Wohnsitz verlegt.

---

[25] So auch RGZ, 107, 297.

[26] In vielen Fällen sehen die nationalen Regelungen als Mindestalter für die Abgabe der Optionserklärung die Vollendung des 18. Lebensjahres vor, die in zunehmendem Maße mit der Volljährigkeit zusammenfällt. Darüber hinaus legen einzelne Rechtsordnungen auch ein Höchstalter (z. B. USA: Vollendung des 25. Lebensjahres) fest, um die Nähe der Lebensbeziehung zum das Optionsrecht gewährenden Land nicht zu schwach werden zu lassen; vgl. dazu die Nachweise in Anm. 13 und 14.

[27] Vgl. *Kunz*, Option I, 134 ff; eine Ausnahme bildet etwa Art. 9 des Pariser Friedensvertrages vom 10. 12. 1898 zwischen den USA und Spanien (11 Bevans 615 (619)) und Art. 7 des Vertrages von Rapallo vom 12. 11. 1920 zwischen Italien und dem Königreich der Serben, Kroaten und Slowenen (LNTS XVIII, 388).

[28] Nur im Versailler Friedensvertrag (Art. 91 Abs. 6 – Option für Polen) ist von einem bloßen Recht zur Auswanderung die Rede.

[29] So Art. 19 Abs. 3 und Art. 20 Abs. 3; nach dem deutsch-dänischen Vertrag vom 10. 4. 1922 (RGBl. 1922 II, 201) konnten gewisse Optanten von der Pflicht zur Verlegung des Wohnsitzes befreit werden (Art. 5 Abs. 2).

[30] Dazu *W. S. Schätzel*, Der Staatsangehörigkeitswechsel bei Gebietsveränderungen, ZVR 12 (1923), 86 ff (109). So aber Art. 5 Abs. 1 des deutsch-dänischen Vertrages vom 10. 4. 1922, wonach die Option als nicht erfolgt galt, wenn der Optant nicht innerhalb einer bestimmten Frist seinen Wohnsitz verlegt hatte.

[31] Vgl. auch die Entscheidung des italienischen Kassationshofes, Foro it. 72 (1949), 331 (unter Aufhebung der Vorinstanz, Foro it. 71 (1948), 37): Verlust der italienischen Staatsangehörigkeit schon mit Abgabe der Optionserklärung zugunsten Deutschlands ohne Rücksicht darauf, ob der Optant Italien verläßt. Das italienische Gesetz sehe nur einen Rückerwerb der den Optanten somit verlorengegangenen Staatsangehörigkeit vor.

2. Den Optanten wird im allgemeinen gestattet, ihr Vermögen unter erleichterten Bedingungen (Befreiung von der Zollpflicht) mit sich zu nehmen. Uneinheitlich ist die Praxis im Hinblick auf das Grundeigentum. Vielfach wird nur der Verkauf des Grundbesitzes gestattet. In neuerer Zeit bleibt das Grundeigentum in der Regel unangetastet.[32]
Diese Praxis erscheint auch heute noch – unter menschenrechtlichen Aspekten – völkerrechtlich zulässig. Mit der Abwägung des einzelnen zwischen dem Verbleiben in der Heimat und dem Wechsel in den Staatsverband, dem er sich seiner Sprache und/oder Volkszugehörigkeit nach näher fühlt, werden die Härten, die mit Gebietswechseln unvermeidlich verbunden sind, gewiß nicht aufgehoben, jedoch gemildert. Zweifel an der völkerrechtlichen Rechtmäßigkeit der Verpflichtung zur Abwanderung ergeben sich jedoch dann, wenn die materiellen Bedingungen – Ablösegelder, nominelles Entgelt für hinterlassenes Grundeigentum o. ä. – unvertretbare Entscheidungsbarrieren errichten. Hier ist die Grenze zur Verletzung elementarer Menschenrechte, z. B. des Rechts der Freizügigkeit, im konkreten Fall möglicherweise überschritten.[33]

V. Angesichts der weitverbreiteten und weit in die Geschichte der Staatspraxis zurückreichenden Übung, bei Gebietswechsel, aber auch darüber hinaus, der betroffenen Bevölkerung Optionsrechte zu gewähren, stellt sich die Frage, ob heute eine völkergewohnheitsrechtliche Regel des Inhalts besteht, daß Staaten generell verpflichtet sind, bei Gebietsveränderungen ein Optionsrecht einzuräumen oder weitergehend, ob den von Gebietsveränderungen betroffenen Bevölkerungen unmittelbar ein Recht zur Option zusteht. Daß ein solches Recht dem einzelnen unmittelbar aufgrund allgemeinen Völkerrechts zustehe, wird nicht angenommen. Es spricht nicht nur eine im einzelnen außerordentlich unterschiedliche Praxis gegen das Bestehen einer ein solches Recht tragenden allgemeinen Rechtsüberzeugung. Vielmehr ist auch rechtsdogmatisch zutreffend der Einwand erhoben worden, daß die Option als solche auf innerstaatlichem Recht beruht, das in operativer Weise zu gestalten das Völkerrecht angesichts der bisherigen Staatspraxis nicht beansprucht. Es bedarf jeweils im Einzelfall zumindest administrativer Vorkehrungen, in der Regel aber rechtlicher Regelungen, um ein Optionsrecht zu effektuieren.[34]
Die Frage, ob dagegen eine gewohnheitsrechtliche Verpflichtung der Staaten besteht, ein Optionsrecht einzuräumen, wird heute unterschiedlich beantwortet. Die ganz überwiegende Meinung[35] lehnt auch das Bestehen einer solchen Pflicht auf der Basis des Völkergewohnheitsrechts ab. *Meessen*[36] dagegen möchte unter Berücksichtigung der zunehmenden menschenrechtlichen Dimensionierung des Völkerrechts zumindest eine „breite“, d. h. nicht im einzelnen spezifizierte zwischenstaatliche Verpflichtung der Staaten annehmen, die enge Beziehung von durch Gebietsübergänge betroffenen Personen zu ihrem bisherigen oder dem neuen Staat zu respektieren, d. h., ihnen die Möglichkeit zur Option zu eröffnen. Allerdings könne es sich insoweit nur um eine durch vertragliche Regelung abdingbare Verpflichtung

32 So die Pariser Vorortsverträge von 1919, die Minderheitenschutzverträge und der Vertrag von Lausanne von 1923. Nach dem Friedensvertrag mit Italien von 1947 ist den Optanten, die das Land verlassen, nur der Verkauf des unbeweglichen Vermögens gestattet (Anhang XIV unter 10 und 11).

33 In diesem Sinne zutreffend *Meessen*, EPIL III, 787.

34 *Meessen*, EPIL III, 786.

35 Aus der älteren Literatur vgl. etwa *F. S. Stoerck*, Option und Plebiszit (1879), 152; *Kunz*, Option I, 90; *ders.*, RdC 30 (1931) I, 111 f; aus der Nachkriegsliteratur vgl. etwa *Graupner*, Nationality and State succession, Transactions 32 (1947), 87 ff (94 ff); *L. C. Cavaré*, Le droit international public positiv, Bd. I, 395 ff; *Bernhardt*, 663; *Verdross*, Völkerrecht, 290; von der nur vertraglichen Grundlage des Optionsrechtes gehen offenbar auch *Verdross/Simma*, § 1193, aus; *Starke*, 345; *Seidl-Hohenveldern*, Rdn. 1326 ff; *Weis*, 159 f; jüngst auch *Randelzhofer*, Rdn. 31 zu Art. 16 Abs. 1 GG; dagegen spricht *Fauchille*, Bd. 1, Teil 1, 857 ff, von einem Optionsrecht, behandelt jedoch im übrigen ausschließlich die zahlreichen Verträge, in denen dieses Recht gewährt wurde. Sie gelten *Fauchille* jedoch eher als Konkretisierungen der Ausübungsmodalitäten des Rechts denn als konstitutive Grundlage desselben.

36 *Meessen*, Die Option, 85 f; *ders.*, EPIL III, 786.

handeln. Auch *Verzijl*[37] geht von der Existenz einer „*non-mandatory*"-Gewohnheitsrechtsregel aus, nach der Staaten gehalten sind, ein Optionsrecht einzuräumen. Unter menschenrechtlichen Gesichtspunkten, insbesondere im Hinblick auf den Trend des modernen Völkerrechts, den Willen der einzelnen Personen bei der Zuordnung der Staatsangehörigkeit zu berücksichtigen, spricht in der Tat manches dafür, der von *Meessen* und *Verzijl* vertretenen Auffassung beizupflichten. Indessen ist rechtspolitisch mit der Annahme einer solchen „weichen" Verpflichtung wenig gewonnen. Indem beide Autoren[38] einräumen, daß eine Abdingung dieser Vertragsverpflichtung keine Verletzung des Völkerrechts darstellt, im übrigen in der Staatspraxis die vertragliche Regelung von Optionsrechten absolut überwiegt, bleibt die effektive Bedeutung der Existenz einer solchen lockeren Verpflichtung äußerst gering. Dem geltenden Gewohnheitsrecht eine weitere mehr oder weniger ineffektive Regel hinzuzurechnen, erscheint deshalb – auch aus rechtspolitischen Gründen[39] – nicht wünschenswert. Man wird darum auch weiterhin die Frage der Gewährung von Optionsrechten als eine im Ermessen der Staaten liegende Entscheidung anzusehen haben, wobei jedoch das Gewicht der bisherigen weitverbreiteten Praxis zwar nicht rechtlich, aber doch aus humanitären Gründen Schranken setzen sollte.[40] Nur Verträge können letztlich eine Verpflichtung zur Optionsgewährung begründen, und diese haben auch die Einzelheiten zu regeln, für die das allgemeine Völkerrecht keine Normen enthält.
Nach Art. 10 des Abkommens über die Verminderung der Staatenlosigkeit vom 30. 8. 1961 sollen freilich Verträge, in denen der Übergang von Staatsgebiet verabredet wird, ein Optionsrecht gewähren. Jedoch verbindet dieser Vertrag bisher nur 16 Staaten, weitere fünf haben ihn gezeichnet.[41]

§ 91 Der Verlust der Staatsangehörigkeit

Schrifttum: wie vor § 84 und zu §§ 84, 85; ferner *H. Lauterpacht*, The nationality of denationalized persons, Jewish Yearbook of International Law 1948, 164 ff; *H.-J. Uibopuu*, Das Recht des Einzelmenschen auf eine Staatsangehörigkeit, Art. 15 der Allgemeinen Erklärung der Menschenrechte, in: *H. Veiter* (Hrsg.), Entwurzelung und Integration, 1979, 115 ff; *W. F. Schleser*, Übersicht über die Erwerbs- und Verlustgründe der deutschen Staatsangehörigkeit, StAZ 1979, 192 ff; *P. W. Co/ O. E. Mendiola*, Presidential Decree 1835: imposing denaturalization as a penalty, Philippine L. J. 1986, 63 ff.

I. Wie der Erwerb wird der Verlust der Staatsangehörigkeit im wesentlichen durch das nationale Recht der Staaten geregelt. Erwerb und Verlust der Staatsangehörigkeit sind in vielen Fällen eng miteinander verbunden. Sie bilden z. B. bei einem Staatsangehörigkeitswechsel zwei Seiten ein- und desselben tatsächlichen Vorgangs: der Erwerb einer neuen Staatsangehörigkeit bewirkt im Regelfall den Verlust der bisherigen. So liegt es nahe anzunehmen, daß die völkerrechtlichen Regelungen für beide Vorgänge – Erwerb und

[37] *Verzijl*, Bd. V, 165 ff.

[38] *Meessen*, EPIL III, 786: „a non-peremptory obligation ... it could be abrogated by the States concluding the treaty of cession ... customary international law contains no more than a broad inter-State obligation to respect the affected persons' affinity to a particular State ... if the States concerned deliberately decide not to abide by this obligation, it is difficult to conceive how a violation of customary law could be invoked"; *Verzijl*, Bd. V, 165: „The right of option cannot be considered as an inviolable „human right", resulting from a rule of customary *ius cogens* and still less from any „general principle of law" ... The cessionary State can without violating the law of nations refuse to grant the right, but the practice of granting it is nowadays so widespread that it may be described as sanctioned by a rule of (non-mandatory) customary law."

[39] Siehe oben Bd. I/1, 56 und dortige Anm. 28.

[40] So zutreffend *Weis*, 160.

[41] UNTS 989, 175; BGBl. 1977 II, 597; zum Ratifizierungs- und Zeichnungsstand siehe Multilateral Treaties deposited with the Secretary-General, ST/LEG/ SER.E/20, Stand vom 31. 12. 2001, vol. I, 354 ff.

Verlust der Staatsangehörigkeit – weitgehend übereinstimmen müßten. Das ist jedoch keineswegs immer der Fall. Die Auswirkungen des Verlustes der Staatsangehörigkeit sind unter völkerrechtlichen Aspekten in vieler Hinsicht so anders geartet, und der Verlust der Staatsangehörigkeit – soweit er durch einseitige Maßnahmen eines Staates herbeigeführt wird – wirft für die betroffenen Personen so besondere Probleme – wie z. B. den Eintritt der Staatenlosigkeit – auf, daß das Völkerrecht – soweit es denn überhaupt regelnd eingreift – auf den Verlust der Staatsangehörigkeit im einzelnen anders reagieren muß, als es bei dem Erwerb der Staatsangehörigkeit der Fall ist. Die völkerrechtlichen Regeln zum Verlust der Staatsangehörigkeit können also nicht lediglich als ein Spiegelbild derjenigen zum Staatsangehörigkeitserwerb gesehen werden. Unterschiede ergeben sich namentlich im Hinblick darauf, ob es sich um den Verlust der Staatsangehörigkeit für Bevölkerungsgruppen oder eine Einzelperson handelt und hier wiederum im Hinblick darauf, ob dieser Verlust freiwillig oder automatisch *(ipso iure)* erfolgt oder auf einseitigem Akt des Staates (Ausbürgerung) oder der einzelnen Person (Verzicht) beruht. Im einzelnen ergibt sich folgendes:

II. 1. Was zunächst den durch einseitigen Akt einer Einzelperson herbeigeführten Verlust der Staatsangehörigkeit angeht, so ergeben sich völkerrechtlich keine besonderen Probleme im Fall der Option.[1] Übt jemand das ihm aufgrund völkerrechtlicher Vereinbarungen zukommende Recht der Option aus, so erwirbt er damit die von ihm gewählte neue Staatsangehörigkeit und verliert – je nach den dem Optionsrecht zugrundeliegenden völkerrechtlichen oder nationalen Regelungen - *ipso iure* oder durch obligatorische Entlassung seitens seines bisherigen Staates dessen Staatsangehörigkeit. Dritte Staaten sind zur Berücksichtigung des Verlustes der bisherigen Staatsangehörigkeit ebenso verpflichtet wie des Erwerbs der neuen. Völkerrechtlich problemlos ist auch der Fall, daß jemand eine nach nationalem Recht eingeräumte Option ausübt, d. h. zwischen zwei (oder mehreren) ihm z. B. durch *ius soli* und *ius sanguinis* zukommenden Staatsangehörigkeiten wählt und dadurch die nicht gewählte Staatsangehörigkeit verliert. Diese Art der Option kann nach nationalem Recht auch als ein Verzicht auf eine Staatsangehörigkeit, z. B. zur Vermeidung der Doppelstaatsangehörigkeit, ausgestaltet sein.

So sieht das amerikanische – und trotz gewisser Modifikationen des Staatsangehörigkeitsrechts ähnlich auch noch das französische – Staatsangehörigkeitsrecht das Recht der Option für solche Personen vor, die aufgrund des hier geltenden *ius soli*-Prinzips die amerikanische Staatsangehörigkeit durch Geburt auf amerikanischem Staatsgebiet erworben haben, zugleich aber nach dem Abstammungsprinzip die Staatsangehörigkeit ihrer – ausländischen – Eltern erhielten.[2] Nach dem Recht z. B. Großbritanniens, Italiens, Belgiens und der Niederlande kann unter bestimmten Umständen auf die Staatsangehörigkeit dieser Länder verzichtet werden.[3] Bedingungen sind z. B., daß keine Staatenlosigkeit eintritt (Großbritannien, Niederlande)[4] oder daß der Wohnsitz ins Ausland verlegt wird und dort auf Dauer verbleibt (Italien).[5] Auch das deutsche Staatsangehörigkeitsrecht kennt den Verzicht eines Doppelstaatlers auf seine deutsche Staatsangehörigkeit.[6] Dabei ist unbeachtlich, wie die deutsche Staatsangehörigkeit bzw. wie die ausländische Staatsangehörigkeit erworben wurde. Entscheidend ist allein, daß die ausländische Staatsangehörigkeit effektiv ist.[7] Die Möglichkeit des Verzichts bei Doppel- oder Mehrfachstaatsangehörigkeit tritt neben das

---

[1] Siehe dazu oben § 90.

[2] Dazu oben § 90 II. 3 und dortige Anm. 15.

[3] Vgl. dazu für das Vereinigte Königreich Sec. 12 BNA 1981; für Italien Art. 8 Ziff. 2 L.c. *Legge sulla cittadinanza* (Italien) (auch Art. 2 Abs. 3 und Art. 7 L.c.) – Verzichtsmöglichkeit bei Doppelstaatsangehörigkeit; für Belgien Art. 22 § 1 Ziff. 2 CNB; für die Niederlande Art. 15 lit. b RwNed *(Rijkswet op het Nederlanderschap)* (Aufgabeerklärung); zum Ganzen siehe *de Groot*, 112 (GB), 123 (IT), 52 (B), 139 (NL).

[4] Vgl. zum Vereinigten Königreich *de Groot*, 112; zu den Niederlanden *de Groot*, 139 mwN.

[5] Vgl. *de Groot*, 123 mwN.

[6] Vgl. § 26 StAG; dazu *Hailbronner/Renner*, Rdn. 5 zu § 26 StAG.

[7] *Hailbronner/Renner*, Rdn. 5 zu § 26 StAG.

Erklärungsverfahren gem. § 29 StAG, wonach Personen, die die deutsche Staatsangehörigkeit nach dem *ius soli*-Prinzip neben einer ausländischen Staatsangehörigkeit erworben haben erklären müssen, ob sie diese oder eine ausländische Staatsangehörigkeit behalten wollen. Erfolgt bis zur Vollendung des 23. Lebensjahres keine Erklärung oder optiert der Betreffende für die Beibehaltung der ausländischen Staatsangehörigkeit, so geht die deutsche Staatsangehörigkeit verloren.[8]

2. Ist in den meisten der hier genannten Fälle die Option gegen die Beibehaltung einer doppelten Staatsangehörigkeit bzw. der Verzicht auf eine bestimmte Staatsangehörigkeit völkerrechtlich deswegen problemlos, weil der Verlust der Staatsangehörigkeit auf einem freiwilligen Akt der betroffenen Person beruht und – jedenfalls bei der Option und dem bedingungslosen Verzicht – staatliche Einschränkungen in das Selbstbestimmungsrecht des einzelnen Menschen nicht eingreifen, so wirft die Tatsache, daß Staaten an die Wirksamkeit des Verzichts auf die Staatsangehörigkeit bestimmte Bedingungen knüpfen, unter Umständen Fragen nicht nur nach der innerstaatlichen Verfassungsmäßigkeit solcher Bedingungen, sondern auch nach der völkerrechtlichen Zulässigkeit von staatlichen Beschränkungen des Verzichts auf die Staatsangehörigkeit auf.[9] Dies gilt auch für das Institut der Entlassung aus der Staatsangehörigkeit, die regelmäßig einen Antrag der zu entlassenden Person voraussetzt, im Grunde also mit dem Verzicht auf die Staatsangehörigkeit eng verwandt ist. Auch hier ist die Frage der völkerrechtlichen Zulässigkeit einer Beschränkung der Entlassungsmöglichkeit gestellt, mit anderen Worten, es stellt sich die allgemeine Frage, ob es völkerrechtlich ein Recht des einzelnen auf von staatlichen Bedingungen freien Verzicht oder auf bedingungslose Entlassung aus der Staatsangehörigkeit gibt.

Die Existenz einer dahingehenden völkerrechtlichen Regel, die z. T. naturrechtlich begründet und/oder als Bestandteil des Rechts auf Auswanderung gesehen wurde, ist in der Tat zu Zeiten behauptet worden.[10] Auch der Gesichtspunkt, daß man im Grundsatz einer Person gegen ihren Willen eine Staatsangehörigkeit nicht aufzwingen darf, könnte dafür sprechen, im Gegenzug dazu ein Recht des einzelnen anzuerkennen, sich in freier Entscheidung von seinem Staat zu trennen.

In der Zeit, in der die Vereinigten Staaten noch an der Einwanderung aus Europa interessiert waren, hat der amerikanische Kongreß in der Präambel zu dem Gesetz vom 27. 7. 1868 ein angebliches Naturrecht des Menschen auf Entlassung aus seinem Staatsverband behauptet: *„The right of*

---

[8] Vgl. dazu § 90 II.3.

[9] So verbietet Art. 16 Abs. 1 Satz 1 GG einerseits den Entzug der deutschen Staatsangehörigkeit, andererseits gewährt es (nicht nur) den Deutschen nach Art. 2 Abs. 1 GG eine allgemeine Handlungsfreiheit, die nach der Rechtsprechung des Bundesverfassungsgerichts die Ausreisefreiheit einschließt (vgl. grundlegend BVerfGE 6, 32). Geht man davon aus, daß die Ausreise- bzw. auch Auswanderungsfreiheit zwar mit dem Recht auf Aufgabe der Staatsangehörigkeit nicht identisch ist, jedoch mit ihr in konkreten Fällen eng verbunden sein kann, so stellt sich etwa die Frage, ob die staatsangehörigkeitsrechtlichen Regelungen zum Verzicht oder zur Entlassung (§§ 18, 26 StAG) an den verfassungsrechtlichen Maßstäben der Grenzen der Einschränkung des Grundrechts des Art. 2 Abs. 1 GG zu messen sind. Man wird dies anzunehmen haben, die jetzt bestehenden Regelungen allerdings als verfassungsrechtlich unbedenklich ansehen müssen.
Völkerrechtlich stellt sich die Frage der Zulässigkeit von Beschränkungen der Freiheit zur Aufgabe der Staatsangehörigkeit, wenn man von der Existenz eines völkerrechtlich (naturrechtlich) gewährleisteten Rechts zur Aufgabe der Staatsangehörigkeit ausgeht, (ablehnend hierzu die Vorauflage Bd. I, 480 f; im Hinblick auf das bisherige Recht ebenso *Hailbronner/Renner*, Einleitung, Abschnitt E, Rdn. 70); vgl. dazu die nachfolgenden Ausführungen und Nachweise.

[10] So etwa *P. C. Jessup*, A modern Law of Nations (1949), 75 f, der von einem *„individual right to expatriation"* ausgeht und sich dabei auf Stellungnahmen des *US Congress* und der amerikanischen Delegation auf der Haager Kodifikationskonferenz stützt; vgl. dazu die Ausführungen des US-Delegierten *Miller*, *Acts of the Hague Conference for the Codification of International Law: Nationality*, Vol. II: *Minutes of the First Committee*, L. N. Doc. C.351(a).M.145(a). *Series of League of Nations Publications*, V. Legal.1930.V. 15, 80 f. Nicht als ein Naturrecht, aber als ein dem modernen Völkerrecht entsprechendes Prinzip wird das Recht auf Expatriierung von der amerikanisch-mexikanischen *General Claims Commission* im Falle der *North American Dredging Comp.* – (1926), RIAA 4, 26 f – dargestellt: *„Under the existing laws of progressive, enlightened civilization a person may voluntarily expatriate himself"* (unter § 7).

expatriation is a natural and inherent right of all people, indispensable to the enjoyment of the rights of life, liberty, and the pursuit of happiness"[11]. Mit dieser Begründung wurde jede Maßnahme eines amerikanischen Beamten, durch die das Recht auf Expatriierung bestritten, beschränkt oder verkürzt werden könnte, für verfassungswidrig erklärt.[12] Später ist diese Auffassung stark modifiziert worden und das Recht auf Verzicht auf die Staatsangehörigkeit *(right to volontary expatriation)* zwar weiterhin anerkannt, jedoch in der Rechtsprechung vorwiegend unter dem Gesichtspunkt behandelt worden, daß nur der freiwillige Verzicht auf die Staatsangehörigkeit zu einem Verlust der amerikanischen Staatsangehörigkeit führen dürfe, so daß also der Schutz vor unfreiwilligem Verlust der Staatsangehörigkeit, nicht der Schutz des Rechts auf Verzicht, im Vordergrund dieser Entscheidung stand.[13] Doch diese eng mit der amerikanischen Geschichte, namentlich der Entwicklung der Einwanderungspolitik verbundene Auffassung trifft nicht die allgemeine Überzeugung der Staaten – weder in der Vergangenheit noch in der Gegenwart.

So hat das englische *Common Law* bis zum Jahre 1870 das den einzelnen mit der Krone verbindende Treueverhältnis als unauflöslich betrachtet *(nemo potest exuere patriam)*; es ging vom Prinzip der *„perpetual allegiance"* aus.[14] Und auch in den Vereinigten Staaten selbst war der Grundsatz der freien Entscheidung zum Verzicht auf die amerikanische Staatsangehörigkeit keineswegs in dem oben zitierten Sinne unbestritten[15] und wurde in den 20er Jahren dieses Jahrhunderts in solchem Maße modifiziert, daß *Borchard* im Jahre 1931 glaubte feststellen zu können, daß *„the doctrine of volontary expatriation as announced in 1868 has practically become obsolescent."*[16] – In der Gegenwart zeigt die Staatspraxis ein unterschiedliches Bild insoweit, als einige Staaten – so z. B. die ehemalige Sowjetunion – die Entscheidung darüber, ob ein Bürger sich der sowjetischen Staatsangehörigkeit entledigen kann, völlig in die ausschließliche Entscheidung der staatlichen Behörden stellen[17], andere dagegen den freiwilligen Verzicht bzw. die entsprechende Option an gewisse verfahrensmäßige und/oder materielle Bedingungen knüpfen. Die häufigsten materiellen Bedingungen dieser Art sind etwa die Erfüllung der Wehrpflicht, die Zahlung fälliger Steuern oder sonstiger Forderungen oder auch die Verbüßung bereits verhängter Strafen. Auch wird in der Regel der Nachweis gefordert, daß eine andere Staatsangehörigkeit anstelle der bisherigen erworben wird.[18]

---

[11] Vgl. Sec. 1999 Rev. Stat., Chapter 249, 15 Stat. 223; abgedruckt auch bei *E. H. Borchard*, AJIL 25 (1931), 312 ff, Anm. 1.

[12] So die Präambel zu dem genannten Gesetz, ebd.; zum Hintergrund dieses Gesetzes vgl. *Gordon/Rosenfield*, in: *Gordon/Mailman*, Kapitel 20, 47 f.

[13] Dazu näher *Gordon/Rosenfield*, in: *Gordon/Mailman*, Kapitel 20, 49 ff; auch *„Developments in the Law – Immigration and Nationality"*, HLR 66 (1952–53), 643 f (731 ff).

[14] Siehe dazu *de Groot*, 96; zum historischen Hintergrund vgl. die Übersicht bei *R. P. Plender*, British Commonwealth, Subjects and Nationality Rules, EPIL vol. I, 499 ff; entsprechend auch bis 1868 die Vereinigten Staaten, vgl. dazu *Gordon/Rosenfield*, in: *Gordon/Mailman*, Kapitel 20, 42 ff.

[15] Administration und Kongreß waren lange Zeit schwankend und scheuten eine Entscheidung zwischen der alten, auf der *„perpetual allegiance"*-Lehre beruhenden Auffassung und einer liberalen Auffassung von der Freiheit des Individuums, über seine Staatsangehörigkeit entscheiden zu können, so daß die Entscheidungen – keineswegs einheitlich – durch den *Supreme Court* getroffen wurden, vgl. dazu *Gordon/Rosenfield*, in: *Gordon/Mailman*, Kapitel 20, 42 ff; auch HLR 66 (1952–53), 643 ff (731 ff); eine andere Einschätzung der Haltung der USA nimmt der *Special Rapporteur* in YBILC 1954 II, 61 para 37 vor; auch in: Digest of United States Practice in International Law 1974, 73 ff (hier ging es um 44 Afro-Amerikaner, die sich zum jüdischen Glauben bekannten, ihre amerikanische Staatsangehörigkeit abgelegt hatten, sich in Israel niedergelassen hatten, von Israel jedoch weiterhin als US-Amerikaner angesehen wurden, was die USA jedoch unter Berufung auf das Recht zur Expatriierung ablehnten) wird eine andere Darstellung gegeben, daß nämlich die USA durchgängig das *„inherent right of the individual to expatriate himself"* anerkannt hatten; dem widerspricht jedoch das Bild der Rechtsprechung.

[16] *Borchard*, AJIL 25 (1931), 312 ff (316).

[17] Rußland hat – wie auch andere ehemalige Ostblockstaaten – diese Praxis zugunsten einer stärkeren Entscheidungsfreiheit des einzelnen Menschen korrigiert, vgl. dazu *Hailbronner/Renner*, Einleitung, Abschnitt E, Rdn. 48 mwN; die volle Entscheidungsfreiheit der staatlichen Behörden nimmt heute die Volksrepublik China für sich in Anspruch; vgl. dazu Art. 11 Staatsangehörigkeitsgesetz der Volksrepublik China, StAZ, 1981, 30.

[18] So beispielsweise Großbritannien (Sec. 12 BNA 1981), dazu *de Groot*, 112; Deutschland §§ 18, 26 StAG.

Von einem spezifischen, im Bereich des völkerrechtlichen Gewohnheitsrechts verankerten Recht auf einseitige, freiwillige Trennung von einem Staat seitens eines seiner bisherigen Staatsangehörigen kann also angesichts dieser zumindest uneinheitlichen, wenn nicht gar ganz überwiegend ablehnenden Staatspraxis nicht gesprochen werden.[19] Dagegen spricht auch der dem modernen Völkerrecht eigene – auch von dem Gedanken einer gewissen Fürsorge für den einzelnen Menschen getragene – Zug zur Vermeidung der Staatenlosigkeit. Keine Stütze findet auch die Auffassung eines aus dem menschenrechtlich begriffenen Recht der Selbstbestimmung entwickelten Rechts auf einseitige Lossagung von der Staatsangehörigkeit eines Staates in den bisher international kodifizierten Menschenrechten. Das hier z. T. verankerte Recht der Auswanderungsfreiheit[20] ist – abgesehen davon, daß es nicht einschränkungsfrei gewährleistet wird (so Art. 12 IPBürg) – nicht identisch mit dem Recht auf Verzicht auf die bisherige Staatsangehörigkeit.

Es besteht somit nach geltendem Völkerrecht keine allgemeine Rechtspflicht der Staaten, einen uneingeschränkten Verzicht auf die Staatsangehörigkeit seitens eines ihrer Bürger anzuerkennen. Jedoch wird man diese Regel insoweit heute einschränken dürfen, als die Verweigerung der Anerkennung eines solchen Verzichtes in grober Weise dem heute gewohnheitsrechtlich geltenden Diskriminierungs- oder Willkürverbot widerspricht.[21] Auf der anderen Seite gibt es allerdings auch kein Verbot für die Staaten, den einseitigen Verzicht einer Person auf ihre bisherige Staatsangehörigkeit als gültig anzuerkennen. Namentlich gibt es keine gewohnheitsrechtlich verankerte Pflicht der Staaten, einen solchen Verzicht nur anzuerkennen, wenn die betreffende Person eine neue Staatsangehörigkeit erwirbt. Dem Grundsatz der Einbürgerungsfreiheit entspricht insoweit die Freiheit der Entlassung von Staatsangehörigen, hier verstanden als die Anerkennung der Wirksamkeit eines Verzichts auf die Staatsangehörigkeit durch einen bisherigen Staatsangehörigen. Dagegen bestehen völkerrechtlich auch deswegen keine Bedenken, als durch die Entlassung – anders als durch die Einbürgerung – Rechte anderer Staaten nicht beeinträchtigt werden. Entweder liegt ihr Einverständnis in dem Sinne vor, daß sie den aus seiner bisherigen Staatsangehörigkeit Entlassenen selbst einbürgern, oder aber es wird durch die Entlassung zumindest keine unmittelbare Pflicht eines bestimmten Staates zur Aufnahme des entlassenen Staatsangehörigen begründet.[22]

3. Als mittelbaren, freiwilligen Verzicht auf die Staatsangehörigkeit sehen eine Reihe nationaler Rechtsordnungen solche Fälle an, in denen Personen bestimmte, von ihnen in freier Entscheidung getroffene Schritte tun wie z. B. Heirat eines Ausländers, Eintritt in einen

---

19 Auch aus den internationalen Menschenrechtskodifikationen kann eine gegenteilige Auffassung nicht begründet werden, auch wenn *Hailbronner/Renner*, Einleitung, Abschnitt E, Rdn. 70, darin zugestimmt werden kann, daß den einschlägigen Menschenrechtsnormen die Tendenz zu entnehmen ist, daß die Entlassung aus der Staatsangehörigkeit nicht willkürlich versagt werden darf, dazu unten II.2; zur Bedeutung etwa von Art. 15 der Allgemeinen Erklärung der Menschenrechte vgl. schon oben § 84 IV.1; wie hier etwa *Brownlie*, 557; *Oppenheim/Jennings/Watts*, Vol. I/2, 867 f; *Panhuys*, 84 (auch 222, 237); in der Vorkriegsliteratur, insbes. im Hinblick auch auf die USA, *Borchard*, AJIL 25 (1931), 312 ff (316); für die Geltung eines solchen Rechts des Individuums – und damit auch einer korrespondierenden Pflicht der Staaten – *Fauchille*, Bd. I, 840 ff; *J. Fischer Williams*, *Denationalization*, BYIL 8 (1927), 45 ff (53), allerdings mit Hinweis auf die Versagung des Rechts nach dem Ersten Weltkrieg (53, Anm. 2); *J. Maury*, *Observations sur quelques modifications du droit de la nationalité depuis le code de la nationalité*, in: FS *Basdevant* (1960), 360 ff (378 ff); *Makarov*, Allgemeine Lehren, 77 f.

20 Vgl. z. B. Art. 12 Abs. 2 IPBürg; zur Auswanderungsfreiheit vgl. auch *U. Scheuner*, Die Auswanderungsfreiheit in der Verfassungsgeschichte und im Verfassungsrecht Deutschlands, in: FS *Thoma* (1950), 199 ff.

21 So auch *Hailbronner/Renner*, Einleitung, Abschnitt E, Rdn. 70 mwN.

22 So zutreffend *Weis*, 125; im Sinne des zuvor Gesagten die Entscheidung des amerikanisch-ägyptischen Schiedsgerichts im Fall *Salem* vom 8. Juni 1932, RIAA 2, 1161 (1186 f).

ausländischen Staats- oder Militärdienst oder generell den freiwilligen Erwerb einer ausländischen Staatsangehörigkeit, die dann als weitere Rechtsfolge den Verlust der bisherigen Staatsangehörigkeit nach sich ziehen. Jedoch wird man hier differenzieren müssen, wie auch das geltende Völkerrecht zeigt, indem es etwa den *ipso iure*-Verlust der Staatsangehörigkeit für eine Frau, die einen Ausländer heiratet, nicht mehr als freiwilligen Verzicht und daher auch nicht mehr als Rechtens anerkennt. Als impliziten Verzicht auf die bisherige Staatsangehörigkeit wird man heute nur noch solche Akte einer Person anerkennen können, die in besonderem Maße die Aufgabe der Loyalitätsbeziehung zu dem bisherigen Staat und die Begründung einer neuen intensiven Beziehung zu demjenigen Staat zum Ausdruck bringen, dem sich eine solche Person zuwendet.[23] Das trifft gewiß nicht auf die Heirat zu, die ausschließlich dem privaten Lebensbereich zugeordnet ist und Fragen der Loyalität zu dem einen oder anderen Staat jedenfalls nicht im Grundsatz aufwirft.

So ist eine Auffassung, wie sie der US Supreme Court in *Mackenzie v. Hare*[24] noch vertrat, daß die Heirat eines Ausländers in Kenntnis der Gesetzeslage, d. h. der Rechtsfolge des Verlustes der Staatsangehörigkeit seitens der Frau durch eine solche Heirat, ein Akt freiwilligen Verzichts auf die Staatsangehörigkeit sei, heute nicht mehr hinnehmbar[25], und sie entspricht auch nicht mehr der Rechtslage in den Vereinigten Staaten.[26]

Aber auch die Eingehung eines Dienstverhältnisses – wie z. B. die Übernahme einer akademischen Lehrposition im Beamtenverhältnis, kann nicht als Akt freiwilligen Verzichtes auf die Staatsangehörigkeit angesehen werden, wenn sie wegen des mit dem Dienstverhältnis verbundenen Status den Verlust der Staatsangehörigkeit *ipso iure* bewirkt. Dies deshalb, weil z. B. eine Lehrposition oder ähnliche Tätigkeit nicht zwingend eine Ausgestaltung des Dienstverhältnisses erfordert, die – wie etwa der Beamtenstatus – einen grundsätzlichen Wechsel der Loyalität voraussetzen könnte.[27]
Anders mag man nach wie vor den Eintritt in den engeren aktiven Staatsdienst eines anderen Landes oder gar in den Militärdienst ansehen.[28] In diesen Fällen stehen unter völkerrechtlichen Gesichtspunkten einer Behandlung der entsprechenden Entscheidungen einzelner Personen als implizitem, freiwilligen Verzicht keine Bedenken entgegen. Die übrigen hier genannten Fallkonstellationen sind einseitige Akte der Ausbürgerung seitens eines Staates und somit unter diesem Aspekt völkerrechtlich zu würdigen.

4. Dem Verzicht auf die Staatsangehörigkeit steht die in manchen nationalen Rechten – so etwa im deutschen Staatsangehörigkeitsrecht[29] – vorgesehene Entlassung aus einer Staatsangehörigkeit nahe. Mit dem Verzicht hat die Entlassung zunächst gemein, daß es eines Antrages auf Entlassung bedarf, es sich also bei der Entlassung nicht um eine einseitige vom Staat vorgenommene Ausbürgerung handelt. Wie beim Verzicht liegt der Entlassung eine freiwillige Entscheidung des Bürgers zugrunde. Weiter steht die Entlassung dem Verzicht in solchen – häufigen – Fällen nahe, in denen an die Wirksamkeit des Verzichtes die Erfüllung bestimmter, vom Staat gesetzter Bedingungen geknüpft wird. Der Sache nach sind Entlassung auf Antrag und an Bedingungen geknüpfte Anerkennung der Wirksamkeit eines

---

[23] *Weis*, 117, verwendet hier den Begriff der *„implied expatriation"*.

[24] *Mackenzie v. Hare* 239 U.S. 299 (1915).

[25] Siehe dazu oben § 88, insbes. § 88 I.

[26] Der automatische Verlust der US citizenship durch eine Frau aufgrund Heirat mit einem Ausländer wurde durch den *Cable Act (Act of Sept.* 22, 1922, 42 Stat. 1022) und in erweiterter Form durch das Gesetz vom 3. 3. 1931 (Sec. 4 (a) *Act of March* 3, 1931, 46 Stat. 1511) beseitigt; allein im Jahre 1951 wurden 984 Frauen, die durch Heirat die amerikanische Staatsangehörigkeit verloren hatten, wieder eingebürgert, vgl. dazu HLR 66 (1952–53), 643 ff (732).

[27] In diesem Sinne nimmt die US-Praxis eine Unterscheidung zwischen politisch bedeutsamen und anderen Dienstverhältnissen vor, vgl. dazu *Gordon/ Rosenfield*, in: *Gordon/Mailman*, Kapitel 20, 88.

[28] Vgl. beispielsweise § 17 Ziff. 5 StAG.

[29] Vgl. § 17 Ziff. 1, §§ 18 ff StAG.

Verzichts so weitgehend identisch, daß hinsichtlich ihrer völkerrechtlichen Beurteilung auf das zuvor Gesagte verwiesen werden kann.

III. Dem Verlust der Staatsangehörigkeit durch ausdrücklichen oder impliziten Verzicht sowie durch Entlassung steht der Verlust der Staatsangehörigkeit ausschließlich aufgrund staatlicher Rechtssetzung oder Einzelakte (Ausbürgerung, *denaturalization)* gegenüber. Wie bereits erwähnt, sehen viele nationale Rechtsordnungen den *ipso iure* Verlust der Staatsangehörigkeit für bestimmte Situationen oder Akte ihrer Staatsbürger vor.[30] Daneben steht aber auch eine nicht unerhebliche Praxis, den Verlust der Staatsangehörigkeit aufgrund administrativen oder gerichtlichen Einzelaktes, d. h. durch Ausbürgerung im engeren Sinne, eintreten zu lassen.[31] Eine besondere Problematik stellt in diesem Zusammenhang die kollektive Zwangsausbürgerung dar.[32]

1. Als mit dem Völkerrecht heute nicht mehr vereinbar ist es anzusehen, wenn Staaten für die Eheschließung einer Inländerin mit einem Ausländer – und umgekehrt – den automatischen Staatsangehörigkeitswechsel, d. h. insbesondere den Verlust der Staatsangehörigkeit für den Ehepartner vorsehen, der aufgrund des für den anderen Partner geltenden Staatsangehörigkeitsrechts dessen Staatsangehörigkeit mit der Eheschließung erwirbt. Wiewohl im Grundsatz Doppelstaatsangehörigkeit ebenso wie Staatenlosigkeit von Völkerrechts wegen nicht wünschenswert ist[33], so ist ihre Vermeidung heute nach allgemeinem Völkerrecht nicht zwingend geboten, vielmehr muß dieser Gesichtspunkt hinter dem Willen des einzelnen Menschen zurücktreten.[34] Aus dem gleichen Grund – grundsätzliche Maßgeblichkeit des Willens der betroffenen Personen – kann heute auch eine nationale Staatsangehörigkeitsregelung als nicht mehr völkerrechtsgemäß angesehen werden, die an die bloße Tatsache eines langanhaltenden Auslandsaufenthaltes einer Person ohne den Vorsatz endgültiger Niederlassung im Ausland nach Ablauf entsprechender Fristen den *ipso iure* eintretenden Verlust der Staatsangehörigkeit vorsieht.[35]

Beispielsweise wäre es angesichts der zunehmenden Übung, daß ältere Menschen nach ihrer Pensionierung ihren Wohnsitz in Staaten nehmen, die über ein besonders gutes Klima verfügen, trotz der oft langen Dauer dieser Wohnsitzverlagerung nicht angemessen, diese Wohnsitzverlegung als Ausdruck der Absage an die Zugehörigkeit zu ihrem Heimatstaat und somit als hinreichenden

[30] So der Erwerb einer ausländischen Staatsangehörigkeit (freiwillig oder *ipso iure*, soweit dies noch zulässig ist), Eintritt in den Staatsdienst eines anderen Staates, Eintritt in fremden Militärdienst usw.; siehe dazu oben II.3.

[31] So z. B. die Ausbürgerung von naturalisierten Bürgern durch Gerichtsentscheidung in den USA, vgl. dazu im einzelnen *Gordon/Rosenfield*, in: *Gordon/Mailman*, Kapitel 20, 28 ff; Entzug der Staatsangehörigkeit durch Verwaltungsakt z. B. im Vereinigten Königreich (Sec. 40 BNA 1981) und in Frankreich (Art. 112 CNF).

[32] Dazu unten III 4.

[33] Im Hinblick auf die als Folge der weltweiten Migrationen zunehmende Einwanderung auch in solche Länder, die sich traditionell nicht als Einwanderungsländer verstanden haben, und im Hinblick auf die im Rahmen des Europarates und der EU garantierte Freizügigkeit und Niederlassungsfreiheit ist inzwischen eine Tendenz zu größerer Toleranz gegenüber der Doppelstaatsangehörigkeit zu beobachten.

[34] Das Europäische Übereinkommen über die Verringerung der Mehrstaatigkeit und über die Wehrpflicht von Mehrstaatern, 1963 (BGBl. 1969 II, 1953) ist zwar der Vermeidung der Mehrstaatigkeit verpflichtet. Seine Bedeutung ist aber wegen der geringen Zahl von Ratifikationen und der Fokusierung auf eine spezielle Frage eingeschränkt. Dagegen nimmt das am 1. 3. 2000 in Kraft getretene Europäische Übereinkommen zur Staatsangehörigkeit, 1977 (ETS Nr. 166), eine flexiblere Haltung gegenüber der Doppelstaatsangehörigkeit ein, indem es die Vertragsstaaten verpflichtet zwei Fälle von Doppelstaatsangehörigkeit zuzulassen, nämlich die durch Heirat bzw. aufgrund von Geburt entstanden sind (vgl. zu diesem Abkommen *de Groot*, The European Convention on Nationality: a step towards a ius soli commune in the field of nationality law, Maastricht Journal of European and Comparative Law, 7 (2000), 117). Sein Art. 15 läßt sich dahin interpretieren, daß es den Vertragsstaaten darüber hinaus freigestellt ist, weitere Fälle der Mehrstaatigkeit zu akzeptieren (vgl. dazu *Hailbronner/Renner* Einleitung, Abschnitt F, Rdn. 8).

[35] Zur insoweit recht uneinheitlichen Staatspraxis *Weis*, 119; mwN *de Groot*, 290 ff.

Grund für einen Verlust der Staatsangehörigkeit anzusehen. Nicht nur sprechen in solchen Fällen die regelmäßig weiterbestehenden Verbindungen zum Heimatstaat (einschließlich fortbestehender Steuerpflicht usw.), sondern auch grundsätzliche, auf dem Menschenrecht der Freizügigkeit beruhende Überlegungen dagegen. Anders könnte allerdings zu entscheiden sein, wenn eine eingebürgerte Person später wieder ihren dauernden Aufenthalt in ihrem früheren Heimatstaat nimmt. In diesem Sinne wurden etwa die sog. *Bancroft*-Verträge zwischen einer Reihe von Staaten mit den Vereinigten Staaten gegen Ende des 19. Jahrhunderts abgeschlossen.[36]

2. Völkerrechtlich unbedenklich ist dagegen der *ipso iure* (oder in manchen Fällen auch durch Akt der Aberkennung der Staatsangehörigkeit) eintretende Verlust der Staatsangehörigkeit durch den Eintritt einer Person in den engeren, insbesondere politisch ausgerichteten Staats- oder Wehrdienst eines fremden Staates.[37] Selbst unter Berücksichtigung des Prinzips der freien Selbstbestimmung des Menschen können Bedenken gegen diese Praxis nicht bestehen. Man darf hier von einer impliziten Zustimmung der betroffenen Person ausgehen.[38]

3. In manchen nationalen Rechtsordnungen kann die Staatsangehörigkeit durch administrative oder gerichtliche Einzelentscheidung aberkannt werden. In der Regel liegt entsprechenden Regelungen der Gedanke der Sanktion, ja sogar im engeren Sinne der Strafsanktion[39] zugrunde. Ausbürgerung *(denaturalization)* als Sanktion ist insbesondere in Fällen vorgesehen, wo die Einbürgerung *(naturalization)* unter Verletzung des Rechts des einbürgernden Staates erwirkt worden ist. Aber auch dann ist die Ausbürgerung als eine Sanktion für Fehlverhalten eines Eingebürgerten zu sehen, wenn dieser in dem der Einbürgerung unmittelbar folgenden Zeitraum in erheblichem Maße gegen die Rechtsordnung des einbürgernden Staates verstoßen hat.

So sehen etwa das Staatsangehörigkeitsrecht Frankreichs[40], Großbritanniens[41], und der Vereinigten Staaten[42] vor, daß naturalisierte Personen wegen Erschleichung ihrer Einbürgerung ausgebürgert

---

[36] Vgl. z. B. den Vertrag zwischen den USA und dem Norddeutschen Bund vom 22. 2. 1868, *Martens* N. R.G. 1ère Série, XIX, 78; weitere Verträge dieser Art wurden von den USA mit Bayern, Baden, Württemberg und dem nicht zum Norddeutschen Bund gehörigen Teil des Großherzogtums Hessen geschlossen, vgl. dazu die Übersicht bei *W. Fritzemeyer*, Bancroft Conventions, EPIL vol. I, 338 ff; später wurden Verträge des gleichen Typs mit Großbritannien (1870), Österreich-Ungarn (1870), Dänemark (1872) und in den ersten Jahrzehnten dieses Jahrhunderts mit einer Reihe zentral- und südamerikanischer Staaten geschlossen, vgl. dazu ausführlich *Verzijl*, Bd. V, 80 f.

[37] Zur Verbreitung dieser Übung vgl. die Übersicht bei *Weis*, 118 mwN.

[38] In der Staatspraxis hat die Frage der Freiwilligkeit solcher Akte, z. B. des Eintritts in einen fremden Militärdienst, Dienst in einer ausländischen Regierung oder die Ablegung eines *„oath of allegiance"* eine wichtige Rolle gespielt; nur eine wirklich freiwillige Vornahme dieser Akte soll die Folge des Staatsangehörigkeitsverlustes rechtfertigen, vgl. dazu aus der reichhaltigen amerikanischen Rechtsprechung *Perez v. Brownell* 356 U.S. 44 (1958) – Teilnahme an Wahlen im Ausland verfassungsgemäß, später in *Afroyim v. Rusk* 387 U.S. 353 (1967) revidiert –, *Dos Reis ex rel. Camara v. Nicolls* 161 F. 2d 869 *(1st Circuit*, 1947), auch in AD 1947, C. 51 – *„oath of allegiance"*, und *Lehmann v. Acheson* 206 F. 2d 592 *(3rd Circuit* 1953) – Eidesablegung im Zusammenhang mit Wehrdienst als Wehrpflichtiger; zum Ganzen vgl. *Gordon/Rosenfield*, in: *Gordon/Mailman*, Kapitel 20, 83 ff.

[39] Gegen die Vereinbarkeit der Aberkennung der Staatsangehörigkeit als Strafe mit dem Völkerrecht z. B. *J.-P. Niboyet*, Anm. zu *Chiger c. Dame Chiger, Cour d'Appel de Paris*, 30. 4. 1926, RDIP 22 (1927), 245 (246); *G. Scelle*, A propos de la loi allemande du 14 juillet 1933, sur la déchéance de la nationalité, RGDIP 29 (1934), 63 ff; in diesem Sinne auch das *Institut de droit international* 1896, TGR 43, Art. 6; aus der älteren Literatur dazu auch *H. Lessing*, Das Recht der Staatsangehörigkeit und die Aberkennung der Staatsangehörigkeit zu Straf- und Sicherungszwecken (1937).

[40] Art. 112 CNF, dazu *de Groot*, 94 f.

[41] Sec. 40 BNA 1981, dazu *de Groot*, 112.

[42] 8 U.S.C. 1451 (a), der Widerruf der Naturalisierung ist unbefristet, vgl. dazu *Gordon/Rosenfield*, in: *Gordon/Mailman*, Kapitel 20, 9 f. mit Rechtsprechungsnachweisen.

werden, wobei z. B. Frankreich auch hier eine Ausschlußfrist kennt.[43] Großbritannien sieht die Ausbürgerung aufgrund von strafgerichtlicher Verurteilung von mehr als 12 Monaten vor.[44]

Gründe für die Ausbürgerung durch gerichtliche Entscheidung bildeten vor allem die Begehung von Landesverrat oder ähnlicher schwerer Straftaten.[45] Von ihrer völkerrechtlichen Zulässigkeit – trotz bestehender Bedenken – ist auch heute noch auszugehen. Hingegen ist die bis in die jüngste Vergangenheit weit verbreitete Praxis, Ausbürgerungen aus politischen[46] oder gar rassischen[47] Gründen vorzunehmen, unter dem Gesichtspunkt des heute gewohnheitsrechtlich anerkannten Diskriminierungsverbotes völkerrechtswidrig. Es handelt sich hier um die den Grundsätzen des modernen Völkerrechts widersprechende Zwangsausbürgerung einer Person.

4. Die kollektive Ausbürgerung ganzer Teile einer Bevölkerung- abgesehen im Zusammenhang mit einem Gebietswechsel – ist mit dem Völkerrecht nicht vereinbar.[48] Sie stellt sich als eine mißbräuchliche Ausübung der Staatsgewalt dar. Namentlich die kollektive, unpersönliche Ausbürgerung ganzer Bevölkerungsgruppen stellt eine mißbräuchliche Überspannung der Staatsgewalt dar.[49] Wie bei der individuellen so muß auch bei der kollektiven Zwangs-

---

[43] Das französische Recht sieht eine Widerrufsfrist von zwei Jahren vor, vgl. *de Groot*, 95.

[44] Vgl. *de Groot*, 112.

[45] So etwa in den USA gesetzlich bestätigt und erweitert durch Sec. 401 (h), *Nationality Act of 1940*, 54 Stat. 1169 und Sec. 349 (a) (8), Act of 1952, 8 U.S.C. 1481 (a) (7); von den hier genannten Tatbeständen ist nur der Landesverrat durch eine ausdrückliche Legaldefinition in der US-Verfassung (Art. 3, Sec. 3) verfassungsrechtlich abgesichert; die weitergehenden Tatbestände wie *„sedition, insurrection, and advocacy of violent overthrow of the Government of the United States"* konnten im Hinblick auf die Rechtsprechung des *Supreme Court* zum 1. *Amendment („freedom of speech")* verfassungsrechtlichen Bedenken unterliegen, jedoch ist die Frage bisher nicht gerichtlich überprüft worden, vgl. dazu *Gordon/Rosenfield*, in: *Gordon/Mailman*, Kapitel 20, 89 f; nach Art. 16 Abs. 1 Satz 1 GG ist jede individuelle Ausbürgerung verfassungsrechtlich verboten.

[46] Siehe zum Fall *Wolf Biermann*, Deutschland Archiv 1977, Heft 1, 12 ff; zum Entzug der Sowjetbürgerschaft für Menschenrechtsaktivisten, vgl. *H. Salisbury* (Hrsg.), *Sakharov speaks*, 1974, 19 ff; zum Fall der *Denationalisierung von Lew Kopelew* vgl. *G. Ginsburgs*, *The Citizenship Law of the UdSSR*, 1983, 61 und 370; mwN *S. Wiessner*, Die Funktion der Staatsangehörigkeit, 1989, 203 ff.

[47] Während der Zeit der nationalsozialistischen Herrschaft in Deutschland verloren die aus Deutschland emigrierten Deutschen jüdischer Herkunft ihre deutsche Staatsangehörigkeit durch Entzug. Die deutsche Staatsangehörigkeit von Eingebürgerten Personen jüdischer Abstammung wurde zum großen Teil widerrufen (vgl. dazu *Hailbronner/Renner*, Einleitung, Abschnitt E, Rdn. 72).

[48] A. A. *Randelzhofer*, Rdn. 33 zu Art. 16 Abs. 1 GG.

[49] So auch *E. S. Zeballos*, La nationalité III (1916), 753; *A. de Lapradelle*, Anm. zu *Betz-Marmatschoff c. Kontznetzkoff*, *Tribunal Civil de la Seine*, 7. 3. 1929, RDIP 24 (1929), 308 ff (311); anders – im Sinne der Zulässigkeit *S. Rundstein*, Die allgemeinen Rechtsgrundsätze des Völkerrechts und die Fragen der Staatsangehörigkeit, ZVR 16 (1932), 14 ff (44 f); *E. Castrén*, Die gegenseitigen Pflichten der Staaten in bezug auf den Aufenthalt und die Aufnahme ihrer Staatsangehörigen und der Staatenlosen, ZaöRV 11 (1942), 325 ff (345 f, 352 f); differenzierend heute *Weis*, 125; ebenso *I. Brownlie*, The relations of nationality in Public International Law, BYIL 39 (1963), 339; *ders.*, Principles, 404, 405; für die Zeit bis zum Ende des 2. Weltkrieges *R. Hofmann*, Denationalization and Forced Exile, EPIL I, 1001 ff. (1003), dort auch eine Übersicht über die Haltung nationaler Gerichte etwa im Hinblick auf die Ausbürgerungsgesetze durch das nationalisozialistische Regime. Die Judikatur ist uneinheitlich; so haben französische Gerichte vor Anerkennung der Sowjetunion durch Frankreich die sowjetischen Dekrete von 1921, mit denen eine massenweise Ausbürgerung regimefeindlicher Bürger vorgenommen wurde als völkerrechtswidrig, nach der erfolgten Anerkennung jedoch als wirksam angesehen; auch in der Schweiz ist nach anfänglicher Nichtanerkennung der sowjetischen Dekrete später die Wirksamkeit angenommen worden, wobei das Bundesgericht die Frage, ob die Massenausbürgerung völkerrechtswidrig sei oder nicht, als nicht bedeutsam ansah, weil es keine Möglichkeit gebe, die UdSSR zur Zurücknahme zu zwingen, die betroffenen Personen also in der Sicht der UdSSR weiterhin staatenlos seien, vgl. die Entscheidungen *Tcherniak v. Tcherniak* AD 1927–28, C. 39, und *Lempert v. Bonfol* (1934) AD 1933–34, C. 115; zum Ganzen ausführlich *Weis*, 120 ff. Das deutsche Bundesverfassungsgericht hat die mit seinem Urteil vom 15. 4. 1980 (BVerfGE 54, 53) alle aus rassenideologischen Gründen erfolgten Entziehungen der deutschen Staatsangehörigkeit als *ab initio* null und nichtig erklärt. Damit wurde zwar die deutsche Staatsangehörigkeit der Opfer solcher Maßnahmen nicht *ipso iure* wieder hergestellt; die Betroffenen konnten jedoch auf ihren Antrag die

ausbürgerung das Verbot der Willkür, das nach allgemeinem Völkerrecht geltende Diskriminierungsverbot als der Handlungsfreiheit der Staaten Grenzen setzendes Prinzip Beachtung finden.[50] Ein Staat, der aus rassischen, religiösen oder politischen Gründen Massenausbürgerungen vornimmt und damit vorsätzlich ein Massenflüchtlingselend hervorruft, verletzt seine Rechtspflicht zur Wahrung der Menschenrechte und zur Rücksichtnahme auf andere Staaten, die der ausbürgernde Staat in eine Zwangslage bringt, nämlich die Ausgebürgerten aufnehmen zu müssen. Dem kann auch nicht entgegengehalten werden, daß solche Massenausbürgerungen mehrfach geschehen sind, ohne auf Proteste zu stoßen.[51] In den Fällen, in denen es dazu gekommen ist, bestanden Ausnahmelagen (Krieg, Kriegsfolgesituation), oder es kam in diesen Aktionen eine ausgeprägt totalitäre Staatsauffassung zur Geltung. Daraus ergeben sich keine Schlüsse für das Bestehen einer internationalen Rechtsüberzeugung. Entscheidend ist aber, daß derartige kollektive Ausbürgerungen nicht unmittelbar in die Rechte anderer Staaten eingreifen, insbesondere diese nicht daran hindern, diese Personen aufzunehmen und einzubürgern. Insofern hat das Fehlen von Protesten keinen Aussagewert. Schließlich ist zu berücksichtigen, daß in derartigen Fällen, eine Wiederaufnahme kollektiv Ausgebürgerter faktisch nicht verlangt werden kann, auch wenn eine derartige Verpflichtung völkerrechtlich besteht.

Eher dürften das in der Konvention zur Verminderung der Staatenlosigkeit vorgesehene Verbot der Ausbürgerung von Personen oder Personengruppen aus rassischen, völkischen, religiösen oder politischen Gründen (Art. 8 und 9)[52] und das Verbot der Hinderung gleichberechtigter Teilnahme am politischen, sozialen, wirtschaftlichen und kulturellen Leben eines Landes und der Schaffung von Lebensbedingungen, die die volle Entwicklung einer Bevölkerungsgruppe und ihr den Genuß der fundamentalen Menschenrechte einschließlich des Rechts auf die Staatsangehörigkeit verweigern, wie es in der Konvention über die Bekämpfung und Ahndung des Verbrechens der Apartheid (Art. II)[53] niedergelegt ist, heute der überwiegenden Rechtsüberzeugung entsprechen. Auch Art. II lit. b und c der Konvention über die Verhütung und Bestrafung des Völkermordes weist in diese Richtung.[54]

III. 1. Ein dem Völkerrecht entsprechender Staatsangehörigkeitsverlust ist völkerrechtlich von den unmittelbar betroffenen Staaten sowie von dritten Staaten zu beachten. Das gilt auch für die Ausbürgerung. Soweit diese jedoch dem Völkerrecht widerspricht, brauchen andere Staaten sie nicht als wirksam anzuerkennen.[55] Der ausbürgernde Staat ist also nach wie vor zur Aufnahme oder Zurücknahme solcher Personen, und zwar unter Gewährleistung menschlicher Behandlung, verpflichtet. Aber selbst dort, wo die Ausbürgerung nicht geradezu dem Völkerrecht widerspricht, dürfen andere Staaten ihr die extraterritoriale

deutsche Staatsangehörigkeit zurückerhalten. Ohne Antrag werden dagegen solche Opfer der Ausbürgerungen als deutsche Staatsangehörige angesehen, die nach dem 2. Weltkrieg ihren Wohnsitz in Deutschland genommen haben.

50 Dazu schon G. *Leibholz*, Das Verbot der Willkür und des Ermessensmißbrauchs im völkerrechtlichen Verkehr der Staaten, ZaöRV 1 (1929), 77 ff (101); *Lauterpacht*, Function, 300 f; *E. Isay*, De la nationalité, RdC 1924 IV, 429 ff (441); *R. Jennings*, Some international law aspects of the refugee question, BYIL 20 (1939), 98 ff (110 f).

51 Darauf weist *Verdross*, Völkerrecht, 313, hin, der aber im weiteren den Gedanken des Rechtsmißbrauchs als Grenze staatlicher Freiheit, Ausbürgerungen vorzunehmen, erwägt; dieser Gedanke komme in der zwar unverbindlichen Vorschrift des Art. 15 (2) der Allgemeinen Erklärung der Menschenrechte zum Ausdruck und gebe ihm damit besonderes Gewicht. Ähnlich auch *Hailbronner/Renner*, Einleitung, Abschnitt E, Rdn. 73.

52 UNTS 989, 175, von nur 23 Staaten ratifiziert.

53 Konvention vom 30. 11. 1973, UNTS 1015, 244, von 101 Staaten ratifiziert.

54 Konvention vom 9. 12. 1948, UNTS 78, 277, ratifiziert von 132 Staaten.

55 Anders aber der US Circuit Court of Appeals in *US ex rel. Steinvorth v. Watkins*, (1957), AD 1947, C. 41, im Hinblick auf ein costaricanisches Ausbürgerungsdekret, das sich der Kontrolle der amerikanischen Gerichte entziehe.

Wirksamkeit in ihrem Hoheitsgebiet mit der Begründung verweigern, daß die Ausbürgerung zu ihrem ordre public im Widerspruch stehe.[56]

2. Wenn jemand seine Staatsangehörigkeit verliert, so erlöschen die auf ihr beruhenden Rechte und Pflichten. Wenn ein Staat z. B. einen ehemaligen Staatsangehörigen, der jetzt die Staatsangehörigkeit eines anderen Landes besitzt, zu nachträglicher Erfüllung einer früher nicht erfüllten Wehrpflicht heranziehen wollte, so läge darin ein Delikt gegenüber dem Staat, dessen Staatsangehörigkeit der Eingezogene nunmehr besitzt, und dieser wäre zu seinem Schutze berechtigt.
Doch löst die ehemalige Staatsangehörigkeit gewisse Nachwirkungen aus. Unter Umständen hat der Staat seinen ehemaligen Angehörigen auch weiterhin so zu behandeln, als ob die Staatsangehörigkeit weiterbestünde. Das ist namentlich dann der Fall, wenn diesen kein anderer Staat bei sich aufnehmen will. Dann steht der Staat, dessen Staatsangehörigkeit diese Person früher besaß, ihr relativ näher als andere Staaten. Er behält daher die Fürsorgepflicht gegenüber seinem ehemaligen Bürger. Er darf ihn nicht ausweisen und ist u. U. zu seiner Wiederaufnahme verpflichtet.[57] Zudem sehen viele nationale Rechtsordnungen die erleichterte Wiedereinbürgerung ehemaliger Staatsangehöriger vor. Auch hierin kommt das Prinzip der Nachwirkung der relativ engen Beziehung zwischen dem ehemaligen Staatsbürger und seinem früheren Heimatstaat zum Ausdruck.

Art. 116 Abs. 2 GG sieht eine Wiedereinbürgerung – auf Antrag – derjenigen Personen vor, denen während der nationalsozialistischen Herrschaft die deutsche Staatsangehörigkeit aus politischen, rassischen oder religiösen Gründen entzogen worden ist. Dies gilt auch für ihre Abkömmlinge. Diese Personen gelten nicht als ausgebürgert, wenn sie nach Ende des zweiten Weltkriegs ihren Wohnsitz wieder in Deutschland genommen haben und nicht zu erkennen gegeben haben, daß sie ihre deutsche Staatsangehörigkeit nicht beibehalten wollen.[58]

§ 92 Die mehrfache Staatsangehörigkeit

Schrifttum: wie vor §§ 84 und 85; ferner *M. Ancel*, Les conflits de nationalité, in: Clunet 64 (1937), 19 ff; *P. Louis-Lucas*, Les conflits de nationalité, RdC 1938 II, 1 ff; *Z. E. Rode*, Dual Nationals and the Doctrine of Dominant Nationality, AJIL 53 (1959), 139 ff; *J. Yanguas Messia*, La protection diplomatique en cas de double nationalité, in: *H. Accioly* (Hrsg.), Hommages d'une génération de juristes au président Basdevant, 1960, 547 ff; *G. I. F. Leigh*, Nationality and Diplomatic Protection, ICLQ 20 (1971), 453 ff; *G. Breunig*, Zur rechtlichen Problematik der mehrfachen Staatsangehörigkeit, DVBl 90 (1975), 758 ff; *H. Hecker*, Die Regelung von Staatsangehörigkeitsfragen in völkerrechtlichen Verträgen deutscher Staaten in Vergangenheit und Gegenwart, in: Festschrift *Menzel*, 177 ff; *H. Hecker/K. Krakau*, Die völkerrechtlichen Verträge der Vereinigten Staaten von Amerika über Fragen der Staatsan-

[56] So z. B. Supreme Court of New York im Falle *Bollack v. Societé Generale etc.*, (192) AD 1941–42, C. 36. Darin wird ein französisches Dekret von 1940 für unverbindlich erklärt, durch das französischen Staatsangehörigen die Staatsangehörigkeit wegen unerlaubten Verlassens des Landes aberkannt wurde. Anders das schweizerische Bundesgericht in BGE 60 I, 67 (81) und 74 I, 346 (349), nach diesen Entscheidungen sollen Ausbürgerungen dieser Art für die schweizerischen Gerichte verbindlich sein.

[57] Eine ausdrückliche Verpflichtung für gewisse Sonderfälle dieser Art ist in dem auf der Haager Kodifikationskonferenz vereinbarten Sonderprotokoll über Staatenlosigkeit vom 9. 4. 1930 (Text in AJIL 24 (1930), Supp., 211 ff) enthalten. Im Sinne einer allgemeinen Pflicht zur Aufnahme ehemaliger Staatsangehöriger auch das Institut de droit international 1892, TGR 51 (Art. 2) und 1936, TGR 65 f (Art. 8 und 10 (2)) sowie der Harvard-Entwurf, Art. 20, AJIL 23 (1929), Special Supp., 77. *De lege lata* ebenso *Guggenheim* Bd. I, 318; *H. Triepel*, Internationale Regelung der Staatsangehörigkeit, ZaöRV 1 (1929), 185 ff (198 f); *E. Castrén*, Die gegenseitigen Pflichten der Staaten in bezug auf den Aufenthalt und die Aufnahme ihrer Staatsangehörigen und der Staatenlosen, ZaöRV 11 (1942), 325 ff (359, 372 f); differenzierend, aber nicht mehr völlig ablehnend, *Weis*, 53 ff (57).

[58] Vgl. dazu im einzelnen *Hailbronner/Renner*, Art. 116 ff., Rdn. 90 ff.

gehörigkeit einschließlich Einbürgerung und Wehrpflicht, Verfassung und Recht in Übersee (VRÜ), 69 ff; *K. Kammann*, Probleme mehrfacher Staatsangehörigkeit, 1984; *B. Leurent*, Problèmes soulevés par les demandes des double nationaux devant le Tribunal des différends irano-américains, Revue critique de droit international privé 74 (1985), 273 ff, 477 ff; *H. Reickow*, Doppelstaatsangehörigkeit in aktivem und ruhendem Teil – eine Perspektive?, in: *K. Barwig/K. Lörcher/Ch. Schumacher* (Hrsg.), Aufenthalt – Niederlassung – Einbürgerung, 1987, 221 ff; *J. Schweinoch*, Vierte Sitzung der Arbeitsgemeinschaft der Fachverbände der Standesbeamten in Europa, StAZ 1987, 61 f; *P. Klein*, La protection diplomatique des double nationaux: reconsidération des fondements de la règle de non-responsabilité, Revue Belge de Droit International 21 (1988), 184 ff; *T. Hammar*, State, Nation and Dual Citizenship, in: *W. R. Brubaker*, Immigration and the Politics of Citizenship in Europe and North America, 1989, 81 ff; *H. Rittstieg*, Doppelte Staatsangehörigkeit im Völkerrecht, NJW 44 (1990), 1401 ff; *G. Renner*, Verhinderung von Mehrstaatigkeit bei Erwerb und Verlust der Staatsangehörigkeit, ZAR 13 (1993), 18 ff; *D. Blumenwitz*, Territorialprinzip und Mehrstaatigkeit, ZAR 13 (1993), 151 ff; *W. Löwer*, Abstammungsprinzip und Mehrstaatigkeit, ZAR 13 (1993), 156 ff; *H. v. Mangoldt*, Öffentlich-rechtliche und völkerrechtliche Probleme mehrfacher Staatsangehörigkeit aus deutscher Sicht, JZ 48 (1993), 965 ff; *G. Renner*, Ausländerintegration, ius soli und Mehrstaatigkeit, Zeitschrift für das gesamte Familienrecht, 1994, 865 ff; *K. Barwig* u. a. (Hrsg.), Neue Regierung – neue Ausländerpolitik? Hohenheimer Tage zum Ausländerrecht 1999 und 5. Migrationspolitisches Forum, 1999.

I. 1. Die relative Freiheit, die das Völkerrecht den Staaten in der Gestaltung ihres Staatsangehörigkeitsrechts überläßt, kann zu unerwünschten Ergebnissen führen. Es sind namentlich zwei vom Normalen abweichende Situationen, die Schwierigkeiten bereiten, die Staatenlosigkeit und die Mehrstaatigkeit.[1] Die Beseitigung beider Erscheinungen bezeichnet der Vorspruch zum Haager Abkommen von 1930 mit Recht als ein im allgemeinen Interesse der internationalen Gemeinschaft liegendes Ziel. Beide können mit der Geburt des Menschen oder später entstehen.

Es gibt verschiedene Gründe, aus denen es zu einer Mehrstaatigkeit kommen kann. Das Aufeinandertreffen des *ius soli* und des *ius sanguinis* Prinzips führt zur Doppelstaatigkeit, wenn ein Kind in einem Staat geboren wird, in dem das *ius soli* Prinzip gilt und für die Eltern oder ein Elternteil das *ius sanguinis* Prinzip anwendbar ist. Eine Doppelstaatsangehörigkeit entsteht u. a. auch, wenn die beiden Elternteile eine unterschiedliche Staatsangehörigkeit besitzen. Neben diesen Fällen des originären Erwerbs der Mehrstaatigkeit, kann dies auch nachträglich eintreten, nämlich dann, wenn der Erwerb einer neuen Staatsangehörigkeit nicht mit dem Verlust der alten verbunden ist.[2]

In dem Maße, in dem das neuzeitliche Recht der individuellen Willensentscheidung einen breiteren Spielraum gewährt, haben sich neue Möglichkeiten für die Häufung der Staatsangehörigkeiten ergeben. Auch die heute immer wirksamer werdende Garantie der Freizügigkeit im Rahmen des Europarates und der Europäischen Union trägt zu der Tendenz bei, Mehrstaatigkeit hinzunehmen.[3]

---

[1] Der Begriff Mehrstaatigkeit als der umfassendere Begriff für das Phänomen des Zusammentreffens von zwei oder mehreren Staatsangehörigkeiten wird hier in der Regel verwandt, obwohl in der Praxis die Fälle der Doppelstaatigkeit eindeutig überwiegen, so auch *Weis*, 169.

[2] Dazu auch *Hailbronner/Renner*, Einleitung, Abschnitt F, Rdn. 2.

[3] In der 1956er Auflage seines Buches „*Nationality and Statelessness*“ stellte *Weis* (132) zutreffend fest: „*Prevention of dual nationality has ceased to be a primary principle of legislative policy*“. Trotz einiger seither unternommener Versuche, durch vertragliche Regelungen die Mehrstaatigkeit zu verringern, trifft diese Feststellung auch noch heute – und zwar verstärkt – zu, da die entsprechenden Vertragsinstrumente nur geringe Akzeptanz gefunden haben und zusätzlich durch Vorbehalte in ihrer Wirkung eingeschränkt wurden. Zu der wachsenden Tendenz zur Hinnahme der Mehrstaatigkeit vgl. *Hailbronner/Renner*, Einleitung, Abschnitt F, Rdn. 11 ff mwN und Hinweisen auch auf die Auswirkungen der neuen Tendenz in den nationalen Rechtsordnungen z. B. der Mitgliedstaaten der Europäischen Union. Dagegen läßt die Rechtsprechung des deutschen Bundesverwaltungsgerichts eine Tendenz zur Lockerung nicht erkennen, vgl. etwa BVerwG, Beschluß vom 19. 2. 1991, NJW 1991, 2226 f (Ablehnung einer Einbürgerung einer ehemaligen Deutschen, die die iranische Staatsangehörigkeit erlangt und deswegen die deutsche verloren hatte und die Aufgabe der

2. a) Von einer unechten Mehrstaatigkeit ist zu sprechen, wo eine Staatenverbindung eine Mehrzahl von Staaten umfaßt. Namentlich im Bundesstaat besteht oft eine Bundesangehörigkeit neben der Zugehörigkeit zu dem Gliedstaat. Es gibt hier verschiedene Systeme. In manchen Bundesstaaten (Deutschland 1870, Schweiz) wird die Zugehörigkeit zum Bunde durch die Zugehörigkeit zu der kleineren Einheit, dem Gliedstaat, Kanton usw. vermittelt. In anderen Bundesstaaten wie den Vereinigten Staaten von Amerika ist das Primäre die Zugehörigkeit zum Bunde. Die Zugehörigkeit zum Gliedstaat wird durch die Bundesstaatsangehörigkeit vermittelt, auch wenn zusätzlich für die Gliedstaatsangehörigkeit die Wohnsitznahme in dem betreffenden Gliedstaat erforderlich ist.[4] Diese Häufung der Staatsangehörigkeiten hat für das Völkerrecht keine Bedeutung. Denn für die Vereinigten Staaten zählt nur die Zugehörigkeit zum Bunde, der die Gliedstaaten gegenüber dem Ausland vertritt. Die Zugehörigkeit zum Gliedstaat ist daher eine Art der inneren, nicht der äußeren Staatsangehörigkeit.[5]

b. Fragen hinsichtlich der völkerrechtlichen Bedeutung der mehrfachen staatsangehörigkeitsrechtlichen Zuordnung der Angehörigen von zum *Commonwealth of Nations* gehörenden Staaten ergeben sich – trotz vielfacher Strukturveränderungen[6] und Änderungen des Staatsangehörigkeitsrechts Großbritanniens[7] – bis heute. Ursprünglich gab es eine einheitliche Rechtsstellung als *British subject* oder *national*, die jeder innehatte, der auf dem Gebiet des britischen *Empire* geboren wurde und damit der englischen Krone verbunden war *(„subject to allegiance to the Crown")*. Es handelt sich hier um eine Staatsangehörigkeit sowohl im nationalen als auch im Völkerrecht.[8] Mit der wachsenden Eigenständigkeit einer Reihe von *Dominions* (Indien, Australien, Neuseeland, Kanada, Irland) wurde das *British Empire* in *den Commonwealth of Nations* umgewandelt. Mit dieser Strukturveränderung wurde auch durch den *British Nationality Act* von 1948 der staatsangehörigkeitsrechtliche Status der *British subjects* neu gestaltet.[9] Es waren nun zwei Rechtsstellungen zu unterscheiden: einmal die Staatsangehörigkeit der einzelnen Commonwealth-Länder, die durch deren Rechte bestimmt wurde. Dazu gehörte auch die *„citizenship of the United Kingdom and Colonies"* als echte Staatsangehörigkeit auch im völkerrechtlichen Sinne. Zum anderen gab es die weitere *„Commonwealth citizenship"* oder auch die Rechtsstellung als *British subject*[10], die alle Staatsangehörigen sämtlicher Commonwealth-Länder umfaßte. Sie war

---

iranischen Staatsangehörigkeit als Voraussetzung der Einbürgerung ablehnte, aus dem Grund der Vermeidung von Mehrstaatigkeit rechtmäßig) und Beschluß vom 15. 4. 1991, NJW 1991, 2227 (Rechtmäßigkeit der Ablehnung einer Einbürgerung eines mit einer Deutschen verheirateten Angehörigen eines Mitgliedstaates der Europäischen Gemeinschaft (jetzt EU), der seine bisherige Staatsangehörigkeit nicht aufgeben wollte). Das Gesetz zur Reform des Staatsangehörigkeitsrechts vom 15. 7. 1999 belegt allerdings eine gewisse Öffnung gegenüber der Mehrstaatigkeit. Zu den Entstehungsgründen der Mehrstaatigkeit aufgrund nationaler Gesetzgebung allgemein vgl. auch schon den Überblick des Sekretariates, YBILC 1954 II, 52 ff (64 ff).

4 Siehe dazu *Gordon/Rosenfield*, in: *Gordon/Mailman*, Kapitel 11, 11; zur Frage der Staatsangehörigkeit in Bundesstaaten vgl. auch *Verzijl*, Bd. V, 49 f; in Staatenbunden, Realunionen und Verbindungen ähnlicher Art pflegt es nur eine Staatsangehörigkeit der einzelnen dem Bunde angehörenden Staaten, nicht eine solche des Bundes zu geben.

5 Daran ändert auch die Tatsache nichts, daß die Gliedstaaten etwa der USA das Recht haben, Ausländern zum mindesten staatsangehörigkeitsähnliche (politische) Privilegien zu übertragen, und dies auch in der Vergangenheit gelegentlich getan haben, vgl. *Gordon/Rosenfield*, in: *Gordon/Mailman*, Kapitel 11, 11.

6 Vgl. dazu die Übersicht bei *L. C. Green*, British Commonwealth, EPIL vol. I, 495 ff.

7 Dazu *R. Plender*, British Commonwealth, Subjects and Nationality Rules, EPIL I, 499; *de Groot*, Länderbericht „Großbritannien", 96 ff.

8 Dazu *R. Plender*, British Commonwealth, Subjects and Nationality Rules, EPIL I, 499 (500); *de Groot*, 98; *R. Bank/R. Grote*, .Vereinigtes Königreich von Großbritannien und Nordirland, in: *Giegerich/Wolfrum*, 303 (308 ff.).

9 Dazu *R. Plender*, British Commonwealth, Subjects and Nationality Rules, EPIL I 503 ff; auch *L. C. Green*, British Commonwealth, EPIL I,498; *de Groot*, 99 ff.

10 Der Begriff des *„Commonwealth citizen"* und des

völkerrechtlich – wenn überhaupt – von nur geringer Bedeutung. Namentlich war das Vereinigte Königreich zur diplomatischen und konsularischen Vertretung nur seiner eigenen Staatsangehörigen im Ausland berechtigt. Auch wurde z. B. im Krieg nicht jeder Angehörige eines Commonwealthlandes automatisch mit dem Eintritt Großbritanniens in den Krieg zu einem feindlichen Ausländer gegenüber dem Kriegsgegner Großbritanniens, da dieses unter den geltenden Bedingungen des Commonwealth nicht mehr für alle Commonwealth-Länder verbindlich eine Kriegserklärung vornehmen konnte – eine Situation, die auch schon während des Zweiten Weltkrieges für einzelne Commonwealthländer (z. B. Irland) bestand.[11]

Eine weitere Lockerung der gegenseitigen Beziehung der Commonwealth-Länder, die Ausdruck der wachsenden Identität der zahlreichen unabhängig gewordenen ehemaligen englischen Kolonien ist, trat mit dem Erlaß des *British Nationality Act* von 1981 ein, der mit Beginn des Jahres 1983 in Kraft trat. Nach Sec. 37 BNA (1981) gibt es zwar noch den umfassenden Begriff des *„Commonwealth citizen“*[12], dem aber im engeren staatsangehörigkeitsrechtlichen Sinne weder innerstaatlich nach englischem Recht noch nach Völkerrecht eine praktische Bedeutung zukommt. Für das englische Recht und für die völkerrechtlichen Beziehungen Großbritanniens mit dritten Staaten sind heute nur noch die Kategorien *„British citizen“*, *„British Dependent Territories citizen“* und *„British Overseas citizenship“* – in unterschiedlicher Intensität – völkerrechtlich relevant.[13]

Für eine kurze Periode bestand auch im Rahmen der *Union Française* nach dem Zweiten Weltkrieg eine doppelte Rechtsstellung für die französischen Staatsangehörigen und die Staatsangehörigen der Union: Sie besaßen neben der Staatsangehörigkeit im eigentlichen Sinne (*nationalité française*) auch die Stellung eines *„citoyen de l'Union Française“* (Verfassung von 1946), die jedoch völkerrechtlich ohne Bedeutung war.[14] Mit Inkrafttreten der Verfassung von 1958 trat an die Stelle der *Union Française* die *Communauté Française*, die für das Mutterland und die territoires d'outre-mer nur noch eine einheitliche Staatsangehörigkeit im staats- und völkerrechtlichen Sinne kennt.[15]

II. 1. Das geltende Völkerrecht verbietet die Mehrstaatigkeit nicht.[16] Deshalb handelt auch ein Staat, der durch seine Gesetzgebung die Gefahr des Entstehens von Mehrstaatigkeit

---

„British Subject“ waren unter der Ordnung des BNA 1948 synonym, vgl. *R. Plender,* British Commonwealth, Subjects and Nationality Rules, EPIL I, 502 f.

11 Vgl. dazu *L. C. Green*, British Commonwealth, EPIL I, 496.

12 Sec. 37 BNA 1981; dazu *R. Plender*, British Commonwealth, Subjects and Nationality Rules, EPIL I, 503 f.; *de Groot*, 103 mwN.

13 Nach dem BNA 1981 gibt es heute *„three separate citizenships“, so* R. *Plender*, British Commonwealth, Subjects and Nationality Rules, EPIL I, 499 ff (503 f.); siehe auch *C. Rousseau,* Réforme de la loi sur la nationalité, RGDIP 85 (1981), 574 f; *L. Fransman*, British Nationality Law and the 1981 Act, 1982, 33 ff; *I. Macdonald/N. Blake*, The new nationality law, 1982, 2, 49 ff, 65 ff; *I. Stanbrook*, British Nationality: The New Law, 1982; *C. Rousseau*, Entrée en vigueur le 1er janvier 1983 du British Nationality Act de 1981, RGDIP 87 (1983) 677 ff; *de Groot*, 103. *L. Fransman*, British Nationality Law, 2nd ed. 1998, 271 ff. Bis 1983: *Citizen of the UK and colonies*; ab 1983: 3 Kategorien: 1) *British citizens*, 2) *British Dependent Territories Citizens*, 3) *British Overseas Citizens*. Der Begriff *„British Subject“* als Synonym für *„Commonwealth Citizen“* erlosch, lediglich die früheren *„British Subjects without citizenship“* werden weiterhin als *„British Subjects“* bezeichnet (und haben den Status *eines „Commonwealth citizen“).* Daneben gibt es noch sog. *„British Protected Persons“*, die jedoch nicht den Status eines *„Commonwealth Citizen“* haben. Relevant sind jedoch in erster Linie die obengenannten drei Kategorien.

14 Art. 81 der Verfassung vom 28. 10. 1946, Text in *G. Berlia* (ed.), Les Constitutions et Les Principales Lois Politiques de la France depuis 1789, (1952), 554 ff.

15 Art. 77 der Verfassung von 1958; dazu *J. Chatelain*, La nouvelle constitution et le régime politique de la France, 2. Aufl. 1959, 336 ff.

16 Ganz h.L.; vgl. *Berber* I, 378 (380); *H. Mosler*, Die Gleichheit der Eltern beim Erwerb der Staatsangehörigkeit der Kinder, in: FS *Scheuner*, 473 ff (486); *Breunig*, DVBl 1975, 758 ff (759); *K. Kamman*, Probleme mehrfacher Staatsangehörigkeit, 1984, 206; *Hannappel*, 46; *Randelzhofer*, Rdn. 42 zu Art. 16 Abs. 1 GG mit zutreffend kritischem Hinweis auf eine abweichende – allerdings insoweit unrichtige,

erhöht, nicht völkerrechtswidrig. Auch ist es den Staaten nicht verboten, Personen einzubürgern, die nach ihrem bisherigen Heimatrecht ihre alte Staatsangehörigkeit weiter behalten, und ist die Einbürgerung nicht davon abhängig, daß der bisherige Heimatstaat seine Zustimmung gibt.

Jeder der an einem solchen Doppelstaatsangehörigkeitsverhältnis beteiligten Staaten darf nach allgemeinem Völkerrecht den Doppel- (oder Mehr-)staater als seinen Bürger behandeln, ohne auf die fremde Staatsangehörigkeit Rücksicht zu nehmen.[17] Das heißt, daß der Doppel-oder Mehrstaater in jedem der Staaten, denen er angehört, allen Pflichten unterliegt, aber auch uneingeschränkt alle staatsbügerlichen Rechte genießt. Insbesondere die Unterwerfung unter die staatsbürgerlichen Pflichten, wie etwa die Wehrpflicht, kann im Konfliktfalle nicht nur zu Loyalitätskonflikten auf der Seite des Doppelstaaters führen, sondern auch zu erheblichen nachteiligen Rechtsfolgen. Nicht nur unterliegt der Doppelstaater der Wehrpflicht in seinen beiden Staaten, muß also – ohne gegenteilige Vereinbarung der betroffenen Staaten – unter Umständen seinen Wehrdienst zweimal ableisten, vielmehr muß er im Kriegsfalle damit rechnen, wegen einer (pflichtgemäßen) Teilnahme an Kriegshandlungen seines einen Heimatstaates einer Strafverfolgung durch den anderen ausgesetzt zu sein, gegen den er gekämpft hat. Fälle dieser Art sind in der Vergangenheit vielfach vorgekommen und haben seit langem die nationalen Gerichte beschäftigt.[18] Um solche und andere Härten, die sich aus der – in der Regel nicht beabsichtigten, sondern *ipso iure* eingetretenen – Mehrstaatigkeit ergeben, zu verhindern oder jedenfalls zu mildern, haben die Staaten durch zwei- oder mehrseitige Verträge Abhilfe zu schaffen versucht.

So haben z. B. Frankreich und Großbritannien im Jahre 1949 einen Vertrag geschlossen, in dem sie übereinkommen, die Ableistung der Wehrpflicht in einem der beiden Länder genügen zu lassen.[19] Andere Staaten, so die Bundesrepublik Deutschland und Italien, haben entsprechende Regelungen in Freundschaftsverträgen getroffen.[20] Den Versuch, zu einem multilateralen Abkommen in diesem Sinne zu gelangen, haben die Staaten auf der Haager Konferenz von 1930 unternommen. Das dem Haager Abkommen angeschlossene Zweite Protokoll über militärische Pflichten in gewissen Fällen der Doppelstaatigkeit war das Ergebnis.[21] Es regelt die Wehrpflicht nach dem Grundsatz der effektiven Lebensbeziehung. Wer auf dem Gebiet eines der Staaten seinen gewöhnlichen Aufenthalt hat und mit diesem tatsächlich enger verbunden ist, soll nur in ihm, also nicht in dem anderen Heimatstaat, wehrpflichtig sein (Art. 1). Auch soll, wer die Staatsangehörigkeit eines Staates verloren und die eines anderen erworben hat, in dem Staate, dessen Staatsangehörigkeit er verloren hat, nicht mehr wehrpflichtig sein (Art. 3). Fragen der Wehrpflicht regelt auch das Europäische Übereinkommen über die Verringerung der Mehrstaatigkeit und über die Wehrpflicht vom 6. Mai 1963[22], dessen schleppende Akzeptanz durch die Vereinbarung eines Änderungs- und eines Zu-

---

zumindest stark übertriebene – Entscheidung des OVG Rheinland, AS 15, 418; *Hailbronner/Renner*, Einleitung, Abschnitt F, Rdn. 2; *Rittstieg*, NJW 1990, 1403.

[17] So ausdrücklich Art. 3 des Haager Abkommens vom 12. 4. 1930, LNTS 179, 89, das in diesem Punkt als Ausdruck geltenden Gewohnheitsrechts anzusehen ist; die gewohnheitsrechtliche Geltung dieses Prinzips nimmt auch *Weis*, 200, an; vgl. zur Rechtsauffassung der Staaten nach dem Zweiten Weltkrieg in diesem Sinne YBILC 1954 II, 87 ff (mit Hinweisen auf gelegentlich geäußerte Kritik an diesem Prinzip, das nicht eigentlich eine Lösung der aus der Mehrstaatigkeit erwachsenen Probleme darstellt, als vielmehr Ausdruck der Souveränität der Staaten ist, para. 222).

[18] Vgl. dazu die Nachweise bei *Weis*, 193 ff; zu den Streitigkeiten zwischen den Vereinigten Staaten und Italien aus Anlaß der Einziehungen in den USA eingebürgerter und dort ansässiger Italiener zum italienischen Wehrdienst im Ersten Weltkrieg vgl. *G. H. Hackworth*, Digest of International Law, 1940–1944, Vol. 3, 184 ff.

[19] Vertrag vom 21. 12. 1949, UNTS 264, 37; auch in RCDIP 45 (1956), 730 f (vor allem Art. 2 und 3); vielfach werden solche Fragen auch in Freundschafts- oder Handels- und Schiffahrtsverträgen geregelt, vgl. z. B. Nr. 2 des Protokolls zum deutsch-italienischen Freundschaftsvertrag vom 21. 11. 1957, BGBl. 1957 II, 966; zu weiterer Staatspraxis siehe *Verzijl*, Bd. V, 59; *K. Doehring*, Aliens, Military Service, EPIL I, 115 f.

[20] Siehe dazu auch *Hannappel*, 62, Anm. 244.

[21] 2. Protokoll zum Haager Abkommen vom 12. 4. 1930, Text in: *Martens*, NRG, *3ème Série*, XXXIV, 435.

satzprotokolls (vom 24. November 1977) erhöht werden sollte, allerdings ohne nachhaltigen Erfolg.[23] Die Regelung des Mehrstaaterübereinkommens von 1963 wurde in Kap. VII des Europäischen Übereinkommens zur Staatsangehörigkeit von 1997 übernommen.[24] Nach Art. 21 dieses Übereinkommens ist ein Mehrstaater in dem Staat zur Ableistung des Wehrdienstes verpflichtet, in dem er seinen gewöhnlichen Aufenthalt hat. Er kann sich bis zum 19. Lebensjahr für den Wehrdienst in einem anderen Staat entscheiden, dessen Staatsangehörigkeit er besitzt, vorausgesetzt der Wehrdienst ist gleichwertig. Dieses Wahlrecht haben auch Personen, die in einem dritten Staat leben. Wurde der Wehrdienst erbracht, gilt die Wehrpflicht auch für die anderen Staaten als erbracht, für die der Betroffene die Staatsangehörigkeit besitzt.[25]

III. 1. Da jeder Staat das Recht hat, den Mehrstaater als seinen Staatsangehörigen gelten zu lassen, hat auch jeder von ihnen das Recht, ihn gegenüber dem Ausland zu schützen (diplomatischer Schutz).[26] Doch ist ein Staat nach einer Regel des Völkergewohnheitsrechts nicht zum Schutze befugt, wenn sein Staatsangehöriger zugleich die Staatsangehörigkeit des Staates besitzt, vor dem er geschützt werden soll.[27] Denn von den beteiligten Staaten steht keiner dem Mehrstaater näher als der jeweils andere Staat, und kein Staat braucht sich das Einschreiten fremder Staaten zum Schutze seiner eigenen Staatsangehörigen gefallen zu lassen. Das gilt – leider – auch dann, wenn der Verletzte seinen Lebensmittelpunkt nicht in dem Hoheitsbereich des der Rechtsverletzung schuldigen Staates, sondern im Ausland hat.[28]

Doch muß die Mehrstaatigkeit mit dem Völkerrecht in Übereinstimmung stehen. Das ist z. B. dann nicht der Fall, wenn der in Anspruch genommene Staat dem Mehrstaater seine Staatsangehörigkeit gegen dessen Willen, z. B. deshalb aufgedrängt hat, um sich auf diese Weise der Ansprüche des Heimatstaates erwehren zu können.[29]

---

[22] UNTS 634, 221; ETS Nr. 43; dazu auch *K. Doehring*, Aliens, Military Service, EPIL I, 115 f.; *D. Walz*, Die Wehrpflicht von Ausländern, Sowjetzonenflüchtlingen und Mehrstaatern nach dem Wehrpflichtgesetz der Bundesrepublik Deutschland als Problem des internationalen und des nationalen Rechts, 1969, 73; *A. Karamanoukian*, *Les étrangers et le service militaire*, 1978, 216 ff. Die Auslegung des Mehrstaaterübereinkommens von 1966 war Gegenstand eines Verfahrens vor dem VG Berlin (NVwZ-RR, 1999, 452). Es hat festgestellt, daß die Option für den Wehrdienst in einem bestimmten Staat die Einberufung nur ausschließt, wenn der Wehrdienst auch erfüllt wurde.

[23] Siehe dazu *Hannappel*, 50 f.

[24] ETS Nr. 166.

[25] Vgl. dazu *Hailbronner/Renner*, Einleitung, Abschnitt F, Rdn. 13.

[26] So z. B. die deutsch-amerikanische Schiedskommission im Falle *Mackenzie v. Germany* (1925) RIAA 7, 288; hier wurde den Vereinigten Staaten das Recht zugestanden, Ansprüche eines Amerikaners geltend zu machen, der zugleich die englische Staatsangehörigkeit besaß; dazu auch *Weis*, 172 f.

[27] So etwa schon das Haager Abkommen vom 12. 4. 1930 (LNTS 179, 89); auch der Harvard-Entwurf über die Verantwortlichkeit von Staaten (Art. 16) mit weiteren Belegen im Kommentar, AJIL 23 (1929) Special Supp., 200 ff; siehe dazu auch den Fall *Pinson* (1928), RIAA 5, 327 (381); siehe auch *Reparation for Injuries Suffered in the Service of the United Nations*, ICJ Reports 1949, 186; aus der älteren Literatur dazu in diesem Sinne auch *Borchard*, 588; *J. Ralston*, The Law and Procedure of International Tribunals, Rev. ed. 1926, 172 f mwN aus der Schiedsrechtsprechung; aus der Nachkriegsliteratur vgl. auch *Oppenheim/Jennings/Watts*, Vol. I/1, § 151; *Guggenheim* Bd. I, 283; *Verdross*, 311; allerdings weist *Weis*, 200, zu Recht darauf hin, daß diese Regel heute durch die sich verstärkende Praxis, das Prinzip der effektiven Staatsangehörigkeit anzuwenden, Ausnahmen erfährt und deshalb jedenfalls nicht mehr uneingeschränkt gilt; vgl. den Schiedsspruch im Falle *Mergé* (1955), ILR 22 (1955), 443 (Anwendung des Prinzips der überwiegenden, d. h. effektiven Staatsangehörigkeit, vgl. dazu und zur weiteren Schiedsgerichtspraxis nach der Entscheidung im *Nottebohm*-Fall, ICJ Reports 1955, 4, *Weis*, 181 ff).

[28] Eine Einschränkung in dieser Richtung hatte der Vorbereitende Ausschuß des Völkerbundes für die Haager Kodifikationskonferenz vorschlagen wollen. Doch ist dieser Versuch erfolglos geblieben; vgl. dazu *J. G. Guerrero*, La codification du droit international (1930), 40.

[29] Der Vorentwurf des Sachverständigenausschusses des VB *(Schücking, Rundstein, de Magalhaes)* wollte nach Art. 1 das Schutzrecht nur dann entfallen lassen, wenn der Verletzte durch Geburt Staatsangehöriger des Anspruchsgegners geworden war, AJIL 20 (1926), Special Supp. 21–61 (59).

2. Besondere Schwierigkeiten bereitet die Frage, wie Mehrstaater vor internationalen Gerichten und anderen internationalen Instanzen, und wie sie von dritten Staaten zu beurteilen sind. Es würde wohl der Gerechtigkeit und den praktischen Bedürfnissen am besten entsprechen, wenn der Grundsatz der aktiven oder effektiven Staatsangehörigkeit angewandt würde. Danach sollte man den *sujet mixte* als Staatsangehörigen des Staates behandeln, mit dem er am engsten verbunden ist, in dem er seinen Lebensmittelpunkt hat, auf dessen Gebiet er etwa wohnhaft ist, sich geschäftlich betätigt, oder an dessen öffentlichem Leben er sich aktiv beteiligt. Auch in der internationalen Praxis ist eine starke Neigung in dieser Richtung erkennbar.

Als führender Fall auf diesem Gebiet wird vielfach die Entscheidung des StISchGH im *Canevaro*-Fall (1912) angesehen.[30] Hier mußte das Schiedsgericht über gewisse Ansprüche entscheiden, die von drei Brüdern C., italienischen Staatsangehörigen, gegen die peruanische Regierung vorgebracht waren. Diese machte gegenüber einem der Brüder geltend, daß man ihn jedenfalls nicht als italienischen Staatsangehörigen ansehen könne. Es ergab sich, daß C. durch Abstammung die italienische, durch Geburt aber die Staatsangehörigkeit von Peru erworben hatte. Das Schiedsgericht kam aber zu dem Ergebnis, daß die peruanische Staatsangehörigkeit überwiege, da C. in Peru ansässig war und sich aktiv am politischen Leben Perus beteiligt hatte. Daher konnte sein Anspruch nicht berücksichtigt werden. Auch andere Schiedssprüche haben diesen Maßstab zugrunde gelegt.[31] Nach Art. 5 des Haager Abkommens sollen dritte Staaten Mehrstaater so behandeln, als hätten sie nur eine einzige Staatsangehörigkeit, und zwar ist die Staatsangehörigkeit des Staates zugrunde zu legen, auf dessen Gebiet der Mehrstaater seinen hauptsächlichen Wohnsitz hat[32], oder des Staates, mit dem er sonst am engsten verbunden ist. Das Europäische Übereinkommen zur Staatsangehörigkeit von 1997[33] bezieht zu dieser Frage nicht ausdrücklich Stellung. Eine gewisse Modifikation des Prinzips der effektiven Staatsangehörigkeit aus dem Gesichtspunkt der Billigkeit hat allerdings das *Iran-United States Claims Tribunal* in seiner Rechtsprechung entwickelt. So hat das Claims Tribunal im Falle *Aryeh v. Iran*[34] entschieden, daß ein Doppelstaater mit sowohl amerikanischer als auch iranischer Staatsangehörigkeit, wobei die amerikanische Staatsangehörigkeit die effektive ist, die Berücksichtigung der nichteffektiven iranischen Staatsangehörigkeit als eine Billigkeitskorrektur bei der Festlegung der Höhe einer Entschädigung für die Enteignung von Grundvermögen hinnehmen muß. Der Kläger hatte in diesem Fall den Grunderwerb auf der Grundlage seiner iranischen Staatsangehörigkeit vorgenommen, ohne dabei seine zuvor erworbene amerikanische Staatsangehörigkeit offenzulegen. Nach iranischem Recht unterlag aber zur Zeit des Grundstücksgeschäfts der Erwerb von Grundeigentum durch Ausländer gesetzlichen Beschränkungen. Der Kläger dürfe daher nicht besser gestellt werden, als er bei Offenlegung seiner Doppelstaatsangehörigkeit gestanden hätte.

Angesichts der weiten Verbreitung der am Prinzip der effektiven Staatsangehörigkeit ausgerichteten Staatspraxis bis in die jüngste Vergangenheit erscheint es heute gerechtfertigt, dieses Prinzip als eine gewohnheitsrechtliche Regel anzusehen, wenn auch mit der Einschränkung, daß nämlich im Verhältnis zu dritten Staaten nicht immer die effektive oder

---

30 *Scott*, Reports Bd. I, 284 ff; RIAA 11, 405.

31 Belege bei *Weis*, 170 ff; im Sinne des Vorrangs der *nationalité active* auch das deutsch-französisch gemischte Schiedsgericht, TAM 6, 806 (809), und das ungarisch-jugoslawische Schiedsgericht, TAM 6, 499 (503).

32 Im Sinne des Wohnsitzprinzips siehe auch den Entwurf des Sachverständigen-Ausschusses des VB von 1926 (Art. 5); auch der Harvard-Entwurf (Art. 11, 12, 14 – *„habitual residence"*), AJIL 23 (1929), Special Supp., 40 ff und 51 ff; ferner *Código Bustamante* (Art. 10). Den Grundsatz der Effektivität hat auch das Statut des IGH in Art. 3 Abs. 2 für die Beurteilung der Staatsangehörigkeit der Richter zugrunde gelegt, vgl. hierzu auch schon die Kontroverse anläßlich der Kandidatur von *Felix Stoerk* zum *Institut de droit international*; *Stoerk* war Doppelstaater (deutsch/österreichisch), deshalb mußte nach den Regeln des Instituts entschieden werden, welchem nationalen Kontingent *Stoerk* zuzurechnen war. Die Entscheidung fiel nach dem Prinzip der aktiven Staatsangehörigkeit, vgl. dazu *Donner*, 54 f; *Weis*, 170 f.

33 ETS Nr. 166.

34 *Aryeh v. Iran*, Case No. 266, Urteil vom 25. 9. 1997, Text in: *World Trade Reports* (1997), 161 ff (paras. 51–86); unter Verweis auf die frühere Rechtsprechung des Tribunals.

dominante Staatsangehörigkeit sich durchsetzen muß.[35] Wo besondere Umstände eine andere Anknüpfung erfordern, steht es den Staaten dagegen frei, z. B. in einer Schiedsgerichtsvereinbarung abweichende Kriterien festzulegen.

IV. 1. Die vorstehend behandelten Probleme, die die Mehrstaatigkeit für die betroffenen Personen und Staaten hervorruft, haben die Staaten dazu geführt, die Entstehung der Mehrstaatigkeit als unerwünscht anzusehen und ihr durch vertragliche Vereinbarungen entgegenzuwirken. Denn die Entstehung von Mehrstaatigkeit ist keineswegs ein notwendiger Bestandteil der völkerrechtlichen Ordnung. Es ließe sich durchaus theoretisch eine Regelung denken, nach der alle Personen mit mehrfacher Staatsangehörigkeit gezwungen wären, für die eine oder andere Staatsangehörigkeit zu optieren, und schon ein allgemeines Recht der Option würde die Mehrstaatigkeit stark reduzieren.[36] Aber Regeln dieser Art gibt es im geltenden allgemeinen Völkerrecht nicht, im Gegenteil, es ist die Bereitschaft deutlich gestiegen, die Mehrstaatigkeit hinzunehmen.[37]
Umfassende Reformbestrebungen bzw. praktische Schritte in Gestalt von zweiseitigen Verträgen zur Verminderung oder gar Beseitigung der Mehrstaatigkeit reichen bis in das 19. Jahrhundert zurück.

Als zweiseitige Verträge, die international durch ihre Modellwirkung erhebliche Bedeutung erlangt haben, sind die 1868–1872 und bis in die zwanziger Jahre dieses Jahrhunderts in ähnlicher Weise abgeschlossenen Bancroft-Verträge zu nennen.[38] In diesen Verträgen vereinbarten die Vereinigten Staaten mit den deutschen Staaten und dem Norddeutschen Bunde, daß jeder Vertragsteil eingebürgerte Angehörige der anderen Partei nach fünfjährigem Aufenthalt in dem Einbürgerungsstaat

[35] Anders noch die Vorauflage, Bd. I, 491; wie hier *Weis*, 201 f, mit ausführlicher Diskussion der Literatur und der internationalen und nationalen Judikatur aus der Zeit vor und nach dem Zweiten Weltkrieg; in die Richtung der hier vertretenen Auffassung weisen auch *Oppenheim/Jennings/Watts*, Vol. I/1, 516, und *Hailbronner/Renner*, Einleitung, Abschnitt F, Rdn. 20; eine umfangreiche Auflistung einschlägiger, nicht notwendig im hier vertretenen Sinne sich äußernder Judikate auch bei *Verzijl*, Bd. V, 6 ff; im Hinblick auf die Entscheidung der effektiven Staatsangehörigkeit in Fällen, in denen die verletzte Person die Staatsangehörigkeit sowohl des klagenden als auch des beklagten Staates besitzt, nehmen auch *Verdross/Simma* an, daß sich das Prinzip der effektiven Staatsangehörigkeit international durchgesetzt hat (§ 1197); für die gewohnheitsrechtliche Geltung des Prinzips in dem hier angenommenen eingeschränkten Sinne siehe auch die Judikate der amerikanisch-italienischen Schiedskommission z. B. in den Fällen *Mergé* (1955) ILR 22 (1955), 443; *Spaulding* (1956), ILR 24 (1957), 452 und *Graniero* (1959), RIAA 14, 393; soweit die Frage einer dominanten Staatsangehörigkeit in dritten Staaten erörterungsbedürftig ist, soll diese gewohnheitsrechtlich für den dritten Staat noch nicht bindend sein, vgl. dazu *Weis*, 201; wie hier auch *Aliens Order* 1923 der englischen Regierung, Text bei *Weis*, 201 f (nicht mehr in Kraft); weitergehend als hier wohl *I. Brownlie*, The Relations of Nationality in Public International Law, BYIL 39 (1963), 284 ff (314, 364).

[36] Ein allgemeines Wahlrecht haben Großbritannien und andere Commonwealthländer auf der Haager Konferenz von 1930 vergeblich durchzusetzen versucht. – *E. Isay*, Die mehrfache Staatsangehörigkeit, JW 1924, 1481 ff (1483 f) glaubte, ein solches Optionsrecht sogar *de lege lata* annehmen zu können.

[37] Kritisch *Doehring*, 41; so aber *Hammar*, State, Nation and Dual Citizenship, 81 (94 f.) und vor allem *Hailbronner/Renner*, Einleitung, Abschnitt F, Rdn. 25 ff.

[38] Benannt nach dem ursprünglichen amerikanischen Unterhändler *George Bancroft*, seinerzeit Botschafter der Vereinigten Staaten in Preußen (Berlin); der erste Vertrag wurde vom preußischen König im Namen des Norddeutschen Bundes mit dem amerikanischen Präsidenten im Jahre 1868 geschlossen *(Martens*, N. R. G. *1ère Série*, XIX, 78; CTS 137, 7). Es folgten Verträge zwischen den Vereinigten Staaten und Bayern *(British and Foreign State Papers* (B. F. S. P.) 58, 988; CTS 137, 265), Baden (B. F. S. P. 58, 986; CTS 137, 409), Württemberg (B. F. S. P. 58, 1176; *Flournoy/Huson*, 665), dem nicht zum Norddeutschen Bunde gehörigen Teil des Großherzogtums Hessen (B. F. S. P. 63, 887; *Flournoy/Hudson*, 666); weitere Verträge entsprechenden Inhalts wurden u. a. 1870 zwischen den Vereinigten Staaten und Großbritannien *(Martens*, N. R. G. *1ère Série*, XX, 524), Österreich-Ungarn *(Martens*, NRG *1ère Série*, XX, 347), Dänemark (1872 – *Martens*, NRG *2ième Série*, I, 64) und nach 1900 mit anderen europäischen sowie zentral- und lateinamerikanischen Staaten geschlossen, vgl. dazu auch *Verzijl*, Bd. V, 80 f, *Hecker/Krakau*, VRÜ 1971, 72 ff; *W. Fritzemeyer*, Bancroft Conventions, EPIL vol. I, 338 ff; *Hailbronner/Renner*, Einleitung, Abschnitt F, Rdn. 4.

nur noch als dessen Staatsangehörige ansehen solle.[39] Und zum anderen sollte die andauernde Niederlassung des Eingebürgerten in der alten Heimat als Verzicht auf die Einbürgerung ausgelegt werden. Diese Verträge haben seit dem Ersten Weltkrieg ihre Geltung verloren. Doch haben die Vereinigten Staaten von Amerika nach ihrem Vorbild ähnliche Verträge mit einer großen Zahl anderer Staaten geschlossen. Auch das panamerikanische Abkommen in Rio de Janeiro vom 13. 8. 1906 hat dieses Prinzip übernommen.[40] In den Pariser Vorortverträgen nach dem Ersten Weltkrieg mußten sich die Besiegten verpflichten, die von ihren bisherigen Staatsangehörigen neu erworbenen Staatsangehörigkeiten anzuerkennen und sie von ihren Pflichten gegenüber dem Heimatstaat zu entbinden.[41]

Es hat aber auch nicht an Versuchen gefehlt, diese Fragen auf breiterer Grundlage durch multilaterale Verträge zu regeln.[42]

Wertvolle Vorarbeit für die Reform auf diesem Gebiet bieten die Vorschläge der internationalen Vereinigungen, so des *Institut de droit international* von 1895, 1896 und 1928[43], der *International Law Association* von 1924[44] sowie der *Harvard Law School* von 1929[45]. Nach den Vorschlägen etwa des Harvard-Entwurfs soll der Erwerb der Staatsangehörigkeit nach dem *ius sanguinis* bei Personen, die im Ausland geboren sind, und deren Familien im Ausland wohnen, auf die zweite Generation beschränkt bleiben (Art. 4) und soll der Mehrstaater durch Geburt mit Erreichung einer bestimmten Altersgrenze nur noch Staatsangehöriger des Staates bleiben, in dem er ständig ansässig ist (Art. 12). Nach einer anderen Regel soll jemand, der eine neue Staatsangehörigkeit durch Einbürgerung erlangt hat, die frühere Staatsangehörigkeit automatisch verlieren (Art. 13).

Auf der Haager Konferenz von 1930 prallten die Interessen der Einwanderungs- und der Auswanderungsländer scharf aufeinander. Sie hat daher nur zu bescheidenen Ergebnissen geführt.

Nach Art. 6 des Abkommens kann jemand, der ohne eigenes Dazutun ein Mehrstaater ist[46], auf eine der beiden Staatsangehörigkeiten verzichten. Aber er bedarf dazu der Zustimmung des Staates, auf dessen Staatsangehörigkeit er zu verzichten gedenkt.[47] Und wenn eine Ehefrau nach Auflösung ihrer Ehe mit einem Ausländer die frühere Staatsangehörigkeit wiedererlangt, so soll sie die durch die Eheschließung erlangte Staatsangehörigkeit ihres Mannes wieder verlieren (Art. 11).
Weitergehende Bestrebungen sind damals gescheitert. In der Schlußakte sind nur eine Reihe von unverbindlichen Empfehlungen und Wünschen enthalten. Es wird den Staaten nahegelegt, im Rahmen ihrer Gesetzgebung die Fälle der Mehrstaatigkeit zu vermindern (A III) und den Mehrstaatern durch Geburt den Verzicht auf die weniger effektive Staatsangehörigkeit zu erleichtern (A IV). Weiter wird der Wunsch ausgesprochen, daß der Erwerb der Staatsangehörigkeit durch Einbürgerung den Verlust der alten Staatsangehörigkeit herbeiführen möge (A). – Auch nach

[39] Vgl. dazu auch RGSt 4, 271; 29, 391.

[40] Text bei *Martens*, N. R. G. 3ème Série, VI, 215; CTS 202, 265.

[41] Friedensvertrag von Versailles Art. 278, St. Germain Art. 230, Trianon Art. 213 und Neuilly Art. 158.

[42] So enthielt der *Código Bustamante* vom 20. 2. 1928, Text bei *Flournoy/Hudson*, 653 ff, in Art. 9 ff eine Reihe von Regeln, in denen bestimmt wird, welches Recht jeweils auf Mehrstaater anwendbar sein soll.

[43] Annuaire de l'Institut de droit international 14 (1895–96), 66 ff; 15 (1896), 270 f; 34 (1928), 678 ff.

[44] Siehe 33. Bericht der International Law Association (Konferenz von Stockholm, 8.-13. 9. 1924), London 1925, 25 ff (28 ff).

[45] Vgl. den Text in AJIL 23 (1929), Special Supp., 30 ff, 41 ff und 44 ff.

[46] Abkommen vom 12. 4. 1930, LNTS 179, 89; die Diskussionsbasis Nr. 15 der Vorkommission hatte die Möglichkeit des Verzichts allen Mehrstaatern einräumen wollen. Aber die Konferenz hat sich diesen Vorschlag nicht zu eigen gemacht. Dazu *J. G. Guerrero*, La codification du droit international (1930), 50 f; siehe auch die Diskussionsbasen der ILC zur Vermeidung künftiger Mehrstaatigkeit (Teil I), zur Reduzierung künftiger Mehrstaatigkeit (Teil II), zur Beseitigung gegenwärtiger Mehrstaatigkeit (Teil III) und zur Reduzierung gegenwärtiger Mehrstaatigkeit (Teil IV), Bericht des *Special Rapporteur Cordova*, YBILC 1954 II, 46 ff.

[47] Nach Art. 6 (2) des Haager Abkommens soll der Staat, auf dessen Staatsangehörigkeit verzichtet wird, die Genehmigung nicht versagen, aber nur dann, wenn die Bedingungen für den Verzicht nach Maßgabe seines Rechts erfüllt worden sind. Damit wird praktisch jedem Staat die volle Freiheit gewährt. Dieses Problem ist auch nach dem europäischen Übereinkommen über die Verringerung der Mehrstaatigkeit vom 6. Mai 1963 nicht wirksam gelöst, vgl. unten.

dem auf der 7. interamerikanischen Konferenz in Montevideo beschlossenen Abkommen über die Staatsangehörigkeit vom 26. 12. 1933 (in Kraft zwischen einigen lateinamerikansichen Staaten)[48] soll die Einbürgerung den Verlust der bisherigen Staatsangehörigkeit nach sich ziehen (Art. 1).

2. Nach dem Zweiten Weltkrieg hat die Frage der Sondersituationen im Staatsangehörigkeitsrecht – Mehrstaatigkeit und Staatenlosigkeit – die Vereinten Nationen im wesentlichen nur hinsichtlich der Staatenlosigkeit beschäftigt. Über die Fragen, die mit der Mehrstaatigkeit zusammenhängen, ist ein Abkommen bisher nicht auf universaler Ebene getroffen worden. Wohl aber haben die Arbeiten des Europarates zu dem Übereinkommen über die Verringerung der Mehrstaatigkeit und die Wehrpflicht von Mehrstaatern vom 6. 5. 1963 geführt.[49] Nach diesem Abkommen, das bisher allerdings trotz verschiedener Versuche, seine Akzeptanz zu erhöhen, nur von 11 Staaten ratifiziert ist,[50] wird eine Verringerung der Mehrstaatigkeit jedenfalls für solche Fälle versucht, in denen die Mehrstaatigkeit nicht kraft Gesetzes, also etwa aufgrund des *ius sanguinis* und des *ius soli*-Prinzips entsteht.[51] Bei Entstehung der Mehrstaatigkeit durch Einbürgerung in einen anderen Vertragsstaat ist der automatische *(ipso iure)* Verlust der bisherigen Staatsangehörigkeit vorgesehen. Darüber hinaus sind Beibehaltungsgenehmigungen nach Art. 1 Abs. 1 und 2 zu versagen. Die Wirkung des Übereinkommens ist nicht nur wegen der geringen Zahl der Ratifikationen, sondern auch durch die Anmeldung einer Reihe von Vorbehalten z. B. seitens der Bundesrepublik[52] begrenzt. Angesichts gegenläufiger Tendenzen – Durchsetzung der Gleichberechtigung von Mann und Frau im Staatsangehörigkeitsrecht, wachsender Bedarf der Zulassung doppelter Staatsangehörigkeit im Rahmen des Europarates und der Europäischen Union – sind neue Impulse in Richtung auf eine Verminderung der Mehrstaatigkeit auch nicht zu erwarten.[53]
Zu den Instrumenten zur Lösung des Problems des staatsangehörigkeitsrechtlichen Status von Wanderarbeitnehmern im Sinne der Regelungen des Europarates[54] und der das Recht der Freizügigkeit in Anspruch nehmenden Staatsangehörigen der Mitgliedstaaten der Europäischen Union gehören die Eröffnung der Möglichkeit erleichterter Einbürgerung bei gleichzeitiger Beibehaltung der bisherigen Staatsangehörigkeit sowie – in der Europäischen Union – die Einführung einer Unionsbürgerschaft für die Angehörigen der Mitgliedstaaten. Mit dieser Rechtsfigur, die bisher noch nicht den Charakter einer Staatsbürgerschaft aufweist, aber in Richtung auf ein „europäisches Indigenat“ weist, wird der Status der Unionsbürger auch im Sinne politischer Teilhabe im jeweiligen Aufenthaltsstaat (z. B. Kommunalwahlrecht) positiv aufgeladen und damit die Frage des Erwerbs der Staatsangehörigkeit des Aufenthaltsstaates entschärft.

3. Einer Abmilderung der nach wie vor als problematisch angesehenen Rechtsfolgen einer Doppelstaatsangehörigkeit dient auch die Konstruktion einer „herrschenden“ und einer „ruhenden“ Staatsangehörigkeit, die in der früheren Staatspraxis bereits Vorläufer hat.[55]

---

[48] Text bei *M. O. Hudson*, International Legislation, Bd. VI, 593 ff.

[49] UNTS 634, 221; *European Treaty Series* Nr. 43; BGBl. 1969 II, 1953, in Kraft für die Bundesrepublik Deutschland seit dem 18. 12. 1969; dazu auch *A. Makarov*, Die Behandlung staatsangehörigkeitsrechtlicher Fragen im Europarat, ZaöRV 33 (1973), 108 ff (110 ff*); Hannappel*, 46 ff.

[50] So wurde am 24. 11. 1977 ein Protokoll zur Konvention angenommen, das es den Staaten durch einige Änderungen der Konvention erleichtern sollte, der Konvention beizutreten, Text des Protokolls in: European Treaty Series Nr. 95, auch abgedruckt bei *Weis*, Anhang 7, 277 f; dazu auch *Hannappel*, 50 f.

[51] *Hannappel*, 47.

[52] Einen Vorbehalt hat die Bundesrepublik nach Wiedereinführung des Rechtsinstituts des Verzichts auf die Staatsangehörigkeit mit Wirkung vom 1. 1. 1975 wieder zurückgezogen; vgl. zum Ganzen näher *Hannappel*, 48 ff.

[53] Zu den gegenläufigen Entwicklungen aufgrund der europäischen Integrationsbemühungen vgl. *Renner*, ZAR-Abhandlungen 1993, 24 f.

[54] Vgl. dazu die Konvention über die Rechtsstellung von Wanderarbeitnehmern, ETS No. 93 (1977).

[55] Zu den Vorschlägen und Erfahrungen vgl. die Beiträge von *H. Reichow/H. Rau/M. Zuleeg/K.-M. Groth*, in: *Barwig/Lörcher/Schumacher* (Hrsg.), 221 ff; dazu auch *Hailbronner/Renner*, Einleitung, Abschnitt F, Rdn. 54 ff.

Dieses Modell liegt den zwischen Spanien und insgesamt 12 hispano-amerikanischen Staaten abgeschlossenen Verträgen über Doppelstaatsangehörigkeit zu Grunde.[56]

V. Die Neuregelung des Staatsangehörigkeitsrechts[57] in Deutschland führte zu einer verstärkten Hinnahme der Mehrstaatigkeit. Dies wurde in der Literatur teilweise kritisch kommentiert.[58] Dabei wird allerdings verkannt, daß durch die Einführung der Optionspflicht die deutsche Regelung zumindest vom Grundsatz her versucht, die Mehrstaatigkeit einzuschränken. Wenn es in der Praxis dennoch zu einer Vergrößerung der Zahl der Mehrstaater kommt, so ist diese mit dem Völkerrecht – wie auch mit dem Grundgesetz – vereinbar.

§ 93 Die Staatenlosigkeit

Schrifttum: wie vor § 92; ferner *M. Vichniac*, Le statut international des apatrides, RdC 1933 I, 115 ff; *I. G. Lipovano*, L'apatridie, 1935; *J. P. A. François*, Le problème des apatrides, RdC 1935 III, 283 ff; *E. Castrén*, Die gegenseitigen Pflichten der Staaten in bezug auf den Aufenthalt und die Aufnahme ihrer Staatsangehörigen und der Staatenlosen, ZaöRV 11 (1940), 325 ff; *N. Robinson*, Convention relating to the Status of Stateless Persons: Its History and Interpretation, 1955; *A. Makarov*, Die Staatenlosigkeit im internationalen und innertaatlichen Recht, Friedens-Warte 56 (1961–1966), 357 ff; *O. Reermann*, Das Übereinkommen über die Verminderung der Staatenlosigkeit, VN 25 (1977), 40 ff; *C. Arndt*, Neuregelung zur Verringerung der Staatenlosigkeit, NJW 1977, 1564 ff; *A. P. Mutharika*, The Regulation of Statelessness Under International and National Law, 1977; *P. van Krieken*, The High Commissioner for Refugees and Stateless Persons, NILR 26 (1979), 24 ff; *J. Walker*, Statelessness: Violation or Conduit for Violation of Human Rights, Hum.Rts.Q. 3 (1981), 106 ff; *M.-H. Marescaux*, Nationalité et statut personnel dans les instruments internationaux des Nations Unies, in: *M. Verwilghem* (Hrsg.), Nationalité et statut personnel, 1984; *H. v. Mangoldt*, Stateless Persons, EPIL IV (2000), 656 ff.

I. 1. Staatenlos ist nach der heute allgemein anerkannten, in Art. 1 der Konvention über die Rechtsstellung der Staatenlosen von 1954 enthaltenen Legaldefinition derjenige, der von keinem Staat nach dessen Recht als sein Staatsangehöriger angesehen wird.[1] Die Praxis und Lehre des Staatsangehörigkeitsrechts[2] kennt eine Reihe von Unterscheidungen hinsichtlich der Gründe für die Entstehung von Staatenlosigkeit. So kann die Staatenlosigkeit eine originäre sein, d. h. sie kann wie in den ersten oben dargestellten Beispielen durch die bestehende rechtliche Konstellation bei der Geburt eintreten. Sie kann aber auch nachträglich eintreten wie in dem gewählten Beispiel der Heirat einer Inländerin, die ihre Staatsangehörigkeit verliert, nicht aber die des ausländischen Ehemannes erwirbt. Eine nachträgliche Staatenlosigkeit kann aber auch durch freiwilligen Verzicht oder Entlassung eintreten, wenn diese nicht an die Bedingung geknüpft sind, daß sie nur dann wirksam werden, wenn

[56] Vgl. dazu *Rau*, Doppelstaatsangehörigkeit mit aktivem und ruhendem Teil – eine Perspektive?, in: *Barwig/Lörcher/Schumacher* (Hrsg.), 233 ff.

[57] Gesetz zur Reform des Staatsangehörigkeitsrechts vom 15. 7. 1999, BGBl. 1999 I, 1618.

[58] *Blumenwitz*, Abstammungsgrundsatz und Territorialitätsprinzip, ZfP 1994, 246; *v. Mangoldt*, Iussanguinis Prinzip, Ius-soli Prinzip und Mehrstaatigkeit: Umbrüche durch das Staatsangehörigkeitsreformgesetz, ZAR 1999, 242.

[1] Konvention vom 28. 9. 1954, UNTS 360, 117/BGBl 1976 II, 473 (in Kraft für die Bundesrepublik Deutschland mit Wirkung vom 24. 1. 1977); keine Staatenlosen im echten Sinne waren die Bewohner der Treuhandgebiete. Sie hatten zwar keine Staatsangehörigkeit, waren aber Zugehörige des Treuhandgebietes und damit Träger einer Rechtsstellung, die der der Staatsangehörigkeit ähnlich ist. Vgl. auch den Schiedsspruch im Rechtsstreit zwischen Deutschland und Litauen über die Staatsangehörigkeit gewisser Personen *Treichler, Häwert et al.* (1937), RIAA 3, 1719: danach waren die ehemaligen deutschen Staatsangehörigen in der Zeit bis zur endgültigen Zuteilung des Memelgebietes Träger einer *„nationalité du Territoire de Memel d'un genre particulier"* (1751).

[2] Vgl. statt anderer die Übersicht bei *v. Mangoldt*, EPIL IV, 656; *Hailbronner/Renner*, Einleitung, Abschnitt F, Rdn. 91 ff.; auch *Hannappel*, 39.

zugleich eine neue Staatsangehörigkeit erworben wird. Staatenlosigkeit kann aber schließlich auch durch den unfreiwilligen Verlust einer Staatsangehörigkeit eintreten. Dies ist – abgesehen von dem kraft Gesetzes eintretenden Staatsangehörigkeitsverlust – namentlich der Fall bei der individuellen oder kollektiven (Zwangs-) Ausbürgerung. Die beiden letztgenannten Fälle sind es, die – im Gegensatz zu der Zeit vor dem Ersten Weltkrieg, in der Staatenlosigkeit relativ selten war – zu einer drastischen Vermehrung der Staatenlosigkeit, teilweise sogar zu Massenstaatenlosigkeit geführt haben.[3]

Weiter unterscheidet man heute zwischen der *de iure* bestehenden Staatenlosigkeit, d. h. einer Staatenlosigkeit, die kraft Gesetzes oder administrativen Aktes (unabhängig von seiner Legalität aus der Sicht dritter Länder) eintritt, und einer *de facto* Staatenlosigkeit.[4] In Fällen letzterer Art besitzen die betroffenen Personen zwar formal noch ihre bisherige Staatsangehörigkeit – sei es, daß sie ihnen nicht von ihrem Heimatstaat förmlich genommen ist, sei es, daß dritte Staaten die Ausbürgerung als gegen fundamentale Menschenrechte verstoßend nicht anerkennen –, es gibt für sie jedoch keinen Staat, der ihnen den mit der Staatsangehörigkeit verbundenen Schutz gewährt, einschließlich der Ausstattung mit den für einen sicheren Auslandsaufenthalt erforderlichen Dokumenten. In den meisten Fällen handelt es sich bei dem betroffenen Personenkreis um Flüchtlinge, die ihr Land insbesondere aus Gründen politischer oder religiöser Verfolgung verlassen haben, oder um Personen, die aus ihrem Heimatstaat aus den gleichen Gründen vertrieben worden sind. Da eine aktive Beziehung zwischen diesen Personen und ihrem Heimatstaat nicht besteht, d. h. dieser seine Verantwortung gegenüber den Geflüchteten oder Vertriebenen nicht wahrnehmen will, stehen sie faktisch den von Rechts wegen Staatenlosen gleich.

Der Staatenlose ist keinem Staate besonders verpflichtet. Aber den Vorteilen, die sich daraus ergeben, stehen schwerwiegende Nachteile gegenüber, und diese haben im allgemeinen das Übergewicht. In der Regel sind Staatenlose in einer schwierigen und unsicheren Lage. Staatenlose sind zwar nicht rechtlos, und das moderne Völkerrecht will mit der Gewährleistung der Menschenrechte auch die Stellung der Staatenlosen verbessern, aber die Staatenlosen genießen doch in dem Staate, auf dessen Gebiet sie sich aufhalten, weder die Rechte der Inländer noch die der Ausländer.[5] Verträge, in denen die Parteien ihren Staatsangehörigen, wie üblich, bestimmte Vorteile auf der Grundlage der Gegenseitigkeit versprechen, gelten nicht für staatenlose Personen. Im allgemeinen ist der Aufenthaltsstaat nicht verpflichtet, sie in seinen Grenzen zu dulden. Und vor allem, es steht kein Staat hinter ihnen, der sie vor Entrechtung und Zurücksetzung schützt, und der Schutz durch die internationale Gemeinschaft ist – trotz mancher Fortschritte aufgrund der Bemühungen internationaler Organisationen –[6] kein ernsthafter Ersatz für die durch eine Staatsangehörigkeit vermittelte Rechtsstellung.

Ebenso wie im Falle der Mehrstaatigkeit ist es die relative Freiheit, die das allgemeine Völkerrecht den Staaten bei der Gestaltung ihrer nationalen Staatsangehörigkeitsgesetze einräumt, die zu dem völkerrechtlich unerwünschten, aber nicht völkerrechtswidrigen Ergebnis der Entstehung der Staatenlosigkeit führt. Da es keine bindenden allgemeinen Regeln des Völkerrechts über die Verleihung oder die Beibehaltung der Staatsangehörigkeit gibt, können sich sog. negative Kollisionen[7] nationaler Staatsangehörigkeitsregelungen ergeben, die zur Staatenlosigkeit führen.

---

[3] *v. Mangoldt*, EPIL IV, 657.

[4] Genauer wäre mit *Weis* von einer *„de facto unprotected"* im Gegensatz zu einer *„de iure unprotected person"* (dem im rechtlichen Sinne Staatenlosen) zu sprechen, vgl. *Weis*, 164.

[5] Als rechtlos sah den Staatenlosen noch die *United States Mexican Special Claims Commission* in ihrer Entscheidung vom Juli 1931 im Falle *Dickson Car Wheel Company*, RIAA (1931), 4, 669 ff (688) an.

[6] Dazu im Überblick *Hailbronner/Renner*, Einleitung, Abschnitt F, Rdn. 93 ff; *v.Mangoldt*, EPIL IV, 657 f.

[7] Von einem *„negative conflict of nationality laws"* spricht auch *v. Mangoldt*, EPIL IV, 656.

So erwirbt etwa ein Kind, das von staatenlosen Eltern in einem Land, das dem *ius sanguinis*-Prinzip untersteht, geboren wird oder dessen Eltern die Staatsangehörigkeit eines Landes mit der Geltung des *ius soli*-Prinzips besitzen, in diesem Land durch die Geburt keine Staatsangehörigkeit. Eine Inländerin, die Angehörige eines Landes ist, dessen Recht noch den Staatsangehörigkeitsverlust durch Heirat mit einem Ausländer kennt, erwirbt durch Heirat nicht die Staatsangehörigkeit des Mannes, wenn dessen Heimatstaat keinen automatischen Erwerb der Staatsangehörigkeit durch Heirat kennt.[8]

2. Das geltende allgemeine Völkerrecht kennt kaum Regeln, die dem Eintreten der Staatenlosigkeit entgegenwirken. Namentlich kommt dem in der Allgemeinen Erklärung der Menschenrechte von 1948 verbürgten Recht eines jeden Menschen auf eine Staatsangehörigkeit (Art. 15 I) keine allgemeine gewohnheitsrechtliche Geltung zu. Auch das in Art. 15 (2) der Erklärung niedergelegte Verbot willkürlichen Entzuges der Staatsangehörigkeit wird man in dieser Allgemeinheit nicht als allgemein geltendes Gewohnheitsrecht ansehen können. Wohl aber ist nach der hier vertretenen Auffassung[9] aus dem gewohnheitsrechtlich geltenden allgemeinen Diskriminierungsverbot in Fällen von Verletzungen dieses Verbotes eine Schranke staatlicher Handlungsfreiheit im Hinblick auf eine individuelle oder kollektive Zwangsausbürgerung anzunehmen. Auf der anderen Seite besteht nach allgemeinem Völkerrecht auch keine Pflicht für die staatenlose Einzelperson, sich von dem Staat, der sie ausgebürgert hat, wieder aufnehmen zu lassen. Wer will, darf staatenlos bleiben.

II. 1. Ein etwas anderes, jedoch nicht grundlegend anderes Bild ergibt sich, wenn man die heute geltenden Verträge zur Verringerung der Staatenlosigkeit in Betracht zieht. An internationalen Bemühungen, das Problem der Staatenlosigkeit generell zu beseitigen oder jedenfalls zu vermindern, hat es in der Vergangenheit nicht gefehlt. Die daraus entstandenen Verträge haben jedoch in der Sache nur bescheidene Fortschritte gebracht und sind angesichts einer bis heute geringen Akzeptanz auch zusätzlich in ihrer Wirkung beschränkt, so daß die Staatengemeinschaft sich genötigt sah, der Behandlung des Problems der Staatenlosigkeit eine weitere Stoßrichtung zu geben, nämlich die Rechtsstellung der Staatenlosen als solche zu verbessern und ihnen einen Mindeststandard von rechtlichem Schutz zu sichern. Hierüber ist an anderer Stelle näher zu berichten.[10]

2. Das geltende Vertragsrecht besteht im wesentlichen aus vier universal angelegten Konventionen, von denen eine speziell auf die Verminderung der Staatenlosigkeit zielt, sowie mehreren regionalen Abkommen. Es handelt sich hier zum einen um die auf der Haager Staatenkodifikationskonferenz von 1930 angenommene Konvention über bestimmte Fragen beim Konflikt von Staatsangehörigkeitsgesetzen[11] und das ebenfalls von der Konferenz verabschiedete Protokoll über einen Sonderfall der Staatenlosigkeit[12], zum anderen um die Konvention über die Staatsangehörigkeit verheirateter Frauen von 1957[13] sowie schließlich um die speziell auf die Verringerung der Staatenlosigkeit gerichtete Konvention von 1961[14]. Auf regionaler Ebene sind die Konvention über die Staatsangehörigkeit, die im Rahmen der 7. panamerikanischen Konferenz 1933 ausgearbeitet wurde[15], und an der eine Reihe latein-

[8] So bedarf es z. B. nach § 9 StAG der Einbürgerung eines ausländischen Ehegatten eines oder einer Deutschen; verliert der ausländische Ehegatte durch die Heirat automatisch seine bisherige Staatsangehörigkeit, so ist er bis zur Einbürgerung in Deutschland staatenlos.

[9] Siehe oben § 91 III 3. und 4.

[10] Siehe unten § 103.

[11] Konvention vom 12. 4. 1930, LNTS 179, 89.

[12] Protokoll über einen Sonderfall der Staatenlosigkeit vom 12. 4. 1930, LNTS 179, 115.

[13] Konvention vom 20. 2. 1957, UNTS 309, 65/BGBl 1973 II, 1249, in Kraft für die Bundesrepublik Deutschland mit Wirkung vom 8. 5. 1974.

[14] Konvention vom 30. 8. 1961, UNTS 989, 175/BGBl 1977 II, 597, in Kraft für die Bundesrepublik Deutschland mit Wirkung vom 29. 11. 1977.

[15] Siehe Convention on Nationality vom 26. 12. 1933, Text in Seventh International Conference of American States, Montevideo (Uruguay) vom 3.-26. 12. 1933, *Final Act*, 148 ff; Text auch bei *M. O. Hudson*, International Legislation, Bd. 6, 1937, 593 ff; die Konvention, die am 27. 1. 1936 in

amerikanischer Staaten beteiligt waren, ebenso zu nennen, wie die im Rahmen der Internationalen Kommission für das Zivilstandswesen *(Commission de l'Etat civil)*[16] beschlossene Konvention zur Verringerung der Fälle von Staatenlosigkeit von 1973 (CIEC-Abkommen)[17]. Speziell bezogen auf eine Verringerung der Staatenlosigkeit von Kindern ist Art. 7 Abs. 2 des Übereinkommens über die Rechte des Kindes, 1989.[18]

Das Haager Abkommen sieht in Art. 7 vor, daß die Entlassung den Verlust der bisherigen Staatsangehörigkeit nur zur Folge haben soll, wenn der Entlassene schon eine andere Staatsangehörigkeit hat, sonst erst zu dem Zeitpunkt, in dem er die neue Staatsangehörigkeit erwirbt. Auch der Verlust der Staatsangehörigkeit durch Veränderungen des Personenstandes (Eheschließung mit einem Ausländer oder Anerkennung unehelicher Kinder, Adoption) soll durch den Erwerb der Staatsangehörigkeit eines anderen Staates bedingt sein (Art. 8, 13 S. 3, 16, 17). Auch soll der Staatsangehörigkeitswechsel des Ehemannes oder der Eltern die Staatsangehörigkeit der Ehefrau und der Kinder nur dann berühren, wenn sie eine andere Staatsangehörigkeit haben oder eine neue erwerben (Art. 9, 13 S. 3). Die Staatenlosigkeit als eine Folge des *ius sanguinis* wird dadurch gemildert, daß man das *ius soli* als Ergänzungsprinzip in seine Lücken eintreten läßt. So erwerben die Kinder unbekannter Eltern die Staatsangehörigkeit des Staates, auf dessen Gebiet sie geboren sind (Art. 14). Für Findelkinder besteht die Vermutung der Geburt an dem Ort, an dem man sie findet (Art. 14 Abs. 2).[19] Darüber hinaus sah Art. 1 des mit dem Abkommen verabschiedeten Protokolls über einen Sonderfall der Staatenlosigkeit[20] vor, daß ein Kind, das auf dem Gebiet eines Staates, dessen Recht nicht auf dem *ius soli*-Prinzip beruht, von einer Mutter, die die Staatsangehörigkeit dieses Staates besitzt, und von einem staatenlosen Vater geboren wird, die Staatsangehörigkeit dieses Staates erwirbt.

Die Konvention über die Staatsangehörigkeit der verheirateten Frau von 1957 enthält in Art. 1 die Vorschrift, daß eine Frau weder durch Heirat noch durch Ehescheidung noch durch den Wechsel der Staatsangehörigkeit des Mannes in ihrer Staatsangehörigkeit berührt werden soll. Diese Regel dient der Vermeidung der eventuell durch solche Personenstandsänderungen entstehenden Staatenlosigkeit. Umfassender ist der Versuch der Verminderung der Entstehung von Staatenlosigkeit, den die Vereinten Nationen mit der Verabschiedung der Konvention über die Verminderung der Staatenlosigkeit von 1961 unternommen haben.[21] Mit dieser Konvention wird ganz allgemein das *ius sanguinis*-Prinzip durch das des *ius soli* ergänzt. Nach Art. 1 nämlich erwerben alle die Staatsangehörigkeit des Landes, in dem sie geboren sind, wenn sie anderenfalls staatenlos würden,[22] und nach Art. 4 soll ein nicht auf

---

Kraft trat, ist nur von Chile, Ecuador, Honduras, Mexiko und Panama ratifiziert worden, und nur gezeichnet von Argentinien, Bolivien, Columbien, Cuba, Dominikanische Republik, Guatemala, Haiti, Nicaragua, Paraguay, Peru, Salvador, Uruguay, Venezuela und den USA, vgl. *H. Hecker*, Mehrseitige völkerrechtliche Verträge zum Staatsangehörigenrecht, 1970, 74. Die Vereinigten Staaten sind indes nicht Vertragspartei geworden, wie der *Special Rapporteur* der ILC, *Córdova*, irrig angenommen hat, vgl. YBILC 1953 II, 186.

16 Vgl. zur Arbeit dieser Kommission *S. Simitis*, International Commission on Civil Status, EPIL II (1995), 1077 f.

17 Übereinkommen zur Verringerung von Fällen der Staatenlosigkeit vom 13. 9. 1973, BGBl 1977 II, 597 (613), in Kraft für die Bundesrepublik Deutschland mit Wirkung vom 24. 9. 1977.

18 BGBl. 1992 II, 121.

19 Der Vorschlag, die gleiche Regelung auch den Kindern staatenloser Eltern und von Eltern unbekannter Nationalität zuteil werden zu lassen (Diskussionsbasis Nr. 12 der Vorkommission für die Haager Konferenz, Text in AJIL 24 (1930), Supp. 18) ist im Haag nicht durchgedrungen, vgl. dazu *J. G. Guerrero*, La Codification du Droit International, La Première Conférence, 1930, 48 f.

20 Protokoll über einen Sonderfall der Staatenlosigkeit vom 12. 4. 1930, LNTS 179, 115, von Deutschland nicht unterzeichnet. Art. 1: „*In a State whose nationality is not conferred by the mere fact of birth in its territory, a person born in its territory of a mother possessing the nationality of that State and of a father without nationality or of unknown nationality shall have the nationality of the said State.*"

21 Siehe Angaben oben Anm. 14.

22 Nach wohl richtiger Auslegung erfaßt das Abkommen nur die *de iure*-Staatsangehörigkeit, da die Staa-

dem Gebiet der Vertragsstaaten geborenes Kind die Staatsangehörigkeit des Staates erwerben, dessen Staatsangehörigkeit einer der Elternteile erwirbt. Als ein weiteres Gegengewicht gegen die Möglichkeit der Staatenlosigkeit fügt das Abkommen das Verbot der Ausbürgerung oder Selbstausbürgerung, wenn sie zur Staatenlosigkeit führt (Art. 7 Abs. 3, 8), sowie eine Regel hinzu, die diese Staatenlosigkeit als Folge des Gebietswechsels ausschließen soll (Art. 10). Hinzuweisen ist allerdings auf die Tatsache, daß der Erwerb der Staatsangehörigkeit nach Art. 1 nicht notwendig kraft Gesetzes eintreten muß, sondern auch durch Einbürgerung erfolgen kann. Insoweit entsteht ein Einbürgerungsanspruch, der jedoch von den Staaten an die Erfüllung bestimmter Bedingungen geknüpft werden kann. Solche Bedingungen sind nach Art. 1 Abs. 2 die Antragstellung innerhalb einer bestimmten Frist (nicht vor der Vollendung des 18. und nicht nach der Vollendung des 21. Lebensjahres), Mindest-Residenz von nicht mehr als fünf Jahren, keine Verurteilung wegen Vergehen gegen die Staatssicherheit oder zu mehr als fünf Jahren Freiheitsstrafe.

Der deutsche Gesetzgeber hat diesen Vorschriften durch das Ausführungsgesetz zu der Konvention Rechnung getragen, hinsichtlich des Aufenthaltserfordernisses allerdings mit der Maßgabe, daß der Mindestaufenthalt ein rechtmäßiger sein muß.[23]

Art. 7 Abs. 1 des Übereinkommens über die Rechte des Kindes, statuiert dessen Recht, bei Geburt eine Staatsangehörigkeit zu erwerben. Gemäß Abs. 2 dieser Vorschrift, sind die Staaten verpflichtet, die Verwirklichung dieses Rechts sicherzustellen, vor allem wenn das Kind somit staatenlos wäre.
Hinsichtlich der Situation auf regionaler Ebene ergibt sich folgende Rechtslage. In der von der 7. panamerikanischen Konferenz in Montevideo von 1933 verabschiedeten Konvention über die Staatsangehörigkeit war eine dem Art. 1 der Konvention über die Staatsangehörigkeit der verheirateten Frau entsprechende, jedoch weiterreichende Vorschrift enthalten. Nach Art. 6 soll weder die Heirat noch die Ehescheidung die Staatsangehörigkeit des Mannes, der Frau und der Kinder berühren. Der in dieser Regel implizite Schutz vor Staatenlosigkeit[24] erstreckt sich also nicht nur auf die Frau, sondern auf alle unmittelbaren Familienangehörigen. Ein besonderer Schutz von Kindern vor Staatenlosigkeit ist im Art. 1 des CIEC-Abkommens von 1973 geschaffen worden. Danach erwirbt ein Kind durch Geburt die Staatsangehörigkeit der Mutter, die Staatsangehörige eines der Vertragsstaaten ist, wenn es anderenfalls staatenlos würde.

3. Wie bereits erwähnt, haben alle diese Abkommen – bis auf das Übereinkommen über die Rechte des Kindes – nur geringe Akzeptanz gefunden und sind entsprechend nur für eine geringe Zahl von Staaten in Kraft. Auch ist der Geltungsbereich der Konvention auf die *de iure*-Staatenlosigkeit beschränkt.[25] Darüber hinaus fällt auf, daß diese Verträge allein auf das Ziel gerichtet sind, Staatenlosigkeit in der Zukunft zu vermeiden, nicht aber bestehende Staatenlosigkeit zu beheben. Diesem Ziel dient u. a. die Konvention über die Rechtsstellung der Staatenlosen, die in Art. 32 die Staaten verpflichtet, „nach Möglichkeit" eine erleichterte Einbürgerung für Staatenlose vorzusehen. Insgesamt ist also das Bild, das das geltende Recht bietet, nach wie vor von einer deutlichen Diskrepanz zwischen dem rechtspolitisch allgemein unterstützten Ziel der Beseitigung – oder wenigstens nachhaltigen Verringerung – der

---

tenkonferenz die Staaten aufgefordert hat, *de facto*-Staatenlose nach Möglichkeit als *de iure*-Staatenlose zu behandeln, vgl. *Hannappel*, 42 mwN; zum ganzen auch *Makarov/v.Mangoldt*, Deutsches Staatsangehörigkeitsrecht, Gesetz zur Verminderung der Staatenlosigkeit, Art. 1 Rdn. 6 f; auch *v.Mangoldt*, EPIL IV, 658; wie Art. 1 schon der Entwurf des Sachverständigenausschusses des VB 1926, Art. 4.

[23] Dazu *Hannappel*, 42 f.

[24] Der Artikel schließt den bei der Kollision bestimmter nationaler Rechtsordnungen möglichen Verlust der Staatsangehörigkeit ohne den gleichzeitigen Erwerb einer neuen (oder den automatischen Wiedererwerb der früheren) Staatsangehörigkeit und damit den Eintritt der Staatenlosigkeit aus.

[25] Siehe dazu oben Anm. 22.

Staatenlosigkeit und der Praxis der Staaten gekennzeichnet. Dieses Bild wird auch nicht durch die im Rahmen der internationalen Menschenrechtskodifikationen enthaltenen Ansätze, eine menschenrechtliche Garantie des Erwerbs einer Staatsangehörigkeit zu schaffen, wesentlich korrigiert. Der in Art. 15 der Allgemeinen Erklärung der Menschenrechte niedergelegte Anspruch auf eine Staatsangehörigkeit ist im Internationalen Pakt über bürgerliche und politische Rechte nicht aufgenommen worden,[26] und der im übrigen durch diese und andere Menschenrechtsinstrumente vermittelte Schutz der Staatsangehörigkeit beschränkt sich auf Fälle, in denen der Verlust der Staatsangehörigkeit aufgrund Verletzungen des Diskriminierungsverbotes eintritt.[27]

4. So ist weiterhin ein Bedarf nach umfassenderen internationalen Reformen der geltenden Rechtslage vorhanden – Reformen, wie sie in der Vergangenheit etwa von den internationalen wissenschaftlichen Vereinigungen, aber auch von der ILC und von Kodifikationskonferenzen gefordert und vorgeschlagen worden sind.

So erarbeitete das *Institut de droit international* auf seinen Sitzungen in Cambridge (1895), Venedig (1896) und Stockholm (1928) im Rahmen der Beratung des Problems der Staatsangehörigkeit Vorschläge zur Reduzierung der Staatenlosigkeit, die sich jedoch im wesentlichen nur auf die Vermeidung künftiger Fälle von Staatenlosigkeit bezogen.[28] Das gilt auch für die Vorschläge, die die *International Law Association* auf ihrer Stockholmer Tagung (1924) unterbreitete[29], sowie für den Harvard-Entwurf von 1929.[30]

Unter dem Druck der nach dem Zweiten Weltkrieg verstärkt aufgetretenen Massenstaatenlosigkeit einschließlich des Flüchtlingselends[31] hat sich auf Beschluß des Wirtschafts- und Sozialrates der UN die ILC mit dem Entwurf nicht nur der später von entsprechenden, von der Generalversammlung der UN einberufenen Staatenkonferenzen angenommenen Konventionen über die Rechtsstellung der Staatenlosen (1954) und die Verminderung der Staatenlosigkeit (1961), sondern auch mit dem Entwurf eines Protokolls zur Konvention von 1961 bzw. alternativ einer eigenen Konvention über die Beseitigung gegenwärtig existierender Staatenlosigkeit befaßt. Damit wurde ein Kernproblem der Zeit aufgegriffen, daß nämlich Abhilfe für die große Zahl der durch die Kriegs- und Nachkriegsereignisse staatenlos gewordener Menschen geschaffen werden sollte.

Das Protokoll zur Konvention über die Beseitigung gegenwärtiger Staatenlosigkeit sah in seinem Art. 1 vor,[32] daß die Vertragsstaaten ihre Staatsangehörigkeit auf solche Personen übertragen sollen, die anderenfalls staatenlos wären, wenn sie auf ihrem Staatsgebiet vor dem Inkrafttreten der Konvention über die Beseitigung künftiger Staatenlosigkeit geboren sind. Nach Art. 3 des Protokolls sollten die Vertragsstaaten alle Personen wieder in ihre Staatsangehörigkeit übernehmen, die kraft Gesetzes durch Verzicht oder als Strafsanktion ihre Staatsangehörigkeit vor dem Inkrafttreten der Konvention verloren haben. Die weitestgehende Regel enthielt Art. 5, wonach für den Fall, daß bei Anwendung der übrigen Vorschriften des Protokolls keine Staatsangehörigkeit erworben wird, die Vertragsstaaten ihre Staatsangehörigkeit auf die staatenlos gebliebenen Personen übertragen sollen. Mit diesem Auffangtatbestand sollte die neue Regelung *„airtight"*[33] gemacht werden. In einer modifizierten Form, nämlich unter Einräumung eines Rechts der Staaten, die Übertragung ihrer Staatsangehörigkeit auf Staatenlose auf ihrem Staatsgebiet von der Erfüllung bestimmter Voraus-

[26] Darauf weist im Zusammenhang mit der Regelung des Verlustes der Staatsangehörigkeit zutreffend hin *Randelzhofer*, Rdn. 33 zu Art. 16 Abs. 1 GG.

[27] Vgl. dazu oben § 91 III 3. und 4.

[28] Vgl. dazu die Berichte und Resolutionen in: Annuaire de l'Institut de droit international, 14 (1895–96), 66 ff; 15 (1896), 270 f; 34 (1928), 678 ff.

[29] Vgl. *International Law Association*, Report of the Thirty-Third Conference held at Stockholm, September 8th to 13th 1924, London 1925, 25 ff.

[30] Text in AJIL 23 (1929), Special Supp., 11 f.

[31] Siehe dazu unten § 103.

[32] Vgl. YBILC 1954 II, 31.

[33] So *Lauterpacht* in einem Brief vom 17. 9. 1953 an die ILC, zitiert in dem Kommentar zu Art. 5 des Protokolls, *Special Rapporteur Córdova*, YBILC 1954 II, 33.

setzungen abhängig zu machen (Art. 1 Abs. 2), wurden entsprechende Regelungen im Protokoll zur Konvention über die Verminderung künftiger Staatenlosigkeit zur Verringerung gegenwärtiger Staatenlosigkeit vorgeschlagen.[34]

Die Vorschläge der ILC wurden von den Staatenkonferenzen nicht zur Beratung angenommen und sind auch seither nicht weiter verfolgt worden. Die Staatengemeinschaft bleibt von ihrem bereits auf der Haager Konferenz von 1930 anvisierten Fernziel, die Staatenlosigkeit überhaupt zu beseitigen, weit entfernt, und sie bleibt weiterhin aufgefordert, entsprechend dem Wunsch der Konferenz wenigstens durch eine Änderung ihrer nationalen Gesetze die Staatenlosigkeit zu verringern,[35], sofern sie sich denn nicht in der Lage sieht, den existierenden Verträgen beizutreten. Um ein vielfaches entfernter ist die Staatengemeinschaft aber auch von Vorschlägen, wie sie etwa von *Scelle*[36] gegenüber der ILC gemacht wurden, den Staatenlosen eine „internationale Staatsangehörigkeit", etwa durch die Vereinten Nationen als Repräsentant der Staatengemeinschaft zu verleihen. Dies läge durchaus in der Konsequenz des sich heute immer stärker entfaltenden internationalen Menschenrechtsschutzes und damit der sich weiter entfaltenden Rechtsstellung des Individuums in der internationalen Rechtsordnung. Zu Recht ist jedoch darauf hingewiesen worden,[37] daß eine solche internationale Rechtsstellung angesichts des Entwicklungsstandes internationaler Organisationen wie der Vereinten Nationen nicht den notwendigen Schutz des einzelnen vermitteln kann, wie er durch die Staatsangehörigkeit gesichert wird.

§ 94 Die Staatszugehörigkeit der juristischen Person

Schrifttum: *E. Isay*, Die Staatsangehörigkeit juristischer Personen, 1907; *A. McNair*, The National Character and Status of Corporations, BYIL 4 (1923–24), 44 ff; *Hanna*, Nationality and War Claims, Colum.L. Rev. 45 (1945), 309 ff.; *H. Walker*, Provisions on Companies in United States Commercial Treaties, AJIL 50 (1956), 373 ff; *S. Bastid/F. Luchaire et al.*, La personnalité morale et ses limites, 1960; *L. Caflisch*, La protection des sociétés commerciales et des intérêts indirects en droit international public, 1969; *M. Diez de Velasco*, La protection diplomatique des sociétés et des actionnaires, RdC 141 (1974 I), 87 ff; *D. A. Ijalaye*, The Extension of Corporate Personality in International Law, 1978; *A. A. Fatouros*, Transnational Enterprise in the Law of State Responsibility, in: *R. B. Lillich* (ed.), International Law of State Responsibility for Injuries to Aliens, 1983, 361 ff; *D. Kokkini-Iatridou/P. J. I. M. de Waart*, Foreign Investments in Developing Countries – Legal Personality of Multinationals in International Law, NYIL 14 (1983), 87 ff; *L. Levy*, La nationalité des sociétés,1984; *A. V. Lowe*, International Law Issues Arising in the „Pipeline" Dispute. The British Position, GYIL 27 (1984), 54 ff; *D. Vagts*, The Pipeline Controversy. An American Viewpoint, GYIL 27 (1984), 38 ff; *P. J. Kuyper*, The European Community and the U.S. Pipeline Embargo: Comments on Comments, GYIL 27 (1984), 72 ff; *A. A. Fatouros*, National Legal Persons in International Law, EPIL II (1995), 495 ff; *I. Seidl-Hohenveldern*, Corporations in and under International Law, 1987; *A. Kley-Struller*, Die Staatszugehörigkeit juristischer Personen, SZIER 1 (1991), 163 ff.

I. Ob man auch juristischen Personen, Handelsgesellschaften, Körperschaften des öffentlichen Rechts und anderen Vereinigungen, Anstalten und Stiftungen eine Staatsangehörigkeit zusprechen könne, ist angesichts einer komplexer gewordenen internationalen Wirtschaftsgesellschaft noch immer in vieler Hinsicht streitig. Es handelt sich dabei jedoch im Grundsatz um eine terminologische Frage.[1] Die Staatsangehörigkeit natürlicher Personen ist selbstver-

[34] Text in YBILC 1954 II, 33 ff (34).

[35] So die Präambel zur Konvention über gewisse Fragen beim Konflikt von Staatsangehörigkeitsgesetzen, LNTS 179, 89; vorsichtiger die Empfehlung I der Haager Konferenz „*... that it is very desirable that States should, in the exercise of their power of regulating questions of nationality, make every effort to reduce so far as possible cases of statelessness*", zitiert nach AJIL 24 (1924) Supp., 182.

[36] *G. Scelle*, Le problème de l'apatridie devant la Commission du Droit international de l'O. N. U., in: Die Friedens-Warte 52 (1954), 142 ff (150); Hinweis auf diesen Vorschlag auch in YBILC 1954 II, 29.

[37] So *Córdova*, *Special Rapporteur* der ILC, in seinem Bericht, YBILC 1954 II, 29.

[1] *Lord Parker* im Falle *Daimler Company, Ltd. v. Continental Tyre and Rubber Company, Ltd.* (1916) 2 A.C. 307, spricht von einer „*figure of*

ständlich von anderer Art als die Beziehung, die juristische Personen oder Gesellschaften mit einem Staat verbindet. Es fehlt das persönliche Band. Die Regeln über Erwerb und Verlust der Staatsangehörigkeit können auf solche Vereinigungen im allgemeinen nicht angewandt werden.[2] Andererseits erhebt sich auch für juristische Personen und ihre Vermögen die Frage, zu welchem Staat sie gehören, welcher Staat sie etwa im Ausland oder vor internationalen Instanzen zu schützen befugt ist[3], ob man sie im Krieg als feindliche Rechtssubjekte ansehen darf oder ob sie der nationalen Jurisdiktion als nationale oder ausländische Rechtssubjekte unterliegen. Auch im Hinblick auf die Verantwortlichkeit von Staaten für Handlungen von Unternehmen stellt sich die Frage ihrer rechtlichen Zuordnung im Sinne einer Staatszugehörigkeit. In bestimmten Beziehungen also erhebt sich auch für solche Rechtssubjekte die Frage der Zugehörigkeit zu dem einen oder anderen Staat, und es hat einen guten Sinn, wenn man etwa von deutschen, englischen oder französischen Aktiengesellschaften spricht.[4]

Die Problematik hat indessen heute eine weitere Dimension durch das Auftreten der multinationalen oder transnationalen Gesellschaften (Multinational Corporations (MNCs), Multinational Enterprises (MNEs), Transnational Corporations (TNCs) gewonnen. Hierbei handelt es sich um komplex strukturierte wirtschaftliche Unternehmenseinheiten, die in der Regel aus einem Mutterunternehmen und zahlreichen, in verschiedenen Staaten errichteten und operierenden Tochtergesellschaften bestehen. Je nach den nationalen Rechtsordnungen der Staaten, in denen die Tochtergesellschaften bestehen, hält die Muttergesellschaft in unterschiedlicher Höhe die Kapitalanteile an den Tochtergesellschaften und übt in unterschiedlicher Intensität Kontrolle über Management und Unternehmenspolitik der Tochtergesellschaften aus.[5] Das Problem der Staatszugehörigkeit von Mutter- und Tochtergesellschaften stellt sich unter völkerrechtlichen Gesichtspunkten u. a. dann, wenn konkurrierende Regelungsansprüche des Staates der Muttergesellschaft und desjenigen einer Tochtergesellschaft geltend gemacht werden. Das heißt, der Konflikt – und damit die Notwendigkeit, die Staatszugehörigkeit der jeweils betroffenen Unternehmen zu bestimmen – tritt dann auf, wenn der Staat der Muttergesellschaft Regelungen erläßt, die die Muttergesellschaft und – über sie vermittelt – die im Ausland befindliche Tochtergesell-

speech" (339), einer „*quasi-nationality*" der Gesellschaft; vgl. ferner dazu *Diez de Velasco*, 87 (120) mwN; auch *Fatouros*, EPIL III, 495 f.

[2] Im *Barcelona Traction*-Fall stellte der IGH in diesem Sinne fest: „*in allocating corporate entities to States for purposes of diplomatic protection, international law is based, but only to a limited extent, on an analogy with the rules governing the nationality of individuals*" (ICJ Reports 170, 42). *Oppenheim/Jennings/Watts*, Vol. I/2, 860, spricht sogar davon, daß eine solche Analogie zwar manchmal bequem sein möge, oft jedoch eher irreführend sei. *Fatouros*, EPIL vol. III, 495, nennt den Begriff der Staatszugehörigkeit ein „Kürzel" für eine Vielfalt von rechtspolitischen Erwägungen und Regeln, die häufig ohne ausdrückliche Bezugnahme auf den Begriff der „Staatsangehörigkeit" *(nationality)* angewandt würden.

[3] Vgl. z. B. die Entscheidung des StIGH in dem Rechtsstreit zwischen Estland und Litauen um die *Panevezys-Saldutiskis Eisenbahn*, PCIJ, Series A/B (1939), 76. Hier kam es entscheidend darauf an, welche Staatszugehörigkeit man der Eisenbahngesellschaft und von wann an man sie ihr zusprechen konnte.

[4] Vgl. auch StIGH im Rechtsstreit um die deutschen Interessen in Polnisch-Oberschlesien PCIJ, Series A (1926) 7, 56, 68 f, 74 (deutsche Staatszugehörigkeit wirtschaftlicher Unternehmen sowie der Stadt Ratibor) und dasselbe Gericht im *Peter-Pazmany-Universitäts*-Fall, PCIJ, Series A/B (1933) 61, 232 (die Peter-Pazmany-Universität als „Staatsangehörige" im Sinne der Art. 246 und 250 des Vertrages von Trianon); aus der Rechtsprechung nach dem 2. Weltkrieg vgl. die Entscheidung des IGH im *Anglo-Iranian Oil Co.*-Fall, ICJ Reports 1952, 92 (102); weitere Nachweise bei *Diez de Velasco*, 87 (124 f).

[5] Versuche einer umfassenden, u. a. auch auf die Größe der MNEs oder MNCs (TNCs) abstellenden Definition hatten angesichts der sehr kontroversen Meinungen bisher keinen Erfolg. In einer von einer Expertengruppe, vom UN ECOSOC eingesetzt, empfohlenen Definition werden die MNEs in einer minimalen Weise umschrieben als „enterprises which own or control production or service facilities outside the country in which they are based" (UN Doc. E/5500/Rev. 1, 25); vgl. hierzu näher *P. Fischer*, Transnational Enterprises, EPIL vol. IV, 921 ff mwN; zur besonderen Stellung der MNEs auch *Fatouros*, EPIL vol. III, 495 (496).

schaft zu einem bestimmten Verhalten verpflichten sollen, das mit dem Recht und z. B. der Wirtschaftspolitik des ausländischen Staates in Widerspruch steht.[6] Kurz, stärker noch als in der Vergangenheit besteht heute ein Bedürfnis nach Regelungen, die die Zugehörigkeit juristischer Personen namentlich im wirtschaftlichen Bereich zu bestimmten Staaten bestimmen und die Staatszugehörigkeit – ob relativ oder funktional oder in sonstiger Weise verstanden – auch im Völkerrecht als Rechtsverhältnis und Anknüpfungspunkt der Ausübung nationaler Jurisdiktion anerkennen und möglichst gesicherten Regeln unterwerfen.

II. Im Grundsatz gilt auch für die Festlegung der Staatszugehörigkeit von juristischen Personen, daß sie – wie die Bestimmung der Staatsangehörigkeit natürlicher Personen – in erster Linie in die Regelungskompetenz der Staaten fällt.[7] Juristische Personen (legal persons, personnes morales) sind Konstruktionen des nationalen Rechts.[8] Dieses bestimmt dementsprechend, welche juristischen Personen unter welchen Bedingungen die Staatszugehörigkeit zu einem bestimmten Staat erwerben. Die Staatspraxis hat im wesentlichen zwei Grundprinzipien der Zuerkennung der Staatszugehörigkeit an juristische Personen entwikkelt: Das Prinzip des Sitzstaates (siège social, place of seat) und das Prinzip der Staatszugehörigkeit nach dem Staat der Verleihung der Rechtspersönlichkeit (State of incorporation, lieu d'incorporation).[9] Aber die komplexer gewordenen inter- oder transnationalen Beziehungen, die im weiten Umfang von juristischen Personen, namentlich von Wirtschaftsunternehmen getragen werden, sowie die Bedeutung dieser juristischen Personen für die Verfolgung oder Sicherung nationaler Sicherheits- oder Wirtschaftsinteressen[10] haben zu einer weitgehenden Ausdifferenzierung der Kriterien geführt, die bei der Bestimmung der Staatszugehörigkeit angewendet werden.

Während des Ersten Weltkrieges gab die Bestimmung dessen, was als „Feindeigentum" *(enemy property)* anzusehen ist, britischen Gerichten Anlaß, von den bis dahin anerkannten Kriterien der Staatszugehörigkeit von Gesellschaften im Sinne einer Erweiterung abzuweichen. Im Falle *Daimler Company, Ltd. v. Continental Tyre and Rubber Company, Ltd.* entschied das House of Lords,[11] daß die Daimler Company, wiewohl nach englischem Recht errichtet und damit nach bisheriger Praxis als britische Gesellschaft anzusehen –, dennoch als „feindliche" Gesellschaft zu gelten habe, weil ihre Geschäftsführung im wesentlichen in den Händen von Deutschen lag und die tatsächliche Kontrolle über die Gesellschaft von Deutschland aus ausgeübt wurde.[12] Dieses „Durchstoßen des Mantels" der Gesellschaft als rechtliche Einheit, der „Blick hinter den Vorhang" *(„the piercing of the corporate veil")*[13] wurde auch im Zweiten Weltkrieg wieder angewandt, nachdem es in der Zwischenkriegszeit

---

[6] Vgl. dazu näher *Kokkini-Iatridou/de Waart*, 87 (90 ff). Diese Fragen spielten eine zentrale Rolle im Streit um das sog. Röhrenembargo, das die USA 1982 verhängten, vgl. dazu *Vagts*, GYIL 27 (1984), 38 ff; *Lowe*, GYIL 27 (1984), 54 ff; *Kuyper*, GYIL 27 (1984), 72 ff.

[7] *Diez de Velasco*, 87 (111 ff); *Fatouros*, EPIL IV, 495 f.

[8] *Fatouros*, EPIL III, 495.

[9] Vgl. die Übersicht bei *Oppenheim/Jennings/Watts*, Vol. I/2, 859 f; auch *Fatouros*, EPIL III, 495 f; *Brownlie*, Principles, 420 ff; *M. Herdegen*, Internationales Wirtschaftsrecht, 2. Aufl., 1995, § 13 Rdn. 4; ferner *Diez de Velasco*, 121 f mwN aus den nationalen Gesetzgebungen. Nach Art. 1 und 2 der Haager Konvention vom 1. 6. 1956, Tractatenblad van het Koninkrijk der Nederlanden, 1956, No. 131, über die Anerkennung der Rechtspersönlichkeit ausländischer Unternehmen, Gesellschaften und Stiftungen, wird deren Stellung als juristische Person vom Recht des Staates bestimmt, in dem sie errichtet werden; nach der 1968 von den ursprünglichen Mitgliedstaaten der EG geschlossenen Konvention, Text in BGBl. 1972 II, 370, über die gegenseitigen Unternehmen und andere korporative Einheiten soll die Anerkennung als Rechtspersönlichkeit erfolgen, wenn sie in Übereinstimmung mit dem Recht eines der Vertragsstaaten gegründet wurden und sie ihren gesetzlichen Sitz *(siège statuaire)* in dem Gebiet haben, für das die Konvention gilt; für den Maßstab des siège statuaire sprach sich 1929 das Institut de droit international aus, TGR 283.

[10] Dazu *Kokkini-Iatridou/de Waart*, passim; auch *Diez de Velasco*, passim.

[11] House of Lords, 1916, 2 A. C. 307.

[12] Zu diesem Fall vgl. näher *Oppenheim-Lauterpacht*, 7th ed., Vol. II, § 88a; auch *Diez de Velasco*, 87 (123 f).

[13] Dazu näher *Seidl-Hohenveldern*, Corporations, 5 ff; auch *Verzijl*, Bd. V, 112; *Fatouros*, EPIL III, 495 (498 f.).

zeitweilig in den Hintergrund getreten war. Seither hat dieser „Kontrolltest" auch Eingang in die allgemeine Praxis gefunden, die etwa unter dem Gesichtspunkt der Exportkontrollen[14] oder der Penetration der Wirtschaften von Drittweltstaaten seitens der MNCs[15], die zwei Grundkriterien (Sitz, Inkorporation) in vielen Fällen für nicht mehr angemessen hält.[16] Dagegen hat der ICJ im *Barcelona-Traction*-Fall im Grundsatz die klassischen zwei Kriterien für geltendes Recht angesehen: *„In allocating corporate entities to States for purposes of diplomatic protection ... (the) traditional rule attributes the right of diplomatic protection of a corporate entity to the State under the laws of which it is incorporated and in whose territory it has its registered office."*[17] Aber dieser Satz ist nicht im Sinne einer absoluten oder ausschließlichen Regel zu verstehen. Das Gericht ließ durchaus die Möglichkeit offen, daß Staaten auch andere Kriterien anwenden.[18] Dies entspricht in der Tat einer realistischen Betrachtung der Staatenpraxis, die in der Fülle der Investitionsabkommen, in den sog. *lump-sum agreements* und anderen bilateralen Entschädigungsabkommen nicht nur weitere Kriterien wie das „vorrangige Interesse" oder das „wesentliche Interesse" *(predominant, substantial interest)* verwendet[19], sondern auch die einzelnen Kriterien in den verschiedensten Kombinationen miteinander verbindet, etwa das des Sitzlandes mit dem Kontrolltest usw.[20] Besonders weit gingen die Vereinigten Staaten, die in dem Bestreben, dem von ihnen 1982 verhängten „Röhrenembargo" eine möglichst weitgehende extraterritoriale Wirkung zu verleihen, die Kriterien des *„State of origin of goods"* und des *„State of origin of applied technology"* als Basis ihres Jurisdiktionsanspruchs über Vertragsbeziehungen von Tochtergesellschaften einer amerikanischen Firma in Großbritannien, Frankreich und der Bundesrepublik Deutschland zugrunde legten.[21] Dies stieß allerdings auf nachhaltigen Widerstand und Protest Großbritanniens und der anderen betroffenen Staaten sowie der EG als Gesamtheit.[22] Schließlich ist namentlich im Kartellrecht die Praxis verbreitet, das sog. Wirkungsprinzip anzuwenden, d. h. Unternehmen als unter die nationale Jurisdiktion desjenigen Staates fallend zu sehen, in dessen Bereich sich Handlungen der betroffenen Unternehmen unmittelbar, nachhaltig und vorhersehbar auswirken.[23]

Von einer allgemeinen, gewohnheitsrechtlichen Verfestigung der genannten Kriterien für die Zuerkennung der Staatszugehörigkeit von juristischen Personen, bzw. für ihre Unterwerfung unter die Jurisdiktion eines bestimmten Staates kann bisher nicht die Rede sein. Nach der Entscheidung im *Barcelona-Traction*-Fall darf allerdings wohl davon ausgegangen werden, daß das Sitzstaats- und Inkorporationsstaatsprinzip heute allgemein als gewohnheitsrechtlich anerkannt gelten.[24] Darüber hinaus steht den Staaten ein relativ freies Ermessen zu, welche weiteren Kriterien sie nach den Erfordernissen des Einzelfalls anwenden wollen. Sie müssen sich dabei aber im Rahmen des im internationalen Rechtsleben Üblichen halten. Mit anderen Worten, es bedarf auch bei der Bestimmung der Staatszugehörigkeit juristischer Personen eines sinnvollen Anknüpfungspunktes[25] und der gegenseitigen Rücksichtnahme der Staaten.[26]

---

[14] Vgl. *Fatouros*, EPIL III, 495 (496); *Hanna*, Nationality and War Claims, Colum.L. Rev. 45 (1945), 309 (328 f).

[15] Siehe dazu *Kokkini-Iatridou/de Waart*, 87 (97 ff).

[16] Namentlich die Vereinigten Staaten von Amerika haben bei der Frage der Zugehörigkeit von Gesellschaften unter Jurisdiktionsgesichtspunkten die Kriterien weitgehend differenziert, zur Entwicklung im Kontext der Erstreckung der extraterritorialen Jurisdiktion vgl. *Vagts*, 43 f; zur Fülle der Kriterien in der Praxis siehe die materialreiche Darstellung bei *Verzijl*, Bd. V, 111 ff; zusammenfassend *Fatouros*, EPIL III, 495 (496); *Diez de Velasco*, 125 f; *Seidl-Hohenveldern*, Corporations, 14 ff.

[17] ICJ Reports 1970, 3 (42); dazu *Oppenheim/Jennings/Watts*, Vol. I/1, 517 ff.

[18] So zutreffend *Fatouros*, EPIL III, 495 (498); auch *Vagts*, 49 f; *Seidl-Hohenveldern*, Corporations, 5 ff.

[19] Vgl. dazu *R. B. Lillich/B. H. Weston*, International Claims, Their Settlement by Lump Sum Agreements, Part I, 1975, 76 f; Art. VII der *Declaration of the Government of the Democratic and Popular Republic of Algeria Concerning the Settlement of Claims by the Government of the United States of America and the Government of the Islamic Republic of Iran* vom 19. 1. 1981 (I. L. M. 20 (1981) 230 ff (232 f). Siehe auch den Überblick bei *Fatouros*, EPIL III, 495 (498); auch *Diez de Velasco*, 87 (125) mwN.

[20] *Fatouros*, EPIL III, 495 (496).

[21] Dazu *Vagts*, 50 f; *Lowe*, 64 f; *Kuyper*, 82 f.

[22] Dazu *Lowe*, 54 ff; *Kuyper*, 72 ff.

[23] Vgl. dazu oben Bd. I/1, 325.

[24] Anders noch die Vorauflage, *Dahm*, Völkerrecht I, 496.

[25] *Brownlie*, Principles, 422; zum Gesichtspunkt der „sinnvollen Anknüpfung" auch *K. M. Meessen*, Völkerrechtliche Grundsätze des Internationalen Kartellrechts (1975), 104 ff, mit kritischer Würdigung einer Gleichsetzung der Anwendung des Kriteriums der sinnvollen Anknüpfung mit dem des Rechtsmißbrauchs.

[26] Dazu auch oben Bd. I/1, 324 f.

15. KAPITEL
Das Fremdenrecht

Schrifttum: *E. Borchard*, The Diplomatic Protection of Citizens Abroad, 1915; *E. Isay*, Das deutsche Fremdenrecht, 1923; Harvard Law School, The Law of Reponsibility of States for Damage Done in their Territory to the Person or Property of Foreigners, AJIL 23 (1929) Special Suppl., 131 ff; *A. H. Roth*, The Minimum Standard of International Law Applied to Aliens, 1949; *K. Doehring*, Die Pflicht des Staates zur Gewährung diplomatischen Schutzes, 1959; *F. S. Dunn*, The Protection of Nationals, 1932; *K. Doehring*, Die allgemeinen Regeln des völkerrechtlichen Fremdenrechts und das deutsche Verfassungsrecht, 1963; *O. Kimminich*, Asylrecht, 1968; *J. H. W. Verzijl*, International Law in Historical Perspective, Bd. V (Kapitel VIII: The Law Relating to Aliens), 1972; *N. MacKenzie* (ed.), The Legal Status of Aliens in Pacific Countries, 1975; *A. Randelzhofer*, Der Einfluß des Völkerrechts und des Europarechts auf das deutsche Ausländerrecht, 1980; *W. Kälin*, Das Prinzip des Non-Refoulement, 1982; *O. Kimminich*, Grundprobleme des Asylrechts, 1983; *R. B. Lillich*, The Human Rights of Aliens in Contemporary International Law, 1984; *Council of Europe* (ed.), Human Rights of Aliens in Europe, 1985; *J. A. Frowein/J. Wolf* (Hrsg.), Ausländerrecht im internationalen Vergleich, 1985; *R. Schiedermair/M. Wollenschläger*, Handbuch des Ausländerrechts, Loseblatt seit 1985; *G. Fourlanos*, Sovereignty and the Ingress of Aliens, 1986; *J. A. Frowein/T. Stein* (Hrsg.), Die Rechtsstellung von Ausländern nach staatlichem und Völkerrecht, 2 Bde., 1987; *R. Hofmann*, Die Ausreisefreiheit nach Völkerrecht und staatlichem Recht, 1988; *K. Hailbronner*, Ausländerrecht. Ein Handbuch, 1989; *R. Khan*, The Iran-United States Claims Tribunal. Controversies, Cases and Contributions, 1990; *R. Arnold*, Aliens, EPIL I (1992), 102 ff.; *K. Doehring*, Aliens, Admission, EPIL I (1992), 107 ff; *ders.*, Aliens, Expulsion and Deportation, EPIL I (1992), 109 ff; *R. Wolfrum*, International Law on Migration Reconsidered under the Challenge of New Population Movements, GYIL 38 (1995), 191 ff; *D. Ceserani/M. Fulbrook*, Citizenship, Nationality and Migration in Europe, 1996; *K. J. Bach/M. Werner* (eds.), Migrations Past, Migrations Future, 1997; *M. Herdegen*, Der „Fremde" im Völkerrecht – Wandlungen eines Begriffs, in: *K. Hailbronner* (Hrsg.), Die allgemeinen Regeln des völkerrechtlichen Fremdenrechts, 2000, 11 ff; *K. Hailbronner*, Immigration and Asylum Law and Policy of the European Union, 2000.

§ 95 Begriff und Gegenstand des Fremdenrechts. Aufnahme, Aufenthalt und Abweisung von Ausländern

Schrifttum: Wie zu Kapitel 15; ferner: *F. Morgenstern*, The Right of Asylum, BYIL 26 (1949), 327 ff; *O. Kimminich*, Der Aufenthalt von Ausländern in der Bundesrepublik Deutschland, 1980; *M. K. Eriksson*, Das Aufenthaltsrecht von Ausländern. Die Regelung der Einreise und des Aufenthaltes von Ausländern nach geltendem Völkerrecht und dem Recht Schwedens, der Schweiz und der Bundesrepublik Deutschland, 1984; *G. Druesne*, Liberté de circulation des personnes, Revue Trimestrielle de Droit Européen 1984, 289 ff; *K. Doehring*, Die Rechtsnatur der Massenausweisung unter besonderer Berücksichtigung der indirekten Ausweisung, ZaöRV 45 (1985), 372 ff; *L. Silveira*, The Admission of Aliens to the Territory of the Host Country and their Residence there, in: *Council of Europe*, Human Rights of Aliens in Europe, 109 ff; *A. Perotti*, The Fact that Aliens Belong to Various Cultures and the Tensions which this Creates, in: *Council of Europe*, Human Rights of Aliens in Europe, 291 ff; *G. Gornig*, Das „non-refoulement"-Prinzip, ein Menschenrecht „in statu nascendi", EuGRZ 1986, 521 ff; *K. Hailbronner*, Non-Refoulement and „Humanitarian" Refugees – Customary International Law or Wishful Legal Thinking?, VJIL 26 (1985–86), 856 ff; *R. Plender*, The International Law of Migration, 1988; *K. Barwig/W. Brill*, Aktuelle asylrechtliche Probleme der gerichtlichen Entscheidungspraxis in Deutschland, Österreich und der Schweiz, 1996; *B. Huber*, Handbuch des Ausländer- und Asylrechts, 2 Bde., 1998.

I. Ein wesentliches Element des modernen internationalen Systems ist die Tatsache, daß die Menschen als Privatpersonen in einem ungleich größeren Umfang als je zuvor an den internationalen bzw. transnationalen Austauschprozessen und -beziehungen teilhaben.[1] Neben dem qualitativen und quantitativen Ausbau der verschiedensten Kommunikationswege, die u. a. einen bis dahin unbekannten Massentourismus ermöglicht haben, ist es vor allem die Ausweitung internationaler Handels- und Wirtschaftsaktivitäten, die für viele Menschen den Aufenthalt im Ausland zu einem alltäglichen Vorgang gemacht hat. Auch die grenzüberschreitende Nachfrage auf den Arbeitsmärkten und die Möglichkeiten einer Tätigkeit von Ausländern in Berufen, die früher den Inländern vorbehalten waren[2], tragen zur Mobilität der Menschen bei, und zwar nicht nur im engeren Bereich sich integrierender Wirtschaftsräume, wie etwa der der Europäischen Gemeinschaft, sondern auch regionenübergreifend. Zum Bild der modernen Welt gehören aber auch z. T. massenhafte Wanderungsbewegungen von Menschen, z. B. aus den Entwicklungsländern der Dritten Welt und von Menschen, die aufgrund langanhaltender Bürgerkriege oder auch anderer kriegerischer Ereignisse zum Verlassen ihrer Heimatstaaten gezwungen sind.[3] Unter diesen Bedingungen gewinnt das Fremdenrecht immer mehr an Bedeutung, und zwar national und international. Dieses Recht umfaßt die Regeln, die für die Aufnahme und Abweisung von Ausländern an den Staatsgrenzen, ihre Rechtsstellung in dem jeweiligen Aufenthaltsstaat sowie gegebenenfalls ihre Ausweisung national und international maßgeblich sind. Die internationalen völkerrechtlichen Regeln des Fremdenrechts sind zu einem kleineren Teil im allgemeinen Völkerrecht, zum überwiegenden Teil in multi- und insbesondere bilateralen Verträgen der Staaten enthalten. Nationales und internationales Fremdenrecht richten sich an verschiedene Normadressaten. Als nationales Recht kommt das Recht des Aufenthaltsstaates und das Recht des Heimatstaates in Betracht. Denn der Ausländer ist beiden Ordnungen unterworfen, und aus beiden ergeben sich Rechte und Pflichten für ihn. Das internationale Fremdenrecht dagegen läßt in erster Linie Rechte und Pflichten nicht für den einzelnen, sondern für die Staaten entstehen, und nur indirekt – indem es die Staaten zu einer bestimmten Gestaltung ihrer Rechte verpflichtet – hat es auf die Rechtsstellung des einzelnen Einfluß. Nur soweit es die Menschenrechte in seinen Schutz nimmt, gilt es unmittelbar für die einzelnen Menschen.

II. 1. Das internationale Fremdenrecht regelte ursprünglich die Rechtsbeziehungen zwischen dem Heimatstaat einer Person und deren Aufenthaltsstaat. Es handelt sich bei ihm damit um eine Rechtsordnung, die keine subjektiven Rechte enthielt und ist daher von dem nationalen Fremdenrecht zu unterscheiden. Allerdings ist das internationale Fremdenrecht eine der Wurzeln, aus denen sich der internationale Menschenrechtsschutz entwickelt hat. Dieser wiederum hat das moderne internationale Fremdenrecht wesentlich beeinflußt. Es enthält auf Grund dieser Entwicklung sowohl objektive Rechtssätze als auch subjektive Rechtsverbürgungen. Unter völkerrechtlichem Fremdenrecht versteht man daher Regelun-

---

[1] Siehe dazu näher oben Bd. I/1, 16 f, 24 ff.

[2] Ein besonders deutliches Beispiel stellt heute die Wandlung des Berufsbildes der Rechtsanwälte dar: Nicht nur im Rahmen des Integrationsprozesses der Europäischen Gemeinschaften, sondern auch in den transatlantischen Beziehungen zwischen den westeuropäischen Staaten und den USA bilden sich zunehmend gemischt-nationale Anwaltskanzleien mit nachhaltigen Auswirkungen auf das nationale berufsständische Recht, vgl. dazu *H.-J. Rabe*, Internationales Anwaltsrecht – Dienstleistung und Niederlassung, NJW 1987, 2185 ff; sowie allgemein hierzu *Fourlanos*, 78 ff.

[3] Vgl. zu den Bevölkerungsbewegungen vor dem 1. und 2. Weltkrieg die Darstellung bei *A. J. Toynbee*, The movement of population, Survey of International Affairs 1924, 81 ff; ferner *Plender*, Migration, 38 ff in der 1. Aufl. (1972).

gen über die Rechtsstellung von Ausländern, d.h. diejenigen Personen, die nicht die Staatsangehörigkeit des Aufenthaltsstaates besitzen, wobei diese Regelungen die Aufenthaltsstaaten berechtigen oder verpflichten aber auch den Individuen eigene Rechte einräumen können.

3. Das internationale Fremdenrecht ist teils partikulärer, teils universeller Natur. Die partikulären Rechtssätze finden sich in bilateralen bzw. regionalen Abkommen. Eine umfassende Kodifikation des internationalen Fremdenrechts ist bislang nicht gelungen. Entscheidende vertragliche Regelungen finden sich allerdings in menschenrechtlichen Abkommen, wobei man sich die Frage stellen kann, ob insoweit noch von Fremdenrecht zu sprechen ist.[4] Diese völkergewohnheitsrechtlichen Regelungen zum Fremdenrecht ergeben sich sowohl aus der entsprechenden staatlichen Praxis, wie sie sich vor allem in den nationalen staatlichen Gesetzen niedergeschlagen hat, als auch aus einer Vielzahl bilateraler Abkommen.

4. Das Völkergewohnheitsrecht enthält in erster Linie Regeln, die die Behandlung der Ausländer im Inland betreffen. Der Bereich der Regelung der Aufnahme, Abweisung oder Ausweisung von Ausländern ist demgegenüber noch immer vorwiegend dem nationalen Recht unterworfen. Das Völkerrecht beläßt in diesen Fragen den Staaten erheblichen Spielraum. Doch ist eine Tendenz unübersehbar, den völkerrechtlichen Regelungsanspruch auf Kosten der nationalen Rechtsordnungen zu erweitern. Nicht nur haben die mit den umfassenden Bevölkerungsverschiebungen insbesondere im Zusammenhang mit dem Zweiten Weltkrieg und den Flüchtlingsströmen in einzelnen Bereichen der Dritten Welt verbundenen Probleme politisch und sozial aufgehört, ausschließlich interne Angelegenheiten der Staaten zu sein. Außer in einem umfangreichen Netzwerk von Verträgen hat sich die Internationalisierung dieser Probleme vielmehr auch im allgemeinen Völkerrecht in Gestalt bestimmter menschenrechtlicher Schranken staatlicher Handlungsfreiheit – etwa aufgrund des Diskriminierungsverbots – niedergeschlagen.
Nach Völkergewohnheitsrecht können die Staaten im wesentlichen auch heute noch im Grundsatz frei über die Aufnahme und Abweisung Fremder entscheiden. Wer sein Gebiet betreten, wer durchreisen, sich im Inland aufhalten und niederlassen darf, darüber entscheidet jeder Staat kraft seiner Souveränität nach seinem Ermessen. Die Staaten dürfen daher Einreise und Aufenthalt auch beschränken und regeln oder von Bedingungen abhängig machen. Sie dürfen zwischen Ausländern verschiedener Art unterscheiden und das Aufnahmeverfahren, namentlich auch die dabei zu beachtenden Förmlichkeiten, nach ihrem Ermessen bestimmen. Da es eine internationale Ordnung der Bevölkerungsbewegungen in der Welt noch nicht gibt, steht namentlich auch die Entscheidung über die Aufnahme von Einwanderern, obwohl ein Problem von großer internationaler Bedeutung, im Ermessen der Staaten.

So haben die klassischen Einwanderungsländer wie die Vereinigten Staaten, Kanada, Südafrika, Australien und Neuseeland das Recht zur Regelung und Beschränkung der Einwanderung mit besonderem Nachdruck in Anspruch genommen.[5] Nachdem im 19. Jahrhundert zunächst der Bedarf an ungelernten Arbeitskräften die Einwanderung insbesondere von Arbeitern aus asiatischen Ländern (China, Indien, Japan) begünstigte[6], begann in der 2. Hälfte des 19. Jahrhunderts eine Bewegung, die Einwanderungen aus den genannten Ländern zu drosseln.[7] Diese Bewegung führte in

[4] *Bleckmann*, Rdn. 873.

[5] *Toynbee*, ebd.; zu Kanada vgl. *R. Sampat-Mehta*, International Barriers, 1973; sowie *F. Hawkins*, Canada and Immigration, 1972; zu Australien siehe *A. C. Palfreeman*, The Administration of the White Australia Policy, 1967; zu Australien und Neuseeland *J. Delbrück*, Die Rassenfrage als Problem des Völkerrechts und nationaler Rechtsordnungen, 1971, 256 ff mwN.

[6] Dazu näher *N. McKenzie*, Oriental Exclusion, 1927 (Neudruck 1971), 24 ff.

[7] *N. McKenzie*, Oriental Exclusion, 9 ff und 26 ff.

den ersten beiden Jahrzehnten des 20. Jahrhunderts zu z. T. drastischen Beschränkungen der Einwanderung. So wurde durch den Immigration Act vom 26. 5. 1924 (43 Stat. 153) ein Quotensystem eingeführt, das die Einwanderung chinesischer und japanischer Angehöriger so stark beschränkte, daß es für eine Reihe von Bevölkerungsgruppen weitgehend unmöglich wurde, in die Vereinigten Staaten einzuwandern. Die in diesem Gesetz zum Ausdruck kommende rassische Diskriminierung wurde insbesondere von den Japanern und der japanischen Regierung als in hohem Maße verletzend empfunden.[8] Das Recht, in dieser Weise zu verfahren, wurde vom District Court, Southern District, California, Central Division, im Jahre 1938[9] in uneingeschränkter Weise formuliert: „*We have the right to exclude whomever we wish for any reason whatsoever, because we do not approve an alien's political or social ideas, or he belongs to groups which are likely to become public charge, or for other similar reasons*".[10]

Auch die Havanna-Konvention vom 20. 2. 1928 über die Rechtsstellung der Ausländer ging davon aus, daß die Vertragsstaaten das Recht haben, die Bedingungen für Aufnahme und Aufenthalt von Ausländern frei zu bestimmen (Art. 1).[11]

Aber die Auffassung uneingeschränkter Entscheidungsfreiheit, wie sie in der vorstehend genannten Praxis der Einwanderungsstaaten zum Ausdruck kommt, kann heute nicht mehr uneingeschränkt als geltendes Recht angesehen werden. In einer immer interdependenter werdenden Welt gilt – als ein Prinzip des Völkerrechts –, daß es den Staaten verwehrt ist, Fremde von ihrem Staatsgebiet völlig auszuschließen. Die Pflicht zur Teilnahme am internationalen Verkehr ist eine Grundpflicht der Staaten. Ein Staat, der sich dauernd und vollständig abschließt, setzt sich in Widerspruch zum Völkerrecht, das als eine internationale Verkehrs-oder Kommunikationsordnung von der grundsätzlichen Annahme zwischenstaatlichen Verkehrs ausgeht.[12]

Bereits die von den Vereinigten Staaten 1854 mit Gewalt erzwungene Öffnung Japans zur internationalen Staatengemeinschaft beruhte zumindest teilweise auf diesem Gedanken. Die zeitweilige Abschirmung Birmas von internationalen Kontakten durch die Regierung *Thakin Nu* sowie

---

[8] Bereits der Chinese Exclusion Act von 1882 (22 Stat. 58) – beschlossen auf der Grundlage eines Vertrages der Vereinigten Staaten mit China vom 17. 11. 1880 (6 Bevans 685) über die Begrenzung der Einwanderung chinesischer Arbeiter in die USA – hatte die Einwanderung von Chinesen stark gedrosselt, so daß die Einwanderung zeitweilig völlig zum Erliegen kam; in der folgenden Zeit richtete sich dann die Ablehnung asiatischer Einwanderer vornehmlich gegen die Japaner; die Beschränkung der Einwanderung von Japanern stand im Widerspruch zu dem zwischen den USA und Japan 1907/1908 getroffenen Gentlemen's Agreement, mit dem Japan sich zu einer restriktiven japanischen Auswanderungspolitik verpflichtet hatte, vgl. dazu *Hackworth*, Digest, Bd. V, 344 und Bd. III, 756 ff; zur Reaktion Japans auf den als diskriminierend empfundenen Immigration Act von 1924 vgl. *N. McKenzie*, Oriental Exclusion 44 ff; ferner dazu auch *Whiteman*, Bd. VIII, 583 ff.

[9] So die vorangehende ständige Rechtsprechung und administrative Praxis der Vereinigten Staaten, vgl. *Hackworth*, Digest, Bd. III, 717 f; sowie US Supreme Court in *Chae Chan Ping v. U. S.* 130 U.S. 581 (1889), *Fong Yue Ting v. U. S.* 149 U.S. 698 (1893) (beide Entscheidungen unter starker Betonung der Rassefremdheit des Einwanderers und der Notwendigkeit, sich der Einwanderung von Rassefremden zu erwehren), *U. S. ex. rel. Knauff v. Shaugnessy* 338 U.S. 537 (1950) – Zurückweisung einer deutschen Soldatenbraut, da „exclusion of aliens is a fundamental act of sovereignty". Ebenso die britische Rechtsprechung, vgl. etwa Privy Council in *Musgrove v. Chun Teeong Toy* (1891) A. C. 272, House of Lords in *Johnstone v. Pedlar* (1921) 2 A. C. 80, abgedruckte Entscheidung des High Court von Kenya. Weitere Belege bei *Borchard*, 46 f.

[10] *US v. Persons*, 22 F Supp. 149 (151). Vgl. zu den nationalen Regelungen über die Ein- bzw. Zuwanderung: Belgien: *S. R. Roos/B. Vandenberghe*, 75 ff; Frankreich: *Chr. Walter*, 111 ff; Italien: *K. Oellers-Frahm*, 135 ff; Niederlande: *M. Köbele*, 165 ff; Österreich: *Chr. Kirchhof*, 192 ff; Schweden: *L. Radermacher*, 219 ff; Schweiz: *D. Richter*, 243 ff; Spanien: *M. P. Carazo Ortiz*, 281 ff; Vereinigtes Königreich von Großbritannien und Nordirland, *R. Bank/R. Grote*, 303 ff; Australien: *A. Schubert*, 332 ff; Kanada: *Chr. Benedict/A. Simon*, 364 ff; Neuseeland: *D. Klein*, 389 ff; Südafrika: *C. Dröge*, 411 ff; Vereinigte Staaten von Amerika: *Th. Giegerich/A. Seibert Fohr*, 435 ff, in: *Th. Giegerich/R. Wolfrum* (Hrsg.), Einwanderungsrecht – national und international, 2001.

[11] Vgl. AJIL 22 (1928), Suppl., 136 ff; ebenso die Verfassung des zwischenstaatlichen Komitees für die europäische Wanderung vom 19. 10. 1953, Art. 1 (2), Text in: YBHR 1953, 362.

[12] Vgl. dazu oben Teilband I/1, 329 ff, 341, 386 f, 405.

Kamputscheas unter dem *Pol-Pot*-Regime sind keine Belege für eine internationale Rechtsüberzeugung, daß die völlige Abschließung eines Staates gegenüber der internationalen Staatengemeinschft zulässig ist.

Nach geltendem Völkerrecht ist davon auszugehen, daß die allgemeine Fernhaltung von Ausländern nur aus besonderen – und nur mit den menschenrechtlichen Fundamentalnormen des Völkerrechts zu vereinbarenden – Gründen und nur als ein vorübergehender Zustand zulässig ist.[13] Darüber hinaus ist davon auszugehen, daß die grundsätzlich aus dem Recht der Souveränität resultierende Entscheidungsfreiheit der Staaten in Fragen der Aufnahme von Ausländern nicht völlig unbeschränkt ist.

Bereits seit der Zeit um die Jahrhundertwende haben internationale Vereinigungen, wie das Institut de droit international, aber auch eine Reihe bedeutender Autoren weitgehende Beschränkungen der staatlichen Entscheidungsfreiheit bei der Aufnahme von Ausländern postuliert.
So nahm das Institut de Droit International 1892 eine Reihe von Vorschlägen zum Fremdenrecht[14] an. Darin wurde nicht nur die allgemeine Abweisung der Fremden mißbilligt (Art. 6), sondern weiter bestimmt, daß die Abweisung von Ausländern auch nicht zum Schutze der nationalen Arbeit zulässig sei (Art. 7) und die Abweisung auf bestimmte, genau bezeichnete Gründe beschränkt (Art. 12). Sogar die Niederlassung von Ausländern sollen die Staaten nur vorübergehend ausschließen dürfen (Art. 13).[15] Im Schrifttum wurden mehr oder weniger weitgehende Beschränkungen der staatlichen Ermessensfreiheit aus dem Verbot von Rechtsmißbrauch und Willkür abgeleitet.[16]

Die Diskussion dieser auch heute noch kontroversen Problematik hat jedoch über das allgemeine Rechtsmißbrauchs- oder Willkürverbot hinaus durch die schrittweise Inkorporierung von menschenrechtlichen Normen wie das Recht auf Leben, das Verbot der Folter und das Diskriminierungsverbot in das Völkergewohnheitsrecht eine konkretere Dimension gewonnen. Zweifellos ist es richtig, daß bis in die jüngere Vergangenheit einige Staaten ein Recht absoluter Entscheidungsfreiheit in Fragen der Aufnahme von Ausländern in Anspruch genommen haben.[17] Dem steht andererseits gegenüber, daß die Praxis, einreisewillige

---

[13] So auch *Verdross*, Völkerrecht, 362, *Sibert*, Bd. I, 575 f; *N. Politis*, Le Problème des Limitations de la Souveraineté et la Théorie de l'Abus des Droit dans les Rapports internationaux, RdC 1925 I, 34 f; anders zum Teil das angelsächsische Schrifttum, vgl. *Borchard*, 19; *Kimminich*, 35 ff. Diese Frage hat heutzutage trotz des Verhaltens etwa Burmas und Kamputscheas längerfristig kaum noch Bedeutung, da kein Land sich dauerhaft und vollständig abschließen kann angesichts der immer größer werdenden Interdependenz der Staaten.

[14] TGR, 51 f.

[15] 1897 hat das Institut de Droit International Grundsätze für den Entwurf eines Vertrages beschlossen, der die Ein- und Auswanderung mit gewissen Einschränkungen, ohne Rücksicht auf die Staatsangehörigkeit jedoch freigeben sollte, vgl. TGR, 45 f; das ist nicht geltendes Recht geworden.

[16] So etwa *A. Verdross*, Les règles internationales concernant le traitement des étrangers, RdC 1931 III, 327 ff (338 ff: L'admission des étrangers); *ders.*, Völkerrecht, 362 f; *G. Leibholz*, Das Verbot der Willkür und des Ermessensmißbrauch im völkerrechtlichen Verkehr der Staaten, ZaöRV 1 (1929), 77 ff (96, Anm. 54). Noch weitergehend *N. Politis*, RdC 1925 I, 21 ff (89 f), der dem allgemeinen Völkerrecht sogar eine Verpflichtung zur Aufnahme von Einwanderern entnehmen will. Vgl. auch *Sibert*, Bd. I, 575 f, der ein allgemeines Einwanderungsverbot nicht für zulässig hält.

[17] So etwa die Vereinigten Staaten von Amerika bis 1965; eine freie innerstaatliche Entscheidungskompetenz nahm auch die Sowjetunion in Anspruch, vgl. *V. S. Shevtsov*, Citizenship of the USSR, Moscow 1979, 38; das führende Völkerrechtslehrbuch der DDR führte dazu aus: „Das geltende Völkerrecht kennt kein allgemeines Recht von Ausländern auf Einreise in einen fremden Staat; es gibt keine zwischenstaatliche (internationale) Freizügigkeit. Es ist vielmehr Sache jedes Staates und unterliegt seiner Souveränität, zu entscheiden, wann, wo und unter welchen Voraussetzungen er die Einreise von Ausländern in sein Staatsgebiet gestattet." (Völkerrecht, Lehrbuch, Teil I, hrsg. von der Arbeitsgemeinschaft für Völkerrecht beim Institut für internationale Beziehungen an der Akademie für Staats- und Rechtswissenschaften der DDR, Berlin, 1973, 318); ebenso *W. Poeggel*, Völkerrecht – Grundriß, 1988, 142; eingeschränkter *Hailbronner*, Anmerkung 1, der zwar grundsätzlich keine generelle Pflicht der Staaten zur Einreisegewährung annimmt, jedoch auf spezifische sowie vertragsrechtliche Einschränkungen dieses Grundsatzes hinweist. Zu diesen Fragen vgl. auch den zusammenfassenden Überblick bei *Doehring*, EPIL I, 107 ff.

Ausländer aus nicht sachgemäßen Gründen, d. h. rein willkürlich, an den Grenzen abzuweisen, in der jüngeren Vergangenheit zunehmend auf die Ablehnung der Heimatstaaten, aber auch anderer, aus ihrer Haltung von menschenrechtlichen Gesichtspunkten gelenkten Staaten gestoßen ist. Namentlich die 1985 von den Vereinten Nationen verabschiedete Erklärung über die Menschenrechte von Personen, die nicht Staatsangehörige des Staates sind, in dem sie leben, hat den Kritikern einer absoluten Entscheidungsfreiheit der Staaten in Fragen der Aufnahme von Ausländern Rückhalt gegeben. Zwar ist diese Erklärung als Empfehlung der Generalversammlung nicht bindendes Recht und sie betont ausdrücklich, daß die in der Erklärung niedergelegten Grundsätze nicht die staatlichen Kompetenzen zur Regelung von Ein- und Ausreise berühren sollen. Gerade aber dieser Grundsatz der Erklärung ist eingeschränkt niedergelegt worden, indem er – wie andere Grundsätze der Erklärung auch – unter den Vorbehalt gestellt wurde, daß die innerstaatlichen Regelungen nicht im Widerspruch zum Völkerrecht stehen dürfen.[18] Hierauf aber kommt es gerade entscheidend an. Nicht die Frage, ob die Staaten auch heute in freiem Ermessen über die Aufnahme oder Abweisung von Ausländern entscheiden können, ist gestellt, vielmehr wird die Kontroverse darüber geführt, ob es völkerrechtliche Normen gibt, zu denen eine innerstaatliche Nichtaufnahmeentscheidung in Widerspruch treten kann. Solche Normen bilden aber heute einen anerkannten Teil des allgemeinen Völkerrechts.[19] Man wird deshalb sagen können, daß Abweisungen von Ausländern an den Staatsgrenzen dann dem Völkerrecht widersprechen, wenn sie in grober Weise das Diskriminierungsverbot verletzen oder wenn im Einzelfall die Abweisung eines einreisewilligen Ausländers für ihn eine konkrete und schwere Gefahr für Leib und Leben bedeutet.[20]

Ein signifikantes Beispiel dafür, daß in diesem Sinne ein Umdenken in der Staatengemeinschaft stattgefunden hat, ist das Verhalten der Vereinigten Staaten von Amerika, die in der Vergangenheit ein besonders deutlicher Verfechter staatlicher Entscheidungsfreiheit in Einreisefragen gewesen sind. Nicht zuletzt unter dem Eindruck der nach dem Ende des Zweiten Weltkrieges erneut aufgeflammten kritischen Diskussion der diskriminierenden amerikanischen Einwanderungsregelungen gegenüber asiatischen Einwanderern (vor allem gegenüber Japanern) hat der amerikanische Gesetzgeber – wie oben erwähnt[21] – seit 1965 jede Diskriminierung aufgrund der rassischen, nationalen usw. Zugehörigkeit eines Einreisewilligen verboten.

Die praktische Bedeutung der hier als geltendes Gewohnheitsrecht anerkannten Beschränkung staatlicher Entscheidungsfreiheit in Einreisefragen ist allerdings begrenzt. Eine über das Verbot der Fälle grober Verletzung menschenrechtlicher Fundamentalnormen des Völkerrechts hinausgehende Pflicht zur Aufnahme von Ausländern enthält das allgemeine Völkerrecht heute noch nicht. Namentlich besteht nach ganz herrschender Auffassung kein allgemeines, auf humanitären Gründen beruhendes Asylrecht des einzelnen.[22]

---

[18] UN GA Res. 40/144 vom 13. 12. 1985.

[19] So auch *Verdross/Simma*, 822 f mwN; vgl. dazu auch *J. Delbrück*, Menschenrechte im Schnittpunkt zwischen universalem Schutzanspruch und staatlicher Souveränität, GYIL 22 (1979), 384 ff sowie *ders.*, Human Rights and State Sovereignty, Ind.L.J. 57 (1981–82), 567 ff, beides mwN; zur Frage der Rechtsverbindlichkeit von Deklarationen der Generalversammlung der UN, die Grundsatzcharakter haben, vgl. Bd. I/1, 69 ff; auch IGH im *Nicaragua*-Fall, ICJ Reports 1986, 14 ff; zur gewohnheitsrechtlichen Geltung fundamentaler Menschenrechte im Völkerrecht, vgl. auch Restatement of the Law Third, The Foreign Relations Law of the United States § 702 (1987), 161 ff und dortigen Kommentar.

[20] Eindrucksvoll in diesem Sinne *G. Dürig*, Freizügigkeit, in: *F. L. Neumann/H. C. Nipperdey/U. Scheuner*, Die Grundrechte, Bd. II, 522 f; wie hier *Arnold*, EPIL I, 102.

[21] Vgl. oben Anm. 17.

[22] So etwa *Brownlie*, Principles, 558 f; ebenso – wenn auch kritisch gegenüber dem geltenden Recht – *Kimminich*, Asylrecht, 47; im Grundsatz ebenso, jedoch differenzierend *Fourlanos*, 76 ff; sehr nachdrücklich im Sinne der staatlichen Entscheidungsfreiheit und ablehnend gegenüber der Auffassung, ein individuelles Recht auf Asyl bestehe bereits *de lege lata*, *Randelzhofer*, Rdn. 14 und 15 zu Art. 16 Abs. 2 Satz 2 GG; die Ausgestaltung des Asylrechts als Menschenrecht, das allen Menschen, nicht nur Deutschen zu-

Dahingehende Bestrebungen, nämlich einem solchen Recht eine vertragliche Grundlage zu geben, sind gescheitert. Nachdem die Allgemeine Erklärung der Menschenrechte von 1948 in Art. 14 das Recht jedes Menschen postuliert hatte, „in anderen Ländern vor Verfolgungen Asyl zu suchen und zu genießen“[23], es sei denn, daß er wegen unpolitischer Verbrechen oder aufgrund von Taten verfolgt wird, die im Widerspruch zu den Zielen und Grundsätzen der VN stehen, ist die Aufnahme einer entsprechenden Vorschrift in die VN-Menschenrechtspakte gescheitert. Auch der Abschluß einer Spezialkonvention über territoriales Asyl ist bisher gescheitert. Schließlich finden sich auch in den regionalen Menschenrechtskodifikationen keine entsprechenden Rechtsverbürgungen.[24] Die in diesen negativen Entscheidungen der Staatengemeinschaft zum Ausdruck kommende Haltung verbietet es, eine über die oben genannten Schranken staatlicher Entscheidungsfreiheit in der Frage der Aufnahme von Ausländern hinausgehende Pflicht zur Asylgewährung als geltendes Gewohnheitsrecht anzunehmen. Eine Ausnahme gilt insoweit allerdings für das regional-europäische Völkergewohnheitsrecht, wonach ein politischer Flüchtling das Recht hat, nicht in einen Staat zurückgewiesen, abgeschoben, ausgewiesen oder ausgeliefert zu werden, in dem ihm politische Verfolgung aus Gründen drohen, wie sie in Art. 1 A 2 der Genfer Flüchtlingskonvention von 1951 genannt sind *(non-refoulement)*.[25]

5. Eine andere Frage ist die, ob ein Staat einen Ausländer, der auf seinem Gebiet ansässig ist, nach Belieben ausweisen darf. Diese Frage ist allerdings zu verneinen.[26]

6. Schließlich besteht nach allgemeinem Völkerrecht auch heute keine allgemeine Rechtspflicht der Staaten, Ausländern – sei es Einzelpersonen, sei es Unternehmen – einen länger dauernden Aufenthalt oder die Niederlassung auf seinem Gebiet zu gestatten. Mit Ausnahme der sich im Einzelfall aus menschenrechtlichen Grundsätzen ergebenden Schranken staatlicher Entscheidungsfreiheit hinsichtlich der Aufnahme von Ausländern, wie sie im Vorstehenden dargelegt wurden und die in ihrer Konsequenz auch die Pflicht zur Gewährung zumindest eines längeren Aufenthaltes entstehen lassen, können sich Verpflichtungen der Staaten zur Gestaltung des länger dauernden Aufenthaltes oder der Niederlassung nur aus Verträgen ergeben.

II. 1. Der für das allgemeine Völkerrecht hier festgestellten relativ geringen Regelungsdichte im Bereich des die Aufnahme und Abweisung von Ausländern betreffenden internationalen Fremdenrechts steht auf der anderen Seite eine Fülle bi- und multilateraler Verträge zu diesem Rechtsbereich gegenüber. In der Tat wäre es schwer erträglich, wenn die aufgrund von Völkergewohnheitsrecht bestehende weitgehende Handlungsfreiheit der Staaten die Grundlage eines aus vielfältigen wirtschaftlichen, sozialen, kulturellen und technologischen Gründen immer dichter werdenden Netzwerkes internationaler Austauschprozesse bildete. Die daraus resultierende Unsicherheit bezüglich des Entscheidungsverhaltens der einzelnen Staaten würde eine zumindest psychologische Barriere für den zwischenstaatlichen und für den gesellschaftlichen Verkehr bilden, die mit den bestehenden Bedürfnissen nach internationaler Kooperation zur Bewältigung z. T. existentieller Probleme, mit denen die Staa-

---

kommt, wie sie in Art. 16 Abs. 2 Satz 2 GG vorgenommen wurde, bildet international eine Ausnahme, vgl. dazu die Länderberichte in *Frowein/Stein, passim.*

[23] Daß mit diesem Artikel kein Individualrecht auf Erlangung des Asyls intendiert war, zeigt die Entstehungsgeschichte. Die ursprüngliche Fassung des damaligen Art. 12 ging nämlich weiter: *„Everyone has the right to seek and to be granted, in other countries, asylum from prosecution“*. Dagegen erhoben sich im 3. Ausschuß der Generalversammlung der VN starke Bedenken wegen der daraus folgenden Beschränkung der staatlichen Souveränität. Die neue Fassung hat diese Bedenken ausräumen wollen, vgl. dazu *Morgenstern*, BYIL 26 (1949), 327 ff (336 f); hierzu auch *Randelzhofer*, Rdn. 15 zu Art. 16 Abs. 2 Satz 2 GG.

[24] Dazu *Randelzhofer*, Rdn. 15 zu Art. 16 Abs. 2 Satz 2 GG mit Hinweisen auf das Scheitern einer universalen Asylrechtskonvention.

[25] *Hailbronner*, 253 f; *ders.*, Das Refoulement Verbot und die humanitären Flüchtlinge im Völkerrecht, ZAR 1987, 3 ff (7) mwN; kritisch bis ablehnend dagegen *Randelzhofer*, Rdn. 14 zu Art. 16 Abs. 2 Satz 2 GG.

[26] Vgl. dazu näher unten § 99.

tengemeinschaft konfrontiert ist, unvereinbar wäre. So ist dann auch nicht die geringe Regelungsdichte des Gewohnheitsrechts, die auf der Vorstellung des souveränen, unabhängig agierenden Territorialstaates beruht, typisch für das Bild der Staatengemeinschaft, sondern typisch ist die auf vielfältigen vertraglichen Vereinbarungen der Staaten basierende, im Regelfall liberale Verkehrsordnung zwischen den Staaten, die eine hohe Mobilität auch des einzelnen über staatliche Grenzen hinweg ermöglicht.[27]

2. Für den Alltag zwischenstaatlicher Verkehrsbeziehungen im weitesten Sinne (politisch, wirtschaftlich, sozial, kulturell) sind für die meisten Staaten zunächst einmal die bilateralen Abkommen über die Gestaltung dieser Beziehungen von hoher Bedeutung. Solche Verträge werden als Handels- und Schiffahrtsverträge, teils als Freundschafts-und Niederlassungsabkommen oder auch nur als Freundschaftsverträge bezeichnet.[28] In derartigen Verträgen werden u. a. Fragen der Einreisebedingungen (Ausweiserfordernis, Bestimmung von Grenzübergängen für bestimmten Warenverkehr usw.) und solche der Aufenthaltsgenehmigung, der Niederlassungs- und Gewerbefreiheit, des Kapitalverkehrs etc. – in der Regel auf der Basis der Gegenseitigkeit, häufig kombiniert mit der Meistbegünstigungsklausel – geregelt.[29] Neben dieser Art von Verträgen spielen für den zwischenstaatlichen Personenverkehr bilaterale Sozialversicherungsabkommen eine bedeutsame Rolle.[30]

Beispielhaft für die Regelung der Aufnahme und des Aufenthaltes von Ausländern (natürliche und juristische Personen) in bilateralen Vertägen sind die von den Vereinigten Staaten seit 1778 in zunehmend standardisierter Form abgeschlossenen Verträge über *„Friendship, Commerce and Navigation"*.[31] So sah etwa der entsprechende Vertrag zwischen den Vereinigten Staaten und der Bundesrepublik Deutschland vom 29. 10. 1954[32] in Art. II (1) vor, „Die Staatsangehörigen eines Vertragsteils dürfen nach Maßgabe der Gesetze über die Einreise und den Aufenthalt von Ausländern das Gebiet des anderen Vertragsteils betreten, darin frei reisen und an Orten ihrer Wahl wohnen. Insbesondere dürfen Staatsangehörige des einen Vertragsteils das Gebiet des anderen Vertragsteils betreten und dort verbleiben, a) um Handel zwischen den Gebieten der beiden Vertragsteile zu treiben oder im Zusammenhang damit einer kaufmännischen Betätigung nachzugehen, b) um ein Unternehmen aufzubauen und zu betreiben, in dem sie beträchtliches Kapital angelegt haben oder tatsächlich anzulegen im Begriff sind." Nach Art. III wurde als Mindeststandard der Behandlung der Staatsangehörigen des einen Vertragsteils im Gebiet des anderen der Maßstab des geltenden Völkerrechts festgelegt, und es wurde nach diesem Artikel sowie nach Art. IV den Staatsangehörigen der beiden Vertragsstaaten hinsichtlich der Anwendung bestimmter Gesetze Inländergleichbehandlung oder zumindest eine Behandlung gewährleistet, die Angehörigen dritter Staaten zusteht.

3. Von großer Bedeutung sind heute namentlich auch die in regionalen Bereichen abgeschlossenen mehrseitigen Verträge z. B. über die Niederlassungsfreiheit[33] und die Rechts-

---

[27] Siehe dazu ausführlich *J. Delbrück*, International Communications and National Sovereignty – Means and Scope of National Control over International Communications, in: Thesaurus Acroasium XV: Communications (includes Telecommunications), 1987, 81 ff.

[28] Vgl. dazu *D. Blumenwitz*, Treaties of Friendship, Commerce and Navigation, EPIL IV, 953 f; zur unterschiedlichen Nomenklatur auch *Hailbronner*, Handbuch, Rdn. 6.

[29] *Blumenwitz*, ebd., 954 f.

[30] *Hailbronner*, Handbuch, Rdn. 6.

[31] *Blumenwitz*, EPIL IV, 954 f.

[32] UNTS 273, 3; BGBl. 1956 II, 487, der Vertrag galt, soweit ersichtlich, bis zum 30. April 2001, vgl. 97/351/EC O. J. L 151/24; ganz ähnlich der Vertrag zwischen den USA und Südvietnam vom 3. 4. 1961, UNTS 424, 137.

[33] Vgl. etwa das Europäische Niederlassungsabkommen vom 13. 12. 1955, ETS Nr. 19, BGBl. 1959 II, 997/1965 II, 1099; Europäisches Fürsorgeabkommen vom 11. 12. 1953, ETS Nr. 14, BGBl. 1956 II, 563/1958 II, 18, Neufassung der Anhänge I, II und III, BGBl. 1983 II, 337; eine umfassende Übersicht über die im europäischen Rahmen geschlossenen Verträge mit Bezug zur Rechtsstellung der Ausländer bei *Hailbronner*, Handbuch, Anhang I, Rdn. 1078 ff (enthält gleichzeitig eine Auflistung universaler Verträge); vgl. auch die Übersicht über Europaratsabkommen und -empfehlungen bei *K. Oellers-Frahm*, The Contribution of the Council of Europe to the Legal Position of Aliens, in: *Frowein/Stein*, Bd. II, 1727 ff (1770 ff).

stellung von Wanderarbeitnehmern und über Fürsorgefragen – so im Bereich des Europarates – und beispielsweise über die Gewährleistung der Freizügigkeit von Dienstleistungen und der Niederlassungsfreiheit, wie sie im Vertrag über die Europäische Gemeinschaft und im darauf beruhenden sekundären Gemeinschaftsrecht enthalten ist.[34] Durch vertragliche Regelungen, wie die im Vorstehenden genannten, werden für die beteiligten Staaten umfassende Pflichten zur Aufnahme von Ausländern gesetzt und es wird ihre Freiheit zur Bestimmung der für die Ausländer im Inland geltenden Aufenthaltsbedingungen in weiten Bereichen eingeschränkt.

So sieht Art. 1 des Europäischen Niederlassungsabkommens vom 13. 12. 1955 vor, daß die Vertragsstaaten die Einreise von Staatsangehörigen anderer Vertragsstaaten erleichtern, sie im Inland frei reisen lassen und ihnen gestatten – so Art. 2 – sich dauerhaft niederzulassen, soweit dies mit den wirtschaftlichen und sozialen Bedingungen vereinbar ist. Inländergleichbehandlung in bezug auf den Besitz und die Ausübung privater Rechte ist nach Art. 4 des Abkommens zu gewähren. Nur einen bedingten Einreiseanspruch gewährt das Europäische Übereinkommen über die Rechtsstellung der Wanderarbeitnehmer vom 24. 11. 1977 (Art. 4).[35]
Eine besondere Situation besteht für die Europäische Gemeinschaft. Sie resultierte in der Schaffung einer Unionsbürgerschaft für die Staatsangehörigen der Mitgliedsstaaten,[36] Sonderregelungen für der Europäischen Union beigetretene Staaten in der Übergangsphase,[37] und für assoziierte Staaten,[38] die das Fremdenrecht ersetzen. Die Verträge von Maastricht und Amsterdam übertragen aber auch bestimmte Kompetenzen in Bezug auf die Einwanderung aus nicht privilegierten Staaten auf die Europäische Union bzw. die Europäische Gemeinschaft, obwohl für diesen Bereich die Regelungskompetenz grundsätzlich bei den Mitgliedsstaaten verbleibt.[39] Der Vertrag von Amsterdam hat der Europäischen Gemeinschaft die Kompetenz zum Erlaß sekundären Gemeinschaftsrechts für Teilbereiche, die für die Einwanderung relevant sind, gegeben (Abschaffung der Binnenkontrollen (Art. 62 Ziff. 1 EGV); Kontrolle der Außengrenzen (Art. 62 Ziff. 2 lit.a EGV); Visa für kurzfristige Aufenthalte (Art. 62 Ziff. 2 lit.b EGV); Visa für langfristige Aufenthalte (Art. 63 Ziff. 3 lit.a EGV); Visa für Reisefreiheit von Drittstaatsangehörigen (Art. 62 Ziff. 3 und Art. 63 Ziff. 4 EGV); illegale Einwanderung (Art. 63 Ziff. 3 lit.b EGV).[40]

4. Auch auf universaler Ebene sind immer wieder Anstrengungen unternommen worden, welche die Rechtsstellung des Ausländers – sei es für solche, die eine Staatsangehörigkeit besitzen und freiwillig ihren Heimatstaat zur Aufnahme einer Tätigkeit im Ausland verlassen, sei es für die große Zahl von Flüchtlingen und Staatenlosen – absichern helfen sollen. Allerdings sind die Bemühungen der VN z. B. eine universale Konvention über die Rechtsstellung der Wanderarbeitnehmer zu schaffen, bisher angesichts tiefer Meinungsverschiedenheiten über den Umfang der den betroffenen Personen einzuräumenden Inlandsrechte gescheitert.[41] Auch enthalten die universalen Menschenrechtskonventionen der VN – ebenso wie die regionalen Menschenrechtskonventionen – keine Rechtsgewährleistung hinsichtlich

---

[34] Vgl. dazu *Hailbronner*, Handbuch, Rdn. 16 ff mwN; auch *Fourlanos*, 80 ff.

[35] Europäisches Abkommen über die Rechtsstellung der Wanderarbeitnehmer vom 24. 11. 1977, ETS Nr. 93, von der Bundesrepublik Deutschland gezeichnet, aber aus Arbeitsmarktgründen bisher nicht ratifiziert, vgl. *Hailbronner*, Handbuch, Rdn. 8.

[36] Vgl. dazu oben sowie *K. Raible*, Vorgaben und unmittelbar anwendbare Normen des supranationalen Rechts der Europäischen Gemeinschaft, in: *Th. Giegerich*/*R. Wolfrum*, 37 ff (40 ff). Es ist allerdings bislang nicht abschließend geklärt, ob Art. 18 Abs. 1 EGV ein eigenständiges, unabhängig vom sonstigen Gemeinschaftsrecht bestehendes Aufenthaltsrecht begründet. Dies wurde in *Sala*-EuGH I 1998, 2691 Rdn. 59 f offen gelassen. Es wurde von Generalanwalt *Alber* in seinen Schlußanträgen vom 28. 9. 2000 zu „*Grzelczyk*", Rg. C-184/99, Rdn. 120 bejaht.

[37] *Raible*, 46.

[38] *Raible*, 52 f.

[39] *Klos*, Rahmenbedingungen und Gestaltungsmöglichkeiten der Europäischen Migrationspolitik, 1998, 195 ff; *Raible* 63 f.

[40] Vgl. dazu umfassend *K. Hailbronner*, Immigration and Asylum Law and Policy of the European Union, 2000, 47 ff.

[41] Siehe die Draft Convention on the Protection of the Rights of all Migrant Workers and their Families, UN Doc. A/C.3/38/WG.1/CRP.2/REV.1 vom 6. 9. 1983; dazu *Hailbronner*, Handbuch, Rdn. 7.

der Freizügigkeit im Sinne eines Rechts auf Einreise in ein fremdes Land. Dies gilt auch für die Genfer Flüchtlingskonvention von 1951[42] und die Konvention über die Rechtsstellung der Staatenlosen von 1954[43], die zwar Bestimmungen über die Freizügigkeit im Inland enthalten, nicht aber ein allgemeines Recht auf Einreise verbürgen.[44] Nicht anders stellt sich die Rechtslage nach den Abkommen dar, die im Rahmen der ILO zugunsten der Rechte von Wanderarbeitnehmern geschlossen wurden.[45] Auch hier geht es nicht um die Gewährleistung von Einreiserechten, sondern um die Ausgestaltung der Rechtsstellung der Wanderarbeitnehmer in ihrem jeweiligen Aufenthaltsstaat.[46]

5. Zusammenfassend ist deshalb festzustellen, daß – abgesehen von bilateralen Verträgen, die wie die Freundschafts- und Handelsverträge Einreise- und Aufenthaltsrechte gewähren, und abgesehen von einigen europäischen Regionalabkommen – die Entscheidung über die Gewährung der Einreise eines Ausländers im wesentlichen im Rahmen der nationalen Gesetze erfolgt. Beschränkungen dieser Entscheidungsfreiheit bestehen in nur geringem Umfang nach allgemeinem Völkerrecht, wie sie zuvor aufgezeigt wurden. Damit ist die Frage der Aufnahme oder Abweisung von Ausländern mit den zuvor genannten geringen Ausnahmen eine interne Angelegenheit der Staaten im Sinne des Art. 2 Ziff. 7 Charta der VN. Gerade die Einwanderungspolitik hat man bei der Gestaltung des Art. 2 Ziff. 7 der Charta wie des Art. 15 (8) der Völkerbundsatzung im Auge gehabt. Doch steht die Vorschrift des Art. 2 Ziff. 7 der Charta einer Erörterung solcher Fragen in den Vereinten Nationen und dem Aussprechen von Empfehlungen allgemeiner Natur nicht im Wege. Sollte sich gar aus der Einwanderungspolitik eines Staates eine Gefahr für den Frieden ergeben, so verlöre sie damit ihren internen Charakter.

III. 1. Es ist eine andere Frage, ob die Staaten Ausländer beliebig bei sich aufnehmen dürfen. Das allgemeine Völkerrecht enthält kein entsprechendes Verbot. Ein Staat verletzt das Völkerrecht auch dann nicht, wenn er im Ausland verfolgten Personen auf seinem Gebiet eine Zuflucht gewährt (sog. äußeres, territoriales Auslieferungsasyl im Gegensatz zum exterritorialen oder diplomatischen Asyl[47]). In diesem und nur in diesem Sinne wäre von einem Asylrecht nicht des einzelnen, sondern der Staaten zu sprechen.

Auch diese Frage wird manchmal durch besondere Verträge geregelt. Beispiele bieten das interamerikanische Asylabkommen von Havanna vom 20. 2. 1928,[48] die Montevideo-Konvention über das politische Asyl vom 26. 12. 1933,[49] der Vertrag über politisches Asyl und die Gewährung von Zuflucht von Montevideo vom 4. 8. 1939[50] und die Konventionen über diplomatisches bzw. territoriales Asyl von Caracas von 1954.[51] Ein mittelbares Verbot der Gewährung von Zuflucht kann sich aus Auslieferungsverträgen ergeben. Denn wenn ein Staat z. B. Verbrecher ausliefern muß, so darf er ihnen keine Zuflucht gewähren. Andererseits ist es ein anerkannter Grundsatz des Auslieferungsrechts, daß kein Staat Verbrecher ausliefern muß, wenn sich nicht eine Verpflichtung dazu aus Verträgen ergibt.[52]

---

42 UNTS 189, 137/BGBl. 1953 II, 559/1954 II, 619, in Kraft mit Wirkung vom 22. 4. 1954.

43 UNTS 360, 117/BGBl. 1976 II, 473/1977 II, 235, in Kraft für die Bundesrepublik Deutschland mit Wirkung vom 24. 1. 1977.

44 Vgl. dazu unten § 103.

45 Siehe dazu näher *Hailbronner*, Handbuch, Rdn. 7.

46 *Hailbronner*, ebd.

47 Über das diplomatische Asyl, vgl. Teilband I/1, 290 f; zu den verschiedenen Arten des Asyls auch die Entscheidung des IGH im *Asyl*-Fall, ICJ Reports 1950, 266.

48 Text in AJIL 22 (1928), Suppl., 158 f; dieses Abkommen war Gegenstand der Entscheidung des IGH im *Asyl*-Fall zwischen Peru und Kolumbien (ICJ Reports 1950, 266). In diesem Urteil wird aber auch ein auf dem Gewohnheitsrecht beruhendes Recht der Staaten zur Gewährung von politischem Asyl angenommen.

49 Text in AJIL 28 (1934), Suppl., 70 f.

50 Text bei *Hudson*, Bd. VIII, 404 ff.

51 Inter-American Treaties and Conventions on Asylum and Extradiction (1967), Pan-American Union (OAS) Treaty Series 18/19.

52 Vgl. dazu unten § 101.

2. Von dem Recht, Asyl zu gewähren, machen die Staaten in verschiedener Weise Gebrauch. Manche Staaten, wie etwa die Bundesrepublik Deutschland (Art. 16 I GG), gewähren allen politisch Verfolgten Zuflucht.[53] Soweit Staaten ein verfassungsrechtlich verbürgtes Asylrecht vorsehen, machen sie in aller Regel Unterscheidungen nach dem Grunde, aus dem politisch verfolgt wird, und richten ihre Entscheidung über die Asylgewährung danach aus. Frankreich etwa gewährt Asyl nur denen, die um der Sache der Freiheit willen verfolgt werden (Präambel der Verfassung von 1946, 4. Absatz, auf die die Verfassung von 1958 verweist),[54] Italien denen, die in ihrem Heimatstaat der demokratischen Freiheiten beraubt sind (Art. 10 Abs. 3 der Verfassung von 1946).[55]

3. Wenn ein Staat Ausländer, wenn er namentlich politische Flüchtlinge bei sich beherbergt, übernimmt er damit eine gewisse Verantwortung. Kraft seiner territorialen Hoheitsgewalt[56] hat er dafür zu sorgen, daß Ausländer sein Gebiet nicht für hochverräterische Unternehmungen oder Aktionen anderer Art gegen ihr Heimatland oder andere Staaten mißbrauchen. Er muß also ihre Tätigkeit überwachen und einschreiten, wenn das Verhalten der aufgenommenen Ausländer Bedenken erweckt.[57] Verletzen seine Organe die ihm völkerrechtlich obliegenden Pflichten, so setzt er sich der Haftung aus. Andererseits geht seine Verantwortlichkeit nicht über die Grenzen hinaus, in denen er nach den Grundsätzen des allgemeinen Haftungsrechts auch sonst verantwortlich gemacht werden kann.[58]

§ 96 Die Rechte der Ausländer im einzelnen

Schrifttum: wie zu Kapitel 15 und vor § 95; ferner *W. Schücking*, Der Schutz der wohlerworbenen Rechte im Völkerrecht, in: Festschrift *Huber*, 1934, 198 ff; *A. H. Roth*, The Minimum Standard of International Law Applied to Aliens, 1949; *R. B. Lillich*, Duties of States Regarding the Civil Rights of Aliens, RdC 161 (1978 III), 329 ff; *W. Meyer*, Die Grundsätze der aufenthaltsrechtlichen Rechtsprechung des Bundesverwaltungsgerichts zum Europarecht und zu völkerrechtlichen Niederlassungsverträgen, NVwZ 1984, 763; *E. Özsunay*, The Participation of the Alien in Public Affairs (Political and Associative Life), in: Council of Europe (ed.), Human Rights of Aliens in Europe, 1985, 197 ff; *K. Oellers-Frahm*, The Contribution of the Council of Europe to the Legal Position of Aliens, in: *Frowein/Stein*, Bd. II, 1725 ff; *M. Zuleeg*, Die Bedeutung des europäischen Gemeinschaftsrechts für das Ausländerrecht, NJW 1987, 2193; *W. Meyer*, Die Rechtsprechung des Bundesverwaltungsgerichts zum Aufenthalts- und Einbürgerungsrecht 1986/87, NVwZ 1988, 206.

I. Die Rechtsstellung der Ausländer hat sich im Laufe der Geschichte immer mehr verbessert. In archaischen Rechtskulturen hat das Recht einen personalen Charakter. Der Fremde ist rechtlos, oder es bleibt doch seine Rechtsstellung hinter der der Rechtsgenossen zurück.[1] Erst

[53] Zu den Einschränkungen der Asylrechtsnovelle ausführlich *A. Zimmerman*, Das neue Grundrecht auf Asyl, 1994.

[54] Vgl. *J. Y. Vincent*, Le régime juridique des étrangers en droit français, in: *Frowein/Stein*, Bd. I, 433 ff (486). Zu weiteren Einschränkungen aufgrund der jüngsten Verfassungsreform in Frankreich vgl. *K. Oellers-Frahm* und *A. Zimmermann*, France's and Germany's Constitutional Changes and their Impact on Migration Law – Policy and Practice –, GYIL 38 (1995), 249 ff.

[55] *B. Nascimbene*, Le régime juridique des étrangers en droit italien, in: *Frowein/Stein*, Bd. I, 659 ff (705).

[56] Zur Frage der dogmatischen Herleitung der Staatenhaftung für das Verhalten von Privatpersonen (Ausländern und Inländern) vgl. *J. M. Mössner*, Privatperson als Verursacher völkerrechtlicher Delikte. Bemerkungen zu Art. 11 des Entwurfes der ILC zur Staatenverantwortlichkeit, GYIL 24 (1981), 63 ff mwN; vgl. ferner den Überblick bei *G. Sperduti*, Responsibility of States for Activities of Private Law Persons, EPIL IV, 216 ff.

[57] Weitergehende Verpflichtungen in dieser Richtung sind dem Asyl gewährenden Staat durch den Montevideo-Vertrag vom 4. 8. 1939 (Text bei *Hudson*, Bd. VIII, 404 ff) auferlegt. Aber dieser Vertrag ist nicht in Kraft getreten und hat auch sonst in der Praxis keine Wirkungen erzeugt.

[58] So schon das Institut de droit international 1950, TGR, 59 – Art. 2 (2).

[1] Zur historischen Entwicklung der Rechte des Aus-

mit der Ausbildung des modernen Flächenstaats und der territorialen Hoheitsgewalt hat sich die Rechtsstellung des Ausländers der des Inländers angenähert, und in der modernen Welt mit ihren vielfältigen und immer enger werdenden internationalen Verflechtungen hat der Unterschied sich bis zu einem gewissen Grade verwischt, ohne jedoch zu verschwinden. Der Ausländer ist weder rechtlos, noch steht er dem Inländer vollständig gleich.

In der Gegenwart kommt jedem Ausländer eine vom Völkerrecht anerkannte Rechtsstellung zu. Ihr entsprechen bestimmte Pflichten des Aufenthaltsstaates. Jeder Staat hat im Ausländer den Menschen und den Angehörigen eines Staates zu achten. In beiden Eigenschaften hat der Ausländer gewisse Rechte, die ihm unter allen Umständen gewährt werden müssen. Dies gilt im modernen Völkerrecht insbesondere unter dem Gesichtspunkt, daß eine Reihe von Menschenrechten Bestandteil des Völkergewohnheitsrechts geworden sind.[2] Aber auch im völkerrechtlichen Vertragsrecht, namentlich im Rahmen der engeren regionalen Rechtsentwicklung, wie z. B. im Kontext des Europarates und der Europäischen Gemeinschaft, hat sich der Gedanke einer weitgehenden Annäherung der Rechtsstellung des Ausländers an die der Inländer immer stärker durchgesetzt.

II. 1. Jedoch ist im allgemeinen Völkerrecht der Umfang der einem Ausländer zu gewährenden Rechte trotz der weitgehenden Anerkennung von jeder Person zukommenden Menschenrechten noch immer umstritten. Wie schon in der Vergangenheit stehen sich auch heute noch zwei Grundsatzpositionen in dieser Frage gegenüber. Nach einer vielfach vertretenen Lehre ist den völkerrechtlichen Pflichten Genüge getan, wenn der Staat dem Ausländer die gleiche Behandlung wie dem Inländer zuteil werden läßt (Theorie der Inländerbehandlung).[3] Indessen kann das Völkerrecht an die Behandlung von Ausländern höhere Anforderungen als die von Inländern stellen. Das hängt damit zusammen, daß das Völkerrecht sich in die Beziehungen zwischen dem Staat und seinen eigenen Angehörigen nur in Grenzen einmischt. Bei der Behandlung von Ausländern dagegen hat der Aufenthaltsstaat auf die personale Hoheitsgewalt der fremden Staaten Rücksicht zu nehmen. Daher ist die Rechtsstellung der Ausländer von vornherein in viel weiterem Umfang dem Völkerrecht unterworfen. Nach herrschender und richtiger Ansicht muß daher die Behandlung der Ausländer gewissen Mindestanforderungen genügen, hinter denen der Aufenthaltsstaat nicht durch eine einseitige Gestaltung seines nationalen Rechts zurückbleiben darf. Wenn ein Staat Ausländer mißhandelt, so kann er sich nicht darauf berufen, daß er seine eigenen Staatsangehörigen nicht besser behandele. Der Inhalt dieser Mindestanforderungen wird heute von Vertretern der Theorie des Mindeststandards nicht mehr allein auf grundsätzlich in der Staatengemeinschaft anerkannte Wertvorstellungen gestützt, sondern zunehmend durch die gewohnheitsrechtlich geltenden fundamentalen Menschenrechte bestimmt.[4]

länders (Fremden), vgl. den Überblick bei *Arnold*, EPIL I, 102 f.

[2] Auf die gemeinsame Wurzel von Mindeststandard und Menschenrechtsschutz und die heute zunehmende Konvergenz des Gehalts des Mindeststandards und der elementaren Menschenrechtsgarantien wies *Doehring*, Allgemeine Regeln, 68 ff, bereits 1963 hin.

[3] Vgl. etwa den Schiedsspruch der britisch-amerikanischen Claims Commission im Falle *Cadenhead* (1914), RIAA 6, 40. Darin spricht die Kommission von einer *„generally recognized rule of international law that a foreigner within the United States is subject to its public law, and has no greater rights than nationals of that country"*. Der Gedanke der Inländerbehandlung scheint auch in dem Schiedsspruch der amerikanisch-salvadorianischen Schiedskommission im Falle *Gelbtrunk*, U.S. Foreign Relations 1902, 877 – zugrunde gelegt. Danach soll eine amerikanische Firma keinen Anspruch auf den Ersatz von Kriegs- und Revolutionsschaden haben, wenn auch Inländer keinen Ersatz zu beanspruchen haben. Der Ersatz solcher Schäden gehört allerdings auch nach h.L. nicht zum Mindestbestand der dem Ausländer zu gewährenden Rechte.

[4] So die heute ganz überwiegende Lehre, vgl. dazu schon *Doehring*, Allgemeine Regeln, 68 ff; *Brownlie*, Principles, 528; *Verdross/Simma*, 801 ff mwN; vgl. aus der älteren Literatur dazu *Borchard*, 107: „The alien ... is not bound to accept the treatment accorded to nationals if such treatment is in violation of the ordinary principles of civilized justice, and notwith-

Der Gedanke der Inländerbehandlung ist von jeher mit besonderem Nachdruck von den lateinamerikanischen Staaten vertreten worden.[5] In der jüngeren Vergangenheit ist diese Lehre über den lateinamerikanischen Bereich hinaus von vielen Staaten der Dritten Welt, aber auch von einigen bisher sozialistischen Staaten vertreten worden mit dem Argument, daß die Lehre vom Mindeststandard geeignet sei, die privilegierte Stellung der Angehörigen der ehemaligen Kolonialländer zu perpetuieren. Auch sei es den wenig entwickelten Ländern nicht zuzumuten, angesichts ihrer begrenzten Ressourcen Ausländern bessere Lebensbedingungen zu gewähren, als es ihnen gegenüber ihren eigenen Staatsangehörigen möglich sei.[6] Indessen geht es hier nicht – jedenfalls nicht primär – um materielle Wertverwirklichungen zugunsten von Ausländern, sondern um den Schutz fundamentaler Freiheits- und Rechtsschutzrechte, die zu gewähren alle Staaten auch gegenüber ihren eigenen Staatsangehörigen heute verpflichtet sind. Im Hinblick auf die in der modernen Völkerrechtsent-

---

standing the fact that the national has no immediate remedy against the injustice" Schücking, in: FS Huber, 198 f; Oppenheim-Lauterpacht Bd. I, 155 d, 350; siehe auch Harvard-Entwurf über die Verantwortlichkeit der Staaten für Schäden, die Ausländern zugefügt werden (Art. 5 mit Kommentar), AJIL 23 (1929), Supp. 147 ff, sowie Institut de Droit International 1927, TGR 137 (Art. 5). Aus der Rechtsprechung vgl. etwa den Schiedsspruch der amerikanisch-mexikanischen General Claims Commission im Falle *Hopkins* (1929), RIAA 4, 41, § 16: Danach wird die Rechtswidrigkeit einer Enteignung nicht dadurch berührt, daß die Regierung auch Inländer in gleicher Weise enteignet; ebenso StIGH im Rechtsstreit *German Interests in Polish Upper Silesia*, PCIJ, Series A (1926) 7, 33: Es wurden die von Polen unter Verletzung des Vertrages getroffenen Maßnahmen nicht dadurch rechtmäßig, daß sie auch auf polnische Staatsangehörige angewandt wurden. Übereinstimmend StIGH im Falle der *Peter-Pazmany-Universität*, PCIJ, Series A/B (1933) 61, 211. Auf der Haager Kodifikationskonferenz 1930 wurde ein dem 3. Komitee unterbreiteter Vorschlag, daß der Schutz der Ausländer auf das Maß der Inländerbehandlung beschränkt werden dürfe, mit einer Mehrheit von 23 zu 17 Stimmen verworfen; darüber *Briggs*, 564. – Ein von Panama den Vereinten Nationen vorgelegter Entwurf einer Erklärung über die Rechte und Pflichten der Staaten, der den Grundsatz der Inländerbehandlung festlegen wollte, stieß auf nachdrückliche Kritik namentlich der britischen und der amerikanischen Regierung, vgl. Memorandum des UN-Generalsekretärs UN Doc. A/CN. 4/2, 71, 198 f.

5 Die Theorie der Inländerbehandlung hat in prozessualer Hinsicht in der von den lateinamerikanischen Staaten vertretenen Calvo-Doktrin ihren Ausdruck gefunden (Beschränkung des Rechtsschutzes für Ausländer auf die inländische Gerichtsbarkeit, diplomatischer Schutz nur bei völliger Rechtsverweigerung), vgl. dazu *C. Gloria*, in: *Ipsen* (Hrsg.), 4. Aufl. 1999, § 47, Rdn. 15, 24, *K. Ipsen*, ebd., § 50, Rdn. 4; zum Ganzen vgl. etwa den Bericht von *Guerrero* für den Sachverständigenausschuß des Völkerbundes für die Kodifikation des Völkerrechts, AJIL 20 (1926), Supp., 177 f; im Sinne der Inländerbehandlung auch das Montevideo-Abkommen über die Rechte und Pflichten der Staaten vom 26. 12. 1933 (Art. 9 Abs. 2), 3 Bevans 145, sowie der 1927 von dem amerikanischen Institut für internationales Recht der interamerikanischen Juristenkommission unterbreitete Entwurf eines Abkommens über diplomatischen Schutz, AJIL 23 (1929), Suppl., 232 (Anhang 5), Projekt Nr. 16, Art. 1. Zur lateinamerikanischen Haltung auch *Doehring*, Allgemeine Regeln, 86 f. Die Vereinigten Staaten, obwohl im allgemeinen Anhänger der Lehre vom Mindeststandard, haben nach dem Erlaß des für sie ungünstigen Schiedsspruchs im Rechtsstreit um die Ansprüche der norwegischen Reeder (*Reeder*-Fall (1921), RIAA 1, 339) den Neutralen und ihren Staatsangehörigen das Recht auf eine zu ihren Gunsten diskriminierende Behandlung bei der Durchführung von Requisitionen bestritten und sich insoweit gegen den Schiedsspruch verwahrt; vgl. den Brief des amerikanischen Secretary of State an den norwegischen Minister, RIAA 1, 344 f; hinzuweisen ist allerdings darauf, daß die USA dem Montevideo-Abkommen über die Rechte und Pflichten der Staaten beigetreten sind, vgl. *Bevans*, 145. Zentraler Gegenstand der heutigen Auseinandersetzungen um Mindeststandard oder Inländerbehandlung ist die Frage des Eigentumsschutzes für Ausländer (Schutz vor entschädigungsloser Enteignung). Der Grundsatz der Inländerbehandlung hat unter diesem Aspekt Eingang in Art. 2 Abs. 2 lit. c der Charta der wirtschaftlichen Rechte und Pflichten der Staaten (GA Res. 3281/XXIX vom 12. 12. 1974) gefunden, wonach Streitigkeiten um Entschädigungsfragen nach dem Recht des Aufenthaltsstaates und durch seine Gerichte erledigt werden sollen; dazu auch *C. Gloria*, in: *Ipsen* (Hrsg.), 4. Aufl. 1999, § 47, Rdn. 15.

6 Diesem Standpunkt liegt letztlich der Einwand zugrunde, daß die von der Mindeststandardlehre gegebenenfalls gebotene Besserstellung von Ausländern gegenüber Inländern gegen den Gleichheitsgrundsatz verstößt. In diesem Sinne hat sich z. B. *D. Schindler*, Gleichberechtigung von Individuen als Problem des Völkerrechts, 1957, 48, geäußert; kritisch dazu *Doehring*, Allgemeine Regeln, 90 Anm. 314.

wicklung eingetretene menschenrechtliche Durchdringung des materiellen Gehalts des international bei der Ausländerbehandlung zu beachtenden Mindeststandards verliert die Kontroverse um die beiden Lehren zunehmend an Substanz. Man darf sagen, daß mit der menschenrechtlichen Interpretation die Lehre vom Mindeststandard heute den völkerrechtlich gebotenen Maßstab der Ausländerbehandlung vorgibt.[7]

2. Nach der Lehre vom Mindeststandard gibt es eine absolute untere Grenze, unter die die Rechtsstellung der Ausländer[8] nicht absinken darf.[9] Darüber hinaus ist der Aufenthaltsstaat nach allgemeinem Völkerrecht nicht zur Gewährung der Inländerbehandlung verpflichtet. Oberhalb der Grenze des Mindeststandards darf er zwischen Ausländern und Inländern unterscheiden und Ausländern bestimmte, den Inländern zustehende Rechte – z. B. politische Mitwirkungsrechte – vorenthalten.

So hat der Staat zwar alle Ausländer, ihre Person und ihr Vermögen zu schützen. Beim Erwerb von Grundbesitz aber oder bei der Zulassung zu bestimmten Berufen kann er Ausländer ausschließen oder ihnen entsprechende Rechte nur auf der Basis der Gegenseitigkeit einräumen.[10]
Immerhin ist durch das Verbot der Willkür, das völkergewohnheitsrechtlich anerkannte Diskriminierungsverbot, eine Grenze gezogen. Ist die von einem Staat getroffene Unterscheidung oder Ungleichbehandlung zu Lasten des Ausländers vom Standpunkt vernünftiger, gerechter Betrachtung schlechterdings nicht vertretbar, fällt sie aus dem Rahmen üblicher international anerkannter Praxis gänzlich heraus, so liegt eine Verletzung des Völkerrechts vor.[11]

---

[7] Vgl. hierzu auch die Deklaration der Generalversammlung der Vereinten Nationen vom 13. 12. 1985 über die Menschenrechte von Personen, die nicht Staatsangehörige des Landes sind, in dem sie leben (GA Res. 40/144), die Ausdruck des internationalen Konsenses im Hinblick auf die Ausländern zu gewährenden Rechte ist; vgl. dazu den Bericht von Baroness *Elles* (UN Doc. E/CN.4/Sub. 2/SR. 822/p.9 f/Sub.2/L.682 (1978), 2: „One of the purposes and objectives of the draft declaration is to establish a minimum standard, universally recognized, reflecting both the norms of customary international law and the relevant provisions of existing human rights instruments concerning individuals who live in a country other than their own ...“; zum Deklarationsentwurf *R. B. Lillich/S. C. Neff*, The Treatment of Aliens and International Human Rights Norms: Overlooked Developments at the UN, GYIL 21 (1978), 97 ff mit reichhaltigen Verweisen auf Literatur und Materialien.

[8] Unter den Begriff des Ausländers fällt nach dem Völkerrecht auch der Staatenlose, der aber nicht über den Mindeststandard geschützt ist (vgl. statt anderer *Arnold*, EPIL I, 102). Mindeststandardbehandlung kann – und wird – dem Staatenlosen vertraglich zugesichert werden, vgl. dazu die Konvention über die Rechtsstellung der Staatenlosigkeit von 1954, UNTS 360, 117/BGBl. 1976 II, 473. Ob der Ausschluß der Staatenlosen aus dem Geltungsbereich des Mindeststandards unter menschenrechtlichen Aspekten heute noch dem Völkerrecht entspricht, kann berechtigtem Zweifel unterliegen. Im Hinblick auf die oben erwähnte Konvergenz des Inhalts des Mindeststandards und der gewohnheitsrechtlich geltenden elementaren Menschenrechte ist die Frage jedoch nicht von allzu großer praktischer Bedeutung.

[9] *Wolfrum*, 200 ff.

[10] Das Recht zur Unterscheidung zwischen In- und Ausländern etwa bei der Gewährung von Entschädigungen betont mit Nachdruck die britisch-amerikanische Claims Commission im Falle *Eastern Extension, Australasia and China Telegraph Co.* (1923), RIAA 6, 112 (117): Entschädigung einer französischen, aber nicht einer britischen Kabelgesellschaft aufgrund eines durch das Zerschneiden von Kabeln im Zuge militärischer Operationen entstandenen Schadens. Vgl. damit aber den Schiedsspruch der französisch-mexikanischen Schiedskommission im Falle *Pinson* (1928), RIAA 5, 327 ff. Danach soll ein Staat, wenn er seine eigenen Staatsangehörigen für Revolutionsschäden entschädigt, Ausländer nicht ausschließen dürfen.

[11] Daher waren die diskriminierenden Maßnahmen, die in der nationalsozialistischen Zeit gegen in Deutschland lebende ausländische Juden angewandt wurden, völkerrechtswidrig. Über diese Frage und die Auseinandersetzungen zwischen den Vereinigten Staaten und der deutschen Regierung vgl. *Hackworth* 3, 642 f; siehe auch *Moore*, Digest, 4, § 554, über die Auseinandersetzungen zwischen der diskriminierenden Behandlung ausländischer Juden in Rußland. – Andererseits braucht die unterschiedliche Behandlung verschiedener Gruppen von Ausländern in einem Staat nicht immer völkerrechtswidrig zu sein. So muß ein Staat solchen Ausländern, die sich um die Einbürgerung bemühen, eine besondere Rechtsstellung einräumen können; zur Frage der Unterscheidung zwischen *„declarant aliens“* und anderen Ausländern nach amerikanischem Recht vgl. etwa die Entscheidung des Supreme Court in *Terrace v. Thompson* 263 U.S. 197 (1923).

3. Weitergehende Verpflichtungen können sich aus Verträgen ergeben. Es gibt viele Verträge, in denen die Parteien den Angehörigen der Gegenpartei Inländerbehandlung versprechen,[12] oder die die Meistbegünstigungsklausel enthalten, also jede Benachteiligung gegenüber anderen Ausländern verbieten. Oft sind auch beide Prinzipien miteinander verbunden.[13] Zu beachten ist hier, daß die Vereinbarung der Inländerbehandlung – und dies gilt heute angesichts der menschenrechtlichen Dimension der Mindeststandardlehre in erhöhtem Maße – nicht als Verzicht der Vertragsstaaten auf die nach dem allgemeinen Völkerrecht gewährten Mindestrechte auszulegen ist.[14] Durch diese Vereinbarung soll nur die Gleichstellung mit den Inländern auf höherem Niveau gewährleistet werden.

4. Die Mindestrechte, die den Ausländern nach Völkergewohnheitsrecht unter allen Umständen gewährt werden müssen, können nicht erschöpfend aufgezählt werden. Nicht jedes subjektive Recht des Ausländers ist im Völkergewohnheitsrecht als solches anerkannt. In erster Linie muß der Aufenthaltsstaat Leben und Unversehrtheit, Anerkennung als Rechtspersönlichkeit, Ehre und Freiheit, Wohnung und Eigentum[15] (im weiteren, auch andere „wohl erworbene" Vermögensrechte im umfassenden Sinne verstanden) des Ausländers schützen. Er muß ihm die freie Ausübung seiner Religion und seiner weltanschaulichen Überzeugung und die allgemeinen bürgerlichen Rechte gewähren. Elementare Rechte dieser Art sind schon als allgemeine Menschenrechte zu achten. Der Aufenthaltsstaat muß sie daher auch denen gewähren, die sich etwa rechtswidrig auf seinem Territorium befinden.[16] Insoweit darf der Staat auch nicht zum Nachteil der Ausländer diskriminieren, z. B. nicht Ausländern einen geringeren Polizeischutz als Inländern bieten.[17]
Die hier genannten, dem Ausländer kraft völkerrechtlichen Gewohnheitsrechts eingeräumten Rechte gelten jedoch nicht absolut. Eingriffe auch in die elementaren Rechte der Ausländer – in Leben, Freiheit und Eigentum – können zulässig sein, wenn sie im Rahmen einer geordneten, d. h. rechtsstaatlichen Rechtspflege erfolgen[18] oder als Verwaltungssmaß-

[12] Der Grundsatz der Gleichbehandlung ist etwa im Havanna-Abkommen vom 20. 2. 1928 über die Rechtsstellung der Ausländer zugrunde gelegt (Art. 2). Er beherrscht auch das Europäische Niederlassungsabkommen von 1955 (UNTS B. 529, 141, BGBl. 1959 II, 997). Gleichbehandlung aller Mitglieder der Vereinten Nationen und ihrer Staatsangehörigen sichert auch Art. 76 lit. d der SVN zu.

[13] Diskriminierungsverbote nach beiden Seiten enthalten etwa das Barcelona-Statut über das Regime der internationalen Schiffahrtswege vom 20. 4. 1921, LNTS VII, 36, das Genfer Seehafen-Statut vom 9. 12. 1923, LNTS LVIII, 315, das Chicagoer Abkommen über die internationale Zivilluftfahrt vom 7. 12. 1944, UNTS 84, 389/BGBl. 1956 II, 442; auch in dem Freundschafts-, Handels- und Schifffahrtsvertrag zwischen der Bundesrepublik Deutschland und den USA vom 29. 10. 1954, UNTS 273, 3/BGBl. 1956, 763, sind Inländerbehandlung und Meistbegünstigung miteinander verbunden.

[14] Dazu *Verdross*, Völkerrecht, 362 ff; *Schwarzenberger* I, 248. Ein Verzicht auf die Respektierung der elementaren Menschenrechte würde auch unwirksam sein.

[15] Dazu und zum folgenden auch *Verdross/Simma*, 802; kritisch gegenüber Versuchen, den internationalen Mindeststandard inhaltlich festzulegen, *Brownlie*, Principles, 526 und namentlich 528; zur Problematik der Enumeration der den Mindeststandard ausmachenden Rechte siehe auch *Doehring*, Allgemeine Regeln, 80 ff; vgl. auch übersichtsweise *Arnold*, EPIL I, 105.

[16] Vgl. die amerikanische Entscheidung *Martinez v. Fox Valley Bus Lines, Inc.* (1936), AD 1935–37, C. 151.

[17] Vgl. Schiedsrichter *M. Huber* in dem Bericht über die *britischen Vermögensinteressen in Spanisch-Marokko*, RIAA 2, 615 (641): „D'une manière génerale, une personne établie dans un Etat étranger est, pour la protection de sa personne et de ses biens, placée sous la législation territoriale et cela dans les mêmes conditions que les ressortissants du pays".

[18] Insbesondere dürfen keine unverhältnismäßigen und besonders grausamen Strafen verhängt werden und Bestrafungen dürfen nur von unabhängigen Gerichten nach Durchführung eines fairen Verfahrens ausgesprochen werden; dies entspricht heute dem allgemeinen Gewohnheitsrecht. Interessant ist in diesem Zusammenhang, daß der Richter *de Meyer* im Falle *Soering v. United Kingdom* (1989) – European Court of Human Rights, Vol. 161, Series A (1989), 51 – Hinweise auf ein möglicherweise heute schon bestehendes regional-europäisches Gewohnheitsrecht im Kreise der Mitgliedstaaten des Europarates gegeben hat, wonach die Todesstrafe im Widerspruch zu den europäischen Standards der Gerechtigkeit stehe (nach Auffassung des Richters durfte Großbritannien Soering, weil es selbst die Todesstrafe abgeschafft habe, nicht in ein Land ausliefern, in dem diese Strafe

nahmen z. B. unter dem Gesichtspunkt der Aufrechterhaltung der öffentlichen Sicherheit und Ordnung gerechtfertigt sind. Aber auch andere Gründe können der Ausübung der dem Ausländer zukommenden Rechte, namentlich dem Recht der freien Entfaltung der Persönlichkeit, Grenzen ziehen. So darf der Aufenthaltsstaat Verhaltensweisen eines Ausländers verbieten, wenn sie im klaren Gegensatz zum *ordre public* des Aufenthaltsstaates stehen[19] – allerdings nur, insoweit der Maßstab des *ordre public* selbst mit den Mindestanforderungen des Völkerrechts und den darin zum Ausdruck kommenden Rechts- und Wertvorstellungen der Staatengemeinschaft stehen.

5. Zur elementaren menschlichen Existenz gehört auch die Deckung des Lebensbedarfs[20], die Ausübung der Rechte, die zur Sicherung einer angemessenen Lebensführung notwendig sind. Daher muß der Aufenthaltsstaat auch dem Ausländer die Benutzung seiner Wohlfahrtseinrichtungen, seiner Versorgungs- und Verkehrsmittel, seiner Nachrichtendienste, der einfachsten Bildungsinstitutionen[21] in gleicher Weise wie seinen eigenen Staatsangehörigen gestatten. Soweit dies zu angemessener Lebensführung notwendig ist, muß er ihnen namentlich auch den Vermögenserwerb und die Verfügung über ihr Vermögen erlauben. Dagegen handelt ein Staat nicht völkerrechtswidrig, wenn er den Besitz und Erwerb bestimmter Vermögenswerte von besonderem nationalen Interesse, z. B. von Grundbesitz, von Schiffen oder Flugzeugen seiner Nationalität, von Gegenständen, die für die nationale Sicherheit von besonderer Bedeutung sind, sich selbst und seinen Staatsangehörigen reserviert oder die Zulassung von Ausländern insoweit von Bedingungen abhängig macht.[22] Einschränkungen können sich wieder aus Verträgen ergeben, und auch wo keine Verträge bestehen, darf der Staat auch insoweit nicht willkürlich handeln. Seine Entscheidungen müssen sich auch hier wieder im Rahmen des Üblichen und der allgemeinen Rechtsüberzeugung halten.

6. Eine Verpflichtung zur Erlaubnis der gewerblichen und beruflichen Betätigung von Ausländern, zur Inländerbehandlung oder Gewährung der Meistbegünstigung auch auf diesem Gebiet läßt sich dem allgemeinen Völkerrecht nicht entnehmen.[23] Kein Staat muß

---

drohe); zustimmend *S. Breitenmoser/G. E. Wilms*, Human Rights v. Extradition: The Soering Case, Mich.J. Int'l L. 11 (1989–90), 845 ff (885 f); in universalem Kontext vgl. dazu auch *N. V. Holt*, Human Rights and Capital Punishment: The Case of South Africa, Virginia Journal of International Law 30 (1989–90), 273 ff.

[19] So auch *Verdross*, Völkerrecht, 366; *Guggenheim* I, 310; *Verdross/Simma*, 3. Aufl., 827; *Brownlie*, Principles, 527; *J. A. R. Nafziger*, The General Admission on Aliens Under International Law, AJIL 77 (1983), 804 ff (831 Anm. 140 mwN).

[20] Dieses Recht ist Ausfluß der am Gebot der Achtung der Menschenwürde auszurichtenden Fürsorge eines Staates für die auf seinem Gebiet lebenden Menschen; ob – wie die Vorauflage annahm – dies bedeuten muß, daß der Staat bei einer generellen Rationierung den Ausländer wie den Inländer zu behandeln hat, erscheint in dieser Allgemeinheit zweifelhaft. Die entsprechende Regelung in Art. 20 der Konventionen über die Rechtsstellung der Flüchtlinge von 1951 und der Staatenlosen von 1954 wird man kaum als Ausdruck eines gewohnheitsrechtlich geltenden Bestandteils des Mindeststandards ansehen können. Zu Recht warnt *Brownlie*, Principles, 527, vor einer zu weitgehenden Aufladung des Mindeststandards; kritisch insoweit gegenüber der Vorauflage auch *Doehring*, 81 Anm. 282.

[21] Die völlige Verweigerung des Zugangs zu den Bildungseinrichtungen würde gegen die Menschenrechte verstoßen. Die Anerkennung des Rechts auf Bildung in der Allgemeinen Erklärung der Menschenrechte von 1948 (Art. 26), im Pakt über wirtschaftliche, soziale und kulturelle Rechte (Art. 13), in der Europäischen Menschenrechtskonvention von 1950 (Zusatzprotokoll von 1952, Art. 2) und in der Banjul Charta der Menschenrechte und Rechte der Völker von 1982 (Art. 17) weist diesen Bezug zur menschlichen Würde als letztem Grund des Rechts auf Bildung auf.

[22] So auch *Verdross/Simma*, 802. Dies gilt natürlich nur, soweit keine vertraglichen Verpflichtungen dem entgegenstehen und der Ausschluß von solchen Rechten nicht willkürlich, etwa aus Gründen der rassischen Zugehörigkeit der betreffenden Personen, erfolgt.

[23] So auch *Verdross/Simma*, 803; diese Auffassung steht auch nicht im Widerspruch zu dem 1841 erlassenen Schiedsspruch, der die Errichtung eines Schwefelgewinnungsmonopols durch das Königreich beider Sizilien zum Nachteil britischer Staatsangehöriger für

etwa die Errichtung und den Wettbewerb ausländischer Unternehmungen im Inland dulden oder ausländische Arbeiter aufnehmen, wenn ihm nicht durch Verträge die Verpflichtung dazu auferlegt ist. Wenn ein Staat einem Ausländer freilich einen länger dauernden Aufenthalt oder die Niederlassung gestattet, muß er ihm auch die berufliche Betätigung erlauben, die zur Deckung seines Lebensbedarfs erforderlich ist.[24]

Wenn ein Staat Ausländern die Erwerbstätigkeit im Inland gestattet, z. B. ausländische Arbeitnehmer zuläßt, hat er aber dafür zu sorgen, daß ein menschenwürdiges Dasein gewährleistet wird, der Ausländer seine Arbeit unter angemessenen Arbeitsbedingungen zu leisten vermag. Der Aufenthaltsstaat muß ihm auch ohne vertragliche Bindung[25] die soziale Daseinsvorsorge, das Mindestmaß sozialer Sicherheit, den Arbeitsschutz und sonstige Sozialleistungen zuteil werden lassen, soweit dies dem heutigen Mindeststandard des internationalen Sozialrechts entspricht.

Die Bedeutung des insoweit bestehenden völkerrechtlichen Gewohnheitsrechts, das im einzelnen seinem Inhalt nach zudem nicht unumstritten ist, ist im modernen, von zunehmender Interdependenz und erhöhter Mobilität gerade auch von Arbeitnehmern geprägten Staatengefüge eher gering. Fragen der Freizügigkeit, der Niederlassung und Sicherung angemessener Lebens- und Arbeitsbedingungen sind heute angesichts der Komplexität der dadurch aufgeworfenen Probleme (z. B. Kranken- und Sozialversicherung, Arbeitsschutz, Transfer von Arbeitsverdienst in das Heimatland des ausländischen Arbeitnehmers) ganz überwiegend in zwei- und mehrseitigen Verträgen geregelt.[26]

7. Nicht zuletzt muß der Aufenthaltsstaat dem Ausländer Rechtsschutz gewähren. Daraus ergibt sich für ihn ein zweifaches Verbot und eine doppelte Pflicht: Zum einen ist in allen Verfahren gegen Ausländer diesen eine angemessene Behandlung und der notwendige Schutz zu gewähren.[27]

Unabhängig davon, ob der Ausländer einem Strafverfahren oder einem Verwaltungsverfahren ausgesetzt oder Beklagter in einem Zivilprozeß ist, muß das Verfahren gegen ihn immer als ein ordnungemäßes Verfahren den international anerkannten Mindestanforderungen entsprechen, und es muß eine Rechtsfindung durch unparteiische Richter gewährleistet sein. Im Strafprozeß muß der

---

unzulässig erklärte. Denn die durch die Errichtung des Monopols verletzten Rechte beruhten hier auf besonderen Verträgen; vgl. dazu *F. La Fontaine*, 97 f. Über andere Streitigkeiten im Zusammenhang mit der Errichtung von Monopolen zum Nachteil von Ausländern, vgl. etwa *K. Strupp*, Das völkerrechtliche Delikt, 1920, 118 Anm. 3.

[24] Dieser Grundsatz ist von der amerikanischen Rechtsprechung sogar auf die Staatsangehörigen feindlicher Staaten im Kriege angewandt worden, allerdings gestützt auf den Gleichheitssatz des 14. Amendments zur Verfassung, nicht ausdrücklich aufgrund völkerrechtlicher Erwägungen; vgl. *Truax v. Raich* 239 U.S. 33 (1915), *Takahashi v. Fish and Game Commission* 334 U.S. 410 (1947).

[25] In der Praxis spielen gewohnheitsrechtliche Regeln jedoch nur eine geringe Rolle, da insoweit eine Fülle von zwei- und mehrseitigen Abkommen besteht; vgl. dazu unten III.

[26] Dazu unten III.

[27] So statt anderer auch *Verdross/Simma*, 802; reichhaltige Belege enthalten insoweit die Schiedssprüche der gemischten Schiedskommissionen, die in den 20er und 30er Jahren aufgrund von Schiedsverträgen zwischen Mexiko und den Vereinigten Staaten, Großbritannien, Frankreich und Deutschland eingesetzt worden sind; vgl. etwa RIAA, 4 und 5; wichtig ist auch der Schiedsspruch des Schiedsrichters *Beichmann* in dem Rechtsstreit zwischen dem Vereinigten Königreich und Frankreich aus Anlaß der Verhaftung des französischen Lehrers *Chevreau* in Persien während des Ersten Weltkrieges (1931), RIAA 2, 1113; vgl. auch BVerfGE 60, 253 ff (303 f), wo mit Nachdruck festgestellt wird, daß nach Völkergewohnheitsrecht ein angemessener gerichtlicher Rechtsschutz zu gewährleisten ist; vgl. auch die schweizerische Entscheidung BGE 41 I, 148: „Es liegt schon im Wesen des modernen Rechtsstaates begründet, daß auf dem Gebiete der Rechtspflege der Ausländer dem inländischen Staatsbürger grundsätzlich gleichgestellt sein muß und daß ihm ... auch ohne besondere staatsvertragliche Vereinbarung der gleiche Anspruch auf den Rechtsschutz des Inlandes zusteht, wie dem Inländer." Ob diese Verpflichtung auch die Gewährung von Prozeßkostenhilfe umfaßt, mag nach geltendem allgemeinen Völkerrecht zweifelhaft sein; jedenfalls wird man nach den jeweiligen Bedingungen des betreffenden Landes differenzieren dürfen und müssen. In der Praxis bestehen insoweit vielfach vertragliche Regelungen.

Ausländer sich angemessen verteidigen können und Gelegenheit haben, mit den diplomatischen und konsularischen Vertretungen seines Landes Kontakt aufzunehmen. Der Auländer darf nicht ohne hinreichenden Verdacht verhaftet und die Untersuchungshaft nicht länger als notwendig ausgedehnt werden. Seine Behandlung muß unnötige Härten vermeiden. Der Urteilsfindung muß eine gründliche Untersuchung vorausgehen, dieauch nicht verschleppt werden darf. Übermäßige und grausame Strafen sind völkerrechtswidrig.[28] In bürgerlichen Rechtsstreitigkeiten muß namentlich das Recht auf Gehör und die Rechtsmittelgleichheit der Parteien gewährleistet sein.

Wenn die Rechtspflege des Aufenthaltsstaates über dem Mindeststandard liegt, so hat auch der Ausländer Vorteile davon. Denn auf dem Gebiet der Rechtspflege ist allen Ausländern Inländerbehandlung und Meistbegünstigung zu gewähren und jede nachteilige Diskriminierung verboten.[29]

Allerdings nicht jede Diskriminierung schlechthin. Der Aufenthaltsstaat muß dem Ausländer nicht unbedingt gleiche, sondern nur gleichwertige Möglichkeiten der Verteidigung, etwa gleichwertige Rechtsmittel und eine gleichwertige Interessenvertretung, verglichen mit den Inländern, bieten. Es ist daher nicht völkerrechtswidrig, wenn er besondere Gerichte zur Entscheidung von Fällen beruft, in denen Ausländer beteiligt sind, oder solche Verfahren besonders gestaltet. Auch darf das Verfahren von dem abweichen, was anderswo herkömmlich ist, wenn nur ein gleichwertiger Rechtsschutz gewährleistet ist.[30]

Zum anderen muß der Aufenthaltsstaat dem Ausländer die aktive Rechtsverfolgung gestatten. Ihre Versagung ist Rechtsverweigerung (*denial of justice, déni de justice*) im eigentlichen Sinne des Wortes.[31] Sie liegt vor, wenn keine unparteiischen und unabhängigen Gerichte oder diesen gleichwertige Behörden bestehen, vor denen der Ausländer sein Recht finden kann. So wäre das Fehlen jeden Rechtsschutzes vor Übergriffen der Verwaltung mit dem modernen Völkerrecht nicht mehr in Einklang zu bringen. Dem Fehlen der Gerichte und Verfahren ist der Fall gleichzustellen, daß man dem Ausländer den Zugang zu den Gerichten verweigert, auf seine Klage nicht eingeht oder ihn im Verfahren schlechter stellt, weil er Ausländer ist. Auch gegenüber dem Ausländer, der ein Verfahren betreibt, stellen die Verschleppung oder sonst schwere Mängel des Verfahrens, wie auch grobe Fehlentscheidungen, eine Verletzung des Völkerrechts dar.

---

28 Vgl. dazu oben Anm. 18.

29 Dies ergibt sich bereits aus dem gewohnheitsrechtlich geltenden Diskriminierungsverbot, das zu einem wesentlichen Bestandteil des Mindeststandards zu rechnen ist. Sachliche Gründe, die zu einer Diskriminierung in bezug auf die Rechtspflege zwingen könnten, sind schwerlich vorstellbar.

30 Dazu schon *Verdross*, RdC 1931 III, 323 ff, 383; *Brownlie*, Principles, 524.

31 Die Frage der Rechtsverweigerung ist über den Schutz von Ausländern hinaus heute ein wesentliches Problem im Rahmen des internationalen Menschenrechtsschutzes geworden; internationale Menschenrechtsschutzorgane haben eine reiche Praxis zur Frage der Erschöpfung des nationalen Rechtsweges bzw. in der Beurteilung nationaler Rechtsschutzmöglichkeiten im Hinblick auf deren rechtsschutzverweigernde Wirkung entwickelt, vgl. dazu *J. Delbrück*, Exhaustion of Local Remedies Rule, in: FS *J. Partsch*, Des Menschen Recht zwischen Freiheit und Verantwortung, 1989, 213 ff; im obigen Sinne wird der Begriff der Rechtsverweigerung etwa im Schiedsspruch der amerikanisch-mexikanischen General Claims Commission im Falle *Chattin* (1927), RIAA 4, 286 f, verstanden: eine Rechtsverweigerung ist danach die Verweigerung des Rechtsschutzes im Anschluß an ein vorangehendes, von anderen begangenes Unrecht, nicht aber das Unrecht, das dem Ausländer unmittelbar durch die Gerichte und Behörden des Aufenthaltsstaates zugefügt wird. Zu eng der von *J. G. Guerrero* vorgelegte Bericht für den Sachverständigenausschuß des VB, 192; danach soll eine Rechtsverweigerung nur vorliegen, wenn ein Staat Ausländern nicht den gleichen Zugang zu seinen Gerichten wie den Inländern bietet, oder wenn die Gerichte die Einleitung des Verfahrens verweigern. Vgl. zum Begriff der Rechtsverweigerung auch den Harvard-Entwurf Art. 9 mit Kommentar, AJIL 23 (1929), Suppl., 193 ff, mit reichen Hinweisen auf einschlägige ältere Spruchpraxis; auch Schiedsspruch des Schweizer Bundespräsidenten im *Fabiani*-Fall (Frankreich und Venezuela, 1896), NRG 2me Série XXVII, 663 (681 f).

Die Verweigerung des Rechtsschutzes in allen ihren Formen ist ein internationales Delikt. Freilich hält sich die Praxis der internationalen Gerichte in der Annahme einer Haftung des Staates für die Tätigkeit seiner Justizbehörden im allgemeinen zurück.

Auch das Recht auf die Gewährung des Rechtsschutzes vor den Gerichten und Behörden des Aufenthaltsstaates gehört zu den elementaren Menschenrechten, die jedermann gewährt werden müssen. Der Aufenthaltsstaat muß sie daher auch denen gewähren, die sich rechtswidrig im Inland befinden.[32]

8. Der Aufenthaltsstaat muß dem Ausländer eine angemessene und menschenwürdige Lebensführung und eine dementsprechende Stellung im bürgerlichen und wirtschaftlichen Leben gewähren. Andererseits gehört der Ausländer nicht der engeren politischen Gemeinschaft der Staatsbürger an. Der Aufenthaltsstaat ist daher nicht zur Gewährung politischer Rechte, z. B. des Wahl- und Stimmrechts verpflichtet. Auch muß er Ausländern keinen Zugang zu öffentlichen Ämtern gewähren[33] und darf auch sonst Rechtsstellungen spezifisch hoheitsrechtlichen Charakters seinen eigenen Staatsangehörigen reservieren.[34]
Darüber hinaus darf der Staat Ausländern die politische Betätigung auf seinem Gebiet jedenfalls insoweit untersagen, als diese seinen politischen Interessen, seinen internationalen Beziehungen nachhaltig zuwiderläuft.[35]

---

[32] Daß die Rechtsverweigerung eine *„negation de la personnalité humaine"* enthalte, betont auch Schiedsrichter *M. Huber* in seinem Bericht über die *britischen Vermögensinteressen in Spanisch-Marokko* (1925), RIAA 2, 641. Vgl. auch die amerikanische Entscheidung in *Janusis v. Long* (1933), AD 1933–34, C. 124 und *Martinez v. Fox Valley Bus Lines, Ltd.* (1936), AD 1935–37, C. 151, wonach selbst illegale Einwanderer nicht jeder Willkür preisgegeben, sondern berechtigt sind, vor amerikanischen Gerichten zu klagen. Rechtsschutz für illegal Einreisende gewährt etwa auch das deutsche Recht, z. B. in Gestalt vorläufigen Rechtsschutzes über die einstweilige Anordnung nach § 123 VwGO, gerichtet auf Gewährung einer Duldung nach 17 I AuslG, vgl. dazu *Hailbronner*, Ausländerrecht, Rdn. 503.

[33] Selbst wo nationale Rechtsordnungen den Ausländern weitergehende Rechte einräumen – etwa in Gestalt des Rechts auf Teilnahme an Kommunalwahlen mit aktivem und passivem Wahlrecht – handeln solche Staaten nicht aus einer dem allgemeinen Völkerrecht zu entnehmenden Pflicht; vertragliche Verpflichtungen zu entsprechendem Verhalten sind dagegen zulässig. Eine Grenze sehen einige Autoren allerdings insoweit, als ein Staat Ausländer nicht durch Gewährung politischer Rechte in ihrer Loyalität gegenüber dem Heimatstaat entfremden oder sie in ungewollte Konflikte bringen darf, vgl. dazu in gleichem Sinne *Hailbronner*, Ausländerrecht, Rdn. 15; sehr prononciert *Doehring*, VVDStRL 32 (1974), 32, 46; siehe auch *H. P. Ipsen*, Gleichheit, in: *Neumann/Nipperdey/Scheuner*, Grundrechte, Bd. II, 133 ff (135), der dem Völkerrecht ein Recht des Ausländers auf Wahrung seiner Treupflicht gegenüber seinem Heimatstaat entnehmen will. Diesem Recht würde dann eine Pflicht des Aufenthaltsstaates korrespondieren, wie sie hier vertreten wird. Für eine liberale Handhabung in den USA tritt *P. Tiao*, Non-Citizen Suffrage: An Argument based on the Voting Rights Act and Related Law, Colum.Hum.Rts.L.-Rev., Vol. 25 (1993), 171 ff, ein.

[34] Auch der EGV (Art. 39 Abs. 4) nimmt Tätigkeiten in der öffentlichen Verwaltung von Freizügigkeit der Arbeitnehmer aus. Indessen hält der EuGH eine enge Auslegung dieser Regelungen als Ausnahmen von der grundsätzlichen Gewährleistung der Freizügigkeit für geboten, EuGHE 1980, 3881 ff (3901) – RS 149/79 „Kommission/Belgien", EuGHE 1986, 1725 ff – RS 307/84 st. Rspr.; vgl. dazu statt anderer *Th. Oppermann*, Europarecht, 2. Aufl. 1999, Rdn. 1533–1535; auch *Stein/Thomsen*, The Status of the Member States' Nationals under the Law of the European Communities, in: *Frowein/Stein*, Bd. II, 1775 ff, 1817. Einen ähnlichen Vorbehalt enthält auch das Europäische Niederlassungsabkommen (Art. 13). In Deutschland ist inzwischen nach § 7 BBG bzw. § 4 BRRG das Beamtenrecht für Unionsbürger geöffnet worden. – Das Vorbehaltsrecht der Staaten erstreckt sich auch auf Vermögensrechte öffentlich-rechtlicher Art. So pflegen die Gerichte der Vereinigten Staaten die in Handelsverträgen zugesicherte Inländerbehandlung nicht auf Angelegenheiten auszudehnen, in denen staatliche Vermögensinteressen in Frage stehen *(„matters involving proprietary interests of the State")*, vgl. z. B. *Magnani v. Hartnett* (1939), AD 1938–40, C.123.

[35] Das Ausmaß des Rechts der Staaten zu dieser Beschränkung ist in einigen westlichen Demokratien heute umstritten. Die Staatenpraxis der Mitglieder des Europarates ist unterschiedlich: Während einige Staaten – wie etwa Schweden – weitgehende politische Betätigungsfreiheit einschließlich der Gewährung des Rechts auf aktive Wahlbeteiligung, das Recht zu Gründung politischer Organisationen etc. einräumen, sind andere in ihrer Praxis restriktiver, so etwa die Bundesrepublik Deutschland (vgl. § 6 II

Der Aufenthaltsstaat muß daher auch die Versammlungs- und Vereinigungsfreiheit für Ausländer einschränken können.[36] Eine seinen Interessen zuwiderlaufende organisatorische Betätigung von Ausländern braucht er auf seinem Gebiet nicht zu dulden. Doch sind hier unter menschenrechtlichem Aspekt zumindest die Grenzen des Willkürverbotes zu achten.

Andererseits dürfen die Staaten auch Ausländern – etwa solchen, die seit längerem ansässig sind – politische Rechte gewähren. Die Rechtsordnungen mancher Staaten stellen die Ausländer auch in dieser Hinsicht weitgehend den Inländern gleich.

III. 1. Angesichts der in einer heterogenen Staatengemeinschaft bestehenden Unsicherheit, in welchem Umfang das allgemeine Völkerrecht in konkreten Situationen in den verschiedenen Regionen der Welt die genannten Rechte gewährleistet, kommt der vertraglichen Sicherung dieser Rechte eine besondere Bedeutung zu. Seiner Erscheinungsform nach kann das einschlägige Vertragsrecht grob nach drei Kategorien unterschieden werden: die traditionellen zweiseitigen Freundschafts-, Handels- und Niederlassungsabkommen einschließlich der in der jüngeren Vergangenheit besonders verbreiteten Investitionsabkommen; die regionalen und universalen Spezialabkommen zu Fragen der Niederlassungsfreiheit, des Arbeitnehmerschutzes und der sozialen Fürsorge einschließlich der Abkommen über die Rechtsstellung der Flüchtlinge einerseits und der Regelungen zur Niederlassungs- und Dienstleistungsfreiheit im Rahmen der wirtschaftlichen Integrationsgemeinschaften andererseits; schließlich drittens die universalen und regionalen Menschenrechtskodifikationen. Doch bestehen diese verschiedenen vertraglichen Regelungen in ihrer Wirksamkeit nicht völlig getrennt nebeneinander. Vielmehr kommt ihnen in ihrer praktischen Auswirkung eine gegenseitig verstärkende, absichernde Funktion zu. So verleihen etwa menschenrechtliche Vertragsgarantien – wie sie in bilateralen Freundschaftsverträgen enthalten sind – der Verpflichtung der Gleichbehandlung eine höhere Wirksamkeit. Weiterhin geben Arbeitsschutz- und Fürsorgeabkommen der allgemein gefaßten menschenrechtlichen Garantie des Rechts auf Gesundheit, Arbeit etc., einen konkreten Inhalt. Andererseits ist zu beachten, daß nicht jedes nach den völkerrechtlichen Mindeststandards einem Ausländer gewähleistete Recht sich in allen menschenrechtlichen Kodifikationen wiederfindet. Dies gilt namentlich für das Recht auf Eigentum, das z. B. – anders als in der Allgemeinen Erklärung der Menschenrechte von 1948 (Art. 17) – in den Menschenrechtspakten der VN nicht enthalten ist, wohl aber in Art. 5 lit. d (v) der Konvention über die Beseitigung jeder Form der Rassendiskriminierung und in Art. 1 des Zusatzprotokolls zur Europäischen Menschenrechtskonvention von 1952 geschützt wird. So kann unter dem Gesichtspunkt der unterschiedlichen Beteiligung der Staaten an den vielfältigen internationalen Verträgen die Rechtsstellung des Ausländers je nach den vertraglichen Bindungen seines Heimatstaates im Verhältnis zum Aufenthaltsstaat unterschiedlich ausgestaltet und von der anderer Ausländer im gleichen Aufenthaltsstaat verschieden sein, es sei denn, der Aufenthaltsstaat hat sich vertraglich zur Einräumung der Meistbegünstigung verpflichtet.

2. Neben den zweiseitigen Freundschafts-, Handels- und Niederlassungsabkommen, auf deren vielfältige Regelungen im einzelnen nicht eingegangen werden kann,[37] werden die

---

AuslG), vgl. dazu *Hailbronner*, Ausländerrecht, Rdn. 258 f; zum Ganzen vgl. den Bericht von *Özsunay*, 197 ff (214: Schweden; Bundesrepublik Deutschland); in der allgemeinen Staatenpraxis hat die politische Betätigung von Ausländern oft Anlaß zur Ausweisung gegeben.

[36] Zur Praxis der Mitgliedstaaten des Europarates vgl. *Özsunay*, 199 ff; für den EG-Bereich, vgl. *Stein/Thomsen*, in: *Frowein/Stein*, Bd. 2, 1775 ff, 1810 f; zur Staatenpraxis allgemein, vgl. die Länderberichte bei *Frowein/Stein*, Bd. 1 und 2 passim.

[37] Eine Übersicht über die geltenden Verträge der Bundesrepublik Deutschland geben *A. Kloesel/M. Christ*, Deutsches Ausländerrecht, Kommentar zum Ausländergesetz, 2. Aufl., Loseblattsammlung, Stand Juni 1991; *W. Kanein/G. Renner*, Ausländerrecht, Kommentar, 6. Aufl., 1993, 532 ff.

elementaren Rechte auf Leben, körperliche Unversehrtheit, Anerkennung als Rechtspersönlichkeit, Freiheit und Eigentum sowie auf die Freiheit wirtschaftlicher und beruflicher Betätigung, aber auch das Recht auf Nichtdiskriminierung oder positiv der Gleichbehandlung,[38] auf europäisch regionaler Ebene durch das Europäische Niederlassungsabkommen, das Europäische Abkommen über die Regelung des Personenverkehrs zwischen den Mitgliedstaaten (des Europarates) einerseits und die Europäische Menschenrechtskonvention andererseits für die Angehörigen der Mitgliedstaaten geschützt. Allerdings kann die Ausübung bestimmter – vor allem politisch ausgerichteter – Freiheitsrechte wie die Meinungs-, die Versammlungs- und die Vereinigungsfreiheit für Ausländer vom Aufenthaltsstaat eingeschränkt werden (Art. 16 EMRK). Insoweit gewährt die EMRK – ebenso wie der Internationale Pakt über bürgerliche und politische Rechte – jedenfalls dann keine wesentlich über den völkerrechtlichen Mindeststandard hinausgehenden Rechte, wenn ein Vertragsstaat der genannten Abkommen von den zulässigen Regelungsvorbehalten Gebrauch macht.[39] Insofern bieten dagegen die universalen und regionalen Vereinbarungen über arbeitsrechtlichen und sozialen Schutz (wie sie in der Europäischen Sozialcharta von 1961,[40] im internationalen Pakt über wirtschaftliche, soziale und kulturelle Rechte[41] sowie in verschiedenen, im Rahmen der internationalen Arbeitsorganisation getroffenen Abkommen, z. B. zum Schutz der wirtschaftlichen und sozialen Rechte der Wanderarbeitnehmer von 1975[42] oder im Europäischen Abkommen über die Rechtsstellung der Wanderarbeitnehmer von 1977[43] niedergelegt sind) in ihrem jeweiligen – begrenzten – Geltungsbereich über den völkerrechtlichen Mindeststandard hinausgehende Rechte für die ausländischen Arbeitnehmer.

Von besonderer Bedeutung sind die regionalen Menschenrechtskonventionen und der Internationale Pakt über bürgerliche und politische Rechte im Hinblick auf die Rechte von Ausländern auf dem Gebiet des Rechtsschutzes. Die hier verbürgten Garantien gegen die Verletzung rechtsstaatlicher Verfahrensgrundsätze[44] und zugunsten des Zugangs zu den Gerichten[45] geben in ihrer präzisen Formulierung den gewohnheitsrechtlich als Bestandteil des Mindeststandards anerkannten Prinzipien des Rechts auf ein faires Verfahren und des Verbotes der Rechtsverweigerung deutlichere Konturen.[46]

Unter den Ausländern nimmt die Gruppe der Flüchtlinge eine besondere Stellung ein. Sie unterscheiden sich vom „normalen" Ausländer darin, daß sie sich nicht freiwillig, sei es aus wirtschaftlichen oder aus beruflichen Gründen, im Ausland aufhalten, sondern vielmehr

---

[38] Vgl. die Artikel 4, 7, 10, 17, 20 Europäisches Niederlassungsabkommen, UNTS 529, 141/ETS Nr. 19/BGBl. 1959 II, 997 und 1965 II, 1099; Art. 39 Abs. 4 EGV.

[39] Art. 16 lautet: „Die Artikel 10, 11 und 14 sind nicht so auszulegen, als untersagten sie Hohen Vertragschließenden Parteien, die politische Tätigkeit ausländischer Personen zu beschränken." Vorbehalte, die eine Ungleichbehandlung von Ausländern aus Gründen der öffentlichen Sicherheit und Ordnung erlauben, enthalten auch der EWGV (Art. 56); Vorbehalte der Ungleichbehandlung enthält auch das Europäische Niederlassungsabkommen (Art. 5, 10, 13).

[40] UNTS 529, 89/ETS Nr. 35/BGBl. 1964 II, 1262.

[41] UNTS 993, 3/BGBl. 1973 II, 1570.

[42] ILO Konvention Nr. 143 und Empfehlung Nr. 151; vgl. dazu *Trebilcock*, Migrant Workers: an Overview of International Labour Standards, in: *Frowein/Stein*, Bd. 2, 1827 ff (1832 ff); kurz auch *Tardu*, Migrant Workers, EPIL III, 364 ff; weitere Hinweise auf den Schutz der Wanderarbeitnehmer finden sich in dem Überblick im Bericht über International Provisions Protecting the Human Rights of Non-Citizens, UN Doc. E/CN.4/Sub.2/392. Rev. 1/1980; zur gesamten Thematik auch Les Travailleurs Etrangers et de Droit International, Societé Française pour le Droit International, 1979; sowie *Wolfrum*, 201.

[43] ETS Nr. 93; abgedruckt auch in: ILM 16 (1977), 1381 ff; dazu *Oellers-Frahm*, in: *Frowein/Stein*, Bd. 2, 1729, 1749.

[44] Vgl. Art. 3, 5–7, 13 EMRK; Art. 5, 7–10 AMRK; Art. 5–7 AfrMRK (Banjul Charta); Art. 6, 7, 9, 10 IPBürg.

[45] Art. 6 Abs. 1, 13 EMRK; Art. 25 AMRK; Art. 7 Abs. 1a AfrMRK (Banjul Charta); Art. 2 Abs. 3a IPBürg.

[46] Vgl. dazu aus rechtsvergleichender und völkerrechtlicher Sicht *D. Weissbrodt/R. Wolfrum*, The Right to a Fair Trial, 1998.

zum Verlassen ihres Heimatstaates gezwungen sind und sich auch den Verhältnissen im Aufenthaltsstaat nicht beliebig durch Rückkehr in ihren Heimatstaat oder Ausreise in ein drittes Land entziehen können. Der Sicherung ihrer Stellung mit dem Zweck einer weitgehenden Angleichung an die der Inländer dient daher die Konvention über die Rechtsstellung der Flüchtlinge von 1951[47], die in ihren Forderungen an die Behandlung der Flüchtlinge in einzelnen Punkten über das vom völkerrechtlichen Mindeststandard Gebotene hinausgeht.[48]

3. Einen besonders intensiven Grad der Angleichung der Rechtsstellung von Ausländern an die der Inländer ist durch die Freizügigkeitsregelung sowie die Diskriminierungsverbote im Rahmen der Europäischen Gemeinschaften erreicht.[49]

4. Einen Sonderkomplex stellt der Schutz von Eigentum und Vermögen ausländischer Einzelpersonen sowie insbesondere von ausländischen Unternehmen dar. Er hat das völkerrechtliche Schrifttum und die internationale Rechtsprechung intensiv beschäftigt. Maßgeblich ist das Völkergewohnheitsrecht, eine Vielzahl von bilateralen Investitionsschutzverträgen sowie international Übereinkommen, die bestimmte Aspekte des Investitionsschutzes regeln. Wegen seiner engen Verknüpfung mit dem internationalen Wirtschaftsrecht soll dieser Komplex in diesem Zusammenhang geregelt werden.[50]

IV. Besondere Regelungen ergeben sich für Minderheiten. Zwei Gruppen sind zu unterscheiden: diejenigen, die die Staatsangehörigkeit des Staates besitzen, in dem sie leben, und diejenigen, die die Staatsangehörigkeit eines anderen Staates haben. Nur letztere sollen hier angesprochen werden.[51] Anders aber als im Fall des einzelnen, im Regelfall nicht dauerhaft in dem Aufenthaltsstaat ansässigen Ausländers, haben die Angehörigen von Minderheiten ihren dauernden Wohnsitz im Aufenthaltsstaat und sind damit in einer spezifischen Weise mit dem Aufenthaltsstaat verbunden und seiner Rechtsordnung unterworfen, ohne andererseits notwendigerweise das Recht auf diplomatischen Schutz gegenüber dem Staat zu besitzen, dem sie ihrer nationalen Zugehörigkeit nach verbunden sind. Obwohl sie als einzelne als Ausländer im Grundsatz den fremdenrechtlichen Regelungen unterfallen könnten, ist hier das Problem des Schutzes der Minderheit als Gruppe vorrangig. Abgesehen von den diesen Personen als einzelnen und als Gruppe gewohnheitsrechtlich zukommenden elementaren Menschenrechten, einschließlich des Rechts auf Selbstbestimmung, wurde die Rechtsstellung der Minderheiten generell von den Staaten vorzugsweise durch besondere Minderheitenschutzverträge geregelt, die im einzelnen ähnliche Rechtsverbürgungen enthalten konnten, wie sie dem Fremdenrecht entsprechen, in ihrer rechtspolitischen Zielsetzung aber doch stärker dem Ziel der Erhaltung der Identität der Minderheit als Gruppe dienten, als dem Schutz individueller Rechte, die ihnen vornehmlich aus der nationalen Rechtsordnung des Aufenthaltsstaates zukommen und deren nichtdiskriminierende Anwendung durch die Schutzverträge gesichert werden sollte.[52]

---

[47] Inländerbehandlung ohne Abstriche räumt die Konvention den Flüchtlingen allerdings nur in den Art. 23 und 24 ein (Öffentliche Fürsorge und Arbeitsrecht und Soziale Sicherheit), UNTS 189, 150/BGBl. 1953 II, 560.

[48] So etwa im Hinblick auf das Recht auf Erwerbstätigkeit (Art. 17 II).

[49] Vgl. dazu im einzelnen *Oppermann*, Rdn. 1499–1529.

[50] Vgl. dazu Bd. II/1.

[51] Vgl. dazu *Arnold*, EPIL I, 105 f.

[52] Zum Minderheitenschutz siehe im einzelnen unten § 110 und Bd. II, 6. Teil, 2. Abschnitt.

§ 97 Die Pflichten der Ausländer

Schrifttum: wie zu Kapitel 15 und §§ 95 und 96; ferner: *C. Parry*, International Law and the Conscription of Non-Nationals, BYIL 31 (1954), 437 ff; *G. Jaenicke/K. Doehring*, Die Wehrpflicht von Ausländern, ZaöRV 16 (1955–1956), 523 ff; *R. Probst*, International Demarcation of Compulsory Military Service with Special Emphasis on the Swiss-United States Situation, Geo.L. J. 45 (1956), 60 ff; *D. Walz*, Die Wehrpflicht von Ausländern, Sowjetzonenflüchtlingen und Mehrstaatern nach dem Wehrpflichtgesetz der Bundesrepublik Deutschland als Problem des internationalen und des nationalen Rechts, 1969; *A. Karamanoukian*, Les étrangers et le service militaire, 1978; *K. Doehring*, Aliens, Military Service, EPIL I (1992), 112 ff.

I. Wer sich ins Ausland begibt, unterwirft sich damit dem Recht und der Jurisdiktion des Aufenthaltsstaates.[1] Aber das Verhältnis des Ausländers zu dem Gastgeberstaat ist doch ein anderes als das, das den Inländer mit seinem eigenen Staate verbindet. Der Schutzpflicht des Aufenthaltsstaates entspricht eine Pflicht des Ausländers, die man im angelsächsischen Sprachgebrauch als *duty of allegiance* bezeichnet.[2] Aber damit ist nicht eigentlich eine Treuepflicht in dem anspruchsvollen Sinn des Wortes gemeint, in dem die deutsche Sprache den Ausdruck verwendet, sondern die Pflicht zur Rechtsbefolgung und Loyalität gegenüber dem Gastgeberstaat. Der Ausländer muß den Gesetzen des Aufenthaltsstaates und den Anordnungen seiner Behörden nachkommen.[3] Und er hat alles zu unterlassen, was dem Gastgeberstaat Schaden zufügen könnte. Ein Ausländer, der sich etwa im Kriege auf dem Gebiet eines kriegführenden Staates befindet, hat sich jeder Betätigung zum Vorteil der Gegenpartei zu enthalten.[4]

---

[1] Ausnahmen gelten insoweit allerdings für Diplomaten und auch in gewissem Umfang für deren unmittelbare Angehörige sowie für andere Personen, die besondere Privilegien und Immunitäten genießen. Vgl. dazu oben Bd. I/1, S. 277 ff und 282 ff; vgl. auch den Fall des Sohnes des Ständigen Vertreters Panamas bei den Vereinten Nationen, Botschafter Ernesto de la Ossa, der in den Vereinigten Staaten von Amerika geboren und damit amerikanischer Staatsangehöriger wurde. Als Sohn eines Diplomaten wurde er auf Antrag des Vaters vom Militärdienst befreit. Nach Erreichen der Volljährigkeit wollte der Sohn seine amerikanische Staatsangehörigkeit weiterbehalten, fürchtete aber, durch die Befreiung vom Militärdienst diese Staatsangehörigkeit verloren zu haben. Die amerikanischen Behörden verneinten dies mit der Begründung, daß eine Befreiung vom Militärdienst als solche noch keinen Grund für den Verlust der Staatsangehörigkeit darstelle; vgl. dazu *Whiteman* 8, 572 f.

[2] So z. B. House of Lords (Lord *Phillimore)* in *Johnstone v. Pedlar* (1921) 2 A. C. 262: *„From the moment of his entry into the country the alien owes allegiance to the King till he departs from it"*; vgl. auch Exchequer Court von Kanada in *Massein v. The King*, A. D. 1938–40, C. 124: „A friendly alien while in this country, as a matter of law, is in the allegiance of the Crown, and so long as he remains in this country with the permission of the Sovereign, express or implied, he is a subject by local allegiance, with a subject's rights and obligations"; siehe auch *ex parte Griffin*, 237 F. 445 (1916), District Court, Northern District New York: „When he (the US citizen) goes abroad on a visit or for travel, he must, while abroad, obey the laws of the foreign country, where he is temporarily. In this sense and to this extent only he owes a sort of allegiance to such government..." (451); hierzu auch *Whiteman* 8, 372 ff.

[3] *K. Hailbronner*, Der Staat und der Einzelne als Völkerrechtssubjekte, in: *W. Graf Vitzthum* (Hrsg.), Völkerrecht, 2. Aufl. 2001, 169 (250).

[4] Das gilt selbst dann, wenn der Ausländer Staatsangehöriger des Kriegsgegners ist. Als *leading case* des angelsächsischen Rechts gilt die Entscheidung des Judicial Committee of the Privy Council im Fall *De Jager v. The Attorney General of Natal* (1907) A. C. 326. Gegenstand dieses Verfahrens war das Verhalten eines auf britischem Gebiet lebenden Staatsangehörigen der früheren südafrikanischen Republik. Dieser war während des Burenkrieges nach der Besetzung seines Wohnortes durch die Buren in deren Armee eingetreten und wurde daraufhin des Hochverrats gegenüber der britischen Krone für schuldig befunden. Vgl. auch die norwegische Entscheidung in: *Public Prosecutor v. Drechsler*, AD 1946, C. 29 (Bestrafung eines seit langer Zeit in Norwegen ansässigen Deutschen wegen im Zweiten Weltkrieg begangenen Verrats) mit Note der Herausgeber; Urteil des italienischen Kassationshofes *In re Mittermaier*, AD 1946, C. 28; auch die Entscheidung des House of Lords in: *Joyce v. Director of Public Prosecutions* (1946) A. C. 347 darin wird *Joyce*, ein amerikanischer Staatsangehöriger, der lange in England gelebt hatte und infolge eines Versehens der britischen Behörden im Besitz eines britischen Passes war, aufgrund während des Krieges für Deutschland

II. 1. Die Pflichten des Ausländers gehen zum Teil weiter als die der Inländer, zum Teil bleiben sie dahinter zurück. Einerseits nämlich darf der Aufenthaltsstaat die Ausländer mit besonderen Pflichten belasten, namentlich Vorschriften erlassen, die er aus Gründen der Sicherheit, im Interesse der Gesundheitspflege oder sonst im öffentlichen Interesse für erforderlich hält.

Ausländer müssen sich z. B. registrieren lassen, sich polizeilich melden, sich Beschränkungen ihrer Freizügigkeit gefallen lassen und die erforderlichen Ausweise bei sich führen.

2. Umgekehrt gibt es Pflichten, die dem Ausländer nicht auferlegt werden dürfen, obwohl sie den Inländer treffen. Es sind dies die im engeren Sinne staatsbürgerlichen Pflichten, gleichsam Konkretisierungen der politischen Treuepflicht, die nur dem Inländer obliegen. Die Unterwerfung des Ausländers unter Pflichten dieser Art wäre mit seiner Treupflicht gegenüber seinem eigenen Staat nicht vereinbar und würde daher einen Eingriff in dessen Rechte bedeuten. Dies gilt auch für die Wehrpflicht, der nach geltendem allgemeinem Völkerrecht Ausländer im Grundsatz nicht unterworfen werden dürfen.[5] Dies gilt insbesondere für solche Ausländer, mit deren Heimatstaat sich der Aufenthaltsstaat im Kriege befindet. Es widerspräche dem gebotenen Respekt vor den elementaren Rechten des Einzelnen, zu Kriegshandlungen gegen seinen eigenen Staat gezwungen zu werden.[6] In der Staatspraxis ist in dieser Hinsicht allerdings, namentlich von Einwanderungsländern, vom geltenden Recht abgewichen worden. Entsprechende Abweichungen werden in erster Linie gegenüber solchen Ausländern vorgesehen, die sich dauerhaft in ihrem Aufenthaltsstaat niedergelassen haben in der erklärten Absicht, die Staatsangehörigkeit des Aufenthaltsstaates zu erwerben.

So sieht das Recht der Vereinigten Staaten von Amerika vor, daß alle männlichen Einwohner, die nach 1969 geboren sind, der Pflicht zur Registrierung für den Militädienst unterliegen (die Wehrpflicht, die den Gesetzen nach besteht, ist in ihrer Geltung suspendiert), mit Ausnahme von Ausländern, die nicht Einwanderer sind und sich rechtmäßig in den Vereinigten Staaten von Amerika aufhalten (50 U.S. C. 455 (a) (3)). Das heißt, Ausländer, die mit einem Einwanderungsvisum dauerhaft in den Vereinigten Staaten leben, unterliegen der Registrierungspflicht und damit ggf. der Wehrpflicht. Dies entspricht der traditionellen Praxis, seit die Beschränkung des Dienstes in der amerikanischen Armee auf *US citizens* im Zuge des Ersten Weltkrieges aufgehoben wurde.[7] Einwanderer nach Israel mit dauerndem Wohnsitz, die jedoch noch nicht die israelische Staatsangehörigkeit besitzen, unterliegen der Militärdienstpflicht.[8] In Kanada[9] und Australien[10] können im Kriegsfalle neben den Staatsangehörigen auch *British subjects* einberufen werden. Aber nicht nur Einwanderungsländer wie die hier genannten sehen eine Militärdienstpflicht für dauerhaft niedergelassene Ausländer vor. Auch Norwegens Recht enthält eine entsprechende Regelung.[11]

---

begangener Propaganda des Hochverrats für schuldig befunden.

[5] So die ganz h.L.; vgl. *Doehring*, EPIL Vol. I, 113; zur älteren Literatur vgl. *Borchard*, 43; *Oppenheim/Lauterpacht*, Vol. I/2, 907; so auch schon das Havanna-Abkommen vom 20.2.1928, UST 815, zu dem die Vereinigten Staaten von Amerika allerdings einen Vorbehalt ausgesprochen haben, vgl. dazu *Whiteman* 8, 561.

[6] So haben etwa die Vereinigten Staaten *alien enemies* vom Wehrdienst ausgenommen in der rechtlichen Überzeugung, daß das Völkerrecht dazu verpflichte; vgl. Nachweise bei *Whiteman* 8, 571.

[7] Siehe dazu Military Selective Service Act i.d.F. von 1988, 50 U.S. C. 455 (a) (3); dazu *Whiteman* 8, 542 ff; zur amerikanischen Gesetzgebung auch *Karamanoukian*, 184 ff; *Walz*, 7 ff.

[8] Dazu *C. Klein*, Le régime juridique des étrangers en droit israélien, in: *Frowein/Stein*, Bd. I, 635 (653); auch *Walz*, 77 f.

[9] Zur Rechtsentwicklung in Kanada *Jaenicke/Doehring*, ZaöRV 16 (1955–56), 523 (542 ff); zur gegenwärtigen Rechtslage *A. L. C. De Mestral*, Position of Aliens in Canadian Law, in: *Frowein/Stein*, Bd. I, 1987, 765 (826 f); zusätzlich sind auch Ausländer unter bestimmten Voraussetzungen verpflichtet, Milizdienst zu tun.

[10] Zur Rechtsentwicklung in Australien *Jaenicke/Doehring*, 544 f; *Karamanoukian*, 193 ff; zur gegenwärtigen Rechtslage vgl. *I. A. Shearer*, The Legal Position of Aliens in National and International Law in Australia, in: *Frowein/Stein*, Bd. I, 1987, 41 (67).

[11] Zur Rechtsentwicklung in Norwegen *Jaenicke/*

Die frühere Praxis der Vereinigten Staaten von Amerika ging etwa während des Zweiten Weltkrieges noch weiter und sie stand in dieser Zeit nicht allein. Die Vereinigten Staaten von Amerika unterwarfen der Wehrpflicht auch nichteinwanderungswillige Ausländer, die sich auf längere Zeit im Lande aufhielten, gelegentlich sogar solche, die nur besuchsweise eingereist waren, jedoch aufgrund des Kriegsausbruchs nicht in ihre Heimatländer zurückkehren konnten.[12] Das Vereinigte Königreich stellte die Angehörigen von alliierten Staaten, die sich dauerhaft im Lande aufhielten, vor die Alternative, entweder in den militärischen Einheiten ihres Heimatstaates, die im Vereingten Königreich aufgestellt worden waren, zu dienen, oder aber in die britische Armee eingezogen zu werden.[13]

Trotz dieser Abweichungen von der grundsätzlichen Regel, daß Ausländer nicht dem Militärdienst im Ausland unterliegen, wird man von deren Geltung weiterhin ausgehen können. Die überwiegende Mehrheit der Staaten sieht keine Militärdienstpflicht von Ausländern vor. Zum anderen ist namentlich die amerikanische Praxis auf vielfachen Protest gestoßen.[14] Auch haben Staaten ihre abweichende Praxis – wie die Vereinigten Staaten von Amerika – im Laufe der Zeit schrittweise modifiziert.[15] Wenn und soweit Ausnahmen von der gewohnheitsrechtlichen Regel vorkommen und nicht normalerweise als Verstoß gegen das Völkerrecht gewertet werden sollen, so wird man jedenfalls besondere Rechtfertigungsgründe fordern müssen.[16] Solche Rechtfertigungen können entsprechend der Staatspraxis zum einen im Bestehen einer besonderen Nähe des zum Wehrdienst im Kriegsfall her-

---

Doehring, 530 ff, die die Beibehaltung der Militärdienstpflicht für niedergelassene Ausländer nicht als generelle Billigung einer Militärdienstpflicht von Ausländern ansehen, sondern als potentielles Retorsionsmittel gegenüber Staaten, die ihrerseits Norweger zum Militärdienst heranziehen (527, 532); auch *Karamanoukian*, 191 ff; zur gegenwärtigen Rechtslage *A. Grahl-Madsen*, The Legal Position of Aliens in Norway, in: *Frowein/Stein*, Bd. I, 1987, 983 (1004), der Einschränkungen im Sinne der Auffassung von *Jaenicke/Doehring* nicht nennt.

[12] Siehe dazu den Fall eines schwedischen Staatsangehörigen, der nach einem Besuch in den Vereinigten Staaten wegen eines nach dem deutschen Einmarsch in Norwegen verhängten Reiseverbotes nicht nach Schweden zurückkehren konnte. Er mußte sich im Oktober 1940 für den Militärdienst registrieren lassen, stellte in diesem Verfahren aber den Antrag, als temporärer Besucher freigestellt zu werden. Dies wurde aus Rechtsgründen abgelehnt und ihm die Möglichkeit gegeben, sich als Angehöriger eines neutralen Staates freistellen zu lassen. Mit dieser Freistellung war die Auflage verbunden, daß er damit die Möglichkeit verlor, jemals in den Vereinigten Staaten eingebürgert zu werden. Seine nach Kriegsende angestrebte Einbürgerung wurde abgelehnt, vgl. *Benzian v. Godwin* 168 F.2d 952 (2nd Circuit 1948) Cert. denied, 335 U.S. 886; siehe auch *Moser v. United States*, 341 U.S. 41, hierzu und zu weiterer Rechtsprechung *Whiteman* 8, 551 ff.

[13] Siehe dazu die Mitteilung des britischen Außenministers *Eden* im House of Commons vom 27. 5. 1943, zitiert bei *Whiteman* 8, 548 ff; hier auch Angaben über eine entsprechende Praxis der Vereinigten Staaten und Kanadas (569), wobei Abkommen mit den betroffenen alliierten Staaten die Grundlage bildeten.

[14] Vgl. *Hackworth* Vol. III, 603 ff; über die bis in die 50er Jahre andauernden Auseinandersetzungen zwischen der Schweiz und den Vereinigten Staaten *Whiteman* 8, 565 ff; zu dieser Problematik *Jaenicke/Doehring*, 523 f (Anm. 9) und *Probst*, Geo.L.J. 45 (1956), 60 (61 ff). Die völkerrechtliche Fragwürdigkeit dieser Einberufungen wird auch in der Entscheidung AD 1919–42 Suppl., C. 100, und namentlich in der Entscheidung des High Court von Australien im Falle *Polites v. The Commonwealth* – AD 1943–45, C. 61 – deutlich betont. Im letztgenannten Fall sah das Gericht sich zur Anwendung eines Gesetzes genötigt, das die Einziehung von Ausländern vorschrieb. Doch ließ der Chief Justice *Latham* in seiner Begründung keinen Zweifel darüber, daß die Einberufung ohne die Zustimmung des Heimatstaates dem Völkerrecht widerspreche (sie sei *„contrary to an established rule of international law"*). Bedenklich auch die in Clunet 82 (1955), 454 f, mitgeteilte Entscheidung des Obersten Gerichts von Norwegen, wonach in Norwegen ansässige Ausländer zum Wehrdienst eingezogen werden dürfen, wenn sie noch nicht in der Heimat gedient haben oder dort nicht wehrpflichtig sind. Vgl. auch *Maccabian v. Minister of Defence* (1952), ILR 19 (1957), 344 über die Rechtsprechung des Obersten Gerichts von Israel, die die Einziehung aller in Israel ansässigen Personen ohne Rücksicht auf ihre Staatsangehörigkeit für rechtswirksam hält.

[15] Zur Rechtsentwicklung in den Vereinigten Staaten siehe *Whiteman* 8, 540 ff; zum Vereinigten Königreich heute vgl. *R. Plender*, The Legal Position of Aliens in National and International Law in the United Kingdom, in: *Frowein/Stein*, Bd. II, 1987, 1675 ff (1710) (keine allgemeine Wehrpflicht, keine Militärdienstpflichten für Ausländer).

[16] So *Doehring*, EPIL I, 114.

angezogenen Ausländers zum Aufenthaltsstaat gesehen werden, wie sie mit dem Einwanderungsstatus oder aber – wie im Falle Kanadas und Australiens – durch das Band des Status als *British subject* gegeben ist.[17] Zum anderen – und gegebenenfalls kumulativ – rechtfertigt die Einholung der Zustimmung des Heimatstaates des Ausländers dessen Einberufung in die Streitkräfte des Aufenthaltsstaates.[18] Schließlich vermag die Eröffnung der Möglichkeit für den Ausländer, sich von dem Militärdienst – allerdings um den Preis, sich später nicht im Aufenthaltsstaat einbürgern lassen zu können – befreien zu lassen, die Heranziehung von Ausländern zum Wehrdienst vom Vorwurf der Rechtswidrigkeit zu befreien. Eine solche bedingte Befreiung vom Wehrdienst ist als solche nicht völkerrechtswidrig, weil die Staaten frei sind, die Bedingungen für eine Einwanderung festzulegen.[19] Andererseits liegt in der Nichtwahrnehmung der Befreiungsmöglichkeit zumindest mittelbar ein Moment der Freiwilligkeit auf seiten des betroffenen Ausländers vor, so daß sein Militärdienst jedenfalls nicht mehr allein auf der hoheitlichen Anordnung des Aufenthaltsstaates beruht.[20] Nicht unproblematisch ist die Praxis, Ausländer der Militärdienstpflicht zu unterwerfen und dies damit zu rechtfertigen, daß deren Heimatstaat seinerseits so vorgeht. Hier erscheint die Heranziehung zum Militärdienst als eine auf Kosten des einzelnen gehende Retorsion,[21] die der Tendenz des modernen Völkerrechts, die elementaren Menschenrechte zu schützen, zuwiderläuft. Der einzelne wird in solchen Fällen zum Objekt zwischenstaatlicher Auseinandersetzungen, was mit seiner Würde als Rechtsperson kaum zu vereinbaren ist. Ob allerdings diese Praxis heute schon als nach allgemeinem Völkerrecht rechtswidrig anzusehen ist, erscheint eher zweifelhaft.[22] Unbedenklich ist es nach geltendem Völkerrecht, ausländische Freiwillige in den Militärdienst aufzunehmen.[23]

3. Die Bedeutung der gewohnheitsrechtlichen Regelung über den Militärdienst von Ausländern wird jedenfalls zum Teil gemindert, weil viele Staaten diese Frage in bilateralen Verträgen, in einzelnen Fällen auch durch multilaterale Verträge regeln bzw. geregelt haben.

So werden vielfach in Freundschafts-, Handels- und Schiffahrtsverträgen Klauseln aufgenommen, nach denen die Vertragspartner gegenseitig die Angehörigen des jeweils anderen Staates vom

[17] Dazu *I. A. Shearer*, The Legal Position of Aliens in National and International Law in Australia, in: *Frowein/Stein*, Bd. I, 41 (67); *De Mestral*, 826 f.

[18] Die in einer Unterwerfung von Ausländern unter die Wehrpflicht liegende Verletzung der Souveränität des Heimatstaates des Ausländers entfällt in diesem Falle durch die Zustimmung des Staates; vgl. dazu kurz *Doehring*, EPIL I, 114, der darauf hinweist, daß es den Staaten freisteht, ihren Staatsangehörigen den Dienst in einer fremden Armee zu verbieten, was umgekehrt auch heißt, daß sie dies gestatten bzw. stillschweigend hinnehmen können.

[19] Bedenklich ist es allerdings, wenn solche Bedingungen rückwirkend geltend gemacht werden, wie dies z. T. in den Vereinigten Staaten geschah; kritisch dazu *Jaenicke/Doehring*, 563 ff, mit dem Argument, daß etwa die Alternative, sich vom Wehrdienst freistellen zu lassen und dem folgend das Land zu verlassen, oder zu dienen, nicht echt sei, da die Rückkehr in den Heimatstaat im Zweifel die Aufgabe der wirtschaftlichen Existenz bedeuten kann. Eine engere Beschränkung der Handlungsfreiheit der Vertragsstaaten sah das Havanna-Abkommen – UST 815 – in Art. 3 vor.

[20] So auch *Doehring*, EPIL I, 114.

[21] Sieht man die Einberufung von Ausländern zum Wehrdienst ausnahmslos als völkerrechtswidrig an, handelt es sich um eine Repressalie; *Jaenicke/Doehring*, 527 f, sprechen von der Einberufung von Ausländern, wie sie nach norwegischem und damaligem französischen Recht möglich war, als von „Retorsionsmaßnahmen"; *Doehring*, EPIL I, 114 spricht von Repressalie (*„reprisal"*). Zu dieser Problematik auch ausführlich *Walz*, 122 ff.

[22] Zum Ganzen siehe *Walz*, 122 ff; auch *Doehring*, EPIL I, 115.

[23] So ist etwa die Aufnahme von Fremdenlegionären – wie seinerzeit in Frankreich – nicht völkerrechtswidrig, solange der Eintritt in die fremde Armee aus freiem Willen erfolgt. Es muß allerdings sichergestellt sein, daß der Ausländer nicht zum Kriegsdienst gegen seinen Heimatstaat gezwungen werden kann, vgl. dazu *Kelsen*, General Theory, 234 f. Siehe auch Art. 23 Abs. 2 Haager Landkriegsordnung, dazu auch *Jaenicke/Doehring*, 546 f, 566 (Anm. 9); siehe auch Art. 40 Genfer Abkommen zum Schutze der Zivilbevölkerung im Kriege von 1949, UNTS 75, 973.

Militärdienst ausnehmen.[24] Regelungen ähnlicher Art werden auch zugunsten von Mehrstaatern getroffen. Danach wird die Ableistung des Wehrdienstes in dem einen Staat, dem sie angehören, von dem (oder den) anderen anerkannt, ein grundsätzlich möglicher doppelter oder gar mehrfacher Wehrdienst also vermieden.[25]

III. Wie die Erfüllung der Wehrpflicht, so stellt für den Ausländer auch die Leistung von öffentlichen Diensten anderer Art, z. B. die des Arbeitsdienstes, eine unangemessene Zumutung dar. Da der Ausländer an dem öffentlichen Leben des fremden Staates nicht teil hat, dürfen ihm auch Verwaltungs- und Justizfunktionen nicht gegen seinen Willen auferlegt werden.

Ausländer können z. B. nicht genötigt werden, als Schöffen oder ehrenamtliche Richter tätig zu werden.[26] Die Pflicht zur Aussage als Zeuge oder Sachverständiger – u. U. auch unter Eid – ist dagegen eine Rechtspflicht allgemeiner Natur, deren Erfüllung auch von Ausländern verlangt werden kann.[27]

Eine gewisse Ausnahme bilden wieder Dienste, deren Erfüllung zum Schutze und zur Aufrechterhaltung der bürgerlichen Ordnung notwendig sind. In örtlichen Notlagen muß auch der Ausländer helfen, der aus der Aufrechterhaltung der Ordnung unmittelbar Vorteile zieht. Ausländer, die am Orte ansässig sind, dürfen daher zu Not- und Katastrophendiensten, zum Polizei-, Miliz-, Feuerwehr-, Zivilschutzdienst herangezogen werden, wenn ein dringendes Bedürfnis dafür besteht.[28]

§ 98 Der Ausländer und sein Heimatstaat

Schrifttum: wie zu Kapiteln 14 und 15 sowie zu §§ 94, 95 und 96; ferner *A. D. Watts*, The Protection of Alien Seamen, ICLQ 7 (1958), 691 ff; *H. Briggs et al.*, La protection diplomatique des individus en droit international: la nationalité des réclamations, AnnIDI, 51 (1965), 5 ff und 51 (1965), 157 ff, 260 ff (Résolution); *P. Weis*, Diplomatic Protection of Nationals and International Protection of Human Rights, HRLJ 4 (1971), 643 ff; *J. N. Moore* (ed.), Law and Civil War in the Modern World, 1974; *R. B. Lillich*, The Diplomatic Protection of Nationals Abroad: An Elementary Principle of International Law under Attack, AJIL 69 (1975), 359 ff; *U. Beyerlin*, Die israelische Befreiungsaktion von Entebbe in völkerrechtlicher Sicht, ZaöRV 37 (1977), 213 ff; *Th. Schweisfurth*, Operations to Rescue Nationals in Third States Involving the Use of Force in Relation to the Protection of Human Rights, GYIL 23 (1980), 159 ff; *J. A. Frowein*, Die Verpflichtungen *erga omnes* im Völkerrecht und ihre Durchsetzung, in: Völkerrecht als Rechtsordnung. Internationale Gerichtsbarkeit. Menschenrechte, Festschrift für *Hermann Mosler* (1983), 241 ff; *N. Ronzitti*, Rescuing Nationals Abroad through Military Coercion and Intervention on Grounds of Humanity, 1985; *D. W. Bowett*, The Use of Force for the Protection of

---

[24] Vgl. dazu die Entscheidung in *Eisler v. U.S.* 170 F. 2d 273, US Court of Appeals, D. C. (1948); auszugsweise auch veröffentlicht in AJIL 43 (1949), 379 f. *Agreement between Norway, Denmark and Sweden concerning the Relationship between Compulsory Military Service and Nationality in Norway, Denmark and Sweden* vom 3. 3. 1956; Art. 5 Abs. I des Freundschafts-, Handels- u. Schiffahrtsvertrags zwischen der Bundesrepublik Deutschland und der Dominikanischen Republik vom 23. 12. 1957, BGBl. 1959 II, 1468; 1960 II, 1874, der Vertrag galt, soweit ersichtlich, bis zum 30. April 2001, vgl. 97/351/EC O. J. L 151/24; Art. 4 Ziffer 1 des Niederlassungs- u. Schiffahrtsvertrages zwischen der Bundesrepublik Deutschland und Griechenland vom 18. 3. 1960, BGBl. 1962 II, 1505; 1963 II, 912; weitere Beispiele bei *Walz*, 53 ff und *Karamanoukian*, 170 ff.

[25] Vgl. dazu schon oben.

[26] Vgl. dazu §§ 31 S. 2 GVG, § 20 VwGO.

[27] Vgl. dazu die Entscheidung in *Eisler v. U. S.* 170 F. 2d 273, US Court of Appeals, D. C. (1948); auszugsweise auch veröffentlicht in AJIL 43 (1949), 379 f.

[28] So die h. L. und Praxis; vgl. etwa die Länderberichte in *Frowein/Stein*, die allerdings zeigen, daß eine Reihe von Staaten keinerlei Dienstleistungspflichten von Ausländern verlangt, so z. B. das Vereinigte Königreich, dazu *Plender* (Anm. 15), 1710; Irland, dazu *M. Robinson*, Report on the Legal Position of Aliens in Ireland, ebd., Bd. I, 615 (633); im Sinne der h. L. auch das Havanna-Abkommen von 1928, UST 815 (Art. 3).

Nationals Abroad, in: *A. Cassese* (ed.), The Current Legal Regulation of the Use of Force, 1986, 39 ff; *W. Ader*, Gewaltsame Rettungsaktionen zum Schutz eigener Staatsangehöriger im Ausland, 1988; *R. B. Lillich*, Forcible Protection of Nationals Abroad: The Liberian „Incident" of 1990, GYIL 35 (1992), 205 ff; *W. K. Geck*, Diplomatic Protection, EPIL I (1992), 1045; *R. Dolzer*, Diplomatic Protection of Foreign Nationals, EPIL I (1992), 1067; O. *Kimminich*, Der Mythos der humanitären Intervention, AVR 33 (1995), 430 ff; *S. Bula-Bula*, La Doctrine d'Ingérence Humanitaire Revisitée, RADIC 9 (1997), 600 ff, *B. Specht*, Die zwischenstaatliche Geltung des Grundsatzes ne bis idem, 1999.

I. Der Ausländer steht auch im Ausland unter dem Recht und der Hoheitsgewalt seines eigenen Staates. Dieser darf Gesetze auch mit Wirkung für seine Staatsangehörigen im Ausland erlassen. Er darf ihnen auch Pflichten auferlegen, sie z. B. zum Wehrdienst einziehen oder ihr Vermögen und Einkommen im Ausland besteuern. Da der Ausländer auch der Staatsgewalt des Aufenthaltsstaates untersteht, kann das eine Verdoppelung seiner Pflichten bedeuten. Es ist denkbar, daß er aufgrund ein und desselben Sachverhalts doppelt bestraft[1] oder doppelt besteuert wird. Den Härten und Ungerechtigkeiten, die sich daraus ergeben, suchen die Staaten durch den Abschluß von Verträgen entgegenzuwirken. So gibt es zahlreiche Verträge, die die Doppelbesteuerung beschränken oder ausschließen sollen.[2]

Da der Ausländer der personalen Hoheitsgewalt seines Heimatstaates untersteht, darf dieser ihm auch Weisungen und Anordnungen im Ausland erteilen. Er darf ihn etwa auffordern, zur Erfüllung der Wehrpflicht oder zum Zwecke der Aussage in einem gerichtlichen Verfahren zurückzukehren. Wenn der Ausländer Anordnungen dieser Art nicht befolgt oder sich sonst zu dem Recht seines Heimatstaates in Widerspruch setzt, kann dieser ihn freilich nicht zwingen, sondern allenfalls den Aufenthaltsstaat um die Leistung von Rechtshilfe bitten. Denn Zwangsgewalt übt jeder Staat nur in seinem eigenen Hoheitsbereich aus.[3] Soweit es Ausnahmen gibt (z. B. frühere Konsulargerichtsbarkeit), bestätigen sie nur die Regel, die die Ausübung der Hoheitsgewalt, soweit sie mit Zwang verbunden ist, auch gegenüber den eigenen Staatsangehörigen im Ausland verbietet. Insofern ist die territoriale Staatsgewalt stärker als die personale Hoheitsgewalt. Wohl aber kann der Heimatstaat seinem Staatsangehörigen, wenn er später zurückkehrt, in seiner eigenen Hoheitssphäre bestrafen.[4] Und schon vorher kann er sich an dessen Inlandseigentum halten oder seinem widerstrebenden

---

[1] Einer Doppelbestrafung durch den Aufenthaltsstaat und den Heimatstaat steht der Grundsatz des *„ne bis in idem"*, wie er etwa in Art. 14 IPBürg oder Art. 4 Protokoll Nr. 7 zur EMRK enthalten ist, nicht entgegen, da sich dieses Verbot der Doppelbestrafung nur auf jeweils den Staat bezieht, in dem eine rechtskräftige Verurteilung bereits stattgefunden hat (so sehr eindeutig die Formulierung des Art. 4 Protokoll Nr. 7 zur EMRK: „Niemand darf wegen einer Straftat wegen der er bereits nach dem Gesetz und dem Strafverjährungsrecht eines Staates rechtskräftig verurteilt oder freigesprochen worden ist, in einem Strafverfahren desselben Staates erneut verfolgt oder bestraft werden." Vgl. zu diesem Komplex *B. Specht*, Die zwischenstaatliche Geltung des Grundsatzes *ne bis in idem*, 1999, der auf das Verbot der Doppelbestrafung nach Art. 54 des Schengener Durchführungsübereinkommens (BGBl. 1993 II, 1010 ff.) verweist. Ob und gegebenenfalls inwieweit die Drohung einer Doppelbestrafung etwa das Recht der Staaten, die an das Doppelbestrafungsverbot gebunden sind, einen Ausländer auszuweisen, einschränkt, kann zweifelhaft sein. Grundsätzlich wird man davon ausgehen müssen, daß ein Ausländer das Risiko, in seinem Heimatstaat erneut für eine Tat zur Verantwortung gezogen zu werden, die er im Ausland begangen hat, selbst tragen muß. Indessen sind Gesichtspunkte elementaren Menschenrechtsschutzes bei Ausweisungsentscheidungen in derartigen Fällen zu berücksichtigen, so zutreffend *Hailbronner*, Handbuch, Rdn. 539 ff.

[2] Eine Übersicht der zahlreichen Doppelbesteuerungsabkommen, an denen die Bundesrepublik beteiligt ist, findet sich bei *H. Debatin/R. Korn*, Doppelbesteuerung, Kommentar in 4 Bänden, Loseblattsammlung, 1961, Stand Sept. 1995.

[3] Vgl. oben Bd. I/1 § 47.

[4] Vgl. dazu etwa die Entscheidung des US Supreme Court in *H. M. Blackmer* v. *U. S.* 284 U.S. 421. Hier ging es um die Bestrafung eines in Frankreich lebenden Amerikaners, der der Zeugenladung eines amerikanischen Gerichts nicht nachgekommen war, wegen *contempt of court*. Das Gericht stellte u. a. fest: „With regard to such an exercise of authority, there is no question of international law, but solely a question of the purpose of the municipal law which establishes the duties of the citizen in relation to his own government" (437).

Staatsangehörigen seinen Schutz im Ausland entziehen oder gar dessen Verhalten zum Anlaß der Ausbürgerung nehmen.
Auch kann der Heimatstaat über die Rechte seiner Staatsangehörigen gegenüber dem Ausland verfügen. Er kann z. B. durch Vertrag seine Zustimmung zu einer Enteignung ohne Entschädigung geben, auf Ansprüche oder Privilegien seiner Bürger verzichten,[5] sich damit einverstanden erklären, daß der Aufenthaltsstaat u. a. seine Staatsangehörigen zur Erfüllung der Wehrpflicht heranzieht. Solche Verfügungen sind rechtswirksam, solange sie nicht eine Preisgabe der elementaren Menschenrechte enthalten.

II. 1. Nach einer Regel des Völkergewohnheitsrechts hat jeder Staat das Recht, die Interessen seiner Staatsangehörigen im Ausland zu wahren und sie gegenüber dem Aufenthaltsstaat vor Verstößen gegen das Völkerrecht zu schützen.[6] Es stehen ihm verschiedenartige Mittel dafür zur Verfügung.

2. In erster Linie kann er seine Staatsangehörigen mit Hilfe seiner diplomatischen und konsularischen Vertretungen schützen. Ein Staat kann für seine Staatsangehörigen intervenieren, einen formellen Protest einlegen oder in Verhandlungen eintreten.
Einen vertraglich geregelten Teilaspekt des diplomatischen Schutzes normieren Art. 5 lit.i und Art. 36 des Wiener Übereinkommens über konsularische Beziehungen.[7] Danach hat ein Staat das Recht, seine Angehörigen in dem Aufenthaltsstaat vor dessen Gerichten durch einen konsularischen Repräsentanten zu vertreten oder für eine angemessene Vertretung zu sorgen. Um diese Aufgabe erfüllen zu können, haben konsularische Repräsentanten freien Zugang zu Angehörigen, außerdem ist der Heimatstaat von dem Aufenthaltsstaat über die Verhaftung eines seiner Staatsangehörigen zu unterrichten, wenn dieser es verlangt.[8] Nach dem Urteil des Internationalen Gerichtshofs im LaGrand Case[9] statuiert Art. 36 Abs. 1 lit.c des Wiener Übereinkommens über konsularische Beziehungen, sowohl ein Recht des Heimatstaates wie auch ein Recht des Betroffenen selbst.[10] D.h. der Heimatstaat kann daher sowohl die Verletzung von eigenen Rechten geltend machen als auch – als Heimatstaat im Sinne diplomatischen Schutzes verstanden als prozessuales Recht – die Rechte seiner Angehörigen. Damit wird eine Parallelität zu den Fällen hergestellt, in denen der Heimatstaat die vermögensrechtlichen Rechte seiner Staatsangehörigen im Ausland geltend macht.

3. Der Heimatstaat kann auch Gegenmaßnahmen ergreifen, um die Rechte seiner Staatsangehörigen zu verteidigen. Dabei kann es sich um Retorsionen oder Repressalien[11] handeln, wobei bei letzteren die völkergewohnheitsrechtlichen Schranken zu beachten sind.

---

[5] Vgl. z. B. die in ZaöRV 17 (1956), 311 ff, wiedergegebenen Entscheidungen des BGH und des italienischen Corte di Cassazione, die den im Friedensvertrag von 1947 ausgesprochenen Verzicht Italiens auf gewisse Ansprüche seiner Staatsangehörigen gegenüber Deutschland betreffen; siehe auch die in ZaöRV 28 (1968), 98 wiedergegebene Entscheidung des BGH vom 22. 6. 1960 (Ableitung des Rechts des Staates, auf private Rechte seiner Staatsangehörigen zu verzichten, aus dem Gesichtspunkt der Personalhoheit).

[6] So z. B. der StIGH im Falle der *Mavrommatis-Konzessionen* in Palästina (Frage der Jurisdiktion), PCIJ, Series A (1925), 5: „It is an elementary principle of international law that a State is entitled to protect its subjects, when injured by acts contrary to international law committed by another State, from whom they have been unable to obtain satisfaction through the ordinary channels". Diese Rechtsprechung wird durch das Urteil des IGH im *LaGrande* case weiter ausdifferenziert; zur Rechtsentwicklung und früheren Praxis vgl. *Briggs*, 51 I (1965), 5 ff.

[7] BGBl. 1969 II, 1585.

[8] Art. 36 Abs. 1.

[9] *Germany v. United States of America*, vom 27. Juni 2001, http://www.icj-cij.org/icjwww/idocket/igus/igusframe.htm.

[10] Para. 77; Kritisch Dissenting Opinion Judge *Oda*, paras. 23–24; Separate Opinion Vice-President *Shi* paras. 4–15 unter Rückgriff auf die Entstehungsgeschichte dieser Norm.

[11] Vgl. dazu § 8 (II.1., Bd. I, 1).

Möglich ist auch die Eröffnung gerichtlicher Verfahren. In der Praxis dienen diese in erster Linie dem Schutz von Vermögensrechten.
Die Ausübung diplomatischen Schutzes kann vertraglich eingeschränkt werden. Er kann aber auch zu ihrem Schutze internationale Gerichte anrufen oder im Rahmen des völkerrechtlich zulässigen Repressalien verhängen und so den der Rechtsverletzung schuldigen Staat zum Einlenken zwingen.

2. Besondere Probleme wirft der Schutz eigener Staatsangehöriger durch den Einsatz militärischer Mittel auf. Zum Einsatz militärischer Mittel ist es seit Ende des 19. Jahrhunderts[12] gekommen, wenn die eigenen Staatsangehörigen im Ausland schweren Verletzungen ausgesetzt waren, insbesondere ihr Leben und ihre Freiheit gefährdet waren[13] – etwa israelische Staatsbürger in Uganda, amerikanische Staatsbürger im Libanon, im Iran und in Panama,[14] ägyptische Staatsangehörige in Zypern, belgische Staatsangehörige im Kongo, die Rettung deutscher Staatsangehöriger und die anderer Nationen aus Albanien (1997) – haben die Heimatstaaten in Abwägung der Umstände ihren Schutz für ihre Staatsangehörigen mit den Mitteln militärischer Eingriffe auf dem Gebiet des Aufenthaltsstaates ausgeübt, mit anderen Worten, auf das Mittel der gewaltsamen Selbsthilfe bzw. der sog. (humanitären) Intervention zugunsten ihrer eigenen Staatsangehörigen[15] im Ausland zurückgegriffen. Die Rechtmäßigkeit solcher Aktionen unter dem geltenden Völkerrecht ist lebhaft umstritten.[16]
Soweit der diplomatische Schutz sich im Rahmen des Völkerrechts hält, ist der Aufenthaltsstaat zu dessen Duldung verpflichtet. Er darf den Ausländer vor allem nicht daran hindern, den Schutz seines Staates in Anspruch zu nehmen, und er darf die Ausübung des Schutzrechts nicht als „Intervention“, als unzulässige Einmischung in seine inneren Angelegenheiten betrachten.[17]
In der Geltendmachung des Schutzrechts liegt also eine gewisse Einschränkung der territorialen Hoheitsgewalt. Daraus ergibt sich, daß der diplomatische Schutz und der Schutz

---

[12] Siehe zur Staatenpraxis im späten 19. Jahrhundert und zu Beginn des 20. Jahrhunderts *Borchard*, 446 ff; vgl. auch die weiterreichenden Auflistungen bei *I. Brownlie*, International Law and the Use of Force by States, 1963, 31 ff, und *Verdross*, Völkerrecht, 430, sowie *H. G. Franzke*, Schutzaktionen zugunsten der Staatsangehörigen im Ausland als Ausfluß des Rechts auf Selbstverteidigung der Staaten, 1965, 33 ff und 83 ff.

[13] Vgl. zum folgenden die Auflistung bei *Schweisfurth*, GYIL 23 (1980), 159 mwN sowie bei *H. Fischer*, in: Ipsen, 947.

[14] Die militärische Aktion in Panama wurde von der amerikanischen Regierung u. a. mit der Notwendigkeit begründet, außerhalb der Kanalzone lebende amerikanische Staatsbürger vor Angriffen auf Leib und Leben zu schützen, vgl. dazu den Bericht des Legal Adviser des State Department vor der American Society of International Law am 30. 3. 1990, ASIL Proceedings, 1990, 182 ff; tatsächlich hatte es vor der Invasion nur einen Zwischenfall gegeben, bei dem ein amerikanischer Soldat außerhalb der Kanalzone ums Leben gekommen war. Dieser Zwischenfall ereignete sich nach dem von den Vereinigten Staaten unterstützten Putschversuch gegen das Noriega-Regime; vgl. dazu AdG 60 (1990), 34119.

[15] Die Terminologie ist nicht einheitlich. Nach einer weit verbreiteten Auffassung stellt der unter Einsatz militärischer Gewalt erfolgende diplomatische Schutz, also der Schutz eigener Staatsangehöriger im Ausland, einen Akt der Selbsthilfe als Ausfluß des Rechts auf Selbstverteidigung oder als neben diesem bestehendes eigenständiges Institut dar. Humanitäre Intervention erfolgt zum Schutze von Staatsangehörigen dritter Staaten, in der Regel gegen den eigenen Heimatstaat; vgl. dazu schon *Borchard*, 448 f; deutlich *Brownlie*, Humanitarian Intervention, in: *Moore* (ed.), Civil War, 217 ff; auch *Schweisfurth*, GYIL 23 (1980), 159 (162 ff); mit der heute zunehmenden Durchdringung auch des Instituts des diplomatischen Schutzes mit menschenrechtlichen Kriterien ist eine klare Abgrenzung der beiden Institute jedoch immer schwieriger, aber auch von geringerer praktischer Relevanz. Der Streit um die Zulässigkeit verlagert sich heute mehr und mehr auf die humanitäre Intervention. Vgl. dazu *Kimminich*, AVR 1995, 430 ff; grundlegend noch immer *P. Kunig*, Das völkerrechtliche Nichtinterventionsprinzip, 1981.

[16] Vgl. dazu § 168.

[17] Das kann nach der hier vertretenen Ansicht nicht für die mit Mitteln militärischer Gewalt durchgeführte Ausübung des diplomatischen Schutzes gelten.

vor den internationalen Gerichten nur in eng gezogenen Grenzen und mit Vorsicht ausgeübt werden darf.[18] Andererseits ist er nicht zu entbehren.[19]

Gegner des diplomatischen Schutzes, wie er von den europäischen Staaten und namentlich den Vereinigten Staaten von Amerika verstanden wurde und teilweise noch heute verstanden wird, waren von jeher die lateinamerikanischen Staaten, die sich immer wieder Interventionen der Vereinigten Staaten, die solche Maßnahmen als Ausübung diplomatischen Schutzes bezeichneten, ausgesetzt sehen. Aber auch die Staaten der Dritten Welt neigen zu einer sehr kritischen Haltung gegenüber diesem Rechtsinstitut, insbesondere, insoweit es sich um gewaltsame Maßnahmen ehemaliger Kolonialmächte – wie im Fall Belgiens gegenüber dem Kongo – handelt.[20] Ausdruck solcher Kritik sind die in Lateinamerika geprägten Doktrinen wie die Calvo- und die Cardenas-Doktrin. Nach letzterer sei die völkerrechtliche Sonderstellung der Ausländer und die mit ihr verbundene „Fiktion der Extraterritorialität" im Prinzip zu verwerfen. Vielmehr sei die Staatsangehörigkeit des Ausländers, solange dieser sich im Inland befinde, als suspendiert anzusehen. Es genüge, wenn der Ausländer dem Inländer gleichgestellt werde.[21] Das aber ist nicht allgemein geltendes Recht geworden.

III. 1. Die Ausübung des diplomatischen Schutzes ist an verschiedene Voraussetzungen geknüpft. Wichtigste Voraussetzung ist, daß die Person, derentwegen ein Staat tätig wird, die Staatsangehörigkeit des handelnden Staates besitzt.[22] Dies gilt für natürliche als auch juristische Personen. Einen vergleichbaren Fall des diplomatischen Schutzes normiert Art. 292 SRÜ, wonach ein Staat unter bestimmten Voraussetzungen die Freilassung eines Schiffes unter seiner Flagge und seiner Besatzung verlangen kann, die von einem anderen Staat festgehalten werden.

Umstritten ist, ob die Staatsangehörigkeit des intervenierenden Staates nur zu dem Zeitpunkt gegeben sein muß, zu dem die Maßnahme erging, gegen die der Heimatstaat vorgeht. Nach der überwiegenden Meinung muß eine Fortdauer der Staatsangehörigkeit über den Zeitpunkt der Rechtsverletzung hinaus bis zum Abschluß des diplomatischen Tätigwerdens des schutzgewährenden Staates vorliegen.[23]

---

[18] Vgl. dazu etwa die Ausführungen des Schiedsrichters *Huber* im Rechtsstreit um die britischen Vermögensinteressen in Spanisch-Marokko (1925), RIAA 2, 615 (641): „Le caractère territorial de la souveraineté est un trait si essentiel du droit public moderne, que l'intervention étrangère dans les rapports entre l'Etat territorial et les individus soumis à sa souveraineté ne peut être admise qu'à titre exceptionnel". Dieser Gedanke der Zurückhaltung kommt auch in dem Kriterienkatalog, den *J. N. Moore*, The Control of Foreign Intervention in Internal Conflict, VJIL 9 (1969), 205 (261 ff), für die Zulässigkeit einer gewaltsamen Ausübung diplomatischen Schutzes aufgestellt hat, zum Ausdruck.

[19] Eine Ablehnung des staatlichen Schutzrechtes für seine Bürger im Ausland würde – so der Schiedsrichter *Huber* im Rechtsstreit um die britischen Vermögensinteressen in Spanisch-Marokko – RIAA 2, 615 (641) – bedeuten, daß *„on désarmerait le droit international vis-à-vis d'injustices équivalant à la négation de la personnalité humaine ..."*.

[20] Vgl. in diesem Sinne etwa *S. N. Guha Roy*, Is the Law of Responsibility of States for Injuries to Aliens a Part of Universal International Law?, AJIL 55 (1961), 863 ff; Näheres auch bei *R. B. Lillich*, Duties of States regarding the Civil Rights of Aliens, RdC 161 (1978), 329 (360 ff).

[21] Einen zusammenfassenden Überblick zur *Calvo*-Doktrin (und *Calvo*-Klausel) gibt *F. W. García-Amador*, Calvo-Doctrine, Calvo Clause, EPIL I, 521 ff; die *Cardenas*-Doktrin wurde von dem argentinischen Präsidenten Cardenas in einer öffentlichen Adresse entwickelt; vgl. AJIL 34 (1940), 300 ff; einen anderen Versuch in diesem Sinne enthält die sog. *Drago*-Doktrin. So nennt man die zuerst im Jahre 1902 von dem argentinischen Außenminister Drago in einer Note an den argentinischen Gesandten in Washington vertretene Regel, daß die Eintreibung öffentlicher Schulden im Wege bewaffneter Intervention verboten sein solle. Dieser Standpunkt hat sich auf der Haager Friedenskonferenz 1907 in Gestalt des II. Haager Abkommens (sog. Porter-Konvention) bis zu einem gewissen Grade durchsetzen können. Doch ließ auch dieses Abkommen ausnahmsweise bewaffnetes Einschreiten zu (Art. 1 Abs. 2), Text bei *J. B. Scott*, Rapports faits aux Conférences de la Haye, mit einer Einführung von *J. B. Scott*, 1920, 489 (auch bei *O. Nippold*, Die 2. Haager Friedenskonferenz, I. Teil: Das Prozeßrecht, 1908, Anhang XXIX).

[22] Vgl. dazu Urteil des Ständigen Internationalen Gerichtshofs im *Panevezys-Saldutiskis Railway Case*, PCIJ, Series A/B 76 (1939), 4 (16); IGH Urteil im *Barcelona Traction Case*, ICJ Reports 1970 (44).

[23] *Gloria*, in: *Ipsen* (Hrsg.), 302.

Probleme wirft die Mehrstaatigkeit auf. Die weitaus überwiegende Meinung vertritt die Ansicht, daß diplomatischer Schutz nicht gegenüber einem Staat gewährt werden kann, dessen Staatsangehörigkeit die betreffende Person auch besitzt. Gegenüber dritten Staaten kann derjenige Staat Schutz gewähren, zu dem die geschädigte Person die engsten Beziehungen hat. Dieser vertragsrechtlich fixierte Grundsatz[24] ist ebenfalls gewohnheitsrechtlich anerkannt.

Der Grundsatz, daß diplomatischer Schutz nur für eigene Staatsangehörige gewährt werden kann, kann vertraglich erweitert werden. Der Hauptanwendungsfall ist derjenige der Schutzmacht.[25] Darüber hinaus gibt es Fälle in der Praxis, wonach der Heimatstaat keine diplomatischen oder konsularischen Vertretungen besitzt und der diplomatische Schutz durch einen anderen Staat wahrgenommen wird. So erfolgt der diplomatische Schutz der Bürger von Liechtenstein durch die Schweiz.

2. Voraussetzung des diplomatischen Schutzes ist, daß die Maßnahmen sich gegen ein völkerrechtswidriges Handeln des Aufenthaltsstaates richten; grundsätzlich nicht ausreichend ist dagegen, daß der betreffende Staat gegen seine eigene nationale Rechtsordnung verstößt. Dabei kann ein Verstoß gegen Völkervertragsrecht wie auch gegen Völkergewohnheitsrecht vorliegen. Dieser Verstoß muß Rechte derjenigen Person verletzen, für die diplomatischer Schutz begehrt wird.

Resultiert die Verletzung der Rechte einer Person aus der Verletzung nationaler Rechtsnormen, so berechtigt dies nur dann zur Ausübung diplomatischen Schutzes, wenn darin auch die Verletzung von Völkerrecht liegt. Ist die Verletzung nationalen Rechts durch Ausländerfeindlichkeit motiviert, so kann hierin eine Verletzung des völkerrechtlichen Diskriminierungsverbots liegen.

IV. Andererseits ist der Heimatstaat des Ausländers völkerrechtlich nicht in jedem Falle zu seinem Schutze verpflichtet.[26] Eine solche Verpflichtung kann sich nach Völkerrecht allenfalls aus dem Gesichtspunkt des Menschenrechtsschutzes ergeben, nicht aber aus dem Institut des diplomatischen Schutzes als solchem, dessen Ausübung im Regelfall im Ermessen des Staates steht. Wohl aber kann sich die Verpflichtung zur Gewährung diplomatischen Schutzes aus dem internen Staatsrecht des Heimatstaates ergeben.

Anders als die Weimarer Verfassung, die in Art. 112 Abs. 2 eine Bestimmung über die staatliche Schutzpflicht gegenüber Deutschen im Ausland – wie schon ihre Vorgängerin[27] – enthielt, schweigt das Grundgesetz in dieser Frage. Die h.M. sieht jedoch dieses Schweigen als in der zeitbedingten Zurückhaltung des Verfassungsgebers begründet und nicht als Ausdruck einer grundsätzlichen Abkehr vom Gedanken einer staatlichen Schutzpflicht. Einen unmittelbaren Anspruch des einzelnen Bürgers auf diplomatischen Schutz lehnt die überwiegende Lehre dagegen ab,[28] räumt ihm jedoch einen Anspruch auf fehlerfreie Ermessensausübung bei der Entscheidung des Staates ein, ob er den diplomatischen Schutz ausüben soll oder nicht. Diese Ansicht verdient den Vorzug vor der weitergehenden Auffassung von der Existenz eines unmittelbaren, subjektiven öffentlichen Rechts auf diplomatischen Schutz, da sie das völkerrechtlich bestehende Ermessen des Staates mit seiner staatsrechtlichen Pflicht besser zur Deckung bringt und auch praktischen Bedürfnissen entgegenkommt.[29]

---

[24] Art. 4 des Haager Übereinkommens über gewisse Fragen der Kollision von Staatsangehörigkeitsgesetzen vom 12. 4. 1930 (LNTS 179, 89).

[25] *G. Raub*, Protective Power, EPIL III, 1147 ff.

[26] H. L., statt anderer *Geck*, EPIL I, 1045.

[27] Dazu *Randelzhofer*, in: *Maunz/Dürig/Herzog/Scholz* (Hrsg.), Rdn. 60 zu Art. 16 Abs. 1 GG.

[28] Ebd., Rdn. 62 zu Art. 16 Abs. 1 GG mwN.

[29] Zumindest eine der deutschen Verfassungstradition entsprechende Pflicht des Staates, diplomatischen Schutz zu gewähren, erkennt auch das Bundesverfassungsgericht an; vgl. BVerfGE 40, 141 (177 f); *55*, 349 (364); vgl. hierzu auch *Doehring*, Diplomatischer Schutz, 46, 89 f; *E. Klein*, Diplomatischer Schutz und grundrechtliche Schutzpflicht, DÖV 30 (1977), 704 ff; *Oberthür*, 8 ff.

V. Die Beziehung des Staatsangehörigen zu seinem Staate kommt dem Ausland gegenüber durch die Ausstellung eines Passes zum Ausdruck.[30] Durch ihn wird der Staatsangehörige identifiziert, dem fremden Staat gleichsam vorgestellt und seinem Schutze empfohlen. Durch die Ausstellung des Passes übernimmt der Staat eine gewisse Verantwortung für die in ihm bezeichnete Person gegenüber anderen Staaten. Er hat daher bei der Ausstellung von Pässen Vorsicht zu üben und namentlich auch darauf zu achten, daß Pässe nur solchen Personen ausgestellt werden, zu deren Schutz und Vertretung der ausstellende Staat völkerrechtlich befugt ist.

VI. Aus dem Neben- und Ineinander von territorialer und personaler Hoheitsgewalt ergeben sich völkerrechtliche Pflichten für die beteiligten Staaten. Jeder von ihnen hat die Hoheitsgewalt des anderen zu achten. Zwar ist keiner der Staaten verpflichtet, sich zum Vollstrecker der Gesetze und Anordnungen des anderen Staates zu machen. Aber jeder hat auf den anderen Rücksicht zu nehmen. So darf der Aufenthaltsstaat den Ausländer nicht daran hindern, seine Pflichten gegenüber seinem Heimatstaat zu erfüllen, soweit sich das mit seiner eigenen Ordnung vereinbaren läßt. Vollends darf er den Ausländer nicht zu einem Verhalten bestimmen, das sich mit seiner Treuepflicht gegenüber seinem Heimatstaat nicht vereinbaren läßt.

Hierin sehen Gegner einer Zulassung von Ausländern zu Wahlen in der Bundesrepublik Deutschland – und darüber hinaus allgemein – einen wesentlichen Grund für ihre ablehnende Haltung.[31] Der nationalstaatliche Ansatz ist aber in dieser Schärfe nicht mehr haltbar. Im Rahmen der Europäischen Union ist mit dem Maastrichter Vertrag in Art. 8b Abs. 1 EGV den Angehörigen der Mitgliedstaaten, die ihren Wohnsitz in einem anderen Mitgliedstaat haben, das Recht zur Teilnahme an Kommunalwahlen eingeräumt worden.[32] Dieses Recht, das das aktive und passive Wahlrecht und die sich aus der Teilnahme an den Wahlen ergebenden weiteren politischen Rechte umfaßt,[33] ist als eine Konkretisierung der den Angehörigen der Mitgliedstaaten der EU ebenfalls im Unionsvertrag von 1992 verliehenen Unionsbürgerschaft zu verstehen.[34] Insofern ist die Verleihung des Kommunalwahlrechts an Unionsbürger konkret verschieden von der allgemeinen Problematik der Beteiligung von Ausländern an Wahlen. Doch ist nicht zu übersehen, daß mit der Lockerung der Bindung

---

[30] Über die Bedeutung des Passes, vgl. die Entscheidung in *R.v. Brailsford* (1905) 2 K.B. 730: „It is a document issued in the name of the Sovereign on the responsibility of a Minister of the Crown to a named individual, intended to be presented to the Governments of foreign nations and to be used for that individual's protection ... in foreign countries, and it depends for its reality upon the fact that the Foreign Office in an official document vouches for the respectability of the person named (745)." So auch das House of Lords im Falle *Joyce v. Director of Public Prosecutions* (1946) 1 All ER 186; zur Rechtsnatur und zur Funktion des Passes auch *Whiteman* 8, 194 ff.

[31] Vgl. zu dieser Problematik etwa *Hailbronner*, Handbuch, Rdn. 15 mwN. Siehe ablehnend zum Kommunalwahlrecht für Ausländer (vor der diesbezüglichen Änderung des EG-Vertrages): BVerfGE 83, 37, BVerfGE 83, 60. Siehe auch *J. Isensee/E. Schmidt-Jortzig* (Hrsg.), Das Ausländerwahlrecht vor dem Bundesverfassungsgericht, 1993; *G. Schnedl*, Das Ausländerwahlrecht – ein europäisches Gebot, 1995; *M. Degen*, Die Unionsbürgerschaft nach dem Vertrag über die Europäische Union unter besonderer Berücksichtigung des Wahlrechts, DöV 46 (1993), 749 ff; *H.-J. Papier*, Kommunalwahlrecht für Angehörige anderer Mitgliedstaaten der Europäischen Gemeinschaft – Probleme des Kommissionsvorschlags aus der Sicht des deutschen Rechts, in: *Magiera* (Hrsg.), Das Europa der Bürger in einer Gemeinschaft ohne Binnengrenzen, 1990, 27 ff.

[32] Vertrag über die Europäische Union (Maastrichter Vertrag) vom 7. Februar 1992, BGBl 1992 II, 1251; ebenso auch Art. 19 des Vertrages zur Änderung über die Europäische Union, der Verträge zur Gründung der Europäischen Gemeinschaften sowie einiger damit zusammenhängender Rechtsakte (Vertrag von Amsterdam), ABl. 97/C 340/1.

[33] Dazu näher *H. Groeben/J. Thiesing/C.-D. Ehlermann* (Hrsg.), Kommentar zum EU/EG-Vertrag, 1997, Art. 8b, Rdn. 6 ff.

[34] Die Unionsbürgerschaft wurde mit Art. 8 EGV geschaffen; vgl. dazu näher *Groeben/Thiesing/Ehlermann* (Anm. 33); auch *St.Hobe*, Die Unionsbürgerschaft nach dem Vertrag von Maastricht. Auf dem Weg zu einem europäischen Bundesstaat?, Der Staat 32 (1993), 245 ff; *C. Sauerwald*, Die Unionsbürgerschaft und das Staatsangehörigkeitsrecht in den Mitgliedstaaten der Europäischen Union (1995), 54 ff; *S. O'Leary, The Evolving Concept of Community Citizenship (1996), insb. 235 ff.*

politischer Mitwirkung an die Staatsangehörigkeit in einem so bedeutenden Lebens- und Wirtschaftsraum, wie ihn die EU darstellt, ein Zeichen gesetzt ist, das auch für die Rechtsentwicklung jenseits der EU Bedeutung haben dürfte.[35] Dafür spricht, daß auch der Europarat im Jahre 1992 eine Konvention über die Beteiligung von Ausländern am kommunalen öffentlichen Leben verabschiedet hat, bei deren Inkrafttreten der dem EU-Recht zugrundeliegende Gedanke auf einen noch weiteren Kreis von Staaten ausgedehnt würde.[36]

Der Staat darf die Bande, die den Ausländer mit seinem Staat verbinden, nicht lockern, ihn z. B. nicht dazu drängen, seine Staatsangehörigkeit aufzugeben. Auch muß er dem Ausländer den Kontakt mit den diplomatischen und konsularischen Vertretungen seines Landes und diesen die Wahrnehmung der Interessen ihres Staatsangehörigen im Ausland gestatten.[37]

Mit dieser Verpflichtung ist die immer wieder in diktatorischen Staaten geübte Praxis, Ausländer am Betreten der diplomatischen oder konsularischen Vertretungen zu hindern, unvereinbar.[38] Von dieser Praxis zu unterscheiden ist der ebenfalls häufig vorgekommene Fall, daß ein Staat seine eigenen Angehörigen an der Kontaktaufnahme mit ausländischen Vertretungen im Lande zu hindern sucht.

Andererseits darf der Heimatstaat seine Staatsangehörigen im Ausland nicht an der Erfüllung der Pflichten hindern, die ihnen durch das Völkerrecht und das Recht des Aufenthaltsstaates auferlegt sind, und sie erst recht nicht zu einem Handeln bestimmen, das die Interessen des Aufenthaltsstaates verletzt. Auch bei der Wahrnehmung der Interessen seiner Staatsangehörigen hat er auf den Aufenthaltsstaat Rücksicht zu nehmen, bei der Beseitigung begangenen Unrechts den örtlichen Behörden den Vorrang zu lassen[39] und sich auch sonst in den durch das Völkerrecht gezogenen Grenzen zu halten.

VII. Eine besondere Situation ergibt sich im Hinblick auf das Recht zur Ausübung diplomatischen Schutzes im Verhältnis von Mitgliedstaaten von supranationalen Integrationsgemeinschaften untereinander. So genießen Staatsangehörige der EG-Mitgliedstaaten eine Reihe von Rechten, wie etwa das Recht der Freizügigkeit und der Niederlassungsfreiheit, deren Ausübung sie zu einem kürzeren oder langanhaltenden Aufenthalt in einem der EG-Staaten führt, nicht kraft individueller Gewährung seitens des jeweiligen Aufenthaltsstaates, sondern aufgrund unmittelbar auf dem EG-Vertrag beruhender Rechtsgewährleistungen. Für die Sanktionierung einer etwaigen Verletzung dieser Rechte räumt das Gemeinschaftsrecht zwar dem einzelnen Bürger der Gemeinschaft nur geringe, von ihm selbst einzuleitende Rechtsschutzverfahren ein. Jedoch stehen den Mitgliedstaaten insoweit weitgehende Schutzmöglichkeiten zu, die jedoch nicht dem klassischen Bild des diplomatischen Schutzes entsprechen. Selbst wenn es zutreffen sollte, daß trotz der bestehenden Schutzverfahren neuer Qualität ein residuales Recht der einzelnen EG-Mitgliedstaaten auf Ausübung

---

[35] Hinzuweisen ist auch darauf, daß bereits vor der Regelung über das Kommunalwahlrecht für Unionsbürger einzelne Staaten innerhalb und außerhalb der EG ausländischen Mitbürgern das Kommunalwahlrecht eingeräumt hatten, so z. B. Dänemark, Norwegen, Schweden, die Niederlande, Irland, ferner das Vereinigte Königreich für „commonwealth citizens". Siehe *J. Isensee/E. Schmidt-Jortzig* (Hrsg.), Das Ausländerwahlrecht vor dem Bundesverfassungsgericht (1993), 287 ff.

[36] Vgl. Convention on the Participation of Foreigners in Public Life at Local Level, Text in JEL 12 (1992), 685 ff; ETS No. 144 (v. 5. 11. 1992).

[37] Vgl. Art. 5 und 36 Wiener Übereinkommen über konsularische Beziehungen, 1963, BGBl. 1969 II, 1585; Art. 3 Wiener Übereinkommen über diplomatische Beziehungen, 1961, BGBl. 1964 II, 958, der allerdings weniger weit reicht.

[38] Vgl. dazu *U. Seidenberger*, Die diplomatischen und konsularischen Immunitäten und Privilegien, 1994, 348 f.

[39] Auf diesem Gedanken beruht die im Völkergewohnheitsrecht, aber auch in vielen Verträgen und internationalen Verfahrensordnungen festgelegte Forderung der Erschöpfung des innerstaatlichen Rechtsweges als Voraussetzung für die Zulässigkeit des diplomatischen Schutzes einschließlich internationaler Gerichts- oder Schiedsgerichtsverfahren; vgl. dazu im Überblick *Geck*, EPIL I, 1045 (1056).

diplomatischen Schutzes zugunsten ihrer Staatsangehörigen gegenüber einem anderen Mitgliedstaat verblieben ist, so ist angesichts der vom EG-Vertrag gebotenen Einhaltung des Gleichbehandlungsgebotes zum mindesten praktisch kein Raum mehr für die Inanspruchnahme des traditionellen Rechts auf diplomatischen Schutz. Hier macht sich der präföderale Charakter der supranationalen Integrationsgemeinschaft bemerkbar, mit dem der klassische diplomatische Schutz kaum mehr vereinbar ist.[40]

Eine auch für die weitere Entwicklung des Rechts des diplomatischen Schutzes bedeutsame Neuerung gilt im Rahmen der EU durch die mit dem Unionsvertrag in den EGV eingefügte Vorschrift des Art. 8c Satz 1, nach der „[j]eder Unionsbürger... im Hoheitsgebiet eines dritten Landes, in dem der Mitgliedstaat, dessen Staatsangehörigkeit er besitzt, nicht vertreten ist, den diplomatischen und konsularischen Schutz eines jeden Mitgliedstaates genießt.“[41] Mit dieser Regelung wird zwar nicht der diplomatische und konsularische Schutz seitens der EU als rechtlicher Einheit stipuliert, sondern Art. 8c Satz 1 soll jedem Unionsbürger, der sich in einem dritten Staat befindet und in dem sein Heimatstaat nicht vertreten ist, den Schutz eines Mitgliedstaates garantieren. Noch ist der Umfang des nach Art. 8c Satz 1 EGV von jedem Mitgliedstaat zu leistenden Schutzes umstritten.[42] So haben sich die Mitgliedstaaten darauf verständigt, die Regelung des Art. 8c Satz 1 auf die Gewährung konsularischen Schutzes zu beschränken,[43] obwohl dies nach dem Wortlaut jedenfalls des auch authentischen deutschen Textes nicht geboten zu sein scheint.[44] Für die Entwicklung des Instituts des diplomatischen Schutzes ist im vorliegenden Zusammenhang jedoch etwas anderes bedeutsam: Nach Völkerrecht gilt für die Ausübung des diplomatischen Schutzes die „nationality rule“, d. h. die zu schützende Person muß die Staatsangehörigkeit des den Schutz ausübenden Staates besitzen.[45] Diese Regel könnte – wenn durch die nach Art. 8c Satz 2 EGV von den Mitgliedstaaten der EU zu treffenden Vereinbarungen mit dritten Staaten deren generelle Zustimmung zu dem durch jeden Mitgliedstaat der EU zugunsten von Unionsbürgern auszuübenden Schutz erzielt wird – dahingehend gelockert werden, daß als Anknüpfung für die Ausübung des diplomatischen Schutzes eine Verbindung zwischen der zu schützenden Person und der Schutzmacht unterhalb der Schwelle der Staatsangehörigkeit *(a connection short of nationality)* ausreicht.[46]

§ 99 Die Beendigung des Auslandsaufenthaltes: Die Ausweisung

Schrifttum: wie vor Kapiteln 14 und 15 sowie zu §§ 95, 96; ferner: *C. de Boeck*, L'expulsion et les difficultés internationales qu'en soulève la pratique, RdC 18 (1927), 447 ff; *A. Grahl-Madsen*, Expulsion of Refugees, NordTIR 33 (1963), 41 ff; *S. Fröhlich*, Niederlassungsrecht und Freizügigkeit in der EWG und EFTA, 1965; *K. Buschbeck*, Verschleierte Auslieferung durch Ausweisung, 1973; *G. S. Goodwin-Gill*, The Limits of the Power of Expulsion in Public International Law, BYIL 47 (1974–75), 55 ff; *A. de Zayas*, International Law and Mass Population Transfers, Harvard ILJ 10 (1975), 207 ff; *T. Stein*, Die Einschränkung der Freizügigkeit von EWG-Ausländern aus Gründen der öffentlichen Sicherheit und Ordnung, NJW 29 (1976), 1553 ff; *J. M. Crouzatier*, L'entrée et l'expulsion des étrangers en Grande-Bretagne, Actualité juridique, droit administratif 34 (1978), 248 ff; *G. Finkel*, L'expulsion des étrangers et le juge administratif en droit français, Actualité juridique, droit administratif 34 (1978), 257 ff; *A. Bleckmann*, Die Personenverkehrsfreiheit im Recht der EG – Vom Gleich-

[40] Vgl. hierzu *Geck*, EPIL I, 1045 (1056).

[41] Zitiert nach dem amtlichen Text des Unionsvertrages, BGBl 1992 II, 1251; vgl. dazu auch Art. 20 des Vertrages von Amsterdam, ABl. 97/C 340/1.

[42] Dazu näher *T. Stein*, Die Regelung des diplomatischen Schutzes im Vertrag über die Europäische Union, in: *G. Ress/T. Stein* (Hrsg.), Der diplomatische Schutz im Völkerrecht und Europarecht, 1996, 97 (98 ff); eindeutig für eine Auslegung des Art. 8 c Satz 1 EGV im Sinne des Einschlusses sowohl des diplomatischen als auch des konsularischen Schutzes *Groeben/Thiesing/Ehlermann* (Anm. 6), Art. 8c, Rdn. 9.

[43] Dazu näher *Stein*, Die Regelung des diplomatischen Schutzes (Anm. 11), 100.

[44] *Groeben/Thiesing/Ehlermann* (Anm. 6), Art. 8 c, Rdn. 9; zu den Auslegungsmöglichkeiten des Art. 8 c auch *Stein* (Anm. 11), 98 ff.

[45] Dazu allgemein Bd. I/1, S. 270; zu dieser Frage im vorliegenden Kontext *Stein*, (Anm. 11), 103 f.

[46] Dazu *Stein* (Anm. 11), 104.

heitssatz zur Verankerung absoluter Grundrechte, DVBl. 101 (1986), 69 ff; *W. Kälin*, Drohende Menschenrechtsverletzungen im Heimatstaat als Schranke der Rückschiebung, ZAR 6 (1986); *K. Doehring*, Aliens, Expulsion and Deportation, EPIL I (1992), 109 ff; *J.-M. Henckaerts*, Mass Expulsion in Modern International Law and Practice,1995; *R. Alleweldt*, Schutz vor Abschiebung bei drohender Folter oder unmenschlicher oder erniedrigender Behandlung oder Strafe, 1996; *E. Riedel* (Hrsg.), Menschenrechte, 1999.

I. 1. Ausländer haben im allgemeinen das Recht, das fremde Land zu verlassen. Der Aufenthaltsstaat darf sie nicht daran hindern.[1] Er muß ihnen auch die Mitnahme ihres Vermögens, also auch die Transferierung ihrer Guthaben gestatten und darf die Erlaubnis der Abreise nicht von der Zahlung von Abgaben und der Erfüllung anderer Bedingungen abhängig machen. Andererseits kann er die Einhaltung der üblichen Förmlichkeiten verlangen und ausnahmsweise kann auch die Zurückhaltung des Ausländers zulässig sein. Der Aufenthaltsstaat kann nämlich die Ausreiseerlaubnis von der Erfüllung der dem Ausländer ihm gegenüber obliegenden Pflichten, z. B. der vorherigen Verbüßung einer Strafe oder der Zahlung rückständiger Steuern, abhängig machen.

2. Eine andere Frage ist die, ob der Ausländer gegen seinen Willen genötigt werden kann, das Land zu verlassen. Wenn der Staat über die Zulassung von Ausländern nach seinem Ermessen zu entscheiden vermag, dann – so könnte man meinen – müßte er auch den Ausländer nach seinem Belieben zum Verlassen seines Territoriums anhalten können.[2] Aber

---

[1] Das Recht der freien Ausreise für jedermann, einschließlich des Rechts der Ausreise aus seinem eigenen Land, war bereits in Art. 13 S. 2 der Allgemeinen Erklärung der Menschenrechte von 1948 enthalten. Dem folgte der Internationale Pakt über bürgerliche und politische Rechte (Art. 12 Abs. 2), die Konvention über die Bekämpfung und Bestrafung des Verbrechens der Apartheid (Art. II lit. c) und auf regionaler Ebene gleichlautend das Protokoll Nr. 4 zur EMRK (Art. 2 Abs. 2), die AMRK (Art. 22 Abs. 2) sowie die AfrMRK (Banjul Charter, Art. 12 Abs. 2). Auch die Schlußakte der Konferenz über Sicherheit und Zusammenarbeit in Europa von 1975 enthält in Korb 3 für verschiedene Lebensbereiche das Recht der Ausreisefreiheit (Ziff. 1 a), c) und d)); vgl. die Texte in E. Riedel (Hrsg.), Menschenrechte, 1999, 411 ff. Einschränkend ist darauf hinzuweisen, daß die entsprechenden Rechtsgarantien in allen Fällen dem Recht der Staaten unterliegen, gesetzliche Begrenzungen und Bedingungen für die Ausübung des Rechtes festzulegen, die allerdings nicht zur Aufhebung des Rechts schlechthin führen dürfen (z. B. Art. 5 IPBürg). Ob das Recht der Ausreisefreiheit auch als gewohnheitsrechtlich anerkannt gelten kann, mag zweifelhaft sein. Jedenfalls würden auch dann erhebliche Ermessensspielräume für gesetzliche Einschränkungen anzunehmen sein. Die Staatspraxis ist uneinheitlich: Staaten mit geschlossenen Gesellschafts- und Herrschaftssystemen neigen zu einer sehr restriktiven Handhabung, während in offenen, liberal-demokratischen Staaten die Ausreisefreiheit zu den grundlegenden Freiheitsrechten gezählt wird, was aber im Einzelfall Einschränkungen – auch weitreichende – nicht ausschließt. So hat der amerikanische Supreme Court in verschiedenen Entscheidungen die Ausreisefreiheit als Ausfluß der allgemeinen Freiheitsrechte anerkannt, jedoch Beschränkungen aus Gründen der nationalen Sicherheit oder außenpolitischer Belange bestätigt; vgl. *Kent v. Dulles*, Secretary of State, 357 U.S. 116 (1958); *Aptheker v. Secretary of State*, 378 U.S. 500 (1964); *Zemel v. Rusk* 381 U.S. 1 (1965). Das Grundgesetz schützt die Freiheit, ins Ausland zu reisen, nach der Rechtsprechung des BVerfG als Teil des Rechts der freien Entfaltung der Persönlichkeit (Art. 2 Abs. 1), also als ein subjektives Recht, das auch den Anspruch auf Erteilung eines Reisepasses einschließt. Dieses Recht wird durch das Paßgesetz (§ 7) in ähnlichem Sinne wie in den Vereinigten Staaten eingeschränkt (Gründe der äußeren und inneren Sicherheit und andere wesentliche Belange der Bundesrepublik Deutschland) – Einschränkungen, die der traditionellen Staatspraxis entsprechen und vom BVerfG in der grundlegenden Entscheidung im *Elfes*-Fall als verfassungsgemäß anerkannt wurden; vgl. BVerfGE 6, 32.

[2] Im Grundsatz wird das Recht der Staaten, Ausländer aus dem Lande zu weisen, als im freien Ermessen der Staaten liegend betont. Indessen zeigt auch die Praxis der Staaten, die dieses freie Ermessen nachdrücklich betonen, zumindest in verfahrensrechtlicher Hinsicht eine Einschränkung der Ausweisungsentscheidungen. So hat der amerikanische Supreme Court das Recht des amerikanischen Gesetzgebers, Ausweisungstatbestände festzulegen, immer wieder weitgehend unbeschränkt anerkannt, doch auf die Einhaltung des *procedural due process (5. Amendment)* – z. T. nachdrücklich – überprüft. Dabei besteht auch insoweit ein Schutz zugunsten Auszuweisender, als in Fällen, in denen ihre Staatsangehörigkeit angezweifelt wird, die Einwanderungsbehörde eine strikte Beweislast trägt. Vgl. zur amerikanischen Spruchpraxis insgesamt z. B.

begegnet in der modernen Welt mit ihrem ausgedehnten internationalen Verkehr und der gegenüber früheren Zeiten stark angewachsenen Mobilität der Menschen schon das – trotz gewisser menschenrechtlich begründeter Schranken – noch immer weitgehend unbeschränkte Abweisungsrecht der Staaten Bedenken, so in noch stärkerem Maße ein unbeschränktes Ausweisungsrecht. Namentlich gegenüber lange ansässigen und berufstätigen Ausländern bedeutet es in den meisten Fällen eine besondere Härte. Auch die während eines langanhaltenden Auslandsaufenthaltes häufig entstehenden familiären Bindungen, namentlich das Schicksal von im Ausland geborenen und aufgewachsenen Kindern von Ausländern, weisen darauf hin, daß es in der Gegenwart im Hinblick auf das Ausweisungsrecht der Staaten nicht mit der Berufung auf das in der Souveränität der Staaten begründete freie Entscheidungsermessen sein Bewenden haben kann. In der Tat ist die Freiheit der Staaten bei der Ausweisung von Ausländern heute nicht mehr unbegrenzt. Ihre Grenzen sind eher enger gezogen als beim Recht der Abweisung.[3]

II. Nach Völkergewohnheitsrecht darf der Staat auch über die Ausweisung nach seinem Ermessen entscheiden.[4] Er hat bei dessen Ausübung auf den Auszuweisenden selbst und den Staat, der durch eine völkerrechtswidrige Ausweisung seines Angehörigen verletzt werden könnte, Rücksicht zu nehmen. Es handelt sich also um ein gebundenes, nicht absolut freies Ermessen. Nach dem Stand der Entwicklung des allgemeinen Völkerrechts sind es heute im wesentlichen drei Gesichtspunkte, unter denen die Rechtmäßigkeit der Ausweisungsentscheidung eines Staates zu prüfen ist. Zum einen setzt die Ausweisung das Vorliegen schwerwiegender Gründe voraus. Stellt sich bei vernünftiger Würdigung des Sachverhalts der Anlaß zur Ausweisung als grob unverhältnismäßig gegenüber den persönlichen Nachteilen, die der auszuweisende Ausländer hinnehmen müßte, dar, so ist die Ausweisung völkerrechtswidrig.[5] Zum anderen sind es spezifische, im Völkergewohnheitsrecht veran-

---

Fong Yue Ting v. U. S. 149 U.S. 698 (1893): *„The right to exclude or to expel all aliens, or any class of aliens, absolutely or upon certain conditions, in war or in peace, [is] an inherent and inalienable right of every sovereign and independent nation, essential to its safety, its independence and its welfare ...“* (711); ferner *Harisiades v. Shaughnessy* 342 U.S. 580 (1952); *Kwong Hai Chew v.* Colding 344 U.S. 590 (1953), *Kleindienst v. Mandel* 408 U.S. 753, 770 (1972); *Fiallo v. Bell* 430 U.S. 787, 792 (1978): Entscheidung des Gesetzgebers über seine *„legislative policy“* in Einwanderungs- (und Ausweisungs-)fragen *„largely without <judicial> review“*. Andererseits haben die Vereinigten Staaten gegenüber anderen Staaten daran festgehalten, daß die Ausweisung von Ausländern nur als äußerste Notmaßnahme zulässig sei; vgl. *Hackworth*, Digest, Vol. III, 690, unter Betonung des Willkürverbots auch bei Ausweisungen in der US-Praxis *Whiteman* 8, 620 f; zur US-Praxis auch *A. Aleinikoff*, United States Immigration, Nationality and Refugee Law, in: *J. Abr. Frowein/T. Stein* (Hrsg.), Die Rechtsstellung von Ausländern nach staatlichem Recht und Völkerrecht, Bd. II, 1987, 1545 (1595 ff); *Goodwin-Gill*, BYIL 47 (1974–75), 102 ff und zur britischen Praxis ebd., 106 ff. Zur deutlich zugunsten der Auszuweisenden wirkenden Praxis der Bundesrepublik Deutschland siehe ausführlich *K. Hailbronner*, Ausländerrecht: Ein Handbuch, 2. Aufl. 1989, Rdn. 526 ff mit umfänglichen Nachweisen der höchstrichterlichen Rechtsprechung.

[3] Zurückhaltender in der Formulierung des Grundsatzes *Doehring*, EPIL I, 110, der aber in der Sache die hier vertretenen Schranken staatlicher Ausweisungsfreiheit im wesentlichen ebenfalls anführt; *ders.*, Die allgemeinen Regeln, 60 ff mwN; wie hier auch *Goodwin-Gill*, BYIL 47 (1974–75), 55 (95 f). Das interne Recht der Staaten kann über die heute bereits bestehenden völkerrechtlichen Schranken hinaus die Ausweisungsfreiheit begrenzen, so etwa in der Bundesrepublik Deutschland, dazu *Hailbronner*, Handbuch, Rdn. 526 ff; auch *ders.*, Die Rechtsstellung von Ausländern in der Bundesrepublik Deutschland, in: *Frowein/Stein* (Hrsg.), Bd. I, 1987, 323 (363 ff) (Anm. 2). Aber auch hier überwiegen die prozeduralen Schutzvorkehrungen die materiellen Ausweisungsschranken. Zur Praxis weiterer Staaten vgl. die Länderberichte bei *Frowein/Stein* (Hrsg.) (Anm. 2)(Argentinien, Australien, Belgien, Chile, Dänemark, Frankreich, Italien, Irland, Indien, Niederlande, Polen, Schweden, Türkei).

[4] A. A. *K. Hailbronner*, Der Staat und der Einzelne als Völkerrechtssubjekte, in: *W. Vitzthum* (Hrsg.), Völkerrecht, 161 (251).

[5] Zur Geltung und inhaltlichen Bedeutung des Proportionalitätsprinzips, vgl. *J. Delbrück*, Proportionality, EPIL III, 1140; der Verhältnismäßigkeitsstandard kommt auch in der deutschen Praxis unter dem Gesichtspunkt „schwerwiegender“ Gründe für die Ausweisung zum Tragen; vgl. *Hailbronner*,

kerte elementare Menschenrechte, deren Verletzung durch eine Ausweisung diese völkerrechtswidrig macht. Und schließlich sind drittens von dem ausweisenden Staat bei der Durchführung der Ausweisung bestimmte Verfahrensregeln zu beachten, deren inhaltliche Reichweite heute noch umstritten sein mag, deren grundsätzliche Geltung jedoch nicht in Frage steht. Mißachtet ein Staat in Ausübung seines Ermessens einen dieser Maßstäbe, so mißbraucht er sein Ermessen.[6]

1. Anders als die Abweisung darf die Ausweisung nur ausnahmsweise und nur aus gewichtigen Gründen erfolgen. Der ausweisende Staat ist dem Heimatstaat des Ausgewiesenen grundsätzlich Auskunft und Rechenschaft schuldig.[7] Dies ist im Einzelfall nicht unumstritten. Auch ist die Staatenpraxis nicht einheitlich, und es gibt Fälle, in denen Organe eines Staates in dieser Frage unterschiedlich urteilen.

So hat die amerikanische Regierung in aller Regel darauf bestanden, über die Gründe für eine Ausweisung amerikanischer Staatsbürger durch einen fremden Staat Auskunft zu bekommen und hat deren Verweigerung als Rechtsverstoß angesehen.[8] Andererseits hat der US Supreme Court im Falle *Harisiades v. Shaughnessy*[9] eine solche Auskunfts- bzw. Rechenschaftspflicht abgelehnt und das unumschränkte Recht zur Ausweisung betont. Spätere Entscheidungen, die alle, wie auch die bereits genannte, die Begründungspflicht der Exekutive gegenüber den nationalen Gerichten im Rahmen von gerichtlichen Überprüfungen von Ausweisungsentscheidungen betreffen, haben im Grundsatz die *Harisiades*-Entscheidung bestätigt, jedoch z. T. stärker, z. T. schwächer betont, daß, solange die Exekutive *„exercises this power negatively on the basis of a facially legitimate and bona fide reason"*, der Supreme Court keine weitere Überprüfung vornehmen und die Entscheidung der Exekutive respektieren würde.[10] Auf völkerrechtlicher Ebene sind in einzelnen Fällen Rechenschaftspflichten anerkannt worden.[11]

Kann somit im Hinblick auf die heute über menschenrechtliche Gesichtspunkte verstärkte Subjekthaftigkeit des einzelnen mehr noch als in der Vergangenheit von einer Pflicht der Staaten zur Darlegung vernünftiger Gründe für eine Ausweisung ausgegangen werden, so läßt sich freilich nicht abschließend sagen, auf welche Gründe die Ausweisung jeweils gestützt werden kann. Die Ausweisung ist keine Strafe und das Ausweisungsrecht kein Strafrecht, das in Gestalt eines erschöpfenden Katalogs mehr oder weniger eindeutiger Tatbestände festgelegt werden könnte. Das Institut de Droit International hat allerdings 1892 auf seiner Genfer Tagung versucht, die Staaten an bestimmte Regeln zu binden, die aber keineswegs allgemein anerkannt sind.[12] Wo keine Verträge bestehen, läßt sich die Grenze des

Handbuch, Rdn. 530 und passim zu einzelnen Fallgruppen.

[6] Die Ausweisung von Ausländern wird seit jeher geradezu als ein Schulbeispiel für die Möglichkeit des Ermessensmißbrauchs betrachtet; vgl. etwa *N. Politis*, Le problème des limitations de la souveraineté et la théorie de l'abus des droits dans les rapports internationaux, RdC 6 (1925), 5 ff (101 f) mit Belegen aus der Schiedsgerichtspraxis; *de Boeck*, RdC 18 (1927), 447 ff (485, 627 f); *G. Leibholz*, Das Verbot der Willkür und des Ermessensmißbrauch im völkerrechtlichen Verkehr der Staaten, ZaöRV 1 (1929), 77 ff (94 f); *Oppenheim/Jennings/Watts*, Vol. I, 323 ff; zur Frage von Ermessenskriterien und Verfahren der Überprüfung des Ermessensgebrauchs; vgl. auch die Länderberichte bei *Frowein/Stein* (Hrsg.) (Anm. 2); zu der umfangreichen Kasuistik in der deutschen Rechtsprechung hierzu vgl. *Hailbronner*, Handbuch, Abschnitt C. passim.

[7] So z. B. die belgisch-venezolanische Schiedskommission im Falle *Paquet* bei *Ralston*, 265, italienisch-venezolanische Schiedskommission im Falle *Boffolo*, ebd., 696 (705).

[8] Vgl. dazu *Hackworth*, Digest, Vol. III, 690 ff.

[9] 342 U.S. 580 (1952)/ILR 19 (1952), C 69.

[10] Siehe *Kleindienst v. Mandel* 408 U.S. 753 (1972); in diesem Fall ging es zwar um eine Einreiseverweigerung, die Entscheidung hat jedoch generelle Bedeutung für die Haltung des Supreme Court gegenüber dem Ermessen von Kongreß und Regierung.

[11] Vgl. etwa die in Anm. 7 genannten Entscheidungen; ferner hierzu mit weiteren Entscheidungsnachweisen *Goodwin-Gill*, BYIL 47 (1974–75), 55 (97 ff).

[12] Vgl. TGR 51 f (Art. 28) – In diesem Sinne auch das Abkommen über die Rechtsstellung der Flüchtlinge von 1951 (Art. 32) – UNTS 189, 2545/BGBl. 1953 II, 560 – sowie das Abkommen über die Rechtsstellung der Staatenlosen von 1954 (Art. 31) – UNTS 360, 5158, 117/BGBl. 1976 II, 474.

staatlichen Ermessens nur in Form einer allgemeinen Direktive bezeichnen: Die Ausweisung muß durch besondere und schwerwiegende Gründe gerechtfertigt, muß um der Sicherheit und Ordnung willen notwendig sein.[13] Nicht nur die völlig unbegründete Ausweisung, sondern auch die Ausweisung aus privaten Gründen, etwa zur Befriedigung persönlicher Rache oder zum Zwecke der Ausschaltung privater Konkurrenz, ist völkerrechtswidrig.[14] Die Ersatzpflicht kann auch durch eine Ausweisung ausgelöst werden, die zwar im öffentlichen Interesse erfolgt, aber doch nicht durch hinreichend starke Gründe gerechtfertigt ist.

Ein Ausländer darf ausgewiesen werden, wenn er sich illegal im Inland aufhält, wenn er in erheblichem Maße straffällig wird oder wenn er durch sein Verhalten oder seine Anwesenheit eine ernste Gefahr für die innere und äußere Sicherheit des Aufenthaltsstaates bedeutet.[15] Auch eine Lebensführung, die gegen den *ordre public* des Aufenthaltsstaates in nachhaltiger Weise verstößt, kann zur Ausweisung führen, allerdings unter Einhaltung elementarer menschenrechtlicher Standards. Mitgliedschaft in einer religiösen Sekte oder einer im Aufenthaltsstaat selten vertretenen Religionsgemeinschaft ist *per se* kein Ausweisungsgrund. Führt die Ausübung solcher Glaubensüberzeugungen allerdings zu nachhaltigen Störungen der öffentlichen Sicherheit und Ordnung – etwa durch eine aufdringliche, das Zusammenleben der Menschen belastende Mission,[16] oder durch Glaubenspraktiken, die die Gesundheit und Entwicklung Jugendlicher gefährden[17] – kann ein hinreichender Ausweisungsgrund vorliegen. Nicht notwendig ist ein vorwerfbares Verhalten.
Erheblichen Zweifeln muß dagegen heute die frühere und noch nicht völlig überwundene Praxis begegnen, Ausweisungen als Maßregel der Retorsion oder als Repressalie vorzunehmen. Unter klassischen fremdenrechtlichen Maßstäben gesehen, war gegen solches Vorgehen völkerrechtlich wenig einzuwenden. Jedoch bedeutet diese Praxis, daß Einzelpersonen unabhängig von ihrem eigenen Verhalten und ohne selbst auf das Verfahren Einfluß nehmen zu können, zum Objekt zwischenstaatlicher Maßnahmen werden. Dies ist schwerlich mit der Würde des Einzelnen als Subjekt vereinbar.[18] In Zweifelsfällen kann nur eine vernünftige und sorgfältige Abwägung der

---

[13] So z. B. der Schiedsspruch des belgisch-britischen Schiedsgerichts im Falle *Ben Tillett* (1898), bei Clunet 26 (1899), 203; auch die italienisch-venezolanische Schiedskommission im Falle *Boffolo* bei *Ralston*, 696 (705); die belgisch-venezolanische Schiedskommission im Falle *Paquet*, ebd., 265; die niederländisch-venezolanische Schiedskommission im Falle *Maal*, ebd., 914. Eine Schadensersatzpflicht aufgrund willkürlicher, nicht sachlich begründeter Ausweisung von Amerikanern ist Mexiko auch von dem aufgrund seines Vertrages mit den Vereinigten Staaten von 1868 – CTS 137, 331 – eingesetzten Schiedsgericht auferlegt worden; vgl. *Moore*, Arbitrations, Vol. IV, 3347 f (Fall *Lacoste*), 3348 (Fall *Zerman*), 3724 (Fall *Costa*). Siehe auch die bei *Hackworth*, Digest, Vol. III, 690 wiedergegebene Instruktion des amerikanischen Secretary of State *Root* an den amerikanischen Minister (Botschafter) in Caracas von 1907 (*„The justification must be great and convincing"*).

[14] Auch dann fehlt es an einem schutzwürdigen Interesse des ausweisenden Staates, wenn die Ausweisung den Ausländer an der Wahrung seiner Rechte gegenüber den örtlichen Behörden und an der Inanspruchnahme der Vertretung seines Landes hindern oder ihn sonst unter Druck setzen soll.

[15] Im Falle *Ben Tillett* (bei *Clunet* 26 (1899) 203) hat das Schiedsgericht die Ausweisung des britischen Staatsangehörigen *Ben Tillett*, der in Belgien Arbeiter zum Streik aufgehetzt hatte, nicht als völkerrechtswidrig betrachtet.

[16] Vgl. dazu etwa die diplomatischen Notenwechsel zu Fällen der Ausweisung von mormonischen Missionaren, die um die Jahrhundertwende aus verschiedenen europäischen Staaten ausgewiesen wurden, bei *Moore*, Digest, Vol. IV, 132 ff; kurz dazu auch *Borchard*, 51, 53. Siehe heute unter den der Freizügigkeit besonders geneigten Bedingungen der Europäischen Gemeinschaft den Fall *Van Duyn v. Home Office*, Urt. vom 4. 12. 1974, EuGH, Slg. 1974, 1337. Dieser Fall betraf ein Einreiseverbot gegenüber einer Holländerin, die der *Church of Scientology* angehörte und für diese im Vereinigten Königreich arbeiten wollte. Das Vereinigte Königreich sah diese Gemeinschaft wegen ihrer autoritären Praktiken als sozialschädlich an. Wiewohl im Vereinigten Königreich nicht verboten, hielt es die Regierung nicht für tragbar, die Gemeinschaft durch Zuzug von außen anwachsen zu lassen. Die Ausführungen des EuGH zur Frage des *ordre public* können auch Bedeutung für Ausweisungsfälle beanspruchen; vgl. zu diesem Fall auch *Hailbronner*, Handbuch, Rdn. 1079, und *Stein*, NJW 29 (1976), 1553 (1554 f).

[17] Zu denken ist hier an bestimmte Jugendsekten, deren Lehren u. a. zu einer Entfremdung von Jugendlichen von ihren Familien geführt haben; vgl. dazu die Warnung der Bundesregierung vor der Gefahr der Jugendsekten, BVerfG, NJW 42 (1989), 3269.

[18] Anders noch die Vorauflage und auch *Doehring*, EPIL I, 110; wie hier schon *de lege ferenda* das Institut de Droit International 1892 (Art. 4). Vertrag-

Interessen zu angemessenen Entscheidungen führen. Es ist etwa auf der einen Seite die Dringlichkeit des öffentlichen Interesses, andererseits die Härte, die die Ausweisung für den Ausländer und seine Familie bedeutet, namentlich auch die Dauer seines Aufenthaltes und seine soziale Stellung in Erwägung zu ziehen. Auch kommt es auf die Begleitumstände und die Zeitverhältnisse an. In ruhigen, normalen Zeiten sind strengere Anforderungen als im Kriege oder sonst in Krisenzeiten zu stellen, in denen der Staat auf seine Sicherheit Bedacht nehmen muß. Namentlich der kollektiven Ausweisung von Fremden stehen in der Regel Bedenken entgegen. Sie kann nur ganz ausnahmsweise, in erster Linie im Kriege[19] und auch dann nur als vorübergehende Maßnahme bis zur Beendigung der Ausnahmelage zulässig sein.[20] Die Ausweisung der Holländer aus Indonesien im Dezember 1957 als Reaktion auf die Weigerung Hollands, seine Besitzungen in West-Neuguinea aufzugeben, war eine völkerrechtswidrige Handlung ebenso wie die Massenausweisungen des Irak gegenüber iranischen Staatsangehörigen (1969) und gegenüber Kurden (1990), der ghanaischen Regierung gegenüber ausländischen Afrikanern (1970), der ugandischen Regierung gegenüber Asiaten mit britischer Staatsangehörigkeit (1972), von Haitianern aus der Dominikanischen Republik (1991) und von Irakis aus Kuwait (1991/92).[21] Schließlich ist auch auf die „ethnischen Säuberungen" in Bosnien-Herzegowina hinzuweisen, die im Effekt auf eine Massenausweisung hinausliefen.[22] Daß Massenausweisungen in aller Regel mit dem modernen, menschenrechtlich geprägten Völkerrecht nicht vereinbar sind, spiegelt sich auch in dem Verbot der Massenausweisung gemäß Art. 4 des 4. Zusatzprotokolls zur Europäischen Menschenrechtskonvention von 1950 wider.[23]

2. Für das moderne Völkerrecht ist die Ausweisung nicht nur eine Angelegenheit zwischen Staaten. Es ist auch das Schicksal des Ausgewiesenen zu bedenken und seine Würde zu achten. Deshalb darf ein Staat Ausweisungsentscheidungen nicht auf diskriminierende Kriterien stützen, über die der einzelne nicht disponieren kann oder die auszuräumen ihm nicht zuzumuten ist. Eine Ausweisungsentscheidung, die ausschließlich auf der rassischen, ethnischen oder religiösen Zugehörigkeit des Auszuweisenden beruht, ist heute auch nach allgemeinem Völkerrecht unzulässig.[24] Aber auch eine Ausweisung, die sich für den Auszuweisenden zu einer existentiellen Katastrophe auswächst, etwa, wenn der Auszuweisende in dem Land, in das er abgeschoben werden soll, der Gefahr einer unmenschlichen

---

liche Verbote der Ausweisung im Wege der Abschreckung für andere sind nicht selten, auch der EuGH hat Art. 48 EGV in diesem Sinne ausgelegt; vgl. den Fall *Bonsignore v. Stadt Köln*, EuGH, Slg. 1975, 297; dazu *Stein*, NJW 29 (1976), 1553 (1555); *Hailbronner*, Handbuch, Rdn. 1064. Auch nach französischem Recht darf eine Ausweisung nur auf das persönliche Verhalten des Auszuweisenden gestützt werden; vgl. *J. Y. Vincent*, Le régime juridique des étrangers en droit français, in: *Frowein/Stein* (Hrsg.), Bd. I, 1987, 433 (464 f) (Anm. 2).

[19] Die Ausweisung ist im Kriege u. U., verglichen mit der Internierung oder Deportation, die geringere Härte. Frankreich wies z. B. die Deutschen 1870 aus. In den beiden Weltkriegen wurden sie interniert. Vgl. auch *de Boeck*, RdC 18 (1927), 447 (610 f), über die Streitigkeiten zwischen Frankreich und Mexiko anläßlich der Massenausweisung von Franzosen nach dem Ausbruch des Krieges von 1838. In dem 1844 erlassenen Schiedsspruch der Königin Victoria wurde Frankreich eine Entschädigung versagt, da die mit der Ausweisung verbundenen Härten durch die besonderen Verhältnisse des Krieges gerechtfertigt seien, ebd., 614 f.

[20] Bereits in den Vorschlägen des Instituts de Droit International von 1888 (TGR 49 f) und 1892 (TGR 51 f) wurde zwischen beiden Arten, der ordentlichen (individuellen) und außerordentlichen (kollektiven) Ausweisung, unterschieden und letztere nur ganz ausnahmsweise gestattet. Heute ist die kollektive Ausweisung allenfalls im Falle einer konkreten schweren Gefahr für die Sicherheit eines Staates gerechtfertigt; vgl. dazu *Doehring*, EPIL I, 110 mit dem – ebenso von *Verdross/Simma*, 800 angeführten – Hinweis, daß in der Regel die Massenausweisung Menschenrechtsverletzungen mit sich bringt, insbesondere da bei der Massenausweisung das individuelle Verhalten der Ausgewiesenen nicht berücksichtigt werden kann. Deshalb habe heute eine völkerrechtlich gebotene Abwägung auf der Grundlage des Verhältnismäßigkeitsprinzips zu erfolgen. Siehe umfassend und differenziert *Henckaerts*, Mass Expulsion.

[21] Ebenso *Goodwin-Gill*, BYIL 47 (1974–75), 55 (82 ff), dort auch ausführliche Nachweise der tatsächlichen Vorgänge. Eine Gesamtdarstellung der jüngeren Massenausweisungsfälle gibt *Henckaerts* 72 ff, 228 ff, 232 ff.

[22] Vgl. dazu die Berichte in AdG 64 (1994), 39248 (39254); AdG 65 (1995), 39887A (39888).

[23] BGBl. 1968 II, 423.

[24] So auch *Goodwin-Gill*, BYIL 47 (1974–75), 55 (71 ff); *Doehring*, EPIL I, 110.

Behandlung oder einer nicht gerechtfertigten Gefährdung von Leib und Leben sowie der Freiheit ausgesetzt wäre, ist völkerrechtlich als unzulässig anzusehen.[25]

Ein besonderes Problem stellt hier die Ausweisung in ein Land dar, in dem der Ausgewiesene für eine Straftat mit der Todesstrafe bedroht ist. Trotz einer weltweiten Bewegung, die Todesstrafe abzuschaffen, kann von einer universalen gewohnheitsrechtlichen Norm, die die Todesstrafe verbietet, noch nicht ausgegangen werden.[26] Anders wird man aber die Rechtslage für den Bereich der Europaratsstaaten beurteilen dürfen. Zwar läßt die EMRK die Todesstrafe zu. Nach der nahezu vollständigen Abschaffung der Todesstrafe – jedenfalls in Friedenszeiten – in diesen Staaten spricht vieles dafür, hier von einem entsprechenden Gewohnheitsrecht auszugehen.[27]

Dementsprechend ist es den EMRK-Mitgliedstaaten durch Art. 3 EMRK (Verbot der Folter und der erniedrigenden oder unmenschlichen Strafe oder Behandlung) verboten, Ausländer auszuweisen, wenn ihnen in ihrem Heimatstaat die Todesstrafe oder unmenschliche oder erniedrigende Behandlung droht.[28] Auch dürfen insbesondere Flüchtlinge nicht in ein Land abgeschoben werden, aus dem sie geflohen sind, wenn sie dort eine Behandlung erwartet, die

---

[25] So auch die Rechtsprechung, vgl. ILR 28, 297; 26, 496 und 503 (die Fälle betrafen Flüchtlinge und Staatenlose in der Bundesrepublik Deutschland); ebenso die Entscheidung in *Chim Ming v. Marks*, 505 F. 2d 1170 (1974); hierzu auch *Goodwin-Gill*, BYIL 47 (1974–75), 55 ff (86 ff), der die den genannten Entscheidungen zugrundeliegenden vertraglichen Verpflichtungen der betroffenen Staaten (Art. 32 und 33 Flüchtlingskonvention) als Ausdruck bereits bestehenden Gewohnheitsrechts einstuft. Dem ist zuzustimmen.

[26] Siehe dazu schon oben.

[27] In diesem Sinne Richter *de Meyer* im Soering-Fall, EGMR, Urteil vom 7. 7. 1989, Publications of the ECHR, Series A, Vol. 161, 51 f; zustimmend *S. Breitenmoser/G. E. Wilms*, Human Rights v. Extradition: the *Soering* Case, Mich.J. Int'l L. 11 (1989–90), 845 (885 f). Siehe auch das EMRK-Protokoll, Nr. 6.

[28] Siehe hierzu die folgenden Urteile des EGMR: *Cruz Varas v. Suède*, Urteil vom 20. 3. 1991, Publications of the ECHR, Series A, Vol. 201, 28, paras. 69 f; *Vilvarajah u. a. v. Vereinigtes Königreich*, Urteil vom 30. 10. 1991, HRLJ 12 (1991), 432 (443 f, paras. 101–116): die Ausweisung eines Asylberechtigten verstößt gegen Art. 3, wenn nachgewiesen wurde, daß eine reale Gefahr der Folter oder unmenschlichen oder erniedrigenden Strafe oder Behandlung besteht); ebenso *Chahal v. Vereinigtes Königreich*, Urteil vom 15. 11. 1996, E. H. R. R. 23 (1997), 413/dt. in InfAuslR 19 (1997), 97 ff (paras. 73–107); s. dazu Anm. *C. Harvey*, E. L. Rev. 22 (1997), 626 ff; *B. Rudolf*, AJIL 92 (1998), 70 ff. In *Chahal* führte der Gerichtshof weiter aus, daß das absolute Verbot der Ausweisung in solchen Fällen nicht durch entgegenstehende Gründe der nationalen Sicherheit unterlaufen werden kann. Siehe auch EGMR, *Ahmed v. Österreich*, Urt. vom 17. 12. 1996, abgedr. in RUDH 9 (1997), 386 ff (Ausweisung eines Antragstellers nach Somalia, der seinen nach nationalem Recht verliehenen Flüchtlingstatus wegen einer strafrechtlichen Verurteilung verloren hatte, verstößt gegen Art. 3). Nach *H. L. R. v. Frankreich*, Urteil des EGMR vom 29. 4. 1997, abgedr. in InfAuslR 19 (1997), 333 ff; NVwZ 17 (1998), 163 f; Anm. *N. Chauvin*, RUDH 9 (1997), 347 ff, erstreckt sich der Anwendungsbereich von Art. 3 EMRK im Falle der Ausweisung auch auf eine Gefahr, die von Privatpersonen ausgeht, wenn die staatlichen Behörden des Heimatstaates des Ausgewiesenen nicht in der Lage sind, der gefährdeten Person angemessenen Schutz zu gewähren und das Risiko tatsächlich droht. Ähnlich auch *D. gegen Vereinigtes Königreich*, Urteil des EGMR vom 2. 9. 1997, InfAuslR 19 (1997), 381 ff; siehe demgegenüber BVerwG, Urt. vom 2. 9. 1997, DVBl. 113 (1998), 271 ff (nur staatliche Gefährdung). Siehe zu dieser Problematik *H.-G. Maaßen*, Abschiebungsschutz aus Art. 3 EMRK auch bei nicht vom Staat ausgehenden Menschenrechtsverletzungen und allgemeinen dem Ausländer im Herkunftsstaat drohenden Gefahren für Leib, Leben und Gesundheit? ZAR 18 (1998), 107 ff; *A. Zimmer*, Abschiebungsschutz durch Art. 3 EMRK im Fall nichtstaatlicher Verfolgung, ZAR 18 (1998), 115 ff. Siehe aus der Rechtsprechung nationaler Gerichte bereits Court of Appeal of The Hague, *Netherlands v. SM*, Urteil vom 12. 9. 1986, ILR 99, 6 (Die Ausweisung eines jugoslawischen Geheimdienstangehörigen wegen Mordes an drei jugoslawischen Agenten verstößt gegen Art. 3 EMRK, wenn der Ausgewiesene Gefahr läuft, in seinem Heimatstaat ermordet zu werden oder einen „Unfall" zu erleiden). In der Bundesrepublik verbietet § 53 (1) und (2) des AuslG die Abschiebung bei konkreter Gefahr der Folter oder der Todesstrafe. Siehe in diesem Zusammenhang OLG Düsseldorf, Beschluß vom 23. 6. 1993, NJW 47 (1994), 1485 ff; dazu *T. Vogler*, Auslieferung bei drohender Todesstrafe – ein Dauerthema, NJW 47 (1994), 1433 ff; BVerwG, Urteil vom 19. 11. 1996, InfAuslR 19 (1997), 193; BVerwG, Urteil vom 15. 4. 1997, InfAuslR 19 (1997), 341 ff; BVerfG, Urteil vom 10. 7. 1997, EuGRZ 24 (1997), 502 ff. Siehe umfassend zur Problematik *Alleweldt*, Schutz vor Abschiebung.

hinter den internationalen Mindestanforderungen zurückbleibt.[29] In Fällen dieser Art muß der Aufenthaltsstaat sich bemühen, den Ausländer in ein anderes Land zu verbringen, in dem Gefahren dieser Art nicht bestehen. Ist das nicht möglich, so muß er ihn weiter bei sich behalten. Aber dann darf er seine Freizügigkeit beschränken und die Maßnahmen treffen, die er im Interesse der öffentlichen Sicherheit und Ordnung für erforderlich hält.[30]

3. Auch das Ausweisungsverfahren regelt jeder Staat nach seinem Ermessen. Zuständig sind in der Regel die Verwaltungsbehörden. Es gibt jedenfalls keine allgemeine völkerrechtliche Regel, nach der ein gerichtliches Verfahren erforderlich wäre.[31] Es muß jedoch eine gewissenhafte Prüfung des Sachverhalts gewährleistet sein, und der Ausländer soll über die Gründe der Ausweisung unterrichtet werden und Gelegenheit haben, sich dazu zu erklären.[32]

Eine Ausweisung auf ganz vagen Verdacht hin ist völkerrechtswidrig.[33] Andererseits darf man die Anforderungen nicht überspannen. Da es sich nicht um Strafrecht handelt, kann der Grundsatz *in dubio pro reo* nicht mit aller Strenge angewandt werden. Ein Staat überschreitet z. B. nicht die Grenze seines Ermessens, wenn er einen konkreten Spionageverdacht oder die Zugehörigkeit des Ausländers zu einer politischen Partei mit umstürzlerischen Zielen zum Anlaß der Ausweisung nimmt, selbst wenn der Sachverhalt nicht völlig aufgeklärt werden kann.

---

[29] So auch einige amerikanische Entscheidungen, vgl. Annual Digest 1935–37, C. 161 und 1938–40, C. 134, wo die Abschiebung von Ausländern in ein Land, in dem die Gefahr unmenschlicher Verfolgung besteht, abgelehnt wird. Unter menschenrechtlichen Aspekten muß dagegen die in der Flüchtlingskonvention in Art. 33 Abs. 2 eingeräumte Ausnahme, wonach ein der textlichen Regel entsprechendes Ausweisungsverbot nicht gelten soll, wenn der Ausländer eine Gefahr für die Sicherheit des Aufenthaltsstaates bedeutet oder dessen Gemeinschaft durch ein rechtskräftig festgestelltes schweres Verbrechen gefährdet, erheblichen Bedenken begegnen. Würde eine Ausweisung aus solchen Gründen zu einer lebensbedrohenden Verfolgung in dem Land führen, in das ausgewiesen wird, stünde dies zu den zwingenden Normen des gewohnheitsrechtlich anerkannten Schutzes fundamentaler Menschenrechte in Widerspruch.

[30] Vgl. die Entscheidung des Obersten Gerichts Brasiliens in Annual Digest 1938–40, C. 144.

[31] So entschieden etwa französische Gerichte, daß sie keine Kompetenz zur Überprüfung von Ausweisungsentscheidungen der Verwaltungsbehörden besäßen; vgl. Annual Digest 1938–40, C. 142; dies entspricht auch der heutigen Rechtslage. Zwar können Strafgerichte die Ausweisung als Haupt- oder Nebenstrafe anordnen, soweit aber eine Ausweisung durch die Verwaltungsbehörden erfolgt, unterliegen sie im Hinblick auf die Bewertung der Ausweisungsgründe nicht gerichtlicher Kontrolle. Allerdings geht einer Ausweisungsentscheidung eine Anhörung durch eine dreiköpfige Kommission voraus, gegen deren ablehnendes Votum eine Ausweisung nicht angeordnet werden darf, auch können die Verwaltungsgerichte die Gesetzmäßigkeit der Ausweisungsanordnung oder den „excès ou détournement de pouvoir“ prüfen; vgl. dazu *J. Y. Vincent*, Le régime juridique des étrangers en droit français, in: *Frowein/Stein* (Hrsg.), Bd. I, 1987, 433 (464 f) (Anm. 2); *Goodwin-Gill*, BYIL 47 (1974–75), 55 (123 f) – Ausweisungsanordnungen *(deportation orders)* der amerikanischen Einwanderungsbehörden unterliegen gerichtlicher Nachprüfung, entweder im Wege der Anfechtung der Verwaltungsentscheidung oder über ein *habeas corpus*-Verfahren; vgl. *A. Aleinikoff*, United States Immigration, Nationality and Refugee Law, in: *Frowein/Stein* (Hrsg.), Bd. II, 1987, 1545 (1609 ff) (Anm 2).

[32] Diesen Standpunkt haben namentlich die Vereinigten Staaten mehrfach vertreten und Vorstellungen erhoben, wenn das Ausweisungsverfahren anderer Staaten diesem Erfordernis nicht entsprach; vgl. dazu etwa *Hackworth*, Digest, Vol. III, 695 f; zur amerikanischen innerstaatlichen Praxis oben Anm. 2. Das Erfordernis eines geordneten Überprüfungsverfahrens (nicht notwendig eines förmlichen Gerichtsverfahrens) kann heute als zum Mindeststandard gehörend angesehen werden; vgl. in diesem Sinne *Goodwin-Gill*, BYIL 47 (1974–75), 55 (97). Siehe zu EMRK-Verfahrensgarantien bei Ausweisungsentscheidungen folgende Urteile des EGMR: *Cruz Varas v. Suède*, Urteil vom 20. 3. 1991, Publications of the ECHR, Series A, Vol. 201, 34, paras. 94 ff; *Vilvarajah u. a. v. Vereinigtes Königreich*, Urteil vom 30. 10. 1991, HRLJ 12 (1991), 432 (paras. 122 ff); *Chahal v. Vereinigtes Königreich*, Urteil vom 15. 11. 1996, E. H. R. R. 23 (1997), 413/dt. in InfAuslR 19 (1997), 97 ff (paras. 140–155).

[33] Eine Ausweisung auf leeren Verdacht hin sah z. B. die italienisch-venezolanische Schiedskommission im Falle *Oliva*, bei *Ralston*, 771 (780), auch in RIAA 10, 600 als Haftungsgrund an; vgl. dazu auch *Goodwin-Gill*, BYIL 47 (1974–75), 55 (97).

Die Ausweisung pflegt so zu erfolgen, daß die zuständige Behörde den Ausländer dazu auffordert, das Land innerhalb einer bestimmten Frist zu verlassen. Kommt dieser der Aufforderung nicht nach, so darf man ihn zwangsweise an die Grenze verbringen. Doch hat der Aufenthaltsstaat dafür zu sorgen, daß diese Maßnahmen rücksichtsvoll durchgeführt werden. Er muß Demütigungen, gesundheitliche Schäden und unnötige Härten vermeiden.[34]

Die örtlichen Behörden müssen dem Ausgewiesenen eine angemessene Frist zur Regelung seiner Verhältnisse lassen. Sie dürfen ihn nur festsetzen, wenn dies zur Sicherung der Ausweisung notwendig ist, und die Festnahme darf nicht länger dauern und auch sonst nicht mit größerer Strenge durchgeführt werden, als es notwendig ist.

Wenn der Staat diese Pflichten verletzt, liegt selbst beim Vorliegen eines genügenden Ausweisungsgrundes ein Rechtsmißbrauch vor, der den Staat völkerrechtlich verantwortlich macht.[35]
Im Zusammenhang mit der Durchführung der Ausweisung erhebt sich die Frage, in welches Land der Ausgewiesene deportiert werden soll. Die internationale Praxis ergibt kein eindeutiges Bild. Manche Staaten überlassen die Entscheidung dem Ausgewiesenen selbst. Andere pflegen ihn in sein Heimatland zu verbringen, das ihn in der Regel aufnehmen wird und ihn aufnehmen muß.[36] Eine völkerrechtliche Pflicht zur Deportation in das von dem Ausgewiesenen gewählte Land besteht jedenfalls nicht.[37]

III. 1. Besondere Schranken der Ausweisungsfreiheit können sich ergeben – und ergeben sich – aus dem internationalen Vertragsrecht. Bilaterale Freundschafts-, Handels- und Schiffahrtsverträge können spezifische Regelungen des Ausweisungsrechts und -verfahrens enthalten.[38] Darüber hinaus gibt es multilaterale Spezialabkommen, die die Ausweisungsfreiheit der Vertragsstaaten beschränken.

Im Havanna-Abkommen vom 20. 2. 1928[39] z. B. bleibt die Ausweisung von Ausländern auf Fälle beschränkt, in denen sie aus Gründen der öffentlichen Ordnung und Sicherheit erforderlich ist (Art. 6). Auch das Niederlassungsabkommen des Europarates vom 13. 12. 1955 gestattet die Ausweisung nur aus Gründen der öffentlichen Sicherheit, Ordnung oder Moral. Wenn der Ausländer über eine bestimmte Zahl von Jahren ansässig ist, wird das Ausweisungsrecht noch weiter beschränkt.[40] Das der Vereinbarung angehängte Protokoll fügt weitere Einschränkungen, nämlich

---

[34] Vgl. die Entscheidungen im *Dillon*-Fall, RIAA 4, 368 (Schiedsrichter *Nielsen* für die amerikanisch-mexikanische Schiedskommission, 1928); im *Maal*-Fall, RIAA 10, 730 (niederländisch-venezolanische Schiedskommission, 1903); im *Chevreau*-Fall, RIAA 2, 1113 (Schiedsrichter *Beichmann*, Norwegen, im Rechtsstreit zwischen Großbritannien und Frankreich, 1931) und im *Orazio de Atellis*-Fall, *Moore*, Arbitrations, Vol. IV, 3333.

[35] So auch *Verdross/Simma*, 801, mit Hinweisen auf internationale Rechtsprechung; ebenso *de Boeck*, RdC 18 (1927), 447 (479 ff). Häufig werden sowohl im Hinblick auf die Ausweisungsgründe als auch im Hinblick auf die Behandlung des Ausgewiesenen Ausweisungen als völkerrechtswidrig angesehen; vgl. etwa den in Anm. 36 zitierten *Maal*-Fall. Im *Dillon*-Fall stützten die Vereinigten Staaten ihren Schadensersatzanspruch nur auf die Art und Weise der Ausweisung.

[36] Zur Pflicht des Heimatstaates, seine – z. B. von anderen Ländern ausgewiesenen – Staatsangehörigen aufzunehmen, die sich aus dem Staatsangehörigkeitsverhältnis ergibt; vgl. etwa *Weis*, 45 ff; auch *Doehring*, EPIL I, 109 (111); *Maunz/Dürig/Herzog/Scholz* (Hrsg.), Art. 16 Abs. 1 GG, Rdn. 40 *(Randelzhofer)*.

[37] Dies kann schon deshalb nicht gelten, weil das vom Ausgewiesenen gewählte Land nicht verpflichtet werden kann, ihn aufzunehmen, somit ein Recht des Ausgewiesenen gegenüber dem ausweisenden Staat nach außen gar nicht wirksam werden könnte; vgl. zu dieser Frage etwa die Entscheidung des District Court, Northern District of New York in United States ex rel. *Hudak v. Uhl*, 20 F. Supp. 928 (1937), auch in Annual Digest 1935–37, C. 161; Entscheidung des Obersten Gerichts von Argentinien, ILR 18 (1951), C. 97. Anders dagegen die Vorschläge des Institut de droit international 1892 (Art. 33), die aber nicht geltendes Recht wurden.

[38] Vgl. dazu etwa *Hailbronner*, Handbuch, Rdn. 631 mit Hinweisen auf die entsprechende Vertragspraxis der Bundesrepublik Deutschland.

[39] Text in: AJIL 22 (1928), supp. 136 ff.

[40] So Art. 3; Text des Abkommens in UNTS 529, 7660/ ETS No. 19/BGBl. 1959 II, 998 und BGBl. 1965 II,

die Regel hinzu, daß die Ausweisung nur in Einzelfällen zulässig sei und der ausweisende Staat die Familienbeziehungen des Auszuweisenden in Betracht ziehen solle (sec. III lit. c). Ein anderes Beispiel bieten die Verträge, die dem Schutz der Staatenlosen und Flüchtlinge dienen.[41]

Demgegenüber erhalten die bereits erwähnten, dem Völkergewohnheitsrecht zu entnehmenden Schranken der Ausweisungsfreiheit der Staaten durch eine Reihe von Verträgen zum Schutze der Menschenrechte einen konkreteren Inhalt. Einschlägig sind hier der Internationale Pakt über bürgerliche und politische Rechte von 1966, das Protokoll Nr. 7 zur EMRK von 1984, die Amerikanische Menschenrechtskonvention von 1969, die Afrikanische Menschenrechtskonvention von 1982 (Banjul Charter) und die Europäische Sozialcharta von 1961.

Schon die Allgemeine Erklärung der Menschenrechte von 1948 enthält in Art. 9 die Regelung, daß „niemand ... willkürlich festgenommen, in Haft gehalten oder des Landes verwiesen werden" darf.[42] Aus der Verwendung des Wortes „niemand" wird deutlich, daß sich diese Vorschrift nicht nur auf die eigenen Staatsangehörigen eines Staates bezieht. Die Beschränkung auf ein Verbot einer „willkürlichen" Ausweisung stellt klar, daß begründete und verfassungsmäßig einwandfreie Ausweisungen zulässig bleiben sollen. Dies ist ausführlicher in Art. 13 IPBürg niedergelegt worden, der besagt, daß „ein Ausländer, der sich rechtmäßig im Hoheitsgebiet eines Vertragsstaates aufhält, ...aus diesem nur aufgrund einer rechtmäßig ergangenen Entscheidung ausgewiesen werden (kann), und es ist ihm, sofern nicht zwingende Gründe der nationalen Sicherheit entgegenstehen, Gelegenheit zu geben, die gegen seine Ausweisung sprechenden Gründe vorzubringen und diese Entscheidung durch die zuständige Behörde oder durch eine oder mehrere von dieser Behörde besonders bestimmte Personen nachprüfen und sich dabei vertreten zu lassen."[43] Ganz entsprechend lautet Art. 1 des Protokolls Nr. 7 zur EMRK,[44] und nicht ganz so ausführlich lauten Art. 22 Abs. 6 AMRK[45] und Art. 12 Abs. 4 Banjul Charter.[46] Eine spezifisch für Wanderarbeitnehmer geltende Vorschrift enthält Art. 19 Ziff. 8 Europäische Sozialcharta, die die Vetragsstaaten verpflichtet, sicherzustellen, „daß diese Arbeitnehmer, soweit sie in ihrem Hoheitsgebiet ihren rechtmäßigen Aufenthalt haben, nur ausgewiesen werden können, wenn sie die Sicherheit des Staates gefährden oder gegen die öffentliche Sicherheit und Ordnung oder die Sittlichkeit verstoßen."[47]

Weiter enthalten die ILO-Konvention Nr. 97 (Art. 8),[48] die Europäische Konvention über die Rechtsstellung der Wanderarbeitnehmer von 1977 (Art. 9 Abs. 5)[49] und das Europäische Fürsorgeabkommen von 1953 (Art. 6 – Verbot der Deportation allein aus Gründen der Mittellosigkeit)[50] Beschränkungen der Ausweisungsfreiheit der Vertragsstaaten. Die Beschränkung des Rechts der Ausweisung in all diesen Verträgen aus Gründen der nationalen Sicherheit und/oder der öffentlichen Sicherheit und Ordnung stellt gegenüber den gewohnheitsrechtlichen Schranken eine deutliche Verbesserung dar. Zum einen sind die Ausweisungsgründe auf flexible Kriterien reduziert, die der administrativen und gerichtlichen

---

1099. Da der ausweisende Staat über das Vorliegen dieser Voraussetzungen nach seinem – allerdings zumindest durch das Willkürverbot gebundenen – Ermessen entscheidet (so ausdrücklich das Zusatzprotokoll), ist die Bindung der Vertragsstaaten keine sehr enge, aber doch mehr als eine nur politisch-moralische; zurückhaltender die Vorauflage, die jedoch die neuere Rechtsentwicklung im Hinblick auf die menschenrechtliche Dimensionierung des Ausländerschutzes noch nicht in vollem Umfang berücksichtigen konnte.

[41] Siehe dazu unten § 104.

[42] GA Res. 217 (III) vom 10. 12. 1948.

[43] BGBl. 1973 II, 1553.

[44] Text in ETS No. 117. Von der Bundesrepublik Deutschland bislang nicht ratifiziert; *Riedel* (Hrsg.), 365.

[45] Offizielle Quelle: OAS, Official Records OEA/Ser. K/XVI/I, Document 65, Rev. 1, Corr. 2; deutsch bei *Riedel* (Hrsg.), 367 ff.

[46] Text in: ILM 21 (1982), 59; deutsch bei *Riedel* (Hrsg.), 564 ff.

[47] Europäische Sozialcharta vom 18. 10. 1961, UNTS 529, 89/ETS No. 35/BGBl. 1964 II, 1262.

[48] ILO-Konvention Nr. 97 vom 1. 7. 1949 (rev. Fassung), UNTS 120, 1619/BGBl. 1959 II, 87.

[49] ETS No. 93; abgedruckt auch in: ILM 16 (1977), 1381 ff.

[50] Konvention vom 11. 12. 1953, ETS No. 14/BGBl. 1956 II, 563/BGBl. 1958 II, 18 (Neufassung der Anhänge I, II und III, BGBl. 1983 II, 337); UNTS 218, 2958.

Praxis vertraut sind. Zum anderen impliziert diese Beschränkung die Pflicht der Staaten, für eine Ausweisung eine der Nachprüfung standhaltende Begründung zu geben.

2. Besondere, über das in der Vertragspraxis übliche hinausgehende Schranken des Rechts der Ausweisung ergeben sich in der Europäischen Gemeinschaft. Art. 39 EGV Amsterdamer Fassung gewährleistet den Angehörigen der EU-Staaten die Freizügigkeit. Dieses Grundrecht der europäischen „Arbeitnehmer-Unionsbürger" umfaßt als notwendige Voraussetzung seiner Effektuierung das Recht zum Aufenthalt in einem anderen als dem Heimatstaat.[51] Ähnlich wie etwa nach Art. 13 IPBürg und Art. 1 des Protokolls Nr. 7 zur EMRK räumt Art. 39 Abs. 3 EGV den Vertragsstaaten jedoch das Recht ein, die Freizügigkeit – und mit ihr das Aufenthaltsrecht – von EU-Ausländern aus Gründen der öffentlichen Ordnung, Sicherheit und Gesundheit einzuschränken.[52] Anders jedoch als nach den im allgemeinen völkerrechtlichen Vertragsrecht geltenden Vorschriften ist es nach der Rechtsprechung des EuGH den Vertragsstaaten nicht überlassen, eigenständig nach ihren internen Maßstäben festzulegen, unter welchen Umständen und durch welches Verhalten eine Gefährdung der öffentlichen Ordnung, Sicherheit und Gesundheit anzunehmen ist und zu einer rechtmäßigen Ausweisungsentscheidung führen kann. Hier ist vielmehr eine gemeinschaftskonforme Auslegung des Art. 39 EGV und der auf ihm beruhenden Richtlinien[53] geboten, die – weil an dem Integrationsziel orientiert – restriktiv vorzunehmen ist.[54] Die EG-Mitgliedstaaten unterliegen somit nach der gefestigten Rechtsprechung des EuGH stärkeren Beschränkungen ihres Rechts zur Ausweisung von EG-Ausländern, als es nach allgemeinen Grundsätzen des Völkerrechts und den Verträgen außerhalb der Integrationsgemeinschaft der Fall ist. Gründe der öffentlichen Sicherheit und Ordnung dürfen nicht zum Vorwand einer Ausweisung genommen werden, die tatsächlich auf wirtschaftlichen Überlegungen beruht. Ausschließlich das persönliche Verhalten eines Auszuweisenden ist im Hinblick auf die Beeinträchtigung der öffentlichen Ordnung und Sicherheit zu bewerten. Generalpräventive Erwägungen, wie sie im nationalen Ausländerrecht nicht selten zur Entscheidungsgrundlage gemacht werden,[55] sind unzulässig. Allein formale Verstöße gegen ausländerpolizeiliche Vorschriften, etwa die rechtzeitige Einholung einer Aufenthaltserlaubnis, recht-

---

[51] Siehe zum Grundrechtscharakter der EG-Grundfreiheiten *H. Schneider*, Zum Funktionswandel der Grundfreiheiten des EGV und zu seinen Auswirkungen auf das nationale Recht, NJ 50 (1996), 512 ff.

[52] Art. 39 Abs. 3 EGV lautet: „Die Freizügigkeit' gibt – vorbehaltlich der aus Gründen der öffentlichen Ordnung, Sicherheit und Gesundheit gerechtfertigten Beschränkungen – den Arbeitnehmern das Recht, ... c) sich in einem Mitgliedstaat aufzuhalten, um dort nach den für die Arbeitnehmer dieses Staates geltenden Rechts- und Verwaltungsvorschriften eine Beschäftigung auszuüben ...", Text in ABl. 96/C 340/1.

[53] Vgl. etwa Richtlinie Nr. 68/360/EWG des Rats der EG zur Aufhebung der Reise- und Aufenthaltsbeschränkungen für die Arbeitnehmer der Mitgliedstaaten und ihre Familienangehörigen in der Gemeinschaft vom 15. 10. 1968, ABl. 68/L 257, 13; Richtlinie Nr. 64/221/EWG des Rats der EG zur Koordinierung der Sondervorschriften für die Einreise und den Aufenthalt von Ausländern, soweit sie aus Gründen der „öffentlichen Ordnung, Sicherheit oder Gesundheit gerechtfertigt sind" vom 25. 2. 1964, ABl. 64/L 56/850.

[54] Vgl. die Urteile des EuGH in Sachen *Van Duyn v. Home Office* vom 4. 12. 1974, Rs. 41/74, EuGHSlg. 1974, 1337 (Ersuchen um Vorabentscheidung, vorgelegt von der Chancery Division of the High Court of Justice, London), *Bonsignore v. Stadt Köln* vom 26. 2. 1975, Rs. 67/74, EuGHSlg. 1975, 297 (Ersuchen um Vorabentscheidung, vorgelegt vom VG Köln), *Rutili v. Ministère de l'Interieur* vom 28. 10. 1975, Rs. 36/75, EuGHSlg. 1975, 1219 (Ersuchen um Vorabentscheidung, vorgelegt vom Tribunal administratif, Paris) und *Royer v. Ministère de la Justice* vom 8. 4. 1976, Rs. 48/75, EuGHSlg. 1976, 497 (Ersuchen um Vorabentscheidung, vorgelegt vom Tribunal de première instance, Lüttich). Zu diesen Urteilen vgl. *Stein*, NJW 29 (1976), 1553 ff (1554 ff); siehe auch *G. Benassi*, Ausweisung türkischer Arbeitnehmer, InfAuslR 15 (1993), 205 ff.

[55] Das Bundesverwaltungsgericht hatte bis zur *Bonsignore*-Entscheidung des EuGH generalpräventive Gesichtspunkte bei Ausweisungsentscheidungen auch gegenüber EG-Ausländern in ständiger Rechtsprechung anerkannt; vgl. dazu *Hailbronner*, Handbuch, Rdn. 1064 mwN; *Stein*, NJW 29 (1976), 1553 (1557) mwN.

fertigen die Ausweisung nicht, da sie lediglich deklaratorischer Natur sind. Das Aufenthaltsrecht selbst steht dem EG-Ausländer unmittelbar aus Art. 39 EGV zu.[56]

IV. Die Ausweisung ist von der Auslieferung[57] und der Rückführung zu unterscheiden.

1. Die Auslieferung ist eine Rechtshilfemaßnahme im Interesse des fremden Staates, der die Auslieferung verlangt, die Ausweisung dagegen eine Verwaltungsmaßnahme im eigenen Interesse des Staates, der den Ausländer ausweist. Wenn den Ausgewiesenen in dem Lande, in das er ausgewiesen wird, eine Strafverfolgung erwartet, kommt die Ausweisung in ihrem praktischen Erfolg jedoch einer Auslieferung gleich. So wurde z. B. 1945 der ehemalige Ministerpräsident der französischen Vichy-Regierung Laval von der spanischen Regierung als politischer Flüchtling nicht an Frankreich ausgeliefert, aber ausgewiesen und an die französische Grenze verbracht, dort festgenommen und dann strafrechtlich verfolgt.
Nach einer weit verbreiteten Meinung sollen Ausweisung und Strafverfolgung unter solchen Umständen nicht zulässig sein.[58] Doch ist das in dieser Allgemeinheit nicht richtig. So wie ein Staat jeden Ausländer ausliefern darf, so stehen auch der Ausweisung keine völkerrechtlichen Bedenken entgegen, weil sich als deren mittelbare Folge die Möglichkeit einer Strafverfolgung ergibt. Und ebensowenig ist einzusehen, warum der Staat, in dessen Hoheitsbereich der Ausgewiesene deportiert wird, sich bei der Ausübung der Strafgewalt in seiner eigenen Hoheitssphäre sollte zurückhalten müssen, wenn ihm keine besonderen Verpflichtungen auferlegt sind.

2. Die Ausweisung ist ein an den Ausländer gerichteter Befehl, das Land zu verlassen. Von ihr ist die zwangsweise Rückführung oder Rücksendung *(renvoi)* zu unterscheiden.[59] So werden z. B. bedürftige Ausländer[60] oder Grenzgänger ohne Papiere vielfach festgenommen und einfach an die Grenze verbracht. Geschieht das aus vernünftigen Gründen und vermeidet der Aufenthaltsstaat bei der Durchführung unnötige Härten, so bestehen völkerrechtlich keine Bedenken. Anderes gilt freilich dann, wenn der Zurückgeführte einer unmenschlichen Behandlung durch den Staat ausgesetzt wäre, der ihn aufnehmen muß. Es gelten dann die Regeln der Ausweisung entsprechend.

---

56 So der EuGH in den in Anm. 54 genannten Urteilen; vgl. dazu auch *Stein*, NJW 29 (1976), 1553 ff (1557).

57 Dazu unten §§ 101 ff.

58 Vgl. etwa *de Boeck*, RdC 18 (1927), 447 (451 f, 582 f); früher auch schon das Institut de Droit International 1892, Art. 15, 16.

59 Es handelt sich hier in der Regel um Fälle, in denen illegal eingereiste Ausländer festgenommen und sogleich an die Grenze zurückgebracht werden; es ist zweifelhaft, ob es sich hier im eigentlichem Sinne um eine Ausweisung oder nicht vielmehr um eine Nichtzulassung des Ausländers handelt; vgl. dazu *Doehring*, EPIL I, 109 f.

60 Anders das Europäische Fürsorgeabkommen (vgl. Anm. 50), das in Art. 6 ein Verbot der Deportation allein aus Gründen der Mittellosigkeit enthält.

16. KAPITEL
Internationale Rechtshilfe: Auslieferung

§ 100 Die Auslieferung. Allgemeines

Schrifttum: *H. Lammasch*, Auslieferungspflicht und Asylrecht, 1887; *H. S. Moore*, Treatise on Extradition and Interstate Rendition, 1891; *A. Rolin*, Quelques questions relatives à l'extradition, RdC (1923), 177 ff; *Harvard*-Entwurf einer Auslieferungskonvention, AJIL 29 (1935), Supplement Part I; *K. Neumeyer*, Internationales Verwaltungsrecht, Bd. IV, 1936, § 23; *A. McNair*, Extradition and Exterritorial Asylum. Based on the Opinions of the Law Officers of the Crown, BYIL 28 (1951), 172 ff; *H. Grützner*, Auslieferungsverbot und Asylrecht, in: *F. L. Neumann/H. C. Nipperdey/U. Scheuner*, Die Grundrechte, Bd. II, 1954, 583 ff; *M. R. García-Mora*, Criminal Jurisdiction of a State over Fugitives Brought from a Foreign Country; *P. O'Higgins*, Unlawful Seizure and Irregular Extradition, BYIL 36 (1960), 279 ff; *E. Hambro*, Extradition and Asylum. A Note, Jahrbuch für Internationales Recht 10–11 (1962), 106 ff; *H. v. Weber*, Die Auslieferung bei politischen Delikten, in: Erinnerungsgabe für Max von Grünhut, 1965, 161 ff; *S. Bedi*, Extradition in International Law and Practice, 1968; *M. Burgstaller*, Das Europäische Auslieferungsübereinkommen und seine Anwendung in Österreich, 1970; *R. C. Hingorani*, The Indian Extradition Law, 1970; *Th. Vogler*, Auslieferungsrecht und Grundgesetz, 1970; *I. A. Shearer*, Extradition in International Law, 1971; *M. Cherif Bassiouni*, International Extradition and World Public Order, 1974; *G. V. La Forest*, Extradition to and from Canada, 2d ed., 1977; *D. Franke*, Politisches Delikt und Asylrecht, 1979; *E. H. Riedel*, Auslieferung und Asylgewährung am Beispiel der Terrorismusbekämpfung in Europaratsstaaten – Preisgabe liberaler Freiheiten?, DÖV 32 (1979), 27 ff; *V. E. v. Hartley-Booth*, British Extradition Law and Procedure, Vol. I (1980), Vol. II (1981); *I. Stanbrook/C. Stanbrook*, The Law and Practice of Extradition, 1980; *C. van den Wyngaert*, The Political Offence Exception to Extradition, 1980; *K. Doehring*, New Problems of the International Legal System of Extradition with Special Reference to Multilateral Treaties, AnnIDI 59 (1981), 79 ff, 142 ff, 163 ff; *I. Lacoste*, Die Europäische Terrorismus-Konvention, 1982; *N. Cheri Bassiouni*, International Extradition, 1983; *T. Stein*, Die Auslieferungsausnahme bei politischen Delikten, 1983; *Th. Vogler*, Das neue Gesetz über die internationale Rechtshilfe in Strafsachen, NJW 36 (1983), 2114 ff; *J. Gauthier*, La nouvelle législation suisse sur l'entr'aide internationale en matière pénal, Schweizerische Zeitschrift für Strafrecht 101 (1984), 51 ff; *P. L. Robinson*, The Commonwealth Scheme Relating to the Rendition of Fugitive Offenders: A Critical Appraisal of Some Essential Elements, ICLQ 33 (1984), 614 ff; *O. Kimminich*, Asyl und Auslieferung nach dem Gesetz über die internationale Rechtshilfe, in: *G. Zieger/B. Meissner/D. Blumenwitz* (Hrsg.), Deutschland als Ganzes. Rechtliche und historische Überlegungen, 1985, 27 ff; *O. Kimminich*, Der Schutz politisch Verfolgter im Auslieferungsverfahren, EuGRZ 13 (1986), 317 ff; *N. Cheri Bassiouni*, International Extradition – The United States Law and Practice, 3rd rev. ed., 1996; *O. Lagodny*, Die Rechtsstellung des Auszuliefernden in der Bundesrepublik Deutschland, 1987; *ders.* Grundrechte als Auslieferungsgegenrechte, NJW 41 (1988), 2146 ff; *I. Frangou*, Auslieferungsgrundsätze im internationalen und deutschen Recht, 1989; *G. Gilbert*, Aspects of Extradition Law, 1991; *F. Gilmeister*, Auslieferung und Auslieferungshaft – mit Berücksichtigung des Betäubungsmittelrechts, NJW 44 (1991), 2245 ff; *S. Uhlig/W. Schomburg/O. Lagodny*, Gesetz über die internationale Rechtshilfe in Strafsachen (IRG), 2. Aufl. 1992; *Y. Dinstein*, Some Reflections on Extradition, GYIL 36 (1993), 46 ff; *T. Stein*, Extradition, EPIL II (1995), 327 ff; *ders.* Extradition Treaties, EPIL II (1995), 334 ff; *U. Häde*, Die Auslieferung – Rechtsinstitut zwischen Völkerrecht und Grundrechten, Der Staat 36 (1997), 1 ff; *J. Dugard/C. Van den Wyngaert*, Reconciling Extradition with Human Rights, AJIL 92 (1998), 187 ff; *C. E. Cervasio*, Extradition and the International Criminal Court: The future of the Political Offense Doctrine, Pace International Law Review, 11 (1999), 419 ff; *V. P. Nanda*, Bases for Refuses International Extradition Requests – Capital Punishment and Torture,

Fordham International Law Journal, 23 (2000), 1369 ff; *H. Ahlbrecht* (Hrsg.), Der Fall Pinochet, Auslieferung wegen staatsverstärkter Kriminalität?, 1999.

I. Die Auslieferung ist ein Verfahren, das einerseits mit der Ausweisung vielfache Berührungspunkte aufweist, andererseits mit der Gewährung von Asyl in enger rechtlicher Verbindung steht. Schließlich besitzt es als ein Instrument internationaler Rechtshilfe und der internationalen Verbrechensbekämpfung eine besondere Nähe zur Frage der territorialen und personalen Jurisdiktion der Staaten.[1] Angesichts der vielfältigen Berührungen mit anderen von den genannten Rechtsgebieten her bestimmten Rechtsinstituten und -verfahren ist die Auslieferung zunächst zu definieren und sodann von einer Reihe anderer Erscheinungen abzugrenzen, die ihr bis zu einem gewissen Grade verwandt sind, aber doch nicht unter den Begriff der Auslieferung fallen.

1. Die Auslieferung ist die amtliche Überstellung einer im Verdacht einer strafbaren Handlung stehenden oder ihrer überführten und verurteilten Person, ohne deren Zustimmung, seitens des Aufenthaltsstaates an einen anderen Staat (nicht notwendig an den Heimatstaat). Die Auslieferung ist damit eines der wesentlichen Elemente internationaler Rechtshilfe und Verbrechensbekämpfung. Sie soll ein im Ausland schwebendes oder dort beabsichtigtes Gerichtsverfahren ermöglichen oder erleichtern oder der Vollstreckung einer gerichtlich erkannten Strafe oder Maßregel dienen.[2] Die Auslieferung setzt voraus, daß der ausliefernde Staat die uneingeschränkte Gewalt über den Auszuliefernden hat und diese einem anderen Staat überträgt. Daher stellt die Rücklieferung keine Auslieferung dar.

Diese soll im folgenden erklärt werden: Wenn der Verfolgte, dessen Auslieferung Staat A betreibt, sich in einem Staat B aufgrund einer anderen Straftat in Untersuchungs- oder Strafhaft befindet, so wird Staat B ihn vermutlich erst nach Beendigung des Verfahrens oder gar erst nach Verbüßung der Strafe wegen jener anderen Straftat ausliefern wollen. Wenn also A sein Verfahren jetzt schon durchführen will, so muß er B um eine vorläufige Auslieferung zum Zwecke der Durchführung des Verfahrens ersuchen, sich dann aber auf Verlangen des B zur Rückführung des Straftäters nach der Beendigung des Verfahrens erbieten, damit zunächst die von B verhängte Strafe verbüßt werden kann. Die Möglichkeit eines solchen Verfahrens sehen z. B. die Europäische Auslieferungskonvention vom 13. 12. 1957 (Art. 19)[3] und das Abkommen der Benelux-Staaten über die Auslieferung und Rechtshilfe in Strafsachen vom 27. 6. 1962 (Art. 18)[4] in der Weise vor, daß die Bedingungen einer „temporären Auslieferung" durch gegenseitige Übereinkunft festgelegt werden können, also auch und gerade die Rücklieferung zur Bedingung gemacht werden kann. In älteren Verträgen wird die Rücklieferung als Bedingung der vorläufigen Auslieferung ausdrücklich angeführt, so etwa im Vertrag zwischen Deutschland und den Niederlanden vom 31. 12. 1896 (Art. IV Abs. 3),[5] im deutsch-

---

[1] Vgl. dazu Bd. I/1 § 47 III 3 b, S. 321 f; sowie zu Vollzug und Vollstreckung von internationalem Strafrecht §§ 189 ff.

[2] Dazu schon RGSt 65, 374 (377 f) im Falle *Utschig*; neuere Auslieferungsverträge beziehen in der Regel auch die Maßregeln ein. Ob ein Vertrag, der nicht ausdrücklich von Maßregeln spricht, auch auf die Auslieferung zum Zwecke ihrer Verhängung oder Vollstreckung ausgedehnt werden darf, kann zweifelhaft sein. Dafür spricht aber der Zweck solcher Verträge, die Gewährleistung einer wirksamen Strafverfolgung und der Schutz des Verfolgten vor Willkür durch die Einschaltung der notwendigen Rechtsschutzgarantien. Das gilt jedenfalls dann, wenn die Verhängung der Maßregeln aufgrund strafbarer Handlungen und in einem gerichtlichen Verfahren erfolgt; zu einem solchen Fall vgl. BGHSt 3, 265 – Fall *Ramseyer* – im Hinblick auf den deutsch-schweizerischen Auslieferungsvertrag vom 24. 1. 1874, CTS 147, 223 (franz.)/RGBl. 1874, 113. Auch die heute erkennbare Tendenz, Ordnungswidrigkeiten in den Bereich des Auslieferungsrechts mit einzubeziehen, spricht für die hier vertretene Ansicht; vgl. zum letzteren *Lagodny*, in: *Uhlig/Schomburg/Lagodny*, § 2, Rdn. 10 – Geldbußen sind „Sanktionen" i.S. des IRG); Maßregeln fallen auch nach § 2 IRG unter das Auslieferungsrecht, nicht dagegen Ordnungsgeld, Beugemaßnahmen und Disziplinarmaßnahmen; vgl. *Lagodny*, in: *Uhlig/Schomburg/Lagodny*, § 2, Rdn. 10.

[3] UNTS 359, 273/BGBl. 1964 II, 1369.

[4] UNTS 616, 80.

[5] CTS 184, 88 RGBl. 1897, 731, Vereinbarung über die Wiederanwendung zwischen der Bundesrepublik und den Niederlanden – mit geringfügigen Änderungen UNTS 276, 127/BGBl. 1957 II, 22.

finnischen Auslieferungsvertrag vom 14.5.1937 (§§ 7 und 8)[6] und im deutsch-französischen Auslieferungsvertrag vom 29.11.1951 (Art. 15 Abs. 2).[7]

Die hier vereinbarte vorläufige Auslieferung – d. h. die Auslieferung unter der Bedingung der Rücklieferung nach Beendigung des Verfahrens – dürfte eine echte Auslieferung sein, die den allgemeinen Regeln des Auslieferungsrechts unterliegt.[8] Anders die Rücklieferung des Verfolgten, der sich ja schon vorher in den Händen des Staates befand, in dessen Machtbereich er wieder zurückkehren soll. Im Unterschied zum Fall der echten Auslieferung hatte der rückliefernde Staat nicht die volle, sondern nur eine beschränkte und von vornherein durch die Verpflichtung zur Rücklieferung bedingte Gewalt über die verfolgte Person. Ihre Lage wird durch die Rücklieferung nicht weiter verschlechtert, sondern es wird nur der Zustand wiederhergestellt, der schon vorher bestand. Die Rücklieferung stellt also keine Maßnahme der dem Ausland gewährten Rechtshilfe dar, sondern sie erfüllt nur die Bedingung, unter der die vorläufige Auslieferung gewährt worden war. Auf die Rücklieferung, die das heute geltende Gesetz über die internationale Rechtshilfe in Strafsachen (IRG) in § 68 – anders als das frühere Deutsche Auslieferungsgesetz (DAG) – ausdrücklich regelt, können somit die Regeln des Auslieferungsrechts nicht anwendbar sein.[9] Da auch Art. 16 Abs. 2 GG auf die Rücklieferung nicht anwendbar ist, können auch Deutsche und Personen, die eine Strafe wegen politischer Verbrechen verbüßen, der Rücklieferung unterliegen. Der Übernahme der Rücklieferungspflicht stehen keine verfassungsrechtlichen Bedenken entgegen.[10]

2. Die Auslieferung als eine Maßnahme der internationalen Rechtshilfe im Interesse des die Auslieferung ersuchenden Staates ist von der Ausweisung verschieden, durch die ein Staat den Ausgewiesenen in seinem staatlichen Interesse aus seiner Hoheitssphäre entfernt.[11]

3. Keine Auslieferung im technischen Sinne ist auch die Übergabe von Personen, die sich in die Dienstgebäude fremder Gesandtschaften und Konsulate flüchten, an die Behörden des Aufenthaltsstaates.[12]

4. Schließlich ist zwischen der Auslieferung und der Durchlieferung zu unterscheiden. Davon ist später die Rede.[13] Dagegen stellt die Weiterlieferung eine echte Auslieferung

---

[6] RGBl. 1937 II, 551; Wiederanwendung BGBl. 1954 II, 1050.

[7] BGBl. 1953 II, 151. Die Rücklieferung behandelt auch das IRG in § 37 (vorläufige Auslieferung unter der Bedingung der Rücklieferung) und in § 68 (Rücklieferung); vgl. dazu *Lagodny*, in: *Uhlig/Schomburg/Ladodny*, § 37, Rdn. 6 und *Schomburg*, ebd., § 68, Rdn. 2.

[8] In diesem Sinne qualifiziert etwa das BVerfG die vorläufige Auslieferung, die dementsprechend gegenüber Deutschen gemäß Art. 16 Abs. 2 GG verboten ist, vgl. BVerfGE 10, 136 (139); h.M., vgl. dazu statt anderer *Lübbe-Wolff*, in: *H. Dreier* (Hrsg.), Grundgesetz Kommentar, Bd. I, 1996, Art. 16.

[9] So BVerfGE 29, 183 (194); BGHSt 5, 396 und 22, 58; *Schomburg*, in: *Uhlig/Schomburg/Lagodny*, § 68, Rdn. 3. Die Nichtanwendung des Auslieferungsrechts bedeutet allerdings nicht, daß die Rücklieferung keinen Rechtsnormen unterläge. Wo sie eine Verletzung der elementaren Menschenrechte enthielte, müßte die Verpflichtung zur Rücklieferung entfallen. In Deutschland ist nicht nur die Auslieferung, sondern auch die Rücklieferung unzulässig, wenn die Voraussetzungen des Art. 16a GG vorliegen sollten.

[10] Dies gilt jedenfalls dann, wenn bei vorläufiger Auslieferung bekannt war, daß der Auszuliefernde Deutscher ist und die Rücklieferung zugesichert ist; siehe zur Problematik *Lübbe-Wolff* (Anm. 8), Rdn. 70 mwN.

[11] Die Ausweisung kann jedoch im praktischen Ergebnis auf eine Auslieferung hinauslaufen, und sie wird in diesem Sinne in der Praxis auch häufig zur Beschleunigung der Überstellung einer Person oder in Umgehung des bestehenden Auslieferungsrechts angewendet. Die Rechtmäßigkeit solcher Ausweisungen hängt in erster Linie vom nationalen Recht ab; vgl. *Stein*, EPIL II, 327 f; es sind aber auch Fälle denkbar, wo gegen eine solche Praxis auch völkerrechtlich – etwa unter dem Gesichtspunkt der möglichen Verletzung des Willkürverbots – der Vorwurf der Rechtswidrigkeit zu erheben ist; in diesem Sinne und zur Umgehungsproblematik siehe auch *Hailbronner*, Handbuch, Rdn. 749 f.

[12] Dazu Bd. I/1 § 38 III, S. 290.

[13] Dazu unten.

dar. Beispiel: Staat A liefert den X an B, B diesen weiter an C aus. Auch die Weiterlieferung von B an C ist den Normen des Auslieferungsrechts unterworfen.

5. Zum Begriff der Auslieferung gehört nicht, daß der Auszuliefernde sich gerade als Flüchtling in dem Land befindet, das ihn ausliefern soll. Auch wenn er sich ohnehin dort befindet oder zwangsweise dorthin verbracht worden ist,[14] kommt seine Auslieferung in Betracht. In diesem Sinne wurde in dem englischen Fall *The King v. Godrey*[15] entschieden: Auslieferung einer Person, die, ohne England zu verlassen, Betrügereien in der Schweiz begangen hatte, als eines *fugitive criminal* i.S. des Extradition Act von 1870. Denkbar ist auch der Fall, daß Mitglieder konsularischer oder diplomatischer Missionen während ihres Aufenthalts am Ort ihrer Mission straffällig werden und der Entsendestaat ihre Bestrafung betreibt. In einem solchem Falle muß der Empfangsstaat zu einer Auslieferung des Betreffenden berechtigt und – bei Vorliegen einer vertraglichen Auslieferungspflicht – verpflichet sein, wenn der Betroffene sich außerhalb der diplomatischen Gebäude einschließlich seiner privaten Wohnung aufhält oder sich innerhalb des Empfangsstaates entgegen dessen Willen mit dem Ziel, sich der Rückberufung zu entziehen, verbirgt, dann aber festgenommen wird. In einem Auslieferungsersuchen des Entsendestaates wäre in einem solchen Fall dessen Verzicht auf die Immunität des straffällig gewordenen Diplomaten (oder Konsuls) zu sehen.[16]

II. 1. Die Auslieferung in dem hier beschriebenen Sinne ist als rechtlich geordnete Institution eine relativ junge Erscheinung. In der Zeit des Absolutismus[17] lag die Auslieferung in der alleinigen Entscheidungsgewalt des Monarchen, und sie betraf vornehmlich politische Flüchtlinge, weniger unpolitische Straftäter. Mit der vor allem im 18. Jahrhundert zunehmenden Bevölkerungsmobilität wurde im Interesse einer effektiven Strafrechtspflege das Problem aktueller, flüchtige Straftäter auch zu erfassen, wenn sie die im Europa jener Zeit zahlreichen Landesgrenzen überschritten hatten.[18] Erst seit dieser Zeit sind – unter führender Beteiligung Frankreichs – Auslieferungsverträge häufiger geworden. Als erster Auslieferungsvertrag modernen Stils wird der belgisch-französische Vertrag von 1834 angesehen. Heute ist die Welt von einem Netz von Auslieferungsverträgen überzogen, das sich im Laufe der Zeit immer mehr verfeinert und ausgedehnt hat. Es überwiegen die zweiseitigen Verträge.[19] Aber mit dem Engerwerden der Welt und der Verstärkung der internationalen Solidarität auch auf dem Gebiet der Verbrechensbekämpfung hat seit der zweiten Hälfte des 19. Jahrhunderts auch die Idee der kollektiven Regelung auf der Grundlage multilateraler Vereinbarungen an Boden gewonnen. Neben zahlreichen Entwürfen[20] sind auch eine Reihe von Verträgen zustande gekommen.

---

[14] Über einen solchen Fall RGSt 33, 99.

[15] [1923] 1 K.B. 24.

[16] So schon der Harvard-Entwurf über die diplomatischen Privilegien und Immunitäten, AJIL 26 (1932), Supp., Part I, Art. 27, und über die Rechtsstellung und Funktionen der Konsuln, ebd., Part II, Art. 28.

[17] Zur Zeit davor siehe den kurzen, informativen Überblick bei *Stein*, EPIL II, 328.

[18] Auf die soziologischen Veränderungen als Grund für das intensivierte Interesse an der Auslieferung von nicht-politischen Straftätern weist auch hin *Stein*, ebd.

[19] Die genaue Zahl der in Kraft befindlichen bilateralen Auslieferungsverträge ist nicht bekannt, man rechnet jedoch mit etwa 1500 wirksamen Verträgen dieser Art, vgl. *Stein*, EPIL II, 336.

[20] Zu erwähnen ist insbesondere der UN-Modellvertrag zur Auslieferung von 1990, GA Res 45/116 vom 14. 12. 1990, abgedr. in ILM 30 (1991), 1407 ff; siehe hierzu *B. Swart*, Refusal of Extradition and the United Nations Model Treaty on Extradition, NYIL 23 (1992), 175 ff. Ältere Entwürfe sind etwa die sog. Oxforder Regeln des Institut de Droit International von 1880 (revidiert 1892 (Genf) und 1894 (Paris)), sowie die Entwürfe der ILA von 1928 (Report of the 35th Conference, 23 ff), der Commission Internationale Pénale et Penitentiaire von 1931, der Harvard Law School, AJIL 29 (1935), Supp., Part I, und der Internationalen Kriminalpolizeikommission von 1948 (Text bei *H. Meyer*, Die Einlieferung, 1953, 208).

Namentlich die amerikanischen Staaten haben eine Reihe multilateraler Auslieferungsverträge geschlossen. Außer dem Bustamente Code von 1928 (Art. 344–381)[21] ist vor allem das panamerikanische Auslieferungsabkommen von Montevideo vom 26. 12. 1933[22] zu nennen. In Europa wurden nach dem Zweiten Weltkrieg das Europäische Auslieferungsabkommen vom 13. 12. 1957,[23] das Benelux-Auslieferungsabkommen vom 27. 6. 1962, das der Europäischen Konvention inhaltlich weitgehend folgt,[24] das Europäische Übereinkommen über die Überstellung verurteilter Personen vom 21. 3. 1983,[25] die Übereinkunft der Mitgliedstaaten der Europäischen Gemeinschaft über die Vereinfachung und Modernisierung der Übermittlungsverfahren für Auslieferungsersuchen vom 26. 5. 1989[26] sowie das EU-Übereinkommen über das vereinfachte Auslieferungsverfahren zwischen den Mitgliedstaaten vom 10. 3. 1995 und das EU-Abkommen über die Auslieferung zwischen den Mitgliedstaaten vom 27. 9. 1996[27] geschlossen. Außerhalb Europas sind das Übereinkommen zwischen den Staaten der Arabischen Liga vom 3. 11. 1952,[28] die Konvention über die Zusammenarbeit in Gerichtsfragen der Organisation Commune Africaine et Malgache (OCAM) vom 12. 9. 1961[29] und die interamerikanische Auslieferungskonvention vom 25. 2. 1981[30] zu nennen.[31]

Keine Auslieferungsabkommen im eigentlichen Sinne sind die verschiedenen multilateralen Verträge, die zur Bekämpfung der Luftpiraterie und des internationalen Terrorismus geschlossen wurden.[32] Diese Konventionen erweitern die Zahl derjenigen Delikte, die nicht als politische Delikte angesehen werden und somit der Auslieferung unterliegen. Sie begründen damit selbst keine neuen Auslieferungspflichten, sondern erweitern die Auslieferungspflichten der Vertragsstaaten, die diesen nach bilateralen oder multilateralen Auslieferungsverträgen obliegen, an denen sie beteiligt sind.

2. Eine wesentliche Quelle des Auslieferungsrechts bilden die zahlreichen nationalen Auslieferungsgesetze und Gesetze über die internationale Rechtshilfe in Strafsachen, die – wie im Falle Deutschlands[33] – zugleich die nationalen Regelungen über die Auslieferung enthalten.

---

[21] *Convention on Private International Law* vom 20. 2. 1928, LNTS 86, 111; der Kodex ist von 15 lateinamerikanischen Staaten ratifiziert.

[22] Text in AJIL 28 (1934), Supp. 65.

[23] UNTS 359, 273/ETS No. 24/BGBl. 1964 II, 1369; zwei Zusatzprotokolle wurden 1975 und 1978 abgeschlossen (ETS No. 86 und Nr. 98).

[24] UNTS 616, 80; dazu kurz *Stein*, EPIL II, 336.

[25] Text in: RGDIP 94 (1990), 559.

[26] BGBl. 1995 II, 970.

[27] Siehe Rechtsakt des Rates vom 10. 3. 1995, ABl. 95/C 78/01; sowie Rechtsakt des Rates vom 27. 9. 1996, ABl. 96/C 313/11. Beide Konventionen sind völkerrechtliche Abkommen, die allerdings im Rahmen der durch den EU-Vertrag vorgesehenen Zusammenarbeit der Mitgliedstaaten in den Bereichen Justiz und Inneres durch den Rat der EU (gestützt auf Art. K.3. Abs. 2 c) EUV) ausgarbeitet wurden. Siehe zu beiden Konventionen *M. Mackarel & S. Nash*, Extradition and the European Union, ICLQ 46 (1997), 948 (953 ff); *G. Vermeulen/T. Vander Beken*, New Conventions on Extradition in the European Union: Analysis and Evaluation, Dick. J. Int'l L. 15 (1997), 265 ff.

[28] Foreign State Papers 159, 606.

[29] Text bei *L. B. Sohn* (ed.), Basic Documents of African Regional Organizations, Vol. 2 (1972), 616.

[30] Text in: ILM 20 (1981), 723.

[31] Weitere Vertragsnachweise für den lateinamerikanischen Bereich bei *Stein*, EPIL II, 336; informative Hinweise und Materialien auch AJIL 29 (1935), Supp., Part I, 47 f (Harvard-Entwurf).

[32] Vgl. die Konvention zur Bekämpfung der widerrechtlichen Inbesitznahme von Luftfahrzeugen vom 16. 12. 1970, UNTS 860, 105/BGBl. 1972 II, 1506; ferner die Europäische Konvention zur Bekämpfung des Terrorismus vom 27. 1. 1977, ETS No. 90/BGBl. 1978 II, 321; vgl. dazu § 189 ff.

[33] IRG-Text in: BGBl. 1982 I, 2071; zur Entstehung, der rechtspolitischen Zielsetzung und dem Inhalt des Gesetzes im einzelnen *Schomberg/Lagodny*, in: *Uhlig/Schomburg/Lagodny*, Einleitung, Rdn. 4–28. Neuere Gesetze haben auch die Schweiz, Bundesgesetz über internationale Rechtshilfe in Strafsachen vom 1. 1. 1983, Sammlung der eidgenössischen Gesetze 1982, 846 (auch in ILM 20 (1981), 1339), erlassen. Im Vereinigten Königreich gelten die Extradition Acts 1870 to 1935 (Extradition Act 1870 - 33 & 34 Vict., c. 52 –, Extradition Act 1873–36 & 37 Vict., c. 60 –, Extradition Act 1895–58 & 59 Vict., c. 33 –, Extradition Act 1932–22 & 23 Geo., 5 c. 39 –, Counterfeit Currency (Convention) Act 1935–25 & 26 Geo., 5 c. 25); vgl. dazu *Hartley-Booth*, Vol. I, 4; dort auch umfassende Übersichten über die britische Praxis und Rechtsprechung, XIX ff. In den Vereinigten Staaten ist das nationale Auslieferungsrecht für den Auslieferungsverkehr mit ausländischen Staaten ausschließlich als Bundesrecht geregelt in 18 U.S. C. Sec. 3184–3195. Die Gliedstaaten haben keine Auslieferungskompetenz auf der internationalen Ebene, wohl aber gibt es ein besonderes nationales Auslieferungsrecht im Verhältnis der Gliedstaaten untereinander; siehe zur Auslieferung unter völker-

Auch nationale Verfassungen enthalten häufig Regeln des Auslieferungsrechts. So wird hier häufig das Verbot niedergelegt, die eigenen Staatsangehörigen auszuliefern.[34]

Die Auslieferungsgesetze stellen nationale Rechtsquellen dar. Sie beschränken das Ermessen der nationalen Behörden in ihrem Hoheitsbereich und bieten Richtlinien für den Abschluß der Auslieferungsverträge mit anderen Staaten. Wo Auslieferungsverträge und -gesetze in Widerspruch zueinander geraten, ergeben sich die völkerrechtlichen Rechte und Pflichten der Staaten aus den Verträgen. Welche Rechtsquellen aber für die Behörden und Gerichte des Inlandes maßgebend sind, hängt von dem Verhältnis des Völkerrechts zum Recht des Inlandes, nämlich davon ab, ob völkerrechtliche Verträge als Teil des Inlandrechts gelten und welcher Quelle im Falle des Konflikts der Vorrang gebührt. In den europäischen Staaten wird überwiegend der Vorrang der vertraglichen Auslieferungspflichten gegenüber dem nationalen Recht anerkannt, sei es durch entsprechende ausdrückliche Regelungen in den nationalen Auslieferungs- bzw. Rechtshilfegesetzen – so in Österreich, der Schweiz und in Deutschland[35] – oder sei es aufgrund der Anwendung der *lex specialis*-Regel, d. h. die Einräumung des Vorranges an die vertragliche Vorschrift als einer Spezialregelung gegenüber dem nationalen Recht.[36]

3. Eine besondere Form der Verbindung nationaler Gesetzgebung und internationaler Zusammenarbeit bei der Regelung von Auslieferungsfragen stellt das im Rahmen des Nordischen Rates angewandte Verfahren paralleler, gleichlautender nationaler Gesetzgebung dar. Der „Uniform Nordic Extradition Act" wurde von den Ratsmitgliedstaaten als jeweils nationales Gesetz erlassen, so daß der Sache nach ein einheitliches Auslieferungsrecht zwischen den betreffenden Staaten gilt, jedoch trotz der gleichgerichteten Willenserklärungen der nationalen Gesetzgeber ein internationaler Auslieferungsvertrag im eigentlichen Sinne nicht vorliegt.[37]

III. 1. Eine Pflicht zur Auslieferung von Straftätern läßt sich nicht dem allgemeinen Völkerrecht, sondern nur Verträgen entnehmen.[38] Wenn keine Verträge bestehen, ist der Aufenthaltsstaat zur Auslieferung auch dann nicht verpflichtet, wenn er das Verbrechen seinerseits nicht verfolgt. In diesem Sinne wäre von einem „Schutzrecht" des Staates zu sprechen.

2. Das allgemeine Völkerrecht kennt aber kein Schutzrecht der verfolgten Person.[39] Auch wenn keine Verträge bestehen, sind nämlich die Staaten gleichwohl zur Auslieferung nach

---

rechtlichen Aspekten das Restatement of the Foreign Relations Law of the United States (revised) (1986) §§ 475–478.

34 Siehe etwa Art. 16 Abs. 2 GG; der anglo-amerikanische Rechtskreis neigt eher dazu, auch eigene Staatsangehörige auszuliefern. Dies hängt mit der strikten Anwendung des Territorialprinzips in diesen Staaten zusammen.

35 Z. B. § 1 Abs. 3 IRG für die Bundesrepublik Deutschland.

36 So zutreffend *Stein*, EPIL II, 335.

37 Siehe dazu ebenso *Stein*, ebd.

38 *K. Hailbronner*, Der Staat und der Einzelne als Völkerrechtssubjekte, in: *W. Vitzthum* (Hrsg.), Völkerrecht 1997, 179 (259). *Stein*, EPIL II, 335 weist zu Recht darauf hin, daß trotz einer weitgehenden Übereinstimmung der in den bestehenden Verträgen und in den nationalen Gesetzgebungen anerkannten Grundprinzipien des Auslieferungsrechts diese – mit wenigen Ausnahmen, so etwa im Hinblick auf das Verbot der Auslieferung politischer Straftäter – nicht Bestandteil des Völkergewohnheitsrechts geworden sind; vgl. dazu etwa *Kimminich*, Asyl und Auslieferung, in: *Zieger/Meissner/Blumenwitz* (Hrsg.), 27 (29) (mit Hinweis auf die abweichende Meinung von *C. Gusy*, Die neuere Entwicklung des völkerrechtlichen Auslieferungsrechts, BayVBl. 26 (1980), 11). Vgl. hierzu aus der Rechtsprechung etwa *U. S. v. Rauscher* 119 U.S. 407 (1886), *Tucker v. Alexandroff* 183 U.S. 424 (1902), *Factor v. Laubenheimer* 290 U.S. 276 (1933); *Williams v. Rogers* 449 F.2d 513 (US Ct. of App., 8th Circ., 1971; cert. denied 405 U.S. 926); *Waits v. McGowan* 516 F.2d 203 (US Ct. of App., 3rd Circ., 1975); Oberstes Gericht von Chile im Falle *Vigoni*, ILR 1950, C. 82. Anders *Fauchille* I 1, 993 f, der eine grundsätzliche Auslieferungspflicht nach allgemeinem Völkerrecht annahm.

39 So z. B. auch die Entscheidung in *Chandler v. U.S.* 171 F.2d 921 (US Ct. of App., 1st Circ., 1948): Die Zulässigkeit der Strafverfolgung gegen einen in Deutschland von der amerikanischen Besatzungsmacht festgenommenen Amerikaner wegen Verrats: *„The right of asylum is that of the State voluntarily to offer asylum, not of the fugitive to insist upon it"*.

ihrem Ermessen befugt.[40] Auch aus Art. 14 der Allgemeinen Erklärung der Menschenrechte von 1948 läßt sich keine Rechtspflicht zur Gewährung von Zuflucht entnehmen.[41] Nur wenn die Auslieferung im Hinblick auf das dem Ausgelieferten drohende Schicksal elementare Menschenrechte, und das heißt die Einhaltung des völkerrechtlichen Mindeststandards, gefährdet, kann sich aus dem allgemeinen Völkerrecht oder aus internationalen Konventionen zum Schutze der Menschenrechte ein Auslieferungsverbot ergeben.[42]

So sieht das Übereinkommen gegen Folter und andere grausame, unmenschliche oder erniedrigende Behandlung oder Strafe vom 10. 12. 1984[43] in Art. 3 u. a. ein Verbot für die Vertragsstaaten vor, eine Person an einen anderen Staat auszuliefern, wenn „stichhaltige Gründe für die Annahme bestehen, daß sie dort Gefahr liefe, gefoltert zu werden."[44] Ein Auslieferungsverbot kann sich auch für die Vertragsstaaten der EMRK von 1950 ergeben, deren Art. 3 das Verbot der Folter oder unmenschlicher oder erniedrigender Behandlung enthält.[45] Daß sich dieses Verbot auch im Hinblick auf die Zulässigkeit einer Auslieferung auswirkt, ergibt sich aus der Überlegung, daß zwar die verbotene Behandlung einer von einer Auslieferung bedrohten Person nicht von dem um Auslieferung ersuchten Staat selbst erfolgt. Aber dem ersuchten Staat ist zuzurechnen, daß er die absehbaren Folgen einer Auslieferung mißachtet. In diesem Sinne hat der EMGR im Falle *Soering* entschieden.[46]

In anderen Fällen kann allenfalls zweifelhaft sein, ob der Verfolgte nicht jedenfalls dann gewisse Rechte genießt, wenn die verlangte Auslieferung einem etwa bestehenden Vertrag widerspricht. So ließe sich fragen, ob der Auszuliefernde sich vor dem Gericht des Staates, dem er ausgeliefert worden ist, etwa darauf berufen kann, daß der Auslieferungsvertrag eine Auslieferung politischer Straftäter verbiete und die ihm zur Last gelegte Tat eine politische Straftat enthalte. Auch ist zu fragen, ob der Auszuliefernde Verstöße gegen die Regeln des Auslieferungsverfahrens geltend zu machen vermag und ob er rügen könnte, daß ihm die vertraglich zugesicherte Anhörung durch einen Richter vor der Auslieferung vorenthalten worden sei.

Die in der bisherigen Rechtsprechung nationaler Gerichte[47] und im Schrifttum überwiegende

---

[40] Vgl. dazu die Entscheidungen z. B. des Obersten Gerichts von Chile, ILR 1951, C.98, und des Bundes- und Kassationsgerichtshofes von Venezuela, ILR 1951, C.99 und 1952, C.75. Es gibt aber zahlreiche Staaten, nach deren internem Recht eine Auslieferung nur aufgrund von Verträgen oder nationalem Gesetz zulässig ist, vgl. für die Vereinigten Staaten die Entscheidungen *Factor v. Laubenheimer* 290 U.S. 276 (1933): „The principles of international law recognize no right to extradition apart from treaty. While a government may, if agreeable to its own constitution and laws, voluntarily exercise the power to surrender a fugitive from justice to the country from which he has fled ... the legal right to demand his extradition and the correlative duty to surrender him to the demanding country exist only when created by treaty." (287); ferner *Williams v. Rogers* und *Waits v. McGowan.*

[41] So zutreffend der irische Oberste Gerichtshof in *The State v. Tapley*, ILR 1951, C. 109. Strenge Maßgabe in diesem Sinne legt die amerikanische Rechtsprechung an, vgl. *In re Ryan v. U.S.* 360 F. Supp. 264 (US Distr. Ct. E. D. New York, 1973), *Peroff v. Hylton* 542 F. 2d 1247 (US Ct. of App., 4th Distr., 1976): „A denial of extradition by the Executive may be appropriate when strong humanitarian grounds are present, but such grounds exist only when it appears that, if extradited, the individual will be persecuted, not prosecuted, or subjected to grave injustice."

[42] So auch *Hailbronner*, Handbuch, Rdn. 741 f; zu dem der Auslieferungsfreiheit Grenzen setzenden Einfluß elementarer Menschenrechte auch *S. Breitenmoser/ G. E. Wilms*, Human Rights v. Extradition: The Soering Case, Mich.J. Int'l L. 11 (1990), 845 ff.

[43] UNTS 1465, 85; BGBl. 1990 II, 247.

[44] Zitiert nach BGBl 1990 II, 247 (248).

[45] UNTS 213, 221; BGBl. 1952 II, 686.

[46] EGMR, *Soering*, Urt. vom 7. 7. 1989, Publications de la CEDH, Série A, Vol. 161, S. 35, para. 88.

[47] Vgl. dazu aus der Fülle der Belege RG, JW 1927, 2315 mit Anm. *Gerland* und RGSt 32, 425 (430); 34, 191 (195); 42, 309; 70, 286; ferner U. S. ex rel. *Donnelly v. Mulligan* 74 F. 2d 220 (US Circ. Ct. of App., 2d Circ., 1934), auch A. D. 1935–37, C. 169: „Extradition treaties are for the benefit of the contracting parties and are a means of providing for their social security and protection against criminal acts, and it is for this reason that rights of asylum and immunity belong to the state of refuge and not to the criminal."; siehe auch *U. S. v. Chandler.* In gleichem Sinne der Cour d'Appel Rouen im Falle *Spiessens*, RCDIP 40 (1951), 487: „Attendu ... que le délinquant, qui n'a pas été partie à la convention, est sans qualité pour invoquer ou interpréter le silence du traité qui est conclu, non pas dans son intérêt, mais

Auffassung[48] neigte und neigt z. T. auch noch zur Verneinung der Frage. Dafür spricht, daß Auslieferungsverträge eine Doppelnatur haben. Sie dienen einerseits der möglichst wirksamen Strafverfolgung über die Grenzen hinaus. Aber sie sind auch darauf angelegt, den Auszuliefernden vor Übereilung und Willkür zu schützen. Aber auch mit dem letzteren wird zunächst nur ein öffentliches Interesse der Rechtspflege verfolgt. Jedenfalls sind bisher die Auslieferungsverträge internationale Verträge, aus denen in der Regel nur den beteiligten Staaten Rechte und Pflichten erwachsen. Sie lassen sich im allgemeinen auch als nicht zum Vorteil des Auszuliefernden als Verträge zugunsten Dritter interpretieren. Zwar kann etwas anderes verabredet werden, doch galt und gilt dies im Interesse der Verbrechensverfolgung nach verbreiteter Auffassung auch als nicht erwünscht.[49]

Doch scheint sich insofern jedenfalls regional im Bereich der EU, aber auch auf internationaler Ebene eine Auflockerung der bisherigen Doktrin abzuzeichnen. So sieht das Europäische Übereinkommen über das vereinfachte Auslieferungsverfahren zwischen den Mitgliedstaaten der Europäischen Union vom 10. 3. 1995 vor, daß die Regeln über das vereinfachte Auslieferungsverfahren nur zur Anwendung kommen dürfen, wenn nicht nur der ersuchte Staat, sondern auch die betroffene Person ihre Zustimmung gegeben haben (Art. 2).[50] Hierin ist eine ausdrückliche Einräumung eines subjektiven Rechts der von der Auslieferung betroffenen Person zu sehen, das bei Verletzung von der betroffenen Person als ein Verfahrensfehler geltend gemacht werden kann. Eine entsprechende Regelung findet sich auch im VN-Modellvertrag über die Auslieferung, der von der VN-Generalversammlung am 14. 12. 1990 angenommen und den Mitgliedstaaten der Vereinten Nationen zur Beachtung bei der Ausarbeitung neuer bzw. Änderung bestehender Auslieferungsabkommen empfohlen wurde.[51]

Aber in der internationalen Praxis wird dem Auszuliefernden persönlich doch die Berufung auf den Auslieferungsvertrag in der Regel versagt. So entspricht es nach wie vor der Rechtsauffassung verschiedener Staaten, wonach es kein Hindernis für eine strafrechtliche Verfolgung darstellt, wenn der Angeklagte ohne Auslieferungsverfahren, etwa durch Entführung unter Verletzung des Völkerrechts in die Strafgewalt des Staates gelangt ist.[52] Dem

---

dans l'intérêt des puissances contractantes et de leur souveraineté." Ebenso Cour d'Appel Paris im Falle *Colman*, RCDIP 36 (1947), 435, italienischer Kassationshof im Falle *Manovratti*, Giur. it 88 (1936) II, 243, Kassationsgerichtshof der Niederlande im Falle *Flesche*, Nederlands Jurisprudentie 1949, Nr. 548, Supreme Court of India in *Babu Ram Saksena v. The State*, ILR 1950, C.4; Supreme Court von Palästina im Fall *Afouneh v. Attorney-General*, A. D. 1941–42, C. 97; vgl. auch die Hinweise im Kommentar zu Art. 16 des Harvard-Entwurfes einer Konvention über die Jurisdiktion über Straftaten, AJIL 29 (1935), Supp., 623 ff, insbesondere 628.

[48] In diesem Sinne der Bericht über die seinerzeit bestehenden Auffassungen im Harvard-Entwurf, Kommentar zu Art. 16, AJIL 29 (1935), Supp., 628; *G. Schwarzenberger*, The Problem of an International Criminal Law, in: Current Legal Problems 3 (1950), 263 ff (272): „It would... be a travesty of the real situation to imagine that States intended an extradition treaty to be the Magna Charta of the criminal profession, or to be based on any principles of international law which prisoners are entitled to invoke in their own right." Unter Bezugnahme auf den traditionellen Satz *„male captus bene detentus"* zur vorherrschenden Meinung auch *Henkin/Pugh/Schachter/Smit*, 886 f.

[49] Die Effektivität der Strafverfolgung stellen etwa die in Anm. 47 genannten Entscheidungen klar vor die Einhaltung der Verfahrensvorschriften. Vgl. hierzu auch die nachfolgenden Ausführungen und die Nachweise in Anm. 52.

[50] Abkommen auf der Grundlage von Art. 31 (ex Artikel K. 3) des EU-Vertrages, Rechtsakt des Rates vom 10. 3. 1995, Abl. 95/C 78/01.

[51] UN GA Res/45/116 vom 3. 4. 1991, Text in: ILM 30 (1991), 1407.

[52] Vgl. für die Vereinigten Staaten *Kerr v. Illinois* 119 U.S. 436, jedoch wird insoweit eine Ausnahme gemacht, wenn mit der illegalen Verbringung in amerikanische Strafgewalt besonders brutal und unmenschlich vorgegangen wird, vgl. hierzu einerseits *U. S. v. Toscanino* 500 F. 2d 267 (US Circ. Ct. of App., 2d Circ., 1974) – hier wurde aufgrund der vom Angeklagten erhobenen Vorwürfe unmenschlicher Behandlung eine erneute Anhörung in der Vorinstanz angeordnet – und U. S. ex rel. *Lujan v. Genglar* 510 F. 2d 62 (US Circ. Ct. of App., 2d Circ., 175), wo der bloße Einwand der illegalen Verhaftung und Entführung als unzureichend für die Ablehnung der amerikanischen Strafzuständigkeit gehalten wurde. Siehe aus neuerer Zeit *U. S. v. Alvarez-Machain*; der *Supreme Court* entschied hier, daß Entführungen von Straftätern durch staatliche Stellen nicht gegen den

würde es widersprechen, wenn der im Vergleich zu einer völkerrechtswidrigen Entführung sehr viel weniger gewichtige Verstoß gegen eine Vorschrift eines Auslieferungsvertrages zu einem Verfolgungshindernis erhoben würde. Freilich begegnet die bisherige Praxis rechtspolitischen Bedenken.[53] Wenn auch zuzugeben ist, daß der Effektivität internationaler Strafverfolgung eine hohe Bedeutung zukommt – und dies angesichts einer zunehmenden Internationalisierung des organisierten Verbrechens mehr denn je – so bedeutet es doch eine Schwächung des Rechtsstaatsgedankens, wenn Strafverfolgung, die im Interesse der Rechtswahrung erfolgt, ihrerseits unter Verletzung geltenden Völkerrechts vorgenommen wird. So hat denn auch das Institut de Droit International verschiedentlich – auf den Sitzungen von 1880 (Oxford) und 1894 (Paris) und zuletzt auf der Sitzung von 1983 (Cambridge) – in seinen Resolutionen gefordert,[54] daß dem Auszuliefernden das Recht einzuräumen sei, sich vor den nationalen Gerichten zu seinem Schutz auf die Vorschriften des jeweils in Rede stehenden Auslieferungsvertrages berufen zu können. Auch in der Lehre sind entsprechende Forderungen erhoben worden,[55] und auch in der Rechtsprechung hat es einzelne Entscheidungen gegeben, in denen in diesem Sinne erkannt wurde.[56] In diesem Sinne wurde auch im

---

US-amerikanisch-mexikanischen Auslieferungsvertrag verstoßen, da dieser solche Entführungen nicht ausdrücklich verbietet. Obwohl die Entführung offensichtlich gegen Prinzipien des Völkerrechts verstieß, bleibt es der Entscheidung der Exekutive überlassen, ob sie *Machain* an Mexiko überstellt; U.S. 504 (1992), 655, abgedruckt in: ILM 31 (1992), 900 ff. Siehe aber den U.S. Court of Appeals des 9th Circuit in *United States v. Verdugo-Urquidez*, F. 2d 939 (9th Cir. 1991), 1341; abgedruckt in: ILM 30 (1991), 1197 ff. Siehe zum Fall *Alvarez-Machain: M. Halberstam*, In Defense of the Supreme Court Decision in Alvarez-Machain, AJIL 86 (1992), 736 ff; *M. J. Glennon*, State-Sponsored Abduction: A Comment on United States v. Alvarez-Machain, AJIL 86 (1992), 746 ff; *D. C. Smith*, Beyond Indeterminacy and Self-Contradiction in Law: Transnational Abductions and Treaty Interpretation in U. S. v. Alvarez-Machain, EJIL 6 (1995), 1 ff. Siehe auch den Fall *Eichmann*, der 1960 aus Argentinien entführt und 1962 in Israel abgeurteilt wurde. Der Einwand der völkerrechtswidrigen Entführung wurde von den israelischen Gerichten für irrelevant im Hinblick auf die Ausübung der israelischen Gerichtsbarkeit erklärt (Urteil des israelischen Bezirksgerichts vom 12. 12. 1961 und des Obersten Gerichts vom 29. 5. 1962 im Fall *Attorney-General of the Government of Israel v. Adolf Eichmann*, ILR 36 (1968), 18 ff und 277 ff). Dieser Fall weist insofern eine Besonderheit auf, als *Eichmann* wegen völkerrechtlicher Verbrechen gegen die Menschlichkeit angeklagt war, Delikte, für die nach heutiger Ansicht jeder Staat Jurisdiktion besitzt. Vgl. hierzu *O'Higgins*, BYIL 36 (1960), 279 ff; *García-Mora*, Ind.L. J. 32 (1957), 427 ff. Vgl. auch den Fall einer irrtümlichen Auslieferung, über den vor einem Special Tribunal in Indien (1910) und später durch den StIGH entschieden wurde, *Emperor v. Vinayak Damodar Savakar*, ILR 35, 225 und den Schiedsspruch im Rechtsstreit hierüber zwischen dem Vereinigten Königreich und Frankreich bei *Scott* I, 275, in dem die Pflicht zur Rückgabe einer dem abzuurteilenden Staat versehentlich übergebenen Person verneint wird.

[53] Kritisch in diesem Sinne *García-Mora*, Ind.L. J. 32 (1957), 427 ff; ebenfalls *O'Higgins*, BYIL 36 (1960), 279 ff (319), der darauf hinweist, daß die britischen Fälle, die als Beleg für eine konstante Praxis britischer Gerichte, illegal ins Land gebrachte Personen ihrer Jurisdiktion zu unterwerfen, dienen, nicht so eindeutig sind, wie dies immer wieder angenommen werde (280 ff); einschlägige Fälle, die nach Ansicht *O'Higgins* jedoch nicht eindeutig auf einer Völkerrechtsverletzung, sondern eher auf einer Verletzung des nationalen Rechts des bisherigen Aufenthaltsstaates bei der Festnahme beruhen, sind u. a. *Ex parte Scott*, 9 B&C 446, 109 E. R. 166 (1829), *Rex v. Sattler*, D. & B. 539, 169 E. R. 1111 (1858), R.v. Officer Commanding Depot Battalion R. A. S. C. Colchester, Ex parte *Elliott* [1949] 1 All ER 373.

[54] Institut de Droit International 1880 und 1894, Z. 26, TGR 382, 384, und 1983, AnnIDI 60 II (1983), 304 ff.

[55] Vgl. etwa *H. Lauterpacht*, The Function of Law in the International Community, 1933, 88 f und ders., International Law and Human Rights, 1950, 31; *García-Mora*, Ind.L. J. 32 (1957), 427 (448 f); *O'Higgins*, BYIL 36 (1960), 279 ff (319); *S. A. Williams*, Interstate Co-operation and Individual Rights in Extradition Law: Can the Two Exist?, Hague YBIL 6 (1993), 95 ff; *G. Gilbert*, State Sovereignty as a Guarantee of an Individual's Human Rights – Selected Aspects, PolYBIL 21 (1994), 121 ff.

[56] Vgl. etwa *In re Jolis*, Tribunal correctionnel d'Avesnes, Sirey 1934 II, 105, A. D. 1933–34, C. 77: Freilassung einer Person, die von französischen Beamten unter Verletzung der belgischen Hoheitsgewalt auf belgischem Gebiet verhaftet worden war (mit zustimmender Anm. von *Rousseau* (bei Sirey ebd.); Entscheidung der United States-Panamá Claims Commission im Fall *Colunje*, A. D. 1933–34, C. 96 – Verhaftung von *Colunje* in der Kanalzone, in die er von einem amerikanischen Polizeiagenten unter einem falschen Vorwand gelockt worden war, als null und nichtig bezeichnet. Siehe die rechtsvergleichenden Überblicke in *O. Lagodny/S. Reisner*, Extradi-

Fall *United States v. Verdugo-Urquidez* vom U.S. Court of Appeals des 9th Circuit mit der Begründung entschieden, der amerikanisch-mexikanische Auslieferungsvertrag regle die Möglichkeit des Staates, eines Straftäters im Ausland habhaft zu werden, abschließend, auch wenn er die Entführung nicht ausdrücklich verbiete; denn die Entführung verstoße gegen die territoriale Integrität des Aufenthaltsstaates.[57]

§ 101 Die Auslieferungstat

Schrifttum: wie zu § 100.

I. Wenn auch das allgemeine Völkerrecht nur wenige Regeln über die Auslieferung enthält, so haben doch Auslieferungsverträge und nationale Auslieferungsgesetze vieles gemeinsam. Dieser typische Inhalt des Vertrags- und des nationalen Rechts muß in kurzen Zügen dargestellt werden. Zunächst ist von den Straftaten zu sprechen, aufgrund derer die Auslieferung normalerweise verlangt und gewährt wird.

Überall in der Welt ist der Kreis der Auslieferungstaten beschränkt. Bei ihrer Bestimmung bedient man sich einer zweifachen Technik. Viele Verträge enthalten Listen von Auslieferungstaten, die meist eine erschöpfende, manchmal auch eine nur exemplifizierende Aufzählung bieten.[1] Aber in neueren Auslieferungsverträgen überwiegt eine andere Methode, die wohl den Vorzug verdient.[2] Der Kreis der Auslieferungstaten wird dadurch bestimmt, daß man im Falle der Strafverfolgung auf die gesetzlich angedrohte, im Falle der Strafvollstreckung auf die verhängte Strafe Bezug nimmt[3] und darüber hinaus bestimmte Taten, in erster Linie politische Straftaten, von der Auslieferung ausschließt.

Nach § 3 IRG[4] muß die Auslieferungstat nach dem deutschen Recht eine „rechtswidrige Tat, die den Tatbestand eines Strafgesetzes verwirklicht, oder wenn sie bei sinngemäßer Umstellung des Sach-

---

tion Treaties, Human Rights and „Emergency-Brake"-Judgements – A Comparative European Survey, FYIL 3 (1992), 237 ff; *H. G. van de Wilt*, Après *Sœring*: The Relationship between Extradition and Human Rights in the Legal Practice of Germany, the Netherlands and the United States, NILR 42 (1995), 53 ff.

57 *United States v. Verdugo-Urguidez*, F. 2d 939 (9th Cir. 1991). ILM 30 (1991), 736 ff. Im Falle des von U. S.-amerikanischen Interventionstruppen verhafteten, zuvor gestürzten Präsidenten von Panama, *Noriega*, hat das U.S. Gericht den Einwand der rechtswidrigen Verbringung *Noriegas* in die Vereinigten Staaten als Verfahrenshinderungsgrund aber wiederum zurückgewiesen; Urt. des US Court of Appeals des 11th Circuit vom 7. 7. 1997, 117 F. 3d 1206, unter III. A. 2.

1 Diese Listen sind im Laufe der Zeit immer mehr angewachsen. Der Vertrag von Amiens zwischen Großbritannien, Frankreich, Spanien und den Niederlanden vom 27. 3. 1802, CTS 56, 289, bezeichnete in Art. 20 drei Verbrechen *(„... des crimes de meurtre, de falsification ou de banqueroute frauduleuse ...")*, aufgrund derer eine Auslieferung stattfinden sollte. Der Auslieferungsvertrag zwischen Deutschland und der Schweiz vom 6. 7. 1874, CTS 147, 223, wies bereits 23 Auslieferungsdelikte auf. Im Auslieferungsvertrag zwischen den Vereinigten Staaten und Israel vom 10. 12. 1962, UNTS 484, 283, beträgt die Zahl der Auslieferungsdelikte 32; vgl. hierzu auch die Materialien zum Harvard-Entwurf einer Auslieferungskonvention von 1934/35, insbesondere Anhang III 1 und V 6, AJIL 29 (1935), Supp., 21 (274, 341).

2 Dies insbesondere auch im Hinblick auf den Grundsatz der beiderseitigen Verfolgbarkeit oder Strafbarkeit, dessen Anwendung hier Schwierigkeiten bereitet. Für die Bestimmung nach der Strafe hatten sich auch *J. L. Brierly* und *C. de Visscher* in ihren Berichten für den Sachverständigenausschuß des Völkerbundes für die Kodifikation des Völkerrechts ausgesprochen, vgl. AJIL 20 (1926), Supp., 245 und 1948, Art. 1. Ebenso das Europäische Auslieferungsabkommen vom 13. 12. 1957, UNTS 359, 273, Art. 1.

3 Manchmal wird die Höhe der bei der Strafverfolgung zu erwartenden Strafe anders bestimmt als die der Strafe, die vollstreckt werden soll, z. B. dort ein Jahr, hier sechs Monate oder weniger, vgl. z. B. Art. III des Auslieferungsvertrages zwischen den Vereinigten Staaten und Schweden vom 24. 10. 1961, UNTS 494, 141 (ein Jahr nach dem Recht beider Vertragsstaaten/vier Monate Mindeststrafe bei der konkreten Verurteilung).

4 Gesetz über die internationale Rechtshilfe in Strafsachen vom 23. 12. 1982, BGBl. 1982 I, 2071.

verhalts auch nach deutschem Recht eine solche Tat wäre" (§ 2 Abs. 1 IRG) sein. Ausgenommen sind politische und militärische Delikte. Das IRG folgt damit der Eliminationsmethode und bestimmt so nicht nur, daß eine Auslieferungstat nach deutschem Recht eine rechtswidrige, sondern auch i.S. des IRG eine „auslieferungsfähige", d. h. nicht unter die gesetzliche Ausnahme fallende Tat sein muß. Nach § 2 Abs. 2 IRG ist eine Auslieferung zur (Straf-) Verfolgung nur zulässig, „wenn die Tat nach deutschem Recht im Höchstmaß mit Freiheitsstrafe von mindestens einem Jahr bedroht ist" (oder bei sinngemäßer Umstellung so bedroht wäre) und nach § 2 Abs. 3 IRG zur Vollstreckung nur, „wenn wegen der Tat die Auslieferung zur Verfolgung zulässig wäre und wenn eine freiheitsentziehende Sanktion zu vollstrecken ist."[5] Voraussetzung für die Zulässigkeit der Auslieferung zur Vollstreckung ist ferner, „daß die noch zu vollstreckende freiheitsentziehende Sanktion oder die Summe noch zu vollstreckender freiheitsentziehender Sanktionen mindestens vier Monate beträgt". Entsprechende Mindestzeiten für die angedrohten oder verhängten oder zu vollstreckenden Freiheitsentziehungen sieht z. B. der Auslieferungsvertrag zwischen den Vereinigten Staaten und Schweden vom 24. 10. 1961[6] vor, der zugleich ein interessantes Beispiel für die Kombination von Enumerations- oder Listenprinzip und dem Prinzip der Anknüpfung an die Strafhöhe bietet (Art. II i.V.m. Art. III: Auslieferung nur, wenn die gesetzliche Strafe für das Delikt, für das ausgeliefert werden soll, in beiden Vertragsstaaten mehr als ein Jahr beträgt). Eine Anknüpfung an die Strafhöhe nur für spezielle Delikte sieht Art. 3 des amerikanisch-israelischen Auslieferungsvertrages vom 10. 12. 1962[7] vor. Die Auslieferung soll nach Art. II Abs. 2 z. B. für die Verletzung von Gesetzen betreffend gefährliche Drogen, Meineid u. ä. nur zulässig sein, wenn diese Delikte in beiden Staaten mit mehr als drei Jahren Freiheitsentzug bestraft werden können und nach Art. II Abs. 3 die Auslieferung für die Verfolgung des Versuchs von strafbaren Handlungen i.S. der Enumeration, wenn dieser in beiden Staaten mit mehr als drei Jahren Freiheitsentzug bestraft werden kann.[8]

II. 1. Das Auslieferungsrecht verlangt, daß die dem Auslieferungsgesuch zugrundeliegenden Tat nach dem Recht beider oder aller am Vertrag beteiligter Staaten strafbar ist. Es gilt der Grundsatz der doppelten Strafbarkeit, das Prinzip der identischen oder zumindest im wesentlichen Inhalt gleichen Norm.[9] Dies stellt nur eine Anwendung des das ganze Auslieferungsrecht durchziehenden Grundsatzes der Gegenseitigkeit dar.[10]

Auch wenn der Auslieferungsvertrag sich nicht ausdrücklich äußert, besteht die Vermutung dafür, daß die Parteien den Grundsatz der identischen Norm anwenden wollten. Aber es ist keine Regel zwingenden Rechts. Es kann etwas anderes verabredet werden. Namentlich in älteren Verträgen, z. B. im deutsch-schweizerischen Auslieferungsvertrag von 1873 ist der Grundsatz jedenfalls nicht allgemein durchgeführt worden. Der Supreme Court der Vereinigten Staaten hat 1933 im Falle *Factor v. Laubenheimer*[11] die Auslieferung des Verhafteten gebilligt, obwohl die Tat nur nach dem Recht des die Auslieferung fordernden Staates (Großbritannien), aber nicht nach amerikanischem Recht mit Strafe bedroht war. Denn der britisch-amerikanische Auslieferungsvertrag von 1842 verlange keine doppelte Strafbarkeit.[12]

2. Der Vergleich, den die Anwendung dieser Regel erfordert, ist oft mit Schwierigkeiten verbunden, namentlich dort, wo die Auslieferungstaten im Vertrag aufgezählt sind.

Nicht selten wird ein bestimmtes Delikt in beiden Rechten mit dem gleichen Wort bezeichnet, aber die Tatbestände stimmen nicht genau überein. Oder die im Auslieferungsvertrag gewählte Bezeich-

---

[5] Zum vom IRG neu eingeführten Begriff der Sanktion vgl. *Lagodny*, in: *Uhlig/Schomburg/Lagodny*, § 2, Rdn. 10.

[6] UNTS 494, 141 (Art. II).

[7] UNTS 484, 283.

[8] Weiteres reiches Material im Kommentar zu Art. 2 Harvard-Entwurf, AJIL 29 (1935), 72 ff.

[9] Eine strikte Identität ist nicht zu verlangen, da die Gesetzesformulierungen, aber auch die Strafrechtsdogmatik in den einzelnen Ländern doch zu verschieden ist; vgl. in diesem Sinne *Stein*, EPIL II, 329; vgl. in diesem Sinne auch § 3 Abs. 1 IRG.

[10] Am Prinzip der Gegenseitigkeit hält auch das IRG (§ 5) fest; dazu *Lagodny*, in: *Uhlig/Schomburg/Lagodny*, § 5, Rdn. 2.

[11] 29 U.S. 276 (1933).

[12] *Webster-Ashburton Treaty* vom 9. 8. 1842, CTS 93, 415, Art. X.

nung der Straftat ist zwar dem Recht des einen, aber nicht dem des anderen Vertragsstaates geläufig.[13] Auch die Strafarten sind nicht immer gleich.
Die Schwierigkeiten, die sich hier ergeben können, werden durch den Fall *Eisler* beleuchtet. *E.* wurde 1949 nach seiner Rückkehr aus den Vereinigten Staaten in England verhaftet, weil die Vereinigten Staaten seine Auslieferung wegen „*perjury*", eines im britisch-amerikanischen Auslieferungsvertrag[14] genannten Verbrechens, verlangten. Doch wurde er von den britischen Behörden alsbald wieder freigelassen, weil der Meineid in einem amerikanischen Verwaltungsverfahren geleistet worden sein sollte, aber das englische Recht, anders als das amerikanische Recht, den Begriff der „*perjury*" auf den Meineid im gerichtlichen Verfahren beschränkt.[15]
Eine andere Schwierigkeit kann sich aus Verschiedenheiten in der Gestaltung der Strafausschließungsgründe ergeben. Ein interessanter Fall aus dem vergangenen Jahrhundert wurde in Kanada entschieden[16]: Ein entlaufener Sklave tötete in der Zeit vor der Sklavenbefreiung im Staate Missouri einen Mann, der ihn festnehmen wollte, und floh nach Kanada. In Missouri war damals die Festnahme von Sklaven zulässig, in Kanada nicht. Hier, nicht dort, konnte sich der Sklave auf Notwehr berufen, die die Rechtswidrigkeit nach den Rechten beider Staaten fortfallen ließ.

3. Der Grundsatz der doppelten Verfolgbarkeit oder der doppelten Strafbarkeit wird in der Regel – aber nicht immer[17] – auf die Voraussetzungen des Verfahrens und sonstige Bedingungen der Bestrafung erstreckt.

Die Tat muß nicht nur beiderseits strafbar sein, sondern von beiden Seiten verfolgt werden können. Wenn z. B. die Verfolgung oder Vollstreckung nach dem Recht des einen Teiles verjährt ist oder der nach dem Recht des einen Teiles erforderliche Strafantrag nicht gestellt worden ist,[18] findet die Auslieferung in der Regel nicht statt. Nach § 9 IRG ist sie nicht zulässig, wenn die Strafverfolgung oder -vollstreckung wegen der Tat nach deutschem Recht infolge Verjährung oder aufgrund eines Straffreiheitsgesetzes nicht zulässig wäre.[19]

III. 1. Es gibt eine Gruppe von Straftaten, die man nahezu allgemein und überall ausnimmt, die politischen Straftaten.[20]

Auch diese Regel ist verhältnismäßig jüngeren Datums. Bis zum Ende des 18. Jahrhunderts waren es weniger kriminalpolitische als allgemein politische Gesichtspunkte, die bei der Auslieferung überwogen. Soweit überhaupt ausgeliefert wurde, pflegten Fürsten und Regierungen sich gerade durch die Auslieferung politischer Verbrecher gefällig zu sein. Eine andere Beurteilung ergab sich erst um

---

13 Fälle aus der internationalen Praxis z. B. in Ann. Digest 1927–28, C. 240, 1935–37, C. 171, 1938–40, C. 153; ILR 17 (1950), C. 84; ILR 101, 174 ff.

14 Vertrag vom 22. 12. 1931, LNTS 163, 59.

15 Vgl. dazu näher *Whiteman*, Ann. Digest, Vol. 6, 797; auch Editorial Comment von *G. A. Finch*, AJIL 43 (1949), 487, und *L. C. Green*, CLP 6 (1953), 284 f.

16 (1861) 11 Upper Canada Common Pleas 9.

17 In § 9 IRG wird die Erstreckung des Grundsatzes beiderseitiger Verfolgbarkeit auf einige, aber nicht alle Verfahrensvoraussetzungen erstreckt; vgl. *Lagodny*, in: *Uhlig/Schomburg/Lagodny*, § 9, Rdn. 7. Vgl. zur älteren Staatspraxis auch die Hinweise im Kommentar zum Harvard-Entwurf, AJIL 29 (1935), 99 ff; der Entwurf selbst wollte keine Auslieferung zulassen, wenn die Verfolgung oder Vollstreckung nach dem Recht des ersuchenden und des ersuchten Staates verjährt ist.

18 So etwa (schweiz.) BGE 78 I, 39; *Stein*, 39.

19 Es ist also ein hypothetisches Urteil zu fällen. Vgl. BGHSt 1, 222 (225 f): „Bei der Prüfung der sachlichen Voraussetzungen der Strafbarkeit kommt es ... darauf an, ob der Sachverhalt bei sinngemäßer Umstellung nach deutschem Recht als Verbrechen oder Vergehen zu beurteilen sein würde." So heute § 3 Abs. 1 und Abs. 2 IRG. Auch schon RGSt 70, 74, wo der deutsch-schweizerische Vertrag vom 6. 7. 1874, CTS 147, 182, ausdehnend ausgelegt wurde. Vgl. auch Bundeskassationsgericht von Venezuela, ILR 1952, C. 84 und In re *Lo Dolce* 106 F Supp 455 (D. C. W. D. N. Y., 1952), auch ILR 1951, 318, C. 100: Keine Auslieferung eines Straftäters an Italien, da seine Tat zwar in Italien, jedoch in dem während des Krieges von deutschen Truppen besetzten Gebiet begangen war und daher zur Zeit der Tat der Jurisdiktion nicht Italiens, sondern der Besatzungsmacht unterstand; anders dagegen *Gallina v. Fraser*, 177 F Supp 856 (D. Connecticut, 1959), hier war die Tat nach Wiederherstellung italienischer Jurisdiktion und nach Beendigung der Feindseligkeiten begangen worden.

20 Vgl. auch *K. Hailbronner*, Der Staat und der Einzelne als Völkerrechtssubjekte, in: *W. Graf Vitzthum* (Hrsg.), 257; *T. Stein*, Die Auslieferungsausnahme bei politischen Delikten; *R. S. Phillips*, The Political Offence Exception and Terrorism: Its Place in the Current Extradition Scheme and Proposals for its Future, Dick. J. Int'l L. 15 (1997), 265 ff.

die Wende des 18. und 19. Jahrhunderts als eine Folge der französischen Revolution. Grundlage war nicht mehr die Solidarität der Fürsten in der Bekämpfung des innenpolitischen Feindes, sondern die Identifikation mit der Sache der Freiheit überall in der Welt. „Il (gemeint ist das französische Volk) donne asile aux étrangers bannis de leur patrie pour la cause de la liberté. Il le refuse aux tyrans". So heißt es in Art. 120 der französischen Verfassung von 1793. Es war also nicht das politische Motiv *in abstracto*, sondern die Gesinnungsgemeinschaft, aufgrund derer Zuflucht gewährt werden sollte. Erst im Laufe des 19. Jahrhunderts hat sich mit der politischen Beruhigung des Bürgertums und dem Aufkommen der parlamentarischen Demokratie die Idee der politischen Toleranz und die Überzeugung von der grundsätzlichen Gleichwertigkeit der politischen Überzeugungen auch im Auslieferungsrecht durchsetzen können. Seit dem belgischen Auslieferungsgesetz von 1833 (Art. 6) sind Ausnahmen zugunsten der politischen Straftäter gebräuchlich. Ihre Auslieferung wird schlechthin ausgeschlossen[21] oder in das Ermessen des Aufenthaltsstaates gestellt.[22] Einen anderen Weg sind die Mitgliedstaaten der Europäischen Union gegangen. In Art. 5 Abs. 1 des EG-Auslieferungsabkommens von 1996[23] ist vorgesehen, daß für die Zwecke der Anwendung des Übereinkommens *keine* strafbare Handlung vom ersuchten Staat als politische Straftat angesehen wird. Nach Art. 5 Abs. 2 können die Mitgliedstaaten aber die aus Art. 5 Abs. 1 resultierende Auslieferungspflicht auf näher bestimmte terroristische und Bandenstraftaten beschränken.[24] Dagegen hat sich der VN-Modellvertrag über die Auslieferung in Art. 3 lit. a für den Grundsatz, daß eine Auslieferung bei politischen Straftaten ausgeschlossen ist, als Grundregel ausgesprochen, stellt es allerdings den Staaten frei, Ausnahmen vom Auslieferungsverbot im Hinblick auf von ihnen in anderen multilateralen Konventionen eingegangene Verpflichtungen vorzusehen.[25] Der dem Ausschluß der Auslieferung für politische Straftaten zugrundeliegende Grundgedanke kommt auch in Art. 14 Abs. 2 der Menschenrechtserklärung der Vereinten Nationen zum Ausdruck. Danach soll die Berufung auf das Asylrecht dann nicht zulässig sein, wenn die Strafverfolgung gemeine Straftaten zum Gegenstand hat. Den politisch Verfolgten wird also Zuflucht gewährt.

Die Praxis, politische Straftäter nicht auszuliefern, gründet sich heute nicht nur auf eine Vielzahl entsprechender vertraglicher Vereinbarungen, sondern auch auf zahlreiche nationale Gesetzesregelungen entsprechenden Inhalts. Es stellt sich hier die Frage, ob das Völkergewohnheitsrecht, eine verbindliche Regel enthält, die die Auslieferung politischer Straftäter verbietet. Die Meinungen hierüber sind geteilt, und auch der nationalen Rechtsprechung vieler Staaten ist eine klare Antwort im Sinne der Existenz einer solchen Regel schon deswegen nicht zu entnehmen, weil die ganz überwiegende Zahl der Entscheidungen, die sich mit der Frage der Auslieferung politischer Straftäter befassen, auf der Grundlage entsprechender Vertragsvorschriften und/oder nationaler Gesetzesvorschriften ergangen sind. Die Entscheidung der Frage, ob oder ob nicht ein Auslieferungsverbot politischer Straftäter im allgemeinen Völkerrecht besteht, wird noch zusätzlich dadurch erschwert, daß in konkreten Fällen häufig – und heute in zunehmendem Maße – die Beurteilung des Bestehens eines gewohnheitsrechtlichen (oder vertraglichen) Auslieferungsverbotes mit der weiteren, rechtlich jedoch hiervon klar zu trennenden Problematik[26] verbunden wird, ob die Person, deren Auslieferung nachgesucht wird, wenn nicht als politischer Straftäter einzustufen, so doch als „politisch Verfolgter" von der Auslieferung ausgenommen werden muß.[27] Schließlich ist in diesem Zusammenhang zu berücksichtigen, daß in der Staatenpraxis wesentliche Veränderungen der Umstände, unter denen politische Straftaten unternommen werden, einerseits zu einer liberalen Auslegung des Begriffs der „politischen

---

[21] So auch § 6 Abs. 1 S. 2 IRG.

[22] Dafür hatte sich der Harvard-Entwurf ausgesprochen; vgl. Art. 5, AJIL 29 (1935), 107 ff.

[23] Rechtsakt des Rates vom 27. 9. 1996, ABl. 96/C 313/11.

[24] Zur Behandlung von fiskalischen Straftaten siehe Art. 6 des EG-Auslieferungsabkommens.

[25] UN Model Treaty on Extradition vom 14. 12. 1990, GA Res. 45/116, Annex vom 3. 4. 1991.

[26] Siehe dazu *Riedel*, DÖV 32 (1979), 27 (32 ff); auch *Kimminich*, Asyl und Auslieferung, in: *Zieger/Meissner/Blumenwitz* (Hrsg.), 27 (35); *V. Olbrich*, Die Auslieferungsausnahme bei politischer Verfolgung, 1987, 15 ff.

[27] Dazu unten VI. 2.

Straftat", andererseits aber in einer zeitlich nahezu parallelen gegenläufigen Entwicklung zu einer restriktiven Auslegung des Begriffs geführt haben. Auf der einen Seite ist es das wachsende Bewußtsein, insbesondere der Staaten mit einer freiheitlichen Staats- und Gesellschaftsordnung, das regelmäßig zu einer Bejahung des Vorliegens einer politischen Straftat führt, wenn die auszuliefernde Person die vom ersuchenden Staat verfolgten Straftaten mit dem Ziel der Bekämpfung von oder der Flucht aus totalitären Herrschaftsgebieten begangen hat.[28] Bezogen auf diesen Sachverhalt ist auch die Auffassung, es gebe ein völkergewohnheitsrechtliches Auslieferungsverbot zugunsten politischer Straftäter, begründet worden. Andererseits haben die in diesem Jahrhundert, und namentlich während des und seit dem Zweiten Weltkrieg zunehmenden Brutalitäten und Grausamkeiten, die auch von nationalen Freiheitskämpfern einerseits und andererseits von heute immer stärker international operierenden Terroristen begangen werden, zu einer Tendenz in der Staatenpraxis – sei es staatlicher Gerichte,[29] sei es der Staaten in ihrer internationalen Vertragspolitik[30] – geführt, den Begriff der „politischen Straftat" enger als zuvor zu begrenzen. Hierdurch sollen Straftäter, denen besonders grausame und heimtückische Anschläge zur Last gelegt werden, durch eine Auslieferung einer Bestrafung zugeführt werden. Ob in einer solchen Zeit des Umbruchs in den Rechtsüberzeugungen von einem einheitlichen Rechtsverständnis im Hinblick auf ein Auslieferungsverbot für politische Straftäter gesprochen werden kann, erscheint jedoch fraglich. Gewiß könnte an eine differenzierende Lösung in dem Sinne gedacht werden, daß das Auslieferungsverbot insoweit als gewohnheitsrechtlich anerkannt gelten kann, als Tatziel und Tatmittel – unter Berücksichtigung menschenrechtlicher Kriterien – in einem angemessenen Verhältnis zueinander stehen. Aber auch hier wird es in jedem Einzelfall schwierig sein, einheitliche Bewertungskriterien mit völkerrechtlicher Verbindlichkeit zu bestimmen, da gerade bei der insoweit erforderlichen Abwägung der Verhältnismäßigkeit von Zweck und Mittel ideologische, politische und religiöse Einstellungsunterschiede voll zum Tragen kommen müßten.

Angesichts dessen erscheint gegenwärtig ein gewohnheitsrechtliches Auslieferungsverbot für politische Straftäter nicht überzeugend begründbar.[31] Bestehen keine internationalen Verträge oder nationalen Gesetze, die der Auslieferung eines politischen Straftäters ent-

[28] In diesem Sinne ist der Begriff der politischen Straftat in der Rechtsprechung verschiedener Staaten weiterentwickelt worden. Es werden etwa durch Furcht vor politischer Verfolgung motivierte Fluchtdelikte als politische Straftaten behandelt und der Auslieferung entzogen; vgl. z. B. (schweiz.) BGE 78 I, 39 (die mit der Flucht eines Piloten aus Furcht vor Verfolgung verbundene Freiheitsberaubung gegenüber den Fahrgästen wurde als politische Straftat anerkannt, abweichend von der früheren Rechtsprechung des Schweizer Bundesgerichts) und des britischen High Court of Justice in *re Kolzcynski* [1955] 1 All E. R. 31 (mit Gewaltanwendung verbundene Flucht der Besatzung eines polnischen Fischerbootes keine Auslieferungstat); zum Fall tschechoslowakischer Flüchtlinge, die ein im innerstaatlichen Verkehr eingesetztes Flugzeug nach München auf einen amerikanischen Militärflugplatz entführten (1950), vgl. *Whiteman*, Digest, Vol. 6, 808 ff.

[29] Zur Auslieferung des der Baader-Meinhof-Gruppe zugehörigen deutschen Staatsangehörigen *Pohle* durch Griechenland (Oberlandesgericht Athen) siehe die Entscheidung in EuGRZ 4 (1977), 18 ff: keine Qualifizierung der *Pohle* zur Last gelegten Taten (Raub, Erpressung, Urkundenfälschung, Verstöße gegen das deutsche Waffengesetz, Mitgliedschaft in einer kriminellen Vereinigung u. a.) als politische Straftaten; vgl. dazu auch *Riedel*, DÖV 32 (1979), 27 (29); siehe auch schon den einen französischen Anarchisten betreffenden Fall in *re Meunier* [1894] 2 Q. B. 415; aus neuerer Zeit *In the Matter of the Extradition of Atta*, U.S. District Court, Eastern District of New York, Urt. vom 14. 2. 1989: Im Auftrag einer palästinensischen Terrororganisation ausgeführtes Bombenattentat auf einen mit Zivilisten besetzten Bus in der Westbank wurde nicht als politische Tat qualifiziert, ILR 104, 52 (65 ff).

[30] Vgl. dazu die unten genannten Verträge.

[31] Anders jedoch *Kimminich*, Asyl und Auslieferung, in: *Zieger/Meissner/Blumenwitz* (Hrsg.), 27 (29), der dies allerdings nur in dem Sinne verstanden wissen will, daß das Auslieferungsverbot für politische Straftäter geeignet ist, bestehende vertragliche Auslieferungspflichten zu verdrängen. Ein Staat dürfe die Auslieferung eines politischen Straftäters verweigern, was – so auch *Kimminich* – allerdings in aller Regel in den Auslieferungsverträgen vereinbart ist; zumindest zweifelnd *Stein*, EPIL II, 331 f.

gegenstehen, so hat jeder Staat die Entscheidung über die Auslieferung eines politischen Straftäters nach seinem – freilich an die Einhaltung der völkergewohnheitsrechtlich geltenden elementaren Menschenrechte gebundenen – Ermessen zu treffen.[32] Eine Verpflichtung zur Auslieferung kraft allgemeinen Völkerrechts besteht hingegen nicht.[33] Willkürliche oder die elementaren Menschenrechte verletzende Auslieferungen von politischen Straftätern widersprechen vielmehr dem modernen Völkerrecht.

Der praktische Unterschied zwischen der Annahme eines völkergewohnheitsrechtlich anerkannten Auslieferungsverbotes für politische Straftäter und seiner Ablehnung ist allerdings weit geringer als es das Gewicht des theoretischen Für und Wider vermuten läßt. Nur etwa 5 % aller Auslieferungsfälle treten in Konstellationen auf, in denen keine vertraglichen Regelungen zwischen den betroffenen Staaten vorhanden sind.[34] Das Verbot der Auslieferung politischer Straftäter gehört zu den festen Bestandteilen solcher Verträge. Hinzu kommt, daß es innerhalb der Gruppen der vertragslosen Auslieferungen noch eine Reihe von Staaten geben dürfte, die aufgrund nationaler Gesetzesvorschriften an einer Auslieferung politischer Straftäter gehindert sind. Auch kann die von der Auslieferung bedrohte Person – unabhängig vom Auslieferungsverfahren – um Asyl nachsuchen. In dem entsprechenden Verfahren spielen – wie im Auslieferungsentscheidungsprozeß – wiederum bindende menschenrechtliche Gesichtspunkte eine Rolle.[35] So dürfte es theoretisch kaum Fälle geben, in denen *von Rechts wegen* eine Auslieferung eines politischen Straftäters erfolgen dürfte, die unter humanitären Aspekten zu untragbaren Konsequenzen führen würde.

2. Die vorstehenden Erörterungen haben bereits verdeutlicht, daß es Schwierigkeiten bereiten kann – und in der Praxis auch bereitet –, den Begriff der „politischen Straftat" zu bestimmen. Eine völkerrechtlich allgemein verbindliche Definition gibt es nicht, und auch die bestehenden Verträge enthalten gewöhnlich keine solche Legaldefinition. Gesicherte Staatenpraxis ist es lediglich, daß die Beurteilung der Auslieferungstat, also auch ihres gegebenenfalls politischen Charakters, im Ermessen des um die Auslieferung ersuchten Staates steht.[36] Aber dieser darf die Auslieferung nicht willkürlich verweigern. Wenn er dem Vorwurf des Vertragsbruchs entgehen will, so muß er sein pflichtgemäßes Ermessen walten lassen, dessen Ausübung durch internationale Organe nachgeprüft werden kann. Anhaltspunkte für die Einordnung einer Auslieferungstat als einer politischen können der internationalen Praxis – ohne den Anspruch der Verbindlichkeit, aber doch als Indizien pflichtgemäßer Ermessensausübung – entnommen werden. Die Entwicklung solcher Anhaltspunkte geht allerdings von unterschiedlichen Ansätzen aus, und sie unterliegt – wie erwähnt – auch z. T. gegenläufigen rechtspolitischen Strömungen.

---

[32] Vgl. zur Vertragspraxis und entsprechender Rechtsprechung in diesem Sinne *Whiteman* Digest, Vol. 6, 850 ff. *Whiteman* weist darauf hin, daß „although it may be considered as self-evident that the State to which the request for extradition is made shall determine whether the offense involved is political, many extradition treaties specifically so provide." Siehe auch die Entscheidung des Obersten Gerichtshofes von Irland im Fall *The State v. Tapley*, 226; daß das Ermessen der Staaten nicht ganz frei ist, betont auch *K. Hailbronner*, Ausländerrecht: Ein Handbuch, 2. Aufl. 1989, Rdn. 731, allerdings unter einem anderen Gesichtspunkt: die Ermessensausübung darf nicht zu einer Vereitelung eines einschlägigen Vertrages und auch nicht zur Umgehung von Auslieferungspflichten führen.

[33] *Stein*, 27 ff; *S. S. Evans*, The Lockerbie Incident Cases: Libyen-Sponsored Terrorism, Judicial Review and the Political Question Doctrine, Md.J. Int'l L. and Trade, 18 (1994), 21 (73); *Factor v. Laubenheimer*, 290 U.S. 276 (1933).

[34] Vgl. die Angabe bei *Kimminich*, Asyl und Auslieferung, in: *Zieger/Meissner/Blumenwitz* (Hrsg.), 27 (32).

[35] Dazu *Hailbronner*, Ausländerrecht (Anm. 32) Rdn. 1164 mwN.

[36] Siehe hierzu schon die Hinweise in Anm. 32; hinzuweisen ist allerdings auf den sog. *Asyl*-Fall zwischen Peru und Kolumbien, den der IGH zu entscheiden hatte (ICJ 1950, 266), der u. a. die Frage des *Quis iudicabit* im Hinblick auf das „diplomatische Asyl" (vgl. dazu oben Teilband I/1, S. 290) betraf. Kolumbien vertrat die Auffassung, den Charakter der Tat bestimme der Staat, der die Zuflucht gewähre. Aber das Gericht vermißte den Beweis für die Richtigkeit dieser Behauptung (ebd., S. 275 f).

Man kann den Begriff der politischen Straftat subjektiv deuten, die vom Täter verfolgten Ziele und Zwecke oder die Motive, die ihn bestimmen, entscheidend sein lassen.[37] Eine andere Auffassung will es auf die objektive Beschaffenheit des Verbrechens, in erster Linie die Art des verletzten Rechtsguts ankommen lassen.[38] Von der rein subjektiven Deutung ist die moderne Praxis weitgehend abgerückt. Vielmehr werden verstärkt objektive Aspekte zur Bestimmung einer politischen Straftat herangezogen. Darüber hinaus wird heute überwiegend – anders als die ältere, namentlich die frühere deutsche Praxis – von einer Legaldefinition ganz abgesehen und nur einzelne Delikte vom Auslieferungsverbot ausgenommen.[39]

Dem objektiven Ansatz folgte bereits das belgische Modellgesetz von 1833.[40] In seiner Linie definierte der deutsche Gesetzgeber im Auslieferungsgesetz von 1929 (DAG)[41] politische Straftaten in § 3 Abs. 2 als „die strafbaren Angriffe, die sich unmittelbar gegen den Bestand oder die Sicherheit des Staates, gegen das Oberhaupt oder ein Mitglied der Regierung des Staates als solches, eine verfassungsmäßige Körperschaft, die staatsbürgerlichen Rechte bei Wahlen oder Abstimmungen oder gegen die guten Beziehungen zum Ausland richten." Ausgenommen waren nach § 3 Abs. 3 DAG Verbrechen gegen das Leben, wobei diese wiederum ausgenommen werden, wenn sie im offenen Kampfe begangen wurden. Das IRG von 1982[42] hat – der modernen Tendenz folgend – von einer Legaldefinition abgesehen. § 6 Abs. 1 IRG erklärt die Auslieferung für nicht zulässig „wegen einer politischen Tat oder wegen einer mit einer solchen zusammenhängenden Tat." Jedoch ist auch

---

[37] Vgl. etwa das britische Urteil *In re Castioni* [1891] 1 Q.B. 149: Nichtauslieferung des Verfolgten, der im Verlauf politischer Unruhen im Tessin einen Beamten erschossen hatte. Denn eine politische Straftat sei jede Tat *„in furtherance of, done with the intention of assistance, as a sort of overt act in the course of acting in a political matter"*. Unter Berufung auf das politische Motiv der Täter glaubte die italienische Regierung auch 1934, die Auslieferung der Mörder des Königs Alexander von Jugoslawien verweigern zu dürfen, vgl. das Urteil des Appellationsgerichts Turin, Foro italiano 60 (1935) II, 20. Vgl. auch *D. de Vabres* zum Fall Colman, RCDIP 36 (1947), 47: *„C'est du but politique de l'agent et de lui seul que dépendent le caractère politique de l'infraction et le refus de l'extradition"*; zu eng die Auffassung von Richter *Alvarez*, ICJ 1950, 298: *„Tout acte qui a pour but de renverser la situation intérieure d'un pays"*; hier ist zu fragen, warum außenpolitische Ziele ausgeschlossen sein sollen.

[38] Daß diese Auffassung, die es auf die Zielrichtung des Täters gegen den Bestand des Staats ankommen läßt, ein subjektives, finales Element in sich schließt, liegt auf der Hand.

[39] So die überwiegende Vertragspraxis nach der Jahrhundertwende, vgl. etwa den Auslieferungsvertrag zwischen den USA und Venezuela vom 19. 1. 1922, LNTS 49, 435, Art. 3 (Attentatsklausel). Die Attentatsklausel wurde nach dem 2. Weltkrieg in einer Reihe von multilateralen Verträgen aufgenommen, so in den Auslieferungsvertrag der Arabischen Liga (1952), Art. IV Abs. 1 und Abs. 2, League of Arab States Treaty Series, 27; in den Benelux-Vertrag über Auslieferung und Rechtshilfe in Strafsachen (1962), Art. 3 Abs. 2(a), Moniteur Belge vom 24. 10. 1962; in die Auslieferungskonvention des Europarates von 1957, Art. 3 Abs. 3, ETS Nr. 24. Weitere Nachweise zur älteren Praxis vgl. *Wijngaert*, 135 ff; als weitere Ausnahmetatbestände werden heute Völkermord und Verbrechen gegen die Menschlichkeit sowie Kriegsverbrechen anerkannt, vgl. etwa Art. 7 des Völkermordabkommens von 1948, UNTS 78, 277; hierzu auch *Gilbert*, 113 ff. Eine generelle Ausnahme vom Verbot der Auslieferung im Falle politischer Delikte für Mord und Mordversuch sah der italienisch-finnische Auslieferungsvertrag von 1928, LNTS 111, 295, Art. 3 Abs. 3 vor. Die wachsende Zahl von terroristischen Anschlägen hat zu einer Reihe von Revisionen von Auslieferungsverträgen geführt, die auf eine Ausnahme vom Auslieferungsverbot für politische Delikte für Terroristen abzielen; vgl. den Auslieferungsvertrag zwischen den USA und dem Vereinigten Königreich vom 8. 6. 1972, TIAS No. 8468 und die Zusatzverträge dazu vom 25. 6. 1985 (in Kraft seit dem 23. 12. 1986), KAV 2053 sowie U. K. T. S. (U.S. No. 2), 1985; Cmnd. 9565, und vom 19./20. 8. 1986, U. K. T. S. (U.S. No. 3), 1986; Cmnd. 9915; zu diesen Verträgen siehe *R. Plender*, Le Nouveau Traité d'Extradition entre les États-Unies et le Royaume-Uni et l'Exception d'Infraction Politique, AFDI 34 (1986), 635 ff; vgl. ferner den Zusatzvertrag zum deutsch-amerikanischen Auslieferungsvertrag (20. 6. 1978, TIAS 8468) vom 21. 10. 1986, BGBl. 1988 II, 1086; siehe zu diesen Verträgen *M. A. Synnes*, The Attempted Extradition of Mohammed Hamadoni: Discretion and the U. S.-West German Extradition Treaty, Wis. Int'l L. J. 8 (1989–90), 123 ff; zur internationalen Vertragspraxis vgl. auch *Lacoste*, 84 ff; zur Ausweitung der Ausnahmen vom Auslieferungsverbot für politische Delikte siehe im einzelnen unten IV 1.b) mwN.

[40] Gesetz vom 1. 10. 1833, Official Bulletin, No. 77.

[41] RGBl. 1929 I, 239.

[42] BGBl. 1982 I, 2071.

bei politischen Taten die Auslieferung zulässig, „wenn der Verfolgte wegen vollendeten oder versuchten Völkermordes, Mordes oder Totschlags oder wegen Beteiligung hieran verfolgt oder verurteilt worden ist." (§ 6 Abs. 1 S. 2). Unzulässig ist die Auslieferung politisch Verfolgter (§ 6 Abs. 2) – ein Tatbestand, der mit dem des politischen Straftäters i.S. des § 6 Abs. 1 S. 2 zusammenfallen kann, aber nicht muß.[43] Dem objektiven Ansatz folgen vielfach auch die Gerichte in Ausfüllung des allgemein gehaltenen Begriffs der politischen Straftat.[44] Führend sind insoweit namentlich Entscheidungen des Schweizer Bundesgerichtes geworden.[45]

IV. **1.** Die Hauptschwierigkeit des Auslieferungsrechts bilden die gemischten Straftaten, die sog. *crimes complexes*, die in einer Handlung (in Tateinheit oder Gesetzeskonkurrenz) die Tatbestände sowohl politischer als auch nichtpolitischer Straftaten, z. B. den Tatbestand des Hochverrats und den des Raubes oder Mordes erfüllen.[46]
Die rein subjektive Auffassung, die jede zu politischen Zwecken begangene Tat als politische Straftat betrachtet, nimmt diese Straftaten von der Auslieferung aus. Umgekehrt gibt es Auslieferungsgesetze, Verträge und Entwürfe, die die Auslieferung der gemischten Straftaten schlechthin gestatten.[47]
Weit verbreitet ist ein vermittelnder Standpunkt, der zwar dem politischen Überzeugungstäter Schutz zuteil werden läßt, aber doch für gewisse Fälle besonderer Asylunwürdigkeit Ausnahmen macht. Diese Ausnahmefälle werden verschieden bestimmt:

a) Seit der Mitte des vergangenen Jahrhunderts ist der Auslieferungsschutz vielfach durch die sog. Attentatsklausel eingeschränkt worden.

Sie erscheint zuerst 1856 in Gestalt einer Novelle zum belgischen Auslieferungsgesetz, wonach Anschläge auf das Leben des Oberhaupts einer fremden Regierung oder Mitglieder seiner Familie nicht als politische Straftaten behandelt werden sollen, sondern der Auslieferung unterliegen.[48] Aber

---

[43] So zutreffend *Kimminich*, EuGRZ 13 (1986), 317 (321 f).

[44] Siehe etwa den Fall *Ryan*, Urteil des belgischen Revisionsgerichts (*chambre des mises en accusation*) vom 17. 11. 1988: Keine Privilegierung der politisch motivierten Herstellung und Lieferung von Bombenmaterial, da die Straftat nicht unmittelbar staatliche Institutionen oder die politische Ordnung geschädigt hat; engl. Übers. auszugsweise abgedruckt in ILR 100, 616 (619 ff).

[45] Vgl. etwa die bei *Stein*, 273 ff, dargestellte Kasuistik.

[46] Ein französisches Gesetz von 1927 sah z. B. vor, daß anarchistische Täter, die ihre politischen Straftaten mit weiteren Straftaten von besonderer Brutalität und Vandalismus verbinden, ausgeliefert werden durften; vgl. dazu *O'Connell*, Vol. II, 729 mwN. Ein einschlägiger Fall ist der Fall *Fort* (Spanisch-deutscher Auslieferungsfall, Annual Digest 1925–26 Case no. 234), der die Auslieferung der Mörder des spanischen Ministerpräsidenten *Dato* durch Deutschland zu Beginn der 20er Jahre betraf, siehe dazu auch *W. Mettgenberg*, Die Auslieferung der Mörder des spanischen Ministerpräsidenten *Dato* durch das Deutsche Reich (Auslieferungsfall *Fort*), ZVR 12 (1923), 300 f. Siehe aus neuerer Zeit *McF v. Public Prosecutor*, Urteil des Niederländischen Obersten Gerichts vom 1. 7. 1986: Die durch ein Bombenattentat eines IRA-Mitgliedes begangenen Morde sind nicht als politische Straftaten nach dem niederländisch-britischen Auslieferungsvertrag von 1898 privilegiert; englische Übersetzung auszugsweise abgedruckt in ILM 100 (1995), 414 (421 f).

[47] Belege bietet der Kommentar zum Harvard-Entwurf einer Auslieferungskonvention, AJIL 29 (1935), 114 No. 2; zu den gemischten Straftaten (*délits complexes*), vgl. *Bassiouni*, International Extradition, 390 f, auch *Gilbert*, 119 mwN; vgl. auch *re Eckermann*, Oberstes Gericht von Guatemala, Ann. Digest 5 (1929–1930), C. 189 (Auslieferung eines Angehörigen der Schwarzen Reichswehr wegen Mordes, der nicht als politische Straftat anerkannt wurde).

[48] Die Formel erscheint auch in dem deutsch-französischen Auslieferungsvertrag vom 29. 11. 1951 in Gestalt des Art. 4 Abs. 2, Ziffer 2, wonach Angriffe auf das Leben eines Staatsoberhaupts oder Mitglieds einer Regierung keine politischen Straftaten sein sollen, wohl aber in Verbindung mit Art. 4 Abs. 3. Neuere Beispiele sind der Auslieferungsvertrag der Staaten der Arabischen Liga, das Benelux-Abkommen über Auslieferung und Rechtshilfe in Strafsachen und die Auslieferungskonvention des Europarates; vgl. oben Anm. 39. Zum Problem der Ausnahmeregelungen für politische Delikte im Kontext terroristischer Straftaten siehe näher *T. Stein*, Rendition of Terrorists: Extradition versus Deportation, IsYBHR 19 (1989), 281 ff; *C. v.d. Wijngaert*, The Political Offense Exception to Extradition: How to Plug the „Terrorist's Loophole" without Departing from Fundamental Human Rights, IsYBHR 19 (1989), 297 ff; *P. Richard*, Droit de l'extradition et terrorisme: Risques d'une prati-

diese Klausel, obwohl weit verbreitet,[49] kann doch das Problem der gemischten Straftat nicht befriedigend lösen. Auf der einen Seite gibt es Fälle, in denen auch Angriffe auf Mitglieder der Regierung, z. B. im Rahmen militärischer Aktionen im Bürgerkrieg, typisch politische Straftaten sind. Und andererseits ist nicht einzusehen, warum die Auslieferung nur auf die Tötung politischer Führer, aber nicht anderer Personen soll gestützt werden können.

b) Daher gehen eine Reihe von Verträgen und Gesetzen, unter ihnen das frühere Deutsche Auslieferungsgesetz, einen Schritt weiter, indem sie die Auslieferung ganz allgemein bei Straftaten gegen das Leben[50] gestatten[51].

c) Der politische Charakter der Tat, so läßt sich dieser Gedanke allgemein formulieren, fällt nicht ins Gewicht, wenn sich in der Tat ein besonderes Maß von Brutalität und Grausamkeit ausspricht. Der Zweck heiligt nicht das Mittel.
Diesen Weg gehen eine Reihe von Verträgen zur Bekämpfung der Luftpiraterie und anderer Delikte gegen die Sicherheit der zivilen Luftfahrt, das Europäische Abkommen zur Bekämpfung des Terrorismus[52] sowie das Übereinkommen gegen Folter und andere grausame, unmenschliche oder erniedrigende Behandlung oder Strafe, 1984.[53] Obwohl keines dieser Abkommen – trotz einer im Grundsatz anders lautenden Formulierung im Europäischen Abkommen zur Bekämpfung von Terrorismus (Art. 1 und 2) – eine absolute Auslieferungspflicht statuiert,[54] so liegt ihnen doch eindeutig das Prinzip zugrunde, daß es Straftaten von

---

que incertaine: Du droit vers le non-droit?, AFDI 34 (1988), 652 ff.

49 *Oppenheim/Jennings/Watts*, Vol. I 2–4, 9. Aufl., 969; vgl. auch das Europäische Auslieferungsabkommen vom 13. 12. 1957, Art. 3. 3, ETS No. 24; *Stein*, 175.

50 Rechtspolitisch läßt sich darüber streiten, ob der Kreis dieser Ausnahmefälle nicht auch andere schwere Straftaten einschließen sollte.

51 Auch wo ausdrückliche Bestimmungen fehlen, pflegen die Gerichte nicht selten Tötungsdelikte ohne Rücksicht auf die Beweggründe des Täters als gemeine, nicht politische Straftaten zu werten; vgl. z. B. die Entscheidung des Obersten Gerichts von Guatemala im Fall *Eckermann*, Ann. Digest 5 (1929–1930); sowie die Entscheidung des Supreme Court von Palästina, Ann. Digest 1941–1942, C. 101.

52 So die in Anm. 39 genannten Zusatzverträge zu den Auslieferungsverträgen der Vereinigten Staaten mit dem Vereinigten Königreich und Deutschland sowie mit Belgien (Verträge vom 17. 3. 1987; Zusatzvertrag zum Auslieferungsvertrag zur verstärkten Bekämpfung des Terrorismus, KAV 105) und vom 27. 4. 1987 (Auslieferungsvertrag, tritt an die Stelle der Verträge von 1901 und 1935, KAV 106), Kanada (Zusatzprotokoll vom 11. 1. 1988 zum Auslieferungsvertrag vom 3. 12. 1971, in geänderter Fassung TIAS 8237, mit Austausch von Noten, KAV 237) und Spanien (2. Zusatzvertrag vom 9. 2. 1988 zum Auslieferungsvertrag vom 29. 5. 1972/25. 1. 1975, KAV 1846); ferner das Haager Luftpiraterie-Abkommen vom 16. 12. 1970, UNTS 860, 105, das Montreal-Abkommen zur Bekämpfung rechtswidriger Angriffe gegen die Sicherheit der Zivilluftfahrt vom 23. 9. 1971, UNTS 974, 177 und das Übereinkommen über die Verhütung, Verfolgung und Bestrafung von Straftaten gegen völkerrechtlich geschützte Personen einschließlich Diplomaten vom 14. 12. 1973, UNTS 1035, 167 BGBl. 1976 II, 1745; das internationale Übereinkommen gegen Geiselnahme vom 4. 12. 1979, UN Doc.A/C.6/34/L.23; BGBl. 1980 II, 1361/ILM 18 (1979), 1456; das Europäische Übereinkommen zur Bekämpfung des Terrorismus vom 27. 1. 1977, ETS No. 90 BGBl. 1978 II, 321 ff; weitere Beispiele einschlägiger Verträge bei *Wijngaert*, IsYBHR 19 (1989), 297 ff (299) 5 und 6 (Anm. 48); auch *Gilbert*, 132 ff; zur älteren, eine umfassendere Umschreibung von Gewaltverbrechen gegen Leib und Leben verwendenden Praxis, namentlich seitens des Deutschen Reiches im Verhältnis zu Finnland und Italien, vgl. *W. Mettgenberg/K. Doerner*, DAG, 1953, 269. Besonders diskutiert wurde diese Frage in Zusammenhang mit dem Auslieferungsbegehren Spaniens in Bezug auf A. Pinochet Ugarte, vgl. dazu *R. Bank*, Der Fall Pinochet: Aufbruch zu neuen Ufern bei der Verfolgung von Menschenrechtsverletzungen?, ZaöRV 1999, 677 ff (682 ff); *C. A. Bradley*, Pinochet and International Human Rights Litigation, Michigan Law Review 97 (1999), 2129 ff; *C. Warbrick*, Extradition Law Asepcts of Pinochet, ICLQ 48 (1999), 958 ff.

53 BGBl. 1990 II, 247; vgl. dazu §§ 189 ff.

54 Die unterschiedliche Entscheidungspraxis in einzelnen Vertragsstaaten verdeutlicht, daß die genannten Abkommen aufgrund der praktischen Auswirkungen des Grundsatzes *aut dedere aut judicare* und des mangelnden Konsenses hinsichtlich des Begriffs des Terrorismus keine absolute Auslieferungspflicht statuieren, vgl. die Rechtsprechungsnachweise bei *T. Stein*, IsYBHR 19 (1989), 282 ff (Anm. 48); zur Gesamtproblematik auch *Hailbronner*, Ausländerrecht (Anm. 32), Rdn. 721 ff; *Riedel*, DÖV 32 (1979), 27 ff; *Wijngaert*, IsYBHR 19 (1989), passim (Anm. 48); *Gilbert*, 132 ff.

solcher Schwere und Gemeingefährlichkeit gibt, daß eine Privilegierung als „politische" Straftat für sie in der Regel nicht in Frage kommen kann.
Diesen Gedanken enthielt z. B. auch schon das französische Auslieferungsgesetz von 1923 (Art. 5 Abs. 2), wonach Handlungen im Verlauf eines Aufstandes oder Bürgerkrieges politische Straftaten sein sollen, mit Ausnahme aber *„des actes de barbarie odieuse et de vandalisme défendus suivant les lois de la guerre."*[55] Dieser Gedanke hat auch die siegreichen Mächte nach den beiden Weltkriegen dazu bewogen, den Besiegten die Auslieferung ihrer politischen und militärischen Führer aufgrund der von ihnen begangenen Kriegsverbrechen aufzuerlegen.[56] Die Kriegsverbrechen stellen aber im Grunde nur eine Spielart der Verbrechen gegen die Menschlichkeit dar. Es liegt also in der Konsequenz dieses Gedankens, daß Verbrechen gegen die Menschlichkeit, auch wenn aus politischen Motiven oder zu politischen Zwecken begangen, doch der Auslieferung unterliegen. Entsprechende Verpflichtungen sind den Parteien denn auch durch Art. 7 des Völkermordabkommens vom

[55] So auch schon das Institut de droit international 1892, TGR 383 (enger als die Oxforder Regeln von 1880, Z.14, TGR 381), und der Entwurf der internationalen Kriminalpolizeikommission, Art. 5; vgl. auch die Angaben im Kommentar zum Harvard-Entwurf einer Auslieferungskonvention, AJIL 29 (1935) Supp., 115, N.4.

[56] Versailler Friedensvertrag von 1919 (Art. 228 Abs. 2), Friedensvertrag von St. Germain von 1919 (Art. 173), Friedensvertrag von 1947 mit Italien (Art. 45). Diese Ansätze sind in den folgenden Jahren kontinuierlich fortentwickelt worden, so daß *Gilbert*, 217, meint, sogar die Entwicklung einer *iuscogens*-Norm ausmachen zu können, die Kriegsverbrechen und Verbrechen gegen die Menschlichkeit grundsätzlich aus der Kategorie der nicht auslieferungsfähigen politischen Delikte ausnimmt. In der Tat ist die Praxis, Straftäter, denen Kriegsverbrechen und Verbrechen gegen die Menschlichkeit zur Last gelegt werden, auszuliefern, nahezu einhellig. Vgl. aus der Fülle einschlägiger Entscheidungen *The State v. Schumann*, ILR 39 (1966), 433 – deutsches Auslieferungsbegehren gegenüber Ghana einen wegen Mordes in einer Heilanstalt und einem Konzentrationslager gesuchten Deutschen betreffend –; *Kröger v. Schweizer Bundesanwaltschaft*, ILR 72 (1966), 606 – Kröger wurde wegen Beteiligung an Massenexekutionen in Polen und der Ukraine gesucht –; Entscheidung des Obersten Gerichtshofes von Argentinien in Sachen *Bohne*, AJIL 62 (1968), 784 f – Auslieferung eines wegen Kriegsverbrechens gesuchten Deutschen (die Entscheidung beendete die argentinische Praxis, Kriegsverbrechen als politische Straftaten anzusehen). Vgl. auch die amerikanischen Entscheidungen in re *Ryan*, 360 F Supp 270 (1973), bestätigt durch 478 F 2d 1397 (1973) und in re *Extradition of Demjanjuk*, ILR 79 (1989), 534. Beide Fälle betrafen Anklagen wegen begangener Kriegsverbrechen, *Ryan* wurde an die Bundesrepublik Deutschland, *Demjanjuk* an Israel ausgeliefert.
Nach vergeblichem Versuch Jugoslawiens, den früheren Innenminister der faschistischen Regierung Kroatiens von den amerikanischen Behörden überstellt zu bekommen, 170 F Supp 383 (1959), wurde 1986 die Auslieferung durch die amerikanischen Gerichte gebilligt; vgl. *The Matter of the Extradition of Artukovic*, 628 F Supp 1370 (1985)/*Artukovic v. Rison*, 784 F 2nd 1354 (1986)/ILR 79 (1989), 383. Anders lauteten allerdings eine Reihe von Entscheidungen amerikanischer Gerichte, die britische Auslieferungsbegehren für des Mordes beschuldigte Angehörige der IRA betrafen; vgl. dazu *Bassiouni*, International Extradition, 408 f mwN.
Die britische Rechtsprechung war zunächst weniger eindeutig, doch werden in *re Gross, ex parte Treasury Solicitor* in Übereinstimmung mit den zuvor genannten Entscheidungen die während des 2. Weltkrieges begangenen Verbrechen als solcher Art eingestuft, daß sie nicht als politische Straftaten privilegiert werden könnten, (1968) 3 All ER 804 (807 ff). Dagegen wurde die nachträgliche Billigung von nationalsozialistischen Verbrechen (massenweise Ermordung der jüdischen KZ-Häftlinge) vom italienischen Corte di Cassazione als politische Straftat und damit als nicht auslieferungsfähige Tat angesehen, eine solche Entscheidung müsse wertneutral erfolgen; vgl. Staatsanwaltschaft gegen *Zind*, Foro italiano 87 (1962 II), 68/ILR 40 (1970), 214.
Auch im Vertragsrecht fand die Herausnahme von Kriegsverbrechen und Verbrechen gegen die Menschlichkeit nachhaltigen Niederschlag; vgl. das Völkermordabkommen vom 9. 12. 1948, UNTS 78, 277. Die vier Genfer Abkommen von 1949, UNTS 75, 31, verpflichten die Vertragsstaaten zur Verfolgung von schwerwiegenden Verletzungen der Abkommen durch eigene Gerichte oder zur Auslieferung an die Staaten, in denen die Taten begangen wurden; entsprechend auch das Protokoll I zu den Genfer Abkommen, UNTS 1125, 3; das internationale Übereinkommen über die Nichtverjährung von Kriegsverbrechen und Verbrechen gegen die Menschlichkeit vom 26. 11. 1968, UNTS 754, 73 und das entsprechende europäische Abkommen vom 25. 1. 1974, ETS No. 82 ILM 13 (1974), 540. Zum Ganzen, mit weiteren Nachweisen der Staatenpraxis seit 1947 *Gilbert*, 209 ff; *L. C. Green*, Political Offences, War Crimes and Extradition, ICLQ 11 (1962), 329 ff.

9. 12. 1948[57] und die vier Genfer Abkommen vom 12. 8. 1949[58] auferlegt worden. Diesem Gedanken trägt das Gesetz über internationale Rechtshilfe in Strafsachen in § 6 Abs. 1 S. 1 Rechnung, der den Völkermord als auslieferungsfähiges Delikt nennt, selbst wenn es politischen Charakter hat. Nach Art. 29 Abs. 2 lit. e) des Statuts des IStGH[59] sind die Mitgliedstaaten verpflichtet, Personen, die der Begehung schwerer Verstöße gegen das humanitäre Völkerrecht beschuldigt werden, an das internationale Gericht zu überstellen.[60]

d) Eine andere Lösung versucht die Übergewichtstheorie. Sie will die gemischten Verbrechen als politische oder gemeine Taten beurteilen, je nachdem, ob im Einzelfall der politische oder der gemeine Charakter der Tat überwiegt. Diesen überaus dehnbaren Maßstab hatte etwa das schweizerische Gesetz von 1892 (Art. 10)[61] und haben das neue schweizerische IRSK von 1983 (Art. 3) sowie eine Reihe anderer Auslieferungsrechte (Schweden, Finnland) und Verträge[62] zugrunde gelegt.

2. Geringere Schwierigkeiten als das gemischte Verbrechen bietet im allgemeinen die Zusammenhangstat, der sog. *crime connexe*, die Tat nämlich, die nicht unmittelbar selbst ein politisches Verbrechen enthält, aber doch mit einem politischen Verbrechen in engerem Zusammenhang steht. Auch solche Taten werden in der internationalen Praxis im allgemeinen privilegiert.[63]

So sieht auch § 6 Abs. 1 S. 1 die Privilegierung der Zusammenhangstat vor. Beispiele für solche Taten sind etwa:
Es stiehlt jemand Waffen oder Sprengstoffe, mit denen politische Straftaten begangen werden sollen, oder einen Kraftwagen, mit dem ein politischer Straftäter über die Grenze geschafft werden soll. Es leistet jemand einen Meineid, um einen Hochverräter zu decken.

V. Die internationale Auslieferungspraxis stellt den im engeren Sinne politischen Verbrechen vielfach eine Reihe von anderen Straftaten gleich, die selbst keine politischen Delikte sind, aber doch bis zu einem gewissen Grade mit ihnen verwandt sind. Zu den asylwürdigen Straftaten dieser Art gehören etwa die militärischen Straftaten, Pressevergehen und Straftaten, die die fiskalischen Interessen des Staates berühren.[64] Vereinzelt sind auch religiöse

---

[57] UNTS 78, 277/BGBl. 1954 II, 730; vgl. dazu § 194.

[58] UNTS 75, 31/BGBl. 1954 II, 838, und UNTS 1125, 3/ BGBl. 1990 II, 1551.

[59] SR Res. 827 (1993) vom 3. 5. 1993 (Beschluß über das Statut des IStGH), abgedruckt in: *H. Roggemann*, Der Internationale Strafgerichtshof der Vereinten Nationen von 1993 und der Krieg auf dem Balkan, 1994, 77 ff.

[60] Dazu näher unter § 102 II 5, sowie §§ 100 ff.

[61] Die Zuständigkeit für Auslieferungsentscheidungen liegt in der Schweiz beim Bundesgericht. Aus dessen Rechtsprechung vgl. z. B. BGE 49 I, 266; 54 I, 207; 56 I, 457; 59 I, 136; 77 I, 50 und 57; 78 I 39 und 134; BGE 87 I, 134/ILR 34 (1964), 143.

[62] Das schweizerische Gesetz über internationale Rechtshilfe in Strafsachen (IRSG) ist am 1. 1. 1983 in Kraft getreten; Text abgedruckt in ILM 20 (1981), 1339; zum schweizerischen Ansatz vgl. näher *Bassiouni*, International Extradition, 427 ff mwN; auch *Gilbert*, 128 f; Belege im übrigen im Kommentar zum Harvard-Entwurf einer Auslieferungskonvention, AJIL 29 (1935) Supp., 114 N. 3.

[63] Vgl. *Shearer*, 181 f; *Wijngaert*, The Political Offence Exception, 1980, 108 ff; *Gilbert*, 119; kritisch zum Begriff des *délit connexe Bassiouni*, International Extradition, 394 f.

[64] So die Montevideo-Konvention von 1933 (Art. 3 lit. f), Final Act, Seventh International Conference of American States, Montevideo, 1933, 155, und der Harvard-Entwurf (Art. 6), AJIL 29 (1935), Supp., 119 ff, dort auch reichhaltige Nachweise zur älteren Vertragspraxis (N. 1–5); zur Vertragspraxis bezüglich militärischer Straftaten vgl. auch die Nachweise bei *Bedi*, 196 Anm. 139; aus der Rechtsprechung siehe den Fall *Ktir v. Ministère Public Fédéral* (Schweizer Bundesgericht), ILR 34 (1964), 143; ferner dazu *Bassiouni*, International Extradition, 453 ff; zu den fiskalischen Straftaten siehe näher *Bedi*, 198 ff; *Bassiouni*, International Extradition, 455 f; zu einer entsprechenden Regelung in dem europäischen Auslieferungsabkommen von 1957, ETS No. 24 BGBl. 1964 II, 1373 (Art. 5); siehe aber die differenzierende Regelung zu fiskalischen strafbaren Handlungen in Art. 6 des EG-Auslieferungsabkommens von 1996, Rechtsakt des Rates vom 27. 9. 1996, ABl. 96/C 313/ 11.

Taten mit dem politischen Überzeugungsverbrechen auf gleiche Stufe gestellt.[65] Im Hinblick auf diese Straftaten können sich die gleichen Probleme wie für die politischen Taten ergeben. Auch eine militärische Straftat kann z. B. ein *crime complexe* oder *connexe* sein. Auf solche Fälle können die im vorstehenden entwickelten Regeln entsprechend angewandt werden.[66]

VI. Unverkennbar ist – darauf wurde bereits hingewiesen –, daß gerade in jüngster Zeit eine deutliche Neigung der Staaten festzustellen ist, die Privilegierung politischer Straftaten einzuschränken oder gar – jedenfalls in bestimmten Fällen – ganz fallenzulassen. Die Umwälzungen im politischen Leben und Denken seit Beginn des 20. Jahrhunderts und die neuen Formen internationaler und innerstaatlicher Auseinandersetzungen in Gestalt des Terrorismus der Gegenwart, der in gewissem Maße wahllos die Zivilbevölkerung zum Objekt seiner Angriffe macht, haben tiefe Spuren auch im Auslieferungsrecht hinterlassen und beeinflussen heute weltweit die Rechtsentwicklung auf diesem Gebiet. In den politischen und sozialen Erschütterungen des 20. Jahrhunderts ist auch der Glaube an die grundsätzliche Gleichwertigkeit der politischen Überzeugungen weitgehend verlorengegangen. Ein neuer Konsens über Grundwerte der Staatengemeinschaft ist erst im Werden begriffen und kann heute noch nicht das – insbesondere in der Beziehung zum Asylrecht – sensitive Rechtsgebiet der Auslieferung allein prägen. So stehen sich Bemühungen um eine intensivere internationale Verbrechensbekämpfung, die eine Entprivilegierung bestimmter besonders gravierender Straftaten zum Ziel haben, und Bemühungen, das Auslieferungsrecht strikteren menschenrechtlichen Schranken zum Schutz von politischen Straftätern, die zugleich politisch Verfolgte im Sinne der Kriterien der internationalen Flüchtlingskonvention[67] sind, in einem schwierigen Spannungsfeld gegenüber. Dieses entzieht sich z.Zt. noch einer Auflösung durch einfache generell-abstrakte Regelungsprinzipien, doch sind beide Richtungen in der Entwicklung des Auslieferungsrechts schon deutlich ausmachbar.

1. Nicht nur die bereits erwähnten internationalen Konventionen zur Bekämpfung des Terrorismus, sondern auch viele Auslieferungsverträge stellen besonders grausame und heimtückische Straftaten, auch wenn sie in einem – vor allem aus der Sicht der Täter – politischen Zusammenhang begangen wurden, den gemeinen Straftaten gleich.[68] Auch in der Rechtsprechung werden derartige Straftaten von den echten politischen Straftaten unterschieden und von deren bisher üblichen Privilegierung ausgenommen.[69] Ebenso ist in der

---

[65] So die Montevideo-Konvention (Art. 3 lit. f); auch der Auslieferungsvertrag zwischen Brasilien und Italien von 1931, Text in Anhang III zum Harvard-Entwurf, AJIL 29 (1935), Supp., 329.

[66] Vgl. die Entscheidung des Obersten Gerichtshofes von Brasilien im Fall *Banegas*, Ann. Digest 1948, C.98 – hier wurde die Auslieferung des wegen Mordes angeklagten ehemaligen Staatsoberhauptes von Bolivien verweigert, da die ihm zur Last gelegte Erschießung eines aufständischen Offiziers militärischen Charakters sei. Siehe aus neuerer Zeit *In the Matter of Extradition of Suarez-Mason*, U.S. District Court, Northern District of California, Urteil vom 27. 4. 1988 – Verneinung der *military offence exception*, ILR 104, 12 (37 f).

[67] Internationales Übereinkommen über die Rechtsstellung der Flüchtlinge vom 28. 7. 1951, UNTS 189, 137/BGBl. 1953 II, 559.

[68] Schon die Beschlüsse des Institut de Droit International von 1892 nahmen diese Fälle aus dem Bereich der politischen Straftaten aus; vgl. Art. 4, TGR 348; für Beispiele aus der Staatenpraxis siehe die Nachweise in Anm. 39, 46 und 47.

[69] Vgl. etwa den Fall des britischen High Court of Justice in *re Meunier* [1894] 2 Q. B. 415 und den vom Schweizer Bundesgericht entschiedenen Fall *Kaphengst*, BGE 56 I, 457; siehe ferner den Fall *Eain v. Wilkes*, 641 F 2d 504 (1981), der ein angebliches Mitglied der PLO betraf, dem die Zündung einer Bombe auf einem Marktplatz zur Last gelegt wurde, die den Tod von zwei und Verletzungen von 36 Personen zur Folge hatte. Der Court of Appeals for the Seventh Circuit sagte u. a.: „The exception does not make a random bombing intended to result in the cold-blooded murder of civilians incidental to a purpose of toppling a government, absent a direct link between the perpetrator, a political organization's political goals, and the specific act. Rather, the indiscriminate bombing of a civilian populace is not recognized as a protected political act even when the

Verfolgung der Kriegsverbrechen, die namentlich während des Zweiten Weltkrieges begangen wurden, eine Privilegierung dieser Taten als politische nicht mehr anerkannt worden.[70] Dementsprechend wurde den besiegten Staaten – etwa im Friedensvertrag mit Italien von 1947 (Art. 45) – eine Pflicht zur Auslieferung sogar auch von Kollaborateuren auferlegt. Doch wurde diese Bestimmung vom italienischen Kassationsgerichtshof – wohl unter dem Eindruck der einseitigen Verfolgung von Kriegsverbrechern – recht eng ausgelegt.[71] Doch überwog in den ersten Nachkriegsjahren die Bereitschaft der Gerichte, Auslieferungen trotz des im traditionellen Sinne politischen Charakters der verfolgten Taten zu genehmigen.[72] In der Gegenwart ist ein verbreitetes Bekenntnis zur Auslieferung von Terroristen, die – wie etwa in der Bundesrepublik Deutschland – zahlreiche Anschläge auch gegen nicht dem Regierungsapparat angehörende oder nahestehende Zivilisten verübten, zu beobachten.[73] Und mit dem Versuch zur Errichtung einer neuen Friedensordnung in Gestalt der Vereinten Nationen, der durch die inzwischen konstruktive Haltung der UdSSR und heute Rußlands als ihres Rechtsnachfolgers in dieser Organisation eine neue Perspektive erhalten hat, verbindet sich das Bestreben, gewissen Grundsätzen des politischen Handelns, wie sie namentlich in der Präambel und in den Eingangsbestimmungen der VN-Charta niedergelegt sind, eine höhere Dignität und unverbrüchliche Geltung zu sichern. Für das Auslieferungsrecht könnte das bedeuten, daß Straftätern, die gegen diese Prinzipien verstoßen, kein Asyl mehr gewährt werden dürfte. So will in diesem Sinne auch die Menschenrechtserklärung vom 10. 12. 1948 das den politischen Straftätern sonst gewährte Asyl dann fortfallen lassen, wenn die verfolgte Tat zu den Zwecken und Grundsätzen der Vereinten Nationen im Widerspruch steht (Art. 14 Abs. 2). Danach würde also namentlich das Verbrechen des Angriffskrieges der Auslieferung unterliegen. Aber diese Erklärung ist insoweit nicht geltendes Recht, und es hat sich bisher noch keine feste Rechtsüberzeugung über die partiellen vertraglichen Regelungen hinaus bilden können. Diese Einschätzung findet eine gewisse Bestätigung in der weiterhin uneinheitlichen Auslieferungspraxis von Terroristen. Fälle rascher Auslieferung gemäß den bestehenden bi- und multilateralen Verpflichtungen stehen zahlreiche Ablehnungen der Auslieferung von Terroristen gegenüber.[74] Wie immer stark sich die Bewegung zur Einschränkung der Ausnahmen vom Auslieferungsgebot im Falle politischer Delikte hat durchsetzen können, so ist in jedem Fall auch eine gegenläufige Tendenz festzustellen.

---

larger „political" objective of the person who sets off the bomb may be to eliminate the civilian population of the country"(521). Eine Auslieferung von Terroristen war auch in dem (nicht in Kraft getretenen) Genfer Abkommen zur Verhütung und Unterdrükkung des Terrorismus vom 16. 11. 1937 (Art. 8) in Aussicht genommen. Zu den heutigen Antiterrorismus-Verträgen siehe die Nachweise oben Anm. 39 und 52.

[70] Siehe Nachweise oben.

[71] Vgl. die Entscheidung des Corte di Cassazioni in Foro italiano 75 (1952 II), 113 und 129, wo das Gericht mit dem Hinweis *„di persone accusate di reati di nature indiscutabilmente politica"* die enge Auslegung des Art. 45 des Friedensvertrages begründet.

[72] Vgl. etwa Cour d'Appel Paris im Falle *Colman*, RGDIP 36 (1947), 435/ILR 14, 140, mit der kritischen Anmerkung von *D. de Vabres*, ebd. 438 f mwN; ferner Cour d'Appel Rouen im Fall *Spiessens* (Belgien v. Frankreich – Auslieferung eines belgischen Kollaborateurs), RCDIP 40 (1951), 487 sowie Cour d'Appel Nancy im Fall *Daem*, RCDIP 40 (1951), 489 mit Anmerkung von *Y. Loussouarn*. Vgl. auch Abkommen vom 24. 8. 1948 zwischen Belgien und Luxemburg, YBHR 1951, 516. Dagegen hat das Oberste Gericht Brasiliens die Auslieferung von Kollaborateuren mit Rücksicht auf den politischen Charakter solcher Straftaten verweigert (wie es auch – jedenfalls zunächst – die Auslieferung von Kriegsverbrechern aus diesem Grunde ablehnte); vgl. Ann. Digest 1947, C.71/ILR 14, 146.

[73] Vgl. die Nachweise zur Vertragspraxis als Ausdruck dieses Bekenntnisses oben Anm. 39 und 53.

[74] Vgl. die eher negative Einschätzung der Wirksamkeit der vertraglich vereinbarten Einschränkungen der *„political offense"*-Ausnahme zu Lasten von Terroristen bei *T. Stein*, IsYBHR 19 (1989), 281 ff (Anm. 48); positiver, wenngleich ebenfalls zurückhaltend *Wijngaert*, IsYBHR 19 (1989), 297 (299 f) (Anm. 48).

2. Die weit verbreitete Unterordnung von Recht und Gerechtigkeit unter politische Zweckmäßigkeits- und Opportunitätsgesichtspunkte, der immer wieder vorkommende Mißbrauch des Strafrechts zum Zwecke der Bekämpfung und Diffamierung politischer Gegner und die Preisgabe rechtsstaatlicher Sicherungen in der Strafrechtspflege vieler Staaten, namentlich derjenigen unter totalitärer Herrschaft, hat auch das Auslieferungsrecht seit dem Ende des Zweiten Weltkriegs zunehmend vor neue Probleme gestellt. Es erhob sich die Frage, ob die Auslieferung aufgrund nichtpolitischer Delikte gewährt werden muß oder darf, wenn anzunehmen ist, daß der die Auslieferung betreibende Staat mit seinem Ersuchen politische Zwecke verfolgt, z. B. die Auslieferung eines politischen Gegners unter dem Vorwand, nichtpolitische Straftaten bestrafen zu wollen, betreibt, um ihn dann politischer Verfolgung und unmenschlicher Behandlung zu unterwerfen. Ein Staat, der sich unter solchen Umständen zur Auslieferung entschließt – etwa auf der Grundlage eines unter anderen Bedingungen geschlossenen Auslieferungsvertrages – würde gegen elementare Menschenrechte verstoßen und sich selbst der Beihilfe zu den einem Ausgelieferten zugefügten Menschenrechtsverletzungen schuldig machen.[75] Wenn die Erfüllung von Auslieferungsersuchen gegen zwingende menschenrechtliche Regeln des Völkerrechts verstößt, dürfen Auslieferungen, auch wenn sie auf vertraglicher Grundlage gefordert werden, nicht ausgeführt werden. Mit anderen Worten, wird eine an sich auszuliefernde Person durch die Auslieferung zu einem politisch Verfolgten, entsteht eine neue völkerrechtliche Schranke des Rechts eines Staates zur Auslieferung in Gestalt eines Asylvorbehaltes.[76]

Damit hat sich das Problem der Privilegierung bestimmter Taten im Auslieferungsrecht nachhaltig verschoben. Während man heute mehr und mehr dazu neigt, auch politische Straftäter auszuliefern, hat sich auf der anderen Seite ein neuer Kreis von Personen gebildet, die von der Auslieferung ausgenommen werden, denen Asyl gewährt wird. Er umfaßt die Personen, die einer politisch motivierten Verfolgung im Widerspruch zu den Grundsätzen des Rechtsstaats und der Menschlichkeit ausgesetzt sind. Nicht die Motive des Täters, sondern die der menschenrechtswidrigen Strafverfolgung sind also der entscheidende Faktor mit dem Ergebnis, „daß als zentrale Figur im Auslieferungs- und Asylrecht an die Stelle des politischen Verbrechers, also eines Täters, der bestimmte Einzeltaten begangen hat, längst der politische Flüchtling getreten ist, an Stelle eines aktivistischen Begriffs ein passivistischer".[77]

Das Grundgesetz der Bundesrepublik Deutschland ist in dieser Hinsicht in seiner ursprünglichen Fassung noch weiter gegangen und hat generell jedem politisch Verfolgten ein Recht auf Asyl eingeräumt. Diese Regelung, die als Reaktion auf die Erfahrungen aus der nationalsozialistischen

---

[75] Vgl. zu einschlägiger Rechtsprechung die Hinweise in Anm. 28. Allerdings sind die von den Gerichten bei der Beurteilung der internen Rechts- bzw. Unrechtslage angewandten Kriterien nicht einheitlich. Namentlich der von dem Auszuliefernden häufig erhobene Einwand, in seinem Herkunftsland der Folter oder anderer unmenschlicher Behandlung ausgesetzt zu werden, wird nicht selten ohne eingehende Überprüfung beiseite geschoben; vgl. dazu aus der deutschen Rechtsprechung den Fall des türkischen Staatsangehörigen *Sami Memis*, dazu näher *Kimminich*, EuGRZ 13 (1986), 317 f; vgl. auch die EKMR-Entscheidung in dieser Sache vom 15. 3. 1984, Beschwerde Nr. 10499/83, abgedr. in EuGRZ 13 (1986), 324 ff.

[76] Dazu *Riedel*, DÖV 32 (1979), 30 f; *Olbrich*, (Anm. 26), *passim*; *O. Lagodny/S. Reiser*, Extradition Treaties, Human Rights and „Emergency-Brake"-Judgements – A Comparative European Survey, FYIL 3 (1992), 237 (249 f); *G. Gilbert*, State Sovereignty as a Guarantee of an Individual's Human Rights – Selected Aspects, PYIL 21 (1994), 121 (131); zur Problematik der Verkürzung menschen- bzw. grundrechtlich verbürgter Freiheits- und Rechtsstaatsgarantien durch Auslieferungen aufgrund des eingeschränkten Auslieferungsverbotes politischer Straftäter auch *Wijngaert* (Anm. 48), IsYBHR 19 (1989), 297 ff (310 ff).

[77] Dazu *Riedel*, DÖV 32 (1979), 31 ff; siehe in diesem Sinne auch die in Anm. 75 genannten Entscheidungen *Kolczynski* und BGE 78 I, 39. Siehe aber *T. v. Secretary of State for the Home Department*, House of Lords, Urteil vom 22. 5. 1996, 2 All ER 865 ff (zur unterschiedlichen Bedeutung der *„serious non-political crime"*-Ausnahme im Flüchtlingsrecht zur *„political offence"*-Ausnahme im Auslieferungsrecht).

Verfolgung und das den Verfolgten von vielen Staaten großzügig gewährten Asyls zu verstehen ist, war als verfassungskräftige Asylrechtsverbürgung eine singuläre Erscheinung in der Staatspraxis. Indessen haben heute weitere Staaten, so insbesondere alle EU-Staaten auf einfachgesetzlicher Ebene ein Recht auf Asyl geschaffen[78] – ein Ausdruck des sich vollziehenden Wandels in der Perzeption der Problemlage im Auslieferungs- und Asylrecht. Doch hat angesichts wachsender Wanderungsbewegungen (Wirtschaftsflüchtlinge, Kriegsvertriebene) die Liberalisierung des Asylrechts einen Rückschlag erlitten. So wurde das umfassende Asylrecht des Grundgesetzes zwar als solches erhalten, jedoch in seiner Handhabung durch eine Verfassungsvorschrift (Art. 16a) nachhaltig begrenzt. Diese Beschränkung ist allerdings die Folge einer über Jahrzehnte verfehlten Flüchtlingspolitik.[79] Statt sich der Realität einer sich nicht mehr zu leugnenden Einwanderungsbewegung zu stellen und sich als Einwanderungsland zu erklären – mit allen damit völkerrechtlich zulässigen Steuerungsinstrumenten –, wurde für alle Flüchtlinge das Asylrecht des Art. 16 GG a.F. zum Eingangstor. Der Begriff des politisch Verfolgten im Sinne des Art. 16 GG verlor seine Konturen. Da eine Rückkehr zu einem engeren, der ursprünglichen Intention des Verfassungsgebers entsprechenden Begriff des politisch Verfolgten nach jeweils anders gearteter Asylpraxis nicht ohne Verfassungsänderung möglich erschien, bot sich allein die das Asylrecht in bedenklicher Weise beschränkende Verfassungsänderung an.[80] Völkerrechtlich ist diese Neuregelung allerdings im wesentlichen nicht zu beanstanden.[81]

§ 102 Einzelheiten des Auslieferungsrechts

Schrifttum: wie zu § 101

I. Nicht nur in sachlicher, auch in persönlicher Hinsicht ist die Auslieferung vielfach beschränkt. Viele Staaten liefern ihre eigenen Staatsangehörigen nicht aus.[1] Das ist die Rechtsanschauung, die namentlich auch auf dem europäischen Kontinent überwiegt.[2] Auch

[78] In allen EU-Staaten ist mittlerweile ein Recht auf Asyl für Flüchtlinge, die unter die Definition aus Art. 1 A Nr. 2 GFK fallen, gesetzlich geregelt worden. In Frankreich, Italien, Portugal und Spanien erwähnt auch die Verfassung das Asylrecht, allerdings ist für die Praxis der Asylgewährung jeweils das einfache Gesetz – welches die Definition des Konventionsflüchtlings aufgreift – entscheidend. Vgl. den Überblick bei *M. Wolter*, Asylrecht Rechtsvergleich EU, Kapitel 2, II A; siehe auch die Länderberichte in *J. Y. Carlier/D. Vanheule/K. Hullmann/C. Peña Galiano* (eds.), Who is a Refugee?, 1997.

[79] Hierzu schon *G. Bartels/J. Delbrück/U. Wiegel*, Vorschläge zur Reform des Ausländerrechts, in: Konrad-Adenauer-Stiftung (Hrsg.), Verwaltung, Recht, Partizipation, 1976, 200 ff.

[80] Siehe zur Verfassungsmäßigkeit der Asylreform BVerfGE 94, 49 (sichere Drittstaaten); 94, 115 (sichere Herkunftsstaaten); 94, 166 (Flughafenverfahren).

[81] Es gibt weder ein allgemeines völkervertragliches noch ein völkergewohnheitsrechtliches Recht auf Asyl; vgl. statt anderer *A. Grahl-Madsen*, The Status of Refugees in International Law, Vol. II, 1972; *G. S. Goodwin-Gill*, The Refugee in International Law, 2d ed. 1996, 173 ff. Zu beachten ist aber das Flüchtlingsrecht mit dem *Refoulement*-Verbot (Art. 33 GFK) und dem Verbot der Kettenabschiebung. Unter diesem Gesichtspunkt erscheint die sog. Drittstaatenregelung (Ausschluß der Asylwürdigkeit bei Einreise aus einem vom Gesetzgeber als sicher bezeichneten Drittstaat ohne Möglichkeit der Einzelfallprüfung) bedenklich; siehe dazu *M. Wolter*, Asylrecht/Rechtsvergleich/EU, 2. Kap. II. 8.b) (5) cc); zur Gesamtproblematik *A. Zimmermann*, Das neue Grundrecht auf Asyl, 1994, 39 ff.

[1] Dagegen macht man im allgemeinen nicht zur Bedingung, daß der Auszuliefernde gerade die Staatsangehörigkeit des die Auslieferung betreibenden Staates besitzt; vgl. dazu etwa die Entscheidung der britischen Queen's Bench Division im Falle *Government of India and Mubarak Ali Ahmed* [1952] 1 All ER 1060 (Auslieferung eines Pakistani durch England an Indien); siehe dazu auch die Entscheidung im Auslieferungsfall *Demjanjuk*: *Demjanjuk*, ursprünglich als Ukrainer sowjetischer Staatsangehöriger, hatte unter Angabe falscher Daten die amerikanische Staatsangehörigkeit erworben. Nach Bekanntwerden seiner wahren Identität und seiner vermutlichen Beteiligung an Kriegsverbrechen und Verbrechen gegen die Menschlichkeit wurde *Demjanjuk* die amerikanische Staatsangehörigkeit aberkannt.

[2] Die Praxis der lateinamerikanischen Staaten ist uneinheitlich, vgl. Belege im Kommentar zum Harvard-Entwurf, AJIL 29 (1935) Supp., 125; die multilateralen amerikanischen Abkommen stellen die Auslieferung der eigenen Staatsangehörigen überwie-

das deutsche Recht steht auf diesem Standpunkt.[3] Diese Auffassung hat sich erst seit verhältnismäßig kurzer Zeit mit der Verbreitung der modernen Nationalstaatsidee im 19. Jahrhundert entwickelt. Im angelsächsischen Rechtskreis dagegen ist die Auslieferung der eigenen Staatsangehörigen allgemein üblich.

Entsprechend sind die Auslieferungsverträge unter diesem Gesichtspunkt verschieden gestaltet. In den Verträgen zwischen angelsächsischen Ländern, z. B. in dem amerikanisch-britischen Auslieferungsvertrag vom 22. 12. 1931 und dem heute geltenden Auslieferungsvertrag vom 8. 6. 1972, sind Einschränkungen dieser Art nicht enthalten. Verträge zwischen kontinentaleuropäischen Ländern hingegen schließen die Auslieferung von Inländern aus[4], während in den Verträgen zwischen Ländern mit verschiedener Rechtsanschauung den Parteien die Auslieferung der eigenen Staatsangehörigen in der Regel nicht zur Pflicht gemacht, sondern freigestellt wird.[5] Die Verschiedenheit der Rechtsanschauungen in dieser Frage hängt mit dem Dissens namentlich der angelsächsischen und der kontinentaleuropäischen Rechte über den persönlichen Geltungsbereich des Strafrechts zusammen. Die Rechte, die die Auslieferung der eigenen Staatsangehörigen gestatten, hängen im allgemeinen dem Territorialitätsprinzip an. Sie bestrafen in der Regel nur Inlandsstraftaten. Dann bleibt für die Bestrafung von Auslandsstraftätern nur der Weg der Auslieferung übrig. Umgekehrt

---

gend in das Ermessen des ersuchten Staates, vgl. ebd., 126; *Bassiouni*, International Extradition and World Public Order, 441, Anm. 157 mwN; *Inter-American Convention on Extradition*, ILM 20 (1981), 723 ff (Art. 7), wonach die Staatsangehörigkeit einen Verweigerungsgrund bildet, wenn dies gesetzlich bestimmt ist.

[3] Art. 16 Abs. 2 GG schließt die Auslieferung deutscher Staatsangehöriger aus. Das IRG beschränkt dementsprechend die Auslieferungsermächtigung auf Ausländer, die durch § 2 Abs. 3 in „negativer Abgrenzung vom Begriff des Deutschen i.S. des Grundgesetzes“ bestimmt werden. Ausländer ist demnach auch der Staatenlose. Nicht ausgeliefert werden darf ein Deutscher, der zugleich eine fremde Staatsangehörigkeit besitzt; vgl. *Lagodny*, in: *Uhlig/Schomburg/Lagodny*, § 2 Rdn. 17.

[4] Manche dieser Verträge suchen dem mißbräuchlichen Erwerb der Staatsangehörigkeit, um der Auslieferung zu entgehen, entgegenzutreten. So der deutsch-französische Auslieferungsvertrag vom 29. 11. 1951, BT-Drs. 1/3599. Nach Art. 2 Abs. 2 Ziff. 2 haben die Parteien solchen Personen, deren Auslieferung der andere Teil verlangt, die Einbürgerung zu verweigern, soweit es nach ihren Gesetzen zulässig ist. Manchmal ist die Auslieferung nur dann ausgeschlossen, wenn der Verfolgte die Staatsangehörigkeit des ersuchten Landes schon zur Zeit der Begehung der Straftat besaß; vgl. die Entscheidung des Obersten Gerichts von Argentinien, Ann. Digest 1935–37, C. 168; der australisch-italienische Vertrag vom 28. 11. 1973, UNTS 1020, 71, sieht in Art. IV Abs. 3 vor, daß die Staatsangehörigkeit im Zeitpunkt der Übermittlung des Auslieferungsersuchens entscheidend sein soll.

[5] So z. B. der amerikanisch-österreichische Vertrag vom 31. 1. 1930, LNTS 106, 379; der kanadisch-österreichische Vertrag vom 11. 5. 1967, UNTS 863, 53 (Art. 5); der australisch-österreichische Vertrag vom 29. 3. 1973, UNTS 975, 37 (Art. 5 Abs. 1); der australisch-schwedische Vertrag vom 20. 3. 1973, UNTS 975, 13 (Art. IV Abs. 1); der australisch-italienische Vertrag vom 28. 11. 1973, UNTS 1020, 71 (Art. IV Abs. 1); im britisch-finnischen Vertrag vom 29. 10. 1975, UNTS 1025, 169, haben beide Parteien das Recht, die Auslieferung eigener Staatsangehöriger zu verweigern (Art. 4 Abs. 1), darüber hinaus besteht für Finnland keine Auslieferungspflicht für Staatsangehörige der übrigen skandinavischen Länder, früher für das Vereinigte Königreich keine Auslieferungspflicht für Angehörige der Kolonien. Die Regelung stellt für das Vereinigte Königreich eine Abweichung der sonstigen Praxis dar, auch eigene Staatsangehörige auszuliefern. Eine Aufweichung des von den kontinental-europäischen und – ihnen folgenden – Staaten verfolgten strikten Nichtauslieferungsprinzips bahnt sich im Hinblick auf eine effizientere Strafverfolgung von Drogenhandel und Straftaten seitens des organisierten Verbrechens an; vgl. die Vereinbarung, daß die Staatsangehörigkeit kein Kriterium der Auslieferung oder Nichtauslieferung bilden soll, in Art. IV des amerikanisch-italienischen Vertrages vom 18. 1. 1973, UNTS 991, 285 – bemerkenswert ist, daß die Vereinigten Staaten ihrerseits trotz der früheren Praxis Italiens, keine eigenen Staatsangehörigen auszuliefern, im Falle *Charlton v. Kelly* 229 U.S. 447 (1913) an dem üblichen Verfahren festhielten und ihren eigenen Staatsangehörigen an Italien auslieferten. Begründet wurde das Urteil mit der Feststellung, daß der damals bestehende Vertrag für die USA keine Einschränkung der Auslieferung eigener Staatsangehöriger enthielt und das allgemeine Völkerrecht eine solche Auslieferung nicht verbiete; auch im amerikanisch-kolumbianischen Vertrag vom 14. 9. 1979, KAV 338, war die Verweigerung der Auslieferung eigener Staatsangehöriger ausgeschlossen – allerdings wurde dieser Vertrag vom kolumbianischen Obersten Gericht 1987 für verfassungswidrig erklärt – Wortlaut der Entscheidung in ILM 27 (1988), 492; vgl. dazu auch *Gilbert*, Extradition, 97.

neigen die Rechte, die die Auslieferung der Inländer an das Ausland verbieten, einer mehr oder weniger ausgedehnten Anwendung des Personalitätsprinzips zu, d. h. sie verfolgen auch Auslandsstraftaten ihrer Staatsangehörigen im eigenen Hoheitsbereich.[6]

Die Gründe für einen generellen Ausschluß der Auslieferung der eigenen Staatsangehörigen sind rechtspolitisch nicht völlig überzeugend. Es ist verständlich, daß eine Auslieferung eigener Staatsangehöriger an eine ausländische Gerichtsbarkeit dann unterbleibt, wenn letztere namentlich in ihren Verfahrensstandards und ihren Strafvollstreckungsmodalitäten rechtsstaatlichen Ansprüchen nicht genügt. Es erscheint weniger einleuchtend, die Bestrafung eines eigenen Staatsangehörigen im Inland für eine im Ausland begangene Tat auch dann der Auslieferung vorzuziehen, wenn das ausländische Recht in einer rechtsstaatlichen Verfahrens- und Strafvollstreckungsanforderungen entsprechenden Weise ausgestaltet ist bzw. das Gericht diesen Grundsätzen entsprechend verfährt. Als das für den Tatort zuständige Gericht wäre dieses unter solchen Bedingungen und unter rechtspolitischen Gesichtspunkten als das geeignetere anzusehen. Soweit berechtigte Bedenken gegenüber den Standards der Strafrechtspflege im ersuchenden Staat bestehen, kann ihnen durch den Ausschluß der politischen Straftaten, den Grundsatz der doppelten Strafbarkeit, aber auch durch die Beachtung menschenrechtlicher Kriterien als Bestandteil des völkerrechtlichen Mindeststandards Rechnung getragen werden. Indessen sind es weniger Aspekte der rechtsstaatlichen Standards der Strafrechtspflege des jeweils ersuchenden Staates, die zur Ablehnung der Auslieferung eigener Staatsangehöriger führen. Vielmehr sind es grundlegende Vorstellungen, die mit dem staatlichen Selbstverständnis derjenigen Länder zusammenhängen, die eine Auslieferung eigener Staatsangehöriger ablehnen, die zu dieser Haltung geführt haben.[7]

II. Auch wenn die sachlichen und persönlichen Voraussetzungen im übrigen erfüllt sind, kann die Auslieferung scheitern.

1. Die Staaten pflegen vielfach nach dem Grundsatz *aut dedere aut iudicare/punire* vorzugehen, d. h., ein Staat, der nicht ausliefert, wird seinerseits die Verfolgung der in Rede stehenden Straftat nach seinem Recht vornehmen.[8] Auslieferung und Ausübung der eigenen Strafgewalt sind Alternativen des Handelns des um eine Auslieferung ersuchten Staates. Letztere ist subsidiärer Natur, wenn durch vertragliche Regelung die Auslieferung die primäre Verpflichtung darstellt und die Ausübung der eigenen Strafgewalt nur dann gefordert ist, wenn die Auslieferung abgelehnt wird.

In diesem subsidiären Sinne sind die Regelungen etwa im Abkommen über Flugzeugentführungen von 1970 und im Abkommen zur Bekämpfung von Angriffen auf die Sicherheit der zivilen Luftfahrt von 1971 (jeweils Art. 7) sowie in der Europäischen Terrorismuskonvention von 1977 (Art. 6 und 7) getroffen worden.[9]

---

[6] Dazu näher *Gilbert*, Extradition, 95 ff.

[7] Ein nachdrückliches Plädoyer für die Auslieferung der eigenen Staatsangehörigen enthält der Kommentar zu Art. 7 des Harvard-Entwurfes in AJIL 29 (1935) Supp., 123 ff mwN des Standes der damaligen Lehre; deutliche Kritik am Prinzip, eigene Staatsangehörige nicht auszuliefern, übt *Gilbert*, Extradition, 95 ff, unter Hinweis auf die kriminalpolitischen Probleme (u. U. völliges Ausbleiben von Strafverfolgung). Der amerikanisch-italienische Vertrag von 1983, TIAS 10837, der wie schon der Vertrag von 1973 die Nichtauslieferung eigener Staatsangehöriger allein aus diesem Grunde ausschließt, wird von *Gilbert* als Anbahnung eines Wandels der kontinentaleuropäischen Praxis positiv hervorgehoben. Einen solchen Wandel erfordere auch der europäische Einigungsprozeß im Rahmen der EG. Für eine Wahl des ersuchten Staates zwischen Auslieferung und Bestrafung setzte sich der Entwurf der International Law Association von 1928 (Art. 3) ein, Bericht, 335; ebenso der Entwurf der Internationalen Kriminalpolizeikommission von 1948 (Art. 7), *G. de Freitas*, A European Extradition Convention, in: *Grotius Society*, Transactions, 41 (1956), 25 (39). Diesem Grundsatz folgt auch die Europäische Auslieferungskonvention von 1957, ETS No. 24.

[8] Vgl. §§ 189 ff.

[9] Vgl. das Übereinkommen zur Bekämpfung der wider-

Wo der ersuchte Staat eine konkurrierende Strafgewalt hat, pflegt er nicht zur Auslieferung verpflichtet zu sein. Das gilt namentlich dann, wenn die Tat ganz oder zum Teil auf dem Gebiet des ersuchten Staates begangen, dieser also schon aufgrund des Territorialitätsprinzips zuständig ist.[10] Weniger streng pflegen die Staaten ihre Zuständigkeit aufgrund des Personalitäts- oder des Schutzprinzips geltend zu machen. Andererseits ist die Auslieferung in der Regel nicht an die Begehung der Tat gerade auf dem Gebiet des ersuchenden Staates gebunden.[11] Auch wenn dieser seine Zuständigkeit auf das Personalitäts- oder Schutzprinzip stützt, kann die Auslieferung geboten oder doch zulässig sein. Nach weit verbreiteter Praxis darf die Auslieferung abgelehnt werden, wenn der ersuchende Staat eine Zuständigkeit beansprucht, die der ersuchte Staat nach seinem Recht in gleicher Lage nicht beanspruchen würde.[12] Maßgebend sind stets die Verträge.

2. Auch im internationalen Auslieferungsrecht gelten – im einzelnen freilich verschieden ausgestaltet – die Grundsätze der Rechtskraft und der Rechtshängigkeit. Zumindest Inlandsentscheidungen und -verfahren pflegen der Auslieferung im Wege zu stehen.[13] Wenn

---

rechtlichen Inbesitznahme von Luftfahrzeugen (Haager Übereinkommen) vom 16. 12. 1970, UNTS 860, 105, BGBl. 1972 II, 1505 ff. (Art. 7: „Der Vertragsstaat, in dessen Hoheitsgebiet der Verdächtige aufgefunden wird, ist, wenn er ihn nicht ausliefert, verpflichtet, den Fall ohne irgendeine Ausnahme und unabhängig davon, ob die strafbare Handlung auf seinem Hoheitsgebiet begangen wurde, seinen zuständigen Behörden zum Zwecke der Strafverfolgung zu unterbreiten."). Mit identischer Klausel das Internationale Übereinkommen zur Bekämpfung widerrechtlicher Angriffe gegen die Sicherheit der Zivilluftfahrt vom 23. 9. 1971, UNTS 974, 177, BGBl. 1977 II, 1229 ff; in gleichem Sinne die Europäische Anti-Terrorismus-Konvention von 1977 (Art. 6, 7), ETS No. 90.

[10] Auf die Nähe zur Ausübung der eigenen Strafgewalt aufgrund des Territorialitätsprinzips weist der in Anm. 9 zitierte Art. 7 des Luftpiraterie-Abkommens mittelbar hin, indem die Verpflichtung zur Aburteilung eines Straftäters auch und gerade für den Fall betont wird, daß das Verbrechen nicht auf dem Territorium des zur Aburteilung verpflichteten Staates begangen wurde, d. h., die Verpflichtung bei Begehung auf dem Territorium wird als normal vorausgesetzt. Im Sinne einer Kann-Vorschrift wurde das Problem der Zuständigkeit in Art. 3 (a) des Harvard-Entwurfes gelöst; vgl. AJIL 29 (1935) Supp., 86 ff mwN. Die Verschärfung dieser Regel in eine strikt bindende hängt mit den internationalen Gewalttätern zusammen.

[11] So z. B. das schweizerische Bundesgericht BGE 78 I, 39 (49). Danach steht es einer von Jugoslawien verlangten Auslieferung nicht im Wege, daß die Tat nicht dort begangen wurde. Die Verträge können natürlich etwas anderes bestimmen. Vgl. z. B. die Entscheidung des Obersten Gerichts von Argentinien, Ann. Digest 1948, C.95: Verweigerung der Auslieferung an Paraguay, da die Begehung der Tat in Paraguay nicht dargetan sei, unter Berufung auf den Montevideo-Vertrag von 1889. Die Auslieferung von Straftätern, denen Verbrechen gegen die Menschlichkeit oder andere internationale Straftaten wie Luftpiraterie u. a. zur Last gelegt werden, ist heute anerkannte Praxis auch in den Fällen, wo die Tat nicht auf dem Territorium des ausliefernden Staates begangen wurde; vgl. u. a. *Demjanjuk v. Petrovsky*, 776 F 2dd 571 (1985)/ILR 79, 534 (543 ff).

[12] So im Anschluß an die überwiegende Praxis der Harvard-Entwurf in Art. 3(b), AJIL 29 (1935) Supp., 86 und 91 ff mwN; auch das DAG (§ 4 Ziff. 2) verbot die Auslieferung in solchen Fällen. Das IRG (§ 9) ist insoweit zurückhaltender formuliert. Es beschränkt die Unzulässigkeit der Auslieferung auf die Fälle rechtswirksamer Endentscheidungen (Urteile oder andere prozessuale Endentscheidungen wie die Ablehnung der Eröffnung der Hauptverhandlung, Einstellung des Verfahrens nach § 153a StPO usw.) deutscher Gerichte oder Behörden einerseits und die nach deutschem Recht erfolgte Verjährung der Verfolgung oder Vollstreckung andererseits. Die Auffangklausel des § 4 Nr. 2 DAG „oder aus anderen Gründen" enthält das IRG nicht mehr. *Lagodny/Schomburg*, in: *Uhlig/Schomburg/Lagodny*, § 10, Rdn. 28, sprechen hier von einer „nicht unerheblichen" Einschränkung gegenüber dem DAG. Vgl. auch entsprechende Regelungen im deutsch-australischen Auslieferungsvertrag vom 14. 4. 1987 (BGBl. 1990 II, 110) und im deutsch-amerikanischen Auslieferungsvertrag vom 20. 6. 1978 (BGBl. 1980 II, 646).

[13] Vgl. in diesem Sinne früher schon § 4 Ziff. 3 DAG; zu dieser Vorschrift des DAG siehe auch die überzeugende Entscheidung des Reichsgerichts im Falle *Wunderbaldinger*, JW 60 (1931), 249: Unzulässigkeit der Auslieferung, wenn der Verfolgte wegen einer im Fortsetzungszusammenhang teils in Deutschland, teils im Ausland begangenen Tat aufgrund der in Deutschland begangenen Teilakte von einem deutschen Gericht rechtskräftig verurteilt ist. Nach § 4 Ziff. 2 war die Auslieferung aber auch sonst unzulässig, wenn die Strafverfolgung oder -vollstreckung nach deutschem Recht nicht zulässig wäre. War also eine rechtskräftige Entscheidung im Ausland ergan-

schon das Bestehen der Zuständigkeit des ersuchten Staates ein Hindernis bildet, so erst recht die Ausübung seiner Zuständigkeit. Aber auch das Vorliegen rechtskräftiger Entscheidungen des ersuchenden Staates oder dritter Staaten oder das Schweben von Verfahren hier oder dort kann der Auslieferung entgegenstehen. Aber nicht nur, wenn wegen der gleichen, sondern auch, wenn wegen einer anderen Tat eine Verfolgung im Inland schwebt oder eine Strafe verbüßt wird, manchmal auch dann, wenn man den Verfolgten in einem Zivilprozeß oder sonstigen Verfahren als Partei oder Zeugen benötigt, pflegt man die Pflicht zur Auslieferung zu suspendieren.[14]

3. Es kann sein, daß die Auslieferung ein und derselben Person, sei es wegen derselben Tat, sei es aufgrund verschiedener Taten, von mehreren Staaten verlangt wird. Die meisten Auslieferungsverträge regeln diese Frage. Wird die Auslieferung wegen derselben Straftat gewünscht, so wird etwa dem Staat der Vorzug gewährt, auf dessen Gebiet sich der Tatort befindet. Wird sie aufgrund verschiedener Taten verlangt, wird der Verfolgte etwa zunächst dem Staat ausgeliefert, der die Auslieferung wegen der schwersten Straftat verlangt. In den meisten Verträgen ist dem Ermessen des ersuchten Staates ein mehr oder weniger ausgedehnter Spielraum gelassen.[15] Wo keine Verträge bestehen, entscheidet der ersuchte Staat nach seinem Ermessen.

4. Die Auslieferung kann endlich von der Erfüllung allgemeiner oder für den Einzelfall gestellter Bedingungen abhängig sein. Wohl allgemein wird die Auslieferung nur gewährt, wenn die Gegenseitigkeit gewährleistet ist.[16] Nicht selten werden auch Mindestanforderungen an das Verfahren gestellt, so wird etwa zur Bedingung gemacht, daß die Entscheidung ordentlichen Gerichten, nicht – politisch befangenen – Ausnahmegerichten anvertraut ist.[17]

---

gen, so würde eine nochmalige Verfolgung derselben Tat in Deutschland und somit die Auslieferung nicht zulässig sein. Die entsprechende, in § 9 IRG enthaltene Regelung stellt dagegen – wie dies auch nach ihrem Wortlaut für § 4 Ziff. 3 DAG nahelag – allein auf vorangegangene deutsche, also Inlandsentscheidungen als Auslieferungshindernis ab; vgl. *Lagodny*, in: *Uhlig/Schomburg/Lagodny*, § 9, Rdnr. 3 f. Der deutsch-französische Auslieferungsvertrag unterscheidet: Die Auslieferung *wird* abgelehnt, wenn eine rechtskräftige Entscheidung des ersuchten Staates vorliegt. Sie *kann* abgelehnt werden, wenn die Tat Gegenstand einer Entscheidung in einem anderen Staat ist (Art. 7 Abs. 1 Ziff. 2 und Abs. 2 Ziff. 1). Eine weite Ausdehnung hat der Harvard-Entwurf der Regel *ne bis in idem* in Art. 9 gegeben, AJIL 29 (1935), 144 ff mwN; zum *ne bis in idem*-Prinzip auch *Bassiouni*, International Extradition, 466 ff; *Gilbert*, Supp. 98 f, unter Hinweis auf die Entscheidung des schweizerischen Bundesgerichts im Fall *E v. Polizeiinspektorat von Basel*, ILR 75, 106 *(ne bis idem* keine allgemeine Regel des Völkerrechts), sowie *B. Specht*, Die zwischenstaatliche Geltung des Grundsatzes *ne bis in idem*, 2000.

[14] Über die Möglichkeit der vorläufigen Auslieferung mit nachfolgender Rücklieferung oben § 101 I 1; auch Harvard-Entwurf Art. 11 und Kommentar, AJIL 29 (1935) Supp., 151 ff.

[15] Reiches Material dazu im Kommentar zum Harvard-Entwurf (Art. 8), AJIL 29 (1935) Supp., 137 ff. Das Europäische Auslieferungsabkommen verlangt in seinem Art. 17 eine Entscheidung unter Berücksichtigung *aller Umstände* – eine Bestimmung, die gleichlautend in die obengenannten (Anm. 12) bilateralen Auslieferungsabkommen Deutschlands mit Australien (Art. 13) und den USA (Art. 17 Abs. 1) übernommen wurde. Im Auslieferungsabkommen mit Kanada vom 11. 7. 1977 (BGBl. 1979 II, 665) sind die zeitliche Priorität sowie anderweitige vertragliche Verpflichtungen als entscheidungsrelevant angegeben (Art. 18); zur britischen Praxis vgl. *v. Hartley Booth*, Vol. I, 22 f. Zum Ganzen auch *Bassiouni*, International Extradition (1996), 377 f.

[16] Dazu *Bassiouni*, International Extradition, 32, 321; § 5 IRG; zum IRG auch *Lagodny*, in: *Uhlig/Schomburg/Lagodny*, § 5, Rdn. 1; kritisch zu diesem Prinzip *H. H. Jescheck* (bezogen auf § 4 DAG), Die internationale Rechtshilfe in Strafsachen in Europa, ZStW 66 (1954), 518 ff (520 f). Er stellt dem Standpunkt des *do ut des* das Prinzip der internationalen Solidarität in der Bekämpfung der Kriminalität entgegen. Das Schweizer Gesetz über internationale Rechtshilfe ist weniger strikt bezüglich der Einhaltung der Gegenseitigkeit; vgl. Art. 8 des SIRG, Text in englischer Übersetzung in ILM 20 (1981), 1339 ff; zum Ganzen auch *Gilbert*, Extradition, 17 ff.

[17] Die Anerkennung der Auslieferungsvoraussetzung, daß ein ordentliches Gericht im ersuchenden Staat mit der Aburteilung der Auslieferungstat befaßt wird, reicht weit zurück: Schon die Oxforder Regeln

Auch kommt es wohl vor, daß den ausliefernden Staat die Art der Bestrafung beeinflußt, namentlich dann, wenn das Recht des ersuchenden Staates Strafen enthält, die es im Rechtssystem des ersuchten Staates nicht gibt. Hier geht es in jüngerer Zeit insbesondere um die Todesstrafe, die als Auslieferungsverweigerungsgrund erheblich an Bedeutung gewonnen hat.[18] Angesichts der in Literatur und auch Rechtsprechung zunehmenden Bereitschaft, die drohende Todesstrafe als Grund zur Verweigerung der Auslieferung anzuerkennen, wird teilweise bereits die Auffassung vertreten, daß bereits nach Völkergewohnheitsrecht bei drohender Todesstrafe die Auslieferung verweigert werden muß.[19] Mag dies gegenwärtig noch als zu weitgehend anzusehen sein, so wird man aber doch annehmen müssen, daß im Falle der drohenden Todesstrafe die Weigerung, einer vertraglichen Auslieferungsverpflichtung nachzukommen, keinen Vertragsbruch seitens des ersuchten Staates darstellt. Es gibt also gegenwärtig zwar noch keine gewohnheitsrechtliche Auslieferungsverweigerungspflicht bei drohender Todesstrafe, jedoch ein entsprechendes gewohnheitsrechtliches Verweigerungsrecht. Dafür spricht insbesondere die in Art. 4 lit.d des VN-Modellvertrages vorgesehene Anerkennung der Todesstrafe als fakultativer Verweigerungsgrund.[20]

Hier wird also das Prinzip der beiderseitigen Strafbarkeit bzw. Verfolgbarkeit auf die Strafart erstreckt. Manchmal wird die Auslieferung davon abhängig gemacht, daß der ersuchende Staat nicht aufgrund nachträglich erlassener Gesetze bestraft.[21] Auch kann die Auslieferung abgelehnt werden, wenn die Haftbedingungen – sei es während der Strafvollstreckung, sei es während der Haft bis zur Rechtskraft des Urteils und dem Beginn der Strafvollstreckung – menschenrechtlichen Standards widersprechen.

---

des Institut de Droit International 1880 enthielten diese Forderung, vgl. Ziffer 15, TGR 382; ebenso das interamerikanische Montevideo-Abkommen von 1933, Art. 3(d) und der Kommentar zum Harvard-Entwurf, AJIL 29 (1935) Supp., 217 N. 3; weitergehend heute die Anforderung, daß ein *fair trial* und *due process* im ersuchenden Staat gesichert sind, wozu die Verhandlung vor einem ordentlichen, jedenfalls nicht vor einem *ad hoc* Tribunal stattfinden muß; vgl. dazu *Gilbert*, Extradition, 88 f, unter Hinweis auf die Entscheidungspraxis der europäischen Menschenrechtskommission und der Rechtsprechung des Europäischen Menschenrechtsgerichtshofs zu Art. 6 EMRK.

18 Siehe z. B. Art. 11 der Europäischen Auslieferungskonvention von 1957, UNTS 359, 237/ETS No. 24 und zu dieser Vorschrift BGH, Urt. v. 13. 1. 1987, abgedr. in ILR 106, 298. Art. 4 (d) des UN-Modellvertrages zur Auslieferung von 1990 führt die drohende Verhängung der Todesstrafe als fakultativen Grund für die Verweigerung der Auslieferung an; GA Res 45/116 vom 14. 12. 1990; abgedr. in ILM 30 (1991), 1407 ff. Siehe zu Art. 9 des italienisch – amerikanischen Auslieferungsvertrages von 1983 zwei Urteile des Italienischen Kassationsgerichtshofes (Strafsachen): *re Lane* v. 18. 6. 1986 und *re Hawkins* v. 28. 4. 1992; englische Übersetzung abgedruckt in ILR 106, 305 ff und 310 ff. Zu verfassungsrechtlichen Auslieferungsverboten, wenn im ersuchenden Staat die Todesstrafe existiert: italienischer Corte Constituzionale, *Venezia v. Ministero di Grazia e Giustitia*, Urteil Nr. 223 vom 27. 6. 1996, Riv. 79 (1996), 815 mit Anm. *A. Bianchi*, AJIL 91 (1998), 727 ff; Supreme Court von Kanada, Urteile v. 26. 9. 1991, *Kindler v. Canada*, ILR 98, 371 ff und *Reference Re Ng*, ILR 98, 473 ff. Siehe zu beiden kanadischen Fällen auch UN-Menschenrechtsausschuß, Mitteilung Nr. 470/1991 v. 30. 7. 1993, *Kindler v. Canada*, ILR 98, 426 ff sowie Mitteilung Nr. 469/1991 v. 5. 11. 1993, *Ng v. Canada*, ILR 98, 479 ff (u. a. zur Frage, ob die Auslieferung bei drohender Todesstrafe gegen Art. 6 Abs. 2 und Art. 7 des IPBürg verstößt).

19 Nach *Gilbert* tendieren nationale Gerichte dazu, die Auslieferungsausnahme bei drohender Todesstrafe als Völkergewohnheitsrecht anzusehen; *G. Gilbert*, State Sovereignty as a Guarantee of an Individual's Human Rights – Selected Aspects, PYIL 21 (1994), 121 (123). Vgl. auch *Gilbert*, Extradition, 99 f; *Bassiouni*, International Extradition, 491; *S. A. Williams*, Extradition to a State that Imposes the Death Penalty, CYIL (1990), 117 ff; *K. Hailbronner*, Der Staat und der Einzelne als Völkerrechtssubjekte, in *W. Vitzthum* (Hrsg.), Völkerrecht 1997, 179 ff (260); siehe auch die Diskussion des Problems der Todesstrafe im Kontext des Auslieferungsrechts in den Entscheidungen des Europäischen Menschenrechtsgerichtshofs in den Fällen *Kirkwood*, Decisions and Reports, European Commission of Human Rights Nr. 37 (1984), 158 ff und *Soering*, Publications of the European Court of Human Rights, Series A 161; abgedruckt in ILR 98, 270 ff.

20 Siehe auch Hinweise in Anm. 18.

21 Dazu etwa das Oberste Gericht von Brasilien. Ann. Digest 1947, C. 1.

So hat der EGMR im Fall *Soering* eine Auslieferung eines des Mordes beschuldigten deutschen Staatsanghörigen an die Strafjustiz des Staates Virginia als mit der EMRK unvereinbar erklärt, weil der Auszuliefernde im Falle eines Todesurteils in der Strafanstalt *on death row* unmenschlicher Behandlung unterliegen würde.[22]

5. Eine neue Dimension hat die Frage der Auslieferung, insbesondere der eigenen Staatsangehörigen, durch die Errichtung internationaler Strafgerichte, so der Tribunale zur Verfolgung von schweren Verstößen gegen das humanitäre Völkerrecht im ehemaligen Jugoslawien[23] und Ruanda,[24] erhalten. Die durch Beschluß des Sicherheitsrates der Vereinten Nationen geschaffenen Statuten[25] dieser Gerichte sehen eine Verpflichtung der Staaten vor, jedem Rechtshilfeersuchen und jeder von einer Strafkammer erlassenen Verfügung unverzüglich nachzukommen, insbesondere, jedoch nicht ausschließlich, in bezug auf die Übergabe oder Überstellung des Angeschuldigten an das Internationale Gericht.

So hat das Jugoslawien-Tribunal u. a. internationale Haftbefehle gegen die Serbenführer *Radovan Karadzic* und den serbischen General *Ratko Mladic* erlassen, der im Falle *Karadzic* auszugsweise wie folgt lautet: „Considering the decision of the Trial Chamber on 11 July 1996, reconfirming the indictments issued on 25 July and 16 November 1995 following the failure to execute the initial warrant of arrest against *Radovan Karadzic* a copy of which is annexed to this warrant of arrest, hereby directs the authorities and officers and agents of all States to act promptly with all due diligence to secure the arrest, detention and transfer to the Tribunal of: *Radovan Karadzic* born on 19 June 1945, in Pretnjica, in the municipality of Srebrenìca, believed to be residing in Pale, Han Pijesak, or Jahorina; accused of having committed from April 1992 to July 1995 in the Republic of Bosnia and Herzegovina in the territory of the former Yugoslavia the following crimes: Grave breaches of the Conventions of Geneva of 12 August 1949, Violations of the laws or customs of war, Genocide, Crimes against humanity within the competence of the Tribunal by virtue of Articles 2, 3, 4 and 5 of the Statute and to advise the said *Radovan Karadzic* at the time of his arrest, and in a language he understands, of his rights as set forth in Article 21 of the Statute and, *mutatis mutandis*, in Rules 42 and 43 of the Rules of Procedure and Evidence the text of which is annexed to this warrant of arrest, including his right to remain silent and to be cautioned and that any statements he makes shall be recorded and may be used in evidence. The indictment, review of the indictment (and any documents annexed to the present warrant) must be brought to the attention of the accused in a language he understands; further requests that the authorities of all States and the Implementation Force (IFOR) upon the arrest of the accused *Radovan Karadzic*, promptly notify the Registrar of the International Criminal Tribunal for the former Yugoslavia."[26]

---

[22] Siehe dazu die Fälle *Kirkwood* und *Soering* oben Anm. 19; zum *Soering*-Fall siehe auch *D. Blumenwitz*, Konventionswidrigkeit der Auslieferung an die USA bei drohender Todesstrafe und in Anbetracht der Haftbedingungen in der Todeszelle/Fall Soering, EuGRZ 16 (1989), 314 ff; *S. Breitenmoser/G. E. Wilms*, Human Rights v. Extradition: The Soering Case, Mich.J. Int'l L. 11 (1989–90), 845 ff; *D. L. Gappa*, European Court of Human Rights – Extradition – Inhuman or Degrading Treatment or Punishment, Soering Case, Ga.J. Int'l & Comp.L. 20 (1990), 463 ff; *R. B. Lillich*, The Soering Case, AJIL 85 (1990), 128 ff; *Frédéric Sudre*, Extradition et peine de mort – L'arrêt Soering, RGDIP 94 (1990), 103 ff; *T. Vogler*, Auslieferung bei drohender Todesstrafe und Europäische Menschenrechtskonvention (EMRK), in Gedächtnisschrift für *Karlheinz Meyer*, 1990, 477 ff. Siehe aus der Rechtsprechung nationaler Gerichte zum Auslieferungshindernis der unmenschlichen Behandlung *R. v. The Secretary of State for the Home Department, ex parte Launder*, 1996 Times LR 603, QBD, auszugsweise abgedruckt in: BYIL 76 (1996), 548 ff; BG Schweiz, *X./Office fédérale de la police*, Urteil vom 11. 9. 1996, abgedruckt in RUDH 9 (1997), 118 ff (Ausliefernder Staat verstößt gegen Art. 3 EMRK, wenn Auslieferungsgesuch (hier der Türkei) auf diskriminierenden Motiven beruht).

[23] SR Res. 827 (1993) vom 25. 5. 1993 (Beschluß über das Statut); vgl. dazu § 197.

[24] SR Res. 955 (1994) vom 8. 11. 1994, ILM 33 (1994), 1598; vgl. dazu *D. Shraga/R. Zacklin*, The International Criminal Tribunal for Rwanda, EJIL 7 (1996), 501 ff; vgl. dazu § 197.

[25] Siehe zum Statut des Jugoslawien-Tribunals die Angabe in Anm. 23; zitiert nach Art 29 Abs. 2 Statut des IStGH. Das Statut des Ruanda-Tribunals bildet den Annex zur SR Res. 955 (1994), abgedruckt in ILM 33 (1994), 1602 ff.

[26] Zitiert nach ILM 36 (1997), 92 (97).

Unter auslieferungsrechtlichen Gesichtspunkten[27] stellen sich vor allem zwei Probleme: Zum einen ist fraglich, ob es sich bei der „Übergabe“ oder „Überstellung“ um eine Auslieferung im Sinne des völkerrechtlichen Begriffes der Auslieferung handelt. Zum anderen stellt sich für solche Staaten, die eine Auslieferung eigener Staatsangehöriger ablehnen, die Frage, ob diese an den Gerichtshof überstellt werden dürfen.

a) Die erste Frage nach dem Verhältnis von „Übergabe“ oder „Überstellung“ zum herkömmlichen Begriff der Auslieferung ließe sich bei formaler Betrachtung dahingehend beantworten, daß nach völkerrechtlichem Verständnis der Auslieferung diese zwischen zwei Staaten erfolgt und daß schon deshalb eine Gleichstellung der Begriffe „Übergabe“ oder „Überstellung“ mit dem der Auslieferung ausscheiden müßte. Indessen greift bei materieller Betrachtung des Rechtsinstituts der Auslieferung eine solche Argumentation nicht durch. Inhaltlich bedeutet die Auslieferung die Unterwerfung eines Angeschuldigten unter eine andere Strafgewalt als der des Staates, in dem sich der Angeschuldigte befindet. Eine solche „andere“ Strafgewalt, abgeleitet von der Entscheidungsgewalt des Sicherheitsrates, üben aber auch die Strafgerichtshöfe für Ruanda und Jugoslawien aus.[28]

Aus der Praxis lassen sich bisher nur wenige Fälle nachweisen, aus denen sich die Auslegung der Begriffe „Übergabe“ oder „Überstellung“ im Verhältnis zum herkömmlichen Auslieferungsbegriff durch die Staaten ablesen läßt. Im Hinblick auf die Verfolgung von Verstößen gegen das humanitäre Völkerrecht sind die Überstellungen im Sinne der Auslieferung gehandhabt worden, so etwa im Fall des *Dusko Tadic*, der von der Bundesrepublik Deutschland nach seiner Inhaftierung in München und nach Eröffnung eines Strafverfahrens vor dem dortigen Landgericht an das Jugoslawien-Tribunal überstellt wurde.[29] Dagegen lehnte der *District Court* in Texas die Überstellung eines Angeklagten an das Ruanda-Tribunal mit der Begründung ab, es läge kein Auslieferungsabkommen vor. Das bestehende förmlich ratifizierte Exekutive Agreement zwischen der US-Regierung und dem Tribunal reiche nicht aus. Aber auch hier scheint die Überstellung als Auslieferung angesehen worden zu sein.[30]

Ist somit von der Gleichstellung der Übergabe/Überstellung von Angeschuldigten bzw. Angeklagten an den Internationalen Strafgerichtshof und der herkömmlichen zwischenstaatlichen Auslieferung auszugehen, so stellt sich des weiteren die Frage, wie es um die in der Auslieferungspraxis der Staaten, zum Beispiel in den zahlreichen Auslieferungsverträgen, aufgestellten Schranken der Auslieferungspflicht im Hinblick auf die Überstellungspflicht nach Art. 29 Abs. 2 Statut des IStGH steht. Anders als im Falle der zwischenstaatlichen Auslieferungsverträge werden im Statut des IStGH Ausnahmen von der Überstellungspflicht nicht erwähnt. Da andere Rechtsgrundlagen als der Sicherheitsratsbeschluß zum IStGH-Statut für die Überstellungspflicht, namentlich völkergewohnheitsrechtliche Regelungen über eine Auslieferungspflicht und Ausnahmen davon, nicht bestehen, könnte geschlossen werden, daß es Ausnahmen bzw. Schranken hinsichtlich der Überstellungspflicht nicht geben soll. Das hieße allerdings, daß die Staaten durch die vom Sicherheitsrat geschaffene uneingeschränkte Überstellungspflicht gezwungen wären, Überstellungen vorzunehmen, die ihnen im zwischenstaatlichen Auslieferungsverfahren aufgrund ihrer völkerrechtlichen Pflichten zur Achtung grundlegender Menschenrechte auch und gerade in Auslieferungsverfahren im Einzelfall verboten wären. Nun ließe sich zugunsten eines solchen Ergebnisses

[27] Im übrigen vgl. dazu §§ 189 ff.

[28] So zutreffend *B. Schöbener/W. Bausback*, Verfassungs- und völkerrechtliche Grenzen der „Überstellung“ mutmaßlicher Kriegsverbrecher an den Jugoslawien-Strafgerichtshof, DÖV 49 (1996), 621 (622).

[29] Vgl. AdG 65 (1995), 40006 B.

[30] U.S. District Court for the Southern District of Texas, Larcelo Division, Urteil vom 17. 12. 1997, 988 F. Supp. 1038; U.S. Court of Appeals, Fifth Circuit, Aug. 5, 1999 (in *re surrender of Ntakirutimana*, 184 F.3rd 419); vgl. dazu Bericht und Analyse von *M. Coombs*, AJIL 2000, 171 ff.

anführen, daß es sich bei dem Statut der Strafgerichtshöfe um Beschlüsse des Sicherheitsrates in Ausübung seiner Kompetenz gemäß Kapitel VII der VN-Charta handelt, gegen dessen Wirkungen anderweitige völkerrechtliche Verpflichtungen, insbesondere solche vertraglicher Art, zum einen wegen des Vorrangs der VN-Charta nicht eingewandt werden können und zum anderen auch deswegen, weil es den Mitgliedstaaten anerkanntermaßen versagt ist, Beschlüsse des Sicherheitsrates auf ihre materielle Rechtmäßigkeit zu überprüfen.[31] Dennoch kann ein solches Ergebnis das letzte Wort nicht sein, und bei Lichte besehen ist es auch keineswegs zwingend.

Abgesehen davon, daß der IGH in jüngerer Zeit durchaus Ansätze gezeigt hat, auch über die inhaltliche Rechtmäßigkeit von Beschlüssen des Sicherheitsrates zu urteilen, also den Sicherheitsrat als an das Recht gebunden anzusehen,[32] widerspricht nämlich das Ergebnis, den Staaten sei durch das Statut des IStGH eine schrankenlose Überstellungspflicht auferlegt, dem grundlegenden Prinzip der *rule of law*, dem sich die Vereinten Nationen seit dem Beginn der 90er Jahre ausdrücklich verpflichtet haben.[33] Zwar hatten sich die Vereinten Nationen bei ihrer Gründung vornehmlich als eine politische Organisation verstanden, die sich nicht durch legalistische Erwägungen in der effektiven Wahrnehmung ihrer Aufgaben einschränken lassen sollte. Spätestens aber seit der erwähnten Erklärung der Staats- und Regierungschefs von 1992[34] und der verstärkten Eingriffspolitik, die der Sicherheitsrat nach dem Ende des Kalten Krieges verfolgt hat, ist hier ein Wandel dahingehend eingetreten, daß auch der Sicherheitsrat nicht über dem Recht steht. Jedenfalls zwingende Regeln des Völkerrechts – und dazu zählen nach ganz herrschender Auffassung die grundlegenden Menschenrechte – können auch nicht durch Beschlüsse des Sicherheitsrates außer Kraft gesetzt werden. Das heißt aber, daß den Staaten in Erfüllung ihrer Überstellungspflicht jedenfalls insoweit ein Ermessen zusteht, als sie zum Schutz grundlegender Menschenrechte im Einzelfall eine Überstellung verweigern dürfen.

Ganz offenbar sieht dies auch der Gerichtshof für Jugoslawien so. Im Falle *Djukic*, dessen Leben wegen einer schweren Erkrankung durch eine Überstellung oder durch eine zu erwartende lange Haft bedroht war, hat der Gerichtshof folgerichtig „aus humanitären Gründen" seine Freilassung angeordnet, also von der Erfüllung der Überstellungspflicht seitens des Gewahrsamsstaates abgesehen.[35]

b. Aus der hier angezeigten Perspektive läßt sich auch das zweite, eingangs genannte Problem lösen, das sich im Hinblick auf die Überstellung eigener Staatsangehöriger für diejenigen Staaten ergibt, die eine Auslieferung eigener Staatsangehöriger prinzipiell ab-

---

[31] *J. Delbrück* in: *Simma*, Charter (engl.), Art. 25, para. 18.

[32] *Case concerning Questions of Interpretation and Application of the 1971 Montreal Convention arising from the Aerial Incident at Lockerbie (Libyan Arab Jamahiriya v. USA)*, Urteil vom 27. 2. 1998, ILM 37 (1998), 587 ff; insb. Sep. Op. of Judge *Kooijmans*, 617, para. 18; siehe aber Diss. Op. of President *Schwebel*, 627; vgl. auch International Criminal Tribunal for the Former Yugoslavia, *The Prosecutor v. Duško Tadic*, Urteil vom 2. 10. 1995, para. 45, ILM 35 (1996), 43 (47); aus der Literatur: *T. M. Franck*, The „Powers of Appreciation": Who is the Ultimate Guardian of UN Legality?, AJIL 86 (1992), 519 (522 f); *M. N. Shaw*, The Security Council and the International Court of Justice: Judicial Drift and Judicial Function, in *A. S. Muller* (ed.), The International Court of Justice: Its Future Role after Fifty Years, 1997, 219 ff (225); *H. Gading*, Der Schutz grundlegender Menschenrechte durch militärische Maßnahmen des Sicherheitsrates – das Ende staatlicher Souveränität?, 1996, 57.

[33] Vgl. dazu die feierliche Erklärung der Staatsoberhäupter und Regierungschefs der Mitglieder des Sicherheitsrates der Vereinten Nationen vom 31. 1. 1992, UN Doc. S/23500, 3. Dieses Bekenntnis zur *rule of law* bedeutet eine deutliche Akzentverschiebung gegenüber der früheren Haltung der Vereinten Nationen, zu dieser näher *J. Delbrück*, Peacekeeping by the United Nations and the Rule of Law, in: Declarations on Principles, Festschrift für *Bert V. A. Röling*, 1977, 73 ff.

[34] Vgl. Anm. 33.

[35] Dazu *Schöbener/Bausback*, DÖV 49 (1996), 626 (Anm. 28).

lehnen. Zunächst ist festzustellen, daß das Auslieferungsverbot für eigene Staatsangehörige eine innerstaatliche Regelung darstellt und nicht etwa Ausdruck eines allgemeinen, völkergewohnheitsrechtlich anerkannten Gegenrechts gegenüber einem Auslieferungsbegehren ist. Dagegen spricht schon, daß ein großer Teil der Staatengemeinschaft, namentlich Staaten des anglo-amerikanischen Rechtsbereichs, eine solche Ablehnung der Auslieferung eigener Staatsangehöriger nicht kennen.[36] Als Sinn und Zweck des nationalen Auslieferungsverbotes zugunsten eigener Staatsangehöriger wird herkömmlich angeführt, daß zum einen die Wahrung der staatlichen Souveränität (und damit der Anspruch auf Ausübung der Hoheitsgewalt über die eigenen Staatsangehörigen) das Ziel ist; zum anderen wird angeführt, daß die eigene Strafgewalt am besten geeignet sei, die Verwirklichung der objektiven Gerechtigkeit zu gewährleisten, was schließlich, drittens, heißt, daß der von der Auslieferung Betroffene „vor der Unsicherheit einer Aburteilung unter einem ihm fremden Rechtssystem und in für ihn schwer durchschaubaren fremden Verhältnissen" bewahrt werden soll. Anders als im zwischenstaatlichen Auslieferungsverkehr, wo diese Gesichtspunkte gewiß nach wie vor zum Tragen kommen können, stellt sich die Tragfähigkeit dieser Argumentation gegenüber der Überstellung an ein internationales Strafgericht anders dar. Der Einwand der Pflicht zur Wahrung der Souveränität greift insofern nicht durch, als die Staaten mit dem Beitritt zu den Vereinten Nationen bzw. dem Statut des betroffenen Gerichts z. T. weitreichenden Beschränkungen ihrer Souveränität zugestimmt haben.

III. Die Gestaltung des Auslieferungsverfahrens bleibt im allgemeinen dem ersuchten Staat überlassen. Doch haben sich in der Praxis der Staaten auch dafür eine Reihe von typischen Regeln entwickelt. Auch die Auslieferungsverträge enthalten in gewissem Umfange Regeln für das Verfahren.[37]

1. Die Auslieferung setzt ein förmliches Ersuchen voraus, das der ersuchende dem ersuchten Staat auf diplomatischem, manchmal auch konsularischem Wege, nur ausnahmsweise im direkten Verkehr von Justizbehörde zu Justizbehörde zugehen läßt.[38] Schon vor Eingehen des förmlichen Ersuchens mag der Aufenthaltsstaat vorbereitende Maßnahmen treffen, z. B. für die vorläufige Festnahme sorgen. Der endgültigen Entscheidung geht in den meisten Ländern ein förmliches Verfahren unter Mitwirkung der Gerichte, wenn auch nicht notwendig eine gerichtliche Zulassungsentscheidung, voraus.[39]

2. Die Regeln des Auslieferungsverfahrens sind überall im wesentlichen dieselben. Doch bestehen Unterschiede im Hinblick auf die Nachprüfung der Unterlagen durch den Aufenthaltsstaat. Zwei Systeme stehen sich hier gegenüber:[40]

---

[36] Dazu schon oben I.

[37] Vgl. die Angaben im Kommentar zu Art. 12–18 des Harvard-Entwurfs, AJIL 29 (1935) Supp., 158 ff; zur Gestaltung des Auslieferungsverfahrens *Bassiouni*, International Extradition, 501 ff; *Gilbert*, Extradition, 36.

[38] Siehe dazu Tribunal Colmar, *Sirey* 1949 II, 15: Die formlose Übergabe durch die Besatzungsmacht ohne förmliches Ersuchen ist keine Auslieferung. Daß nur ein förmliches Ersuchen, übermittelt durch die üblichen diplomatischen Kanäle, Anknüpfungspunkt für die Feststellung der Einhaltung von Fristen sein kann, wird in *ex parte Sotiriades* vom House of Lords bestätigt, Reg. v. Governor of Pentonville Prison *ex parte Sotiriades*, Urteil vom 30. 1. 1974, ILR 60, 334 ff.

[39] Ein Verfahren kann sich erübrigen, wenn der Auszuliefernde sich mit der Auslieferung einverstanden erklärt (sog. „freiwillige" Auslieferung). Vgl. zu der entsprechenden Regelung der sog. „vereinfachten" Auslieferung des IRG (§ 41) *Lagodny*, in *Uhrig/Schomburg/Lagodny*, § 41, Rdn. 2 ff; ein interessanter Fall ergab sich im Zeitraum zwischen dem Fall der Berliner Mauer und der Wiedervereinigung Deutschlands: Mehrere Mitglieder der Roten Armee Fraktion wurden in der DDR entdeckt und auf der Grundlage einer Entscheidung des Berliner Stadtgerichts (Ost) und der Zustimmung der betroffenen Personen in die Bundesrepublik „ausgeliefert", was in einem technischen Sinne nicht zutrifft; vgl. *Gilbert*, Extradition, 26.

[40] Eine gründliche Erörterung des Problems bietet die Entscheidung des Bundes- und Kassationsgerichts von Venezuela im Falle *Boada Tavera*, ILR 17, C. 85.

a) Viele Staaten begnügen sich damit, daß ihnen gewisse formale Unterlagen, z. B. der ausländische Haftbefehl, das Urteil, die Anklageschrift, der Eröffnungsbeschluß oder dergleichen vorgelegt werden. Der ersuchte Staat hat nach diesem System nur zu prüfen, ob die Tat, ihre Begehung unterstellt, zu den Auslieferungstaten gehört. Vor allem aber hat er den politischen oder unpolitischen Charakter der Straftat zu klären, und insoweit stellt er auch eigene Ermittlungen an.[41] Im übrigen aber wird der Tatverdacht von dem ersuchten Staat nicht geprüft. Es ist hier von einem System der formalen Prüfung zu sprechen.

b) Diesem System steht das System der materiellen Vorprüfung gegenüber.[42] Manche Staaten nämlich liefern erst aus, wenn sie die Stichhaltigkeit des Verdachts ihrerseits nachgeprüft haben und sich schon in diesem Verfahren die Wahrscheinlichkeit der Tatbegehung herausstellt. Man verlangt etwa so viele Beweise, wie nach dem Recht des ersuchten Staates für die Erhebung der öffentlichen Anklage, für das angelsächsische *commitment for trial* oder ähnliche Verfahrensakte erforderlich sind.[43] Diesem System folgt – entgegen der früheren Regelung im DAG – nunmehr auch das IRG (§ 10 Abs. 2).[44]

---

[41] In diesem Sinne hatte sich der Harvard-Entwurf in Art. 17 Abs. 2 entschieden, siehe AJIL 29 (1935), 187 ff; zur nur formalen Prüfung vgl. auch *O'Connell*, Vol. II, 731; aus der Rechtsprechung siehe *re Rukavina*, Ann. Digest 1949, C.88. Insoweit die Entscheidung ansteht, ob eine politische Straftat vorliegt, hat die Prüfung jedoch über rein formale Aspekte hinauszugehen, vgl. den Fall *re Ockert*, Ann. Digest 1933–34, C. 157; auch BGHSt 2, 44 (48). Die zur Rechtfertigung der nur formalen Prüfung aufgestellte Behauptung, daß die Prüfung des Tatverdachts – oder nach angelsächsischem Recht „to make out a *prima facie* case" – den Auslieferungsverkehr lahmlegen würde, ist deutlich übertrieben, wie das durchaus effizient arbeitende System in den angelsächsischen Ländern zeigt. Darüber hinaus begegnet heute eine nur formale Prüfung unter grund- und menschenrechtlichen Gesichtspunkten erheblichen Bedenken. Die frühere deutsche Vertragspraxis folgte dem formalen Ansatz, allerdings nicht gegenüber Ländern des angelsächsischen Rechtskreises, vgl. z. B. einerseits die Auslieferungsverträge des Deutschen Reiches mit Finnland von 1937 (Art. 13) und Italien von 1942 (Art. 14), andererseits die Verträge mit dem Vereinigten Königreich von 1872 (Art. 9 Abs. 2) und den Vereinigten Staaten von 1930 (Art. 10 Abs. 2).

[42] Vgl. etwa zum britischen Recht und zur entsprechenden Praxis *O'Connell*, Vol. II, 731; ausführlich *Gilbert*, Extradition, 56 ff mit kritischer Einschätzung der Aufweichung des *prima facie*-Prinzips, da eine solche Aufweichung dem Sinn des Prinzips als Schutz des Auszuliefernden vor willkürlicher Strafverfolgung abträglich sei. Vgl. zur amerikanischen Rechtslage und Praxis, die entsprechend dem britischen *prima facie*-Prinzip den Nachweis von *probable cause* verlangt, *Bassiouni*, International Extradition, 545 ff mit umfangreichen Rechtsprechungsnachweisen. Zum Maß des notwendigen Nachweises, daß eine Straftat nicht ausgeschlossen ist, vgl. die Entscheidung im Fall *K. A. Evans*, der ein Auslieferungsbegehren Australiens gegenüber der Kronkolonie Hong Kong betraf (Supreme Court Hong Kong, Urteil vom 22. 5. 1963): die von Australien vorgelegten Beweise reichten aus, um eine *„strong or probable presumption of guilt"* anzunehmen, ILR 52, 355 (364). Eine Vereinheitlichung bzw. Annäherung der beiden Prüfungsansätze bahnt sich nicht nur durch die Vertragspraxis der Staaten unterschiedlicher Ausrichtung in ihrem Auslieferungsrecht an, sondern z. B. auch durch die Erleichterung der Anerkennung von Beweisen aus dem jeweils ersuchenden Staat, wie sie sich aus der Europäischen Auslieferungskonvention ergibt; vgl. *Gilbert*, Extradition, 60.

[43] So namentlich der britische *Extradition Act* von 1870: *„... such evidence ... as would, according to the law of England, justify the committal for trial of the prisoner if the crime had been committed in England"* (Section 10). Für dieses System schon die Oxforder Regeln des Institut de Droit International 1880, Z. 21, TGR 382 und der Entwurf der ILA von 1928, Art. 12. Aus der internationalen Rechtsprechung z. B. das Bundes- und Kassationsgericht von Venezuela im Falle *Boada Tavera*, ILR 17, C. 85 (eingehende Prüfung des Tatverdachts); vgl. im übrigen die Angaben oben Anm. 41, 42. Daß eine allzu eingehende Vorprüfung durch Gerichte des ersuchten Staates auch zu bedenklichen Ergebnissen und zu internationalen Reibungen führen kann, ist nicht zu übersehen; vgl. den Fall *Insull*, in dem ein amerikanisches Auslieferungsbegehren von Griechenland abgelehnt wurde: *Insull*, ein amerikanischer Staatsbürger griechischer Abstammung, wurde aufgrund eines Konkursvergehens von der amerikanischen Justiz verfolgt. Die Auslieferung wurde aufgrund der letztinstanzlichen Entscheidung des Appellationsgerichts Athen verweigert. Die Vereinigten Staaten reagierten scharf, warfen dem Gericht vor, den Fall selbst entschieden zu haben, anstatt nur den ersten Anschein zu prüfen, und kündigten daraufhin den Auslieferungsvertrag; vgl. das griechische Urteil in Ann. Digest 1933–34, C. 146.

[44] Vgl. dazu *Lagodny/Schomburg*, in *Uhlig/Schomburg/Lagodny*, § 10, Rdn. 29 ff.

Die Staatenpraxis ist hinsichtlich der Anforderungen an die Prüfung der Auslieferungsvoraussetzungen – hier der Gestaltung des Verfahrens – unterschiedlich. Eine bindende völkerrechtliche Regel besteht insoweit nicht.

IV. 1. Nach der Auslieferung steht der Strafverfolgung oder -vollstreckung an sich nichts mehr im Wege. Aber es wirkt doch die Tatsache nach, daß der Ausgelieferte sich zunächst im Machtbereich des ersuchten Staates befand, der sich daraufhin für die Folgen der Auslieferung verantwortlich fühlt. Der verfolgende oder vollstreckende Staat darf das mit der Auslieferung in seine Rechtspflege gesetzte Vertrauen nicht enttäuschen. Er hat die zugesagten Bedingungen zu erfüllen und namentlich eine Voraussetzung allgemeiner Natur zu beachten. Die Auslieferung wird in aller Regel aufgrund bestimmter Taten gewährt. Daraus folgt, daß der Ausgelieferte nun auch nur aufgrund eben dieser Taten bestraft werden darf. Ein Verstoß gegen diese Regel würde Treu und Glauben verletzen und die Beschränkungen, die den Staaten durch das internationale Auslieferungsrecht auferlegt sind, praktisch hinfällig machen. Man nennt diese Regel den Grundsatz der Spezialität. Er ist in vielen Verträgen und Gesetzen zugrunde gelegt[45] und als ein allgemein anerkannter – allerdings abdingbarer – Grundsatz des Rechts auch dann zu beachten, wenn es an einer ausdrücklichen Vereinbarung fehlt.[46]

Aber nicht nur im Hinblick auf die Identität der Tat, auch in bezug auf ihre rechtliche Würdigung sind der Strafverfolgung Grenzen gezogen. Wenn nichts anderes verabredet ist, ist der ersuchende Staat auch in der rechtlichen Würdigung an das Einverständnis des ersuchten Staates gebunden. Wenn er die Auslieferung unter einem bestimmten Gesichtspunkt verlangt, darf er den Ausgelieferten nicht später ohne Einwilligung des ersuchten Staates unter einem anderen Gesichtspunkt bestrafen. Und wenn der ausliefernde Staat die Verfolgung einer unter mehreren Gesichtspunkten strafbaren Handlung nur unter dem einen oder dem anderen, aber nicht unter allen Gesichtspunkten zulassen will, so sind die Gerichte des ersuchenden Staates auch daran gebunden.[47]

Viele Verträge gehen diesen Schwierigkeiten allerdings durch die Vereinbarung der sog. „laxen Spezialität" aus dem Weg. Sie bedeutet, daß die Strafverfolgung auch nach der Auslieferung auf neue rechtliche Gesichtspunkte oder neue Taten ausgedehnt werden darf, wenn der Auslieferungsvertrag auch den neuen Gesichtspunkt umfaßt.

2. Der Ausgelieferte wird dem ersuchenden Staat im Vertrauen gerade auf seine Strafjustiz überlassen. Damit und mit der nachwirkenden Verantwortlichkeit des ersuchten Staates wäre es nicht in Einklang zu bringen, wenn der ersuchende Staat den Ausgelieferten nachträglich an dritte Staaten ausliefern wollte. Auch das darf nur mit Zustimmung des ursprünglich um die Auslieferung ersuchten Staates geschehen.

3. Die Beschränkungen, die sich aus den im vorstehenden geschilderten Regeln ergeben, entfallen, wenn der Ausgelieferte nach seiner Entlassung aus der Haft freiwillig auf dem Gebiet des verfolgenden Staates verbleibt oder später dorthin zurückkehrt.[48] Damit nämlich

[45] So – wie schon § 6 DAG – § 11 IRG, dazu näher *Lagodny*, in *Uhlig/Schomburg/Lagodny*, § 11, Rdn. 1 ff; in diesem Sinne hatten sich auch die Oxforder Regeln des Institut de Droit International von 1880, Z. 22 und 23, TGR 382, ausgesprochen.

[46] Vgl. etwa *U. S. v. Rauscher*, 119 U.S. 407 (1886); RGSt 29, 270 (271); 30, 440 (445); 55, 284 (286); Bundes- und Kassationsgericht von Venezuela im Falle *Dilasser*, ILR 19 (1952), C.83, Schweizer Bundesgericht im Fall *Glaser* ILR 72, 597 (599), *Demjajuk v. Petrovsky*, ILR 79, 535 ff (546); *Regina v. MacDonald, Canada*, Ontario High Court, Urteil vom 25. 8. 1982, ILR 101, 281 ff. Zum Grundsatz der Spezialität auch *O'Connell*, Vol. II, 731 ff mwN aus der Rechtsprechung; *Gilbert*, Extradition, 106 f.

[47] Die grundsätzliche Bindung des ersuchenden Staates an den Grundsatz der Spezialität schließt es nicht aus, daß nachträglich eine Ausdehnung der Verfolgungsbefugnisse mit Zustimmung des ersuchten Staates vorgenommen wird; vgl. *Lagodny*, in *Uhlig/Schomburg/Lagodny*, § 11, Rdn. 28 ff.

[48] So etwa auch der Harvard-Entwurf Art. 23 Abs. 2,

begibt er sich aus eigenem Willen des Schutzes durch den ausliefernden Staat, der damit auch von der Verantwortung frei wird.

V. Die Durchführung der Auslieferung kann eine Durchlieferung erforderlich machen. Von ihr spricht man dann, wenn der um die Auslieferung ersuchte und der ersuchende Staat keine gemeinsame Grenze haben, sondern die Auslieferung nur auf dem Wege eines Transportes durch das Gebiet eines dritten Staates ausgeführt werden kann. Diese „Durchlieferung" stellt ihrerseits nicht eigentlich eine Auslieferung dar. Für die Durchlieferung enthält das allgemeine Völkerrecht keine Regeln. Auch die Pflicht zur Durchlieferung kann sich nur aus Verträgen ergeben. Soweit solche Verträge bestehen, wird die Durchlieferung jedoch hinsichtlich ihrer Voraussetzungen (z. B. eigene Staatsangehörige, politische Straftaten) bald der Auslieferung gleichgestellt, bald abweichend gestaltet.[49]

§ 103 Die Rechtsstellung der Flüchtlinge und Staatenlosen

Schrifttum: wie vor § 84 und zu §§ 88, 89, 91–93, 95; ferner: *J. P. A. François*, Le problème des apatrides, RdC 53 (1935), 283 ff; *Y. Jennings*, Some International Law Aspects of the Refugee Question, BYIL 20 (1939), 98 ff; *J. Vernant*, The Refugee in the Post-War World, 1953; *G. J. van Heuven-Goedhart*, The Problem of Refugees, RdC 82 (1953), 261 ff; *P. Weis*, The International Protection of Refugees, AJIL 48 (1954), 193 ff; *E. Jahn*, Der völkerrechtliche Schutz von Flüchtlingen, 1955; *N. Robinson*, Convention relating to the Status of Stateless Persons: Its History and Interpretation, 1955; *W. Schätzel/T. Veiter* (Hrsg.), Handbuch des internationalen Flüchtlingsrechts, 1960; *O. Kimminich*, Der Internationale Rechtsstatus des Flüchtlings, 1962; *S. Torres Bernadez*, La Conférence des Nations Unies pour l'élimination ou la réduction des cas d'apatridie dans l'avenir, AFDI 8 (1962), 528 ff; *A. Grahl-Madsen*, The Status of Refugees in International Law, 2 Bde., 1966/1972; *B. Vukas*, International Instruments Dealing with the Status of Stateless Persons and of Refugees, RDBI 8 (1972), 143 ff; *L. W. Holborn*, Refugees: A Problem of our Time, 2 Bde., 1975; *S. Aga Khan*, Legal Problems relating to Refugees and Displaced Persons, RdC 149 (1976), 287 ff; *P. van Krieken*, The High Commissioner for Refugees and Stateless Persons, NILR 26 (1979), 24 ff; *Office of the UN High Commissioners for Refugees* (ed.), Collection of International Instruments concerning Refugees, 2nd edition, 1979; *dasselbe*, Handbuch über Verfahren und Kriterien zur Feststellung der Flüchtlingseigenschaft gemäß dem Abkommen von 1951 und dem Protokoll von 1967 über die Rechtsstellung der Flüchtlinge, 1979; *P. Weis*, Nationality and Statelessness in International Law, 2nd edition, 1979; *D. J. Walker*, Statelessness: Violation or Conduit for Violation of Human Rights, Hum.Rts.Q. 3 (1981), 106 ff; *G. S. Goodwin-Gill*, The Refugee in International Law, 1983; *O. Kimminich*, Die Entwicklung des internationalen Flüchtlingsrechts – faktischer und rechtsdogmatischer Rahmen, AVR 20 (1982), 369 ff; *A. Grahl-Madsen*, International Refugee Law today and tomorrow, AVR 20 (1982), 411 ff;

AJIL 29 (1935) Supp., 213 f; dem liegt das generelle Prinzip zugrunde, daß der Ausgelieferte einer Erweiterung der Anklagepunkte zustimmen kann, womit der Grundsatz der Spezialität seine Wirkung verliert. Hier zeigt sich, daß der Grundsatz der Spezialität nicht ausschließlich ein Privileg des ersuchten Staates ist, sondern auch ein Recht des Ausgelieferten statuiert, auf das dieser aus bestimmten Gründen – dazu *Bassiouni*, International Extradition, 365; auch *Gilbert*, Extradition, 107 – zurückgreifen kann.

[49] Näheres im Kommentar zu Art. 22 des Harvard-Entwurfes, AJIL 29 (1935) Supp., 208 ff; das IRG sieht die Durchlieferung als einen speziellen Aspekt der internationalen Rechtshilfe, nicht als einen Unterfall der Auslieferung an. Die Durchlieferung wird deshalb in einem gesonderten 3. Teil des Gesetzes geregelt. Das IRG stellt an die Zulässigkeit der Durchlieferung geringere Anforderungen als an die Auslieferung (keine Gegenseitigkeit, keine Anwendung des Grundsatzes der beiderseitigen Verfolgbarkeit und des Grundsatzes der Spezialität), jedoch wird die Durchlieferung nicht gestattet, wenn politische Verfolgung oder die Todesstrafe droht oder eine politische Straftat vorliegt. Selbstverständlich ist die Durchlieferung deutscher Staatsangehöriger ausgeschlossen. Wird ein Deutscher den deutschen Behörden zur Durchlieferung übergeben, so darf er auch nicht an den übergebenden Staat zurückgegeben werden (sog. „steckengebliebene Durchlieferung"), vgl. dazu BVerfGE 10, 136; zum Ganzen *Lagodny*, in *Uhlig/Schomburg/Lagodny*, vor § 43, Rdn. 1 ff.

J. C. Hathaway, The Evolution of Refugee Status in International Law: 1920–1950, ICLQ 33 (1984), 348 ff; *P. Hyndman*, Refugees under International Law with a Reference to the Concept of Asylum, ALJ 1986, 148; *F. O. Vicuña*, The Status and Rights of Refugees under International Law: New Issues in Light of the Honecker Affair, IALR 25 (1994), 351 ff; *A. M. de Zayas*, Population, Expulsion and Transfer, EPIL III (1997), 1062; *E. Jahn*, Refugees, EPIL IV (2000), 78; *K. Hailbronner*, Die Relevanz des Völkerrechts für das deutsche Ausländerrecht, in: *K. Hailbronner*, Die allgemeinen Regeln des völkerrechtlichen Fremdenrechts, 2000, 1 ff.

I. 1. Bis zum Ersten Weltkrieg war das Fremdenrecht dadurch gekennzeichnet, daß die große Mehrzahl der Menschen im Ausland den Schutz eines bestimmten Staates genossen. Die meisten waren Träger einer bestimmten Staatsangehörigkeit, und die Staaten pflegten sich hinter ihre Angehörigen zu stellen, wenn ihnen im Ausland Unrecht geschah. Durch die beiden Kriege und die Umwälzungen, die sich aus ihnen ergaben, hat sich diese Lage geändert. Kriege, Revolutionen, Hungersnöte und Unterentwicklung in vielen Ländern der Dritten Welt haben Millionen von Menschen aus ihrer bisherigen Umgebung gerissen, sie aus der Heimat vertrieben und von ihren Staaten getrennt. Zahllose Menschen sind zwangsverschleppt worden. Die mit der russischen Revolution von 1917 einsetzenden revolutionären Bewegungen haben eine Welle von Verfolgungen ausgelöst, die große Menschenmassen dazu genötigt haben, Schutz im Ausland zu suchen. Die großen Wanderbewegungen und das Massenelend der Flüchtlinge gehören zu den Kennzeichen der Epoche.[1] In jüngster Zeit hat die Bewegung großer Bevölkerungsteile, namentlich in Europa, aufgrund der Auflösung der Sowjetunion und der politischen Veränderungen im südosteuropäischen Raum, aber auch in Afrika, neue Dimensionen angenommen. Dies schlägt sich u. a. in einem Wandel der Begriffe, mit denen die Bevölkerungsbewegungen zunehmend bezeichnet werden, nieder. An die Stelle des Begriffs der Flüchtlingsströme tritt der Begriff der Migration. Migrationen größten Ausmaßes (von Osteuropa nach Westeuropa, von Afrika in das südliche Europa usw.) werden für die kommenden Jahrzehnte erwartet und als eine der größten Herausforderungen an die entwickelten Staaten des Nordens bezeichnet.[2]

2. Das Massenelend, das sich aus diesen Entwicklungen ergeben hat, und die Belastungen, die sich daraus für das Ausland und die Beziehungen der Völker ergeben, haben auch das Völkerrecht vor neue Probleme gestellt. Es ist allerdings nur ein Ausschnitt aus diesen Problemen, nämlich im wesentlichen die durch die Massenflucht ins Ausland geschaffene Lage, auf die sich die Bemühungen der Staaten und der zwischenstaatlichen Organisationen zur Hauptsache richten. Es handelt sich dabei um Massen entwurzelter Menschen, von denen die meisten nicht mehr in Beziehungen zu ihrem früheren Heimatstaat stehen. Viele von ihnen, z. B. die große Masse der russischen Emigranten nach dem Ersten Weltkrieg und ein großer Teil der nach 1933 aus Deutschland geflüchteten bzw. vertriebenen Emigranten, haben die Staatsangehörigkeit ihres früheren Heimatstaates verloren. Daneben aber tritt als eine neue Erscheinung der Flüchtling, der seine alte Staatsangehörigkeit noch besitzt, aber von seinem Heimatstaat nicht mehr geschützt wird. Diese Personen sind „quasi-apatrides“,

[1] Darstellungen der verschiedenen Stadien der Entwicklung des Flüchtlingsproblems nach dem 2. Weltkrieg enthalten die Berichte des UN Generalsekretärs E/1112 und Add. 1 (1949) und E/2230 (1952) E 1982/40, E 1982/76 und Annex, sowie die Berichte des UN Hochkommissars für das Flüchtlingswesen; ferner die Haager Vorlesungen von *G. J. van Heuven Goedhart*, RdC 1953, 261 ff; *F. Snyder*, Les aspects juridiques actuels du problème des refugiés, RdC 114 (1965), 335 ff; *Aga Khan*, RdC 1976 I, 287 ff; umfassend das zweibändige Werk von *Holborn* über die Arbeit des UN Hochkommissars für Flüchtlinge in den Jahren 1951–1972; zusammenfassend über die Vielzahl von Ursachen für die wachsenden Flüchtlingsströme als Kriterien der Definition des Begriffs des Flüchtlings *Goodwin-Gill*, 1; spezielle, für die heutige Zeit typische Flüchtlingssituationen bieten der Bericht des U.S. Committee for Refugees vom Mai 1990, Refugees and Displaced Persons on the Thai-Burmese Border.

[2] Vgl. dazu *V. Gowlland/K. Samson* (eds.), Problems and Prospects of Refugee Law, 1991, Bd. IX, 73, 115.

zwar nicht formell, aber materiell staatenlos, Heimatlose nicht *de iure*, aber *de facto*. Auch wenn dieser Begriff manche Kritik erfahren hat, so drückt er doch das Wesentliche am Status dieser Personengruppe aus: es handelt sich um ungeschützte *(unprotected)* Personen.[3]

3. Sogleich nach dem Ersten Weltkrieg ergab sich, daß die Flüchtlingsprobleme nur auf zwischenstaatlicher Ebene gelöst werden könnten. Der Völkerbund erwies sich als ein geeigneter Rahmen, innerhalb dessen die Anfänge einer überstaatlichen Flüchtlingsorganisation aufgebaut werden konnten.

1921 wurde Dr. Fritjof Nansen zum Völkerbundskommissar für die Betreuung der russischen Flüchtlinge ernannt. 1922 wurde ein Abkommen geschlossen, das die Ausstellung besonderer Ausweise für die russischen Flüchtlinge vorsah (sog. Nansen-Paß).[4] In den folgenden Jahren (1924, 1926, 1928) kamen weitere Verträge zustande, durch die diese Regelung ausgebaut und auf andere Flüchtlingsgruppen, namentlich die Armenier, ausgedehnt wurde. 1928 und 1933 wurde zum ersten Mal versucht, den Flüchtlingen eine gewisse Rechtsstellung, in erster Linie eine Sicherung gegenüber willkürlicher Ausweisung und einen Schutz ihrer wohl erworbenen Rechte, zu bieten und ihren persönlichen Status zu definieren – Hand in Hand mit diesen Entwicklungen ging der Ausbau der Organisation. 1931 wurde als eine nur auf Zeit gedachte Institution das Nansen-Amt für Flüchtlinge errichtet.[5] Die 1933 einsetzende Massenflucht aus Deutschland führte zur Einsetzung eines Hohen Kommissars für die Betreuung der Deutschland-Flüchtlinge und zum Abschluß neuer Verträge (1936 und 1938).[6] Der Geltungsbereich dieser Verträge wurde 1939 auf österreichische Flüchtlinge ausgedehnt.[7] 1938 schuf der Völkerbund unter Zusammenfassung der bisherigen Organisationsformen das Amt des Hohen Kommissars für Flüchtlinge unter dem Schutz des Völkerbundes. Im gleichen Jahr wurde auf der Konferenz von Evian ein ständiges zwischenstaatliches Flüchtlingskomitee ins Leben gerufen.

4. Neue und fast unübersehbare Aufgaben waren nach dem Zweiten Weltkrieg zu lösen. Noch während des Krieges einigte sich eine große Zahl von Nationen durch Vertrag vom 9.11.1943 über die Gründung einer internationalen Organisation, der die Versorgung, Zurückführung und Umsiedlung der Flüchtlinge und Verschleppten obliegen sollte, nämlich der UNRRA (United Nations Relief and Rehabilitation Administration),[8] die bis zum

---

[3] Vgl. dazu näher *W. Schätzel*, Staatsangehörigkeit, in *Schätzel/Veiter* (Hrsg.), 115 ff (135 f) mit kritischer Würdigung, und *Weis/Jahn*, Die Vereinten Nationen und die Flüchtlinge, in *Schätzel/Veiter* (Hrsg.), 245 ff (260 mwN); *Schätzel*, *De facto*-Staatsangehörigkeit und *De facto*-Staatenlose, in FS *Verdross* (1960), 217; *Grahl-Madsen*, Bd. 1, 78; zur Kritik etwa *Weis*, Nationality, 164, und *Kimminich*, Rechtsstatus, 46. Der Begriff des *de facto*-Staatenlosen wurde in englischer Fassung in Art. 1 des Londoner Abkommens über die Ausstellung von internationalen Reisepässen *(travel documents)* vom 15.10.1946, UNTS 11, 73, 86, verwandt: „*... the said refugees are stateless or do not in fact enjoy the protection of any Government...*"; er liegt der Genfer Flüchtlingskonvention von 1951 (Art. 1) A 2 zugrunde: „*[any person who]...is outside the country of his nationality and... owing to such fear, is unwilling to avail himself of the protection of that country*" und wurde auch von der VN Konferenz zur Staatenlosigkeit verwandt, vgl. *Goodwin-Gill*, 26, Anm. 25.

[4] Zum Nansen-Paß *W. v. Schmieden*, Die Flüchtlingshilfe des Völkerbundes, in *Schätzel/Veiter* (Hrsg.), 219 ff (266 ff); die Ausstellung internationaler Reisepässe, die in der Funktion dem Nansen-Paß entsprechen, vgl. *Grahl-Madsen*, Bd. 1, 19; dies war Gegenstand des Londoner Abkommens vom 15.10.1946.

[5] Zur Geschichte der internationalen Flüchtlingsfürsorge in der Völkerbundzeit, vgl. *v. Schmieden*, in *Schätzel/Veiter* (Hrsg.), 219 ff; speziell zum Nansen-Amt, ebd., 223 ff; zur „quasi-konsularen" Funktion des Amtes des Flüchtlingskommissars des Völkerbundes, vgl. *Jennings*, BYIL 20 (1939), 108.

[6] Dazu näher *v. Schmieden*, in *Schätzel/Veiter* (Hrsg.), 239 ff. Die entsprechenden Abkommen für Flüchtlinge aus Deutschland wurden am 4.7.1936 (provisorisches Arrangement), LNTS 171, 75, und am 10.2.1938, LNTS 192, 59, geschlossen; dazu *v. Münch*, Zum Personalstatut der Flüchtlinge, in *Schätzel/Veiter* (Hrsg.), 143 ff (148).

[7] Dies galt nach dem Abschluß des Münchner Abkommens für Flüchtlinge „aus den von der Tschechoslowakei abgetretenen Gebieten"; die entsprechenden Beschlüsse für die Flüchtlinge aus Österreich („Personen aus dem Gebiet, welches bisher Österreich bildete") und aus dem Sudetenland wurden vom Völkerbundsrat getroffen, vgl. J.O.1938, C.CI, 367 und J.O.1938, C.CIV, 72; dazu *v. Schmieden*, in *Schätzel/Veiter* (Hrsg.), 241; ferner dazu *Grahl-Madsen*, Bd. 1, 18.

[8] Der Text des von 44 Staaten, die zu den Unterzeich-

Jahre 1947 erfolgreich gewirkt hat. Sie wurde dann durch eine neue Organisation abgelöst. Am 15.12.1946 billigte die Generalversammlung der VN die Verfassung der neuen Internationalen Flüchtlingsorganisation (IRO),[9] einer Sonderorganisation (Specialized Agency) i.S. der Charta der Vereinten Nationen. Sie hat zwischen 1947 und 1951 etwa 90 Prozent der bei ihr registrierten Fälle geregelt und weit über eine Million Menschen in neuen Lebensverhältnissen untergebracht.[10] Ihre Tätigkeit kam 1952 zum Abschluß. Aber schon mit einer Entschließung vom 3.12.1949 hatte die Generalversammlung der VN das Amt eines Hohen Kommissars der Vereinten Nationen für das Flüchtlingswesen geschaffen.[11] Ihm ist die Aufgabe gestellt, nach den Richtlinien des Wirtschafts- und Sozialrates und der Generalversammlung der VN den Flüchtlingen internationalen Schutz zu gewähren und sie durch Rückführung in ihre Heimat, die Ansiedlung auf dem Gebiet des Aufenthaltsstaates oder durch Überführung in andere Länder seßhaft zu machen.[12] Allerdings kann dieses Programm nur auf der Grundlage einer doppelten Freiwilligkeit durchgeführt werden. Das Völkerrecht der Gegenwart gestattet die Unterbringung der Flüchtlinge nur mit dem Willen der Staaten, die zu ihrer Aufnahme bereit sind. Und zum anderen setzt die Unterbringung die Einwilligung des betroffenen Flüchtlings voraus. Dem Amt des Hohen Kommissars steht keine Zwangsgewalt zu. Bei der Erfüllung seiner Aufgaben arbeitet das Amt mit vielen anderen Organisationen – der Flüchtlingsabteilung des Sekretariats der VN, den verschiedenen Sonderorganisationen, der Menschenrechtskommission des WSR, dem ERR, der OAU, der OECD, dem zwischenstaatlichen Kommitee für europäische Wanderungen und privaten Organisationen – zusammen.[13] Für die Betreuung der Flüchtlinge aus Palästina gibt es im Rahmen der VN eine Organisation besonderer Art.[14]

III. 1. Die Bestrebungen der Staaten und Organisationen auf diesem Gebiet sind nicht nur im unmittelbaren Sinne humanitärer Natur, nicht nur auf die Rückführung oder Seßhaftmachung und die eigentliche Daseinsvorsorge beschränkt. Seit langem ist man auch darum bemüht, den Staatenlosen und geflüchteten Ausländern eine völkerrechtlich anerkannte Rechtsstellung zu bieten, die ihnen auf dem Gebiet des Aufenthaltsstaates eine der Stellung anderer Ausländer wenigstens gleichwertige Sicherheit bietet. Gerade auch in dieser Richtung sind die Bemühungen seit dem Zweiten Weltkrieg verstärkt und fortgesetzt worden. Im Jahre 1951 wurde – von dem VN-Wirtschafts- und Sozialrat einberufen – eine internationale Konferenz in Genf abgehalten, auf der das Abkommen über die Rechtsstellung der Flücht-

---

nern der Deklaration der Vereinten Nationen vom 1.1.1942 gehörten, unterzeichneten Abkommens über die Gründung der UNRRA findet sich in Dpt.St.Bul., Vol. IX, 211 ff; Organe dieser Organisation waren der aus allen Mitgliedern bestehende Rat, dessen Zentralausschuß, bestehend aus den Vertretern der vier Großmächte (Vereinigte Staaten, Vereinigtes Königreich, Sowjetunion und China) sowie der Generaldirektor.

[9] Zur Gründung der IRO und den Statuten siehe UNYB 1946–47, 805 ff, Text der Satzung ebd. 810; als Organe dieser Organisation wurden ein Allgemeiner Rat (General Council), ein Exekutivausschuß (Executive Committee) und das Sekretariat unter der Leitung eines Generaldirektors geschaffen; ferner hierzu *P. Weis/E. Jahn*, Die Vereinten Nationen und die Flüchtlinge, in: *Schätzel/Veiter* (Hrsg.), 245 ff.

[10] Dazu UNYB 1952, 491 f.

[11] GA Res. 319/A (IV), in UNYB 1948–49, 598. Durch GA Res. 428 (V) vom 14.12.1950 wurde das Statut angenommen, vgl. UNYB 1950, 585; dazu auch *Weis/Jahn*, in: *Schätzel/Veiter* (Hrsg.), 251 ff.

[12] Von diesen drei Möglichkeiten ist die der Repatriierung am wenigsten ausgenutzt worden, ein Umstand, der der Organisation von den Ostblockstaaten immer wieder zum Vorwurf gemacht worden ist. Tatsächlich trug die Organisation mit dieser Entscheidung nur der Tatsache Rechnung, daß sich die meisten Flüchtlinge als politische Flüchtlinge verstanden und nicht in ihre Heimatländer zurückkehren wollten. Zu den Repatriierungsleistungen und den damit zusammenhängenden Rechtsfragen vgl. *A. M. de Zayas*, Repatriation, EPIL IV, 1064 ff.

[13] Zur Organisation, zu Aufgaben und Kompetenzen des Hohen Kommissars für Flüchtlinge der Vereinten Nationen siehe näher *Weis/Jahn*, in *Schätzel/Veiter* (Hrsg.), 254 ff; vgl. zur Praxis des Amtes die Hinweise oben Anm. 1.

[14] Die United Nations Relief and Works Agency for Palestine Refugees in the Near East (UNRWA).

linge vom 28. 7. 1951 verabschiedet wurde.[15] Ergänzt wurde die Flüchtlingskonvention durch das Protokoll von 1967.[16] In ihm sind die früheren Abkommen auf diesem Gebiet zusammengefaßt. Diese Verträge finden ihre Ergänzung in dem Washingtoner Abkommen über die Rechtsstellung staatenloser Personen von 1954.[17]

Das Flüchtlingsabkommen gilt für Personen, die im Sinne der älteren Verträge und der Satzung der IRO als Flüchtlinge galten und weiter für alle Personen, die aufgrund von Ereignissen vor dem 1. 1. 1951 aus begründeter Furcht vor Verfolgung aufgrund ihrer Rasse, Religion, Nationalität, ihrer Zugehörigkeit zu einer bestimmten sozialen Schicht oder wegen ihrer politischen Überzeugung sich außerhalb des Landes befinden, dessen Staatsangehörigkeit sie besitzen und den Schutz ihres Landes nicht in Anspruch nehmen können oder aus Furcht vor Verfolgung nicht wollen. Und ferner für Personen, die sich als Staatenlose infolge solcher Ereignisse außerhalb des Landes befinden, in dem sie früher ihren ständigen Aufenthalt hatten, und nicht dorthin zurückkehren können oder aus Furcht vor Verfolgung nicht zurückkehren wollen. Diese auf Ereignisse vor dem 1. 1. 1951 beschränkte Definition des Flüchtlings wurde durch das Zusatzprotokoll von 1967 auf jeden Flüchtling erweitert, indem die Klausel in Art. 1 A (2) der Flüchtlingskonvention „als Ergebnis solcher Ereignisse“ (vor dem 1. 1. 1951) als nicht mehr geltend behandelt werden soll.[18] Der Schutz des Abkommens fällt allerdings fort, wenn diese Lage sich ändert, etwa der Flüchtling sich wieder in den Schutz des Staates begibt, dessen Staatsangehörigkeit er besitzt, oder die Staatsangehörigkeit eines anderen Staates erwirbt und von diesem geschützt wird.[19] Soweit staatenlose Personen durch diese Definition nicht erfaßt werden, fallen sie mit gewissen Ausnahmen unter das Abkommmen über die Rechtsstellung staatenloser Personen (Art. 1), nicht allerdings der *de facto*-Staatenlose.[20]

---

[15] UNTS 189, 137, BGBl. 1953 II, 559.

[16] Zusatzprotokoll zur Genfer Flüchtlingskonvention vom 31. 1. 1967, UNTS 606, 267, BGBl. 1969 II, 1293; weitere Verträge mit Relevanz für den Flüchtlingsstatus sind das Abkommen betreffend die Flüchtlingsseeleute vom 23. 11. 1957, UNTS 506, 125, mit Zusatzprotokoll vom 12. 6. 1973, UNTS 965, 445; die Konvention betreffend den Schutz von Zivilpersonen in Kriegszeiten vom 12. 8. 1949, UNTS 75, 287 und das Zusatzprotokoll I der Genfer Konventionen von 1949 vom 8. 6. 1977, UNTS 1125, 7; das Europäische Abkommen über die Abschaffung des Visumszwangs für Flüchtlinge vom 20. 4. 1959, ETS Nr. 31; das Europäische Auslieferungsabkommen vom 13. 12. 1957, ETS Nr. 24; das Europäische Abkommen über Soziale Sicherheit vom 14. 12. 1972, ETS Nr. 78 und das Europäische Abkommen über die Übertragung der Verantwortlichkeit für Flüchtlinge vom 16. 10. 1980 (ETS Nr. 107). Von besonderer Bedeutung für die Definition des Begriffs des Flüchtlings bzw. der Reichweite des Begriffs ist die Konvention über besondere Aspekte des Flüchtlingswesens in Afrika, die am 10. 9. 1969 von der OAU verabschiedet wurde, UNTS 1001, 45.

[17] UNTS 360, 117, BGBl. 1976 II, 473.

[18] Vgl. Art. 1 Abs. 2 Zusatzprotokoll; zur Problematik der angemessenen Definition des Begriffs des Flüchtlings, vor allem im Hinblick auf die sich immer wieder verändernden tatsächlichen Lagen, aufgrund derer es zu Fluchtbewegungen kommt und im Hinblick auf die innerstaatlichen Rechtslagen, aufgrund derer es immer wieder zu Unstimmigkeiten zwischen internationaler und nationaler Begrifflichkeit kommen kann, vgl. ausführlich *Grahl-Madsen*, Bd. 1, 73 ff; *Aga Khan*, RdC 1976 I, 295 ff; *Jahn*, EPIL IV, 72 ff; *Goodwin-Gill*, 20 ff; eingehend zu nach wie vor bestehenden Lücken im Schutz einer bestimmten Kategorie von Flüchtlingen im deutschen Recht aufgrund von begrifflichen Diskrepanzen zwischen völkerrechtlichem und nationalem Flüchtlings- und Asylrecht, vgl. *R. Marx*, Konventionsflüchtlinge ohne Rechtsschutz, ZaöRV 1992, 3 ff.

[19] So Art. 1 C (1)-(4) der Genfer Flüchtlingskonvention von 1951; ebenso Art. 1 Abs. 4 Afrikanische Flüchtlingskonvention von 1969, vgl. auch *Grahl-Madsen*, Bd. 1, 370 ff; *Goodwin-Gill*, 47 ff; der Schutz entfällt allerdings auch, wenn sich die als Flüchtling um Aufnahme nachsuchende Person bestimmter schwerer internationaler Verbrechen gegen die Menschlichkeit, schwerer unpolitischer Verbrechen oder eines Handelns schuldig gemacht hat, das im Widerspruch zu den Grundsätzen und Zielen der Vereinten Nationen steht, vgl. Art. 1 F der Genfer Flüchtlingskonvention, ebenso Art. 1 (2) (iii) der Konvention über die Rechtsstellung der Staatenlosen.

[20] Art. 1 dieser Konvention bestimmt, daß sie nur für Staatenlose, d. h. Personen, die nicht als im Besitz der Staatsangehörigkeit eines bestimmten Staates angesehen werden, gilt.

2. Ein besonderes Problem stellten schon nach dem Zweiten Weltkrieg, aber verstärkt auch in der jüngeren Vergangenheit, solche Personen dar, die nicht im strikten Sinne den oben genannten Kriterien entsprechen, jedoch in jeder Hinsicht Flüchtlingen gleich zu erachten sind. Gemeint sind hier die heimatlosen Menschen (*displaced persons*), die nicht aus eigenem Entschluß geflohen, auch nicht im eigentlichen Sinne vertrieben wurden, aber sich dennoch durch Kriegs- und Bürgerkriegsereignisse oder durch Hungersnöte zum Verlassen ihrer angestammten Heimat oder ihres Siedlungsgebiets gezwungen sehen. In zahlreichen Resolutionen hatte die Generalversammlung der Vereinten Nationen seit 1972 auf die Notwendigkeit hingewiesen, auch diesen Menschen wie den Flüchtlingen im eigentlichen Sinne zu helfen,[21] und in diesem Zusammenhang die Formel *„refugees and displaced persons"* geprägt. Dementsprechend wurde der VN-Hochkommissar für das Flüchtlingswesen damit beauftragt, auch dieser Personengruppe Schutz und Unterstützung zu gewähren.[22]
Da dieses Problem in besonderem Maße die afrikanischen Staaten bedrängt, haben diese im Rahmen der OAU schon im Jahre 1969 eine Konvention abgeschlossen,[23] die sich der besonderen afrikanischen Probleme annimmt. Ausdrücklich wird die Definition des Flüchtlings nach der Konvention über die Rechtsstellung der Flüchtlinge übernommen, ihr aber ein bemerkenswerter Zusatz beigefügt, der auch solche Personen in den Geltungsbereich der Konvention einbezieht, die sich aufgrund einer Aggression von außen, Fremdherrschaft oder Ereignissen, die die öffentliche Ordnung in einem Teil des Gebietes oder im gesamten Gebiet ihres Herkunftslandes ernsthaft stören, gezwungen sehen, ihren gewählten Wohnsitz zu verlassen und an einen Ort außerhalb ihres Herkunftslandes oder in dem Staat ihrer Staatsangehörigkeit Schutz *(refuge)* zu suchen.[24]

3. Allen diesen Personen wird gemäß dem Abkommen über die Rechtsstellung der Flüchtlinge vom 28. 7. 1951 sowie dem Abkommen über die Rechtsstellung staatenloser Personen vom 28. 9. 1954 zugrundeliegenden Gedanken, soweit sie der Hilfe bedürftig und würdig sind, eine gewisse Mindestrechtsstellung ohne Rücksicht auf Rasse, Religion oder nationale Herkunft (Art. 3 beider Abkommen) gewährt, d. h. die durch die Abkommen geschützten Personen sind anderen Ausländern gleichberechtigt zu behandeln, soweit ihnen nicht günstigere Bedingungen eingeräumt sind (Art. 7).
Im einzelnen wird den geschützten Personen bald Inländerbehandlung, bald Meistbegünstigung eingeräumt. In der Betätigung ihres religiösen Glaubens (Art. 4), im Hinblick auf den Schutz ihres geistigen Eigentums (Art. 14), bei der Inanspruchnahme der Gerichte (Art. 16), der Einrichtungen für die Grunderziehung (Art. 22) und der öffentlichen Fürsorge (Art. 23), der Verteilung rationierter Lebensgüter (Art. 20) und der Gewährung von Arbeitsbedingungen und sozialer Sicherheit (Art. 24) sollen diese Personen Inländern gleichgestellt werden. Auf anderen Gebieten sind sie nach dem Prinzip der Meistbegünstigung den relativ am besten gestellten Ausländern gleichzustellen, so im Hinblick auf den Vermögenserwerb

---

[21] Erstmals wurden *„displaced persons"* in einem Atemzug mit „Flüchtlingen" in GA Res. 2958 (XXVII) vom 12. 12. 1972 genannt. Das eigentliche Mandat für den Hochkommissar für das Flüchtlingswesen, sich auch des Schutzes und der Unterstützung dieses Personenkreises anzunehmen, ergibt sich aus der Präambel von GA Res. 3454 (XXX) vom 9. 12. 1975, in der die Generalversammlung den *„eminently humanitarian character of the activities of the High Commissioner for the benefit of refugees and displaced persons"* betonte; vgl. dazu *Aga Khan*, RdC 1976 I, 342 f; auch *Jahn*, EPIL IV, 73; der allerdings den Beginn des Gebrauchs dieser Formel erst auf das Jahr 1977 datiert.

[22] Dazu *Aga Khan*, RdC 1976 I, 342 f; zu den entsprechenden Beschlüssen die Angaben oben Anm. 21.

[23] Vgl. oben.

[24] Art. 1 Abs. 2 der OAU-Flüchtlingskonvention lautet: „The term „Refugee" shall also apply to every person who, owing to external aggression, occupation, foreign domination or events seriously disturbing public order in either part of the whole of his country of origin or nationality, is compelled to leave his place of habitual residence in order to seek refuge in another place outside his country of origin or nationality."

und das Vertragsschließungsrecht (Art. 13), das Vereinigungsrecht (Art. 15), die Zulassung zum Arbeitsmarkt und zur Erwerbstätigkeit (Art. 17, 18, 19), die Zuteilung von Wohnungen (Art. 21) und die Benutzung von Erziehungseinrichtungen höheren Grades (Art. 22). In manchen Beziehungen sind sie vor anderen Ausländern bevorzugt. Nach dreijährigem Aufenthalt werden ihnen die anderen Ausländern auf Gegenseitigkeit gewährten Vorteile bedingungslos zugestanden (Art. 7, Abs. 2).[25] Eine wesentliche Verbesserung gegenüber dem früher geltenden Recht ist auch in der Regel enthalten, daß die Vertragsstaaten außerordentliche, z. B. kriegsbedingte Maßnahmen, die sie sonst gegenüber Ausländern treffen, auf die durch das Abkommen geschützten Personen nicht schon aufgrund ihrer gegenwärtigen oder früheren Staatsangehörigkeit anwenden dürfen (Art. 8). Da Flüchtlinge und Staatenlose sich zum mindesten tatsächlich von ihrem Staate getrennt haben, ist es ungerecht, sie etwa im Krieg mit diesem zu identifizieren, wenn ihnen dies Nachteile bringt. Weiter ist den Flüchtlingen eine gewisse Bevorzugung bei der Einräumung von Arbeitsplätzen gewährt (Art. 17 Abs. 2).

Durch andere Bestimmungen wird die Rechtsstellung der Flüchtlinge und Staatenlosen gegenüber den Verwaltungsbehörden des Aufenthaltsstaates gesichert. Diese haben dem bevorzugten Personenkreis Beistand zu leisten, soweit dieser normalerweise von dem Heimatstaat gewährt werden müßte (Art. 25 Abs. 1).[26] Sie müssen Flüchtlinge und Staatenlose mit den notwendigen Papieren ausstatten (Art. 25, 27, 28) und ihnen die Wahl des Aufenthalts und die freie Bewegung im Inland gestatten (Art. 26). Zur Ausweisung ist der Aufenthaltsstaat nur aus Gründen der öffentlichen Sicherheit und Ordnung befugt, und es werden gewisse Sicherungen im Verfahren gewährt (Flüchtlingsabkommen, Art. 32; Abkommen über die Staatenlosen, Art. 31). Vor allem dürfen Flüchtlinge nicht in Länder abgeschoben werden, in denen sie Verfolgungen ausgesetzt sind (Flüchtlingsabkommen, Art. 33 Abs. 1).[27] Endlich sind die Vertragsstaaten verpflichtet, die Einbürgerung „nach Möglichkeit" zu erleichtern (Flüchtlingsabkommen, Art. 34; Abkommen über die Staatenlosen, Art. 32). Anders als Art. 35 des Flüchtlingsabkommens sieht die Konvention über die Rechtsstellung der Staatenlosen keine Pflicht der Vertragsstaaten zur Zusammenarbeit mit dem Amt des VN-Hochkommissars für das Flüchtlingswesen vor, mit anderen Worten, der Schutz dieses Amtes ist für Staatenlose von Rechts wegen nicht vorgesehen.[28]

IV. Die Verpflichtungen, die den Vertragsstaaten durch die Verträge von 1951 und 1954 auferlegt sind, gehen über die Grenzen des nach allgemeinem Völkerrecht Gebotenen hinaus. Eine allgemeine Rechtspflicht, Staatenlose oder Flüchtlinge nach den Grundsätzen sei es der Inländerbehandlung, sei es nach dem Meistbegünstigungsprinzip zu behandeln, besteht bisher nicht. Und ebensowenig besteht ein allgemeines Verbot der Ausweisung von Flüchtlingen und staatenlosen Personen.[29] Allerdings sind dem Ermessen der Staaten durch

[25] Manche Staaten gewähren Flüchtlingen kraft Gesetzes volle Ausnahme vom Erfordernis der Gegenseitigkeit, vgl. dazu etwa *Grahl-Madsen*, Bd. 1, 15; in anderen Fällen haben Gerichte entschieden, daß das Prinzip der Gegenseitigkeit auf Flüchtlinge keine Anwendung finden kann, *Grahl-Madsen*, Bd. 1, 16; auch Verträge der Zwischenkriegszeit enthielten Vorschriften über Ausnahmen vom Gegenseitigkeitsprinzip, *Grahl-Madsen*, Bd. 1, 33. Einen allgemeinen Verzicht auf das Erfordernis der Gegenseitigkeit bei Staatenlosen forderten die Vorschläge des Institut de Droit International über die Rechtsstellung der Staaten und Flüchtlinge von 1936, vgl. Art. 3(3), TGR 64.

[26] Nach den Vorschlägen des Institut de Droit International (Art. 7) sollte ein Staat staatenlosen Personen, die auf seinem Gebiet domiziliert sind, diplomatischen Schutz gewähren dürfen.

[27] Doch ist eine Unterausnahme vorgesehen für den Fall, daß der Flüchtling eine Gefahr für die nationale Sicherheit oder aufgrund schwerer Verbrechen eine solche für die Gemeinschaft des Aufenthaltsstaates darstellen sollte (Art. 33 Abs. 2).

[28] Die Konvention über die Rechtsstellung der Staatenlosen enthält keinerlei Hinweise auf den VN-Hochkommissar für das Flüchtlingswesen.

[29] Vgl. zur älteren Rechtslage insoweit den Bericht von *B. Trachtenberg*, L'expulsion des apatrides, RDILC 63 (1936), 552 ff, über die Stellungnahmen der Regierungen zur Frage der Behandlung der russischen und armenischen Flüchtlinge in den 30er Jahren.

das allgemeine Fremdenrecht und vor allem durch die Pflicht zur Respektierung der Menschenrechte Grenzen gezogen. Die letztgenannten Grenzen sind mit dem Anwachsen der Zahl von Staaten, die an die verschiedenen universalen und regionalen Menschenrechtsverträge gebunden sind, und mit der zunehmenden Verankerung fundamentaler Menschenrechte im allgemeinen Völkergewohnheitsrecht immer enger gezogen.[30] Dieser Trend nimmt für Europa, vor allem gefördert durch den Europäischen Menschenrechtsgerichtshof zu.[31]

So hat der Gerichtshof die Ausweisung eines AIDS-Kranken nach St. Kitts als Verstoß gegen Art. 3 EMRK (Verbot unmenschlicher oder erniedrigender Behandlung oder Strafe) gewürdigt.[32] Ausschlaggebend für diese Tendenz ist, daß an dem Erfordernis der staatlichen Zurechenbarkeit in dem Sinne nicht mehr festgehalten wird als die unmenschliche oder erniedrigende Behandlung nicht mehr das gezielte Resultat staatlicher Maßnahmen sein muß.[33]

[30] Einen eindrucksvollen Überblick über die geltenden menschenrechtlichen Vorschriften in Konventionen und im Völkergewohnheitsrecht gibt *Goodwin-Gill*, 136 ff; O. *Kimminich*, Der internationale Rechtsstatus des Flüchtlings, 1962, 285 ff.

[31] Vgl. dazu *Hailbronner*, 1 (6 f).

[32] EGMR vom 2. 5. 1997 – D gegen Vereinigtes Königreich, Recueil des Arrêts No. 37, 1997 III, 777.

[33] Vgl. auch EGMR vom 29. 4. 1997 – H. L. R. gegen Frankreich – NVwZ 1998, 163 f; kritisch hierzu *K. Hailbronner*, 1 (8 f).

5. ABSCHNITT
Andere Völkerrechtssubjekte

17. KAPITEL
Die Völkerrechtssubjektivität juristischer (körperschaftlicher) Wirkungseinheiten: Die klassischen Staatenverbindungen und die internationalen zwischenstaatlichen und supranationalen Organisationen

Schrifttum: *G. Jellinek*, Die Lehre von den Staatenverbindungen, 1882; *W. Schücking*, Die Organisation der Welt, 1909; *J. L. Kunz*, Die Staatenverbindungen, in: Handbuch des Völkerrechts, Bd. II, 4. Abteilung, 1929; *J. Ter Meulen*, Der Gedanke der internationalen Organisation in seiner Entwicklung, Bd. I, 1917, Bd. II/1, 1929, Bd. II/2, 1940; *P. Guggenheim*, L'organisation de la société internationale, 1944; *C. W. Jenks*, The Legal Personality of International Organisations, BYIL 22 (1945), 267 ff; *S. Krylov*, Les notions principales du droit de guerre, RdC 70 (1947 I), 411 ff; *H. Wehberg*, Entwicklungsstufen der internationalen Organisation, FW 52 (1953–1955), 193 ff; *C. Durand*, Confédération d'Etats et Etat fédéral, 1955; *G. Jaenicke*, Staatenverbindungen, HdSW 9 (1956), 729 ff; *K. Zemanek*, Das Vertragsrecht der internationalen Organisationen, 1957; *J. P. Ritter*, La protection diplomatique à l'égard d'une organisation internationale, AFDI 8 (1962), 427 ff; *F. Seyersted*, Objective International Personality of Intergovernmental Organizations, NorTIR 1964, 3 ff; *ders.*, Is the International Personality of Intergovernmental Organizations valid vis-à-vis Non-Members?, IJIL 1964, 233 ff; *K. Ginther*, Die völkerrechtliche Verantwortlichkeit internationaler Organisationen gegenüber Drittstaaten, 1969; *M. Rama-Montaldo*, International Legal Personality and Implied Powers of International Organizations, BYIL 44 (1970), 111 ff; *I. L. Claude*, Swords into Plowshares. The Problems and Progress of International Organization, 4th ed., 1971; *K. Zemanek*, Agreements of International Organizations and the Vienna Convention on the Law of Treaties, 1971; *P. Pescatore*, Le droit de l'intégration, 1972; *Y. Souliotis*, La capacité des organisations internationales de conclure des accords d'après leurs actes constitutifs et la pratique, RHellDI 25 (1972), 194 ff; *G. Tunkin*, Völkerrechtstheorie, erw. und akt. deutsche Ausgabe, 1972; *M. Virally*, L'organisation mondiale, 1972; *P. Reuter*, Confédération et fédération: „vetera et nova", in: Mélanges offerts à Charles Rousseau, 1974, 199 ff; *E. Lauterpacht*, The Development of the Law of International Organization by the Decisions of International Tribunals, RdC 152 (1976 IV), 377 ff; *G. Schwarzenberger*, International Law. Vol. III, International Constitutional Law, 1976; *A. Bleckmann*, Zur Verbindlichkeit des allgemeinen Völkerrechts für internationale Organisationen, ZaöRV 37 (1977), 107 ff; *F. L. Kirgis*, International Organizations in their Legal Setting, 1977; *W. Lang*, Das Wiener Übereinkommen über die Vertretung von Staaten in ihren Beziehungen zu internationalen Organisationen universellen Charakters, ZaöRV 37 (1977), 43 ff; *R. Monaco*, Les principes régissant la structure et le fonctionnement des organisations internationales, RdC 156 (1977 III), 79 ff; *G. E. do Nascimento e Silva*, Privileges and Immunities of Permanent Missions to International Organizations, GYIL 21 (1979), 9 ff; *W. Meng*, Das Recht der internationalen Organisationen – eine Entwicklungsstufe des Völkerrechts, 1979; *I. A. Obaid*, The Historical Evolution of the Legal Status of International Organizations, 1980; *R. Reuterswaerd*, The Legal Nature of International Organizations, NorTIR 1980, 14 ff; *H. Schermers*, International Institutional Law, 2nd ed., 1980; *G. Abi-Saab* (ed.), The Concept of International Organization, 1981; *D. W. Bowett*, The Law of International Institutions, 4th ed., 1982; *R. Bernhardt*, Die Europäische Gemeinschaft als neuer Rechtsträger im Geflecht der traditionellen zwischenstaatlichen Rechtsbeziehungen, EuR 18 (1983), 199 ff; *R. Bindschedler*, International Organizations, General Aspects, EPIL 5 (1983), 119 ff; *U. Sud*, Decolonization to World Order: International Organizations and the Emerging Pattern of Global Interdependence, 1983; *F. Seyersted*, Treaty-Making Capacity of Intergovernmental Organizations,

ÖZöRV 34 (1983–84), 261 ff; *H. Mosler*, Subjects of International Law, EPIL 7 (1984), 442 ff; *B. Faßbender*, Die Völkerrechtssubjektivität internationaler Organisationen, ÖZöRV 37 (1986–87), 17 ff; *H.-H. Nöll*, Die Völkerrechtssubjektivität der Europäischen Gemeinschaften und deren Bindung an das allgemeine Völkerrecht, 1986; *P. Reuter/J. Combacau*, Institutions et relations internationales, 4. ed., 1988; *W. Rudolf*, Bundesstaat und Völkerrecht, AVR 27 (1989), 1 ff; *I. Seidl-Hohenveldern/G. Loibl*, Das Recht der Internationalen Organisationen einschließlich der supranationalen Gemeinschaften, 5. überarb. Aufl., 1992; *P. K. Menon*, International Organizations as Subjects of International Law, RDI 70 (1992), 61 ff; *F. L. Kirgis*, International Organizations in their Legal Setting, 2nd ed., 1993; *N. Blokker* (ed.), Essays in Honor of Henry Schermers, Towards more effective Supervision by International Organizations, 1994; *W. J. Feld/R. S. Jordan*, International Organizations: A Comparative Approach, 3rd ed., 1994; *V. Rittberger*, Internationale Organisationen – Politik und Geschichte, 1994; *A. Bennett*, International Organizations: Principles and Issues, 6th ed., 1995; *C. F. Amerasinghe*, Principles of the Institutional Law of International Organizations, 1996; *M. Martin Martinez*, National Sovereignty and International Organizations, 1996; *T. Sato*, Evolving Constitutions of International Organizations: A Critical Analysis of the Interpretative Framework of the Constituent Instruments of International Organizations, 1996.

Auch in Zeiten der größten Entfaltung staatlicher Souveränität und relativer Autarkie jedenfalls der großen Mächte haben die Staaten nie völlig auf sich gestellt gehandelt. Es hat nicht nur stets vielfältige politische, wirtschaftliche und nicht zuletzt militärische Beziehungen zwischen ihnen gegeben, sondern diese Beziehungen sind auch Gegenstand bi- und multilateraler völkervertraglicher Regelungen gewesen. Unter den vertraglich geregelten Beziehungen sind im vorliegenden Zusammenhang namentlich solche von Interesse, die sich durch ihre Ausrichtung auf eine dauerhafte zwischenstaatliche Zusammenarbeit zur Bewältigung von wichtigen Aufgaben im gemeinsamen Interesse auszeichneten.

Die unter dem Gesichtspunkt der Dauerhaftigkeit schwächste Form zwischenstaatlicher Zusammenarbeit auf der Basis völkerrechtlicher Verträge, die vorrangig der militärischen Sicherheit ihrer Partner dient, ist das Bündnis oder die Allianz.[1] Eine stärkere Form dauerhafter Zusammenarbeit von Staaten stellte schon im 18. Jahrhundert eine Staatenverbindung dar, die sich durch Ansätze zu einer institutionellen Verfestigung der Kooperation und damit auch durch die Existenz von eigenen Organen auszeichnete. Für diese Form von Staatenverbindung hat sich schon früh der Begriff des Staatenbundes oder der Konföderation durchgesetzt. Hervorstechendes Merkmal des Staatenbundes ist auf der einen Seite der Fortbestand seiner Mitglieder als souveräne Staaten und auf der anderen Seite die – beschränkte – Völkerrechtssubjektivität,[2] also Eigenständigkeit des Staatenbundes neben den Mitgliedern. Den stärksten Verdichtungsgrad institutioneller Zusammenarbeit und Verbindung von Staaten stellt schließlich die Gründung eines Bundesstaates dar. Das besondere Merkmal des Bundesstaates im Unterschied zum Staatenbund wird darin gesehen, daß die Mitglieder dieses Bundes ihre originäre Rechtsstellung als Völkerrechtssubjekte verlieren, also allein der Bundesstaat als souveränes Völkerrechtssubjekt in

---

1 Einen gerafften Überblick über Begriff und Erscheinungsformen von Staatenverbindungen im weitesten Sinne gibt *F. Ermacora*, Confederations and Other Unions of States, EPIL I (1992), 735 ff. Zur älteren Lehre von den Staatenverbindungen *Jellinek*, aaO, und *Kunz*, aaO. Der Begriff der Allianz als Bezeichnung von vorwiegend militärischen Sicherheitsbündnissen, aber auch anderen politischen Bündnissen – wie etwa die „Allianz für den Fortschritt" in der amerikanischen Hemisphäre – hat sich bis in die Gegenwart erhalten. Er wird jedoch auch auf solche Bündnissysteme angewandt, die sich im Gegensatz zur klassischen Allianz durch eine dauerhafte Verbindung der beteiligten Staaten und einen hohen Grad von institutioneller Ausformung i.S. des modernen Typus von Staatenverbindung, nämlich der internationalen Organisation, auszeichnen. So wird die *„North Atlantic Treaty Organization"* als westliche Verteidigungsallianz bezeichnet. Zur Abgrenzung von klassischen Staatenverbindungen und internationalen Organisationen vgl. unten.

2 Nach *Doehring*, 58, hat der Staatenbund keine Völkerrechtssubjektivität.

Erscheinung tritt. Soweit auch Gliedstaaten eines Bundesstaates in völkerrechtliche Beziehungen treten können, beruht dies auf der Verfassungsordnung des jeweiligen Bundesstaates, also auf dem Willen des Gesamtstaates. Auf diese – oft auch als klassisch bezeichneten – Staatenverbindungen, die sich ihrer Struktur und Zielsetzung nach zwar nicht in jeder Hinsicht fundamental von den seit dem 19. Jahrhundert ebenfalls als internationale Akteure auftretenden internationalen zwischenstaatlichen Organisationen unterscheiden,[3] jedoch eine von letzteren zu unterscheidende Form von Staatenverbindung darstellen, ist im folgenden näher einzugehen.

§ 104 Die klassischen Staatenverbindungen, insbesondere der Bundesstaat und der Staatenbund

Schrifttum: wie zu Kapitel 17; ferner *A. B. Keith*, The Dominions as Sovereign States. Their Constitutions and Governments, 1938; *K. C. Wheare*, The Statute of Westminster and Dominion Status, 1938; *R. B. Stewart*, Treaty Relations of the British Commonwealth of Nations, 1939; *D. Hall*, The British Commonwealth of Nations in War and Peace, in: *E. and D. Hall* (eds.), The British Commonwealth at War, 1943; *R. T. E. Latham*, The Law and the Commonwealth, 1949; *Sir I. Jennings*, The Commonwealth and International Law, BYIL 30 (1953), 320 ff; *ders.*, Problems of the New Commonwealth, 1958; *J. Mokre*, Staatenverbindungen zwischen Staatsrecht und Völkerrecht, Völkerrecht und Weltwirtschaft (1959), 90 ff, 228 ff; *Sir I. Jennings*, Structure of the Commonwealth, 1960; *W. S. Livingston*, Federalism in the Commonwealth, 1963; *P. M. Gallois*, Le régime international de la Principalité de Monaco, 1964; *R. R. Wilson et al.* (eds.), International Law Standard and the Commonwealth Developments, 1966; *P. Fahrni*, Die Assoziation von Staaten mit anderen Staaten, 1967; *H. Steinberger*, Constitutional Subdivisions of States or Unions and their Capacity to Conclude Treaties, ZaöRV 27 (1967), 411 ff; *D. P. O'Connell*, The Condominium of the New Hebrides, BYIL 43 (1968), 71 ff; *O. Lissitzyn*, Territorial Entities other than Independent States in the Law of Treaties, RdC 125 (1968 III), 1 ff;*R. R. Wilson et al.* (eds.), International and Comparative Law of the Commonwealth, 1968; *H. Hecker*, Sikkim und Bhutan, 1970; *M. M. Ball*, The ‚Open' Commonwealth, 1971; *R. R. Wilson et al.* (eds.), International Law and Contemporary Commonwealth Issues, 1971; *A. Bleckmann*, Völkerrecht im Bundesstaat, SchwJIR 29 (1973), 9 ff; *W. Morvay*, Souveränitätsübergang und Rechtskontinuität im Britischen Commonwealth, 1974; *D. J. Niedermann*, Liechtenstein und die Schweiz, 1976; *M. Bothe*, Die Kompetenzstruktur des modernen Bundesstaates in rechtsvergleichender Sicht, 1977; *H. J. Crawford*, The International Legal Status of the Valleys of Andorra, RDI 55 (1977), 258 ff; *H. M. Merlin*, Das souveräne Fürstentum Liechtenstein aus der Sicht des Völkerrechts, in: *Ch. Schreuer* (Hrsg.), Autorität und internationale Ordnung, 1979, 111 ff; *F. A. Frhr. v. d. Heydte*, Großmächte und Staatenverbindungen in dem sich wandelnden Völkerrecht unserer Zeit, in: *H. Miehsler* (Hrsg.), Festschrift zum 90. Geburtstag von *A. Verdross*, 1980, 445 ff; *C. Kienle*, Der völkerrechtliche Status Südwestafrikas/Namibias, FW 63 (1980), 68 ff; *A. Papadopoulos*, Multilateral Diplomacy within the Commonwealth, 1982; *W. Dale*, The Modern Commonwealth, 1983; *F. Ermacora*, Confederations and other Unions of States, EPIL I (1992), 735 ff; *S. Khabarov*, Commonwealth of Independent States: Treaty on Creation of Economic Union – Introductory Note, ILM 34 (1995), 1298 ff (mit Abdruck des Vertrages; dort auch Abdruck der *Charter of the Commonwealth of Independent States*, 1282 ff); *L. Wildhaber*, Bestandsänderungen in Bundesstaaten, in: *U. Beyerlin* (Hrsg.), Recht zwischen Umbruch und Bewahrung, 1995, 905 ff; *W. Rudolf*, Federal States, EPIL II (1995), 362 ff; *B. R. Opeskien*, Federal States in International Legal Order, NILR 43 (1996), 353 ff; *Z. Brzezinski* (Hrsg.), Russia and the Commenwealth of Independent States: documents, data and analysis, 1997; *F. Cromme*, Spezifische Verfassungselemente des Staatenverbundes: Bausteine für die Europäische Union, 1997; *V. P. Bantz*, The international legal status of condominia, Florida Journal of International Law 12 (1998), 77 ff; *J. Lippott*, Die Gemeinschaft Unabhängiger Staaten als einheitlicher Rechtsraum, ZfvR 97 (1998), 485 ff; *P. Marshall*, The

[3] Zu den internationalen Organisationen näher unten §§ 105 und 106.

United Kingdom, the Commonwealth and the European Union, The round table 347 (1998), 357 ff; *S. Mole*, Issues of Commonwealth membership, The round table 347 (1998) 307 ff; *R. M. Sanders*, The Commonwealth after Edinburgh, The round table 346 (1998) 199 ff; *G. Brown*, New global structures for the new global age, The round table 349 (1999), 39 ff; *M. Kuschnick*, Integration in Staatenverbindungen: vom 19. Jahrhundert bis zur EU nach dem Vertrag von Amsterdam, 1999; *U. K. Mukherjee*, Market meltdown and Commonwealth, The round table, 349 (1999), 51 ff; *A. de Tinguy*, La Communauté des États indépendants a-t-elle encore un avenir?, Défense nationale 55 (1999), 29 ff; *P. Pernthaler*, Föderalismus – Bundesstaat – Europäische Union: 25 Grundsätze, 2000.

I. 1. Vielen, jedoch nicht allen Staatenverbindungen ist ein bündisches Element eigen. Umgekehrt bringt keineswegs jedes Bündnis etwa einen Staatenbund zur Entstehung. Ein Bündnis liegt vor, wenn sich mehrere Staaten für einen bestimmten Fall, eben den *casus foederis*, militärischen Beistand versprechen.[1] Durch das Bündnis wird also die Entscheidung der Vertragsstaaten über Krieg und Frieden vertraglich beschränkt.[2] Auf diese rein militärischen Bündnisse, die nicht dem Typus der bündischen Staatenverbindung entsprechen, ist hier nicht näher einzugehen.[3] Hier ist vielmehr die im engeren Sinne bündische Staatenverbindung, namentlich der Bund von Staaten von Interesse.

2. Die Staats- und Völkerrechtslehre pflegt allerdings weniger vom Bund als solchem zu sprechen als vielmehr die besonderen Spielarten des Bundes – den Staatenbund und den Bundesstaat – ins Auge zu fassen. Bekannte Beispiele für das erstere sind der Deutsche Bund von 1815 bis 1866[4] und die nordamerikanische Konföderation von 1778 bis 1787. Nach dem Ende des Deutschen Bundes kannte die Praxis bis gegen Ende des 20. Jahrhunderts kaum noch Staatenverbindungen dieses Typs.[5] Zwar weisen universale Zusammenschlüsse wie die Vereinten Nationen und die verschiedenen regionalen Bündnissysteme staatenbündische Wesenszüge auf,[6] sie sind jedoch keine Staatenbünde im eigentlichen Sinne. Erst in jüngster Zeit gibt es wieder Erscheinungen, die an den Typ des klassischen Staatenbundes anzuknüpfen scheinen.

So weist die nach dem Zerfall der Sowjetunion im Jahre 1992 von früheren Teilrepubliken gegründete Gemeinschaft Unabhängiger Staaten Züge auf, die die Gemeinschaft als Staatenbund auszuweisen scheinen. Auch die auf dem Prinzip zwischenstaatlicher Zusammenarbeit souveräner Staaten aufbauende Europäische Union hat Wesenszüge, die eine Charakterisierung der Union als Staatenbund nahezulegen scheinen.[7]

---

[1] Das schließt natürlich nicht aus, daß der Zusammenschluß der Verbündeten durch den Bündnisvertrag auch auf andere Gebiete, etwa das Wirtschafts- und Kulturleben, ausgedehnt wird.

[2] Entscheidend ist, wie der Vertrag den Bündnisfall definiert. Nach dem geltenden Völkerrecht ist nur noch das Verteidigungsbündnis gestattet, das der Abwehr, sei es bestimmter Angriffe, sei es allgemein von Angriffen, dient. Ein Beispiel für die erste Variante war der Brüsseler Fünfmächtevertrag in seiner ursprünglichen Fassung von 1948. Er war damals dazu bestimmt, die Verbündeten vor einem erneuten deutschen Angriff zu schützen; Text des Vertrages vom 17. 3. 1948 in UNTS Vol. 19, 51.

[3] Hervorzuheben ist allerdings, daß es Kennzeichen des Bündnisses ist, daß es nicht notwendig das Vorhandensein internationaler Organe voraussetzt. Die Parteien verpflichten sich, die Erfüllung des Vertrages mit eigenen Kräften sicherzustellen. Mag man auch das Bündnis mit *Kunz*, 350 f, zu den „echten Staatenverbindungen“ zählen, so ist es doch nicht seinem Wesen nach eine organisierte Verbindung. Der für Staatenverbindungen typische umfassende Zusammenschluß in vielen Politikbereichen findet nicht statt. Siehe dazu unten.

[4] Dazu etwa *Kunz*, 437 f. Eine eingehende Darstellung des Deutschen Bundes findet sich auch bei *E. R. Huber*, Deutsche Verfassungsgeschichte, Bd. I (1957).

[5] Näher dazu unten.

[6] Hieran anknüpfend ordnet deshalb *Ermacora*, EPIL I, 735 ff, sowohl die klassischen Staatenbünde als auch die modernen internationalen Organisationen den Staatenbünden zu. Der Begriff des Staatenbundes wird damit zum Obergriff aller engeren, institutionelle Züge aufweisenden Staatenverbindungen. Dem kann aus im folgenden darzulegenden Gründen nicht zugestimmt werden, siehe dazu unten.

[7] Dazu näher unten.

Dagegen ist der Bundesstaat in der heutigen Staatspraxis eine weitverbreitete, begrifflich gefestigte, wenn auch in einzelnen rechtlichen Details sich unterscheidende Erscheinung. Die im Vorstehenden angedeuteten Unsicherheiten in der begrifflichen Erfassung unterschiedlicher Erscheinungsformen von Staatenverbindungen hängen damit zusammen, daß die Begriffe des Bundes, des Staatenbundes und des Bundesstaates keine scharfen Konturen haben. Sie sind klassifizierende Begriffe, die zur Ordnung und zum besseren Verstehen vorgegebener Erscheinungen dienen. Sie können enger oder weiter ausgelegt werden.[8] Verglichen mit der richtigen Deutung der Einzelerscheinungen ist ihre Einordnung in Begriffe dieser Art von sekundärer Bedeutung. Der Wert dieser Begriffsbildung hängt davon ab, wieweit es gelingt, in Begriffen dieser Art wesensmäßig zusammenhängende Erscheinungen des politischen und rechtlichen Lebens in ihren charakteristischen Wesenszügen zusammenzufassen. Der Versuch des deutschen Bundesverfassungsgerichts, die Europäische Union mit dem neu eingeführten Begriff des „Staatenverbundes" zu erfassen, ist ein anschaulicher Beleg für diesen methodischen Befund.[9]

II. Staatenbund und Bundesstaat sind eine wenn auch nicht notwendig unlösbare,[10] so doch auf Dauer angelegte Verbindung mehrerer Staaten. Zum Wesen des Staatenbundes und des Bundesstaates gehört aber weiter, daß er die politische Existenz der in ihm zusammengefaßten Staaten berührt. In diesen Verbindungen sind die Staaten – anders als in den internationalen zwischenstaatlichen Organisationen – nicht nur zu technischen, administrativen, ökonomischen, sondern zu politisch wesentlichen, mehr oder weniger umfassenden Zwecken oder vielleicht besser, nicht nur zur Verwirklichung einzelner Zwecke, sondern in einer umfassenden, ihre politische Existenz berührenden Weise zusammengeschlossen.[11]

Insbesondere sind Außenpolitik und Verteidigung auf eine gemeinsame Grundlage gestellt. Der Bund tritt – wie schon betont[12] – den ihm angehörenden Staaten als selbständiger Verband gegenüber, der durch eigene Organe zu handeln vermag. Er ist Träger einer eigenen, von der der Mitgliedstaaten getrennten, politischen und rechtlichen Existenz und selbständiger Zuständigkeiten.[13] Zum Wesen des Bundes gehört, daß er Existenz und Ordnung des Bundes gegen Angriffe von außen verteidigen kann und insoweit im Rahmen des Rechts der Charta der Vereinten Nationen (Art. 51) ein eigenes (Notwehr-) Recht auf Selbstverteidigung

---

8 Beispielhaft für diese Problematik *Ermacora*, EPIL I, 735 ff.

9 Vgl. dazu BVerfGE 89, 155, 190 f, sowie *P. Kirchhof*, Der deutsche Staat im Prozeß der europäischen Integration, Handbuch des Staatsrechts, Bd. VII, 1993, 879 f.

10 Nach *E. R. Huber*, Deutsche Verfassungsgeschichte, Bd. I, 660, ist jeder Bund seinem Wesen nach ein „ewiger Bund", ist der Austritt der Natur des Bundes zuwider. Anders dagegen *Jaenicke*, in: *H. Mosler* (Hrsg.), Festschrift für *C. Bilfinger*, 1954, 87 f, der die Unauflösbarkeit für ein Kennzeichen des Bundesstaates im Gegensatz zum Staatenbund hält. Zur Frage solcher Unterscheidungskriterien im Hinblick auf Staatenbund und Bundesstaat vgl. unten.

11 Insoweit können sich Staatenbund und Bundesstaat einerseits und bestimmte Erscheinungsformen internationaler bzw. supranationaler Organisationen andererseits begrifflich überlappen, mit anderen Worten können solche Organisationen staatenbündische oder sogar bundesstaatliche Züge aufweisen. Auch insoweit ist das Bemühen des Bundesverfassungsgerichts, die Rechtsnatur der Europäischen Union mit dem neuen Begriff des Staatenverbundes zu erfassen, wiederum illustrativ für die Schwierigkeit, diese Staatenverbindung, die zwischenstaatliche und supranationale, staatenbündische und sogar bundesstaatliche Züge in sich vereinigt, in den herkömmlichen Kategorien zu beschreiben.

12 Siehe oben.

13 So bezeichnete die Wiener Schlußakte von 1820 – Text bei *E. R. Huber*, Dokumente zur Deutschen Verfassungsgeschichte, Bd. 1, 81 – in Art. 1 den Deutschen Bund als einen „völkerrechtlichen Verein der deutschen souveränen Fürsten und Freien Städte" oder laut Art. 2 „in seinem Innern als eine Gemeinschaft selbständiger, unter sich unabhängiger Staaten mit wechselseitigen gleichen Vertragsrechten und Vertragsobliegenheiten, in seinen äußeren Verhältnissen aber als in politischer Einheit verbundene Gemeinschaft".

besitzt.[14] Der Bund hat auch ein eigenes Vertragschließungs-,[15] in der Regel auch ein eigenes Gesandtschaftsrecht,[16] und er kann als solcher völkerrechtlich verantwortlich werden. Das Bundesverhältnis bestimmt aber auch das innere Verhältnis der Mitgliedstaaten untereinander. Ein Bund im anspruchsvollen Sinne des Wortes – und das trifft auf den Staatenbund und auf den Bundesstaat zu – ist mehr als ein Zweckverband. Er ist vielmehr eine Gemeinschaft, ein Zusammenschluß innerlich zusammengehörender, durch die Gemeinsamkeit der Interessen, der Wertvorstellungen, der Kultur und Überlieferungen, der politischen Ziele und Grundanschauungen miteinander verbundener Staaten.[17]

III. Ein Bund kann – wie schon angedeutet – ein Bundesstaat oder ein Staatenbund sein. Das Verhältnis von Staatenbund und Bundesstaat ist bis in die jüngste Vergangenheit häufig dargestellt worden. Insoweit darf hier auf das reichhaltige Schrifttum verwiesen werden.[18] Diese Erörterungen haben mit der Zeit zu einer scharfen Herausarbeitung der Unterschiede zwischen beiden Systemen – aber auch zwischen diesen und internationalen zwischenstaatlichen und supranationalen Organisationen – und zu begrifflichen Entgegensetzungen geführt, die die Gefahr mit sich bringen, daß man die gemeinsamen Züge aus dem Blick verliert. Diese Gemeinsamkeiten dürfen nicht übersehen werden: Staatenbund und Bundesstaat sind Bünde, politische Gemeinschaften mehrerer Staaten. In beiden Ordnungssystemen steht die Bundesgewalt über den Bundesmitgliedern als Träger einer schwächeren Autonomie. Dies gilt auch für supranationale Gemeinschaften und in Ausnahmefällen bei internationalen zwischenstaatlichen Organisationen soweit sie die Kompetenz zu verbindlichen Mehrheitsentscheidungen haben, wie etwa die Vereinten Nationen z. B. im Hinblick auf Zwangsmaßnahmen nach Kapitel VII der Charta. Angesichts solcher Gemeinsamkeiten verschiedener Formen von Staatenverbindungen ist es nicht verwunderlich, daß es in der Vergangenheit zu Kritik an den scharfen Grenzziehungen zwischen Staatenbund und Bundesstaat – und man wird diese Kritik auch auf die scharfen Unterscheidungen zwischen diesen und internationalen und supranationalen Organisationen erstrecken dürfen – gekommen ist.

So halten Differenzierungen zwischen Bundesstaat und Staatenbund – und dies gilt heute auch im Hinblick auf deren Unterscheidung von internationalen und supranationalen Organisationen – aufgrund der Art der Entstehung solcher Staatenverbindungen, daß nämlich der Bundesstaat auf einen verfassungsrechtlichen, der Staatenbund und die internationalen und supranationalen Organisationen aber auf einen völkervertragsrechtlichen Ursprung zurückzuführen seien, einer näheren Prüfung nicht stand. Denn es können nicht nur Staatenbünde sowie internationale und suprana-

[14] Von einem eigenen „Kriegsführungsrecht" zur Verteidigung, wie dies noch in der Vorauflage angenommen wurde, kann angesichts des in der Charta der Vereinten Nationen niedergelegten umfassenden Gewaltverbotes (Art. 2 Abs. 4) nicht mehr gesprochen werden. Die zur Selbstverteidigung angewandte Gewalt ist als gerechtfertigte Notwehrmaßnahme anzusehen. Vgl. dazu *J. Delbrück/K. Dicke*, The Christian Peace Ethic and the Doctrine of Just War from the Point of View of International Law, GYIL 28 (1985), 194 ff; *O. Kimminich*, Der gerechte Krieg im Spiegel des Völkerrechts, in: *R. Steinweg* (Hrsg.), Der gerechte Krieg: Christentum, Islam, Marxismus, 1980, 206 ff (216); ausführlich zu dieser Problematik unten in Bd. II.

[15] Der Deutsche Bund z. B. hatte das Recht, im Rahmen des Bundeszwecks Bündnisse und andere Verträge zu schließen (Art. 35, 40, 50 der Wiener Schlußakte).

[16] Vgl. dazu auch oben Bd.I/1, 262.

[17] So etwa *E. R. Huber*, Deutsche Verfassungsgeschichte, Bd. I, 659: „Zum Wesen des Bundes gehört, daß über solche rationalen Zwecke hinaus eine selbstverständliche innere Gemeinsamkeit der Teile besteht, eine Homogenität ihres sozialen, politischen und kulturellen Bewußtseins, die über bloße Solidarität hinausreicht und zu einer bündischen Gesamtexistenz führt." Man wird dies auch heute – mit gewissen Abstrichen im Hinblick auf ein gemeinsames Bewußtsein – jedenfalls für den Bundesstaat annehmen dürfen. Was den Staatenbund angeht, so ist auch heute noch zumindest eine klare Gemeinsamkeit der politischen Interessen, namentlich in der Außen- und Sicherheitspolitik, aber auch eine geschichtlich gewachsene Gemeinsamkeit – im Unterschied zu den zwischenstaatlichen internationalen Organisationen – zu fordern.

[18] Vgl. dazu die im Schrifttumsverzeichnis angeführte Literatur.

tionale Organisationen, sondern auch Bundesstaaten auf der Grundlage völkerrechtlicher Verträge entstehen, in denen sich die späteren Gliedstaaten zu einem Bundesstaat verbinden, wie dies etwa bei der Gründung des Norddeutschen Bundes und ihm folgend bei der Gründung des Deutschen Reiches von 1871 der Fall war. Andererseits läßt sich die Möglichkeit denken, daß sich ein Einheits- oder Bundesstaat durch ein verfassungsänderndes Gesetz in eine Mehrzahl souveräner Einzelstaaten desintegriert, die sich aber doch zu einem Staatenbund verbinden oder in diesem verbunden bleiben. Auch die Verteilung der Zuständigkeiten zwischen Bund und Gliedern vermittelt keinen zuverlässigen Maßstab. So hatten die Mitglieder der amerikanischen Konföderation von 1778, nach herrschender Lehre ein Staatenbund, weder das Gesandtschaftsrecht, noch das Vertragsschließungsrecht,[19] während bestimmte Gliedstaaten der ehemaligen Sowjetunion über diese Rechte verfügten.[20] Und schließlich kann auch der Hinweis darauf nicht überzeugen, daß nur der Bundesstaat, nicht aber der Staatenbund (oder internationale bzw. supranationale Organisationen) ein selbständiges Völkerrechtssubjekt sei. So genießen in der Regel der Staatenbund und internationale und supranationale Organisationen nach ganz herrschender Meinung eine – wenn auch begrenzte – eigene Völkerrechtsubjektivität.[21] Aber auch die Ansicht, daß der Bundesstaat sich vom Staatenbund durch seine Unauflöslichkeit unterscheide, trifft nicht zu. So bezeichnete Art. 5 der Wiener Schlußakte von 1820 den Deutschen Bund als einen „unauflöslichen Verein“,[22] während die Verfassung der ehemaligen UdSSR den ihr angehörenden Sowjetrepubliken (jedenfalls in der Theorie) den Austritt freistellte.[23]

Und doch handelt es sich trotz der hier angedeuteten Ähnlichkeiten bzw. Übereinstimmungen in der Erscheinung von Bundesstaat und Staatenbund sowie den internationalen und supranationalen Organisationen bei deren Unterscheidung um mehr als einen bloßen Gradunterschied.[24] Vor allem zwei Gesichtspunkte sind zu berücksichtigen:

1. Einmal ist die rechtliche Grundlage des Staatenbundes, aber auch der internationalen Organisationen, eine andere als die des Bundesstaates.[25] Im Staatenbund und in internationalen Organisationen sind die Staaten auf der Grundlage des Völkerrechts miteinander verbunden. Das Rechtsverhältnis der Glieder zum Bund und der Verbündeten untereinander ist völkerrechtlicher Natur. Die Mitglieder des Bundes sind durch die Bundesordnung nicht abgekapselt gegen den internationalen Verkehr. Sie bleiben unmittelbar Subjekte des Völkerrechts. Der Staatenbund kann daher über die völkerrechtliche Existenz der Mitgliedstaaten nicht eigenmächtig, sondern nur mit deren Willen verfügen. Die Änderung oder Auflösung des Bundesverhältnisses setzt nach allgemeinen Regeln des internationalen Vertragsrechts die Zustimmung aller am Bundesvertrag beteiligten Staaten voraus. Die Rechtsordnung des Bundesstaates dagegen beruht ausschließlich auf seiner Verfassung[26] –

---

[19] Nach Art. IX der *„Articles of Confederation“* von 1778 ist allein die Konföderation befugt, Gesandte zu entsenden oder zu empfangen, bzw. Verträge zu schließen. Die Bundesstaaten dürfen dies nach Art. VI nur nach Einwilligung der Konföderation.

[20] Vgl. dazu Art. 80 der Verfassung der UdSSR vom 7. 10. 1977, *F. J. M. Feldbrugge*, The Constitutions of the USSR and the Union Republics, 1979.

[21] Näheres in dieser Hinsicht für die internationalen und supranationalen Organisationen unten §§ 105 und 106. Zur begrenzten Völkerrechtssubjektivität des Staatenbundes näher *Ermacora*, EPIL I, 739 mwN.

[22] Vgl. den Text bei *E. R. Huber*, Dokumente zur Deutschen Verfassungsgeschichte, Bd. I, 81.

[23] Vgl. dazu Art. 72 der Verfassung der UdSSR vom 7. 10. 1977, *F. J. M. Feldbrugge* (Anm. 20).

[24] Eine in diesem Sinne nicht so scharfe Unterscheidung trafen *Oppenheim/Lauterpacht*, Vol. I, 8. Aufl., § 168g a.E.: *„The differences between a closely knit Federal State and a Confederation are, as a matter of experience, a question of degree.“* Dagegen wird bei *Oppenheim/Jennings/Watts*, Vol. I/1, §§ 74, 75, 246 ff die Unterscheidung ähnlich deutlich wie hier gezogen. Zu dieser Problematik vgl. *M. Bothe*, Die Kompetenzstruktur des modernen Bundesstaates in rechtsvergleichender Sicht, 1977, 34 f; und zusammenfassend auch *Rudolf*, EPIL II, 362 ff.

[25] Zum folgenden *Jellinek*, Staatenverbindungen, 253 ff, 172 ff; *Kunz*, 458 ff, 648 f; *Oppenheim/Jennings/Watts*, Vol. I/1, 246 f, 248 ff.

[26] Allerdings ist einschränkend darauf hinzuweisen, daß es in der Praxis Fälle gegeben hat, in denen – etwa im Verhältnis der Bundesgliedstaaten untereinander – subsidiär Normen des Völkerrechts angewandt wurden, vgl. zusammenfassend zu dieser in der heutigen Praxis überwundenen Auffassung *Rudolf*, EPIL II, 372 f.

auch wenn diese ursprünglich im Wege eines völkerrechtlichen Vertrages entstanden sein mag.[27] Diese entscheidet über die innere Ordnung des Bundes und die rechtliche Existenz seiner Glieder. Auch deren völkerrechtliche Existenz beruht auf der Verfassung des Bundes, ist also abgeleiteter Natur.[28] Durch eine Änderung seiner Verfassung kann der Bund, ohne gegen das Völkerrecht zu verstoßen, die Rechte und Zuständigkeiten seiner Glieder beschränken und ihrem völkerrechtlichen Dasein ein Ende bereiten.[29] Im Gegensatz zum Staatenbund und zur internationalen Organisation hat der Bundesstaat eine völkerrechtlich unbeschränkte Entscheidungsgewalt; er kann seine Zuständigkeit ohne die Zustimmung der Teilgewalten – vorbehaltlich der verfassungsrechtlichen Vorschriften – erweitern; er hat die Kompetenz-Kompetenz.[30] Im Staatenbund und bei der internationalen Organisation liegt die letzte Entscheidung über die politische Existenz der Gliedstaaten bei diesen, im Bundesstaat beim Bund. Im Staatenbund und in der internationalen Organisation sind die Gliedstaaten, im Bundesstaat ist der Bund souverän.[31]

Anders liegen die Verhältnisse bei den „supranationalen" Organisationen, die sich in mehrfacher Weise sowohl vom Staatenbund und den internationalen Organisationen einerseits und dem Bundesstaat andererseits unterscheiden, in gewisser Weise Gebilde zwischen einem Staatenbund und einem Bundesstaat darstellen. Wie beim Bundesstaat trägt die innere Ordnung der supranationalen Organisation – wiewohl völkerrechtlich entstanden – den Charakter einer Verfassung.[32] Die Beziehungen der Mitgliedstaaten zu den Organen der supranationalen Organisation regeln sich in der Regel und ganz überwiegend nicht nach allgemeinem Völkerrecht, sondern nach den Regeln des Gemeinschaftsrechts. Wie beim Bundesstaat wirkt die Gemeinschaftsgewalt unmittelbar auf die Staatsangehörigen der Mitgliedstaaten ein. Eines die Wirksamkeit von Gemeinschaftsakten gegenüber den Bürgern vermittelnden Aktes der Mitgliedstaaten bedarf es im Regelfall nicht. Wie in einem Bundesstaat genießt das Gemeinschaftsrecht Vorrang vor dem nationalen Recht der Mitgliedstaaten. Doch stehen diesen bundesstaatlichen Elementen solche gegenüber, die als nur staatenbündische anzusehen sind. So sind die Mitgliedstaaten einer supranationalen Organisation zwar in der Ausübung ihrer souveränen Rechte nicht nur in den gemeinschaftsinternen Beziehungen durch den Gemeinschaftsvertrag und das darauf basierende Sekundärrecht beschränkt, sondern auch in ihren außenwirtschaftlichen Kompetenzen unterliegen sie gemeinschaftsrechtlichen Schranken. Dies bedeutet jedoch nicht, daß die Mitgliedstaaten damit ihre Stellung als ursprüngliche Subjekte des Völkerrechts zugunsten einer nur abgeleiteten Völkerrechtssubjektivität – wie dies für die Gliedstaaten eines Bundesstaates typisch ist – verloren haben. Dies zeigt sich u. a. daran, daß eine supranationale Organisation wie die Europäische Gemeinschaft – anders als ein Bundesstaat – Änderungen der Kompetenzverteilung zwischen der Gemeinschaft und den Mitgliedstaaten nicht durch einen Gemeinschaftsakt herbeiführen kann. Hierzu bedarf es einer den völkerrechtlichen Regeln unter-

---

[27] Siehe dazu § 105.

[28] Zur Unterscheidung von abgeleiteten und ursprünglichen (originären) Völkerrechtssubjekten vgl. oben Bd.I/1, 21 ff sowie unten; zur völkerrechtlichen Rechtsstellung der Glieder eines Bundesstaates ferner *H. Mosler*, Die völkerrechtliche Wirkung bundesstaatlicher Verfassungen, in: Festschrift *R. Thoma*, 1950, 135 f und 164 f; zusammenfassend heute *Rudolf*, EPIL II, 366 ff.

[29] Ein – staatsrechtlich allerdings problematisches, weil im Zuge der nationalsozialistischen Revolution von einem kaum noch als demokratisch legitimiert anzusehenden Parlament durchgeführtes – Beispiel für die Aufhebung der Gliedstaaten eines Bundesstaates ist die durch das Reichsgesetz über den Neuaufbau des Reiches vom 30. 1. 1934 (RGBl. 1934, 20 f) verfügte Aufhebung des Gliedstaatsstatus der deutschen Länder, mit der auch deren (beschränkte) Völkerrechtssubjektivität sowie die von ihnen geschlossen Verträge mit dem Ausland erloschen – siehe dagegen jetzt Art. 79 III GG.

[30] Dazu *Mosler*, Die völkerrechtliche Wirkung bundesstaatlicher Verfassungen, in: Festschrift *R. Thoma*, 138 f.

[31] Dazu *E. R. Huber*, Deutsche Verfassungsgeschichte, Bd. I, 666 f.

[32] Vgl. dazu *A. Peters*, Elemente einer Theorie der Verfassung Europas, 2001.

liegenden Vertragsänderung. Mit anderen Worten: im Prinzip und strikt rechtlich gesehen fehlt es der Gemeinschaft – anders als dem Bundesstaat – an der Kompetenz-Kompetenz. Doch ist eine solche grundsätzliche Feststellung im Hinblick auf die einer supranationalen Gemeinschaft innewohnende Integrationsdynamik zu modifizieren. Denn zum einen kann es wie bei der Europäischen Gemeinschaft die Möglichkeit geben, daß durch – wenn auch die Souveränität der Mitgliedstaaten wahrenden – einstimmigen Beschluß eines Gemeinschaftsorgans (im Falle der Europäischen Gemeinschaft des Ministerrates) Kompetenzerweiterungen für die Gemeinschaft erfolgen, die nicht einer förmlichen völkerrechtlichen Vertragsänderung bedürfen.[33] Zum anderen unterliegt die von der Verfassung der supranationalen Organisation vorgegebene Kompetenzverteilung unter Anwendung der Lehre von den *implied powers* einem stillen Wandel zugunsten einer Stärkung der Gemeinschaftsgewalt – ein Wandel der im Falle der Europäischen Gemeinschaft namentlich durch die gemeinschaftsfreundliche Rechtsprechung des Europäischen Gerichtshofes gefördert wurde. So zeigt die supranationale Organisation ein schillerndes Bild, das sich einer klaren Charakterisierung anhand der klassischen Kriterien zur Unterscheidung von Staatenbund und Bundesstaat entzieht. Das deutsche Bundesverfassungsgericht hat diesem Befund mit dem neu eingeführten Begriff des Staatenverbundes Rechnung zu tragen versucht.[34] Anzumerken ist allerdings, daß mit dem durchaus anschaulichen Begriff des Staatenverbundes inhaltlich noch nicht viel gewonnen ist. Namentlich lassen sich aus diesem Begriff keine Lösungen für die mit der neuartigen Erscheinung supranationaler Organisationen verbundenen Probleme herleiten, die sich hinsichtlich der Frage nach dem Schicksal der Staatlichkeit der Mitgliedstaaten unter den Bedingungen fortschreitender Integration und der weiteren Frage nach dem völkerrechtlichen Status der Mitglieder solcher Organisationen insofern stellen, als diesen Mitgliedern durch die zunehmende Übertragung von Hoheitsgewalt auf die Organisation entsprechende Handlungskompetenzen für den nach außen gerichteten völkerrechtlichen Verkehr entzogen werden. Sie befinden sich also – wiewohl formal im Status souveräner, also originärer und voll handlungsfähiger Völkerrechtssubjekte – in einem Status beschränkter völkerrechtlicher Handlungsfähigkeit, der eher demjenigen abgeleiteter, beschränkter Völkerrechtssubjekte, also etwa dem der Gliedstaaten eines Bundes, ähnelt als dem Status von Mitgliedstaaten eines Staatenbundes oder einer internationalen Organisation.[35]

2. Ein weiterer Unterschied zwischen Bundesstaat und Staatenbund liegt darin, daß nur der Bundesstaat, nicht aber der Staatenbund ein wirklicher Staat ist. Nur der Bundesstaat, nicht der Staatenbund hat ein eigenes Gebiet und eigene Staatsangehörige. Das bedeutet, daß der Bundesstaat, nicht aber der Staatenbund die volle Hoheitsgewalt gegenüber den einzelnen ausüben kann. Die Rechtsordnung des Bundesstaates hat für den einzelnen unmittelbar verbindliche Geltung. Der Staatenbund dagegen tritt nur mittelbar, nämlich durch die Vermittlung der einzelstaatlichen Rechtsordnung, an die einzelnen Menschen heran. Allerdings ist auch insoweit die Grenze zwischen dem Bundesstaat und anderen Staatenverbindungen durch die Entstehung internationaler, insbesondere aber supranationaler Organisationen fließend geworden.

So haben – wie schon gezeigt – supranationale Organisationen die Kompetenz, mit unmittelbarer Wirkung gegenüber dem einzelnen Menschen bzw. privaten juristischen Personen und Unternehmen

[33] Vgl. Art. 308 EGV.

[34] Vgl. das Urteil des Gerichts vom 12. 10. 1993, BVerfGE 89, 155 ff; der Begriff des Staatenverbundes wurde von *P. Kirchhof*, der als Richter an dem Urteil mitgewirkt hat, in einem Beitrag, Der Deutsche Staat im Prozeß der europäischen Integration, in: Handbuch des Staatsrechts, Bd. VII, 1992, 855 ff, entfaltet und hat sich seither, namentlich unter dem Einfluß des Verfassungsgerichtsurteils, zunehmend durchgesetzt.

[35] Näheres zu dieser Problematik in Bd. II.

tätig zu werden, ihnen gegenüber also unmittelbar Hoheitsgewalt auszuüben. Sie werden damit gewiß nicht zu Bundesstaaten, auch nicht zu „Teilbundesstaaten", aber ihre Verfassung weist immerhin föderative Elemente auf. In einem sehr eng begrenzten Sinne zeichnet sich ähnliches hinsichtlich der internationalen Organisationen ab, etwa dann, wenn der Sicherheitsrat der Vereinten Nationen ein Tribunal zur Aburteilung von Kriegsverbrechen und Verbrechen gegen die Menschlichkeit einsetzt, die von Individuen begangen wurden.[36] Aber auch der Versuch der Vereinten Nationen, Verstöße von Reedereien gegen vom Sicherheitsrat verhängte Embargos, z. B. das Ölembargo gegen das Südafrikanische Apartheidregime, öffentlich zu sanktionieren,[37] weist in diese Richtung.

3. Vom Standpunkt des Völkerrechts können die Bundesstaaten in zwei Gruppen eingeteilt werden, nämlich in solche, die ihre Gliedstaaten im internationalen Rechtsverkehr völlig mediatisieren, wie z. B. Österreich, das frühere Jugoslawien, Indien, Pakistan oder die südamerikanischen Bundesstaaten, und solche, die den Gliedstaaten eine begrenzte völkerrechtliche Handlungsfähigkeit zugestehen, wie etwa die Bundesrepublik Deutschland und die Schweiz.[38] Im ersteren Fall sind die Gliedstaaten durch die Bundesverfassung gegen den internationalen Rechtsverkehr abgeriegelt; sie sind keine Völkerrechtssubjekte. Im völkerrechtlichen Verkehr tritt der Bundesstaat als Einheitsstaat auf. Er handelt im eigenen Namen auch für die Gliedstaaten mit. Im zweiten Fall ist den Gliedstaaten eine gewisse Handlungs- und Geschäftsfähigkeit im internationalen Rechtsverkehr eingeräumt. Innerhalb den von der Verfassung bestimmten Grenzen können die Gliedstaaten ihren Willen – in der Bundesrepublik Deutschland allerdings nur mit Zustimmung des Bundes (Art. 32 III GG) – durch eigene Organe betätigen, namentlich sind sie Träger eines beschränkten Vertragschließungsrechts. So repräsentieren auch die Bundesstaaten dieses zweiten Typs die Gliedstaaten mit,[39] doch neben ihnen treten die Gliedstaaten als abgeleitete, beschränkte Völkerrechtssubjekte auf. Ihre Rechtsgeschäfte, namentlich ihre Verträge, sowie ihre Delikte sind von denen des Bundes zu unterscheiden; ihre Beziehungen zum Ausland sind in den durch die Verfassung gezogenen Grenzen internationaler Natur. Das Völkerrecht macht hier also die Existenz seiner Rechtssubjekte von der innerstaatlichen Ordnung abhängig. Es verweist auf die Verfassung der einzelnen Staaten.[40] Gleichzeitig wirkt die staatsrechtliche Natur des Rechtsverhältnisses zwischen dem Bund und den Gliedstaaten auch auf die internationalen Beziehungen ein, vor allem darin, daß der Bund für den Gliedstaat, für die Erfüllung seiner Verträge und für die von ihm begangenen Delikte mittelbar verantwortlich ist.[41]

---

[36] Vgl. dazu §§ 189 ff.

[37] Vgl. dazu näher unten § 111.

[38] *Verdross/Simma*, § 395, wollen in dem Fall einer den Gliedstaaten verfassungsrechtlich eingeräumten beschränkten Zuständigkeit für den internationalen Rechtsverkehr nur dann von einer partiellen Völkerrechtssubjektivität der Gliedstaaten sprechen, wenn diese durch andere Staaten anerkannt sei, andernfalls handele es sich lediglich um eine verfassungsrechtlich angeordnete Dezentralisierung der Wahrnehmung der auswärtigen Angelegenheiten. Praktisch hat diese Differenzierung allerdings kaum Konsequenzen, da diese Anerkennung von außen *uno actu* mit dem Abschluß eines Vertrages zwischen einem Gliedstaat und einem fremden Staat oder in einer anderen Form völkerrechtlichen Verkehrs erfolgt, vgl. *Rudolf*, EPIL II, 366; *H. Uibopuu*, Die Völkerrechtssubjektivität der Unionsrepubliken der UdSSR, 1975, spricht in diesem Zusammenhang von einer potentiellen Völkerrechtssubjektivität der Gliedstaaten (mit Ausnahme der Ukraine und Weißrußlands), um der Besonderheit der internationalen Rechtsstellung der Unionsrepubliken Rechnung zu tragen. Wie immer man diese Problematik ansehen will – generelle beschränkte Völkerrechtssubjektivität der Gliedstaaten eines Bundesstaates, potentielle oder durch Anerkennung *ad hoc* geschaffene Völkerrechtssubjektivität – so bleibt es im Ausgangspunkt dabei, daß die Völkerrechtssubjektivität von Gliedstaaten an die verfassungsrechtlichen Vorgaben des betroffenen Bundesstaates anknüpft, das Völkerrecht sich insoweit also den Vorgaben nationalen Verfassungsrechts beugt, so zutreffend *Rudolf*, EPIL II, 367; in diesem Sinne auch *Oppenheim/Jennings/Watts*, Vol. I/1, 249, die feststellen, daß *„[e]verything depends on the particular characteristics of the federation in question"*.

[39] So etwa die *Inter-American Convention on the Rights and Duties of States* vom 26. 12. 1933 (Montevideo-Konvention), Text in: AJIL 28 (1934), Supp., 70, in Art. 2: *„The federal state shall constitute a sole person in the eyes of international law."*

[40] Vgl. hierzu auch die Angaben in Anm. 38.

[41] Dazu näher § 173.

IV. 1. Die reine Verwirklichung von Staatenverbindungen in der Erscheinungsform des Staatenbundes ist in der jüngeren Geschichte selten geworden. Funktionale, institutionalisierte Staatenverbindungen, d. h. vor allem die internationalen zwischenstaatlichen Organisationen, sind an die Stelle des Staatenbundes getreten. Zudem haben sich auch schon in der älteren Staatenpraxis besondere Formen der engen Verbindung von Staaten herausgebildet, die sich in gewissem Umfang bis heute erhalten haben, jedoch nicht dem Bild des klassischen Staatenbundes, aber auch nicht dem des Bundesstaates entsprachen bzw. entsprechen. Zu denken ist hier an den britischen *Commonwealth of Nations* und an die *Union Française/Communauté Française*. Doch kennt auch das 20. Jahrhundert bis heute, allerdings wenige, Beispiele für den klassischen Fall des Staatenbundes, wobei die Einordnung auch dieser Staatenverbindungen in die Kategorie des Staatenbundes nicht in allen Fällen ganz unstreitig ist.

So bildeten im Jahre 1949 die Niederlande und Indonesien eine Union, die jedenfalls dem Bild eines Staatenbundes nahekam.[42] Im Jahre 1981 einigten sich die Präsidenten von Senegal und Gambia auf die Begründung einer Konföderation beider Länder. Die grundsätzliche Einigung zur Bildung dieses Staatenbundes Senegambia wurde auf der Grundlage eines vorläufigen Abkommens vom 14. 11. 1981 durch das Übereinkommen vom 17. 12. 1981 herbeigeführt, das am 1. 2. 1982 in Kraft trat. Die Regelungen über die institutionellen, kompetenziellen und finanziellen Vorkehrungen wurden in mehreren, am 2. 7. 1982 vereinbarten Protokollen niedergelegt.[43] Der Staatenbundcharakter dieses Zusammenschlusses wird sowohl in Ziffer 5 des vorläufigen Abkommens als auch in Klausel 2 des Konföderationsvertrages deutlich hervorgehoben, wo es heißt: „The Republic of The Gambia and the Republic of Senegal shall constitute the Confederation known as Senegambia. *Each State maintaining its independence and sovereignty*...". Auch die für einen Staatenbund typische Vergemeinschaftung der Verteidigungs- und Außenpolitik sprechen für das Vorliegen einer dem klassischen Bild des Staatenbundes entsprechenden Staatenverbindung – der wohl einzigen dieser Art in der Gegenwart.[44]

Umstritten ist die Rechtsnatur der Gemeinschaft Unabhängiger Staaten (GUS), ein Zusammenschluß von zunächst drei und schließlich allen zwölf ehemaligen Unionsrepubliken, der nach dem staatlichen Untergang der UdSSR mit dem Abkommen von Minsk am 8. 12. 1991 und dem einen integralen Bestandteil des Minsker Abkommens bildenden Protokoll von Alma Ata vom 21. 12. 1991 begann und mit der Annahme der Charta der Gemeinschaft Unabhängiger Staaten vom 22. 6. 1993 und zahlreichen weiteren multi- und bilateralen Verträgen[45] (z. B. über die Kollektive Sicherheit der Mitgliedstaaten und über die Errichtung einer Wirtschaftsunion) weiter entwickelt und konkretisiert wurde. Kennzeichen der GUS ist die bereits im Abkommen von Minsk ausdrücklich erklärte Absicht der Vertragsstaaten, mit der Errichtung der GUS keinen neuen Staat oder eine supranationale Wirkungseinheit schaffen zu wollen. Darüber hinaus ist den Verträgen kein Hinweis zu entnehmen, wie die Rechtsnatur dieser Staatenverbindung zu deuten sein soll. Auf der politischen Ebene standen sich im Kreise der beteiligten Staaten zwei Richtungen gegenüber: die

---

[42] Vgl. dazu den Text des entsprechenden Vertrages in UNTS, Vol. 69, 208; näher dazu auch *U. Scheuner*, Die Entstehung des indonesischen Staates, AVR 3 (1951), 44 ff; *F. M. van Asbeck*, The Birth and Decline of the Netherlands Indonesian Union, YBWA 1953, 204 ff; siehe dazu auch die Erörterung der Rechtsnatur der Union im Fall *Re Westerling*, ILR 17 (1950), No. 21. Die Union endete 1954, vgl. dazu *Oppenheim/Jennings/Watts*, Vol. I/1, 247.

[43] Texte des Grundvertrages und der Protokolle in: ILM 21 (1982), 44 und 22 (1983), 260.

[44] So zutreffend *Oppenheim/Jennings/Watts*, Vol. I/1, 247.

[45] Text der Charta in: ILM 34 (1995), 1282; Text des Vertrages über die Errichtung einer Wirtschaftsunion, 1303; zu dem insoweit entstandenen dichten Netz von bi- und multilateralen Verträgen zwischen den Mitgliedstaaten der GUS vgl. *B. Meissner*, Das politische Paktsystem innerhalb der GUS, Osteuroparecht 1994, 226 ff. Zur Vorgeschichte der Gründung der GUS unter Berücksichtigung der Geschichte der UdSSR *B. Meissner*, Vom Russischen Reich über die Sowjetunion zur Gemeinschaft Unabhängiger Staaten, Teil I, ZfP 41 (1994), 162 ff, Teil II, ZfP 41 (1994), 280 ff; ferner *W. Seiffert*, Von der Sowjetunion (UdSSR) zur Gemeinschaft Unabhängiger Staaten (GUS) – Das verfassungsrechtliche und völkerrechtliche Schicksal der Sowjetunion seit dem August-Putsch 1991, Osteuroparecht 38 (1992), 79 ff.

Konföderalisten und die Kooperationisten.[46] Den ersteren schwebte letztlich die Wiederherstellung einer staatlichen Einheit, bestehend aus den ehemaligen Unionsrepubliken, vor, letzteren die Nutzung der GUS als Rahmen für die schließlich endgültige Verselbständigung der Unionsrepubliken, also die Nutzung der GUS als Instrument einer geordneten Abwicklung der UdSSR. Aus diesen politischen Motiven lassen sich zwingende rechtliche Schlüsse auf den Rechtscharakter der GUS nicht ziehen. In der Literatur zeigt sich noch erhebliche Unsicherheit hinsichtlich der Einordnung der GUS in die Kategorien der Lehre von den Staatenverbindungen. Auf der einen Seite wird – etwa von *Meissner*[47] – eindeutig von der GUS als einem Staatenbund gesprochen. Andere betonen ebenfalls den staatenbündischen Charakter der GUS, sehen in ihr jedoch zugleich auch Elemente, die auf ihren Charakter als einer internationalen Organisation hinweisen.[48] Wieder andere betonen Parallelen in Organisation und Aufbau der GUS zum britischen Commonwealth, womit wohl gesagt werden soll, daß es sich bei der GUS um einen atypischen, den Kriterien des Staatenbundes oder anderer klar definierter Erscheinungsformen von Staatenverbindungen nicht entsprechenden Zusammenschluß souveräner Staaten handelt.[49] Diese Auffassung hat angesichts der stark im Fluß befindlichen, von widersprüchlichen politischen Absichten der beteiligten Staaten geprägten Entwicklung der GUS viel für sich.[50]

2. Das britische *Commonwealth of Nations* hat sich aus historischen, politischen und rechtlichen Gründen von jeher einer strikten Klassifizierung im Sinne der Lehre von den Staatenverbindungen entzogen. Das *Commonwealth of Nations* bezeichnet seit dem *Royal Titles Act* (1&2 Eliz.2.c.9) von 1953 den Zusammenschluß von heute 50 Staaten, der im Gefolge der schon in der zweiten Hälfte des 19. Jahrhunderts beginnenden Verselbständigung der Dominions und der nach dem Ende des 2. Weltkrieges einsetzenden Dekolonisierung an die Stelle des einstigen *British Empire* getreten ist.[51]

Bis zur Mitte des 19. Jahrhunderts war das britische Empire im Innern wie nach außen einheitlich organisiert. Aber seit der Mitte des 19. Jahrhunderts, schon bevor Großbritanniens Weltstellung und seine koloniale Ausdehnung den Höhepunkt überschritt, haben Neuseeland (1852), Kanada (1867), das australische Commonwealth (1900), die Südafrikanische Union (1909) und Neufundland (1918) den Status von Dominions erlangt. Als solche besaßen sie zwar keine – auch keine nur beschränkte – Völkerrechtssubjektivität, doch wurden die vier erstgenannten Dominions neben dem Mutterland Mitglieder der ersten Verwaltungsunionen, so z. B. der *Universal Postal Union* (UPU).

---

[46] Dazu O. *Luchterhand*, Das institutionelle und rechtliche Profil der Gemeinschaft Unabhängiger Staaten (GUS), APUZ 1992, B 52–53, 22 ff (23 ff).

[47] So z. B. in *Meissner*, Das politische Paktsystem innerhalb der GUS, Osteuroparecht 1994, 227.

[48] So z. B. *T. Schweisfurth*, Vom Einheitsstaat (UdSSR) zum Staatenbund (GUS). Juristische Stationen eines Staatenzerfalls und einer Staatenbundsentstehung, ZaöRV 52 (1992), 541 ff; vgl. dazu auch den Hinweis auf eine entsprechende Sicht von *Pustogarov* bei *S. A. Voitovich*, The Commonwealth of Independent States: An Emerging Institutional Model, EJIL 4 (1993), 403 ff (408).

[49] Vgl. dazu z. B. *Voitovich*, The Commonwealth of Independent States, EJIL 4 (1993), 416 f.

[50] Eine eindeutige Festlegung auf eine bestimmte Form der Staatenverbindung unterläßt auch *Khabarov*, ILM 34 (1995), 1298 ff (1301), der in der GUS mehr sieht als nur ein Instrument zur geordneten Abwicklung der UdSSR, sich aber für die Gegenwart nur auf eine Trendanzeige beschränkt. Er meint, daß die gegenwärtig überwiegende Auffassung in der GUS davon ausginge, daß es sich um eine in der Entwicklung befindliche supranationale Organisation, ähnlich der Europäischen Union/EG oder einen sich entwickelnden Staatenbund handele, der sich auf dem Prinzip des Freihandels und einer engen Koordination der Wirtschafts-, Industrie-, Geld- und Sozialpolitik gründen werde. Eine eindeutige Einordnung der GUS hält auch *Luchterhand*, APUZ 1992, B 52–53, 30 ff, für nicht möglich und beschränkt sich darauf, die GUS als ein „Transitorium" zu beschreiben.

[51] Dem Empire gehörten das *United Kingdom of Great Britain and Northern Ireland*, die Dominions mit Selbstregierung und die überseeischen Kolonialgebiete an. Vgl. dazu *Oppenheim/Jennings/Watts*, Vol. I/1, 257 ff; im Überblick auch *L. C. Green*, British Commonwealth, EPIL I, 495 f. In einer Erklärung über gemeinsame Grundsätze vom 22. 1. 1971 verstehen die Mitgliedstaaten des Commonwealth dieses als einen „freiwillige(n) Zusammenschluß unabhängiger souveräner Staaten mit eigener politischer Verantwortung, die im gemeinsamen Interesse ihrer Völker und zur Förderung der internationalen Verständigung und des Weltfriedens Konsultation und Zusammenarbeit untereinander pflegen" (EA 1971, D 129).

Nach Ende des 1. Weltkrieges, an dem die Dominions kraft des Eintritts Großbritanniens in den Krieg beteiligt waren, setzte eine Entwicklung ein, die den Dominions rasch eine auch im internationalen Rechtsverkehr selbständigere Stellung brachte. Auf den Pariser Friedenskonferenzen von 1919 waren die Dominions und Indien (damals noch kein Dominion) zwar nicht als unabhängige Staaten, aber als individuelle Glieder des Empire durch eigene Repräsentanten vertreten. Auch wurden die Dominions (mit Ausnahme von Neufundland) und Indien in den Völkerbund aufgenommen. Zudem wurden Australien, Neuseeland und Südafrika mit der selbständigen Verwaltung von Mandaten betraut. Schließlich begannen einige Dominions (Irland und Kanada zuerst) Anfang der 20er Jahre einen eigenen diplomatischen Verkehr zu unterhalten. Diese auf die Erlangung völkerrechtsunmittelbarer Staatlichkeit hinzielende Entwicklung wurde dann 1931 mit der Verabschiedung des *Statute of Westminster* durch das britische Parlament rechtlich anerkannt, indem das Gesetz die völlige Gleichheit im Status der Dominions im Verhältnis zum Vereinigten Königreich, ihre Vollstaatlichkeit, bestätigte und alle formal noch bestehenden Abhängigkeiten vom britischen Parlament beseitigte.[52]

Die mit dem Ende des 2. Weltkrieges einsetzenden grundlegenden Veränderungen der Machtstrukturen des internationalen Systems brachten in kurzer Zeit das förmliche Ende des britischen Empire und seine Umformung in das *Commonwealth of Nations*. Schon 1945 hatten alle Dominions an der Gründungskonferenz der Vereinten Nationen in San Francisco teilgenommen und wurden ursprüngliche Mitglieder der Organisation. Die darin zum Ausdruck kommende Unabhängigkeit der Dominions zeigte sich verstärkt, als einige asiatische Dominions (Indien, Pakistan und Ceylon 1949 bzw. 1955 und 1956) die republikanische Staatsform annahmen und damit die englische Krone nur noch als Symbol der Einheit im Commonwealth gelten ließen.[53] Im Ergebnis ist diese Entwicklung dahingehend zusammenzufassen, daß das Commonwealth heute nur noch einen relativ locker gefügten Verband unabhängiger Staaten mit unterschiedlicher Staatsform, unterschiedlichen, z. T. sogar gegensätzlichen politischen Interessen und unterschiedlichem kulturellem und sozialem Hintergrund darstellt. Daß das Commonwealth kein Bundesstaat ist, war nie umstritten. Dafür fehlt es ihm an einer Zentralregierung, die in der Lage ist, über die Mitgliedstaaten Staatsgewalt auszuüben. Aber auch die Kriterien eines Staatenbundes erfüllt dieser Staatenzusammenschluß nicht. Es fehlte eine auch nur minimale rechtliche und institutionelle Ausformung. Das 1965 errichtete Commonwealth-Sekretariat ist ein reines Koordinationsgremium ohne Kompetenzen gegenüber den Mitgliedstaaten. Auch die regelmäßig abgehaltenen Konferenzen der Staatsoberhäupter und/oder Regierungschefs der Commonwealth-Staaten haben nicht den Status eines Organs, sondern sind informeller und beratender Natur.[54] Aus eben diesen Gründen handelt es sich beim Commonwealth aber auch nicht um eine internationale, geschweige denn eine supranationale Organisation.[55] Mit anderen Worten, das Commonwealth entzieht sich seiner Natur nach nicht nur jeder Klassifizierung nach den Kriterien der Lehre von den Staatenverbindungen. Seine Existenz hat ebenfalls keine völkerrechtlichen Wirkungen. Dennoch darf man die Bedeutung dieser in ihrer Erscheinungsform einzigartigen Staatenverbindung nicht unterschätzen. Sie stellt ein durch Geschichte und gemeinsame politische Erfahrungen geprägtes Forum politischen Meinungsaustausches höchst unterschiedlicher Staaten dar, wie es in dieser Intensität auch die Vereinten Nationen nicht bieten können. Nicht zu unterschätzen ist darüber hinaus die Wirkung der Tatsache, daß die Bürger der Commonwealth-Staaten nach wie vor die *„Commonwealth Citizenship"* besitzen, die ihnen zwar keine völlige Gleichstellung mit den Staatsangehörigen Großbritanniens einräumt, aber doch ein wichtiges, Einheit stiftendes Element im Commonwealth bildet. Das Wesen des Commonwealth läßt sich am treffendsten mit dem folgenden Satz charakterisieren: *„The Commonwealth is a community of states in which the absence of a rigid legal basis of association is compensated by the bonds of common origin, history and legal tradition."*[56]

---

[52] Vgl. dazu näher *Oppenheim/Jennings/Watts*, Vol. I/1, 258 f; zusammenfassend auch *Green*, EPIL II, 496; ausführlich auch die Vorauflage, EPIL 2, 314 ff.

[53] Zur Nachkriegsentwicklung des Commonwealth siehe *Oppenheim/Jennings/Watts*, Vol. I/1, 261 ff.

[54] So zutreffend *Oppenheim/Jennings/Watts*, Vol. I/1, 266.

[55] Auch der früher z. B. von *Kunz*, 796 ff, vertretenen Auffassung, das britische Empire käme einer Realunion am nächsten, kann nach den starken strukturellen Veränderungen, die die Begründung des Commonwealth für das Empire mit sich gebracht haben, heute erst recht keine Relevanz mehr zukommen.

[56] *Oppenheim/Jennings/Watts*, Vol. I/1, 266.

3. Ähnlich wie das *Commonwealth of Nations* entzieht sich auch der Zusammenschluß des französischen Mutterlandes mit seinen ehemaligen Kolonien und den noch bestehenden überseeischen, zum französischen Staatsgebiet gezählten Gebieten *(territoires d'outre mer)* zur zunächst sogenannten *Union française*, die dann in die *Communauté française* umgewandelt wurde, einer Klassifizierung im Sinne der herkömmlichen Staatenverbindungen.

Ausgangspunkt für die Bildung der *Union française* war der Versuch Frankreichs, einerseits dem wachsenden Unabhängigkeitsstreben der Kolonien durch Gewährung einer gewissen Autonomie Rechnung zu tragen, andererseits aber eine möglichst enge Verbindung zu diesen Gebieten aufrechtzuerhalten. Die Lösung wurde in einer die Einheit wahrenden – damaligem französischen Staatsdenken eher fremden – föderalistischen Struktur auf staatsrechtlicher Grundlage gesehen. Die Verfassung von 1946 beschreibt dementsprechend die *Union française* als eine Völkergemeinschaft, die auf der Gleichheit der Rechte und Pflichten ohne Unterschied der Rasse und der Religion aufgebaut sei. Die Union gliederte sich in zwei Elemente, nämlich die französische Republik, die das Mutterland Frankreich sowie die überseeischen Departements und Gebiete umfaßte, und zum anderen die assoziierten Gebiete und Staaten. Unter den assoziierten Gebieten waren die Mandate Togo und Kamerun zu verstehen, unter den assoziierten Staaten abhängige Staaten, die zu dieser Zeit schon über einen beschränkten völkerrechtlichen Status verfügten und deren Zugehörigkeit zur Union dementsprechend auf Verträgen beruhte, nämlich Tunis, Marokko, Laos, Vietnam und Kambodscha.[57] Die rechtlichen und politischen Voraussetzungen für eine dauerhafte Umsetzung des Gedankens der Union haben sich dann allerdings zu Beginn der 50er Jahre dramatisch verändert. Nicht nur verlor Frankreich seine Vorherrschaft in Indochina, sondern auch seine Position in Nordafrika wurde zunehmend in Frage gestellt. Insbesondere der Mitte der 50er Jahre beginnende Befreiungskampf Algeriens führte zu schweren Erschütterungen im Mutterland, die 1958 mit der Übernahme der Präsidentschaft durch *Charles de Gaulle* und damit zum Ende der IV. Republik führten.

Die im Zuge seiner Reformen von *de Gaulle* initiierte neue Verfassung der V. Republik brachte auch eine Umformung der *Union française*, die fortan als *Communauté française* konstituiert wurde. Die Aufteilung der Mitglieder in zwei Gruppen – die Republik und die autonomen Mitgliedstaaten – blieb allerdings ebenso erhalten wie die Tatsache, daß zur Republik weiterhin die überseeischen Departements *(départements d'outre mer)* und Gebiete *(territoires d'outre mer)* als konstitutive Teile des Staates gehören, wobei allerdings eine ihren Verhältnissen angepaßte Rechtsstellung vorgesehen wurde. Auf Einzelheiten ist hier nicht einzugehen. Nach dem Wortlaut der Verfassung erscheint die Communauté fester gefügt, aber auch sie ist mit den traditionellen Kategorien der Staatenverbindungen nicht eindeutig zu erfassen. Aufgrund der sich auch nach der Gründung der V. Republik fortschreitenden Veränderung der politischen und rechtlichen Grundlagen der Communauté hat diese niemals nach den vorgesehenen Regeln funktioniert und ist heute als Einheit mehr oder weniger bedeutungslos. Indessen ist hier – ähnlich wie beim *Commonwealth of Nations* – anzumerken, daß auf politischer Ebene zwischen Frankreich und seinen ehemaligen Kolonien, namentlich mit den in die Unabhängigkeit getretenen Staaten des frankophonen Afrika, nach wie vor bedeutsame und enge Beziehungen bestehen.[58] Dabei spielte bis vor kurzem auch die Tatsache eine erhebliche Rolle, daß die in der Verfassung von 1958 vorgesehene einheitliche „*Communauté*"-Zugehörigkeit – hier nationalité = Staatsangehörigkeit – der Bürger auch über die sinkende Effektivität der Communauté hinaus Auswirkungen auf das Verständnis der französischen Nation gehabt hat.[59]

V. Eine Staatenverbindung kann auch durch Abhängigkeitsverhältnisse zwischen Staaten entstehen.[60] Im Gegensatz zum Protektorat, bei dem der abhängige Staat nur scheinsouverän ist, bleibt der abhängige Staat trotz seiner beschränkten völkerrechtlichen Handlungsfä-

---

[57] Siehe dazu *F. M. van Asbeck*, Le Statut actuel des pays non autonomes d'outre mer, RdC 71 (1947 II), 386 ff; auch *Oppenheim/Jennings/Watts*, Vol. I/1, 247 mwN.

[58] Institutionalisiert sind diese Beziehungen in der *Organisation Internationale de la Francophonie*, deren Ziel die Zusammenarbeit frankophoner Staaten in verschiedenen Bereichen, nicht nur der Sprache und Kultur ist; siehe www.francophonie.org.

[59] Vgl. dazu *G. Burdeau*, Droit Constitutionnel et Institutions Politiques, 18. Aufl., 1977, 469 ff.

[60] Siehe dazu auch *Ipsen*, 4. Aufl., 24 mwN.

higkeit souverän und Völkerrechtssubjekt. Er bleibt Herr des Geschäfts und kann seine Vertretung nach außen jederzeit wechseln. Die Beziehung zwischen beiden Staaten regelt das Völkerrecht. Der abhängige Staat verpflichtet sich gegenüber einem anderen Staat, seine Außenpolitik bzw. innerstaatliche Akte von diesem abhängig zu machen oder dem anderen Staat die Ausübung einzelner seiner Befugnisse zu überlassen. Beispiele dafür sind Monaco und Frankreich,[61] Liechtenstein und die Schweiz,[62] Bhutan und Indien,[63] San Marino und Italien[64].

VI. Von nur noch historischem Interesse sind die in der älteren Literatur ausführlich behandelten weiteren Formen von Staatenverbindungen wie die Personal- und Realunion, aber auch das Protektorat, die Vasallität und die inzwischen ebenfalls nicht mehr aktuelle Rechtsstellung von Gebieten als Mandate und Treuhandgebiete. Letztere waren noch in der Charta der Vereinten Nationen vorgesehen. Diese Institute haben jedoch mit dem Abschluß des Dekolonisierungsprozesses ihre Bedeutung heute verloren. Wir glauben deshalb hinsichtlich dieser historischen Formen der Staatenverbindungen auf die einschlägige Literatur, insbesondere auch auf die Vorauflage, verweisen zu dürfen.[65]

§ 105 Begriff und Entwicklung der Völkerrechtssubjektivität der internationalen zwischenstaatlichen und supranationalen Organisationen

Schrifttum: wie vor § 104.

Neben den Staaten und den klassischen Staatenverbindungen bilden im modernen Völkerrecht die internationalen und supranationalen Organisationen die bedeutendsten internationalen Akteure.[1] Sie nehmen nach heute übereinstimmender Auffassung die Stellung abgeleiteter, „gekorener"[2] Subjekte des Völkerrechts ein.[3] Die Anerkennung weiterer

---

[61] Monaco hat sich vertraglich verpflichtet, keine völkerrechtlichen Verträge mit anderen Staaten ohne vorherige Zustimmung Frankreichs abzuschließen.

[62] Zollunion.

[63] Bhutan hat sich vertraglich verpflichtet, seine Außenpolitik von Indien leiten zu lassen.

[64] San Marino hat sich verpflichtet, keinen Schutz einer anderen Macht anzunehmen.

[65] Vgl. zum Protektorat *Dahm*, Bd. I, 591; Bd. II, 129 ff; Bd. III, 206 f, 10 f; *Kunz*, 288 ff. Zur Personal- und Realunion *Dahm*, Bd. II, 128; *Jellinek*, Staatenverbindungen, 82 ff, 197 ff. Zu den Mandats- und Treuhandgebieten *Dahm*, Bd. I, 557 ff; *E. Menzel*, in: *Strupp/Schlochauer*, Bd. II, 460 ff; *J. W. Brügel*, Das Treuhandschaftssystem der Vereinten Nationen, EA 15 (1960), 683 ff.

[1] Vgl. dazu oben Bd. I/1, § 1.

[2] Dieses anschauliche Attribut zur Kennzeichnung der Völkerrechtssubjektivität der von den ursprünglichen, „geborenen" Völkerrechtssubjekten, den Staaten, geschaffenen internationalen Organisationen wird u. a. von *Verdross/Simma*, 249, § 415, verwandt.

[3] So *Seidl-Hohenveldern/Loibl*, Rdn. 0303, 0310; *Epping*, in: *Ipsen*, 4. Aufl., § 6 Rdn. 1; *Oppenheim/Jennings/Watts*, Vol. I/1, 18; *Verdross/Simma*, § 415, 249 f; *Lauterpacht*, RdC 152 (1976 IV), 377 ff; *Rama-Montaldo*, BYIL 44 (1970), 111 ff; *Jenks*, BYIL 22 (1945), 267 ff; dagegen wollen *Seyersted*, Objective International Personality, NorTIR 33 (1964), 3 ff, und *G. Arangio-Ruiz*, Diritto internazionale e personalità guiridica, 1971, 186 ff, auch den internationalen Organisationen originäre Völkerrechtssubjektivität und damit auch die Fülle der Rechte und Pflichten, wie sie den Staaten nach allgemeinem Völkerrecht zukämen, zuerkennen. Die Völkerrechtssubjektivität internationaler Organisationen oder anderer Wirkungseinheiten neben den souveränen Staaten leugnete dagegen die frühere kommunistische Völkerrechtslehre, vgl. dazu etwa *G. I. Tunkin*, International Law in the International System, RdC 147 (1975 IV), 198 ff und *ders.*, Völkerrechtstheorie, 1972, 230 ff; *Krylov*, RdC 70 (1947 I), 446 ff. Diese Auffassungen haben sich gegenüber der herrschenden Lehre von der begrenzten Völkerrechtssubjektivität internationaler Organisationen – soweit diese von der Staatengemeinschaft zuerkannt ist – nicht durchsetzen können, vgl. hierzu *Seidl-Hohenveldern/Loibl*, Rdn. 0311; *Oppenheim/Jennings/Watts*, Vol. I/1, 18. *Reutersward*, NorTIR 49 (1980), 14 ff, hat die Lehre von der Völkerrechtssubjektivität internationaler Organisationen scharf, aber wenig überzeugend angegriffen; die wesentlichen Annahmen, auf denen diese Kritik beruht, hal-

Völkerrechtssubjekte neben den Staaten war angesichts der Vorstellungen der klassischen, staatsfixierten Völkerrechtsdoktrin zunächst keineswegs selbstverständlich. Erst die nachhaltigen soziopolitischen Veränderungen im internationalen System, namentlich die wachsende Erkenntnis, daß der klassische Nationalstaat aus sich heraus die steigenden sicherheitspolitischen, wirtschaftlichen und technologischen Bedürfnisse nicht mehr befriedigen konnte, führte zu einem Umdenken hinsichtlich der Stellung der Staaten als alleinige, „geborene“ Völkerrechtssubjekte. Dieser Entwicklung, namentlich der organisatorisch-strukturellen und funktionellen Entfaltung der internationalen Organisationen und ihres schrittweisen Hineinwachsens in den zuvor als geschlossen angesehenen Kreis der staatlichen Völkerrechtssubjekte, ist nun im folgenden nachzugehen.[4]

I. 1. Der Begriff der internationalen Organisation umfaßt seinem allgemeinen Wortsinn nach sehr verschiedene empirische Erscheinungen. Allgemein unterscheidet die Völkerrechtslehre zwischen zwischenstaatlichen *(intergovernmental)* und nichtstaatlichen *(non-governmental)* Organisationen.[5] Nur den zwischenstaatlichen Organisationen wird völkerrechtliche Relevanz[6] oder – genauer – Völkerrechtssubjektivität zuerkannt. Jedoch wird diese recht grobe Unterscheidung der tatsächlichen und völkerrechtlichen Lage, nämlich der Vielfalt internationaler Organisationen nicht völlig gerecht. Namentlich zeigt eine genauere Untersuchung der völkerrechtlichen Stellung der verschiedenen Organisationen, daß die Unterscheidung zwischen zwischenstaatlichen und nichtstaatlichen internationalen Organisationen kein hinreichendes Kriterium dafür ist, ob eine solche Organisation Völkerrechtsubjektivität genießt oder nicht. Weitere Differenzierungskriterien treten hinzu. Dennoch bleibt die Unterscheidung zwischen zwischenstaatlichen und nichtstaatlichen Organisationen sachgerecht.

2. Wesentlich für eine weitere Klärung des Begriffs ist zunächst die Bestimmung dessen, was unter einer Organisation zu verstehen ist. Die Soziologie bezeichnet mit Organisation eine „Ordnung von arbeitsteilig und zielgerichtet miteinander arbeitenden Personen und Gruppen. Organisation umfaßt insofern nicht nur Verbände und Vereinigungen, sondern alle Institutionen, Gruppen und sozialen Gebilde, die bewußt auf ein Ziel hinarbeiten, dabei geplant arbeitsteilig gegliedert sind und ihre Aktivität auf Dauer eingerichtet haben.“[7] Um von internationalen Organisationen sprechen zu können, müssen sich also mehrere Verbände oder soziale Gebilde zu einer Ordnung zusammenschließen, die geplant und auf Dauer ein gemeinsames Ziel verfolgt. Diese Kriterien erfüllen nun nicht nur Zusammenschlüsse von Staaten, sondern auch solche von Wirkungseinheiten, die natürliche Personen, private Verbände oder Vereinigungen oder auch selbständige staatliche Untergliederungen sein können.

So bildet das aus Schweizer Bürgern bestehende Internationale Komitee vom Roten Kreuz[8] ebenso eine (internationale) Organisation in diesem Sinne wie internationale Zusammenschlüsse nationaler

---

ten weder einer empirischen noch einer rechtsdogmatischen Überprüfung stand, die meisten dieser Einwände – wie etwa die Behauptung, entweder gebe es eine Rechtssubjektivität, die dann gegenüber jedermann gilt, oder es gebe keine – erinnern an entsprechende, inzwischen widerlegte Ansichten in der frühen Debatte über den Rechtsstatus der Verwaltungsunionen und später des Völkerbundes, vgl. hierzu die ausgezeichnete Übersicht über diese Auseinandersetzungen bei *Faßbender*, ÖZöRV 37 (1986–87), 17 ff (17–25). Zur internationalen Rechtspersönlichkeit internationaler zwischenstsaatlicher Organisationen vgl. grundlegend auch das Gutachten des IGH im *Reparations for Injuries Case*, ICJ Rep. 1949, 174 ff.

[4] Ausführlich zu den internationalen Organisationen unten Bd. II.

[5] *Epping*, in: *Ipsen* 4. Aufl., § 6, Rdn. 1; vgl. zu den nichtstaatlichen Organisationen näher §§ 107 und 108.

[6] So *Epping*, in: *Ipsen* 4. Aufl., § 6 Rdn. 1.

[7] So *W. Fuchs-Heinritz*, Organisation, in: *W. Fuchs-Heinritz u. a.* (Hrsg.), Lexikon zur Soziologie, 3. Aufl., 1994, 478.

[8] Zum Internationalen Komitee vom Roten Kreuz vgl. unten § 115 in diesem Band.

Eisenbahngesellschaften in der *Union Internationale des Chemins de Fer* (UIC)[9], nationaler Fremdenverkehrsunternehmen in der Internationalen Union der Fremdenverkehrsunternehmen *(International Union of Tourism Organizations* – IUOTO) oder nationaler Polizeibehörden in Interpol.[10] Ein interessantes Beispiel einer von einem nach nationalem Recht gegründeten, aus privaten Unternehmen und Staaten bestehenden internationalen Organisation bildet das von der durch amerikanisches Gesetz gebildeten *Communications Satellite Corporation* (COMSAT) und von Staaten gegründete *International Telecommunication Satellite System* (INTELSAT).[11] Inzwischen sind sowohl INTELSAT, EUTELSAT als auch INMARSAT privatisiert worden.[12]

Aber auch von Staaten gebildete internationale Organisationen können ihrerseits untereinander oder zusammen mit einzelnen Staaten weitere internationale Organisationen bilden.

Jüngstes Beispiel für eine Konstellation, in der eine bestehende internationale Organisation zusammen mit Staaten eine weitere internationale Organisation bildete, ist die Gründung der Welthandelsorganisation *(World Trade Organization* – WTO) durch die Europäische Gemeinschaft, ihre Mitgliedstaaten und einer großen Anzahl von Drittstaaten.[13] Als weitere Beispiele können die Gründung des Europäischen Wirtschaftsraumes (EWR) durch den Vertrag vom 14. 2. 1992[14] sowie die Errichtung der Europäischen Bank für Wiederaufbau und Entwicklung (EBWE) durch das Abkommen vom 29. 5. 1990[15] genannt werden. Besonders bemerkenswert an diesen letzten Beispielen ist, daß im Fall des EWR in Gestalt der Europäischen Gemeinschaft (EG) eine supranationale Organisation, in Gestalt der Europäischen Freihandelszone (EFTA) eine internationale Organisation und die jeweiligen Mitgliedstaaten Parteien des Gründungsvertrages geworden sind und im Fall der EBWE neben der Europäischen Gemeinschaft und ihren Mitgliedstaaten die Europäische Investitionsbank Vertragspartei des Abkommens war.

---

9 Dazu Yearbook of International Organizations, Vol. I, 1984, No. 2772; ferner *G. Mutz*, Railway Transport, International Regulation, EPIL IV, 14 ff; *M. Bergner/H. Bäcker/R. Lange/W. Teuchert*, Internationales Verkehrsrecht, 1969, 200 ff.

10 Siehe hierzu kurz auch *Seidl-Hohenveldern/Loibl*, Rdn. 0103.

11 Vgl. dazu *J. Fawcett*, INTELSAT, EPIL II, 1000 ff; auch *J. Delbrück*, World Information and Communication Order, in: *R. Wolfrum/Ch. Philipp* (eds.), United Nations: Law, Policies and Practice, Vol. II, 1995, 1466 ff, Rdn. 15.

12 Vgl. zur Privatisierung der Satellitenorganisationen u. a. SP-442, 3rd ECSL Colloqium „International Organisations and Space Law", 1999, 127 ff; *F. Lyall*, On the Privatisation of INTELSAT, Journal of Space Law 28 (2000), 101 ff; *D. Sagar*, Recent Developments at the International Mobile Satellite Organization (INMARSAT), Annals of Air and Space Law 23 (1998), 343 ff.

13 Übereinkommen zur Errichtung der Welthandelsorganisation vom 15. 4. 1994 (BGBl. 1994 II, 1938; ABl. EG L 336 vom 23. 12. 1994, 3 ff); vgl. hierzu z. B. *P.-C. Müller-Graff* (Hrsg.), Die Europäische Gemeinschaft in der Welthandelsorganisation: Globalisierung und Weltmarktrecht als Herausforderung für Europa, 2000; *T. Oppermann*, Die Europäische Gemeinschaft und Union in der Welthandelsorganisation (WTO), RIW 41 (1995), 919 ff.

14 Abkommen über den Europäischen Wirtschaftsraum (BGBl 1993 II, 266 ff; ABl. EG L 1 vom 3. 1. 1994, 3 ff); vgl. hierzu *A. Streit*, Das Abkommen über den Europäischen Wirtschaftsraum, NJW 1994, 55 ff; *T. Blanchet/R. Piipponen/M. Westman-Clément* (eds.), The Agreement on the European Economic Area (EEA): a guide to the free movement of goods and competition rules, 1994; *S. Norberg/K. Hörborg/M. Johansson/D. Eliassen/L. Dedichen* (eds.), EEA Law: The European Economic Area: a commentary on the EEA agreement, 1993; *F. Urlesberger*, Der ‚Europäische Wirtschaftsraum' (EWR): Entstehungsgeschichte und Überblick, WBl. 1992, 69 ff; kurz dazu auch *P. P. Craig/G. de Búrca*, EU Law – Text, Cases and Materials, 2nd ed., 1998, 29 ff. Als „gemischter Vertrag" bedurfte der Vertrag der Ratifikation seitens der Europäischen Gemeinschaft, ihrer Mitgliedstaaten und den beitretenden EFTA-Staaten, vgl. dazu *Seidl-Hohenveldern/Loibl*, Rdn. 0303.

15 Übereinkommen zur Errichtung der Europäischen Bank für Wiederaufbau und Entwicklung (ABl. EG L 372 vom 31. 12. 1990, 4 ff). Vgl. hierzu *J. Sack*, The European Community's Membership of International Organizations, CMLRev. 32 (1995), 1227 ff (1247 f); *K. Zahariev*, European Bank for Reconstruction and Development: environmental aspects of operations, Review of European Community & international environmental law 2 (1993), 31 ff; *P. A. Menkveld*, Origin and role of the European Bank for Reconstruction and Development, 1991; *I. F. I. Shihata*, The European Bank for Reconstruction and Development: a comparative analysis of the constituent agreement, 1990.

Da also die unterschiedlichsten sozialen Gebilde (Staaten, selbständige unterstaatliche Einheiten, private Verbände, Vereinigungen, Individuen) auf internationaler Ebene Ordnungen bzw. Organisationen im Sinne soziologischer Kriterien bilden können, läßt sich der Begriff „internationale Organisation" – wie dies vielfach in der Lehre von den internationalen Organisationen geschieht – nicht allein vom Status der eine Organisation bildenden Wirkungseinheiten, also etwa danach, ob diese staatlichen oder privaten Charakter haben, näher bestimmen. Dies gilt umso mehr, als die Praxis sogar Fälle kennt, in denen eine internationale Dachorganisation privater nationaler Unternehmen den Status einer (zwischen-)staatlichen internationalen Organisation, wiewohl besonderer Art, zuerkannt erhielt.

So wurde der internationale Zusammenschluß der nationalen Fremdenverkehrsunternehmen IUOTO unter dem neuen Namen *World Tourism Organization* die Stellung einer internationalen zwischenstaatlichen Organisation, wenn auch besonderer Art, eingeräumt.[16]

Auch von der Organisationsstruktur her sind für den Begriff der internationalen Organisation konkretisierende bzw. generelle Differenzierungen zwischen einzelnen Erscheinungsformen internationaler Organisationen ermöglichende Kriterien nicht zu gewinnen. Zwar weisen die heute bestehenden internationalen Organisationen – wie auch immer zusammengesetzt – unterschiedliche Grade der Ausdifferenzierung ihrer Organstruktur auf. Doch erfüllen sie als rechtlich verfaßte Organisationen alle in diesem Zusammenhang formulierten Mindestanforderungen im Hinblick auf die Einrichtung von Organen, durch die sie handlungsfähig werden. Sie weisen zumindest ein die Mitglieder repräsentierendes Plenar- und/oder ein Exekutivorgan auf.[17]

Ausschlaggebend für die Entscheidung, ob eine internationale Organisation die Stellung eines Völkerrechtssubjekts einnimmt oder nicht, ist somit nicht ihre mitgliedschaftliche Zusammensetzung. Entscheidend ist neben den notwendigen Elementen der rechtlichen Handlungsfähigkeit (Einrichtung mindestens eines Organs), der Dauerhaftigkeit und der gemeinsamen Zielsetzung, daß die internationale Organisation von der Staatengemeinschaft als handlungsfähiges Subjekt der völkerrechtlichen Rechtsgemeinschaft anerkannt wird. Dieses Ergebnis ist insofern selbstverständlich, als es sich bei internationalen Organisationen – wie eingangs bereits erwähnt – eben nicht um originäre Mitglieder der internationalen Ordnung, sondern um vom Willen der Staatengemeinschaft „gekorene" oder „abgeleitete" Rechtssubjekte handelt.[18] Anders als Staaten, denen jedenfalls nach der deklaratorischen Anerkennungslehre bereits durch ihre tatsächliche Existenz die Stellung von Völkerrechtssubjekten zukommt, ist es also der Wille der Staaten, der eine internationale Organisation – unabhängig von ihrer mitgliedschaftlichen Zusammensetzung – konstitutiv zu einem Völkerrechtssubjekt erhebt.

3. Zusammenfassend kann danach der Begriff der internationalen Organisation dahingehend umschrieben werden, daß eine solche gegeben ist, wenn sich staatliche oder nichtstaatliche Wirkungseinheiten auf internationaler Ebene zusammenschließen und eine mit mindestens einem handlungsfähigen Organ ausgestattete, auf Dauer angelegte Ordnungsstruktur zur Verfolgung gemeinsamer Ziele errichten. Soll einer internationalen

---

16 Vgl. dazu *K. Dicke*, WTO – World Tourism Organization, in: *R. Wolfrum/Ch. Philipp* (eds.), United Nations: Law, Policies and Practice, Vol. II, 1995, 1501 ff; kurz auch *Seidl-Hohenveldern/Loibl*, Rdn. 0103, Rdn. 4001.

17 Zu den Anforderungen an eine Mindestausstattung internationaler Organisationen vgl. etwa *Seidl-Hohenveldern/Loibl*, Rdn. 0105 (Nr. 5); *Epping*, in: *Ipsen* (Hrsg.), 4. Aufl., § 31 Rdn. 29 ff; *I. Brownlie*, Principles of Public International Law, 5th ed., 1998, 679 f.

18 Sie bilden daher eine „ziemlich genaue Parallele zur juristischen Person" *(personne morale, legal entity)* des innerstaatlichen Rechts, so zutreffend *Seidl-Hohenveldern/Loibl*, Rdn. 0309.

Organisation, die diese Voraussetzungen erfüllt, die Stellung eines Völkerrechtssubjektes zukommen, so bedarf es einer entsprechenden Willensentscheidung der Staaten, die sich bei sog. zwischenstaatlichen, also ausschließlich von Staaten gebildeten, Organisationen aus ausdrücklichen Regelungen im völkerrechtlichen Gründungsvertrag oder aufgrund die Völkerrechtssubjektivität voraussetzenden Funktions- bzw. Aufgabenzuweisungen ergibt.[19] Im Falle gemischter, aus staatlichen und nichtstaatlichen Mitgliedern bestehenden, internationalen Organisationen wird sich die Zuerkennung der Völkerrechtssubjektivität ebenfalls aus ausdrücklichen Regelungen im Gründungsdokument oder aufgrund von Aufgabenzuweisungen erkennen lassen. Im Falle von Organisationen mit rein nichtstaatlicher Mitgliedschaft kann es zu einer Konstituierung der Völkerrechtssubjektivität jedenfalls nicht durch das Gründungsdokument kommen. Hier bedarf es besonderer Willensakte seitens der Staatengemeinschaft bzw. der einzelnen Staaten, wie sie durch die Einräumung völkerrechtsunmittelbarer Rechte und Aufgaben an das IKRK durch die Genfer Abkommen von 1949 vorgenommen wurden.[20] Aus der Notwendigkeit eines jeweils konkreten Willensaktes zur Begründung der Völkerrechtssubjektivität einer internationalen Organisation aufgrund der Gründungsdokumente oder durch sonstige Willensakte ergibt sich, daß diese völkerrechtliche Rechtsstellung – wie betont – nicht nur eine abgeleitete ist, sondern daß sie auch nur funktional begrenzt ist, also den internationalen Organisationen keine umfassende, sondern nur eine je nach Aufgabenbereich beschränkte Völkerrechtssubjektivität zukommt. Internationale Organisationen können als Völkerrechtssubjekte nur errichtet werden, wenn sie in ihren Zielen mit dem Völkerrecht, namentlich der Charta der Vereinten Nationen, vereinbar sind.

4. Will man den Kreis der kaum noch überschaubaren internationalen Organisationen näher eingrenzen, wie dies die Lehre allgemein mit der Differenzierung zwischen zwischenstaatlichen und nichtstaatlichen Organisationen tut, so böte sich nach dem Gesagten an, zwischen als partielle Völkerrechtssubjekte anerkannten und nicht anerkannten internationalen Organisationen zu unterscheiden. Diese Unterscheidung fällt nun in der Praxis bei der weit überwiegenden Zahl der internationalen Organisationen mit der herkömmlichen Differenzierung zwischen intergouvernementalen und nichtstaatlichen Organisationen zusammen. Sie stellt sich somit nicht als rechtsdogmatisch stringente Kategorisierung verschiedener Typen internationaler Organisationen dar, sondern als praktisches Kürzel für die hier getroffene Unterscheidung zwischen internationalen Organisationen mit und solchen ohne Völkerrechtssubjektivität.[21] Eine Hervorhebung der Gruppe der zwischenstaatlichen Organisationen gegenüber den nichtstaatlichen rechtfertigt sich aus praktischen Gründen aber auch deswegen, weil bei den zwischenstaatlichen Organisationen die Völkerrechtsubjektivität den Regelfall bildet. Daraus ergeben sich für den Umfang ihrer Rechtssubjektivität Konsequenzen, die bei nichtstaatlichen Organisationen, selbst wenn ihnen Völkerrechtssubjektivität ausnahmsweise zuerkannt wird, in dieser Weise nicht auftreten. Deshalb soll im folgenden zunächst die Entwicklung der zwischenstaatlichen und – als

[19] Allerdings besteht die Völkerrechtssubjektivität der internationalen Organisation zunächst nur im Verhältnis zu den Staaten, die eine entsprechende Willensentscheidung getroffen haben. Die Zuerkennung der Völkerrechtssubjektivität durch die Gründungsstaaten der internationalen Organisation bindet Drittstaaten und andere internationale Organisationen nicht. So verweigerten die ehemaligen Ostblockstaaten der Europäischen Wirtschaftsgemeinschaft über Jahre hinweg die Anerkennung.

[20] Vgl. dazu unten § 115.

[21] Eine ähnliche Abgrenzungs- bzw. Unterscheidungsproblematik stellt sich bei der Frage, ob eine internationale Organisation als Verwaltungsunion oder eben als (zwischenstaatliche) internationale Organisation anzusehen ist. Trennscharfe Unterscheidungen sind hier letztlich ebenso unmöglich wie zwischen zwischenstaatlichen und nichtstaatlichen Organisationen. Der Wert solcher Unterscheidungen liegt im Bereich der Praktikabilität, vgl. dazu *R. Wolfrum*, International Administrative Unions, EPIL II, 10 ff.

Unterfall – der supranationalen Organisationen nachgezeichnet und ihre Rechtsstellung im einzelnen dargestellt werden. Der Gruppe der nichtstaatlichen internationalen Organisationen – einschließlich des Sonderfalles der sog. multi- oder transnationalen Unternehmen – wird sich die Darstellung im Anschluß daran zuwenden.[22]

II. 1. Die Erlangung der Stellung von – wenn auch funktional beschränkten – Völkerrechtssubjekten durch die zwischenstaatlichen Organisationen ist – wie schon angedeutet – das Ergebnis eines historischen Prozesses, der sich namentlich in der 2. Hälfte des 19. Jahrhunderts aufgrund entscheidender politischer, wirtschaftlicher, technologischer und gesellschaftlicher Veränderungen auszuwirken begann, sich im 20. Jahrhundert fortsetzte und zu einem entscheidenden Paradigmenwechsel im internationalen System allgemein und speziell in der Völkerrechtsordnung geführt hat. Dieser läßt sich mit dem Schlagwort vom Wandel des Völkerrechts als einem Koexistenz- zu einem Kooperationsrecht umreißen.[23] Erster auslösender Faktor war die industrielle und technologische „Revolution", die auf dem Gebiet der verschiedenen Formen und Mittel zwischenstaatlicher Kommunikation zu grundlegenden Veränderungen in der Fähigkeit der Territorialstaaten führte, die nationalen Wirtschafts- und Verkehrsinteressen angemessen zu befriedigen. Die Erfindung von Eisenbahn, Telegraphie und Telephon, die sich im Zeitalter des Imperialismus universal erweiternden Märkte und die damit wachsenden Handelswege zeigten den souveränitäts- und bis zu einem gewissen Grade auch autarkiefixierten Staaten zunehmend die Grenzen ihrer Leistungsfähigkeit auf. Sinnvolle Nutzung der damals neuen Kommunikationstechnologien wie Eisenbahn, Telegraphie und Telephon, aber auch der effektive Einsatz des bekannten, aber weiterzuentwickelnden Postwesens für die Belange einer weltweiten, zumindest aber grenzüberschreitenden, Wirtschaftsaktivität erforderte eine internationale Koordinierung der Kommunikationstechniken und darüber hinaus eine intensivere Kooperation. Mit anderen Worten, die Staaten begannen zu begreifen, daß sie in einer zunehmend interdependenten Welt zu handeln hatten. Dieser Trend ist weiterhin ungebrochen. Die Staaten sind auf weiteren Gebieten zusammengewachsen; das internationale Umweltrecht, das internationale Wirtschaftsrecht und insbesondere die Notwendigkeit der internationalen Friedenssicherung fordern eine in der Sache erweiterte und in der Intensität vertiefte internationale Kooperation.[24] Die Antwort hierauf hieß und heißt weiterhin, durch eine internationale organisierte Zusammenarbeit die aufgetretenen staatlichen Insuffizienzen auszugleichen. Dabei wurde deutlich, daß diese Aufgabe mit den herkömmlichen Formen von zwischenstaatlichen Bündnissen oder Allianzen, also Formen klassischer

[22] Vgl. unten §§ 107 und 108.

[23] Vgl. *R. Wolfrum*, International Law of Cooperation, EPIL II, 1242 ff mwN; *H.-J. Heintze* (Hrsg.), Von der Koexistenz zur Kooperation: Völkerrecht in der Periode der Ost-West-Annäherung Ende der 80er Jahre, 1992; *W. G. Friedman*, The Changing Structure of International Law, 1964.

[24] Vgl. dazu u. a. *C. Tietje*, Die völkerrechtliche Kooperationspflicht im Spannungsverhältnis Welthandel/Umweltschutz und ihre Bedeutung für die europäische Umweltblume, EuR 35 (2000), 285 ff; *J. Delbrück* (ed.), International Law of Cooperation, 2002, mit Beiträgen von *L. Fisler Damrosch*, *Ch. Tietge*, *A. Peters* und *Ch. Schreuer*; *H. E. Ott*, Umweltregime im Völkerrecht: eine Untersuchung zu neuen Formen internationaler institutionalisierter Kooperation am Beispiel der Verträge zum Schutz der Ozonschicht und zur Kontrolle grenzüberschreitender Abfallverbringungen, 1998; *H. Haftendorn/O. Keck* (Hrsg.), Kooperation jenseits von Hegemonie und Bedrohung: Sicherheitsinstitutionen in den internationalen Beziehungen, 1997; *P. Verloren van Themaat*, The Changing Structure of International Economic Law, A Contribution of Legal History of Comparative Law and of General Legal Theory to the Debate on a New International Economic Order, 1981; *H. Neuhold*, Die Pflicht zur Zusammenarbeit zwischen den Staaten: moralisches Postulat oder völkerrechtliche Norm?, in: *H. Miehsler u. a.* (Hrsg.), Ius Humanitatis, Festschrift zum 90. Geburtstag von *A. Verdross*, 1980, 575 ff; *B. Babovic*, The Duty of States to Cooperate with One Another in Accordance with the Charter, in: *M. Sahovic* (ed.), Principles of International Law Concerning Friendly Relations and Cooperation, 1972, 277 ff; *K. Loewenstern*, Sovereignty and International Cooperation, AJIL 48 (1954), 222 ff.

völkerrechtlicher Staatenverbindungen,[25] nicht zu bewältigen war. Einen bedeutsamen Vorläufer der in der zweiten Hälfte des 19. Jahrhunderts als notwendig erkannten intensiveren Formen organisierter zwischenstaatlicher Zusammenarbeit bilden die bereits auf dem Wiener Kongreß 1815 vorgesehenen internationalen Flußkommissionen, deren bedeutendste – die Zentralkommission für die Rheinschiffahrt – trotz mehrfacher Änderungen ihrer Rechtsgrundlage bis heute fortbesteht.[26]

2. Die eigentliche Ära der Bildung internationaler zwischenstaatlicher Organisationen als eine intensivierte – und institutionalisierte – Form zwischenstaatlicher Kooperation beginnt mit der Gründung der zunächst sogenannten internationalen Verwaltungsunionen,[27] so der Internationalen Telegraphenunion (1865, heute *International Telecommunications Union* – ITU), der Universalen Postunion (UPU, 1874) und der beiden durch die Konventionen zum Schutze des gewerblichen Eigentums (Paris, 1883) und zum Schutze von Werken der Literatur und Kunst (Bern, 1886) gegründeten Unionen, die seit der Revisionskonferenz von 1967 im Rahmen der neugründeten *World Intellectual Property Organization* (WIPO) weiterhin existieren.[28] Die beiden letztgenannten Unionen zeigen in ihrer Entwicklung besonders deutlich den Weg auf, den die Staatengemeinschaft zur Intensivierung ihrer Kooperation durch die Gründung von Verwaltungsunionen gegangen ist. Sowohl die Pariser als auch die Berner Union wiesen zunächst keine ausgeprägte institutionell-organisatorische Struktur auf. Beschlüsse der Mitgliedstaaten konnten nur einstimmig auf *ad hoc* zusammentretenden diplomatischen Konferenzen gefaßt werden. Auch gab es noch kein ständiges internationales Verwaltungsorgan, etwa ein Generalsekretariat, das die Vor- und Nachbereitung der Konferenzen hätte leisten können. Diese Aufgabe wurde einem Mitgliedstaat, in diesem Falle der Schweiz, übertragen. Diese errichtete zwei innerstaatliche Büros unter der Leitung und Aufsicht der Schweizer Regierung, die später zu einem Büro zusammengeführt wurden, das jedoch damit nicht den Status eines internationalen Unionsbüros erhielt. Erst mit der Gründung der WIPO wurden die für internationale Organisationen im Laufe der Zeit typisch gewordenen Organisationstrukturen geschaffen.[29] Die zuvor als Verwaltungsunionen gegründeten ITU und UPU zeigten sich in ihrer Struktur fortschrittlicher als die Pariser und Berner Unionen. Indessen lassen sich auch bei jenen Hinweise auf die sich erst langsam entfaltende selbständige Organisationstruktur ausmachen. So wurde ein ständiges Büro als Organ der ITU erst 1868, also vier Jahre nach der Gründung der Union geschaffen. Nur im Falle der UPU wurde zur Ausführung der Postkonvention ein ständiges internationales Büro auf der Gründungskonferenz geschaffen.[30] Obwohl es nach den heutigen Kriterien für die Anerkennungsfähigkeit internationaler Organisationen als beschränkte Völkerrechtssubjekte schon seinerzeit nahegelegen hätte, jedenfalls der ITU und der UPU eine wenn auch beschränkte Völkerrechtssubjektivität zuzuerkennen, wurde dies von der damaligen Völkerrechtslehre mit unterschiedlichen Argumenten abgelehnt.[31] Abgesehen von den rechtsdogmatischen Einwänden, die gegen die Möglichkeit einer Völkerrechtssubjektivität dieser neuartigen Staatenbünde erhoben wurden und ihren Grund in der

---

[25] Vgl. dazu allgemein *Kunz*, Die Staatenverbindungen, passim; sowie unten unter III.

[26] Vgl. dazu oben Bd. I/1, § 1; ferner *Seidl-Hohenveldern/Loibl*, Rdn. 0207 f.

[27] *R. Wolfrum*, International Administrative Unions, EPIL II, 1044 ff.

[28] Vgl. dazu näher *P.-T. Stoll*, WIPO – World International Property Organization, in: *R. Wolfrum/Ch. Philipp* (eds.), United Nations: Law, Policies and Practice, Vol. 2, 1995, 1431 ff, Rdn. 2 ff.

[29] Vgl. dazu *P.-T. Stoll*, WIPO – World International Property Organisation, in: *R. Wolfrum/Ch. Philipp* (eds.), United Nations: Law, Policies and Practice, Vol. 2, 1995, Rdn. 2, 7 f.

[30] Vgl. *R. Wolfrum*, International Administrative Organizations, EPIL II, 1044 f.

[31] Vgl. dazu *Faßbender*, ÖZöRV 37 (1986–87), 18 ff.

staatsfixierten zeitgenössischen Völkerrechtsdoktrin hatten, dürfte für die Ablehnung der Völkerrechtsfähigkeit der Verwaltungsunionen deren noch relativ geringe politische Bedeutung ausschlaggebend gewesen sein.

3. Obwohl die völkerrechtliche Diskussion um den Status internationaler Organisationen mit verbreitet noch negativer Tendenz bis in die Völkerbundszeit fortdauerte, bewirkte die zunehmende politische Bedeutung internationaler Organisationen, namentlich des Völkerbundes, schrittweise einen Meinungswandel. Aufbauend auf der bereits 1885 von *Fiore* vertretenen Ansicht,[32] daß die Verwaltungsunionen (Assoziationen) selbst Völkerrechtssubjekte sein könnten, wenn ihnen dieser Status durch die Staatengemeinschaft zuerkannt werde, setzte sich – mit unterschiedlicher Begründung[33] – die Auffassung durch, daß internationalen Organisationen eine an den ihnen übertragenen Funktionen und Aufgaben ausgerichtete, beschränkte oder „abgestufte" Völkerrechtssubjektivität zukomme.[34] Ist die kritische Diskussion über die grundsätzliche Frage der Völkerrechtssubjektivität internationaler (zwischenstaatlicher) Organisationen, wie sie in der Zeit vor dem zweiten Weltkrieg geführt wurde, auch bis heute nicht verstummt, so kann dennoch gesagt werden, daß sich die in dieser Zeit erarbeitete Lehre von der beschränkten Völkerrechtsubjektivität mit guten Gründen heute durchgesetzt hat. Was diese Rechtsstellung der internationalen zwischenstaatlichen Organisationen im einzelnen bedeutet, ist unten näher darzustellen.
Die Gründung internationaler Organisationen ist nicht der einzige Mechanismus, um der Notwendigkeit einer verstärkten zwischenstaatlichen Kooperation institutionell Rechnung zu tragen. Internationale Umweltabkommen neigen seit den neunziger Jahren des 20. Jahrhunderts dazu, diese Kooperation in Vertragsstaatenversammlungen zu kanalisieren, wobei diesen Versammlungen in beschränktem Umfang legislative und Durchsetzungskompetenzen zukommen. Die Entwicklung dieses Konzepts wird von der Notwendigkeit diktiert, die entsprechenden Verträge neuen wissenschaftlichen Erkenntnissen anpassen zu können, ohne damit eine internationale Bürokratie einer internationalen Organisation zu betrauen.[35]

§ 106 Die Rechtsstellung der internationalen und supranationalen Organisationen im einzelnen

Schrifttum: wie vor § 104; ferner *C. Eagleton*, International Organizations and the Law of Responsibility, RdC 76 (1950 I), 319 ff; *J. Carroz/Y. Probst*, Personnalité juridique international et capacité de conclure des traités de l'O. N. U. et des institutions spécialisées, 1953; *I. I. Lukashuk*, An International Organization as a Party to International Treaties, Soviet Yearbook of International Law 1960, 144 ff (russisch mit engl. Zusammenfassung); *C. W. Jenks*, International Immunities, 1961; *I. Seidl-Hohenveldern*, Die völkerrechtliche Haftung für Handlungen internationaler Organisationen im Verhältnis zu

---

[32] *P. Fiore*, Nouveau Droit International Public suivant les besoins de la civilisation moderne, Vol. 1, 2. Aufl., 1885, 299 ff.

[33] Es standen sich Ansichten, die die Völkerrechtssubjektivität der internationalen Organisationen allein auf eine entsprechende, etwa im Gründungsvertrag vereinbarte Regelung zurückführen wollten, solchen gegenüber, die eine Völkerrechtssubjektivität, z. B. des Völkerbundes, auf dessen Charakter als „Staatenbund" gründen wollten.

[34] Vgl. dazu *Faßbender*, ÖZöRV 37 (1986–87), 21 ff. *Faßbender* weist zu Recht darauf hin, daß der rechtsdogmatische Durchbruch, der diesen Wandel der Meinungen ermöglichte, namentlich in der die Voraussetzung der neuen Lehre bildenden Anerkennung einer abgestuften Rechtsubjektivität liegt. Bahnbrechend war auch insoweit *Fiore*, der sich für die Möglichkeit einer abgestuften Rechtssubjektivität im Völkerrecht auf die Parallele zur juristischen Person des innerstaatlichen Rechts berief, siehe *P. Fiore*, 300 (Anm. 32). Eine umfassende Bibliographie zur Debatte der Zwischenkriegszeit findet sich bei *Jenks*, BYIL 22 (1945), 267 (Anm. 1).

[35] Vgl. dazu *V. Röben*, Institutional Developments under Modern International Environmental Agreements, Max Planck Yearbook of United Nations Law 4 (2000), 363 ff.

Nichtmitgliedstaaten, ÖZöR 11 (1961), 497 ff; *K. Ahluwalia*, The Legal Status, Privileges and Immunities of the Specialized Agencies of the United Nations and Certain Other International Organizations, 1964; *H. Chiu*, The Capacity of International Organizations to Conclude Treaties and the Special Legal Aspects of the Treaties so Concluded, 1966; *K. R. Simmonds*, Legal Problems Arising from the United Nations Military Operations in the Congo, 1968; *K. Zemanek* (ed.), Agreements of International Organizations and the Vienna Convention on the Law of Treaties, 1971; *W. F. Foster*, The Convention on International Liability for Damage Caused by Space Objects, CanYBIL 10 (1972), 137 ff; *Z. Galicki*, Liability of International Organizations for Space Activities, PolYBIL 5 (1972–73), 199 ff; *O. O. Ogunbanwo*, International Law and Outer Space Activities, 1975; *H.-J. Müller*, Grundsätze der völkerrechtlichen Verantwortlichkeit internationaler Organisationen, Deutsche Außenpolitik 23 (1978), 89 ff; *J. Duffer*, Contributions à l'étude des privilèges et immunités des organisations internationales, 1982; *C. Dominicé*, L'immunité de juridiction et d'exécution des organisations internationales, RdC 187 (1984 IV), 145 ff; *W. Meng*, Internationale Organisationen im völkerrechtlichen Deliktsrecht, ZaöRV 45 (1985), 324 ff; *H. Isak/G. Loibl*, United Nations Conference on the Law of Treaties between States and International Organizations or between International Organizations, ÖZöR 38 (1987), 49 ff; *L. Dembinski*, The Modern Law of Diplomacy: External Missions of States and International Organizations, 1988; *I. Pernice*, Völkerrechtliche Verträge internationaler Organisationen. Tendenzen und mögliche Grundlagen einer Assimilierung von internationalen Organisationen und Staaten im Lichte der Wiener Konvention über das Vertragsrecht internationaler Organisationen, ZaöRV 48 (1988) 229 ff; *H. G. Schermers*, Liability of International Organizations, Leiden JIL 1 (1988), 3 ff; *K. Zemanek*, The United Nations Conference on the Law of Treaties between States and International Organizations or between International Organizations: The Unrecorded History of its „General Agreement", in: *K.-H. Böckstiegel et al.* (eds.), Völkerrecht, Recht der internationalen Organisationen, Weltwirtschaftsrecht: Festschrift für *Ignaz Seidl-Hohenveldern*, 1988, 665 ff; *C. T. Ebenroth*, The Economic and Legal Impact of Commodity Organizations: The Case of the International Tin Council, 1989; *P. K. Menon*, The Law of Treaties between States and International Organizations, 1992; *M. Hartwig*, Die Haftung der Mitglieder für Internationale Organisationen, 1993; *P. R. Myers*, Succession between International Organizations, 1993; *K. Ginther*, International Organizations, Responsibility, EPIL II (1995), 1336 ff; *M. Hirsch*, The Responsibility of International Organizations toward Third Parties: Some Basic Principles, 1995; *M. Singer*, Jurisdictional Immunity of International Organizations: Human Rights and Functional Necessity Concerns, JIL 36 (1995), 53 ff; *P. C. Szasz*, International Organizations, Privileges and Immunities, EPIL II (1995), 1325 ff; *B. Deacon/M. Hulse/P. Stukks*, Global Social Policy International Organizations and the Future of Welfare, 1997; *N. M. Blokker/H. G. Schermers*, Mission Impossible? On the Immunities of Staff Members of International Organizations on Mission, in: *G. Hafner* (ed.), Liber amicorum Professor *Ignaz Seidl-Hohenveldern* in honour of his 80th birthday, 1998, 37 ff; *C. Vedder*, Die EU und internationale Organisationen – Perspektiven nach dem Vertrag von Amsterdam, in: *W. Benedek*, Development and developing international and European law, 1999, 501 ff.

I. 1. Mit der Feststellung, daß internationale zwischenstaatliche Organisationen nach dem Willen der Staatengemeinschaft eine beschränkte Völkerrechtssubjektivität besitzen können, ist noch nichts darüber ausgesagt, wie weit diese Beschränkung reicht. Es ist aber auch nichts darüber ausgesagt, wie diese Beschränkung rechtsdogmatisch zu verstehen ist. Das Spektrum der hierzu vertretenen Auffassungen in Lehre und Praxis reicht von der völligen Ablehnung solcher Beschränkungen über solche, die nur gegenständliche Einschränkungen einer an sich vorhandenen unbeschränkten Völkerrechtsfähigkeit annehmen, bis zu solchen, die grundsätzlich nur eine beschränkte Völkerrechtssubjektivität internationaler Organisationen anerkennen, die Beschränkung jedoch mehr oder weniger streng auslegen.

a) Nach der von *Seyersted* vertretenen sog. Gewohnheitsrechtstheorie[1] kommt internationalen Organisationen aufgrund einer entsprechenden Norm des Völkergewohnheitsrechts

[1] Vgl. F. *Seyersted*, Objective International Personality of Intergovernmental Organizations, NorTIR 1964, 3 ff; *ders.*, The Legal Nature of International Organizations, NorTIR 1982, 203 ff; *ders.*, Treaty-Ma-

Völkerrechtssubjektivität zu, wenn sie bestimmte Voraussetzungen erfüllen. Dazu gehört, daß die Organisation über ein Organ verfügt, durch das die Organisation einen eigenen, von dem der Mitgliedstaaten verschiedenen Willen erklären kann. Aus der gewohnheitsrechtlich begründeten Völkerrechtssubjektivität folgt im Prinzip, daß die Organisation über alle, auch die nicht im Gründungsvertrag ausdrücklich benannten, völkerrechtlichen Rechte und Pflichten verfügt, sie also grundsätzlich den Staaten gleichsteht. Rechtsdogmatisch bedeutet diese Lehre, daß von der gewohnheitsrechtlich zuerkannten Stellung als Völkerrechtssubjekt auf die Existenz von Rechten und Pflichten der internationalen Organisation geschlossen wird, die einem Völkerrechtssubjekt nach allgemeinem Völkerrecht zukommen.[2] Eine eingeschränktere, im Ausgangspunkt jedoch ebenfalls von einer gewohnheitsrechtlich begründeten Völkerrechtssubjektivität ausgehende Lehre[3] will zwischen der grundsätzlich unbeschränkten Völkerrechtssubjektivität internationaler Organisationen und Beschränkungen unterscheiden, die sich aus dem Gegenstand ergeben, auf den sich eine Handlung der Organisation bezieht, mit anderen Worten: die Handlungsfähigkeit ist durch die sich z. B. aus der Satzung der Organisation ergebenden Handlungsgegenstände beschränkt. Der grundsätzlich offene Umfang der Völkerrechtssubjektivität wird nach dieser Auffassung durch das „Prinzip der aufgabenmäßigen Begrenzung" nicht berührt.[4]

Die Konsequenzen, namentlich der Lehre *Seyersteds*, sind rechtspolitisch durchaus begrüßenswert. So würde mit der auf einer Völkergewohnheitsrechtsnorm beruhenden Völkerrechtssubjektivität dieser eine objektive Geltung zuerkannt, aufgrund derer dann auch Drittstaaten dazu verpflichtet wären, die Völkerrechtssubjektivität internationaler Organisationen anzuerkennen, ohne daß sie sich auf den *pacta tertiis nec nocent nec prosunt* Satz berufen könnten.[5] Es sind denn auch nicht grundsätzliche Einwände, die gegen die Gewohnheitsrechtstheorie sprechen, sondern Zweifel bestehen im Hinblick darauf, ob die internationale Praxis und die in ihr zum Ausdruck gelangende internationale Rechtsüberzeugung den von *Seyersted* und anderen vorausgesetzten Gewohnheitsrechtssatz stützen. Weder zeigt die Staatenpraxis bisher in hinreichender Einheitlichkeit, daß internationalen Organisationen, selbst wenn ihnen wie im Falle der Vereinten Nationen im Wege der *implied powers* Lehre sehr weitgehende Kompetenzen zugestanden werden, *ipso facto* mit ihrer Entstehung die Fülle völkerrechtlicher Rechts- und Pflichtfähigkeit zukommen soll.[6] Noch zeigt die Praxis – jedenfalls nicht hinreichend übereinstimmend –, daß Drittstaaten internationale Organisationen ohne einen Akt der Anerkennung als internationale Rechtspersonen akzeptieren. Was allenfalls festgestellt werden kann, ist, daß eine Gewohnheitsrechtsnorm des von *Seyersted* angenommenen Inhalts angesichts der wachsenden Bedeutung und Verbreitung internationaler Organisationen im Entstehen begriffen ist.[7]

---

king Capacity of Intergovernmental Organizations: Article 6 of the International Law Commission's Draft Articles on the Law of Treaties between States and International Organizations or between International Organizations, ÖZöR 34 (1983), 261 ff. Hierzu näher *B. Faßbender*, Die Völkerrechtssubjektivität internationaler Organisationen, ÖZöR 37 (1986), 17 (36 ff).

[2] So stellt *Seyersted*, NorTIR 1964, 3 ff (28), fest: „*... international organizations, like States, have an inherent legal capacity to perform any „sovereign" or international acts which they are in a practical position to perform.*" In demselben Beitrag sagt *Seyersted* (101): „*... there is no basic legal difference between States and other sovereign communities*", womit auch internationale Organisationen gemeint sind. Dazu *Faßbender*, ÖZöR 37 (1986), 37.

[3] Vgl. dazu *Rama-Montaldo*, BYIL 44 (1970), 111 ff (139 ff).

[4] So *Rama-Montaldo*, BYIL 44 (1970), 111 ff (143); dazu insgesamt *Faßbender*, ÖZöR 37 (1986), 37 f.

[5] So zutreffend *Faßbender*, ÖZöR 37 (1986), 38; zur Frage des Verhältnisses von internationalen Organisationen als Rechtssubjekte zu Drittstaaten (Nichtmitgliedern) vgl. im einzelnen unten III.

[6] Selbst Befürworter einer weitreichenden Rechts- und Handlungsfähigkeit der Vereinten Nationen sind stets davon ausgegangen, daß auch die erweiterten Rechte der Organisation auf die von den Staaten beschlossene Satzung zurückzuführen seien, also auf den Kreationsakt der Mitgliedstaaten.

[7] Hier ist etwa auf das Gutachten des IGH im *Reparation for Injuries*-Fall (ICJ Reports 1949, 185) hinzuweisen, das feststellt, eine große Mehrheit der Staatengemeinschaft habe eine Organisation mit objektiver Rechtspersönlichkeit errichten können, die auch Nichtmitgliedstaaten gegenüber wirksam sei. Diese Auffassung hat jedenfalls bei der Mehrheit der

b) Eine diese Schwächen der Gewohnheitsrechtstheorie vermeidende Lehre, die zudem der Staatenpraxis besser gerecht wird, stellt demgegenüber die sog. „subjektive Theorie" (auch als Vertragstheorie bezeichnet[8]) dar. Sie wird heute für die zwischenstaatlichen Organisationen im Grundsatz von der ganz überwiegenden Lehre – allerdings in unterschiedlicher Ausprägung – vertreten. Aus den einer Organisation in ihrem Gründungsvertrag zuerkannten Rechten, Pflichten und Aufgaben „ergeben sich für diese Lehre Bestand und Umfang der Völkerrechtssubjektivität; der Wille der eine internationale Organisation gründenden Staaten entscheidet über die Völkerrechtsfähigkeit der Organisation – diese ist, verglichen mit der der Staaten, eine sekundäre, abgeleitete, begrenzte".[9] Wichtig an dieser Aussage ist insbesondere die Betonung der Willensentscheidung der Staaten, weil sie deutlich macht, daß es nicht speziell die Form der vertraglichen Grundlage ist, die für die Entstehung der inhärent begrenzten Völkerrechtssubjektivität konstitutiv ist, sondern die Willensentscheidung der Gründungsstaaten, den körperschaftlichen Zusammenschluß der Staaten als Völkerrechtssubjekt zu konstituieren. Hiermit wird nämlich ein wesentliches Erklärungselement auch für die Möglichkeit, rein nichtstaatliche und gemischte internationale Körperschaften als begrenzte Völkerrechtssubjekte einzusetzen, entwickelt.[10]

Zwei Richtungen sind in dieser subjektiven oder Vertragstheorie zu unterscheiden, die im Anschluß an *Faßbender*[11] als die strenge und die weite Theorie bezeichnet werden können. Nach der ersten beschränken sich die Rechte einer zwischenstaatlichen Organisation ausschließlich auf diejenigen, welche in dem ihr zugrundeliegenden Vertrag ausdrücklich niedergelegt sind. Zwar sind auch die entsprechenden Vertragsregelungen interpretationsfähig, jedoch sind dieser Auslegung eher enge Grenzen gesetzt. Nach dieser Auffassung kann nicht vermutet werden, daß sich die Gründungsmitglieder einer Organisation zu ihre Souveränität stärker beschränkenden Rechten der Organisation haben verpflichten wollen, als es im Vertrag zum Ausdruck gekommen ist. Einer Handhabung des Gründungsstatuts im Sinne einer *implied powers* Lehre erteilt diese strenge Theorie eine Absage.[12] Die zweite, „weite" Theorie, die in Ansatz und Ergebnissen der *implied powers* Lehre entspricht, geht dagegen davon aus, daß internationale Organisationen über alle für die Erfüllung ihrer satzungsmäßigen Aufgaben erforderlichen Rechte und Kompetenzen verfügen müssen, ihr Gründungsvertrag insoweit einer weiten Auslegung zugänglich sein muß.[13] Dem ist zuzustimmen.

Mitgliedstaaten der Vereinten Nationen (vgl. etwa die Stellungnahme des 6. Ausschusses der Generalversammlung vom 3. November 1949, UN Doc. GA (OR), 4th Session, 183rd Meeting, November 3, 1949, 273 ff) und auch in der Literatur Akzeptanz gefunden, vgl. dazu näher *Faßbender*, ÖZöR 37 (1986), 26 f mwN; *Sato*, 52 f; dagegen hatte sich die seinerzeitige sowjetische Völkerrechtslehre vehement gegen derartige Auffassungen gewandt, vgl. auch unten unter III.

[8] Die Bezeichnung „Vertragstheorie" *(„teoria contrattualista")* wird im Anschluß an *Quadri*, Diritto Internazionale Pubblico, 5. Aufl., 1968, 520 ff von *Faßbender*, ÖZöR 37 (1986), 28 gewählt. Für die Verwendung dieser Bezeichnung spricht, daß der völkerrechtliche Vertrag als Grundlage der Errichtung einer zwischenstaatlichen Organisation und der Bestimmung des Umfangs der Völkerrechtssubjektivität der gegründeten Organisation eine wesentliche Rolle spielt. Doch ist die von *M. Bothe*, Streitkräfte internationaler Organisationen, 1968, 10, statt dessen verwandte Bezeichnung „subjektive Theorie" im Hinblick auf die letztlich entscheidende Bedeutung des Willens der Staaten vorzuziehen, da „auf den Willen der Mitgliedstaaten abgestellt wird".

[9] So zutreffend *Faßbender*, ÖZöR 37 (1986), 28; vgl. auch *Vitzthum*, in: *W. Vitzthum* (Hrsg.), Völkerrecht, 1. Abschnitt, Rdn. 18.

[10] Vgl. dazu näher unten § 107 und schon oben § 105 I.

[11] Vgl. *Faßbender*, ÖZöR 37 (1986), 28 ff.

[12] So namentlich die jüngere sozialistische Völkerrechtslehre, nachdem sie ihre völlige Absage an eine Völkerrechtssubjektivität internationaler Organisationen aufgegeben hatte, vgl. dazu *G. Tunkin*, Grundlagen des modernen Völkerrechts, in: *Institut für Internationales Recht* (Hrsg.), Drei sowjetische Beiträge zur Völkerrechtslehre, 1969 (Übers. der russischen Ausg. 1956), 20; *ders.*, Das Völkerrecht der Gegenwart, 1963 (Übers. der russischen Ausg. 1962), 70 ff, 102; *ders.*, Völkerrechtstheorie, 1972, 137 ff; zum Ganzen C. *Osakwe*, Contemporary Soviet Doctrine on the Juridical Nature of Universal International Organizations, AJIL 65 (1971), 502 ff; auch *Faßbender*, ÖZöR 37 (1986), 29 mwN.

[13] So auch *Seidl-Hohenveldern/Loibl*, Rdn. 0313; *Faßbender*, ÖZöR 37 (1986), 31 (Anm. 83 mwN); *Verdross/Simma*, 438, § 679.

c) In der Tat können die Regeln, die für die Auslegung völkerrechtlicher Verträge bestehen, für Gründungsverträge internationaler Organisationen nur in modifizierter Weise gelten.[14] Solche Verträge sind besonderer Art. Sie sind ihrer Bestimmung nach nicht nur multilaterale Verträge, die die Beziehungen der Vertragschließenden untereinander regeln. Vielmehr bilden Gründungsverträge internationaler Organisationen zugleich deren Verfassung oder Satzung (sog. institutionelle Verträge). Auf der Grundlage dieser Verfassung entfaltet die jeweilige Organisation, einmal errichtet, ihr eigenes Leben. Ihre Verfassung (Satzung) bindet als völkerrechtlicher Vertrag nicht nur die Gründungsstaaten als Vertragsstaaten, sondern eben als Verfassung der Organisation auch die Organe des neuen Verbandes. Sie kann ihrerseits die Weiterentwicklung der Organisation, den Ausbau ihrer inneren Ordnung normieren, etwa die Organe zur Aufstellung neuer Regeln, z. B. von Geschäftsordnungen, finanziellen Regelungen oder Dienstvorschriften für Beamte und Angestellte, autorisieren. Der Gründungsvertrag als Verfassung einer internationalen Organisation kann diese auch zu verbindlichen Regelungen gegenüber den Mitgliedstaaten ermächtigen. Angesichts dieser Doppelnatur[15] der Gründungsverträge kommt bei ihrer Auslegung dem Gesichtspunkt der möglichst wirksamen Durchsetzung der Ziele und Aufgaben der internationalen Organisationen besonderes Gewicht zu. Hatte sich der StIGH in seinem Rechtsgutachten über die *Jurisdiktion der Europäischen Donaukommission* noch zu einer restriktiven Auslegung der Verfassungen internationaler Organisationen bekannt, weil diese nicht die Fähigkeit besäßen, die Souveränität der Staaten zu beschränken,[16] so hat der IGH in seinem Rechtsgutachten im *Reparation for Injuries*-Fall[17] in dieser Frage eine klare Wendung vollzogen. Das Gericht geht von der Verfassungsqualität der Charta der Vereinten Nationen, dem Gründungsvertrag der Organisation, aus und bedient sich deshalb einer funktionalen Auslegung der Charta, die sich schwerpunktmäßig am Zweck der Organisation und seiner wirksamen Erfüllung orientiert. Mit anderen Worten, die vom IGH verfolgte und heute von der überwiegenden Lehre und Praxis akzeptierte Auslegungsmethode stellt eine Verbindung der teleologischen Auslegung mit der *effet utile* Regel und der *implied powers* Lehre dar.[18]

---

[14] So zutreffend *G. Ress*, Interpretation, Rdn. 1, in: *B. Simma* (ed.), The Charter of the United Nations: a commentary, 1995; *Sato*, 277.

[15] Zur Doppelnatur des Gründungsstatuts als Vertrag und Verfassung vgl. etwa *R. Bindschedler*, International Organizations, General Aspects, EPIL II, 1289 (*„An organization's constituent treaty is the basis of both its establishment and its operation."*); *Ress*, Interpretation, Rdn. 1, in: *Simma* (ed.), Charter, dort auch Rdn. 36 zur Anwendung der *implied powers* Regel; *H. Mosler*, Die Aufnahme in internationale Organisationen, ZaöRV 19 (1958), 275 (305 f); *R. Monaco*, Scritti di diritto internazionale in onore di *T. Perassi*, Bd. II, 1957, 149 f; *K. Zemanek*, Internationale Organisationen als Handlungseinheiten, ÖZöR 7 (1956), 335 (341).

[16] Vgl. PCIJ Reports (1927), Series B, No. 14, 64 (*Jurisdiction of the European Commission of the Danube)*; dazu *Ress*, Interpretation, Rdn. 1, in: *Simma* (ed.), Charter; sowie *K. Zemanek*, Was kann die Vergleichung staatlichen öffentlichen Rechts für das Recht der internationalen Organisationen leisten?, ZaöRV 24 (1964), 453 (456).

[17] Vgl. ICJ Reports (1949), 174 (180 ff).

[18] So zutreffend *Ress*, Interpretation, Rdn. 1, in: *Simma* (ed.), Charter, der allerdings nur von der Verbindung vom *effet utile* mit der *implied powers* Lehre spricht. Da die Anwendung der beiden letzten jedoch vor allem der Zweckverwirklichung, der Verwirklichung des *telos* der Organisation dient, erscheint es uns richtiger, auch die teleologische Auslegung als Bestandteil der funktionalen Auslegungsmethode zu nennen. Der teleologischen Auslegungsmethode rechnen auch *Seidl-Hohenveldern/Loibl*, Rdn. 0313, die funktionale Auslegung der Gründungsverträge internationaler Organisationen zu. Auch in der Rechtsprechung des EuGH kommt der teleologischen Auslegung eine hervorgehobene Bedeutung zu. Der EuGH verwendet sowohl den Begriff des *effet utile* als auch die Grundsätze der *implied powers* Lehre, um die mit den Bestimmungen des EGV verfolgten Ziele möglichst effektiv zur Geltung zu bringen und die ausdrücklichen Innenkompetenzen um implizite Außenkompetenzen zu ergänzen; vgl. in diesem Zusammenhang u.a. *R. Streinz*, Der „effet utile" in der Rechtsprechung des Gerichtshofs der Europäischen Gemeinschaften, in: *O. Due* (Hrsg.), Festschrift für *Ulrich Everling*, 1995, 1491 ff; *R. Böhm*, Kompetenzauslegung und Kompetenzlücken im Gemeinschaftsrecht: ein Beitrag zur Klärung und Abgrenzung von effet utile, implied powers, resulting powers und Lückenklauseln, 1985.

Für die Bestimmung des Umfangs der Völkerrechtssubjektivität internationaler Organisationen bedeutet dies, daß ihnen auch solche Rechte bzw. Kompetenzen zukommen können, die nicht ausdrücklich in ihrer Verfassung niedergelegt sind. Vielmehr sollen ihnen nach der Auffassung des IGH alle diejenigen Rechte zustehen, derer sie bedürfen, um ihren Zweck und die ihnen im Gründungsvertrag zugewiesenen Aufgaben möglichst wirksam zu erreichen bzw. zu erfüllen. Das bedeutet im Einzelfall, daß der Umfang der einer internationalen Organisation zuerkannten Rechte und damit der Umfang ihrer Völkerrechtssubjektivität im Laufe der Zeit wesentlich weiter sein kann, als es den subjektiven Vorstellungen der Gründungsstaaten entsprochen haben mag. Die sich hieraus ergebende Divergenz zwischen dem ursprünglichen Willen der Gründungsmitglieder und der schließlich vorhandenen Rechtsmacht wird dabei umso größer sein, je umfassender und universaler der Zweck und Auftrag einer Organisation in ihrem Statut festgelegt ist.[19] Namentlich die Vereinten Nationen nehmen insofern eine Sonderstellung unter den internationalen Organisationen ein. Als der bisher umfassendste institutionell-organisatorische Zusammenschluß der Staatengemeinschaft bietet diese Organisation in ihrer Praxis eine Fülle von Beispielen für die „weite“, zweckorientierte Auslegung eines Gründungsvertrages mit der Folge, daß ihre völkerrechtliche Rechts- und Handlungsfähigkeit sich heute als sehr viel weiter darstellt, als dies zunächst nach dem Wortlaut des Gründungsvertrages der Fall zu sein schien. Nicht zuletzt ist es diese Fülle der den Vereinten Nationen im Zuge der funktionalen Auslegung der Charta eröffneten Rechte und Kompetenzen, die zu der Ansicht geführt hat, internationalen Organisationen, namentlich den Vereinten Nationen, komme kraft ihrer Völkerrechtssubjektivität die Fülle der nach allgemeinem Völkerrecht mit dieser Stellung verbundenen Rechte zu. Doch wird damit verkannt, daß die mittels der funktionalen Auslegungsmethode gestärkte Völkerrechtssubjektivität keineswegs eine unbeschränkte, derjenigen der Staaten vergleichbare ist. Denn Ausgangspunkt der funktionalen Auslegung bleiben Zweck und Aufgaben der internationalen Organisationen, wie sie sich aus dem Wortlaut der Gründungsverträge ergeben. Das aber heißt, daß die funktionale Auslegung dort ihre Grenzen findet, wo sie auch unter Berufung auf die – im allgemeinen recht offen formulierten – Ziele und Zwecke im jeweiligen Gründungsvertrag als ganzem keine Grundlage mehr findet, oder die Ergebnisse der weiten Auslegung dem Wortlaut oder Sinn einzelner seiner Vorschriften widersprechen.

In diesem Sinne wurde die heute allgemein akzeptierte, seinerzeit jedoch hart umstrittene „weite“ Auslegung des Art. 27 Abs. 3 der Charta der VN, daß eine Enthaltung eines ständigen Mitgliedes des Sicherheitsrates nicht als Veto gilt, mit dem Argument kritisiert, eine solche Lesart der Vorschrift sei mit dem klaren Wortlaut unvereinbar. Nach diesem erfordere ein Beschluß des Sicherheitsrates in substantiellen Angelegenheiten die Zustimmung aller ständigen Ratsmitglieder (die *„concurring votes of the permanent members“)*. Dieses Erfordernis werde bei der Enthaltung oder Abwesenheit eines ständigen Mitgliedes nicht erfüllt.[20] Über diesen Einwand, der unter Berücksichtigung allein des Wortlauts des Art. 27 Abs. 3 der Charta durchaus plausibel erscheint, setzte sich die Praxis mit Billigung des IGH unter Hinweis auf den die Effektivität des Sicherheitsrates lähmenden Effekt der rein am Wortlaut orientierten Auslegung hinweg.[21] Art. 27 Abs. 3 der Charta müsse im Interesse der möglichst weitgehenden Erhaltung der Handlungsfähigkeit des Sicherheitsrates so verstanden

---

[19] Von der Abhängigkeit der Auslegung der Gründungsverträge internationaler Organisationen von dem Gehalt ihrer Ziele *(„depth of the organization's objectives“)* spricht auch *Ress*, Interpretation, Rdn. 1, in: *Simma* (ed.), Charter; anders dagegen *Faßbender*, ÖZöR 37 (1986), 32, gegen die überwiegende Lehre, vgl. ebd. Anm. 84.

[20] Vgl. aus der Literatur *Wellington Koo*, Voting Procedures in International Political Organizations, 1947, 156; *H. Kelsen*, Organization and Procedure of the Security Council of the United Nations, HLR 59 (1945–1946), 1098 ff; sowie Äußerungen der Mitglieder des Sicherheitsrates, SC (OR), 4th Year, No. 17, 414th Meeting, 14.

[21] Vgl. ICJ Reports 1971, 16 ff (22); *B. Simma/S. Brunner*, Art. 27, Rdn. 46 ff, in: *Simma* (ed.), Charter.

werden, daß dieser Beschlüsse in substantiellen Angelegenheiten nur dann nicht solle fassen können, wenn ein ständiges Ratsmitglied ausdrücklich seine Ablehnung erkläre. Dem ist letztlich zu folgen, jedoch zeigt dieser Fall, daß die aus der Bindung der funktionalen Auslegung an die im jeweiligen Vertrag ausdrücklich niedergelegten Ziele und Zwecke einer Organisation folgenden Schranken einer Kompetenzerweiterung der Organe und damit der völkerrechtlichen Handlungsfähigkeit der Organisation im Einzelfall nur relativen Schutz gegen eine Überstrapazierung der funktionalen Auslegung bieten können.[22]

2. Als Ergebnis ist somit festzuhalten, daß internationale Organisationen nach der heute herrschenden Auffassung als abgeleitete Subjekte des Völkerrechts eine durch ihre Verfassung inhärent beschränkte Völkerrechtssubjektivität besitzen, deren Umfang jedoch über den Wortlaut ihres jeweiligen Gründungsinstruments hinaus alle Rechte umfaßt, deren die Organisation zur wirksamen Durchsetzung ihrer Ziele und Zwecke und damit ihrer Aufgaben bedarf. Welche dies im einzelnen Fall sind, ist im Wege einer weiten, funktionalen Auslegung des jeweiligen Gründungsvertrages, der Verfassung der Organisation, zu ermitteln. In keinem Fall darf sich jedoch die funktionale Auslegung in Widerspruch zum klaren Wortlaut und der objektiven Bedeutung des Vertrages als ganzem oder einzelner seiner Vorschriften setzen.

II. Zu den Rechten und Pflichten, die einer internationalen Organisation als Völkerrechtssubjekt zukommen, gehören neben den ihnen in dem jeweiligen Gründungsakt ausdrücklich zugewiesenen Rechten[23] eine Reihe von Rechten und Pflichten, die auch den Staaten zukommen, und die für die wirksame Erfüllung ihrer Aufgaben unerläßlich sind.

1. Internationale Organisationen treten in Erfüllung ihrer Aufgaben in vielfältiger Weise mit den Staaten, und zwar mit Mitgliedern wie Nichtmitgliedern, in Kontakt. Dies geschieht nicht nur im Rahmen der Arbeit in den Organen der Organisationen, sondern auch durch Bedienstete der Organisationen außerhalb des Sitzstaates, etwa wenn sie in Ausführung von Hilfsprogrammen oder als Vertreter der Organisationen bei Verhandlungen auf dem Territorium eines anderen Staates tätig sind. Aber auch die Organisationen selbst als selbständige Rechtspersonen treten mit Mitgliedstaaten und Nichtmitgliedstaaten in Kontakt, sei es, daß sie ihren Sitz in einem Mitgliedstaat errichten, sei es, daß sie eigene Missionen oder Büros in anderen Staaten schaffen. In allen Fällen sind die Organisationen und ihre Bediensteten der Gebietshoheit der Staaten, in denen sie residieren bzw. tätig sind, unterworfen. Diese Unterwerfung der Organisationen oder ihrer Bediensteten und Vertreter unter die Hoheitsgewalt des jeweiligen Sitzstaates könnte zu generellen oder zu Beschränkungen der Handlungsfähigkeit der Organisationen im Einzelfall führen, die mit deren satzungsmäßigem Auftrag, nämlich unabhängig, d. h. frei von Weisungen nationaler Hoheitsgewalten, die ihnen zugewiesenen Aufgaben zu erfüllen, nicht vereinbar sind. Bereits aufgrund dieser allgemeinen Überlegung, daß internationalen Organisationen für die ordnungsgemäße und wirksame Ausübung ihrer Aufgaben von Rechts wegen Unabhängigkeit von

---

[22] Aus diesem Grunde lehnt z. B. *Faßbender*, ÖZöR 37 (1986), 46 f, eine Orientierung der – in seiner Terminologie – „weiten" Auslegung an den „meist recht unpräzisen allgemeinen" Zielen ab. Für die Einbeziehung auch der Ziele und Aufgaben für die Bestimmung der einer internationalen Organisation zukommenden Rechte sprechen sich dagegen auch aus *K. Zemanek*, International Organizations, Treaty-Making Power, EPIL II, 1343 ff (1346); *M. Akehurst*, A Modern Introduction to International Law, 6th ed., 1987, 71 f, 205 f; *Berber*, Völkerrecht, Bd. I, 160 ff; *Brierly*, The Law of Nations, 121; *G. Weissberg*, The International Status of the United Nations, 1961, 21 ff, 201 ff; *K. Zemanek*, Internationale Organisationen als Handlungseinheiten in der Völkerrechtsgemeinschaft, ÖZöR 7 (1956), 335 ff (351 ff); *Q. Wright*, The Jural Personality of the United Nations, AJIL 43 (1949), 509 ff (515 f); auch *Epping*, in: *Ipsen* (Hrsg.), 4. Aufl. 1999, § 6 Rdn. 10, bezieht Ziel und Zweck einer Organisation – wie diese im Gründungsvertrag niedergelegt sind – als Grundlage und Grenze der Rechte einer Organisation ein.

[23] Dazu näher Bd. II.

staatlichen Hoheitsgewalten gewährleistet werden muß, kann man davon ausgehen, daß namentlich angesichts einer langanhaltenden und verbreiteten entsprechenden Praxis ein allgemeines völkerrechtliches Prinzip Geltung erlangt hat, wonach die Organisationen und ihre Vertreter und Bediensteten bestimmte Vorrechte und Befreiungen – ähnlich wie sie Staaten und ihren Diplomaten zukommen – genießen. Allerdings ist mit der nicht unbestrittenen[24] Annahme eines solchen völkergewohnheitsrechtlichen Satzes oder Prinzips für die Praxis wenig gewonnen. Einem solchen allgemeinen Satz wäre angesichts der Vielfalt der internationalen Organisationen und ihrer unterschiedlichen Ziele und Aufgaben für Art und Umfang der ihnen zuzugestehenden Vorrechte und Befreiungen im Einzelfall wenig zu entnehmen. In der Praxis sind deshalb für Art und Umfang der den Organisationen und ihrem Personal gewährten Vorrechte und Befreiungen die teils in den Gründungsverträgen selbst, teils die allein oder zusätzlich in Protokollen zu diesen oder auch in zusätzlich geschlossenen multi- und bilateralen Verträgen getroffenen Regelungen maßgeblich.

So enthält Art. 105 der Charta der Vereinten Nationen die grundsätzlichen Regelungen, wonach die Organisation im Hoheitsgebiet jedes Mitgliedstaates die Vorrechte und Immunitäten genießt, die zur Verwirklichung ihrer Ziele erforderlich sind. Dasselbe gilt für Vertreter der Mitglieder der Vereinten Nationen und die Bediensteten der Organisation. Auch sie genießen die Vorrechte und Immunitäten, deren sie zur Erfüllung der mit der Organisation zusammenhängenden Aufgaben in voller Unabhängigkeit bedürfen.

Entscheidend an dieser Regelung der Charta, die weithin als Modell für die entsprechenden Vorschriften anderer universaler und regionaler Organisationen gedient hat, ist die inhaltliche Bindung der Vorrechte und Befreiungen an den Maßstab ihrer Erforderlichkeit für die Erfüllung der mit der Organisation zusammenhängenden Aufgaben. Hieraus ergeben sich nicht nur die nähere Art und der Umfang der zu gewährenden Vorrechte und Befreiungen als solche, sondern auch Unterschiede zu entsprechenden Rechten von Staaten und deren diplomatischen und konsularischen Vertretern. So ist die Immunität von internationalen Organisationen geographisch enger als die der Staaten, weil sie – soweit nicht besondere Abkommen bestehen – auf den Kreis der Mitgliedstaaten beschränkt ist; dagegen ist sie sachlich weiter als die Immunität der Staaten nach allgemeinem Völkerrecht. Beschränkt sich die Immunität der Staaten auf deren Hoheitsakte, erstreckt sie sich also nicht auf nichthoheitliche Akte,[25] so genießen internationale Organisationen (noch) Immunität für alle ihre Akte allerdings nur, soweit dies für ihr Funktionieren notwendig ist *(functional necessity)*. Diese auf die Funktionssicherung einer internationalen Organisation beschränkte Immunität ergibt sich aus dem bereits angesprochenen Art. 105 der Charta der VN.[26] Allerdings unternehmen internationale Organisationen in der Praxis immer wieder Anstrengungen, ihre Immunität – insbesondere im Verhältnis zum Gaststaat – auszudehnen. Hierfür fehlt eine Rechtfertigung; die Einschränkung der Immunität von Staaten muß sich auch in bezug

---

[24] So ist nicht nur die Existenz eines solchen, ja die Souveränität der Staaten deutlich beschränkenden Völkergewohnheitsrechtssatzes unter Hinweis auf eine mangelnde universelle Praxis bezweifelt worden, da die diesbezügliche Praxis auf der Grundlage multi- und bilateraler Verträge beruhe (dem wäre entgegenzuhalten, daß zumindest heute die weitgehend homogene universelle und regionale Vertragspraxis als Ausdruck auch einer allgemeinen Rechtsüberzeugung angesehen werden kann, selbst wenn es hier und da gegenteilige Ansichten geben mag); entscheidend ist vielmehr, daß sich aus anderen Gründen, vor allem wegen der quantitativen Ausdehnung des Kreises der durch die Vorrechte und Befreiungen begünstigten Organisationen und Personen, generell Bedenken gegen das Institut der Vorrechte und Befreiungen bzw. deren Ausmaß in vielen Staaten regen, vgl. dazu *P. Szasz*, EPIL II, 1326, 1332.

[25] Vgl. oben Bd. I/1, 452 ff.

[26] In diese Richtung weist auch der Schiedsspruch im Falle des *European Molecular Laboratory* vom 29. Juni 1990, zit. in *P. Bekker*, The Legal Position of Intergovernmental Organizations, 1994, 168 ff.

auf internationale Organisationen niederschlagen. Darüber hinaus kann eine Organisation auf die Inanspruchnahme der Immunität generell oder im Einzelfall verzichten.[27]
Von den Vorrechten und Immunitäten internationaler Organisationen sind die Vorrechte und Immunitäten ihrer Bediensteten zu unterscheiden. Auch insoweit ergeben sich Unterschiede im Vergleich zu den Vorrechten und Immunitäten von Diplomaten.

So genießen diplomatische Vertreter von Staaten Vorrechte und Immunitäten nur im Gaststaat – und hier auch nur, soweit sie in dienstlicher Eigenschaft tätig sind (funktionelle Immunität) –, während z. B. internationalen Beamten auch in ihrem Heimatstaat die für die Erfüllung der mit ihrer Organisation zusammenhängenden Aufgaben Immunität gewährt werden muß.[28]

Neben der wichtigen Befreiung internationaler Organisationen von der Gerichtsbarkeit und sonstiger hoheitlicher Einwirkung seitens der Mitgliedstaaten genießen sie weitere, für die reibungslose und wirksame Erfüllung ihrer Aufgaben wesentliche Vorrechte und Befreiungen, die – wie die Immunität – in den zahlreichen multi- und bilateralen Verträgen geregelt sind. Hierzu gehören das Recht auf freie und ungehinderte Kommunikation mit Mitgliedstaaten und Nichtmitgliedstaaten, namentlich das Recht auf Freiheit von Zensur, das Recht des freien Zugangs zu den Organisationen für die Vertreter der Mitgliedstaaten oder anderer Staaten und Organisationen, das Recht auf die Unverletzlichkeit der Räumlichkeiten und des Eigentums sowie das Recht der Befreiung von Besteuerung, von Devisenschutzbestimmungen sowie von Zollabgaben für Gegenstände, die für den dienstlichen Betrieb eingeführt werden.[29]

2. Internationale Organisationen besitzen nach ganz herrschender Lehre das aktive und passive Gesandtschaftsrecht. So unterhalten die Mitgliedstaaten am Sitz der Organisationen sog. Ständige Missionen *(permanent missions)* oder akkreditieren ihre im Sitzstaat der Organisation tätigen Botschafter zusätzlich auch bei dieser. Interessierte Nichtmitgliedstaaten können aufgrund besonderer Abmachungen Vertreter im Status von Beobachtern, normalerweise im Range eines Botschafters, bei internationalen Organisationen akkreditieren lassen.

So hat die Schweiz, die wegen ihres Neutralitätsstatus bisher nicht Mitglied der Vereinten Nationen war, einen ständigen Vertreter bei dieser Organisation im Status eines Beobachters. Auch die Bundesrepublik Deutschland war bis zu ihrem Beitritt zu den Vereinten Nationen im Jahre 1973 am Sitz der Organisation in New York durch einen Beobachter im Range eines Botschafters vertreten.

Auch können z. B. regionale oder internationale Fachorganisationen Missionen bei anderen, namentlich den großen universalen Organisationen unterhalten. Der Status der ständigen Vertreter der Mitgliedstaaten bei internationalen Organisationen, der Vertreter internationaler Organisationen bei anderen Organisationen und der Beobachter wird teils in Anlehnung an das geltende Diplomatenrecht, teils gemäß den bestehenden Verträgen über die Privilegien und Immunitäten internationaler Organisationen und ihres Personals und teils nach den Regelungen des Wiener Übereinkommens über die Vertretung von Staaten in ihren

---

[27] *Seidl-Hohenveldern/Loibl*, Rdn. 1910; *M. Singer*, Jurisdictional Immunity of International Organizations; Human Rights and Functional Necessity Concerns, VJIL 36 (1996), 53 ff (72 ff).

[28] Zum Umfang der Vorrechte und Immunitäten diplomatischer Vertreter von Staaten oben Bd. I/1, 277 ff; zu den Vorrechten und Befreiungen der Vertreter und Bediensteten internationaler Organisationen im einzelnen vgl. unten Bd. II; hierzu auch *Seidl-Hohenveldern/Loibl*, Rdn. 1907 ff; *Blokker/Schermers*, in: *Hafner* (ed.), 37 ff mit einer Auswertung problematischer Fälle.

[29] Hierzu ausführlich unten Bd. II; eine gute Übersicht über die sonstigen Vorrechte und Befreiungen geben *Seidl-Hohenveldern/Loibl*, Rdn. 1913 ff; *I. Brownlie*, Principles of Public International Law, 5th ed., 1998, 682 ff; *Szasz*, EPIL II, 1328 ff.

Beziehungen zu internationalen Organisationen vom 14. 3. 1975,[30] das allerdings keine verbreitete Akzeptanz gefunden hat und noch nicht in Kraft getreten ist,[31] geregelt. Stimmt der Status dieser Gruppen von staatlichen Repräsentanten und Vertretern internationaler Organisationen somit in vieler Hinsicht mit dem diplomatischer Vertreter überein, so gibt es doch einige Unterschiede, auf die hier hinzuweisen ist.[32] So kann das dem Diplomatenrecht zugrundeliegende Prinzip der Reziprozität auf die hier behandelten Gruppen von Repräsentanten nicht zur Anwendung kommen.[33] Auch das Problem, daß unter bestimmten Bedingungen Diplomaten zur *persona non grata* erklärt werden können, kann im Hinblick auf die Interessen der Sitzstaaten nicht in der im allgemeinen Völkerrecht geltenden Weise gelöst werden.

Verletzt etwa ein Angehöriger einer ständigen Mission bei einer internationalen Organisation durch Spionage außerhalb seiner Dienstzeit die Sicherheitsinteressen des Sitzstaates, erfüllt er aber seine Pflichten gegenüber der Organisation, bei der er akkreditiert ist, so hätte – käme das allgemeine Diplomatenrecht zur Anwendung – der Sitzstaat kein Recht, diesen Angehörigen des Landes zu verweisen –, was für diesen nicht akzeptabel ist. In der Praxis hat sich deshalb durchgesetzt, daß in solchen Fällen der Sitzstaat unter Einhaltung bestimmter Formalitäten die betroffene Person des Landes verweisen darf.[34]

3. a) Internationalen Organisationen wird als notwendige Voraussetzung wirksamer Erfüllung ihrer Aufgaben das Recht zuerkannt, Verträge sowohl mit Staaten (Mitgliedstaaten und Nichtmitgliedstaaten) als auch mit anderen internationalen Organisationen abzuschließen.[35] Keine Einigkeit bestand jedoch lange Zeit – wie im Falle der Völkerrechtssubjektivität internationaler Organisationen – im Hinblick auf die rechtsdogmatische Begründung der Vertragsfähigkeit der internationalen Organisationen. Der Streit hierüber spiegelt wegen des engen Zusammenhangs beider Fragen denjenigen über Begründung und Umfang der Völkerrechtsfähigkeit der internationalen Organisationen wider. Die Ansichten reichten von der völligen Ablehnung einer Vertragsfähigkeit über vermittelnde Auffassungen, die eine begrenzte Vertragsfähigkeit, basierend auf den ex- und impliziten Regelungen der Gründungsinstrumente, annehmen, bis zu der Auffassung, internationalen Organisationen käme als Völkerrechtssubjekten die volle Vertragsfähigkeit zu, allenfalls beschränkt durch entsprechende Vorschriften in den Gründungsinstrumenten.[36] In der umfangreichen Vertragspraxis von Staaten und internationalen Organisationen[37] hat sich die vermittelnde Position, orientiert an der Aussage des IGH in seinem Rechtsgutachten im *Reparation for Injuries* Fall,[38] wonach Staaten die Fülle internationaler Rechte und Pflichten besitzen, internationalen Organisationen Rechte und Pflichten jedoch nur in Abhängigkeit von den ihnen ausdrücklich oder implizit in ihren Verfassungen zugewiesenen Zielen und Aufgaben zustehen, durchgesetzt. In der 1986 von der Konferenz der Vereinten Nationen über das Recht der Verträge zwischen Staaten und internationalen Organisationen sowie zwischen

---

30 UN Doc. A/Conf.67/16 vom 14. 3. 1975 = AJIL 69 (1975), 730.

31 Dazu *Szasz*, EPIL II, 1327.

32 Im einzelnen vgl. zu dieser Thematik näher unten Bd. II.

33 Dazu *Szasz*, EPIL II, 1326.

34 Vgl. dazu *Szasz*, EPIL II, 1329. Probleme wie das hier genannte sind es, die namentlich die Sitzstaaten davon abhalten, die Konvention über die Vertretung von Staaten bei weltweiten Internationalen Organisationen zu akzeptieren, vgl. *Seidl-Hohenveldern/Loibl*, Rdn. 0319.

35 So statt anderer *Oppenheim/Jennings/Watts*, Vol. I/2, 1219 f; *Bindschedler*, EPIL II, 1305; *Zemanek*, EPIL II, 1343.

36 Vgl. dazu *Zemanek*, EPIL II, 1343 f; *Menon*, RDI 70 (1992), 68 f.

37 Allein in der Nachkriegszeit, die von dem raschen Anwachsen der Zahl der internationalen Organisationen und ihrer Bedeutung gekennzeichnet war, werden über 2000 Verträge gezählt, die zwischen Staaten und internationalen Organisationen und von diesen untereinander geschlossen wurden, vgl. hierzu und zu weiteren Zahlen *T. Stein*, Treaties, Law of, in: *Wolfrum/Philipp* (eds.), United Nations: Law, Policies and Practice, Vol. II, 1995, Rdn. 5 (1249).

38 ICJ Reports 1949, 180.

internationalen Organisationen angenommenen Konvention ist der Versuch unternommen worden, die vertragsorientierte Mittelmeinung mit derjenigen Auffassung zusammenzuführen, die internationalen Organisationen als Völkerrechtssubjekten nach allgemeinem Völkerrecht (Völkergewohnheitsrecht) die Vertragsfähigkeit – wenn auch durch ausdrückliche Vorschriften in den Gründungsinstrumenten beschränkbar – zuerkennt. So wird in der Präambel dieser bisher nicht in Kraft getretenen Konvention[39] betont, *„that international organizations possess the capacity to conclude treaties which is necessary for the exercise of their functions and the fulfilment of their purposes"*, während in Art. 6 gesagt wird, daß *„the capacity of an international organization to conclude treaties is governed by the rules of that organization"*.[40] Liest man beide Texte im Zusammenhang, so deutet vieles darauf hin, wie *Zemanek* zutreffend beobachtet,[41] daß die Konvention davon ausgeht, internationalen Organisationen komme Vertragsfähigkeit kraft Gewohnheitsrechts zu, deren Ausübung aber durch Art. 6 begrenzt wird.

b) Solange die Konvention nicht in Kraft ist, richten sich Abschluß, Erfüllung, Störungen, Suspendierung und Beendigung sowie Fragen der Auslegung nach den von der Praxis in Anlehnung an das geltende völkerrechtliche Vertragsrecht – das Recht der geltenden Wiener Vertragsrechtskonvention (1969) bzw. das entsprechende Gewohnheitsrecht – entwickelten, auf die Besonderheiten von Vertragsschlüssen zwischen Staaten und internationalen Organisationen und von diesen untereinander zugeschnittenen Regeln. Insoweit die Wiener Konvention von 1986 diese Praxis widerspiegelt, kann auch sie als Anhaltspunkt namentlich für die Regelung solcher Probleme dienen, die mit den herkömmlichen Regelungen nicht gelöst werden können, wie etwa die Frage der Ratifikation, der Rechtsfolgen von Verletzungen internen Organisationsrechts bei Vertragsschluß oder der Streitbeilegung. Hier finden sich jedenfalls z. T. Regelungen in der Wiener Konvention von 1986, die Ausdruck schon geübter Praxis sind, so etwa die Ersetzung der Ratifikation eines Vertrages, die *strictu sensu* bei einer internationalen Organisation nicht möglich ist, durch einen formellen Akt der Bekräftigung, der in Art. 14 der Konvention kodifiziert worden ist.[42]

4. a) Staaten als originäre Subjekte des Völkerrechts besitzen nicht nur die Fülle der ihnen durch diese Rechtsstellung eröffneten Handlungsfreiheiten und Rechte, sondern sie haben auch die umfassende Pflicht, für völkerrechtswidrige Handlungen und die dadurch entstandenen Schäden einzustehen.[43] Auch in dieser Hinsicht unterscheiden sich internationale Organisationen von den Staaten. Als nur partielle Völkerrechtssubjekte kann ihnen auch nur eine begrenzte Deliktsfähigkeit bzw. Verantwortlichkeit zukommen.
Für die internationale Deliktsfähigkeit bzw. Verantwortlichkeit internationaler Organisationen gibt es unterschiedliche Begründungsansätze. So wird argumentiert, daß mit Rücksicht auf die Funktionen internationaler Organisationen in den internationalen Beziehungen ihre internationale Verantwortlichkeit systemimmanent sei. Sie könnten insoweit nicht besser gestellt werden als andere Akteure, insbesondere Staaten. Abgesehen davon gebietet

[39] Bisher haben von den 91 Teilnehmerstaaten, von denen 67 für die Annahme der Konvention stimmten (bei 1 Gegenstimme – Frankreich – und 23 Enthaltungen), nur 37 Staaten die Konvention unterzeichnet und 18 sie ratifiziert; für das Inkrafttreten sind 35 Ratifikationen erforderlich, vgl. hierzu die Angaben bei *T. Stein*, Treaties, Law of, in: R. *Wolfrum/Ch. Philipp* (eds.), United Nations: Law, Policies and Practice, Vol. 2, 1995, Rdn. 5 (1249); sowie *Zemanek*, EPIL II, 1346.

[40] Zitate nach dem Text der Konvention in: ILM 25 (1986), 543 ff (544, 549).

[41] *Zemanek*, EPIL II, 1346. Zur Entwicklung der nunmehr getroffenen Regelungen in den Entwürfen der ILC vgl. *Faßbender*, ÖZöR 37 (1986), 38 ff; auch *Menon*, RDI 79 (1992), 68 ff; *K. Zemanek*, in: *K.-H. Böckstiegel* (Hrsg.), Festschrift für *I. Seidl-Hohenveldern*, 1988, 665 ff.

[42] Näher zum Vertragsrecht, namentlich zum Recht der Verträge zwischen Staaten und internationalen Organisationen und zwischen diesen unten im 4. Teil, 1. Abschnitt.

[43] Siehe zur Staatenverantwortlichkeit unten 5. Teil, 2. Abschnitt in diesem Band.

das mit der internationalen Verantwortlichkeit verfolgte Ziel, diese zu erfassen.[44] Andere knüpfen die internationale Verantwortlichkeit internationaler Organisationen an deren Rechtspersönlichkeit an,[45] wobei in diesem Zusammenhang auf das Rechtsgutachten des IGH *Reparation for Injuries Suffered in the Service of the United Nations*[46] verwiesen wird. Schließlich wird argumentiert, eine internationale Verantwortlichkeit internationaler Organisationen ergebe sich aus den allgemeinen Rechtsgrundsätzen.[47] Die praktische Relevanz dieser unterschiedlichen Ansätze dürfte gering sein.[48] Wird auf die völkerrechtliche Handlungsfähigkeit abgestellt, um eine Deliktsfähigkeit internationaler Organisationen zu begründen, so darf dies nicht dahin verstanden werden, daß internationale Organisationen nur haften, soweit sie im Rahmen ihrer Funktionen handeln. Es besteht ein grundsätzliches Bedürfnis für ihre internationale Haftung insbesondere auch dann, wenn sie ihre Funktionen überschreiten. Letzlich ist die Situation derjenigen von Staaten vergleichbar, deren Organe *ultra vires* gehandelt haben.[49] Ausreichend ist demnach, daß das betreffende Organ zumindest unter Inanspruchnahme bzw. faktischer Ausnutzung seiner Organkompetenz gehandelt hat.[50] Passagen in dem Rechtsgutachten des IGH zu *Certain Expenses*[51] scheinen dies zu bestätigen; auch wenn zu berücksichtigen ist, daß sich das Gutachten nicht auf die internationale Verantwortlichkeit erstreckt.

Umstritten ist,[52] ob eine internationale Verantwortlichkeit einer internationalen Organisation dann entfällt, wenn der Geschädigte gewußt hat, daß das betreffende Organhandeln *ultra vires* erfolgte. Die ILC hat eine derartige Ausnahme für die internationale Verantwortlichkeit von Staaten nicht vorgesehen, um diese Haftung nicht abzuschwächen.[53] Die gleichen Grundsätze müssen dann auch für die Verantwortlichkeit von internationalen Organisationen gelten.

b) Die Haftung internationaler Organisationen wirft insoweit besondere Probleme auf, als sich die Frage stellt, ob die Verantwortlichkeit der Organisation für völkerrechtswidriges Verhalten dieser allein zufällt, oder ob sie gleichzeitig von den Mitgliedern der Organisation und dieser selbst oder sogar von der Organisation nur subsidiär zu übernehmen ist.[54] Dies ist im Hinblick auf die oft nur unzulängliche Ausstattung mit haftungsfähigem Vermögen von erheblicher Bedeutung für den geschädigten Staat.[55] In der älteren Praxis war eine Tendenz erkennbar, im Falle universaler Organisationen mit einem umfassenden Aufgabenkreis die Verantwortlichkeit allein bei der Organisation anzusiedeln, dagegen bei technisch-admini-

[44] *Hirsch*, 8.

[45] *Ginther*, EPIL II, 1336; *H. Mosler*, The International Society as a Legal Community, 1980, 170; *Brownlie*, 686 f, 695 f.

[46] ICJ Reports 1949, 174 (179).

[47] *M. H. Arsanjani*, Claims Against International Organizations, Yale Journal of World Public Order 7 (1981), 131 ff.

[48] Vgl. zur Position der IAEA *P. C. Szasz*, The Law and Practice of the International Atomic Energy Agency, 1970, 987; zur Haltung der Vereinten Nationen *„Letter dated 6 August 1965 from the Secretary-General addressed to the Acting Permanent Representative of the Union of Soviet Socialist Republics S/ 6597"*, United Nations Yearbook 1965, 41.

[49] Vgl. dazu unten.

[50] Vgl. dazu u. a. *T. Meron*, International Responsibility of States for Unauthorized Acts of Their Officials, BYIL 33 (1957), 85 ff (93, 113).

[51] ICJ Reports 1962, 168: „... If the action was taken by the wrong organ, it was irregular as a matter of that internal structure, but thus would not necessarily mean that the expense incurred was not an expense of the Organization. Both national and international law contemplate cases in which the body corporate or politic may be bound, as to third parties, by an ultra vires act of an agent."

[52] *Hirsch*, 90 f.

[53] Vgl. dazu ILC-Report, 2001, A/56/10; www.un.org/law/ilc/reports/2001/2001repot.asp.

[54] Zu den denkbaren Modellen einer Verteilung der Verantwortlichkeit zwischen Organisation und Mitgliedern vgl. *Ginther*, EPIL II, 1336.

[55] Auf dieses Problem weisen *Seidl-Hohenveldern/ Loibl*, Rdn. 0703, insbesondere im Zusammenhang mit Fällen einer Haftung für Schäden, die Drittstaaten, also Nichtmitgliedern einer Organisation, zugefügt werden, hin.

strativen Organisationen eine gleichzeitige Verantwortlichkeit aller oder gar nur einzelner Mitgliedstaaten anzunehmen.[56]
In der neueren Praxis ist zunächst zwischen speziellen vertraglichen Regelungen und den allgemeinen, gewohnheitsrechtlichen Regeln des internationalen Haftungsrechts zu unterscheiden. Landesregelungen in bezug auf die Haftung enthalten beispielsweise das Übereinkommen über die völkerrechtliche Haftung für Schäden durch Weltraumgegenstände von 1972[57] (Weltraumhaftungsabkommen) sowie Teil XI in Verbindung mit Anlage IV des Seerechtsübereinkommens von 1982.[58]

Das Weltraumhaftungsabkommen statuiert eine gesamtschuldnerische Haftung einer internationalen Organisation und ihrer Mitglieder, die Vertragsstaaten der Konvention sind, soweit die internationale Organisation erklärt, daß sie die Rechte und Pflichten aus der Konvention annimmt und die Mehrheit der Mitgliedstaaten dieser Organisation Vertragsstaaten dieser Konvention und des Weltraumvertrages[59] sind.

Soweit ein Vertrag keine Regelung hinsichtlich der Haftungsverteilung zwischen internationaler Organisation und ihren Mitgliedern enthält, die gleichfalls Vertragspartner dieses Vertrages sind, ergibt sich die Haftung aus den völkergewohnheitsrechtlichen Regeln zur internationalen Verantwortlichkeit. Entscheidend ist, wie bei der internationalen Verantwortlichkeit von Staaten, ob die schädigende Handlung der betreffenden internationalen Organisation bzw. ihren Mitgliedern oder beiden zuzurechnen ist. Hinsichtlich der Entscheidung über die Zurechenbarkeit sind allerdings besondere Gesichtspunkte zu berücksichtigen.[60]

b) Wie internationale Organisationen als Völkerrechtssubjekte durch völkerrechtswidriges Handeln zur Verantwortung gezogen werden können, so können sie auch durch rechtswidrige Handlungen von Staaten in ihren Rechten verletzt werden. Schäden, die ihnen oder in ihren Diensten stehenden Personen aus solchen Rechtsverletzungen erwachsen, können internationale Organisationen selbständig geltend machen, und zwar auch gegenüber Nichtmitgliedstaaten. Der IGH hat dies im Hinblick auf die Vereinten Nationen in seinem Gutachten im *Reparation for Injuries*-Fall damit begründet, daß mit der Gründung der Organisation ein neues Rechtssubjekt entstanden sei, dem nicht nur alle für die Erfüllung seiner Aufgaben erforderlichen Rechte zustehen müssen, sondern daß es diese Rechte, also auch das Recht auf Geltendmachung von Schadensersatzforderungen, auch gegenüber Drittstaaten ausüben dürfe, da die Organisation im Verhältnis zu diesen eine objektive Rechtspersönlichkeit besitze.[61] Ob diese Feststellung nach Auffassung des Gerichts für alle internationalen Organisationen oder nur für die Vereinten Nationen aufgrund ihrer herausgehobenen Stellung gilt, ist umstritten. Es ist dies jedoch keine Frage speziell des Rechts der Verantwortlichkeit internationaler Organisationen, sondern eine solche des generellen Verhältnisses internationaler Organisationen zu Nichtmitglied- bzw. Drittstaaten.

III. 1. Stellt man auf die völkervertragsrechtliche Grundlage der Entstehung internationaler zwischenstaatlicher Organisationen ab, so scheint die Frage ihrer Rechtsstellung gegenüber Drittstaaten eigentlich klar. Der Gründungsvertrag und die auf seiner Grundlage erfolgende Errichtung der Organisation, so ließe sich sagen, stellt insoweit eine *res inter alios acta* dar. Der Gründungsvertrag kann Rechte und Pflichten Dritter nicht hervorbringen.[62] Wie jedoch

[56] So *Ginther*, EPIL II, 1336 ff.
[57] UNTS, Vol. 961, 187; BGBl. 1975 II, 1210.
[58] UN A/CONF.62/122 mit Corrigenda, BGBl. 1994 II, 1799.
[59] Vertrag über die Grundsätze zur Regelung der Tätigkeit von Staaten bei der Erforschung und Nutzung des Weltraums einschließlich des Mondes und anderer Himmelskörper vom 27. 1. 1967 (BGBl. 1969 II, 1968).
[60] Vgl. dazu unten.
[61] ICJ Reports 1949, 174 (180).
[62] Dieser *pacta tertiis nec nocent nec prosunt* Grundsatz, der das völkerrechtliche Vertragsrecht von jeher geprägt hat, ist in Art. 34 WVK niedergelegt.

bereits angedeutet,[63] weist der Gründungsvertrag eine Doppelnatur auf. Er ist ein in der Regel multilateraler völkerrechtlicher Vertrag, aber er ist auch als institutioneller Vertrag die Verfassung oder Satzung der durch ihn errichteten internationalen Organisation. Als solcher läßt er eine objektive Ordnung entstehen, die – soweit sie im internationalen Rechtsleben anerkannt ist – auch von Staaten und Verbänden zu respektieren ist, die keine Mitglieder sind.

Der IGH hat im *Reparation for Injuries*-Fall dazu ausgeführt: „... the Court's opinion is that fifty States, representing the vast majority of the members of the international community, had the power, in conformity with international law, to bring into being an entity possessing *objective* international personality, and not merely personality recognized by them alone, ..."[64]

Zunächst ist zu bemerken, daß von der objektiven internationalen Rechtspersönlichkeit internationaler Organisationen zu sprechen nicht etwa bedeutet, hier nun im Sinne der zuvor abgelehnten sog. Gewohnheitsrechtslehre *Seyersteds* zu argumentieren. Der IGH macht in seinem Gutachten sehr deutlich, daß er die Grundlage der abgestuften, also nicht die Totalität der dem Staat zukommenden Rechte umfassenden, Völkerrechtssubjektivität internationaler Organisationen in deren vertraglicher Basis sieht.[65] Wohl aber heißt es, von einer objektiven internationalen Rechtspersönlichkeit internationaler Organisationen zu reden, daß eine objektive Ordnung – empirisch und rechtlich – begründet wurde, die zu beachten auch Nichtmitgliedstaaten verpflichtet werden können, ohne daß es dazu ihrer vorherigen ausdrücklichen oder konkludenten Anerkennung bedürfte.

2. Es ist ersichtlich, daß der IGH seine Auffassung von der objektiven Rechtspersönlichkeit internationaler Organisationen zwar nicht – wie manche Autoren meinen – notwendigerweise ausschließlich auf die Vereinten Nationen als universaler, von nahezu der gesamten Staatengemeinschaft getragenen Organisation als Sonderfall bezieht, sie aber doch wohl wesentlich auf die Tatsache der Universalität und Repräsentativität der Mitgliedschaft stützt, sein *dictum* also nicht unbesehen auf alle internationalen Organisationen übertragen werden kann. Angesichts der quantitativ und qualitativ gewachsenen Bedeutung internationaler Organisationen kann unter Berücksichtigung der zitierten Aussage des IGH gesagt werden, daß internationale Organisationen als objektive Ordnungen, unabhängig von einem Akt der Anerkennung durch Drittstaaten, als Subjekte des Völkerrechts zu respektieren sind.[66] Ihre Stellung ist im Verhältnis zu Drittstaaten derjenigen nicht anerkannter Staaten vergleichbar.[67] Was diese Pflicht zur Respektierung konkret für das Verhältnis von

[63] Vgl. oben I.1.c).

[64] ICJ Reports 1949, 185.

[65] ICJ Reports 1949, 174 ff: „Accordingly, the Court has come to the conclusion that the Organization is an international person. That is not the same thing as saying that it is a State, which it certainly is not, or that its legal personality and rights and duties are the same as those of a State. (179) ... Under international law, the Organization must be deemed to have those powers which, though not expressly provided in the Charter, are conferred upon it by necessary implication as being essential to the performance of its duties (182)."

[66] Im Jahre 1975 hat die damalige Sowjetunion gegen die Errichtung eines Europäischen Zentrums für Berufsausbildung, einer Dienststelle der EWG, in West-Berlin protestiert. Sie hielt dieses Vorhaben als mit dem Berlinabkommen vom 3. 9. 1971 unvereinbar, weil darin eine unzulässige engere Bindung West-Berlins an die Bundesrepublik Deutschland läge. Dies war der Versuch, die Existenz der EWG als einer gegenüber den Mitgliedstaaten selbständigen Rechtsperson zu leugnen. Die Sowjetunion hat sich damit seinerzeit nicht durchgesetzt.

[67] So schon 1956 zutreffend *Zemanek*, ÖZöR 7(1956), 335 ff (357); die Parallele zum nicht anerkannten, neu entstandenen Staat sehen auch *Seidl-Hohenveldern/Loibl*, Rdn. 0701, glauben aber im Hinblick auf den *pacta tertiis* Grundsatz auf das Erfordernis der Anerkennung als Voraussetzung der Verpflichtung von Drittstaaten, eine internationale Organisation als Völkerrechtssubjekt zu behandeln, nicht verzichten zu können; für das Erfordernis der Anerkennung durch Dritte auch *Bindschedler*, EPIL II, 1299. Dies scheint uns der Bedeutung der internationalen Organisationen als objektive Erscheinungen und Akteure im internationalen System der Gegenwart nicht gerecht zu werden. Von dem objektiven Charakter der

Drittstaaten zu internationalen Organisationen bedeutet, kann allerdings nicht in allgemein gültigen Regeln beschrieben werden. Man wird hier differenzieren müssen. Zumindest gegenüber den großen, universalen Organisationen obliegen Drittstaaten Unterlassungspflichten in dem Sinne, daß sie nichts tun dürfen, was diesen Organisationen die Erfüllung ihrer Aufgaben unmöglich macht. Dazu dürfte die Pflicht gehören, den durch die Vorrechte und Befreiungen geschützten Status der Bediensteten dieser Organisationen zu achten. Der *pacta tertiis* Grundsatz hat insoweit hinter dem öffentlichen Interesse der ganz überwiegend in diesen Organisationen repräsentierten Staatengemeinschaft an der Arbeit der von ihr geschaffenen Organisationen zurückzutreten. Auch völkerrechtswidriges Handeln gegenüber solchen internationalen Organisationen zieht Schadensersatzansprüche der Organisationen gegen Drittstaaten nach sich, die auch von der betroffenen Organisation ohne vorherigen Anerkennungsakt seitens des das Delikt begehenden Staates gegen diesen geltend gemacht werden können.[68] Weitere Pflichten wird man jedoch aus der Respektierungspflicht der Drittstaaten nicht herleiten können. Schon gar nicht ergibt sich aus der Respektierungspflicht die Verpflichtung von Drittstaaten, in nähere Beziehungen zu von ihnen nicht anerkannten Organisationen zu treten. Auch ist davon auszugehen, daß der Grundsatz *pacta tertiis* desto stärker zum Tragen kommt, je kleiner und von geringerem politischen Gewicht eine internationale Organisation ist. Anders ausgedrückt, der Umfang und die Intensität der den Drittstaaten gegenüber internationalen Organisationen obliegenden Respektierungspflicht hängen von dem Gewicht des internationalen öffentlichen Interesses ab, das die Staatengemeinschaft diesen in ihrer überwiegenden Mehrheit beimißt.

3. Insgesamt ist allerdings unter praktischen Gesichtspunkten der Streit um die Konsequenzen, die sich aus der Annahme einer objektiven Rechtspersönlichkeit internationaler Organisationen für Drittstaaten ergeben, weniger bedeutsam, als es die Fülle der hierüber ausgetauschten reizvollen rechtsdogmatischen Argumente vermuten läßt. In der Praxis hat sich gezeigt, daß sowohl auf dem Gebiet der politischen und wirtschaftlichen Beziehungen zwischen internationalen Organisationen und Drittstaaten als auch im Bereich des Haftungsrechts das Anerkennungsproblem pragmatisch durch den Abschluß von zahlreichen Verträgen oder durch konkludente, seltener durch Anerkennungsakte gelöst wird. Dabei besteht allerdings – so vor allem im Bereich der Haftung internationaler Organisationen gegenüber Drittstaaten – eine Tendenz, vermehrt der Lehre von der objektiven Rechtspersönlichkeit internationaler Organisationen zu folgen.[69] Dies entspricht dem wachsenden Gewicht internationaler institutionalisierter Zusammenarbeit und dem steigenden Bewußt-

---

internationalen Rechtspersönlichkeit internationaler Organisationen mit *erga omnes* Wirkung ohne Anerkennungsakt Dritter gehen auch *G. W. Weissberg*, The International Status of the United Nations, 1961, 209; *F. Köck/P. Fischer*, Grundzüge des Rechtes der Internationalen Organisationen, 1981, 388, aus.

[68] Vgl. zur Staatenverantwortlichkeit § 173 ff.

[69] Insbesondere der Fall des *International Tin Council* führte zur Durchsetzung dieser Ansicht, dazu *Brownlie*, 686 f; *I. Pernice*, Die Haftung internationaler Organisationen und ihrer Mitarbeiter, AVR 26 (1988), 406 ff. Im Fall des *International Tin Council* ergingen eine Anzahl von Urteilen im Vereinigten Königreich, wo der *International Tin Council* seinen Sitz hatte, in denen es um das Haftungsverhältnis zwischen dem *International Tin Council* und seinen Mitgliedstaaten ging. Im Urteil des *Court of Appeal, Civil Division* vom 27. 4. 1988, ging Richter *Kerr* davon aus, daß es kein allgemeines Prinzip des Völkerrechts gebe, nach der die Mitgliedstaaten vor nationalen Gerichten für Schulden verantwortlich gemacht werden können, die aus Verträgen resultieren, die der *International Tin Council* in eigenem Namen geschlossen hat: „In sum, I cannot find any basis for concluding that it has been shown that there is any rule of international law, binding upon the member states of the I. T. C., whereby they can be held liable, let alone jointly and severally, in any national court to the creditors of the I. T. C. for the debts of the I. T. C., resulting from contracts concluded by the I. T. C. in its own name" ([1988] 3 All ER 257, Maclaine Watson & Co Ltd. V. Department of Trade and Industry and related appeals; Urteilspassage zitiert nach *Brownlie*, 689). Ausführlich zum Fall des *International Tin Council Hartwig*, 307 ff.

sein in der Staatengemeinschaft, daß die von diesen Organisationen geleistete Arbeit im internationalen öffentlichen Interesse liegt, also die in der objektiven Rechtspersönlichkeit internationaler Organisationen angelegte *erga omnes* Wirkung institutioneller Ordnungen nur konsequent ist.

IV. Von der Frage der internationalen Rechtsfähigkeit, der eigenen Rechtspersönlichkeit im Sinne des Völkerrechts, muß man die Rechts- und Geschäftsfähigkeit nach nationalem Recht unterscheiden. Die Fähigkeit etwa, völkerrechtliche Verträge zu schließen, ist eines, die Fähigkeit zum Abschluß privatrechtlicher Verträge etwas anderes. Die eine kann ohne die andere bestehen. Ob eine Organisation auf dem Gebiet von Mitgliedstaaten – aber auch von Nichtmitgliedstaaten[70] – als solche rechts- und geschäftsfähig ist, Vermögen erwerben und darüber verfügen, bürgerlich-rechtliche Verträge schließen, aus Delikten haftbar gemacht werden kann, im Rechtsstreit partei- und prozeßfähig ist, wird nicht durch das Völkerrecht, sondern durch das nationale Recht des einzelnen Staates bestimmt. Auch wenn ein Staat sich völkerrechtlich verpflichtet, einer Organisation die Rechtsfähigkeit und Handlungsfähigkeit mit Wirkung für den inländischen Rechtsbereich zu gewähren, so kommt doch diese Rechtsstellung erst durch entsprechende Gestaltung des nationalen Rechts zur Entstehung.

So ist in Art. 104 der Charta der Vereinten Nationen und den Satzungen vieler Sonderorganisationen bestimmt, daß die Organisation auf dem Gebiet ihrer Mitglieder rechtsfähig ist und die Befugnisse hat, die zur Erfüllung ihrer Aufgaben notwendig sind, etwa das Recht, Verträge zu schließen, Vermögen zu erwerben und darüber zu verfügen und im Prozeß aufzutreten.[71]

Völkerrechtliche Regelungen, die diese, oft eher allgemeinen, Vorschriften konkretisieren, sind vielfach in den sog. Sitzstaatsabkommen *(Headquarters Agreements)* getroffen worden.[72]

V. 1. Im Prinzip gilt das zuvor im Hinblick auf die Rechtsstellung internationaler zwischenstaatlicher Organisationen Gesagte in gleicher Weise für die supranationalen Organisationen. Auch sie werden durch den Abschluß eines völkerrechtlichen Vertrages geschaffen und damit als abgeleitete und auch abgestufte Völkerrechtssubjekte eingesetzt.[73] Aber auch ihr Gründungsvertrag weist wie derjenige der zwischenstaatlichen Organisationen eine Doppelnatur auf, indem er zugleich auch die Verfassung der supranationalen Organisation bildet. Auch die supranationale Organisation – und hier ist als Prototyp auf die europäischen Integrationsgemeinschaften der EG/EU zu verweisen – hat eine von den Mitgliedstaaten verschiedene internationale Rechtspersönlichkeit. So bildet etwa die EG in den Worten des EuGH „eine eigene Rechtsordnung“ und ist eine Gemeinschaft, „die mit eigenen Organen, mit Rechts- und Geschäftsfähigkeit, mit internationaler Handlungsfähigkeit und insbesondere mit echten, aus der Beschränkung der Zuständigkeiten der Mitgliedstaaten oder der Übertragung von Hoheitsrechten der Mitgliedstaaten auf die Gemeinschaft herrührenden Hoheitsrechten ausgestattet ist“. Die Mitgliedstaaten haben, „wenn auch auf einem begrenzten Gebiet, ihre Souveränitätsrechte beschränkt und so einen Rechtskörper geschaffen,

[70] So im Falle der Schweiz, die bisher nicht Mitglied der Vereinten Nationen war, jedoch Sitzstaat zahlreicher Einrichtungen dieser Organisation (Genf) ist.

[71] Rechts- und Geschäftsfähigkeit im Sinne des innerstaatlichen Rechts gewähren z. B. die Verfassungen der ILO (Art. 39), der FAO (Art. 15 Abs. 1), der ICAO (Art. 47), der WMO (Art. 27(a), der WHO (Art. 66), das Abkommen über die Vorrechte und Befreiungen des Europarates (Art. 1), des Vertrags zur Gründung der Europäischen Gemeinschaft (Art. 291), der Verfassung der OECD (Art. 22 mit Zusatzprotokoll Nr. I, Art. 1), der Vertrag über die Rechtsstellung der NATO (Art. 4) und das Übereinkommen über den Status der WEU (Art. 3).

[72] Vgl. dazu *R. Wolfrum*, International Organizations, Head Quarters, EPIL II, 1309 ff, und zum Ganzen unten Bd. II.

[73] Vgl. *Vitzthum*, in: *Vitzthum* (Hrsg.), Völkerrecht, 1. Abschnitt, Rdn. 18.

der für ihre Angehörigen und sie selbst verbindlich ist".[74] So gesehen stellt sich für die Mitgliedstaaten die Frage der Völkerrechtssubjektivität der Organisationen nur sekundär. Ihr Verhältnis zur Gemeinschaft ist vorwiegend durch die die Supranationalität ausmachenden Prinzipien des Vorrangs des Gemeinschaftsrechts, seiner unmittelbaren Geltung und Anwendbarkeit, also einer gewissen Unterordnung geprägt. Anders aber auch als bei den zwischenstaatlichen Organisationen ist der Befund an rechtlicher Selbständigkeit, ausgeprägter hoheitlicher Handlungsmacht und Durchsetzungsfähigkeit, ihr „staatsnaher" Charakter,[75] bei den supranationalen Organisationen so eindeutig, daß dies Wirkungen auch im Verhältnis zu Drittstaaten zeitigt. Sie sind inzwischen weltweit im Verhältnis zu Drittstaaten als selbständige Subjekte des Völkerrechts anerkannt, als die sie in ihren Gründungsverträgen von den Mitgliedstaaten ausdrücklich eingesetzt wurden.[76] Dennoch ist die Praxis – unabhängig von dem grundsätzlichen Problem einer sich gerade bei den supranationalen Organisationen anbietenden Annahme einer objektiven internationalen Rechtsstellung – von der Notwendigkeit einer Anerkennung dieser Organisationen durch Drittstaaten ausgegangen.[77] Sie ist im wesentlichen konkludent durch den Abschluß von Verträgen zwischen Drittstaaten und der EG erfolgt.

2. Als abgeleitete Völkerrechtssubjekte verfügen auch die supranationalen Organisationen nur über eine internationale Rechts- und Handlungsfähigkeit insoweit, als diese für die Erfüllung ihrer Aufgaben erforderlich ist.[78] Angesichts der dynamischen Entwicklung dieser Integrationsgemeinschaften ist die rechtliche Beschränkung der völkerrechtlichen Handlungsfähigkeit der supranationalen Organisationen in ihrer faktischen Wirkung sehr viel geringer, als dies bei zwischenstaatlichen Organisationen der Fall ist oder zumindest sein kann. Zu den völkerrechtlichen Rechten der supranationalen Organisationen gehören u. a. das Vertragsschlußrecht, das Recht, Vorrechte und Immunitäten in Anspruch nehmen zu können und das aktive und passive Gesandtschaftsrecht. Auf der Pflichtenseite steht die Haftung für deliktisches Verhalten.[79]

---

[74] EuGH, Rs. 6/64, *Costa/ENEL*, Urteil vom 15.7.1964, Slg.1964, 1251 (1256). Auf die umstrittene Frage, ob auch der EU eine eigene internationale Rechtspersönlichkeit zukommt, ist hier nicht näher einzugehen, vgl. dazu *C. Koenig/M. Pechstein*, Die Europäische Union: die Verträge von Maastricht und Amsterdam, 2000, 28 ff, die dies verneinen, und *R. A. Wessel*, Revisiting the International Status of the EU, European Foreign Affairs Review 5 (2000), 507 ff, der einer Völkerrechtssubjektivität der Europäischen Union aufgrund der in den Verträgen von Maastricht und Amsterdam erfolgten Änderungen positiv gegenüber steht.

[75] Der anschauliche Begriff „staatsnahe Verbindung" wird von *Oppermann*, Europarecht, Rdn. 140 verwendet.

[76] Vgl. Art. 281 EGV, Art. 6 EGKS und Art. 184 EAGV.

[77] Vgl. dazu *Oppermann*, Europarecht, Rdn. 144 f; zur Frage des Verhältnisses der Europäischen Gemeinschaften zu Drittstaaten vgl. *Nöll*, 146 ff.

[78] Zwar gilt nach Art. 5 Abs. 1 EGV das Prinzip der begrenzten Einzelermächtigung, wonach die EG nur innerhalb der Grenzen der ihr vertraglich zugewiesenen Befugnisse tätig wird. Der EuGH hat jedoch bereits im Jahr 1956 im Sinne der *implied powers* Lehre entschieden, daß die Bestimmungen des EGV „zugleich die Vorschriften beinhalten, bei deren Fehlen sie sinnlos wären oder nicht in vernünftiger und zweckmäßiger Weise zu Anwendung gelangen könnten" (EuGH, Rs. 8/55, *Fédéchar*, Urteil vom 29. 11. 1956, Slg. 1956, 295, Rdn. 15).

[79] Vgl. dazu *Oppermann*, Europarecht, Rdn. 145 ff. Der maßgebliche Art. 291 EGV verweist auf das Protokoll vom 8. 4. 1965 über die Vorrechte und Befreiungen der Europäischen Gemeinschaften (ABl. EG 1967 Nr. 152/13).

18. KAPITEL
Die Völkerrechtssubjektivität nichtstaatlicher körperschaftlicher Wirkungseinheiten

§ 107 Die nichtstaatlichen internationalen Organisationen

Schrifttum: wie zu § 105; ferner *B. Pickard*, The Greater United Nations: An Essay Concerning the Place and Significance of International Non-Governmental Organizations, 1956; *E. de la Vallée Poussin/R. Fenaux/L. Hamort/R. Lenz/G. P. Speeckaert*, L'avenir des organisations internationales non-gouvernementales, 1956; *R. S. Rogers*, Facilitation Problems of International Associations. The Legal, Fiscal and Administrative Facilities of International Non-Governmental Organizations. An International and Comparative Study, 1960; *H. Mosler*, Die Erweiterung des Kreises der Völkerrechtssubjekte, ZaöRV 22 (1962), 1 ff; *J. J. Lador-Lederer*, International Non-Governmental Organizations and Economic Entities. A Study in Autonomous Organization and Ius Gentium, 1963; *ders.*, Nichtstaatliche Organisationen und die Frage der Erweiterung des Kreises der Völkerrechtssubjekte, ZaöRV 23 (1963), 657 ff; *B. D. Stosic*, Les organisations non-gouvernementales et les Nations Unies, 1964; *L. C. White*, International Non-Governmental Organizations. Their Purposes, Methods and Accomplishments, 1968; *J. Harrod*, Non-Governmental Organizations and the Third World, The Yearbook of World Affairs 24 (1970), 170 ff; *W. Feld*, Nongovernmental Entities and the International System: A Preliminary Quantitative Overview, Orbis 25 (1971), 879 ff; *K. Skjelsbaek*, The Growth of International Nongovernmental Organization in the Twentieth Century, International Organization 25 (1971), 420 ff; *W. Feld*, Non-governmental Forces and World Politics, 1972; *L. M. Goodrich/D. A. Kay*, International Organization: Politics and Process, 1973; *A. le Roy Bennett*, International Organizations: Principles and Issues, 1977; *G. Arickat*, Die „Non-Governmental Organisations" (NGOs) als Partner des Staates im Rahmen einer geplanten sozialökonomischen Entwicklung, 1976; *M. M. Gunter*, Toward a Consultative Relationship Between the United Nations and Non-Governmental Organizations, Vand.J.-Transnat'l L. 10 (1977), 557 ff; *D. Weissbrodt*, The Role of International Nongovernmental Organizations in the Implementation of Human Rights, Tex.Int'l L. J. 12 (1977), 293 ff; *A. Cassesse*, How Could Nongovernmental Organizations Use UN Bodies More Effectively?, Universal Human Rights 1 (1979), 1 ff; *V. Leary*, A New Role for Non-Governmental Organizations in Human Rights. A Case Study of Non-Governmental Participation in the Development of International Norms on Torture, in: *A. Cassesse* (ed.), UN Law/Fundamental Rights: Two Topics in International Law, 1979, 197 ff; *J. McCarthy/D. Weissbrodt*, Fact Finding by International Nongovernmental Human Rights Organizations, VJIL 22 (1981), 1 ff; *St.A. Blodgett*, The Evolving Relationship between the United Nations and International Non-governmental Organizations: An Assessment of the Need for Institutional Reform, 1982; *P. Willetts* (ed.), Pressure Groups in the Global System. The Transnational Relations of Issue-Oriented Non-Governmental Organizations, 1982; *P. Taylor*, Nonstate Actors in International Politics: From Transregional to Substate Organizations, 1984; *M. Betatti/P.-M. Dupuy* (eds.), Les Organisations non gouvernementales et le droit international, 1986; *M.-O. Wiederkehr*, La Convention européenne sur la reconnaissance de la personnalité juridique des organisations internationales non gouvernementales, AFDI 33 (1987), 749 ff; *Y. Beigbeder*, The Role and Status of International Humanitarian Volunteers and Organizations, 1991; *ders.*, Le rôle international des organisations non gouvernementales, 1992; *R. Lagoni*, Commentary on Art. 71 UN Charter, in: *B. Simma* (ed.), The Charter of the United Nations. A Commentary, 1994, 902 ff; *D. Shelton*, The Participation of Nongovernmental Organizations in International Judicial Proceedings, AJIL 88 (1994), 611 ff; *M. C. Bassiouni* (ed.), The Contributions of Specialized Institutes and Non-Governmental Organizations to the United Nations Criminal Justice Program; In Honor of Adolfo Beria di Argentine, 1995; *W. J. Feld/R. S. Jordan*, International Organizations, in: *R. Wolfrum/Ch. Philipp* (eds.), United Nations Law, Policies and Practice, Vol. 2, 1995, 927 ff; *P. Macalister-Smith*, Non-Governmental Organizations, Humanitarian Action and Human Rights, in: *U. Beyerlin* (Hrsg.), Recht zwischen Umbruch und Bewahrung, Festschrift für *R. Bernhardt*, 1995, 477 ff; *A. E. Rice/C. Ritchie*, Relationships between international non-governmental organizations and the United Nations, Transnational Associations 47 (1995), 254 ff; *J. Schramm* (ed.), The role of non-governmental organizations in the new European order: theory – international relations – area reports, 1995; *K. Hüfner*, Non-governmental organizations (NGOs) im System der Vereinten Nationen, Die Friedenswarte 71 (1996), 115 ff; *H. Keidel/R. Koch*, Die Rolle von NGOs bei humanitären Hilfseinsätzen im Rahmen der UN-Friedenssicherung, Die Friedenswarte 71 (1996), 124 ff; *D. Otto*, Nongovernmental organizations in the United Nations system: the emerging role of international civil society, Human Rights Quarterly 18 (1996), 107 ff; *T. G. Weiss* (ed.), NGOs, the UN, and global governance, 1996; *P. Willetts* (ed.), The conscience of the world: the influence of non-governmental organisations in the UN system, 1996; *M. A. Ölz*, Non-Governmental Organizations in Regional Human Rights Systems, Columbia Human Rights Law Review 28 (1997), 307 ff; *S. Charnovitz*, Two centuries of participation: NGOs and international governance, Michigan Journal of International Law, 18 (1997) 2, 183 ff; *F. T. Furtak*, Nichtstaatliche Akteure in den internationalen Beziehungen: NGOs in der Weltpolitik, 1997; *P. Gautier*, O. N. G. et personnalité internationale: à propos de l'accord conclu le 29 novembre 1996 entre la Suisse et la Fédération internationale des Sociétés de la Croix-Rouge et du Croissant-Rouge, Revue belge de droit international 30 (1997), 172 ff; *S. Hobe*, Global challenges to statehood: the increasingly important role of nongovernmental organizations, Indiana Journal of Global Legal Studies 5 (1997), 191 ff; *W. Hummer*, Internationale und Transnationale Akteure an oder unter der Schwelle der Völkerrechtssubjektivität, in: *H. Neuhold/W. Hummer/C. Schreuer*, Österreichisches Handbuch des Völkerrechts, Bd. 1, 3. Aufl., 1997, 218 ff (225 ff); *R. Ranjeva*, Les organisations non gouvernementales et la mise en œuvre du droit international, RdC 270 (1997), 9 ff; *H. H.-K. Rechenberg*, Non-Governmental Organizations, EPIL III, 612 ff; *W. Schoener*, Non-governmental organizations and global activism: legal and informal approaches, Indiana Journal of Global Legal Studies 4 (1997), 537 ff; *A. Broadhurst*, Environmental Diplomacy of States, Cooperation and Non-Governmental Organizations: The Worldwide Web of Influence, International Relations 14 (1998), 1 ff; *D. Esty*, Non-Governmental Organizations at the World Trade Organization: Cooperation, Competition, or Exclusion, Journal of International Economic Law 1 (1998), 123 ff; *L. Gordenker*, NGOs and democratic process in international organisations, in: *M. Castermans-Holleman*, The role of the nation-state in the 21st century – human rights, international organisations, and foreign policy – essays in honour of *Peter Baehr*, 1998, 277 ff; *R. O. Muller*, New partnerships for a new world order: NGOs, state actors, and international law in the post-cold war world, Hofstra Law Review 27 (1998), 21 ff; *J. Ziegler*, Die Beteiligung von Nichtregierungsorganisationen (NGOs) am Menschenrechtsschutzsystem der Vereinten Nationen, 1998; *H. Briet*, Les associations internationales sans but lucratif, Annales de droit de Louvain 59 (1999), 405 ff; *J.-S. Jamart*, Le rôle des organisations non gouvernementales dans le système des Nations Unies, Actualités du droit 9 (1999), 47 ff; *M. Hempel*, Die Völkerrechtssubjektivität internationaler nichtstaatlicher Organisationen, 1999; *S. Hobe*, Der Rechtsstatus der Nichtregierungsorganisationen nach gegenwärtigem Völkerrecht, Archiv des Völkerrechts 37 (1999), 152 ff; *R. Hofmann* (ed.), Non-State Actors as New Subjects of International Law, 1999; *K. Nowrot*, Legal Consequences of Globalization: The Status of Non-Governmental Organizations under International Law, Indiana Journal of Global Legal Studies 6 (1999), 579 ff; *J. K. Gamble/C. Ku*, International law – new actors and new technologies: center stage for NGOs, Law and policy in international business 31 (2000), 221 ff; *W. Hummer*, Internationale nichtstaatliche Organisationen im Zeitalter der Globalisierung – Abgrenzung, Handlungsbefugnisse, Rechtsnatur, Berichte DGVR Heft 39 (2000), 45 ff; *F. W. Stoecker*, NGOs und die UNO: die Einbindung von Nichtregierungsorganisationen (NGOs) in die Strukturen der Vereinten Nationen, 2000; *H. Cullen/K. Morrow*, International civil society in international law: The growth of NGO participation, Non-State Actors and International Law 1 (2001), 7 ff; *S. Riedinger*, Die Rolle nichtstaatlicher Organisationen bei der Entwicklung und Durchsetzung internationalen Umweltrechts, 2001.

I. 1. Nichtstaatliche internationale Organisationen *(non-governmental organizations –* NGOs) sind private Verbände, die von natürlichen oder privaten juristischen Personen gegründet werden, damit auf privatrechtlicher, nicht völkerrechtlicher Grundlage beruhen, und auf internationaler Ebene ideelle Interessen verfolgen. In der Praxis der Vereinten Nationen werden jedoch auch solche Organisationen als „nichtstaatlich" anerkannt, an denen staatliche Vertreter oder Einrichtungen beteiligt sind, solange diese keinen beherrschenden Einfluß ausüben und nicht die freie Meinungsbildung innerhalb der betreffenden Organisation behindern.[1] Als Organisationen müssen die NGOs die Kriterien der Dauerhaftigkeit und eines Mindestmaßes an Organstruktur erfüllen.[2] Des weiteren gehören zu den konstitutiven Merkmalen einer NGO der nicht-hoheitliche Charakter ihrer Aufgaben, eine grenzüberschreitende Tätigkeit und ein eigener Sitz *(headquarter)*.[3] Umstritten ist, ob nur solche NGOs der Definition entsprechen, die nicht gewinnorientiert *(non-profitmaking)*, also jedenfalls schwerpunktmäßig ideell, arbeiten.[4] Dies ist insoweit anzunehmen, als mit dieser Beschränkung nicht zugleich jegliche Betätigung einer NGO auf wirtschaftlichem Gebiet diese aus dem Kreis der NGOs ausschließt, vielmehr mit dieser Einschränkung nur eine Abgrenzung zu in jedem Falle gewinnorientiert arbeitenden transnationalen oder multinationalen Unternehmen[5] getroffen werden soll. Denn es gibt in der Tat eine Vielzahl von NGOs, die zwar eine wirtschaftliche Zielsetzung verfolgen, ihrerseits aber nicht selbst gewinnorientiert, sondern vornehmlich beratend und koordinierend tätig sind.[6] Sie aufgrund „wirtschaftlicher" Ziele und Aufgaben aus dem Kreis der NGOs auszuschließen, hieße nicht nur, eine zu diesem rechtlichen Zweck zu weite Definition des Begriffes des Wirtschaftlichen zugrundezulegen. Darüber hinaus würde eine wirtschaftliche Betätigungen ausschließende Definition der NGOs aufgrund ihrer internationalen Transaktionen untereinander, mit zwischenstaatlichen Organisationen und mit Staaten einen ganz erheblichen Anteil dieser Organisationen aus der Betrachtung ausnehmen. Dies wäre angesichts des starken Anwachsens der NGOs an Zahl[7] und sachlicher Bedeutung auf fast allen Gebieten

---

[1] Vgl. dazu *Wiederkehr*, 752 ff, in bezug auf Art. 1 lit. a der Konvention des Europarates über die Anerkennung der Rechtspersönlichkeit internationaler nichtstaatlicher Organisationen vom 24. 4. 1986, ETS No. 124, 2, sowie unter Hinweis auf Kodifikationsentwürfe des *Institut de Droit International* zum selben Thema aus den Jahren 1910 (Paris), 1911 (Madrid), 1923 (Brüssel) und 1950 (Bath) und der Haager Konferenz zum Internationalen Privatrecht von 1956 *(Projet de Convention concernant la reconnaissance de la personnalité juridique des sociétés, associations et fondations étrangères)* sowie auf den für die UNESCO vorbereiteten Entwurf der *International Union of Associations* für eine Konvention, deren Ziel es sein sollte, die Tätigkeit internationaler nichtstaatlicher Organisationen zu erleichtern. Zur Definition von NGOs und zum Problem staatlicher Beteiligung an diesen vgl. auch *Lagoni*, in: *Simma* (ed.), The United Nations Charter, 905, Rdn. 6; grundlegend immer noch *Mosler*, ZaöRV 22 (1962), 1 ff (5).

[2] Vgl. dazu näher oben § 105 I 1 und 2; siehe auch *Beigbeder*, The Role and Status, 80 f; *Hobe*, 156.

[3] Vgl. dazu *Hummer*, in: *Neuhold/Hummer/Schreuer*, Rdn. 1177.

[4] Vgl. dazu *Rechenberg*, EPIL 9, 276; *Wiederkehr*, 754 f; *Macalister-Smith*, 481 f.

[5] Dazu unten § 108.

[6] Vgl. etwa die *International Union of Railways (Union Internationale des Chemins de Fer)*, die *International Railway Congress Association*, die *Pan-American Railway Congress Association* oder die *African Union of Railways*, die zweifelsohne im wirtschaftlichen Bereich arbeiten, alle jedoch nur entweder Koordinations- oder Kooperationsaufgaben wahrnehmen, nicht aber selbst gewinnorientiert tätig sind, siehe dazu *G. Mutz*, Railway Transport, International Regulation, EPIL IV, 14 ff; entsprechendes gilt für nichtstaatliche Organisationen im Bereich des internationalen Transportwesens, aber auch für das *International Institute for Industrial Relations* und die *International Organization for Standardization*, vgl. dazu den Überblick bei *Rechenberg*, EPIL III, 612 f. Es versteht sich von selbst, daß NGOs insoweit eigene „Gewinne" bzw. Einnahmen müssen erzielen dürfen, wie sie diese zur Finanzierung ihrer Tätigkeit benötigen. Das ist schon im Interesse der Wahrung ihrer Unabhängigkeit erforderlich; so auch *Nowrot*, 616.

[7] Bei einer sehr weiten Definition der zwischenstaatlichen und nichtstaatlichen Organisationen kommt *Beigbeder*, The Role and Status, 81 f, zu dem Ergebnis, daß die Zahl der NGOs zwischen 1951 und 1990 von 832 auf 16 208 angewachsen ist, die der zwischenstaatlichen Organisationen in derselben Zeit von 123 auf 1. 856. Bei Berücksichtigung nur der „konventionellen zwischenstaatlichen Organisationen" *(Beigbeder*, ebd., 82, Anm. 33) betrug 1991 das Verhältnis von zwischenstaatlichen zu nichtstaatlichen Organisationen 293 zu 4. 646, ein ähnliches Verhältnis berichten *Feld/Jordan*, 9, für 1991.

politischen, wirtchaftlichen, sozialen und kulturellen Handelns nicht gerechtfertigt.[8] Umstritten sind auch einige andere Kriterien, die eine Organisation aus dem Kreis der NGOs ausschließen sollen. So wird überwiegend – zu Recht – vertreten, daß entsprechend zwischenstaatlichen auch die nichtstaatlichen Organisationen sich innerhalb des Rechts bewegen müssen, d. h., daß internationale Gruppierungen mit terroristischer Zielsetzung, das organisierte Verbrechen wie etwa die Mafia oder Drogenkartelle nicht zu den NGOs gezählt werden können.[9] Auf der anderen Seite sollen aber auch rein religiöse Vereinigungen nicht zu den NGOs zu rechnen sein. Die letztgenannte Auffassung vermag nicht zu überzeugen. Bilden doch, abgesehen von dem Sonderfall des sogar schon immer mit Völkerrechtssubjektivität ausgestatteten Hl. Stuhls, (Katholische Kirche),[10] auch die international tätigen Vereinigungen der protestantischen Kirchen, die Vereinigungen und Unionen des Islam, des Judentums sowie des Hinduismus und Buddhismus einflußreiche Akteure im internationalen System.[11] Hinzu kommt unter methodischer Betrachtung, daß die Abgrenzung sogenannter rein religiöser von „auch" religiösen Vereinigungen kaum objektiv befriedigende Ergebnisse erzielen dürfte. So werden auch ganz überwiegend internationale religiöse Vereinigungen und Organisationen zu den NGOs gezählt.[12] Gegen die Auffassung, daß internationale Vereinigungen religiöser Ausrichtung zu den NGOs gehören, spricht nicht, daß – wiederum zu Recht – gewisse international organisierte Sekten nicht als NGOs betrachtet werden. Diese Ansicht knüpft jedoch nicht an deren „rein religiöse" Ausrichtung an, sondern daran, daß sie als Organisationen das Recht des freiwilligen Ein- und Austritts nicht anerkennen. Damit aber bewegen sie sich außerhalb des Rechts. Sie verstoßen gegen die auch völkerrechtlich verbürgte Vereinigungsfreiheit, die nicht nur das Recht, Vereinigungen zu bilden bzw. solchen beizutreten, beinhaltet, sondern auch das Recht, ihnen fernzubleiben, d. h. aber auch, sie durch Austritt verlassen zu können.[13]

Nichtstaatliche Organisationen können somit als Vereinigungen identifiziert werden, die, von privaten natürlichen und juristischen Personen aufgrund privatrechtlichen, nicht völkerrechtlichen Vertrages gegründet, auf internationaler Ebene ideelle und andere nicht gewinnorientierte Ziele im Rahmen des Rechts verfolgen, über eine auf Dauer angelegte, handlungsfähige Struktur und über einen eigenen Sitz verfügen. Daß diese Organisationen einen hohen Grad von Unabhängigkeit gegenüber nicht nur dem Sitzstaat, sondern auch anderen Staaten bzw. Regierungen wahren müssen, liegt in ihrer Funktion als – jedenfalls ganz überwiegend – kritische Interessengruppen *(„pressure groups")*.[14]

2. Auf der Seite der ideellen NGOs reichen die Betätigungsfelder von der Wahrnehmung religiöser Aufgaben über den Einsatz für den internationalen Frieden,[15] die humanitäre,

---

[8] Nichtstaatliche Organisationen mit eindeutig wirtschaftlichem Betätigungsfeld werden u. a. auch von *Lador-Lederer*, INGOs and Economic Entities, 64; und *Rechenberg*, EPIL III, 613, zu den NGOs gerechnet.

[9] Siehe dazu kurz *Hummer*, in: *Neuhold/Hummer/Schreuer*, Rdn. 1178.

[10] Dazu unten § 114.

[11] Dazu unten näher I 2.

[12] So auch *Lador-Lederer*, INGOs and Economic Entities, 60; siehe dazu auch unten I 2 mwN.

[13] Vgl. Art. 22 IPBürg, Art. 5 lit. d (ix) CERD, Art. 11 EMRK, Art. XXII *American Declaration of Human Rights*, Art. 16 AMRK, Art. 10 *Banjul Charter*, diese enthält in Abs. 2 die ausdrückliche Anerkennung des Rechts, nicht einer Vereinigung angehören zu müssen.

[14] Vgl. zur Definition von NGOs auch ECOSOC Res. 1296 (XLIV) vom 23. 5. 1968, *„Arrangements for consultation with non-governmental organizations"*, ECOSOC Off. Rec., 44th Sess., Suppl. I, 21 ff.; *Hobe*, 156; *Nowrot*, 615.

[15] *N. Gordon*, NGOs in preventive diplomacy and peacemaking: the task ahead, in: *D. R. Black*, Peacemaking and preventive diplomacy in the new world order, 1995, 159 ff; auch UN-Generalsekretär *Annan* betont in seinem Bericht zur Vorbeugung bewaffneter Konflikte vom 7. 6. 2001, UN-Doc. A/55/985-S/2001/574, 32, die Rolle der NGOs bei der Friedenswahrung.

soziale und technische Hilfe bis zu Aufgaben im Bildungsbereich und dem internationalen wissenschaftlichen Gedankenaustausch, so auch auf dem Gebiet des Völkerrechts und seiner Fortbildung.[16]

Auf religiösem Gebiet gehören etwa der Weltkirchenrat, der Internationale Rat christlicher Kirchen, *Caritas Internationalis* (Internationaler Caritas-Verband), der Jüdische Weltkongreß, *B'nai Brith* sowie die Liga der Islamischen Welt und die *International Muslim Union* zu den hervorgehobenen NGOs.[17] Auf politischem Gebiet sind z. B. die Inter-Parlamentarische Union[18] – eine Vereinigung von nationalen Parlamentariergruppen –, die *International Confederation for Disarmament and Peace* und die Internationale Frauenliga für Frieden und Freiheit, aber auch die *International Union of Local Authorities* oder die Sozialistische Internationale[19] zu nennen. Besondere Bedeutung hat die Arbeit der humanitären NGOs[20] auf dem Gebiet des internationalen Menschenrechtsschutzes und des Umweltschutzes erlangt. Die herausragenden NGOs sind insoweit *Amnesty International*[21] und die Internationale Juristenkommission *(International Commission of Jurists)* einerseits sowie *Greenpeace*[22] andererseits. Auch die Frauenbewegung hat zur Gründung einer Reihe von NGOs, so z. B. der *International Alliance of Women*, dem Internationalen Frauenrat und der *International Federation of Business and Professional Women* geführt. Im Bildungs- und Kulturbereich schließlich gibt es ebenfalls eine zunehmende Bildung von NGOs, so etwa die *World Confederation of Organizations of the Teaching Professions*, die *Association for Childhood Education* auf der Bildungsseite, der internationale *Pen Club* und die *International Confederation of Societies of Authors and Composers* auf der Seite des Kulturschaffens. In diesem Zusammenhang ist auch auf das bereits 1894 gegründete Internationale Olympische Komitee (IOC) hinzuweisen.[23]

3. Die nichtstaatlichen Organisationen, wenn auch erst in den letzten Jahrzehnten aufgrund der Intensivierung der Kommunikationsmittel und einer gewachsenen Mobilität der Menschen zu der zahlenmäßig und inhaltlich erheblichen Bedeutung gelangt, können doch auf eine bereits ansehnliche Geschichte, namentlich im humanitären Bereich, zurückblicken. Erste Vorläufer im humanitären Bereich können bis in das Ende des 17. Jahrhunderts zurückverfolgt werden.[24] Im 18. Jahrhundert entstanden in Frankreich und Großbritannien

---

[16] Vgl. *Rechenberg*, EPIL III, 613; *Hobe*, 154 f.

[17] Dazu und zum folgenden die weitergehende Übersicht bei *Rechenberg*, EPIL III, 612 f. Eine umfassende Aufzählung und Behandlung jüdischer NGOs gibt *Lador-Lederer*, INGOs and Economic Entities, 117 ff und 146 ff.

[18] Vgl. dazu näher *H. H. Klein/W. Lauff*, Inter-Parliamentary Union, EPIL II, 1016 ff.

[19] *Rechenberg*, EPIL III, 612.

[20] Auf das Internationale Komitee vom Roten Kreuz, das der vorstehend verwandten Definition nach eine nichtstaatliche Organisation darstellt, ist hier nicht abzuheben, da das IKRK als ein partielles Subjekt des Völkerrechts eine Sonderstellung einnimmt; vgl. dazu unten § 115. Zur Rolle der humanitären NGOs näher *Beigbeder*, The Role and Status, passim; zu deren Rolle und Funktion auf dem Gebiet des Menschenrechtsschutzes namentlich auch *Weissbrodt*, Tex. Int'l L. J. 12 (1977), 293 ff, und *McCarthy/Weissbrodt*, VJIL 22 (1981), 1 ff; *A. S. Natsios*, NGOs and the UN system in complex humanitarian emergencies: conflict or cooperation?, in: *P. F. Diehl*, The politics of global governance, 1997, 287 ff; *R. Brett*, Les organisations non gouvernementales de défense des droits de l'homme et le droit international humanitaire, Revue internationale de la Croix-Rouge 80 (1998) 831, 569 ff.

[21] Vgl. dazu *Hummer*, in: *Neuhold/Hummer/Schreuer*, Rdn. 1183 ff mwN; *R. C. Thakur*, Human rights: Amnesty International and the United Nations, in: *P. F. Diehl*, The politics of global governance, 1997, 247 ff; *C. M. Chinkin*, The role of non-governmental organisations in standard setting, monitoring and implementation of human rights, in: *J. J. Norton*, The changing world of international law in the twenty-first century, 1998, 45 ff; *J. Symonides*, Some reflections on the role of non-governmental organisations in the promotion and protection of human rights, in: Les droits de l'homme à l'aube du XXIe siècle – Karel Vasak amicorum liber, 1999, 879 ff; *G. J. Fouda*, Avec et contre l'État, le rôle des ONG dans l'application des normes internationales relatives aux droits de l'homme en Afrique noire, Revue juridique et politique 54 (2000), 332 ff.

[22] Vgl. dazu *Hummer*, in: *Neuhold/Hummer/Schreuer*, Rdn. 1190 ff.

[23] Dazu kurz *Hummer*, in: *Neuhold/Hummer/Schreuer*, Rdn. 1195 f.

[24] So weist z. B. *Lador-Lederer*, INGOs and Economic Entities, 112, auf die vereinten Anstrengungen der Amerikanischen Quaker gegen die Sklaverei bereits im Jahre 1696 hin. *Rechenberg*, EPIL III, 614, geht noch weiter und nennt in der „Ahnenreihe" der nichtstaatlichen Organisationen die christlichen Kirchen und später die geistlichen und weltlichen Orden,

Gesellschaften, deren Ziel die Abschaffung der Sklaverei und die Förderung der Achtung der Schwarzafrikaner bildete.

Zu erwähnen ist in diesem Kontext die 1775 gegründete *Pennsylvanian Society for Promoting the Abolition of Slavery* und die 1783 von englischen Quakern geschaffene *Association for the relief and liberation of the negro slaves in the West Indies and for the discouragement of the slave trade on the coasts of West Africa*. In Frankreich bildete sich 1788 – unter dem Vorsitz von *Condorcet* – die *Société des Amis des Noirs*.[25]

Im 19. Jahrhundert vermehrte sich die Zahl von nichtstaatlichen Organisationen rasch, wobei gegen Ende des Jahrhunderts neben die bis dahin im wesentlichen humanitär ausgerichteten Organisationen auch solche mit im engeren Sinne politischen, wirtschaftlichen/gewerkschaftlichen, aber auch wissenschaftlichen Zielen traten.[26]

So entstanden in etwa heutigen Vorstellungen entsprechende NGOs in Großbritannien in Gestalt der *British and Foreign Anti-Slavery Society* (1839) und der *Aborigines Protection Society* (1832) und die *World's Evangelical Alliance* (1846). In Paris gründete sich 1860 die *Alliance Israélite Universelle*, unter deren Mitwirkung die *Anglo-Jewish Association* im Jahre 1871 gegründet wurde. 1862 entstand die *World Alliance of YMCA's*, 1863 das Internationale Komitee vom Roten Kreuz, 1864 die Internationale Arbeiter Vereinigung. Im wissenschaftlichen Bereich sind die Gründung der *International Geodesical Association* (1855), der *Société de la Législation Comparée* (1869/1873) und der *International Law Association* (1873) zu nennen.[27]

Nach dem Ersten Weltkrieg waren es namentlich gewichtige auf wirtschaftliche und soziale Ziele ausgerichtete NGOs, die ins Leben gerufen wurden. Zu nennen sind die *International Federation of Trade Unions* (1919) und die *International Chamber of Commerce* (1920). Auf humanitärem Gebiet entstanden nach dem Ersten Weltkrieg – hervorgerufen durch die gravierenden Flüchtlingsprobleme, die sich im Gefolge des Krieges und revolutionärer Umwälzungen wie z. B. in Rußland ergaben – zahlreiche nichtstaatliche Organisationen, die sich vor allem des Flüchtlings- und Migrationsproblems annahmen, unter Führung des Internationalen Komitees vom Roten Kreuz zur Berufung eines Hohen Kommissars für Flüchtlinge durch den Völkerbund beitrugen[28] und mit diesem eng zusammenarbeiteten.[29] Diese Zusammenarbeit zwischen NGOs und dem Völkerbund beschränkte sich allerdings nicht nur auf den Bereich des Flüchtlingswesens. Zwar sah Art. 25 Völkerbundstatut nur vor, daß der Völkerbund die Errichtung und Förderung ordnungsgemäß anerkannter nationaler Rotkreuzorganisationen ermutigen sollte, doch entwickelte sich die Zusammenarbeit zwischen dem Völkerbund und einer Vielzahl von NGOs weit über dieses enge Mandat hinaus. Es scheiterte aber der Versuch, den Art. 25 Völkerbundstatut dahingehend zu ändern, daß er alle NGOs in das Mandat einbeziehen würde.[30] Die wachsenden politischen Spannungen, erstarkende nationalistische Strömungen und schließlich der Aus-

---

die sich seit dem 6. bzw. 12. Jahrhundert bildeten; in diesem Sinne auch *Beigbeder*, The Role and Status, 8 ff. Zur Geschichte der nichtstaatlichen Organisationen vgl. auch *Macalister-Smith*, 483 ff; *D. Thürer*, The Emergence of Non-Governmental Organizations and Transnational Enterprises in International Law and the Changing Role of the State, in: *Hofmann* (ed.), 37 (41 f).

[25] Dazu *Lador-Lederer*, INGOs and Economic Entities, 112; *Nowrot*, 582.

[26] *J. Boli*, Constructing world culture: international nongovernmental organizations since 1875, 1999.

[27] Weitere Gründungen von NGOs in dieser Zeit finden sich bei *Rechenberg*, EPIL III, 614.

[28] Zum ersten Hohen Kommissar für russische Flüchtlinge wurde 1921 *Fritjof Nansen* ernannt. Sein auf russische Flüchtlinge beschränktes Mandat wurde alsbald auf Flüchtlinge aus anderen Ländern ausgedehnt. Zur Entwicklung des vom Völkerbund getragenen Flüchtlingsschutzes siehe oben, § 103 I 3 mwN.

[29] Siehe dazu *Macalister-Smith*, 484.

[30] Dazu *Macalister-Smith*, 484; auch *K. Hüfner*, Non-Governmental Organizations, in: *Wolfrum/Philipp* (eds.), United Nations Law, Policies and Practice, Vol. 2, 1995, 927 ff, para. 6.

bruch des Zweiten Weltkrieges brachten die Aktivität der meisten NGOs außerhalb des humanitären Bereichs weitgehend zum Erliegen. Die Idee, die transnationalen Beziehungen gerade auch durch nichtstaatliche Organisationen zu pflegen, blieb jedoch lebendig. Schon kurz nach dem Ende des Krieges wurden viele zuvor bestehende NGOs wiederbelebt und in rascher Folge zahlreiche neue gegründet,[31] so daß man inzwischen von der Existenz mehrerer zehntausend solcher nichtstaatlichen Einrichtungen ausgeht, deren genaue Zahl sich allerdings kaum feststellen läßt.[32]

II. Was nun den Rechtsstatus der NGOs angeht, so ist zu unterscheiden zwischen dem Rechtsstatus solcher Organisationen in ihrem jeweiligen Sitzstaat oder Staat der Gründung und dem Rechtsstatus, den sie in anderen Staaten und gar im Verhältnis zu anderen Staaten und zwischenstaatlichen Organisationen einnehmen.[33]

1. Im Sitzstaat nehmen nichtstaatliche Organisationen den ihnen nach innerstaatlichem Recht zukommenden Status ein, d. h. in aller Regel besitzen diese Organisationen den Status einer juristischen Person privaten Rechts.[34] Der Umfang ihrer Rechtsfähigkeit bestimmt sich also nach den einschlägigen innerstaatlichen Regelungen und der jeweiligen Satzung einer NGO. Das Recht, eine nichtstaatliche Organisation zu gründen, findet seine Basis im Recht auf Vereinigungsfreiheit, das in vielen Fällen im innerstaatlichen Verfassungsrecht verankert ist, im übrigen aber auch in internationalen Menschenrechtskonventionen garantiert ist. Das sichert den rechtlichen Status nichtstaatlicher Organisationen, schließt aber *de facto* Schwierigkeiten der Gründung solcher Organisationen namentlich dann nicht aus, wenn ihre nationalen und internationalen Ziele auf politische Widerstände stoßen.[35]

2. Nach bisher ganz überwiegender Auffassung wird NGOs kein völkerrechtsunmittelbarer Status, also nicht einmal eine abgeleitete partielle Völkerrechtssubjektivität zuerkannt.[36] Versuche, auf völkervertragsrechtlicher Grundlage einen einheitlichen internationalen Rechtsstatus für die NGOs – einschließlich notwendiger Regelungen über die Immunität der Mitarbeiter von NGOs in Ausführung ihrer Aufgaben, einschließlich aber auch von Regelungen in Zoll- und Besteuerungsangelegenheiten – zu schaffen, haben universal zu keinem Ergebnis geführt.[37] Der Grund ist darin zu suchen, daß viele Staaten die Anerkennung von NGOs als – wie immer beschränkte – Völkerrechtssubjekte, mit der Folge, daß sie ihre Tätigkeit in jedem betroffenen Lande ausüben können, als eine zu weit gehende Einschränkung ihrer Souveränität empfinden, zumal NGOs namentlich im humanitären Bereich häufig eine kritische Funktion wahrnehmen. Doch kann es angesichts der doch wohl

---

[31] Vgl. dazu *Hüfner* (Anm. 30), para. 4, 6.

[32] Nach *F. Bauer*, In der Sphäre der Staatsferne, Frankfurter Allgemeine Zeitung 210 (2001), 14, sprechen manche Schätzungen von der Existenz von mehr als 50 000 NGOs weltweit.

[33] *M. Merle*, A legal tangle: the „status" of non-governmental international organizations between international law and national laws, Transnational associations 47 (1995), 324 ff.

[34] *J. Bric*, Die Rechtsstellung internationaler Vereine, in: *H. Haller*, Staat und Recht, 1997, 101 ff. Im deutschen Recht kommt vornehmlich die Stellung eines eingetragenen Vereins gemäß §§ 55 ff BGB in Frage, die mit – funktional beschränkter – Rechts- und Geschäftsfähigkeit verbunden ist. Aber auch andere Rechtsformen sind nicht ausgeschlossen, soweit sie zu einer handlungsfähigen Organisation führen.

[35] Siehe dazu *Macalister-Smith*, 486 f; auch die Angaben in Anm. 13.

[36] Vgl. statt anderer *Verdross/Simma*, § 416 (251); *Epping*, in: *Ipsen* (Hrsg.), 4. Aufl., § 6 Rdn. 20; *Rechenberg*, EPIL III (1997), 617, spricht unter Hinweis auf die zahlreichen NGOs, denen von zwischenstaatlichen Organisationen Beobachter- und/oder Konsultationsstatus eingeräumt wird, davon, daß eine NGO durch Erlangung des Beobachter-/Konsultationsstatus *„simultaneously acquires a certain international legal status"*. Er fügt dann allerdings hinzu, daß es sich dabei nicht um den Status eines Völkerrechtssubjektes handelt; so auch *P. Benvenuti*, The Nature and Features of International NGOs, Ital. YB Int'l. L. 4 (1978/79), 84; *P.-M. Dupuy*, Droit international public, 2000, Rdn. 29.

[37] Vgl. dazu die Angaben oben I.1, Anm. 1.

differenzierteren Rechtslage mit dieser kategorischen Verneinung einer wie auch immer gearteten völkerrechtlichen Rechtsstellung der NGOs nicht sein Bewenden haben. Man wird zunächst die derzeitigen Regelungen bezüglich der Stellung der NGOs näher betrachten müssen. Dabei ist von der rechtlichen Situation auszugehen, wie sie sich auf der Ebene der Vereinten Nationen, ihrer Sonderorganisationen und in der hier entwickelten Praxis, namentlich auch auf dem Gebiet des Menschenrechtsschutzes, darstellt.

3. a) Art. 71 Charta der VN[38] sieht vor, daß der Wirtschafts- und Sozialrat geeignete Vorkehrungen für die Konsultationen nichtstaatlicher Organisationen treffen kann, die sich mit Angelegenheiten im Rahmen seines Aufgabenbereichs befassen. Solche Vorkehrungen können im Hinblick auf internationale NGOs, aber, wo angezeigt, auch für nationale nichtstaatliche Organisationen nach Beratung mit denjenigen Mitgliedstaaten, denen sie angehören, getroffen werden. Entsprechende Regelungen enthalten die Satzungen einer Reihe von Sonderorganisationen der Vereinten Nationen.[39] Der Wirtschafts- und Sozialrat hat in Anwendung des Art. 71 Charta der VN bestimmten, zuletzt in der Resolution 1296 (XLIV) vom 23. 5. 1968[40] näher definierten NGOs Konsultativ- und Beobachterstatus eingeräumt und diesen mit Resolution 1996/31 vom 25. 7. 1996 modifiziert.[41] Über 1500 Organisationen sind mit dem *UN Department of Public Information* verbunden mit dem Recht, Dokumente zu beziehen und die Gebäude der Vereinten Nationen zu betreten.[42] Für den ECOSOC werden die NGOs in drei verschiedene Kategorien eingeteilt: NGOs der Kategorie I (Allgemeiner Konsultativstatus) sind solche Organisationen, die sich mit den meisten der Tätigkeitsfelder des Wirtschafts- und Sozialrates befassen, die Beiträge zur Erreichung der Ziele der Vereinten Nationen erbringen können, die mit dem wirtschaftlichen und sozialen Leben der Völker der Gebiete, die sie repräsentieren, eng verbunden sind

[38] Art. 71 UN-Charta lautet: „The Economic and Social Council may make suitable arrangements for consultation with non-governmental organizations which are concerned with matters within its competence. Such arrangements may be made with international organizations and, where appropriate, with national organizations after consultation with the Member of the United Nations concerned." Zu den aus dieser Vorschrift resultierenden Grundfragen der Definition von NGOs und deren Stellung *Lagoni*, in: *Simma* (ed.), The United Nations Charter, 903 ff.

[39] Vgl. dazu näher *Feld/Jordan*, 222 ff unter Hinweis auf ILO, FAO, UNCTAD, UNIDO, UNEP, UNICEF, die alle dem ECOSOC-Modell entsprechende Beziehungen zu NGOs unterhalten. Dies gilt auch für den Hochkommissar für Flüchtlinge (UNHCR), der allerdings nicht die Stellung einer eigenen zwischenstaatlichen Organisation einnimmt, sondern ein Unterorgan der Generalversammlung der Vereinten Nationen bildet, vgl. dazu *G. Jaeger*, Paticipation of Non-Governmental Organizations in the Activities of the United Nations High Commissioner for Refugees, in: *P. Willetts*, Pressure Groups in the Global System, 1982, 171 ff. Andere Organe bzw. Organisationen nehmen keine Klassifizierung analog den Regelungen des ECOSOC vor, so z. B. UNEP, UNDP und UNICEF. Vgl. dazu *Nowrot*, 625. UNESCO und ITU haben eigenständige Regelungen.

[40] ECOSOC Res. 1296 (XLIV) vom 23. 5. 1968; modifiziert durch ECOSOC Res. 1993/80 vom 30. 7. 1993; frühere Regelungen enthielt ECOSOC Res. 288 B (X) vom 27. 2. 1950 (UNYB 1950, 658) und die Ergänzungen der Verfassungsordnung des ECOSOC vom 6. 3. 1950, ECOSOC Off. Rec., 10th Sess., Suppl. I, Doc.E/1661. Außer in Res. 1296 finden sich heute Regelungen in der Verfahrensordnung des ECOSOC (Regeln 10(2), 12, 13, 14(3) und 82–86) sowie in den Verfahrensordnungen der Ausschüsse des ECOSOC und der regionalen Wirtschaftskommissionen des ECOSOC für Asien und den Fernen Osten, für Europa und für Lateinamerika, vgl. hierzu *Rechenberg*, EPIL III, 614 f. Informationen zur Zusammenarbeit der UNO mit NGOs lassen sich auch den *„Guidelines – Association between the United Nations and Non-Governmental Organizations"* entnehmen, vgl. http://www.un.org/esa/coordination/ngo/. Zur jüngeren Diskussion vgl. *D. Otto*, Nongovernmental Organizations in the United Nations System: The Emerging Role of International Civil Society, Hum.Rts.Q. 18(1996), 107 ff.

[41] 1948 hatten 41 NGOs Konsultativstatus beim ECOSOC, 1968 waren es 377 und 1998 waren es 1350 *(Report of the Secretary-General*, Arrangements and practices for the interaction of NGOs in all activities of the United Nations system, UN Doc. A/53/170 of 10 July 1998, para. 2). Im Jahr 2001 hat sich diese Zahl auf über 1 600 erhöht; vgl. http://www.un.org/documents/ecosoc.htm#Relations.

[42] *R. Wedgwood*, Legal personality and the role of non-governmental organizations and non-state political entities in the United Nations system, in: *Hofmann* (ed.), 21 (23).

und deren Mitgliedschaft in einem umfassenden Sinne repräsentativ für große Teile der Bevölkerung in einer großen Zahl von Ländern sind. Kategorie II (Besonderer Konsultativstatus) umfaßt diejenigen NGOs, die eine spezielle Kompetenz und ein besonderes Interesse für nur wenige Aufgabenbereiche des Wirtschafts- und Sozialrates besitzen, die aber international in diesen speziellen Tätigkeitsfeldern bekannt sind. In der Kategorie III werden in einer Liste *(Roster)* alle übrigen NGOs geführt, die weder allgemeinen noch speziellen Konsultativstatus besitzen, die aber der Wirtschafts- und Sozialrat oder der Generalsekretär der Vereinten Nationen, in Abstimmung mit dem Wirtschafts- und Sozialrat oder seinem Ausschuß für nichtstaatliche Organisationen, für geeignet hält, im Einzelfall nützliche Beiträge für die Arbeit des Wirtschafts- und Sozialrates, seiner Unterorgane oder andere Einrichtungen der Vereinten Nationen innerhalb ihrer Kompetenz zu leisten.[43] Mit der Resolution 1996/31 des ECOSOC wurde auch regionalen und nationalen NGOs der Zugang zu den Vereinten Nationen eröffnet.

An die Einordnung der NGOs in diese Kategorien knüpfen sich unterschiedliche Mitwirkungsrechte an. Alle NGOs erhalten zwar jeweils die vorläufige Tagesordnung des Wirtschafts- und Sozialrates übermittelt,[44] jedoch nur NGOs der Kategorie I können ihrerseits dem Ausschuß für NGOs[45] vorschlagen, den Generalsekretär aufzufordern, Punkte ihres besonderen Interesses auf die vorläufige Tagesordnung zu setzen. NGOs der ersten und zweiten Kategorie können autorisierte Vertreter benennen, die als Beobachter öffentlichen Sitzungen des Rates und seiner Unterorgane beiwohnen dürfen. Verteter der in der Liste *(Roster)* geführten NGOs können bei der Behandlung von Angelegenheiten, die in ihren Kompetenzbereich fallen, in diesen Sitzungen anwesend sein.[46] Die Einreichung schriftlicher Stellungnahmen, die für den Rat von Bedeutung sind, ist vornehmlich NGOs der Kategorien I und II möglich. Aber auch NGOs der Liste können schriftliche Stellungnahmen abgeben und zu solchen vom Generalsekretär in Abstimmung mit dem Vorsitzenden des Rates oder des Ausschusses für NGOs eingeladen werden. Die Stellungnahmen müssen vom Generalsekretär an die Mitglieder des Wirtschafts- und Sozialrates weitergeleitet werden, es sei denn, sie sind inhaltlich überholt, behandeln schon erledigte Angelegenheiten oder wurden bereits in anderer Form übermittelt. In vollem Wortlaut werden nur Stellungnahmen bestimmter Länge übermittelt, wobei den NGOs der Kategorie I eine längere Stellungnahme erlaubt ist, als denen der Kategorie II und den auf der Liste aufgeführten NGOs. Im übrigen sehen die Regeln die Einhaltung weiterer Formalien vor.[47] Auch bezüglich der Anhörungen durch den Wirtschafts- und Sozialat oder seine Unterorgane gelten für die NGOs der verschiedenen Kategorien unterschiedliche Regelungen. Hervorzuheben ist hier, daß NGOs der ersten Kategorie, wenn sie vom Ausschuß für nichtstaatliche Organisationen dem Rat zur Anhörung empfohlen werden, das Recht haben *(shall be entitled)*, in einer einmaligen Erklärung ihren Standpunkt darzulegen, vorausgesetzt, der Rat oder das betreffende Unterorgan stimmt dem zu.[48] Entsprechende Regelungen gelten für die Konsultation von NGOs durch Kommissionen und andere Unterorgane des Wirtschafts- und Sozialrates.[49]

---

[43] Vgl. dazu Teil I der Regelungen über die Konsultation nichtstaatlicher Organisationen, ECOSOC Res. 1296 (XLIV) vom 23. 5. 1968.

[44] Siehe dazu und zum folgenden Teil IV Abs. 20 f der Regelungen über die Konsultation nichtstaatlicher Organisationen (Anm. 43).

[45] Der Ausschuß für nichtstaatliche Organisationen ist das vorrangige Unterorgan des Wirtschafts- und Sozialrates für die Beziehungen zu den NGOs. Vgl. dazu *Lagoni*, in: *Simma* (ed.), The United Nations Charter, 905 (909).

[46] Siehe dazu Teil IV Abs. 22 der Regelungen über die Konsultation nichtstaatlicher Organisationen (Anm. 43).

[47] Vgl. dazu Teil IV Abs. 23 und 24 der Regelungen über die Konsultation nichtstaatlicher Organisationen (Anm. 43).

[48] Vgl. dazu Teil IV Abs. 25 der Regelungen über die Konsultation nichtstaatlicher Organisationen (Anm. 43).

[49] Vgl. Teil V der Regelungen über die Konsultation nichtstaatlicher Organisationen (Anm. 43).

Auf regionaler Ebene ist auf die enge Zusammenarbeit des Europarates mit NGOs hinzuweisen, die in den Formen im großen und ganzen denen des Wirtschafts- und Sozialrates entspricht.[50] Der den genannten NGOs mit diesen Rechten verliehene Status ist widerruflich und kann unter bestimmten Umständen auch befristet suspendiert werden. Widerruf oder Suspendierung können erfolgen, wenn eine NGO den in Res. 1296 (XLIV) niedergelegten, mit dem Konsultativstatus verbundenen Verpflichtungen nicht nachgekommen ist. Widerruf oder Suspendierung müssen erklärt werden bei bestimmten erheblichen Verstößen gegen die Regeln, so z. B. bei Mißbrauch des Konsultativstatus.[51]

b) Aus dem vorgestellten Befund ergibt sich, daß Art. 71 Charta der VN weder seinem Wortlaut nach noch in seiner Zielsetzung Anhaltspunkte dafür liefert, daß NGOs als Ansprechpartner für Konsultationen durch den Wirtschafts- und Sozialrat oder seine Unterorgane in dieser Funktion die Stellung von funktional beschränkten Völkerrechtssubjekten erhalten sollten. Die Anwendungspraxis zu Art. 71 Charta der VN zeigt aber, daß der Wirtschafts- und Sozialrat, seine Unterorgane, aber auch Sonderorganisationen der Vereinten Nationen die für Konsultationen vorgesehenen NGOs nicht lediglich als Objekte behandeln, sondern ihnen gewisse Mitwirkungsrechte einräumen, sie also als Subjekte anerkennen – allerdings nicht als Subjekte von Rechten und Pflichten des Völkerrechts als Primärrecht, sondern als Subjekte von – widerruflichen – Rechten und sanktionsfähigen Pflichten autonomen Sekundärrechts, das von diesen Organisationen im Rahmen ihrer Kompetenz gesetzt wird.[52] Ihr Status ist dann aber insoweit mittelbar in die Völkerrechtsordnung einbezogen. Man könnte diesen Status mit dem Begriff einer beschränkten, sekundären oder mittelbaren Völkerrechtssubjektivität umschreiben.[53]

4. a) Eine besondere Rolle spielen NGOs im humanitären Bereich, namentlich im internationalen Menschenrechtsschutz,[54] sowie im internationalen Umweltschutz.[55] Dabei sind sie sowohl an der Rechtsdurchsetzung wie auch an der Rechtssetzung beteiligt.[56]

So räumen die Verfahrensregeln des Ausschusses für die Verhinderung von Diskriminierung und den Schutz von Minderheiten, eines Unterausschusses der Menschenrechtskommission der VN, die ihrerseits ein Unterorgan des Wirtschafts- und Sozialrates ist, NGOs das Recht ein, im Namen von Opfern schwerer, systematischer Menschenrechtsverletzungen Beschwerden einzureichen.[57] Auch

---

[50] Vgl. dazu näher *A. Drzemezewski*, The Role of NGOs in Human Rights Matters in the Council of Europe, HRLJ 8 (1987), 273 ff (275 ff); *M. A. Nowicki*, NGOs before the European Commission and the Court of Human Rights, Netherlands quarterly of human rights 14 (1996), 289 ff; *M. Roth*, Zur Mitwirkung von Nichtregierungsorganisationen – Gemeinsames Engagement zum Schutz der Menschenrechte, in: *U. Holtz*, 50 Jahre Europarat, 2000, 159 ff.

[51] Vgl. Part VIII of the Arrangements for Consultation with Non-Governental Organizations, Abs. 35 ff, ECOSOC Res. 1296 (XLIV) vom 23. 5. 1968.

[52] Vgl. dazu *Mosler*, ZaöRV 22 (1962), 45, der zutreffend darauf hinweist, daß der durch die Regelungen bzw. auch durch vertragliche Abmachungen über Konsultationen von NGOs durch zwischenstaatliche Organisationen geschaffene Konsultativstatus der NGOs dem „internen Verbandsrecht" dieser Organisationen angehört. „Sie unterstehen also der Sonderrechtsordnung der betreffenden zwischenstaatlichen Organisationen. Sie sind weder unmittelbar völkerrechtlicher Natur noch haben sie – das ist selbstverständlich – etwas mit einer nationalen Rechtsordnung zu tun. Da aber das gesamte interne Gemeinschaftsrecht auf dem Gründungsvertrag der Organisation beruht, sind diese Rechtsbeziehungen indirekt in die Völkerrechtsordnung einbezogen."

[53] Dazu auch *Lagoni*, in: *Simma* (ed.), The United Nations Charter, 913.

[54] Siehe dazu u. a. *Weissbrodt*, Tex. Int'l L. J. 12 (1977), 293 ff; *McCarthy/Weissbrodt*, VJIL 22 (1981), 1 ff; *Macalister-Smith*, in: FS *Bernhardt*, 477 ff; *A. Liese*, Menschenrechtsschutz durch Nichtregierungsorganisationen, Aus Politik und Zeitgeschichte (1998) B 46/B 47, 36 ff.

[55] Siehe z. B. C. *Giorgetti*, The role of nongovernmental organizations in the climate change negotiations, Colorado Journal of International Environmental Law and Policy 9 (1998), 115 ff; *Riedinger*, passim.

[56] *Nowrot*, 590 f.

[57] Vgl. Res. 1 (XXIV) of the Subcommission on Prevention of Discrimination and Protection of Minorities Doc. E/CN.4/1070, 50, in Verbindung mit ECOSOC Res. 1503 (XLVIII) vom 27. 5. 1970, Doc. E/48/32/Add.1.

die Verfahrensregeln der Menschenrechtskommission der VN selbst sehen in den Regeln 75 und 76 Konsultationen von NGOs entsprechend dem sonst geübten Verfahren des Wirtschafts- und Sozialrates vor, nach dem den NGOs eine Rechtssubjektstellung sekundären Rechts eingeräumt wird. Gemäß Res. 104 EX/3 des Exekutivausschusses der UNESCO haben NGOs das Recht, dem Ausschuß für Konventionen und Empfehlungen *(Committee on Conventions and Recommendations)* nicht nur im eigenen Namen, sondern auch für Dritte, die Opfer von Menschenrechtsverletzungen im Zuständigkeitsbereich der UNESCO geworden sind, Eingaben einzureichen.[58] Einen Konsultativstatus genießen NGOs auch aufgrund der Verfahrensregeln über die Zusammenarbeit des Hochkommissars der VN für das Flüchtlingswesen mit NGOs.[59] In diesem Zusammenhang ist auf die wachsende Bereitschaft internationaler Gerichte hinzuweisen, NGOs als *amici curiae* zuzulassen mit dem Ziel, deren Expertise für eine vertiefte Aufklärung des anhängigen Streitfalles unter dem Gesichtspunkt des „öffentlichen Interesses" zu nutzen.[60]
Nach Art. XI Abs. 7 des Washingtoner Artenschutzabkommens (CITES)[61] können NGOs auch hier einen Beobachterstatus erhalten. An der Durchsetzung dieses Abkommens sind NGOs beteiligt, indem sie die nach dem Abkommen vorgesehenen Staatenberichte überprüfen, um den abkommenswidrigen Import oder Export in den Listen aufgeführter Arten aufzuspüren.[62]

Im Bereich des Menschenrechtsschutzes finden sich zudem Beispiele dafür, daß NGOs aufgrund vertraglicher Vereinbarung eine – wenn auch sehr beschränkte – eigene Rechtsstellung zuerkannt wird.

So sieht Art. 23 der ILO-Satzung vor, daß Arbeitgeber- und Arbeitnehmervereinigungen bei der ILO mit Hinweisen darauf vorstellig werden können, Mitgliedstaaten der ILO verletzten Vorschriften von Verträgen, deren Parteien sie sind.[63] Auf regionaler Ebene haben im Rahmen der Europäischen Konvention für Menschenrechte (EMRK) nichtstaatliche Organisationen oder Personenvereinigungen gemäß Art. 34 das Recht, Beschwerde über Verletzungen eines eigenen, ihnen in der EMRK garantierten Rechts beim Europäischen Gerichtshof für Menschenrechte zu erheben.[64] Noch weiter geht die Amerikanische Menschenrechtskonvention (AMRK), die in Art. 44 nicht nur Opfern von

---

[58] Vgl. zu diesen Verfahren *J. Delbrück*, Non-judicial Procedures of Enforcement of Internationally Protected Human Rights with Special Emphasis on the Human Rights Practice of UNESCO, in: *J. Delbrück/D. Rauschning/W. Rudolf/Th. Schweisfurth* (Hrsg.), Neuntes deutsch-polnisches Juristen-Kolloquium, 1992, 31 ff (42 f).

[59] Vgl. dazu *G. Jaeger*, Participation of Non-Governmental Organizations in the Activities of the United Nations High Commissioner for Refugees, in: *P. Willetts*, Pressure Groups in the Global System, 1982, 171 ff; *Hobe*, 163; umfassend zu diesem Komplex *Olz*, 326 f.

[60] Vgl. dazu *D. Shelton*, AJIL 88 (1994), 611 ff auch zur Beteiligung der NGOs am *Südwestafrika*-Fall 1950 vor dem IGH. Die Möglichkeit, auf Mitteilungen von NGOs zurückzugreifen, steht dem Jugoslawien-Tribunal nach Regel 74 seiner Verfahrensordnung zu, Rules of Procedure and Evidence, abgedruckt in: *K. Oellers-Frahm/A. Zimmermann*, Dispute Settlement in Public International Law, 2nd ed., 2001, 1798 (1833); sie wurde beispielsweise im Fall *Blaskic* genutzt. Ebenso soll der Internationale Strafgerichtshof nach Regel 103 der Verfahrensordnung u. a. auf Mitteilungen von NGOs zurückgreifen können, siehe Finalized Draft Text of the Rules of Procedure and Evidence of June 12–30, 2000, abgedruckt ebd., 1957 (1993); hierzu auch *W. R. Pace*, The relationship between the International Criminal Court and non-governmental organizations, in: *H. A. M. v.Hebel* (ed.), Reflections on the International Criminal Court, 1999, 189 ff.

[61] ILM 12 (1973), 1088.

[62] *E. Brown Weiss*, Strengthening National Compliance with International Environmental Agreements, Environmental Policy and Law 27 (1997), 297 ff. (301); siehe auch *R. Wolfrum*, Means of Ensuring Compliance with and Enforcement of International Environmental Law, RdC 272 (1998), 9 ff (52 f).

[63] Vgl. Text des Art. 23 ILO-Satzung, UNTS Vol. 15, 40 (84), sowie die Verfahrensregeln, Text wiedergegeben bei *M. E. Tardu*, Human Rights. The international Petition System, 1985, Vol. 1, Annexes Part II, Annex II, 4 ff.

[64] Als nichtstaatliche Organisationen i.S. des Art. 34 EMRK (ehemals Art. 25 EMRK) sind jedoch nur private Organisationen anerkannt, so *T. Zwart*, The Admissibility of Human Rights Petitions, 1994, 46 ff; *P. van Dijk/G. J. H. van Hoof*, Theory and Practice of the European Convention on Human Rights, 1990, 38 f. Vgl. jüngst auch das Zusatzprotokoll zur Europäischen Sozialcharta vom 9. 11. 1995, in dessen Art. 3 den NGOs ein kollektives Klagerecht eingeräumt wird, ILM 34 (1995), 4457.

Menschenrechtsverletzungen das Recht gibt, Beschwerde zu erheben, sondern jeder Person, jeder Gruppe von Personen und nichtstaatlichen Organisationen.[65]

In all diesen Fällen sind es völkervertragsrechtliche Normen, mit denen die Vertragsparteien NGOs unmittelbar aus dem Vertrag folgende Rechte einräumen, die bei Ausübung durch die jeweiligen Rechtsträger Verpflichtungen auf Seiten der Vertragsorgane auslösen, indem diese die eingereichten Beschwerden auf der Grundlage der Verträge und der auf ihnen beruhenden Verfahrensregeln zu bescheiden haben. Das heißt, die NGOs eingeräumten Beschwerderechte sind nicht bloße auf den entsprechenden Vertragsnormen beruhende Rechtsreflexe oder *ad hoc* widerrufbare Privilegierungen, sondern subjektive Rechte aus völkerrechtlichem Vertrag.

Im Bereich des internationalen Handelsrechts üben NGOs, wie die Internationale Handelskammer, eine Streitbeilegung zwischen Staaten und Privaten aus.[66] Zudem haben sie rechtssetzende Funktionen auf diesem Gebiet, wie z. B. bei der Gestaltung von Standardklauseln im internationalen Handelsverkehr.[67] Streitbeilegungs- und rechtssetzende Funktionen hat auch die *International Air Traffic Association*.[68] Im internationalen Umweltrecht sind die NGOs zumindest in den Rechtssetzungsprozeß mit einbezogen worden. Die Konventionen zum Schutz gegen Wüstenbildung[69] bzw. zum Schutz der biologischen Vielfalt[70] sind auf Initiative von NGOs entstanden. Das gleiche gilt für die Schaffung des Washingtoner Artenübereinkommens von 1973[71] und die Ramsar Konvention.[72] Die Zahl der Beispiele ließe sich erweitern.[73] Typisch für die gesteigerte Bedeutung von NGOs in der internationalen Rechtssetzung ist ihre Teilnahme an der Konferenz von Rio de Janeiro über Umwelt und Entwicklung, 1992, wie an den Menschenrechtskonferenzen mit Beginn der 90er Jahre des 20. Jahrhunderts.[74] Besonders einflußreich waren NGOs bei der Erarbeitung der Konvention gegen Landminen.[75] In einzelnen Fällen haben NGOs auch eine Funktion in Bezug auf die Rechtsdurchsetzung. Neben ihrer Beobachterfunktion bei den Vertragsgremien sind ihnen, beispielsweise in den Systemen der Ramsar Konvention[76] bzw. des Washingtoner Artenschutzübereinkommens[77] konkrete Aufgaben hinsichtlich der Durchsetzung zuerkannt worden.[78] In der Praxis beobachten sie die Vertragserfüllung der Vertragsstaaten und können Defizite in diesem Bereich auf die internationale Ebene tragen.[79]

c) Die Anerkennung von NGOs als wesentliche Teilnehmer an der internationalen Rechtssetzung bzw. Rechtsdurchsetzung[80] führt nicht zu ihrer Anerkennung als partielle Völkerrechtssubjekte. Eine derartige Anerkennung, wie sie in früheren Diskussionen und Vertragsentwürfen seitens nichtstaatlicher Organisationen und u. a. auch vom Institut de Droit International vorgeschlagen wurde,[81] ist auch in der bisher nicht in Kraft getretenen

---

[65] Vgl. dazu *Th. Buergenthal*, International Human Rights, 1995, 200; *J. A. Frowein*, The European and American Conventions on Human Rights: A Comparison, HRLJ 1 (1980), 44 ff (64).

[66] *K.-H. Böckstiegel*, Arbitration of Disputes Between States and Private Enterprises in the International Chamber of Commerce, AJIL 59 (1965), 579; *ders.*, Die neue Schiedsgerichtsordnung der Internationalen Handelskammer, NJW 1977, 463; *Hobe*, 164.

[67] *R. Stödter*, International Chamber of Commerce, EPIL II, 1066 (1068).

[68] *K. Hailbronner*, IATA, EPIL II, 1047 f.

[69] ILM 33 (1994), 1328.

[70] ILM 31 (1992), 822.

[71] *Convention on International Trade in Endangered Species of Wild Fauna and Flora* (CITES), BGBl II 1975, 777.

[72] *Convention on Wetlands of International Importance*, ILM 26 (1987), 1529.

[73] Siehe dazu *Wedgwood* (Anm. 42), 25 ff.

[74] Ausführlich hierzu *Thürer* (Anm. 24), 45 f.

[75] *Nowrot*, 592 f; *K. Anderson*, The Ottawa Convention Banning Landmines, the role of international non-governmental organizations and the idea of international civil society, European Journal of International Law 11 (2000), 91 ff.

[76] Vgl. Anm. 75.

[77] Vgl. Anm. 75.

[78] *Hobe*, 166 mwN.

[79] *Nowrot*, 596 f.

[80] *C. Ku*, The developing role of NGO's in global policy and law making, in: *H. Chiu*, Hungdah Proceedings of the International Law Association first Asian-Pacific Regional Conference, 1996, 408 ff; *J. Fagot Aviel*, NGOs and international affairs: a new dimension of diplomacy, in: *J. P. Muldoon*, Multilateral diplomacy and the United Nations today, 1999, 156 ff.

[81] Siehe dazu oben Anm. 1 mwN.

Konvention des Europarates von 1986[82] nicht vorgesehen. Zwar verpflichten sich die Konventionsparteien dazu, NGOs, die in einem Vertragsstaat Rechtssubjektivität nach dessen Rechtsordung erlangt haben, auch ihrerseits als Rechtssubjekte anzuerkennen, jedoch ist damit nicht beabsichtigt, ihnen Völkerrechtssubjektivität einzuräumen.[83] Das Ziel dieser Konvention ist bescheidener: sie will durch die Anerkennung der Rechtsstellung der NGOs in den nationalen Rechtsordnungen der Konventionsstaaten diesen Organisationen die Arbeit erleichtern. Nicht aber beabsichtigen die Vertragsparteien, den Status der NGOs dem zwischenstaatlicher Organisationen anzugleichen und ihnen etwa die Privilegien und Immunitäten zuzugestehen, wie sie den zwischenstaatlichen Organisationen eingeräumt sind.

III. Insgesamt ist festzustellen, daß die Rolle und Bedeutung der NGOs in den vergangenen Jahrzehnten ganz erheblich gewachsen ist. Dies spiegelt sich in einer zunehmenden Zahl von Regelungen im völkerrechtlichen Primärrecht, vor allem aber im internen Recht zwischenstaatlicher Organisationen, also in dem dem Völkerrecht im weiteren Sinne zugehörigen Sekundärrecht wider, die NGOs teils als abgeleitete und eng begrenzte Völkerrechtssubjekte, teils als Rechtssubjekte des Sekundärrechts ausweisen. Daraus ist zu folgern, daß entsprechend der ganz herrschenden Auffassung eine Regel des allgemeinen Völkerrechts noch nicht besteht, die NGOs den Status von Völkerrechtssubjekten zuerkennt. Im übrigen ist aber dem geltenden Recht zu entnehmen, daß die internationale Praxis auf dem Weg der Erweiterung des Kreises der Völkerrechtssubjekte voranschreitet. Die oben angeführten Befunde machen deutlich, daß prinzipielle, dogmatische Einwände gegen eine im Einzelfall zu vollziehende Anerkennung von NGOs als Subjekte auch des Völkerrechts nicht gesehen werden. Vielmehr zeigt die wachsende Regelungsdichte im Bereich der die Beziehungen zwischen NGOs und zwischenstaatlichen Organisationen sowie mit Staaten regelnden Normen, in welchem Maße letztere die vielfältige Tätigkeit der NGOs auch rechtlich in den Blick genommen haben. Von einer mangelnden völkerrechtlichen Relevanz nichtstaatlicher Organisationen kann somit heute nicht mehr die Rede sein.[84]

§ 108 Die multinationalen und internationalen Unternehmen

Schrifttum: *H. Angelo*, Multinational Enterprise, RdC 125 (1968 III), 443 ff; *D. F. Vagts*, The Multinational Enterprise: A New Challenge for Transnational Law, Harvard Law Review 83 (1969/70), 739 ff; *K.-H. Böckstiegel*, Der Staat als Vertragspartner ausländischer Privatunternehmen, 1971; *D. F. Vagts*, The Global Corporation and International Law, JILE 6 (1972), 247 ff; *UN Centre on Transnational Corporations* (ed.), Multinational Corporations in World Development (UN Doc. ST/ECA/190), 1973; *R. Hellmann*, Transnational Control of Multinational Corporations, 1977; *K.-R. Simmonds*, Legal Problems of Multinational Corporations, 1977; *L. D. Wildhaber*, Multinationale Unternehmen und Völkerrecht, Berichte der Deutschen Gesellschaft für Völkerrecht 18 (1978), 7 ff; *B. Großfeld*, Multinationale Unternehmen und Nationale Souveränität, JuS 18 (1978), 73 ff; *B. Großfeld/U. Hübner*, Erklärung und Leitsätze der OECD für multinationale Unternehmen, ZGR 1978, 178 ff; *D. A. Ijalaye*, The Extension of Corporate Personality in International Law,

---

82 Vgl. Anm. 1; vgl. dazu *Olz*, 319.

83 So zutreffend *Wiederkehr*, 750.

84 Vorsichtig in diese Richtung argumentieren auch *Seidl-Hohenveldern/Loibl*, Rdn. 1030; im Sinne einer wohl bereits bestehenden Völkerrechtssubjektivität der NGOs *Lador-Lederer*, ZaöRV 23 (1963), 657 ff. Aus grundsätzlicher Perspektive im Sinne einer potentiellen Völkerrechtsfähigkeit von NGOs *Mosler*, ZaöRV 22 (1962), 45 f; positiv *Hobe*, 174; *Hempel*, 190 ff und passim; vorsichtig, aber in diesem Sinne *Riedinger*, 313 ff; zum Ganzen auch *J. Delbrück*, Structural Changes in the International System and its Legal Order: International Law in the Era of Globalization, SZIER 1(2001), 1 ff (21 ff); etwas vage *Rechenberg*, EPIL III, 617.

1978; *UN Center on Transnational Corporations*, Transnational Corporations in World Development: A Re-Examination (UN Doc. E/C.10/38), 1978; *H. W. Baade*, The Legal Effects of Codes of Conduct for Multinational Enterprises, GYIL 22 (1979), 11 ff; *J. Kuusi*, The Host State and the Transnational Corporation. An Analysis of Legal Relationships, 1979; *M. Horn* (ed.), Legal Problems of Codes of Conduct for Multinational Enterprises, 1980; *B.-O. Bryde*, Internationale Verhaltensregeln für Private, 1981; *H. Frank*, International Code of Conduct on Transfer of Technology: Some Basic Observations from a Transnational Enterprise's Viewpoint and some Related Conclusions, GYIL 24 (1981), 367 ff; *K. Hailbronner*, Völkerrechtliche und staatsrechtliche Überlegungen zu Verhaltenskodizes für transnationale Unternehmen, in: *I. von Münch* (Hrsg.), Festschrift für *H.-J. Schlochauer*, 1981, 329 ff; *P. S. Sangal*, National and Multinational Companies: Some Legal Issues, 1981; *E. Liemen*, Erdölproduktionsverträge des Iran – Rechtsgrundlagen und Praxis der Zusammenarbeit mit transnationalen Unternehmen, 1981; *W. Fikentscher*, United Nations Code of Conduct for Multinational Enterprises: New Paths in International Law, AJCL 30 (1982), 577 ff; *J. Stoll*, Vereinbarungen zwischen Staat und ausländischem Investor, 1982; *C. D. Wallace*, Legal Control of the Multinational Enterprise, 1982; *dies.*, Control through Disclosure Legislation: Foreign Multinational Enterprises in Industrialised States, ICLQ 32 (1983), 141 ff; *R. Blanpain*, The OECD Guidelines for Multinational Enterprises and Labour Relations 1979–1982, 1983; *J. I. Charney*, Transnational Corporations and Developing Public International Law, Duke Law Journal (1983), 748 ff; *D. Kokkini-Iatridou/P. J. I. M. de Waart*, Foreign Investments in developing Countries – Legal Personality of Multinationals in International Law, NYIL 14 (1983), 87 ff; *J.-F. Lalive*, Contrats entre Etats et entreprises étatiques et personnes privées, RdC 181 (1983 III), 9 ff; *J. Robinson*, Multinationals and Political Control, 1983; *G. Schetting*, UNO-Verhaltenskodex für transnationale Unternehmen, RIW 1983, 287 ff; *I. Seidl-Hohenveldern*, Le droit applicable aux entreprises internationales communes, étatique ou paraétatiques, Rapport provisoire, in: *Annuaire Institut de Droit International* (ed.), Vol. 60, Tome I, Session de Cambridge 1983, 1 ff; *H. Steeg*, Internationale Verhaltensregeln für internationale Investitionen und multinationale Unternehmen, ZGR 1985, 1 ff; *P. Fischer*, Transnational Enterprises, EPIL IV, 921 ff; *K. Acquaah*, International Regulation of Transnational Corporations: The New Reality, 1986; *B. Großfeld*, Internationales Unternehmensrecht, 1986; *OECD* (ed.), The OECD Guidelines for Multinational Enterprises, 1986; *C. T. Ebenroth*, Code of Conduct – Ansätze zur vertraglichen Gestaltung internationaler Investitionen, 1987; *C. Rohnke*, Verhaltenskontrolle multinationaler Unternehmen durch extraterritoriale Anwendung nationalen Rechts und internationale Richtlinien. Eine Interessenanalyse unter besonderer Berücksichtigung der Entwicklungsländer, 1987; *I. Seidl-Hohenveldern*, Corporations in and under International Law, 1987; *R. Veltes*, Die Anwendung des Völkerrechts auf State Contracts in der internationalen Schiedsgerichtsbarkeit, 1987; *S. A. Metaxas*, Entreprises Transnationales et Codes de Conduite. Cadre Juridique et Questions d'Effectivité, 1988; *UN Centre on Transnational Corporations*, Transnational Corporations in World Development (UN Doc.ST/CTC/89), 1988; *N. Q. Dinh/P. Daillier/A. Pellet*, Droit International Public, 4. Aufl., 1992, 662 ff; *C. R. Kennedy, Jr.*, Relations between Transnational Corporations and Governments of Host Countries: A Look to the Future, Transnational Corporations 1 (1992), 67 ff; *U. Kischel*, State Contracts. Völker-, schieds- und internationalprivatrechtliche Aspekte des anwendbaren Rechts, 1992; *R. Weimar*, Die wettbewerbsrechtliche Bedeutung internationaler Verhaltensregeln im Weltwirtschaftsrecht, RIW 1993, 85 ff; *D. W. Bachmann*, Transnational Corporations, in: *R. Wolfrum/Ch. Philipp* (eds.), United Nations Law, Policies and Practices, Vol. 2, 1995, 1239 ff; *P. Muchlinski*, Multinational Enterprises and the Law, 1995; *UNCTAD Division on Transnational Corporations and Investment*, Transnational Corporations and World Development, 1996; *dies.*, Companies without Borders: Transnational Corporations in the 1990s, 1996; *S. Joseph*, Taming the Leviathans: Multinational Enterprises and Human Rights, NILR 46 (1999), 171 ff; *D. Thürer*, The Emergence of Non-Governmental Organizations and Transnational Enterprises in International Law and the Changing Role of the State, in: *R. Hofmann* (ed.), Non-State Actors as New Subjects of International Law, 1999, 37 ff; *M. T. Kamminga*, Holding multinational Corporations Accountable for Human Rights Abuses: A Challenge for the EC, in: *P. Alston* (ed.), The EU and Human Rights, 1999, 553 ff; *R. Blanpain*, Multinational Enterprises and the Social Challenges of the XXIst Century: The ILO Declaration on Fundamental Principles at Work. Public Private Corporate Codes of Conduct, 2000; *K. Schmalenbach*, Multinationale Unternehmen und Menschenrechte, AVR 39 (2001), 57 ff.

I. Nach einer im Vordringen befindlichen,[1] jedoch noch umstrittenen Auffassung, gehören zum Kreis der nichtstaatlichen, körperschaftlichen Wirkungseinheiten, die eine beschränkte Völkerrechtssubjektivität besitzen bzw. besitzen können, auch die sog. multi- oder transnationalen Unternehmen. Diese Unternehmen sind, wie bereits ausgeführt,[2] aufgrund ihrer wirtschaftlichen und finanziellen Macht zu gewichtigen Akteuren im internationalen System geworden,[3] und so ist es nur folgerichtig, wenn im Völkerrecht der Gegenwart die Frage nach dem rechtlichen Status dieser Unternehmen gestellt und zunehmend im Sinne einer funktionell beschränkten Völkerrechtssubjektivität beantwortet wird.[4] Daß es bis heute nicht zu einer einhelligen Meinung in der Frage der Einordnung der multinationalen Unternehmen unter (völker-) rechtlichen Gesichtspunkten gekommen ist, liegt nicht zuletzt daran, daß es bisher nicht gelungen ist, zu einer international allgemein akzeptierten Definition dieser Erscheinungsform transnationalen bzw. sogar globalen wirtschaftlichen Handelns zu gelangen.

1. Die definitorischen Schwierigkeiten liegen darin begründet, daß es angesichts der ständig wachsenden Zahl von transnational aktiven Unternehmen immer problematischer wird, zu einer Verständigung darüber zu gelangen, welche der vielen transnational tätigen Unternehmen aufgrund welcher Kriterien – z. B. Ausmaß der Inter- oder Transnationalität, Höhe der Umsätze bei gegebener transnationaler Aktivität, Zugehörigkeit zur Gruppe der westlichen Industriestaaten usw. – zum Kreis derjenigen Unternehmen zu zählen sind, die dem seit den 1960er Jahren zunehmend positiv oder negativ wahrgenommenen Typus des multinationalen Unternehmens entsprechen.[5] Trotz dieser in theoretischer Sicht nicht ausgeräumten Probleme haben sowohl die OECD als auch die *UN Commission of Transnational Corporations* in einer pragmatischen Vorgehensweise Arbeitsdefinitionen entwickelt, die trotz mancher Vorbehalte eine Chance haben, akzeptiert zu werden (so im Falle des Verhaltenskodex der VN) bzw. schon Verwendung in der Praxis finden (so im Falle der OECD-Richtlinien).[6] So gehen die OECD-Richtlinien für Multinationale Unternehmen von folgender Definition aus: Multinationale Unternehmen bestehen gewöhnlich aus Gesellschaften oder anderen Einheiten, die in privatem, staatlichem oder gemischtem Eigentum stehen, in verschiedenen Ländern etabliert und so miteinander verbunden sind, daß eine oder mehrere der Gesellschaften nachhaltigen Einfluß auf die anderen nehmen kann und alle untereinander „know how" und Ressourcen teilen können.[7] Im Entwurf eines Verhaltenskodex der VN für transnationale Unternehmen wird ein ähnlicher Definitionsansatz verfolgt.[8] Weder in den OECD-Richtlinien noch im Entwurf eines Verhaltenskodex der VN für multinationale Unternehmen findet sich eine Eingrenzung dieser umfassenden Definitionen dahingehend, daß nur die größten multinationalen Unternehmen erfaßt werden, die landläufig mit dem Begriff des multinationalen Unternehmens und mit den zum Teil kritischen

---

[1] So zutreffend *M. Herdegen*, Internationales Wirtschaftsrecht, 2. Aufl., 1995, 58.

[2] Vgl. oben Bd. I/1, S. 15.

[3] Dazu eindrucksvoll *Wildhaber*, 8 ff mwN.

[4] Vgl. dazu *Wildhaber*, 39 ff; *Böckstiegel*, 184 ff, 197; *Herdegen* (Anm. 1), 58; *J. Detter De Lupis*, The Concept of International Law, 1987, 30; *Hummer*, in: *Neuhold/Hummer/Schreuer* (Hrsg.), Rdn. 1102.

[5] Vgl. die kritische Einschätzung dieser Kriterien von *I. Seidl-Hohenveldern*, The United Nations and Transnational Corporations, in: *K. R. Simmonds* (ed.), Legal Problems of Multinational Corporations, 1977, 43 ff (44 ff). Zur Definitionsfrage auch *Wildhaber*, 13 ff, sowie jüngst *Schmalenbach*, 59 f.

[6] Vgl. dazu *P. Sanders*, The Implementation of International Codes of Conduct for Multinational Enterprises, NILR 1981, 318 ff. Nach *Schmalenbach*, 59, ist die Definition der OECD, an der sich auch der Entwurf des *UN Code of Conduct* orientiert, heute international weitgehend anerkannt.

[7] Vgl. *OECD Guidelines for Multinational Enterprises, Annex to the Declaration of 21st June 1976 by Governments of OECD Member Countries on International Investment and Multinational Enterprises, Preamble*, para. 8, abgedruckt in: ILM 15 (1977), 969 ff.

[8] Vgl. Paragraph 1 (a) des *Proposed Text of the Draft Code of Conduct on Transnational Corporations* vom 12. 6. 1990, UN Doc. E/1990/94.

Bewertungen dieser Unternehmen verbunden werden. Eine solche – seinerzeit namentlich aus der Perspektive der Entwicklungsländer unter wirtschafts- und entwicklungspolitischen Gesichtspunkten verständliche – Eingrenzung wird angesichts der sich ausweitenden Globalisierung der Weltwirtschaft immer schwieriger und zugleich zweckwidrig, weil die mit einem Verhaltenskodex anvisierten Verhaltensmaßstäbe unter den heute obwaltenden Umständen nicht nur von besonders großen multinationalen Unternehmen zu beachten sein müßten, sondern von allen Unternehmen, die sich in den sich globalisierenden Wirtschaftsstrukturen betätigen. Der mit dem Verzicht auf eine präzisere Eingrenzung der als multinationale Unternehmen definierten Einheiten verbundene Verlust an Rechtssicherheit wird überwiegend für hinnehmbar angesehen, weil der geplante Verhaltenskodex der VN – ebenso wie die bereits seit Jahren akzeptierten OECD-Richtlinien – keine rechtliche Verbindlichkeit erlangen soll.[9]
Die Rechtsstellung solcher Unternehmen richtet sich innerstaatlich nach der Rechtsordnung, der sie durch ihren Gründungsakt unterstellt sind. Ob und inwieweit sie einen völkerrechtlichen Status einnehmen oder einnehmen können, ist nachfolgend zu prüfen.[10]

2. Unternehmen, die nach den genannten Definitionen als multinationale (oder transnationale) einzuordnen sind, gibt es in dieser spezifischen Ausformung erst in neuerer Zeit. Sie haben namentlich nach dem Ende des 2. Weltkrieges in zunehmendem Maße die Struktur der Weltmärkte zu prägen und vielfach zu beherrschen begonnen. Indes, diese Beobachtung bedarf insofern der Korrektur, als das Phänomen transnational tätiger Unternehmen in anderer Erscheinungsform durchaus schon weit früher zu beobachten war. Manche Autoren gehen gar so weit, in der Hanse, in den Augsburger Großkaufmannsunternehmen der Fugger und Welser, in dem viele Staaten und Länder umspannenden Postunternehmen Thurn und Taxis sowie in den mit hoheitlichen Funktionen ausgestatteten britischen und holländischen Handelsgesellschaften Vorläufer der heutigen multinationalen Unternehmen zu sehen.[11] In der Tat zeigen sowohl die Hanse als auch die holländischen und britischen Handelsgesellschaften Charakteristika, die einen Vergleich mit den heutigen multinationalen Unternehmen nahelegen, und dies insbesondere im Hinblick auf den politischen und internationalen Status, den diese Vorläuferunternehmen eingenommen haben.

Die Hanse war ein Bündnis von zeitweilig rund 100 Handelsstädten[12] und Kaufmannschaften. Die Gründung geht auf den Zusammenschluß der deutschen Kaufmannschaften (Hansen) unter Führung der Handelsmetropole des Nordens, Lübeck, zu Beginn der 80er Jahre des 13. Jahrhunderts in London zurück, wo bereits seit langem deutsche Kaufleute Handelsprivilegien genossen und ihren Treffpunkt in der deutschen Gildehalle besaßen.[13] Die Hanse zielte – wie ihre regionalen Vorläufer – auf den Schutz der internationalen Handelswege und die Wahrung der Handelsinteressen und Märkte durch ein einheitliches Recht sowie auf die Monopolisierung des Zwischenhandels mit

---

[9] Vgl. dazu *Sanders*, 320 f; eingehend auch *Hailbronner*, 342 ff.

[10] Siehe unten III.

[11] Vgl. dazu die Hinweise bei *Fischer*, EPIL IV, 923, sowie bei *W. Hummer*, in: *Neuhold/Hummer/Schreuer* (Hrsg.), Rdn. 1079. Ausführlich zu den historischen Vorläufern heutiger multinationaler Unternehmen *P. Fischer*, Das transnationale Unternehmen als Phänomen in der Völkerrechtsgeschichte, in: *P. Fischer* (Hrsg.), Völkerrecht und Rechtsphilosophie, Festschrift für *S. Verosta*, 345 ff.

[12] Rechnet man die nur kurzfristig der Hanse zugehörigen Städte hinzu, so wird die Zahl mit 200 angegeben, vgl. dazu die Aufstellung bei *K. Friedland*, Die Hanse, 1991, 203 f.

[13] Zu den sehr differenzierten Entwicklungssträngen der deutschen Hanse siehe näher *Friedland*, 87 ff und 125 ff; zu den deutsch-englischen Handelsbeziehungen und der Rolle der Hanse darin *T. H. Lloyd*, England and the German Hanse 1157–1611. A Study of their Trade and Commercial Diplomacy, 1991; zur Struktur der Hanse *H. Wernicke*, Die Städtehanse 1280–1418, 1983; ferner zusammenfassend unter dem Blickwinkel der Hanse und anderer Großunternehmen wie die Fugger und Welser sowie des „transnationalen" Postunternehmens Thurn und Taxis als Vorläufer der modernen multinationalen Unternehmen *Fischer* (Anm. 11), 347 ff.

Waren aus dem Norden und Nordosteuropa einerseits und Waren aus dem mediterranen, südosteuropäischen sowie fernöstlichen Raum andererseits. Gestützt auf eine eigene Flotte und intensive Kooperation mit dem deutschen Ritterorden, namentlich im Ostseeraum (Baltikum und darüber hinaus), entwickelte sich die Hanse zu einem wirtschaftlich und politisch mächtigen Verband, der – abgesehen von periodischen Versammlungen (Hansetagen), die als Beschlußorgan fungierten – ohne eigentliche institutionalisierte Organstrukturen als eigenständiger Akteur großen Einfluß auf die internationalen Beziehungen, jedoch auch auf die innere Entwicklung der sich entwickelnden Territorialstaaten, ausübte. Die Hanse führte wiederholt Krieg, u. a. gegen Dänemark, schloß Verträge mit verschiedenen Staaten und besaß das Gesandtschaftsrecht.[14]

Wirtschaftliche und politische Ziele verbanden sich auch mit der Gründung der britischen und holländischen Ostindienkompagnien. Zwar gab zunächst – ebenso wie bei der Hanse – das Interesse am Schutz der Handelsexpeditionen nach Asien und Fernost sowie an der Errichtung von Handelsmonopolen für bestimmte Waren (z. B. Gewürze) den Ausschlag für die Gründung dieser – wie zahlreicher anderer, mangels größerer Erfolge wenig bekannt gewordener – Handelskompagnien. Die politische Dimension, d. h. die Ausdehnung imperialer Macht von Europa nach Asien (Afrika und Amerika), der Handelsunternehmen trat dann alsbald neben die wirtschaftliche. Aus dieser (privat-) wirtschaftlichen und politischen Doppelrolle der britischen und der holländischen Ostindienkompagnien ergaben sich für die hier untersuchte Frage der internationalen Stellung der Handelskompagien interessante Konstellationen, aber auch Probleme und Unklarheiten.

So erfolgte die Gründung sowohl der britischen (1600) als auch der holländischen (1602) Ostindienkompagnie durch Gruppen von privaten Investoren, die die Stellung von Anteilseignern einnahmen.[15] Die körperschaftliche Rechtsstellung erwarben diese Unternehmen durch königliche *„incorporation by charter"*. Dies allein bewirkte jedoch nicht, daß die Unternehmen eine „öffentliche" Funktion erhielten. Hierfür war ausschlaggebend, daß ihnen umfassende Vollmachten, Land zu erwerben, Verträge mit den einheimischen Fürsten zu schließen und – soweit notwendig – mit militärischer Gewalt den Schutz der Interessen der Unternehmen und ihres jeweiligen Heimatstaates durchzusetzen, eingeräumt wurden. Was hier in kurzen Worten beschrieben wird, scheint auf eine klare Einbindung der Unternehmen in die staatliche Politik hinzuweisen: Die in den *„charters of incorporation"* erteilten Rechte bzw. Vollmachten scheinen daraufhin zu deuten, daß die Unternehmen jedenfalls dann als Vertreter ihrer Heimatstaaten auftreten, also im Namen der Krone handeln würden, nicht aber als selbst souveräne Einheiten, wenn es um die Ausübung hoheitlicher Funktionen wie Vertragsschlüsse, Ausübung der Ordnungsgewalt usw. ging. In der Praxis ergaben sich jedoch zumindest im 17. und 18. Jh. wiederholt Abgrenzungsprobleme: Im Hauptaktionsfeld der britischen Ostindienkompagnie – Indien und die malayische Halbinsel – gab es wiederholt jurisdiktionelle Streitigkeiten darüber, ob die ostindische Kompagnie in Gerichtsverfahren gegen sie *„sovereign immunity"* in Anspruch nehmen konnte oder als Rechtsperson privaten Rechts unter die Jurisdiktion der Gerichte fiel. Auch sonst gab es wiederholt Hinweise, daß die Kompagnie, namentlich bei Vertragsschlüssen mit den einheimischen Fürsten, als souveräne Macht eingestuft wurde. So wurde im britischen Mutterland in der zweiten Hälfte des 18. Jahrhunderts offen davon geredet, daß das Schicksal der indischen Besitzungen durch das – durch Schmiergelder gesteuerte – Stimmverhalten von Aktionären abhinge, was eine regulative Intervention der Regierung auslöste. Jedoch spätestens zu Beginn des 19. Jahrhunderts war klargestellt, daß Verträge über die Unterstellung von Territorien unter die Kontrolle der ostindischen Kompagnie für die Krone geschlossen wurden, und dieser damit die Souveränität über die betroffene Gebiete zufiel.[16] – Entsprechendes gilt

---

[14] Siehe hierzu etwa den Vertrag von Stralsund (1370) zwischen der Hanse und Dänemark, der der Hanse das Recht freier Passage durch den Sund und die Kontrolle über die Festungen einräumte, die die Heringsfischerei beherrschten. Ferner erhielt die Hanse Anspruch auf 2/3 der Einkünfte von Schonen für 15 Jahre; zum Hintergrund des Konfliktes mit Dänemark *Wernicke*, 181; zu Beispielen der Ausübung des Gesandtschaftsrechts *Lloyd*, 51.

[15] Vgl. dazu *Encyclopedia Britannica*, Vol. 18 (Macropedia), 740 f (Holland) und 743 f (England).

[16] Umfassend zur Geschichte des Völkerrechts in Ostindien *C. H. Alexandrowicz*, An Introduction to the History of the Law of Nations in the East Indies,

für die holländische Ostindienkompagnie, allerdings mit der Maßgabe, daß diese in ihren Handlungen in der Regel freier und damit gegenüber den lokalen Herrschaften stärker als eigenständige Wirkungseinheit in Erscheinung treten konnte.[17] Unabhängig von ihrer rechtlichen Stellung wurden diese Unternehmen jedoch ganz überwiegend als „verlängerter Arm" der Regierungen ihrer Heimatländer begriffen – eine Einordnung, die diese Vorläufer mit den modernen multinationalen Unternehmen verbindet.

Mit der im 19. Jahrhundert zunehmenden Ausprägung des privatkapitalistischen Charakters wirtschaftlicher Unternehmen und der damit einhergehenden Emanzipation der Unternehmen vom Staat trat die Funktion international tätiger Unternehmen als unmittelbare Vertreter ihrer Heimatstaaten in der Wahrnehmung hoheitlicher Funktionen zurück.

Doch zeigt sich das Fortwirken der älteren Praxis am Beispiel des Aufbaus der deutschen Kolonien gegen Ende des 19. Jahrhunderts durch die – privatrechtlich gegründeten – Kolonialgesellschaften, denen zwar zunächst das in Besitz genommene Land selbst gehörte und deren Wirtschaftsinteressen allein zunächst der staatliche Schutz galt – ein spätes Echo auf die Anfänge der Kolonisierung Ostindiens.[18]

Abgesehen von solchen Späterscheinungen war das 19. Jahrhundert von anders gearteten Auseinandersetzungen mit den in Gestalt von international agierenden Aktiengesellschaften auftretenden unmittelbaren Vorgängern der heutigen multinationalen Unternehmen gekennzeichnet. Sie lassen sich mit dem Schlagwort „Multinationale Unternehmen und nationale Souveränität" beschreiben. Bedenken gegen die Zulassung ausländischer Unternehmen wurden damit begründet, daß solche fremden Aktiengesellschaften zu einer Bedrohung der „Unabhängigkeit und des inneren Gleichgewichts"[19] werden könnten – ein bemerkenswertes Eingeständnis der Macht und Stärke schon dieser frühen multinationalen Unternehmen im modernen Sinne. Vor diesem Hintergrund ist *Hubers* Beobachtung aus dem Jahre 1910 zu sehen, der – seiner Zeit weit vorauseilend – feststellte, daß es internationale Handelsgesellschaften gebe, die so mächtig und einflußreich seien, daß die Zeit nicht fern sei, in der sie von den Staaten als ihresgleichen angesehen und behandelt werden würden,[20] wobei *Huber* die international tätigen Unternehmen ebenfalls in den historischen Horizont der älteren europäischen Handelskompagnien stellte. Angesichts der insoweit bis heute bestehenden Kontinuität des Phänomens international tätiger Handelsunternehmen und der Beständigkeit ihres erheblichen wirtschaftlichen und politischen Einflusses ist es nicht nur berechtigt, die älteren Unternehmen als Vorläufer der heutigen multinationalen Unternehmen einzuordnen,[21] sondern auch die Frage ihrer Stellung im

---

1967; zu den Ostindienkompagnien *J. H. W. Verzijl*, International Law in Historical Perspective, Vol. II, 1969, 39 ff; ausführlich auch *M. B. Hooker*, The East India Company and the Crown 1773–1858, in: *C. H. Alexandrowicz*, Studies in the History of the Law of Nations, Grotian Society Papers, 1968, 166 ff; insoweit nicht ganz unbedenklich die uneingeschränkte Bemerkung von *Fischer*, EPIL IV, 924, die britische Ostindienkompagnie habe über bestimmte Territorien die Stellung eines Souveräns erlangt.

[17] Vgl. die Verträge der *Vereenigde Oost-Indische Kompagnie*, in denen Bezugnahmen auf die Vertreterstellung der Kompagnie im Verhältnis zum holländischen Mutterstaat fehlen. Dennoch wird ganz einhellig davon ausgegangen, daß diese Verträge für und im Namen Hollands geschlossen wurden. Daß der holländische Staat von seiner vollen Souveränität über die von der Kompagnie verwalteten Gebiete ausging, zeigte sich spätestens in aller Deutlichkeit als diese aufgrund finanzieller Mißwirtschaft kurzerhand aufgelöst und Holland die unmittelbare Herrschaft über holländisch Ostindien übernahm. Eine völkerrechtliche Rechtsstellung dieser Kompagnien nehmen eindeutig an *Kokkini-Iatridou/de Waart*, NYIL 14 (1983), 101 ff. Zu der Stellung der britischen und – holländischen Ostindienkompagnien (u. a.) vgl. auch *I. Detter De Lupis*, The International Legal Order, 1994, 138.

[18] Vgl. hierzu *Großfeld*, JuS 18 (1978), 74 mwN.

[19] So *Großfeld*, JuS 18 (1978), 74 mwN.

[20] *M. Huber*, Beiträge zur Kenntnis der soziologischen Grundlagen des Völkerrechts und der Staatengesellschaft, JöR 4 (1910), 56 ff, Neudruck 1928, 7.

[21] Diese Sicht findet weithin Zustimmung, vgl. z. B. *Fischer*, EPIL IV, 923 f; *Hummer*, in: *Neuhold/Hummer/Schreuer* (Hrsg.), Rdn. 1079.

modernen Völkerrecht in dieser historischen Perspektive zu beantworten. Zunächst gilt es jedoch, die wirtschaftliche und politische Bedeutung der heutigen multi- bzw. transnationalen Unternehmen kurz zu skizzieren.

3. a) Die Entwicklung des modernen Typs des multi- oder transnationalen Unternehmens, vorgezeichnet in den großen anglo-amerikanischen Ölgesellschaften, begann nach dem Ende des 2. Weltkrieges unter dem vorherrschenden Einfluß der amerikanischen Wirtschaft. Dabei nahmen Auslandsdirektinvestitionen im Bereich der Rohstofferschließung und -förderung, namentlich in den Entwicklungsländern, breiten Raum ein. Die Internationalisierung der Banken und der Finanzwirtschaft folgten. Dieser Prozeß der Internationalisierung und zunehmend der Globalisierung der Weltwirtschaft hat durch die Revolution der Informations- und Kommunikationstechnologie seit den 1980er Jahren einen weiteren quantitativen und qualitativen Sprung erlebt. Nicht nur hat die Zahl der transnationalen Großunternehmen, d. h. der Unternehmen mit weltweiten Tochterunternehmen und einem Umsatz von mehr als einer Milliarde US Dollar, weiter zugenommen, sondern auch die Zahl der kleinen und mittleren transnational tätigen Unternehmen, deren Umsätze sich unterhalb der Milliardengrenze bewegen.[22] Insgesamt wurde zu Beginn der 1990er Jahre mit einer Zahl von über 37 000 transnationalen Unternehmen mit über 170 000 Tochterunternehmen gerechnet.[23] Eine strukturelle Neuerung in der Landschaft der multinationalen Unternehmen ist, daß die Zahl der multinationalen Unternehmen aus Entwicklungs- und sog. Schwellenländern angestiegen ist.[24]

b) Die größten der multinationalen Unternehmen erzielen Umsätze in einer Größenordnung, die das Bruttosozialprodukt einer großen Zahl von, wenn nicht sogar der meisten Staaten[25] der Welt übersteigt. Gibt allein diese Tatsache den betreffenden Unternehmen beachtliches wirtschaftliches und politisches Gewicht, so wird dieses Gewicht noch dadurch gesteigert, daß ein wesentlicher Anteil der wirtschaftlichen Betätigung der multinationalen Unternehmen nach wie vor im Bereich der Auslandsdirektinvestitionen in Entwicklungsländern liegt, wenn auch in jüngerer Zeit ein Trend zur Bevorzugung von Auslandsinvestitionen in industrialisierten Staaten zu beobachten ist.[26] Das ökonomische Übergewicht als solches und die Abhängigkeit der Entwicklungsländer von wirksamen Investitionen haben in der Vergangenheit, namentlich im Falle der unabhängig gewordenen ehemaligen Kolonialgebiete, zu Machtasymmetrien geführt, die den Ruf nach internationaler Kontrolle über die wirtschaftlichen Transaktionen der multinationalen Unternehmen haben laut werden lassen. Dies gilt auch heute noch, obwohl insgesamt eine ausgewogenere, weniger ablehnende Haltung auch unter den Staaten der Dritten Welt Platz gegriffen hat. Neben den Nachteilen, die mit den transnationalen Aktivitäten verbunden sind, so etwa „monopolistische bzw. oligopolistische Praktiken, Unterlaufen nationaler Wirtschaftsplanung und Konjunkturpolitik, Verlegung von Produktionsstätten zur Vermeidung von Lohnforderungen und Streiks, Abführung von Gewinnen in ‚Steueroasen‘ oder Repatriierung von Profiten

---

22 Vgl. dazu die Angaben in *United Nations Commission on Transnational Corporations* (UNCTC), Transnational Corporations in World Development: Trends and Prospects, Executive Summary, 1988, 16 ff.

23 Vgl. die Angaben des Assistant Director, Research and Policy Analysis Branch of the Division on Transnational Corporations and Investment of the UNCTAD, UN Doc. E/1994/32, 5; der World Investment Report der UNCTAD 2001 geht sogar von ca. 60 000 Muttergesellschaften und 820 000 Tochterunternehmen aus vgl. *UNCTAD*, World Investment Report 2001, 9.

24 Der Bericht der *UNCTC*, Transnational Corporations in World Development, Trends and Prospects, 1988, 38 nennt allein unter den größten multinationalen Unternehmen 17 aus Entwicklungs- und Schwellenländern, davon 6 aus der Republik (Süd-) Korea; ebenso UN Doc. E/1994/32, 5.

25 So der Bericht der *UNCTC*, Transnational Corporations, 16.

26 Siehe dazu den Bericht der *UNCTC*, Transnational Corporations, 74 ff.

ohne Reinvestition im Gaststaat; Korruption lokaler Behörden, Umweltschädigung",[27] werden die Vorteile für die Gaststaaten deutlicher hervorgehoben: „Transfer von Technologie, Kapital und organisatorischem Know-How; Industrialisierung und Verbesserung der Infrastruktur; weltweites Vertriebs- und Servicenetz; Schaffung von Arbeitsplätzen ...".[28] Aber wie auch immer Funktion und Wirkung multinationaler Unternehmen eingeschätzt wurden und werden, ihre Macht und ihr Einfluß ist weithin dadurch dokumentiert, daß sie in der Lage waren und sind, mit den Staaten, in denen sie Investitionen vornehmen, die Bedingungen, namentlich den Schutz der Investitionen vor Enteignungen, Fragen der Rückführbarkeit von Gewinnen in den Sitzstaat des Unternehmens und Regelungen für die Beilegung von Streitigkeiten vertraglich zu vereinbaren, also zumindest *de facto* als gleichgeordneter Partner der Staaten aufzutreten. In welchen rechtlichen Formen die Beziehungen zwischen den Staaten und multinationalen Unternehmen im einzelnen in der Staatenpraxis gestaltet wurden, insbesondere welche rechtliche Bedeutung den in vielen Verträgen zwischen diesen Unternehmen und Staaten, in denen sie investieren, festgelegten Streitbeilegungsregelungen zukommt und welche Folgerungen für den internationalen Status der multinationalen Unternehmen hieraus zu ziehen sind, ist im folgenden darzulegen.

II. Multinationale Unternehmen unterliegen als privatrechtliche Wirkungseinheiten – wie immer im einzelnen ihre rechtliche Gestaltung aussehen mag – dem nationalen Recht ihres Sitzstaates.[29] Insoweit sind multinationale Unternehmen wie natürliche Personen rechtsunterworfen und stehen zu „ihrem" Staat in einem Unterordnungsverhältnis. Aufgrund ihrer internationalen bzw. globalen Ausrichtung treten sie jedoch nicht nur ihrem Sitzstaat gegenüber, sondern auch anderen Staaten, in denen sie ihre wirtschaftliche Tätigkeit ausüben – sei es unter unmittelbarem Einsatz ihres finanziellen und technischen Kapitals, sei es im Wege der Gründung von Tochtergesellschaften oder Beteiligungen an Unternehmen, die mit Hilfe der ausländischen Investition gegründet werden. Grundsätzlich gilt auch insoweit, daß das Recht des Gaststaates die Transaktionen des ausländischen Unternehmens regelt. Es sind dies jedoch die Situationen, in denen multinationale Unternehmen zur Regelung der mit ihrem Auslandsengagement zusammenhängenden Probleme in eine besondere Beziehung zu dem Gaststaat treten, es sei denn, daß ihr Heimatstaat im Rahmen eines Freundschafts- und Schiffahrtsvertrages oder im Wege eines speziellen bilateralen Investitionsschutzvertrages völkerrechtliche Abmachungen zugunsten „seines" multinationalen Unternehmens getroffen hat. In diesem Fall stellt sich die Frage nach einem möglichen internationalen Rechtsstatus des multinationalen Unternehmens gegenüber dem Gaststaat nicht. Es genießt lediglich den aufgrund völkerrechtlicher Verpflichtung des Gaststaates garantierten Schutz ohne eine eigene, völkerrechtsunmittelbare Rechtsstellung zu erlangen.

Insoweit indes multinationale Unternehmen selbst unmittelbar in Beziehungen zum Gaststaat treten, sind es drei Sachbereiche, die unter völkerrechtlichem Aspekt im Hinblick auf den internationalen Status dieser Unternehmen von besonderem Interesse sind: Zum einen handelt es sich um die Begründung vertraglicher Bindungen zwischen dem Gaststaat und einem multinationalen Unternehmen und damit um die Frage, welcher Rechtsordnung – dem nationalen Recht des Gaststaates, dem Völkerrecht oder möglicherweise einer dritten Rechtsordnung eigener Art – ein entsprechender Vertrag zuzuordnen ist. Zum anderen geht

---

[27] So *Hummer*, in: *Neuhold/Hummer/Schreuer*, Rdn. 1081; auch *Fischer*, EPIL IV, 921 (924).

[28] *Hummer*, in: *Neuhold/Hummer/Schreuer*, Rd. 1080; *Fischer*, EPIL 8, 518. Zum Einfluß der Multinationalen Unternehmen auf den Menschenrechtsstandard in Entwicklungsländern vgl. *W. H. Meyer*, Human Rights and MNCs: Theory Versus Quantitative Analysis, Human Rights Quarterly 18 (1996), 368 ff.

[29] *Thürer*, 47; BGHZ 97, 269; der IGH spricht im *Barcelona Traction*-Fall nur dem Gründungs- oder dem Sitzstaat das Recht zum diplomatischen Schutz der Gesellschaft zu, ICJ Reports 1970, 39 (43).

es um die rechtliche Einordnung von solchen vertraglichen Vereinbarungen, die das Verfahren gegebenenfalls notwendig werdender Streitbeilegung betreffen. Und drittens geht es schließlich um die Frage, in welcher Weise die Staatenpraxis das Problem einer wirksamen Kontrolle über die Aktivitäten multinationaler Unternehmen zu lösen versucht hat. Auch hier ist insbesondere von Interesse, welcher Status multinationaler Unternehmen dabei zugrundegelegt wird, d. h. werden Kontrollregelungen so konzipiert, daß ihre Um- und Durchsetzung letztlich oder sogar ausschließlich der Hoheitsgewalt des jeweiligen Gaststaates obliegen soll, oder werden multinationale Unternehmen unmittelbar als Adressaten völkerrechtlicher Kontrollregelungen eingeordnet.

1. a) In vielen Fällen stellten sich die vertraglichen Vereinbarungen zwischen Gaststaaten und multinationalen Unternehmen als reine Konzessionsverträge dar, in denen dem ausländischen Unternehmen das Recht eingeräumt wird, bestimmte Rohstoffvorkommen unter bestimmten Bedingungen abzubauen oder bestimmte öffentliche Dienstleistungen (Aufbau und Betrieb von Verkehrseinrichtungen, Energieversorgungsunternehmen und ähnlichem) zu übernehmen. Zu einem wesentlichen Teil wurden diese Verträge dem innerstaatlichen Recht des Gaststaates unterstellt und häufig als *„contracts“* bezeichnet, womit deutlich unterstrichen wurde, daß es sich um keinen internationalen, d. h. möglicherweise dem Völkerrecht unterfallenden, „Vertrag“ handelte.[30] Zu einem anderen Teil wiesen Konzessionsübereinkünfte aber auch eine komplexere Natur auf. Den konzessionierten Unternehmen wurden nicht nur Abbau von Rohstoffen, Aufbau und Betrieb von öffentlichen Dienstleistungseinrichtungen im Rahmen und unter der hoheitlichen Kontrolle des Gaststaates übertragen, sondern den Unternehmen selbst wurden auch hoheitliche Regelungsbefugnisse eingeräumt – nicht unähnlich der frühen Praxis im Verhältnis von Staat und Kolonialgesellschaften. Für die Kennzeichnung des Status von multinationalen Unternehmen im Falle der Übernahme öffentlicher Aufgaben im Rahmen von Konzessionsgewährungen hat sich in jüngerer Zeit der Begriff der „funktionellen Staatlichkeit“ durchzusetzen begonnen.[31] In der Folge solcher Aufgabenübertragungen haben entsprechende Vereinbarungen auch die Befreiung der Unternehmen von bestimmten gesetzlichen Vorschriften und die Einräumung von „Immunitäten und Privilegien ähnlich jener der Diplomaten“[32] vorgesehen. Dieser Befund deutet darauf hin, daß multinationale Unternehmen in den geschilderten Konstellationen auf der Grundlage der Gleichordnung dem Gaststaat gegenübertreten.[33] Zutreffend ist diese Internationalisierung des Konzessionsvertrages – dem Begriff der Übernahme von Aufgaben „funktioneller Staatlichkeit“ entsprechend – als eine „funktionelle“ bezeichnet worden.[34] Dieser Typus von Übereinkünften zwischen Gaststaaten und multinationalen Unternehmen ist allerdings mit dem gewachsenen Selbstbewußtsein und der wirtschaftlichen Entwicklung einer Reihe von Entwicklungsländern rückläufig. Inzwischen werden die wirtschaftlichen Großprojekte von zu diesem Zweck unter ausländischer Kapitalbeteiligung gegründeten einheimischen Unternehmen durchgeführt.[35]

---

[30] Zu den verschiedenen Bezeichnungen und zur Rechtsnatur solcher Konzessionsgewährungen vgl. *Fischer*, EPIL I, 715 ff.

[31] So etwa *Verdross/Simma*, § 448, die die Übernahme von Aufgaben „funktioneller Staatlichkeit“ jedoch rechtlich nur dahingehend werten, daß multinationale Unternehmen in solchem Falle „an die Schwelle zur Völkerrechtssubjektivität“ versetzt werden. Weitergehend *Hummer*, in: *Neuhold/Hummer/Schreuer*, Rdn. 1102, die die Völkerrechtssubjektivität der multinationalen Unternehmen unter solchen Bedingungen – allerdings funktionell beschränkt – gegeben ansehen; zustimmend in diesem Sinne auch *Wildhaber*, 39 mwN.

[32] So *Hummer*, in: *Neuhold/Hummer/Schreuer*, Rdn. 1102.

[33] So zutreffend *Wildhaber*, 39.

[34] So *Wildhaber*, 39.

[35] Hierzu der zusammenfassende Überblick bei *Fischer*, EPIL I, 718 ff.

b) Sowohl für Konzessionen als auch für Investitionen spielt die Frage der langfristigen Sicherung und ihres Schutzes vor hoheitlichen, insbesondere legislativen Eingriffen seitens des Gaststaates eine bedeutende Rolle. Dieser Schutz ist für multinationale Unternehmen als Konzessionäre und Investoren deswegen ein Problem, weil sowohl Konzessionen als auch wirtschaftliche Transaktionen des Investors im Gastland dessen Rechtsordnung unterliegen. Das bedeutet aber, daß sie auch dem Wandel des inländischen Rechts unterliegen, also etwa späteren Transferbeschränkungen oder gar einer Enteignung ausgesetzt sein können. Gegen eine Enteignung vermag bis zu einem gewissen Grade das Völkerrecht insofern Schutz zu gewähren, als nach überwiegender Ansicht jedenfalls die entschädigungslose Enteignung als rechtswidrig angesehen wird. Angesichts bestehender Meinungsunterschiede in dieser Frage, die insbesondere zwischen Entwicklungsländern und industrialisierten, investitionsstarken Ländern bestehen, ist diese völkerrechtliche Beschränkung staatlicher Regelungsmacht über ausländische Konzessionäre und Investoren jedoch von begrenztem Wert. Wird doch das Interesse beider in der Regel auf den Fortbestand des Projektes und ihrer Beteiligung daran gerichtet sein, nicht aber auf eine wie immer geartete – selten den wirklichen Wert des Enteigneten ausmachende – Entschädigung.[36] Um die deshalb im Interesse der multinationalen Unternehmen liegende Stabilität und Kontinuität von Investitionsverträgen zu sichern, hat die Praxis sog. *„stabilization“* und *„continuity“*-Klauseln entwickelt. Sie besagen, daß jedenfalls in bezug auf die Sicherung der Stabilität und Kontinuität von Konzessions- und Investitionsverträgen gegenüber hoheitlichen Eingriffen seitens des Gaststaates diese Verträge internationalem Recht unterliegen sollen, so etwa dem Satz *pacta sunt servanda* oder dem Prinzip des Vorrangs der *restitutio ad integrum* vor Entschädigung/Schadensersatz.[37] Auch insoweit tritt also eine funktionelle Internationalisierung von Konzessions- bzw. Investitionsverträgen ein.[38] Dieses Phänomen einer jedenfalls teilweisen Internationalisierung von Verträgen der genannten Art ist auch schon früher beobachtet und hinsichtlich der rechtlichen Einordnung mit dem Begriff des „quasi-völkerrechtlichen“ oder „privatvölkerrechtlichen“ Vertrages einzufangen versucht worden.[39]

2. Der zweite Bereich, der für die Beantwortung der Frage nach dem internationalen Status von multinationalen Unternehmen von besonderem Interesse ist, betrifft die von Gaststaaten und multinationalen Unternehmen getroffenen Regelungen über das gegebenenfalls anzuwendende Streitbeilegungsverfahren. Für den Regelfall, daß die rechtlichen Beziehungen zwischen multinationalen Unternehmen und Gaststaat dessen nationaler Rechtsordnung unterliegen, versteht es sich von selbst, daß Streitigkeiten – abgesehen von anderweitiger Übereinkunft – vor den Gerichten des Gaststaates auszutragen sind.[40] Das dabei anzuwendende Recht bestimmt sich zudem nach den Regeln des internationalen Privatrechts.[41]

---

[36] Vgl. in diesem Sinne die Entscheidung des Schiedsrichters *Dupuy* in *Texaco Overseas Petroleum Company/California Asiatic Oil Company v. Government of the Libyan Arab Republic*, ILM 17, 1 ff.

[37] Vgl. dazu *Wildhaber*, 38 f; Beispiele bei *Böckstiegel*, 84 ff und 249 ff; *Fischer*, Die internationale Konzession, 1974, 345 ff.

[38] Gegen die Qualifizierung von Investitionsverträgen als völkerrechtliche Vereinbarungen allerdings noch der StIGH im Fall der *Serbischen Anleihen in Frankreich*, PCIJ, Série A, No. 14, 41: *„Tout contract qui n'est pas un contrat entre des Etats en tant que sujets du droit international a son fondement dans une loi nationale.“*

[39] Vgl. dazu etwa die eingehenden Untersuchung von *H.-W. Rengeling*, Privatvölkerrechtliche Verträge, 1971; *J. Stoll*, Vereinbarungen zwischen Staat und ausländischem Investor, 1982; zusammenfassend *Wildhaber*, 39, mit Hinweisen auf die früheren Ansätze einer Deutung dieses Phänomens. S. ferner *P. Fischer*, Bemerkungen zur Lehre von A. Verdross über den „quasi-völkerrechtlichen“ Vertrag im Lichte der neuesten Entwicklungen, in: *H. Miehsler* (Hrsg.), Ius humanitatis, Festschrift für *A. Verdross*, 1980, 379 ff; *J. Stoll*, Rechtsnatur und Bestandsschutz von Vereinbarungen zwischen Staaten und ausländischen privaten Investoren, RIW 1981, 808 ff.

[40] Dieser Auffassung waren seinerzeit die sog. sozialistischen Staaten; sie wird aber auch weiterhin von den lateinamerikanischen vertreten, dazu kurz *Fischer*, EPIL IV, 924 f.

[41] Vgl. dazu die Resolution des *Institut de Droit Inter-*

Jedoch ist diese Lösung aus offensichtlichen Gründen für die ausländischen Konzessionäre und Investoren wenig befriedigend. So wie die ausschließliche Unterwerfung der Rechtsbeziehungen zwischen diesen und dem Gaststaat unter dessen Rechtsordnung die Gefahr von Eingriffen durch die dem Abschluß der Konzessions- bzw. Investitionsverträge nachfolgenden Rechtsänderungen birgt, so liegt es auch nahe, daß die Gerichte des Gaststaates sich an das wie immer geartete nationale Recht halten und nicht durch Anwendung z. B. völkerrechtlicher Normen zugunsten der ausländischen Kläger entscheiden. Die Praxis hat als Ausweg aus diesem Dilemma die Vereinbarung der Einschaltung von Streitschlichtungseinrichtungen außerhalb des Gaststaates gewählt. Namentlich die Mitgliedstaaten der OECD, aber auch zahlreiche Staaten aus dem Kreis der Entwicklungsländer haben die Notwendigkeit und Bedeutung internationaler Streitschlichtungsmechanismen hervorgehoben, wie sie sich in Gestalt von *ad hoc* Schiedsgerichten, von einer Streitschlichtung durch die Internationale Handelskammer oder in Form der bei der Weltbank angesiedelten Streitbeilegungseinrichtung des *International Centre for the Settlement of Investment Disputes* (ICSID) bieten, das durch völkerrechtlichen Vertrag eingerichtet und mittlerweile von der großen Mehrheit der Staaten angenommen worden ist.[42] Nach weithin, auch von internationalen Spruchkörpern geteilter Meinung, bedeutet die Vereinbarung einer internationalen Streitbeilegung, daß die beteiligten Staaten die multinationalen Unternehmen in entsprechenden Verfahren als gleichgeordnete Parteien anerkennen.[43] Dies wird von den Regelungen des Art. 22 i.V.m. Art. 21 der *Convention on Settlement of Investment Disputes* unterstrichen, die den Parteien und ihren Rechtsbeiständen funktionelle Immunitäten und Privilegien während des Verfahrens einräumen.[44] Ein weiteres Element der Internationalisierung der Streitbeilegung im Rahmen der *Convention on Investment Dispute Settlement* zeigt sich darin, daß neben oder jenseits der Durchführung eines Streitbeilegungsverfahrens die Ausübung diplomatischen Schutzes durch den Heimatstaat ausgeschlossen ist, was heißt, daß die am Verfahren beteiligten Unternehmen als eigenständige Rechtssubjekte behandelt werden.[45] Auch in diesem Bereich ist somit eine partielle, funktionelle Internationalisierung multinationaler Unternehmen zu beobachten.

---

national zur Frage des *„Proper Law of the Contract in Agreements between a State and a Foreign Private Person"*, AnnIDI, Vol. 58 II (1979), 193 ff; kurz auch *G. van Hecke*, Contracts between States and Foreign Private Law Persons, EPIL I, 816 f.

[42] Vgl. dazu die *Convention on the Settlement of Investment Disputes Between States and Nationals of Other States* (BGBl. 1969 II, 369 ff), die am 14. 10. 1966 in Kraft getreten ist.

[43] Vgl. dazu *P. Weil*, Problemes relatifs aux contrats pasés entre un Etat et un particulier, RdC 128 (1969 III), 95 ff (173 ff); *Böckstiegel*, 84 ff, 249 ff; *Wildhaber*, 39; *Fischer*, EPIL IV, 925. *Texaco Overseas Petroleum Company/California Asiatic Oil Company v. Government of the Libyan Arab Republic*, ILM 17, 1 ff (8); ähnlich *British Petroleum Co. v. Government of the Libyan Arab Republic*, ILR 53 (1979), 297 ff (329), wo Schiedsrichter *Lagergren* die Nationalisierung des Eigentums und der Rechte von BP durch Libyen nach Völkerrecht beurteilt und für rechtswidrig befindet, BP also insoweit als Partei auf gleicher Ebene mit Libyen einordnet. Die Gleichordnung von Gaststaat und Investor in der Streitbeilegung wird auch in Art. 25 der *Convention on Investment Dispute Settlement* deutlich. Vgl. auch *Government of Saudi Arabia v. Arabian American Oil Company (Aramco)*, ILR 27 (1963), 117 (156).

[44] Art. 21 lautet: „The Chairman, the members of the Administrative Council, persons acting as conciliators or arbitrators or members of a Committee appointed pusuant to paragraph (3) of Article 52, and the officers and employees of the Secretariat a) shall enjoy immunity from legal process with respect to acts performed by them in the exercise of their functions, except when the Centre waives this immunity; b) not being local nationals, shall enjoy the same immunities from immigration restrictions, alien registration requirements and national service obligations, the same facilities as regards exchange restrictions and the same treatment in respect of traveling facilities as are accorded by Contracting States to the representatives, officials and employees of comparable rank of other Contracting States." Zu dieser Konvention näher *C. F. Amerasinghe*, Dispute Settlement Machinery in Relations Between States and Multinational Enterprises – With Particular Reference to the International Centre for Settlement of Investment Disputes, The International Lawyer 11 (1977), 45 ff.

[45] Auch die UN Seerechtskonvention von 1982 sieht in Art. 153 vor, daß Aktivitäten *„on the sea-bed and*

Weitgehend offen läßt das ICSID Übereinkommen allerdings, welches Recht das Schiedsgericht anzuwenden hat. Insbesondere bleibt in der insoweit einschlägigen Regelung des Art. 42 Abs. 1 des Übereinkommens die bereits angesprochene Frage ungeklärt, ob die Parteien ihre vertraglichen Beziehungen wirksam dem Völkerrecht unterstellen können.[46]

3. a) Die bisherige rechtliche Behandlung des Problems der Kontrolle multinationaler Unternehmen bietet schließlich einen weiteren Bereich, der Aufschluß über den internationalen Status dieser Unternehmen geben kann. Das Kontrollproblem stellt sich zum einen im Hinblick darauf, wer die Kontrolle über die Rechtmäßigkeit des Handelns multinationaler Unternehmen ausübt bzw. im Falle mangelnder Kontrolle für die Folgen unrechtmäßigen Verhaltens dieser Unternehmen im Ausland einzustehen hat. Hierfür käme im Prinzip der Heimatstaat des schädigenden Unternehmens in Frage, dies jedoch nur, wenn der Heimatstaat sich dieses Unternehmens in hoheitlicher Funktion bedient oder es zur Vornahme unrechtmäßiger Handlungen, etwa einer Intervention in die inneren Angelegenheiten des Gaststaates veranlaßt. Handlungen des multinationalen Unternehmens im Gaststaat unter den genannten Bedingungen müßte sich der Heimatstaat zurechnen lassen.[47] Im übrigen steht selbstverständlich die Kontrolle über das Gebaren multinationaler Unternehmen dem Gaststaat als Inhaber der Territorialhoheit zu. Indessen lag hier in der Vergangenheit angesichts der vielfach bestehenden Machtasymmetrie zwischen Gaststaaten und multinationalen Unternehmen gerade die Problematik einer effektiven Kontrolle über die multinationalen Unternehmen.[48] Es lag auf der Hand, zu versuchen, diesem Problem durch entsprechende Rechtsentwicklung auf internationaler Ebene zu begegnen, zumal dieser Ansatz den besonders betroffenen Entwicklungsländern die Möglichkeit einer wirksamen Beteiligung an diesem Rechtsentwicklungsprozeß eröffnete.[49] Schritte in Richtung auf eine Entwicklung internationaler Regeln für das Verhalten multinationaler Unternehmen und entsprechender Durchsetzungsmechanismen sind von mehreren universalen und regionalen Organisationen – zwischenstaatlichen, supranationalen sowie nichtstaatlichen – unternommen worden. Besondere Aufmerksamkeit haben insoweit die Bemühungen der Vereinten Nationen mit dem Projekt, einen Verhaltenskodex für multinationale Unternehmen zu schaffen, sowie die Ausarbeitung von Verhaltensrichtlinien seitens der OECD und der Europäischen Gemeinschaft/EU gefunden.[50] Aber auch jenseits solcher Kodifikationsbe-

---

ocean floor and subsoil there-of" außerhalb der staatlichen Jurisdiktion ausgeführt werden sollen *„in association with ... natural or judicial persons"*, was multinationale Unternehmen einschließt; ferner sieht Art. 188 SRÜ vor, daß Streitigkeiten über die Auslegung oder Anwendung von Verträgen – sei es zwischen Vertragsstaaten, der *„Authority"*, dem *„Enterprise"*, Staatsunternehmen, natürlichen oder juristischen Personen – verbindlicher Schiedsgerichtsbarkeit zu unterwerfen sind; vgl. dazu kurz auch *Kokkini-Iatridou/de Waart*, NYIL 14 (1983), 87 ff (116).

[46] *Herdegen* (Anm. 1), 213.

[47] So statt anderer zutreffend *Hummer*, in: *Neuhold/Hummer/Schreuer*, Rdn. 1087.

[48] Zur Kontrolle multinationaler Unternehmen umfassend *Wallace*, Legal Control, passim.

[49] Die Notwendigkeit einer aktiven Rolle der Entwicklungsländer in der Ausarbeitung wirksamer internationaler Kontrollregelungen für multinationale Unternehmen und Formen der Einflußnahme der Entwicklungsländer bildet den Gegenstand der Arbeit von *Acquaah*, International Regulation of Transnational Corporations, vgl. insbesondere die pointierten Aussagen 189 ff. Den weiteren Vorteil, daß auch die multinationalen Unternehmen unmittelbar als gleichgeordnete Partner am Rechtssetzungsprozeß teilnehmen, hat die Staatengemeinschaft nicht oder nur unvollkommen genutzt. Für eine solche Beteiligung – mit der Konsequenz einer Stärkung der völkerrechtlichen Stellung der multinationalen Unternehmen – z. B. *Charney*, Duke Law Journal 1983, 748 (762 ff); hierzu auch *Kokkini-Iatridou/de Waart*, NYIL 14 (1983), 87 ff.

[50] Neben VN, OECD und EG/EU haben sich auf der Ebene zwischenstaatlicher Organisationen u. a. UNCTAD, UNIDO, ILO, OECD, OAS und der Europarat sowie regionale Wirtschaftskommissionen der VN mit dieser Thematik befaßt. Vgl. *N. Horn*, Codes of Conduct for MNEs and Transnational Lex Mercatoria: An International Process of Learning and Law Making, in: *ders.* (ed.), Legal Problems, 55 ff. Unter den nichtstaatlichen Organisationen, die sich dieser Thematik angenommen haben, sind die Internationale Handelskammer, die ILA and das IDI besonders hervorzuheben.

mühungen ist das Verhalten multinationaler Unternehmen Gegenstand von Beschlüssen von Organen zwischenstaatlicher Organisationen gewesen, die im Zusammenhang mit der Frage des internationalen Status dieser Unternehmen von Interesse sind.

b) Der namentlich von Entwicklungsländern geforderte Abschluß eines Verhaltenskodex für multinationale Unternehmen in Form eines verbindlichen völkerrechtlichen Vertrages ist bisher nicht gelungen.[51] Ein solcher zwischenstaatlicher Vertrag mit Regelungen, die unmittelbar Pflichten und Rechte multinationaler Unternehmen begründen, würde bestehende Zweifel an einer partiellen, funktionellen Völkerrechtssubjektivität ausräumen. Sie würde durch einen gemeinsamen Akt der vertragschließenden Staaten jedenfalls im Verhältnis zu diesen als abgeleitete internationale Rechtssubjektivität geschaffen werden.[52] Das heißt jedoch nicht, daß die von internationalen Organen[53] verabschiedeten – oder in einem fortgeschrittenen Entwurfsstadium befindlichen – unverbindlichen Verhaltensrichtlinien für die Frage der internationalen Stellung multi-nationaler Unternehmen belanglos wären. Vielmehr zeigen die insoweit wichtigsten Dokumente – die OECD-Richtlinien von 1976,[54] die *Tripartite Declaration of Principles Concerning Multinational Enterprises and Social Policy* von 1977 und der Entwurf eines Verhaltenskodex für multinationale Unternehmen der Vereinten Nationen[55] –, daß diese Unternehmen von der Staatengemeinschaft bzw. großen Teilen derselben als bedeutende Akteure des internationalen Systems wahrgenommen werden.[56] Jedoch unterstreichen diese Dokumente nicht nur die *de facto* Rolle multinationaler Unternehmen in den internationalen Beziehungen. Indem sie die Unternehmen unmittelbar zu Adressaten ihrer Verhaltensrichtlinien erheben und damit doch auch die Erwartung zum Ausdruck bringen, daß sich die multinationalen Unternehmen freiwillig den Richtlinien entsprechend verhalten, werden diese nicht anders behandelt als die in denselben Instrumenten ebenfalls angesprochenen Staaten. Das ist auch der Fall in den Resolutionen der Generalversammlung der Vereinten Nationen, in denen sie zum Ausdruck bringt, daß ihrer Auffassung nach auch multinationale Unternehmen an die Beachtung der international garantierten Menschenrechte gebunden sind.[57] Auch hier werden die multi-

[51] Bei den letzten Revisionsverhandlungen in Budapest (1998) und Paris (1999) verliefen die Debatten um die Einführung eines rechtlich verbindlichen Durchsetzungsmechanismus für die OECD-Richtlinien weiterhin ergebnislos.

[52] Vgl. dazu oben § 105. Wiewohl für das Scheitern einer verbindlichen Kodifikation von Verhaltensregeln für multinationale Unternehmen allein ausschlaggebend, ist die Anerkennung einer auch partiellen Völkerrechtssubjektivität solcher Unternehmen für eine Reihe von Staaten – und auch Autoren – unannehmbar, da diese als eine nicht vertretbare Einschränkung ihrer Souveränität empfunden wird, vgl. dazu *Kokkini/Iatridou*, NYIL 14 (1983), 117 f; unter dem Einfluß der lateinamerikanischen *Calvo*-Doktrin kommt *H. A. Grigera Naón*, Transnational Enterprises under the Pacto Andino and National Laws of Latin America, in: *Horn* (ed.), Legal Problems, 237 (265) sogar zu dem Ergebnis, daß die Nichtanerkennung einer internationalen Rechtsstellung von multinationalen Unternehmen eine Pflicht der Staaten mit *„ius cogens"*-Wirkung darstelle bzw. die Regel, daß Streitigkeiten über ausländische Investitionen den Gerichten des Gaststaates zu unterwerfen sind, *„ius cogens"*-Wirkung aufweise, eine so wohl nicht einmal in Lateinamerika haltbare Position.

[53] Die OECD-Richtlinien wurden am 21. 6. 1976 vom Ministerrat, dem obersten Plenarorgan der Organisation, verabschiedet, vgl. *H. J. Hahn*, Organisation for Economic Cooperation and Development, EPIL III, 799 ff; Die *Tripartite Declaration* wurde am 16. 11. 1977 vom Gouverneursrat der ILO verabschiedet, vgl. ILO Doc. GN 204/4/2.

[54] Letzte Fassung: *OECD Guidelines for Multinational Enterprises*, OECD-Doc. OECD/GD/97/40.

[55] Jüngster Entwurf: UN Doc. E/1990/94. Zum früheren Entwurf (UN Doc. E/1988/39/Add.1.) vgl. *W. Spröte*, Negotiations on a United Nations Code of Conduct on Transnational Corporations, GYIL 33 (1990), 331 ff.

[56] So zutreffend *Kokkini-Iatridou/de Waart*, NYIL 14 (1983), 87 ff (114). Die Europäische Union hat bislang keine eigenen Tätigkeiten auf diesem Gebiet aufgenommen. Immerhin aber hat das Europäische Parlament mit der Resolution *„Code of Conduct for European Enterprises Operating in Developing Countries"* vom 15. 1. 1999 (ABl. EG 1999 Nr. C 104, 180 ff) den Rat aufgefordert, eine gemeinsame Position hinsichtlich eines freiwilligen Codes zu entwickeln.

[57] Die einschlägigen Resolutionen betreffen die Einhaltung der Boykottmaßnahmen gegen das Apartheid-

nationalen wie die staatlichen Adressaten zur Einhaltung der Menschenrechte angehalten.[58]

Eine interessante, wenn auch nicht unproblematische Rechtsentwicklung zeichnet sich vor diesem Hintergrund seit einigen Jahren in den USA ab. Dort wird versucht, (multinationale) Unternehmen wegen ihrer Beteiligung an Menschenrechtsverletzungen überall auf der Welt zivilrechtlich zur Verantwortung zu ziehen.[59] Dabei sind zwei Fallkonstellationen zu unterscheiden: Zum einen geht es um solche menschenrechtlichen Verbürgungen, die – wie etwa das Sklaverei- und das Völkermordverbot – nach Auffassung der US-amerikanischen Gerichte grundsätzlich auch Private, und damit auch private Unternehmen, zu binden vermögen. Zu dieser Fallkonstellation rechnen etwa die Klagen in den USA gegen deutsche Unternehmen wegen der Beschäftigung von NS-Zwangsarbeitern während des 2. Weltkriegs.[60] Zum anderen, und dies ist die im vorliegenden Zusammenhang interessantere Fallgestaltung, wird versucht, private Unternehmen wegen ihrer Involvierung in staatlicherseits verübte Menschenrechtsverletzungen als *„state actor"*, staatliche Handlungsakteure im Einzelfall also, zur Verantwortung zu ziehen. Die Unternehmen werden in dieser Konstellation von den Klägern als „verlängerter Arm" der Regierung des Gaststaates angesehen. Dies führt dazu, daß private Unternehmen, wollen sie sich nicht einer Schadensersatzklage in den USA ausgesetzt sehen, mit menschenrechtsfeindlichen Regimen nicht allzu eng kooperieren sollten. Weitgehend ungeklärt ist dabei freilich noch, unter welchen Voraussetzungen genau ein Unternehmen im Einzelfall als staatlicher Akteur qualifiziert werden kann. Beispiele aus der US-amerikanischen Rechtsprechung sind die Verfahren gegen die Ölunternehmen *Royal Dutch Petroleum* und *Unocal* wegen deren vorgeblicher Beteiligung an Menschenrechtsverletzungen in Burma (Myanmar)[61] bzw. Nigeria.[62]

III. 1. Angesichts des historischen und aktuellen Befundes im Hinblick auf die internationale Stellung der multinationalen Unternehmen stellt sich die Frage, welche völkerrechtlichen Schlüsse hieraus zu ziehen sind. Zunächst kann es keinem vernünftigen Zweifel unterliegen, daß multinationale Unternehmen keineswegs eine neue Erscheinung des modernen internationalen Wirtschaftslebens sind, sondern auf eine lange und gefestigte Tradition als machtvolle Akteure im internationalen System zurückblicken können. Ebenso deutlich ist, daß diese Unternehmen, in welcher äußeren Gestalt sie auch immer aufgetreten sind, nicht nur an der Schwelle zur – gewiß eingeschränkten – Völkerrechtssubjektivität gestanden haben, sondern auch immer wieder für gewisse Zeiträume – so die Hanse und zumindest einige der Kolonialgesellschaften – oder *ad hoc* – so unter besonderen vertraglichen Regelungen moderne multinationale Unternehmen – diese Schwelle überschritten haben.[63]

---

regime in Südafrika, vgl. GA Res. 39/72 A vom 13. 12. 1984; GA Res. 40/64 A vom 10. 12. 1985; GA Res. 41/35 A vom 10. 11. 1986; GA Res. 45/176 B vom 19. 12. 1990.

[58] Z. B. Paragraph 14 des *Draft Code der Commission on Transnational Corporations* des ECOSOC, UN DOC. E/1990/94. Auf der Ebene der OECD wird derzeit darüber verhandelt, innerhalb des Verhaltenskodex auf die Allgemeine Erklärung der Menschenrechte sowie auf das Verbot der Kinder- und Zwangsarbeit Bezug zu nehmen, vgl. *Conference on the OECD Guidelines for Multinational Enterprises*, OECD Doc. DAFFE/IME (1998) 18 vom 20. 11. 1998, Ziff. 35; dazu *Schmalenbach*, 67.

[59] S. dazu sowie zum Hintergrund der Klagen *M. Rau*, Haftung privater Unternehmen für Menschenrechtsverletzungen?, IPRax 2001, 372 ff; *ders.*, Schadensersatzklagen wegen extraterritorial begangener Menschenrechtsverletzungen, IPRax 2000, 558 ff. Vgl. ferner *Anderson*, Respecting Human Rights: Multinational Corporations Strike out, U. Pa. J. Lab. & Emp. L. 2 (2000), 463 ff; *Boyd*, Collective Rights Adjudication in U.S. Courts: Enforcing Human Rights at the Corporate Level, Brigham Young University Law Review 1999, 1139 ff.

[60] Vgl. etwa *Iwanowa v. Ford Motor Company Co.*, 67 F. Supp.2d 424 (D. N. J. 1999); dazu *Doehring*, Zwangsarbeit und Reparationen, AG 2000, 69 ff.; *Reinisch*, NS-Verbrechen und „political questions": Können deutsche Unternehmen von ehemaligen Zwangsarbeitern vor US-amerikanischen Gerichten verklagt werden?, IPRax 2000, 32 ff.

[61] Dazu *M. Rau*, Domestic Adjudication of International Human Rights Abuses and the Doctrine of Forum Non Conveniens. The Decision of the U.S. Court of Appeals for the Second Circuit in Ken Wiwa v. Royal Dutch Petroleum, ZaöRV 61 (2001), 177 ff.

[62] Hierzu *Rau*, Haftung privater Unternehmen (Anm. 59), 372 ff.

[63] Versuche wie etwa von *E. Liemen*, Erdöl-Produkti-

Es spricht deshalb entgegen der herrschenden Lehre viel dafür, multinationale Unternehmen – ähnlich wie andere beschränkte, nichtterritoriale, traditionell als Völkerrechtssubjekte anerkannte Wirkungseinheiten wie etwa der Hl. Stuhl – als mit einer funktional beschränkten Völkerrechtssubjektivität ausgestattet anzuerkennen.[64] Eine solche Sicht der Stellung der multinationalen Unternehmen entspricht jedenfalls eher dem Bild einer Völkerrechtsordnung, die sich von der exklusiven Subjektstellung der Staaten bereits nachhaltig abgewendet hat und deren Ziel es ist, die Beziehungen zwischen den wesentlichen Akteuren des internationalen Systems zu verrechtlichen und damit den Prozeß der Zivilisierung der internationalen Beziehungen voranzutreiben.[65]

2. Will man dem noch nicht folgen, so erscheint es zumindest geboten, von einem im Einzelfall durch Vertrag zwischen Staaten und multinationalen Unternehmen begründbaren Status funktioneller Völkerrechtssubjektivität auszugehen, wie dies in einzelnen Schiedssprüchen und von einer wachsenden Zahl von Autoren getan wird. Eine solche funktionelle Völkerrechtssubjektivität multinationaler Unternehmen beruht auf der Vereinbarung zwischen einem Staat und einem multinationalen Unternehmen, die ausdrücklich oder implizit internationalisiert ist. Der Einwand der Kritiker dieser *„international agreement"* Doktrin, der Wille eines einzelnen Staates könne nicht ein noch so beschränktes Völkerrechtssubjekt schaffen, vielmehr sei hierfür ein breiterer Konsens von Staaten erforderlich,[66] greift angesichts des zuvor angeführten Befundes zu kurz. Es trifft nämlich nicht zu, daß es sich bei der vertraglichen Überführung eines multinationalen Unternehmens in den Kreis der Völkerrechtssubjekte um einen isolierten Willensakt eines einzelnen Staates handelt. Vielmehr geschieht dies im Kontext vieler entsprechender Akte und gegenüber einem Typus von internationalem Akteur, der von der Staatengemeinschaft in Geschichte und Gegenwart in vielfältigster Weise wahrgenommen und in den internationalen Beziehungen und der sie begleitenden Rechtspraxis berücksichtigt worden ist, wie etwa in Entscheidungen internationaler Organe, auch wenn diese unverbindlichen, weil nur empfehlenden Charakters sind.[67] Es ist freilich hinzuzufügen, daß die Zuerkennung einer wie immer rechtsdogmatisch begründeten funktionellen Völkerrechtssubjektivität an multinationale Unternehmen und die damit begründete, zumindest teilweise Unterstellung von Konzessions-/Investitions-

---

onsverträge des Iran, passim, Fälle, in denen sei es von Schiedsgerichten, sei es von der Lehre eine *ad hoc* bestehende funktionelle Völkerrechtsubjektivität der betroffenen multinationalen Unternehmen angenommen wurde, unter Berufung auf innerstaatliche (iranische) Rechtsnormen und Rechtsverständnisse wegzudiskutieren, greifen zu kurz, da sie – wie von *Liemen* demonstriert –, die untersuchten Fälle aus dem Gesamtkontext der Stellung multinationaler Unternehmen im internationalen System bzw. in dessen wirtschaftlichen Sektor herauslösen und in einer auf wenige Spezifika der Rechtssituation des involvierten Staates reduzieren. Selbst wenn, was nicht bestritten werden soll, z. B. allgemeine Rechtsprinzipien wie *pacta sunt servanda* auch im innerstaatlichen Recht des Iran (bzw. im islamischen Recht) Beachtung finden, so zwingt dies nicht dazu, eine Internationalisierung der betreffenden Verträge insgesamt abzulehnen.

[64] In diesem Sinne ist wohl *Charney*, Duke Law Journal 1983, 762, zu verstehen, wenn er dort feststellt, daß *„[t]here is evidence that TNC have had international legal personality and have participated in the international legal system for some time."*, und sich dabei u. a. auch auf die historische Stellung von transnationalen Wirkungseinheiten bezieht. Kritisch jüngst *Schmalenbach*, 65 ff.

[65] Zu diesem Gedanken der „Zivilisierung" internationalen Beziehungen vgl. *D. Senghaas*, Frieden als Zivilisierungsprojekt, in: *ders.* (Hrsg.), Den Frieden denken, 1995, 196 ff.

[66] So etwa *Epping*, in: *Ipsen* (Hrsg.), 4. Aufl. 1999, 93.

[67] Im Sinne der Betonung der Bedeutung der multinationalen Unternehmen und der Notwendigkeit ihrer rechtlichen Einbeziehung in die internationalrechtliche Ordnung – sei es auch im Sinne einer *lex mercatoria* – bereits früher *Ph. C. Jessup*, Transnational Law, 1956; *A. Verdross*, Die Sicherung von ausländischen Privatrechten aus Abkommen zur wirtschaftlichen Entwicklung mit Schiedsklauseln, ZaöRV 18 (1958), 635 ff; *ders.*, Zwei Schweizer Schiedssprüche über quasi-völkerrechtliche Verträge, YBWA 18 (1964), 230 ff; *ders.*, SchwJIR 21 (1964), 15 ff; *W. Friedmann*, The Changing Structure of International Law, 1964, 221 ff; *Fischer*, Konzession, 137 ff; *Rengeling*, Privat-völkerrechtliche Verträge, passim.

verträgen unter Normen des Völkerrechts nur subsidiär zum Zuge kommt, die Rechtswahl also in erster Linie in der Verantwortung der Parteien bleibt.[68]

IV. Von den multinationalen Unternehmen sind die sog. internationalen öffentlichen Unternehmen zu unterscheiden. Hier handelt es sich um Unternehmen, die von Staaten aufgrund vertraglicher Vereinbarung zur Ausübung bestimmter wirtschaftlicher Tätigkeiten geschaffen werden.[69]

Beispiele für derartige Unternehmen sind INTELSAT – bevor dieses Unternehmen zeitweilig den Status einer internationalen zwischenstaatlichen Organisation erhielt, inzwischen aber voll privatisiert wurde[70], EUROFIMA, eine durch völkerrechtlichen Vertrag geschaffene Einrichtung, die Eisenbahnausrüstungsgegenstände für nationale Eisenbahngesellschaften beschafft,[71] und die 1930 von sechs Staaten vertraglich gegründete *Bank of International Settlements*, die jenseits des völkerrechtlichen Gründungsaktes nach schweizer Recht arbeitet.[72]

Die Rechtsstellung solcher Unternehmen richtet sich normalerweise nach der Rechtsordnung, der sie durch ihren Gründungsakt unterstellt sind. Ist dies die Rechtsordnung des Staates, in dem die Organisation ihren Sitz hat, so stellt sich die Frage ihrer etwaigen beschränkten Völkerrechtssubjektivität nicht. Auf der anderen Seite stehen keinerlei völkerrechtsdogmatische Hindernisse einer Anerkennung von internationalen öffentlichen Unternehmen als beschränkte, abgeleitete Völkerrechtssubjekte entgegen. Da sie auf der Basis völkerrechtlicher Gründungsakte errichtet sind, liegt es bei den Gründungsstaaten, den nichtvölkerrechtlichen Status eines solchen Unternehmens in einen völkerrechtlichen umzuwandeln.

---

[68] So zutreffend *Wildhaber*, 39; *Böckstiegel*, 106; *N. Horn*, Das Recht der Internationalen Anleihen, 1972, 495.

[69] Vgl. dazu *Henkin/Pugh/Schachter/Smit*, 346 f; *Seidl-Hohenfeldern*, Corporations, 55 ff; *Friedmann*, Changing Structure, 216 ff; *C. Engel*, Internationale öffentliche Unternehmen, RabelsZ 59 (1995), 495 ff.

[70] Vgl. dazu oben § 105.

[71] Vgl. dazu *M. Kenney*, EUROFIMA, EPIL II, 178 ff.

[72] Vgl. dazu *P. Einzig*, The Bank of International Settlements, 1930; *G. U. Pappi*, The First Twenty Years of the Bank for International Settlements, 1951.

19. KAPITEL
Die Völkerrechtssubjektivität nichtstaatlicher natürlicher Wirkungseinheiten

§ 109 Das Individuum im Völkerrecht

Schrifttum: *P. Heilborn*, Die Stellung des Menschen im Völkerrecht, 1927; *J. Spiropoulos*, L'individu en droit international, 1928; *ders.*, L'Individu et le Droit International, RdC 30 (1929), 191 ff; *S. Segal*, L'individu en droit international positif, 1932; *R. Cassin*, L'homme sujet de droit international et la protection des droits de l'homme dans la société universelle, in: Etudes en l'honneur de *G. Scelle*, Technique et les principes du droit public, t.I, 1950, 67 ff; *G. Manner*, The Object Theory of the Individual in International Law, AJIL 46 (1952), 428 ff; *P. E. Corbett*, The Individual and World Society, 1953; *M. Grassi*, Die Rechtsstellung des Individuums im Völkerrecht, 1955; *G. Sperduti*, L'individu et le droit international, RdC 90 (1956), 727 ff; *H. Meyer-Lindenberg*, Die Menschenrechte im Völkerrecht, Berichte DGVR 4 (1961), 84 ff; *H. Waldock*, General Course on Public International Law, RdC 106 (1962), 1 ff (192–211); *G. Arangio-Ruiz*, L'individuo e il diritto internazionale, Riv. 54 (1971), 561 ff; *O. Kimminich*, Der internationale Schutz des Einzelnen, AVR 15 (1971/72), 402 ff; *H. Mosler*, The International Society as a Legal Community, RdC 140 (1974), 1 ff; *E. Schwelb*, The Law of Treaties and Human Rights, AVR 16 (1974/75), 1 ff; *A. O. Obilade*, The Individual as subject of International Law, Ind.J. I. L. 14 (1974), 90 ff; *R. Higgins*, Conceptual Thinking about the Individual in International Law, B. J. Int'l Stud. 4 (1978), 1 ff; *S. Miyazaki*, Internationaler Schutz der Menschenrechte und Völkerrechtsunmittelbarkeit, in: Festschrift *Mosler*, 1983, 581 ff; *G. Fourlanos*, Subjectivity in International Law and the Position of the Individual, NTidIR 53 (1984), 9 ff; *M. W. Janis*, Individuals as Subjects of International Law, Cornell Int'l L. J. 17(1984), 61 ff; *Ch. Tomuschat*, Grundpflichten des Individuums im Völkerrecht, AVR 21 (1983), 289 ff; *Ch. Dominicé*, L'émergence de l'individu en droit international public, Ann. d'Et. Int'l 1987/88, 1 ff; *K. J. Partsch*, Individuals in International Law, EPIL II (1995), 957 ff.; *G. Aldrich*, Individuals as Subjects of International Humanitarian Law, in: *J. Makarczyk*, Theory of International Law at the Threshold of the 21st Century (1996), 851–858; *T. Frank*, Individuals and Groups of Individuals as Subjects of International Law, in: R. Hofmann (ed.), Non-State Actors as New Subjects of International Law, (1999), 97–113; *A. Randelzhofer/Ch. Tomuschat* (eds.), State Responsibility and the Individual. Reparation in Instances of Grave Violation of Human Rights, 1999; *A. Trinidade*, The Procedural Capacity of the Individual as Subject of International Human Rights Law: Recent Developments, in: *A. Trinidade* (ed.), Les droits de l'homme à l'aube du XXIe siècle (1999), 521–544.

I. 1. Nach der etwa bis zum ersten Weltkrieg herrschenden Völkerrechtslehre konnten – vielleicht außer dem Heiligen Stuhl – nur Staaten Subjekte des Völkerrechts sein.[1] Der einzelne Mensch war kein „Normadressat". Er steht nach dieser Auffassung mit dem Völkerrecht nur mittelbar, auf dem Umwege über den Staat, in Verbindung (sog. Mediatisierung). Es kann ihm persönlich keine Rechte verleihen.

Sagen z. B. die Vertragsstaaten in einem Handelsvertrag den Angehörigen der anderen Partei Inländerbehandlung oder Meistbegünstigung zu, so erlangt der dadurch begünstigte Ausländer doch persönliche Rechte erst dann, wenn der Staat aufgrund der ihm völkerrechtlich obliegenden Verpflichtung die entsprechenden Gesetze erläßt. Verletzt ein Staat einen auf seinem Gebiet lebenden

[1] Hier und dort ließ allerdings schon das ältere Schrifttum des 19. Jhdts. auch das Individuum als Subjekt des Völkerrechts gelten. Vgl. etwa *A. W. Heffter*, Das europäische Völkerrecht der Gegenwart, 1. Aufl., 1844, 26 f.

Ausländer unter Mißachtung des Völkerrechts, so ist es nicht der verletzte Ausländer selbst, sondern nur sein Staat, der den internationalen Deliktsanspruch hat.

Infolgedessen hat das Individuum auch keinen *locus standi* vor internationalen Gerichten und anderen Instanzen. Ihm fehlt die Partei- und Prozeßfähigkeit. „Nur Staaten sind Parteien vor dem Gericht", so heißt es in Art. 34 des Statuts des IGH[2]. Eine besonders unerfreuliche Folge ist die Rechtlosigkeit staatenloser Personen. Und wie keine Rechte, so können dem Individuum nach dieser Ansicht auch keine Pflichten unmittelbar durch das Völkerrecht zugeteilt werden. Wo etwa Verträge oder Beschlüsse internationaler Organe (z. B. Sanktionsbeschlüsse des Sicherheitsrats der Vereinten Nationen) von einzelnen natürlichen Personen ein bestimmtes Handeln verlangen, ist es genau genommen nicht das Völkerrecht, sondern es ist erst das diesem entsprechende Sonderrecht des einzelnen Staates, das die einzelnen Menschen mit der Rechtspflicht belastet. Daher kann nicht das Individuum, sondern als das unmittelbare Pflichtensubjekt nur der Staat völkerrechtlich verantwortlich werden. Er ist zum Ersatz des Schadens verpflichtet, und ihn treffen die Sanktionen, die das Völkerrecht vorsieht.

2. Den radikalen Gegenstandpunkt stellt die Auffassung dar, nach der niemals die Staaten, sondern ausschließlich die einzelnen Menschen selbst Subjekte des Völkerrechts sind. Namentlich *Duguit*, *Krabbe* und *Politis* haben diese Ansicht vertreten.[3] Dies hängt mit ihrer Auffassung vom Staat und den juristischen Personen zusammen, denen sie als bloße Fiktionen die selbständige Rechtspersönlichkeit absprechen möchten. Dies kann nicht überzeugen.[4] Daß das Recht immer mit Menschen zu tun habe, Rechte von Menschen wahrgenommen, Pflichten immer von bestimmten Menschen erfüllt werden müssen, ist ein Gemeinplatz.[5] Aber es macht eben doch einen entscheidenden Unterschied aus, ob der Minister X Rechte aus einem Vertrage persönlich oder nur in seiner Eigenschaft als Staatsorgan und während der Dauer seines Amtes wahrnehmen kann, und ob die Folgen seiner Delikte auf die Allgemeinheit zurückfallen, oder ob er etwa persönlich bestraft oder schadensersatzpflichtig gemacht werden kann.

II. Der Standpunkt des klassischen Völkerrechts, der nur die Staaten als Subjekte des Völkerrechts gelten läßt, entspricht nicht mehr dem geltenden Recht. Bis zu einem gewissen Grade ist heute auch das Individuum Träger von internationalen Rechten und Pflichten.

1. Allerdings kann zweifelhaft sein, was dies eigentlich heißt. Das Völkerrecht hat seit jeher Regeln entwickelt, die im Endergebnis dem einzelnen Menschen Rechte zukommen lassen oder Pflichten für ihn begründen. Namentlich auch Verträge, z. B. Handelsverträge, mögen dem einzelnen Vorteile bieten. Aber solange dieser nicht die Möglichkeit hat, seine Rechte oder Interessen geltend zu machen, seine Rechte und Pflichten nur als bloßer Reflex des Völkerrechts indirekt auf dem Umwege über den Staat zur Entstehung gelangen, ist der einzelne eben doch nicht „völkerrechtsunmittelbar", stellt er nicht eigentlich ein Subjekt des Völkerrechts dar. Daher läßt sich bezweifeln, ob auch die Menschenrechte und Grundfrei-

---

[2] Vgl. das Rechtsgutachten des StIGH betreffend die Vereinbarkeit von Verordnungen mit der Verfassung der Freien Stadt Danzig, Consistency of Certain Danzig Legislative Decrees with the Constitution of the Free City, Advisory Opinion (Series A/B, No. 63; 1935), 41 (43, 63 (Individual Opinion by M. Anzilotti)). In diesem Gutachten hat sich das Gericht bereit erklärt, eine erläuternde Eingabe der Danziger politischen Parteien entgegenzunehmen.

[3] *H. Krabbe*, Die Lehre von der Rechtssouveränität, 1906; *L. Duguit*, Traité du droit constitutionnel, 2. Aufl., 1921; *N. E. Politis*, Les nouvelles tendances du droit international, 1927.

[4] Dazu schon oben Bd. I/1, S. 125 ff.

[5] Zutreffend weist *Berber*, Bd. I, 170 darauf hin, daß der Ansatz, von der letztlichen Bezogenheit allen Rechts, also auch des Völkerrechts, auf den Menschen seine Rechtssubjektivität im Völkerrecht abzuleiten, auf einer „unzulässigen Verwechslung von Destinatär und Subjekt eines Rechts" beruht.

heiten wirklich Rechte des einzelnen Menschen darstellen. Zwar sind die Staaten nach richtiger Ansicht nicht nur moralisch, sondern auch rechtlich verpflichtet, Menschenrechte zu achten. Die Pflicht dazu besteht jedoch gegenüber anderen Staaten, den zwischenstaatlichen Organisationen – etwa den Vereinten Nationen –, man kann auch sagen, gegenüber der internationalen Gemeinschaft[6]. Solange Staatenverpflichtungen keine vom Individuum selbständig einsetzbaren Durchsetzungsmechanismen gegenüberstehen, könnte gesagt werden, daß ein echtes subjektives Recht für den einzelnen Menschen nicht wirklich besteht.[7] Man wird hier jedoch unterscheiden müssen. Insoweit aus dem Wortlaut und/oder den Umständen menschenrechtlicher Verträge klar ersichtlich ist, daß die Vertragsstaaten nur sie selbst untereinander verpflichtende Normen schufen, d. h. im Verhältnis zum Individuum objektive Regelungen trafen, kann in der Tat nur von einem möglichen Reflex des Völkerrechts gesprochen werden.[8] Wo aber der Vertragstext deutlich vom Individuum als Rechtsträger spricht,[9] erscheint es nicht mehr angemessen, nur von einem Rechtsreflex auszugehen, auch wenn ein selbständig auszulösender, wirksamer Durchsetzungsmechanismus nicht vorgesehen ist.[10] Auch ohne solche Durchsetzungsmöglichkeiten garantierte Menschenrechte sind in der heutigen internationalen Gemeinschaft nicht wirklich sanktionslos. Nicht nur können Staaten im Wege zwischenstaatlicher Einflußnahme – auch in Fällen, in denen die Ausübung diplomatischen Schutzes der Situation nach nicht möglich ist – die Verletzung zumindest der wichtigsten Menschenrechte zu verhindern oder zu beenden suchen.[11] Vielmehr finden nichtstaatliche Organisationen in Menschenrechtsverpflichtungen eine Legitimation ihrer Aktivitäten zum Schutz einzelner, in ihren Rechten bedrohter Menschen.[12] Insofern bedarf es, um zu der Ansicht zu gelangen, daß auch formal ohne ausdrückliche Sanktionsmöglichkeit versehene „Rechte“ echte Rechte und nicht nur Rechtsreflexe darstellen, nicht einer prinzipiellen Auseinandersetzung mit der oben skizzierten *Kelsen*'schen Auffassung. Die Durchsetzung der Menschenrechte auch durch informelle Mechanismen ist trotz aller verbliebenen Unzulänglichkeiten so weit fortgeschritten, daß von einer absoluten Sanktionslosigkeit als Rechte formulierter Menschenrechtsnormen nicht mehr gesprochen werden kann. Man mag solche nur indirekt sanktionierten Rechte als unvollkommene Rechte bezeichnen.[13] Aber auch diese sind Rechte und machen den einzelnen Menschen zu einem – gewiß beschränkten – Rechtssubjekt auch des Völkerrechts – ein Ergebnis, das in angemessener Weise den gegenwärtigen Stand des Menschenrechtsbewußtsein entspricht, wie es sich namentlich in den zahlreichen Menschenrechtskodifikationen und in der Praxis internationaler Organe, die mit der Überwachung der Einhaltung

---

[6] Vgl. *Ch. Tomuschat*, Die Internationale Gemeinschaft, AVR 33 (1995), 1 ff., sowie ausführlich jetzt *A. L. Paulus*, Die internationale Gemeinschaft im Völkerrecht, 2001.

[7] Namentlich *Kelsen*, Principles, 143 f, will nur von Rechten des Individuums sprechen, wenn es seine Rechte vor nationalen oder internationalen Gerichten persönlich durchsetzen kann und die Staaten völkerrechtlich verpflichtet sind, diese Jurisdiktion gelten zu lassen. Dagegen hat sich *H. Lauterpacht*, International Law and Human Rights, 1950, 27, 48, 61, 159 f auch dann für die Existenz von Rechten des Individuums ausgesprochen, wenn diese selbst sie nicht durchsetzen können. In diesem Sinne z. B. auch *W. Schaumann*, Die Gleichheit der Staaten, 1957, 94 f, 97.

[8] Hier ist etwa an Garantien in den großen Menschenrechtskodifikationen der Vereinten Nationen zu denken, z. B. die von den Vertragsstaaten des IPWirt. (Art. 2), des IPWirt. (Art. 2) oder der Konvention über die Eliminierung jeder Form von Rassendiskriminierung (CERD – Art. 2).

[9] Vgl. etwa Art. 5 EMRK: „Jeder Mensch hat ein Recht, ...“.

[10] So jetzt auch der IGH im Fall *LaGrand*, siehe unten unter 2.

[11] Hier ist namentlich auf die in manchen Menschenrechtsverträgen vorgesehene Möglichkeit, Staatenbeschwerden zu erheben, von den Vertragsstaaten Berichte über die Einhaltung der garantierten Menschenrechte einzufordern, hinzuweisen, vgl. dazu *W. Karl*, Besonderheiten der internationalen Kontrollverfahren zum Schutz der Menschenrechte, Berichte DGVR 33 (1994), 101 ff.

[12] Zur Rolle und Wirksamkeit nichtstaatlicher Organisationen in der Durchsetzung der international anerkannten Menschenrechte siehe oben § 107 II 4.

[13] So die Vorauflage, Bd. I, 416.

der Menschenrechte befaßt sind, niedergeschlagen hat.[14] Der Streit über die zutreffende rechtsdogmatische Einordnung formal sanktionsloser Rechte des einzelnen ist allerdings für die Praxis weniger bedeutsam als dies auf den ersten Blick erscheinen mag. Ist doch das Völkerrecht in der Ausgestaltung der Rechtsstellung des Individuums in der internationalen Rechtsordnung weitergegangen, indem es in unterschiedlich intensiver Form dem einzelnen Menschen erlaubt, seine Rechte vor internationalen Instanzen selbst geltend zu machen.

2. Einen ersten Ansatz in diese Richtung machte die Staatspraxis, indem Staaten Verträge schlossen, aus denen Individuen unmittelbare Rechte ableiten können, und nach denen sie in der Lage sind, ihre Rechte vor den Gerichten der Vertragsstaaten geltend zu machen.
Mit einem Fall dieser Art war das 1928 erstattete Rechtsgutachten des Ständigen Internationalen Gerichtshofs im Falle der Danziger Eisenbahnarbeiter befaßt.[15] Es ging hier um die Frage, ob die in den polnischen Eisenbahndienst übernommenen Danziger Arbeiter ihre dadurch erworbenen Ansprüche aufgrund eines zwischen Polen und Danzig 1921 geschlossenen Abkommens vor den Danziger Gerichten gegen Polen einklagen könnten. Diese Frage wurde von dem StIGH bejaht. Im allgemeinen, so meinte das Gericht, begründeten internationale Verträge Rechte und Pflichten nur zwischen den beteiligten Staaten – ein Grundsatz, auf den sich Polen berufen hatte –, aber es könnte doch zwischen den Parteien etwas anderes verabredet, ein internationales Abkommen auch unmittelbar auf die Beziehungen zwischen den Staaten und den durch den Vertrag begünstigten einzelnen angewandt werden, wenn es dem Willen der Parteien entspreche. In diesem Sinne haben wiederholt auch nationale Gerichte entschieden.[16]
Aber bei Lichte besehen, fehlt es auch in diesen Fällen an einer echten Völkerrechtsunmittelbarkeit. Es handelt sich hier um Verträge, die ohne weitere Ausführungsbestimmungen mit unmittelbarer Wirkung für Einzelpersonen angewandt werden können (*self-executing treaties* i.S. des angelsächsischen Rechts). Doch ist nur eine Rechtsverfolgung vor nationalen Gerichten gestattet. Internationale Instanzen stehen nicht zur Verfügung. Für die Rechtsverfolgung im inländischen Rechtskreis aber ist auch in diesen Fällen das nationale Recht als Zwischenstufe nicht zu entbehren.[17] Es bedarf erst eines nationalen Gesetzes, durch das der

---

[14] Dazu *L. Henkin*, The International Bill of Rights: the Covenant of Civil and Political Rights, 1981; *J. Delbrück*, Zur Universalisierung der Menschenrechte, in: *A. Zunker* (Hrsg.), Weltordnung oder Chaos?, in: Festschrift für *Klaus Ritter*, 1993, 551 ff. Ausführlich auch Bd. II/1.

[15] Siehe StIGH, *Jurisdiction of the Courts of Danzig*, Advisory Opinion (Series B, No. 15; 1928), 4 ff.

[16] Vgl. z. B. die in Annual Digest 1927–28, C. 36 und 285, veröffentlichten Entscheidungen niederländischer Gerichte, die Mitteilung in Annual Digest 1931–32, C. 217a über die Entscheidung eines ägyptischen Gerichts, derzufolge auch private Gesellschaften Rechte aus der internationalen Telegraphenkonvention von 1875 herleiten können, und das Urteil des Obergerichts Danzig, ZaöRV 4 (1934), 947 ff, das sich dem Rechtsgutachten des StIGH im *Danziger Eisenbahner*-Fall anschloß, *Jurisdiction of the Courts of Danzig*, Advisory Opinion (Series B, No. 15; 1928), 4 ff. Die Möglichkeit der Entstehung von Ansprüchen unmittelbar aus dem Versailler Friedensvertrag für private Rechtssubjekte hat das Reichsgericht angenommen, RGZ 117, 284 ff; RGZ 119, 156 ff, ebenso der Bundesgerichtshof, BGHZ 17, 309 (313). Vgl. auch Lord Atkin (House of Lords) im Falle der *Civilian War Claims Association Ltd. v. the King* (1932) a.C. 14 (Entstehung von Ansprüchen möglich, im konkreten Fall jedoch keine Ansprüche Privater aus internationalem Akommen). In diesem Sinne auch der High Court of Justice in *Administrator of German Property v. Knoop (1933) Ch. 439*. Im Sinne der älteren Auffassung, wonach aus internationalen Verträgen prinzipiell keine Rechte einzelner hervorgehen können, etwa RGSt 62, 65 (68). – Verneinend auch die Note doctrinale zu dem Schiedsspruch des Hamburger Senats in dem Streit zwischen Portugal und Großbritannien im Falle Affaire *Yuiliz* (1861; *Lapradelle/Politis* II, 78 (115)). Während der Schiedsspruch einen Verzicht der durch den Vertrag begünstigten Privatpersonen auf gewisse sich daraus ergebende Rechte mit unmittelbarer Wirkung gegenüber dem verpflichteten Staat hatte zulassen wollen, äußerte die Note dagegen Bedenken, da sich aus Verträgen zwischen Staaten nur Rechte und Pflichten der Staaten ergäben.

[17] So auch der StISchH im Falle der *Fischereirechte im Nordatlantik* (1910) (North Atlantic Coast Fisheries (1910; *Scott* I, 141 (147)). Danach erlangten die Staatsangehörigen der Vereinigten Staaten ihre Fischereirechte nicht unmittelbar aus dem Vertrage,

Vertrag in das inländische Recht inkorporiert wird, oder doch einer allgemeinen Rechtsnorm des Inhalts, daß internationale Verträge *„part of the law of the land"* sind. Aber auch diese Norm stellt eine Regel des inländischen Rechts, nicht des Völkerrechts, dar.

„Echte" Individualrechte ohne Möglichkeit der individuellen Rechtsverfolgung auf internationaler Ebene gewährt Art. 36 Abs. 1 lit. b) des Wiener Übereinkommens über konsularische Beziehungen von 1963[18]. Dies hat der Internationale Gerichtshof unter Hinweis auf den Wortlaut dieser Bestimmung jüngst im Fall *LaGrand* klargestellt.[19] Sogar als individuelles *Menschenrecht* hat der Interamerikanische Gerichtshof für Menschenrechte Art. 36 Abs. 1 lit. b) der Konsularrechtskonvention eingestuft.[20]

3. Das moderne Völkerrecht bleibt aber dabei nicht stehen. Es gibt auch eine Reihe von Fällen, in denen das Völkerrecht dem einzelnen auch die Rechtsverfolgung vor internationalen Instanzen gestattet.

Schon nach dem – allerdings nicht ratifizierten – XII. Haager Abkommen über den internationalen Prisenhof von 1907 sollten auch Privatpersonen den Prisenhof, ein internationales Gericht, anrufen können (Art. 4, 5).[21] Zwischen 1907 und 1917 hat ein mittelamerikanischer Gerichtshof bestanden, der auch für die Erledigung von Klagen einzelner Personen zuständig war.[22] Nach dem ersten Weltkrieg gewährte der Versailler Friedensvertrag den Staatsangehörigen der alliierten und assoziierten Mächte das Recht, ihre Entschädigungsansprüche vor internationalen gemischten Schiedsgerichten im eigenen Namen und ohne die Einschaltung ihrer Regierung geltend zu machen.[23] In der Praxis dieser Gerichte wurde diese Befugnis dahin interpretiert, daß der Friedensvertrag von Versailles den einzelnen einen persönlichen Wiedergutmachungsanspruch habe zukommen lassen.[24] Auch die Schiedsgerichte aufgrund des deutsch-polnischen Oberschlesien-Abkommens vom 15. 5. 1922 standen den einzelnen offen. Nach der Entscheidung des Schiedsgerichts im Falle *Steiner und Groß* gegen den polnischen Staat (1928) hatten die Antragsteller sogar das Recht, gegen ihren eigenen Staat vor den Gerichten zu klagen.[25] Nach dem zweiten Weltkrieg hat etwa der Vertrag zwischen der Bundesrepublik Deutschland und den drei Westmächten zur Regelung aus Krieg und Besatzung entstandener Fragen vom 23. 10. 1954[26] auch natürlichen und juristischen Personen gewisse Ansprüche zukommen lassen, und nach der dem Vertrag als Anhang hinzugefügten Satzung der Schiedskommission sind auch natürliche und juristische Personen befugt, als Parteien vor der Kommission zu erscheinen (Art. 11).

---

sondern erst durch die Vereinigten Staaten als Vertragspartei. – Diese Auffassung ist heute – trotz noch immer bestehender Bedenken – als überwunden anzusehen; daß Staaten durch vertragliche Vereinbarung völkerrechtsunmittelbare Rechte für das Individuum schaffen können, ist heute weitestgehend anerkannt; vgl. dazu unten unter V.

18 Deutscher Text in: *F. Berber*, Völkerrecht. Dokumentensammlung, Bd. I, 1967, 884 ff.

19 IGH, *LaGrand Case (Germany v. United States of America)*, Urteil vom 27. 6. 2001, Ziff. 77, in deutscher Übersetzung abgedruckt in: EuGRZ 2001, 287 ff; dazu *Oellers-Frahm*, Die Entscheidung des IGH im Fall LaGrand – Eine Stärkung der internationalen Gerichtsbarkeit und der Rolle des Individuums im Völkerrecht, EuGRZ 2001, 265 ff.

20 IAMR, *The Right to Information on Consular Assistance in the Framework of the Guarantees of Due Process of Law*, OC-16, Gutachten vom 1. 10. 1999, abgedruckt in HRLJ 2000, 24 ff.

21 Der Text dieses Abkommens findet sich in NRG 3ème série, t. III, 688.

22 Vgl. hierzu *F.-J. Urrutia*, La Codification du Droit International en Amérique, RdC 22 (1928), 128.

23 Vgl. Friedensvertrag von Versailles (FVV) Teil X, Abschnitte 3–6 mit Anlagen, namentlich Art. 297 und 304 (b).

24 Vgl. dazu etwa das deutsch-französische Schiedsgericht im Fall *Sigwald c. Etat allemand* (1926), TAM 6, 888, im Hinblick auf Art. 297 e FVV: *„Ce droit à réparation constitue un droit individuel de chacque ressortissant allié, droit que celui-ci peut exercer directement contre l'Etat allemand sans intervention du gouvernement français."* Ebenso das deutsch-britische Schiedsgericht im Fall *Lederer v. German Government* (1923), TAM 3, 762.

25 Siehe die Entscheidung des Schiedsgerichts für Oberschlesien, *Steiner* und *Groß* gegen den polnischen Staat, Bd. 1 (1930), 2. Dagegen haben sich die gemischten Schiedsgerichte aufgrund des Friedensvertrages von Versailles in ständiger Rechtsprechung als für Streitigkeiten zwischen den Staaten und ihren eigenenen Staatsangehörigen unzuständig erklärt. So z. B. TAM 1, 606, 740, 916; TAM 2, 600; TAM 3, 415 f; TAM 6, 978.

26 BGBl. 1955 II, 405.

In diesem Zusammenhang ist auch das Petitionsrecht von Interesse.[27] Es ermöglicht Einzelpersonen und nichtstaatlichen Organisationen, sich unmittelbar und ohne Vermittlung ihrer Regierungen an internationale Instanzen zu wenden. Ein wenn auch mehr oder weniger formloses und unvollkommenes Verfahren dieser Art hat sich schon im Minderheitenschutzrecht und im Mandatsrecht des Völkerbundes ausbilden können. Die Charta der Vereinten Nationen hat in Art. 87 (b) der Bevölkerung der Treuhandgebiete auch ein förmliches Petitionsrecht gewährt. Und weiter hatte die Europäische Konvention zum Schutze der Menschenrechte und Grundfreiheiten vom 4. 11. 1950 den Schutz der Menschenrechte wirksamer gestaltet und auch Einzelpersonen und nichtstaatlichen Organisationen die Anrufung der Europäischen Kommission für Menschenrechte gestattet (Art. 25). Mit dem 11. Zusatzprotokoll zur Europäischen Menschenrechtskonvention vom 11. 5. 1994[28] wurde die individualrechtliche Durchsetzungsberechtigung des einzelnen noch weiter gestärkt.

In diesem Zusammenhang sind auch die vier Genfer Rotkreuz Abkommen vom 12. 8. 1949 von Bedeutung. Sie räumen dem geschützten Personenkreis – den Verwundeten und Kranken der Landstreitkräfte, den Verwundeten, Kranken und Schiffbrüchigen der Seestreitkräfte, den Kriegsgefangenen und der Zivilbevölkerung im Kriege – gewisse Garantien zum Schutz ihrer Rechte ein, etwa das Recht, Beschwerden an die Schutzmacht zu richten. Diese Rechte werden auch im Wortlaut als persönliche Rechte dieser Personen bezeichnet.[29]

Auch vom Standpunkt einer Betrachtung, die den Begriff des Rechtssubjekts und des subjektiven Rechts mit Vorsicht verwendet, wird man doch in Fällen dieser Art aus heutiger Sicht ein unmittelbar auf dem Völkerrecht beruhendes Recht des Individuums annehmen können oder gar müssen. Allerdings können die an den Verträgen beteiligten Staaten den einzelnen die ihnen daraus entstehenden Rechte durch eine Aufhebung oder Änderung der Verträge wieder entziehen. Hieran wird besonders deutlich, daß auch die Völkerrechtssubjektivität des Individuums nicht eine originäre ist – wie die Lehre *Duguits* u. a. annimmt –, sondern eine abgeleitete und beschränkte Rechtssubjektivität, wie sie etwa diejenige zwischenstaatlicher Organisationen, wenn auch in weit umfassenderer Weise, darstellt.

III. Nicht nur Rechte, sondern auch Pflichten können den einzelnen unmittelbar durch das Völkerrecht auferlegt werden. Auch insoweit ist von internationalen Verpflichtungen in einem weiteren und in einem engeren Sinne zu sprechen.

1. Im weiteren Sinne lassen sich die den Staaten durch das Völkerrecht auferlegten Rechtspflichten zugleich als solche der Staatsorgane bezeichnen. Wenn ein Staat z. B. verpflichtet ist, einen Vertrag zu erfüllen, so sind auch seine jeweiligen Organe verpflichtet, für die Erfüllung Sorge zu tragen. Welche Personen dies sind, wird nicht durch völkerrechtliche Regeln bestimmt, sondern die Entscheidung darüber bleibt dem nationalen Recht überlassen. Wenn die Organe ihre Pflichten verletzen, so sieht in der Regel das Völkerrecht keine Rechtsfolgen vor, die sich gegen das schuldige Staatsorgan richten. Völkerrechtlich verant-

---

[27] Vgl. dazu aus der älteren Literatur *N. Feinberg*, RdC 40 (1932), 525 ff; *P. N. Drost*, Human Rights as Legal Rights, 1951; in der neueren Praxis haben die Beschwerdeverfahren (complaint procedures) vor den verschiedenen internationalen Menschenrechtsüberwachungsorganen (z. B. UN-Menschenrechtskommission – ECOSOC Res. 1503-Verfahren; Committee on Conventions and Recommendations (CRE) der UNESCO, vgl. dazu näher *J. Delbrück*, Non-judicial Procedures of Enforcement of Internationally Protected Human Rights with Special Emphasis on the Human Rights Practice of UNESCO, in: Neuntes Deutsch-Polnisches Kolloquium, 1992, 31 (37 ff).

[28] ETS 155; vgl. dazu *H. G. Schermers*, Adoption of the 11th Protocol to the European Convention on Human Rights, E. L. Rev. 20 (1995), 559 ff; *I. Cameron*, Protocol 11 to the European Convention on Human Rights: The European Court of Human Rights as a Constitutional Court? YBEL 15 (1995), 219 ff; *V. Schlette*, Das neue Rechtsschutzsystem der Europäischen Menschenrechtskonvention, ZaÖRV 56 (1996), 905 ff. Außer Armenien und Aserbaidschan haben alle Europaratsstaaten das Protokoll ratifiziert (Stand: 4. 10. 2001).

[29] Vgl. jeweils Art. 7 der drei ersten und Art. 8 des vierten Genfer Abkommens, Texte in: BGBl 1954 II, 783; 1954 II, 813; 1954 II, 838; 1954 II, 917.

wortlich sind nicht die Organe persönlich, sondern die Staaten als solche. Insofern wäre – als einem Gegenstück zu den unvollkommenen Rechten – allenfalls von unvollkommenen Pflichten zu sprechen.

2. Es gibt aber Fälle, in denen das Völkerrecht unmittelbar Einzelpersonen verpflichtet, und in Einzelfällen regelt es auch die Sanktionen, die im Falle der Pflichtverletzung gegenüber den einzelnen verhängt werden können. Dies kann in verschiedener Weise geschehen. Zum einen so, daß das Völkerrecht die Staaten zu einem bestimmten Vorgehen ermächtigt.

So stellt die Piraterie einen völkerrechtlich geregelten Tatbestand dar. Das Völkerrecht knüpft daran die Sanktion, daß jeder Staat den Piraten und sein Schiff auf hoher See aufgreifen darf und den Piraten ohne Rücksicht auf den Tatort und seine Staatsangehörigkeit zu bestrafen befugt ist.[30] Man darf daher sagen, das Völkerrecht verbietet dem einzelnen die Piraterie.[31] Auch das Kriegsrecht enthält völkerrechtliche Normen, die sich unmittelbar an die einzelnen wenden. Das Kriegsverbrechen stellt eine Verletzung völkerrechtlicher Pflichten dar. Ihre Ahndung liegt bei den Staaten oder internationalen Strafgerichten.[32]

3. In anderen Fällen begnügt das Völkerrecht sich nicht damit, dem einzelnen Pflichten aufzuerlegen, sondern es verpflichtet zugleich auch die Staaten, die Verletzung der völkerrechtlichen Pflicht zu bestrafen.[33]

Gewisse Weltrechtsverbrechen, nach der Völkermordkonvention von 9. 12. 1948[34] auch der Genozid[35], müssen die Staaten aufgrund internationaler Verträge bestrafen. Auch aus dem allgemeinen Völkerrecht kann sich die Pflicht zur Bestrafung ergeben. Wird z. B. ein Verbrechen an einem Diplomaten begangen, so begeht der einzelne ein Verbrechen gegen die Völkerrechtsordnung, und zugleich ist der Aufenthaltsstaat zur Bestrafung verpflichtet.

4. Seit dem Ende des 2. Weltkrieges hat sich der Begriff des internationalen Verbrechens entwickelt[36] und haben sich Ansätze zur Entwicklung eines Völkerstrafrechts gebildet.[37] Als Verbrechen gegen das Völkerrecht haben die Vereinten Nationen nach dem zweiten Weltkrieg bestimmte Verbrechen der dafür Verantwortlichen in Deutschland und Japan als individuelle Verbrechen gegen die internationale Rechtsordnung verfolgt, und teils durch nationale Gerichte, teils durch die Internationalen Militärtribunale von Nürnberg und Tokio aburteilen lassen.[38] Entscheidend ist der dahinter stehende Ansatz, daß der einzelne, der die Völkerrechtsordnung durch schwere Verbrechen verletzt, vor internationalen Instanzen

---

30 Vgl. Art. 105 SRÜ.

31 Siehe ausführlich *A. P. Rubin*, The Law of Piracy, 2. Aufl. 1998.

32 Siehe näher unten.

33 Vgl. zur Problematik völkerrechtlicher Bestrafungspflichten- insbesondere im Zusammenhang mit Menschenrechtsverletzungen- ausführlich *K. Ambos*, Völkerrechtliche Bestrafungspflichten bei schweren Menschenrechtsverletzungen, AVR 37 (1999), 318 ff; *T. Schilling*, Ungeschriebene Strafpflichten. Eine wertende Bestandsaufnahme des Völker-, Gemeinschafts- und (deutschen) Verfassungsrechts, ZÖR 54 (1999), 357 ff.

34 UNTS 78, 277; siehe näher unten.

35 Nach Art. VI der Völkermordkonvention trifft die Strafverfolgungspflicht jedenfalls den Territorialstaat.

36 So etwa das oben erwähnte Völkermordabkommen vom 19. 12. 1948, das Völkermord in Art. I als „Verbrechen gemäß internationalem Recht" *(„crime under internationale law")* bezeichnet; dazu O. *Triffterer*, Bestandsaufnahme zum Völkerstrafrecht, in: *G. Hankel/G. Stuby* (Hrsg.), Strafgerichte gegen Menschheitsverbrechen. Zum Völkerstrafrecht 50 Jahre nach den Nürnberger Prozessen, 1995, 169 (188 f). Für den älteren Standpunkt siehe z. B. *D. Anzilotti*, Corso di diritto internazionale privato, 1924–25, 123: *„L'obbligo dell'individuo non sorge se lo Stato non abbia emanato la norma che vieta, nullum crimen sine lege."* Näher dazu unten.

37 Dazu *G. Dahm*, Zur Problematik des Völkerstrafrechts, 1956, mit umfangreichen Hinweisen auf die ältere Literatur; zum heutigen Stand der Behandlung des Problems einer internationalen Strafgerichtsbarkeit und eines entsprechenden Völkerstrafrechts *M. C. Bassiouni*, Enforcing Human Rights through International Criminal Tribunals, in: *L. Henkin/J. L. Hargrove* (eds.), Human Rights: An Agenda for the Next Century, ASIL, 1994, 347 ff; und unter §§ 189 ff.

38 Siehe näher unten.

verantwortlich gemacht werden kann und sich seiner individuellen internationalen Verantwortlichkeit nicht durch die Berufung auf das nationale Recht seines Staates zu entziehen vermag.[39]

IV. Schließlich kommt es vor, daß internationalen Organen oder überstaatlichen Organisationen eine Hoheitsgewalt auch gegenüber dem einzelnen eingeräumt wird. Das ist etwa in Gebieten unter internationaler oder überstaatlicher Verwaltung der Fall.[40]

Nach Art. 81 der Charta der Vereinten Nationen besteht die Möglichkeit, daß die Vereinten Nationen die Treuhandverwaltung eines Gebiets übernehmen. Wenn das geschieht, so kommt ein unmittelbares Rechtsverhältnis zwischen ihr und den auf diesem Gebiet befindlichen Einzelpersonen zustande, aus dem sich auf beiden Seiten Rechte und Pflichten ergeben.

Das internationale Rechtsleben bietet auch Beispiele dafür, daß internationale Organe und überstaatliche Organisationen zwar nicht die Staatsgewalt in ihrer Gesamtheit, aber doch bestimmte Funktionen der Staatsgewalt übernehmen und dabei in unmittelbare Beziehungen zu den einzelnen treten.[41]

So hatten und haben gewisse Flußkommissionen Befugnisse legislativer und administrativer Natur auch gegenüber Einzelpersonen, und manchmal üben sie auch eine gewisse Gerichtsbarkeit aus. Wo das der Fall ist, ergeben sich wieder Rechte und Pflichten für die einzelnen Menschen unmittelbar aus völkerrechtlichen Normen. Aus neuerer Zeit sind namentlich die Gründungsverträge der Europäischen Gemeinschaften, die nunmehr in der Europäischen Union zusammengefaßt sind, zu nennen.[42] Wiewohl in ihrer Wirkung supranational und insofern nicht völkerrechtliche Verträge gewöhnlicher Art, ist ihnen doch der völkerrechtliche Ursprung nach wie vor eigen, sind sie also im vorliegenden Kontext nach wie vor relevant. Diese Verträge statten die Organe der Europäischen Gemeinschaften bzw. Union mit mannigfaltigen Rechten, auch mit Zwangs- und Strafbefugnissen gegenüber Einzelpersonen und wirtschaftlichen Unternehmungen aus, gewähren aber auch Einzelpersonen das Recht, die Verletzung ihrer Rechte durch überstaatliche Organe vor internationalen Instanzen, etwa durch Klage vor dem Gerichtshof der Gemeinschaft, geltend zu machen.

V. Diese Feststellungen in ihrer Gesamtheit gestatten den Schluß, daß das Völkerrecht der Gegenwart jedenfalls in gewissem Umfang auch die einzelnen als Träger völkerrechtsunmittelbarer Rechte und Pflichten behandelt.[43] Doch muß man sich vor Übertreibungen

---

[39] Siehe unten.

[40] Näheres hierzu oben Bd. I/1 § 52.

[41] Hoheitsbefugnisse dieser Art fehlen bisher den Organen der Vereinten Nationen. Weder der Sicherheitsrat noch der Treuhandrat oder die Menschenrechtskommission des Wirtschafts- und Sozialrates vermag der einzelnen Person mit unmittelbarer Wirkung Pflichten aufzuerlegen. Allerdings lassen sich erste Ansätze dahingehend feststellen, daß Resolutionen des Sicherheitsrates unmittelbare Durchgriffswirkung auch für Individuen und juristische Personen beanspruchen, so im Zusammenhang mit Embargomaßnahmen nach Art. 41 Charta der VN; auf diesem Wege erhält ein supranationales Element Einzug in die VN. Ferner können (mittelbar) auf Kapitel VII der Charta der VN beruhende Rechtsakte auch im Kontext der Übergangsverwaltung durch die Vereinten Nationen – wie etwa im Kosovo oder in Osttimor – unmittelbare Pflichten für Einzelpersonen begründen; vgl. dazu *M. J. Matheson*, United Nations Governance of Postconflict Societies, AJIL 95 (2001), 76 ff; *C. Stahn*, International Territorial Administration in the former Yugoslavia: Origins, Development and Challenges ahead, ZaöRV 61 (2001), 107 ff.

[42] Nicht nur enthalten die Verträge über die Gründung der Europäischen Gemeinschaft für Kohle und Stahl, der Europäischen Wirtschaftsgemeinschaft und Europäischen Atomgemeinschaft, die heute zusammen mit der Einheitlichen Europäischen Akte und dem Unionsvertrag von Maastricht die Verfassung der Europäischen Union bilden, unmittelbare Rechte und Pflichten für die Unionsbürger, sondern es wird diesen auch der unmittelbare Zugang zum Europäischen Gerichtshof eröffnet.

[43] So heute auch der überwiegende Teil der Lehre, vgl. u. a. *Oppenheim/Jennings/Watts*, Vol. I/1, 16 ff, Vol. I/2, 847 ff; *Brownlie*, Principles, 554 f; *Damrosch/Henkin/Pugh/Schachter/Smit*, 374 ff mit umfangreichen Materialien; *N. Quoc Dinh/P. Daillier/A. Pellet*, Droit international public, 4. ed., 1992, 161 ff; *Verdross/Simma*, 256 ff; *Berber*, Bd. I, 169 ff; *Ph. Cahier*, Cours général de droit international public, RdC 195 (1985 IV), 140 ff; *Fourlanos*, NtidIR 53 (1984), 9 ff; *Janis*, Cornell Int'l.L. J. 17 (1984), 61 ff; *Obilade*, IJIL 14 (1974), 90 ff; *S. Miyazaki*, Interna-

hüten. Wenn der einzelne in bestimmten Fällen als selbständiges Subjekt des Völkerrechts auftritt, so darf man doch nicht übersehen, daß seine Rechtsstellung sich von der der Staaten und der der zwischenstaatlichen Organisationen unterscheidet. Der Formalbegriff des Völkerrechtssubjekts deckt hier ganz verschiedene Dinge. So wie die juristische Person im Privatrecht, so stellt der einzelne als Subjekt des Völkerrechts, jedenfalls bisher, eine Ausnahme dar. Die meisten Regeln des Völkerrechts können auf ihn nicht angewandt werden. Auch das aktive Handeln des Individuums auf völkerrechtlicher Ebene ist noch immer beschränkt. Zwar sprechen prinzipielle rechtsdogmatische Bedenken z. B. nicht gegen die völkerrechtliche Rechtsfähigkeit des Individuums auch im Hinblick auf ein Vertragsschlußrecht.[44] Die Praxis ist hier jedoch noch sehr zögerlich. Lediglich im Bereich des internationalen Wirtschaftsrechts finden – wenn nicht natürliche Personen – so doch juristische Personen des Privatrechts Anerkennung als Partner jedenfalls teilweise dem Völkerrecht zuzuordnender Verträge.[45] Rechtspolitisch sind der Tendenz des modernen Völkerrechts zur Einbeziehung des Individuums Grenzen gesetzt. Noch ist die Völkerrechtsordnung nicht stark genug, um die dem Menschen verliehenen Rechte auch gegenüber der nationalen Staatsgewalt in jedem Falle durchsetzen zu können. Das gilt namentlich dann, wenn die internationalen Pflichten des Individuums zu denen des nationalen Rechts in Widerspruch treten. Es besteht in dem Fall die Gefahr, daß der einzelne Mensch in unlösbare Konflikte gerät und den Weisungen der nationalen Staatsgewalt folgt, die ihm vielfach näher ist als die internationale Gemeinschaft und in der Regel über Mittel des Zwanges verfügt, deren die unvollkommene internationale Ordnung trotz aller Fortschritte doch noch entbehrt. Auf der anderen Seite ist jedoch die Bedeutung der grundsätzlichen Öffnung des Kreises der unterschiedlich mit Rechten und Pflichten ausgestatteten Völkerrechtssubjekte für das Individuum nicht zu unterschätzen. Angesichts nicht nur einer fortschreitenden Internationalisierung, sondern auch Globalisierung des internationalen Systems[46], beginnt der Staat an seiner den Menschen mediatisierenden Wirkung mehr und mehr einzubüßen. Ein Prozeß der Entstaatlichung der politischen Organisation von Gesellschaften hat eingesetzt, der nichtstaatlichen Akteuren in der Zukunft wesentlich mehr Gewicht in den internationalen Beziehungen wird zukommen lassen. Mit der Anerkennung des Individuums als einer im Prinzip völkerrechtsfähigen Wirkungseinheit ist der Durchbruch erfolgt, der es erlaubt, die wachsende Rolle nichtstaatlicher Wirkungseinheiten einschließlich des einzelnen Menschen vom Beginn an auch rechtlich-ordnend zu begleiten.

---

tionaler Schutz der Menschenrechte und Völkerrechtsunmittelbarkeit, in: FS *Mosler*, 1983, 581 ff; zurückhaltend *Seidl-Hohenveldern*, Völkerrecht, Rdn. 632 ff; *Epping*, in: *K. Ipsen*, Völkerrecht, 4. Aufl. 1999, 79 ff; *Partsch*, EPIL II (1995), 957 ff; ablehnend *Dominicé*, Ann.d'Et.Int'l 1987/88, 1 ff, der allerdings mit einer sehr einseitigen Definition des Völkerrechtssubjekts das Ergebnis seiner Untersuchung vorwegnimmt und im übrigen nicht zur Kenntnis nimmt, daß es spätestens seit dem Rechtsgutachten des IGH im *Reparation for Injuries* Fall anerkannt ist, daß Völkerrechtssubjekte in unterschiedlichem Umfang Rechts- und Handlungsfähigkeit besitzen können (Reparation for Injuries Suffered in the Service of the United Nations (ICJ Reports 1949, 174)).

[44] Ein angeblich fehlendes Vertragsschlußrecht nimmt *Dominicé* zum Ausgangspunkt seiner Ablehnung auch nur einer beschränkten Völkerrechtssubjektivität des Individuums, Ann.d'Et.Int'l 1987/88, 1 ff.

[45] Dazu näher oben § 108.

[46] Vgl. dazu *J. Delbrück*, Globalization of Law, Politics and Markets, Ind.J. of Global Legal Studies 1(1993), 9 ff; *ders.*, Structural Changes in the International System and its Legal Order: International Law in the Era of Globalization, SZIER 1 (2001), 1 (13 ff).

§ 110 Die Rechtsstellung von Gruppen im Völkerrecht (nichtstaatlich organisierte Völker, Minderheiten, indigene Völker)

Schrifttum: *P. Pernthaler*, Gruppenschutz im Volksgruppenrecht und seine Verbindung zum individuellen Minderheitenschutz, in: *Th. Veiter* (Hrsg.), System eines internationalen Volksgruppenrechts, Bd. II, 1972, 90 ff; *Y. Dinstein*, Collective Human Rights of Peoples and Minorities, ICLQ 25 (1976), 102 ff; *F. Capotorti*, Study on the Rights of Persons Belonging to Ethnic, Religious and Linguistic Minorities, UN Doc. E/CN.4/Sub.2/384/Rev.1 (1979); *P. Pernthaler*, Volksgruppe und Minderheit als Rechtsbegriffe, in: *F. Wittmann/St. Graf Bethlen* (Hrsg.), Volksgruppenrecht. Ein Beitrag zur Friedenssicherung, 1980, 9 f; *A. Cassese*, The Self-Determination of Peoples, in: *L. Henkin* (ed.), The International Bill of Rights, 1981, 92 ff; *L. B. Sohn*, The Rights of Minorities, ebd., 270 ff; *F. Ermacora*, The Protection of Minorities before the United Nations, RdC 182 (1983), 257 ff; *J. Charpentier*, Autodétermination et décolonisation, in: Festschrift *Chaumont*, 1984, 117 ff; *D. Murswiek*, Offensives und defensives Selbstbestimmungsrecht. Zum Subjekt des Selbstbestimmungsrechts der Völker, Der Staat 23 (1984), 523 ff; *T. H. Baglay*, The International Protection of Minorities, in: *S. Chandra* (ed.), Minorities in National and International Law, 1985, 172 ff; *Y. Dinstein*, Collective Human Rights of Peoples vis-à-vis Minorities, ebd., 71 ff; *I. Brownlie*, The Rights of Peoples in Modern International Law, Bulletin of the Australian Society of Legal Philosophy, 1985, 117 ff; *G. Brunner et al.* (Hrsg.), Minderheitenschutz in Europa, 1985; *F. Capotorti*, Minorities, EPIL 8 (1985), 385 ff; *S. B. Blumkin*, Protection of Minorities: For Individuals or Groups?, in: *S. Chandra* (ed.), International Protection of Minorities, 1986, 1 ff; *A. Ch. Kiss*, The Peoples' Right to Self-Determination, HRLJ 7 (1986), 165 ff; *J.-B. Marie*, Relations between Peoples' Rights and Human Rights: Semantic and Methodological Distinctions, ebd., 195 ff; *K. J. Partsch*, Recent Developments in the Field of Peoples' Rights, ebd., 77 ff; *G. T. Morris*, In Support of the Right of Self-Determination for Indigenous Peoples under International Law, GYIL 29 (1986), 277 ff; *E. Riedel*, Theorie des Menschenrechtsstandards, 1986; *B. G. Ramcharan*, Peoples' Rights and Minorities' Rights, NordicJIL 56 (1987), 9 ff; *J. Crawford* (ed.), The Rights of Peoples, 1988; *F. Ermacora*, Der Minderheitenschutz im Rahmen der Vereinten Nationen, 1988; *N. Lerner*, From Protection of Minorities to Group Rights, Isr. Y. B. Hum. Rts. 18 (1988), 101 ff; *K. Hailbronner*, Der Schutz der Minderheiten im Völkerrecht. Zum Problem besonderer politischer Repräsentationsrechte von Minderheiten, in: *Im Dienst an der Gemeinschaft*, Festschrift für *Dietrich Schindler*, 1989, 75 ff; *D. M. Johnston*, Native Rights as Collective Rights: A Question of Group Self-Preservation, Can. J. L. & Jurispr. 2 (1989), 19 ff; *D. Blumenwitz/H. v.Mangoldt* (Hrsg.), Neubestätigung und Weiterentwicklung von Menschenrechten und Volksgruppenrechten in Mitteleuropa, 1991; *L. Green*, Two Views of Collective Rights, Can. J. L. & Jurispr. 4 (1991), 315 ff; *M. McDonald*, Should Communities Have Rights?, ebd., 217 ff; *J. Narveson*, Collective Rights?, ebd., 329 ff; *J. Pestieau*, Minority Rights: Caught between Individual Rights and Peoples' Rights, ebd., 361 ff; *N. Lerner*, Group Rights and Discrimination in International Law, 1991; *D. Sanders*, Collective Rights, Hum. Rts. Q. 13 (1991), 368 ff; *P. Thornberry*, International Law and the Rights of Minorities, 1991; *R. Torres*, The Rights of Indigenous Populations: The Emerging International Norm, Yale J. Int'l L. 16 (1991), 127 ff; *B. Vukas*, States, Peoples and Minorities, RdC 231 (1991, VI), 263–524; *Ph. Alston* (ed.), United Nations and Human Rights, 1992; *B. Broms*, The Rights of Indigenous Peoples: Recognition of Collective Rights, FYBIL 3 (1992), 290 ff; *Y. Dinstein/M. Tabory* (eds.), The Protection of Minorities and Human Rights, 1992; *K. Hailbronner*, The Legal Status of Population Groups in a Multinational State under Public International Law, in: *Dinstein/Tabory* (eds.), Protection of Minorities, 117 ff; *M. N. Shaw*, The Definition of Minorities in International Law, ebd., 1 ff; *R. Hofmann*, Minderheitenschutz in Europa. Überblick über die völker- und staatsrechtliche Lage, ZaöRV 52 (1992), 1 ff; *S. Oeter*, Selbstbestimmungsrecht im Wandel, Überlegungen zur Debatte um Selbstbestimmungsrecht, Sezessionsrecht und „vorzeitige" Anerkennung, ebd., 741 ff; *K. J. Partsch*, Discrimination against Individuals and Groups, EPIL I (1992), 1079 ff; *M. E. Turpel*, Indigenous Peoples' Rights of Political Participation and Self-Determination: Recent International Legal Developments and the Continuing Struggle for Recognition, CornellIJL 25 (1992), 579 ff; *C. Brölmann et al.* (eds.), Peoples and Minorities in International Law, 1993; *F. Ermacora/Ch. Pan*, Grundrechte der europäischen Volksgruppen, 1993; *H. Hannum* (ed.), Documents on Autonomy and Minority Rights, 1993; *N. Lerner*, The Evolution of Minority Rights in International Law, in: *Brölmann et al.* (eds.), Peoples and Minorities, 77 ff;

M. Nowak, The Evolution of Minority Rights in International Law, Comments, ebd., 103 ff; *R. Wolfrum*, The Emergence of „New Minorities“ as a Result of Migration, ebd., 153 ff; *Ch. Tomuschat* (ed.), Modern Law of Self-Determination, 1993; *G. Alfredsson*, The Right of Self-Determination and Indigenous Peoples, in: *Tomuschat* (ed.), Modern Law of Self-Determination, 41 ff; *ders.*, Minority Rights, Non-Discrimination, Special Rights and Special Measures, in: *F. Ermacora et al.* (Hrsg.), Volksgruppen im Spannungsfeld von Recht und Souveränität in Mittel- und Osteuropa, 1993, 149 ff; *ders.*, Zwischen Unterdrückung, Selbstverwaltung und Unabhängigkeit. Über das Selbstbestimmungsrecht der autochthonen Völker, VN 41 (1993), 7 ff; *ders./A. de Zayas*, Minority Rights: Protection by the United Nations, HRLJ 14 (1993), 1 ff; *O. Andrysek*, Report on the Definition of Minorities, U. N. Technical Meeting of Experts on Minorities at Geneva, 2–4 February 1993, UN Doc. HR/Geneva/TM/BP.9; *D. Blumenwitz/G. Gornig* (Hrsg.), Minderheiten- und Volksgruppenrechte in Theorie und Praxis, 1993; *H. Tretter*, Der Schutz ethnischer Minderheiten durch kollektive und individuelle Rechte, in: *Ermacora et al.* (Hrsg.), Volksgruppen im Spannungsfeld, 164 ff; *R. L. Barsh*, Indigenous Peoples in the 1990s: From Object to Subject of International Law, Harvard Human Rights Journal 7 (1994), 33–86; *Y. Ben Achour*, Souveraineté étatique et protection internationale des minorités, RdC 245 (1994), 321 ff; *C. Hillgruber*, The European Convention on Human Rights and the Protection of National Minorities (1994); *E. Riedel*, Gruppenrechte und kollektive Aspekte individueller Menschenrechte, Berichte DGVR 33 (1994), 49 ff; *E. Spiry*, From ‚Self-Determination' to a Right to ‚Self-Development' for Indigenous Groups, GYIL 38 (1995), 129 ff; *A. Peters*, Das Gebietsreferendum im Völkerrecht, 1995; *G. Alfredsson/P. Macalister-Smith* (eds.), The Living Law of Nations (1996); *S. J. Anaya*, Indigenous Peoples in Intenrational Law (1996); *H.-J. Heintze* (ed.), The Protection of Minorities under International Law (1996); *J. Niewerth*, Der kollektive und der positive Schutz von Minderheiten und ihre Durchsetzung im Völkerrecht, 1996; *E. Reiter*, Grenzen des Selbstbestimmungsrechts, 1996; *M. Leder*, Das Selbstbestimmungsrecht der Völker – Recht oder Ziel?: eine Untersuchung unter Berücksichtigung der deutschen Frage und der Anerkennung neuer Staaten im ehemaligen Jugoslawien, 1997; *T. Marauhn*, Anspruch auf Sezession?, in: *H.-J. Heintze*, Selbstbestimmungsrecht der Völker – Herausforderung der Staatenwelt, 1997, 105 ff; *T. Musgrave*, Self-Determination and National Minorities (1997); *J. Mertus*, Prospects for National Minorities under the Dayton Accords: Lessons from History: The Inter-War Minority Schemes and the Yugoslav Nations, Brooklyn Journal of International Law 23 (1998), 793–832; *J. Preece*, National Minorities and the European Nation-States System (1998); *S. Wiessner*, Rights and Status of Indigenous Peoples. A Global Comparative and International Law Analysis, Harvard Human Rights Journal 12 (1999), 57–128; *S. Pritchard*, Indigenous Peoples, the United Nations and Human Rights (1998); *R. Wolfrum*, The Protection of Indigenous Peoples in International Law, ZaöRV 59 (1999), 369–382; *M. Lâm*, At the Edge of the State-Indigenous Peoples and Self-Determination (2000); *A. Nafey*, United Nations and the United States: role in Haiti, in: *L. Varma*, United Nations in the changing world, 1997, 96 ff; *E. Mobekk*, The missing ingredient: justice in the international intervention in Haiti, International Relations 15 (2000) 1, 30 ff.

Räumt das moderne Völkerrecht neben den Staaten und internationalen zwischenstaatlichen Organisationen auch dem Individuum sowie juristischen Personen privaten Rechts – wenn auch in nur beschränktem Umfang – eine völkerrechtliche Rechtsstellung ein, so drängt sich die Frage auf, wie es mit der völkerrechtlichen Rechtsstellung von Gruppen von Menschen, also etwa nicht staatlich organisierten Völkern, Minderheiten, aber auch sog. indigenen Völkern, steht.[1] Die völkerrechtsdogmatische Diskussion um die Rechtsstellung von nicht staatlich organisierten Völkern[2] und Minderheiten reicht in die Zeit nach dem ersten Weltkrieg zurück.[3] Im Zentrum des Interesses standen bereits damals das Recht auf Selbstbestimmung von Personenverbänden als solchen (nationale/ethnische oder religiöse

[1] Organisierten Verbänden und Gruppen, denen schon in der Vergangenheit eine beschränkte völkerrechtliche Stellung eingeräumt worden ist – wie etwa den sog. Aufständischen und in jüngerer Zeit den sog. Befreiungsbewegungen – werden gesondert behandelt, vgl. unten §§ 111 und 112.

[2] Zur völkerrechtlichen Stellung des Staatsvolkes vgl. oben § 82 f.

[3] Das politische und rechtliche Problem des Gruppenschutzes ist dagegen älter und schon in vergangenen Jahrhunderten behandelt worden, vgl. dazu unten unter I. und dortige Nachweise.

Minderheiten) sowie das Recht der Angehörigen solcher Verbände – individuell oder als Gruppe – auf Nichtdiskriminierung. In der jüngeren Vergangenheit ist die Frage nach der Rechtsstellung sog. indigener Völker, auch Urbevölkerungen, autochthone Bevölkerungen oder tribale Völkerschaften genannt[4], zum Gegenstand der internationalen Diskussion geworden. Unter dem Druck der von indigenen Völkern deutlich artikulierten Ansprüche auf Anerkennung ihrer Rechte gibt es Ansätze für entsprechende völkerrechtliche Regelungen. Trotz der schon relativ langen intensiven Befassung mit der Frage der Rechte der genannten Personenverbände bzw. Gruppen sind viele Probleme rechtsdogmatischer und inhaltlicher Art, namentlich das der internationalen Rechtsstellung von Gruppen, noch offen. Dies hängt zum einen damit zusammen, daß mit der Zuerkennung von völkerrechtlichen Schutzrechten an bisher nicht staatlich organisierte Völker, Minderheiten oder indigene Völker politisch brisante Situationen geschaffen werden können. So könnten etwa Staaten mit Minderheiten in ihrer souveränen Entscheidungsfreiheit hinsichtlich der Gestaltung des Verhältnisses von Mehrheitsbevölkerung und Minderheit eingeschränkt oder gar in ihrer territorialen Integrität verletzt werden. Zum anderen sind es rechtsdogmatische Probleme – z. B. die Schwierigkeit, Begriffe wie „Volk" oder „Minderheit" in einer für die Rechtsanwendung hinreichend präzisen Weise zu definieren oder die politisch und rechtlich problematische Frage nach Inhalt und Reichweite von Gruppenrechten zu beantworten –, die der Forderung nach Anerkennung von Schutzrechten für bestimmte Gruppen als rechtlicher Wirkungseinheit entgegengehalten werden.

Versucht man, die Ergebnisse der schier unübersehbaren Literatur[5], aber auch die Erkenntnisse internationaler und nationaler gerichtlicher und nichtjudiziärer Spruchkörper[6] auf einen kurzen Nenner zu bringen, so wird man zunächst einen Konsens dahingehend feststellen, daß Angehörigen bestimmter Gruppen oder Personenverbände völkerrechtlich garantierte Rechte auf Schutz vor Diskriminierung und Bedrohung ihres physischen Bestandes zukommen müssen. Übereinstimmung besteht, daß die Angehörigen solcher Verbände jedenfalls als Individuen den Schutz der allgemeinen Menschenrechte in Anspruch nehmen können. Dabei wird auch anerkannt, daß dieser Individualschutz einen Gruppenbezug aufweist, da sich für die Gruppenangehörigen der Genuß jedenfalls einiger Menschenrechte (Religionsfreiheit, Versammlungs- und Vereinigungsfreiheit) erst in der gemeinsamen Ausübung voll entfaltet.[7] Grundsätzlich besteht schließlich Übereinstimmung darüber, daß es in Gestalt des Selbstbestimmungsrechtes der Völker ein völkerrechtlich garantiertes Recht

---

[4] Zur unterschiedlichen Terminologie vgl. *Broms*, FYBIL 3 (1992), 290 (298 ff); *G. Alfredsson*, Indigenous Populations, Protection, EPIL II (1995), 946. Hier wird der Begriff „indigene Völker" wegen seiner im wesentlichen neutralen Bedeutung vorgezogen.

[5] Vgl. dazu die Literaturauswahl zu diesem Paragraphen; die dort genannten Arbeiten enthalten ihrerseits ein Fülle weiterführender Literaturhinweise.

[6] Hinzuweisen ist hier insbesondere auf die Gutachten des StIGH in den Fällen *Access to German Minority Schools in Polish Upper Silesia*, PCIJ Series A/B, Advisory Opinions, Bd. I, No. 40; *Treatment of Polish Nationals and Other Persons of Polish Origin or Speech in the Territory of Danzig*, PCIJ Series A/B, ebd., No. 44; *The Greco-Bulgarian „Communities"*, PCIJ Series B, Advisory Opinions, Bd. II, No. 17; sowie *Minority Schools in Albania*, PCIJ Series A/B, Advisory Opinions, Bd. III, No. 64. Aus der Zeit nach dem 2. Weltkrieg ist auf das Gutachten des IGH im *Western Sahara*-Fall, ICJ Reports 1975, 12 ff, sowie auf die Entscheidung des IGH im *Case Concerning East Timor*, ICJ Reports 1995, 90 ff und die Entscheidung des EGMR im *Case „Relating to Certain Aspects of the Laws on the Use of Languages in Education in Belgium"*, ECHR Series A, No. 6 von 1968 zu verweisen. Von großer Bedeutung sind ferner die Erkenntnisse des UN-Menschenrechtsausschusses in den Fällen *Lovelace v. Canada*, Comm. No. 24/1977, UN Doc. A/36/40 (1981), 166 ff (auch abgedruckt in HRLJ 2 (1981), 158 ff), *Mikmaq Tribal Society v. Canada*, Comm. No. 78/1980, UN Doc. A/39/40 (1984), 200 ff (auch abgedruckt in EuGRZ 11 (1984), 388 ff), *Lubicon Lake Band v. Canada*, Comm. No. 167/1984, UN Doc. A/45/40, Vol. II (1990), 1 ff (auch abgedruckt in HRLJ 11 (1990), 305 ff), *Kitok v. Sweden*, Comm. No. 197/1985, UN Doc. A/43/40 (1988), 221 ff (auch abgedruckt in HRLJ 11 (1990), 148 ff).

[7] Vgl. dazu näher *Niewerth*, 58 ff.

gibt, dessen Träger ein Personenverband bzw. eine Gruppe als solche ist, es sich bei diesem Recht also um ein echtes Gruppenrecht handelt.[8] Kontrovers ist dagegen, welche Personenverbände oder Gruppen als Träger des Selbstbestimmungsrechts anzuerkennen sind, mit anderen Worten, welche Kriterien darüber bestimmen, ob eine Gruppe z. B. ein „Volk" im Sinne des Selbstbestimmungsrechts darstellt.[9] Darüber hinaus ist kontrovers, ob es jenseits des Selbstbestimmungsrechts weitere Gruppen- oder „Kollektivrechte" gibt. Hierauf ist im folgenden insoweit näher einzugehen, als es um die Beantwortung der Frage geht, ob und inwieweit Gruppen eine – ggf. beschränkte – Völkerrechtsstellung genießen; nicht dagegen ist an dieser Stelle die inhaltliche Seite solcher Rechte allgemein zu behandeln.[10] Befürworter der Anerkennung von Gruppen- oder Kollektivrechten, sei es *de lege lata* oder *de lege ferenda*, stimmen allerdings darin überein, daß eine solche Anerkennung eine sorgfältige Differenzierung nach Rechtsträgern in Frage kommender Kollektivrechte und nach den politisch-sozialen Umständen sowie den daraus abzuleitenden inhaltlichen Anforderungen an die Ausgestaltung solcher Rechte verlangt. Mit anderen Worten, nicht jede Gruppe von Menschen, die sich durch bestimmte Merkmale von anderen Gruppen/Menschen abhebt, ist potentieller oder aktueller Träger von Gruppenrechten. Nicht einmal jede Minderheit fällt *per se* in den Kreis dieser potentiellen Rechtsträger. Auch ist nicht jede wünschbare Gestaltung der Lebenssituation von bestimmten Gruppen geeignet, in den Status eines (kollektiven) Rechts gehoben zu werden. Ehe jedoch auf die hier aufgeworfenen Probleme im einzelnen näher eingegangen wird, sei ein kurzer Blick auf die historische Entwicklung der Frage nach der internationalen Rechtsstellung von „Gruppen" (Minderheiten) in dem hier gemeinten Sinne vorausgeschickt. Sodann wird auf die Bestimmung der als (beschränkte) Völkerrechtssubjekte in Frage kommenden Gruppen und der heute schon eine völkerrechtliche Stellung vermittelnden Gruppenrechte einzugehen sein. Abschließend ist der Sonderfall der indigenen Völkerschaften zu behandeln.

I. 1. Der Schutz von Gruppen, d. h. im historischen Kontext Minderheiten unterschiedlicher Art, ist bereits in früheren Jahrhunderten Gegenstand vertraglicher Regelungen gewesen. Allerdings ist den getroffenen Regelungen der Begriff der „Minderheit" noch fremd.[11] Schon gar nicht wird in diesen alten Dokumenten die Frage nach einer sich aus den Schutzregelungen ableitenden internationalen Rechtsstellung der betroffenen Gruppen aufgeworfen, geschweige denn positiv beantwortet. Auch in der zeitgenössischen Literatur des 19. Jahrhunderts ist eine mögliche internationale Rechtsstellung von Gruppen (etwa Minderheiten, aber auch nicht staatlich organisierten Völkern) kein Thema. Erst mit der Schaffung eines völkervertragsrechtlich begründeten Minderheitenschutzes beginnt vor allem in der Völkerrechtswissenschaft, weniger in der Staatspraxis, eine intensive Diskussion hinsichtlich der rechtsdogmatischen Konsequenzen, die z. B. aus dem im Rahmen der Friedensverträge zur Beendigung des 1. Weltkrieges vereinbarten und unter der Kontrolle des Völkerbundes umzusetzenden Minderheitenschutz im Hinblick auf die Rechtsstellung der Minderheiten zu ziehen seien.[12] Wenngleich in dieser Diskussion der Aspekt des

---

[8] Dazu näher unten unter III.

[9] Zu der schwierigen Unterscheidung der Begriffe Volk, Nation, Volksgruppe, Minderheit und nationale Minderheit vgl. im einzelnen oben §§ 82 f. Hier wird – von Ausnahmen abgesehen – der übergreifende Begriff „Gruppe" verwandt, weil es in systematischer Hinsicht in diesem Zusammenhang nur um die Rechtsstellung von Gruppen allgemein geht. Nur wo dies kontextuell erforderlich ist, werden auch die Begriffe „Personenverband", „Volk" und „Minderheit" benutzt.

[10] Dazu näher in Bd. II unter dem Abschnitt, in dem die internationale Menschenrechtsordnung darzustellen sein wird.

[11] Vgl. dazu die Hinweise bei *Ermacora*, RdC 182 (1983), 257 mwN.

[12] Siehe dazu ausführlich unter Herausarbeitung der rechtsdogmatischen Dimension der völkerrechtlichen Diskussion zwischen den Weltkriegen *Ermacora*, RdC 182 (1983), 257 (259 ff); zum Minderheitenschutz in der Ära des Völkerbundes ausführlich

Gruppenschutzes, also des Schutzes von bestimmten Personenverbänden als solchen – etwa ethnischer, sprachlicher oder religiöser Minderheiten –, und nicht nur der einzelnen Angehörigen solcher Verbände durchaus intensiv erörtert wurde[13], so ging die ganz herrschende Auffassung doch dahin, daß den Gruppen als solchen eine völkerrechtliche Rechtspersönlichkeit aus den ihnen zuerkannten Schutzrechten nicht zukomme.

Vielmehr stellten sich nach damaliger Auffassung die internationalen Regelungen zum Schutze von Minderheiten als vertraglich begründete Staatenverpflichtungen dar. Die innerstaatliche Umsetzung hatten die Staaten zu gewährleisten.[14] Für die Minderheiten bedeutete dies, daß sie zwar nicht völkerrechtsunmittelbare Rechtsträger wurden, daß ihnen aber aufgrund der Staatenverpflichtungen innerhalb der nationalen Rechtsordnung eigene Rechte zukommen konnten, so z. B. solche auf gerichtlichen Rechtsschutz. Wenn also im Zusammenhang mit dem Minderheitenschutz in der Völkerbundsära von Minderheiten*rechten* die Rede ist, zugleich aber ihnen für diese Zeit eine internationale Rechtsstellung abgesprochen wird[15], so liegt dem nicht etwa eine rechtsdogmatisch unhaltbare Denkfigur von „Schutzrechten ohne Rechtssubjekt" zugrunde. Vielmehr beschreibt die Aussage, Minderheiten genössen völkerrechtlich begründete Schutzrechte ohne gleichzeitige Anerkennung ihrer – auch nur beschränkten – Völkerrechtssubjektivität, nur in verkürzter Form den Befund, daß die Minderheitenschutzregelungen jener Zeit sehr konkrete *Staaten*verpflichtungen zum Schutze von Minderheiten bildeten, aus denen sich auf innerstaatlicher Ebene je nach Ausgestaltung der nationalen Umsetzung der internationalen Pflichten auch subjektive Rechte der Minderheiten als Gruppe ergeben konnten. Dabei wurde immer wieder die Frage erörtert, ob jedenfalls die vom damals geltenden Vertragsrecht vorgesehene Möglichkeit, im Wege von Petitionen an das im Rahmen des Völkerbundes zuständige Organ Verletzungen des Minderheitenschutzes geltend zu machen, die Einräumung eines internationalen Status für die jeweils betroffene Gruppe/Minderheit bedeute. Obwohl dies vom Standpunkt eines effektiven Minderheitenschutzes von einzelnen Autoren *de lege ferenda* als erstrebenswert angesehen, wurde nach der damaligen *lex lata* eine solche verfahrensrechtlich begründete, partielle Völkerrechtssubjektivität für die Minderheiten als Gruppe für nicht gegeben erachtet.[16]

Mit dem Ausbruch des zweiten Weltkrieges brach das Minderheitenschutzsystem zusammen. Das bedeutete nicht nur das Ende der Minderheitenregelungen, die in den Pariser Friedensverträgen getroffen worden waren, sondern das Scheitern des Minderheitenschutzsystems der Zwischenkriegszeit führte auch zur fast völligen Abwendung der Staatengemeinschaft vom Gedanken eines spezifischen Minderheitenschutzes. An dessen Stelle sollte der völkerrechtlich verbürgte menschenrechtliche Individualschutz treten.[17] Dem dienten nicht nur die auf eine Verpflichtung der Staaten zum Schutz der Menschenrechte zielenden Vorschriften der Charta der Vereinten Nationen, sondern auch die auf deren Grundlage von der Generalversammlung der Vereinten Nationen im Jahre 1948 verabschiedete Allgemeine Erklärung der Menschenrechte und die im Jahre 1966 verabschiedeten Menschenrechtspakte über politische und bürgerliche Rechte *(International Covenant on Civil and Political*

C. Gütermann, Das Minderheitenschutzverfahren des Völkerbundes, 1979.

13 Vgl. dazu etwa *A. Verdross*, Règles générales du droit international de la paix, RdC 30 (1929), 275 (449 ff); *A. Mandelstam*, La protection des minorités, RdC 1 (1923), 362 ff.

14 Näher dazu *Lerner*, in: *Brölmann et al.* (eds.), 77 (85); *ders.*, Isr. Y. B. Hum. Rts. 18 (1988), 110 (111 f).

15 Dazu *Lerner*, in: *Brölmann et al.* (eds.), 77 (85); *Ermacora*, RdC 182 (1983), 257 (261 f); ähnlich, aber im Hinblick auf den Entwicklungsstand der individuellen Menschenrechte zu allgemein und dogmatisch anfechtbar *J. Crawford*, Some Conclusions, in: *ders.*, Rights of Peoples, 159 (163).

16 Vgl. Nachweise bei *Ermacora*, RdC 182 (1983), 257 (260 ff).

17 Siehe dazu *R. Hauser*, The International Protection of Minorities and the Right of Self-determination, Isr. Y. B. Hum. Rts. 1 (1971), 92 (101); *Lerner*, Isr. Y. B. Hum. Rts. 18 (1988), 101 (112).

Rights, IPBürg) sowie über wirtschaftliche, soziale und kulturelle Rechte *(International Covenant on Economic, Social and Cultural Rights,* IPWirt).[18] Insbesondere Art. 27 IPBürg ist hier hervorzuheben, der es Staaten mit ethnischen, religiösen oder sprachlichen Minderheiten verbietet, deren Angehörigen das Recht vorzuenthalten, „gemeinsam mit anderen Angehörigen ihrer Gruppe ihr eigenes kulturelles Leben zu pflegen, ihre eigene Religion zu bekennen und auszuüben oder sich ihrer eigenen Sprache zu bedienen".[19] Jedoch setzte sich im Laufe der Zeit die Erkenntnis durch, daß die Sicherung des menschenrechtlichen Individualschutzes den Interessen von Personenverbänden und Gruppen als solchen, namentlich von noch nicht staatlich organisierten Völkern und ethnischen, religiösen oder kulturellen Minderheiten, alleine nicht gerecht werden könne. Beginnend mit der Dekolonisation auf der Grundlage des Selbstbestimmungsrechts der Völker und im Zuge des wachsenden Einflusses der unabhängig gewordenen Staaten der Dritten Welt, die ihrem kulturellen Selbstverständnis und ihren Traditionen nach stärker in den Kategorien von Gruppen und Völkern denken[20], fand die Frage des menschenrechtlichen Schutzes von Personenverbänden und Gruppen sowohl im Rahmen der Vereinten Nationen als auch in regionalen Organisationen, wie z. B. dem Europarat, wieder verstärktes Interesse. Damit stellten sich aber auch erneut die schon in der Zwischenkriegszeit diskutierten, aber nicht gelösten Probleme hinsichtlich der begrifflichen Erfassung derjenigen Gruppen und Personenverbände, denen der menschenrechtliche Schutz als solchen zukommen soll.

2. Jenseits der grundsätzlichen Frage, ob Minderheiten als Gruppen eine wie auch immer beschränkte Völkerrechtsstellung zukomme, hat die Diskussion der Zwischenkriegszeit im Hinblick auf die Definition potentieller Rechtsträger wesentliche Erkenntnisse beigetragen, wenn auch im Ergebnis viele Fragen offen geblieben sind. So wird heute als Vorbedingung einer wie immer gearteten Anerkennung von Gruppen als (beschränkte) Völkerrechtsubjekte gefordert, daß eine internationale Rechtsstellung anstrebende Verbände oder Gruppen einen festen territorialen Bezug aufweisen, also etwa Minderheiten dann in keinem Falle einen internationalen Rechtsstatus einnehmen können, wenn sie weit verstreut in einem oder gar mehreren Staaten siedeln. Des weiteren nehmen einige Autoren an[21], daß nur nationale, nicht ethnische Minderheiten gegebenenfalls einen internationalen Rechtsstatus erhalten können. Unter nationalen Minderheiten werden in dieser Sicht solche Minderheiten verstanden, die sich ethnisch von der Mehrheitsbevölkerung eines Staates unterscheiden, jedoch die Staatsangehörigkeit des Aufenthaltsstaates besitzen. Das würde in der Gegenwart etwa bedeuten, daß neu entstandene Migrationsminderheiten, die noch nicht die Staatsangehörigkeit des Landes besitzen, in das sie eingewandert sind, nicht zu den Minderheiten gezählt werden könnten, die in den Genuß international garantierter Gruppenrechte kommen können. Offen geblieben ist in der Diskussion der Vergangenheit – und bis heute –, ob für die Einräumung völkerrechtsunmittelbarer Gruppenrechte zu fordern ist, daß betroffene Gruppen über eine innere Organisation verfügen müssen, die z. B. eine repräsentative

---

18 Die Allgemeine Erklärung der Menschenrechte wurde am 10. 12. 1948 durch die Generalversammlung der Vereinten Nationen verabschiedet, GA Res. 217 (III); die UN-Menschenrechtspakte wurden am 19. 12. 1966 ebenfalls von der Generalversammlung verabschiedet und zur Unterzeichnung und Ratifizierung aufgelegt und traten am 23. 1. 1976 (IPWirt, Text in UNTS 993, 3 ff (engl.)/BGBl. 1973 II, 1570 ff (dt.)), bzw. am 23. 3. 1979 (IPBürg, Text in UNTS 999, 171 ff (engl.)/BGBl. 1973 II, 1534 ff (dt.)), in Kraft.

19 Dieser Artikel handelt einerseits von den individuellen Rechten der Minderheitenangehörigen, macht aber andererseits die Gruppenbezogenheit der Ausübung der hier gewährleisteten Rechte deutlich, vgl. dazu näher unten unter II 3 b.

20 Vgl. dazu nur Art. 19–24 der Afrikanischen Charter der Menschenrechte und Rechte der Völker (Banjul Charta) vom 27. 6. 1981, abgedruckt in ILM 21 (1982), 58 ff (engl.)/EuGRZ 13 (1986), 677 ff (dt.).

21 *Capotorti,* Study, para. 568; *Thornberry,* 171 f; *H.-J. Heintze,* Selbstbestimmungsrecht und Minderheitenrechte im Völkerrecht, 1994, 126 f.

Führung gewährleistet. Und schließlich ist unentschieden geblieben, ob für eine Anerkennung von bestimmten Gruppen als Träger von Gruppenrechten gefordert werden muß, daß deren dauerhafte Existenz gesichert sein muß – mit anderen Worten, ob den Gruppen völkerrechtlich das Recht eingeräumt werden müßte, über den Bestand ihres Verbandes autonom zu entscheiden.[22] Das würde bedeuten, daß das einzelne Gruppenmitglied seinerseits nicht selbst bestimmen könnte, ob es dem Verband weiterhin angehören bzw. wieder angehören will oder nicht – eine klare Kollision der allgemeinen Menschenrechte eines Gruppenangehörigen mit dem Recht der betreffenden Gruppe auf Bestandssicherung. Angesichts dieses Diskussionsstandes wird man mit aller Vorsicht die gegenwärtige völkerrechtliche Rechtslage von Gruppen einschließlich indigener Völker nur auf der Basis sorgfältiger Differenzierungen beschreiben können. Es muß zunächst die Frage nach den für die Einräumung eines – in jedem Falle nur beschränkten – völkerrechtlichen Rechtsstatus geeigneten Gruppen beantwortet werden. Des weiteren ist zu prüfen, welche Rechte nach der *lex lata* und *de lege ferenda* welchen Gruppen zukommen bzw. zukommen sollen und damit deren partielle internationale Rechtsstellung begründen könnten.

II. 1. Aus menschenrechtlicher Perspektive betrachtet, läßt sich eine Vielzahl von Personenverbänden und Gruppen als Träger von Rechten, insbesondere auf Gruppenschutz in Gestalt von Diskriminierungsverboten und Verboten der Bedrohung ihrer physischen und psychischen Integrität, vorstellen.[23] Neben ethnischen, nationalen, religiösen und kulturellen Minderheiten könnten sich auch durch andere Kriterien charakterisierte, gesellschaftlich marginalisierte Bevölkerungsgruppen als mögliche Träger von Gruppenrechten anbieten. Bei näherem Hinsehen zeigt sich jedoch, daß die von derartigen Gruppen kollektiv artikulierten menschenrechtlichen Schutzinteressen letztenendes nicht solche der Gruppe als Kollektiv, sondern solche der einzelnen Angehörigen sind, wenn auch – wie die kollektive Artikulation des Schutzinteresses verdeutlicht – die individuellen Interessen einen Gruppenbezug aufweisen.[24] Dies zeigt sich etwa im Falle marginalisierter gesellschaftlicher Gruppen: nicht die Integrität und Bestand der marginalisierten Gruppe ist das langfristige und letzte Ziel der Durchsetzung ihres menschenrechtlichen Schutzes, sondern die Beseitigung der Ursachen und Folgen der Marginalisierung der Gruppenangehörigen. Nur, wenn es sich um Personenverbände bzw. Gruppen handelt, die auf der Grundlage einer Gruppen- oder Verbandsidentität im Kern um ihrer selbst willen Rechte auf Gruppenschutz – und darüber hinaus auch Rechte auf Gruppen-/Bestandsförderung[25] – geltend machen, kommt eine Trägerschaft von menschenrechtlich dimensionierten Gruppenrechten überhaupt in Frage. Unter diesem Aspekt sind es also im Prinzip ethnische, nationale, religiöse und kulturelle Personenverbände und -gruppen, namentlich also Minderheiten und nicht staatlich organisierte Völker, die als Träger von Gruppenrechten auf der Ebene des Völkerrechts in den Blick zu nehmen sind.[26] Ihre Angehörigen weisen idealtypisch nicht nur objektive Merkmale ihrer Gruppenzugehörigkeit auf, sondern sie zeichnen sich auch durch das subjektive Bekenntnis zu dieser Gruppenzugehörigkeit aus – Faktoren, die dann die Gruppenidentität ausmachen.[27] Gegenüber den unter diesen Kriterien zu berücksichtigenden Gruppen,

[22] Vgl. dazu etwa die Entscheidung des UN-Menschenrechtsausschusses im Fall *Lovelace v. Kanada*, Comm. No. 24/1977, UN Doc. A/36/40, 166 ff (auch abgedruckt in HRLJ 2 (1981), 158 ff).

[23] Vgl. dazu *Riedel*, Berichte DGVR 33 (1994), 49 (58 ff).

[24] Vgl. dazu *Niewerth*, 55 ff.

[25] Vgl. dazu näher *Niewerth*, 112 ff.

[26] Daß unter dem Aspekt des Selbstbestimmungsrechtes der Völker auch staatlich organisierte Völker zum Kreis der Rechtsträger zu zählen ist, wurde bereits oben in § 83 ausgeführt; dazu aber auch unten III.

[27] Zu den Kriterien der Abgrenzung und Bestimmung von Volks- und anderen Minderheitengruppen vgl. schon oben, § 82, siehe auch *Peters*, 369 ff.

namentlich den noch nicht staatlich organisierten Völkern und Minderheiten, stellen die indigenen Völker ein gesondert zu betrachtendes Phänomen dar.

2. Wendet man sich zunächst den nicht staatlich organisierten Völkern und Minderheiten als möglichen Trägern von Gruppenrechten zu, so ist vorab festzustellen, daß sich das Völkerrecht und die Staatenpraxis, soweit sie von Gruppen bzw. Personenverbänden bisher überhaupt Kenntnis genommen haben, mit so weitgefaßten Kriterien wie „objektive und subjektive Merkmale einer Gruppenzugehörigkeit" und „erkennbare Gruppenidentität" als Basis einer völkerrechtlichen Einbeziehung von Gruppen in den Kreis der Akteure im internationalen System nicht begnügt. Abgesehen von der Unterscheidung zwischen nicht staatlich organisierten Völkern, Minderheiten und indigenen Völkern[28] und dem – in der Praxis jedoch weitgehend überwundenen – Streit um die Definition des Begriffes der Minderheit, werden in der Praxis eine Reihe zusätzlicher Kriterien gefordert und in der Lehre – nach wie vor kontrovers – diskutiert, von deren Erfüllung die Zuerkennung einer Trägerschaft von Gruppenrechten im Völkerrecht abhängen soll.
Die Zuerkennung einer Trägerschaft völkerrechtlich verbürgter Gruppenrechte an nicht staatlich organisierte Völker warf das Problem auf, nach welchen Kriterien die Existenz eines Volkes bestimmt werden könne.[29] Wie bereits dargelegt[30], ist eine auf theoretischer Ebene in jeder Hinsicht befriedigende, exakte Definition des Volksbegriffes auch bis heute nicht gelungen. Mit Blick auf die Staatenpraxis kann jedoch festgestellt werden, daß weithin unter einem – nicht staatlich organisierten – Volk, das als Träger von völkerrechtlichen Gruppenrechten, also etwa dem Selbstbestimmungsrecht, infrage kommen soll, eine Gesamtheit von Personen zu verstehen ist, die auf Dauer angelegt ist und deren Angehörige durch bestimmte äußere (z. B. Sprache, Geschichte, Kultur) und/oder subjektive Merkmale (z. B. Zusammengehörigkeitsgefühl) verbunden sind.[31] Da nach historischer Erfahrung im Regelfall ein in diesem Sinne ungenau definiertes Volk auf die Wahrung seiner Identität und Selbstverwirklichung als politisch organisierte Gemeinschaft, d. h. auf die Bildung einer staatlichen Einheit, zielt, muß als Voraussetzung der Zuerkennung von diesem Ziel dienenden Gruppenrechten auch eine territoriale Bindung eines solchen Volkes gefordert werden.

Als ein aktuelles Beispiel ist das palästinensische Volk zu nennen, das in den unter palästinensische Selbstverwaltung stehenden Gebieten, aber auch in Nachbarstaaten Israels lebt und die Bildung eines eigenständigen palästinensischen Staates anstrebt.[32] Als ein weiteres Beispiel kann auf das Streben des Volkes der Kurden nach staatlicher Einheit hingewiesen werden. Derzeit leben die Kurden in einem geographisch geschlossenen, jedoch den politischen Grenzen nach in fünf verschiedenen Staaten belegenen Raum.[33] Die Kurden – so kann gesagt werden – stellen danach einen auf Dauer angelegten, durch gemeinsame Sprache, Religion, Geschichte, Kultur und ein gemeinsames politisches Bewußtsein geprägten Personenverband dar, der auf einem geographisch zusammenhängenden Raum lebt.

Besteht insoweit jedenfalls in der Praxis ein Grundkonsens, so ist einschränkend darauf hinzuweisen, daß wegen der potentiellen Gefährdung staatlicher Integrität durch die

[28] Vgl. dazu unten IV.

[29] Vgl. dazu schon oben §§ 82 f.

[30] Vgl. oben § 82. Siehe zur grundsätzlichen Problematik einer abstrakten Definition *Peters*, 365 ff.

[31] Dazu näher oben § 82, mwN.

[32] Dazu näher *Th. Darsow*, Zum Wandel des Staatsbegriffs, 1984, 233 f mwN.

[33] Vgl. zur Lage der Kurden näher *L. Incesu*, Die kurdische Frage aus völkerrechtlicher Sicht, HuV 7 (1994), 176 ff; sowie *G. J. Ewald*, The Kurds' Right to Secede Under International Law: Self-Determination Prevails over Political Manipulation, Den. J. Int'l L. & Pol'y 22 (1993–94), 375 ff.

Anerkennung nicht staatlich organisierter Völker als Rechtsträger, vornehmlich als Träger des Selbstbestimmungsrechts, eine restriktive Handhabung der für ein solches Volk konstitutiven Kriterien gefordert wird.[34]

3. Bei der Bestimmung solcher Gruppen, die jenseits nicht staatlich organisierter Völker als Träger von völkerrechtlichen Gruppenrechten in Frage kommen, stand lange die Diskussion des Begriffes der Minderheit im Vordergrund. Auch in diesem Falle muß eingeräumt werden, daß eine exakte, theoretisch abgesicherte Definition des Begriffes der Minderheit bisher nicht entwickelt werden konnte.[35] Auch der Wortlaut des bereits erwähnten Art. 27 IPBürg gibt hier ebensowenig Aufschluß wie das allgemeine Völkerrecht.[36] Jedoch hat sich in der Praxis, namentlich der Vereinten Nationen, die von *Capotorti* im Rahmen der Beratungen der VN-Menschenrechtskommission zum Schutz von Minderheiten entwickelte und u. a. auf die vom StIGH gebrauchte Minderheitendefinition[37] zurückgehende Begriffsbestimmung durchgesetzt, nach der eine Minderheit definiert ist als

> „a group numerically inferior to the rest of the population of a State, in a non-dominant position, whose members – being nationals of the State – possess ethnic, religious or linguistic characteristics differing from those of the rest of the population and show, if only implicitly, a sense of solidarity, directed torwards preserving their culture, traditions, religion or language."[38]

a. Diese Definition der Minderheit hat – wie viele andere Definitionsvorschläge[39] – auch Kritik erfahren.[40] Dies hängt damit zusammen, daß *Capotortis* Definition auf der einen Seite Kriterien enthält – wie etwa das Kriterium, daß nur Minderheiten, die die Staatsangehörigkeit des Staates besitzen, in dem sie leben, als Rechtsträger berücksichtigt werden –, die ihrerseits umstritten sind. Auf der anderen Seite beruht die Kritik aber auch darauf, daß diese Definition z. B. die Kriterien eines festen territorialen Bezugs der Minderheiten[41] und einer

---

[34] So etwa *Shaw*, in: *Dinstein/Tabory* (eds.), 1 (7 f).

[35] Zu dieser Diskussion vgl. eingehend *Niewerth*, 30 ff.

[36] Vgl. dazu näher *Ermacora*, RdC 182 (1983), 257 (287, 293 ff), der zudem zutreffend darauf hinweist, daß, ungeachtet der Notwendigkeit, eine möglichst umfassende Definition des Begriffes der Minderheit zu erarbeiten, immer zu berücksichtigen ist, daß es verschiedene Typen von Minderheiten gibt, was auch in der Praxis der Vereinten Nationen anerkannt sei. Dieser Gedanke ist im Hinblick auf eine differenzierende Beantwortung der Frage einer beschränkten völkerrechtlichen Rechtsstellung von Minderheiten als Träger von Gruppenrechten von großer Wichtigkeit.

[37] In seinem Gutachten *The Greco-Bulgarian „Communities"* hatte der StIGH 1935 ausgeführt: „By tradition, which plays so important a part in Eastern countries, the community is a group of persons living in a given country or locality, having a race, religion, language and traditions of their own and united by this identity of race, religion, language and traditions in a sentiment of solidarity, with a view to preserving their traditions, maintaining their form of worship, ensuring the instruction and upbringing of their children in accordance with the spirit and traditions of their race and rendering mutual assistance to each other.", PCIJ Series B, Advisory Opinions, Bd. II, No. 17, 21.

[38] *F. Capotorti*, Study, para. 568.

[39] So z. B. die Definition von *A. Eide*, die er in seiner Eigenschaft als Rapporteur der Menschenrechtskommission verwendet, vgl. UN Doc. E/CN.4/Sub.2/1993/34, para. 29; zu älteren Vorschlägen *Ramcharan*, NordicJIL 56 (1987), 9 ff; *Shaw*, in: *Dinstein/Tabory* (eds.), 1 (8 f); *Lerner*, in: *Brölmann et al.* (eds.), 77 (82 ff); siehe auch die kürzere Definition, die der StIGH 1935 in seinem Gutachten im Fall *Minority Schools in Albania* verwandt hat, PCIJ Series A/B, Advisory Opinions, Bd. III, No. 64, 17; zum Problem der Minderheitendefinition vgl. weiterhin die Gutachten des StIGH in den Fällen *German Settlers in Poland*, PCIJ Series B, Advisory Opinions, Bd. I, No. 6, *Acquisition of Polish Nationality*, PCIJ, Series B, ebd., No. 7; *Access to German Minority Schools in Polish Upper Silesia*, PCIJ, Series A/B, Advisory Opinions, Bd. I, No. 40, *Treatment of Polish Nationals and Other Persons of Polish Origin or Speech in the Territory of Danzig*, PCIJ, Series A/B, ebd., No. 44.

[40] Vgl. etwa *D. Gerdes*, Minderheitenschutz – eine internationale Rechtsnorm auf der Suche nach ihrem Gegenstand, VN 28 (1980), 126 ff.

[41] Dieser kann zeitlich oder räumlich verstanden werden. In zeitlicher Hinsicht wird überwiegend eine „gewisse Dauer" des Aufenthalts auf einem Territorium gefordert, z. T. unter Verweis auf den englischen Wortlaut des Art. 27 IPBürg, „*... in which minorities exist*". So *Nowak*, CCPR Commentary, art. 27, para. 20, *Niewerth*, 41 ff; ebenso die deutsche Bundesre-

Organisation, die eine repräsentative Vertretung der Minderheit ermöglicht, nicht enthält, was nach Ansicht der Kritiker jedoch erforderlich wäre. Auch die im Prinzip weitgehend akzeptierten Kriterien wie die *„numerically inferior"* und *„non-dominant position"* erweisen sich bei näherem Hinsehen als nicht unproblematisch. So stellt sich die Frage, die in der Definition offengelassen ist, welches der Bezugsrahmen für die Feststellung der numerischen Unterlegenheit sein soll: die Zusammensetzung der Gesamtbevölkerung des betreffenden Staates oder diejenige der Bevölkerung einer Region (Gliedstaat/Provinz) dieses Staates.

So fragt es sich, ob die englischsprachige Bevölkerung, die in der Provinz Quebec eine Minderheit bildet, als Minderheit im Sinne der Definition *Capotortis* anzusehen ist, oder trotz ihrer zahlenmäßigen Unterlegenheit in dieser Provinz im Hinblick auf die englischsprachige Mehrheit im Gesamtstaat Kanada nicht als Minderheit einzuordnen ist. Die VN-Menschenrechtsausschuß hat im Falle *McIntyre et al. v. Canada* den letztgenannten Standpunkt eingenommen.[42]

Ähnliche Probleme stellen sich hinsichtlich des Maßstabes, der zur Bestimmung der als Kennzeichen von Minderheiten dienenden *„non dominant position"* in der Gesamtbevölkerung heranzuziehen ist. Zwei Aspekte einer sachgerechten Auslegung des Begriffes der schwächeren Stellung sind hier hervorzuheben. Zum einen fragt sich, ob sich dieser Begriff allein auf eine politisch schwächere Stellung, also etwa auf den Ausschluß von der Teilhabe an der politischen Willensbildung – oder abgestufte diskriminierende Beschränkungen dieser Teilhabe –, abhebt, oder ob auch Unterlegenheiten in den wirtschaftlichen, sozialen und kulturellen Entfaltungsmöglichkeiten der betroffenen Gruppe als *„non dominant position"* einzustufen sind. Die überwiegende Meinung scheint sich zu Recht für den Einschluß aller dieser Elemente in den Begriff der schwächeren Stellung entschieden zu haben.[43] Der grundsätzlichen Kritik am Kriterium der schwächeren Stellung als Merkmal einer Minderheit ist entgegenzuhalten, daß es zwar richtig ist, daß sich selbst umfassend geschützte Minderheiten ihrer Natur nach in einer schwächeren Lage befinden, daß es aber durchaus Fälle geben kann, in denen eine numerische Minderheit in entscheidenden gesellschaftlichen Bereichen (Politik, Wirtschaft) eine beherrschende Stellung einnimmt (so z. B. unter dem Apartheidregime).

So lag der Fall in der Republik Südafrika unter dem Apartheidsystem. Die numerische Minderheit der Weißen beherrschte Staat und Gesellschaft auf allen wichtigen Feldern des politischen, wirt-

---

gierung, vgl. InfAuslR 1995, 222; anders der UN-Menschenrechtsausschuß, Allgemeine Bemerkungen zu Art. 27 IPBürg, abgedruckt *ebd.*, 221; *Wolfrum*, in: *Brölmann et al.* (eds.), 153 (164 f). In räumlicher Hinsicht wird z. T. ein kompaktes Siedlungsgebiet für notwendig erachtet. Hier ist zwischen dem Schutz von Minderheiten i.S. des Art. 27 und der Möglichkeit der Ausübung des Selbstbestimmungsrechts durch eine Gruppe zu unterscheiden. Für die Geltung von (primär kulturellen) Minderheitenrechten wird ein kompaktes Siedlungsgebiet zunehmend weniger gefordert; siehe *Riedel*, Berichte DGVR 33 (1994), 49 (73); *D. Blumenwitz*, Volksgruppen und Minderheiten, 1995, 72; *G. Brunner*, Nationalitätenprobleme und Minderheitenkonflikte in Osteuropa, 3. Aufl. 1996, 22; *M. M. Jansen*, Sinti and Roma: An Ethnic Minority in Germany, in: *J. Packer/K. Myntti* (eds.), The Protection of Ethnic and Linguistic Minorities in Europe, 1993, 167 ff. Für die Ausübung des (politischen und territorial bezogenen) Selbstbestimmungsrechts ist ein kompaktes Siedlungsgebiet der Gruppe notwendig; vgl. nur *D. Murswiek*, The Issue of a Right of Secession – Reconsidered, in: *Tomuschat* (ed.), Modern Law of Self-Determination, 21 (37); *G. Brunner*, Die rechtliche Lage der Minderheiten in Mittel-, Ost- und Südosteuropa, Osteur.-Recht 40 (1994), 157 (173); *Blumenwitz*, Volksgruppen und Minderheiten, 1995, 72.

42 Vgl. *McIntyre et al. v. Canada*, Comm. No. 359/1989, HRLJ 14 (1993), 171; dazu *Niewerth*, 32 ff; *Y. Dinstein*, The Degree of Self-Rule of Minorities in Unitarian and Federal States, in: *Brölmann et al.* (eds.), 221 (226); ferner dazu *Ch. Tomuschat*, Protection of Minorities under Art. 27 of the CCPR, in: FS *Mosler*, 1983, 949 (958); aus kanadischer Sicht auch *N. Brett*, Language Laws and Collective Rights, Can. J. L. & Jurispr. 4 (1991), 347 ff.

43 Vgl. in diesem Sinne *Ermacora*, RdC 182 (1983), 257 (292); auch *Nowak*, CCPR Commentary, art. 27, para. 14; zu dieser Frage neuerdings auch *Niewerth*, 34 f.

schaftlichen und sozialen Lebens.[44] Auch in einigen schwarzafrikanischen Staaten gab es Situationen, in denen die politische und wirtschaftliche Herrschaft im Lande in den Händen einer numerischen Minderheit lag, so etwa in Burundi. Oder in Rwanda, wo die zahlenmäßige Minderheit der Tutsi eine alles beherrschende Stellung gegenüber der Mehrheit der Hutu einnahm.[45]

Unter Berücksichtigung dieser historischen Erfahrung spricht in der Tat vieles dafür, an dem Kriterium der schwächeren Stellung – *non dominant position* – festzuhalten. Ein zweites Problem bei der näheren Bestimmung des Kriteriums der schwächeren Stellung stellt sich insofern, als man sich fragen kann, ob die genannten Bereiche, in denen sich die schwächere Stellung einer Minderheit manifestieren kann, kumulativ aufgewiesen werden müssen, oder ob eine schwächere Stellung etwa im wirtschaftlichen und kulturellen Bereich ausreicht, um die betreffende Gruppe als Minderheit im Sinne des Völkerrechts ansehen zu können. Sieht man die Benachteiligungen in diesen Bereichen als Folge der schwächeren Stellung einer Minderheit in der Teilhabe an der politischen Macht, so ist die kumulative Aufweisung aller Kriterien für die schwächere Stellung nicht erforderlich. Die Defizite jenseits der mangelnden politischen Teilhabe unterstreichen dann nur die schwächere Stellung im Hinblick auf die Teilhabe an der politischen Macht. Aber auch, wenn Minderheiten zwar an der politischen Macht ohne Diskriminierung teilhaben, das Herrschaftssystem aber dennoch zu Minderheiten gefährdenden Beschränkungen ihrer kulturellen Identität führt, ist eine kumulative Begründung der schwächeren Stellung nicht zu fordern, da dies die betroffene Gruppe ohne vernünftigen Grund aus dem Kreis der potentiellen Gruppenrechtsträger ausschließen würde. Auch würde die Forderung einer kumulativen Erfüllung aller genannten Elemente der in der Praxis der Vereinten Nationen anerkannten Unterschiedlichkeit von Typen von Minderheiten widersprechen.[46]

b. Schwerwiegende Probleme werden auch durch das von *Capotorti* in seine Definition aufgenommene Kriterium aufgeworfen, daß die Angehörigen von Minderheiten sowohl im Hinblick auf die Anwendbarkeit des Art. 27 IPBürg – um die es *Capotorti* vorrangig ging – als auch im Hinblick auf eine mögliche Zuerkennung einer beschränkten völkerrechtlichen (Gruppen-) Rechtsträgerschaft die Staatsangehörigkeit des die Minderheit beherbergenden Staates besitzen müssen. Die Anerkennung eines solchen Erfordernisses würde nachhaltige Konsequenzen haben. So würden Gruppen von Ausländern, also z. B. Gruppen von ausländischen Gastarbeitern oder Einwanderern gleicher nationaler Herkunft, mit gemeinsamer Sprache und Religion von der Anwendbarkeit des Art. 27 IPBürg, aber auch von schon bestehenden Gruppenrechten zum Schutz von Minderheiten im allgemeinen Völkerrecht ausgeschlossen. Art. 27 IPBürg selbst stellt nach Wortlaut und Sinn und Zweck ein solches Erfordernis jedoch nicht auf. Vielmehr spricht Art. 27 neutral von „Personen", die zu einer Minderheit gehören, nicht von Staatsangehörigen. Zutreffend wird darauf hingewiesen, daß ein solcher Ausschluß nicht nur dem Sinn und Zweck des Art. 27 IPBürg sowie dem Gedanken des Minderheitenschutzes in seiner menschenrechtlichen Dimension widersprechen, sondern auch dazu führen würde, daß Staaten gezielt dazu motiviert würden, langfristig in ihrem Territorium lebenden Ausländern die Verleihung der Staatangehörigkeit zu verweigern und den Betroffenen dadurch gleiches Bürgerrecht vorzuenthalten – ganz zu schweigen von der Einräumung minderheitsschützender Gruppenrechte.[47] Schließlich

[44] Vgl. dazu *J. Delbrück*, Die Rassenfrage als Problem des Völkerrechts und nationaler Rechtsordnungen, 1971, 205 ff.

[45] Zur Lage in Burundi vor Eskalation der ethnischen Konflikte Anfang der neunziger Jahre *A. Mehler*, Stammeskriege in Burundi und Ruanda?, Jb. Dritte Welt 1995, 117 ff.

[46] Dazu oben.

[47] Anders *Ermacora*, RdC 182 (1983), 257 (305); zutreffend dagegen *Tomuschat* (Anm. 42), 961; *Nowak*, in: *Brölmann et al.* (eds.), 116 f; für eine Einbeziehung ausländischer Minderheitenangehöriger in den Kreis der von Art. 27 IPBürg geschützten Personen auch *Wolfrum*, ebd., 153 ff. Aufschlußreich

spricht auch die Entstehungsgeschichte nicht dafür, generell von einem Ausschluß von Ausländern aus dem Anwendungsbereich des Art. 27 auszugehen.[48] Daher formuliert der General Comment No. 23 zu Art. 27 *„The terms used in article 27 indicate that the persons dedicated to be protected are those who belong to a group, and who share in common a culture, a religion and/or a language. Those terms also indicate that the individuals designated to be protected need not be citizens of the State Party“.*

So zutreffend die Argumente für eine weite Auslegung des Begriffes der Minderheit in Art. 27 IPBürg sind, so ist doch darauf hinzuweisen, daß sie sich auf eine Vorschrift beziehen, die ihrer Intention nach auf den Schutz und die Gewährleistung von Rechten für *Angehörige* von Minderheiten, also auf individuelle Rechte, allerdings mit Gruppenbezug, gerichtet ist, nicht aber – jedenfalls in der herkömmlichen und überwiegenden Auslegung – echte Gruppenrechte für Minderheiten zum Gegenstand hat.[49] Aus dieser Perspektive gesehen, ist eine Auslegung des Begriffes der Minderheit, der nicht auf eine Staatsangehörigkeit der Mitglieder einer Minderheit abhebt, in der Tat sinnvoll und wird dem rechtspolitischen Anliegen des Art. 27 IPBürg allein gerecht. Sofern es aber um die Anerkennung einer beschränkten völkerrechtlichen Rechtsstellung von Minderheiten geht, bestehen doch Bedenken, auch hier von der weiten Auslegung auszugehen. Bei der Bestimmung des Minderheitenbegriffs ist also zu unterscheiden, ob es sich um die Zuerkennung von Individualrechten, gruppenbezogenen Individualrechten oder um Rechte der Gruppe (Recht auf Autonomie bzw. Sezession) handelt. Im letztgenannten Fall muß die Gruppierung das Potential haben, ein Staatsvolk zu sein.

Die völkerrechtlichen Regelungen bzw. Regelungsentwürfe von Minderheitenrechten werden überwiegend von der Auffassung getragen, daß nur solche Gruppen als Minderheiten in den Genuß der vorgesehenen oder vorzusehenden Schutzrechte kommen sollen, deren Angehörige die Staatsangehörigkeit ihres Aufenthaltsstaates besitzen.[50] Zudem sind sie in aller Regel nicht auf die Zuerkennung von Gruppenrechten sondern von gruppenbezogenen Individualrechten ausgerichtet und geben daher keinen Ansatz für die Zuerkennung einer partiellen Völkerrechtssubjektivität.

c. Ganz überwiegend wird gefordert, daß ein Zusammengehörigkeitsgefühl besteht, damit von Minderheiten gesprochen werden kann. Dies ist nur konsequent, da dieses auch in der Definition des Begriffes des Volkes überwiegend Verwendung findet.[51]

---

die jüngste Erfahrung der russischen Minderheit in Estland, der der Erwerb der estnischen Staatsangehörigkeit *de facto* verweigert wird mit der Folge, daß sie an der Ausübung der Bürgerrechte (Wahlrecht) gehindert wird, vgl. dazu näher *C. Schmidt*, Der Minderheitenschutz in den baltischen Staaten, 1993, 18 f.

[48] Dazu näher *Niewerth*, 44 ff mwN; *Wolfrum*, in: *Brölmann et al.* (eds.), 153 (161 f); *Nowak*, ebd., 103 (116); *ders.*, CCPR Commentary, art. 27, para. 16.

[49] Vgl. dazu *Nowak*, CCPR Commentary, art. 27, para. 31; *Tomuschat* (Anm. 42), 954; *Capotorti*, EPIL III, 410 f; zur Verknüpfung von individuellen Rechten der Angehörigen einer Minderheit und kollektiven Rechten näher auch *Niewerth*, 65 ff.

[50] Vgl. dazu den Entwurf eines Zusatzprotokolls zur EMRK vom 1. 2. 1993, abgedruckt in EuGRZ 20 (1993), 152 f; die Europäische Charta für Regional- oder Minderheitensprachen vom 22. 6. 1992, Text in EuGRZ 20 (1993), 154 ff; die Europäische Rahmenkonvention zum Schutz der nationalen Minderheiten vom 10. 11. 1994, Text in EuGRZ 22 (1995), 268 ff; das Kopenhagener Abschlußdokument der KSZE vom 29. 6. 1990, Text in ILM 29 (1990), 1305 ff (engl.)/EA 45 (1990), D 380 ff (dt.); alle diese Dokumente gehen von Minderheiten aus, deren Angehörige die Staatsangehörigkeit ihres Wohnsitzstaates besitzen. Dagegen enthält die Deklaration der UN-Generalversammlung vom 18. 12. 1992, Annex zu GA Res. 47/135, Text auch in ILM 32 (1993), 913 ff, keinen ausdrücklichen Hinweis auf eine solche Qualifikation des Minderheitenbegriffs, was insofern nicht verwundert, als sich diese Deklaration u. a. auf Art. 27 IPBürg bezieht.

[51] Vgl. dazu oben § 82; ferner dazu *Niewerth*, 49 ff mwN; dagegen will u. a. *F. Ermacora*, Nationalitätenkonflikt und Volksgruppenrecht, Bd. II: Ansätze, Hindernisse für Konfliktverständnis und Konfliktlösung in den Vereinten Nationen und im Europarat, 1978, 102, die Notwendigkeit eines subjektiven Elements nur auf Volksgruppen beschränkt wissen, die von anderen Minderheiten zu unterscheiden seien.

d. Die Praxis, namentlich die der Vereinten Nationen, und die Lehre pflegen Minderheiten im zuvor definierten Sinne nach verschiedenen besonderen Kriterien zu unterscheiden. Zu den wichtigsten Minderheitengruppen, auf deren Schutz insbesondere im Rahmen der Vereinten Nationen intensive Aufmerksamkeit gerichtet wurde, zählen „religiöse", „rassische", „sprachliche", „ethnische" und „nationale" Minderheiten. Während einige Unterscheidungskriterien wie „religiös" oder „sprachlich" ihrem Bedeutungsgehalt nach eher unproblematisch zu sein scheinen – welcher Religion eine Minderheit anhängt oder welcher Sprache sie sich bedient, läßt sich in der Tat ohne große Mühe feststellen – so sind die anderen Kriterien mit denselben definitorischen Problemen belastet wie Begriffe wie Volk oder Nation. So hat sich in der Praxis der Vereinten Nationen gezeigt, daß sich jenseits der scheinbaren Eindeutigkeit der Kriterien „religiös" und „sprachlich" mit diesen Kriterien auch die Besonderheit der so bezeichneten Minderheiten keineswegs unproblematisch erfassen läßt. Mit *Ermacora* lassen sich die genannten fünf Minderheitengruppen anhand der Praxis der Vereinten Nationen wie folgt beschreiben:

1.) Als „religiöse" Minderheit ist eine Gruppe von Menschen anzusehen, die sich zu einer Religion bekennt und diese ausübt, die sich von der Staatsreligion ihres Wohnsitzstaates oder von der Religion, der die Mehrheitsgesellschaft anhängt und die von ihr ausgeübt wird, oder in Opposition zu einer atheistischen Mehrheit der Bevölkerung steht, insbesondere wenn in dem Aufenthaltsstaat keine vollständige Religionsfreiheit und Toleranz garantiert ist und die Angehörigen der Minderheit ihre Religion bewahren wollen.
2.) Als eine „rassische" Minderheit ist eine Gruppe von Menschen einzustufen, die über eine eigene Geschichte und Kultur, auch über eine eigene Sprache verfügt, und deren Angehörige sich ihrer Zugehörigkeit zu dieser Gruppe bewußt sind und die sich von der Mehrheitsbevölkerung insbesondere durch biologische[52] Faktoren unterscheidet.
3.) Als eine „sprachliche" Minderheit ist eine Gruppe von Menschen anzusehen, deren Angehörige im privaten Bereich und in der Öffentlichkeit mündlich und/oder schriftlich eine Sprache benutzen, die sich von der in einem bestimmten Gebiet benutzten Sprache unterscheidet und die nicht als die Staatssprache angesehen wird, sofern es das Ziel der Gruppe ist, ihre Sprache zu bewahren und zu pflegen.
4.) Eine „ethnische" Minderheit ist eine Gruppe von Menschen mit eigener Sprache, eigener Kultur und eigener Geschichte, die über ein Gruppenbewußtsein verfügt und deren Angehörige ihre Eigenheiten bewahren wollen. In der deutsch-sprachigen Literatur wird vielfach anstelle des Begriffs der „ethnischen" Minderheit, der der „Volksgruppe" verwandt.[53]

Schon an diesen vier Begriffsbestimmungen zeigt sich, daß die eingangs eingeführten Kriterien nicht ausschließlich sind, sondern durchaus kumulativ auf eine Gruppe zutreffen können. So findet sich das Kriterium „gemeinsame Sprache" ausdrücklich in den Definitionen der „rassischen, sprachlichen und ethnischen" Minderheiten, jedoch nur im Falle der „sprachlichen" Minderheit ist es das ausschlaggebende Kriterium. Andererseits ist das Kriterium der gemeinsamen Kultur ausdrücklich nur in den Definitionen der rassischen und der ethnischen Minderheiten genannt. Doch ist es implizit auch ein Kriterium sowohl der „religiösen" als auch der „sprachlichen" Minderheiten; denn eine gemeinsame Religion und Sprache sind ein jeweils untrennbarer Teil der Kultur einer Gruppe. Weitere Überlappungen der Kriterien sind denkbar.[54] So ist festzuhalten, daß die in der Praxis der Vereinten Nationen gebräuchlichen Unterscheidungen – wie eingangs festgestellt – nicht auf deren Ausschließlichkeit zielen, sondern nur jeweils ein Hauptmerkmal einer Minderheit

---

52 Dieses Kriterium ist außerordentlich problematisch und kann sich bestenfalls auf die Hautfarbe beziehen.

53 Die vorstehenden Gruppenunterscheidungen sind übernommen aus *Ermacora*, RdC 182 (1983), 294 f – dort lit.(a)-(d); vgl. *Y. Ben Achour*, RdC 245 (1994), 321 (348 ff); ähnlich *Heintze* (Anm. 21), 132 ff.

54 Zu diesem Problem überlappender Erfüllung unterschiedlicher Kriterien der Zugehörigkeit zu Minderheiten vgl. *Dinstein*, ICLQ 25 (1976), 102 (112 f).

hervorheben sollen. Mit anderen Worten, eine völlig eindeutige Abhebung der einen Minderheit von einer anderen ist nicht möglich. Es handelt sich bei den hier zusammengefaßten Begriffsbestimmungen um pragmatische Einordnungen, um den Schutz von Minderheiten unter die jeweils wichtigsten Aspekten ihrer Bedrohung zu sichern.

Die trotz der Bemühungen um eine möglichst klare Erfassung verschiedener Erscheinungsformen von Minderheiten hier deutlich verbliebenen Unschärfen finden sich in verstärktem Maße bei dem Versuch, eine fünfte Gruppe von Minderheiten zu definieren, nämlich die der „nationalen" Minderheiten. Eine Definition, die eine klare Abgrenzung dieser „nationalen" Minderheiten von „ethnischen" und/oder „sprachlichen" Minderheiten ermöglicht, ist bisher in der Praxis der Vereinten Nationen nicht gefunden worden. Es besteht hier – wie bei der Abgrenzung von Volk und Nation[55] – die Schwierigkeit, die in den verschiedenen Sprachen und politischen Kulturen unterschiedlichen Bedeutungsgehalte der beiden Begriffe „ethnisch" und „national" auf einen allgemeinverständlichen Nenner zu bringen. Mit diesem Vorbehalt im Blick kann dennoch im Rückgriff auf die namentlich in der deutschsprachigen Allgemeinen Staatslehre gebräuchliche Unterscheidung von Volk und Nation, daß nämlich als eine Nation ein seiner selbst politisch bewußt gewordenes Volk zu verstehen ist, im Unterschied zur „ethnischen" Minderheit eine nationale Minderheit wie folgt definiert werden:

> 5.) Eine „nationale" Minderheit ist eine Gruppe von Menschen, die neben den Charakteristika einer „ethnischen" Minderheit den Willen besitzt, als Gruppe diejenigen Rechte auszuüben, die Minderheiten die Möglichkeiten geben, am politischen Entscheidungsprozeß in einem bestimmten Gebiet oder sogar auf Gesamtstaatsebene teilzunehmen, ohne mit anderen ethnischen Gruppen in diesem Staat auf gleichem Fuß zu stehen.[56]

Wie z. B. die dänische Minderheit im Norden Schleswig-Holsteins die oben erörterten allgemeinen Kriterien einer potentiell völkerrechtsfähigen Minderheit erfüllt, so gilt dies auch im Hinblick auf die spezifischeren Kriterien, die eine „nationale" Minderheit auszeichnen. Mit der Qualifikation als „nationale" Minderheit wird jedoch im Hinblick auf eine potentielle Völkerrechtsfähigkeit dieser Minderheit rechtlich nichts gewonnen. Ausschlaggebend für die Frage, welche Gruppen in Gestalt von Minderheiten im Prinzip als Träger völkerrechtlicher Rechte – und Pflichten[57] – und damit als beschränkte Völkerrechtssubjekte in Betracht gezogen werden können, ist die Erfüllung der *allgemeinen* Kriterien, wie sie oben dargelegt wurden. Wie die Einstufung von den allgemeinen Minderheitenkriterien entsprechenden Gruppen oder Verbänden als „rassische", „sprachliche" oder „ethnische" Minderheiten nur dem Ziel dient, für deren Schutz besonders relevante Aspekte hervorzuheben, so ist auch die Qualifikation einer Minderheit als „nationale" nur insoweit von Bedeutung, als mit dieser Qualifikation die Einforderung spezifischer, den Interessen einer „nationalen" Minderheit entsprechender Rechte gefördert werden soll.

4. Zusammenfassend ist also festzuhalten, daß bestimmte religiöse, rassische, sprachliche, ethnische und nationale Minderheiten zum Kreise der potentiell völkerrechtsfähigen Gruppen oder Verbände gehören, wenn sie, bezogen auf die Gesamtbevölkerung, nicht nur in einer Region ihres Aufenthaltsstaates, zahlenmäßig unterlegen sind, sich in einer politisch und/oder wirtschaftlich, sozial oder kulturell schwächeren Stellung befinden und durch ein

---

[55] Dazu oben § 82.

[56] Auch diese Gruppenbeschreibung ist der Aufstellung von *Ermacora*, RdC 182 (1983), 257 (295) entnommen.

[57] Als eine bedeutsame Pflicht ist in diesem Zusammenhang auf die Pflicht der Minderheit zur Loyalität gegenüber dem Aufenthaltsstaat hinzuweisen, von deren Einhaltung die Akzeptanz von völkerrechtlich verbürgten Minderheitenschutzrechten wesentlich abhängt; die Bedeutung der Loyalitätspflicht wird von *Ermacora*, RdC 182 (1983), 257 (339 f), hervorgehoben.

Zusammengehörigkeitsgefühl ihrer Mitglieder sowie den Willen zur Gruppenbewahrung geprägt sind. Hinzukommen müssen als Voraussetzung einer potentiellen beschränkten Völkerrechts- und Pflichtfähigkeit der jeweiligen Gruppe, daß deren Mitglieder die Staatsangehörigkeit des Aufenthaltsstaates besitzen, die Gruppe einen im Kern festen territorialen Bezug und einen deutlichen Grad interner Organisation, namentlich eine repräsentative Führung aufweisen muß. Ob und inwieweit so definierten Gruppen oder Verbänden im geltenden Völkerrecht aktuell eine beschränkte Völkerrechtsfähigkeit zukommt, hängt davon ab, ob das moderne Völkerrecht überhaupt Rechte anerkennt, die ihnen als solchen, also nicht nur indirekt über Rechte der Gruppenangehörigen vermittelt[58], zukommen.

III. Den tatsächlichen Bestand an Rechten, die das gegenwärtige Völkerrecht unmittelbar und unzweideutig Verbänden und Gruppen, also namentlich nicht staatlich organisierten Völkern und Minderheiten, als solchen zuerkennt, mit anderen Worten den aktuellen Bestand an echten Gruppen- oder Kollektivrechten festzustellen, ist keine leichte Aufgabe.[59] Die völkerrechtlichen Normen, an die hier angeknüpft werden kann, enthalten entweder ihrem Wortlaut nach eine scheinbar eindeutige, ausdrückliche Anerkennung eines Gruppenrechts, sind dann aber aus den verschiedensten rechtsdogmatischen, rechtpolitischen und politischen Gründen in ihrem materiellen und prozeduralen Gehalt umstritten.[60] Oder die überhaupt in Frage kommenden Normen lassen vom Wortlaut her einen gruppenrechtlichen Charakter nicht erkennen, so daß dieser – wenn möglich – durch Auslegung geklärt werden muß. Wiederum besteht hinsichtlich der Resultate solcher Auslegung eine erhebliche Divergenz der Meinungen, die ihren Grund ebenfalls in verschiedenen grundlegenden rechtsdogmatischen und rechtstheoretischen Ansätzen haben.[61] Darüber hinaus ist aber auch zu beachten, daß ein großer Teil der Erörterungen über Gruppen- oder Kollektivrechte im Völkerrecht an der *lex ferenda* orientiert ist. Mit anderen Worten, es handelt sich insoweit um eine Diskussion von bestimmten Gruppenrechten mit dem Ziel, sowohl deren völkerrechtswissenschaftliche Klärung zu fördern als auch den praktischen Rechtsbildungsprozeß voranzutreiben. Es liegt auf der Hand, daß angesichts dieser Situation Aussagen über eine – rechtsdogmatisch prinzipiell mögliche – beschränkte Völkerrechtsfähigkeit von Verbänden und Gruppen nur mit Vorsicht gemacht werden können.

1. Von allen bisher diskutierten möglichen völkerrechtlichen Gruppenrechten hat das Recht der Völker auf Selbstbestimmung seit dem Ende des zweiten Weltkrieges die größte Aufmerksamkeit in Theorie und Praxis erfahren. Mit der Untersuchung der Auswirkungen der Anerkennung dieses Rechts im Hinblick auf die Träger dieses Rechtes und deren völkerrechtliche Stellung soll deshalb begonnen werden. Obwohl die geistesgeschichtlichen und politischen Wurzeln des Prinzips der Selbstbestimmung, namentlich der nationalen Selbstbestimmung, bis in das 19. Jahrhundert, in Gestalt der religiösen Selbstbestimmung von Gruppen und Individuen (Religionsfreiheit) bis in das 16. Jahrhundert, zurückverfolgt werden können, hat dieses Prinzip als Recht der Völker auf Selbstbestimmung erstmalig in der Charta der Vereinten Nationen einen positivrechtlichen Niederschlag gefunden.[62] In

---

[58] *Niewerth*, 68 ff; *Sanders*, Hum. Rts. Q. 13 (1991), 368 (374 ff).

[59] Auf den dürftigen Befund an echten Gruppenrechten im geltenden Völkerrecht weist zutreffend *Riedel*, Berichte DGVR 33 (1994), 49 (65 f), hin, der aber auch zugleich auf den sehr viel größeren Bestand an entsprechenden Normierungsentwürfen aufmerksam macht, ebd., 69 ff.

[60] So z. B. das Recht der Völker auf Selbstbestimmung; vgl. dazu im folgenden Ziff. 1.

[61] Vgl. die oben unter 3.b dargestellte Diskussion zu Art. 27 IPBürg.

[62] Zum geschichtlichen Hintergrund des Prinzips der Selbstbestimmung vgl. zusammenfassend *K. Doehring*, Self-determination, in: *Simma*, Charter (engl.), para. 5 ff; *Peters*, 323 ff; sowie *J. Delbrück*, Selbstbestimmung und Völkerrecht, JIR (GYIL) 13 (1967), 180 ff, jeweils mwN.

Art. 1 Abs. 2 Charta der VN setzen sich die Vereinten Nationen das Ziel, „freundschaftliche, auf der Achtung vor dem Grundsatz der Gleichberechtigung und Selbstbestimmung der Völker beruhende Beziehungen zwischen den Nationen zu entwickeln und andere geeignete Maßnahmen zur Festigung des Weltfriedens zu treffen ...", und nach Art. 55 Charta der VN wird dieses Ziel der Achtung vor dem Grundsatz der Gleichberechtigung und Selbstbestimmung der Völker als Grundlage friedlicher und freundschaftlicher Beziehungen noch einmal bekräftigt.[63] Obwohl es begründete Zweifel gab, daß diesen vage gefaßten Erwähnungen der „Achtung des Grundsatz(es)[64] der Gleichberechtigung und Selbstbestimmung der Völker" *(„respect for the principle of equal rights and self-determination")* ein verpflichtender Rechtscharakter zukomme[65], und hierin zum Teil nur eine programmatische Absichtserklärung der Gründerstaaten gesehen wurde, ist heute jedenfalls unumstritten, daß die einschlägigen Chartavorschriften verbindlichen Rechtscharakter besitzen. Dazu hat der Prozeß der Dekolonisierung beigetragen. In deren Verlauf hat sich die Auffassung gefestigt, daß die unter kolonialer Herrschaft stehenden Völker als Verband ein Recht auf Selbstbestimmung – unabhängig von ihrer ethnischen oder sonstigen Homogenität haben.[66] Einen besonderen Stellenwert hat das Selbstbestimmungsrecht in der als solchen nicht rechtsverbindlichen, jedoch für die Anwendung jedenfalls des Chartarechts bedeutsamen, Erklärung der VN – Generalversammlung *„on the Granting of Independence to Colonial Countries and Peoples"*[67]. Einen weiteren Schritt zur Festigung des Rechtscharakters des Selbstbestimmungrechts unternahmen die Vereinten Nationen mit der Aufnahme dieses Rechts jeweils in Art. 1 der beiden Menschenrechtspakte der Vereinten Nationen von 1966.[68] Daneben wurde das Selbstbestimmungsrecht in der ebenfalls von der Generalversammlung verabschiedeten *„Declaration on Principles of International Law Concerning Friendly Relations and Co-operation Among States in Accordance with the Charter of United Nations"*[69] als unabdingbares Recht gegenüber den Kolonialmächten eingefordert.[70] Jenseits der genannten vertraglichen Normierungen des Selbstbestimmungsrechts und seiner

---

[63] Eine eigenständige rechtskonstitutive Norm stellt Art. 55 im Hinblick auf das Selbstbestimmungsprinzip nicht dar, weil dieser Artikel nur das bereits in Art. 1 Abs. 2 konstituierte Ziel mit der Verpflichtung der Mitgliedstaaten verbindet, bestimmte weitere zielfördernde Maßnahmen zu ergreifen, so zutreffend *Doehring*, Self-determination, in: *Simma*, Charter (engl.), para. 2.

[64] Hervorhebung durch den Verf.

[65] Vgl. dazu den ausführlichen Überblick über den kontroversen Meinungsstand noch in den sechziger Jahren zur Frage, ob es sich – trotz Aufnahme in den Text der Charta der Vereinten Nationen – beim Selbstbestimmungsprinzip um eine „politische Leitvorstellung", um ein vorrangig „politisches Prinzip" oder um ein rechtsverbindliches Prinzip, also einen „Grundsatz des Völkerrechts" handele, *Delbrück* (Anm. 62), JIR (GYIL) 13 (1967), 189 (196 ff); interessant in diesem Zusammenhang die Äußerung von *A. Cobban*, The Nation-State and National Self-Determination, 1969, 169 f: „The right of self-determination, therefore, if it means anything at all, cannot mean an absolute right to complete sovereignty. The true rights of men are his liberties – political, economic, national, religious – and these may necessitate some degree of separate statehood, or they may not, and such political independence may be objectively possible, or it may not. *Circumstances, in the end, are the determining factors*". Er fügt später (309) hinzu: *„self-determination is a matter of degree"*.

[66] Vgl. dazu zusammenfassend *Doehring*, Self-determination, in: *Simma*, Charter (engl.), para. 17 ff.

[67] GA Res. 1514 (XV) vom 14. 12. 1960.

[68] Der Wortlaut dieser Artikel lautet: „(1) All peoples have the right of self-determination. By virtue of that right they freely determine their political status and freely pursue their economic, social and cultural development. (2) All peoples may, for their own ends, freely dispose of their natural wealth and resources without prejudice to any obligations arising out of international economic co-operation, based upon the principle of mutual benefit, and international law. In no case may a people be deprived of its own means of subsistence. (3) The States Parties to the present Covenant, including those having responsibility for the administration of Non-Self-Governing and Trust Territories, shall promote the realization of the right of self-determination, and shall respect that right, in conformity with the provisions of the Charter of the United Nations.", vgl. UNTS 993, 3 (5) (IPWirt) bzw. UNTS 999, 171 (173) (IPBürg).

[69] GA Res. 2625 (XXV) vom 24. 10. 1970, Text auch in: UNYB 1970, 791.

[70] Dazu *Riedel*, Berichte DGVR 33 (1994), 55.

Aufnahme in die Deklarationen der Generalversammlung[71] ist heute wohl einhellige Auffassung, die auch vom Internationalen Gerichtshof geteilt wird[72], daß das Selbstbestimmungsrecht gewohnheitsrechtliche Geltung erlangt hat und als Gewohnheitsrecht nach einer weitverbreiteten Meinung den Rang von *ius cogens*, also den Rang zwingenden, nicht abdingbaren Rechts einnimmt.[73]

So eindrucksvoll dieser Befund erscheinen mag, so wenig ist den angeführten Chartaregelungen, den Eingangsartikeln der Menschenrechtspakte und den Deklarationen der Generalversammlung im einzelnen zu entnehmen, was unter dem Begriff der „Völker", die Träger des Rechtes sein sollen, oder der Sache nach unter dem Begriff der Selbstbestimmung zu verstehen ist. Im vorliegenden Kontext interessiert vornehmlich die Frage, welchen Rechtsträger die genannten Rechtsnormen im Auge haben. Jedoch wird zur Klärung dieser Frage auch ein Blick auf den Inhalt und Geltungsumfang des Selbstbestimmungsrechts notwendig sein.

a. Soweit die Selbstbestimmung der Völker nur als rechtsverbindliches Prinzip angesehen wird – namentlich in der älteren Literatur wurde vorrangig vom „Prinzip der Selbstbestimmung" gesprochen, aber auch heute noch wird Selbstbestimmung als Prinzip neben dem „Recht auf Selbstbestimmung" genannt –, liegt es aus rechtsdogmatischen Gründen nahe, ein solches Prinzip lediglich als eine objektive Staatenverpflichtung anzusehen, der kein Recht eines individuellen Rechtsträgers gegenübersteht. Völker oder sonstige Gruppen, die Selbstbestimmung ausüben wollen, sind unter der Geltung des Selbstbestimmungsprinzips als objektive Staatenverpflichtung nur als durch einen Rechtsreflex Begünstigte einzuordnen. Sie besitzen als solche keine eigene völkerrechtliche Rechtsstellung.

b. Es besteht inzwischen aber weitgehende Einigkeit darüber, daß von einem Recht auf Selbstbestimmung auszugehen ist. Dies impliziert die Existenz eines Berechtigten. Eingeleitet wurde diese Entwicklung durch den Dekolonisierungsprozeß und spätestens durch die Herstellung oder Wiedererlangung der Unabhängigkeit von Staaten nach Auflösung der UdSSR und von Jugoslawien[74].

In der Praxis der Vereinten Nationen wurde ein Recht auf Selbstbestimmung zunächst nur den unter kolonialer Fremdherrschaft stehenden Völkern zuerkannt. Jedoch hat sich die Geltung eines Rechts auf Selbstbestimmung mit dem Ende des Dekolonisierungsprozesses nicht notwendigerweise erledigt. Dieses Recht steht zumindest grundsätzlich solchen Völkern zu, die als Staatsvölker in einem Staat leben.[75]

Es kann zwar eingewandt werden, daß das Recht auf Selbstbestimmung eines Staatsvolkes in der Regel durch die Regierung des betreffenden Staates unter Berufung auf das Souveräni-

---

[71] Beispielsweise die Resolutionen der Generalversammlung zu Ost-Timor vom 28. 11. 1977, GA Res. 32/34, und vom 13. 12. 1978, GA Res. 33/39. Zu Osttimor siehe auch *P. Hilpold*, Der Osttimor-Fall: eine Standortbestimmung zum Selbstbestimmungsrecht der Völker, 1996.

[72] Im *Case Concerning East Timor*, ICJ Reports 1995, 90 (102), spricht der Internationale Gerichtshof dem Recht auf Selbstbestimmung den Charakter eines *erga omnes*- Rechts zu. Siehe zum Beitrag des Gerichtshofs zur Ausformulierung des Selbstbestimmungsrechts *A. Cassese*, The International Court of Justice and the right of peoples to self-determination, in: *V. Love/M. Fitzmaurice* (eds.), Fifty years of the International Court of Justice, 1996, 351 ff; *J. Crawford*, The General Assembly, the International Court and self-determination, ebd., 585 ff.

[73] Dazu nur *Doehring*, Self-determination, in: *Simma*, Charter (engl.), para. 57 ff.

[74] Im Zusammenhang mit dem Zerfall Jugoslawiens bleibt allerdings betreffend das Kosovo umstritten, inwieweit Autonomierechte der ethnisch-albanischen Bevölkerung des Kosovo aus ihrem Selbstbestimmungsrecht abzuleiten sind; *H. J. Richardson*, A critical thought on self determination for East Timor and Kosovo, in: Temple International and Comparative Law Journal 14 (2000) 1, 101 ff; *H. Quane*, A right to self-determination for the Kosovo Albanians?, in: Leiden Journal of International Law 13 (2000) 1, 219 ff.

[75] Vgl. dazu oben § 83 II; so auch *Doehring*, Self-determination, in: *Simma*, Charter (engl.), para. 31.

tätsprinzip – geschützt durch das Verbot der Verletzung der territorialen Integrität und das Interventionsverbot – gewahrt werden wird. Indessen sind durchaus Situationen denkbar, wo auch das Staatsvolk als solches sein Recht auf Selbstbestimmung in Abwehr drohender Fremdherrschaft, also sein Recht auf äußere Selbstbestimmung wahrnehmen muß.[76] Aber nicht nur als Träger des Rechts auf äußere Selbstbestimmung kommt dem staatlich organisierten Volk eine eigenständige Rechtsstellung zu. Nach einer zunehmend Anerkennung findenden Auffassung enthält das Recht auf Selbstbestimmung auch eine nach innen gerichtete Komponente: mittels des Rechts der Völker auf Selbstbestimmung – so sagen die Eingangsartikel der VN-Menschenrechtskonventionen – bestimmen die Völker frei ihren politischen Status und ihre wirtschaftliche, soziale und kulturelle Entwicklung. Es spricht angesichts des wachsenden internationalen Konsenses, daß die innere Ordnung der Staaten den Prinzipien der Demokratie und Rechtsstaatlichkeit entsprechen soll, viel dafür, dem Staatsvolk ein völkerrechtlich garantiertes Recht auf innere Selbstbestimmung zuzugestehen.[77] Bestehen auch noch Zweifel, daß sich ein Recht der Völker auf eine demokratische Staatsordnung etabliert hat, so ist doch deutlich, daß politisch bedeutende Teile der Staatengemeinschaft nicht mehr bereit sind, jedenfalls die gewaltsame Beseitigung bestehender demokratischer Ordnungen hinzunehmen.[78]

So haben etwa die Teilnehmerstaaten der KSZE-Konferenz von Paris im Jahr 1990 in der Charta von Paris sich die Wahrung demokratischer Ordnungen zur Aufgabe gemacht.[79] Wenn auch wegen der besonderen politischen Umstände nicht als bindender Präzedenzfall geeignet, weist doch auch die Entscheidung des VN-Sicherheitsrates zur Wiedereinsetzung des demokratisch gewählten, jedoch durch einen Militärputsch aus dem Amt vertriebenen Präsidenten Aristide in Haiti in dieselbe Richtung.[80]

Festzuhalten bleibt, daß jedenfalls staatlich organisierte Völker und Völker unter kolonialer Fremdherrschaft – dies allerdings hat heute eher historische Bedeutung – als Träger des Rechts auf äußere Selbstbestimmung eine völkerrechtlich begründete Rechtsstellung besitzen. Somit würde sich die Trägerschaft des äußeren Selbstbestimmungsrechts auf den Kreis der Staatsvölker beschränken. Aber damit kann es nicht sein Bewenden haben.

c. Soweit das Selbstbestimmungsrecht bzw. das Prinzip der Selbstbestimmung kodifiziert worden ist, sprechen die einschlägigen Normen von der Selbstbestimmung der „Völker". Von einer Beschränkung auf den Kreis der Staatsvölker ist nicht die Rede. Auch der erläuternde Hinweis in den Artikeln 1 der VN-Menschenrechtspakte, daß die Völker aufgrund des Selbstbestimmungsrechts ihren politischen Status und ihre wirtschaftliche, soziale und kulturelle Entwicklung frei bestimmen, kann nicht als ein zwingender Hinweis darauf gesehen werden, daß nur Staatsvölker als Rechtsträger gemeint sind. Denn Zweck der Ausübung des Selbstbestimmungsrechts auch durch noch nicht staatlich organisierte Völker ist die freie Bestimmung ihres politischen Status und ihrer wirtschaftlichen, sozialen und kulturellen Entwicklung.[81] Die Ausklammerung von Völkern, die neben anderen Völkern in

---

76 Dazu näher oben § 83 II und die dort angeführte Literatur.

77 Hierzu *Peters*, 333 f und 387 ff.

78 Vgl. dazu oben § 83 II 2 mwN.

79 Vgl. Charta von Paris vom 21.11.1990, ILM 30 (1991), 190 ff (engl.)/EA 45 (1990), D 656 ff (dt.); schon die Erklärung der KSZE-Staaten vom 29.6.1990 von Kopenhagen enthält ein Bekenntnis zur Demokratie und zum Rechtsstaat (Anm. 50).

80 Vgl. dazu – allerdings mit skeptischerer Einschätzung – *H. J. Heintze*, Völkerrecht und demokratische Staatsordnung. Zur Wiederherstellung der Demokratie in Haiti, VRÜ 29 (1996), 6 ff.; *E. Mobekk*, The missing ingredient: justice in the international intervention in Haiti, in: International Relations, 15 (2000) 1, S. 30–40; *A. Nafey*, United Nations and the United States: Role in Haiti, in: *L. Varma*, United Nations in the changing world (1997), 96 ff.

81 Anders aber *Doehring*, Self-determination, in: *Simma*, Charter (engl.), para. 21, der aber einschränkend darauf hinweist, daß sich diese restriktive Auslegung nur auf den Aspekt der mit den Menschenrechtspakten beabsichtigten inhaltlichen Konkretisierung des Art. 1 Abs. 2 bezieht, nicht aber den vollen Gehalt des

einem Staat leben, vom Geltungsbereich des Selbstbestimmungsrechts, wie es in den Artikeln 1 der VN-Menschenrechtspakte niedergelegt ist, hat rechts- und allgemeinpolitische Gründe. Sie betreffen die Furcht vieler multinationaler Staaten, daß mit der Zuerkennung des Selbstbestimmungsrechts an eigenständige Völker (Volksgruppen) innerhalb ihres Hoheitsgebietes die Gefahr heraufbeschworen werde, daß es zu Sezessionen oder gar zum Zerfall ihres Staates kommen könnte.[82] Dieser politischen Befürchtung wird das rechtspolitische Argument angefügt, daß eine Ausdehnung des Selbstbestimmungsrechts auf innerhalb existierender Staaten lebende Völker die Akzeptanz des Selbstbestimmungsrechts insgesamt gefährdet hätte oder in Zukunft weiter gefährden könnte. Dies sind ernstzunehmende Argumente, die jedoch bereits schon zu Beginn der politischen und wissenschaftlichen Diskussion über Sinn und Zweckmäßigkeit einer rechtsverbindlichen Garantie eines Selbstbestimmungsrechts angeführt wurden,[83] die sich seinerzeit aber nicht durchsetzen konnten.

Die nicht zu leugnende Brisanz des Selbstbestimmungsrechts, das nun einen festen Platz in der internationalen Rechtsordnung einnimmt, durch eine restriktive Bestimmung der möglichen Rechtsträger eindämmen zu wollen, erscheint allerdings in jeder Beziehung fragwürdig. Zum einen würde damit ein wichtiger Kreis im Sinne des Selbstbestimmungsgedankens durchaus schutzwürdiger Personenverbände ausgeschlossen und das Selbstbestimmungsrecht auf eine eher subsidiäre oder komplementäre Funktion beim Schutz von – durch andere fundamentale Völkerrechtsprinzipien gesicherte – Staatsvölker reduziert.[84] Zum anderen wird die zu Recht erkannte Gefahr einer Bedrohung der territorialen Integrität von Staaten durch die Ausübung des Selbstbestimmungsrechts nicht dadurch gebannt, daß Völker oder ihnen entsprechende Volksgruppen, die Selbstbestimmungsansprüche erheben könnten, aus dem Kreis der Rechtsträger normativ ausgeschlossen werden. Es ist wohl nicht unrealistisch anzunehmen, daß die Dekolonisierung auch stattgefunden hätte, wenn es ein Selbstbestimmungsrecht seinerzeit nicht gegeben hätte, oder daß sich die jugoslawischen Teilrepubliken auch ohne ein Selbstbestimmungsrecht aus dem Gesamtstaat gelöst hätten. Wenn die Anerkennung des Selbstbestimmungsrechts einerseits nicht durch eine an möglichen negativen Folgen orientierte restriktive Bestimmung des Kreises seiner Träger unglaubwürdig werden soll, andererseits aber in der Tat bestehende Gefahren gebannt werden sollen, so muß eine Lösung der Problematik gesucht werden, die an dem Grundgedanken einer jeden Verrechtlichung eines politisch-sozialen Sachverhaltes ansetzt. Rechtsgewährung – und dies gilt insbesondere für den Bereich der Grund- und Menschenrechte, dem das Selbstbestimmungsrecht zuzuordnen ist, – bedeutet auf der einen Seite gewiß die Stärkung des Schutzes einer Person oder von Personengruppen als Antwort auf erlittenes Unrecht.[85] Zugleich dient Rechtsgewährung jedoch auch der rechtlichen Ordnung eines politisch-sozialen Sachverhalts, d. h. durch dessen Verrechtlichung wird nicht nur die subjektive Berechtigung geschaffen, sondern es werden auch die rechtlichen Grenzen festgelegt, innerhalb dessen in einem politisch-sozialen Kontext Problemlösungen von seiten des Berechtigten gesucht werden dürfen. Das heißt im vorliegenden Zusammenhang, daß die Ausgrenzung bestimmter Verbände als Träger des Selbstbestimmungsrechts kein sachge-

---

Selbstbestimungsprinzips erschöpft. Namentlich die besonders brennende Frage der Selbstbestimmung von Minderheiten bliebe sonst unberücksichtigt.

[82] Zu Selbstbestimmungsrecht und Sezession im Fall von Sri Lanka siehe *F.-F. Seifert*, Das Selbstbestimmungsrecht der Sri-Lanka-Tamilen zwischen Sezession und Integration, 2000.

[83] Vgl. dazu *Delbrück*, Selbstbestimmung und Völkerrecht, JIR (GYIL) 13 (1967), 180 (200 ff).

[84] *Doehring*, Self-determination, in: *Simma*, Charter (engl.), para. 21, spricht zutreffend davon, daß die Artikel 1 der UN-Menschenrechtspakte in der restriktiven Auslegung eigentlich überflüssig seien.

[85] Diesen Zusammenhang hat für den Bereich der internationalen Menschenrechte *Hannah Arendt* eindrucksvoll aufgezeigt, vgl. dazu *H. Arendt*, Es gibt nur ein einziges Menschenrecht, Die Wandlung 4 (1949), 754 ff.

rechter Weg zur Vermeidung von Gefahren für von Selbstbestimmungsansprüchen betroffene Staaten ist. Vielmehr ist eine Offenheit des personalen Geltungsbereichs auch für andere als staatlich organisierte Völker angezeigt, um diese zunächst einmal als Rechtsträger in den durch das Recht bestimmten Ordnungsrahmen einzubinden. In einem zweiten Schritt ist es dann an der Staatengemeinschaft, den sachlichen Geltungsbereich des Selbstbestimmungsrechts so zu bemessen, daß zwischen dem völkerrechtlichen Prinzip der territorialen Integrität der Staaten und dem Selbstbestimmungsanliegen der Rechtsträger ein vernünftiger Ausgleich geschaffen wird. Mit anderen Worten, die Lösung des Problems eines zerstörerischen „Exzesses von Selbstbestimmung"[86] liegt in einer gestuften oder differenzierten Ausgestaltung des sachlichen Gehaltes des Rechtes.[87]
Es stellt sich aber die Frage, ob die Forderungen nach einer flexiblen Ausfüllung des offen formulierten Selbstbestimmungsrechts nur Desiderate *de lege ferenda* darstellen oder ob sich Anhaltspunkte dafür ergeben, daß schon das geltende Recht eine differenzierte, situationsorientierte Auslegung des Selbstbestimmungsrechts erlaubt und damit auch weitere Rechtsträger in seinen personellen Geltungsbereich einbezogen werden können und sogar einbezogen werden müssen. Hier ist zunächst daran zu erinnern, daß das Dilemma bzw. sogar die Widersprüchlicheit des geltenden Rechts im Hinblick auf die völkerrechtliche Gewährleistung der territorialen Integrität der Staaten auf der einen Seite und dem Selbstbestimmungsrecht auf der anderen Seite erst dadurch hervorgerufen worden ist, daß sich im Gefolge der Dekolonisierung die Auffassung durchsetzte, die Verwirklichung des Selbstbestimmungsrechts könne in nichts weniger als der Erlangung eigener, unabhängiger Staatlichkeit erfolgen. Damit wurde die Ausübung des Selbstbestimmungsrechts mit der Ausübung des Rechts auf Sezession gleichgesetzt. Von dieser Rechtsauffassung aus werden die Einwände gegen eine Erweiterung des personalen Geltungsbereichs des Selbstbestimmungsrechts begründet. Indes zeigt ein näherer Blick auf die Staatspraxis, namentlich innerhalb der Vereinten Nationen, daß von einem Recht auf Sezession jenseits der Dekolonisierung keine Rede sein kann. Bereits die Deklarationen zur Dekolonisierung von 1960 und zu den Prinzipien der freundschaftlichen Beziehungen zwischen den Staaten[88] unterstrichen nachdrücklich, daß die Ausübung des Selbstbestimmungsrechts nur unter Achtung des Prinzips der territorialen Integrität der Staaten sowie des Rechts der Charta der Vereinten Nationen im übrigen erfolgen dürfe. Von noch größerer Bedeutung ist, daß die Vereinten Nationen in allen Fällen, in denen sich die Völker oder Teilvölker (Volksgruppen) unter Berufung auf das Selbstbestimmungsrecht, nach der Beendigung der kolonialen Herrschaft nun von ihren gerade entstandenen Staaten mit dem Ziel der Errichtung einer eigenen Staatlichkeit trennen wollten, diese Ausübung von Selbstbestimmung abgelehnt haben.[89] Auch nach Abschluß des

[86] So der anschauliche Titel des Aufsatzes von *C. Eagleton*, Foreign Aff. 31 (1952–53), 952 ff; auch *Th. Franck* warnt vor den Gefahren eines *„postmodern tribalism"*, *ders.*, Postmodern Tribalism and the Right to Secession, in: *Brölmann et al.* (eds.), 3 ff.

[87] So etwa *Ch. Tomuschat*, Self-Determination in a Post-Colonial World, in: *ders. (ed.)*, Modern Law of Self-Determination, 1 ff, der zutreffend das Dilemma der gegenwärtigen Ausgrenzung von Völkern, die weder Staatsvölker noch unter kolonialer Herrschaft stehende Völker sind, aufweist: Das Völkerrecht könne nicht mit der einen Hand Selbstbestimmung als Recht einräumen und mit der anderen Hand die Sezession als konsequenteste Form der Ausübung von Selbstbestimmung verbieten. Es müßten politische Strukturen geschaffen werden, die einen angemessenen Grad von Selbstbestimmung erlaubten, ohne die Gesamtstruktur eines Staates zu zerstören (15 f). Mit anderen Worten, der Inhalt des Rechts auf Selbstbestimmung muß situationsangemessen differenziert bestimmt werden – eine Forderung, die weitgehend mit der älteren Forderung nach der Anerkennung eines Selbstbestimmungsprinzips als flexible Leitlinie für die Akkommodierung staatlicher Interessen und Selbstbestimmung von Völkern oder Volksgruppen übereinstimmt, vgl. dazu *Delbrück* (Anm. 62), JIR (GYIL) 13 (1967), 180 (196 ff). Für einen verfahrensmäßigen Interessenausgleich (Selbstbestimmungsrecht als Recht auf Entscheidung über die politische Organisation der Gruppe in einem demokratischen Verfahren) *Peters*, 361 ff.

[88] GA Res. 1514 (XV) sowie GA Res. 2625 (XXV).

[89] Vgl. etwa den Sezessionsversuch von Katanga, das sich aus dem Kongo lösen wollte, dazu SC Res. 169

Dekolonisierungsprozesses ist es bei der Betonung des Vorrangs der territorialen Integrität vor der Ausübung des Selbstbestimmungsrechts in Gestalt des Sezessionsrechts geblieben.[90]

So wurde die Wiedererrichtung der baltischen Republiken von der Staatengemeinschaft nicht als Akt der Ausübung des Selbstbestimmungssrechts eingeordnet und erst anerkannt, nachdem die Regierung der UdSSR der Entlassung der Republik aus dem Staatsverband in Übereinstimmung mit der sowjetischen Verfassung, die ein Sezessionsrecht der Unionsrepubliken vorsah, zustimmte.[91] Der Sezessionsversuch der russischen Teilrepublik Tschetschenien, der auf den gewaltsamen Widerstand der russischen Regierung gestoßen ist, hat nur eine halbherzige Unterstützung der Staatengemeinschaft gefunden. Zwar wird die gewaltsame Unterdrückung des Sezessionsstrebens verurteilt; ein Selbstbestimmungsanspruch der Tschetschenen mit dem Ziel der Sezession wurde aber – soweit ersichtlich – bisher nicht anerkannt.[92] Nicht ganz eindeutig ist die Situation im ehemaligen Jugoslawien. Auf der einen Seite finden sich Stimmen, die sich die slowenische, kroatische und herzegowinisch-bosnische Position, die sich auf das Selbstbestimmungsrecht stützt, zu eigen machen oder zumindest als Legitimation des Widerstandes gegen die jugoslawische Zentralregierung akzeptieren. Auf der anderen Seite wird aber auch argumentiert, daß sich der Widerstand der aus der bisherigen Föderation ausgeschiedenen Teilrepubliken als Selbstverteidigung nach vollzogenem Ausscheiden und dem damit verbundenen Zerfall der Bundesrepublik Jugoslawien legitimiere.[93]

Wenn aber das Selbstbestimmungsrecht nicht oder jedenfalls nicht nur in Gestalt der Sezession ausgeübt werden kann, dieses Recht aber weiterhin als wichtiger, nach weitverbreiteter Auffassung sogar als *ius cogens* geltender Bestandteil des Völkerrechts angesehen wird, so muß es – wenn dieses weitergeltende Recht überhaupt etwas bedeuten soll – in Formen unterhalb der Sezession von Rechts wegen ausübbar sein. Das heißt aber auch, daß jenseits der staatlich organisierten Völker auch solche den Kriterien des Volksbegriffs

vom 24. 11. 1961, *J. Zwecker*, Die Sezession Katangas und das Eingreifen der Vereinten Nationen, 1967, und zusammenfassend *M. N. Shaw*, Title to Territory in Africa, 1986, 202 ff; sowie den Versuch Biafras, sich von Nigeria abzuspalten; dazu näher *Shaw*, ebd. 208 ff.

[90] Vgl. dazu nur *Franck* (Anm. 83), 17 ff; sowie *A. Cassese*, Self-determination of Peoples. A Legal Reappraisal, 1995, 123 f.

[91] Dazu näher *C. Gray*, Self-determination and the Break-up of the Soviet Union, YEL 12 (1992), 463 ff; bei Lichte besehen, müßte allerdings anerkannt werden, daß es sich geradezu um einen Paradefall der Ausübung des Selbstbestimmungsrechts seitens vor der Annexion durch die Sowjetunion doch unstreitig als Staatsvölker organisierter Völker gehandelt hat.

[92] Siehe hierzu *T. Gazzini*, Considerations on the Conflict In Chechnya, EuGRZ 17 (1996), 93 ff; *J. I. Charney*, Self-determination: Chechnya, Kosovo, and East Timor, in: Vanderbilt Journal of Transnational Law 34 (2001) 2, 455 ff.

[93] Auf den Zerfall der Bundesrepublik Jugoslawien stellt ab *Doehring*, Self-determination, in: *Simma*, Charter (engl.), para. 35, der dann aber darauf hinweist, daß nach dem Zerfall Jugoslawiens das Selbstbestimmungsrecht für die neu entstandenen Staaten ins Spiel kam; ein genuines Recht auf Sezession als Ausübung der Selbstbestimmung sieht dagegen *Murswiek* als von der Staatengemeinschaft zumindest implizit anerkannt an, vgl. *ders.*, in: *Tomuschat* (ed.), 21 (32 ff); zu dieser Frage auch *H. Neuhold*, Die völkerrechtliche Dimension des Zerfalls Jugoslawiens: Rückblick und Ausblick, in: *E. Reiter*, Grenzen des Selbstbestimmungsrechts, 147 ff; *S. Terrett*, The Dissolution of Yugoslavia and the Badinter Arbitration Commission, 2000, 254 ff (The Dissolution of Yugoslavia and Self-Determination); die Badinter-Kommission sah den Zerfall der Bundesrepublik Jugoslawien als einen Dissolutionsprozeß, nicht als Sezession an (Stellungnahme Nr. 1, EJIL 3 (1992), 182 f) und vermied es, Bevölkerungsgruppen der Bundesrepublik Jugoslawien ein Recht auf Selbstbestimmung zuzubilligen, betonte aber die Rechte auf Minderheitenschutz beispielsweise der Serben in Bosnien-Herzegowina und Kroatien (Stellungnahme Nr. 2, EJIL 3 (1992), 183 f (184)); siehe hierzu ausführlich *Terrett*, s.o., 273 ff; zur Badinter-Kommission und ihren Stellungnahmen siehe auch *J.-L. Thiébault*, La Commission d'arbitrage pour la paix en Yougoslavie présidée par Robert Badinter, in: *C.-H. Thuan*, Mutations internationales et évolution des normes, 1994, 155 ff; *M. Pomerance*, The Badinter Commission: the use and misuse of the International Court of Justice's jurisprudence, in: Michigan Journal of International Law 20 (1998) 1, 31 ff; *P. Radan*, Post-secession international borders: a critical analysis of the opinions of the Badinter Arbitation Commission, in: Melbourne University law review 24 (2000) 1, 50 ff.

entsprechende Personenverbände, d. h. Völker im Minderheitenstatus Träger des Selbstbestimmungsrechts sind.[94] Dies allerdings mit dem Vorbehalt, daß sich das Selbstbestimmungsrecht dieser Völker im Regelfall auf Verwirklichungsformen beschränkt, die unterhalb der Schwelle des Sezessionsrechts liegen. Ihr Selbstbestimmungsrecht reduziert sich in solchen Konstellationen etwa auf die kulturelle Selbstbestimmung und/oder auf besondere, auf Gruppen ausgerichtete Formen politischer Partizipation und lokaler oder regionaler Selbstverwaltung. Darüber hinaus ist jedoch auch der Auffassung zuzustimmen, daß in extremen Ausnahmefällen, in denen der Bestand des Volkes und die Ausübung der elementarsten Menschenrechte aufgrund staatlich organisierter oder geduldeter Repression in Gefahr ist, auch diesen Völkern ein Sezessionsrecht zusteht.[95]

Zusammenfassend ist somit festzuhalten, daß neben Staatsvölkern auch in einem bestehenden Staat bestimmte als Minderheiten lebende Völker nach dem geltenden völkerrechtlichen Selbstbestimmungsrecht unter den hier dargelegten Bedingungen Träger dieses Rechtes sind. Sie genießen insoweit eine beschränkte Völkerrechtssubjektivität.[96] Im übrigen beschränkt sich der Schutz der Selbstbestimmung von Minderheiten, die nicht die Kriterien des Volksbegriffs erfüllen, mittelbar auf die aus dem Selbstbestimmungsprinzip abzuleitenden Staatenverpflichtungen sowie unmittelbar auf die Schutzrechte der Minderheitenangehörigen aus Art. 27 IPBürg.[97] Es darf allerdings nicht vergessen werden, daß durch die internationale Spruchpraxis[98] auch Art. 27 IPBürg eine Auslegung erfahren hat, die die zwar individualrechtlich ausgeformten, jedoch einen unauflöslichen Gruppenbezug aufweisenden Rechte der Minderheitenangehörigen jedenfalls in die Nähe von Gruppenrechten gerückt hat.[99]

---

[94] So auch *Capotorti*, Are Minorities Entitled to Collective Human Rights? in: *Dinstein/Tabory* (eds.), Protection of Minorities, 505 (509), der allerdings eine solche Konstellation für sehr selten ansieht. Dagegen lehnt *A. Cristescu*, The Historical and Current Development of the Right to Self-Determination on the Basis of the Charter of the United Nations and other Instruments adopted by the United Nations Organs, with particular Reference to the Promotion and Protection of Human Rights and Fundamental Freedoms, UN Doc. E/CN.4/Sub.2/404/Vol. 1, para. 279, die Möglichkeit, daß eine Minderheit zugleich auch ein Volk i.S. des Selbstbestimmungsrechts der Völker sein kann, grundsätzlich ab. Die Argumentation ist nicht überzeugend, weil sie sich darauf stützt, daß Minderheiten allein durch Art. 27 IPBürg geschützt seien, was gerade den Gegenstand der Kontroverse bildet. Dazu auch *Niewerth*, 80 ff.

[95] So etwa *Doehring*, in: *Simma*, Charter (engl.), para. 40; auch *Murswiek*, in: *Tomuschat*, Modern Law of Self-Determination, 21 (32 ff).

[96] Dagegen wird gelegentlich eingewandt, trotz des Bestehens eines Selbstbestimmungsrechts für Völker – wie immer bestimmt – komme ihnen eine völkerrechtliche Rechtsstellung nicht zu, weil sie keine prozessualen Durchsetzungsmöglichkeiten, also kein völkerrechtlich gewährtes *„standing"* vor internationalen Gerichten besäßen – außer wenn dies im Einzelfall vertraglich eingeräumt werde, vgl. in diesem Sinne etwa *Ermacora*, RdC 182 (1983), 257 (338 f). Dem kann nicht zugestimmt werden. Im Hinblick auf die sehr diversifizierten Rechtsdurchsetzungsverfahren, die sich nicht auf judiziäre Verfahren beschränken (von denen her die Rechtsfigur des *„procedural standing"* vorrangig gedacht wird), sondern die – z. B. im Rahmen der Vereinten Nationen – auch politische Verfahren umfassen, kann ein Völkerrechtsstatus nicht allein von i.e.S. prozessualen Durchsetzungsmöglichkeiten abhängig gemacht werden. Zum anderen ist es auch dann, wenn nur dritte Staaten sich des Schicksals von ihres Rechts auf Selbstbestimmung beraubten Völkern annehmen können, keineswegs zwingend, daß dritte Staaten allein ein ihnen zustehendes Recht auf Einforderung der Beachtung einer objektiven Staatenverpflichtung geltend machen. Vielmehr wird man – ausgehend von der heute akzeptierten Geltung eines *Rechts* der Völker auf Selbstbestimmung – in solchen Fällen eine (der Rechtsfigur der Prozeßstandschaft analogen) treuhänderische Wahrnehmung des Selbstbestimmungsrechts des betroffenen Volkes annehmen können.

[97] Daß Minderheiten nicht Subjekte des Selbstbestimmungsrechts sein sollen, wurde noch einmal nachdrücklich auf der Wiener Menschenrechtskonferenz von 1993 betont, vgl. dazu *R. Wolfrum*, Die Entwicklung des internationalen Menschenrechtsschutzes. Perspektiven nach der Weltmenschenrechtskonferenz von Wien, EA 48 (1993), 681 (686).

[98] Vgl. z. B. die Entscheidung des UN-Menschenrechtsausschusses im Fall *Lubicon Lake Band v. Canada*, Comm. No. 167/1984, UN Doc. A/45/40, Vol. II (1990), 1 ff (auch abgedruckt in HRLJ 11 (1990), 305 ff).

[99] So zutreffend *Niewerth*, 71 ff; in diesem Sinne auch *Riedel*, Berichte DGVR 33 (1994), 49 (66 ff); *Dinstein*, in: *Brölmann et al.* (eds.), 221 (227), bejaht die Ableitung kollektiver Rechte aus Art. 27 IPBürg ausdrücklich.

2. Aus dem sog. Dekalog der Gruppen- oder Kollektivrechte[100], die Völkern, ihnen gleichzustellenden Personenverbänden und Minderheiten, unabhängig davon, ob sie zugleich Völker bilden, zukommen sollen, ist als ein Recht, das bereits nach dem geltenden Völkerrecht anerkannt sein soll, das Recht auf Schutz der physischen Existenz hervorzuheben. Aber auch die Anerkennung dieses elementaren Rechts als ein kollektives oder Gruppenrecht ist nicht unumstritten. Nach der Auffassung, die ein Recht auf Schutz der physischen Existenz bereits als geltendes Recht ansieht, ist die Grundlage dieses Rechts das zunächst als Staatenverpflichtung in der Genozidkonvention von 1948[101] niedergelegte Verbot des Völkermordes. So sieht etwa *Dinstein* das Recht auf physische Existenz als ein dem Verbot des Völkermordes korrespondierendes Recht an.[102] Andere sehen die Idee des Schutzes der physischen Existenz von Gruppen schon als dem Recht auf Selbstbestimmung immanent an, weisen jedoch darauf hin, daß der Schutz vor physischer Vernichtung weit über den Geltungsbereich des Selbstbestimmungsrechtes hinausgehe, weil es – anders als das Selbstbestimmungsrecht – jede Minderheit erfasse.[103] Auch ein rechtslogisches Argument wird angeführt und damit das Recht auf physische Existenz sogar dem Selbstbestimmungsrecht vorgeordnet: ohne Schutz der physischen Existenz gibt es keine reale Möglichkeit, andere Gruppen- oder auch Individualrechte auszuüben. Dieses rein logische Argument hat viel für sich. Auch ist es rechtsdogmatisch sicher eine zulässige Argumentation, ein Gruppenrecht auf Schutz der physischen Existenz als ein der Verpflichtung der Staaten auf das Verbot des Genozids korrespondierendes Recht zu konstruieren. Es sind denn auch weder rechtsdogmatische noch rechtspolitische Gründe, die gegen ein schon nach der *lex lata* bestehendes Gruppenrecht auf Schutz der physischen Existenz und eine dadurch vermittelte völkerrechtliche Stellung von Völkern und Minderheiten sprechen. Vielmehr muß eingeräumt werden, daß weder in der Staatspraxis noch in der Lehre eine dahingehende Rechtsüberzeugung mit der hinreichenden Deutlichkeit festgestellt werden kann. Die Ausgestaltung des Verbots des Völkermordes in der Genozidkonvention läßt zwar den Gruppenschutz als rechtliches und moralisches Gebot klar erkennen. Ebenso deutlich ist aber in dieser Konvention auch die Absicht der Vertragsstaaten, nur eine Staatenverpflichtung zu schaffen. Es darf jedoch nicht vergessen werden, daß verschiedene Entwürfe von Konventionen auf internationaler und regionaler Ebene, aber auch von seiten der Wissenschaft, unter anderem ein kollektives Recht auf Existenz- und – weitergehend – auf Bestandsschutz vorsehen.[104] Der Entwicklungsprozeß ist aber insoweit noch nicht völlig abgeschlossen.

3. Die Existenz eines eine völkerrechtliche Rechtsstellung vermittelnden Gruppenrechts wird auch im Hinblick auf das Prinzip der Nichtdiskriminierung diskutiert. Zutreffend ist darauf hingewiesen worden, daß die Beachtung dieses Prinzips – wie übrigens auch im Bereich des individuellen Menschenrechtsschutzes – eine *conditio sine qua non* namentlich des Minderheitenschutzes darstellt.[105] Nach ganz herrschender Auffassung ist das Prinzip

---

[100] Dieser Katalog von Gruppenrechten wurde von *Lerner*, Isr. Y. B. Hum. Rts. 18 (1988), 101 (119 f), entwickelt; auch *ders.*, Group Rights, 34 ff.

[101] UNTS 78, 277 ff (engl.)/BGBl. 1954 II, 730 ff (dt.).

[102] *Dinstein*, ICLQ 25 (1976), 102 (105).

[103] So etwa *J. Crawford*, The Rights of Peoples: ‚Peoples' or ‚Governments'?, in: *ders.*, The Rights of Peoples, 55 (59), der allerdings ein solches Kollektivrecht mit der Begründung ablehnt, daß Schutzobjekt letztlich der einzelne Mensch und somit dieser das eigentliche Subjekt des Rechtes auf Schutz der physischen Existenz sei.

[104] Vgl. dazu näher *Niewerth*, 71 ff; zu Entwürfen einschlägiger Normen *Ermacora/Pan*, Grundrechte der europäischen Volksgruppen, 28 ff; *Lerner*, Isr. Y. B. Hum. Rts. 18 (1988), 101 (119 f); siehe auch Art. 1 Abs. 1 der Deklaration der UN-Generalversammlung über die Rechte von Angehörigen von Minderheiten vom 18. 12. 1992 (Anm. 50).

[105] Statt anderer *Ermacora*, RdC 182 (1983), 257 (303 f); in diesem Sinne auch schon 1935 der StIGH im Gutachten zu den *Minority Schools in Albania*, PCIJ Series A/B, No. 64, 19 f; aus Anlaß der Verabschiedung der Konvention über die Beseitigung jeder Form der Rassendiskriminierung im Jahre 1966 wurde zutreffend darauf hingewiesen, daß die Beseitigung der Rassendiskriminierung der Schlüssel für den Zugang zum gleichen Genuß aller Menschenrechte sei, dazu *Delbrück* (Anm. 44), 61 ff.

der Nichtdiskriminierung eben wegen seiner Schlüsselfunktion für den allgemeinen Menschenrechtsschutz auch in bezug auf den Schutz von Minderheiten seiner Konzeption nach individualrechtlich ausgerichtet. Auch wenn nicht geleugnet werden kann, daß ein effektiver Diskriminierungsschutz von Angehörigen von Minderheiten mittelbar auch dem Schutz der Minderheit als Gruppe zugute kommt[106], so hat sich bis heute im geltenden Völkerrecht der Gedanke eines kollektiven oder Gruppenrechts auf Nichtdiskriminierung nicht durchsetzen können. Das Nichtdiskriminierungsgebot hat als solches Eingang in den Art. 1 Ziff. 2 Charta der VN gefunden und gilt nach einhelliger Meinung auch als völkergewohnheitsrechtliches Prinzip.[107] In den universalen und regionalen Menschenrechtskonventionen – so in Art. 26 IPBürg, Art. 1 und 2 Rassendiskriminierungskonvention, Art. 24 AMRK und Art. 14 EMRK – hat dieses Prinzip in Gestalt eines Individualrechtes Aufnahme gefunden, wobei Art. 14 EMRK, anders als Art. 26 IPBürg und Art. 24 AMRK, dieses Recht nur akzessorisch, d. h. auf die in der EMRK gewährleisteten Rechte verbürgt. Lediglich Art. 2 Abs. 1 und 2 der Rassendiskriminierungskonvention[108] weisen einen ausdrücklichen Gruppenbezug auf, indem eine Staatenverpflichtung zur Nichtdiskriminierung gegenüber Individuen und Gruppen vorgesehen wird, ohne allerdings die Gruppen als solche als eigenständigen Rechtsträger auszuweisen.[109] Trotz gewichtiger Stimmen in der Literatur[110] kann gegenwärtig nicht davon ausgegangen werden, daß Minderheiten als Gruppen ein selbständiges, völkerrechtliches Recht auf Nichtdiskriminierung besitzen. Sie sind damit insoweit auch nicht Inhaber einer beschränkten Völkerrechtssubjektivität.

4. Keine Anerkennung im geltenden Völkerrecht haben auch weitere z. B. in *Lerners* Dekalog angeführte kollektive Rechte gefunden. Solche „Rechte" bezeichnen wichtige Desiderate des internationalen Gruppenschutzes, sind aber noch nicht von einer hinreichend verbreiteten Rechtsüberzeugung und Praxis getragen, finden also noch keine Basis im geltenden Völkergewohnheitsrecht. Auch im Vertragsrecht – eine Ausnahme bildet insoweit die Afrikanische Menschenrechtserklärung *(Banjul Charta)* – finden sich keine der im „Dekalog" genannten Gruppenrechte. Dies heißt jedoch nicht, daß diese Gruppenrechte für den völkerrechtlichen Gruppenschutz irrelevant wären. Vielmehr wird der Schutz der postulierten Gruppenrechte zu einem guten Teil mittelbar über den gruppenbezogenen Individualrechtschutz abgedeckt.[111]

Ein besonderes Problem stellen die als Gruppenrechte, nämlich als „Rechte der Völker" ausgestalteten „Rechte der dritten Generation", also etwa das Recht auf Entwicklung, das Recht auf eine gesunde und ökologisch ausgewogene Umwelt und das Recht auf Frieden

---

[106] *Tomuschat* (Anm. 42), 952.

[107] Vgl. dazu nur *Brownlie*, Principles, 598 ff; *B. G. Ramcharan*, Equality and Nondiscrimination, in: *Henkin* (ed.), International Bill of Rights, 246 (249); sowie die Entscheidung des IGH im *Case Concerning the Barcelona Traction, Light and Power, Limited*, ICJ Reports 1970, 3 (32).

[108] UNTS 660, 195 ff (engl.)/BGBl. 1969 II, 961 ff (dt.).

[109] Dazu *Niewerth*, 69 f, der aber darauf hinweist, daß z. B. der Vorschlag einer Europäischen Konvention zum Schutz von Minderheiten, von der European Commission for Democracy through Law – einem Beratungsorgan des Europarates – am 8. 2. 1991 verabschiedet, in Art. 4 Abs. 2 ein Gruppenrecht auf Nichtdiskriminierung vorsieht. Auch andere offiziöse und private Konventionsentwürfe bzw. Entwürfe eines Zusatzprotokolls zur EMRK formulieren neben Individual- auch Gruppenrechte, namentlich solche zum Schutze vor Diskriminierung. Jedoch haben alle diese Entwürfe und Vorschläge bisher im politischen Raum keine Akzeptanz gefunden. Von Bedeutung ist allerdings ein – wenn auch nur zaghafter – gruppenrechtlicher Ansatz im Kopenhagener Dokument der KSZE und in der Charta von Paris. Für die allgemeine Zurückhaltung gegenüber einem echten gruppenrechtlichen Diskriminierungsschutz speziell und einem gruppenrechtlichen Ansatz im allgemeinen ist bezeichnend die Rahmenkonvention zum Schutze nationaler Minderheiten, die sich voll innerhalb des individualrechtlich orientierten Minderheitenschutzkonzeptes bewegt, die weitergehenden Vorschläge also nicht aufgenommen hat.

[110] Vgl. z. B. *Lerner*, Group Rights, 35.

[111] So zutreffend *Riedel*, Berichte DGVR 33 (1994), 49 (75).

dar.[112] Es ist unbestreitbar, daß nicht nur das Konzept der Gruppenrechte im Völkerrecht ganz besonders im Kontext der Forderung nach Anerkennung der Drittgenerationsrechte[113] entfaltet und gefördert worden ist, sondern auch konkrete Rechtsinhalte in zahlreiche bedeutende Deklarationen – z. B. der Generalversammlung der Vereinten Nationen – Eingang gefunden haben.[114] Dennoch kann von einer allgemeinen Anerkennung und Geltung der Drittgenerationsrechte als Gruppenrechte noch nicht gesprochen werden. Neben allgemein-politischen Einwänden, die namentlich von den westlichen Industriestaaten erhoben werden, sind es zahlreiche rechtsdogmatische Bedenken und Unklarheiten, die gegen eine Anerkennung solcher Rechte angeführt werden. Das wichtigste Argument knüpft an die Schwierigkeit einer praktikablen Bestimmung des Rechtsadressaten und an die zu offene, vage Inhaltsbestimmung, die für diese Rechte typisch ist, an. Sind Rechtsadressaten und damit Anspruchsgegner alle Staaten, nur bestimmte Staaten, etwa die entwickelten Industriestaaten oder ehemalige Kolonialstaaten, oder die jeweiligen Regierungen der noch nicht entwickelten Staaten? Neuere Entwicklungen scheinen darauf hinzuweisen, daß nicht die Staaten Anspruchsgegner sind, sondern daß vielmehr z. B. das Recht auf Entwicklung als ein Individualrecht zu sehen ist und damit Anspruchsgegner die Regierungen sind.[115] Die Staaten werden dagegen als Zuordnungssubjekte objektiver Staatenverpflichtungen zur Förderung einzelner Drittgenerationsrechte eingeordnet. Ob damit die z. T. scharfe Kritik am Konzept der Drittgenerationsrechte als Gruppenrechte auszuräumen sein wird, bleibt abzuwarten.[116] Vielversprechender erscheint ohnehin ein Ansatz, der anstelle von Drittgenerationsrechten von völkerrechtlichen Standards ausgehen möchte, die als normative Basis staatlicher Verpflichtungen dienen können.[117] Eine Anerkennung von Drittgenerationsrechten, die Völkern entsprechende Gruppenrechte und damit eine völkerrechtliche Rechtsstellung vermitteln, kann jedenfalls bisher nicht festgestellt werden.

IV. Die Rechte und Pflichten von indigenen Völkern sind zunehmend zum Gegenstand internationaler Aufmerksamkeit geworden.[118] Bis in die Zwischenkriegszeit hat die Staatengemeinschaft ebenso wie die Völkerrechtswissenschaft von diesen Völkern so gut wie keine Notiz genommen.[119] Erst im Zuge der Dekolonisierung konnten allmählich auch Vertreter indigener Völker internationales Interesse für ihr Schicksal wecken. Das ist insofern erstaunlich, als es sich bei allen Unterschieden im einzelnen immerhin um eine nicht nur zahlenmäßig bedeutende Gruppe von mindestens 100 bis 200 Millionen Menschen handelt.[120]

---

112 *Riedel*, Berichte DGVR 33 (1994), 49 (75).

113 Nach dem Aufkommen der Diskussion über Drittgenerationsrechte wurde auch das Selbstbestimmungsrecht als ein solches Recht eingeordnet. Im Hinblick auf die nach wie vor sehr umstrittene Rechtsfigur der Drittgenerationsrechte erscheint es aber – zumindest aus praktischen Gründen – nicht zweckmäßig, das Selbstbestimmungsrecht in den Kontext der Drittgenerationsrechte zu stellen. Das Selbstbestimmungsrecht hat nämlich eine lange und sehr spezifische Geschichte und ist in seiner Geltung nicht mehr bestritten. Zu den bereits genannten und weiteren Drittgenerationsrechten näher *Riedel*, Menschenrechtsstandard, 210 ff und 311 ff; sowie *ders.*, Menschenrechte der dritten Dimension, EuGRZ 16 (1989), 9 ff; zur jüngsten Diskussion über Natur und Gehalt der Drittgenerationsrechte, insbesondere auf der Wiener Menschenrechtskonferenz von 1993 *Wolfrum*, EA 48 (1993), 681 (684 f).

114 Als Beispiel ist hier die Deklaration der Generalversammlung über das Recht auf Entwicklung zu nennen, GA Res. 41/128 vom 4. 12. 1986; vgl. auch GA Res. 41/133 vom selben Tag.

115 Vgl. dazu *Wolfrum*, EA 48 (1993), 681 (685).

116 Zu dieser Kritik vgl. die eingehende Analyse des Konzeptes von Drittgenerationsrechten bei *J. Donnelly*, Third Generation Rights, in: *Tomuschat*, Modern Law of Self-Determination, 119 ff.

117 Dazu näher *Riedel*, Menschenrechtsstandard, 311 ff.

118 Siehe jüngst *S. J. Anaya*, Indigenous Peoples in International Law, 1996; ZaöRV.

119 Vgl. dazu *Alfredsson*, EPIL II (1995), 946 ff; *Broms*, FYBIL 3 (1992), 290 (310 ff).

120 So die Angaben bei *Alfredsson*, EPIL II (1995), 946; *Broms*, FYBIL 3 (1992), 290 (304), spricht von etwa 250 Millionen.

Als erste internationale Organisation hat sich die ILO mit der Frage der Rechte indigener Völker beschäftigt und im Jahre 1957 die Konvention Nr. 107 zum Schutz und zur Integration von indigenen Völkern und anderen tribalen oder halbtribalen Völkern in unabhängigen Staaten verabschiedet, die im Jahre 1959 in Kraft getreten ist.[121] Wie der Titel der Konvention schon andeutet, ist es das Ziel dieses Vertrages, die indigenen Völker an die dominierende Gesellschaft heranzuführen und in diese zu integrieren. Dennoch enthält die Konvention Ansätze, die für die weitere Entwicklung eines Schutzes der indigenen Völker durchaus bedeutsam gewesen sind.[122] Im Jahre 1989 wurde diese Konvention revidiert und durch die Konvention Nr. 169 betreffend indigene und tribale Völker in unabhängigen Staaten ersetzt.[123] Diese neue Konvention hat in einer Reihe wichtiger Punkte Veränderungen zugunsten eines effektiveren Schutzes der indigenen Völker als eigenständige Gruppen vorgenommen. Namentlich die Förderung der Integration der indigenen Völker in die Mehrheitsgesellschaften, wie sie in der früheren Konvention – dem minderheitenpolitischen Verständnis der Zeit folgend – vorgesehen war, ist fallengelassen worden; erst damit wird ein Versuch unternommen, indigene Völker in ihrem Bestand zu sichern. Aber wie auch schon die Konvention Nr. 107, so bezeichnet die Konvention Nr. 169 die indigenen Völker zwar als Völker, macht aber in Art. 1 Abs. 3 den ausdrücklichen Vorbehalt, daß aus dem Gebrauch dieses Begriffs in der Konvention keine Schlüsse auf Rechte gezogen werden dürfen, die sonst im Völkerrecht mit diesem Begriff verbunden sind. Im Klartext heißt dies, daß die Vertragsstaaten – auf Betreiben einiger Staaten, in deren Gebiet indigene Völker leben[124] – durch diese Qualifikation des Begriffes „Völker" in bezug auf Ureinwohner vermeiden wollten, implizit diesen als Gruppe jedenfalls das Recht auf Selbstbestimmung einzuräumen. Als Fazit dieses Befundes an im positiven Völkerrecht geltenden Normen bezüglich einer völkerrechtlichen Rechtsstellung indigener Völker ist somit festzustellen: In der Praxis internationaler Organisationen[125] besteht ein wachsender Konsens über die Notwendigkeit verstärkten Schutzes dieser Völker. Es ist aber fraglich, ob indigene Völker

---

121 *ILO Convention No. 107 Concerning the Protection and Integration of Indigenous and Other Tribal and Semi-Tribal Populations in Independent Countries* vom 26. 6. 1957, UNTS 328, 247 ff. Schon einmal – im Jahre 1921 – hatte sich die ILO mit indigene Völker betreffenden Fragen befaßt: Sie unternahm Untersuchungen über die Lage von Arbeitern, die indigenen Völkern angehörten, und setzte 1926 eine Expertenkommission zu Fragen von indigenen Völkern angehörenden Arbeitern ein, vgl. dazu *Thornberry*, 334; *Wolfrum*, ZaöRV.

122 So *Alfredsson*, EPIL II (1995), 947; kritisch *Wolfrum*, ZaöRV.

123 *Convention Concerning Indigenous and Tribal Peoples in Independent Countries* vom 27. 6. 1989 (in Kraft seit dem 5. 9. 1991), ILM 28 (1989), 1382 ff; der Wortlaut der Konvention Nr. 169 ist auch abgedruckt in: *Tomuschat* (ed.), Modern Law of Self-Determination, 305 ff.

124 So z. B. Kanada, vgl. dazu näher *Alfredsson*, in: *Tomuschat* (ed.), Modern Law of Self-Determination, 41 (44).

125 Die Haltung der Staaten in der UN-Generalversammlung ist uneinheitlich: Der Unterausschuß für die Verhütung von Diskriminierung *(UN Sub-Commission on Prevention of Discrimination and Protection of Minorities*, jetzt: *UN Sub-Commission on the Promotion and Protection of Human Rights)* nahm 1992 den ersten Entwurf einer Erklärung der Vereinten Nationen über indigene Völker an – *UN Draft Declaration on Indigenous Peoples* – (UN Doc. E/CN.4/Sub.2/1992/33/Annex 1 vom 20. 8. 1992), der in weitem Umfang Gruppenrechte dieser Völker enthält, darunter auch das Recht auf Selbstbestimmung. Hierzu wurde 1994 ein zweiter Entwurf erarbeitet (Draft United Nations declaration on the rights of indigenous peoples, Res. 1994/45 vom 26. August 1994 der UN Sub-Commission on Prevention of Discrimination and Protection of Minorities, UN Doc. E/CN.4/Sub.2/1994/2/Add.1), der noch immer Gegenstand von Diskussionen im Rahmen der durch Resolution 1995/32 der Menschenrechtskommission eingesetzten Arbeitsgruppe ist; siehe den Bericht hierzu von 2001 (UN Doc. E/CN.4/2001/85 vom 6. Februar 2001). Demgegenüber geht die am 18. 12. 1992 verabschiedete Erklärung der Generalversammlung über die Rechte von Personen, die nationalen oder ethnischen, religiösen und sprachlichen Minderheiten angehören, wieder auf den individualrechtlichen Ansatz zurück. Zur Kritik an dieser Resolution siehe *Alfredsson*, in: *Tomuschat* (ed.), Modern Law of Self-Determination, 41 (45). Der erste Entwurf der Erklärung zu indigenen Völkern sowie die letztgenannte Erklärung der Generalversammlung sind abgedruckt ebd., 292 ff und 296 ff.

generell als Träger völkerrechtlicher Gruppenrechte akzeptiert sind.[126] Auffallend ist, daß die bisherige kontroverse Diskussion in den Vereinten Nationen kaum die Tatsache widerspiegelt, daß indigene Völker in vielen Fällen sich selbst keineswegs als Minderheiten verstehen, denen gegebenenfalls eine aus anerkannten Gruppenrechten abgeleitete Völkerrechtssubjektivität zu gewähren wäre. Vielmehr sehen sie sich angesichts einer langen Geschichte des auch in den Formen des Völkerrechts erfolgten Kontaktes mit den sie heute dominierenden Staaten entweder als noch immer souveräne Nationen – jedenfalls insoweit sie noch über eine territoriale Basis verfügen – oder aber als Träger eines – in der Terminologie *Murswieks* „defensiven" – Selbstbestimmungsrechts, das sie zur Wiedereinnahme ihres früher innegehabten Platzes im Kreise der Staatengemeinschaft berechtigt. In dieser Perspektive stellt sich durchaus ernsthaft die Frage, ob es etwa im Fall der nordamerikanischen Indianernationen überhaupt um eine gegebenenfalls durch neu entstehendes Völkerrecht zu begründende *abgeleitete* Völkerrechtsstellung geht, oder ob diesen nicht eine originäre Völkerrechtssubjektivität zusteht. Bevor diese Frage entschieden werden kann, bedarf es noch einer intensiven Aufarbeitung der entsprechenden Staatspraxis sowie der Frage, ob und gegebenenfalls welche völkerrechtlichen Gründe bestanden haben, die eine ehemals vorhandene Völkerrechtssubjektivität einzelner indigener Völker zum Erlöschen gebracht haben können bzw. welche Rechtsgründe gegen das Durchgreifen etwaiger Erlöschensgründe sprechen könnten.

V. Mit der gebotenen Vorsicht können nun für eine beschränkte Völkerrechtssubjektivität von Gruppen folgende Aussagen gemacht werden. Sowohl Staatsvölker als auch in einem bestehenden Staat als Minderheiten lebende Völker sowie nationale Minderheiten mit fester territorialer Basis und innerer, zur Handlung befähigender Organisation können in bezug auf das völkerrechtliche Selbstbestimmungsrecht eine beschränkte Völkerrechtssubjektivität geltend machen. Dasselbe läßt sich für ein Gruppenrecht auf Schutz der physischen Existenz sagen, das allerdings noch nicht gesichert ist. Hingegen muß ein die Völkerrechtssubjektivität begründendes Gruppenrecht auf Nichtdiskriminierung ebenso wie eine Völkerrechtssubjektivität indigener Völker noch als ungeklärt betrachtet werden.

§ 111 Die Aufständischen; Insurgenten; das *de facto*-Regime

Schrifttum: *S. Gemma*, Les gouvernements de fait, RdC 4 (1924), 297 ff; *J. Spiropoulos*, Die de facto-Regierung im Völkerrecht, 1926; *ders.*, Nichtanerkannte Staaten und Regierungen vor dem Ständigen Internationalen Gerichtshof, RDI (Sottile), 5 (1927), 35 ff; *J. L. Kunz*, Die Anerkennung von Staaten und Regierungen im Völkerrecht, Handbuch des Völkerrechts, Bd. II, 1928; *E. M. Borchard*, Unrecognized Government in American Courts, AJIL 26 (1932), 261 ff; *G. Scelle*, La reconnaissance des insurgés et la guerre espagnole, FW 37 (1937), 65 ff; *N. J. Padelford*, International Law and Diplomacy in the Spanish Civil Strife, 1939; *H. Lauterpacht*, Recognition in International Law, 1948; *C. G. Fenwick*, The Recognition of de facto governments, AJIL 42 (1948), 863 ff; *ders.*, The Recognition of the Communist Government of China, AJIL 47 (1953), 658 ff; *S. Rosenne*, Recognition of States by the United Nations, BYIL 26 (1949), 437 ff; *T. C. Chen*, The International Law of Recognition, 1951; *K. H. Mattern*, Die Exilregierung, 1953; *H. W. Bracht*, Der völkerrechtliche Status der „Deutschen Demokratischen Republik" in der allgemeinen gegenwärtigen Völkerrechtslehre, Jahrbuch für Ostrecht 5 (1964 II), 31 ff; *J. A. Frowein*, Das de facto-Regime im Völkerrecht – eine Untersuchung zur Rechtsstellung „nichtanerkannter Staaten" und ähnlicher Gebilde, 1968; *E. R. Zivier*, Die Nichtanerkennung im modernen Völkerrecht, 2. Aufl., 1969; *W. H. Balekjian*, Die Effektivität und die Stellung nichtanerkannter Staaten im Völkerrecht, 1970; *R. R. Oglesby*, Internal War and the Search for

[126] Siehe dazu neuerding *C. Hausotter*, VN 49 (2001), 133 ff.

Normative Order, 1971; *J. E. Bond*, The Rules of Riot, Internal Conflict and the Law of War, 1974; *V. Duculesco*, Effet de la reconnaissance de l'état de belligérance par les tiers, y compris les organisations internationales, sur le statut juridique des conflits armés à caractère non international, RGDIP 74 I (1975) 125 ff; *A. V. Lombardi*, Bürgerkrieg und Völkerrecht, 1976; *C. Zorgbibe*, De la théorie classique de la reconnaissance de belligérance à l'article 3 des Conventions de Genève, in: *Centre de droit international de l'Institut de Sociologie de l'Université Libre de Bruxelles* (ed.), Droit humanitaire et conflits armés 7 (1976), 83 ff; *J. C. Stassen*, Intervention in Internal Wars: Traditional Norms and Contemporary Trends, SAYIL 3 (1977), 65 ff; *M. Bothe/K. Ipsen/K. J. Partsch*, Die Genfer Konferenzen über humanitäres Völkerrecht, ZaöRV 38 (1978), 1 ff; *O. Kimminich*, Schutz der Menschen in bewaffneten Konflikten, 1979; *E. Klein*, Die Nichtanerkennungspolitik der Vereinten Nationen gegenüber den in die Unabhängigkeit entlassenen südafrikanischen homelands, ZaöRV 39 (1979), 469 ff; *M. Bothe/K. J. Partsch/W. Solf*, New Rules for Victims of Armed Conflicts, 1982; *E. Riedel*, Recognition of Belligerency, EPIL IV, 47 ff; *A. Cassese*, La guerre civile et le droit international, RGDIP 90 (1986), 553 ff; *R. S. Myren*, Applying International Laws of War to Non-International Armed Conflicts. Past Attempts, Future Strategies, NIRL 37 (1990), 347 ff; *P. K. Menon*, Recognition of Belligerency and Insurgency, RDI 68 (1990), 265 ff; *R. Zischg*, Nicht-internationaler bewaffneter Konflikt und Völkerrecht, 1995.

Die Anerkennung organisierter Aufständischer und Insurgenten[1], aber auch noch nicht als Staaten anerkannter territorialer Herrschaften (sog. *de facto*-Regimes) als partielle Völkerrechtssubjekte, ist keine neue Erscheinung im Völkerrecht.
Das der völkerrechtlichen Anerkennung dieser Gemeinschaften zugrundeliegende rechtspolitische Anliegen war und ist es, auch in Situationen wie Bürgerkriegen und sich in deren Gefolge durch Sezession vollziehenden Staatsbildungen keinen rechtlosen Zustand, namentlich auf dem Gebiet des humanitären Völkerrechts einschließlich der Regeln des Kriegsrechts *(ius in bello)*, entstehen zu lassen; dies insbesondere deshalb, weil die genannten Situationen regelmäßig mit der Anwendung von militärischer Gewalt verbunden sind.
Die Anerkennung von Aufständischen in Bürgerkriegen als Konfliktparteien und die eine solche Anerkennung regelnden gewohnheitsrechtlichen Normen entstanden im wesentlichen im 19. Jahrhundert. Nach dem 1. Weltkrieg sind Anerkennungen von Aufständischen seltener geworden bzw. nach dem Verbot der Anwendung und Androhung jeglicher Gewalt in den internationalen Beziehungen praktisch nicht mehr vorgekommen.[2] Auf der anderen Seite wird zu Recht betont, daß sich die Staatenpraxis in der jüngeren Vergangenheit und in der Gegenwart in verstärktem Maße der Frage stellen mußte, wie es die völkerrechtliche Stellung von *de facto*-Regimes ansieht. Das heißt aber nicht, daß das Institut der Anerkennung von Aufständischen heute völlig obsolet wäre. Das gilt insbesondere auch für die Anerkennung von Insurgenten.[3] Da zudem zwischen der Existenz und Anerkennung von Aufständischen und der Bildung von *de facto*-Regimes eine enge politisch-historische und konzeptionelle Verbindung besteht, soll die völkerrechtliche Stellung der Aufständischen und Insurgenten zum Ausgangspunkt der Untersuchung der Rechtsstellung dieser Gemeinschaften und derjenigen von *de facto*-Regimes genommen werden.

I. 1. Nach klassischem Verständnis war der Bürgerkrieg kein Krieg im völkerrechtlichen Sinne. Er ist auch heute noch[4] zunächst nur ein innerer Vorgang des durch einen Aufstand

---

[1] Befreiungsbewegungen sind unter § 113 gesondert zu behandeln.

[2] Vgl. dazu und zur früheren Geschichte *E. Riedel*, Recognition of Belligerency, EPIL IV, 47 ff; *C. Zorgbibe*, La guerre civile, 1975, 71 ff.

[3] So etwa zutreffend *E. Riedel*, Recognition of Insurgency, EPIL IV, 54 ff; a.A. *D. Schindler*, Le principe de non-intervention dans les guerres civiles, AIDI 55 (1973), 416 (441).

[4] Zu Recht weist *Riedel* (Anm. 2), EPIL IV, 48, darauf hin, daß sich in der Gegenwart aufgrund neuer Formen der gewaltsamen Konfliktaustragung (Guerillakrieg, Staatsterrorismus) die Grenzen zwischen einem internationalen und einem internen Konflikt zunehmend verwischen. Dennoch hat die Unterschei-

betroffenen Staates. Dieser darf Personen, die sich gegen seine Ordnung erheben, als Rebellen und Rechtsbrecher behandeln. Auch für andere Staaten waren und sind Rebellen zunächst einmal Privatpersonen, die nicht im Sinne des Völkerrechts Krieg führen. Obgleich – wie zu zeigen sein wird – das Völkerrecht den Aufständischen – und in geringerem Maße auch Insurgenten[5] – eine beschränkte völkerrechtliche Rechtsstellung einräumt, nimmt im Verhältnis zu dritten Staaten die legitime Regierung, gegen die sich die Rebellion richtet, eine bevorzugte Rechtsstellung ein. Zwar läßt sich unter dem Gesichtspunkt des völkerrechtlichen Verbotes der Einmischung in die inneren Angelegenheiten eines Staates der Standpunkt vertreten, es gingen innere Auseinandersetzungen das Ausland nichts an. Aber die damit postulierte Gleichstellung der legitimen Regierung mit den Aufständischen ist dem Völkerrecht fremd. Es sieht zunächst einmal etwa die Unterstützung der Aufständischen, nicht aber die der Regierung durch andere Staaten als eine Verletzung des Völkerrechts an.

2. Diese Rechtslage ändert sich dann, wenn die Aufständischen als Kriegführende anerkannt werden. Diese Anerkennung wirkt sich als eine Rangerhöhung für die Rebellen, als ein „Vorgriff auf eine mögliche Staatlichkeit"[6] aus. Die Aufständischen sind nämlich von dem Anerkennenden im Hinblick auf das Kriegs- und Neutralitätsrecht so zu behandeln, als wären sie kriegführende Staaten.[7] Mit anderen Worten, die anerkennenden Staaten übertragen unter bestimmten Umständen und bei Erfüllung bestimmter Kriterien auf die Aufständischen eine beschränkte Rechtsstellung. Mit diesen Kriterien und Umständen ist im einzelnen folgendes gemeint:

a. Die Aufständischen müssen die tatsächliche Herrschaft über ein größeres geschlossenes Gebiet eines anerkannten Staates innehaben, ohne doch Herren des ganzen Landes zu sein.[8] So wie die Entstehung des Staates von dem effektiven Bestehen einer Staatsgewalt abhängig ist, so muß auch die örtliche oder regionale Herrschaft der Aufständischen ein gewisses Mindestmaß an Dauerhaftigkeit und Durchsetzungsvermögen aufweisen.

b. Dazu ist es erforderlich, daß die Aufständischen über eine verantwortliche und organisierte Führung verfügen, die zur Aufrechterhaltung der öffentlichen Ordnung und zur Erfüllung der von den Aufständischen einzuhaltenden internationalen Verpflichtungen in der Lage ist.

c. Da die Anerkennung der Aufständischen vorrangig dem Zweck dient, den bewaffneten Konflikt zwischen legitimer Regierung und Aufständischen den Regeln des humanitären Völkerrechts, insbesondere des *ius in bello*, zu unterwerfen, so muß es sich bei dem Konflikt um einen solchen handeln, der seiner Intensität, seinem Umfang und der Art seiner Aus-

---

dung zwischen einem Bürgerkrieg und einem sich internationalisierenden bewaffneten Konflikt auch heute noch eine Bedeutung. So betrachteten die Vereinten Nationen zu Beginn des schweren ethnischen Konfliktes in der ehemaligen Bundesrepublik Jugoslawien die Auseinandersetzungen als einen internen Konflikt, eben als Bürgerkrieg; vgl. dazu *S. Oeter*, Bürgerkrieg in Jugoslawien, HuV 5 (1992), 4 ff; *C. Greenwood*, Gibt es ein Recht auf humanitäre Intervention?, EA 48 (1993), 93 (101); *S. Baer*, Der Zerfall Jugoslawiens im Lichte des Völkerrechts, 1995, 148.

[5] Dazu näher unten II.

[6] So *C. Schmitt*, Der Nomos der Erde, 1950, 139.

[7] So etwa der District Court of New York im Falle der *United States v. Ambrose Light*, (District Court for the Southern District, New York, 1885; 25 F.408, 418), über die Wirkung der Anerkennung: *„It gives them temporarily and for war purposes, the status of an established nation, and all the rights of public war."*

[8] Dazu schon das Règlement des Institut de droit international 1900, Art. 8, AIDI 18 (1900), 229. Kritischer gegenüber diesem Erfordernis unter Hinweis auf moderne Guerillataktiken *G. Abi-Saab*, Wars of National Liberation, RdC 165 (1979), 353 (410 f); *J. Verhoeven*, La reconaissance internationale dans la pratique contemporaire, 1975, 560.

tragung nach einem internationalen Konflikt entspricht. Bloße lokale oder regionale Unruhen sind nicht ausreichend, um zu einer Anerkennung von rebellierenden Unruhestiftern zu führen.

d. Schließlich ist es erforderlich, daß sich die Aufständischen als bereit und fähig erweisen bzw. schon die Bereitschaft zeigen, den Konflikt nach den Regeln des Kriegsrechts und des darüber hinausgehenden humanitären Völkerrechts auszutragen.

Nur wenn diese Kriterien insgesamt erfüllt sind, sind *dritte* Staaten zur Anerkennung der Aufständischen berechtigt. Die verfrühte Anerkennung stellt eine völkerrechtswidrige Intervention in die inneren Angelegenheiten des vom Aufstand betroffenen Staates und damit ein die Haftung des anerkennenden Staates auslösendes völkerrechtliches Delikt dar.[9] Allerdings bleiben die Anforderungen an die völkerrechtsgemäße Anerkennung von Aufständischen hinter denen der Anerkennung einer neuen Staatsgewalt zurück. Die genannten Voraussetzungen sind im übrigen flexibel gestaltet. Zu berücksichtigen sind die Umstände, unter denen sich die Anerkennung vollziehen soll. Insbesondere ist auch die Interessenlage zu berücksichtigen; namentlich fällt ins Gewicht, welche Nachteile für dritte Staaten aus der Fortdauer der bisherigen Verhältnisse drohen und was sie durch die Anerkennung gewinnen. Je stärker Interessen für sie auf dem Spiel stehen – etwa die Bedrohung ihrer Staatsangehörigen im Bereich der Aufständischen –, desto eher wird die bestehende Regierung den mit der Anerkennung verbundenen Eingriff in ihre Rechtsstellung hinnehmen müssen. Geringer sind die Anforderungen an die Erfüllung der oben aufgeführten Anerkennungskriterien für die bestehende Regierung des Landes, gegen die sich der Aufstand richtet. Sie ist zu einem früheren Zeitpunkt und vor Erfüllung aller Kriterien zur Anerkennung der Rebellen berechtigt.[10]

Hat die Regierung selbst die Aufständischen anerkannt, so steht der Anerkennung durch dritte Staaten nichts im Wege, auch dann nicht, wenn die Voraussetzungen dafür nicht vorliegen. Denn ein Verhalten, das sie selbst bestätigt hat, kann eine Regierung nach Treu und Glauben nicht bei anderen als Verletzung ihrer Rechte rügen. Aber nicht nur dieser Gesichtspunkt ist es, der Dritte zur Anerkennung als Folge der Anerkennung durch die Regierung des vom Aufstand betroffenen Staates berechtigt: durch deren Anerkennung der Aufständischen wird ein neues – wenn auch temporäres – Rechtsregime geschaffen, das begünstigende und verpflichtende Wirkungen auch für Dritte schafft.[11]

3. a. Die Rechtsfolgen der Anerkennung von Aufständischen erschöpfen sich nicht in der Einräumung einer beschränkten völkerrechtlichen Rechtsstellung an die Aufständischen. Mit der Anerkennung der Aufständischen verwandelt sich der Bürgerkrieg in einen internationalen bewaffneten Konflikt im Sinne des Völkerrechts. Soweit die Aufständischen von der von ihnen bekämpften Regierung anerkannt werden, hören sie auf, Rebellen zu sein. Von nun an müssen beide Teile die Regeln des humanitären Rechts, insbesondere die Regeln des Kriegsrechts, beachten und so z. B. Gefangene als Kriegsgefangene behandeln. Von den Aufständischen verhängte Blockaden müssen nicht nur von der Regierung, sondern auch von dritten Staaten als dem Völkerrecht entsprechend anerkannt werden. Das gilt auch dann, wenn diese selbst die Anerkennung der Rebellen als Kriegführende noch nicht ausgesprochen haben. Auch hier zeigt sich wieder, daß mit der Anerkennung von Aufständischen – sei es durch die bekämpfte Regierung, sei es durch dritte Staaten – ein völkerrechtlicher Status geschaffen wird, der für die Zeit seiner begrenzten Dauer objektive

---

[9] Vgl. *J. Salmon*, La Reconnaissance d'État, 1971, 36 f.

[10] So schon das Institut de droit international 1900, Art. 4 (gegenüber Art. 8), AIDI 18 (1900), 228 f; siehe auch *Kunz*, 179.

[11] Vgl. dazu zutreffend *Riedel* (Anm. 2), EPIL IV, 54, der auch darauf hinweist, daß ein solches Regime im Falle der Anerkennung von Insurgenten nicht geschaffen wird.

Wirkungen entfaltet. Schließlich führt die mit der Anerkennung den Rebellen eingeräumte völkerrechtliche Rechtsstellung dazu, daß diese nicht nur die bereits erwähnte Verpflichtung übernehmen, das humanitäre Völkerrecht zu beachten. Sie erlangen auch einzelne Rechte, wie sie sonst in der Fülle nur den Staaten als Völkerrechtssubjekten zukommen. So besitzen sie ein funktional beschränktes Vertragsschlußrecht – etwa für den Abschluß von Vereinbarungen über den Schutz oder die ungehinderte Ausreise von bestimmten Personen oder Personengruppen aus dem von den Aufständischen beherrschten Gebiet oder über den Austausch von Verwundeten usw. – und wiederum funktional beschränkte Rechte wie das Recht offizieller Kontaktnahme zwischen ihren Vertretern und denen der bestehenden Regierung des Landes oder dritter Staaten. Jedoch bleiben diese Rechte naturgemäß deutlich unter der Schwelle diplomatischen Verkehrs.

b. Auf der anderen Seite hat die Anerkennung der Aufständischen auch völkerrechtliche Konsequenzen nicht nur für die anerkennende, bestehende Regierung, sondern auch für dritte, ihrerseits anerkennende Staaten. Für sie wird mit der Anerkennung der Aufständischen der Bürgerkrieg zu einem internationalen bewaffneten Konflikt im völkerrechtlichen Sinne. Damit aber nehmen sie *ipso iure* die Stellung von Neutralen ein. Die Anerkennung hat dieselbe Wirkung wie die Erklärung der Neutralität. Damit ist die einseitige Unterstützung der rechtmäßigen Regierung von nun an verboten. Auch sonst muß der Anerkennende sich die Behandlung gefallen lassen, die Neutrale im Kriege zu gewärtigen haben. Er hat die Anhaltung und Durchsuchung seiner Schiffe auf Kriegskonterbande, u. U. ihre Wegnahme auf dem Meere und ihre Verurteilung durch die Prisengerichte der beiden Parteien zu dulden. Eine von den Konfliktparteien verhängte Blockade ist von jetzt an für den Anerkennenden verbindlich, wenn sie den Erfordernissen des Seekriegsrechts entspricht, namentlich effektiv ist.[12]

Gerade diese Folgen der Anerkennung sind praktisch von großer Bedeutung. Im Jahre 1893 z. B. verweigerten die Vereinigten Staaten von Amerika den aufständischen Monarchisten in Brasilien, die im Besitz der Flotte waren, die Anerkennung als Partei eines bewaffneten Konfliktes (nach damaligem Sprachgebrauch „Kriegführende"). Damit machten sie es ihnen unmöglich, die Versorgung der republikanischen Regierung durch amerikanische Schiffe zu unterbinden und entschieden damit praktisch den Ausgang des Aufstandes.[13] Während des spanischen Bürgerkrieges war General Franco an der Anerkennung durch das Ausland gelegen, weil er zur See stärker war als die von ihm bekämpfte Regierung und ihre Versorgung vom Meer aus abschneiden wollte. Eben deshalb hielten die Westmächte die Anerkennung der Francotruppen als Konfliktpartei zurück.[14]

c. Eine weitere Rechtsfolge der Anerkennung von Aufständischen tritt im Hinblick auf die völkerrechtliche Haftung der von ihnen bekämpften Regierung ein. Wenn diese Regierung die Aufständischen als Konfliktpartei anerkannt hat, bringt sie damit zum Ausdruck, daß sie das von den Aufständischen okkupierte Gebiet nicht mehr zu kontrollieren vermag. Damit wird sie von der völkerrechtlichen Verantwortlichkeit für die Aktionen der Rebellen befreit; ebenso wird sie gegenüber dritten Staaten von dieser Haftung befreit, wenn zwar nicht die von den Rebellen bekämpfte Regierung, wohl aber Drittstaaten die Anerkennung der Rebellen erklärt haben. Allerdings kann gegen diese Sicht eingewandt werden, daß die bestehende Regierung auch schon vor der Anerkennung der Aufständischen für deren

[12] So lehnten es auch die Westmächte 1936 im spanischen Bürgerkrieg ab, die von der rechtmäßigen Regierung verhängte Blockade anzuerkennen, weil sie nicht effektiv sei; vgl. dazu *Lauterpacht*, 250.

[13] Dazu *S. F. Bemis*, A Diplomatic History of the United States, 3. Aufl., 1950, 754 f.

[14] Bei der von Deutschland und Italien schon zu Beginn des Bürgerkrieges ausgesprochenen Anerkennung handelte es sich nicht um die des Kriegsführungsrechts, sondern um die – verfrühte und daher völkerrechtswidrige – Anerkennung der Regierung Franco als der legitimen Regierung von Spanien in seiner Gesamtheit; vgl. dazu oben Bd. I/1, S. 200.

Aktionen nicht haftet, da der Staat nur für sein Verschulden und das seiner Organe verantwortlich ist.[15]

4. a. In der Gegenwart ist schließlich von besonderem Gewicht, daß mit der Anerkennung die Aufständischen an das humanitäre Völkerrecht, namentlich an das *ius in bello* gebunden sind. Dies ist letztlich der rechts- und allgemeinpolitische Hauptzweck der Anerkennung von Aufständischen. Mit der Veränderung der Formen von innerstaatlicher Gewaltanwendung bei Konflikten zwischen den bestehenden Regierungen und Aufständischen (Guerilla-Krieg und Formen von organisiertem Terrorismus), aber auch die mit dieser Veränderung einhergehende, zunehmend schwierigere Unterscheidung zwischen innerstaatlichen und internationalen Konflikten, ist die Verwirklichung dieses humanitären Hauptanliegens immer problematischer geworden. Die Tatsache, daß die Anerkennung von Aufständischen, die Voraussetzung der Anwendbarkeit des humanitären und Kriegsrechts ist, eine subjektive Entscheidung der Staaten war,[16] erwies sich als eine unerwünschte Schranke für einen umfassenden Schutz nicht nur der Kampfverbände der Konfliktparteien, sondern auch der unbeteiligten Zivilbevölkerung.[17]

Die Problematik der klassischen Lehre von der Anerkennung von Aufständischen wurde in der Zwischenkriegszeit besonders im Falle des spanischen Bürgerkrieges deutlich. Wie erwähnt, wurde beiden Parteien – der republikanischen Regierungspartei und den Franco-Faschisten – von den westlichen Mächten aus politisch-strategischen Gründen die Anerkennung versagt, obwohl die Kriterien für die Anerkennung nach bisherigem Völkerrecht gegeben waren.[18]

Hinzu kam der sich schon gegen Ende der Zwischenkriegszeit anbahnende grundlegende Wandel in der Einstellung gegenüber dem Krieg, ja schließlich jeder Gewaltanwendung in den internationalen Beziehungen als Mittel der Politik. Hatte der Briand-Kellogg-Pakt noch ein auf das Verbot des Angriffskrieges beschränktes Kriegsverbot statuiert, so statuiert die Charta der Vereinten Nationen mit Artikel 2 Ziff. 4 ein umfassendes Gewaltverbot, das mit dem Institut der Anerkennung von Aufständischen als „Kriegführende" zumindest völkerrechtspolitisch in ein wachsendes Spannungsverhältnis trat und somit auch ganz wesentlich zu der Zurückhaltung der Staaten gegenüber der klassischen Lehre von der Anerkennung von Aufständischen beitrug.[19]
Angesichts dieser Entwicklung sind die Fälle, in denen es zu einer förmlichen Anerkennung von Aufständischen kam – wie erwähnt – namentlich nach dem zweiten Weltkrieg stark zurückgegangen. Ein Trend zu einer Objektivierung der Voraussetzungen, auch Parteien eines Bürgerkrieges oder andere Konfliktformen, die nicht eindeutig der Kategorie des Krieges im völkerrechtlichen Sinne zuzuordnen sind, dem humanitären Recht einschließlich des *ius in bello* zu unterwerfen, ist weitgehend an die Stelle der klassischen Praxis der Anerkennung von Aufständischen getreten. Einen ersten Niederschlag hat dieser Auffassungswandel in den gleichlautenden Artikeln 3 der Genfer Konventionen von 1949 gefunden.[20] Nach dieser Vorschrift ist jeder Teilnehmer eines bewaffneten Konfliktes, „der keinen

---

[15] Vgl. im übrigen dazu näher die Darstellung der internationalen Verantwortlichkeit, §§ 173 ff, insb. § 178.

[16] So zutreffend hervorgehoben von *Riedel* (Anm. 2), EPIL IV, 48.

[17] Deshalb wird vorgeschlagen, die unilaterale Anerkennung durch eine kollektive Anerkennung durch universale internationale Organisationen zu ersetzen. Siehe *Menon*, RDI 68 (1990), 265 (284); *Zorgbibe* (Anm. 2), 85.

[18] *A. Cassese*, The Spanish Civil War, in: *ders.* (Hrsg.), Current Problems of International Law, 1975, 287 ff; *Zorgbibe* (Anm. 2), 84; *V. O'Rourke*, Recognition of Belligerency and the Spanish War, AJIL 31 (1937), 404 ff.

[19] Auf diesen Zusammenhang weist zutreffend *Riedel* (Anm. 2), EPIL IV, 48, hin.

[20] 1. Genfer Abkommen vom 12. 8. 1949 zur Verbesserung des Loses der Verwundeten und Kranken der Streitkräfte im Felde, BGBl. 1954 II, 783 ff; 2. Genfer Abkommen vom 12. 8. 1949 zur Verbesserung des Loses der Verwundeten, Kranken und Schiffbrüchigen der Streitkräfte zur See, BGBl. 1954 II, 813 ff; 3. Genfer Abkommen vom 12. 8. 1949 über die Behandlung der Kriegsgefangenen, BGBl. 1954 II,

internationalen Charakter hat und auf dem Gebiet einer der Hohen Vertragsparteien entsteht", gehalten, die in dieser Vorschrift aufgestellten Mindestregeln für eine menschliche Behandlung aller Personen einzuhalten, die nicht unmittelbar an den Feindseligkeiten teilnehmen, einschließlich der Mitglieder der Streitkräfte, die die Waffen gestreckt haben. Daß diese Erstreckung des Schutzes gemäß den Bestimmungen der Artikel 3 auf den genannten Personenkreis unabhängig von der Rechtsstellung der am Konflikt beteiligten Parteien erfolgen soll, wird aus dem Schlußsatz dieses Artikels klar, der bestimmt, daß die Anwendung seiner Bestimmungen „auf die Rechtsstellung der am Konflikt beteiligten Parteien keinen Einfluß" hat. Das aber bedeutet, daß mit der Regelung der Artikel 3 der Genfer Konventionen zwar eine Abkoppelung des humanitären Schutzes vom Institut der Anerkennung von Aufständischen beabsichtigt ist, nicht aber die Möglichkeit, eine solche Anerkennung vorzunehmen, von Rechts wegen beseitigt werden sollte.[21]

b. Der gleichlautend in den Genfer Abkommen von 1949 enthaltene Artikel 3 stellte gewiß einen erheblichen Fortschritt in dem Bestreben dar, möglichst weitgehend Personen, die von einem bewaffneten Konflikt betroffen sind, durch die Vorschriften des humanitären Völkerrechts zu erreichen. Jedoch ist sein Anwendungsbereich auf nicht-internationale bewaffnete Konflikte beschränkt. Auch enthält der Artikel 3 keine klare Definition des Begriffes des nicht-internationalen bewaffneten Konflikts. Ebenso enthält er keine Bestimmungen über Kriegsgefangene. Lediglich Artikel 4 der Dritten Genfer Konvention[22] erstreckt die Pflicht zur Einräumung des Kriegsgefangenenstatus auf Angehörige von Widerstandsbewegungen, die einer Konfliktpartei zugeordnet sind, sowie auf Mitglieder von regulären Streitkräften, „die sich zu einer von der Gewahrsamsmacht nicht anerkannten Regierung oder Autorität bekennen" und Angehörige ähnlich gestellter Gruppen – eine Regelung, die als Reaktion auf die große Bedeutung anzusehen ist, die solche bewaffneten Verbände während des zweiten Weltkrieges gewonnen hatten.[23] So wurde namentlich mit dem Aufkommen der nationalen Befreiungsbewegungen das Bedürfnis nach einer umfassenden Regelung stärker, um den von einem objektiven Ansatz her konzipierten stärkeren humanitären Schutz von Konfliktbeteiligten zu erweitern. Mit den Zusatzprotokollen von 1977 zu den Genfer Konventionen von 1949 ist versucht worden, diesem Bedürfnis Rechnung zu tragen. Artikel 1 Abs. 4 des Zusatzprotokolls I dehnt den Begriff des „internationalen Konfliktes" auch auf Konflikte aus, in denen „Völker gegen Kolonialherrschaft und fremde Besetzung sowie gegen rassistische Regimes in Ausübung ihres Rechts auf Selbstbestimmung kämpfen ...." Damit wird Angehörigen von nationalen Befreiungsbewegungen der Status von Kombattanten verliehen, den sie nach der vorherigen Rechtslage nur nach Anerkennung als Aufständische hätten erlangen können. Darüber hinaus gibt nun Artikel 1 des Zusatzprotokolls II eine in negativer Abgrenzung zum internationalen bewaffneten Konflikt gefaßte Definition der nicht-internationalen bewaffneten Konflikte, die als solche beschrieben werden, die nicht unter den Begriff des internationalen bewaffneten Konflikts gemäß Artikel 1 Zusatzprotokoll I fallen und „im Hoheitsgebiet einer Hohen Vertragspartei zwischen deren Streitkräften und abtrünnigen Streitkräften oder anderen organisierten bewaffneten Gruppen stattfinden, die unter einer verantwortlichen Führung eine solche Kontrolle über einen Teil des Hoheitsgebietes der Hohen Vertragspartei ausüben, daß sie anhaltende, koordinierte Kampfhandlungen durchführen und dieses Protokoll anzuwenden vermögen." Im Absatz 2 des

838 ff; 4. Genfer Abkommen vom 12. 8. 1949 zum Schutze von Zivilpersonen in Kriegszeiten, BGBl. 1954 II, 917 II.

[21] *Bothe*, in: *Vitzthum* (Hrsg.), Völkerrecht, 676; *Riedel* (Anm. 2), EPIL IV, 49. Siehe jedoch *Zorgbibe* (Anm. 2), 85 ff.

[22] Text in BGBl. 1954 II, 839.

[23] Dazu allgemein näher *Kimminich*, Bewaffnete Konflikte, 204 f; zum Hintergrund der Regelung des Art. 4 der dritten Genfer Konvention *Riedel* (Anm. 2), EPIL IV, 49.

Artikel 1 Zusatzprotokoll II werden – der bisherigen gewohnheitsrechtlichen Rechtslage entsprechend – „Fälle innerer Unruhen und Spannungen wie Tumulte, vereinzelt auftretende Gewalttaten und andere ähnliche Handlungen" von der Anwendung des Zusatzprotokolls II ausgenommen. Sie gelten nicht als nicht-internationale bewaffnete Konflikte im Sinne des Zusatzprotokolls – möglicherweise ein gewisser Rückschritt gegenüber der Regelung der Artikel 3 der Genfer Konventionen von 1949, deren allgemeinerer Wortlaut einen umfassenderen Anwendungsbereich andeutet.[24]

II. 1. Nach klassischer Lehre ist die Anerkennung von Aufständischen für deren beschränkte völkerrechtliche Rechtsstellung konstitutiv, wenn ihnen auch – wie zu zeigen sein wird – schon vor der Anerkennung ein gewisser völkerrechtlicher Schutz und damit auch eine völkerrechtliche Rechtsstellung zukommt. Anders aber als bei der Anerkennung von Staaten unter Anwendung der konstitutiven Theorie[25] besteht keine völkerrechtliche Pflicht zur Anerkennung.[26] Sie ist in das Ermessen der Staaten gestellt. Damit stellte sich für das Völkerrecht die Frage, wie mit Rebellen zu verfahren sei, die entweder bereits die strikten Kriterien für eine Anerkennung erfüllen oder aber wenigstens einige dieser Kriterien, ihnen aber die Anerkennung seitens der von ihnen bekämpften Regierung oder Drittstaaten aus welchen Gründen immer versagt bleibt. Bei strikter Zugrundelegung eines konstitutiven Charakters der Anerkennung blieben Rebellen in einer solchen Situation außerhalb eines auch nur minimalen Schutzes. Insbesondere könnte die noch rechtmäßige Regierung sie als Verräter oder gemeine Kriminelle mit den Mitteln des Strafrechts verfolgen oder könnten dritte Staaten Übergriffe gegen ihre Schiffe seitens solcher Rebellen auf See als Piraterie ahnden. Das aber ist nicht internationale Praxis geworden. Vielmehr ist auch noch nicht als Aufständischen anerkannten Rebellen ein sich auf das Völkerrecht gründender Schutz gewährt worden. Das heißt, das Völkerrecht kennt neben den die strikten Kriterien erfüllenden Aufständischen eine weitere Gruppe von Rebellen, mit denen in einen jedenfalls punktuellen, provisorischen Kontakt zu treten ein staatliches Interesse sein kann und die vor völliger Willkür zu schützen ein Anliegen einer den Grundsätzen der Menschlichkeit verpflichteten Staatengemeinschaft sein muß. Für diese Kategorie von Rebellen hat sich der Begriff der Insurgenten durchgesetzt. Von verschiedener Seite wird allerdings eine im Völkerrecht begründete besondere Rechtsstellung der Insurgenten geleugnet. Ihr Hauptargument ist, daß es einen klaren, definierbaren Unterschied zwischen Aufständischen und Insurgenten nicht gebe.[27] Andere stufen den Status von Insurgenten als eine bloße Beschreibung eines faktischen Zustandes ein, dem rechtliche Bedeutung nicht zukomme.[28] Das aber wird der internationalen Praxis nicht gerecht. Vielmehr hat diese seit langem Rebellen nicht als Verbrecher und Piraten angesehen.

So hat der amerikanische Präsident Cleveland im Jahre 1895 das Bestehen einer Insurrektion in Kuba festgestellt, ohne den Insurgenten die formale Stellung als Kombattanten zuzuerkennen.[29] Diese Feststellung hat dem US Supreme Court genügt, um in der viel zitierten Entscheidung im Falle *The Three Friends v. United States*[30] die amerikanische Neutralitätsgesetzgebung für anwendbar zu erklären, also jedenfalls für das nationale Recht der Vereinigten Staaten legitime Staatsgewalt und Rebellen auf eine Stufe zu stellen. – Auch wurden im amerikanischen Bürgerkrieg, so rücksichtslos und brutal er auch sonst geführt worden ist, die Regeln des Kriegsrechts auf beiden Seiten beachtet. Gefangene wurden als Kriegsgefangene behandelt, und die Nordstaaten haben ihre Ankündigung,

---

[24] Kritisch in diesem Sinne *Ch. Greenwood*, Anwendungsbereich des humanitären Völkerrechts, in: *D. Fleck* (Hrsg.), Handbuch des humanitären Völkerrechts in bewaffneten Konflikten, 1994, Rdn. 210 f.

[25] Dazu oben Bd. I/1, S. 186 ff.

[26] A. A. jedoch *Chen*, 362 f.

[27] So etwa *O'Connell*, 151 f; *Verhoeven* (Anm. 8), 108 ff.

[28] So etwa *Padelford*, 2 f; *Chen*, 399.

[29] Vgl. dazu *Moore*, Digest, Vol. 1, 198.

[30] 1897; 166 U.S. 1.

sie würden die Seestreitkräfte der Südstaaten als Piraten behandeln, nicht in die Tat umgesetzt.[31] – Im Burenkrieg behandelte England die noch im Felde stehenden Streitkräfte der Buren nach der förmlichen Annexion nicht als Rebellen und Kriminelle[32], und schloß mit ihnen am 3. 5. 1902 den Vertrag von Vereeniging, der den Feindseligkeiten ein Ende gemacht hat. – Auch fremde Staaten behandeln Rebellen im allgemeinen nicht als Verbrecher. Auch wenn die rechtmäßige Regierung Rebellenschiffe als Piratenschiffe zu kennzeichnen sucht, ist das nicht für andere Staaten verbindlich.[33] Aktionen der Rebellen auf hoher See behandeln die Staaten nicht als Akte der Piraterie, solange nicht ihre eigenen Schiffe und Staatsangehörigen dadurch beeinträchtigt sind.[34] Wenn das freilich geschieht, neigte namentlich die britische und die amerikanische Praxis zur Anwendung des Piraterierechts, ohne jedoch bei der persönlichen Behandlung der „Piraten" die letzte Konsequenz zu ziehen. Vor allem haben dritte Staaten sich mehrfach dagegen gewehrt, daß ihre Staatsangehörigen aufgrund ihrer Teilnahme an den Aktionen nicht anerkannter Rebellen (Insurgenten) einer Behandlung als Piraten oder Verbrecher ausgesetzt würden.[35] – Ein Beispiel für die Fortdauer dieser Praxis auch in der Zwischenkriegszeit bildet der spanische Bürgerkrieg. Wiewohl Großbritannien keiner Bürgerkriegspartei die Anerkennung als Konfliktpartei gewährte, anerkannte es schließlich die faschistischen Insurgenten als *de facto*-Regierung des von ihnen effektiv beherrschten Teiles des Landes, und britische Gerichte sahen sich verpflichtet, Gesetzgebung der Insurgenten anzuerkennen. Allerdings spricht vieles dafür, diese Anerkennung der Insurgenten eher als einen Fall der Anerkennung eines lokalen *de facto*-Regimes einzuordnen.[36] – Deutlich in die Richtung dieser Praxis tendiert auch die oben erwähnte Regelung der Artikel 3 der Genfer Konventionen von 1949, die ihre Anwendung auf Konflikte ohne internationalen Charakter ausdehnen.[37]

Diese Belege in ihrer Gesamtheit erlauben den Schluß, daß jedenfalls die elementaren Regeln des humanitären und des Kriegsrechts auch auf den Kampf mit Insurgenten schon vor deren Anerkennung als Aufständische anwendbar sind, ohne daß dies als implizite Anerkennung auszulegen ist.[38] Dies gilt namentlich insoweit, als das humanitäre und das Kriegsrecht eine Konkretisierung der allgemeinen Menschenrechte enthalten. Auch dritte Staaten handeln völkerrechtswidrig, wenn sie Insurgenten als Piraten und gemeine Verbrecher behandeln.

2. So ist festzustellen, daß auch Insurgenten eine gewisse völkerrechtliche Rechtsstellung eingeräumt wird. Sie unterscheidet sich jedoch von derjenigen von Aufständischen dadurch, daß sie zum einen deutlich weniger Rechte umfaßt, und daß zum andern keine objektive Ordnung geschaffen wird. Die Anerkennung von Insurgenten bedeutet die vorübergehende Verrechtlichung der rein funktionalen Beziehungen zwischen den jeweils Beteiligten.[39] Die Anerkennung von Insurgenten dient lediglich der Gewährleistung eines Mindeststandards menschlicher Behandlung einer Gruppe von Teilnehmern an einem Aufstand, die zwar schon eine nicht mehr zu vernachlässigende machtpolitische Position erlangt hat, jedoch noch deutlich hinter der machtpolitisch und organisatorisch verdichteten Gemeinschaft der

---

[31] *Wheaton* (Hrsg. *Dana)*, 71 (mit Anm. 84).

[32] So auch das Urteil des Supreme Court Transvaal im Falle *Van Denventer v. Hancke and Mossop*, Transvaal Law Reporter (1903), 401.

[33] So das Havanna-Abkommen vom 20. 2. 1928, Art. 2 und die h.L. und Praxis, vgl. *Lauterpacht*, 296 f.

[34] Ganz allgemein kann gesagt werden, daß die Staaten davon ausgehen, daß Insurgenten in der Regel der *animus furandi*, der für die Piraterie charakteristisch ist, fehle; vgl. dazu *Riedel* (Anm. 2), EPIL IV, 55.

[35] So haben Großbritannien und die Vereinigten Staaten von Amerika gegen die standrechtliche Erschießung britischer und amerikanischer Bürger durch die Spanier nach deren Festnahme an Bord des Rebellenschiffs *Virginius* scharf reagiert; vgl. dazu *Moore*, Digest, Vol. 2, 895; ferner vgl. in diesem Zusammenhang auch das bei *Hackworth*, Digest, Vol. 1, 324, mitgeteilte Schreiben des amerikanischen Staatssekretärs *Stimson* an den amerikanischen Botschafter in Mexiko von 1929, in dem dieser angewiesen wurde, auf Behandlung der auf Seite mexikanischer Rebellen stehenden Amerikaner als Kriegsgefangene zu bestehen. Dagegen sprach sich das Institut de droit international in Art. 3 des Règlement dafür aus, daß die bestehende Regierung grundsätzlich alle Teilnehmer an einer Rebellion einander gleichstellen dürfe, AIDI 18 (1900), 227.

[36] Dazu näher oben Bd. I/1, S. 212 f und dortige Anmerkungen 12 und 13.

[37] Siehe oben unter I. 4. a.

[38] So auch schon das Institut de droit international in Art. 4 § 2, AIDI 18 (1900), 228.

[39] So zutreffend *Riedel* (Anm.2), EPIL IV, 54, 56.

Aufständischen zurückbleibt. Der Insurgentenstatus bezeichnet das verfestigte Anfangsstadium eines Prozesses der Insurrektion, der über den Status anerkannter Aufständischer bis hin zur Etablierung eines *de facto*-Regimes führen kann. Die völkerrechtliche Rechtsstellung des *de facto*-Regimes ist abschließend zu behandeln.

III. Hat sich die Gemeinschaft der Aufständischen politisch, militärisch und territorial so fest etabliert, daß ihre endgültige Durchsetzung – sei es in Gestalt der Übernahme der Gesamtstaatsgewalt im Staat, sei es in Gestalt einer erfolgreichen Sezession – nicht mehr auszuschließen ist, stellt sich für die Praxis nicht mehr die Frage der bloßen Anerkennung der Rebellen als Aufständische, sondern der Anerkennung als schon staatliches Gebilde. Da es auf der anderen Seite in einem solchen Stadium noch verfrüht sein kann, das aufständische Herrschaftssystem endgültig als neuen Staat anzuerkennen, hat die Praxis das Institut der Anerkennung von *de facto*-Regimes, das heißt einer vorläufigen Anerkennung von faktisch etablierter Herrschaft entwickelt.[40] Dabei umfaßt der Begriff des *de facto*-Regimes ein weites Spektrum von Situationen, in denen es nicht klar ist, ob ein neuer Staat – aufgrund welcher Ereignisse auch immer – entstanden ist oder ob in einem bestehenden Staat eine neue Regierung sich gegenüber der bisherigen im Wege des Umsturzes oder Aufstandes durchgesetzt hat. Der Fall also, in dem sich Aufständische so weit durchgesetzt haben, daß sich die Frage stellt, ob sie bereits einen eigenen, neuen Staat oder die neue Regierung des bisher schon bestehenden Staates bilden, ist lediglich ein Sachverhalt unter anderen, in denen die Frage einer *de facto*-Anerkennung eines *de facto*-Regimes aufgeworfen wird. Mit anderen Worten, das auf solche *de facto*-Wirkungseinheiten anzuwendende Recht und die Wirkungen einer Anerkennung sind für den Fall des Hineinwachsens einer Gemeinschaft von Aufständischen in den Status eines *de facto*-Regimes keine anderen als die aus anderen Gründen entstandenen *de facto*-Regimes. Insoweit kann auf die allgemeinen Regeln und die Rechtswirkungen der Anerkennung verwiesen werden.[41] An dieser Stelle seien nur einige Unterschiede zwischen der Anerkennung von Aufständischen und *de facto*-Regimes hervorgehoben. In beiden Fällen werden die anerkannten Gebilde nach Art der Staaten behandelt und hat die Anerkennung eine den Status der Anerkannten objektivierende Wirkung, ist also auch von dritten Staaten, unabhängig von deren Erklärung einer Anerkennung, zu berücksichtigen. Jedoch geht die Anerkennung von Aufständischen als Repräsentanten eines *de facto*-Regimes erheblich weiter. Das *de facto*-Regime, das bereits mit seiner Entstehung einen weitgehenden völkerrechtlichen Schutz genießt[42], wird nicht nur im Hinblick auf bestimmte Zwecke – etwa die Geltung des *ius in bello* zwischen einer bestehenden Regierung und den sie bekämpfenden Aufständischen – anerkannt. Vielmehr verleiht ihm die Anerkennung eine von derjenigen anerkannter Staaten nur graduell zu unterscheidende völkerrechtliche Handlungsfähigkeit. Das hat große Bedeutung im Hinblick auf die Wirkung von Hoheitsakten der *de facto*-Autoritäten. Nach modernem Verständnis sind Akte solcher Regimes z. B. von den Gerichten dritter Staaten dann anzuerkennen, wenn das *de facto*-Regime effektive Kontrolle in seinem Herrschaftsbereich ausübt.

So erkannten britische Gerichte einerseits Rechtsakte der republikanischen Regierung in Spanien gegen Ende des Bürgerkrieges in bezug auf eine Bank im von den Aufständischen effektiv be-

---

[40] Unter *de facto*-Regimes können auch *de facto*-Regierungen fallen. Die Unterscheidung zwischen beiden Erscheinungen ist problematisch, da in konkreten Situationen die Frage schwer zu beantworten sein kann, ob etwa durch Sezession ein neuer Staat im Entstehen ist oder eine neue Regierung die Herrschaft in einem bestehenden Staat zu übernehmen im Begriff ist; so zutreffend *J. A. Frowein*, De facto Regime, EPIL I (1992), 966, der empfiehlt, einheitlich von *de facto*-Regimes zu sprechen.

[41] Siehe dazu oben Bd. I/1 § 22.

[42] Dazu näher *Frowein*, Das de facto-Regime, passim; zusammenfassend auch *ders.* (Anm.42), EPIL I, 966.

herrschten Gebiet nicht an, andererseits wurden dementsprechend Akte der Aufständischen in diesen Gebieten als Akte einer lokalen *de facto*-Autorität anerkannt.[43]

Das *de facto*-Regime besitzt eine weitgehende Vertragsschlußfähigkeit, und auch in der Haftung für seine Akte ist das *de facto*-Regime den Staaten gleichgestellt. Schließlich besitzt es ein dem der Staaten nahekommendes Recht auf die Unterhaltung zwischenstaatlicher Beziehungen. So nähert sich die völkerrechtliche Rechtsstellung des *de facto*-Regimes der des Vollstaates an. Der wesentliche Unterschied zu diesem besteht darin, daß es seine Rechtsstellung nur unter dem Vorbehalt der Widerrufbarkeit besitzt.

IV. Abschließend kann somit festgestellt werden, daß Aufständische, Insurgenten und das *de facto*-Regime eine graduell beschränkte, den jeweiligen Bedürfnissen und Interessen der Staatengemeinschaft angepaßte Völkerrechtssubjektivität besitzen. Das entspricht dem gerade in der Gegenwart gewachsenen Willen der Staatengemeinschaft, die Zivilisierung des internationalen Systems durch eine Stärkung der Herrschaft des Rechts voranzutreiben.

§ 112 Die völkerrechtliche Rechtsstellung nationaler Befreiungsbewegungen

Schrifttum: wie zu § 110; ferner *A. Belkherroubi*, Essai sur une théorie juridique des mouvements de libération nationale, Rev. Egypt. Dir. Int'l 28 (1972), 20 ff; *I. Sagay*, The Legal Status of Freedom Fighters in Africa, E. Afr. L. Rev. 6 (1973), 15 ff; *Ch. Tomuschat*, Die Befreiungsbewegungen in den Vereinten Nationen, VN 1974, 65 ff und 110 ff; *N. Ronzitti*, Wars of National Liberation – A Legal Definition, Ital. Y. B. Int'l L. 1 (1975), 192 ff; *J. Dugard*, SWAPO. The ius ad bellum and the ius in bello, SALJ 93 (1976), 144 ff; *E. Klein*, Nationale Befreiungskämpfe und Dekolonisierungspolitik der Vereinten Nationen: zu einigen völkerrechtlichen Tendenzen, ZaöRV 36 (1976), 618 ff; *G. Petit*, Les mouvements de libération nationale et le droit, Ann. du Tiers Monde 2 (1976), 57 ff; *J. J. A. Salmon*, La conférence diplomatique sur la réaffirmation et le développement du droit international humanitaire et les guerres de libération nationale, R. B. D. J. 12 (1976), 27 ff; *P. J. Travers*, The Legal Effect of United Nations Action in Support of the Palestine Liberation Organization and the National Liberation Movements in Africa, Harv. Int'l L. J. 17 (1976), 561 ff; *K. Asmal*, The Status of Combatants of the Liberation Movement of South Africa under the Geneva Conventions of 1949 and Protocol I of 1977, UN Centre against Apartheid, Department of Political and Security Council Affairs, Notes and Documents, 10/80 (1980); *W. Benedek*, Die Anerkennung der PLO durch Österreich, ZaöRV 40 (1980), 841 ff; *A. F. Kassim*, The Palestine Liberation Organization's Claim to Status: A Juridical Analysis under International Law, Den. J. Int'l L. & Pol.'y 9 (1980), 1 ff; *E. Kussbach*, Die Rechtsstellung nationaler Befreiungsbewegungen im humanitären Völkerrecht, in: Ius humanitatis, FS für *Verdross*, 1980, 499 ff; *J. A. Barberis*, Nouvelles questions concernant la personnalité juridique internationale, RdC 179 (1983) 145 ff (239 ff); *Th. Darsow*, Zum Wandel des Staatsbegriffs, 1984, 233 ff; *O. Krönert*, Die Stellung nationaler Befreiungsbewegungen im Völkerrecht, 1984; *M. Shaw*, The International Status of National Liberation Movements, in: *F. E. Snyder/S. Sathirathai* (eds.), Third World Attitudes toward International Law, 1987, 141 ff; *Ch. Koenig*, Der nationale Befreiungskrieg im modernen humanitären Völkerrecht, 1988; *H. A. Wilson*, International Law and the Use of Force by National Liberation Movements, 1988; *J. Faundez*, International Law and Wars of National Liberation: Use of Force and Intervention, AJIL/RADIC 1 (1989), 85 ff; *M. Flory*, Naissance d'un Etat palestinien, R. G. D. I. P. 93 (1989), 385 ff; *F. Marcelli*, La condizione giuridica internazionale del Fronte Polisario, Riv. Dir. Int'l. 72 (1989), 282 ff; *S. Oeter*, Terrorism and ‚Wars of National Liberation' from a Law of War Perspective, ZaöRV 49 (1989), 445 ff; *Ch.O. Quaye*, Liberation Struggles in International Law, 1991; *J. Baloro*, International Humanitarian Law and Situations of International Armed Conflicts in Africa, AJIL/RADIC 4 (1992), 449 ff; *S.v. Schorlemer*, Liberation Movements, in: *R. Wolfrum* (ed.),

[43] Dazu näher oben Bd. I/1, S. 212 und dortige Anmerkungen 12 und 13.

United Nations: Law, Policies and Practice, Vol. II, 1995, 854 ff; R. A. Falk, „Some international law implications of the Oslo/Cairo Framework for the PLO/Israeli Peace Process", in: B. Stevens, Human Rights, Selfdetermination and Political Change in the occupied Palestinian Territories, 1997; *A. Negri*, Insurgencies, 1999.

Das Völkerrecht zeichnet sich – wie an anderer Stelle bereits dargelegt[1] – durch seine besondere Nähe zur politischen Wirklichkeit aus. Staatspraxis und Rechtsüberzeugung erzeugen Prinzipien und Regeln des Völkergewohnheitsrechts; Interessen und Bedürfnisse der Staaten und der Staatengemeinschaft als ganzer sind auch die treibende Kraft zur vertraglichenVereinbarung völkerrechtlicher Normen. Gewohnheitsrecht und Vertragsrecht ihrerseits wirken normativ zurück auf das Verhalten ihrer Adressaten. Ein lebendiges Beispiel für diese Wechselbeziehung und damit der besonderen Nähe von Völkerrecht und politischer Wirklichkeit ist die Entfaltung einer eigenständigen Stellung nationaler Befreiungsbewegungen im gegenwärtigen Völkerrecht. Von einer eigenständigen völkerrechtlichen Stellung dieser Bewegungen ist deswegen zu sprechen, weil sie aus traditioneller Sicht an sich als Aufständische zu betrachten sind[2] und damit deren Rechtsstellung einnehmen. Die Praxis von Staaten und internationalen Organisationen hat nun aber aus Gründen, die noch darzulegen sind, zu einer Unterscheidung von Aufständischen im traditionellen Sinne und nationalen Befreiungsbewegungen geführt. Diese Unterscheidung hat zu einer Erweiterung der Rechte der Befreiungsbewegungen im Vergleich zur völkerrechtlichen Stellung der Aufständischen geführt.

I. Will man die neuartige Erscheinung der nationalen Befreiungsbewegungen und ihre völkerrechtliche Bewertung voll verstehen, so ist es wichtig, sich zunächst zu vergegenwärtigen, daß auch diese Bewegungen – so neu und eigenständig sie erscheinen mögen – wie vieles scheinbar Neue in der Geschichte doch ihre historischen Vorläufer haben. Es ist aber nun auch keineswegs so, daß die nationalen Befreiungsbewegungen faktisch unveränderte Nachfahren historischer Erscheinungen sind, die sich nur einer neuen, ihre scheinbare Neuartigkeit konstituierenden völkerrechtlichen Einordnung ausgesetzt sehen. Um den tatsächlichen und daran anknüpfenden rechtlichen Unterschied zwischen nationalen Befreiungsbewegungen und ihren historischen Vorläufern klarer erkennen zu können, sei ein kurzer Blick auf diese Vorläufer und deren völkerrechtliche Bewertung geworfen.

1. Revolten von unterdrückten Völkern hat es in der Geschichte gewiß von jeher gegeben. Wenn dieser geschichtliche Rückblick mit dem 18. Jahrhundert beginnt, so deshalb, weil in diesem Jahrhundert eine erste schwere Auseinandersetzung zwischen einer Kolonie und ihrem Mutterland unter den Bedingungen des Völkerrechts stattfand, wie es seit der Mitte des 17. Jahrhunderts in Geltung gekommen war.[3] Die Rebellion der Siedler in den britischen Kolonien in Nordamerika, die schließlich zu deren Unabhängigkeit vom britischen Mutterland führte, kann nicht nur als ein Vorläufer solcher Rebellionen im 20. Jahrhundert gesehen werden, sondern auch als ein Modell, das maßgeblichen Einfluß auf die nachfolgenden Unabhängigkeitsbestrebungen in Zentral- und Lateinamerika gehabt hat. Dem

---

[1] Siehe dazu Bd. I/1, S. 1.

[2] Daß Befreiungsbewegungen die Rechtsträgerschaft als Aufständische neben der heute anerkannten besonderen Rechtsstellung als Befreiungsbewegung besitzen, betonen *Oppenheim/Jennings/Watts*, Vol. I/1, 163: *„Even without a government, national liberation movements may have a limited degree of international status (apart from any they may otherwise have as a contending party in a civil war)."*

[3] Mit der Erwähnung des amerikanische Unabhängigkeitskrieges als erstem bedeutenden Vorläufer moderner Befreiungsbewegungen beginnen aus dem gleichen Grunde auch andere Autoren, so etwa *Belkherroubi*, Rev. Egypt. Dir. Int'l 28 (1972), 20 (21); *Barberis*, RdC 179 (1983), 145 (239), hebt vor allem die Befreiung Lateinamerikas von spanischer Kolonialherrschaft hervor.

amerikanischen Beispiel folgten in der ersten Hälfte des 19. Jahrhunderts die spanischen Kolonien in Lateinamerika, wobei die Erlangung der Unabhängigkeit der letzten spanischen Besitzung in der westlichen Hemisphäre, nämlich Kubas, bereits mit der Unterstützung der Vereinigten Staaten erfolgte.
In Europa können in der Reihe der Unabhängigkeitsbewegungen die Loslösung Belgiens von den Niederlanden (1830/31)[4] sowie die Erlangung der Unabhängigkeit Griechenlands genannt werden, das sich gegen das Ottomanische Reich erhoben und einen langen Kampf mit Unterstützung europäischer Mächte geführt hatte (1821–30).[5] In den gleichen Zusammenhang gehört der Kampf Moldawiens und der Walachei um Befreiung von der türkischen Oberhoheit, die mit der Gründung des unabhängigen Königreiches Rumänien und dessen Anerkennung im Frieden von Paris (1856) erlosch.[6] Schließlich ist die Herauslösung Irlands aus dem britischen Staatsverband und die Etablierung der Republik Irland im Jahre 1923 zu erwähnen.[7]

2. Das klassische Völkerrecht behandelte diese internen Konflikte, die mit gewaltsamen Auseinandersetzungen zwischen den die Unabhängigkeit anstrebenden Bewegungen und den bis dahin herrschenden Mächten verbunden waren, als Bürgerkriege. Sofern ein solcher Bürgerkrieg für die Rebellen erfolglos blieb, wurden sie als gemeine Rechtsbrecher behandelt.[8] Doch war dies häufig eher Theorie als wirkliche Praxis. In vielen, wenn auch nicht den meisten Fällen suchten die bekämpften Regierungen – aus welchen Gründen auch immer – den Kontakt zu den Aufständischen und erkannten sie als Kriegführende an. Auch dritte Staaten hatten – wie zuvor dargestellt[9] – vielfach ein Interesse, mit den Rebellen in rechtlich geregelte Beziehungen zu treten. Die Rechtsfolge solcher Anerkennungen war für die Drittstaaten, daß sie sich fortan gegenüber den Konfliktparteien neutral zu verhalten hatten. Die Anerkennung der Rebellen seitens der bekämpften Regierung setzte zwischen dieser und den Rebellen das humanitäre Kriegsrecht in Kraft.[10]Bleibt zu fragen, ob es das so schon gab. In den meisten der o.g. Konflikte war dies doch wohl noch nicht der Fall.
Doch zeigt die Staatspraxis, daß namentlich das Institut der Neutralität in vielen Fällen prekär war. Rechte und Pflichten der Drittstaaten als Neutrale standen oft in einem unübersehbaren Spannungsverhältnis zur politischen Praxis.[11] Staaten, die – wie Frankreich – die amerikanischen Kolonien in ihrem Kampf um Unabhängigkeit gegen das Mutterland als Kriegführende anerkannten, gewährten ihnen zugleich militärische Unterstützung.[12] Die griechischen Unabhängigkeitskämpfer verdankten ihren Erfolg der Unterstützung durch Großbritannien, Frankreich und Rußland, die als christliche Staaten nicht nur die Aufständischen anerkannten, sondern aktiv zu deren Erfolg beitrugen.[13] Das gleiche gilt für die Haltung christlicher Staaten im Zusammenhang mit dem Kampf um ein unabhängiges Rumänien.[14] Und schließlich kann der Eintritt der Vereinigten Staaten in den spanisch-kubanischen Krieg im Jahre 1898 als eine amerikanische Intervention zugunsten der um ihre Unabhängigkeit von Spanien ringenden Kubaner eingeordnet werden.[15]

---

[4] Vgl. dazu *E. Weis*, Der Durchbruch des Bürgertums (Propyläen Geschichte Europas), 1978, 374 mwN, wo von einem nationalen Unabhängigkeitskrieg gesprochen wird.

[5] *S. J. Shaw/E. K. Shaw*, History of the Ottoman Empire and Modern Turkey, Vol. 2, 28 f.

[6] *Shaw/Shaw* (Anm. 5), Vol. 2, 138 f.

[7] Vgl. dazu *Belkherroubi*, Rev. Egypt. Dir. Int'l 28 (1972), 20 (21).

[8] Vgl. dazu *Wilson*, 23.

[9] Siehe oben § 111.

[10] Vgl. dazu § 111.

[11] Vgl. dazu *Belkherroubi*, Rev. Egpyt. Dir. Int'l 28 (1972), 20 (26 ff).

[12] *E. C. Countryman*, The American Revolution, 1992, 124, 140.

[13] *Shaw/Shaw*, Vol. 2, 29 f (Anm. 5).

[14] Vgl. dazu *Shaw/Shaw* (Anm. 5), Vol. 2, 134 ff; dort wird eine Übersicht zur Entstehung und Entwicklung des Krimkrieges gegeben, in dessen Zusammenhang auch die Unterstützung des Kampfes um ein unabhängiges Rumänien gehört.

[15] Kritisch hierzu *L. C. Gardner/W. J. Lafeber/Th. J. Co-*

Die politisch-ideologisch motivierte Parteinahme einzelner Staaten in rechtlich als Bürgerkrieg angesehenen Konflikten zugunsten von Bewegungen, die fremde Herrschaft abschütteln wollten, ist also nichts Neues. Neu ist hingegen, daß die Staatenpraxis nach 1945 bei der Behandlung von nun sogenannten nationalen Befreiungsbewegungen den Rahmen des bis dahin grundsätzlich geltenden Rechts verlassen hat. Sie hat diesen Bewegungen nicht allein die Rechtsstellung als Kriegführende eingeräumt – soweit sie die dafür geltenden Kriterien erfüllten –, sondern ihnen unabhängig davon eine über jenen Status hinausgehende völkerrechtliche Stellung zuerkannt, wobei – wie noch zu zeigen sein wird – zwischen einer (beschränkten) Rechtsstellung nach allgemeinem Völkerrecht und dem nach internen oder sekundären Recht internationaler Organisationen, so z. B. der Vereinten Nationen, zu differenzieren ist.[16]

II. 1. Die historischen Umstände haben es mit sich gebracht, daß das Thema der Behandlung nationaler Befreiungsbewegungen zunächst im Rahmen der Vereinten Nationen die größte Aufmerksamkeit gewonnen hat. Die Vereinten Nationen hatten – trotz mancher Widerstände – die Frage der Dekolonisierung zu einer wesentlichen Aufgabe erhoben. In Artikel 1 Ziff. 2 der VN-Charta wurde die Verpflichtung der Mitgliedstaaten zur Achtung des Selbstbestimmungsprinzips der Völker aufgenommen.[17] Jenseits dessen wurde in die Charta ein umfassendes Treuhandsystem eingefügt mit dem Ziel, die sich nicht selbstregierenden Völker in die Unabhängigkeit zu führen. Die Gesamtheit dieser Rechtsnormen und das Engagement der schon vor oder unmittelbar nach dem zweiten Weltkrieg unabhängig gewordenen Staaten und der sozialistischen Staaten sowie u. a. der Vereinigten Staaten führte zu einer wachsenden Zahl von Bewegungen in den verschiedenen, nach dem zweiten Weltkrieg zunächst weiterhin existierenden Kolonialgebieten, die die koloniale Herrschaft abschütteln wollten. Was zunächst als ein vereinzeltes Phänomen erschien – etwa der Unabhängigkeitskampf Indonesiens gegen die Niederlande –, wurde zu einer weit verbreiteten Erscheinung, wobei die Form der Auseinandersetzung zwischen Befreiungsbewegung und Kolonialmacht immer mehr Aufsehen erregte. Angesichts mangelnder organisierter militärischer Kräfte und der sich daraus ergebenden Schwierigkeit bzw. Unmöglichkeit, größere Teile der betroffenen Länder unter feste Kontrolle zu bringen, wurde der subversive Untergrund- und Guerillakrieg zu einem prägenden Element. Da aber zugleich auch angesichts der Ungleichheit in der militärischen Macht der Konfliktparteien für die Befreiungsbewegungen die Notwendigkeit, aber auch der Wille bestand, die Auseinandersetzungen mit der jeweiligen Kolonialmacht politisch zu beenden, ergab sich eine – verglichen mit früheren Unabhängigkeitsbewegungen – weit stärkere politische Präsenz der nationalen Befreiungsbewegungen. So gab es spätestens gegen Ende der sechziger Jahre eine Reihe gewichtiger Gründe, zu denen noch die Sympathie vieler Staaten aller Regionen für das Ziel der Dekolonisierung trat, daß insbesondere die Vereinten Nationen sich diesem neuen Phänomen zuwandten.

Gegenstand der Bemühungen der Vereinten Nationen war auf der einen Seite die Förderung des Prozesses der Dekolonisierung. Auf der anderen Seite lag der Organisation daran, die friedliche Konfliktlösung zu unterstützen, und dies vornehmlich dadurch, daß die Befreiungsbewegungen in den politischen Prozeß der Vereinten Nationen einbezogen wurden. Dies kam nun wiederum den Befreiungsbewegungen entgegen, die in einer solchen Beteiligung namentlich in den Verhandlungen der zuständigen Ausschüsse der Generalversamm-

---

mick, Creation of the American Empire: U.S. Diplomatic History, 243 (249).

[16] Vgl. dazu näher unten unter III.

[17] Vgl. dazu § 110.

lung eine willkommene Möglichkeit sahen, nicht nur ihr Anliegen selbst zu vertreten, sondern ihre Anerkennung als die ausschließlichen und legitimen Vertreter ihrer Völker und Länder voranzutreiben.[18]

a. Erste grundlegende Schritte in Richtung auf die Anerkennung und weitere Entwicklung der besonderen Rechtsstellung nationaler Befreiungsbewegungen wurden von der Generalversammlung der Vereinten Nationen mit der Verabschiedung der Resolution 1514 (XV) und weiteren innerhalb weniger Jahre nachfolgenden Resolutionen unternommen. Resolution 1514 (XV) verbot zum ersten Mal die Anwendung von bewaffneter Gewalt und Maßnahmen zur Unterdrückung jedweder Art gegenüber Kolonialvölkern, so daß diese friedlich und frei ihr Recht auf Unabhängigkeit ausüben konnten und die Integrität ihres nationalen Territoriums respektiert wurde.[19] Dies heißt nichts anderes, als daß es der bisher als legal angesehenen, herrschenden Macht nunmehr verboten wurde, gegen die kolonialen Völker Gewalt anzuwenden[20]. Umgekehrt wurde dann später die Legitimität des Befreiungskampfes der kolonialen Völker anerkannt. Die den entsprechenden Entschließungen der Generalversammlung zugrundeliegende Idee wurde erstmalig in einer Resolution des 24er-Ausschusses der Generalversammlung geäußert.[21] Mit der Resolution 2022 (XX) nahm die Generalverammlung diesen Gedanken auf, allerdings noch begrenzt auf den Fall Rhodesien.[22] Aber während derselben Sitzungsperiode der Generalversammlung nahm diese eine weitere Entschließung – Resolution 2105 (XX) – an, die die Legitimität des Befreiungskampfes der kolonialen Völker ganz allgemein anerkannte:

> „The General Assembly, Recognizes the legitimacy of the struggle by the peoples under colonial rule to exercise their right to self-determination and independence and invites all States to provide material and moral assistance to the national liberation movements in colonial Territories".[23]

Das Verbot für die Kolonialmächte, gegenüber den Kolonialvölkern Gewalt anzuwenden, und die darüber hinaus erfolgte Anerkennung der Legitimität des Befreiungskampfes machen zusammen sehr deutlich, daß sich die Stellung der nationalen Befreiungsbewegungen bereits in den 60er Jahren klar von der Rechtsstellung von Aufständischen als Krieg-

---

[18] *Tomuschat*, 65 ff; *Krönert*, 180 ff.

[19] In GA Res. 1514 (XV) vom 14.12.1960 heißt es wörtlich: „All armed action or repressive measures of all kinds directed against dependent peoples shall cease in order to enable them to exercise peacefully and freely their right to complete independence, and the integrity of their national territory shall be respected."

[20] Diese Aussage wurde von der Generalversammlung und dem Sicherheitsrat mehrfach wiederholt und bekräftigt. Der in GA Res. 1514 (XV) vom 14.12.1960 (auch in GA Res. 1654 (XVI) vom 27.11.1961) enthaltene Ansatz, dieses Verbot der Gewaltanwendung gegen koloniale Völker auf den Fall zu beschränken, in dem diese mit friedlichen Mitteln ihre Unabhängigkeit zu erreichen suchen, ist später nicht weiter wirksam geworden. Zum ganzen siehe *Barberis*, RdC 179 (1983), 239 (241 f).

[21] Die Resolution des Ausschusses erging am 28.5.1965 zum Fall Südrhodesien, vgl. *Barberis*, RdC 179 (1983), 239 (242).

[22] GA Res. 2022 (XX) vom 5.11.1965: „The General Assembly, ... 2. Reaffirms the right of the people of Southern Rhodesia to freedom and independence and recognizes the legitimacy of *their* struggle for the enjoyment of their rights as set forth in the Charter of the United Nations ...", zitiert nach UNYB 1965, 131 (Hervorhebung d. Verf.).

[23] GA Res. 2105 (XX) vom 20.12.1965; zitiert nach UNYB 1965, 555. Die Anerkennung der Legitimität des nationalen Befreiungskampfes wurde von der Generalversammlung in zahlreichen Resolutionen wiederholt: GA Res. 2107 (XX) vom 21.12.1965; 2189 (XXI) vom 13.12.1966; 2326 (XXII) vom 16.12.1967; 2465 (XXIII) vom 20.12.1968; 2548 (XXIV) vom 11.12.1969; 2649 (XXV) vom 30.11.1970; 2708 (XXV) vom 14.12.1970; 2787 (XXVI) vom 6.12.1971; 2878 (XXVI) vom 20.12.1971; 2908 (XXVII) vom 2.11.1972; 3163 (XXVIII) vom 14.12.1973; 3328 (XXIX) vom 16.12.1974; 3481 (XXX) vom 11.12.1975; 31/34 vom 30.11.1976; 31/143 vom 17.12.1976; 32/14 vom 7.11.1977; 33/24 vom 29.11.1978; 34/94 vom 13.12.1979; 35/119 vom 11.12.1980; 36/68 vom 1.12.1981; 39/50A vom 12.12.1984; 39/72 vom 13.12.1984; 40/64A vom 10.12.1985; 43/45 vom 22.11.1988; 47/23 vom 25.11.1992; 47/82 vom 16.12.1992; 48/52 vom 10.12.1993; 49/89 vom 16.12.1994.

führende zu unterscheiden begann, die bis dahin durch die Neutralität der Drittstaaten im Verhältnis zu den Konfliktparteien geprägt war. Dieser Eindruck wird noch dadurch verstärkt, daß die Generalverammlung seit der 25. Sitzungsperiode wiederholt zum Ausdruck gebracht hat, daß die nationalen Befreiungsbewegungen in Verfolgung ihres legitimen Kampfes „alle notwendigen Mittel" einsetzen dürfen.[24] *Barberis* weist jedoch zutreffend darauf hin, daß – wie immer die verschiedenen Formulierungen dieses Grundgedankens lauten –, das Recht zum Einsatz aller notwendigen Mittel keinen absoluten Freibrief bedeutet. Vielmehr muß sich der Einsatz auf solche Mittel beschränken, die mit der Charta der Vereinten Nationen und – wie auch betont wurde – mit den Resolutionen der Vereinten Nationen vereinbar sind.[25] Insgesamt liefen diese Äußerungen der Generalversammlung darauf hinaus, daß der nationale Befreiungskampf in rechtlicher Hinsicht dem internationalen bewaffneten Konflikt gleichgestellt wurde, mit allen Konsequenzen, die sich daraus für die Rechtsstellung der Befreiungsbewegungen ergeben würden.

b. Die zahlreichen, im Vorstehenden aufgeführten Manifestationen der Haltung der Generalversammlung der Vereinten Nationen zu den materiellen Fragen der Stellung nationaler Befreiungsbewegungen zeigen eindrucksvoll, in welch weitem Maße diese Bewegungen in das Bewußtsein einer großen Zahl von Staaten innerhalb nur einer Dekade gerückt waren. Dieser inhaltlichen Dimension der Stellung der Befreiungsbewegungen wurde mit einiger zeitlicher Verzögerung eine prozedurale hinzugefügt. Das heißt, die große Mehrheit der Generalversammlung hielt es nach der Anerkennung der Legitimität des Befreiungskampfes nun auch für politisch notwendig, die Befreiungsbewegungen aktiv in den politischen Beratungs- und Entscheidungsprozeß einzubeziehen. Ein solcher Schritt erforderte zunächst, genau zu bestimmen, welche Konfliktparteien in welchen der noch als innerstaatlich angesehenen Konflikten unter den Begriff der nationalen Befreiungsbewegung fallen sollten. Erst dann konnte an eine solche Definition der infrage kommenden Bewegungen angeknüpft werden mit dem Ziel, Beteiligungsrechte und -formen für die Bewegungen zu schaffen. Die Grundlage für die Bestimmung dessen, was unter den Begriff der nationalen Befreiungsbewegung fällt, ist in den bereits angeführten Resolutionen der Generalversammlung gelegt worden.[26] Hier tauchen verschiedene Kriterien auf, die sich namentlich auf die Ziele der Bewegungen bezogen. „Kampf gegen ein rassistisches Regime", „Kampf gegen das Apartheidssystem", „Kampf gegen koloniale Unterdrückung", „Kampf für nationale Unabhängigkeit und Selbstbestimmung" – so oder ähnlich lauteten die eine nationale Befreiungsbewegung charakterisierenden Ziele.[27] Im Laufe der Entwicklung wurden von der General-

---

[24] GA Res. 2621 (XXV) vom 12. 10. 1970: „2. Reaffirms the inherent right of colonial peoples to struggle by *all necessary means* at their disposal against colonial Powers which suppress their aspiration for freedom and independence; ...", zitiert nach UNYB 1970, 707 (Hervorhebung des Verf.). Weitere Entschließungen, die diesen Gedanken bekräftigen, sind u. a. GA Res. 2649 (XXV) vom 30. 11. 1970; 2708 (XXV) vom 14. 12. 1970; 2878 (XXVI) vom 20. 12. 1971; 2908 (XXVII) vom 2. 11. 1972; 3163 (XXVIII) vom 14. 12. 1973; 3328 (XXIX) vom 16. 12. 1974; 31/143 vom 17. 12. 1976; 32/42 vom 7. 12. 1977; 34/94 vom 13. 12. 1979; 35/118 vom 11. 12. 1980; 41/41B vom 2. 12. 1986; 39/72 vom 13. 12. 1984; 40/64A vom 10. 12. 1985; 43/45 vom 22. 11. 1988; 47/82 vom 16. 12. 1992; 48/52 vom 10. 12. 1993; 49/89 vom 16. 12. 1994.

[25] GA Res. 3070 (XXVIII) vom 30. 11. 1973: „2. Also reaffirms the legitimacy of the peoples' struggle for liberation from colonial and foreign domination and alien subjugation by *all available means including armed struggle*", zitiert nach UNYB 1973, 547 (Hervorhebung des Verf.).

[26] Allgemein zu Ansätzen einer Definition des Begriffs der nationalen Befreiungsbewegung *Krönert*, 177 ff; *v. Schorlemer*, in: *Wolfrum*, UN Practice, Vol. II, 854 (856, para. 9 ff).

[27] Vgl. dazu die zahlreichen Beispiele bei *Barberis*, RdC 179 (1983), 239 (244 ff). Aus der großen Zahl der Resolutionen seien nur genannt: GA Res. 2307 (XXII) vom 21. 12. 1965; 2396 (XXIII) vom 2. 12. 1968; 2627 (XXV) vom 4. 11. 1970; 2671 (XXV) vom 8. 12. 1970; 3411 (XXX) vom 28. 11. 1975; 33/183 vom 24. 1. 1979; 36/172 vom 17. 12. 1981 (Kampf gegen Apartheid); GA Res. 2022 (XX) vom 5. 11. 1965; 2652 (XXV) vom 3. 12. 1970; 3396 (XXX) vom 21. 11. 1975; 33/38 vom 13. 12. 1978 (Kampf gegen das rassistische Re-

versammlung komplexere Definitionen bevorzugt, die letztendlich in eine umfassende Definition vom Kampf nationaler Befreiungsbewegungen gegen den Kolonialismus und für Selbstbestimmung mündeten, die alle anderen Kriterien einschloß. Allerdings wurde diese Definition mit der Maßgabe versehen, daß die Selbstbestimmung nicht in einer Weise ausgeübt werden darf, die die territoriale Integrität und nationale Einheit bedroht. Dies wäre – so die Generalversammlung – mit den Zielen und Prinzipien der Charta der Vereinten Nationen unvereinbar.[28] In diesem Sinne wurden von der Generalverammlung und vom Sicherheitsrat im Laufe der Zeit eine große Zahl von nationalen Befreiungsbewegungen anerkannt, ihnen die Unterstützung der Organisation zugesagt sowie die Mitglieder und Sonderorganisationen zur Hilfestellung aufgefordert. Weiterhin wurden sie in die Arbeit der Vereinten Nationen einbezogen. In den meisten Fällen geschah dies in enger Kooperation mit der OAU oder der Arabischen Liga, denen eine bestimmende Rolle in der Anerkennung von Befreiungsbewegungen zuerkannt wurde.[29]

Zu den prominentesten Befreiungsbewegungen, deren Status innerhalb der Organisation, allerdings auch mit Folgen für ihre sonstige rechtliche Stellung, durch die genannten Maßnahmen geprägt wurde, gehören der *African National Congress* (ANC), der *Pan African Congress of Azania* (PAC) innerhalb der Republik Südafrika, die *African National Council-Zimbabwe African People's Union* (ANCZAPU) in Zimbabwe (früher Südrhodesien), die *South West African People's Organization* (SWAPO) im heutigen Namibia, die *Frente de Libertação de Moçambique* (FRELIMO), die *Frente Nacional para a Libertação de Angola* (FNLA) sowie die *Partido Africano da Independécia da Guiné e Cabo Verde* (PAIGC) in dem früheren Portugiesisch Guinea und das *Movimento de Libertação de São Tomé et Principe*. Die entsprechenden Entschließungen der Generalversammlung erklären die genannten Bewegungen zu den einzigen, authentischen Repräsentanten der betreffenden Völker, wobei in früheren Resolutionen die Formulierung enger dahingehend lautete, daß die Bewegungen die authentischen Vertreter des wahren Willens der Völker seien.[30] Von den Vereinten Nationen wurde ebenfalls die Palestine Liberation Organization (PLO), die sich für die Selbstbestimmung des palästinensischen Volkes einsetzt, als eine Unabhängigkeitsbewegung anerkannt. Sie unterscheidet sich jedoch in verschiedener Hinsicht von den zuvor genannten Bewegungen.[31]

Nicht nur durch die gedankliche Unterstützung dieser Bewegungen durch die Sonderorganisationen der Vereinten Nationen und die Mitgliedsstaaten wurde deren Stellung gestärkt, sondern vor allem durch ihre unmittelbare Einbeziehung in die Beratungen der Organe der Vereinten Nationen. Zunächst nur als Petenten und in persönlicher Eigenschaft zu Anhörungen herbeigezogen, wurden die Führer der Bewegungen und andere führende Funktionäre schließlich in ihrer offiziellen Funktion innerhalb der Bewegungen zur Mit-

---

gime in Südrhodesien); GA Res. 2372 (XXII) vom 12.6.1968; 2498 (XXIV) vom 31.10.1969; 2678 (XXV) vom 9.12.1970; 3399 (XXX) vom 26.11.1975; 36/121 vom 10.12.1981 (Kampf gegen rechtswidrige oder fremde Besetzung – Fall Namibia).

[28] Dazu *Barberis*, RdC 179 (1983), 239 (246 f). Diese Meinung wurde von der Generalversammlung bereits grundlegend in GA Res. 1514 (XV) vom 14.11.1960 vertreten.

[29] Vgl. *Barberis*, RdC 179 (1983), 239 (248, 250); zur Rolle der OAU auch kurz *v. Schorlemer*, in: *Wolfrum*, UN Practice, Vol. II, 854 (859, para. 17).

[30] Vgl. etwa zur SWAPO GA Res. 3111 (XXVIII) vom 12.12.1973; bekräftigt durch GA Res. 3295 (XXIX) vom 13.12.1974; 3399 (XXX) vom 26.11.1975 *(„... the South West Africa People's Organization is the authentic representative of the Namibian people ...")*; bezüglich der oben genannten Bewegungen in den portugiesischen Besitzungen in Afrika GA Res. 3113 (XXVIII) vom 12.12.1973; 3294 (XXIX) vom 13.12.1974 *(„... which are authentic representatives of the peoples concerned")*. Hinsichtlich des ANC und des PAC formulierte die Generalversammlung in GA Res. 3151 (XXVIII) vom 14.12.1973 *„... and that liberation movements recognized by the Organization of African Unity are the authentic representatives of the overwhelming majority of the South African people;"*. Eine Aufzählung veschiedener Befreiungsbewegungen, die allerdings nicht alle von den Vereinten Nationen und der OAU und/oder der Arabischen Liga anerkannt wurden, gibt *v. Schorlemer*, in: *Wolfrum*, UN Practice, Vol. II, 854 (854, para. 2).

[31] Vgl. dazu näher unten IV.

arbeit herangezogen.[32] Den Höhepunkt der verfahrensrechtlichen Absicherung effektiver Mitwirkung der nationalen Befreiungsbewegungen im Rahmen der Vereinten Nationen bildete die generelle Zulassung der Repräsentanten der Bewegungen – soweit sie die vorherige Anerkennung der OAU oder der Arabischen Liga erfahren hatten – im Status eines Beobachters zu den Kommissionen der Generalversammlung und interessierten Hilfsorganen sowie zu Konferenzen, Seminaren und anderen Veranstaltungen unter der Verantwortung der Organisation, soweit einschlägige Angelegenheiten behandelt wurden.[33] Insgesamt zeigt die tatsächliche Entwicklung der Stellung der nationalen Befreiungsbewegungen innerhalb der Vereinten Nationen[34] – und in deren Gefolge in den Sonderorganisationen – eine stete Verfestigung dieser Position und deren Annäherung an die von Staaten. Was dies völkerrechtlich bedeutet, ist nachfolgend zu erörtern. Zunächst gilt es, die Entwicklung der Stellung der Befreiungsbewegungen im allgemeinen Völkerrecht zu verfolgen.

2. a. Ausgangspunkt einer Prüfung, ob und inwieweit sich die Anerkennung von nationalen Befreiungsbewegungen innerhalb der Vereinten Nationen auch im allgemeinen Völkerrecht wiederfindet, muß aus naheliegenden Gründen die Frage der Stellung dieser Bewegungen im humanitären Völkerrecht bilden, da diese Befreiungsbewegungen ihrem Ursprung nach – wie mehrfach betont – Konfliktparteien in zunächst als innerstaatlich angesehenen Konflikten sind, also Aufständische, deren völkerrechtliche Stellung zu allererst und sogar ausschließlich vom humanitären Völkerrecht bestimmt ist. Bereits die Darstellung der Entwicklung der Stellung der Befreiungsbewegungen innerhalb der Vereinten Nationen hat gezeigt, daß traditionelle Rechtsfiguren und -vorstellungen nicht ausreichten, um dem politischen Gewicht und der politischen Dynamik dieser Erscheinungen genügen zu können. Namentlich das Genfer Recht, d. h. die Konventionen von 1949, blieben trotz einer gewissen Öffnung ihres Anwendungsbereiches durch den gleichlautend in den Konventionen enthaltenen Artikel 3, durch die auch für Bürgerkriege die Beachtung eines humanitären Mindeststandards verpflichtend wurde[35], hinter dem zurück, was im Laufe der Entwicklung der Befreiungsbewegungen von diesen selbst, aber auch vom Internationalen Roten Kreuz und einer großen Mehrheit der Staaten an Verbesserungen der Rechtsstellung der Bewegungen im Hinblick auf das humanitäre Recht für erforderlich gehalten wurde.[36] Auch deckte die Definition des internationalen Konfliktes in dem gemeinsamen Artikel 2 der Genfer Konventionen die Erscheinungsform des nationalen Befreiungskampfes nicht ab.[37] Auf der einen Seite wiesen die Befreiungsbewegungen in der Regel nicht den festen territorialen Bezug auf, der für die Anerkennung von Aufständischen als Kriegführende

---

[32] Dazu *v.Schorlemer*, in: *Wolfrum*, UN Practice, Vol. II, 854 (859, para. 16 ff).

[33] Vgl. GA Res. 3280 (XXIX) vom 10. 12. 1974; dazu näher *Barberis*, in RdC 179 (1983), 239 (250); *v.Schorlemer*, in: *Wolfrum*, UN Practice, Vol. II, 854 (859, para. 16 ff).

[34] Die Haltung des Sicherheitsrates war in der Frage der Mitwirkung der Befreiungsbewegungen allerdings zurückhaltender als etwa die der Generalversammlung. Dies hängt offensichtlich mit seiner andersartigen Zusammensetzung und dem stärkeren Gewicht führender westlicher Staaten im Sicherheitsrat zusammen. Diese Zurückhaltung kommt u. a. darin zum Ausdruck, daß Einladungen an Vertreter von Befreiungsbewegungen normalerweise unter Regel 39 der vorläufigen Geschäftsordnung des Sicherheitsrates ausgesprochen wurden. Nach dieser Regel kann der Sicherheitsrat Personen einladen, *„whom it considers competent for the purpose, to supply it with information or to give other assistance in remaining matters within its competence"*. Im Falle der PLO verfuhr der Sicherheitsrat allerdings anders, nämlich nach Regel 37, nach der sonst nur Staaten eingeladen werden; dazu näher unten IV; vgl. auch *v.Schorlemer*, in: *Wolfrum*, UN Practice, Vol II, 854 (859, para. 16 ff).

[35] Vgl. dazu oben § 112.

[36] Vgl. zu vorbereitenden Schritten und zu den Motiven der Teilnehmer an der Genfer Diplomatischen Konferenz, die von 1974 bis 1977 dauerte, *Koenig*, 81 ff und 118 ff; auch *Kussbach*, in: FS *Verdross*, 499 (500).

[37] Zum Begriff des nationalen Befreiungskampfes *Koenig*, 118 ff; *v.Schorlemer*, in: *Wolfrum*, UN Practice, Vol. II, 854 (861, para. 20 ff); *Kussbach*, in: FS *Verdross*, 499 (500).

vom bisherigen Recht gefordert wurde. Auf der anderen Seite zeichnete sich der Kampf dieser Bewegungen durch Ähnlichkeiten mit gewaltsamen Prozessen der Entstehung neuer Staaten aus, d. h. die Zielsetzung der Bewegungen richtete sich – anders als die von Aufständischen – nicht auf die Erlangung der Regierungsgewalt innerhalb eines bestehenden Staates, sondern auf die Konstituierung eines neuen eigenen Staates. So wurde eine Ergänzung des Genfer Rechts unausweichlich. Sie erfolgte im Jahre 1977 mit der Annahme der sog. Zusatzprotokolle I und II.[38] In diesem Zusammenhang sind die Regelungen des Zusatzprotokolls I (ZP I), namentlich die der Artikel 1 Abs. 4 i.V.m. Artikel 1 Abs. 3 und Artikel 96 Abs. 3 von besonderem Interesse.

Artikel 1 Abs. 4, der den Anwendungsbereich des ZP I auch auf solche bewaffnete Konflikte erstreckt, „in denen Völker gegen Kolonialherrschaft und fremde Besetzung sowie gegen rassistische Regimes in Anwendung des Rechts auf Selbstbestimmung kämpfen", steht in der Reihe anderer Bestimmungen des Genfer Rechts, die darauf gerichtet sind – und sei es um den Preis rechtsdogmatisch „unkonventioneller" Lösungen[39] –, den Anwendungsbereich des humanitären Rechts möglichst weit zu ziehen. Indem Artikel 1 Abs. 4 ZP I diese Erweiterung des Anwendungsbereichs des ZP I durch eine Verweisung auf Artikel 1 Abs. 3 ZP I herbeiführt, der seinerseits den Anwendungsbereich des ZP I durch eine Verweisung auf den gemeinsamen Artikel 2 der Genfer Konventionen von 1949 bestimmt, wird der nationale Befreiungskampf – soweit er den Kriterien des Art. 1 Abs. 4 ZP I entspricht – begrifflich einem internationalen bewaffneten Konflikt im Sinne des Artikel 2 der Genfer Konventionen gleichgestellt. Damit werden nationale Befreiungsbewegungen, die gegen Kolonialismus, rassistische Regimes oder fremde Besetzung kämpfen zwar nicht zu Staaten erklärt; sie werden diesen aber in wesentlicher Hinsicht gleichgeordnet. Bei der Formulierung des Artikel 1 Abs. 4 ZP I lehnte sich die Diplomatische Konferenz eng an die Wendungen an, die die Generalversammlung im Laufe der Zeit in den entsprechenden Resolutionen entwickelt hatte.[40] Dies ist nicht verwunderlich. Zum einen ging es auch der Generalversammlung um die Einbeziehung der nationalen Befreiungsbewegungen in den Anwendungsbereich des humanitären Völkerrechts. Zum anderen waren in der Diplomatischen Konferenz nicht nur mehrheitlich dieselben Staaten vertreten wie in der Generalversammlung, sondern es nahmen auch die Vertreter der Befreiungsbewegungen teil, gemäß den Appellen der Generalvesammlung, diese Bewegungen an allen auch sie betreffenden Konferenzen teilhaben zu lassen.[41]

Die mit den Regelungen der Artikel 1 Abs. 4 i.V.m. Artikel 1 Abs. 3 ZP I und des gemeinsamen Artikel 2 der Genfer Konventionen den Befreiungsbewegungen eingeräumte völkerrechtliche Rechts- und Handlungsfähigkeit wurde durch den Artikel 96 Abs. 3 ZP I in bemerkenswerter Weise verstärkt. Das im Rahmen der Unterstellung von Aufständischen unter das humanitäre Völkerrecht dominierende subjektive Element der Anerkennung der Aufständischen durch die von ihnen bekämpfte Regierung sowie dritte Staaten wurde mit der Bestimmung des Artikel 96 Abs. 3 bezüglich der Befreiungsbewegungen aufgegeben. Um die Anwendung des humanitären Rechts auf die und durch die Bewegungen auch dann sicherzustellen, wenn die bekämpften Staaten bzw. deren Regierungen sich einer Anerkennung der entsprechenden Bewegungen entgegenstellen, sieht Artikel 96 Abs. 3 ZP I nunmehr die Möglichkeit vor, daß sich die Befreiungsbewegungen durch Abgabe einer einseitigen Erklärung zu Händen der Depositarmacht der Genfer Konventionen (die Schweiz) dem Genfer Recht unterstellen können. Dies hat zur Folge, daß Vertragsstaaten, welche die sie bekämpfenden Befreiungsbewegungen nicht anerkennen, nach Hinterlegung der Erklärung seitens der autorisierten Organe der Befreiungsbewegung diesen gegenüber an die Anwen-

---

[38] BGBl. 1990 II, 1551; BGBl. 1990, 1637.

[39] So zutreffend *Kussbach*, in: FS *Verdross*, 499 (502).

[40] Vgl. *Kussbach*, in: FS *Verdross*, 499 (506 f).

[41] Vgl. oben.

dung des humanitären Rechts gebunden sind. Dies stellt eine Privilegierung der Befreiungsbewegungen dar, die nicht nur das grundlegende Prinzip des völkerrechtlichen Vertragsrechtes, daß kein Staat ohne seine Zustimmung an einen Vertrag gebunden werden kann, hinter sich läßt, sondern diese Bewegungen so gar in einen rechtlichen Status hebt, der jedenfalls nach traditionellem Völkerrecht über den der Staaten hinausgeht.[42]
Die mit Artikel 1 Abs. 4 und Artikel 96 Abs. 3 ZP I vollzogene Anerkennung einer völkerrechtlichen Rechtsstellung der nationalen Befreiungsbewegungen findet eine weitere völkerrechtliche Basis im Kriegsrecht *(ius in bello)* als einem weiteren Bereich des humanitären Rechts. Insoweit das Haager Recht, namentlich die Haager Landkriegsordnung (HLKO), gewohnheitsrechtliche Geltung erlangt hat, was weitgehend angenommen wird[43], sind die nationalen Befreiungsbewegungen Adressaten der entsprechenden Normen und damit auch Träger der dort vertraglich festgelegten völkerrechtlichen Rechte und Pflichten geworden.

b. Angesichts des bisherigen Befundes kann es nicht verwundern, daß den nationalen Befreiungsbewegungen auch auf anderen Gebieten des allgemeinen Völkerrechts eine gegenüber anerkannten Aufständischen erweiterte Rechts- und Handlungsfähigkeit zuerkannt wird. So ist es heute – zumindest weitgehend – anerkannt, daß nationalen Befreiungsbewegungen ein Vertragsschlußrecht zukommt, das über das eng begrenzte Vertragsschlußrecht von anerkannten Aufständischen hinausgeht und etwa das Recht zum Abschluß von Friedensverträgen, von Vereinbarungen über die Nachfolge in Verträge und über ähnliche Sachfragen mit der bisherigen Kolonialmacht, aber wohl auch mit dritten Staaten umfaßt.[44]

So schloß die algerische Befreiungsfront (FLN) die Verträge von Evian mit Frankreich ab, bevor eine algerische Regierung förmlich eingesetzt worden war.[45] Vereinbarungen über die Unabhängigkeit Namibias wurden – wenn auch nur zum Teil – unter Einbeziehung der SWAPO ausgehandelt.[46] Und die Verträge zur Herbeiführung einer weitgehenden politischen Autonomie der Palästinenser im Gaza-Streifen und auf der West Bank wurden zwischen der israelischen Regierung und dem Führer der PLO, Arafat, verhandelt und abgeschlossen.[47]

---

[42] Es ist allerdings darauf hinzuweisen, daß mit dem Vordringen der Konstruktion von Normen mit Wirkung erga omnes, die für völkerrechtliche Fundamentalnormen angenommen wird – und dazu darf man heute wohl auch die Regeln des humantiären Rechts zählen –, die Regelung des Art. 96 Abs. 3 ZP I in ihrer Abweichung vom herkömmlichen völkerrechtlichen Vertragsrecht weit weniger dramatisch erscheint, als dies gewiß zur Zeit der Verabschiedung des ZP I im Jahre 1977 der Fall war. Im übrigen findet sich eine entsprechende Regelung betr. die einseitige Akzeptierung eines Vertrages durch nationale Befreiungsbewegungen auch in Art. 7 Abs. 4 b) der Konvention über das Verbot oder die Beschränkung des Einsatzes bestimmter konventioneller Waffen, die übermäßige Leiden verursachen oder unterschiedslos wirken können, vom 10. 10. 1980 (BGBl. II 1993, 1813).

[43] *Verdross/Simma*, 366.

[44] Vgl. *K. Ginther*, Liberation Movements, EPIL III, 211; *Verdross/Simma*, 245, *Krönert*, 258 ff.

[45] In diesem Sinne wird in der allgemeinen Erklärung von Evian vom 19. 3. 1962 von der künftigen Ausübung der Souveränität durch Algerien gesprochen: *„L'Etat algérien excercera sa souveraineté pleine et entière à l'intérieur et à l'extérieur."* Déclaration générale, Chap II, A.I, J. O.Rép.Fr., No. 67 (1962), 3019 (3020).

[46] *M. Kamto*, L'accession de la Namibie à l'indépendance, R. G. D. I. P. 94 (1990), 577 (608, 622 f); *W. Kühne*, Frieden im südwestlichen Afrika?, EA 1989, 106 ff.

[47] Seit Ende der 60er Jahre entfaltete die PLO eine rege Vertragspraxis; so wurden Verträge über die Stationierung von Truppen mit dem Libanon und Jordanien abgeschlossen. Auch andere Befreiungsorganisationen schlossen häufig Verträge mit dritten Staaten ab. Siehe z. B. den Vertrag v. 26. 8. 1974 zwischen Portugal und der PAIGC über die Unabhängigkeit von Guinea-Bissau und Kap Verde, ILM 13 (1974), 1244; den Vertrag v. 5.-7. 9. 1974 zwischen Portugal und der FRELIMO über die Unabhängigkeit von Mosambik, ILM 13 (1974), 1468; die sog. Lancaster-House-Konferenz v. 10. 9.- 15. 12. 1979, in der Großbritannien mit der Patriotischen Front Vereinbarungen für die Unabhängigkeit von Zimbabwe traf, ILM 19 (1980), 387 ff.

Dem entspricht es, daß den nationalen Befreiungsbewegungen auch ein erweitertes Recht auf Ausübung des diplomatischen Verkehrs eingeräumt wird.[48]

III. Aus den vorstehenden Befunden ergibt sich, daß organisierte Verbände, die mit mindestens einem handlungsfähigen Organ ausgestattet sind und in Ausübung des Selbstbestimmungsrechts gegen Kolonialherrschaft, rassistische Regimes oder fremde Besetzung kämpfen, unabhängig von einer vorherigen Anerkennung durch die von ihnen bekämpfte Regierung oder durch dritte Staaten, eine allerdings immer noch beschränkte völkerrechtliche Rechtsstellung einnehmen. Die Anerkennung ist – wie bei neuentstehenden Staaten – nicht konstitutiv, sondern deklaratorisch. Lediglich ihre völkerrechtliche Handlungsfähigkeit wird durch die Anerkennung operativ. Nur insoweit kann von einer konstitutiven Wirkung der Anerkennung von nationalen Befreiungsbewegungen gesprochen werden. Jedoch gilt es hier zu differenzieren: Das zuvor Gesagte gilt allein für den Bereich des allgemeinen Völkerrechts. Die den nationalen Befreiungsbewegungen im Rahmen der Vereinten Nationen und deren Sonderorganisationen eingeräumten Rechte und Status sind nur solche des sekundären Organisationsrechts, das über den Rahmen der Organisationen hinaus keine allgemeine völkerrechtliche Verbindlichkeit beanspruchen kann. Die Resolutionen der Generalversammlung etwa, in denen diese Rechte und Positionen der Befreiungsbewegungen bis hinein in den Bereich des materiellen Rechts festgelegt wurden, sind ihrer Natur nach unverbindlich und können als solche keine objektive, über die Organisation hinauswirkende Verbindlichkeit herbeiführen.[49] Das heißt allerdings nicht, daß die zahlreichen Resolutionen auf die weitere Rechtsentwicklung ohne Einfluß geblieben wären, wie zuvor im Bereich des humanitären Völkerrechts aufgezeigt.

IV. 1. Eine Besonderheit bildet in diesem Zusammenhang die bereits erwähnte palästinensische Befreiungsorganisation, die PLO. Seit die PLO im Jahre 1974 von der Generalversammlung zur Teilnahme an ihren Sitzungen und an der Arbeit ihrer Unterorgane eingeladen worden war, hat sich der Status der PLO stetig verfestigt und eine Qualität angenommen, die – mit Ausnahme der SWAPO – diejenige anderer Befreiungsorganisationen übertrifft. Der Grund für die besondere Stellung der PLO ist wohl u. a. darin zu suchen, daß auf der einen Seite die Vereinten Nationen insgesamt eine besondere Verantwortung für die Palästinafrage tragen, da die prekäre Lage der Palästinenser nur mittelbar auf der kolonialen Vergangenheit als britisches Mandatsgebiet, jedoch direkt auf der Entscheidung des Sicherheitsrates zur Teilung Palästinas[50] zwischen dem neuentstandenen Staat Israel und den Palästinensern beruht. Zum anderen kommt der Lösung der Palästinafrage im Hinblick auf eine nachhaltige Befriedung des Nahen Ostens ein zentrale Bedeutung zu. Kompliziert wurde die Situation zudem dadurch, daß der Kampf der Palästinenser von einem Teil der Staatengemeinschaft seiner Austragungsform wegen als terroristisch eingestuft wurde, von anderen aber als ein Kampf nicht nur gegen eine Fremdbesetzung durch Israel, sondern als ein Kampf gegen ein Regime, in dem – u. a. von der Mehrheit der Generalverammlung unterstützt – Israel als Repräsentant des Zionismus und dieser als eine Form des Rassismus eingestuft wurde.[51]
Die Generalversammlung erkannte im Jahre 1969 die Rechte des Palästinensischen Volkes als unaufhebbar *(„inalienable")* an[52] und nur ein Jahr später erkannte sie dem Volk Palästinas das

[48] Vgl. dazu *Barberis*, RdC 179 (1983), 239 (264 f).

[49] So zutreffend *Verdross/Simma*, 408 f; *Oppenheim/Jenings/Watts*, Vol. I/1, 45, n.1.

[50] Vgl. dazu SC Res. 181 II vom 27. 11. 1947.

[51] Siehe dazu GA Res. 3379 (XXX) vom 10. 11. 1970; kritisch dazu *J. Delbrück*, Peacekeeping by the United Nations and the Rule of Law, in: Declarations on Principles. A Quest for Universal Peace, FS *Roeling*, 73 (92). Genau dieser Punkt wurde auch wieder zum Thema, bei der Antirassismuskonferenz der Vereinten Nationen in Durban Südafrika, 2001, erhoben. Vgl. hierzu N. Rosemann, Suche nach einer humanen Weltgesellschaft – Weltkonferenz der Vereinten Nationen gegen Rassismus in Süafrika, in: Eine-Welt-Presse 18 (2000), 3.

[52] GA Res. 2535 B (XXIV) vom 10. 12. 1969.

Recht auf Gleichberechtigung und Selbstbestimmung zu.[53] Im Jahre 1974 wurde der PLO – wie oben erwähnt – der Beobachterstatus eingeräumt.[54] Bedeutete dieser Schritt noch nicht die Begründung einer besonderen Stellung der PLO im Vergleich mit anderen Befreiungsbewegungen, so enthielt die den Beobachterstatus begründende Resolution einen weiteren Passus, wonach die PLO über das bisher schon zugestandene Recht, *ad hoc* zu allen den Nahen Osten betreffenden Fragen in der Generalversammlung Stellung zu nehmen, hinaus nunmehr eine generelle Einladung *(„standing invitation")* zur Teilnahme an allen Sitzungen und Konferenzen der Vereinten Nationen erhielt. Andere Befreiungsbewegungen bedurften auch weiterhin jeweils spezieller Einladungen. Diesem Schritt folgte der Sicherheitsrat im Jahr 1977 mit dem Beschluß, die PLO an seinen Debatten über den Nahen Osten teilnehmen zu lassen. Um diesem Beschluß volle Wirksamkeit zu geben, erkannte der Sicherheitsrat der PLO dieselben Rechte zu, wie sie einem Mitgliedsstaat zustehen, wenn er gemäß Regel 37 der vorläufigen Verfahrensordnung zu einer Sitzung des Sicherheitsrates geladen wird. Auch der Wirtschafts- und Sozialrat übertrug der PLO die gleiche Rechtsstellung, die die Bewegung in der Generalversamlung genießt. In der VN Wirtschaftskommission für Westasien schließlich nimmt die PLO seit dieser Zeit an deren Arbeit als ein Vollmitglied teil.[55] In der Reihe dieser Beschlüsse von VN Gremien in Erweiterung der Stellung der PLO ist auch nicht zu vergessen, daß der seinerzeitige Führer der PLO, der heutige Präsident der palästinensischen Autonomiebehörde Jassir Arafat, 1974 von der Generalversammlung wie ein Repräsentant eines souveränen Mitgliedsstaates behandelt und empfangen wurde.[56]
Aus dieser dramatisch zu nennenden Entwicklung zog 1988 der Nationalrat der Palästinenser, der seinerzeit als das Exilparlament galt, die politische Konsequenz, indem er den Staat der Palästinenser proklamierte. Seither ist die Politik der PLO auf die Anerkennung dieses Staates gerichtet. Mit Resolution 43/177 vom 15. 12 1988 unterstützte die Generalversammlung dieses Anliegen der Palästinenser, indem sie ihnen gestattete, als PLO den Namen Palästina – also einen Staatsnamen – im Rahmen der Vereinten Nationen zu führen.[57] Allerdings wurde 1989 ein Beschlußvorschlag arabischer Staaten, die PLO als Vertreter des Palästinenserstaates anzuerkennen, von der Generalversammlung nicht angenommen.

2. Eine weitere Wendung nahm die Entwicklung der PLO, die sich mehr und mehr als eine organisatorische Gestaltung zwischen einer nationalen Befreiungsbewegung und einem Staat darstellte, als aufgrund der israelisch-palästinensischen Abkommen für die palästinensischen Gebiete im Gaza-Streifen und auf der West-Bank ein neuer Autonomiestatus geschaffen wurde. Nicht nur zielt dieser auf eine weitgehend autonome Verwaltung der Gebiete durch palästinensische Behörden einschließlich einer eigenen Polizeigewalt. Vielmehr wurde durch die Wahlen zu einem eigenen Parlament und durch die Wahl eines Präsidenten durch das Parlament ein Stück Staatlichkeit geschaffen, die es heute schwer macht, der PLO als politischer Ordnungsmacht mit einer territorialen Basis die Anerkennung als Staat streitig zu machen. Angesichts der noch immer unsicheren vollen Umsetzung der israelisch-palästinensischen Abkommen, die vor allem auf den Regierungswechsel in Israel im Frühjahr 1996 und die Ermordung Itzak Rabins zurückzuführen ist, erscheint jedoch eine Anerkennung der PLO als Regierung bzw. die Anerkennung eines selbständigen Palästinenserstaates verfrüht.[58] Will man dies staatstheoretisch-staatsrechtlich begründen,

[53] GA Res. 2672 C (XXV) vom 8. 12. 1970.

[54] GA Res. 3237 (XXIX) vom 22. 11. 1974.

[55] Zum Vorstehenden siehe *v.Schorlemer*, in: *Wolfrum*, UN Practice, Vol. II, 854 (860, para. 19).

[56] Dazu näher *Delbrück*, in: FS *Roeling*, 73 (87).

[57] Dazu näher *v.Schorlemer*, in: *Wolfrum*, UN Practice, Vol. II, 854 (860, para. 19); *Oppenheim/Jennings/Watts*, Vol. I/1, 131.

[58] Das gilt insbesondere angesichts der eskalierenden Gewalt in der Auseinandersetzung zwischen Israel und den Palästinensern, die die Stellung *Arafats* als Präsident der Autonomiebehörde und Führer der Palästinenser schwer erschüttert hat.

so wird man sagen müssen, daß es dem fragilen Gebilde des autonomen Palästinensergebietes an einer wirklich unabhängigen, effektiven Staatsgewalt fehlt. Kein Zweifel kann jedoch daran bestehen, daß die PLO heute die Stellung eines staatsähnlichen Völkerrechtssubjekts einnimmt und damit zu der wachsenden Vielfalt der Völkerrechtssubjekte beiträgt.

20. KAPITEL
Traditionelle nichtstaatliche Völkerrechtssubjekte

§ 113 Der Heilige Stuhl

Schrifttum: *H. Donnedieu de Vabres*, La souveraineté du Pape et la séparation des Églises et de l'État, RGDIP (1914), 339 ff; G. *Arangio-Ruiz (sen.)*, Sulla personalità internazionale della Santa Sede, Rivista di Diritto Pubblico (1925) I, 417 ff; *D. Anzilotti*, La condizione giuridica internazionale della Santa Sede in seguito agli accordi del Laterano: Riv. 21 (1929), 165 ff; *G. Arangio-Ruiz (sen.)*, La Città del Vaticano, Rivista di Diritto Pubblico (1929) I, 600 ff; *A. Baldassari*, Il trattato del Laterano, 1930; *D. Donati*, La città del Vaticano nella teoria generale dello Stato, 1930; L. Le Fur, Le Saint-Siège et le droit des gens, 1930; *ders. u. a.*, Les Accords de Lateran, 1930; *Ch. Rousseau*, État de la cité du Vatican, RGDIP 37 (1930), 145 ff; *K. Strupp*, Die Regelung der Römischen Frage durch die Lateranverträge, ZVR 15 (1930), 531 ff; *M. Brazzola*, La cité du Vatican – est-elle un État?, 1932; *L. Kaas*, Der Konkordatstyp des faschistischen Italien, ZaöRV 3 (1933), 488 ff; *P. Schoen*, Die rechtliche Natur der Vatikanstadt und des politischen Lateranvertrages: ZöR 14 (1934), 1 ff; *P. A. d'Avack*, La qualifica giuridica della Santa Sede nella stipulazione del Trattato lateranense, Riv. 27 (1935), 83; *F. A. v.d.Heydte*, Die Stellung und Funktion des Heiligen Stuhles im heutigen Völkerrecht, ÖZöR n.F. 2 (1950), 572 ff; *J. Kunz*, The Status of the Holy See in International Law, AJIL 46 (1952), 308 ff; *R. A. Graham*, Vatican Diplomacy, 1959; *R. Raffel*, Die Rechtsstellung der Vatikanstadt, 1961; I. Cardinale, Le Saint-Siège et la diplomatie, 1962; *J. Puente Egido*, Personalidad internacional de la ciudad del Vaticano, 1965; *L. Schoeppe*, Konkordate seit 1800. Originaltext und deutsche Übersetzung der geltenden Konkordate, 1964; *ders.*, Neue Konkordate und konkordatäre Vereinbarungen. Abschlüsse in den Jahren 1964–69. Nachtrag zu „Konkordate seit 1800, 1970; *St. Verosta*, International Organisations and the Holy See, ÖZöR 23 (1972), 205 ff; *H. Oechslin*, Die Völkerrechtssubjektivität des Apostolischen Stuhls und der Katholischen Kirche, 1974; *H. F. Köck*, Die völkerrechtliche Stellung des Hl. Stuhls, 1975; *H. E. Cardinale*, The Holy See and the International Order, 1976; *J. Rabas* (Hrsg.), Der Heilige Stuhl im Dienste der Internationalen Völkergemeinschaft. Engagement für Frieden und Gerechtigkeit bei den Konferenzen von Helsinki und Belgrad, Dokumente, 1978; *H. F. Köck*, Die multilaterale Diplomatie des Heiligen Stuhls, ÖAr f. Kirchenrecht 32 (1981), 204 ff; *G. Robbers*, Die neuen Konkordatsverträge zwischen dem Hl. Stuhl und Spanien, JZ 36 (1981), 515 ff; *R. Minnerath*, L'Église et les États concordataires (1846–1981). La souveraineté spirituelle, 1983; *H. F. Köck*, Holy See, EPIL II (1995), 866 ff.; *T. Maluwa*, The Holy See and the Concepts of International Legal Personality: Some Reflections, CILJSA 19 (1986), 1 ff; *ders.*, The Treaty-Making Capacity of the Holy See in Theory and Practice: A Study of the ius tractatum of a non-State Entity, CILJSA 20 (1987), 155 ff; *K. Oellers-Frahm*, Grenzen hoheitlichen Handelns zwischen der Republik Italien und dem Vatikan, ZaöRV 35 (1987), 489 ff; *S. Ferlito*, L'attività internazionale della Santa Sede, 1988; *J. B. d'Ororio*, Le Saint-Siège dans les relations internationales, 1989; *P. A. D'Avack*, Vaticano e Santa Sede, 1994; *J. Manzanares*, La iglesia ante los organismos internacionales: el hecho y su sentido, Revista española de derecho canónico 52 (1995) 138, 191 ff.; *Y. Abdullah*, The Holy See at United Nations Conferences, State or Church, Columbia Law Review 96 (1996), 1835 ff.; *G. Arangio-Ruiz*, On the Nature of the International Personality of the Holy See, Revue belge de droit international 29 (1996), 354 ff.; *G. Barberini*, Chiesa e Santa Sede nell'ordinamento internazionale: esame delle norme canoniche, 1996; *A. Bettetini*, Sul titolo giuridico di partecipazione della Santa Sede alle Organizzazioni e alle Conferenze internazionali, Il diritto ecclesiastico 107 (1996) 3/4, 714 ff.; *J. Bonet Navarro*, La expansión universal de las relaciones diplomáticas de la Santa Sede, Revista española de derecho canónico 54 (1997) 143, 701 ff.; *J.-B. d'Onorio*, Le Saint-Siège dans la communauté internationale,

Revue générale de droit 28 (1997) 4, 495 ff.; *J. Y. Rouxel*, Le Saint-Siège sur la scène internationale, 1998; *C. Kühn*, Die Rechtsbeziehungen des Heiligen Stuhls zum Europarat, 1999; *J. Krukowski*, Concordata fra la Santa Sede e la Repubblica di Polonia: Conseguenze della stipulazione del concordato per il diritto polacco, Il diritto ecclesiastico 110 (1999) 4, 935 ff.

I. Die geschichtliche und völkerrechtliche Entwicklung des Hl. Stuhls hat seit der zweiten Hälfte des 19. Jahrhunderts drei Phasen durchlaufen:

1. Bis zum Jahre 1870 vereinigte der Papst auch völkerrechtlich zwei Eigenschaften in seiner Person[1]: Einmal war er Staatsoberhaupt des Kirchenstaates und zum anderen Oberhaupt der katholischen Kirche und auch als solches ein Völkerrechtssubjekt eigener Art[2].

2. 1870 wurde der Kirchenstaat von Italien annektiert, und damit hörte der Papst auf, Souverän eines unabhängigen Staates zu sein[3]. Aber seine Rechtsstellung als Oberhaupt der katholischen Kirche blieb unberührt, ihre selbständige völkerrechtliche Bedeutung trat vielmehr deutlicher sichtbar hervor. Das internationale Gewohnheitsrecht behandelte den Papst auch nach 1870 als das keiner Staatsgewalt unterworfene Haupt der katholischen Kirche.[4] Seine Person wurde als unverletzlich betrachtet. Der Papst übte (seit etwa 1500) das aktive und passive Gesandtschaftsrecht aus und bestätigte durch den Abschluß von Konkordaten ein besonderes Vertragsschließungsrecht[5].

Auch Italien hat niemals seine Souveränität über den Hl. Stuhl und die Person des Papstes in Anspruch genommen. Es räumte ihm vielmehr durch das – allerdings von der Kirche nicht akzeptierte[6] – sog. Garantiegesetz vom 13. 5. 1871 auch seinerseits eine dem internationalen Gewohnheitsrecht entsprechende Rechtsstellung ein. Dieses Gesetz war kein Vertrag, sondern ein italienisches Gesetz und stellte daher keine Quelle des Völkerrechts dar.[7] Es hat daher die völkerrechtliche Stellung des Papstes nicht erst geschaffen, sondern im Einklang mit dem Völkerrecht bestätigt.

3. Im Jahre 1929 wurde das Verhältnis zwischen dem Hl. Stuhl und Italien bereinigt. Durch den Lateranvertrag zwischen beiden vom 11. 2. 1929 wurde die Souveränität des Hl. Stuhls feierlich bestätigt und der Vatikanstaat errichtet.[8]

---

[1] So z. B. *Fauchille*, Bd. I/1, 729, es habe der Papst in seiner Person vereinigt *„deux qualités et deux pouvoirs différents"*. Ebenso *Strupp*, ZVR 15 (1930), 547; über den Papst schon vor 1870 als „Doppelvölkerrechtssubjekt", *Anzilotti*, Corso, 105; *Verdross/Simma*, 247; *Oppenheim/Jennings/Watts*, Vol. I/1, 325.

[2] So war den Vertretern der katholischen Kirche die durch das Wiener Reglement v. 1815 gewährte Sonderstellung nicht als Repräsentanten eines mittelitalienischen Staates, sondern des Hl. Stuhles gewährt.

[3] Die gelegentlich im Schrifttum vertretene Ansicht, es sei keine Annexion erfolgt oder diese unwirksam gewesen, der Kirchenstaat also niemals erloschen, ist nicht zu halten. Der Lateranvertrag vom 11. 2. 1929 hat die Vatikanstadt als einen neuen Staat begründet und damit klargestellt, daß der alte Kirchenstaat nicht mehr bestand. Vgl. den Vorspruch zu dem Vertrag, in dem die Rede ist von der *„necessità di costituire ... la Città del Vaticano"*. Ebenso *Verdross/Simma*, 247 f, die klar davon sprechen, daß durch den Lateranvertrag „der Staat der Vatikanischen Stadt *(Stato della Città del Vaticano)* begründet" wurde, „um dem Heiligen Stuhl eine unabhängige und sichtbare territoriale Grundlage zu sichern" (dort weitere Nachweise); ebenso *Oppenheim/Jennings/Watts*, Vol. I/1, 328 („*... the Lateran Treaty created a new state of the Vatican City*; weniger eindeutig 326, wo nur von *„recognition"* die Rede ist); auch Tribunale di Roma, Riv. 30 (1938), 455; nicht ganz eindeutig auch *Köck*, EPIL II, 868, er spricht nur davon, Italien habe durch den Lateranvertrag *„recognized the territorial sovereignty of the Holy See over the tiny Vatican City State ..."*.

[4] Jedoch gab es auch Stimmen in der Rechtswissenschaft, die dem Hl. Stuhl nach 1870 die Fähigkeit, an den internationalen Beziehungen teilzunehmen, absprachen; hierzu *d'Onorio*, 498 f.

[5] Ebenso *Verdross/Simma*, 247; *Oppenheim/Jennings/Watts*, Vol. I/1, 326; *Verosta*, ÖZöR 23 (1972), 206; *Köck*, EPIL II, 867.

[6] Dazu näher *Oppenheim/Jennings/Watts*, Vol. I/1, 326; auch *Köck*, EPIL II, 867.

[7] Näher zu diesem Gesetz *d'Onorio*, 498.

[8] Englischer Text des Vertrages in: Supp. AJIL 23 (1929), Official Documents, 187 ff; italienisch und deutsch bei *Schoeppe*, Konkordate seit 1800, 161 ff. Angesichts der erst durch den Vertrag erfolgten Errichtung des Vatikanstaates ist die Ansicht von *D'Avack*, Riv. 27 (1935), 83 (225 f), nicht haltbar, es habe der Papst den Lateranvertrag in doppelter Eigenschaft, nämlich als Haupt der Kirche und als *„sovrano dei palazzo Vaticani"* geschlossen.

II. Wie vor 1870, so ist der Papst auch jetzt wieder Träger einer doppelten Hoheitsgewalt:

1. Einmal bestätigt der Vertrag die internationale, aber nicht staatliche Souveränität des Hl. Stuhles als eine seinem Wesen, seiner Überlieferung und Mission entsprechende Würde: *„L'Italia riconosce la sovranità della Santa Sede nel campo internazionale come attributo inerente alla sua natura, in conformità alla sua tradizione ed alle esigenze della sua missione nel mondo"* (Art. 2).[9]

2. Bestätigt der Vertrag insoweit, was schon vorher bestand, so wurde die Vatikanstadt als ein neues Rechtssubjekt ins Leben gerufen und der Souveränität und Jurisdiktion des Hl. Stuhls unterstellt[10]. Man hat sich den Vorgang der Staatwerdung nicht als eine Abtretung italienischen Gebiets an den Hl. Stuhl, sondern so vorzustellen, daß Italien die Vatikanstadt aus seinem Staatsverband entließ und dort mit der Übernahme der neuen Staatsgewalt durch den Hl. Stuhl ein neuer Staat zur Entstehung gelangt ist[11].
Nur die Annahme einer doppelten Rechtssubjektivität kann den bestehenden Rechtszustand einleuchtend machen.[12] Der Hl. Stuhl als solcher ist auch heute kein Staat, sondern Träger einer rein spirituellen Hoheitsgewalt,[13] auf der sowohl nach seinem Selbstverständnis als auch nach dem Verständnis der ihn anerkennenden Staaten[14] seine Völkerrechtssubjektivität und Teilhabe an den internationalen Beziehungen beruht.[15] Die Vatikanstadt dagegen hat trotz mancher Abweichungen vom Normalfall doch die wesentlichen Eigenschaften des Staates,[16] eines Staates allerdings von eigener Art und mit beschränkter Hoheitsgewalt.

---

[9] „Italien erkennt die Souveränität des Heiligen Stuhls auf internationalem Gebiet als eine gemäß seiner Überlieferung und den Erfordernissen seiner Aufgabe in der Welt zu seinem Wesen gehörende Eigenschaft an", zitiert aus *Schoeppe*, Konkordate, 162. Eine Anerkennung der Souveränität des Hl. Stuhls ist auch in der Präambel und in Art. 24 enthalten.

[10] Präambel und Art. 3 (1), 26 (2); zur Gründung des Vatikanstaates und seiner Unterstellung unter die Souveränität des Hl. Stuhls vgl. auch die Angaben oben Anm. 3 und *d'Onorio*, 502 ff.

[11] Dazu *Cavaglieri*, 146 f; zustimmend *Guggenheim*, Bd. I, 211, Anm. 130.

[12] *Maluwa*, Holy See and Concepts, 2; Zweifel an dieser vorherrschenden Meinung äußert *Arangio-Ruiz*, Holy See, 366 f.

[13] Ausführlich und kritisch hierzu *Arangio-Ruiz*, Holy See, 361 ff; siehe auch *d'Onorio*, 499 f.

[14] Dieses Selbstverständnis des Hl. Stuhls spiegelt sich in der von Italien in Art. 2 des Lateranvertrages übernommenen Verpflichtung wider, die Souveränität des Hl. Stuhls anzuerkennen, die dem Hl. Stuhl seinem Wesen entsprechend innewohnt und in Übereinstimmung mit seiner Überlieferung und Mission in dieser Welt steht. Die Einstellung der den Hl. Stuhl anerkennenden Staaten zu dem besonderen Wesen des Hl. Stuhls kommt zum einen stellvertretend für viele Staaten in der Formulierung der in eben diesem Art. 2 von Italien übernommenen Anerkennungsverpflichtung zum Ausdruck. Zum anderen wird heute in der völkerrechtlichen Literatur einhellig betont, daß für die Staatengemeinschaft Grundlage der Anerkennung des Hl. Stuhls nicht der territoriale Bezug zur Vatikanstadt, sondern die geistliche Mission des Hl. Stuhls bildet; vgl. etwa in diesem Sinne *Oppenheim/Jennings/Watts*, Vol. I/1, 328 f; auch *Köck*, EPIL II (1995), 866, der allerdings auch aus dem völkerrechtlich anerkannten Recht der Religionsfreiheit (Art. 18 der Allgemeinen Erklärung der Menschenrechte von 1948, Art. 18 des UN Paktes über bürgerliche und politische Rechte von 1966 sowie Art. 9 der EMRK) eine völkerrechtliche Handlungsfähigkeit und damit auch Völkerrechtssubjektivität, wenn auch beschränkter Art, unter Berufung auf die *ratio decidendi* des IGH-Gutachtens zum *Reparations of Injuries*-Fall ableiten will.

[15] In der Regel wird von einer Rechtspersönlichkeit *sui generis* des Hl. Stuhls gesprochen; *Maluwa*, Holy See and Concepts, 3 ff. (11 ff.).

[16] So die ganz herrschende Meinung; vgl. etwa *Oppenheim/Jennings/Watts*, Vol. I/1, 328; schon früher z. B. *Y. de la Brière*, La condition juridique de la cité du vatican, RdC 33 (1930), 119, wo ausgeführt wird, es sei die Vatikanstadt ein *„veritable État au sens généralement connu et compris du mot État dans le vocabulaire universel de notre temps"*. Anderer Auffassung war die sog. monistische Lehre (*Baldassari*, *Checchini*, *Ottolenghi*, *Liermann*, *Rousseau*, *Donati* u. a.), die kein vom Hl. Stuhl getrenntes Rechtssubjekt annehmen wollte; so auch *H. Mosler*, Die auswärtige Gewalt im Verfassungssystem der Bundesrepublik Deutschland, Völkerrechtliche und Staatsrechtliche Abhandlungen 29 (1954), 243 (260, Anm. 33). Die Staatlichkeit der Vatikanstadt bestreitet *Rousseau*, Droit international public, Tome II, 375 ff, dort (365 f) auch umfangreiche Nachweise zur älteren Literatur.

So gibt es eine Staatsangehörigkeit nur der Vatikanstadt, nicht des Hl. Stuhls. Auch bei den Verträgen gilt es zu unterscheiden. Die Verträge der Vatikanstadt sind andere Verträge als die Konkordate[17], die die katholische Kirche mit den Staaten in geistlichen und gemischten Angelegenheiten abschließen mag. Auch ist das Motiv des Vertragsschlusses, das den Hl. Stuhl bewegt, ein anderes als das der Vatikanstadt. Der Hl. Stuhl handelt aus seiner geistlichen Mission heraus, die Vatikanstadt aus Gründen der weltlichen Kooperation mit anderen Staaten. So ist die Vatikanstadt, nicht der Hl. Stuhl, Mitglied der UPU und der ITU.[18] Andererseits ist der Hl. Stuhl, nicht die Vatikanstadt, Partei verschiedener multilateraler Verträge, so des Übereinkommens über die Beseitigung jeder Form von Rassendiskriminierung von 1966, des Vertrages über die Nichtverbreitung von Kernwaffen von 1968 sowie des Vertrages über das Verbot der Nutzung von Mitteln zur Klimaveränderung zu militärischen Zwecken von 1976[19], alles Verträge, die humanitären Zielen dienen, die vom Hl. Stuhl geteilt und gefördert werden.

III. Doch trotz der Verschiedenheit der beiden Rechtssubjekte darf man ihre enge und wesensmäßige Verbindung nicht übersehen. Sie ist in der Person des Papstes begründet. Seine Doppeleigenschaft als Oberhaupt der Kirche und Träger der Hoheitsgewalt in der Vatikanstadt ist nicht zufälliger Art. Denn die Vatikanstadt – anders als andere Staaten – hat ihren Zweck nicht in sich selbst oder der Wohlfahrt der ihr unterworfenen Menschen, sondern sie ist dazu da, die Unabhängigkeit des Hl. Stuhls zu sichern und die Souveränität des Papstes sichtbar zu machen.

Die Streitfrage, ob besser mit *Anzilotti*, *Cavaglieri* u. a. von einer – sonst zufälligen – Personalunion als von einer Realunion zu sprechen ist, kann heute dahinstehen.[20] Denn auch diese Realunion ist von anderen Verbindungen dieses Typs verschieden, weil die Verbindung des Hl. Stuhls mit der Vatikanstadt nicht eine Verbindung von Gleichberechtigten darstellt. Die Vatikanstadt spielt eine akzessorische, dienende Rolle. Diese kommt auch darin zum Ausdruck, daß der Hl. Stuhl die Vatikanstadt nach außen vertritt (Art. 3). In der Staatspraxis spielt die Frage der genauen völkerrechtlichen Einordnung des Rechtsverhältnisses zwischen Vatikanstadt und Hl. Stuhl keine Rolle mehr, wie die problemlose Mitgliedschaft in je verschiedenen Vertragsverhältnissen einerseits und durchgehende Akzeptanz der Verträge der Vatikanstadt durch die Vertreter des Hl. Stuhls andererseits zeigen.

---

[17] Zur Problematik eines besonderen Charakters des Konkordates im Unterschied zu völkerrechtlichen Verträgen allgemein vgl. *Köck*, Die völkerrechtliche Stellung des Hl. Stuhls, 316 ff; auch *ders.*, Rechtliche und politische Aspekte von Konkordaten, 1983. Wenn hier von einer Andersartigkeit der Konkordate, die der Hl. Stuhl abschließt, gegenüber Verträgen, an denen die Vatikanstadt beteiligt ist, gesprochen wird, so heißt dies nicht, daß damit der Meinung gefolgt werden soll, Konkordate seien überhaupt keine völkerrechtlichen Verträge; vgl. dazu die Hinweise bei *Verdross/Simma*, 337. Der Unterschied liegt vielmehr in der für die Teilhabe des Hl. Stuhls an internationalen Verträgen spezifischen Zielsetzung, die sich aus seiner geistlichen Mission ergibt. Dies hat Konsequenzen auch rechtlicher Art insofern, als z. B. die Vertragserfüllung etwa im Rahmen eines Rüstungskontrollvertrages seitens des Hl. Stuhls andere Qualität hat als die der weltlichen Staaten. Zur Rechtsnatur der Konkordate siehe auch *Maluwa*, Treaty-Making Capacity, 163 ff; kritisch zur Unterscheidung der Konkordate gegenüber anderen völkerrechtlichen Verträgen *Arangio-Ruiz*, Holy See, 365 f.

[18] Dazu kurzer Überblick bei *Köck*, EPIL II, 868; vgl. ferner die Aufzählung der Vertragsparteien der Universal Postal Convention vom 20. März 1934, die die Vatikanstadt unter den Bezeichnungen *„Vatican City State"* und *„États de la Cité du Vatican"* aufführt, LNTS 174, 171 (177 f); ebenso LNTS 151, 5 (6 f) für die International Telecommunication Convention vom 9. 12. 1932. Die diplomatische Repräsentation der Vatikanstadt wird von den Vertretern des Hl. Stuhls wahrgenommen.

[19] Fundstellen der Verträge UNTS 660, 195 (CERD), UNTS 729, 161 (NPT), UNTS 1108, 151 (ENMOD – bisher hat der Hl. Stuhl diesen Vertrag jedoch noch nicht ratifiziert, Stand Juli 2001).

[20] Im Sinne der Personalunion etwa *Guggenheim*, Bd. I, 212; auch *v.d.Heydte*, ÖZöR n.F. 2 (1950), 572; *Kelsen*, Principles, 160; zur Streitfrage, ob Personal- oder Realunion siehe auch kurz *Oppenheim/Jennings/Watts*, Vol. I/1, 328 mit umfangreichen weiteren Nachweisen. Im Sinne eines der Vasallität entsprechenden Rechtsverhältnisses haben eine Reihe von Autoren die Rechtslage von Hl. Stuhl und Vatikanstadt gedeutet (ebenso die Vorauflage Bd. 1 § 29 III), vgl. etwa *H. F. Cumbo*, The Holy See and International Law, ILQ 2 (1948), 603 (613); ILQ 2 (1948), 613; *Kunz*, AJIL 46 (1952), 308 (313); *Ross*, 101; *L'Huillier*, 88: *„(C)et État ne constitue que l'accessoire d'une collectivité souveraine non étatique."*

IV. Der Hl. Stuhl ist voll souverän. Seine Völkerrechtssubjektivität ist originär, von keinem Staat oder einem sonstigen, übergeordneten völkerrechtlichen Rechtssubjekt abgeleitet. Das kommt namentlich in den Bestimmungen des Lateranvertrages zum Ausdruck, die die Person des Papstes für heilig und unverletzlich erklären und Italien verpflichten, Angriffe auf den Papst zu bestrafen (Art. 8). Sodann wird das seit jeher bestehende aktive und passive Gesandtschaftsrecht des Hl. Stuhls[21] bestätigt und Italien verpflichtet, den diplomatischen Vertretern der Staaten beim Hl. Stuhl und denen des Hl. Stuhls im Ausland die üblichen Privilegien und Immunitäten zuzugestehen (Art. 12).

Aber die Hoheitsgewalt des Hl. Stuhls ist doch ihrem Wesen nach von anderer Art als die im Politischen wurzelnde staatliche Hoheitsgewalt. Es gibt Rechte und Pflichten der Staaten, die für den Hl. Stuhl nicht in Betracht kommen können. Die völkerrechtliche Stellung des Papstes ist funktioneller Natur und knüpft an seine Rolle als „Gewissen der Menschheit" in der internationalen Gemeinschaft[22] an. Sie ist dem Hl. Stuhl nur zu dem Zwecke gewährt, daß er seine Mission in der Welt zu erfüllen vermag (Präambel). Von dieser Mission wird in Art. 24 in einer Formulierung gesprochen, die, äußerlich betrachtet, eine einseitige Erklärung des Hl. Stuhls enthält, aber doch als Bestandteil des Vertrages auch eine völkerrechtliche Verpflichtung des Hl. Stuhls begründet. Darin erklärt nämlich der Hl. Stuhl, er wünsche nicht, an den weltlichen Streitigkeiten der Staaten Anteil zu nehmen und sich auf Konferenzen vertreten zu lassen, die solche Angelegenheiten zum Gegenstand hätten[23], es sei denn, daß die Parteien sich auf die friedliche Mission des Papstes beriefen. Auch wahrt der Hl. Stuhl sich das Recht zur Ausübung seiner moralischen und geistigen Macht, aus der heraus der Hl. Stuhl in den vergangenen Jahrzehnten sich aktiv an der Ausarbeitung und dem Abschluß wichtiger multilateraler Verträge beteiligt hat[24]. Indessen gilt auch hier, daß die Rolle des Hl. Stuhls von der der übrigen Vertragsparteien verschieden und im Sinne der geistlichen Mission beschränkt bleibt. Diese ihr immanente Begrenzung der Souveränität des Hl. Stuhls aber, die sich aus der religiösen und geistigen Mission der Kirche ergibt, verleiht auch der Vatikanstadt eine besondere völkerrechtliche Stellung. Art. 24(2) des Lateranvertrages fügt nämlich hinzu, es sei aufgrund dieser Erklärung die Vatikanstadt neutrales und unverletzliches Gebiet. Doch hat Italien keine Garantie für die Erhaltung dieser Neutralität übernommen.

V. Das eigenartige und einmalige Verhältnis der Vatikanstadt zum Hl. Stuhl und zu Italien läßt besondere Rechtsfragen entstehen, mit denen der Lateranvertrag sich befaßt.

Italien übernimmt eine Reihe von Verpflichtungen, die – nicht unähnlich den entsprechenden Verpflichtungen der Vereinigten Staaten im Headquarters Agreement mit der UNO[25] dazu dienen, den Verkehr der Vatikanstadt mit der Außenwelt und ihre Versorgung mit den notwendigen Leistungen und Diensten sicherzustellen (Art. 6). Es übernimmt auch die Sicherung der polizeilichen Ordnung auf dem zur Vatikanstadt gehörenden Petersplatz, der der Öffentlichkeit zugänglich bleibt (Art. 3, Abs. 2). Auch muß Italien in der Vatikanstadt begangene Straftaten auf Verlangen des Hl. Stuhls verfolgen. Doch wird seine Jurisdisktion insoweit als eine auf Delegation der an sich dem Hl. Stuhl zustehenden Befugnis bezeichnet (Art. 22, Abs. 1). Außerhalb der Vatikanstadt genießen eine

---

21 Eine Bestandsaufnahme zu den diplomatischen Beziehungen des Hl. Stuhls erstellt *Bonet Navarro*, 701 ff; zu den diplomatischen Aktivitäten siehe auch *d'Onorio*, 510 ff.

22 Vgl. dazu etwa Der Heilige Stuhl im Dienste der internationalen Völkergemeinschaft (Schriftenreihe der Ackermann-Gemeinde 27), 1978.

23 Deshalb hat der Hl. Stuhl sich nicht gehindert gesehen, die Genfer Abkommen von 1949 mit zu unterzeichnen und in derselben Einstellung auch die oben, Anm. 19, genannten Verträge trotz ihres eminent politischen Gehaltes zu ratifizieren bzw. zu unterzeichnen.

24 Dazu *Verosta*, ÖZöR 23 (1972), 205 ff; auch oben II.2, Anm. 19 und 23.

25 Siehe *Agreement between the United Nations and the United States of America regarding the Headquarters of the United Nations* vom 26. 6. 1947, UNTS 11, 11; TIAS No. 1676.

Reihe von Kirchen und anderen Baulichkeiten eine Immunität, die der der fremden Gesandtschaftsgebäude entspricht (Art. 15).

Aus dem Lateranvertrag ergeben sich für Italien nicht nur Verpflichtungen zu aktivem Handeln, sondern auch Verpflichtungen zum Unterlassen, d. h., der Vertrag enthält auch Schranken für das hoheitliche Handeln des italienischen Staates. So kann die italienische Strafgewalt, selbst wenn Straftaten von Angehörigen des Vatikanstaates auf dessen Territorium begangen werden, jedoch ihre Wirkung auf italienischem Staatsgebiet entfalten, nicht ausgeübt werden. Dies ergibt sich zum einen aus der Souveränität des Hl. Stuhls und der damit verbundenen Immunität von Angehörigen der katholischen Hierarchie, zum anderen aus dem aus der Souveränität fließenden Verbot der Einmischung durch den italienischen Staat (Art. 3, 4, 10 und 11 Lateranvertrag).

Fragen der durch diese Vertragsvorschriften gesetzten Grenzen für die Ausübung hoheitlicher Gewalt (Strafgewalt) im Verhältnis von Italien und dem Hl. Stuhl und dem Vatikanstaat wurden in den Jahren 1982 und 1987 aktuell im Rahmen der Ermittlung italienischer Strafverfolgungsbehörden gegen Angehörige des *Istituto per le Opere Religione* (IOR) wegen einer Beteiligung an betrügerischen Geschäften der in den Bankrott gegangenen Ambrosiano-Bank. Der italienische Kassationshof hob die gegen die Beschuldigten erlassenen Haftbefehle in letzter Instanz auf, womit auch das von Italien an den Vatikanstaat gerichtete Auslieferungsersuchen gegenstandslos wurde.[26]

VI. Die geschilderte Rechtslage beruht auf einem zweiseitigen Vertrag zwischen Italien und dem Hl. Stuhl. Soweit der Vertrag die völkerrechtliche Stellung des Hl. Stuhles betrifft, stellt er nur den Ausdruck ohnehin geltenden Völkerrechts dar. Aber auch die Bestimmungen über die Vatikanstadt sind doch wohl nicht nur zwischen den Parteien, sondern auch für andere Staaten geltendes Recht. Der Lateranvertrag ist ein Statusvertrag,[27] dessen Bestimmungen von der internationalen Gemeinschaft allgemein anerkannt sind. Soweit er die Vatikanstadt zum Gegenstand hat, hat er somit objektives Recht ins Leben gerufen, das freilich neue Vereinbarungen zwischen Italien und dem Hl. Stuhl abändern oder aufheben könnten.

VII. 1. Wie bereits die zuvor genannten Beitritte des Hl. Stuhls zu bedeutenden multilateralen Verträgen gezeigt haben, ist der Hl. Stuhl – einer langen Tradition folgend – aktiv an der Gestaltung der internationalen Beziehungen beteiligt, um im Sinne seines Auftrages, insbesondere auf die Erhaltung des Friedens und die Zivilisierung der internationalen Beziehungen hinzuwirken. Förderung der Achtung der Menschenrechte, namentlich des Verbotes der Rassendiskriminierung, und der Verfahren zur friedlichen Beilegung von zwischenstaatlichen Streitigkeiten und gewaltsamen Konflikten kennzeichnen die heutigen Felder politischen Engagements des Hl. Stuhls.

Das in Art. 24 Lateranvertrag vom Hl. Stuhl für sich reklamierte Recht zur Ausübung seiner moralischen und geistlichen Macht wurde vom Papst in der Nachkriegszeit in zunehmender Eindringlichkeit wahrgenommen[28], so in jüngster Zeit gegenüber den Kriegsparteien im ehemaligen Jugoslawien[29] und auf der Weltbevölkerungskonferenz in Kairo, wo sich die Vertreter des Hl. Stuhls

---

26 Zum Vorstehenden *Oellers-Frahm*, ZaöRV 47 (1987), 489 ff, zum Urteil des Kassationshofs 502 und 504 mwN; ferner die neueren Urteile des Tribunale de Prima Instanza vom 13. 5. 1987, Riv. 71 (1988), 233 ff, und des Corte di Cassazione Penale, V, vom 17. 7. 1987, n. 3922, ebd., 216 ff.

27 Dazu näher Bd. I/1, S. 53 und unten § 144.

28 Wohl unter dem Eindruck der heftigen Kritik an der mangelnden Einwirkung Papst Pius XII auf das nationalsozialistische Regime in Deutschland, um der Verfolgung der Juden ein Ende zu setzen, aber wohl auch auf Druck der katholischen Laienbewegung und Organisationen wie *Pax Christi*, hat sich der Hl. Stuhl in den Nachkriegsjahren zunehmend vor allem auf menschenrechtlichem Gebiet, etwa gegen die Rassendiskriminierung, öffentlich eingesetzt; vgl. dazu die von der Päpstlichen Kommission *Justitia et Pax* erarbeitete Studie „The Church and Racism – towards a more Fraternal Society", 1988.

29 In den vergangenen Jahren hat sich der Papst wiederholt an die Streitpartien in den gewaltsamen Konflikten im ehemaligen Jugoslawien gewandt und sie

– unter dem Protest vieler Delegationen – eindeutig gegen jedwede künstlichen Maßnahmen der Geburtenkontrolle einschließlich der Abtreibung wandten[30]. Der darüber unter den Teilnehmerstaaten der Kairoer Konferenz ausgebrochene Streit läßt die Frage aufkommen, ob und inwieweit hinsichtlich der sich wandelnden Konfliktpotentiale in der Gegenwart der Hl. Stuhl die in Art. 24 Lateranvertrag eingegangene Verpflichtung, sich aus den Streitigkeiten der weltlichen Staaten herauszuhalten, einhalten kann. Hier die richtige Balance zu finden, könnte sich für die bisher unangefochtene völkerrechtliche Stellung und Autorität des Hl. Stuhls als von existentieller Bedeutung erweisen.

2. Ein traditionelles Tätigkeitsfeld des Hl. Stuhls ist die friedliche Streitbeilegung gewesen. Päpste haben in einzelnen Fällen als von den Streitparteien angerufene Schiedsrichter gewirkt und auch ihre Vermittlung angeboten.[31] Der Fall in der jüngeren Vergangenheit betraf die Lösung des Streites zwischen Chile und Argentinien über die *Beagle Channel Islands*. Ein Schiedsspruch von Königin Elizabeth II., der die Inseln Chile zusprach[32], wurde von Argentinien nicht angenommen. Nach erneuter Einigung beider Streitparteien über die Durchführung eines weiteren Schiedsverfahrens durch den Papst wurde der Streit in einem Friedens- und Freundschaftsvertrag beigelegt, der am 23. 1. 1984 im Vatikan unterzeichnet wurde.[33] Zu den bedeutendsten Schritten praktischer Friedenspolitik, die der Hl. Stuhl in jüngerer Zeit unternommen hat, gehört die Vereinbarung der Aufnahme diplomatischer Beziehungen zwischen dem Hl. Stuhl und Israel[34].

VIII. Die Behandlung des Hl. Stuhls als Völkerrechtssubjekt und dessen Beteiligung beispielsweise an internationalen Konferenzen im Range eines Staates ist jedoch in den letzten Jahren zum Teil auch auf Kritik gestoßen. So wurde im Rahmen der vierten Weltfrauenkonferenz der VN 1995 in Beijing eine Petition eingebracht, die die Gleichbehandlung des Hl. Stuhls mit Staaten in Frage stellte. Kritikpunkt ist insoweit, daß mit dem Hl. Stuhl allein der römisch-katholischen Kirche ein solches Mitwirken auf internationaler Ebene zugestanden werde, anderen Weltreligionen dies aber verwehrt bleibe. Die in diesem Zusammenhang geäußerten Forderungen einer anderen Qualifizierung des Hl. Stuhls gehen zum Teil soweit, diesen – ebenso wie andere Religionsgemeinschaften – nur noch als Nichtregierungsorganisation (NGO) ohne Völkerrechtssubjektivität auf internationaler Ebene mitwirken lassen zu wollen.[35]

§ 114 Der Malteser Orden

Schrifttum: *G. Cansacchi*, La personalità di diritto internazionale del S. M. O. Gerosolimitano detto di Malta, Il diritto ecclesiastico 2 (1936), 89 ff; *G. Biscottini*, Sulla condizione giuridica dell'Ordine di

---

zur Einstellung von Gewaltanwendungen und Menschenrechtsverletzungen aufgefordert. Um diesen Bemühungen Nachdruck zu verleihen, hatte Papst Johannes Paul II. im September 1994 sogar den Besuch der eingeschlossenen Hauptstadt von Bosnien-Herzegowina geplant, mußte diesen Plan aber angesichts der übergroßen Risiken aufgrund des Beschusses der Stadt aufgeben; vgl. AdG 64 (1994), 39296 f.

30 Zur Rolle des Hl. Stuhls auf der Kairoer Bevölkerungskonferenz vom September 1994 und den Konflikten zwischen dem Hl. Stuhl und anderen Konferenzteilnehmern, so etwa den Vereinigten Staaten, vgl. AdG 64 (1994), 39314.

31 Vgl. hierzu *Köck*, EPIL II, 868; ein älteres Beispiel für päpstliche Schiedstätigkeit und Vermittlung ist der Karolinenfall, der von Papst Leo XIII. im Wege der Vermittlung gelöst werden konnte; vgl. dazu NRG, 2ème Série, XII, 292; *H. N. Götz*, Karolinen-Streit, in: *Strupp-Schlochauer*, Bd. II, 1961, 203 (204).

32 Dazu kurz *Damrosch/Henkin/Pugh/Schachter/Smit*, 320 mwN.

33 Zum *Beagle Channel Island*-Fall siehe im einzelnen *A. Brouillet*, La méditation du Saint-Siège dans le différend entre l'Argentine et le Chili sur la zone australe, AFDI 25 (1979), 47.

34 Vgl. dazu AdG 63 (1993), 38542; *P.-M. Lanfranchi*, L' accord fondamental du 30 décembre 1993 signé entre le Saint-Siège et Israël, AFDI 40 (1994), 326 ff.

35 Hierzu und in diesem Sinne *Abdullah*, 1835 ff.

Malta, Archivio Storico di Malta (Rom) 10 (1938/39) 1 ff; *G. Cansacchi*, Il diritto di legazione attivo e passivo dell'Ordine di Malta, Riv. 23 (1940), 58 ff; *A. C. Breycha-Vauthier*, Der Malteser-Orden im Völkerrecht, ÖZöR 2 (1950) 401 ff; *ders./M. Potulicki*, The Order of St. John in International Law, AJIL 48 (1954), 554 ff; *C. D'Olivier Farran*, The Sovereign Order of Malta in International Law, ICLQ 3 (1954), 217 ff; *G. Cansacchi*, La soggettività internazionale dell'Ordine di Malta in una recente sentenza ecclesiastica, Riv. 38 (1955), 39 ff; *A. C. Breycha-Vauthier*, L'Ordre S. M. Jérosolymitain de Malte. Evolutions récentes autour d'une ancienne organisation internationale, ZaöRV 16 (1956), 501 ff; *M. de Pierredon*, Histoire politique de l'Ordre souverain de Saint-Jean de Jérusalem (Ordre de Malte), 2 Bde., 1956–1963; *A. C. Breycha-Vauthier*, Renouveau de l'Ordre Hospitalier de St. Jean dit de Malte, La Charte Constitutionelle de 1956, ZaöRV 18 (1957/58), 103 ff; *B. Waldstein-Wartenberg*, Rechtsgeschichte des Malteserordens, 1969; *R. Prantner*, Malteserorden und Völkergemeinschaft, 1974; *B. de Fischer*, L'Ordre souverain de Malte, RdC 163 (1979), 1 ff; *R. Monaco*, Osservazioni sulla condizione giuridica internazionale dell'Ordine di Malta, Riv. 64 (1981),14 ff; *W.-D. Barz*, Die Verfassung des Souveränen Malteser-Ritter-Ordens, JöR 38 (1989), 421 ff; *ders.*, Die Satzung des Johanniterordens, JöR 39 (1990), 125 ff; *H. Himmels*, Der Souveräne Malteser-Ritterorden als Völkerrechtssubjekt, in: Vertrauen in den Rechtsstaat, Festschrift für *Walter Remmers*, 1995, 213 ff; *J. J. Cremona*, Malta, Order of, EPIL III (1997), 278 ff; *L. Mazzarolli*, Osservationi sulla nuova e la vecchia organizzazzione dell'Ordine di Malta, in: Diritto e società 1 (2000), 1 ff, *P. Papanti Pelletier de Berminy*/*W.-D. Barz*, Das neue Verfassungssystem des Souveränen Malteserordens – eine Textedition, JöR 48 (2000).

I. Eine ähnliche völkerrechtliche Stellung wie der Hl. Stuhl nimmt der Malteserorden ein, dessen offizieller Name „Souveräner Malteser-Ritter-Orden: Hospital-Orden vom Hl. Johannes von Jerusalem genannt von Rhodos genannt von Malta“ lautet. Anders jedoch als im Fall des Hl. Stuhls und der Vatikanstadt steht dem Malteserorden heute keinerlei territoriale Einheit zur Seite. Vielmehr hat die Ordenszentrale ihren Sitz in Rom, wo der Orden bezüglich seines Sitzes Exterritorialität besitzt. Eine zusätzliche Besonderheit des Malteserordens stellt die Unterordnung des Ordens in seiner Eigenschaft als katholischer Ordensverband unter die geistliche Oberhoheit des Hl. Stuhls dar. Wenn der Malteserorden dennoch als – funktionell beschränktes – souveränes Völkerrechtssubjekt anerkannt ist, hat dies in erster Linie historische Gründe.

1. Die Gründung des Ordens geht auf das Jahr 1048 zurück. Zu dieser Zeit wurde in Jerusalem eine Hospiz- und Krankenhausgemeinschaft durch süditalienische Kaufleute[1] gegründet, die in den Dienst an armen und kranken christlichen Pilgern gestellt wurde. Nach der Eroberung Jerusalems durch die Kreuzritter erhielt die Hospiz- und Krankenhausgemeinschaft großzügige Land- und Geldschenkungen. Auch traten viele der Kreuzritter in den Dienst des Hospitals. Auf Vorschlag des Rektors des Hospitals, St. Gerardo del Sasso[2], die Kreuzritter sollten sich formell als religiöser Orden auf der Basis der mönchischen Gelübde der Armut, Keuschheit und des Gehorsams konstituieren, kam es im Jahre 1100 zur Ordensgründung. Seither hat der Orden, zunächst unter dem Namen Johanniterorden (*Order of St. John*), ununterbrochen bestanden.[3] War ursprünglich allein der karitative Dienst an den armen und kranken Pilgern in Jerusalem und zunehmend darüber hinaus an Armen und Kranken allgemein die Aufgabe des Ordens, so trat mit der wachsenden

[1] Vgl. hierzu und zum folgenden *Barz*, JöR 38 (1989), 421 f; auch *D'Olivier Farran*, ICLQ 3 (1954), 217 (219 ff). Die Jahresangaben differieren: Während *Farran* das Gründungsjahr der Hospizgemeinschaft mit 1042 angibt, geht *Barz* in seiner sehr viel neueren Untersuchung vom Jahr 1048 als dem Gründungsjahr aus. Im Hinblick auf die nachgewiesene Anerkennung der zwischenzeitlich in einen Orden umgewandelten Hospizgemeinschaft durch Papst Pascal II. im Jahre 1113, mag der Streit um das Gründungsjahr des Vorläufers des Ordens auf sich beruhen.

[2] Zu den Unsicherheiten bezüglich des Zunamens siehe *D'Olivier Farran*, ICLQ 3 (1954), 217 (219, Anm. 10).

[3] Dazu *Barz*, JöR 38 (1989), 421; *Breycha-Vauthier*, ÖZöR 2 (1950), 401; *ders./Potulicki*, AJIL 48 (1954), 554.

Bedeutung der Kreuzritter und späteren Ordensritter eine starke militärische Komponente zu den karitativen Aufgaben hinzu. Mit dem Fall von Akkon, der letzten christlichen Festung der Kreuzritter, im Jahre 1291 im Kampf gegen die islamische Streitmacht, mußte der Orden seinen Sitz nach Zypern verlegen, nachdem Akkon nur deshalb zum Sitz des Ordens gewählt wurde, weil im Jahre 1187 schon Jerusalem von den Moslems erobert worden war. Auf Zypern verblieb der Sitz des Ordens nur kurze Zeit.[4] Er wurde bereits 1310 nach Rhodos verlegt. Der Orden unterstellte Rhodos seiner alleinigen, souveränen Herrschaft. Inwieweit diese Souveränität bereits zu dieser Zeit allseitige Anerkennung gefunden hat, ist im einzelnen nicht gesichert.[5] Gesichert ist, daß der Großmeister des Ordens im Jahre 1446 von Papst Nikolaus V. als souveräner Fürst von Rhodos anerkannt wurde. Seither – wenn nicht schon früher – hat der Orden die Stellung eines anerkannten Völkerrechtssubjekts eingenommen.

Aufgrund seiner zwischenzeitlich stark ausgebauten militärischen Macht, die sich auf Ordensritter aus vielen Ländern des christlichen Abendlandes stützen konnte, kam dem Orden eine herausragende Bedeutung im Kampf gegen das an die Stelle der Sarazenen getretene Osmanische Großreich zu. Im Jahre 1522 unterlag der Orden der See- und Landmacht der Türken und räumte Rhodos zu Beginn des Jahres 1523.[6] Zwischen 1523 und 1530 war der Orden ohne festen Ordenssitz. Im Jahre 1530 kam es dann zum Abschluß eines Vertrages zwischen Kaiser Karl V. und dem Orden, durch den er vom Kaiser in dessen Eigenschaft als König von Sizilien die Inseln Malta und Gozo (sowie Tripoli, das allerdings schon ein Jahr später an die Türken verloren ging) zum dauernden Lehen *cum imperio* erhielt.[7] Mit der Errichtung des Ordenssitzes auf Malta wurde der Name „Malteserorden" gebräuchlich.[8]

Im Jahre 1798 wurde Malta von französischen Truppen unter Napoleon besetzt. Im Jahre 1800 gelangte Malta unter britische Herrschaft. Versuche des Ordens, seine Herrschaft über Malta wiederzuerlangen, blieben erfolglos, nachdem der Wiener Kongreß die im Friedensvertrag von 1814[9] zugunsten Englands getroffene Zuordnung Maltas bestätigte.[10] Nach wiederum längeren Jahren der Wanderschaft verlegte der Orden im Jahre 1834 schließlich seinen Sitz nach Rom, wo er Exterritorialität genießt. Nach dem Verlust seiner Territorialherrschaft und auch seiner Militärmacht zog sich der Orden seit dieser Zeit auf seine ursprünglichen karitativen Aufgaben zurück, die er in zahlreichen Ländern der Welt, insbesondere auch in Kriegszeiten, zugunsten der Verwundeten und Gefangenen, ausübt.[11]

---

[4] In diesen Jahren nahm der Orden die Stellung eines Vasallen (mit Heerfolgepflicht) des dortigen Königshauses ein, vgl. *Barz*, JöR 38 (1989), 421 (422).

[5] Vgl. *W. Preiser*, Malteserorden, in: *Strupp/Schlochauer* (Hrsg.), Bd. II (1961), 459 f.

[6] Dazu *D'Olivier Farran*, ICLQ 3 (1954), 217 (219 f). Mit der Aufgabe von Rhodos ging die 200jährige Herrschaft über Rhodos zu Ende, die – wie *Breycha-Vauthier/Potulicki*, AJIL 48 (1954), 554 (555), zu Recht betonen – als die brillanteste und glücklichste Periode in der Geschichte des Ordens anzusehen ist. Der Orden stand in dieser Zeit in der Blüte seiner Macht.

[7] Siehe *D'Olivier Farran*, ICLQ 3 (1954), 217 (220); zum Vorstehenden auch *Breycha-Vauthier/Potulicki*, AJIL 48 (1954), 554 (556).

[8] Zum offiziellen Titel vgl. I; *D'Olivier Farran*, ICLQ 3 (1954), 220 mwN, weist daraufhin, daß der Orden neben Malta und Gozo aufgrund einer Abtretung durch Louis XIV. aus den Jahren 1653–55 auch die Souveranität über einige bedeutende westindische Inseln ausgeübt hat.

[9] Vertrag von Paris zwischen Großbritannien, Österreich, Preußen, Rußland und Frankreich vom 30.5.1814, Art. VII, Text in: CTS 63 (1813–1815), 171 ff (181).

[10] Vgl. *D'Olivier Farran*, ICLQ 3 (1954), 217 (221). Dies stand im Widerspruch zu der von Großbritannien in Art. 10 des Friedensvertrages von Amiens vom 27.3.1802 (CTS 56, 289 ff [293]; Text auch bei Martens, Recueil de Traités, 1. Série, Bd. 7, 404 ff (407)) eingegangenen Verpflichtung, Malta an den Malteserorden zurückzugeben: „*Les îles de Malte, de Gozo et de Comino, seront rendues à l'ordre de St. Jean de Jérusalem, pour être par lui tenues aux mêmes conditions, auxquelles il les possédait avant la guerre, et sous les stipulations suivantes:...*".

[11] *Barz*, JöR 38 (1989), 421 (422); *Cremona*, EPIL III, 279.

Seine nach wie vor anerkannte Souveränität und seine neutrale Stellung erleichtern dem Orden die Erfüllung seiner Aufgaben.[12]

2. Die völkerrechtliche Stellung des Malteserordens ist damit in ihrer historischen Entwicklung umrissen. In der Gegenwart bietet die Rechtsstellung des Malteserordens ein Beispiel dafür, daß eine Körperschaft ohne territoriale Basis und ohne Herrschaftsgewalt im Sinne einer echten Staatsgewalt von der Staatengemeinschaft als gleichgeordnetes Völkerrechtssubjekt anerkannt wird. Sein Status als souveränes Mitglied in der internationalen Ordnung ist originärer Art und ist von keiner höheren Autorität abgeleitet.[13] Dementsprechend wird der Malteserorden nicht nur von vielen Staaten[14], sondern auch vom Hl.Stuhl als ein Völkerrechtssubjekt anerkannt, das allerdings Besonderheiten aufweist.[15] Im Einklang mit der Stellung als souveränes Völkerrechtssubjekt übt der Orden weiterhin – wie schon während des 19. Jahrhunderts nach dem Verlust seiner territorialen Basis – das aktive und passive Gesandtschaftsrecht aus. Hinsichtlich des letzteren sind rechtliche Probleme, die sich aus dem fehlenden Ordensterritorium ergeben, weil der Orden den akkreditierten Diplomaten keinen diplomatischen Schutz gewähren kann, pragmatisch gelöst worden. Die Entsendestaaten übertragen in der Regel ihren diplomatischen Vertretungen beim Hl.Stuhl und beim Vatikanstaat auch die Vertretung bei dem Malteserorden.[16] Der Orden ist heute bei mehr als 50 Staaten unterschiedlicher konfessioneller und gesellschaftlicher Ausrichtung[17], bei dem Hl. Stuhl und bei mehreren internationalen Organisationen, so z. B. bei der UNESCO, der WHO, dem VN-Hochkommissar für Flüchtlinge und dem Europarat diplomatisch akkreditiert.[18] Die Generalversammlung der Vereinten Nationen erkannte am 24. 8. 1994 dem Malteserorden den Beobachterstatus zu.[19] Auch unterhält der Orden enge Verbindungen zum Internationalen Komitee vom Roten Kreuz.[20] Der Status als originäres Völkerrechtssubjekt umfaßt schließlich auch die völkerrechtliche Vertragsfähigkeit. So hat der Malteserorden nicht nur zahlreiche bilaterale Verträge, wie z. B. allgemeine

---

[12] Der Malteserorden ähnelt in dieser Beziehung dem Internationalen Komitee des Roten Kreuzes, vgl. dazu unten § 115.

[13] Ebenso *Verdross/Simma*, 252; siehe auch *Monaco*, Riv. 64 (1981), 14 (27): *„[I]nvero abbiamo di dimostrare che l'Ordine non soltanto é un soggetto internazionale, ma anche un soggetto primario, paragonabile, con tutte le specificazioni e limitazioni necessarie, ad uno Stato.*" Ferner hierzu *Breycha-Vauthier/Potulicki*, AJIL 48 (1954), 554 (557); *Cansacchi*, Riv. 27 (1940), 58 (59).

[14] So wurde der Orden von den teilnehmenden Staaten an der 1929 stattgefundenden diplomatischen Konferenz zur Verbesserung der Genfer Konventionen als Völkerrechtssubjekt anerkannt. Zuvor wurde die Rechtsstellung des Ordens, der ebenso wie die Staaten vom Schweizer Bundesrat zur Teilnahme an der Konferenz eingeladen worden war, diskutiert und eine Sonderregelung in Art. II der Konventionen eingefügt, die die Anerkennung des Ordens als souveränes Völkerrechtssubjekt berücksichtigt und ihn somit von nationalen Hilfsorganisationen differenziert. Vgl. *G. B. Hafkemeyer*, Der Rechtsstatus des souveränen Malteser-Ritter-Ordens als Völkerrechtssubjekt ohne Gebietshoheit, 1956, 141 f.

[15] Dazu näher im folgenden.

[16] Dazu *D'Olivier Farran*, ICLQ 3 (1954), 217 (227). Der Autor betrachtet mit Hinweis auf die Vereinten Nationen in New York die Situation nicht mehr als einmalig, daß ein Völkerrechtssubjekt, das mit dem Recht ausgestattet ist, diplomatische Vertretungen zu empfangen, über kein eigenes Territorium verfügt – wohl zu Recht. Dazu auch *Breycha-Vauthier/Potulicki*, AJIL 48 (1954), 554 (558); *Cremona*, EPIL III, 279.

[17] Darunter auch Staaten der „Dritten Welt", dazu *Prantner*, 144 ff; auch *Verdross/Simma*, 252. *Barz*, JöR 38 (1989), 421 (433), gibt 1988 die Zahl mit 54 an und zählt Vertretungen des Ordens bei 16 internationalen Organisationen.

[18] Vgl. dazu das Ordensjahrbuch „The Sovereign Military Hospitaller Order of St. John of Jerusalem of Rhodes and of Malta", Cahier n. 3, Rom 1968, Abschnitte: *Diplomatic Representatives of the Order*, 43, und *Official Delegates of the Order*, 51; die diplomatischen Vertretungen des Ordens stehen im Range von Botschaften oder Gesandtschaften; vgl. dazu auch *Cremona*, EPIL III, 279. Außergewöhnlich war es – wie *D'Olivier Farran*, ICLQ 3 (1954), 220, zutreffend hervorhebt, daß die diplomatischen Vertreter des Ordens bereits im 18. Jahrhundert (nämlich in Rom, Wien, Paris und Madrid) den Rang von Botschaftern besaßen, der sonst zu jener Zeit nur den Vertretern der mächtigsten Staaten vorbehalten war.

[19] *Himmels*, 213 (229).

[20] Vgl. dazu *Verdross/Simma*, 252; *Monaco*, Riv. 64 (1981), 14 (22); *Hafkemeyer* (Anm. 14), 141 f.

Freundschaftsverträge abgeschlossen, sondern er ist auch Vertragspartei einer Reihe von wichtigen multilateralen Verträgen[21], an deren Entstehung der Orden in einigen Fällen, so z. B. an der Erarbeitung der Genfer Konventionen im Jahre 1929[22], aktiv beteiligt war. Schließlich ist bemerkenswert, daß der Orden eigene Pässe ausstellt, die auch von solchen Staaten anerkannt werden, die keine diplomatischen Beziehungen zum Malteserorden unterhalten.[23] Anerkannt wird von vielen Staaten auch die Verleihung von Orden und Auszeichnungen seitens des Ordens an ihre Staatsangehörigen.[24]

Trotz dieser eindrucksvollen Hinweise, daß der Orden aufgrund seiner souveränen Rechtsstellung in der Staatengemeinschaft eine Völkerrechtsfähigkeit genießt, wie sie den Staaten als originären Subjekten des Völkerrechts sonst zukommt, kann hinsichtlich des Malteserordens von einer solchen uneingeschränkten Völkerrechtsfähigkeit nicht die Rede sein. Der Orden verfügt nicht über eine Territorialgewalt wie Staaten, so daß bereits hieraus Beschränkungen der Handlungsfähigkeit des Ordens resultieren. Entscheidend ist jedoch, daß die Anerkennung der Souveränität und völkerrechtlichen Handlungsfähigkeit des Ordens nicht auf seiner früheren Territorialstaatlichkeit beruht, sondern sich im wesentlichen aus der besonderen Aufgabe herleitet, die sich der Orden ursprünglich und seit dem Ende seiner Herrschaft über Malta wieder ausschließlich gesetzt hat, nämlich die Erfüllung vielfältiger karitativer Aufgaben. Hinzu kommt allerdings auch ein Element der Tradition, in der der Orden als ältester Orden seiner Art steht und dem die Staatengemeinschaft mit der Anerkennung des Ordens als Völkerrechtssubjekt eigener Art ihren Respekt zeigt.[25] Aufgrund ihrer Aufgabenbezogenheit wird die Völkerrechtssubjektivität des Ordens heute – wie schon eingangs angedeutet – als eine funktionelle verstanden. Die mit der Völkerrechtssubjektivität verbundene völkerrechtliche Rechts- und Handlungsfähigkeit ist demgemäß genau so weitreichend wie es die Aufgabenerfüllung erfordert. Angesichts dessen erübrigen sich alle Gedankenspiele, die darauf abzielen, den Orden direkt oder in analoger Anwendung in Kategorien der Staatsformenlehre einzuordnen. Er ist ein Völkerrechtssubjekt *sui generis*, dessen Rechts- und Handlungsfähigkeit funktionell definiert und damit auch entsprechend eingeschränkt ist.[26]

---

[21] Außer den nachfolgend genannten Genfer Konventionen von 1929 ist hier etwa auf das vom Orden mit dem italienischen Staat 1884 abgeschlossene Abkommen, in dem Italien den Zweck des Ordens, seine Embleme und seine souveränen Vorrechte anerkannte, hinzuweisen. Vgl. hierzu und zu weiteren bilateralen Abkommen *Himmels*, 213 (227, 229); zur Vertragspraxis des Ordens mit anderen Staaten vgl. *Prantner*, 120 ff, sowie die Hinweise bei *Verdross/Simma*, 252; *Monaco*, Riv. 64 (1981), 14 (23 mwN); *Cremona*, EPIL III, 279. Ein wegen der besonderen Stellung der beiden beteiligten Parteien herausragendes Beispiel eines bilateralen Vertrages ist der Freundschaftsvertrag vom 23. 6. 1935 zwischen dem Malteserorden und San Marino, also dem ältesten Orden seiner Art und der ältesten neuzeitlichen Republik, vgl. hierzu den entsprechenden Hinweis bei *D'Olivier Farran*, ICLQ 3 (1954), 217 (224 mwN).

[22] Die Teilnahme an der Genfer Konferenz von 1929 entsprach langjähriger Praxis, an den Konferenzen des Internationalen Roten Kreuzes teilzunehmen, dazu näher *Breycha-Vauthier/Potulicki*, AJIL 48 (1954), 554 (558).

[23] Dazu *Cremona*, EPIL III, 279; *D'Olivier Farran*, ICLQ 3 (1954), 217 (225); *Breycha-Vauthier*, ÖZöR 2 (1950), 401 (408); *ders./Potulicki*, AJIL 48 (1954), 554 (558).

[24] Vgl. dazu entsprechende Hinweise bei *Cremona*, EPIL III, 279; auch *Breycha-Vauthier*, ÖZöR 2 (1950), 401 (409, insbes. Anm. 24).

[25] Auf ein Element der Tradition, artikuliert in einer Staatenpraxis, die zur gewohnheitsrechtlichen Fundierung der Rechtsstellung des Ordens geführt hat, weisen auch *Breycha-Vauthier/Potulicki*, AJIL 48 (1954), 554 (556), sowie zuvor *Breycha*, ÖZöR 2 (1950), 401 (402 ff) hin.

[26] So *D'Olivier Farran*, ICLQ 3 (1954), 217 (224); ausführlich in diesem Sinne auch *Barz*, JöR 38 (1988), 421 (428), unter Verweis auf den Rechtsspruch des Kardinal-Tribunals vom 24. 1. 1953, in dem die Völkerechtssubjektivität bzw. die Souveränität des Ordens wie folgt beschrieben wird: *„La qualità di Ordine sovrano della Istituzione è funzionale, ossia diretta ad assicurare il raggiungimento dei fini dell'Ordine stesso e il suo sviluppo nel mondo"* (Acta Apostolicae Sedis 15 (1953), 765–767; auch in: Archiv für Katholisches Kirchenrecht 126 (1954), 175–177); ebenso *Verdross/Simma*, 252 f; von einer

Im Verhältnis zum Gastland Italien genießt der Orden – wie eingangs erwähnt – hinsichtlich seines Sitzes und der entsprechenden Liegenschaften Exterritorialität.[27] Der Orden als souveräner körperschaftlich verfaßter Verband genießt gegenüber der italienischen Staatsgewalt Immunität, wie sie Staaten zukommt.[28]

So haben italienische Gerichte jedenfalls auf der Ebene der Gerichte letzter Instanz in ständiger Rechtsprechung bestätigt, daß der Orden ein souveränes Völkerrechtssubjekt ist und nicht der italienischen Staatsgewalt unterliegt, so etwa im Fall *Nanni e Pace c. Sovrano Militare Ordine di Malta*, in dem der italienische Kassationshof dem Orden die Fortdauer der ihm zukommenden „Attribute der souveränen Unabhängigkeit" bestätigte und feststellte, daß der Orden angesichts dessen keiner staatlichen Genehmigung für den Erwerb von Immobilien bedürfe.[29] Entsprechend fiel die Entscheidung in *Cartolari c. Sovrano Militare Ordine di Malta* aus[30]; dagegen wurde in den Entscheidungen *Sovrano Militare Ordine di Malta c. Soc. Comaria*[31] und *Sovrano Militare Ordine di Malta c. Soc.An. Commerciale*[32] die Immunität des Ordens gegenüber der italienischen Gerichtsbarkeit nur für *acta iure imperii*, nicht aber für *acta iure privatorum* anerkannt. In der jüngeren Rechtsprechung hat sich die Auffassung einer umfassenden Exemption des Ordens wieder durchgesetzt, siehe dazu die Urteile in Sachen *Associazione dei Cavalieri italiani dell'Ordine di Malta*[33], *Ministero delle Finanze c. Associazione dei Cavalieri italiani del Sovrano Militare Ordine di Malta.*[34] In der Konsequenz dieser Entscheidungen steht das Urteil in der Sache *Piccoli c. Associazione dei Cavalieri del Sovrano Militare Ordine di Malta* vom 23. 1. 1978, daß die Urteile der Gerichtsbarkeit des Ordens wie Urteile ausländischer Gerichte zu betrachten und gegebenenfalls nach der italienischen Zivilprozeßordnung zu vollstrecken sind.[35] Im Gegensatz zum Malteserorden wurde dem Orden Santa Maria Gloriosa die Anerkennung als internationale, mit Souveränität ausgestattete Rechtsperson von den Gerichten verwehrt, da dieser Orden weder auf ein Territorium noch auf eine internationale Anerkennung wie der Malteserorden verweisen kann.[36]

3. Wie zuvor erwähnt, weist der Malteserorden eine weitere rechtliche Besonderheit auf, die in der Vergangenheit Anlaß gegeben hat, an der Souveränität des Malteserordens zu zweifeln.[37] Gemeint ist, daß der Orden eine *persona mixta* ist, d. h., daß er eine Doppelnatur besaß und noch besitzt, nämlich zum einen die Stellung als Körperschaft, als Orden, der in der weltlichen Rechtsordnung Souveränität genießt, und zum anderen die Stellung einer kirchlichen oder geistlichen Körperschaft, die als solche *in religiosis* der Oberherrschaft des Papstes untersteht.[38] An der Souveränität des Ordens aus diesem Grunde zu zweifeln, hätte kein Anlaß bestanden, da der Begriff der Doppelnatur anzudeuten scheint, daß die Stellung

der Sache nach eingeschränkten Völkerrechtsfähigkeit des Ordens geht auch *Cremona*, EPIL III, 279, aus.

[27] So *D'Olivier Farran*, ICLQ 3 (1954), 217 (227, Anm. 45).

[28] *Verdross/Simma*, 253.

[29] Die Entscheidung vom 13. 3. 1935 ist abgedruckt in Riv. 27 (1935), 370, sowie in AD 8 (1935–37), Nr. 2; hierzu *Breycha-Vauthier*, ÖZöR 2 (1950), 401 (404 f).

[30] Urteil vom 1. 6. 1951, Annuali di diritto internazionale IX (1951) 153; Auszüge in englischer Übersetzung. in: AJIL 49 (1955), 270.

[31] Urteil vom 14. 7. 1953, kurzer Hinweis in: ICLQ 4 (1955), 486.

[32] Urteil vom 3. 11. 1954, Giurisprudenza Italiana 1955 I, 737.

[33] Urteil vom 6. 6. 1974, Riv. 57 (1974), 829, in englischer Übersetzung ILR 65, (1984), 308.

[34] Urteil vom 3. 5. 1978, Riv. 61 [1978], 558, in englischer Übersetzung ILR 65 (1984), 321.

[35] Text des Urteils in: Rivista di diritto privato e processuale 14 (1978), 392, in englischer Übersetzung ILR 77 (1988), 613.

[36] Vgl. dazu den Abdruck des Urteils in Sachen *Bacchelli c. Comune di Bologna*, Rivista di diritto privato e processuale 15 (1979), 689, in englischer Übersetzung ILR 77 (1988), 621.

[37] Dazu *D'Olivier Farran*, ICLQ 3 (1954), 217 (229), mwN; auch *Breycha-Vauthier/Potulicki*, AJIL 48 (1954), 554 (560).

[38] Siehe dazu *Barz*, JöR 38 (1989), 421 (444); auch *Cremona*, EPIL III, 279; *D'Olivier Farran*, ICLQ 3 (1954), 217 (227 ff); siehe auch den Rechtsspruch des von Papst Pius XII. im Jahre 1951 eingesetzten Kardinal-Tribunals vom 24. 1. 1953 (Anm. 26); Anlaß für die Einsetzung des Tribunals war der Tod des 76. Großmeisters des Ordens im Jahr 1951, in dessen Folge Rechtsfragen hinsichtlich der Rechtsstellung des Ordens gegenüber dem Hl. Stuhl und der Rolle des Hl. Stuhls bzw. des Papstes bei der Wahl eines Nachfolgers aufgetreten waren, dazu *Breycha-Vauthier/Potulicki*, AJIL 48 (1954), 554 (560).

als weltlicher Orden und geistlicher Verband in der jeweils gegebenen Situation klar voneinander unterscheidbar sind. Legt man allerdings den insoweit präziseren Begriff der *persona mixta* zugrunde, so wird bereits durch den Begriff *„mixta"* deutlich, daß die zwei Rollen des Malteserordens nicht in bloßer Addition zueinander stehen, sondern daß auch Vermischungen der Rollen stattfinden, so etwa, wenn der Orden seinen Großmeister zu wählen hat und dabei die Zustimmung des Papstes erforderlich ist.[39] Es könnte insoweit daran gedacht werden, daß der Großmeister des Ordens seine Herrschaft im Orden vom Papst ableitet, er also nicht souverän ist. Eine solche Interpretation des Bestätigungsrechts des Papstes verkennt jedoch, daß sich dieses nicht auf die Stellung des Großmeisters als weltliches Oberhaupt des Ordens, sondern auf seine Stellung als kirchlicher Amtsinhaber bezieht.[40] Von den zahlreichen Gegenargumenten, die im Laufe der Staatspraxis erhoben wurden und die Unabhängigkeit des Ordens vom Papst bzw. dem Hl. Stuhl nachdrücklich unterstrichen haben, ist zumindest die Überlegung überzeugend, daß der Hl. Stuhl, den Gesetzen der Logik folgend, keine diplomatische Vertretung des Ordens bei sich akkreditieren könnte, wenn der Orden lediglich ein Unterorgan des Hl. Stuhls wäre.[41] Dem steht auch nicht entgegen, daß der Hl. Stuhl selbst beim Orden keine diplomatische Vertretung unterhält. Die päpstliche Vertretung beim Orden obliegt dem vom Papst ernannten Kardinal-Patron, der im übrigen mit kirchenrechtlichen Aufsichtsbefugnissen ausgestattet ist. Die Entsendung eines Nuntius als Vertreter des Hl. Stuhls beim Orden würde der spezifischen Aufgabenstellung eines Nuntius im Falle des Ordens nicht entsprechen, da ein Nuntius bzw. eine Nuntiatur in erster Linie die Aufgabe haben, die Verbindung zwischen dem Hl. Stuhl und den Ortskirchen des Gaststaates zu stärken.[42]

4. Die völkerrechtliche Stellung des Malteserordens als souveränes Mitglied der internationalen Gemeinschaft sowie seine Stellung als religiöser Laienorden spiegelt sich auch in der inneren Verfassung des Ordens wider, die aus der Verfassung im formellen Sinne, also der 35 Artikel umfassenden reformierten Verfassung von 1961,[43] und dem Codex des Souveränen Malteser-Ritter-Ordens, im wesentlichen einer Art Ausführungsgesetz zur Verfassung, besteht.[44] Die neue Verfassungsänderung von 1997 unterstreicht die Souveränität des Ordens noch mehr.[45]

So beschreibt Kapitel I, Art. 4 § 6 der Verfassung das Verhältnis von Orden und Hl. Stuhl wie folgt: „Der religiöse Charakter des Ordens schließt die Ausübung der ihm zustehenden Souveränitätsrechte nicht aus, insofern ist der Orden ein von den Staaten anerkanntes Völkerrechtssubjekt."[46]

---

[39] Siehe dazu die vorherige Anm. zur Einsetzung des Kardinal-Tribunals aus eben dem Grund, daß die Rolle des Papstes bei der Wahl eines neuen Großmeisters grundsätzliche rechtliche Probleme des Verhältnisses von Orden und Hl.Stuhl aufwirft.

[40] Vgl. dazu *Barz*, JöR 38 (1989), 421 (437).

[41] So zutreffend, mwN, *D'Olivier Farran*, ICLQ 3 (1954), 217 (229 f); unabhängig davon ist die letzte rechtliche Klärung des Verhältnisses von Hl. Stuhl und Malteserorden unter dem Gesichtspunkt von dessen Stellung als souveränes Völkerrechtssubjekt insofern nicht von großer praktischer Bedeutung, weil die ganz überwiegende Lehre und Praxis die Souveränität des Ordens in Kenntnis der Mischlage, in der sich der Orden aufgrund der historischen Entwicklung befindet, anerkennen. Von besonderem Gewicht ist insoweit die Rechtsprechung der obersten italienischen Gerichte (vgl. oben), weil Italien als Gastland des Ordenssitzes für die Entwicklung der Rechtsstellung des Ordens in den letzten über 150 Jahren eine Führungsrolle zugefallen ist, siehe in diesem Sinne auch *Breycha-Vauthier/Potulicki*, AJIL 48 (1954), 554 (556).

[42] Zur Aufgabenstellung der Nuntiaturen siehe Can. 364 CIC i.V.m. Art. IV, V und X *Motu propriu „Sollicitudo Omnium Ecclesiarum"*, in: Acta Apostolicae Sedis 61 (1969), 473 ff; zum Ganzen *Barz*, JöR 38 (1989), 421 (427).

[43] Mit Änderungen aus den Jahren 1971 und 1978 sowie einer umfassenden Novelierung im Jahre 1997.

[44] Einen knappen, informativen Überblick über die Rechtsquellen des Ordens gibt *Barz*, JöR 38 (1989), 421 (425).

[45] *Papanti Pelletier de Berminy/Barz*, JöR 48 (2000), 325 ff.

[46] Text der durch Außerordentliche Generalkapitel vom 28./30. 4. 1997 revidierten Verfassung ist als Anhang zu *Papanti Pelletier de Berminy/Barz*, JöR 48 (2000), 334 ff aufgeführt.

Kapitel I, Art. 3 der Verfassung in der Fassung von 1961/1966 lautete: „Der innige Zusammenhang, der zwischen den beiden Eigenschaften des Ordens als religiösem und souveränen Orden besteht, widerspricht nicht der Autonomie des Ordens selbst in bezug auf die Ausübung seiner Souveränität und der mit ihr verbundenen Prärogativen als Subjekt des Völkerrechts gegenüber den Staaten."[47] Dies entsprach zwar der Beschreibung des Status des Ordens in dem Rechtsspruch des Kardinal-Tribunals von 1953[48], regelte aber nach Ansicht des Ordens nicht hinreichend die Beziehungen zwischen Völkerrecht und Kirchenrecht und somit die Unabhängigkeit des Ordens. Deshalb wurde es zunächst mit einer Interpretation angenommen und durch Kapitel I, Art. 4 § 1 der Verfassung in das interne Recht des Ordens transformiert,[49] durch die Verfassungsänderung von 1997 aber ersetzt.

Der Orden als Gesamtkörperschaft besteht aus den in drei Klassen zusammengefaßten Ordensmitgliedern einerseits und den traditionellen Großprioraten, Subprioraten sowie Nationalen Assoziationen andererseits, die Mitglieder aller Klassen in ihrem geographischen Bereich aufnehmen können und denen in heutiger Zeit eine besondere Rolle in der Wahrnehmung der karitativen Aufgaben des Ordens zukommt.[50] Weitere Untergliederungen wie Delegationen und Werke können vorgenommen werden. Jedoch nur den traditionellen Ordensuntergliederungen kommt als Körperschaften nach dem öffentlichen Recht des Ordens Rechtspersönlichkeit zu.[51] Sie genießen wie der Orden selbst Immunität gegenüber der Staatsgewalt derjenigen Staaten, in denen sie tätig sind.

So hat etwa die italienische Rechtsprechung ihre Zuständigkeit selbst im Falle von Streitigkeiten über arbeitsvertragliche Ansprüche von Mitarbeitern in Ordenshospitälern aus Gründen der Immunität der entsprechenden Untergliederung *(Associazione dei Cavalieri italiani dell'Ordine di Malta)*, die Träger des Hospitals ist, abgelehnt.[52] Auch in der ungarischen Rechtsprechung vor dem Ende des Zweiten Weltkrieges finden sich entsprechende Hinweise.[53]

Auf die staatsrechtliche Organisation des Ordens, insbesondere die Aufgliederung in die verschiedenen Gewalten, die eine starke exekutivische Gewalt kennt und der gesetzgebenden und rechtsprechenden Gewalt eine eher untergeordnete Rolle zuweist, ist hier nicht näher einzugehen.[54] Soviel ist abschließend festzustellen, daß die eingehende, zum Teil eigenwillige, aus der Tradition gewachsene Organisation der Ordensgewalt es verständlich macht, wenn Autoren in der Vergangenheit immer wieder den Versuch unternommen haben, den Malteserorden als „Staat" zu deuten, und sei es als *„Etat sans Etat"*.[55]

II. In einigen Staaten besteht neben oder anstelle von Prioraten und Nationalen Assoziationen des Malteserordens der Johanniterorden. So besteht im Vereinigten Königreich von Großbritannien und Nordirland *„The Grand Priory in the British Realm of the Most Venerable Order of the Hospital of St.John of Jerusalem"*, der *„Johanniterorden i Sverige"* und der *„Johanniter Orde in Nederland"*. Der schwedische und der niederländische Verband bildeten bis 1945 einen Teil eines einheitlichen Johanniterordens, dessen Zentrale sich in Deutschland befand. Nach Kriegsende lösten sich die Johanniterorden Schwedens und der Niederlande aus dem Gesamtverband, so daß nunmehr drei selbständige Johanniterorden in den drei betroffenen Länder bestehen.[56] Wie sich im Namen des britischen Ordens, aber auch

[47] Zitiert nach *Barz*, JöR 38 (1989), 421 (427).

[48] Vgl. oben Anm. 26.

[49] *Barz*, JöR 38 (1989), 421 (427).

[50] Hierzu und zum folgenden *Barz*, JöR 38 (1989), 421 (429 ff und 441 ff).

[51] Sie sind – wie *Barz* anschaulich beschreibt – die „geborenen" juristischen Personen des Ordens, JöR 38 (1989), 421 (441 f).

[52] Vgl. dazu die Angaben zur italienischen Rechtsprechung zur Souveränität und Immunität des Ordens, die sich auf seine Untergliederungen erstreckt; oben I.2 und dortigen Anm. 29 ff.

[53] Siehe dazu *Breycha-Vauthier*, ÖZöR 2 (1950), 405 mwN.

[54] Dazu ausführlich *Barz*, JöR 38 (1989), 421 (431 ff).

[55] So der *bonmot*-hafte Titel eines Aufsatzes von *H. G. Serrat*, Archives diplomatiques et consulaires 1943, 189 ff.

[56] Seit 1961 sind die drei evangelischen Johanniterorden Schwedens, der Niederlande und Deutschlands

in dem vollständigen Namen des deutschen Ordens („Balley Brandenburg des Ritterlichen Ordens St. Johannis vom Spital zu Jerusalem") zeigt, haben sich die genannten vier nationalen Orden aus dem ursprünglichen Malteserorden heraus entwickelt. Anlaß für die – in den juristischen Details zum Teil höchst verwickelte – Ablösung dieser Ordensverbände vom Gesamtorden war die Reformation. Der Übertritt zum reformatorischen Lager war letztlich mit einem Verbleib in einem katholisch orientierten Gesamtorden nicht vereinbar, wenn auch die Balley Brandenburg, die historische deutsche Malteserordensgliederung, bis zum Ende des 19. Jahrhunderts die Zuordnung zum Malteserorden aufrechtzuerhalten suchte.[57] Die historische Verbindung des deutschen Johanniterordens zum Malteserorden spiegelt sich bis heute in der satzungsmäßigen Ausgestaltung der inneren Verfassung des Ordens wider, die sowohl in einzelnen Strukturen und Institutionen als auch in der Terminologie bei allen Unterschieden im übrigen Anklänge an die Verfassung des Malteserordens erkennen läßt.[58] Die Rechtsstellung des Johanniterordens in Deutschland ist stark umstritten gewesen. Während der Orden den Status einer öffentlich-rechtlichen Körperschaft in Anspruch nahm, haben Verwaltungsgerichte und das Bundesverfassungsgericht diesen Status nicht bestätigt, andererseits aber auch eine endgültige Klärung des Status nicht positiv umrissen. Die Alternative zum Status einer öffentlich-rechtlichen Körperschaft stellt die Stellung als juristische Person privaten Rechts dar. Auch hierfür lassen sich gute Gründe anführen.[59]

Im Hinblick auf die Frage, ob und inwieweit die Johanniterorden aufgrund ihrer historischen Verbindung zum Malteserorden wie dieser eine – wenn auch beschränkte – Völkerrechtssubjektivität besitzen, ist der Streit um die innerstaatliche Rechtsstellung jedoch unerheblich. In jedem Fall stellt der Orden eine juristische Person dar, die allerdings nach ganz überwiegender Meinung nicht an dem völkerrechtlichen Status des Malteserordens teilhat bzw. auch nicht eigenständig einen solchen Status einnimmt und einen solchen auch nie eingenommen hat. Versuche, etwa aus der Erwähnung des Ordens im Osnabrücker Friedensvertrag von 1648 eine Anerkennung als Völkerrechtssubjekt abzuleiten, stehen nach wie vor auf schwachen Füßen.[60]

§ 115 Das Internationale Komitee vom Roten Kreuz

Schrifttum: *M. Huber*, Völkerrechtliche Grundsätze, Aufgaben und Probleme des Roten Kreuzes, SchwJIR 1944, 11 ff; *J. Pictet*, La Croix Rouge et les Conventions de Genève, RdC 76 (1950), 1 ff; *ders.*, Commentaire de la Ie Convention de 1949, 1952; *P. Ruegger*, L'organisation de la Croix-Rouge internationale sous les aspects juridiques, RdC 82 (1953), 373 ff; *P. Schneider*, Zur Rechtsstellung des Internationalen Roten Kreuzes, AVR 5 (1955/56), 257 ff; *J. Pictet*, Commentaire de la IIe Convention de 1949, 1959; *P. Boissier*, Histoire du Comité international de la Croix-Rouge, t. 1: De Solferino à Tsoushima, 1963; *H. Haug*, Rotes Kreuz. Werden, Gestalt, Wirken, 2. Aufl., 1966; *H. G. Knitel*, Les délégués du comité international de la Croix-Rouge, 1967; *W. v. Starck*, Internationale und nationale Rechtsstellung des Roten Kreuzes, JIR 13(1967), 210 ff; *G. del Vecchio*, Zur Geschichte des Roten Kreuzes, ÖZöR 1967, 321 ff; *H. W. Dunning*, Eléments pour l'histoire de la Ligue des Sociétés de la Croix-Rouge, 1969; *J. Moreillon*, Le Comité International de la Croix-Rouge et la protection de détenus

und der anglikanisch orientierte britische Johanniterorden allerdings in der „Allianz von Niederweisel" mit dem Ziel der Koordinierung ihrer Tätigkeiten verbunden; zum Ganzen siehe *Barz*, JöR 39 (1990), 125 (126 ff).

[57] Dazu näher *Barz*, JöR 39 (1990), 125 (129 ff).

[58] Vgl. dazu *Barz*, JöR 39 (1990), 125 (133); zum Selbstverständnis des Johanniterordens heute vgl. auch *A. v. Mutius*, Die Aufgaben eines geistlichen Ritterordens heute. Eine Einführung in die Ordensregel, 1982.

[59] Zur deutschen Diskussion über den innerstaatlichen Status des Johanniterordens vgl. *Barz*, JöR 39 (1990), 125 (132 ff).

[60] Dazu überzeugend *Barz*, JöR 39 (1990), 125 (137 f mwN).

politiques, 1973; *D. P. Forsythe*, The Red Cross as Transnational Movement, IO 30(1976), 607 ff; *J. Freymond*, Guerres, révolutions, Croix-Rouge, 1976; *D. P. Forsythe*, Humanitarian Politics: The International Committee of the Red Cross, 1977; *A. Durand*, Histoire du Comité international de la Croix-Rouge, Tome. 2: De Sarajevo à Hiroshima, 1978 (englisch: From Sarajevo to Hiroshima, 1984); *J. Meurant*, Apropos the New Constitution of the League of Red Cross Societies, IRRC 60 (1978), 192 ff und 250 ff; *J. Pictet*, Commentary on the fundamental principles of the Red Cross, IRRC 1979, 130 ff, 184 ff, 255 ff, 301 ff und IRRC 1980, 29 ff, 70 ff, 129 ff 103 ff, 250 ff; *L. Bürkler-Giussani*, Die rechtliche Stellung der Rotkreuzformationen nach schweizerischem Recht und nach Völkerrecht, 1979; *R. Perruchoud*, Les résolutions des conférences internationales de la Croix-Rouge, 1979; *Y. Sandoz*, Le droit d'initiative du Comité international de la Croix-Rouge, GYIL 22 (1979), 352 ff; *A. Durand*, The International Committee of the Red Cross, 1981; *R. Perruchoud*, International Responsibilities of National Red Cross and Red Crescent Societies, 1982; *J. Pictet*, Une institution unique en son genre: le Comité international de la Croix-Rouge, 1984; *C. Dominicé*, La personnalité juridique internationale du CICR, in: FS *J. Pictet*, 1984, 663 ff; *D. Plattner*, Le statut du délégué du CICR sous l'angle du principe de l'inviolabilité de sa personne, in: FS *Pictet*, 1984, 761 ff; *J. Bleicker*, Rotes Kreuz, in: *R. Herzog/H. Kunst/K. Schlaich/W. Schneemelcher* (Hrsg.), Evangelisches Staatslexikon, Bd.II, 3. Aufl. 1987, Sp.3023 ff; *O. Schindler/J. Toman* (eds.), The laws of Armed conflicts, 3rd ed., 1988; *International Committee of the Red Cross, League of Red Cross and Red Crescent Societies*, Compendium of Reference Texts on the International Red Cross and Red Crescent Movement, 1990; *Y. Beigbeder*, The Role and Status of International Humanitarian Volunteers and Organizations – the Right and duty to Humanitarian Assistance, 1991; *D. P. Forsythe*, The International Committee of the Red Cross, in: *H. Fox/M. A. Meyer* (eds.), Effecting Compliance, 1993, 83 ff; *D. Fleck* (Hrsg.), Handbuch des humanitären Völkerrechts in bewaffneten Konflikten, 1994; *D. Bindschedler-Robert*, Red Cross, EPIL IV (2000) 57 ff.

Zu der Gruppe der traditionell als – allerdings beschränkte – Völkerrechtsubjekte anerkannten internationalen Wirkungseinheiten wird auch das Internationale Komitee vom Roten Kreuz (IKRK) gezählt. Jedoch ist es nicht eigentlich oder zumindest nicht allein eine auf geschichtlichen Gegebenheiten beruhende, zur Tradition gewordene Staatenpraxis, die dem IKRK eine eingeschränkte Völkerrechtssubjektivität hat zuwachsen lassen. Vielmehr wird von einer völkerrechtlichen Rechtsstellung des IKRK im wesentlichen deswegen gesprochen, weil ihm in der 3. und 4. Genfer Konvention 1949 und im I. Zusatzprotokoll 1977 die Stellung einer neben oder an die Stelle der zuständigen Staaten tretenden Schutzmacht in mit Gewalt ausgetragenen zwischenstaatlichen Konflikten eingeräumt worden ist; eine Stellung, die dem IKRK unmittelbar völkerrechtliche Rechte gegenüber den Mitgliedstaaten der Konventionen verleiht. Insofern unterscheidet sich das Völkerrechtsubjekt IKRK von den anderen traditionellen Völkerrechtssubjekten wie dem Heiligen Stuhl oder dem Malteser Orden, deren Völkerrechtssubjektivität keinem spezifischen völkerrechtlichen Rechtssetzungsakt zuzuordnen ist, sondern auf ihrer historisch gewachsenen Stellung und Funktion beruht. Dennoch ist unübersehbar, daß wie beim Heiligen Stuhl und beim Malteser Orden auch im Falle des IKRK die geschichtliche Entwicklung und das erfolgreiche Wirken dieser einzigartigen Institution[1] in den über 100 Jahren ihres Bestehens bei der Ausgestaltung ihrer internationalen Rechtsstellung mitgewirkt hat.

I. 1. Obwohl bereits die mit der Aufstellung des revolutionären französischen Volksheeres verbundene umfassende militärische, wirtschaftliche und ideologische Mobilisierung eine Vorahnung auf die heraufziehende Totalisierung der modernen Kriegsführung gegeben hatte, blieb eine nachhaltige Änderung des öffentlichen Bewußtseins im Hinblick auf eine humanitäre Einschränkung der Kriegsauswirkungen auf Kombattanten wie auch auf Nichtkombattanten zunächst aus.[2] Erst die Erfahrungen in den nach einer längeren Friedens-

[1] Vgl. *Pictet*, der sein 1984 erschienenes Werk über das IKRK mit dem Titel überschrieb „*Une institution unique en so genre: le Comité international de la Croix-Rouge*".

[2] Zwar gab es Bemühungen – etwa seitens des russischen Zaren Nikolaus I. – um eine internationale

periode in Europa ausbrechenden kriegerischen Konflikten – der Krimkrieg (1856), der italienische Einigungskrieg (Schlacht von Solferino, 1867) – und im amerikanischen Sezessionskrieg (1861–65) brachten eine Wende.[3] Sie lösten eine breite Bewegung aus, die teils – pazifistisch orientiert – die völlige Illegalisierung des Krieges anstrebte, teils für die Entwicklung eines wirksamen humanitären Rechts zur Einhegung der militärischen Gewaltanwendung im Kriege, namentlich eines internationalen Rechts zum Schutze der Verwundeten, Gefangenen und der Zivilbevölkerung eintrat.

2. Vor dem Hintergrund dieser Ereignisse und Entwicklungen ist die Gründung des Genfer Komitees *(Comité international de secours aux blessés)* im Jahre 1862 zu sehen, das sich – aus fünf Genfer Bürgern bestehend[4] – die Umsetzung der Vorschläge *Henry Dunants* zum Ziel setzte und später[5] den Namen „Internationales Komitee vom Roten Kreuz" annahm. Bereits 1863 berief das Genfer Komitee eine Konferenz ein, die von Persönlichkeiten des öffentlichen Lebens und anderen einflußreichen Persönlichkeiten aus 16 Staaten besucht wurde. Die Konferenz verabschiedete eine Reihe von Resolutionen und Empfehlungen zum Schutze der Opfer von militärischen Konflikten. Im Jahre 1864 konnte das Genfer Komitee den Schweizer Bundesrat veranlassen, eine diplomatische Konferenz einzuberufen, die von Vertretern derselben 16 Staaten besucht wurde und am 22. 8. 1864 die erste Genfer Konvention „betreffend die Linderung des Loses der im Felddienste verwundeten Militärpersonen" verabschiedete. Es unterstreicht das hohe Ansehen und den Einfluß des IKRK, daß diese Konvention bald auch von bedeutenden Staaten angenommen wurde.[6] Einer ersten Revision dieser Konvention im Jahre 1906[7] folgte eine weitere im Zuge der Genfer Konferenz von 1929[8], auf der auch in Teilen die Haager Abkommen von 1899 und 1907 durch zwei neue Konventionen bekräftigt und fortentwickelt wurden.[9] Nach dem 2. Weltkrieg, in dem sich zum Teil erhebliche Mängel sowohl in der Befolgung des geltenden humanitären Rechts als auch hinsichtlich seiner inhaltlichen Ausgestaltung gezeigt hatten, wurde 1949 mit der Revision der Genfer Abkommen von 1929 sowie der Verabschiedung der nunmehr vier Genfer Abkommen diesen Mängeln Rechnung zu tragen versucht.[10] Eine weitere Ergänzung erfuhr das Genfer Recht mit der Annahme der zwei Zusatzprotokolle 1977.[11] Parallel zu diesen Kodifikationsbemühungen entfaltete sich die Rotkreuzbewegung auf nationaler und internationaler Ebene, gefördert durch die tatkräftigen Initiativen des IKRK, zu einem

---

Abrüstung, die jedoch erfolglos blieben. Die Schaffung völkerrechtlicher Regeln zum Schutze der Verwundeten, Gefangenen und der Zivilbevölkerung im Kriege wurde in diesem Zusammenhang noch nicht angesprochen. Vgl. dazu näher *D. Schuster*, in: *J. Delbrück* (Hrsg.), Friedensdokumente aus fünf Jahrhunderten, Teilband I, 74 f.

[3] Einen besonderen Beitrag zu dieser Wende leistete *Henry Dunant* mit seinem aufrüttelnden Buch „Un souvenir de Solférino" (1862), das namentlich die Gründer des Roten Kreuzes, zu denen auch *Dunant* selbst gehörte, unmittelbar beeinflußte, vgl. *Bindschedler-Robert*, EPIL IV, 57.

[4] Neben *Henry Dunant* gehörten u. a. der General *Dufour* (Vorsitz) und der Rechtsanwalt *Gustave Moynier* dem Komitee an. *Moynier* führte später für rund 40 Jahre die Rotkreuzbewegung an; vgl. *Bindschedler-Robert*, EPIL IV, 57; zum Vorstehenden ferner *v. Starck*, 210; *Epping*, in: *K. Ipsen*, Völkerrecht, 4. Aufl. 1999, 86 f.

[5] Über das Jahr, in dem das Genfer Komitee seinen heutigen Namen annahm, gibt es unterschiedliche Hinweise. Während *v. Starck*, 211, das Jahr 1863 als Zeitpunkt anzunehmen scheint (das Genfer Komitee habe sich am Tage nach dem Ende der Vorkonferenz von 1863, nämlich am 30. 10. 1863 von der Genfer Gemeinnützigen Gesellschaft gelöst und sich unter dem Namen *„Comité international de la Croix-Rouge"* selbständig gemacht), nennen *Beigbeder*, 64, das Jahr 1875 und *Bleicker*, Sp. 3024, das Jahr 1880.

[6] Text in: RGBl. 1907, 279–304; NRG 1e sér. t. XVIII, 607 ff; *Schindler/Toman* (eds.), 279.

[7] Text in: *Schindler/Toman* (eds.), 301.

[8] Zum Text der Genfer Abkommen von 1929 vgl. 118 LNTS 303, 118 LNTS 343; *Schindler/Toman* (eds.), 325 ff, 339 ff.

[9] Text in: RGBl. 1901, 393; RGBl. 1910, 5, 375; NRG 3e sér. t. III, p. 461.

[10] Text der vier Genfer Abkommen von 1949 in: BGBl. 1954 II, 781, UNTS 75, 31 ff, 84 ff, 135 ff und 287 ff.

[11] Text in: UNTS 1125, 3; BGBl. 1990 II 1551; UNTS 1125, 609; BGBl. 1990 II, 1637.

universalen Netzwerk von Hilfsorganisationen und Koordinierungsgremien, die heute unter dem Namen des Internationalen Roten Kreuzes (IRK) zusammengefaßt werden.[12]

II. 1. Die Basis des Roten Kreuzes bilden die 178[13] nationalen Organisationen (Gesellschaften) von denen 148 unter dem Emblem des Roten Kreuzes und 30 unter dem des Roten Halbmondes (in islamischen Staaten, die den Roten Halbmond als Emblem statt des Roten Kreuzes angenommen haben) tätig sind.[14] Diese nationalen Rotkreuzgesellschaften erhalten den innerstaatlichen Rechtsstatus eines in der Regel privaten Vereins nach jeweiligem Landesrecht, bedürfen jedoch der Anerkennung durch Hoheitsakt der Regierung ihres Heimatstaates und durch das IKRK. Die Anerkennung durch das IKRK ist Voraussetzung für die Zulassung einer nationalen Rotkreuzgesellschaft zum IRK[15] und zur Liga der Rotkreuzgesellschaften.[16]

Mit der staatlichen Anerkennung ist die Erklärung des Staates verbunden, daß es sich bei der betreffenden Organisation um die einzige Rotkreuzorganisation im Staate handelt und sie das ausschließliche Recht zur Nutzung des einschlägigen Emblems genießen. Der innerstaatliche Anerkennungsakt hat völkerrechtliche Wirkungen: nach Art. 26 des Genfer Abkommens zur Verbesserung des Loses der Verwundeten und Kranken der Streitkräfte im Felde vom 12. 8. 1949[17] wird dem Personal „der von ihrer Regierung in gehöriger Form anerkannten und ermächtigten nationalen Gesellschaften des Roten Kreuzes" die gleiche Rechtsstellung eingeräumt wie dem durch das Abkommen geschützten Sanitätspersonal.[18]

Die nationalen Rotkreuzgesellschaften sind in Friedenszeiten auf dem Gebiet der Gesundheitspflege (Pflegedienste in Krankenhäusern und ähnliches) tätig. Im Kriegsfalle unterstützen sie den militärischen Sanitätsdienst.

2. Die nationalen Rotkreuzgesellschaften haben sich in der Liga der Gesellschaften des Roten Kreuzes und des Roten Halbmondes (auch *International Federation of Red Cross and Red Crescent Societies)* zusammengeschlossen.[19] Nach den Erfahrungen des 1. Weltkrieges erschien das IKRK angesichts der sich erweiternden Aufgaben als den Anforderungen nicht

[12] Vgl. zur organisatorischen Entwicklung des Roten Kreuzes auf internationaler Ebene *v.Starck*, 210 ff; auch *Bindschedler-Robert*, EPIL IV, 57 f.

[13] Stand Januar 2002.

[14] Die Gleichwertigkeit und Anerkennung beider Embleme beruht auf den Regelungen, die von der XX. Internationalen Konferenz des Roten Kreuzes in Wien (1965) angenommen wurden; vgl. dazu Resolution XXXII, angenommen von der XX. Internationalen Rotkreuzkonferenz, Revue international de la Croix Rouge 1965, 547; außerdem *Règlement sur l'usage de l'emblème de la Croix rouge, du croissant rouge et du lion-et-soleil rouges par les sociétés nationales*, angenommen von der XX. Internationalen Rotkreuzkonferenz, Revue international de la Croix Rouge 1966, 121 ff, auch in Handbook of the International Red Cross, 11. Aufl., 1971, 353 ff. Das Zeichen des roten Löwen mit der roten Sonne wurde nur vom Iran zwischen 1924 und 1980 benutzt. Seit 1980 verwendet der Iran ebenfalls das Zeichen des roten Halbmondes, siehe *Bindschedler*, EPIL IV, 57 f. Umstritten ist derzeit, ob die Anerkennung nur zweier Embleme durch die Liga der Rotkreuzgesellschaft, Religionsgemeinschaften, die nicht christlich oder islamisch geprägt sind, ungewollt von der Anerkennung als nationale Gesellschaft ausschließt. Derzeit ist eine Arbeitsgruppe mit der Ausarbeitung eines dritten Emblems beauftragt, unter dem diejenigen nationalen Gesellschaften tätig werden können, die das religiös behaftete Kreuz oder den Halbmond nicht als Symbole anerkennen, obwohl diese ursprünglich keine religiöse Aussage haben sollten. Vgl. *F. Bugnion*, Vers une solution globale de la question de l'emblème, Revue internationale de la Croix-Rouge, 838 (2000), 427.

[15] Siehe unten II.4.

[16] Grundlage der Anerkennung der nationalen Rotkreuzgesellschaften ist Art. VI Ziff. 2 des Organisationstatuts des IKRK. Die bereits auf der Rotkreuzkonferenz von Karlsruhe (1887) festgelegten Anerkennungskriterien gelten heute in der auf der Rotkreuzkonferenz von Stockholm (1948) angenommenen Fassung. Vgl. zur Anerkennung der nationalen Rotkreuzgesellschaften *v.Starck*, 223 f; auch *Kimminich*, 206, sowie *Bindschedler-Robert*, EPIL IV, 59 f, und *A. Rosas*, Notes on the Legal Status of National Red Cross Societies, in: FS *Pictet*, 1984, 959 ff (965).

[17] Text in: UNTS 75, 31.

[18] Siehe hierzu *A. Rosas*, in: FS *Pictet*, 962 (Anm. 15).

[19] *Bindschedler-Robert*, EPIL IV, 60.

mehr gewachsen. So schlossen sich auf eine amerikanische Initiative hin zunächst nur einige nationale Rotkreuzgesellschaften im Jahre 1919 zu einem überstaatlichen Hilfsverein[20] zusammen, dem aber in den folgenden Jahren auch die übrigen nationalen Gesellschaften beitraten. Der Sitz der Liga ist – nach einigen Wechseln zwischen Genf und Paris – seit 1939 Genf. Die Liga hat wie das IKRK die Rechtsstellung eines Vereins privaten Rechts nach den Vorschriften des Schweizer Zivilgesetzbuches, unterscheidet sich jedoch von jenem dadurch, daß seine Mitgliedschaft international ist, also nicht nur aus Schweizer Bürgern besteht. Es erfüllt damit nicht das für das IKRK und seine Wirkung bedeutsame Kriterium der Neutralität.[21] International nimmt die Liga die Stellung einer nichtstaatlichen (non-governmental) Organisation (NGO[22]) ein. Organe der Liga sind gemäß ihrem Statut von 1976, in der Fassung der Änderungen von 1979 und 1981[23], der Rat der Gouverneure, bestehend aus den von den Mitgliedsgesellschaften benannten Vertretern (Gouverneure) und deren Stellvertretern, und das Exekutivkomitee, das aus dem Vorsitzenden des Rates der Gouverneure, seinem Stellvertreter sowie zwölf weiteren, für jeweils zwei Jahre gewählten Vertretern der Mitgliedsgesellschaften zusammengesetzt ist. Der Rat ist das höchste Organ der Liga. Ihm obliegt die Wahl seines Vorsitzenden und dessen Stellvertreter sowie der Mitglieder des Exekutivkomitees. Während der Rat in der Regel alle zwei Jahre zusammentritt – gegebenenfalls zugleich mit der Tagung einer internationalen Rotkreuzkonferenz –, hält das Exekutivkomitee seine ordentlichen Sitzungen alle sechs Monate ab.[24] Gemäß Art. 5 ihres Statuts ist es Aufgabe der Liga, als Verbindungs- und Koordinierungsorgan für die nationalen Gesellschaften zu dienen, letzteren jegliche Unterstützung, um die sie nachsuchen, zu gewähren, die Gründung und Entwicklung nationaler Gesellschaften zu fördern, Hilfe für Katastrophenopfer zu leisten, gemäß den 1969 von der internationalen Rotkreuzkonferenz verabschiedeten Prinzipien und Regeln für die Katastrophenhilfe durch das Rote Kreuz internationale Hilfsaktionen zu organisieren, zu koordinieren und zu leiten sowie Opfern bewaffneter Konflikte in Übereinstimmung mit den mit dem IKRK getroffenen Abmachungen Hilfe zu leisten.[25]

3. Das IKRK bildet als die historische Kernzelle der Rotkreuzbewegung und kraft seiner – trotz mancher Kritik an seiner Zusammensetzung[26] – unangefochtenen Autorität in dem internationalen Netzwerk des Roten Kreuzes sozusagen dessen Hirn und Herz. Das IKRK setzt sich aus 15 bis höchstens 25 schweizerischen Bürgern zusammen.[27] Es ergänzt sich durch Kooptation. Dadurch wird gewährleistet, daß nicht einmal die Schweizer Regierung, geschweige denn Regierungen anderer Staaten, auf die Zusammensetzung des IKRK Einfluß

---

20 Vgl. hierzu *v. Starck*, 213 f.

21 Vgl. dazu *v. Starck*, 214.

22 Dazu näher oben § 107.

23 Das erste umfassende Statut wurde auf der XIII. Internationalen Rotkreuzkonferenz in Den Haag (1928) unter maßgeblichem Einfluß *Max Hubers* zusammen mit den anderen, ihrerseits überarbeiteten Organisationsstatuten beschlossen. Da an dieser Konferenz – wie schon seit der Petersburger Konferenz von 1902 – die Vertreter der Signaturstaaten der Genfer Abkommen mitwirkten, erhielten nach Auffassung *Berbers* und *v. Starcks* die Organisationsstatuten des IRK damit völkerrechtlichen Charakter.

24 Dazu *v. Starck*, 221; auch Handbook (Anm. 13), Constitution of the League of Red Cross Societies (Art. 12, Art. 19), 292 ff.

25 Vgl. dazu *Bindschedler-Robert*, EPIL IV, 60.

26 Angesichts der universalen Ausbreitung des Roten Kreuzes wurde zeitweilig Kritik an der rein schweizerischen Zusammensetzung des IKRK laut. Jedoch hat sich diese Kritik, die eine Internationalisierung der Mitgliedschaft des IKRK forderte, nicht durchzusetzen vermocht. Gerade seine auf schweizerische Bürger begrenzte Mitgliedschaft habe seine Fähigkeit zu strikter Neutralität in Konfliktsituationen und damit die Wirksamkeit seiner Arbeit gewährleistet; vgl. dazu *Beigbeder*, 66 f.

27 Ursprünglich blieb die Mitgliedschaft im IKRK auf Genfer Bürger beschränkt. Später wurde die Mitgliedschaft Angehörigen auch der anderen Schweizer Kantone eröffnet. Dadurch wurde es u. a. möglich, *Max Huber* (Kanton Zürich) in das IKRK zu wählen; vgl. *v. Starck*, 221.

nehmen kann, seine strikte Unabhängigkeit und Neutralität also wirksam gesichert wird.[28] Bei den Aufgaben des IKRK ist zwischen solchen zu unterscheiden, die sich unmittelbar aus den Genfer Abkommen ergeben, und solchen, die sich aus dem sog. Initiativrecht des IKRK ergeben, das seine Grundlage ebenfalls im humanitären Recht hat. Die erste Gruppe von Aufgaben beruht auf Verpflichtungen sowohl der Staaten als auch des IKRK, während die zweite Gruppe ihre Grundlage jeweils im Konsens der betroffenen Parteien findet.[29] Zu den Aufgaben des IKRK gehören neben internen Maßnahmen wie die Regelung seiner Arbeitsorganisation und die Anerkennung nationaler Rotkreuzgesellschaften auf internationaler Ebene u. a. die Wahrung der grundlegenden Prinzipien der Arbeit des Roten Kreuzes, die kontinuierliche Entwicklung und Verbesserung des humanitären Rechts, die Gewährleistung des Schutzes und der Hilfe für militärische und zivile Opfer, die Wahrnehmung seiner Aufgaben gemäß den Genfer Konventionen sowie die Unterhaltung der Zentralauskunftsstelle[30] und der Besuch von Kriegsgefangenen und zivilen Internierten. Darüber hinaus wirkt das IKRK auch als Vermittler zwischen einzelnen Parteien in Fällen, in denen es um humanitäre Fragen geht, sowie neben oder anstelle von Staaten als Schutzmacht nach den entsprechenden Regelungen der Genfer Abkommen.[31]

4. Über den bisher genannten Institutionen – nationale Rotkreuzgesellschaften, Liga der Gesellschaften des Roten Kreuzes und des Roten Halbmondes, IKRK – bildet die Internationale Konferenz vom Roten Kreuz (IRK) als höchstes beratendes Organ das „gemeinsame Dach“[32] des Roten Kreuzes. Die IRK besteht nach Art. I des Statuts von 1928 aus den Delegierten der anerkannten nationalen Rotkreuzgesellschaften, den Vertretern des IKRK, den Vertretern der Liga und den Delegierten der Mitgliedstaaten der Genfer Abkommen. Mit der Gründung der IRK ist die bereits in Art. 9 der Resolution der Vorkonferenz von 1863[33] vorgezeichnete Entwicklung der Gesamtstruktur des Roten Kreuzes zum Abschluß gekommen. Auf den Konferenzen sind alle Delegationen mit gleichem Stimmrecht vertreten. Die erst auf der Petersburger Konferenz von 1902 geregelte Teilnahme der staatlichen Vertreter ist für die völkerrechtliche Dimension der Arbeit des Roten Kreuzes von besonderer Bedeutung. Für die Vorbereitung der Tagungen der IRK, die in der frühen Zeit dem IKRK oblag, ist mit der Ständigen Kommission[34] ein eigenes Organ geschaffen worden, dessen Vorsitzender zusammen mit dem Präsidenten des IKRK und dem Vorsitzenden der Liga das sog. „Gremium der drei Männer“ bildet. Dieses Gremium sorgt zwischen den Sitzungen der Ständigen Kommission für den Gedankenaustausch zwischen den Institutionen und kann auch erforderliche Maßnahmen für die Ständige Kommission treffen, über die diese zu unterrichten ist. Schließlich sieht das Statut des IRK ein weiteres Gremium vor, den Rat der Delegierten, der aus den Vertretern der nationalen Rotkreuzgesellschaften, des IKRK und der Liga besteht, also bis auf die hier nicht vertretenen Staatendelegierten in seiner

---

[28] Vgl. dazu *Forsythe*, Humanitarian Politics, 207 f; *Bindschedler-Robert*, EPIL IV, 59; *Kimminich*, 207.

[29] Vgl. dazu *Bindschedler-Robert*, EPIL IV, 59.

[30] Die Zentralauskunftsstelle *(International Tracing Agency)* wird vom IKRK unterhalten und dient der Aufklärung des Schicksals von vermißten Personen; diese Suchdienste werden auch auf nationaler Ebene durch die inländischen Rotkreuzgesellschaften geleistet, so etwa in Deutschland durch den DRK-Suchdienst.

[31] Im einzelnen dazu unten III.

[32] So *v. Starck*, 215.

[33] Dort hieß es: „Die Komitees und Sektionen der verschiedenen Länder können sich zur internationalen Konferenz treffen, um die Ergebnisse ihrer Erfahrung mitzuteilen und über die zu unternehmenden Maßnahmen im Interesse der Arbeit zu beschließen.“ Vgl. dazu Handbook (Anm. 13), 375 ff, hier zitiert nach *v. Starck*, 215.

[34] Sie besteht aus neun Mitgliedern. Davon sind fünf von der Internationalen Konferenz des Roten Kreuzes persönlich gewählt, zwei sind Repräsentanten des Internationalen Kommitees vom Roten Kreuz, wovon einer der Präsident sein sollte, und zwei repräsentieren die Liga der Rotkreuzvereinigungen, wovon wiederum einer der Leiter des Gouverneursrates sein sollte. Siehe Art. 9 des Statuts vom IRK, in: Handbook (Anm. 13), 275 (278).

Zusammensetzung mit der IRK identisch ist. Ihm obliegt es, Vorschläge für die Besetzung des Amtes des Vorsitzenden der Konferenz, seines Stellvertreters und der Generalsekretäre sowie Vorschläge zur Tagesordnung der Konferenzen zu machen.[35]

III. Von den genannten internationalen Institutionen des Roten Kreuzes kommt allein dem IKRK eine beschränkte Völkerrechtssubjektivität zu. Wie eingangs betont[36], beruht diese Völkerrechtssubjektivität vorrangig auf positivrechtlichen, namentlich auf den entsprechenden vertraglichen Regelungen in den Genfer Abkommen. Indessen ist nicht zu leugnen, daß sich das IKRK auch schon vor den einschlägigen Regelungen in den Genfer Abkommen zu einem internationalen Akteur entwickelt hatte, dessen Stellung sich zumindest der eines beschränkten Völkerrechtssubjektes stark angenähert hatte. Nicht zuletzt aufgrund dieses besonderen Status, der auf der Autorität und allgemeinen Achtung des IKRK in der internationalen Staatengemeinschaft beruhte, wurde die förmliche Einräumung der Völkerrechtssubjektivität für das IKRK möglich.

1. Als juristische Person des Schweizer Privatrechts (Art. 60 ZGB) war dem IKRK der Weg, sich als eine zwischenstaatliche Organisation mit unmittelbarer völkerrechtlicher Rechtsfähigkeit zu etablieren, grundsätzlich verschlossen. Dennoch hat das IKRK bzw. das Genfer Komitee von Beginn an den Verkehr mit den Regierungen – sei es mit dem Schweizer Bundesrat, sei es mit den Regierungen der sich an dem Aufbau eines internationalen Roten Kreuzes beteiligenden Staaten – gesucht und Akzeptanz als ein internationaler Akteur gefunden. Beispiele hierfür sind u. a. die im wesentlichen auf die Vorarbeiten des IKRK zurückgehende Annahme der ersten Genfer Konvention durch die diplomatische Konferenz von 1864, die Übernahme seitens der Staaten des Verfahrens der Anerkennung nationaler Rotkreuzgesellschaften nach Kriterien, die vom Roten Kreuz festgelegt werden, und – besonders bedeutsam – die überwiegende Anerkennung des sog. Initiativrechtes des IKRK bereits vor dessen ausdrücklicher völkerrechtlicher Anerkennung in den Genfer Abkommen.[37] Zu den für das Verhältnis von IKRK als völkerrechtlicher Akteur und den Staaten besonders wichtigen Aufgaben gehören die Überwachung der Einhaltung der fundamentalen Prinzipien des Roten Kreuzes – Menschlichkeit, Unparteilichkeit, Neutralität, Unabhängigkeit, Freiwilligkeit, Einheit[38] und Universalität[39] – und die Förderung der Weiterentwicklung des humanitären Rechts, etwa durch Initiativen zur Einberufung diplomatischer Kodifikationskonferenzen.[40] Ob mit diesen und zahlreichen weiteren Verhaltensweisen der Staaten gegenüber dem IKRK bereits dessen Stellung als ein beschränktes Völkerrechtssubjekt *sui generis* begründet wurde, kann heute angesichts der durch die Genfer Abkommen von 1949 geschaffenen Rechtslage dahinstehen.

2. Mit den Genfer Abkommen von 1949 wurde dem IKRK nicht nur die Stellung einer Schutzmacht bzw. Ersatzschutzmacht[41] eingeräumt. Auch das Initiativrecht, aufgrund dessen das IKRK selbständig „jede humanitäre Initiative entfalten [kann], die ihr als spezifisch-neutraler und unabhängiger Institution und Vermittlerin zukommt“[42], wurde

---

[35] Vgl. dazu im einzelnen *v. Starck*, 219.

[36] Vgl. oben.

[37] Zur historischen Entwicklung des Initiativrechtes vor seiner Kodifikation in den Genfer Abkommen von 1949, vgl. *Sandoz*, 352 ff.

[38] Einheit meint, daß in jedem Staat nur eine einzige Rotkreuzgesellschaft tätig sein darf.

[39] Vgl. dazu näher *Pictet*, Commentaire, passim. Eine Sanktionsgewalt kommt dem IKRK gegenüber Verletzungen des humanitären Rechts durch einzelne Staaten jedoch nicht zu. Es muß sich auf Appelle und Hinweise auf diese Verletzungen beschränken.

[40] Aus der jüngeren Vergangenheit ist hier die Initiative zur Ausarbeitung der Zusatzprotokolle I und II von 1977 zu nennen, die wesentlich von den Vorarbeiten des IKRK geprägt sind.

[41] Siehe dazu Art. 8–11 des I., II. und III. Genfer Abkommens und Art. 9–12 des IV. Genfer Abkommens sowie Art. 5 I. Zusatzprotokoll von 1977.

[42] So Art. VI des Organisationsstatus des IKRK; dazu auch *v. Starck*, 226.

in allen Genfer Abkommen niedergelegt.[43] Mit dem nunmehr umfassend anerkannten Recht des IKRK, Kriegsgefangene, aber auch geschützte Zivilpersonen sowie Internierte im Zusammenhang mit internationalen bewaffneten Konflikten und in Bürgerkriegssituationen vor Ort zu besuchen, ist weiterhin das Recht verbunden, diese Besuche durch sog. Delegierte des IKRK durchführen zu lassen. Sie gelten in Anlehnung an den Schutz, der diplomatischen und konsularischen Vertretern oder dem Personal internationaler Organisationen gewährt wird, als international geschützte Personen.[44] Auch hier zeigt sich, daß das IKRK auch unabhängig von seiner Anerkennung als mögliche Schutzmacht heute eine funktional bestimmte, aber eben damit auch beschränkte Stellung als Völkerrechtssubjekt einnimmt[45], jedoch immerhin den Schutz seiner Delegierten einfordern kann.[46]
Auf der 45. Sitzung der Generalversammlung der VN wurde dem Internationalen Komitee vom Roten Kreuz der Beobachterstatus zuerkannt.[47]

---

[43] Vgl. dazu Art. 9 der ersten 3 Abkommen und Art. 10 des IV. Abkommens sowie Art. 81 I. Zusatzprotokoll von 1977; eine spezielle Ausprägung hat das Initiativrecht in Art. 123 des III. Genfer Abkommens gefunden, der das IKRK ermächtigt, eine Zentralauskunftsstelle für Kriegsgefangene einzurichten sowie in Art. 140 des IV. Genfer Abkommens, der dem IKRK dasselbe Recht auch für geschützte Zivilpersonen, insbesondere Internierte, festlegt.

[44] Der den Delegierten des IKRK, die häufig einen Diplomatenpaß besitzen, gewährte Schutz ist jedoch nach Einschätzung *v.Starcks*, 227, in seiner Wirksamkeit nicht gleichzusetzen mit dem diplomatischen Schutz durch eine Schutzmacht.

[45] Trotz der beeindruckenden rechtlichen und tatsächlichen Anhaltspunkte für die Annahme einer beschränkten Völkerrechtsubjektivität des IKRK lehnt *G. Barile*, Caracère du Comité international de la Croix-Rouge, Riv. 62 (1979), 111 ff (115), dies ab. Kritisch dazu *Verdross/Simma*, 254. Wie hier aber auch *Knitel*, 100; *Bindschedler-Robert*, EPIL IV, 59; *Bleicker*, Sp.3026; vorsichtig auch *v.Starck*, 227, der interessanterweise, die Völkerrechtssubjektivität des IKRK eher auf eine entsprechende allgemeine Staatspraxis denn allein auf die positivrechtlichen Regelungen der Genfer Abkommen zu stützen scheint; vgl. auch kurz *K. Ipsen*, Völkerrecht, 4. Aufl. 1999, 86 *(Epping)*.

[46] Zur Rechtsstellung der Delegierten des IKRK vgl. *Knitel*, passim.

[47] Vgl. GA Res. 45/6 vom 16 Oktober 1990, Vgl auch Revue internationale de la Croix-Rouge 786 (1990), 639 f.

3. TEIL
Räume unter internationaler Verwaltung

1. KAPITEL
Hohe See

Schrifttum: *T. W. Fulton*, The Sovereignty of the Sea, An Historical Account of the Claims of England to the Dominion of the British Seas, and of the Evolution of the Territorial Waters: with special reference to the Rights of Fishing and the Naval Salute, 1911; *P. B. Potter*, The Freedom of the Seas in History, Law and Politics, 1924; *G. Gidel*, Le droit international public de la mer, le temps de paix, 3 tomes, 1932–1934; *H. Klee*, Hugo Grotius und Johannes Selden, Von den geistigen Ursprüngen des Kampfes um die Meeresfreiheit, 1946; *O. de Ferron*, Le droit international de la mer, 1958–1960; *C. W. Jenks*, The Common Law of Mankind, 1958; *R. Bierzaneck*, La nature juridique de la haute mer, RGDIP 65 (1961), 233 ff; *Nguyen Quoc Dinh*, La révendication des droits préférentiels en haute mer, AFDI VII (1961), 77 ff, *C. J. Colombos*, The International Law of the Sea, 6. Aufl., 1967; *M. S. McDougal/W. T. Burke*, The Public Order of the Oceans. A Contemporary International Law of the Sea, 1967; *G. Fahl*, Der Grundsatz der Freiheit der Meere in der Staatenpraxis von 1493–1648, 1969; *E. D. Brown*, The Legal Regime of Hydrospace, 1971; *M. S. McDougal*, The Law of the High Seas in Time of Peace, Den. J. Int'l L. & Pol'y 3 (1973), 45 ff; *Y. Van Der Menbrugghe*, Pouvoir de police des Etats en haute mer", RBDI (1975), 56 ff, *I. v. Münch*, Freedom of Navigation and the Trade Unions, GYIL 19 (1976), 128 ff; *K. R. Simmonds*, Cases on the Law of the Sea, 4 volumes, 1976 ff; *S. Oda*, The Law of the Sea in Our Time – New Developments 1966–1975, 1977; *S. Oda*, International Law of the Resources of the Sea, 1979; *B. H. Dubner*, The Law of International Sea Piracy, 1980; *D. P. O'Connell*, The International Law of the Sea, Vol. I 1982, Vol. II 1984; *L. Gelberg*, The Freedom of the Seas: Common Heritage of Mankind, in: *R.-J. Dupuy* (ed.), La gestion des resources pour l'humanité: Le droit de la mer, Colloque, Académie de droit international de la Haye, 1982, 329 ff; *Ch. L. Rozakis/C. A. Stephanou* (eds.), The New Law of the Sea, 1982; *R. Wolfrum*, Internationalisierung staatsfreier Räume – Die Entwicklung einer internationalen Verwaltung für Antarktis, Weltraum, Hohe See und Meeresboden, 1984; *I. v. Münch*, Internationales Seerecht, 1985; *M. Nordquist* (ed.), United Nations Convention on the Law of the Sea, 1982: a Commentary, Vol. I, 1985, Vol. II, 1993, Vol. IV, 1991, Vol. V, 1989; *C.-G. Hasselmann*, Die Freiheit der Handelsschifffahrt, 1987; *A. Bernaerts*, Guide to the Law of the Sea: The 1982 United Nations Convention, 1988; *R. R. Churchill/A. V. Lowe*, The Law of the Sea, 1988; *United Nations Office for Ocean Affairs and the Law of the Sea* (ed.), The Law of the Sea: Navigation on the High Seas: Legislative History of Part VII, Section I (articles 87, 89, 90–94, 96–98) of the United Nations on the Law of the Sea, 1989; *T. Kuribayashi* (ed.), The Law of the Sea in the 1990s: a Framework for Further International Cooperation: July 24 ff, 1990; *J. B. Morell*, The Law of the Sea: A Historical Analysis of the 1982 Treaty and Its Rejection by the United States, 1992; *N. Ronzitti* (ed.), Maritime Terrorism and International Law, 1990; *I. Arroyo*, International Maritime Conventions, 1991; *E. Beckert/G. Breuer*, Öffentliches Seerecht, 1991; *R.-J. Dupuy/D. Vignes* (eds.), A Handbook on the New Law of the Sea, 2 volumes, 1991; *J. M. van Dyke*, Military Exclusion and Warning Zones on the High Seas, Mar. Pol'y 15 (1991), 147 ff; *G. Knight/C. Hungdah*, The International Law of the Sea: Cases, Documents and Readings, 1991; *D. Momtaz*, The High Seas, in: *R.-J. Dupuy/D. Vignes* (eds.), A Handbook on the New Law of the Sea, Vol. I, 1991, 382 ff; *Moscow Symposium on the Law of the Sea: Proceedings of a Workshop*: November 28–December 2, 1988 in Moscow, 1991; *Prawo morskie/Polska Akademia Oddizal w Gdansku*, Komisja Prawa Morskiego, 5. Maritime Law, 1991; *J. Greenfield*, China's Practice in the Law of the Sea, 1992; *T. Kuwahara*, International Law of the Sea, 1992; *J. C. Wang*, Handbook on Ocean Politics and Law, 1992; *J. Charney* (ed.), International Maritime Boundaries, 2 volumes, 1993, *D. H. Anderson*, Legal Implications of the Entry into Force of the UN Convention on the Law of the Sea, Int. & Comp. L. Q. 44

(1995), 313 ff; *J. Charney*, Entry Into Force of the 1982 Convention on the Law of the Sea, VJIL 35 (1995), 381 ff; *R. Warner*, Jurisdictional Issues for Navies Involved in Enforcing Multilateral Regimes Beyond National Jurisdiction, International Journal of Maritime and Coastal Law 14 (1999), 321 ff; *W. Graf Vitzthum*, Gobale Staatengemeinschaftsräume, in: *W. Graf Vitzthum*, Völkerrecht, 2. Aufl., 2001, 417 ff.

§ 116 Ausdehnung und Rechtsstatus

I. Nahezu Dreiviertel der Erdoberfläche sind vom Meerwasser bedeckt, wobei dieses Gebiet weder hinreichend wirtschaftlich genutzt, noch auch nur unter diesem Gesichtspunkt auf Dauer mit der gleichen Intensität beherrscht wird, wie das Land. Die Ozeane bilden die wirtschaftlichen Transportwege für den Welthandel und sind bedeutende Erkenntnisquellen für die Erforschung unseres Planeten. Eine der bedeutenden Leistungen des Völkerrechts seit dem Ausgang des Mittelalters liegt in dem Freihalten der Hohen See von der territorialen Souveränität der Küstenstaaten. Dabei hat es immer wieder Versuche gegeben, das Meer völlig oder zumindest weitgehend einer nationalen Kontrolle zu unterstellen, wobei die entsprechenden Vorstöße unterschiedlich motiviert waren.

Ein Beispiel dieser Art ist die Errichtung von Seeverteidigungszonen, in denen sowohl in Friedenszeiten wie auch im Kriegsfall die Freiheit der Schiffahrt eingeschränkt oder ausgeschlossen wurde. Weitere Motivationen, neben Sicherheitsinteressen, waren das Interesse an der Ausübung der Jurisdiktion über Fischereiaktivitäten und zur Sicherung des marinen Umweltschutzes. Letzlich sollten diese Interessen durch die Errichtung ausschließlicher Wirtschaftszonen abgedeckt werden.[1] Dies ist aber nicht vollständig der Fall, wie das Beispiel des „chilenischen Anspruchs auf *el mar presencial*" belegt.[2]

Derzeit wird die Entwicklung des Seerechts von der vorherrschend getragenen Überlegung bestimmt, daß die Nutzung der Hohen See einer internationalen Regelung bedarf, wobei die entsprechenden Regelungskompetenzen in der Hand der Staatengemeinschaft insgesamt liegen soll. Insofern ist es gerechtfertigt, von der Bildung eines internationalen Verwaltungsrechts für die Hohe See zu sprechen.[3]

Bis zum Beginn der fünfziger Jahre beruhte das internationale Seerecht primär auf Gewohnheitsrecht,[4] obwohl die Zahl der Übereinkommen, die Regelungen für Teilbereiche enthielten, zunahm. Die technische Steigerung der Nutzungsmöglichkeiten führte zu einseitigen Maßnahmen, wie der Erklärung von ausschließlichen Wirtschaftszonen und Festlandsockelbereichen. Gleichzeitig verlangten die vielfältigeren und intensiver gewordenen Nutzungsformen der See nach einem Regelwerk, das die verschiedenen Nutzungsinteressen koordiniert und gleichzeitig die Nutzbarkeit der See im Sinne einer nachhaltigen Entwicklung sichert. Dies erfordert die Schaffung von internationalen Normen, die sowohl eine distributive Wirkung (zwischen den einzelnen Nutzungsformen und den einzelnen Staatengruppen) haben und gleichzeitig materielle Standards setzen, die, im Interesse des Bestandsschutzes, die Nutzung der See einschränken.

Bereits der Völkerbund hat den Versuch unternommen, zumindest Teilkomplexe des Seerechts zu regeln. Diese Bemühungen sind jedoch seinerzeit gescheitert.[5] In Erfüllung ihres Auftrages gem. Art. 13 Abs. 1 lit. a VN-Charta haben die Vereinten Nationen ebenfalls den

---

1 Vgl. dazu Bd. I/1.

2 *F. Orrego Vicuña*, The „Presential Sea": Defining Coastal States Special Interests in High Seas Fisheries and Other Activities, GYIL 35 (1992), 264 ff; kritisch *Charney*, VJIL 35 (1995), 381 (403) sowie *Th. Clingan*, Mar Precencial (The Presential Sea): Deja Vu All Over Again? – A Response to Francisco Orrego Vicuña, ODILA 24 (1993), 93 (96).

3 *Wolfrum*, Internationalisierung, 680.

4 *Colombos*, 7.

5 Vgl. hierzu *O'Connell*, Bd. I, 1982, 20 f.

Versuch einer Kodifikation und vor allem einer Weiterentwicklung des internationalen Seerechts unternommen und zu diesem Zweck drei Kodifikationskonferenzen (Genfer Seerechtskonferenzen 1958 und 1960 und 3. VN Seerechtskonferenz 1973–1982) einberufen. Das Ergebnis der 1. Seerechtskonferenz waren das Übereinkommen über das Küstenmeer und die Anschlußzone,[6] das Übereinkommen über die Hohe See,[7] das Übereinkommen über Fischerei und die Erhaltung der biologischen Reichtümer der Hohen See,[8] das Übereinkommen über den Festlandsockel[9] sowie das Fakultative Protokoll über die obligatorische Beilegung von Streitigkeiten.[10] Die Rezeption dieser Übereinkommen war jedoch nicht umfassend genug, um einen adäquaten internationalen Rechtsrahmen für die Nutzung der See zu bilden. Vor allem die Zurückhaltung hinsichtlich einer Anerkennung küstenstaatlicher Fischfangrechte in Küstennähe führte dazu, daß nur 36 Staaten dem Übereinkommen über Fischerei und die Erhaltung der lebenden Naturvorkommen der Hohen See beitraten.

Die in den sechziger Jahren einsetzende nationale Inanspruchnahme von Meereszonen, vor allem aber der Wunsch, den Tiefseebergbau zu regeln, führten zur Einberufung der 3. VN Seerechtskonferenz.[11] Das aus ihren Beratungen hervorgegangene Seerechtsübereinkommen[12] enthält eine Regelung für alle Bereiche des Meeres und alle Formen der Meeresnutzung. Einzelne Komplexe, wie zum Beispiel Fragen des Umweltschutzes und der Schiffssicherheit, werden durch spezielle Abkommen geregelt, auf die das Seerechtsübereinkommen direkt oder indirekt verweist. Das Seerechtsübereinkommen verweist an mehreren Stellen auf die Möglichkeit für den Abschluß weiterer Abkommen; es ist auf eine normative Fortentwicklung angelegt.

Gemäß Art. 311 Abs. 1 Seerechtsübereinkommen (SRÜ) geht dieses im Verhältnis zwischen seinen Vertragsparteien den Genfer Seerechtsübereinkommen vor.

II. 1. Die Hohe See umfaßt gemäß der Definition von Art. 86 SRÜ alle diejenigen Bereiche des Meeres, die nicht zu den nationalen Gewässern bzw. den Gewässern unter nationaler Kontrolle gehören.[13] Diese negativ formulierte Definition, die Art. 86 SRÜ zugrunde liegt, ist irreführend, denn sie scheint darauf hinzudeuten, daß es den Küstenstaaten freisteht, ihre Küstengewässer seewärts auf Kosten der Hohen See zu erweitern. Dies ist nicht der Fall. Das Völkerrecht setzt der unbegrenzten seewärtigen Ausdehnung der Küstenmeere bzw. der ausschließlichen Wirtschaftszonen Grenzen. Gemäß Art. 3 SRÜ liegt die maximale Ausdehnung der Küstenmeere bei 12 sm. und gemäß Art. 57 SRÜ die der ausschließlichen Wirtschaftszonen bei 200 sm.[14] Beide Vorschriften sind noch vor Inkrafttreten des Seerechtsübereinkommens am 16. 11. 1994[15] Bestandteil des Völkergewohnheitsrechts geworden.[16]

---

6 UNTS Bd. 516, 205 ff, siehe dazu Bd. I/1.

7 UNTS Bd. 450, 11 ff; BGBl. 1972 II, 1089 ff.

8 UNTS Bd. 559, 285 ff.

9 UNTS Bd. 499, 311 ff, siehe dazu Bd. I/1.

10 UNTS Bd. 450, 169 ff.

11 Vgl. dazu *Wolfrum*, Internationalisierung, 371 ff mwN; *T. B. Koh/S. Jayakumar*, Negotiating Process of the Third UN Conference on the Law of the Sea, in: *Nordquist* (ed.), United Nations Convention on the Law of the Sea, A Commentary, Bd. I, 1982, 29 ff.

12 UN Doc. A/Conf. 62/122 vom 7. 10. 1982 einschließlich Corr. 3; in Kraft getreten am 16. 11. 1994 mit 60 Ratifikationen und 150 Unterzeichnungen, vgl. GA Res. 48/28 vom 9. 12. 1993, para. 2. Vgl. zur Aufschlüsselung der Ratifikationen und den Umständen des Inkrafttretens: *Anderson*, Int. & Comp. L. Q. 44 (1995), 313 (314).

13 Bd. I/1, 381.

14 Vgl. dazu Bd. I/1, 421, 427.

15 Vgl. zu den rechtlichen Auswirkungen des Inkrafttretens des Seerechtsübereinkommens *Anderson*, Int. & Comp. L. Q. 44 (1995), 313 ff.

16 Bd. I/1, 427, 531; *R. Wolfrum*, The Emerging Customary Law of Marine Zones: Practice and the Convention on the Law of the Sea, NYIL 18 (1987), 121 (129, 133); *F. Orrego Vicuña*, The Contribution of the Exclusive Zone to the Law of Maritime Delimination, GYIL 31 (1988), 120 ff; zur Staatenpraxis vgl. *L. Juda*, The Exclusive Economic Zone: Compatibility of National Claims and the UN Convention on the Law of the Sea, ODILA 16 (1986), 1 (8 ff); *T. Treves*, Codification du droit international et pratique des Etats dans le droit de la mer, RdC 223 (1990 IV), 9 (66 f bzw. 83 f); *Anderson*, Int. & Comp. L. Q.

2. Die Formulierungen von Art. 86 SRÜ und Art. 1 Hohe See Konvention sind nicht identisch. Der Unterschied in der Formulierung von Art. 1 der Hohen See Konvention,

> *„The term ‚high seas' means all parts of the sea that are not included in the territorial sea or in the internal waters of a State,"*

und Art. 86 SRÜ,

> *„The provisions of this part apply to all parts of the sea that are not included in the exclusive economic zone, in the territorial sea or in the internal waters of a State, or in the archipelagic waters of an archipelagic State. This article does not entail any abridgement of the freedoms enjoyed by all States in the exclusive economic zone in accordance with article 58."*

reflektiert die Tatsache, daß das Seerechtsübereinkommen Meereszonen geschaffen hat, in denen die Küstenstaaten zwar ausschließliche Nutzungsrechte ausüben, für die sie jedoch keine Gebietshoheit beanspruchen können. Auch sind die Nutzungsrechte in diesen Zonen nicht allumfassend. Die Formulierung von Art. 86 SRÜ sollte darauf hinweisen, daß, trotz der territorialen Sonderstellung dieser Meereszonen, Teile des Rechtsregimes für die Hohe See in diesen Meereszonen anwendbar sind. Territorial handelt es sich bei ausschließlichen Wirtschaftszonen um Zonen *sui generis*, die weder der Hohen See noch Staatsgebieten zuzuordnen sind.[17] In bezug auf die Schiffahrt, den Überflug sowie das Verlegen von Kabeln und Rohrleitungen gelten allerdings die Rechtsordnungen für die Hohe See auch für die ausschließlichen Wirtschaftszonen.[18]
Die Inanspruchnahme des Festlandsockels durch einen Küstenstaat berührt den Rechtsstatus der darüberliegenden Wassersäule nicht.[19]

III. 1. Das Seerechtsübereinkommen definiert den rechtlichen Status der Hohen See nicht. Es beschränkt sich darauf, festzustellen, daß die Hohe See nicht von seiten einzelner Staaten okkupiert werden kann.[20] Dieses Verbot ist als eine Norm des zwingenden Völkerrechts im Sinne von Art. 53 des Wiener Übereinkommens über das Recht der Verträge[21] anzusehen.[22]

2. In der Literatur wurde versucht, den Rechtsstatus der Hohen See als *res nullius*[23] oder als *res communis omnium*[24] zu qualifizieren.[25] Letztlich hat sich diese Diskussion jedoch als wenig fruchtbar erwiesen.[26]

Gemäß der *res nullius*-Theorie unterfällt die Hohe See keiner staatlichen Souveränität, ist allerdings generell aneignungsfähig. Dies ist jedoch mit dem gewohnheitsrechtlich anerkannten und in Art. 2 Hohe See Konvention bzw. Art. 89 SRÜ niedergelegtem Okkupationsverbot unvereinbar.[27] Eine modernere Variante dieser Theorie rechtfertigt die Qualifikation der Hohen See als *res nullius* aus

44 (1995), 313 (320).

17 Bd. I/1, 530.

18 Unklar insoweit *Hasselmann*, 70 f.

19 Vgl. dazu Art. 78 Abs. 1 SRÜ.

20 Vgl. die nahezu identischen Formulierungen von Art. 2 S. 1 Hohe See Konvention und Art. 89 SRÜ.

21 BGBl. 1985 II, 926 ff.

22 Vgl. dazu *L. Hannikainen*, Peremptory Norms (Jus Cogens) in International Law: Historical Development, Criteria, Present Status, 1989, 540.

23 *L. Cavaré*, Le Droit international public positif, Bd. II, 3. Aufl., 1969, 718; *H. P. Ipsen*, EWG über See. Zur seerechtlichen Orientierung des europäischen Gemeinschaftsrechts, in: FS *Stödter*, 1979, 167 (170).

24 *P. Guggenheim*, Lehrbuch des Völkerrechts, Bd. I, 1948, 408; *J. H. Verzijl*, International Law in Historical Perspective, Bd. IV, 1971, 8; *Colombos*, 66; *Oppenheim/Lauterpacht*, 8. Aufl., Bd. I, § 254; *Brownlie*, 6. Aufl., 258.

25 *H. Grotius*, Mare liberum, sive Dissertatio de jure, quod Batavis competit ad Indicana Commercia, 1609, 13 führte dazu aus: *„De mari autem prima sit consideratio, quod cum passim in jure aut nullius, aut comune, aut publicu juris gentiu dicatur..."*. Das Buch stellt das 12. Kapitel des erst 1668 erschienen Werkes De Jure Praedae dar.

26 *Gidel*, Bd. I, 215.

27 *Verdross/Simma*, § 1127.

der Unanwendbarkeit des *res communis*-Konzepts.[28] Die Vertreter dieser Theorie sind sich dabei uneinig, ob die Hohe See okkupationsfähig ist.[29] Sie stellen vor allem darauf ab, daß die *res communis omnium*-Theorie die Verwaltung der Hohen See im Wege eines Kondominiums verlangt und daß dem die Praxis nicht entspreche.

Für die Vertreter der *res communis omnium*-Theorie[30] ist wesentlich, daß die See allen Staaten zur gleichberechtigten Nutzung offensteht und dementsprechend auch nicht von den Einzelstaaten okkupiert werden kann. Das Problem der *res communis omnium*-Theorie liegt darin, daß Uneinigkeit darüber besteht, ob dieses Konzept neben dem Okkupationsverbot weitere Elemente enthält. Diese Unsicherheit ist nicht zuletzt darauf zurückzuführen, daß das Konzept der *res communis omnium*-Theorie auch im römischen Recht, dem es entnommen ist, nicht eindeutig definiert war, so daß seine heutige Verwertbarkeit fraglich ist.[31]

3. Ausgangspunkt für eine Auseinandersetzung mit dem für die Hohe See geltenden Rechtsregime sollte daher folgende Aussage sein: Charakteristika der Hohen See sind das Fehlen territorialer Souveränität und das Verbot staatlicher Okkupation; beide sind Grundlage für die Freiheit der Hohen See.[32] Dabei stehen Okkupationsverbot und Freiheit der Hohen See in einem, auch historisch bedingten, unauflösbaren inneren Zusammenhang. Denn das Verbot der Okkupation ist die Voraussetzung dafür, daß auch in Zukunft das Prinzip der Freiheit der Hohen See aufrecht erhalten werden kann. Von daher erfährt das Okkupationsverbot wiederum seine Legitimation.[33] Historisch gesehen diente allerdings das Prinzip der Freiheit der Meere, in der Form der Schiffahrtsfreiheit, dazu, Souveränitätsansprüchen über die Hohe See entgegenzuwirken.[34]

§ 117 Die Freiheit der Hohen See

Schrifttum: wie vor § 116; *W. Schücking*, Die Freiheit der Meere, in: *ders.*, Bund der Völker, 1918, 135 ff; *M. S. McDougal/N. A. Schlei*, The Hydrogen Bomb Tests in Perspective, Lawful Measures for Security, Yale L. J. 64 (1955), 648 ff; *U. Jenisch*, Das Recht zur Vornahme militärischer Übungen und Versuche auf Hoher See in Friedenszeiten, 1970; *R. P. Anand*, „Tyranny" of the Freedom of the Seas Doctrine, Int'l Stud. 12 (1973), 416 ff; *L. J. Bouchez*, The Freedom of the High Seas: A Reappraisal, in: *L. J. Bouchez/L. Kaijen* (eds.), The Future of the Law of the Sea, 1973, 21 ff; *J. Ehmer*, Der Grundsatz der Freiheit der Meere und das Verbot der Meeresverschmutzung, 1974; *R. Luther/K. Mann*, Das Prinzip der Freiheit der Meere – eine Norm des Jus cogens des allgemein-demokratischen Völkerrechts, StR 23 (1974), 419 ff; *E. D. Brown*, Freedom of the High Seas Versus the Common Heritage of Mankind: Fundamental Principles in Conflict, San Diego L. Rev. 20 (1983), 521 ff.

---

28 *Ch. Rousseau*, Droit International Public, 1983, 416; *Cavaré* (Anm. 23), Bd. II, 718; *P. Fauchille*, Traité de droit international public, 1925, Bd. I/2, Rn. 483; *J. Westlake*, International Law, Bd. I, 2. Aufl., 1910, 187.

29 Ablehnend *Cavaré* (Anm. 23), Bd. II, 718.

30 *Colombos*, 64; *F. von Liszt/M. Fleischmann*, Das Völkerrecht systematisch dargestellt, 12. Aufl., 1925, 292; *L. Delbez*, Les principes généraux du droit international public, 3. Aufl. 1964, 169.

31 *O'Connell*, Bd. I, 793; *Brownlie*, 6. Aufl., 178; *François* in seinem Bericht an die ILC „Régime of the High Seas", YBILC 1950, Vol. II, 36, para. 1.

32 *F. Berber*, Lehrbuch des Völkerrechts, Bd. I, 2. Aufl., 1975, 322; *Colombos*, 62; *Cavaré* (Anm. 23), Bd. II, 713; *Wolfrum*, Internationalisierung, 127.

33 Das Okkupationsverbot wurde über die Zeit mit wechselnden Argumenten begründet. *Grotius* nannte insgesamt drei Gründe: Faktische Unmöglichkeit für eine effektive Okkupation der See; Unerschöpfbarkeit der Ressourcen (warum soll ein Staat beherrschen, was dem Nutzen aller dienen kann?) und Freiheit der Kommunikation der Staaten über See: „... eas res quae occupari non possunt, aut occupatae nunquam sunt, nullius proprias esse posse: quia omnis proprietas ab occupatione coeperit ... eas res omnes, quae ita a natura comparatae sunt, ut aliquo utente nihil ominus alliis quibusvis ad usum promiscue sufficiant, eius hodieque condicionis esse, et perpetuo esse debere cuius fuerant cum primum a natura proditae sunt." (Kap. V).

34 *Verzijl* (Anm. 24), Bd. IV, 30; *Hasselmann*, 73.

I. 1. Die Entwicklung des Prinzips von der Freiheit der Hohen See, dessen Grundlage vor dem Einsetzen der Bestrebungen um die Neugestaltung des Seerechts durch die 3. Seerechtskonferenz der Vereinten Nationen kaum in Zweifel gezogen worden war, ist untrennbar mit dem Namen von *Hugo Grotius* verbunden. Obwohl auf diesen Grundsatz schon vor *Grotius* hingewiesen worden ist, ist es doch sein Verdienst, dieses Prinzip in seinem Werk *„Mare liberum sive Dissertatio de jure, quod Batavis competit ad Indicana Commercia“*[1] klar herausgestellt und systematisch begründet zu haben.

Das Prinzip von der Freiheit der Hohen See (die früher verwandte Formulierung „Freiheit des Meeres“ ist weniger genau) hat sich erst langsam und im Laufe von Jahrhunderten durchsetzen können. Bis über den Ausgang des Mittelalters hinaus nahmen die Staaten ganze Meere, z. B. Venedig die Adria und Genua die Ligurische See, als nationale Meere in Anspruch *(mare clausum)*. Schweden betrachtete die Ostsee, Dänemark den Sund und die Gewässer zwischen Dänemark, Norwegen und Island, England die Nordsee und große Teile des Atlantik als ihre Hoheitsgebiete, von denen sie andere Nationen ausschlossen, oder auf denen sie fremden Schiffen Abgaben oder sonstige Beschränkungen aufzwingen konnten. Im Zeitalter der Entdeckungen versuchten Spanien und Portugal, den Handel mit den neuentdeckten Weltteilen zu monopolisieren. Die zwischen ihnen selbst bestehende Rivalität wurde 1493 durch einen Schiedsspruch des Papstes Alexander VI. *(Bulle Inter Caetera)* und 1494 durch den Vertrag von Tordesillas geregelt (Entscheidungen, durch die der Atlantische und der Pazifische Ozean nach Maßgabe um die ganze Welt gezogener Linien zwischen beiden Mächten aufgeteilt wurden).
Diesem „Meeresmonopolismus“ traten Frankreich und die aufsteigenden protestantischen Mächte Holland und England entgegen. Namentlich Holland war nicht gewillt, sich von Portugal aus dem Handel mit Indien verdrängen zu lassen. Diesen Interessen entsprach die seit dem Beginn des 17. Jahrhunderts neu aufkommende Lehre von der Freiheit der Meere, der *Grotius* in seinem zuerst im Jahre 1608 anonym veröffentlichen Buch „Mare liberum“ Ausdruck verlieh. Danach sollte das Meer keinem Staate ausschließlich gehören, sondern der Schiffahrt, dem Handel und der Fischerei aller Staaten zugänglich sein. Diese Lehre hat sich wie das politische Interesse, dem sie entsprach, erst gegen starke Widerstände und in einer langandauernden Auseinandersetzung mit der traditionellen Lehre vom *mare clausum* durchsetzen können. So verteidigte der bekannteste Vertreter der traditionellen Lehre, *J. Selden*, in seiner Schrift *„De mare clausum seu de dominio maris“* (1635) die britischen Ansprüche auf weite Teile des Nordatlantiks in Hinblick auf die langandauernde tatsächliche Ausübung von Polizeibefugnissen durch das britische Königreich.[2] Eine rückläufige Entwicklung wurde im 18. Jahrhundert durch den Merkantilismus begünstigt, der namentlich den Handel mit den Kolonien von dem Welthandel ausschloß und dem Mutterland reservierte. Erst mit der Durchsetzung freiheitlicher Ideen im 19. Jahrhundert ist der Grundsatz der Freiheit der Meere, wenn auch nicht einschränkungslos, zu endgültigem Durchbruch gelangt.
Auf stärkeren Widerstand als anderswo ist der Grundsatz der Freiheit der Hohen See bis zuletzt vor allem bezüglich der Ostsee und des Schwarzen Meeres gestoßen. In der Ostsee hat Dänemark seine Sundzölle bis in die Mitte des 19. Jahrhunderts verteidigt. 1780 und 1800 suchten die Ostseestaaten die Benutzung der Ostsee als Kriegsschauplatz durch die Vereinbarung der „bewaffneten Neutralität“ zu verhüten,[3] und bis in die 90er Jahre wurde die Ostsee als geschlossenes Meer behandelt.[4] Das Schwarze Meer wurde durch Art. 11 des Pariser Friedens von 1856 neutralisiert. Hierin lag eine gegen Rußland gerichtete Ausnahmeregel, von der dieses sich zunächst 1870 durch einseitiges Vorgehen, endgültig durch den Londoner Vertrag vom 13. 3. 1871 freimachen konnte. Im Pazifik unternahm Rußland 1821 einen Versuch zur Okkupation weiter Teile der offenen See, als es durch

---

[1] *H. Grotius*, Mare liberum, sive Dissertatio de jure, quod Batavis competit ad Indicana Commercia, 1609.

[2] *„De mare clauso, seu de Dominio Serenissimi Regis Magnae Britanniae, in Oceano circumambiente, descepturaturo Duo imprimis capita sunt perpendenda.“, Selden,* De mare clausum, Liber Primus.

[3] Die Verletzung der angeblichen Unverletzlichkeit der Ostsee durch den englischen Angriff auf Kopenhagen wurde als einer der Gründe für die Kriegserklärung Rußlands gegenüber Großbritannien im Jahre 1807 angeführt.

[4] Vgl. dazu *M. J. Lazarev*, Theoretische Fragen des modernen Seevölkerrechts, übersetzt von *E. Rauch*, 1985, 153.

einen Ukas des Zaren den nördlichen Teil des Ozeans bis zum 51. Grad nördlicher Breite und in einer Entfernung von 100 sm. von den asiatischen und nordamerikanischen Küsten (Alaska) für die internationale Schiffahrt und Fischerei zu sperren versuchte. Dieser Versuch ist damals am Widerstand Englands und der USA gescheitert. Sie zwangen Rußland zur Preisgabe seiner Ansprüche und schlossen 1824 und 1825 mit ihm Verträge, durch die ihre Rechte auf die Schiffahrt und Fischerei im nördlichen Pazifik anerkannt wurden.[5]

2. Zwar versuchte *Grotius*, das Prinzip der Freiheit der Hohen See naturrechtlich zu untermauern, um ihm damit Allgemeingültigkeit zu verleihen. Das Prinzip ist aber aus einer bestimmten politischen Situation heraus entstanden, und mit ihm wurden konkrete politische Ziele im Interesse bestimmter Staaten verfolgt.[6] Gleiches trifft übrigens für die von *Selden* vertretene Gegenposition zu. Insofern gilt für das Prinzip der Freiheit der Hohen See das gleiche wie für die Entwicklung des *common heritage*-Prinzips, das nach dem Willen des Seerechtsübereinkommens die Nutzung des Tiefseebodens und seiner Ressourcen regiert.[7] Denn auch dieser Grundsatz des *common heritage* versteht sich aus einer bestimmten politischen Situation heraus und strebt die Begünstigung einer konkreten Staatengruppe, der Entwicklungsländer, an. Insoweit läßt sich sogar von einer Gemeinsamkeit hinsichtlich der Entstehung beider Prinzipien sprechen. Beide markieren eine macht- und interessenpolitische Umwälzung. Wie sich die Niederlande als aufstrebende Seemacht des 17. Jahrhunderts mit Hilfe des Prinzips von der Freiheit der Hohen See gegen die Dominanz der Seemächte Portugal und Spanien durchzusetzen versuchten, so streben die Entwicklungsländer eine Verbesserung ihrer Position hinsichtlich der Nutzung des Tiefseebodens mit Hilfe des *common heritage*-Prinzips an.

II. 1. Umschrieben wird das Prinzip der Freiheit der See in Art. 87 SRÜ.[8] Art. 87 SRÜ erwähnt neben der Freiheit der Schiffahrt, des Überflugs, des Verlegens von Kabeln und Rohrleitungen und der Freiheit des Fischfangs auch den Bau von künstlichen Inseln und anderen Installationen sowie die Freiheit der Meeresforschung. Diese Aufzählung ist, wie sich aus dem Wortlaut dieser Vorschrift ergibt, nicht abschließend. Zu denken ist beispielsweise an die Freiheit der Abfallbeseitigung auf See.[9]

Die Freiheit der Meeresnutzung ist jedoch nicht uneingeschränkt. Insbesondere die Freiheit, Kabel und Rohrleitungen zu verlegen, die Freiheit künstliche Inseln und andere Installationen zu bauen, die Freiheit des Fischfangs und vor allem die Freiheit der Abfallbeseitigung auf Hoher See unterliegen wesentlichen Einschränkungen.

2. Der Grundsatz der Freiheit der Hohen See wird gelegentlich dem *ius cogens* im Sinne von Art. 53 des Wiener Übereinkommens über das Recht der Verträge[10] zugerechnet.[11] Die

---

5 Dazu *J. B. Moore*, History and Digest of International Law, Arbitrations, Bd. I, 1898, 755 ff.

6 *H. P. Rogge*, Hugoius Grotii operum discriptio bibliographica, HAG.com. 1883, ordnet deshalb die Schrift De jure Praedae unter die politischen Schriften von *Hugo Grotius* ein. Vgl. dazu auch *Fulton*, 338 f; *W. Knight*, Grotius in England, His Opposition There to the Principles of the Mare Liberum, Transactions of the Grotius Society 5 (1919), 29 f.

7 Vgl. dazu Kapitel 2.

8 Nach Art. 2 Hohe See Konvention hatten alle Staaten das Recht der freien Schiffahrt, der Fischerei, des freien Überfluges und das Recht, Kabel- und Rohrleitungen zu legen. Dieser Freiheitskatalog war, wie sich aus seinem Wortlaut ergab und was auch durch den Kommentar der ILC, YBILC 1956, Vol. II, 253 (265), Report of the ILC to the General Assembly (UN Doc. A/3159), bestätigt wird, nicht abschließend. Auffallend war an dieser Formulierung die Nichterwähnung der Forschungsfreiheit. Dennoch war man sich sowohl in den Beratungen der 1. Genfer Seerechtskonferenz 1958 wie auch in den vorbereitenden Beratungen der ILC darüber einig, daß die Meeresforschung grundsätzlich mit in den Kreis der geschützten Freiheitsrechte gehöre, YBILC 1956, Vol. II, 278. Eine Berücksichtigung des Tiefseebergbaus hielt man zur Zeit der 1. Genfer Seerechtskonferenz nicht für erforderlich, da nach Meinung der ILC dafür kein praktisches Bedürfnis bestand, ebd., 278. Dennoch stand die Freiheit des Tiefseebergbaus seinerzeit außer Frage.

9 Vgl. dazu *Ehmer*, 35 ff sowie unten.

10 Vgl. dazu § 157.

11 *Dahm*, 1. Aufl., Bd. I, 666 „Teil des Völkerverfassungsrechts"; *Hasselmann*, 74; a.A. *Wolfrum*, Internationalisierung, 134.

Diskussionen auf der 3. VN Seerechtskonferenz belegen allerdings nicht, daß die internationale Staatengemeinschaft als Gesamtheit diesen Grundsatz als unabdingbar akzeptiert hätte. Im Gegenteil ist scharfe Kritik an diesem Grundsatz von seiten der Entwicklungsländer geäußert worden. Dogmatisch steht einer Qualifikation des Grundsatzes der Freiheit der Hohen See als *ius cogens* entgegen, daß die Staaten hierüber durch Vertrag disponieren können und auch disponiert haben, ohne das Gesamtinteresse der Völkerrechtsgemeinschaft oder das durch die Völkerrechtsgemeinschaft geschützte Einzelinteresse eines Dritten zu verletzen.[12]

III. 1. Die Freiheit der Hohen See hat zunächst eine negative Komponente. Sie zielt auf die Beseitigung bzw. Abwehr aller Regelungen oder Zwangsmaßnahmen, die gegen die Schiffahrt bzw. andere marine Nutzungsformen von dritter Seite, also von anderen Staaten als den Staaten gesetzt werden, unter deren Flagge diese Aktivität erfolgt. Ebenso ausgeschlossen ist die Einflußnahme internationaler Organisationen. Diese negative Komponente oder besser gesagt Abwehrfunktion des Prinzips von der Freiheit der Hohen See kommt besonders deutlich in einer Entscheidung von Lord *Stowell* (1817) im Falle *Le Louis*[13] zum Ausdruck. Er führte hierzu aus:

> „Upon the first question, whether the right of search exists in time of peace, I have to observe that two principles of public law are generally recognized as fundamental. One is the perfect equality and entire independence of all distinct states.... The second is that all nations being equal all have an equal right to the uninterrupted use of the unappropriated parts of the ocean for their navigation. In places where no local authority exists, where the subjects of all states meet upon a footing of entire equality and independence, no state, or any of its subjects, has a right to assume or exercise authority over the subjects of another...".

Ähnliche Formulierungen finden sich in einer Entscheidung des amerikanischen Richters *Story* im Falle *Marianna Flora*, wobei jedoch ein Element der gegenseitigen Rücksichtnahme neu eingeführt wird. Hier heißt es:

> „Upon the ocean, then, in time of peace, all posess an entire equality. It is the common highway of all, appropriated to the use of all; and no one can vindicate to himself a superior or exclusive prerogative there. Every ship sails there with the unquestionable right of pursuing her own lawful business without interruption, but, whatever may be the business, she is bound to pursue it in such a manner as not to violate the rights of others. The general maxim in such cases is, *sic utere tuo, ut non alienum laedas.*"[14]

2. Neben der angesprochenen negativen Komponente oder Abwehrfunktion enthält das Prinzip von der Freiheit der Hohen See einen Aspekt der Staatengleichheit. Hieraus folgt – wie Richter *Story* es formuliert hat – die Verpflichtung, sich aller derjenigen Nutzungen nach Art und Intensität zu enthalten, die andere Staaten daran hindert, ihre Nutzungsrechte an der Hohen See ebenfalls auszuüben. Dieses Gebot der Rücksichtnahme hat sich im Gefolge der technischen Entwicklung und der dadurch gesteigerten Möglichkeiten einer Nutzung der Hohen See weiter verdichtet mit der Konsequenz, daß die Freiheit der Hohen See als eine völkerrechtlich gebundene und eingeschränkte Freiheit zu verstehen ist.[15]

---

[12] Vgl. dazu *H. Mosler*, Ius Cogens im Völkerrecht, SchwJIR 25 (1968), 9 (35f); *L. Hannikainen*, Peremptory Norms (Jus Cogens) in International Law: Historical Development, Criteria, Present Status, 1989, 207ff; danach liegen *ius cogens* Regeln nur dann vor, wenn sie vier Kriterien erfüllen: Es müssen Normen des allgemeinen Völkerrechts sein, sie müssen von der Staatengemeinschaft in ihrer Gesamtheit akzeptiert und dürfen nicht abdingbar sein, ihre Änderung ist nur durch eine Regel des *ius cogens* möglich.

[13] Abgedruckt in: *Simmonds*, Cases, Bd. I, 152 (186).

[14] *Justice Story, The Marianna Flora* (1826), abgedruckt in: *Simmonds*, Cases, Bd. I, 327 (339).

[15] *O'Connell/Shearer*, Bd. II, 796 spricht daher auch von einer relativen Freiheit.

3. Die einzelne Nutzung der See steht in einem natürlichen Konkurrenzverhältnis zu allen anderen Nutzern und ist bestrebt, den eigenen Anteil zu vergrößern oder zumindest zu erhalten. Bei zunehmender Nachfrage und gleichzeitiger Ressourcenverknappung wäre daher die unausweichliche Folge eines Beharrens auf der uneingeschränkten Geltung des Prinzips von der Freiheit der Hohen See die Beeinträchtigung der See oder deren ökologische Zerstörung. Zudem gilt es auch, die verschiedenen Nutzungsformen der See untereinander zu koordinieren. Kollisionen entstehen vor allem im Verhältnis von Schiffahrt zu wirtschaftlicher Nutzung des Festlandsockels, von militärischer Nutzung im Verhältnis zur Schiffahrt, von Schadstoffbeseitigung auf See im Verhältnis zum Fischfang sowie vom Verlegen von Kabeln und Rohrleitungen im Verhältnis zu Fischfang und sonstiger wirtschaftlicher Nutzung des Meeresbodens und zur Meeresforschung. Die veränderten technischen Bedingungen verlangen daher eine Disziplinierung der Nutzung der See, um ihre effektive und gleichberechtigte Nutzung im Interesse der Staatengemeinschaft zu sichern. Auch die Begrenztheit der maritimen Ressourcen zwingt dazu, den Gesichtspunkt der Gleichberechtigung aller Meeresnutzenden heranzuziehen und zu einer Konkretisierung des Prinzips von der Freiheit der Hohen See zu nutzen. Demgemäß bedeutet Freiheit der Hohen See nicht nur, daß die Nutzung frei von fremden staatlichen Restriktionen ist (dem gleichgestellt sind Restriktionen durch internationale Organisationen), sondern daß die See auch faktisch der Nutzung aller Staaten offenstehen muß. Die sich ergebenden Nutzungskonkurrenzen sind völkervertraglich zu lösen, und es ist zu verhindern, daß das Prinzip von der Freiheit der See in der Praxis dazu führt, daß einige wenige Staaten oder bestimmte Nutzungsformen die Hohe See für sich monopolisieren.[16] Die völkervertragliche Lösung der angesprochenen Nutzungskonkurrenzen ist dann eine Konkretisierung der Schranken, die der Freiheit der Hohen See insoweit immanent sind.

4. Das Völkervertragsrecht hat den beiden angesprochenen Gesichtspunkten – nämlich dem einer Disziplinierung der Meeresnutzung im Interesse der Gemeinverträglichkeit der Nutzung und dem einer Koordinierung im Interesse der gleichberechtigten Nutzung aller Staaten – auf unterschiedlichem Wege Rechnung zu tragen versucht. Der Schlüsselbegriff hierfür ist das Kriterium des *„due regard"*, wie es Art. 87 Abs. 2 SRÜ formuliert:

> *„... These freedoms shall be exercised by all States with due regard for the interests of other States in their exercise of the freedom of the high seas, and also with due regard for the rights under this Convention with respect to activities in the Area."*

Art. 87 SRÜ umschreibt damit die einer Nutzung der Hohen See immanenten Schranken in allgemeiner Form, wobei allerdings die beiden verfolgten Zielsetzungen nur unvollkommen zum Ausdruck kommen. Letztlich besagt die in Art. 87 SRÜ für die Freiheit der Hohen See formulierte Schranke, daß keine Nutzung der Hohen See an sich unzulässig ist, jede Nutzungsform aber unzulässig werden kann, wenn die Art der Ausführung eine unberechtigte Beeinträchtigung anderer, sei es in der gleichen Nutzungsform oder bei der Ausübung anderer Nutzungsarten, mit sich bringt. Völkerrechtliche Verträge können allerdings bestimmte Nutzungsformen völlig ausschließen.

Art. 87 Abs. 2 SRÜ stellt gegenüber Art. 2 Hohe See Konvention eine Verschärfung dar[17] (*„with due regard"* anstatt *„with reasonable regard"*) und erweitert das Gebot der Rücksichtnahme auf

---

[16] *Memorandum présenté par le Secrétariat*, UN Doc. A/CN.4/32, ILC Yearbook 1950 Bd. II, 69 ff; vgl. dazu vor allem *Anand*, Int'l Stud. 12 (1973), 416 (417); *M. Bennouna*, Le caractère pluridimentionnel du Nouveau de la Mer, in: *Dupuy/Vignes* (eds.), Bd. I, 3 ff.

[17] *Momtaz*, 398; zur Entstehungsgeschichte vgl. *Hasselmann*, 81; *B. H. Oxman*, An Analysis of the Exclusive Economic Zone as Formulated in the Informal Composite Negotiating Text, in: *T. A. Clingan* (ed.), Law of the Sea: State Practice in Zones of Special Jurisdiction, Proceedings of the annual con-

Tiefseebodenaktivitäten. Hinzugefügt wurde außerdem das allgemeine Verbot des Rechtsmißbrauchs (Art. 300 SRÜ).[18]

Im einzelnen relativiert das Gebot des *„due regard“* die Nutzungsmöglichkeiten im Sinne einer Verpflichtung, das eigene Interesse an der Nutzung der See mit entsprechenden Interessen anderer Staaten abzustimmen.[19] Eine solche Abstimmung ist für den Einzelfall und unter Berücksichtigung aller Umstände vorzunehmen.[20]

5. Die Freiheit der Hohen See schließt auch deren militärische Nutzung ein. Dies gilt für Manöver und die Erprobung von Waffen.[21] Allerdings unterliegt auch die militärische Nutzung der See den immanenten Schranken der Freiheit der See, d. h., es muß entsprechende Rücksicht auf die Nutzung der See durch andere Staaten und andere Nutzungsformen genommen werden.[22] In der Praxis wird die Schiffahrt von der Waffenerprobung und der Einrichtung von Sicherheitszonen informiert und muß diese unter dem Gesichtspunkt des *„due regard“* respektieren, soweit diese Zonen nur temporär eingerichtet sind.
Außerordentlich kontrovers behandelt wurde die Erprobung von A-Waffen auf der Hohen See.[23] Dabei sind drei Gesichtspunkte zu unterscheiden: die Erprobung selbst, die Einrichtung eines Testgebiets und die Maßnahmen gegen Schiffe, die in das Testgebiet einfahren wollen.

Maßgeblich für eine Beurteilung derartiger Versuche ist zunächst der Atom-Teststoppvertrag von 1963;[24] dieser verbietet Atomwaffentests über der Hohen See. Abgesehen davon sind aber derartige Tests bereits wegen ihrer wesentlichen negativen Auswirkungen auf die marine Umwelt nicht mit dem Prinzip der Freiheit der See vereinbar;[25] sie überschreiten die immanenten Schranken dieses Freiheitsrechts. Insoweit erscheint auch ein Rückgriff auf Art. 25 Abs. 1 Hohe See Konvention, der die Beseitigung von radioaktivem Abfall auf Hoher See verbietet, möglich. Eine Schädigung fremder Staatsangehöriger durch derartige Handlungen führt zu internationaler Haftung.[26]
Die Einrichtung von Sicherheitszonen erscheint dagegen für sich gesehen unproblematisch, soweit diese nicht permanent sind und daher die Schiffahrt nicht auf Dauer beeinträchtigen. Zu berücksichtigen ist in diesem Zusammenhang, inwieweit derartige Zonen überhaupt etablierte Schiffahrtslinien tangieren. Ist dies nicht der Fall, muß die Schiffahrt sie unter dem Gesichtspunkt der Rücksichtnahme auf andere Nutzungsformen beachten.
Dagegen besteht keine Möglichkeit für einen Staat, Schiffe unter fremder Flagge daran zu hindern, in diese Zonen einzulaufen. Ausdruck findet dies in dem Protest Kanadas gegen das Entern des

---

ference of the Law of the Sea Institute, 13th Conference (1979), 57 (70).

[18] Vgl. dazu generell *R. K. Neuhaus*, Das Rechtsmißbrauchverbot im heutigen Völkerrecht – Eine Untersuchung zur Entwicklung und Anwendbarkeit eines Begriffes, 1984, der allerdings die Existenz eines derartigen allgemeinen Verbots im Völkergewohnheitsrecht ablehnt (107 ff); a.A. *O. Rojahn*, in: *Menzel/Ipsen*, Völkerrecht, 2. Aufl., 1979, 398; *Hasselmann*, 75.

[19] *Wolfrum*, Internationalisierung, 129 ff; *O'Connell*, Bd. I, 57.

[20] *C. Warbrick*, The Regulation of Navigation, in: *R. Churchill/K. R. Simmonds/J. Welch* (eds.), New Directions in the Law of the Sea, Bd. III, 1974, 137 (143); *Hasselmann*, 81.

[21] Am 16. 7. 1986 schlossen Großbritannien und die UdSSR einen Vertrag zur Verhütung von Zwischenfällen auf See (TS No. 5, 1985; Cm. 57). Art. 2 dieses Vertrages lautet: *„The Parties recognise that their freedom to conduct operations beyond the territorial sea is based on the principles established under recognized international law and codified in the 1958 Geneva Convention on the High Seas.“*

[22] A. A. *McDougal/Schlei*, 677; wie hier *O'Connell/Shearer*, Bd. II, 809 ff mwN.

[23] Vgl. dazu *McDougal/Schlei*, 629; *Jenisch*, 106 ff; *G. Hoog/H. Schröder-Schüller*, Die französischen Kernwaffenversuche im Südpazifik, 1973.

[24] UNTS Bd. 480, 43 ff; BGBl. 1964 II, 906 ff (Vertrag über das Verbot von Kernwaffenversuchen in der Atmosphäre, im Weltraum und unter Wasser).

[25] Nach *Momtaz*, 395 sind die Verpflichtungen des Atomteststopvertrages inzwischen Bestandteil des Völkergewohnheitsrechts; im Ergbnis zustimmend *Bouchez* in: *Bouchez/Kaijen* (eds.), 29 ff, danach sind Tätigkeiten, die der marinen Umwelt Schaden zufügen können, wie Atomwaffenversuche, nicht von dem Prinzip der Freiheit der See gedeckt.

[26] Die USA haben an die Besatzung der *Fukuryu Maru*, die sich außerhalb der Testzone befand, für Personenschäden Schadensersatz geleistet (*M. M. Whiteman*, Damages in International Law, Bd. IV, 1960, 566).

kanadischen Bootes *Greenpeace III* durch die französische Marine, als dieses in das französische Testgebiet einlaufen wollte.[27]
Einschränkungen für eine militärische Nutzung der See ergeben sich des weiteren aus dem Vertrag über das Verbot der Anbringung von Kernwaffen und anderen Massenvernichtungswaffen auf dem Meeresboden und im Meeresuntergrund vom 11. 2. 1971.[28] Als regionale Abkommen sind in diesem Zusammenhang die Verträge von Tlatelolco[29] und der Vertrag von Rarotonga zu nennen.[30] Diese Verträge binden allerdings nur die ihnen beigetretenen Staaten. Die Generalversammlung der Vereinten Nationen hat durch Resolution 2832 (XXIV) vom 16. 12. 1971 bzw. Resolution 41/11 vom 27. 10. 1986 den Indischen Ozean bzw. den Südatlantik zu Zonen des Friedens und der Zusammenarbeit erklärt.[31] Mit diesen Resolutionen werden alle Staaten aufgefordert, diese Zonen durch Verringerung ihrer militärischen Präsenz und die eventuelle Aufgabe von Atom- und Massenvernichtungswaffen in den in Frage stehenden Gebieten zu respektieren. Der Vertreter der Bundesrepublik Deutschland enthielt sich bei der Abstimmung über Resolution 41/11 wegen Zweifeln an der Vereinbarkeit der Resolution mit der Freiheit der Hohen See der Stimme.[32] Eine vergleichbare Erklärung erfolgte durch die ASEAN Staaten am 27. 11. 1971 für Südostasien. Diese Initiative wurde durch das Gipfeltreffen der Blockfreien Staaten (Harare, 1.-6. 9. 1986) unterstützt.[33]

Keine über das bislang geltende Recht hinausgehende Einschränkung der Freiheit der See ergibt sich aus Art. 88 SRÜ, wonach die Hohe See nur zu friedlichen Zwecken genutzt werden darf. Eine dem Art. 88 SRÜ entsprechende Regelung findet sich in Art. 141 SRÜ für den Tiefseeboden; hier heißt es, daß der Tiefseebereich ausschließlich friedlichen Zwecken zu dienen hat. Diese Regelungen verweisen, ebenso wie Art. 301 SRÜ auf Art. 2 Ziff. 4 VN-Charta, enthalten aber darüber hinaus keine weitergehende Verpflichtung der Staaten.[34]

6. Die Freiheit der See schließt das Bestehen völkerrechtlicher Pflichten hinsichtlich der Handlungsfreiheiten nicht aus. Diese sind als eine immanente Schranke der betreffenden Handlungsfreiheit anzusehen.
So besteht für die Schiffahrt die Pflicht zur Hilfeleistung. Gemäß Art. 98 SRÜ[35] verpflichtet jeder Staat den Kapitän eines unter seiner Flagge fahrenden Schiffes, soweit dies ohne ernstliche Gefährdung von Schiff, Besatzung und Fahrgästen möglich ist, in Seenotfällen Hilfe zu leisten.[36] Außerdem werden die Küstenstaaten verpflichtet, Seenotrettungseinrichtungen aufzubauen und zu unterhalten.[37]
Die Verpflichtung, in Seenotfällen Hilfe zu leisten, wurde von der ILC als Bestandteil des Völkergewohnheitsrechts angesehen.[38] Sie entspricht Art. XI des Übereinkommens zur einheitlichen Feststellung von Regeln über die Hilfeleistung und Bergung in Seenot vom

---

[27] Vgl. dazu *O'Connell/Shearer*, Bd. II, 812; *Jenisch*, 128.

[28] BGBl. 1972 II, 325 ff; vgl. dazu *B. A. Boczek*, Peaceful Purposes Provisions of the United Nations Convention on the Law of the Sea, ODILA 20 (1989), 359 (365) mwN; *T. Treves*, La notion d'utilisation des espaces marins a des fins exclusivement pacifiques dans le nouveau droit de la mer, AFDI 25 (1980), 687 ff.

[29] Vom 14. 2. 1967, UNTS Bd. 634, 281 ff; vgl. dazu *J. Goldblat/V. Millan*, Militarization and Arms Control in Latin America, SIPRI YB 1982, 393 fff; *A. G. Robles*, Mesure de desarmement dans les zones particulieres: le Traite visant l'interdiction des armes nucleaires en Amerique latine, RdC 1971 II, 43 ff.

[30] *South Pacific Nuclear Free Zone Treaty* mit drei Protokollen vom 6. 8. 1985, Law of the Sea Bulletin, October 1985, 24; ILM 24 (1985), 1440. Vgl. dazu die Bewertung aus U. S. amerikanischer Sicht ILM 28 (1989), 1599.

[31] Vgl. dazu allgemein *S. Szurek*, Zones exemptes d'armes nucleaires et zones de paix dans le Tiers Monde, RGDIP 88 (1984), 114 ff; *B. Vukas*, Peaceful Uses of the Sea, Denuclearization and Disarmement, in: *Dupuy/Vignes* (eds.), Bd. II, 1233 (1239 ff).

[32] UN Doc. A/41/PV.50, 52.

[33] Vgl. dazu *Vukas*, in: *Dupuy/Vignes* (eds.) (Anm. 31), Bd. II, 1244.

[34] *T. Treves*, Navigation, in: *Dupuy/Vignes* (eds.), Bd. II, 835 (895 f).

[35] Art. 12 Hohe See Konvention enthielt die gleiche Verpflichtung.

[36] Nach Ansicht des Tribunal Administratif de Rennes, Urteil vom 14. 5. 1987 (Fall *Piron et autres*) bezieht sich diese Pflicht nur auf die Rettung menschlichen Lebens, RGDIP 93 (1989), 457 f.

[37] Vgl. dazu auch Internationales Übereinkommen über den Such- und Rettungsdienst auf See, 1979, BGBl. 1982 II, 485 ff.

[38] YBILC 1956, Vol. II, 281.

23. 9. 1910,[39] sowie dem Internationalen Übereinkommen zum Schutz menschlichen Lebens auf See.[40] Festzustellen ist, daß die Konvention von 1910 weiter geht als die Hohe See Konvention bzw. das Seerechtsübereinkommen. Denn die erstgenannte Konvention verpflichtet selbst dann zur Hilfe, wenn es sich um die Rettung von Feinden handelt.
Auch wenn sich Art. 98 SRÜ primär an die Schiffahrt richtet und für diese Verhaltenspflichten auf See in Notfällen umschreibt, handelt es sich hierbei doch um einen allgemeinen Grundsatz, der für jede Form der Nutzung der See gilt und insoweit alle Handlungsfreiheiten einschränkt.[41]

7. Eine weitere Konkretisierung der immanenten Schranken für das Prinzip der Freiheit der See erfolgte für die einzelnen Nutzungsarten der See völkervertraglich gesondert und in unterschiedlicher Intensität.[42] Insofern läßt sich der Gehalt des Freiheitsprinzips letztlich nur auf der Basis einer Analyse der hierfür geschaffenen internationalen Übereinkommen und der entsprechenden Regeln des Völkergewohnheitsrechts feststellen.

§ 118 Freiheit der Seeschiffahrt: Verbot der Ausübung staatlicher Hoheitsgewalt gegenüber fremden Schiffen auf Hoher See

Schrifttum: wie vor §§ 116, 117; ferner *B. A. Boczek*, Flags of Convenience: An International Legal Study, 1962; *H. Meyers*, The Nationality of Ships, 1967; *R. Lapidoth*, Freedom of Navigation and the New Law of the Sea, Is.L. R. 10 (1975), 456 ff; *N. Singh*, Maritime Flag and International Law, 1978; *E. Osieke*, Flags of Convenience Vessels: Recent Developments, AJIL 73 (1979), 604 ff; *E. Lagavant*, Droit de la mer, Tome II, 1981; *R. Wolfrum*, Restricting the Use of the Sea for Peaceful Purposes: Demilitarization in Being?, GYIL 24 (1981), 200 ff; *A. W. Anderson*, Jurisdiction over Stateless Vessels on the High Seas: an Appraisal Under Domestic and International Law, JMLC 13 (1982), 323 ff; *B. Oxman*, Le regime des navires de guerre dans le cadre de la convention des Nations Unies sur le droit de la mer, AFDI XXVIII (1982), 811 ff; *W. K. Geck*, Die Schiffahrtsfreiheit von Kriegsschiffen nach UNCLOS III, in: *R. Bernhardt* (ed.), Völkerrecht als Rechtsordnung, internationale Gerichtsbarkeit, Menschenrechte: Festschrift für Hermann Mosler, 1983, 281 ff; *B. N. Metaxas*, Flags of Convenience: a Study of Internationalisation, 1985; *W. Däubler*, Das zweite Schiffsregister: Völkerrechtliche und verfassungsrechtliche Probleme einer deutschen Billigflagge, 1988; *D. Dörr*, Die deutsche Handelsflotte und das Grundgesetz, 1988; *T. Treves*, Navigation, in: *R.-J. Dupuy/D. Vignes* (eds.), A Handbook on the New Law of the Sea, Bd. II, 1991, 835 ff; *M.-J. Livola Delgado*, „La represión del trafico ilícito de drogas en alta mar; cooperación internacional y práctica estatal", Annuario de derecho internacional 12 (1996), 523 ff. *M. MacConnell/K. Canty*, Neighbourly Relations: Jurisdiction and Crime on the High Seas. Twenty-fifth Annual CCIL Conference, 1996, in: *Y. Le Bouthillier* (ed.), Selected Papers in International Law, 1999, 501 ff; *D. M. Warner-Kramer*, Stateless Fishing Vessels: The Current International Regime and a New Approach, Ocean and Coastal Law Journal 5 (2000), 227 ff.

I. 1. Die Freiheit der Seeschiffahrt genießt gegenüber allen anderen Freiheitsrechten, die Ausfluß des Prinzips der Freiheit der Hohen See sind, die weiteste Anerkennung. Sie wurde auf den Seerechtskonferenzen der Vereinten Nationen nicht grundsätzlich in Frage gestellt. Die völkergewohnheitsrechtliche Anerkennung der Schiffahrtsfreiheit ist unbestritten.[1]

---

[39] Vertragsrechtssammlung des Auswärtigen Amtes, Bd. 28 A, 362.

[40] Vom 1. 11. 1974, Vertragssammlung des Auswärtigen Amtes, Bd. 58 A, 759 ff; Protokoll vom 17. 2. 1978, ebenda Bd. 58 A, 760 ff; Änderung vom 20. 11. 1981, ebd. Bd. 62 A, 812 ff.

[41] Vgl. zur Hilfe auf See ausführlich *N. Reuter*, La Notion d'Assistance en Mer, 1975.

[42] *Hasselmann*, 75, benennt als immanente Schranken noch das Prinzip der Priorität beim Zusammentreffen mehrerer Nutzungen in gleichem Gebiet und das Behinderungsverbot. Ersteres ist in dieser Form nicht nachweisbar, letzteres ist Bestandteil des Grundsatzes der gebotenen Rücksichtnahme.

[1] Vgl. dazu Resolution des Sicherheitsrates vom 1. 6. 1984, SC Res. 552 (1984), sowie bereits den Hinweis des IGH im *Corfu Channel Case*, ICJ Re-

2. Allerdings besteht keine völlige Einigkeit hinsichtlich des genauen Inhalt dieses Freiheitsrechts. Der Ständige Internationale Gerichtshof definierte im *Oscar-Chinn* Fall[2] die Schiffahrtsfreiheit (für den Kongo):

> *„According to the conception universally accepted, the freedom of navigation referred to by the Convention comprises freedom of movement for vessels, freedom to enter ports, and to make use of plant and docks, to load and unload goods and passengers."*

In ähnlicher Weise hatte bereits zuvor vor allem *Meurer*[3] die Ansicht vertreten, daß das Prinzip der Schiffahrtsfreiheit nicht nur die Bewegungsfreiheit der Schiffe auf See beinhalte, sondern vielmehr auch das Recht einschließe, fremde Häfen anzulaufen und dort Handel zu treiben.[4] Gegen eine gewohnheitsrechtliche Anerkennung des wirtschaftlich verstandenen Begriffs der Schiffahrtsfreiheit spricht allerdings, daß das Anlaufen fremder Häfen sowie das Recht, dort Handel zu treiben, zum Gegenstand einer Vielzahl von bilateralen Verträgen gemacht worden ist, also offenbar das Bedürfnis einer entsprechenden vertraglichen Sicherung bestand.[5] Der einzige multilaterale Vertrag, der das Recht, fremde Häfen anzulaufen, explizit regelt, das Genfer Übereinkommen und Statut über die internationale Rechtsordnung der Seehäfen vom 9. 12. 1923[6], ist von den Hauptschiffahrtsnationen nicht ratifiziert worden, kann also ebenfalls nicht als Beleg existierenden Gewohnheitsrechts gewertet werden. Entsprechend hat auch der Internationale Gerichtshof im *Nicaragua* Fall festgehalten, daß der Küstenstaat den Zugang zu seinen Häfen kraft seiner Souveränität frei regeln kann.[7]

3. Das gewohnheitsrechtlich anerkannte Prinzip der Schiffahrtsfreiheit hat seinen Niederschlag in Art. 87, 90, 92 SRÜ gefunden. Gemäß Art. 90 SRÜ haben alle Staaten, Küsten- wie Binnenstaaten, das Recht, Schiffe unter ihrer Flagge auf Hoher See fahren zu lassen, wobei diese grundsätzlich nur der Hoheitsgewalt dieses Staates unterstehen (Flaggenstaatsprinzip).

---

ports 1949, 4 (22). Dennoch gehört die Freiheit der Seeschiffahrt nicht zu den zwingenden Regeln des Völkerrechts gemäß Art. 53 der Wiener Vertragsrechtskonvention, wie dies *v. Münch*, GYIL 19 (1976), 128 (129), behauptet. Skeptisch insoweit *U. Scheuner*, Conflict of Treaty Provisions with a Peremptory Norm in International Law, ZaöRV 29 (1969), 28 (33); verneinend *J. P. Queneudec*, La remise en cause du droit de la mer, in: Colloque de Montpellier, Actualité du droit de la mer, 1973, 9 (46) unter Hinweis auf die Debatten der Wiener Vertragsrechtskonferenz zu Art. 53. *L. Hannikainen*, Peremptory Norms (Jus Cogens) in International Law: Historical Development, Criteria, Present Status, 1989, 540, diskutiert lediglich, ob das Okkupationsverbot *ius cogens* darstellt, die Freiheit der Schiffahrt wird dagegen in diesem Zusammenhang von ihm nicht erwähnt; ähnlich auch *Kadelbach*, Zwingendes Völkerrecht, 1992, 251 f.

2 PCIJ, Series A/B 63 (1934), 65 (85).

3 Das Programm der Meeresfreiheit 1918, 10; ebenso etwa *R. Laun*, Le régime international des ports, RdC 15 (1926-V), 1 (30). Ablehnend aus damaliger Zeit dagegen *A. S. Hershey*, The German Conception of the Freedom of the Seas, AJIL 13 (1919), 207 ff.

4 Ähnlich heute auch *v. Münch* (Anm. 1), 131.

5 Vgl. beispielsweise Art. VI des Handelsvertrages zwischen der Bundesrepublik Deutschland und Uruguay vom 18. 4. 1953 (BGBl. 1954 II, 51 ff): „Im eigenen Hoheitsgebiet sollen den Schiffen des anderen vertragsschließenden Staates alle Plätze und Häfen mit allen der Schiffahrt dienenden Anlagen und Vorkehrungen zu denselben Bedingungen offenstehen, wie den unter eigener Flagge fahrenden Schiffen."

6 RGBl. 1928 II, 23 ff. Dazu ausführlich *R. Lagoni*, Der Hamburger Hafen und die internationale Handelsschiffahrt im Völkerrecht, AVR 26 (1988), 261 (275 ff).

7 *„It is ... by virtue of its sovereignty that the coastal State may regulate access to its ports"*, ICJ Reports 1986, 14 (111 Ziff. 213). Im Ergebnis ebenso *Lagoni* (Anm. 6), 303 ff; *A. V. Lowe*, The Right of Entry into Maritime Ports in International Law, San Diego Law Review 14 (1977), 597 ff, sowie aus jüngerer Zeit etwa *E. J. Molenaar*, Coastal State Jurisdiction over Vessel-Source Pollution, 1998, 101. Von einem völkergewohnheitsrechtlich gesicherten Recht, fremde Häfen anzulaufen, geht dagegen der in diesem Zusammenhang viel zitierte *Aramco*-Schiedsspruch *(Saudi Arabia v. Arabian American Oil Company)* aus dem Jahre 1958 aus: *„According to a great principle of public international law, the ports of every state must be open to foreign vessels and can only be closed when the vital interests of the State so require"*, ILR 27 (1963) 117 (212).

Die Ausdehnung dieses Rechts auf Binnenstaaten ist neueren Datums. Vor dem 1. Weltkrieg gab es keinen Binnenstaat, der für sich das Recht der Hochseeschiffahrt in Anspruch nahm.[8] Dies wurde erst im Anschluß an die 14 Punkte von Präsident *Wilson* in den Friedensverträgen nach dem 1. Weltkrieg anerkannt und in einer Reihe von Abkommen in der Folgezeit bekräftigt.[9]

Die Schiffahrtsfreiheit gilt, wie Art. 90 SRÜ belegt, nur für Schiffe, die eine Flagge führen und berechtigt sind, diese zu führen. Diese Beschränkung entspricht dem Gewohnheitsrecht;[10] sie begründet sich aus der Tatsache, daß das Seerecht nur Staaten berechtigt und verpflichtet und ohne die Zugehörigkeit zu einem Staat die Beachtung des Völkerrechts auf Hoher See nicht gewährleistet werden kann.[11]

II. Das Prinzip von der Freiheit der Schiffahrt bezieht sich, wie schon der Begriff besagt, auf Schiffe. Dennoch verzichtet das Seerechtsübereinkommen, ebenso wie das Hohe See Übereinkommen, darauf, den Begriff des Schiffes näher zu definieren. Ein Rückgriff auf andere Abkommen erscheint problematisch, da diese anderen Zwecken dienen und die in ihnen verwandte Begriffsbildung durchaus nicht einheitlich ist.

Das Übereinkommen zur Verhütung der Meeresverschmutzung durch das Einbringen durch Schiffe und Luftfahrzeuge von 1972 (sog. Oslo-Konvention)[12] beispielsweise subsumiert in Art. 19 Abs. 2 unter den Schiffsbegriff „seegehende Wasserfahrzeuge" sowie „Luftkissenfahrzeuge, schwimmendes Gerät mit oder ohne eigenen Antrieb und feste oder schwimmende Plattformen". Diesem Ansatz folgt auch Art. 2 Nr. 4 des Internationalen Übereinkommens von 1973 zur Verhütung der Meeresverschmutzung durch Schiffe.[13] Enger dagegen ist die Begriffsbildung in Art. II Nr. 2 des Internationalen Übereinkommens über Maßnahmen auf Hoher See bei Ölverschmutzungsunfällen von 1969[14], in Art. 1 Nr. 3 der Athener Konvention über den Transport von Passagieren von 1974[15] und in Art. 1 der *Convention for the Suppression of Unlawful Acts Against the Safety of Maritime Navigation* aus dem Jahre 1988[16]. Allgemein verwendbar ist am ehesten die Definition in Art. 3 Nr. 2 des Übereinkommens über die Verhütung der Meeresverschmutzung durch das Einbringen von Abfällen und anderen Stoffen von 1972 (sog. London-Konvention)[17]; danach sind Schiffe Wasserfahrzeuge jeder Art einschließlich Luftkissenfahrzeugen und schwimmenden Geräten mit oder ohne Eigenantrieb.

III. 1. Die Beachtung des Völkerrechts durch die Schiffahrt auf Hoher See soll u. a. durch die Flaggenstaaten sichergestellt werden. Dennoch enthält das Völkerrecht letztlich nur sehr rudimentäre Regelungen zur Flaggenhoheit, d. h. dem Recht eines Staates, Schiffen die Führung seiner Flagge zu gestatten und den Konsequenzen, die sich für Schiff und Staat aus der Führung einer bestimmten Flagge ergeben. Lediglich das Flaggenführungsrecht aller Staaten hat eine vollständige völkerrechtliche Regelung erfahren.

2. Die Bedeutung der Flagge ergibt sich aus dem Prinzip der Freiheit der Hohen See. Die Flagge ist nämlich der Mechanismus, über den die Geltung und Anwendung von Völkerrecht

---

[8] *Oppenheim/Lauterpacht*, 8. Aufl., Bd. I, 592.

[9] Art. 273 Versailler Vertrag (RGBl. 1919, 687 ff) beschränkte dies auf die Siegermächte; als generelle Regel erscheint dieses Prinzip jedoch in Art. 225 des Vertrages von Saint Germain vom 10. 9. 1919 (Österr. StGBl. 1920, Nr. 303) Die Deklaration von Barcelona vom 20. 4. 1921 (LNTS Bd. 7, 74 ff) besagt: *„the undersigned... declare that the States which they represent recognize the flag flown by the vessels of any State having no sea coast...“*. Diese Erklärung trat für das Deutsche Reich am 10. 11. 1931 in Kraft (RGBl. 1932 II, 93 ff), mit Bekanntmachung vom 13. 3. 1953 hat die Bundesrepublik Deutschland die Wiederanwendung erklärt (BGBl. 1953 II, 117).

[10] *Molvan v. Attorney General for Palestine*, 1948 *(Asya* Fall), Privy Council, Appeal Cases, 351 (369); *D. Greig*, International Law, 2. Aufl., 1976, 334; *Oppenheim/Jennings/Watts*, 9. Aufl., Bd. I, 287.

[11] Zum flaggenlosen Schiff siehe die Ausführungen zur Piraterie unter § 120.

[12] BGBl. 1977 II, 169 ff.

[13] BGBl. 1982 II, 4 ff.

[14] BGBl. 1975 II, 139 ff.

[15] Text in: ILM 14 (1975), 945 ff.

[16] IMO Document SUA/CONF/15 vom 10. 3. 1988, abgedruckt in: ILM 27 (1988), 672 ff.

[17] BGBl. 1977 II, 180 ff.

und nationalem Recht auf Hoher See erreicht und gewährleistet werden soll.[18] Die Hohe See ist zwar frei von Gebietshoheit; dies schließt aber nicht die Ausübung nationaler Rechtshoheit aus.[19] Die Geltung von Recht auf Hoher See kann dabei nur punktuell über die Verbindung jedes einzelnen Schiffes zu einem bestimmten[20] Staat vermittelt werden.[21] Für diese Verbindung steht die Flagge; sie indiziert völkerrechtlich die Staatszugehörigkeit *(nationality, nationalité)* von Schiffen, wobei innerstaatlich der maßgebliche Akt die Registrierung[22] sein kann, aber nicht sein muß. Es gibt auch andere Formen für eine Begründung der Staatszugehörigkeit.

3. Dies wird in Art. 91 Abs. 1 Satz 2 SRÜ mit der Formulierung umschrieben, daß Schiffe die Staatszugehörigkeit desjenigen Staates[23] besitzen, dessen Flagge sie zu führen berechtigt sind. Diese Umschreibung der Flaggenhoheit als Staatszugehörigkeit ist terminologisch nicht angemessen.[24] Die Flaggenhoheit kann nicht als Unterfall der Personalhoheit verstanden werden.[25] Ein Rückgriff auf die Staatsangehörigkeit des Eigners läßt unberücksichtigt, daß dessen Staatsangehörigkeit und die Staatszugehörigkeit des Schiffes nicht zusammenfallen müssen. Das Schiff ist zudem nicht nur Objekt, sondern Schauplatz der flaggenstaatlichen Jurisdiktion, und zwar unmittelbar, d. h. ohne Rücksicht auf die Staatsangehörigkeit des Schiffseigners, der Besatzung, der Passagiere oder der Ladungsbeteiligten.[26] Ebensowenig ist es zulässig, die Hoheitsgewalt über ein Schiff der Territorialhoheit zuzurechnen.[27] Die dogmatische Problematik einer derartigen Gleichstellung zeigt sich bei Schiffen, die sich in fremden Küstenmeeren oder fremden Häfen befinden. Die Hoheit des Flaggenstaates über Schiffe ist daher weder Personal- noch Gebietshoheit, sondern eine eigenständige Form der Anknüpfung staatlicher Hoheitsgewalt, die gleichberechtigt neben den beiden vorgenannten Formen steht.[28] Allerdings ist der Streit über die dogmatische Einordnung eher akademischer Natur,[29] entscheidend sind die Kriterien, nach denen die Zuordnung eines Schiffes zu einem bestimmten Staat erfolgt, und die konkreten Konsequenzen, die sich hieraus für das Schiff und den Flaggenstaat ergeben.

---

[18] Vgl. auch *Vitzthum*, in: *Vitzthum* (Hrsg.), 420.

[19] *C. Meurer*, in: *K. Strupp* (Hrsg.), Wörterbuch des Völkerrechts und der Diplomatie, Bd. II (1925), 27.

[20] Es ist deshalb konsequent, wenn Art. 92 SRÜ das Führen von zwei Flaggen ausschließt.

[21] *R. Rienow*, The Test of Nationality of a Merchant Vessel, 1937, 13; *Wolfrum*, Internationalisierung, 136; *R. Wolfrum*, Recht der Flagge und „Billige Flaggen" – Neuere Entwicklungen im Internationalen Privatrecht und Völkerrecht, Berichte DGVR 31 (1990), 121 (125); *Momtaz*, 407.

[22] Vgl. dazu im einzelnen *G. Hoog*, Deutsches Flaggenrecht, 1982, 237; er verweist darauf, daß nach dem deutschen Flaggenrechtsgesetz nur für Schiffe ab einer bestimmten Größe eine Registrierpflicht besteht. Dennoch haben auch die übrigen zur Flaggenführung berechtigten Schiffe die deutsche Staatszugehörigkeit.

[23] Das Recht, eine Flagge auf See zu zeigen steht nur souveränen Staaten zu, vgl. dazu *Singh*, 23 f; vgl. auch den *Asya*-Fall (Anm. 10), 351.

[24] Kritisch *T. Maunz*, in: *T. Maunz/G. Dürig/R. Herzog*, Grundgesetz, Art. 27 Rdn. 24; *H. Heyck*, Die Staatszugehörigkeit der Schiffe und Luftfahrzeuge, 1935, 11 ff; *R. Wolfrum*, Die Beschränkungen für die Freiheit der Schiffahrt durch das kanadische „Arctic Waters Pollution Convention Act" sowie die internationalen Übereinkommen zum Schutze der Meeresumwelt, Berichte DGVR 15 (1975), 143 ff.

[25] A. A. *A. D. Watts*, The Protection of Merchant Ships, BYIL 33 (1957), 52 ff.

[26] *Heyck* (Anm. 24), 15.

[27] *Seidl-Hohenveldern/Stein*, Rdn. 1260; a.A. *T. Maunz* (Anm. 24); *A. Ross*, Lehrbuch des Völkerrechts, 1951, 141; BSG, Urteil vom 17. 7. 1980, 7 RA 71/79, UA 6; BAG AP Nr. 1 zu § 116 Betr VG 1972 Bl. 6; das in diesem Zusammenhang zitierte Urteil des StIGH im *Lotus* Fall, PCIJ, Series A 10 (1927), 7 ff spricht nur davon, daß Ereignisse an Bord eines Schiffes auf Hoher See so angesehen werden müßten, als seien sie auf dem Territorium des Staates vorgenommen, dessen Flagge das Schiff führe; wie hier *Hoog* (Anm. 22), 233; *H. Schiedermair/D. Dörr*, Der Schutz der deutschen Handelsflotte, 1984, 12 f.

[28] *Hoog* (Anm. 22), 233; *I. v. Münch*, Der diplomatische Schutz für Schiffe, in: FS *Stödter*, 1979, 231 (244); *Schiedermair/Dörr* (Anm. 27), 13.

[29] *Hasselmann*, 9; Berichterstatter *François*, YBILC 1950, Vol. II, 39.

4. Die Staatszugehörigkeit eines Schiffes bestimmt zunächst, welches nationale Recht an Bord eines Schiffes gilt.[30] Des weiteren bestimmt die Staatszugehörigkeit eines Schiffes, welcher Staat auf Hoher See gegen dieses Zwangsmaßnahmen ergreifen darf.[31] Hierbei handelt es sich um ein auf dem Prinzip von der Freiheit der Hohen See beruhendes Ausschlußrecht; dritten Staaten steht, außer in Sonderfällen, ein derartiges Eingriffsrecht nicht zu.[32] Diese beiden Gesichtspunkte werden in Art. 92 Abs. 1 Satz 1 SRÜ mit der Kurzformel angesprochen, daß Schiffe auf Hoher See ausschließlich der Hoheitsgewalt des Staates unterstehen, dessen Flagge sie führen. Das hier verwandte Wort *„jurisdiction"* ist im Sinne von *„jurisdiction to prescribe"*, *„jurisdiction to enforce"* und *„jurisdiction to adjudicate"* zu lesen.[33] Diese Dreiteilung ist wesentlich, denn der Schutz eines Schiffes gegen die Jurisdiktionsausübung eines dritten Staates ist unterschiedlich, je nachdem ob es sich um eine gesetzgeberische, richterliche oder administrative Maßnahme handelt.[34] Die Ausschließlichkeit der flaggenstaatlichen Jurisdiktion wird zudem durch Völkergewohnheits- und Völkervertragsrecht gewissen Einschränkungen unterworfen, die sich entweder auf die flaggenstaatliche Rechtssetzungs- oder die Durchsetzungsgewalt beziehen.

Wenn gesagt wurde, daß nur der Flaggenstaat Zwangsmaßnahmen gegen Schiffe unter seiner Flagge auf der Hohen See ergreifen kann, so bezieht sich dies in erster Linie auf die Ausübung von Hoheitsgewalt auf Hoher See. Allerdings läßt das Verbot der Ausübung von Hoheitsrechten gegenüber fremden Schiffen auf Hoher See Ausnahmen zu.[35] Zu nennen ist hier etwa an das Nacheilerecht nach Art. 111 SRÜ, das Recht zum Aufbringen eines Piratenschiffes nach Art. 105 SRÜ und Betretungsrecht nach Art. 110 SRÜ.[36]

Küsten- oder Hafenstaaten haben außerdem in bestimmtem Umfang das Recht, Vorfälle auf Hoher See zum Anlaß zu nehmen, um gegen Schiffe unter fremder Flagge vorzugehen, die sich freiwillig in ihren Häfen oder Küstengewässern befinden. Diese Kompetenz ist von der Ausübung von Hoheitsbefugnissen auf Hoher See deutlich zu unterscheiden,[37] aber auch sie hat eine Einschränkung der Schiffahrtsfreiheit zur Folge. An dieser Stelle hat ein Ausbau küstenstaatlicher Kontroll- und Durchsetzungsrechte angesetzt, der sich in einigen IMO- und ILO-Konventionen entwickelt hat.[38] Dabei wurde lediglich das bereits unter dem Genfer Seerecht existierende Instrumentarium fortentwickelt.

Beispiel: Wird an Bord eines Handelsschiffes auf der Hohen See ein Verbrechen begangen, so darf ein fremder Staat das Schiff nicht ohne Zustimmung oder entsprechende Aufforderung des Flaggenstaates anhalten und an Bord Untersuchungen oder Verhaftungen vornehmen lassen. Er kann aber den Verbrecher u. U. auf seinem Territorium bestrafen, soweit dies das nationale Strafrecht vorsieht, wenn das Schiff später einen seiner Häfen anläuft oder der Täter auf andere Weise in sein

---

[30] *Singh*, 3; *G. Breuer*, Gegenwartsfragen des Verhältnisses Reeder – Staat – Flagge, in: FS *Schlochauer*, 1981, 215 (216). Allerdings muß das nationale Recht auch ausdrücklich auf die Hohe See erstreckt werden; vgl. dazu das Urteil des schleswig-holsteinschen Finanzgerichts vom 29. 7. 1971 in bezug auf die Besteuerung von wirtschaftlichen Aktivitäten auf Hoher See, Fontes Juris Gentium, Serie A, Teil II, Bd. VII (1971–75), 186.

[31] *G. Diena*, Principes du Droit International Privé Maritime, RdC 51 (1935 I), 409 (424); *Gidel*, Bd. I, 74.

[32] Dieser Grundsatz hat sich bereits im 19. Jahrhundert herausgebildet, vgl. dazu die Entscheidung im Fall *Le Louis*, Dodson's Admirality Reports, Bd. II (1815–1822), 238, abgedruckt bei *Simmonds*, Bd. I (1976), 152 ff. Die gleichen Grundsätze legte der U.S. Supreme Court seinen Entscheidungen in den Fällen *The Antelope* (1825), *Wheaton*, Bd. X, 66, abgedruckt bei *Simmonds*, 309 ff und *The Marianna Flora* (1826), *Wheaton*, Bd. XI, 1, abgedruckt bei *Simmonds*, Bd. I, 327 ff, zugrunde.

[33] Vgl. zu dieser Dreiteilung *American Law Institute*, Restatement of the Law (Third), The Foreign Relations Law of the United States, 1987, Vol. 1, § 401. Siehe ferner *Meng*, Extraterritoriale Jurisdiktion im öffentlichen Wirtschaftsrecht, 1994, 6 ff.

[34] *O'Connell/Shearer*, Bd. II, 800; *Wolfrum* (Anm. 22), Berichte DGVR 31 (1990), 127.

[35] Vgl. dazu *Brown*, The International Law of The Sea, Vol. I, 1994, 295 ff.

[36] Vgl. unten § 120.

[37] Vgl. Bd. I/1, 320; *O'Connell/Shearer*, Bd. II, 800 f.

[38] Vgl. dazu das MARPOL-Abkommen (unten § 121, III. 2.) und das SOLAS-Abkommen (unten § 121, II. 2.).

Hoheitsgebiet gelangt.[39] Allerdings bestehen derartige küsten- bzw. hafenstaatliche Kompetenzen nicht unbeschränkt, vorrangig bleibt die Flaggenhoheit.[40] Nur bei Vorliegen legitimer Eigeninteressen oder in Verfolgung von Interessen der Staatengemeinschaft kann ein Staat wegen Vorfällen auf Hoher See Zwangsmaßnahmen gegen Schiffe unter fremder Flagge ergreifen, die sich in seinem Küstenmeer oder seinen Häfen befinden.

Eine für die Schiffahrt wichtige Frage ist die, welche Gerichtsbarkeit für Zusammenstöße auf Hoher See zuständig ist. Teilweise ist argumentiert worden, das allgemeine Völkerrecht ziehe hier keine Grenzen; vielmehr stehe jedem Staat die Ausübung der Gerichtsbarkeit zu, auch wenn keines der an dem Zusammenstoß beteiligten Schiffe seiner Nationalität angehört. Eine solche Jurisdiktion ist namentlich von den englischen und US-amerikanischen Gerichten seit jeher ausgeübt worden.[41] Allerdings ist die nationale Praxis in dieser Hinsicht nicht einheitlich. Der StIGH hat im *Lotus*-Fall[42] der Türkei das Recht zugebilligt, die Führung eines französischen Schiffs strafrechtlich zu verfolgen, die für eine Kollision mit einem türkischen Schiff auf Hoher See verantwortlich war. Rechtfertigen ließ sich dies allerdings mit der türkischen Nationalität der Opfer, d. h. nach dem passiven Personalitätsprinzip.[43]

Die Grundsätze des *Lotus* Falles sind allerdings durch spätere Verträge teilweise revidiert worden. Diese Verträge versuchen, Schiffe und Seeleute vor einer Häufung verschiedener Zuständigkeiten und der damit verbundenen Gefahr mehrfacher Verfolgung zu schützen. Dies ist auch das Ziel des Internationalen Übereinkommens zur Vereinheitlichung von Regeln über die zivilgerichtliche Zuständigkeit bei Schiffszusammenstößen[44] und des Internationalen Übereinkommens zur Vereinheitlichung von Regeln über die strafgerichtliche Zuständigkeit bei Schiffszusammenstößen und anderen mit der Führung eines Seeschiffes zusammenhängenden Ereignissen[45], beide vom 10. 5. 1952.[46] Eine Festschreibung des Gerichtsortes für die Ausübung von Strafgerichtsbarkeit im Fall eines Zusammenstoßes oder eines anderen mit der Führung eines Schiffes zusammenhängenden Ereignisses auf Hoher See findet sich schließlich in Art. 97 SRÜ. Danach können der Kapitän eines Schiffes und sonstige im Dienst des Schiffes stehende Personen nur vor den Gerichten des Flaggenstaates oder ihres Heimatstaates straf- bzw. disziplinarrechtlich für den Vorfall zur Verantwortung gezogen werden.

Eine besondere Situation ist hinsichtlich der Ausübung der Jurisdiktion durch die Einrichtung von ausschließlichen Wirtschaftszonen und Festlandsockelbereichen entstanden. An sich gilt auch insoweit Art. 92 SRÜ, wonach den Flaggenstaaten die ausschließliche Jurisdiktion über ihre Schiffe zusteht. Die flaggenstaatlichen Kompetenzen werden aber in diesen Seegebieten teilweise durch küstenstaatliche Befugnisse verdrängt oder überlagert.[47]

5. Schließlich bestimmt die Staatszugehörigkeit eines Schiffes, welcher Staat, im Verhältnis zu anderen Staaten, dem Schiff diplomatischen Schutz gewähren darf.[48] Die Grundlage hierfür findet sich neben dem Seerecht auch im Diplomaten- und Konsularrecht.[49] Das Auseinanderfallen von Staatszugehörigkeit des Schiffes, Staatsangehörigkeit der Besatzung und Eigentum am Schiff wirft allerdings Probleme auf, denen unter dem Gesichtspunkt des sog. Ausflaggens besondere Bedeutung zukommt. Denn der diplomatische Schutz kann auch

---

[39] Dies wird in dem Schiedsspruch des Richters *v. Martens* im Falle *The Costa Rica Packet* (1897), *Moore*, Arbitrations, Bd. V (1898), 4948) verkannt. Er hielt die Verhaftung des englischen Kapitäns und die Einleitung eines Strafverfahrens gegen ihn durch die Behörden von Niederländisch Indien wegen einer gegenüber einem holländischen Schiff auf Hoher See angeblich begangenen Unterschlagung für völkerrechtswidrig, da der fragliche Vorgang nur nach dem Recht des Flaggenstaates zu beurteilen sei.

[40] Vgl. hierzu Bd. I/1, 320; *O'Connell/Shearer*, Bd. II, 800 f.

[41] *O'Connell/Shearer*, Bd. II, 881 ff; *Oppenheim/Lauterpacht*, 8. Aufl., Bd. I, § 265 a.

[42] PCIJ, Series A 10 (1927), 4.

[43] Vgl. dazu Bd. I/1, 321.

[44] BGBl. 1972 II 663 ff.

[45] BGBl. 1972 II, 668 ff.

[46] Beide Verträge sind nur von wenigen Staaten ratifiziert worden; vgl. Vertragssammlung des Auswärtigen Amtes, Bd. 42 A, 584 bzw. 585. Das frühere Übereinkommen zur einheitlichen Feststellung von Regeln über den Zusammenstoß von Schiffen vom 23. 9. 1910 (Vertragssammlung des Auswärtigen Amtes, Bd. 28 A, 361) verzichtete noch darauf, einen Gerichtsort festzulegen.

[47] Vgl. dazu Bd. I/1, 499 ff, 519 ff.

[48] Vgl. dazu *v. Münch*, Seerecht, 69 ff.

[49] Vgl. dazu Bd.I/1, 270, 306 f.

an die Staatsangehörigkeit jedes einzelnen Besatzungsmitglieds sowie an die Eigentumsverhältnisse an Schiff und/oder Ladung anknüpfen. Das führt dazu, daß theoretisch mehrere konkurrierende Schutzrechte vorliegen können. Im Einzelfall geht dabei der diplomatische Schutz des Flaggenstaates zumindest gegenüber dem Heimatsstaat des Eigentümers vor.[50] Insoweit entfällt mit dem Ausflaggen der diplomatische Schutz durch den früheren Flaggenstaat.[51]

6. Den bislang genannten Funktionen des Flaggenrechts ist gemeinsam, daß sie ausschließlich im Dienste einer Sicherung der Schiffahrtsfreiheit stehen.[52] Denn durch die völkerrechtliche Konzentration der Jurisdiktion und der Schutzkompetenzen auf jeweils einen Staat werden Ansatzpunkte für einen Eingriff Dritter in die Schiffahrtsfreiheit ausgeschlossen.
Es muß jedoch in diesem Zusammenhang ein weiterer Gesichtspunkt angesprochen werden. Die Staatszugehörigkeit eines Schiffes bestimmt, welcher Staat – im Verhältnis zu anderen Staaten oder im Verhältnis zur Staatengemeinschaft – verpflichtet ist, Rechtsvorschriften gegenüber Schiffen unter seiner Flagge zu erlassen und durchzusetzen.[53] Die entsprechenden völkerrechtlichen, an die Flaggenstaaten gerichteten Vorgaben sind allerdings bislang eher rudimentär zu nennen, auch wenn das Seerechtsübereinkommen einen deutlichen Entwicklungsschritt darstellt. Die an die Flaggenstaaten gerichteten Verpflichtungen beziehen sich gemäß Art. 94 Abs. 2 bis 5 SRÜ auf die Sicherheit auf See, die Einhaltung bestimmter sozialer Mindeststandards auf Schiffen sowie den marinen Umweltschutz. Diese Pflichten sind durch eine Reihe von Abkommen weiter konkretisiert worden.
Obwohl Art. 94 Abs. 5 SRÜ vorschreibt, daß sich jeder Staat bei Anordnung entsprechender Maßnahmen nach den „allgemein anerkannten internationalen Normen" richten wird, ist dem Flaggenstaatsprinzip ein Strukturmerkmal immanent, das sich zunehmend als eine Schwäche herausstellt. Der Flaggenstaat konnte nach dem Genfer Seerecht weder gezwungen werden, die entsprechenden internationalen Regelungen zu übernehmen, noch sie durchzusetzen. Die Staatengemeinschaft blieb für Rezeption und Durchsetzung der Regeln, die für eine gemeinschaftsverträgliche und sichere Nutzung des Raumes Hohe See entwickelt wurden, auf die Kooperation jedes einzelnen Flaggenstaates angewiesen.
Das Seerechtsübereinkommen beschreitet allerdings insoweit neue Wege als es in den Prozess der Durchsetzung von internationalen Regelungen zum Schutz der Sicherheit auf See und des marinen Umweltschutzes neben den Flaggenstaaten auch Hafenstaaten einsetzt.[54]

7. Das Recht der Staaten, Schiffen die Führung ihrer Flagge zu gestatten, bestätigt Art. 90 SRÜ. Dieser Grundsatz war bereits vor dem Genfer Übereinkommen über die Hohe See

[50] *Wolfrum* (Anm. 21), Berichte DGVR 31 (1990), 128.

[51] So auch *Singh*, 45 ff. Vgl. dazu die kritischen Äußerungen in dem Urteil des IGH im *Barcelona Traction* Fall, ICJ Reports 1970, 3 ff, die im vorliegenden Zusammenhang entsprechend angewendet werden können. In dem *I'm Alone* Fall, Publications of the Department of State, Arbitration Series, No. 2, 7 (1931–1935) wie auch in dem *Virginius* Fall (Moore, Digest, Bd. II, 895 ff) wurde nicht das Eigentum an dem Schiff, sondern dessen Flagge und dessen Registrierung als Anknüpfung für den diplomatischen Schutz gewählt. Im Fall *Colonel Lloyd Aspinal*, Moore, Arbitration, Bd. II, 1007 wurden beide Gesichtspunkte unterschieden, das gleiche gilt für den Fall *Barker v. Phonex Insurance Company, Wahrton*, International Law Digest, 2. Aufl., Bd. III, 707; vgl. dazu *Watts* (oben. 25), 68 ff.

[52] Vgl. *S. Stalev*, Flaggenhoheit nach dem Völkerrecht und nach dem Recht der sozialistischen Staaten, 1984, 3; YBILC 1950, Vol. II, 38.

[53] *Singh*, 40 f spricht davon, daß Registrierung und Flaggenführung die beiden wesentlichen Instrumente seien, um die Verantwortung des Flaggenstaates in Hinblick auf eine effektive Kontrolle und Ausübung der Jurisdiktion seitens des Flaggenstaates sicherzustellen; ebenso *H. Schulte*, Die „billigen Flaggen" im Völkerrecht. Zur Frage des *‚genuine link'*, 1962, 45 f; *Wolfrum*, Internationalisierung, 136; *ders.* (Anm. 21), Berichte DGVR 31 (1990), 125 ff.

[54] Art. 218 SRÜ.

(Art. 4) gewohnheitsrechtlich anerkannt, wie der Schiedsspruch im Fall *Muscat Dhows*[55] belegt. Er ist ein Bestandteil des allgemeineren Prinzips der Staatengleichheit. Einer speziellen Anerkennung der Flagge durch andere Staaten bedarf es nicht.[56] Weniger vollständig regelt das Völkerrecht, welche Voraussetzungen vorliegen müssen, damit ein Staat einem bestimmten Schiff die Führung seiner Flagge gestatten darf.

Gemäß Art. 5 Hohe See Konvention legte jeder Staat die Bedingungen fest, zu denen er Schiffen seine Staatszugehörigkeit gewährt, sie in seinem Hoheitsgebiet in das Schiffsregister einträgt und ihnen das Recht einräumt, seine Flagge zu führen.[57] Dieser Grundsatz, der bereits vor seiner Kodifizierung durch das Genfer Seerecht im Völkergewohnheitsrecht verankert war,[58] war im Sinne einer grundsätzlichen Registrierfreiheit der Staaten zu lesen. Dabei bedeutete Registrierfreiheit, daß jeder Staat das Recht hatte, selbst und mit Anspruch auf Achtung durch dritte Staaten, zu bestimmen, welche Schiffe seine Flagge führen durften.

Die Registrierfreiheit bzw. die Freiheit, Schiffen die Flaggenführung zu gestatten, hat sich bereits im 18. und 19. Jahrhundert[59] in Freundschafts- und Handelsverträgen herausgebildet.[60] Außer in Art. 5 Hohe See Konvention hat sie auch in anderen multilateralen Verträgen ihren Niederschlag gefunden.[61]

Das Prinzip der Registrierfreiheit galt allerdings zunächst nicht völlig ohne Einschränkung. Art. 5 Hohe See Konvention verlangte, daß zwischen dem Staat und dem Schiff, das seine Flagge führte, eine echte Verbindung *(„genuine link")* bestand. Die *genuine link*-Formel wurde durch den Zusatz qualifiziert, daß der Flaggenstaat verpflichtet war, seine Hoheitsgewalt und Kontrolle in technischen, sozialen und Verwaltungsangelegenheiten über die Schiffe unter seiner Flagge tatsächlich auszuüben. Die Aussage dieser Klausel war bereits bei ihrer Entstehung umstritten.[62]

Entstanden ist die *genuine link*-Klausel in der ILC zwar aus dem Bestreben, die Registrierfreiheit der

---

55 RIAA Bd. XI, 83.

56 Im 19. Jh. wurde von Großbritannien eine andere Position vertreten. Im Mai 1849 beschossen Einheiten der englischen Flotte Schiffe unter der von der Nationalversammlung mit Gesetz vom 31. 7. 1848 eingeführten Kriegsflagge. Im Verlaufe der anschließenden Auseinandersetzung erklärte der britische Geschäftsträger, daß Kriegsschiffe unter der deutschen Flagge wie Piraten zu behandeln seien. Vgl. dazu *Dörr*, 20; *Hoog* (Anm. 23), 92 ff.

57 Eine Zusammenstellung des entsprechenden staatlichen Rechts findet sich in der Dokumentation des Sekretariats der Vereinten Nationen: Laws Concerning Nationality of Ships, United Nations Legislation Series.

58 So der U.S. Supreme Court im Fall *Lauritzen v. Larsen* (1953), 345 US 571.

59 *R. Müller*, Das Flaggenrecht von Schiffen und Luftfahrzeugen nach Völkerrecht und Landesrecht, ZfVR 13 (1926), 233 ff, 353 ff; *N. Neumeyer*, Internationales Verwaltungsrecht, III/1 (1926), 87. Die Anerkennung der Flagge erfolgte in der Regel durch bilaterale Verträge, die durchaus nicht immer für beide Seiten gleiches Recht schufen. So formulierte der Freundschaftsvertrag zwischen Frankreich und Brasilien vom 8. 6. 1826 in Artikel CIII: „Les hautes parties contractantes conviennent de déclarer que seront considérés navires brésiliens, ceuz qui seront construit ou possédés par des sujets brésiliens, et dont le capitaine et les trois quarts de l'équipage seront brésilins... De la même manière seront considérés navires francois ceux qui navigueront et seront possédés conformément aux règlements en vigueur en France", *N. Martens*, RT Tome VI, Seconde Partie (1928), 868 (872). Die Benutzung von Flaggen an der Stelle von Wappen in den Segeln gelangte erst in der 2. Hälfte des 13. Jahrhunderts zum Durchbruch (vgl. dazu *Dörr*, 10 mwN). Hier wird auch geschildert, welcher Flaggen sich die Staaten und Städte des Deutschen Reiches bedienten.

60 *W. A. van Zijst*, De nationaliteit van Schepen beschowwd nit een internationalrechtfelijk vogpunt 1897 appendix C; sowie *Rienow* (Anm. 22), 165 ff.

61 Übereinkommen von Torremolinos über die Sicherheit von Fischereifahrzeugen von 1977, BGBl. 1983 II, 659 ff, Art. 3; Internationales Freibordabkommen von 1966, BGBl. 1969 II, 250 ff, Art. 4; Internationales Übereinkommen von 1974 über den Schutz menschlichen Lebens auf See, Vertragssammlung des Auswärtigen Amtes, Bd. 58 A, 759 ff, Art. II; Internationales Übereinkommen von 1978 über die Normen für die Ausbildung, die Erteilung von Befähigungszeugnissen und den Wachdienst von Seeleuten, BGBl. 1982 II, 298 ff, Art. III; Übereinkommen über Mindestnormen auf Handelsschiffen, BGBl. 1980 II, 608 ff, Art. 2; Internationales Übereinkommen von 1973 zur Verhütung der Meeresverschmutzung durch Schiffe, BGBl. 1982 II, 4 ff, Art. 3.

62 Vgl. dazu *Schulte* (Anm. 52), 73 ff; zum Meinungsstreit: *O'Connell/Shearer*, Bd. II, 75 ff; vgl. dazu außerdem *R. Pinto*, Les pavillons de complaisance, Clunet 87 (1960), 344 (364); *Momtaz*, 402 f; *Meyers*, 282; *McDougal/Burke*, 1013 und *Boczek*, 276 sehen in der Kontrollklausel lediglich eine Konsequenz der Flaggenhoheit.

Staaten einzuschränken, wobei Überlegungen zum Staatsangehörigkeitsrecht, wie sie in der Entscheidung des IGH zum *Nottebohm* Fall[63] entwickelt worden waren, vorbildhaft wirkten. Die von der ILC entwickelte Regelung[64] fand aber nicht die Billigung der 1. Genfer Seerechtskonferenz. Hinter dieser Ablehnung stand der Wunsch, die Freiheit der Staaten so wenig wie möglich einzuschränken[65].

Die Entstehungsgeschichte von Art. 5 Hohe See Konvention belegt, daß das Fehlen der flaggenstaatlichen Kontrolle weder dazu benutzt werden kann, Schiffen die Anerkennung des Flaggenführungsrechts im Einzelfall zu versagen, noch haben andere Staaten das Recht, die Verleihung der Flagge zu überprüfen.[66] Letztere Aussage gilt allerdings mit zwei Einschränkungen. Neben dem praktisch wenig bedeutsamen Fall der Verschleierung der wahren Staatszugehörigkeit eines Schiffes, gestattet es das Prisenrecht, die eigentliche Staatszugehörigkeit eines Schiffes festzustellen, wobei die Eigentumslage maßgeblich ist.[67]

8. Das Seerechtsübereinkommen hat die Registrierfreiheit der Staaten bestätigt; Art. 94 SRÜ macht deutlich, daß die Pflicht des Flaggenstaates, die Hoheitsgewalt und Kontrolle über die Schiffe unter seiner Flagge in technischen, sozialen und Verwaltungsangelegenheiten effektiv auszuüben, lediglich eine Konsequenz der Flaggenhoheit und nicht deren Voraussetzung ist.[68] Diese Verpflichtung der Flaggenstaaten ist allerdings – worauf bereits hingewiesen wurde[69] – ihnen gegenüber nicht durchsetzbar, so daß Art. 94 SRÜ rechtlich von geringer Bedeutung ist. Allerdings hat das Seerechtsübereinkommen mit dem Hafenstaatsprinzip und

---

[63] ICJ Reports 1955, 4 ff; vgl. *Momtaz*, 404 f.

[64] Die entsprechenden Formulierungen durchliefen verschiedene Stadien. In der ILC wurde zunächst mit Blick auf die Registergesetzgebung der meisten Staaten versucht, die Verbindung zwischen Schiff und Flaggenstaat unter Rückgriff auf wirtschaftliche Kriterien zu verstärken. Noch der Entwurf der ILC von 1956, der die Grundlage für die Beratungen der Genfer Seerechtskonferenz der Vereinten Nationen bildete, sah vor, daß bei Fehlen einer echten Verbindung zwischen Schiff und Flaggenstaat jeder andere Staat die Anerkennung der Staatszugehörigkeit des Schiffes verweigern durfte. Die der Genfer Seerechtskonferenz vorliegende Fassung, YBILC 1956, Vol. II, 278, von Art. 29 lautete:
„1. Each State shall fix the conditions for the grant of its nationality to ships, for the registration of ships in its territory, and for the right to fly its flag. Ships have the nationality of the State whose flag they are entitled to fly. Nevertheless, for purposes of recognition of the national character of the ship by other States, there must exist a genuine link between the State and the ship..."
Kritisch zur Arbeit der ILC *Boczek*, 232 ff sowie *M. L. McConnell*, „... Darkening Confusion Mounted Upon Darkening Confusion.": The Search for the Elusive Genuine Link, JMLC 16 (1985) 365 (370 ff); *M. S. McDougal/W. T. Burke/I. A. Vlasic*, The Maintenance of Public Order at Sea and the Nationality of Ships, AJIL 54 (1960), 25 ff.

[65] UNCLOS OR 1158, Vol. 2, 20; die Bundesrepublik Deutschland gehörte zu denjenigen wenigen Staaten, die sich für eine wirtschaftliche Verbindung zwischen Schiff und Flaggenstaat einsetzten (UNCLOS OR Vol. 4, 11–12).

[66] So aber *P. C. Jessup* in seiner abweichenden Meinung im *Barcelona Traction* Fall (Anm. 51), 188; wie hier *François*, der in seinem zweiten Bericht über das Regime der Hohen See ausdrücklich auf diesen Gesichtspunkt hinweist, YBILC 1951, Vol. II, 75). *François* führt auch aus, daß bei einer völligen Registrierfreiheit dritte Staaten sich dazu veranlaßt sähen *„to look behind the flag"*, wobei auf die Entscheidung im *I'm Alone* Fall (Anm. 51) Bezug genommen wird. Die Bedeutung einer engen Verbindung zwischen Schiff und Flaggenstaat im Interesse einer Durchsetzung des nationalen Rechts wurde auch von den anderen Mitgliedern der ILC betont (vgl. Debatte der ILC auf ihrer 120. Sitzung, YBILC 1951, Vol. I); vgl. dazu auch *Wolfrum* (Anm. 22), Berichte DGVR 31 (1990), 123 f.

[67] *O'Connell/Shearer*, Bd. I, 1113 mwN, sowie *Schulte* (Anm. 52), 60 f.

[68] Damit wird die Argumentation des IGH in seinem Rechtsgutachten zur Zusammensetzung des IMCO-Sicherheitsausschusses *(Constitution of the Maritime Safety Committee of the Inter-Governmental Maritime Consultative Organization*, Advisory Opinion, ICJ Reports 1960, 150 ff) auf die Flaggenhoheit übertragen. Das Rechtsgutachten des IGH hatte allerdings, was nicht immer hinreichend berücksichtigt wird, nur einen mittelbaren Bezug zur Auslegung von Art. 5 Abs. 1 Hohe See Konvention. Denn es hatte nur über die Auslegung des Begriffes *„largest shipowning nations"* gem. Art. 28 der IMCO-Satzung zu entscheiden. Indem das Gericht aber lediglich auf die Tatsache der Registrierung abhob, ohne in Rechnung zu stellen, ob Panama und Liberia auch tatsächlich eine Kontrolle über die bei ihnen registrierten Schiffe ausübten, wurde dieses Kriterium seiner die Registrierfreiheit einschränkenden Funktion beraubt, vgl. dazu *Schulte* (Anm. 52), 74 ff.

[69] Siehe dazu oben III.6.

erweiterten Rechten der Küstenstaaten Mechanismen entwickelt, die die Durchsetzung der im Staatengemeinschaftsinteresse entwickelten Regeln unter teilweiser Umgehung der Flaggenstaaten verbessern. Soweit Art. 91 Abs. 1 Satz 3 SRÜ daran festzuhalten scheint, daß zwischen Flaggenstaat und Schiff eine „echte Verbindung" bestehen muß, hat der Internationale Seegerichtshof in Hamburg in seiner Hauptsacheentscheidung im Fall *M/V Saiga (No. 2)* ausgeführt, daß auch dieses Erfordernis nicht Grundlage für die Anerkennung einer Staatszugehörigkeit durch andere Staaten sei.[70]

9. Die United Nations Conference for the Registration of Ships hat den Versuch unternommen, die Kriterien für eine „echte Verbindung" zwischen Schiff und Register- bzw. Flaggenstaat vertraglich zu fixieren.[71] Ihr Ergebnis ist die *UN Convention on Conditions for the Registration of Ships* vom 7. 2. 1986 (sog. Registrierkonvention).[72] Das Motiv der hieraus resultierenden Einschränkung der Registrierfreiheit war es allerdings nicht, die Voraussetzungen für eine Durchsetzung der im Interesse einer gemeinschaftsverträglichen Nutzung der See entwickelten Staatenverpflichtungen zu verbessern, sondern die Dienstleistung – Schiffahrt – gerechter zwischen den Staaten aufzuteilen.
Die Registrierkonvention führt ein wirtschaftlich geprägtes *genuine link*-Konzept ein. Ihr Artikel 10 verlangt als zwingende Voraussetzung für die Registrierung eines Schiffes, daß die Reederei oder eine ihrer Tochterfirmen ihren Sitz, zumindest aber den *„principal place of business"* im Flaggenstaat hat. Außerdem muß der Flaggenstaat entweder selbst über Eigentumsanteile an dem Schiff verfügen, bzw. es muß zum Teil seinen Staatsangehörigen gehören, oder ein Teil der Besatzung muß aus seinen Staatsangehörigen bestehen. Die Regelung der Eigentumsverhältnisse im einzelnen bleibt dem Flaggenstaat überlassen, sie soll aber so ausgestaltet sein, daß dem Flaggenstaat eine effektive Ausübung seiner Hoheitsrechte und Kontrolle ermöglicht wird (Art. 8). Die Inhalte dieser Hoheits- und Kontrollrechte gleichen bis zu einem gewissen Grade denjenigen des Seerechtsübereinkommens.

Vorgeschrieben wird vor allem die Einrichtung einer nationalen Schiffahrtsbehörde, die unter anderem gewährleisten soll, daß die internationalen Regeln und Standards zur Schiffs- und Besatzungssicherheit sowie zum maritimen Umweltschutz eingehalten, daß die Schiffe regelmäßig überprüft und daß entsprechende Zertifikate mitgeführt werden. Neu ist die Verpflichtung, dafür zu sorgen, daß die Eigentumsverhältnisse an Schiffen leicht feststellbar sind (Art. 6) und die Eigner über hinreichende finanzielle Mittel verfügen, um finanzielle Ansprüche zu befriedigen (Art. 10 Abs. 3). Erklärtes Ziel der Konvention ist es, die Arbeits- und Sozialbedingungen der Besatzungen zu verbessern. Der Registerstaat muß dafür sorgen, daß die Besatzungen auf seinen Schiffen internationalen Qualitätsanforderungen genügen, die internationalen arbeitsrechtlichen Standards eingehalten werden, und in- und ausländischen Schiffen gleicher Rechtsschutz gewährt wird.
Versuche, das Umflaggen von Fischereifahrzeugen und damit die Umgehung von Bestandsschutzmaßnahmen nachdrücklich einzuschränken, haben letztlich zu keinem durchschlagenden Ergebnis geführt.[73]

---

[70] *The M/V Saiga (No. 2) Case (Saint Vincent and the Grenadines v. Guinea)*, ILM 38 (1999), 1322 (1342 f Ziff. 75 ff); dazu etwa *v. Brevern/v. Carlowitz*, Die erste Hauptsacheentscheidung des Internationalen Seegerichtshofs, RIW 1999, 856 (859 f). Vgl. zum *genuine link*-Erfordernis im Zusammenhang mit der Flaggenhoheit ferner auch *Ziegenhain*, Extraterritoriale Rechtsanwendung und die Bedeutung des Genuine-Link-Erfordernisse, 1992, 90 ff.

[71] Im Regelfall sind Flaggen- und Registerstaat identisch, lediglich bei der *Bareboat*-Charter fallen sie auseinander. Denn das vercharterte Schiff läuft unter der Flagge des Charterers und bleibt im Schiffsregister des Vercharterers eingetragen.

[72] UN Doc. TD/RS/Conf. 23, ILM 26 (1987), 1236 ff. Vgl. dazu *G. C. Kasoulides*, The 1986 United Nations Convention on the Conditions for the Registration of Vessels and the Question of Open Registry, ODILA 20 (1989), 543 (556 ff).

[73] Vgl. dazu das *Agreement to Promote Compliance with International Conservation and Management Measures by Fishing Vessels on the High Seas*, 1993, ILM 33 (1994), 969 ff., vgl. dazu im einzelnen § 124.

10. Eine besondere Ausprägung dieser völkerrechtlichen Bestimmungen zur Registrierung von Schiffen ergibt sich für die Mitgliedstaaten der EG/EU. So hatte der EuGH in seiner *Factortame* Entscheidung[74] über die Rechtmäßigkeit einer englischen Regelung zu Registrierungsvoraussetzungen zu entscheiden. Nach dieser Regelung sollten nur noch in englischem Eigentum und/oder Besitz stehende Schiffe als britische Schiffe registriert werden können. Trotz der Berufung des Vereinigten Königreichs auf die völkerrechtlichen Bestimmungen zur Registrierung von Schiffen, die eine derartige Anknüpfung selbst vorsehen, erklärte der EuGH diese Maßnahme für unzulässig. Das Betreiben eines Fischereischiffes falle unter die Niederlassungsfreiheit nach Art. 52 EGV a.F. und durch die Anknüpfung der Registrierung von Schiffen an die Staatsangehörigkeit der Eigentümer und/oder Besitzer würden Angehörige anderer Staaten diskriminiert werden. Zwar gelten, so der EuGH, die völkerrechtlichen Bestimmungen über die Schiffsregistrierung auch für die Mitgliedstaaten der EG, jedoch müssten diese bei der Ausübung dieses Rechts dem Gemeinschaftsrecht und dabei insbesondere dem Diskriminierungsverbot Rechnung tragen.

IV. 1. Die fehlende völkerrechtliche Durchsetzbarkeit der flaggenstaatlichen Verpflichtung, die Jurisdiktion über die seine Flagge führenden Schiffe effektiv auszuüben, hat mit zur Entstehung, zumindest aber einer Ausweitung sog. Billigflaggen beigetragen.

Billigflaggen sind allerdings kein neues Phänomen, nachweislich erfolgten die ersten Ausflaggungen bereits in den frühen zwanziger Jahren (zunächst um der US-amerikanischen Prohibitionsgesetzgebung zu entgehen) nach Panama,[75] 1949 wurde das offene Register von Liberia eröffnet, weitere Staaten folgten. Widerstand gegen diese Entwicklung meldete sich zunächst aus arbeits- und sozialpolitischer Sicht.[76]

Es gibt bislang keine allgemein anerkannte Definition des Begriffs Billigflagge;[77] grundsätzlich aber gilt, daß Staaten, die Billigflaggen vergeben bzw. ein offenes Schiffsregister führen, sich das Gefälle zwischen den nationalen Anforderungen an die sozialen Bedin-

---

[74] EuGH Rs C-221/89, Slg. 1991/7-I, 3957 ff.

[75] *Boczek*, 9; er weist im übrigen darauf hin, daß schon davor aus unterschiedlichsten Gründen Schiffe einer fremden Flagge unterstellt wurden (6 ff). Vgl. dazu im einzelnen *R. Carlisle*, Sovereignty for Sale, 1981, 9 ff.

[76] Vgl. dazu im einzelnen *H. Wefers Bettink*, Open Registry, the Genuine Link and the 1986 Convention on Registration Conditions for Ships, NYIL 18 (1987), 69 (78 ff); *N. St. Skourtos*, Billigflaggen-Praxis und staatliche Verleihungsfreiheit, 1990 und *Boczek*, 64 ff mit detaillierten Ausführungen.

[77] Eine solche Charakterisierung des Begriffes *„flags of convenience"* enthält der im Mai 1970 von Lord *Rochdals* vorgelegte Bericht des United Kingdom Committee of Inquiry into Shipping (Cmnd. 4337); er unterscheidet sechs Merkmale, die allen Billigflaggen gemeinsam sind:
„i) The country of registry allows ownership and/or control of its merchant vessels by non-citizens;
ii) Access to the registry is easy. A ship may usually be registered at a consul's office abroad. Equally important, transfer from the registry at the owner's option is not restricted;
iii) Taxes on the income from the ships are not levied locally or are low. A registry fee and an annual fee, based on tonnage, are normally the only charges made. A guarantee or acceptable understanding regarding future freedom from taxation may also be given;
iv) The country of registry is a small power with no national requirement under any foreseeable circumstances for all the shipping registered (but receipts from very small charges on a large tonnage may procedure a substantial effect on its national income and balance of payments);
v) Manning of ships by non-nationals is freely permitted; and
vi) The country of registry has neither the power nor the administrative machinery effectively to impose any government or international regulations; nor has the country the wish or the power to control the companies themselves."
Diese Definition ist in einer Studie des Maritime Transport Committee der OECD zum Problem der Billigflaggen von 1971 (Text in JMLC 4 (1972–73), 231 ff) übernommen worden. Vgl. dazu *F. Moussu-Odier*, Les pavillons de complaisance, Annu. de droit marit. et aérien 3 (1976), 197 ff; *Osieke*, AJIL 73 (1979), 604 ff; *E. A. Wittig*, Tanker Fleets and Flags of Convenience: Advantages, Problems, and Dangers, Tex.Int'l L.J. 14 (1979), 115 ff; *J. M. Sinan*, UNCTAD and Flags of Convenience, JWTL 18 (1984), 95 ff sowie *Metaxas*, 1–21; *Kasoulides* (Anm. 70), 544 ff.

gungen sowie die Sicherheits- und Umweltstandards von Schiffen zunutze machen. Der Anreiz hierfür liegt in den Einnahmen durch die Registergebühren.

Als Billigflaggen gelten z.Zt. u. a. Liberia, Panama, Zypern, Belize, Bahamas, St. Vincent und die Grenadinen, Malta und Vanuatu.
Die Registrierung unter Billigflaggen hat verschiedene Gründe. Der Hauptgrund für das Ausflaggen liegt in dem Wunsch nach einer Verringerung der Personalkosten[78] (Heuer, Sozialabgaben und Kosten für Verpflegung, Betreuung, Urlaub und Besatzungswechsel).
Ein weiterer Grund liegt in bestimmten Fällen darin, daß der Registerstaat einer Billigflagge nicht über die administrativen Möglichkeiten verfügt, nationale oder internationale Standards in bezug auf die Schiffahrt einzuführen bzw. durchzusetzen.[79] Typisch ist insoweit, daß sich der Repräsentant oder der Eigner der *Amoco Cadiz* weigerte, vor den Untersuchungsbehörden des Flaggenstaates Liberia auszusagen.[80] Entsprechend ist der prozentuale Anteil an älteren Substandard-Schiffen in den Billigflaggen größer und der prozentuale Anteil an schweren Unfällen höher als bei Flotten westlicher Industriestaaten. Das Zahlenmaterial wird allerdings unterschiedlich bewertet.[81]
Das Ausflaggen deutscher Schiffe erfolgt in verschiedenen Formen. Da nach § 1 des deutschen Flaggenrechtsgesetzes vom 8. 2. 1951 (FlaggenrechtsG)[82] alle Seeschiffe, die ganz oder teilweise in deutschem Eigentum stehen, die deutsche Bundesflagge führen müssen, erfolgt das Ausflaggen über einen Eigentümerwechsel. So wird das Eigentum an einem Schiff – teilweise nur treuhänderisch – auf eine ausländische Gesellschaft, an der das deutsche Schiffahrtsunternehmen oder seine Gesellschafter beteiligt sind, übertragen. In neuester Zeit sind zunehmend Tendenzen erkennbar, nicht nur Schiffe auszuflaggen, sondern Unternehmen in ausländische Standorte zu verlagern oder über ausländische Tochtergesellschaften effektive Reederleistungen aus dem Ausland wahrzunehmen. Die Bereederung kann weiterhin durch das deutsche Schiffahrtsunternehmen oder durch eine ausländische Managementgesellschaft erfolgen. Eine andere Möglichkeit des Ausflaggens eröffnet das deutsche Flaggenrecht selbst. Nach § 7 FlaggenrechtsG kann der Bundesminister für Verkehr genehmigen, daß ein im deutschen Schiffsregister eingetragenes und im Ausland verchartertes Schiff für die Dauer von zwei Jahren eine ausländische Flagge führt, ohne im deutschen Register gelöscht zu werden, sofern die Führung der fremden Flagge nach dem ausländischen Recht erlaubt ist (sog. *Bareboat*-Charter). Weitere Voraussetzungen sind, daß dieses Schiff von einem deutschen Reeder auf *Bareboat*-Basis gechartert und ihm mindestens ein Jahr zur Bereederung im eigenen Namen überlassen ist und nach den deutschen Vorschriften mit Kapitän und Schiffsoffizieren besetzt wird.[83] Welche Nationalität der *Bareboat*-Charterer haben muß, bestimmt nicht das deutsche Recht, sondern das Recht des Staates, dessen Flagge das Schiff in Zukunft führen soll. Die Regelungen hierzu sind unterschiedlich, die Registerkonvention verlangt, daß der *Bareboat*-Charterer die Nationalität des Flaggenstaates hat.[84] Die gesellschaftsrechtliche Ausgestaltung des Charterver-

---

[78] *Boczek*, 11, 76 ff; *Metaxas*, 77; *B. Kröger*, Praktische Erfahrungen mit Bareboatcharter-Registern, TranspR 1988, 173; *Economic Consequences of the Existence or Lack of Genuine Link between Vessel and Flag of Registry*, a Report by the UNCTAD Secretariat, TD/B/C.4/168 of 10 March 1977, UNCTAD TD/222/Supp. 4 vom 21. 12. 1978.

[79] Vgl. dazu die Studie der UNCTAD „Action on the Question of Open Registries, TD/B/C.4/220 vom 3. 3. 1981, para. 9 ff.

[80] *Final and Interim Reports by the Marine Board of Investigation in the matter of the loss by grounding of the VLCC „Amoco Cadiz"*, published by the Bureau of Maritime Affairs, Monrovia, 1980 (zitiert nach der oben angegebenen UNCTAD-Studie, 22 (Anm. 77). Zu den komplizierten Eigentumsverhältnissen *A. C. Kiss*, L'affaire de l'„Amoco Cadiz": responsabilité pour une catastrophe écologique, Clunet 112 (1985), 575 (577 f).

[81] Auf der Basis der Statistiken zum Totalverlust gehen *R. S. Doganis*/*B. N. Metaxas*, The Impact of Flags of Convenience, Research Report No. 3, Transport Studies Group, 1976, sowie *OECD*, Report by the Transport Committee on Flags of Convenience, 1975; *K. Grundey*, Flags of Convenience in 1978, 1978, 25 ff von einem Sicherheitsdefizit bei Billigflaggen aus. Weniger ausdrücklich aber in die gleiche Richtung tendieren *S. H. Bergstrand*, Flag Developments in the Open Registry Debate, Discussion Paper No. 13, Transport Studies Group, Polytechnic of Central London, 1983, 59 ff und *H. P. Drewry*, Shipping Consultants, Summary and Conclusions, An Analysis of Safety Records of the World's Merchant Fleets, 1984, 5 ff.

[82] BGBl. 1951 I, 79 ff, neu bekanntgegeben am 4. 7. 1990, BGBl. 1990 I, 1342 ff.

[83] §§ 1, 11 Abs. 1 FlaggenrechtsG.

[84] Art. 12 Abs. 1 i.V.m. Art. 7; das deutsche Recht verlangt lediglich, daß der *Bareboat*charterer nicht qua-

hältnisses kann unterschiedlich sein.[85] Die Staatszugehörigkeit der Schiffe ist aufgrund der Flaggenführung eindeutig, sie unterliegen ausschließlich der Flaggenhoheit des Flaggenstaates.[86] Die Vereinbarkeit dieser Praxis mit Art. 6 Abs. 1 Satz 2 Hohe See Konvention ist zweifelhaft, wenn man in der *Bareboat*-Charter eine Doppelregistrierung sieht.[87] Man wird hier aber davon auszugehen haben, daß für die Zeit der *Bareboat*-Charter die öffentlich-rechtlichen Funktionen des deutschen Registers ausgesetzt werden. Nur hierauf bezieht sich aber Art. 6 des Übereinkommens über die Hohe See.

Um die Tendenz des Ausflaggens zu verringern, haben einige Staaten (darunter auch die Bundesrepublik Deutschland) ein zweites internationales Schiffsregister geschaffen.[88] Es erlaubt eine Freizeichnung von deutschen Arbeitstarifen,[89] entbindet die Reeder aber nicht von der Beachtung der Umwelt- und Sicherheitsvorschriften der Bundesrepublik Deutschland.

2. In der internationalen Judikatur besteht eine Unsicherheit darüber, inwieweit ein internationales Gericht befugt ist, die Verleihung des Flaggenführungsrechts auf der Basis von Art. 19 SRÜ zu hinterfragen. Der Internationale Seegerichtshof sah sich mit dieser Frage im Fall *M/V Saiga (No. 2)* konfrontiert. Er hat in seinem Urteil vom 1. 7. 1999 geprüft, ob die M/V Saiga die Flagge von Saint Vincent and the Grenadines führen durfte, sich dabei aber ohne ausreichende Beweiswürdigung die Behauptung von Saint Vincent and the Grenadines zu eigen gemacht.[90] Demgegenüber ist der Internationale Seegerichtshof im Falle *The „Grand Prince" (Belice v. France)* in eine materiell-rechtliche Prüfung eingetreten, ob die Grand Prince das Recht hatte, die Flagge von Belice zu führen.[91] Nur letzteres entspricht dem Ansatz, der bei Zweifeln über die Staatsangehörigkeit verfolgt wurde.[92]

§ 119 Allgemeine Einschränkungen für die Freiheit der Schiffahrt

Schrifttum: vor §§ 116, 117, 118; ferner: *P. Stiel*, Der Tatbestand der Piraterie nach geltendem Völkerrecht unter vergleichender Berücksichtigung der Landesgesetzgebungen, 1905; *V. Pella*, La repression de la piraterie, RdC 15 (1926 V), 149 ff; *A. Müller*, Die Piraterie im Völkerrecht unter besonderer Berücksichtigung des Entwurfes der Völkerbundskommission und der Regierungsäußerungen, 1929; *Entwurf der Harvard Law School*, Piracy, AJIL 26 (1932), Supp., Part IV. und V. – im folgenden zitiert als Harvard Entwurf; *H. Lauterpacht*, Insurrection et piraterie, RGDIP 46 (1939), 513 ff; *H. B. Forman*, International Law of Piracy and the Santa Maria Incident, JAG Journal 15 (1961), 143; *L. Garcia-Arias*, La pirateria como delito del derecho de gentes, 1961; *M. K. Malache*, De la piraterie, RevEgyt 26 (1970) 124 ff; *Ch. Sattler*, Die Piraterie im modernen Seerecht und die Bestrebungen der Ausweitung des Pirateriebegriffs im neueren Völkerrecht, 1971; *R. W. Gehring*, Defence against Insurgents on the High Seas: the Lyla Express and Johnny Express, JAG Journal 27 (1973), 317 ff; *Y. van der Mensbrugghe*, Le pouvoir de Police des Etats en Haute Mer, RBDI 11 (1975), 56 ff; *A. P. Rubin*, Is Piracy Illegal?, AJIL 70 (1976), 92 ff; *B. H. Dubner*, The Law of International Sea Piracy, New York Univ. J. Int'l L. & Pol. 11 (1979), 471 ff; *International Maritime Bureau*, A Third Report into the Incidence of Piracy and Armed Robbery from Merchant Ships, 1985; *G. le Borgne*, La police en mer

lifiziert sein darf, die deutsche Flagge zu führen (§ 7 Abs. 1 FlaggenrechtsG).

[85] Vgl. dazu *Kröger* (Anm. 76), 174, der auch die unterschiedlichen steuerlichen Konsequenzen skizziert.

[86] Das Bundesverkehrsministerium behält sich allerdings vor, seine Genehmigung im Spannungs- oder Verteidigungsfall zurückzuziehen. Geschieht dies, lebt die Pflicht zur Führung der Bundesflagge wieder auf.

[87] So auch *Breuer* (Anm. 31), 219; a.A. *Kröger* (Anm. 76), 175 f.

[88] BGBl. 1989 I, 550 ff; vgl. dazu *D. Dörr*, Das Zweitregistergesetz, AVR 26 (1988), 366 ff.

[89] Vgl. zur Anwendbarkeit deutschen Tarifvertragsrechts auf deutschen Schiffen jedoch BVerfGE 92, 26.

[90] ILM 38 (1999) 1322 (paras. 58–72); kritisch *Separate Opinion Vice-President Wolfrum*, ILM 38 (1999) 1322 (paras. 15–36), der eine substantielle Prüfung fordert. Demgegenüber vertritt *Jugde Anderson* in seiner *Separate Opinion*, ILM 38 (1999) 1322, die Ansicht, dies sei eine Frage der Faktenlage und als solche zu behandeln.

[91] Vgl. unter http://www.itlos.org (Januar 2002) (para. 83).

[92] Vgl. § 84.

en deca des 200 milles, Doctrine et practique francaises, 1986; *L. B. Mandala*, Drug Enforcement on the High Seas: Stateless Vessel Jursidiction over Shipboard Criminality by Non-Resident Alien Crewmembers – U. S. v. Alvarez-Mena, Maritime Lawyer 11 (1986), 163; *B. Pelletier*, De la Piraterie maritime, Annu. de Droit Marit. et Aéro-Spatiaa (1987), 217 ff; *C. C. Joyner*, The 1988 IMO Convention on the Safety of Maritime Navigation: Towards a Legal Remedy for Terrorism at Sea, GYIL 31 (1988), 230 ff; *F. Francioni*, Maritime Terrorism and International Law: The Rome Convention of 1988, GYIL 31 (1988), 263 ff; *A. Cassese*, Terrorism, Politics and Law: The Achille Lauro Affair, 1989; *E. Ellen* (ed.), Piracy at Sea, 1989; *P. E. Fried*, Convention and Protocol from the International Conference on the Suppression of Unlawful Acts Against the Safety of Maritime Navigation, opened for signature Mar. 10, 1988, Harvard ILJ 30 (1989), 226 ff; *L. F. E. Goldie*, Terrorism, Piracy and the Nyon Agreements, in: *Y. Dinstein* (ed.), International Law at a Time of Perplexity: Essays in Honour of Shabtai Rosenne, 1989, 225 ff; *L C. Green*, Terrorism and the Law of the Sea, in: *Y. Dinstein* (ed.), International Law at a Time of Perplexity: Essays in Honour of Shabtai Rosenne, 1989, 249 ff; *N. Ronzitti* (ed.), Maritime Terrorism and International Law, 1990; *C. Touret*, La piraterie au vingtième siècle: piraterie maritime et aérienne, 1992; *M. Münchau*, Terrorismus auf See, 1994; *G. Plant*, Legal Aspects of Terrorism at Sea, in: *R. Higgins*, Terrorism and International Law, 1997, 68 ff; *A P. Rubin*, The Law of Piracy, 2nd ed., 1998; *S. P. Menefee*, Foreign Naval Intervention in Cases of Piracy: Problems and Strategies, International Journal of Marine and Coastal Law 14 (1999), 353 ff.

I. 1. Obwohl das Prinzip von der Freiheit der Hohen See eine Überwachung der Nutzung der See durch andere Völkerrechtssubjekte durch den jeweiligen Flaggenstaat ausschließt, hat es doch hin und wieder Stimmen gegeben, die für die Einführung einer internationalen Seepolizei plädierten. Die letzten Reste derartiger Bestrebungen finden sich in den Regelungen zur Bekämpfung der Piraterie. Für die allgemeine Einführung einer internationalen Seepolizei, gebildet durch die Kriegsmarine einzelner Staaten setzte sich vor allem *W. Schükking* ein.[1] Er war der Ansicht, die ausschließlich negative Zielsetzung des Prinzips von der Freiheit der Hohen See werde den Gegebenheiten nicht mehr gerecht und es gelte, eine „Herrschaft der Staatengemeinschaft“ über die Meere zu errichten. Seine Forderung blieb jedoch auf die folgende Entwicklung ohne ersichtlichen Einfluß.

2. Wie schon ausgeführt, dürfen dritte Staaten nur dann Maßnahmen gegen Schiffe unter fremder Flagge ergreifen, wenn dies entweder ausdrücklich zwischen den betreffenden Staaten vereinbart wurde oder das Völkerrecht, sei es Vertragsrecht oder Gewohnheitsrecht, entsprechende Eingriffsbefugnisse begründet.[2]

Beispiele für ausdrückliche Vereinbarungen zwischen Staaten stellen die am 23. 1. 1924 zwischen Großbritannien und den Vereinigten Staaten geschlossene *Liquor Convention*[3] sowie der Internationale Vertrag zur Unterdrückung des Branntweinhandels unter den Nordseefischern auf Hoher See vom 16. 11. 1887 nebst Protokollen vom 14. 2. 1893 und 11. 4. 1894 dar.[4] Allerdings erlaubt letzterer nur in Extremfällen, Vollzugsmaßnahmen gegen fremde Schiffe auf Hoher See zu ergreifen. Weitergehend ist das Internationale Abkommen zur Bekämpfung des Alkoholschmuggels vom 19. 8. 1925,[5] das dem Beispiel der *Liquor Convention* folgt. Eine Kontrolle des Waffentransports über See sah der Vertrag von St. Germain-en-Laye über die Unterdrückung des Handels mit Waffen und Munition in Afrika vom 10. 9. 1919 vor.[6]

[1] *W. Schücking*, Die Freiheit der Meere, in: *ders.*, Der Bund der Völker, 1918, 135 (149 ff); vgl. dazu auch einen Vorschlag von *K. Strupp*, Annuaire de l'Institut de Droit international 34 (1928), 673 ff sowie den Gegenvorschlag von *G. Gidel*, Annuaire de l'Institut de Droit International 35 (1929 I), 199 ff.

[2] Vgl. hierzu Art. 110 SRÜ, der etwas weiter gefaßt ist als Art. 22 Hohe See Konvention.

[3] *Martens*, NrG, 3ème série, Tome XIII, 283.

[4] GBl. 1894, 427; Vertragsstaaten sind Belgien, Dänemark, Deutschland, die Niederlande und das Vereinigte Königreich.

[5] RGBl. 1926 II, 220; Vertragsstaaten sind Dänemark, Deutschland, Finnland, Norwegen, Polen, Schweden und die UdSSR.

[6] *Hudson*, Bd. I, 1919–1921, 323; nicht in Kraft getreten.

Das Völkerrecht sieht eine Reihe von Eingriffsrechten vor, wobei diese sich grundsätzlich in zwei Gruppen teilen lassen: Eingriffsrechte aufgrund von Verstößen gegen völkerrechtliche Normen und Eingriffsrechte aufgrund von Verstößen gegen nationale Normen. Die erstgenannte Kategorie erfaßt die Tatbestände der Piraterie, des Sklaventransports, nicht genehmigter Rundfunksendungen, staatenloser Schiffe, des Flaggenmißbrauchs, der Verletzung überseeischer Kabel sowie Verstöße gegen Umwelt- und Sicherheitsvorschriften. Nur ein Teil dieser Verstöße, namentlich die Piraterie, erlaubt den Einsatz hoheitlicher Maßnahmen auf Hoher See gegen fremde Schiffe. Die Ahndung von Verstößen gegen marine Umweltvorschriften auf Hoher See hingegen setzt voraus, daß das betreffende Schiff einen Hafen des verfolgenden Staates angelaufen hat. Verletzt ein Schiff die nationalen Normen eines Küstenstaates in dessen Eigengewässern, Küstengewässern, Anschlußzone, ausschließlicher Wirtschaftszone oder auf dessen Festlandsockel, so ist der Küstenstaat zur Nacheile berechtigt und darf das Schiff auch noch auf der Hohen See bis in die Küstengewässer eines anderen Staates verfolgen. In beiden Kategorien variieren die Eingriffsrechte ihrer Intensität nach. Sie gehen am weitesten bei der Verfolgung der Piraterie und bei der Ausübung der Nacheile. Im einzelnen sind folgende Eingriffsrechte anerkannt: Betreten, Untersuchung, Beschlagnahme, Festnahme und gerichtliche Verfolgung.

II. 1. Piraten sind nach dem Völkerrecht Personen, die auf Hoher See aus Eigennutz Gewalttaten gegen Personen oder Eigentum begehen, ohne hierzu von einer anerkannten Regierung oder einer sonst anerkannten staatlichen Gewalt ermächtigt zu sein.[7] Die Regelungen[8] über die Verfolgung von Piraten qualifizieren Piraterie zum einen als ein völkerrechtliches Delikt[9] und zum anderen erlauben sie, unter Durchbrechung des Flaggenstaatsprinzips, die Verfolgung der Piraten auf Hoher See durch alle Staaten. Soweit staatliche Gerichte Piraterie verfolgen und ahnden, üben sie internationale Gerichtsbarkeit aus, die auf sie durch die angesprochenen seerechtlichen Regelungen, insbesondere durch Art. 105 SRÜ, delegiert wurde. Es besteht keine Verpflichtung der Staaten, Akte von Piraterie auf Hoher See zu verfolgen. Es besteht aber eine Verpflichtung, nicht mit diesen zusammenzuarbeiten bzw. diesen keine Unterstützung zu gewähren. Eine derartige Unterstützung wäre ein Verstoß gegen Art. 100 SRÜ, der eine verbindliche Verpflichtung zur Kooperation bei der Bekämpfung des Piratentums statuiert.

Neben dem völkerrechtlichen gibt es einen nationalen, strafrechtlichen Begriff der Piraterie.[10] Für die Verfolgung auf Hoher See ist nur der völkerrechtliche Begriff der Piraterie von Relevanz.

Die völkerrechtliche Definition des Begriffes Piraterie war zunächst durchaus umstritten. Nach der früher überwiegenden Ansicht war Piraterie nichts anderes als Raub auf Hoher See.[11] Gemäß Art. 101 SRÜ fallen unter diesen Begriff aber jede rechtswidrige Gewalttat, Freiheitsberaubung oder Plünderung. Diese weite Definition ist heute gewohnheitsrechtlich anerkannt.[12] Damit ist Piraterie als die Ausübung von Gewalt gegen Personen und Sachen

---

[7] Vgl. zu den Ursprüngen des Begriffs der Piraterie *A. P. Rubin*, 1 ff; *ders.*, Piracy, EPIL III (1997), 1036.

[8] Art. 100 ff SRÜ.

[9] A.A. *G. Dahm*, Zur Problematik des Völkerstrafrechts, 1956, 51 f („auf völkerrechtlicher Ermächtigung beruhendes nationales Recht") sowie 1. Aufl. Bd. I, 680; wie hier *O'Connell/Shearer*, Bd. II, 966.

[10] Vgl. dazu Article I Section 8 Subsection 10 der Verfassung der Vereinigten Staaten von Amerika, der es dem Kongreß überläßt, Piraterie zu definieren und unter Strafe zu stellen *(„The Congress shall have power ... to declare war, grant letters of marque and reprisal, and make rules concerning captures on land and water.“)*.

[11] Vgl. dazu die Nachweise bei *O'Connell/Shearer*, Bd. II, 968.

[12] Vgl. Privy Council, *In re Piracy Jure Gentium*, 1934, A. C., 586; *Marianna Flora*, (1826), *Wheaton*, Bd. XI, 1; *Harmony v. United States (The Brig Malek Adhel)*, State Trials compiled by T. B. Howell and T. J. Howell, Bd. II (1844), 210; so auch *Berber*, Bd. I, 326; *Cavaré*, Bd. II, 725; *A. P. Sereni*, Diritto Internazionale, Bd. II, 1958, 671; *J. G. Starke*, Introduction to International Law, 10th ed. 1989, 310;

auf Hoher See zu definieren. Eine Absicht, sich Sachwerte anzueignen, ist nicht erforderlich.

Die Definition des Pirateriebegriffs in Art. 101 SRÜ ist nicht angemessen.[13] Unklar ist vor allem die Verwendung des Begriffs „rechtswidrig", es fehlt ein Hinweis darauf, wann eine Gewalttat rechtswidrig bzw. rechtmäßig ist. Unklar ist auch, ob bereits ein singulärer krimineller Akt den Tatbestand der Piraterie erfüllt.[14] Der Harvard Entwurf unterschied zwischen kriminiellen Akten auf Hoher See und Akten der Piraterie, die sich auch gegen die Schiffsführung richtete. Einmalige Akte, selbst solche, die nur eine Gewaltanwendung gegen ein ganz bestimmtes Schiff zum Gegenstand haben, reichen aus, um den Tatbestand der Piraterie zu erfüllen. Bereits der Versuch genügt; ein Schiff wird zum Piratenschiff, sobald es die Jagd auf andere Schiffe eröffnet.[15] Auch wenn der Versuch keinen Erfolg hat und aufgegeben wird, bleibt das Schiff dem Zugriff anderer Staaten ausgesetzt, solange es unter der Kontrolle derselben Mannschaft verbleibt. Nicht ausreichend ist dagegen die bloße Absicht.

Der Gewaltakt muß sich gegen ein Schiff, Personen oder Sachgüter an Bord eines Schiffes richten. Er muß seinen Ausgangspunkt von einem Schiff auf Hoher See nehmen, das sich unter der Kontrolle von Piraten befindet;[16] ausreichend ist auch, wenn er von einem Platz außerhalb staatlicher Jurisdiktion ausgeht.[17] Der Tatbestand wird daher nicht durch die gewaltsame Wegnahme des Schiffs durch Besatzung oder Fahrgäste erfüllt, solange dieses der Jurisdiktion eines bestimmten Staates untersteht.[18]

Die Frage, ob bereits die Übernahme eines Schiffes durch Meuterer den Tatbestand der Piraterie erfüllt, ist außerordentlich umstritten. Es gibt einzelne Entscheidungen, die diese Frage bejahen. So hat der Supreme Court der Vereinigten Staaten von Amerika festgestellt, daß die Mitglieder einer meuternden Besatzung, die einen Mord begeht, als Piraten zu bestrafen sind, auch wenn kein weiteres Schiff involviert war.[19] Die Frage wurde vor allem im Zusammenhang mit der Besetzung der *Santa Maria*, der *Achille Lauro* und der *City of Poros* diskutiert.[20]
Als Vietnam-Flüchtlinge ein Schiff gewaltsam in Besitz nahmen und Australien anliefen, verlangte die Regierung von Vietnam die Auslieferung der Flüchtlinge als Piraten. Diese Forderung wurde allerdings von der australischen Regierung zurückgewiesen.
Gegen die Ausdehnung des Instituts der Piraterie auf die Meuterei spricht, daß die internationale Verfolgung von Piraten davon ausgeht, daß sie in einem Gebiet außerhalb der staatlichen Jurisdiktion tätig werden. Dieser Fall liegt bei einem Schiff, das der Flaggenhoheit eines bestimmten Staates untersteht, nicht vor. Die Verfolgung liegt in diesen Fällen allein bei dem Flaggenstaat.

Gemäß Art. 100 und 101 SRÜ sind lediglich die auf Hoher See begangenen Gewaltakte als Piraterie einzustufen. Das heißt, die innerhalb der maritimen Binnen-, Archipel- und Küstengewässer begangenen Gewaltakte unterfallen allein der Jurisdiktion des betreffenden Küsten-

---

a.A. *Cameron v. H. M. Advocate* (1971), ILR 56 (1980), 243, wonach Art. 15 Hohe See Konvention keine abschließende Definition des Pirateriebegriffes enthält, der gewohnheitsrechtliche Begriff vielmehr weiter zu fassen ist.

13 So auch *Deubner*, N. Y. U. J. Int'l L. & Pol. 11 (1979), 471 ff; *Rubin*, AJIL 70 (1976), 92.

14 Vgl. dazu auch *O'Connell/Shearer*, Bd. II, 970.

15 So District Court New York, *The Ambrose Light* (1885) 25 Fed. 408 (1885), und Privy Council, *In re Piracy Jure Gentium* (Anm. 12), 586. Ebenso *Oppenheim/Jennings/Watts*, Bd. I, 753.

16 Art. 101 (a) (i) SRÜ.

17 Art. 101 (a) (ii) SRÜ.

18 A. A. noch *Oppenheim/Lauterpacht*, 8. Aufl., Bd. I, 274; so wie hier jetzt *Oppenheim/Jennings/Watts*, Bd. I, 749 f.

19 *Harmony v. United States* (Anm. 12), 210; vgl. auch *United States v. Klintock*, Wheaton 5 (1820), 152 (180) sowie *Cameron v. H. M. Advocate* (Anm. 12), 250.

20 *Whiteman*, Bd. IV, 666; vgl. dazu im einzelnen *L. C. Green*, The Santa Maria, BYIL 37 (1961), 496 ff; C. *Goyard*, L'Affaire du Santa Maria, RGDIP 66 (1962), 123 ff; *Cassese*, The Achille Lauro Affair; negativ Kommentar der ILC zu Art. 15, YBILC 1956, Vol. II, 282; für die Annahme von Piraterie *Oppenheim/Jennings/Watts*, Bd. I, 752 sowie *S. P. Menefee*, Piracy, Terrorism and Insurgent Passenger: A Historical and Legal Perspective, in: *Ronzitti* (ed.), 61.

staates. Die sog. Flußpiraterie stellt keine Piraterie i.S. des Völkerrechts dar.[21] Problematisch ist die Einstufung von Gewaltakten in den ausschließlichen Wirtschaftszonen. In ihnen üben die Küstenstaaten ihre Jurisdiktion nur im Interesse ihrer wirtschaftlichen Nutzung dieser Zone aus, allgemeine Polizeibefugnisse in bezug auf die Schiffahrt stehen ihnen dagegen nicht zu. Insofern sind für diesen Bereich die Regeln über die Bekämpfung der Piraterie anwendbar, wie der Verweis in Art. 58 Abs. 2 SRÜ auf die Art. 100 ff SRÜ belegt.

Mit einem zweifelhaften Fall war der englische High Court of Admiralty 1853 in der Angelegenheit der *Magellan Pirates* befaßt.[22] Chilenische Rebellen hatten im Hafen von Punta Arenas ein amerikanisches und ein englisches Schiff weggenommen, zwei Personen ermordet, geplündert, und sich mit einem der erbeuteten Schiffe auf die Hohe See begeben, wo sie aufgebracht wurden. Der Richter neigte dazu, auch die im Hafen begangenen Gewalttaten als Piraterie anzusehen, legte dann aber doch vor allem darauf Wert, daß der durch Piraterie erlangte Besitz auf dem Meere fortgesetzt worden sei. In Fällen dieser Art kommt es darauf an, ob die Gewalttaten oder der Versuch dazu auf der Hohen See fortgesetzt werden, worüber dieses Urteil allerdings keine Feststellung trifft.

Zum Wesen des Piraten gehört es, daß er auf eigene Verantwortung und eigennützig tätig wird. Art. 101 SRÜ umschreibt dies mit den Worten, daß die Gewalttat zu privaten Zwecken begangen sein muß. Die Begründung für dieses Element liegt darin, daß der Pirat sich auch zu seiner eigenen Staatsgewalt in Widerspruch setzt und dies seine Verfolgung durch alle Staaten eröffnet.

Der belgische Kassationshof hat in einem Urteil vom 19. 12. 1986 *(Castle John and Nederlandse Stichting Sirius v. NV Mabeco and NV Parfin)* entschieden, daß gewaltsame Aktionen eines Greenpeace-Schiffes gegen die Abfallbeseitigung auf Hoher See, um öffentliche Aufmerksamkeit zu erzielen, einen Akt der Piraterie darstellten.[23]

2. Ist die Gewalttat durch einen Staat legitimiert, so liegt keine Piraterie vor.[24] Dies heißt aber nicht, daß die entsprechenden Akte völkerrechtsgemäß sind.

Der Legitimation durch einen Staat steht gleich, wenn die Ermächtigung durch andere völkerrechtlich anerkannte Völkerrechtssubjekte erfolgt ist. Als solche kommen Aufständische in Betracht, wenn sie als solche anerkannt sind. Die rechtmäßige Regierung oder andere Staaten, die die Aufständischen in dieser Eigenschaft anerkannt haben, dürfen die Besatzung ihrer Kriegsschiffe nicht als Piraten behandeln.

Problematisch ist die Rechtslage im Hinblick auf nicht anerkannte Rebellen. Deren Akte sind in der Praxis oft als Piraterie qualifiziert worden. Dies wird jedoch nicht dem Umstand gerecht, daß sie nicht aus eigennützigen Motiven handeln. Sie mögen für sich nicht das Recht der Kriegsführenden in Anspruch nehmen können. Damit werden sie aber nicht zu Piraten. Insofern ist nicht entscheidend, ob es sich um anerkannte oder nicht anerkannte Aufständische handelt, sondern ob die vorgenommenen Gewaltakte noch in den typischen Bereich der Seekriegsführung fallen oder nicht.[25]

Wenn die Gewaltakte ausschließlich oder überwiegend von einer politischen Zielsetzung getragen werden und diese einem Völkerrechtssubjekt zuzuordnen ist, so liegt keine Piraterie vor. Organisierte Aufständische sind keine Piraten.[26]

---

[21] Vgl. z. B. das (Fragen des Versicherungsrechts behandelnde) englische Urteil in *Republic of Bolivia v. Indemnity Mutual Marine Assurance Comp. Ltd.* (1909) 1 K. B. 785 (Flußpiraterie auf dem Amazonasstrom sei keine Piraterie im Sinne des Völkerrechts) sowie das Urteil des Supreme Court New York, Annual Digest 1919–42 Supp., C. 90 (Wegnahme eines Schleppers im Hafen von New York keine Piraterie).

[22] *T. Spinks*, Ecclesiastical and Admirality Reports, (Great Britain), Vol. I, 1855, 81.

[23] ILR 77 (1988), 357 (358 f).

[24] *Oppenheim/Jennings/Watts*, Vol. I, 747.

[25] So vor allem *O'Connell/Shearer*, Bd. II, 975.

[26] So Art. 3 des Harvard Entwurfs mit zahlreichen Belegen im Kommentar 798 f. Anders wohl *H. Lauterpacht*, Recognition in International Law, 1948, und *Oppenheim/Jennings/Watts*, 9. Aufl., Bd. II, 748 ff.

Die Spruchpraxis ist hierzu allerdings nicht ganz eindeutig.[27] Als kubanische Aufständische das spanische Kriegsschiff *Montezuma* eroberten, ersuchte Spanien Brasilien, sie als Piraten zu behandeln.[28] Brasilien lehnte dies ab, solange sich die Aktivitäten des Schiffes gegen Spanien richteten.[29] Im amerikanischen Bürgerkrieg wurden die Schiffe der Konföderierten nicht als Piraten, sondern als Kriegsführende behandelt.[30] Im Falle der *Magellan Pirates* hielt der Richter immerhin den Hinweis für nötig, daß die von den Piraten begangene Plünderung keine Beziehungen zu ihren politischen Absichten habe und stützte darauf das Urteil.[31] Im Falle der *Ambrose Light* wurden die Rebellen zwar als Piraten bezeichnet und die Wegnahme des Schiffes mißbilligt, dieses aber nicht als Piratenschiff behandelt, weil die Rebellenregierung inzwischen von den Vereinigten Staaten von Amerika anerkannt worden war.[32] Als im Jahre 1877 das peruanische Rebellenschiff *Huascar* englische Schiffe auf Hoher See zur Abgabe von Kohlen zwang und an Bord Verhaftungen vornahm, wurde es zwar von englischen Kriegsschiffen gejagt und zur Übergabe gezwungen, aber dies geschah deshalb, weil seine Aktionen sich gerade gegen englische Schiffe und englisches Eigentum gerichtet hatten.[33] Dieser Gesichtspunkt bestimmte auch die Haltung der deutschen, englischen und französischen Regierung im Jahre 1873 gegenüber der Rebellion eines spanischen Geschwaders in Cartagena. Sie erteilten ihren Seestreitkräften Instruktionen des Inhalts, daß sie nur bei einem Vorgehen der Rebellen gegen ihre eigenen Schiffe und Staatsangehörigen eingreifen dürften.[34]

Wenn die Tätigkeiten auf See im Auftrag und unter Verantwortung eines Staates erfolgen, trifft die völkerrechtliche Verantwortlichkeit den betreffenden Flaggenstaat. Im Frieden bleibt ein Vorgehen anderer Staaten gegen das Schiff verboten.

3. Es ist in der Vergangenheit versucht worden, das Institut der Piraterie zu erweitern.

In dieser Richtung hat namentlich das Vereinigte Königreich das Institut der Piraterie zu nutzen versucht, um eine rechtliche Grundlage für umfassende Aktionen gegen Unterseeboote zu finden.[35] Nach Art. 3 des nicht in Kraft getretenen Washingtoner Fünfmächtevertrags über den Gebrauch von Unterseebooten vom 6. Februar 1922[36] sollten Personen, gleichgültig im Dienste welches Staates, die – mit oder ohne Befehl eines Vorgesetzten – die Regeln über den Seekrieg verletzten, *„be deemed to have violated the laws of war and shall be liable for trial and punishment as if for an act of piracy"* und dementsprechend von den Zivil- und Militärbehörden aller Staaten verfolgt werden dürfen, in

---

Dort auch näheres über das heute nur noch geschichtlich interessierende Problem der Kaperschiffe.

[27] Dazu namentlich *Oppenheim/Jennings/Watts*, Vol. I, § 273 a, 612 f. Danach soll nach angelsächsischer Rechtsauffassung im wesentlichen Piraterierecht für nicht anerkannte Aufständische anwendbar sein. Es fehlt allerdings nicht an Zeugnissen für die gegenteilige Auffassung auch im angelsächsischen Rechtskreis. Vgl. etwa die bei *Moore*, Digest II, 1079 mitgeteilte Entscheidung des U.S. Supreme Court in *U. S. v. Barker* (1861) und die ebd. wiedergegebenen Äußerungen des Staatssekretärs *Bayard* aus dem Jahre 1885 sowie die bei *T.-C. Chen*, International Law of Recognition, with Special Regard to Practice in Great Britain and the United States, 1951, 403 angeführte Botschaft des Präsidenten *Cleveland* aus dem gleichen Jahre. Siehe auch die bei *G. H. Hackworth*, Digest of International Law, Bd. II, 1941, 697 mitgeteilte Äußerung der Rechtsabteilung des State Department der USA aus dem Jahre 1929, wonach nicht anerkannte Aufständische nach überwiegender Ansicht sich nicht als Piraten ansehen ließen.

[28] *J. Westlake*, International Law, Bd. I, 2. Aufl., 1910, 183.

[29] *Colombos*, 451.

[30] Vgl. den Fall der *Alabama* bei *Moore*, Digest, Bd. II, 1082.

[31] Siehe oben Fn 21; in der dort angeführten Entscheidung *Republic of Bolivia v. Indemnity Mutual Marine Insurance Comp.* wird ausdrücklich darauf hingewiesen, daß der seinen eigenen Staat bekämpfende Rebell eben kein „Feind der Menschheit" sei und somit nicht als Pirat gelten könne (791).

[32] Vgl. oben.

[33] Dazu *Gidel*, Tome I, 325.

[34] Dazu *Gidel*, Tome I, 324 f. Der Gedanke, daß nur der belästigte Staat gegen Insurgenten vorgehen dürfe, diese also nicht einem Allerweltszugriff ausgesetzt seien, ist auch in dem interamerikanischen Havanna-Abkommen über die Rechte und Pflichten der Staaten im Bürgerkrieg vom 20. 2. 1928 zugrunde gelegt (Art. 2, 3). Vgl. *Hackworth*, Digest, Bd. II, 695. So ist auch die Praxis im spanischen Bürgerkrieg 1936–39 gewesen. Dazu *Lauterpacht*, 272 f.

[35] Es handelte sich dabei um mehr als bloße Zwecktheorie. Der englischen Rechtsprechung ist die Vorstellung einer staatlich autorisierten Piraterie und eines Piratenstaates nicht ganz fremd. Vgl. dazu die Äußerungen des Richters *Lushington* in dem Urteil im Falle der *Magellan Pirates* (Anm. 22), 81.

[36] US Treaties, Vol. 2, 351 ff, TS 671.

deren Hoheitsbereich man sie fände. Im Sinne dieser Auffassung schlossen während des spanischen Bürgerkriegs eine Reihe von Staaten am 14. 9. 1937 das Abkommen von Nyon,[37] in dem verabredet wurde, daß Angriffe von Unterseebooten auf Handelsschiffe, die nicht den in den Bürgerkrieg verwickelten Parteien gehörten, unter Verletzung der Regeln des Londoner Flottenabkommens von 1930[38] als Akte der Piraterie gelten und entsprechend behandelt werden sollten. Durch ein weiteres Abkommen vom 17. 9. 1937[39] wurde der Vertrag auf Überseeschiffe und Flugzeuge ausgedehnt, die solche Verstöße begingen. Im 2. Weltkrieg machte sich Präsident *Roosevelt* diesen Gedanken zu eigen, um schon vor dem Eintritt der Vereinigten Staaten von Amerika in den Krieg bewaffneten Aktionen gegen die Kriegsschiffe der Achsenmächte eine völkerrechtliche Begründung zu geben.[40] Letztlich hat sich dieser Ansatz nicht durchgesetzt.[41]

4. Mit dem Recht, ein Piratenschiff aufzubringen und es zu beschlagnahmen, sind gewisse Hilfsrechte verknüpft. In Ausübung des Verfolgungsrechts kann ein Staat mittels seiner Kriegsschiffe und militärischen Flugzeuge ein der Piraterie verdächtiges Schiff anhalten, seine Papiere prüfen und das Schiff durchsuchen.[42] Wenn der Verdacht sich als unbegründet erweist und kein vernünftiger Verdachtsgrund bestand, ist der einschreitende Staat dem Flaggenstaat zum Ersatz des entstandenen Schadens verpflichtet.[43]

Die Verfolgung von Piraten kann nur durch Kriegsschiffe oder militärische Flugzeuge bzw. entsprechend autorisierte Schiffe oder Flugzeuge erfolgen. Ein Eingriffsrecht für Handelsschiffe besteht nicht.[44]

Maßnahmen gegen Pirateriescliffe können nur auf Hoher See oder einem Ort, der nicht staatlicher Jurisdiktion untersteht, ergriffen werden.[45] Flüchtet ein Pirat in die maritimen Eigengewässer, Küsten- oder Archipelgewässer eines Staates, so ist nur noch dieser zu einer Verfolgung berechtigt.[46] Ein Prinzip der „Nacheile“ von der Hohen See aus, in die Gewässer, die der Gebietshoheit eines Küstenstaates unterfallen, existiert nicht.

III. 1. Das traditionelle Instrument der Piraterie hat sich bei der Anwendung auf moderne Formen des Terrorismus auf See als unzureichend erwiesen. Dies resultiert aus den Einschränkungen, die mit dem Begriff der Piraterie verbunden sind. Insbesondere muß die Gewalttat von einem Schiff gegenüber einem anderen Schiff und auf Hoher See ausgeübt werden; ferner darf die Ausübung der Tat nur zu privaten Zwecken erfolgen.[47]

---

[37] *International Agreement for Collective Measures against Piratical Attacks in the Mediterranean by Submarines*, LNTS Bd. 181 (1937), 135. Unter den Vertragsparteien waren Ägypten, Frankreich, Griechenland, Jugoslawien, Rumänien, Türkei, die UdSSR und das Vereinigte Königreich. Ausführlich zum Abkommen von Nyon *P. Kunig*, Nyon Agreement (1937), EPIL III (1997), 754 ff.

[38] *International Treaty for the Limitation and Reduction of Naval Armament*, US Treaties, Vol. 2, 1055 ff, TS 830.

[39] *International Agreement for Collective Measures against Piratical Acts in the Mediterranean by Surface Vessels and Aircraft*, LNTS Bd. 181 (1937), 151.

[40] So die Adresse *Roosevelts* vom 11. 9. 1941 aus Anlaß des Angriffs deutscher Unterseeboote auf die unter Verletzung der Neutralität zur Deckung englisch-amerikanischer Kriegsmaterialtransporte in der Nähe von Grönland eingesetzten Zerstörer: *„This is piracy – legally and morally“*.

[41] Vgl. dazu insgesamt *Sattler*, 343 ff.

[42] Art. 110 Abs. 1 und 2 SRÜ.

[43] Art. 106 SRÜ. Auf das Verschulden des aufbringenden Schiffes ist die Ersatzpflicht auch in der Entscheidung des Privy Council in *The Ovarense etc. v. Casaca* – L. T. R. Bd. 43 (1880), 290 – gestützt, wo ein des Sklavenhandels verdächtigtes Schiff Gegenstand des Einschreitens war.

[44] Art. 107 SRÜ.

[45] Art. 105 SRÜ. Im Bereich der Küstengewässer ist der Küstenstaat zum Eingriff berechtigt. Für Maßnahmen in der ausschließlichen Wirtschaftszone ist auf Art. 58 Abs. 2 SRÜ zu verweisen, der auf die Regelungen zur Hohen See verweist. Da ein Vorgehen gegen Piraten die küstenstaatlichen Rechte in diesem Bereich nicht beeinträchtigt, ist es möglich, daß Kriegsschiffe anderer Staaten gegen Piraten in einer fremden ausschließlichen Wirtschaftszone vorgehen.

[46] Vgl. zu dem Problem, daß der Küstenstaat die Piraterie nicht nach nationalem Recht verfolgen kann oder will, *Menefee*, Marine and Coastal Law 3 (1999), 353 (361 ff).

[47] Vgl. *L. F. G. Goldie*, Terrorism, Piracy and the Nyon-Agreement, in: FS *S. Rosenne*, 225 (227); *L. C. Green*, Terrorism and the Law of the Sea, ebd., 271.

Weder die gewaltsame Inbesitznahme der *Achille Lauro* (1985)[48] noch diejenige der *City of Poros* (1988) waren unter den Begriff der Piraterie subsumierbar.[49] Beide Gewaltakte erfolgten weder zu privaten Zwecken, noch gingen sie von einem anderen Schiff aus.

Diese Lücke versucht die *IMO-Convention for the Suppression of Unlawful Acts Against the Safety of Maritime Navigation* vom 10. 3. 1988[50] zu schließen, die insofern eine Ergänzung über die Regeln zur Verfolgung der Piraterie darstellt. Allerdings wird das Instrumentarium zur Bekämpfung der Piraterie mit der *International Convention against the Taking of Hostages* aus dem Jahre 1979[51] abgewandelt und fortentwickelt.

Die Konvention erfaßt (a) die Inbesitznahme eines Schiffes durch Gewalt, unter Androhung von Gewalt oder durch Einschüchterung, (b) die Vornahme von Gewaltakten gegen eine Person an Bord eines Schiffes, (c) die Zerstörung oder Beschädigung von Schiff oder Ladung, (d) das Anbringen von Sprengladungen, (e) die Zerstörung oder schwere Beschädigung von Schiffahrtseinrichtungen, (f) die Übermittlung falscher Nachrichten und (g) die Verwundung oder Tötung einer Person im Zusammenhang mit den vorgenannten Gewaltakten. Erfüllt wird der Tatbestand unter (b)–(f) allerdings nur, wenn durch die Tat die Sicherheit der Schiffsführung beeinträchtigt wurde; ausreichend sind auch Versuchs- und Beihilfehandlungen. Die Konvention enthält einen eigenen Schiffsbegriff, hierunter fallen *„a vessel of any type whatsoever not permanently attached to the sea-bed, including dynamically supported craft, submersibles, or any other floating craft"*. Keine Anwendung findet die Konvention auf militärisch oder in anderer Weise hoheitlich genutzte Schiffe. Dem räumlichen Anwendungsbereich nach erfaßt die Konvention jedes Schiff, das nicht von einem zu einem anderen Küstenort ein und desselben Staates fährt, ohne das Küstenmeer zu verlassen.[52] Damit geht sie deutlich über die Regelungen zur Piraterie hinaus.

Ob diese Konvention wirklich geeignet ist, dem Terrorismus auf See zu begegnen und die Regeln über die Bekämpfung der Piraterie zu ergänzen, muß bezweifelt werden.[53]

IV. 1. Die den Staaten eingeräumten Befugnisse, gegen Sklaventransporte über See einzuschreiten, bleiben deutlich hinter denjenigen zur Bekämpfung der Piraterie zurück.

Es hat zwar Versuche gegeben, den Sklaventransport mit der Piraterie gleichzusetzen,[54] englische und US-amerikanische Gerichte haben aber das Anhalten und Aufbringen fremder Sklavenschiffe durch englische Kriegsschiffe unter Berufung auf das positive Völkerrecht mehrfach mißbilligt.[55]
Ab 1814 hat vor allem Großbritannien den Versuch unternommen, den Sklaventransport über See

[48] Vgl. dazu insgesamt *Cassese*, Achille Lauro, sowie die Dokumentensammlung in ILM 24 (1985), 1509. Die Fakten über den *City of Poros*-Zwischenfall finden sich in AdG 58 (1988), 32350 A.

[49] *Joyner*, GYIL 31 (1988), 230 (242); *Francioni*, GYIL 31 (1988), 263 (266); a.A. offenbar die US Regierung: der Haftbefehl sützte sich auf Piraterie, abgedruckt in ILM 24 (1985), 1553 (1554) sowie Erklärung des US Präsidenten, abgedruckt in ILM 24 (1985), 1514 (1515); so auch *M. Halberstam*, Terrorism on the High Seas: The Achille Lauro, Piracy and the IMO Convention on Maritime Safety, AJIL 82 (1988), 269 (289). Der Fall der *City of Poros* wird in RGDIP 93 (1989), 138 dargestellt, für eine Anwendung der Pirateriereg eln vgl. *Menefee,* in: *Ronzitti* (ed.), 61.

[50] IMO Doc. SUA/CONF/15, abgedruckt in: ILM 27 (1988), 672; vgl. dazu *T. Treves*, The Rome Convention for the Suppression of Unlawful Acts Against the Safety of Maritime Navigation, in: *Ronzitti* (ed.), 69 ff; *Münchau*, 184 ff.

[51] GA Res. 34/146 vom 18. 12. 1979 (in Kraft seit dem 4. 6. 1983). Vgl. zu diesem Abkommen *K.-W. Platz*, Internationale Konvention gegen Geiselnahme, ZaöRV 40 (1980) 276 ff; *S. Shubber*, The International Convention Against the Taking of Hostages, BYIL 52 (1981), 205 ff.

[52] Ungenau insoweit *Joyner*, GYIL 31 (1988), 230 (248).

[53] Zu einer Bewertung vgl. § 195, III.

[54] Vgl. dazu *Sattler*, 93; sowie *Colombos*, para. 474.

[55] Der *leading case* ist der Fall *Le Louis*, entschieden von Lord *Stowell*, englischer High Court of Admiralty, 1817, *Simmonds*, Cases, Bd. I, 152 ff. Das Gegenstück bildet des Urteil des Chief Justice *Marshall*, Supreme Court der USA, 1825, im Fall *The Antelope*. Am 20. 12. 1848 schlossen jedoch Preußen, Österreich, Frankreich, Großbritannien und Rußland einen Vertrag, der die Gleichstellung von Piraterie und Sklaventransport ausdrücklich vollzieht *(Martens*, NRG, Tome II, 392). Weitere Einzelheiten bei *F. Wharton*, International Law Digest, 1892, Bd. III, para. 327.

vertraglich zu unterbinden. Das Ergebnis waren eine Reihe von Abkommen, in denen die Parteien auf der Basis der Gegenseitigkeit ihren Kriegsschiffen das Recht zum Anhalten und Durchsuchen verdächtigter Schiffe gewährten.[56] Auf breiterer Grundlage wurde ein solches Vorgehen durch die Brüsseler Akte vom 2. 7. 1890[57] ermöglicht. Darin wird den Parteien in gewissen, besonders gefährdeten Zonen in Asien und Afrika das Recht zum Anhalten, Durchsuchen und zur Wegnahme verdächtiger Schiffe (bis zu 500 BRT) gewährt. Der aufbringende Staat muß jedoch das Schiff den Behörden des Staates übergeben, dessen Flagge zum Zwecke des Sklaventransports mißbraucht worden ist (Art. 49). Dieser ist zu weiterem Vorgehen und zur Bestrafung verpflichtet. Das gleiche System der internationalen Feststellung mit nachfolgender Bestrafung durch die nationalen Behörden ist auch in dem Vertrag von St. Germain-en-Laye über die Unterdrückung des Handels mit Waffen und Munition in Afrika vom 10. 9. 1919 zugrunde gelegt.[58] Im Rahmen der Vorarbeiten des Völkerbunds für eine Konvention gegen Sklaverei vom 25. 9. 1926[59] hat das Vereinigte Königreich den Gedanken einer Gleichstellung von Sklaventransport und Piraterie erneut aufgegriffen, ohne damit letztlich durchzudringen.

2. Das Verbot des Sklaventransports ist völkervertraglich in den letzten Jahren nicht weiter entwickelt worden. Art. 13 Hohe See Konvention beschränkte sich auf die Verpflichtung der Staaten, den Transport von Sklaven unter Schiffen ihrer Flagge zu verhindern und unter Strafe zu stellen. Kriegsschiffe hatten das Recht, Schiffe anzuhalten und zu untersuchen, wenn sie einen hinreichenden Grund für die Annahme hatten, daß dieses Schiff im Sklavenhandel tätig war.[60]

Weitere Maßnahmen, wie die der Beschlagnahme, sah die Hohe See Konvention nicht vor. Ihre Einführung scheiterte 1958 am Widerstand einzelner Seemächte, die das Beschlagnahmerecht auf bestimmte afrikanische und asiatische Gebiete beschränkt wissen wollten, wie dies von der Brüsseler Akte von 1890 vorgesehen wurde. Dies empfanden einzelne arabische Staaten als eine gegen sie gerichtete Diskriminierung.

Das Seerechtsübereinkommen hat die Vorschriften der Hohe See Konvention über die Bekämpfung des Sklaventransports inhaltlich unverändert übernommen.[61] Sie sind als Bestandteil des geltenden Völkergewohnheitsrechts anzusehen.[62]

V. Neu durch das Seerechtsübereinkommen eingeführt wurde der Tatbestand der nicht genehmigten Rundfunk- und Fernsehsendungen von der Hohen See aus. Gemäß Art. 109 Abs. 1 SRÜ sind alle Staaten verpflichtet, bei der Unterdrückung nicht genehmigter Sendungen, die von der Hohen See aus ausgestrahlt werden, zusammenzuarbeiten. Dabei wird die ungenehmigte Ausstrahlung definiert als die Übermittlung von Hörfunk- und Fernsehsendungen von einem Schiff oder einer Anlage auf See aus, die zum Empfang für die Allgemeinheit bestimmt sind. Seenotsignale sind ausgenommen. Diese Vorschrift bleibt teilweise hinter dem Abkommen des Europarats vom 22. 1. 1965 zur Verhütung von Rundfunksendungen, die von Sendestellen außerhalb des staatlichen Hoheitsgebiets gesendet werden,[63] zurück.[64] Im einzelnen bestehen folgende Eingriffsrechte, die allerdings – anders als bei der Piraterie – auf bestimmte Staaten[65] beschränkt sind: Untersuchung der

---

[56] Vgl. dazu *Colombos*, para. 476.

[57] *Martens*, NRG, 2ème Série, Tome XVII, 345.

[58] Vgl. auch das Genfer Abkommen über die Überwachung des internationalen Waffenhandels vom 17. 6. 1925, abgedruckt in: Laws and Regulations on the Regime of the High Sea I, 1951, 283 (nicht in Kraft getreten).

[59] LNTS Bd. 60, 253.

[60] Art. 22 Abs. 1 (b) Hohe See Konvention.

[61] Art. 99 und 110 Abs. 1 (b) SRÜ.

[62] Auch die *Supplementary Convention on the Abolition of Slavery the Slave Trade and Institutions and Practice similar to Slavery* vom 7. 9. 1956 (UNTS Bd. 266, 4 ff) geht nicht darüber hinaus.

[63] ETS No. 53; ILM 4 (1965), 115 ff.

[64] Generell zur Frage illegaler Rundfunksendungen vgl. *M. Haucke*, Piratensender auf See, 1969; *H. Meijers*/ *R. C. R. Siekmann*, The „Magda Maria" and Customary Law at the Sea – a case note, NYIL 13 (1982), 143 ff; *K. J. Madders*, Private Broadcasting, EPIL III (1997), 1039 ff.

[65] Vgl. Art. 109 Abs. 3 SRÜ: Flaggenstaat des sendenden Schiffes; Registerstaat der Installation; Staat, dessen Nationalität die sendende Person hat; Staaten,

Installation oder des Schiffes,[66] Beschlagnahme des Sendeapparates und Verhaftung des Sendepersonals sowie dessen gerichtliche Verfolgung.[67] Der eingreifende Staat wird also entweder als Flaggenstaat oder Geschädigter im Eigeninteresse und nicht wie bei der Bekämpfung der Piraterie im Allgemeininteresse an der Aufrechterhaltung der ungehinderten Schiffahrt tätig. Da insofern auf das anerkannte Instrumentarium des Seerechts bzw. des allgemeinen Völkerrechts zurückgegriffen wird, kann man davon ausgehen, daß Art. 109 SRÜ Völkergewohnheitsrecht entspricht.[68]

VI. Gemäß Art. 110 Abs. 1 lit. d SRÜ besteht ein Untersuchungsrecht auch gegenüber Schiffen ohne Flaggenzugehörigkeit. Dieser durch das Seerechtsübereinkommen neu eingeführte Tatbestand ist konsequent, da nur über die Flaggenzugehörigkeit die Geltung und Anwendung von Recht auf der Hohen See sichergestellt wird. Abgesehen davon fehlt dem flaggenlosen Schiff der Staat, der für dieses den diplomatischen Schutz übernimmt.

Klassisch für die Situation des staatenlosen Schiffes ist insoweit der *Asya* Fall.[69] Dieses Schiff führte illegal Einwanderer nach Palästina und zeigte, als es von einem englischen Kriegsschiff aufgebracht wurde, zunächst keine, dann die türkische und schließlich die Flagge des heutigen Staates Israel. Die Entscheidung führte hierzu aus: „The freedom of the open sea, whatever those words may connote, is a freedom of ships which fly, and are entitled to fly, the flag of a State which is within the comity of nations. The Asya did not satisfy these elementary conditions. No question of comity nor of any breach of international law can arise if there is no State under whose flag the vessel sails.... Having no usual ship's papers which would serve to identify her, flying the Turkish flag, to which there was no evidence she had a right, hauling it down on the arrival of a boarding party and later hoisting a flag which was not the flag of any State in being, the Asya could not claim the protection of any State nor could any State claim that any principle of international law was broken by her seizure."[70]

Diese Situation des staatenlosen Schiffes haben die Vereinigten Staaten von Amerika dazu benutzt, um im Interesse einer Bekämpfung des Drogenhandels ihre Jurisdiktion auch auf Schiffe auf Hoher See auszudehnen.[71]

Bereits durch Art. 22 Abs. 1 lit. c) Hohe See Konvention wurde anerkannt, daß ein Kriegsschiff das Recht hat, ein Schiff anzuhalten und zu untersuchen, wenn dieses sich weigert, seine Flagge zu zeigen bzw. eine fremde Flagge führt, in Wirklichkeit aber die Flaggenzugehörigkeit des Kriegsschiffes hat (Flaggenmißbrauch). Die gegen ein derartiges Schiff dann ggf. zu ergreifenden Konsequenzen richten sich nach nationalem Recht. Erweist sich der Verdacht gegen das Schiff als unbegründet und hat das Schiff keinen Anlaß zu der Untersuchungsmaßnahme gegeben, so ist es zu entschädigen. Diese Regelung wurde von dem Seerechtsübereinkommen übernommen,[72] welches klarstellt, daß die Untersuchung auch vom Flugzeug aus erfolgen kann.

VII. Bereits im 19. Jahrhundert ergab sich das Bedürfnis, die auf dem Meeresboden liegenden Kabel gegen Zerstörung oder Beschädigung vor allem durch die Schiffahrt oder die

---

wo die Sendungen empfangen werden können; Staaten, in denen die Sendungen Interferenzen erzeugen.

66 Art. 110 Abs. 1 (c), Abs. 2 SRÜ; ausdrücklich angesprochen wird allerdings nur das Recht der Untersuchung von Schiffen. Ein Grund für eine unterschiedliche Behandlung auf Hoher See ist nicht ersichtlich. Etwas anderes gilt für die ausschließlichen Wirtschaftszonen, auf die die Art. 109 und 110 SRÜ gemäß Art. 58 Abs. 2 SRÜ anwendbar sind. Die Installationen in der Wirtschaftszone unterliegen gemäß Art. 60 Abs. 2 SRÜ der Jurisdiktion des Küstenstaates.

67 Art. 109 Abs. 3 und 4 SRÜ.

68 Die englische Regierung hielt sich allerdings nach Völkerrecht für nicht befugt, gegen den „Piratensender" *Radio Caroline* auf Hoher See vorzugehen (House of Commons, Debates, vol. 56, Written Answer, col. 323, 19. 3. 1984).

69 *Molvan v. Attorney-General for Palestine*, 1948, Privy Council, Appeal Cases, 351.

70 Ebd., 369 f.

71 Vgl. dazu unten VII.

72 Art. 110 Abs. 1 (e), 2, 3 SRÜ.

Fischerei zu schützen.[73] Die erste Grundlage dafür war der Internationale Vertrag zum Schutze der unterseeischen Telegraphenkabel vom 14. 3. 1884.[74] Danach sind die Vertragsstaaten verpflichtet, die vorsätzliche oder fahrlässige Beschädigung unterseeischer Kabel unter Strafe zu stellen. Die Verletzung unterseeischer Kabel auf der Hohen See trägt danach den Charakter eines internationalen Delikts, das aber nicht ein internationales Organ, sondern jeder Staat in seinem Hoheitsbereich nach den Grundsätzen der Weltstrafrechtspflege ohne Rücksicht auf den Tatort oder die Staatsangehörigkeit des Täters verfolgt.

Gegenüber Schiffen, die Kabel verletzen, steht den Vertragsstaaten eine allerdings beschränkte internationale Polizeigewalt zu. Verstöße können von ihren Kriegs- und Staatsschiffen festgestellt werden, die zu diesem Zweck verdächtige Schiffe anhalten und sich über deren Identität und Staatsangehörigkeit informieren dürfen. Doch steht das weitere Vorgehen nur dem Flaggenstaat zu. Diese Regelung ist in Art. 113 und 114 SRÜ teilweise übernommen worden. Danach besteht eine Verpflichtung der Vertragsstaaten, innerstaatlich eine Beschädigung oder Zerstörung unterseeischer Kabel oder Rohrleitungen zu einer strafbaren Handlung zu erklären und eine Schadensersatzpflicht vorzusehen. Ein Untersuchungsrecht gewährt allerdings nicht das Seerechtsübereinkommen. Insofern bleibt das Abkommen von 1884 maßgeblich.

VIII. Bislang wenig ausgeprägt sind die Beschränkungen der Schiffahrt in bezug auf den Transport von Drogen und psychotropischen Substanzen. Gemäß Art. 108 Abs. 1 SRÜ werden die Staaten lediglich dazu aufgefordert, bei der Bekämpfung des Drogentransports zusammenzuarbeiten.[75] Diese Verpflichtung bleibt eher hinter dem Einheits-Übereinkommen über Suchtstoffe vom 30. 3. 1961[76] zurück, wonach sich die Staaten verpflichten, den Drogenhandel unter Strafe zu stellen und bei der strafrechtlichen Verfolgung zusammenzuarbeiten. Gemäß Art. 108 Abs. 2 SRÜ kann ein Flaggenstaat einen anderen Staat um Unterstützung ersuchen, wenn er vermutet, daß ein Schiff unter seiner Flagge Drogen transportiert. Demgemäß verbleibt nach dem Willen des Seerechtsübereinkommens die Bekämpfung des Drogentransports auf Hoher See völlig in den Händen der Flaggenstaaten. Die Verfolgung von Drogenhändlern unterfällt nicht, wie die Verfolgung der Piraterie, dem Weltstrafprinzip, obwohl die *Convention for the Suppression of the Illicit Traffic in Dangerous Drugs* von 1936[77] hierzu bereits Ansätze enthielt.

Die Vereinigten Staaten von Amerika haben, anknüpfend an die Bekämpfung des Alkoholschmuggels auf See, ihre Jurisdiktion auf die Hohe See ausgedehnt, um den Drogenhandel und vor allem die Einfuhr von Drogen zu bekämpfen. Dies geschah zunächst durch die Rechtsprechung unter weiterer Ausdehnung des Schutzprinzips.[78] Der Erlaß des *Marijuana on the High Seas Act*[79] erlaubt den Vereinigten Staaten von Amerika ein Eingreifen auch ohne Nachweis, daß die Einfuhr von Rauschgift in die Vereinigten Staaten von Amerika geplant war. Die Jurisdiktion der Vereinigten Staaten von Amerika erstreckt sich danach auf Ausländer auf Schiffen unter US-Flagge, gleichgültig, wo diese Schiffe sich befinden, auf staatenlose Schiffe auf Hoher See, ohne Rücksicht auf die Staatsangehö-

---

[73] Das Institut de droit international hat sich seit 1879 mehrfach mit dieser Frage befaßt (vgl. dazu Annuaire 1879/80, 383 ff; *L. M. Renault*, Bericht für das Institut de Droit International, Annuaire 1879/80, 351 ff); vgl. zur technischen Entwicklung *S. Coffen-Smout/G. J. Herbert*, Submarine cables: a challenge for ocean management, Marine Policy 24 (2000), 441 ff.

[74] RGBl. 1888, 151; siehe dazu *Coffen-Smout/Herbert*, Marine Policy 24 (2000), 441 (443).

[75] Vgl. zur Entstehung dieser Vorschrift *Hasselmann*, 97; *B. Oxman*, The Regime of Warships Under the United Nations Convention on the Law of the Sea, VJIL 24 (1984), 809 ff.

[76] BGBl. 1973 II, 1353.

[77] LNTS Bd. 198, 299.

[78] Vgl. *United States v. Williams*, 589 F.2d 210 (5th Cir. 1979); *United States v. Postal*, 589 F.2d 862 (5th Cir.), certificate denied, 444 U.S. 832 (1979); *United States v. May May*, 470 F. supp. 384 (S. D. Tex. 1979).

[79] 21 U.S. C. para. 955a (a) (1982); vgl. dazu kritisch *M. L. Noyer*, High Seas Narcotic Smuggling and Section 955a of Title 21: Overextension of the Protective Principle of International Jurisdiction, Fordham L. Rev. 50 (1982), 688 ff.

rigkeit von Mannschaft oder Passagieren[80] und auf Schiffe innerhalb der US-amerikanischen Zollgewässer (Anschlußzone). Auf der Basis dieses Gesetzes wurden staatenlose Schiffe aufgebracht, die sich 350 sm. von der US-amerikanischen Küste entfernt befanden.[81]

Das US-amerikanische Vorgehen hat seinen Niederschlag in der *Convention Against Illicit Traffic in Narcotic Drugs and Psychotropic Substances* vom 20. 12. 1988[82] gefunden. Danach obliegt zwar die Verfolgung des Drogentransports über See vor allem den Flaggenstaaten. Es wird aber ein beschleunigtes Verfahren zur Feststellung der Flaggenzugehörigkeit eines Schiffes und zum Erhalt der Erlaubnis, ein fremdes Schiff zu entern und zu inspizieren, geschaffen. Existierende bilaterale Verträge, die ein derartiges Verfahren bereits vorsehen, bleiben von dem Abkommen unberührt. Der Abschluß weiterer Verträge dieser Art wird angeregt.

IX. Anders als die bislang behandelten Fälle, in denen einem Staat im Interesse der Staatengemeinschaft der Zugriff auf ein Schiff unter fremder Flagge gestattet wird, dient das Institut der Nacheile[83] dem Interesse des Küstenstaates, Verletzungen seiner Rechtsordnung auch außerhalb seines Staatsgebietes bzw. auch außerhalb des Gebietes unter seiner Jurisdiktion zu verfolgen und zu ahnden. Geregelt ist die Nacheile in Art. 111 SRÜ. Sie ist daneben auch gewohnheitsrechtlich anerkannt.[84]

Die Ausübung des Rechts setzt voraus: Das verfolgende Schiff muß sich eines Verstoßes gegen das Recht des Küstenstaates verdächtig gemacht haben, braucht aber nicht notwendigerweise auf frischer Tat betroffen zu werden; die Verfolgung muß durch Staatsschiffe oder -flugzeuge des Küstenstaates in den Hoheitsgewässern (maritime Eigengewässer, Küstenmeer, Archipelgewässer) oder Meeresgebieten unter küstenstaatlicher Jurisdiktion (Anschlußzone,[85] ausschließliche Wirtschaftszone, Festlandsockel[86]) eingesetzt haben; zulässig ist nur die Fortsetzung der Verfolgung auf die Hohe See hinaus. Voraussetzung für die Nacheile ist, daß das verfolgte Schiff durch Licht- oder Schallsignal zum Stoppen aufgefordert wurde und sich das verfolgende Schiff oder Flugzeug vergewissert hat, daß die Rechtsverletzung durch das Schiff oder seine Boote in den Küstengewässern bzw. Gebieten unter küstenstaatlicher Jurisdiktion erfolgte.[87] Die Verfolgung muß ununterbrochen fortgesetzt werden. Nicht nur vorübergehende Unterbrechungen beendigen das Recht auf Verfolgung auf der Hohen See. Außerdem muß die Verfolgung unmittelbar ansetzen.[88] Das Recht auf Verfolgung endet, wenn das verfolgte Schiff die Küstengewässer seines eigenen oder eines anderen Staates erreicht. Sie darf auch nicht erneut aufgenommen werden, wenn das Schiff später die Küstengewässer wieder verläßt. Der Internationale Seegerichtshof hat in seinem Urteil *M/V Saiga (No. 2) Case*[89] vom 1. 7. 1999 festgestellt, daß diese Bedingungen kumulativ vorliegen müssen.

---

[80] *L. B. Mandal*, Drug Enforcement on the High Seas Stateless Vessel Jurisdiction over Shipboard Criminality by Non-Resident Alien Crewmembers – *United States v. Alvarey-Mena*, Maritime Lawyer 11 (1986), 163 ff; *M. B. Neumayr*, Maritime Drug Law Enforcement Act: An Analysis, Hastings Int'l & Comp. L. Rev. 11 (1990), 487 ff.

[81] Vgl. *United States v. Angola*, 514 F. supp. 933 (S. D. Fla. 1981).

[82] ILM 28 (1989), 497.

[83] Vgl. dazu ausführlich *C. H. Allen*, Doctrine of Hot Pursuit: A Functional Interpretation Adaptable to Emerging Maritime Law Enforcement and Practices, ODILA 20 (1989), 309 ff. Abzulehnen ist allerdings seine Behauptung, die Identifikation eines Verstoßes durch Satelliten und die Verfolgung der Schiffsbewegung durch diesen sei die Aufnahme einer Verfolgung im Sinne der Nacheile. Verkannt wird dabei, daß in derartigen Fällen eine Verfolgung durch den Flaggenstaat oder einen Hafenstaat möglich ist.

[84] *I'm Alone*, Publications of the Department of State, Arbitration Series, No. 2, 7 (1931–1935); *The Marianna Flora* (Anm. 12); abgelehnt im Falle *J. H. Lewis and White*, *Moore*, Bd. I, RCDIP, 927, sowie im Falle *Eveart*, Tribunal correctionnel Dunkerque, RGDIP 31 (1936), 751 mit kritischer Anmerkung von *Gidel*; im Falle *Pulos* vertrat das Gericht von Neapel die Ansicht, das völkergewohnheitsrechtlich anerkannte Institut der Nacheile sei weiter als Art. 23 Hohe See Konvention, Re Pulos and Others, ILR 77 (1988), 587 ff.

[85] Art. 111 Abs. 1 SRÜ.

[86] Art. 111 Abs. 2 SRÜ.

[87] Art. 111 Abs. 4 SRÜ.

[88] *O'Connell/Shearer*, Bd. II, 1089, unklar allerdings hinsichtlich des Kriteriums der ununterbrochenen Verfolgung.

[89] ILM 38 (1999), 1322.

Verfolgbar ist jede Tat, die in den Küstengewässern oder den Archipelgewässern des Küstenstaates begangen wurde. Dagegen sind in der ausschließlichen Wirtschaftszone oder über dem Festlandsockel begangene Taten nur dann von dem Küstenstaat verfolgbar, wenn sie unter die entsprechende Jurisdiktion des Küstenstaates fallen. Seine Kompetenzen werden also durch Art. 56 bzw. 77 SRÜ begrenzt.[90] Eine Sonderproblematik wirft insofern die Anschlußzone auf. Art. 23 Abs. 1, letzter Satz Hohe See Konvention bzw. Art. 111 Abs. 1 SRÜ limitieren die Nacheile auf die Fälle, in denen Rechte verletzt wurden, zu deren Schutz die Zone errichtet wurde. Art. 24 des Übereinkommens über das Küstenmeer und die Anschlußzone von 1958[91] gewährt dem Küstenstaat aber keine substantiellen Rechte in der Anschlußzone, sondern lediglich Polizeibefugnisse zum Schutz der küstenstaatlichen Rechte. Aber auch diese Polizeibefugnisse können verletzt werden und das Recht zur Nacheile auslösen.[92] Nicht notwendig ist, daß das verfolgte Schiff selbst in das Küstenmeer eingedrungen ist, ausreichend ist das Eindringen von Beibooten oder das Zusammenarbeiten über die Grenze.[93]

Gewalt darf gegen das verfolgte Schiff nur insoweit ausgeübt werden, als dies zur Aufbringung notwendig ist und der Bedeutung der Sache entspricht. Der verfolgende Staat muß die Gefährdung von Menschenleben vermeiden. Dieser Gesichtspunkt war Gegenstand des Rechtsstreits im Falle *I'm Alone*.[94] Der kanadische Schoner stand unter dem Verdacht des Alkoholschmuggels und flüchtete, als amerikanische Küstenschutzboote ihn aufzubringen versuchten, auf die Hohe See hinaus. Die amerikanischen Küstensschutzboote verfolgten ihn über 200 sm. und versenkten ihn schließlich, als er sich nicht ergeben wollte, wobei ein Mitglied der Besatzung ertrank. Das zur Entscheidung eingesetzte Schiedsgericht hielt die Versenkung für völkerrechtswidrig.[95]

Die mißbräuchliche oder exzessive Inanspruchnahme des Rechts auf Nacheile begründet eine internationale Haftung.[96] Dies hat der Internationale Seegerichtshof in seinem Urteil *M/V Saiga (No. 2) Case*[97] bestätigt.

§ 120 Einschränkung der Schiffahrtsfreiheit durch spezielle Übereinkommen im Interesse der Sicherheit auf See und des marinen Umweltschutzes

Schrifttum: wie vor §§ 117, 118; ferner: *H. P. Visser't Hooft*, Les Nations Unies et la conservation des ressources de la mer, Etude des rapports entre le codificateur et le milieu politique, 1958; *L. Lucchini*, La pollution des mers par les hydrocarbures: les conventions des Bruxelles de novembre 1969 ou les fissures du droit international, Clunet 97 (1970) 795 ff; *R. Khan*, Marine Pollution and the International Legal Controls, IJIL 13 (1973), 389 ff; *I. C. Jain*, Legal Control of Marine Pollution, IJIL 13 (1973), 411 ff;

[90] Der Internationale Seegerichtshof ist in dem Urteil *The M/V „Saiga" (No. 2) Case* (Anm. 89) der Frage ausgewichen, ob die Versorgung fremder Schiffe in einer ausschließlichen Wirtschaftszone gegen die Rechte des Küstenstaates verstößt und daher zur Nacheile berechtigt, indem er feststellt, daß die Saiga nicht gegen das nationale Recht Guineas verstoßen hat (para. 149).

[91] UNTS Bd. 516, 205 ff.

[92] Enger *O'Connell/Shearer*, Bd. II, 1081.

[93] Fall *Pulos* (Anm. 84), 592.

[94] Publications of the Department of State, Arbitration Series, No. 2, 7 (1931–1935).

[95] Dies ist von dem International Seegerichtshof in dem Urteil *The M/V Saiga (No. 2) case* (Anm. 90) unter Bezugnahme auf das Urteil *I'm Alone* (Anm. 95), den Fall *The Red Crusader* (Commission on Enquiry, Denmark-United Kingdom, 1962, ILR 35, 485) und Art. 22 des noch nicht in Kraft getretenen *Agreement for the Implementation of the Provisions of the United Nations Convention on the Law of the Sea of 10 December 1982 Relating to the Conservation and Management of Straddling Fish Stocks and Highly Migratory Fish Stocks* vom 8. 9. 1995 (A/CONF.164/37) bestätigt worden. Entscheidend war für den Gerichtshof die Gefährdung von Menschenleben und der Sicherheit des Schiffes (para. 153–159).

[96] Vgl. dazu Urteil des Internationalen Seegerichtshofs *The M/V Saiga (No. 2) case* (Anm. 90), para. 167–177.

[97] Vgl. dazu Anm. 89.

N. Singh, International Conventions of Merchant Shipping, 2. Aufl., 1973; *A. L. C. de Mestral*, La Convention Internationale des 1973 sur la prévention de la pollution par les navires, CYIL 1974, 239 ff; *E. D. Brown*, The Prevention of Marine Pollution by Oil from Ships: Competence to Establish Standards and Competence to Enforce Standards, CLP 28 (1975), 199 ff; *L. F. E. Goldie*, International Maritime Environmental Law Today, in: *J. L. Hargrove* (ed.), Who Protects the Ocean? Environment and the Development of the Law of the Sea, 1975, 87 ff; *R. Wolfrum*, Der Umweltschutz auf Hoher See – Internationale wie nationale Maßnahmen und Bestrebungen, VRÜ 8 (1975), 201 ff; *R.-J. Dupuy*, L'inspection internationale des navires, in: *G. Fischer/D. Vignes* (eds.), L'inspection internationale, Quinze études de la pratique des états et des organisations internationales, 1976, 249 ff; *V. A. Kiselev*, The Freedom of Navigation and the Problem of Pollution of the Marine Environment, Geo. J. Int'l & Comp. L. 6 (1976), 93 ff; *A. C. Kiss*, Récents traités régionaux concernant la pollution de la mer, AFDI 22 (1976), 720 ff; *L. Juda*, IMCO and the Regulation of Ocean Pollution from Ships, ICLQ 26 (1977), 558 ff; *R. M. M. Gonigle/M. W. Zacher*, Pollution, Politics and International Law, Tankers at Sea, 1979; *D. Vignes*, La valeur juridique de certaines regles, normes ou pratiques, mentionnees au TCNO comme „generalement acceptees", AFDI 25 (1979), 712 ff; *M. I. Kehden*, Meeresumweltschutz und Schiffahrt, in: *W. Graf Vitzthum* (Hrsg.), Aspekte der Seerechtsentwicklung, Die Bundesrepublik Deutschland und die Dritte Seerechtskonferenz der Vereinten Nationen, 1980, 217 ff; *J. P. A. Bernhardt*, A Schematic Analysis of Vessel-source Pollution: Prescriptive and Enforcement Regimes in the Law of the Sea Conference, VJIL 20 (1980), 265 ff; *P. Birnie*, Enforcement of the International Laws for Prevention of Oil Pollution from Vessels, in: *D. J. Cusine/J. P. Grant* (eds.), The Impact of Marine Pollution, 1980, 95 ff; *A. C. Kiss*, Mechanisms of Supervision of International Environmental Rules, in: *F. Kalshoven/P. J. Kuyper/J. Lammers* (eds.), Essays on the Development of the International Legal Order, 1980, 99 ff; *G. J. Timagenis*, International Control of Marine Pollution, 2 Bde., 1980; *P. S. Dempsey/L. L. Helling*, Oil Pollution by Ocean Vessels – An Environmental Tragedy: The Legal Regime of Flags of Convenience, Multilateral Conventions, and Coastal States, Den. J. Int'l L. & Pol'y 10 (1980–81), 37 ff; *K. Hakapää*, Marine Pollution in International Law, 1981; *W. van Reenen*, Rules of Reference in the New Convention on the Law of the Sea, in particular in connection with the pollution of the sea by oil from tankers, NYIL 12 (1981), 3 ff; *A. W. Anderson*, Jurisdiction over Stateless Vessels on the High Seas: an Appraisal Under Domestic and International Law, JMLC 13 (1981–82), 323 ff; *D. E. Cycon*, Calming Troubled Waters: The Developing International Regime to Control Operational Pollution, JMLC 13 (1981–82) 35 ff; *E. Gold/D. M. Johnston*, Ship-Generated Pollution: The Creator of Regulated Navigation, in: *T. A. Clingan* (ed.), Law of the Sea: State Practice in Zones of Special Jurisdiction, Proceedings, Law of the Sea Institute, 13th Annual Conference, October 15–18, 1979, 1982, 156 ff; *A. C. Kiss*, The International Protection of the Environment, in: *R. S. J. McDonald/D. M. Johnston* (eds.), The Structure and Process of International Law, 1983, 1069 fff; *Z. Springer*, The International Law of Pollution – Protecting the Global Environment in a World of Sovereign States, 1983; *D. W. Abecassis/R. L. Jarashow*, Oil Pollution from Ships: International, United Kingdom and United States Law and Practice, 1985; *A. E. Boyle*, Marine Pollution under the Law of the Sea Convention, AJIL 79 (1985), 347 ff; *P.-M. Dupuy*, Le droit international de l'environement et la souveraineté des états, in: *R.-J. Dupuy* (ed.), The Future of the International Law of the Environment, Workshop 1984, Hague Academy of International Law, 1985, 29 ff; *E. Gold*, Handbook on Marine Pollution, 1985; *A. C. Kiss*, L'affaire de l'„Amoco Cadiz": responsabilité pour une catastrophe écologique, Clunet 112 (1985), 575 ff; *R. Soni*, Control of Marine Pollution, 1985; *C.-P. Wang*, A Review of the Enforcement Regime for Vessel-Source Oil Pollution Control, ODILA 16 (1986), 305 ff; *D. M. Collins*, The Tanker's Right of Harmless Discharge and Protection of the Marine Environment, JMLC 18 (1987), 275 ff; *M. Kilian*, Umweltschutz durch Internationale Organisationen, Die Antwort des Völkerrechts auf die Krise der Umwelt?, 1987; *S. Z. Pritchard*, Oil Pollution Control, 1987; *E. Gold*, The Control of Marine Pollution from Ships: Responsibilities and Rights, in: *T. A. Clingan* (ed.), The Law of the Sea: What Lies Ahead?, Proceedings, Law of the Sea Institute, 20th Annual Conference, July 21–24 1986, 1988, 276 ff; *D. König*, Durchsetzung internationaler Bestands- und Umweltschutzvorschriften auf Hoher See im Interesse der Staatengemeinschaft, 1990; *P. M. Dupuy*, The Preservation of the Marine Environment, in: *R.-J. Dupuy/D. Vignes* (eds.), A Handbook on the New Law of the Sea, Bd. II, 1991, 1151 ff; *D. Brubaker*, Marine Pollution and International Law – Principles and Practice, 1993; *H. Ringbom* (ed.), Competing Norms in the Law of Marine Environmental Protection: Focus on Ships Safety and Pollution Prevention, 1997; *D. Anderson*, The Role of Flag States, Port States, Coastal States and

International Organizations in the Enforcement of International Rules and Standards Governing the Safety of Navigation and the Prevention of Pollution from Ships under the UN Convention on the Law of the Sea and other International Arrangements, Singapore Journal of International & Comparative Law 2 (1998), 557 ff; *E. De Sombre*, Flags of Convenience and the Enforcement of Environmental, Safety, and Labor Regulations at Sea, International Politics 37 (2000), 213 ff.

I. 1. Die Sicherheit der Seeschiffahrt sowie der marine Umweltschutz erfordern Regelungen, die Beschränkungen einer als unbegrenzt verstandenen Schiffahrtsfreiheit mit sich bringen.[1]

Gemäß Art. 10 und 24 Hohe See Konvention waren die Staaten lediglich verpflichtet, unter Berücksichtigung der völkerrechtlichen Normen die entsprechenden Maßnahmen für die unter ihrer Flagge fahrenden Schiffe zu erlassen. Insoweit als Art. 10 und 24 Hohe See Konvention sowohl den Erlaß als auch die Durchsetzung entsprechender Normen im Interesse der Sicherheit der See und zum Schutze der marinen Umwelt in der Kompetenz der Flaggenstaaten belassen, entspricht dies dem Grundsatz von der Freiheit der See, der eine Reglementierung der Schiffahrt durch andere als den jeweiligen Flaggenstaat grundsätzlich ausschließt.[2]

2. Für den Bereich der Schiffssicherheit folgt Art. 94 SRÜ im wesentlichen dem Ansatz des Genfer Übereinkommens über die Hohe See. Dagegen beziehen die IMO-Konventionen zum Schutz der Sicherheit auf See und der marinen Umwelt die Küsten- und Hafenstaaten in die Durchsetzung der genannten Konventionen mit ein und stellen damit diese Staaten neben die Flaggenstaaten. Das Seerechtsübereinkommen hat diesen Ansatz für die Durchsetzung von internationalen Regelungen zum Schutze der marinen Umwelt aufgenommen und fortentwickelt. Dabei sind die Durchsetzungsbefugnisse der Küsten- und Hafenstaaten gegenüber Schiffen unter fremder Flagge anders konstruiert als die Befugnisse zur Bekämpfung der Piraterie, des Sklavenhandels, der unbefugten Radio- und Fernsehsendungen oder das Recht der Nacheile. Denn die küsten- und hafenstaatlichen Durchsetzungskompetenzen im Interesse des marinen Umweltschutzes oder der Sicherheit auf See erlauben es nicht, Maßnahmen auf Hoher See zu ergreifen. Vielmehr setzen sie voraus, daß sich das Schiff unter fremder Flagge durch Anlaufen entsprechender Häfen in die Jurisdiktion dieser Staaten begeben hat. Dennoch stellen auch sie eine Einschränkung der Schiffahrtsfreiheit und der ausschließlichen Flaggenhoheit dar.

II. 1. Die Sicherheit des Schiffsverkehrs, der Schiffe, der Besatzung und der Passagiere sind Gegenstand einer Reihe völkerrechtlicher Übereinkommen, die von der IMO bzw. der ILO ausgearbeitet wurden. Die einschlägigen internationalen Verträge beziehen sich auf zwei Sachkomplexe, die Übereinkommen zur Schiffssicherheit und zur Unfallverhütung und die Übereinkommen zur Regelung der Arbeits- und Ausbildungsbedingungen der Seeleute.

Erste Regelungen zur Sicherheit auf See wurden nicht im Völkerrecht, sondern im nationalen Recht entwickelt und fanden über eine allgemeine staatliche Anerkennung Eingang in das Völkerrecht. Ausgangspunkt waren die aus der Rechtsprechung des englischen Seeschiffahrtsgerichts entwikkelten allgemeinen Grundsätze zur Vermeidung von Schiffszusammenstößen. 1840 wurden diese Grundsätze erstmals zusammengestellt und 1862 in Form eines Gesetzes erlassen.[3] Dieses sah vor, daß die Vorschriften auch gegenüber ausländischen Schiffen vor englischen Gerichten anzuwenden waren; das Vereinigte Königreich als die bedeutendste Seemacht dieser Zeit beanspruchte damit gleichsam die Rolle eines Gesetzgebers hinsichtlich der Verkehrsregeln auf See. 1864 wurden diese Vorschriften von den Vereinigten Staaten von Amerika und in den folgenden zehn Jahren von mehr als 30 Staaten übernommen. Das Gesetz von 1862 wurde durch den *Lloyd's Shipping Act* von 1894

---

[1] Zu den Auswirkungen der Ölverschmutzung auf die marine Umwelt vgl. u. a. *Dempsey/Helling*, 42 ff.

[2] Vgl. dazu *Treves*, Navigation, in: *Dupuy/Vignes* (eds.), Bd. II, 835 (874 ff).

[3] Vgl. dazu *D. Anderson*, Singapore Journal of International & Comparative Law 1998, 557 (558).

abgelöst, dessen *section* 424 vorsah, daß eine Geltung sich auch auf Schiffe anderer Staaten erstrecken konnte. Durch *Order in Council* vom 13. 10. 1910 wurde er auf eine Reihe von Staaten ausgedehnt, womit er internationalen Charakter erhielt.[4] Er enthielt eine detaillierte Regelung über Lichterführung und Signale, die die internationalen Konferenzen von 1929 und 1948 überarbeiteten. Die 1948 revidierte Fassung trat am 1. 1. 1954 in Kraft,[5] weitere Änderungen erfolgten 1960[6] sowie eine Gesamtrevision 1972, die am 15. 7. 1977 in Kraft getreten ist.[7] Die Ausarbeitung der Konventionen erfolgte im Rahmen von Staatenkonferenzen, deren letzte von der IMCO (heute IMO) einberufen wurde. In ihren Grundprinzipien unterscheiden sich die genannten Konventionen nicht voneinander; ihre Revision war lediglich notwendig, um die Vorschriften den geänderten technischen Gegebenheiten der Schiffahrt anzupassen. Die letztgenannte Konvention enthält allgemeine Fahrregeln für die Fahrt bei schlechter Sicht und die Vorschriften über Lichterführung und Signale. Die Durchführung der Vorschriften liegt völlig in den Händen der Flaggenstaaten.

2. Während sich die *Convention on the International Regulations for Preventing Collisions at Sea* auf das Fahrverhalten von Schiffen bezieht, beschäftigt sich die *International Convention for the Safety of Life at Sea* (SOLAS-Konvention) von 1974[8] mit deren baulichem Zustand, ihrer Ausrüstung sowie ihrer Inspektion.

Die erste Konferenz, die sich mit diesen Fragen befaßte, fand auf Einladung der englischen Regierung 1914 in London statt und schuf die *Convention on the Safety of Life at Sea*.[9] Sie enthielt Vorschriften über Lebensrettungs- und Funkeinrichtungen, den Feuerschutz auf Schiffen und die bauliche Ausstattung von Schiffen. Des weiteren schuf sie unter dem unmittelbaren Eindruck des Titanic-Unglücks einen Eiswarndienst im Nordatlantik. Diese Konvention ersetzte ein weiteres verbessertes Abkommen 1929,[10] dem die dritte Konvention 1948,[11] eine vierte 1960[12] und eine fünfte 1974[13] folgten. Das letzte Abkommen von 1974 wurde seinerseits mit Wirkung zum 1. 6. 1996 dahingehend geändert, daß zwingende Vorschriften hinsichtlich der Kargo, Verladung und Sicherung und dem Transport von gefährlichen Gütern unter den Kapiteln VI und VII angewendet werden sollen.[14] Diese Konventionen unterscheiden sich in ihren Grundideen nicht voneinander, wenn auch die von den einzelnen Schiffen verlangten Sicherheitsvorkehrungen mit der Zeit strikter und den neueren technischen Erkenntnissen und Bedürfnissen angepaßt wurden.

Die Ausarbeitung der Konventionen erfolgte durch Staatenkonferenzen; die ersten drei Konferenzen wurden durch das Vereinigte Königreich und die beiden folgenden von der IMO (früher IMCO) einberufen. Die Durchsetzung dieser Konventionen erfolgte zunächst auf der Basis des Flaggenstaatsprinzips; in der *International Convention for the Safety of Life at Sea* von 1974 werden auch Dritten in gewissem Umfang Inspektions- und Eingriffsrechte zuerkannt. Diese liegen bei den sog. Hafenstaaten, d. h. denjenigen Staaten, die ein Schiff im Verlaufe einer Reise anläuft. Zudem unterliegen die Flaggenstaaten einer Berichtspflicht gegenüber der IMO hinsichtlich der von ihnen ergriffenen Maßnahmen.

Grundsätzlich ist es gemäß Regulation 6 des Chapters IX der SOLAS-Konvention *(Management for the Safe Operation of Ships)* Aufgabe des jeweiligen Flaggenstaates, die von der Konvention erfaßten Schiffe unter seiner Flagge zu überprüfen. Dabei werden Ausmaß und Intervalle der Prüfung je nach Schiffstyp durch die Konvention selbst festgelegt. Der Flaggenstaat stellt über die von ihm vorge-

---

4 Vgl. zu dieser Entwicklung *Singh*, Merchant Shipping, 356.

5 *Convention on the International Regulations for Preventing Collisions at Sea*, UNTS Bd. 191, 3 ff.

6 Text bei *Singh*, Merchant Shipping, 356 ff.

7 Text in: New Directions of the Law of the Sea: Documents, Bd. IV (1975), 245; vgl. dazu allgemein *Warbrick*, in: *Churchill/Simmonds/Welch (eds.)*, 137 ff.

8 Vgl. zur Entwicklung der SOLAS-Konvention *Singh*, Merchant Shipping, 125 f.

9 Vgl. dazu *A. P. Higgins/C. J. Colombos*, The International Law of the Sea, 1. Aufl., 1943, 245 f.

10 LNTS Bd. 136, 80.

11 UNTS Bd. 164, 113 ff.

12 UNTS Bd. 536, 27 ff.

13 Text in: ILM 14 (1975), 959 ff, BGBl. 1980 II, 717 ff, ergänzt durch zwei Protokolle von 1978 (ILM 17 (1978), 579) bzw. von 1988 (ILM 27 (1988), 685).

14 Vgl. IMO News, No. 1, 1995, 4.

nommene Inspektion Zertifikate aus, die von den anderen Vertragsstaaten als gleichwertig mit ihren Zertifikaten anerkannt werden (Regulation 4 des Chapters IX der SOLAS-Konvention). Diese Zertifikate sind Grundlage für die Überprüfung der Schiffe durch andere Staaten, in deren Häfen sich das jeweilige Schiff befindet. Die zuständigen Stellen des Hafenstaates haben festzustellen, ob ein Schiff die erforderlichen Zertifikate besitzt. Diese Zertifikate werden anerkannt, solange nicht deutliche Anzeichen dafür vorliegen, daß der Zustand des Schiffes bzw. der Einrichtungen in wesentlicher Hinsicht nicht mit den Angaben der Zertifikate übereinstimmen. Ist diese Situation gegeben, so hat der Hafenstaat die Pflicht, sicherzustellen, daß das betreffende Schiff nur in See geht, solange dadurch weder die Passagiere noch die Besatzung in Gefahr gebracht werden. Die hafenstaatliche Kontrolle der Seeschiffe erfüllt damit einen doppelten Zweck. Zum einen wird im Interesse der erhöhten Sicherheit auf See gewährleistet, daß keine Schiffe ‚in See gehen', die eine Gefahr für die Sicherheit der Passagiere oder ihrer Besatzung bilden. Zum anderen erfolgt damit, wenn auch nur in wesentlichen Punkten, eine Kontrolle der die Zertifikate ausstellenden Flaggenstaaten. Dadurch wird ihnen die Möglichkeit genommen, unter grober Mißachtung der international vereinbarten Sicherheitsbestimmungen Schiffen die Seetüchtigkeit zu attestieren. Im Protokoll von 1978, das 1981 in Kraft getreten ist, wurden die Kompetenzen der Hafenstaaten erweitert, indem die Anforderungen an das Sicherheitszeugnis verschärft und dessen Gültigkeitsdauer verkürzt wurde.[15] Praktisch dem gleichen System folgt die *International Convention on Load Lines* von 1966.[16] Auch in ihr übernehmen die Flaggenstaaten im Interesse der Sicherheit auf See die Verpflichtung, den Freibord für die unter ihrer Flagge fahrenden Schiffe gemäß den detaillierten technischen Bestimmungen der Konvention festzusetzen, die Beachtung des Freibords, vor allem die zutreffenden Markierungen der Schiffe zu überwachen, sowie den Schiffen entsprechende Zertifikate auszustellen. Diese Zertifikate werden wie gemäß der *International Convention for the Safety of Life at Sea* von 1974 von den übrigen Staaten grundsätzlich als richtig anerkannt. Die Hafenstaaten können allerdings feststellen, ob ein Schiff über ein derartiges gültiges Zertifikat verfügt. Wenn dies der Fall ist, können sie lediglich prüfen, ob das Schiff überladen ist, das Freibordzeichen richtig angebracht ist oder das Schiff in einer Weise baulich verändert wurde, die seine Ladefähigkeit herabsetzt, daß es nicht, ohne das Leben der Passagiere oder der Besatzung zu gefährden, ‚in See gehen' kann. Nehmen die Hafenstaaten diese Prüfungen vor, so sind sie auf die Untersuchung dieser Frage beschränkt.

Das Protokoll von 1978 zur SOLAS-Konvention[17] enthält eine wesentliche Neuerung zur Durchsetzung von internationalen Regeln im Gemeinschaftsinteresse, deren dogmatische Bewertung nicht ganz unproblematisch ist. Es handelt sich dabei um eine Nichtbegünstigungsklausel, die die Staaten verpflichtet, die Bestimmungen des Übereinkommens in gleicher Weise auf Schiffe von Nichtvertragsstaaten anzuwenden, um Wettbewerbsverzerrungen auszuschließen.[18] Eine vergleichbare Regelung enthalten das Internationale Übereinkommen von 1978 über Normen für die Ausbildung, die Erteilung von Befähigungszeugnissen und den Wachdienst von Seeleuten[19] und das Internationale Übereinkommen von

[15] Vgl. dazu *Abecassis/Jarashow*, 80; *König*, 167; *A. H. E. Popp*, Recent Developments in Tanker Control in International Law, CYIL 18 (1980), 3 (23).

[16] UNTS Bd. 640, 133 ff. Sie wurde, wie auch die bereits angesprochenen Konventionen seit Bestehen der IMCO (IMO), von einer durch diese einberufenen Staatenkonferenz ausgearbeitet.

[17] Neben dem Protokoll von 1978 sind zahlreiche Ergänzungen zur SOLAS-Konvention ergangen. Zu den wichtigeren zählen die Ergänzungen vom 11. 11. 1988, durch die das *Global Maritime Distress und Safety System* eingeführt wurde, und die Ergänzungen vom 16. 5. 1995, die Regulation 8 des Chapters V durch einen neuen Text ersetzt haben, der die IMO als einzige internationale Organisation für die Entwicklung von Kriterien für *ship routeing systems* verantwortlich sieht.

[18] Art. II Abs. 3: „In bezug auf die Schiffe von Nichtvertragsparteien des Übereinkommens und dieses Protokolls wenden die Vertragsparteien des Protokolls die Vorschriften des Übereinkommens und des Protokolls an, soweit dies nötig ist, um sicherzustellen, daß diesen Schiffen keine günstigere Behandlung zuteil wird."

[19] BGBl. 1982 II, 298, Art. X Abs. 5: „Dieser Artikel ist so anzuwenden, daß Schiffe, die die Flagge eines Nichtvertragsstaates zu führen berechtigt sind, nicht besser behandelt werden, als Schiffe, die die Flagge eines Vertragesstaates zu führen berechtigt sind." Der Versuch, die Kompetenzen der Hafenstaaten darüber hinaus zu stärken, scheiterte allerdings. Vgl. dazu *Timagenis*, International Control of Marine Pollution, Bd. II, 1980, 488 ff.

1973 zur Verhütung der Meeresverschmutzung durch Schiffe (MARPOL-Konvention).[20] Danach verpflichten sich die Vertragsparteien, die Bestimmungen der angesprochenen Übereinkommen in gleicher Weise auf Schiffe von Nichtvertragsstaaten anzuwenden, um Wettbewerbsverzerrungen zu vermeiden. Eine ähnliche Regelung enthält schließlich auch das Übereinkommen Nr. 147 der ILO von 1976 über die Mindestnormen auf Handelsschiffen.[21]

Im Grunde handelt es sich hierbei um eine Meistbegünstigungsklausel mit umgekehrten Vorzeichen. Auch wenn die hafenstaatlichen Kontroll- und Zwangsmaßnahmen begrenzt sind, hat man sich zu fragen, ob hierin nicht ein Verstoß gegen Art. 34 des Wiener Übereinkommens über das Recht der Verträge liegt.[22] Soweit es sich um die Einhaltung von vertraglichen Standards handelt, die Bestandteil von Völkergewohnheitsrecht geworden sind, ist ihre Anwendung auf Schiffe von Nichtvertragsstaaten allerdings unbedenklich. Dazu dürften die Sicherheitsvorschriften der SOLAS-Konvention gehören. Aber auch die Anwendung von nicht zu Völkergewohnheitsrecht erstarkten Standards verstößt nicht gegen den Grundsatz von Art. 34 des Wiener Übereinkommens über das Recht der Verträge. Denn die Nichtvertragsstaaten werden dadurch, daß bei hafenstaatlichen Kontrollen die zwischen anderen Staaten vertraglich vereinbarten Maßstäbe zugrunde gelegt werden, nur mittelbar dazu angehalten, die Einhaltung solcher Standards auf Schiffen unter ihrer Flagge zu gewährleisten. Dagegen wird nicht zu ihren Lasten eine entsprechende Rechtspflicht begründet, so daß die *pacta tertiis*-Regel nicht verletzt ist.[23]

3. Die Arbeits- und Ausbildungsbedingungen der Offiziere und Mannschaften werden auf internationaler Ebene durch das Übereinkommen Nr. 147 der ILO über Mindestnormen auf Handelsschiffen von 1976 und das von der IMCO/IMO ausgearbeitete Abkommen über Normen für die Ausbildung, die Erteilung von Befähigungszeugnissen und den Wachdienst von Seeleuten von 1978[24] geregelt. Auch hier ist es zunächst Aufgabe der Flaggenstaaten, durch geeignete innerstaatliche Regeln den internationalen Mindeststandards Wirksamkeit zu verleihen. Es besteht aber auch die Möglichkeit für die Hafenstaaten, einzugreifen, soweit Verstöße festgestellt werden, die eine Gefahr darstellen. Bei einer Gefährdung von Sachwerten oder der Umwelt sind die Hafenstaaten nach der Konvention von 1978 berechtigt, eine Weiterfahrt des Schiffes zu verhindern.[25]

III. 1. Bei der von Schiffen ausgehenden Verschmutzung der See handelt es sich in erster Linie um die Einleitung von Öl. Diese kann im Rahmen der Bordroutine absichtlich oder unabsichtlich und schließlich durch einen Schiffsunfall erfolgen.[26] Die von Schiffen aus-

---

[20] *International Convention for the Prevention of Pollution of Ships* 1973, ILM 12 (1973), 1319, geändert durch das Protokoll von 1978, ILM 17 (1978), 546, zusammen in Kraft seit dem 2. 10. 1983; konsolidierte Fassung im Anlageband zum BGBl. 1996 II Nr. 14. Art. 5 Abs. 4: „Bei Schiffen von Nichtvertragsstaaten wenden die Vertragsparteien die Vorschriften dieses Übereinkommens an, soweit dies notwendig ist, um sicherzustellen, daß diesen Schiffen keine günstigere Behandlung gewährt wird".

[21] Kritisch dazu *D. Lindemann*, Das Übereinkommen Nr. 147 der Internationalen Arbeitsorganisationen vom 29. 10. 1976 über Mindestnormen auf Handelsschiffen, 1983, 26 ff.

[22] Vgl. dazu allgemein *R. G. Wetzel*, Verträge zu Gunsten und zu Lasten Dritter nach der Wiener Vertragsrechtskonvention, 1973, 42 ff; *C. L. Rozakis*, Treaties and Third States: a Study in the Reinforcement of the Consensual Standards in International Law, ZaöRV 35 (1975), 1 ff; *T. Schweisfurth*, International Treaties and Third States, ZaöRV 45 (1985), 653 ff; *A. C. McNair*, The Law of Treaties, 2. Aufl., 1986, 309 ff.

[23] *König*, 168 f; *R. Wolfrum*, Recht der Flagge und „Billige Flaggen" – Neuere Entwicklungen im Internationalen Privatrecht und Völkerrecht, Berichte DGVR 31 (1990), 121 (139 f).

[24] BGBl. 1982 II, 298; vgl. weiterhin Konventionen 163, 164, 165, 166, 174 (ILM 27 (1988), 635); vgl. dazu insgesamt *D. Lindemann*, Hafenstaatskontrolle und internationale Seearbeitsnormen, AVR 26 (1988), 387 ff.

[25] Zu den Einzelheiten vgl. *König*, 171.

[26] Die Strandung der *Amoco Cadiz* 1978 führte dazu, daß ca. 184 500 t Rohöl in die See eingeleitet wurden;

gehende Verschmutzung der See umfaßt aber neben Öl auch andere Stoffe wie Chemikalien und Abfälle.

Die ersten Ansätze eines völkerrechtlichen Schutzes der marinen Umwelt sind bereits vor der 1. Seerechtskonferenz, 1958, entstanden. Das Internationale Übereinkommen zur Verhütung der Verschmutzung der See durch Öl vom 12. 5. 1954 (OILPOL-Konvention)[27] verbot jedoch lediglich das Ablassen von Öl im küstennahen Bereich. Die Vertragsstaaten verpflichteten sich, jeden Verstoß der Schiffe ihrer Flagge gegen diese Vorschriften in gleicher Weise unter Strafe zu stellen wie die Verschmutzung der eigenen Küstengewässer. Eine Kontrolle der Schiffsaktivitäten erfolgte über das sog. Öltagebuch, das von Vertragsstaaten kontrolliert werden konnte, wenn die Schiffe sich in ihren Häfen befanden (Hafenstaatsprinzip). Eine Ahndung festgestellter Verstöße stand allerdings ausschließlich den Flaggenstaaten zu, die jedoch die Hafenstaaten entsprechend informieren mußten. Das Konzept dieses Übereinkommens wurde 1969[28] modifiziert und das System der Verbotszonen aufgegeben.

2. Die sich aus diesem Abkommen ergebenden Verpflichtungen sind weitgehend von dem Internationalen Übereinkommen von 1973 zur Verhütung der Meeresverschmutzung durch Schiffe (MARPOL-Konvention) und dem ergänzenden Zusatzabkommen von 1978 übernommen worden.[29] Die MARPOL-Konvention[30] erfaßt alle Formen der von Schiffen ausgehenden Meeresverschmutzung mit Ausnahme der Abfallbeseitigung *(dumping)*. Die MARPOL-Konvention hat zum Ziel, die vorsätzliche oder fahrlässige Verschmutzung der Meeresumwelt durch Öl und andere Schadstoffe völlig zu unterbinden und das unfallbedingte Einleiten solcher Stoffe auf ein Mindestmaß zu senken. Dadurch, daß nicht mehr allein die Verschmutzung der See durch Öl, sondern allgemein die Verschmutzung der See durch schädliche Substanzen erfaßt wird, hat sich der Wirkungsbereich des von der IMO geschaffenen marinen Umweltschutzrechts gegenüber Schiffen ganz erheblich erweitert.[31]

Die im einzelnen geltenden Vorschriften zur Bekämpfung der Ölverschmutzung der See enthalten einen Annex (Annex I), der zwingender Bestandteil des Übereinkommens ist. Die Konvention nimmt das bis 1969 verfolgte Konzept von Sonderzonen wieder auf. In deren Bereich ist jedes Einleiten von Öl oder ölhaltigem Gemisch ins Meer verboten. Auch außerhalb der Verbotszonen ist das Ablassen von Öl nur unter besonders engen Voraussetzungen zulässig. Daneben sieht das Übereinkommen detaillierte schiffbauliche Sicherheitsvorkehrungen vor, die zur Verringerung der Folgen bei Schiffskollisionen dienen sollen, die aber auch die Aufgabe haben, zu verhindern, daß bei Betrieb der Schiffe Öl in die Bilgen gelangt und dann bei deren Reinigung unabsichtlich in das Meer gepumpt wird.

---

vgl. *Dupuy*, in: *Dupuy/Vignes* (eds.), 1161 ff; *Brubaker*, 10 ff.

[27] *International Convention for the Prevention of Pollution of the Sea by Oil*, ILM 9 (1954), 1; BGBl. 1956 II, 379; in Kraft seit dem 26. 7. 1958; Änderungen vom 11. 4. 1962, BGBl. 1964 II, 749; in Kraft seit dem 18. 5. bzw. 28. 6. 1967, und vom 21. 10. 1969 und 12. 10. 1971, BGBl. 1978 II, 1493; Änderungen von 1969 in Kraft seit dem 20. 1. 1978. Für die Bundesrepublik Deutschland ist das Übereinkommen am 30. 3. 1989 außer Kraft getreten (BGBl. 1989 II, 74). Vgl. zum Übereinkommen allgemein *Warbrick*, in: *Churchill/Simmonds/Welch* (eds.), 137 f; *Abecassis/Jarashow*, 54 ff; *Birnie*, in: *Cusine/Grant* (eds.), 95 (99 ff).

[28] ILM 9 (1970), 1. Allgemein zu diesem Abkommen: *de Mestral*, CYIL 1974, 239 ff; *Lucchini*, Clunet 97 (1970), 795 (795 f); *Wolfrum*, VRÜ 8 (1975), 202 ff; *Khan*, IJIL 1973, 389 ff; *Jain*, IJIL 1973, 411 (411 f) und vor allem *Juda*, ICLQ 26 (1977), 558; *Kiselev*, Geo. J. Int'l & Comp. L. 6 (1976), 93 ff; *Brown*, CLP 28 (1975), 199 (200); *Goldie*, in: *Hargrove* (ed.), 87 (87 f).

[29] Vgl. oben Anm. 20. Auf der *Conference on Tanker Safety and Pollution Prevention*, 1978, wurde die MARPOL-Konvention modifiziert, wodurch vor allem die Regelungen über Chemikalien zunächst für drei Jahre aus dem Übereinkommen abgekoppelt wurden. Gleichzeitig wurden die Durchsetzungsmechanismen für das Übereinkommen verschärft.

[30] Der MARPOL-Konvention sind zwei Protokolle sowie fünf Annexe beigefügt, wobei nur die ersten beiden dieser Annexe integrale Bestandteile des Vertrags sind, die Unterwerfung unter die übrigen den Parteien hingegen offen steht; vgl. *Brubaker*, 122 ff.

[31] Vgl. dazu *Pritchard*, 175 ff; *Cycon*, JMLC 13 (1981–82), 35 (41); *Timagenis*, Bd. I, 364 ff; *Gonigle/Zacher*, 39; *Collins*, JMLC 18 (1987), 275 (280 ff); *Gold*, Handbook, 27; *König*, 151 ff; *Brown*, CLP 28 (1975), 199 (203 ff); *Dupuy*, in: *Dupuy/Vignes* (eds.), 1171 ff.

Die Flaggenstaaten sind verpflichtet, durch eine Bauprüfung sowie durch periodische Kontrollen die Einhaltung dieser Sicherheitsvorschriften zu gewährleisten. Über die vorgenommenen Inspektionen werden Bescheinigungen erteilt, die bei der Durchsetzung des Abkommens durch die Hafenstaaten von Bedeutung sind.
Die Vertragsparteien sind gehalten, Ahndungsmaßnahmen für Verstöße gegen das Übereinkommen einzuführen, unabhängig davon, wo der Verstoß begangen wird. Die angedrohten Strafen dürfen nicht hinter denjenigen zurückbleiben, die auf einer Verletzung der Umweltschutzvorschriften in dem Küstengewässerbereich stehen.

3. Die Durchsetzung des Übereinkommens liegt grundsätzlich in den Händen der Flaggenstaaten.[32] Den Hafenstaaten hat diese Konvention eine etwas weitere Kontrollbefugnis eingeräumt, als sie diese Staaten im Rahmen der SOLAS-Konvention von 1974 und des Internationalen Freibord-Übereinkommens von 1966 beanspruchen können, wobei allerdings strukturell an diese angeknüpft wird. In Ausnahmefällen, wenn der Zustand des Schiffes von den verlangten Zeugnissen[33] wesentlich abweicht, oder wenn sich kein gültiges Zeugnis an Bord befindet, darf und muß der Hafenstaat ein Auslaufen des Schiffes verhindern, bis es ohne unangemessene Gefährdung der Meeresumwelt in See gehen kann. Außerdem steht es den Hafenstaaten frei, Schiffen, die die Konventionsbestimmungen nicht befolgen, das Einlaufen in ihre Häfen zu verbieten.[34] In Art. 5 Abs. 4 enthält die MARPOL-Konvention außerdem die Nichtbegünstigungsklausel der SOLAS-Konvention von 1978. Damit haben die Hafenstaaten die Möglichkeit, die Vorschriften der MARPOL-Konvention zumindest bei gravierenden Gefährdungen der marinen Umwelt gegenüber Vertrags- und Nichtvertragsstaaten durchzusetzen. Weniger stark ausgeprägt sind dagegen die hafenstaatlichen Durchsetzungsrechte im Hinblick auf die Einleitungsverbote. Insoweit stehen den Hafenstaaten lediglich Inspektionsrechte zu, die Verfolgung von Verstößen verbleibt in der Verantwortung der Flaggenstaaten. Insgesamt bleibt damit das Flaggenstaatsprinzip auch für die MARPOL-Konvention weiterhin maßgeblich, es wird allerdings für den Bereich des Schiffsbaus und der Schiffsausrüstung im Interesse eines effektiveren Schutzes der Meeresumwelt durch das Hafenstaatsprinzip ergänzt.[35] Dies gilt auch für die im Jahre 1994 beschlossenen Änderungen der MARPOL-Konvention, die am 3. 3. 1996 in Kraft getreten sind und nach der hafenstaatlichen Inspektionsrechte hinsichtlich der Annexe I, II, III und V vorgesehen sind.
Eine Ergänzung dieser hafenstaatlichen Kontrollvorschriften liegt in der Vereinbarung vom 26. 1. 1982 über die Hafenstaatskontrolle.[36] Ihre Aufgabe ist es nicht, die Kontrollkompetenzen der Hafenstaaten[37] zu erweitern, sondern die Kontrolltätigkeit der einzelnen Häfen

---

32 C.-P. *Wang*, ODILA 16 (1986), 315.

33 MARPOL nennt drei Zeugnisse: *International Oil Pollution Prevention Certificate* (Annex I, Reg. 5); *International Pollution Prevention Certificate for the Carriage of Noxious Liquid Substances in Bulk* (Annex II, Reg. 11); *International Sewage Pollution Prevention Certificate* (Annex IV, Reg.4).

34 Art. 5 Abs. 3.

35 Weiterreichende Vorschläge fanden keine Mehrheit auf der Vertragskonferenz, es wurde insoweit auf die 3. VN-Seerechtskonferenz verwiesen; vgl. dazu *Brown*, CLP 28 (1975), 199 (210).

36 BGBl. 1982 II, 586; zuletzt geändert am 11. 5. 2000 (BGBl. 2000 II, 893); vgl. zu diesem Komplex *A. V. Lowe*, A move against substandard shipping, Mar. Pol'y 6 (1982), 326 ff; *König*, 178 ff; nach dem Vorbild der westeuropäischen Vereinbarung haben 1992 zehn lateinamerikanische Staaten die Vereinbarung von Vina del Mar, ferner im November 1993 18 Staaten der Asien-Pazifik-Region das Memorandum von Tokio beschlossen. Die IMO hat die Kontrollkompetenzen 1993 bestätigt; vgl. dazu *D. Anderson*, Singapore Journal of International & Comparative Law 1998, 557 (567).

37 Es handelt sich dabei um die Kontrollkompetenzen nach dem Internationalen Freibordabkommen, dem SOLAS-Abkommen von 1974/78, dem MARPOL-Abkommen von 1973/78, dem Internationalen Übereinkommen von 1978 über die Normen für die Ausbildung, die Erteilung von Befähigungszeugnissen und den Wachdienst von Seeleuten, dem Übereinkommen von 1976 über die Mindestnormen auf Handelsschiffen sowie den Internationalen Regeln von 1972 zur Verhütung von Zusammenstößen auf Schiffen. Zu der Vereinbarung vom 26. 1. 1982 über die Hafenstaatskontrolle wurden am 9. 10. 1991 Än-

zu vereinheitlichen und aufeinander abzustimmen. Letztlich soll damit verhindert werden, daß sich „billige“ Häfen bilden. Zumindest mittelbar dient diese Vereinbarung auch einer Effektivierung des marinen Umweltschutzes durch die Hafenstaaten. Weiterhin führt sie zu einer weiteren Zurückdrängung der ausschließlichen Flaggenhoheit.[38]

4. Wesentlich weiter geht das Seerechtsübereinkommen, das auf dem Instrumentarium der SOLAS- sowie der MARPOL-Konvention aufbaut und dieses konsolidiert sowie weiterentwickelt.[39] In der Herausbildung substantieller Pflichten durch das Seerechtsübereinkommen für die Schiffahrt liegt eine wesentliche Neuorientierung des Völkerrechts, die das Verhältnis der Staaten zur Staatengemeinschaft neu definiert. Hierin liegt eine weitere Konkretisierung der Regel, andere Nutzungsrechte angemessen zu berücksichtigen. Die von dem Seerechtsübereinkommen erfaßten Verpflichtungen stehen im Dienste der Sicherheit auf See sowie der Gewährleistung entsprechender sozial- und arbeitsrechtlicher Standards;[40] weitergehende Verpflichtungen in bezug auf den Umweltschutz enthält Art. 211 Abs. 2 SRÜ.

Den genannten Vorschriften ist gemeinsam, daß sie zwar die Staaten verpflichten,[41] bestimmte Maßnahmen zu ergreifen, nicht aber selbst umschreiben, welche Sicherheitsvoraussetzungen z. B. ein Schiff zu erfüllen hat, oder welche sozialen Mindeststandards einzuhalten sind. Insoweit verweisen die entsprechenden Regeln des Seerechtsübereinkommens auf die einschlägigen ILO- und IMO-Abkommen und sind damit für eine weitere Entwicklung durch diese Abkommen offen.

Die Vorschriften hinsichtlich des marinen Umweltschutzes gegen eine Verschmutzung der See durch Schiffe gehen weiter. Gemäß Art. 192 SRÜ sind die Staaten verpflichtet, die marine Umwelt zu schützen und zu erhalten. Diese Grundverpflichtung wird allerdings durch den Hinweis in Art. 193 SRÜ auf das Recht eines jeden Staates, seine natürlichen Ressourcen gemäß seiner nationalen Umweltpolitik auszubeuten, eingeschränkt. In bezug auf die Hohe See kommt dieser Einschränkung keine Bedeutung zu. Die generelle Pflicht zum Umweltschutz wird für die Schiffahrt in Art. 211 SRÜ in bezug auf die Rechtsetzung und in Art. 217 ff SRÜ in bezug auf die Rechtsdurchsetzung konkretisiert und ergänzt.
Gemäß Art. 211 SRÜ schaffen die Staaten internationale Normen und Maßstäbe *(international rules and standards)* zur Verhütung, Verringerung und Kontrolle der Verschmutzung der See durch Schiffe, wobei sie sich dafür der zuständigen internationalen Organisationen oder genereller diplomatischer Konferenzen bedienen (Abs. 1). Die so geschaffenen Regelungen sollen in gleicher Weise von Zeit zu Zeit überprüft werden. Staaten haben außerdem auf nationaler Ebene die Verpflichtung, Gesetze und Verordnungen *(laws and regulations)* zu erlassen, welche darauf abzielen, die Verschmutzung der See durch Schiffe

derungen der Anlage 1 angenommen. Bei den Änderungen geht es um Mindestnormen für die Besatzungsstärke und um die Bestimmungen des ILO-Übereinkommens Nr. 147 über Mindestnormen auf Handelsschiffen vom 29. 10. 1976. Die Änderungen traten für alle Vertragsparteien am 8. 12. 1991 in Kraft (Bekanntmachung vom 13. 11. 1991, BGBl. 1991 II, 1299 ff).

[38] Auf der Ebene der Europäischen Gemeinschaft erhielt die Hafenstaatenkontrolle mit der Richtlinie 95/21/EG des Rates vom 19. 6. 1995 zur Durchsetzung internationaler Normen für die Schiffssicherheit, die Verhütung von Verschmutzung und die Lebens- und Arbeitsbedingungen an Bord von Schiffen, die Gemeinschaftshäfen anlaufen und in Hoheitsgewässern der Mitgliedstaaten fahren (Hafenstaatkontrolle) (ABl. EG L 157 vom 7. 7. 1995, 1) eine weitere Verstärkung, die über die Vereinbarung von 1982 hinausgeht. Vgl. hierzu *D. König*, Port State Control: An Assessment of European Practice, in: *E. Borgese-Mann*/*P. Ehlers*/*R. Wolfrum* (eds.), Marine Issues from a Scientific, Political and Legal Perspective, 2002, 37 ff (41 f).

[39] Vgl. zur Entstehungsgeschichte des Regelungen in dem Seerechtsübereinkommen, *Wolfrum*, VRÜ 8 (1975), 201 ff; zum Seerechtsübereinkommen vgl. allgemein *Cycon*, JMLC 13 (1981–82), 35 (44 ff); *Collins*, JMLC 18 (1987), 275 (285); speziell zur Verteilung der Durchsetzungskompetenzen *König*, 117 ff.

[40] Art. 94 Abs. 2 (b) SRÜ.

[41] Vgl. GA Res. 48/28 vom 9. 12. 1993, Abs. 18.

ihrer Flagge zu verhüten, zu verringern und zu kontrollieren (Abs. 2). Zwischen der internationalen und der nationalen Regelungsebene wird allerdings nur ein loser Zusammenhang hergestellt. Denn Art. 211 Abs. 2 SRÜ verzichtet darauf, den nationalen Gesetzgeber der Flaggenstaaten an die auf internationaler Ebene entwickelten Regeln in strikter Weise zu binden. Diese Vorschrift begnügt sich vielmehr mit der Formulierung, daß die nationalen Gesetze mindestens den gleichen Effekt haben sollen, wie die allgemein anerkannten internationalen Regeln und Maßstäbe. Es wird zwar auf diese Weise durch das Seerechtsübereinkommen im Prinzip sichergestellt, daß kein Flaggenstaat, der Vertragspartei entsprechender Abkommen ist, um seine Schiffahrt zu begünstigen, Regeln zum Schutz der marinen Umwelt erläßt, die im Ergebnis unter den international anerkannten Maßstäben liegen. Problematisch bleibt aber, ob auch diejenigen Staaten rechtlich gebunden werden, die den vertraglichen Regeln zum Schutz der Meeresumwelt vor Verschmutzung nicht beigetreten sind.

Auszugehen ist insoweit von Art. 211 Abs. 2 SRÜ, wonach die Staaten nationale Regeln erlassen, die im Ergebnis *generally accepted international rules and standards*[42] entsprechen. Diese Formel besagt, daß Nichtvertragsstaaten an die vertraglich vereinbarten internationalen Regeln und Standards zum Schutze der Meeresumwelt vor Verschmutzung durch Schiffe dann gebunden sind, wenn diese Regeln und Standards von der großen Mehrzahl der Staaten als rechtsverbindlich anerkannt und durchgeführt werden. Dabei ist es allerdings nicht erforderlich, daß diese Regeln und Standards bereits den Status von Völkergewohnheitsrecht erlangt haben. Sinn von Art. 211 Abs. 2 SRÜ ist es gerade, die Schwelle für die Entstehung von Völkergewohnheitsrecht für die internationale Schaffung von Regeln zum Schutz der marinen Umwelt außer Kraft zu setzen.[43] In dem Verweis auf *generally accepted international rules and standards* liegt der Verweis auf die *erga omnes*-Wirkung dieser Regeln. Damit enthält Art. 211 Abs. 2 SRÜ ein Element internationaler Rechtsetzung. Letztlich läßt sich aber weder aus dem Wortlaut noch aus dem Sinn und Zweck der Formulierung von Art. 211 Abs. 2 SRÜ entnehmen, wieviele Staaten eine internationale Regel akzeptiert haben müssen, damit sie als „allgemein anerkannt" gelten kann.

Die eigentliche Schmälerung flaggenstaatlicher Jurisdiktion erfolgte durch das Seerechtsübereinkommen auf dem Gebiet der Durchsetzung des maritimen Umweltrechts gegenüber Schiffen. Denn es wurde ein System geschaffen, in dem Flaggen- und Hafenstaaten nahezu gleichberechtigt nebeneinander tätig werden können. Dabei bauen diese Regeln auf dem Instrumentarium der SOLAS- und der MARPOL-Konventionen auf und entwickeln es weiter.

Nach Art. 217 SRÜ obliegt den Flaggenstaaten[44] die generelle Pflicht, durch den Erlaß entsprechender Gesetze zu gewährleisten, daß die Schiffe ihrer Flagge die anzuwendenden internationalen Normen und die nationalen Gesetze hinsichtlich des marinen Umweltschutzes beachten. Dabei haben die Flaggenstaaten vor allem sicherzustellen, daß keine Schiffe in See gehen, die nicht den, insbesondere im Hinblick auf Bauweise, Konstruktion, Ausrüstung und Bemannung erlassenen, internationalen Sicherheitsanforderungen entsprechen.

---

[42] Vgl. dazu *van Reenen*, NYIL 12 (1981), 3 (15); *Vignes*, AFDI 25 (1979), 712; *Hasselmann*, 405; *König*, 145 (zur Entstehungsgeschichte 146); *B. Oxman*, The Duty to Respect Generally Accepted International Standards, NY JILP 24 (1991), 109; siehe hierzu vor allem Second Report of the Committee on Coastal State Jurisdiction relating to Marine Pollution, YBILA 1998.

[43] A. A. *van Reenen*, NYIL 12 (1981), 3 (12); wie hier *König*, 147 f; *R. Wolfrum*, Recht der Flagge und „Billige Flaggen" – Neuere Entwicklungen im Internationalen Privatrecht und Völkerrecht, Berichte DGVR 31 (1990), 121 (137 f).

[44] Vgl. dazu *D. Anderson*, Singapore Journal of International & Comparative Law 2 (1998), 557 (563 f).

Die Kontrolle seitens der Flaggenstaaten erfolgt im wesentlichen durch Inspektion der Schiffe, die unter ihrer Flagge fahren. Dabei gibt es Bauinspektionen sowie periodische Inspektionen. Die Schiffe erhalten die bereits angesprochenen Zertifikate. Ausgebaut wurden die flaggenstaatlichen Pflichten in Bezug auf die Verfolgung aktueller Verstöße gegen Umweltvorschriften. Sie sind verpflichtet, für eine prompte Aufnahme von Untersuchungen zu sorgen, wenn sie von einer Verletzung der internationalen Regeln Kenntnis erlangen, gleichgültig wo diese stattgefunden hat, und sie haben eine Untersuchung einzuleiten, wenn sie von einer derartigen Verletzung seitens eines anderen Staates formell in Kenntnis gesetzt werden.

Die hafenstaatlichen Befugnisse umfassen sowohl eine Kontrolle des Zustandes der Schiffe als auch eine Untersuchung von aktuellen Verstößen. Weitergehende Rechte als in den bisher behandelten Sicherheits- und Umweltkonventionen werden den Hafenstaaten allerdings für die Verfolgung aktueller Umweltverstöße eingeräumt. Diese Kontroll- und Durchsetzungskompetenzen der Hafenstaaten bestehen selbst dann, wenn der gerügte Umweltverstoß die nationalen hafenstaatlichen Interessen nicht unmittelbar berührt hat, und der Hafenstaat nicht von einem anderen geschädigten Staat aufgefordert wurde, Maßnahmen zu ergreifen. Das heißt, die Eingriffskompetenzen sind unabhängig von dem Ort, an dem der Vorgang stattgefunden hat bzw. der Schaden eingetreten ist.[45] Der Hafenstaat wird also nicht im nationalen, sondern im Interesse der Staatengemeinschaft an der Erhaltung der marinen Umwelt tätig.

Die hafenstaatlichen Befugnisse umfassen Untersuchungs- und Verfolgungskompetenzen, wobei letztere auch eine strafrechtliche Ahndung erlauben.[46] Prüfungsmaßstab sind *applicable international rules and standards established through the competent international organization or general diplomatic conference*. Hierin liegt ein Verweis auf die in Art. 211 Abs. 2 SRÜ gemeinten Regeln, obwohl statt *generally accepted* der engere Terminus *applicable* verwandt wird. Denn andernfalls würde Art. 211 Abs. 2 SRÜ teilweise leer laufen.[47]

5. Die hier skizzierte Regelung führt dazu, daß die Durchsetzung der Umweltvorschriften für den Bereich Hohe See fast gleichberechtigt bei den Flaggenstaaten und den Hafenstaaten liegt. Zwar steht den Flaggenstaaten gemäß Art. 228 Abs. 1 SRÜ das Recht zu, ein Verfolgungsverfahren an sich zu ziehen, sie sind aber dann verpflichtet, ihrerseits eine Verfolgung einzuleiten. Außerdem kann das flaggenstaatliche Begehren auf Übernahme des Ahndungsverfahren von einem Hafenstaat abgelehnt werden, wenn der Flaggenstaat seine Verpflichtung, die anwendbaren völkerrechtlichen Regeln und Standards für den marinen Umweltschutz effektiv durchzusetzen, in der Vergangenheit nicht beachtet hat. Bei der Bewertung der hafenstaatlichen Kompetenzen ist zu berücksichtigen, daß die Hafenstaaten nicht aus eigenem Recht, sondern kraft Völkerrechts, d. h. einer völkervertraglichen Kompetenzzuweisung, tätig werden. Damit fungieren sie als Durchsetzungsorgane im Dienste der Staatengemeinschaft.[48]

Die Einschränkung der Schiffahrtsfreiheit durch die bislang angesprochenen Regelungen, gleichgültig, ob sie dem marinen Umweltschutz oder der Sicherheit auf See dienen, liegt vor allem darin begründet, daß durch sie die Alleinzuständigkeit der Flaggenstaaten beschnitten wird. Diese Beschneidung erfolgt auf der Ebene der Rechtsetzung wie auch der Durchsetzung. Zum einen sind die Flaggenstaaten verpflichtet, gesetzgeberisch tätig zu werden. Zum anderen liegt die Durchsetzung dieser Normen nicht mehr ausschließlich bei ihnen.

---

[45] *Hasselmann*, 430; *König*, 197; *D. Anderson*, Singapore Journal of International & Comparative Law 1998, 557 (565 f); zu dem konzeptionellen Unterschied zwischen *port state enforcement* und *coastal state enforcement* vgl. *J. P. A. Bernhardt*, VJIL 20 (1980), 265 (284 ff); a.A. *Wang*, ODILA 16 (1986), 305 (316).

[46] Art. 230 Abs. 1 SRÜ.

[47] Unklar insoweit *Hasselmann*, 430; so aber *J. Wilisch*, State Responsibility for Technological Damage in International Law, 1987, 147.

[48] Vgl. dazu *Wolfrum*, Internationalisierung, 693.

Vielmehr werden von den Durchsetzungskompetenzen Inspektions- und Verifikationskompetenzen abgespalten und auf die Hafenstaaten übertragen.
Zusammenfassend ist festzuhalten, daß in bezug auf die Sicherheit auf See und den marinen Umweltschutz die Flaggenhoheit auf der Ebene der Regelungskompetenz durch das Seerechtsübereinkommen deutlich eingeschränkt worden ist. Diese Regelungskompetenz ist zu einem Teil in die Verantwortung der Staatengemeinschaft übergegangen, die sich in besonderen Konferenzen und der IMO konstituiert. In dieser Entwicklung spiegelt sich das Interesse der Staatengemeinschaft wider, die gemeinschaftsverträgliche Nutzung der See stärker als bislang zu sichern. Demgegenüber wurden Arbeits- und Sozialbedingungen offenbar nicht unter diesem Gesichtspunkt gesehen, denn insoweit blieb die Flaggenhoheit in bisherigem Umfang bestehen. Einen Schritt weiter ging die 3. Seerechtskonferenz der Vereinten Nationen im Hinblick auf den marinen Umweltschutz. Denn hier wird die Flaggenhoheit auch auf der Ebene der Durchsetzungskompetenz eingeschränkt.

6. Auch die *UN Convention on the Conditions for the Registration of Ships* vom 7. 2. 1986 (sog. Registrierkonvention)[49] spricht flaggenstaatliche Pflichten an, dennoch liegt hierin – anders als bei dem Seerechtsübereinkommen – keine Einschränkung der Flaggenhoheit.
Dies ergibt sich aus zwei Gesichtspunkten. Der Flaggenstaat ist nur gehalten, *applicable* internationale Regelungen und Standards hinsichtlich der Schiffssicherheit und des marinen Umweltschutzes einzuführen. Dabei bezieht sich das Wort *applicable* nicht auf die zu regelnde Materie, sondern auf den betroffenen Staat.[50] D. h., nur diejenigen Konventionen, die von dem jeweiligen Registerstaat ratifiziert werden, oder denen er beigetreten ist, müssen von ihm auch gegenüber Schiffen unter seiner Flagge durchgesetzt werden. Hinzu kommt, daß dem Flaggenstaat in einigen Bereichen (Art. 8 Abs. 2 Registrierkonvention) ein gewisser Spielraum bei der Verwirklichung der Ziele der Registrierkonvention eingeräumt wird. Insofern liegt nach der Registrierkonvention die Verbesserung der Arbeits- sowie Sozialbedingungen für die Besatzungen und die Anhebung der Sicherheits- und Umweltschutzstandards bei jedem Registrierstaat selbst. Sie folgt in traditionellem Sinne dem Flaggenstaatsprinzip.

§ 121 Die Freiheit des Überflugs

Schrifttum: *J. Carroz*, Die internationale Gesetzgebung für die Luftfahrt über hoher See, ZLW 8 (1959), 3 ff; *N. Grief*, Public International Law in the Airspace of the High Sea, 1994, 46 ff.

Auch die Freiheit die Hohe See zu überfliegen ist von Art. 87 SRÜ umfaßt. Die Anerkennung dieses Rechtes war in den Debatten der ILC zur Konvention über die Hohe See völlig unumstritten.[1] Die erste Genfer Seerechtskonferenz hatte dieses Recht ohne wesentliche Diskussionen übernommen und es, wie auch die anderen Rechte, dem Grundsatz des *„reasonable use"* unterstellt und damit das Bestehen immanenter Schranken betont. Weitere Regelungen zum Überflug enthielt die Hohe See Konvention nicht; das gleiche gilt für das Seerechtsübereinkommen.
Das Fehlen weiterer Regelungen für den Luftverkehr über der Hohen See in dem Seerechtsübereinkommen erklärt sich daraus, daß die entsprechenden Regelungskompetenzen bei der ICAO liegen.[2] Insoweit kommt dem Rat der ICAO eine Rechtsetzungsbefugnis zu.[3] Die

49 ILM 26 (1987), 1236.
50 *Hasselmann*, 92; *G. Hafner*, Diskussionsbeitrag zu: Völkerrechtlicher Vertrag und Drittstaaten, Berichte DGVR 28 (1988), 138.
1 YBILC 1955, Vol. II, 19 (21).
2 Art. 12 Abkommen über die Internationale Zivilluftfahrt vom 7. 12. 1944, BGBl. 1956 II, 411 ff; *Grief*, 62.
3 Vgl. dazu *Carroz*, ZLW 8 (1959), 3 (8); *T. Buergenthal*, Law-Making in the Civil Aviation Organization, 1969, 57.

Vertragsstaaten haben nicht das Recht, sich von den durch den ICAO Rat geschaffenen Regelungen freizuzeichnen, wie es ihnen hinsichtlich der Regeln für den Flug über Staatsgebiet möglich ist.
Die Durchsetzung der Regeln für den Flug über die Hohe See liegt allerdings ausschließlich bei den Flaggenstaaten.

§ 122 Die Freiheit, Kabel und Rohrleitungen zu verlegen

Schrifttum: *W. Heller*, Das internationale Seekabelrecht in Friedenszeiten und seine Wandlungen durch die neue völkerrechtliche Entwicklung, 1965; *J. Cappez*, Les cables sous-marins de télécommunications, AFDI 32 (1986), 760 ff; *L. Dolliver/M. Nelson*, Submarine Cables and Pipelines, in: *R.-J. Dupuy/D. Vignes* (eds.), A Handbook on the New Law of the Sea, Vol. II, 1991, 977 ff; *E. Wagner*, Submarine Cables and Protections provided by the Law of the Sea, Marine Policy 19 (1995) 127 ff; *R. Lagoni*, Legal Aspects of Submarine High Voltage Direct Current (HVDC) Cables, 1998; *S. Coffen-Smout/G. J. Herbert*, Submarine Cables: A Challenge for Ocean Management, Marine Policy 24 (2000) 441 ff.

Das Recht der Nutzung der Hohen See umfaßt auch das Recht, Kabel und Rohrleitungen auf dem Boden der Hohen See zu verlegen. Dieses Recht wurde bereits in Art. 2 Hohe See Konvention anerkannt und hat von hier fast unverändert Eingang in Art. 87 und Art. 112 SRÜ gefunden; es ist ein Bestandteil des Völkergewohnheitsrechts.[1] Die Kabel und Rohrleitungen gehören dem Staat, der sie dort verlegt. Dabei sind sie allerdings nicht als Teil seines Gebietes zu verstehen, sondern als Anlagen, mit deren Hilfe er sich an der freien Nutzung der Hohen See beteiligt. Andere Staaten haben das Eigentum an den Kabeln und den Rohrleitungen zu respektieren. Sie dürfen fremde Kabel bzw. Rohrleitungen nicht beschädigen oder entfernen[2], sind aber nicht daran gehindert, auch in der Nachbarschaft schon verlegter Kabel und Rohrleitungen ihrerseits solche zu verlegen, da das Verlegen dieser keine Okkupation des Meeresbodens in der Nähe des Kabels bzw. der Rohrleitung zur Folge hat.
Das Seerechtsübereinkommen hat allerdings das Recht, Kabel und Rohrleitungen zu verlegen, gegenüber dem Genfer Seerecht, vor allem mit Blick auf die Rechte der Küstenstaaten am Festlandsockel etwas eingeschränkt.[3] Diese Modifikationen ergeben sich aus der Notwendigkeit, die Nutzungsinteressen der Küstenstaaten an dem Festlandsockel und die Interessen der Rohrleitungen und Kabel verlegenden Staaten zu koordinieren. Gemäß Art. 79 SRÜ, auf den Art. 87 Abs. 1 (c) und Art. 112 SRÜ verweisen, kontrolliert und überwacht der Küstenstaat das Verlegen von Rohrleitungen in der ausschließlichen Wirtschaftszone und auf dem Festlandsockel, vor allem bestimmt er, wo diese verlegt werden. Der Einfluß des Küstenstaates auf das Verlegen von Kabeln ist geringer. Das Verlegen von Kabeln und Rohrleitungen im Bereich der Küstengewässer bedarf jedoch der Zustimmung durch den betreffenden Küstenstaat. Hinsichtlich der Verlegung im sog. Gebiet *(Area)* sollten entsprechende Kompetenzen der Internationalen Meeresbodenbehörde zustehen. Ansatzpunkt ist ihre Kompetenz Tiefseebodenaktivitäten mit anderen Nutzungsformen zu koordinieren.
Darüber hinaus hat das Gebot der Rücksichtnahme für das Verlegen von Kabeln und Rohrleitungen in Art. 79 Abs. 5 SRÜ[4] zwei besondere Konkretisierungen erfahren. Bei der Verlegung neuer Kabel und Rohrleitungen ist auf bereits vorhandene Einrichtungen dieser Art Rücksicht zu nehmen. Vor allem muß die Möglichkeit erhalten bleiben, sie zu reparieren.

---

[1] *Coffen-Smout/Herbert*, 443.

[2] Besondere Regeln gelten für Kabel im Kriege. Vgl. auch HLKO Art. 53 und 54 und V. Haager Abkommen von 1907, Art. 8.

[3] Vgl. *Dolliver/Nelson*, in: *Dupuy/Vignes* (eds.), Bd. II, 983 ff.

[4] Dies gilt auch für die Hohe See, vgl. Art. 112 Abs. 2 SRÜ; vgl. dazu *Cappez*, AFDI 32 (1986), 760 (769).

Opfert z. B. ein Schiff seinen Anker oder Fischfanggeräte, um nicht unterseeische Kabel zu beschädigen, so kann von dem Eigentümer des Kabels unter bestimmten Voraussetzungen Schadensersatz verlangt werden.[5]

§ 123 Die Freiheit zur Errichtung künstlicher Inseln und Anlagen

Schrifttum: *R. Lagoni*, Künstliche Inseln und Anlagen im Meer, JIR 18 (1975), 241 ff; *K. M. Keith*, Floating Cities – A New Challenge for Transnational Law, Mar. Pol'y 1 (1977), 190 ff; *N. Papadakis*, The International Legal Regime of Artificial Islands, 1978; *M. J. Blake*, Nuclear Plants: A „Reasonable Use" of the High Seas?, Cal. W. Int'l L. J. 8 (1978), 191 ff; *T. Treves*, Military Installations, Structures and Devices on the Seabed, AJIL 74 (1980), 808 ff; *F. Münch*, Artificial Islands and Installations, EPIL 11 (1988), 38 ff.

Art. 87 Abs. 1 (d) SRÜ benennt als eine zusätzliche Freiheit das Recht, künstliche Inseln und andere Installationen auf Hoher See zu errichten, wobei einschränkend auf die Regeln von Teil VI (Festlandsockel) verwiesen wird.

Das Seerechtsübereinkommen definiert weder den Begriff künstliche Inseln noch den Begriff Installationen, obwohl diese Begriffe auch in Art. 56, 60 und 80 SRÜ verwandt werden.[1] Die Vielzahl der verwandten Begriffe belegt, daß das Seerechtsübereinkommen alle vom Menschen geschaffenen Anlagen, die fest und auf Dauer mit dem Meeresgrund verbunden sind, erfassen wollte. Dennoch ist eine Abgrenzung zwischen „künstlichen Inseln" und „Installationen" erforderlich, da die von dem Seerechtsübereinkommen aufgestellten Regeln nicht immer identisch sind. Der Begriff der künstlichen Insel ist dabei in Anlehnung an den im übrigen verwandten Begriff der Insel zu definieren (Art. 121 SRÜ). Dementsprechend fallen hierunter alle Überwasseranlagen von gewisser Ausdehnung; dennoch mag die Abgrenzung zu Installationen im einzelnen problematisch sein.

Tiefwasserhäfen könnten theoretisch unter den Begriff der künstlichen Insel subsumiert werden. Der errichtende Staat übt in ihnen, wie auf künstlichen Inseln, Jurisdiktion aus. Dabei erscheint es jedoch zweifelhaft, sich insoweit auf Art. 60 SRÜ zu stützen, denn die Jurisdiktion über künstliche Inseln in der ausschließlichen Wirtschaftszone findet ihre Rechtfertigung in den dem Küstenstaat dort zuerkannten Rechten. Insofern läßt sich der Verweis von Art. 87 Abs. 1 (d) SRÜ auf Teil VI SRÜ nicht dazu heranziehen, eine Jurisdiktion des errichtenden Staates über Tiefwasserhäfen außerhalb der Wirtschaftszone zu begründen.[2] Gemäß dem *US Deep-Water Port Act* von 1974[3] stützt sich die Jurisdiktion der Vereinigten Staaten über Tiefwasserhäfen auf eine entsprechende Unterwerfung der Schiffe, die einen derartigen Tiefwasserhafen anlaufen.

Im einzelnen sind die Regelungen des Seerechtsübereinkommens fragmentarisch; entsprechendes Gewohnheitsrecht existiert nicht für alle aufgeworfenen Fragen. Die Schaffung von künstlichen Inseln in der ausschließlichen Wirtschaftszone und auf dem Festlandsockel obliegt ausschließlich dem Küstenstaat.[4] Der Bau von anderen Installationen kann von dem Küstenstaat hingegen nur insoweit für sich beansprucht werden, wenn diese der Nutzung der ausschließlichen Wirtschaftszone dienen. Dies eröffnet die Möglichkeit für die Verankerung militärischer Anlagen auf dem Festlandsockel und in der ausschließlichen Wirtschaftszone.[5] Der Bau von Anlagen (künstliche Inseln werden nicht erwähnt) zur Nutzung des Tiefsee-

---

[5] Art. 29 Hohe See Konvention; Art. 115 SRÜ.

[1] Das Seerechtsübereinkommen erwähnt darüber hinaus im Zusammenhang mit dem Begriff *„installation"* auch noch *„structures"* und *„devices"* (Art. 194 Abs. 3 (c), (d), 209 Abs. 2).

[2] A. A. *O'Connell/Shearer*, Bd. II, 846.

[3] USC Bd. 33, 1501–1524.

[4] Vgl. Art. 60 und 80 auf die Art. 87 Abs. 1 (d) SRÜ verweist.

[5] *Treves*, AJIL 74 (1980), 831 ff; *Wolfrum*, GYIL 24 (1981), 240 f.

bodens unterfallen der Kontrolle der Meeresbodenbehörde.[6] D. h., lediglich der Bau von Installationen, die nicht einer wirtschaftlichen Nutzung des Meeresbodens dienen – gleichgültig, ob hinsichtlich des Tiefseebodens oder des Festlandsockel, wie z. B. zu militärischen Zwecken, sind frei.

§ 124 Freiheit des Fischfangs

Schrifttum: wie vor §§ 117–123; ferner: *A. W. Koers*, International Regulation of Marine Fisheries a Study of Regional Fisheries Organizations, 1973; *R. Wolfrum*, Die Fischerei auf Hoher See, ZaöRV 38 (1978), 659 ff; *P. Balasubramanian*, Fishery Provisions of the ICNT-Part 1, Mar. Pol'y 5 (1981), 313 ff, Part 2, Mar. Pol'y 6 (1982), 27 ff; *P. Copes*, The Impact of UNCLOS III on Management of the World's Fisheries, Mar. Pol'y 5 (1981), 217 ff; *J. L. Meseguer*, Le regime juridique de l'exploitation de stocks commun au dela des 200 milles, AFDI 28 (1982), 884 ff; *E. A. Keen*, Common Property in Fisheries: Is Sole Ownership an Option?, Mar. Pol'y 7 (1983), 197 ff; *S. Oda*, Fisheries under the United Nations Convention on the Law of the Sea, AJIL 77 (1983), 739 ff; *J. Joseph*, International Tuna Management Revisited, in: B. J. Rothschild (ed.), Global Fisheries, Perspectives for the 1980's, 1983, 123 ff; *W. T. Burke*, Highly Migratory Species in the New Law of the Sea, ODILA 14 (1984), 273 ff; *J. E. Carroz*, Institutional Aspects of Fisheries Management under the New Regime of the Oceans, San Diego L. Rev. 21 (1984), 413 ff; *P. Birnie*, International Regulation of Whaling, Vol. I und II, 1985; *B. M. Tsamenyi*, The South Pacific States and the USA and Sovereignty over Highly Migratory Species, Mar. Pol'y 10 (1986), 29 ff; *J. A. Yanagida*, The Pacific Salmon Treaty, AJIL 81 (1987), 577 ff; *J. L. Bubier*, International Management of Atlantic Salmon: Equitable Sharing and Building Consensus, ODILA 19 (1988), 35 ff; *E. Hey*, The Regime for the Exploitation of Transboundary Marine Fisheries Resources: The United Nations Law of the See Convention Cooperation Between States, 1989; *E. L. Miles/W. T. Burke*, Pressures on the United Nations Convention on the Law of the Sea of 1982 Arising from New Fisheries Conflicts: The Problem of Straddling Stocks, ODILA 20 (1989), 343 ff; *J.-F. Pulvenis*, Vers une emprise des états riverains sur la haute mer au titre des grands migrateurs? Le régime international de la pêche au thon dans le Pacifique Oriental, AFDI 35 (1989), 774 ff; *C. A. Fleischer*, Fisheries and Biological Resources, in: *R.-J. Dupuy/D. Vignes* (eds.), A Handbook on the New Law of the Sea, Bd. II, 1991, 989 ff; *L. A. Davis*, North Pacific Pelagic Driftnetting: Untangling the High Seas Controversy, S. Cal. L. 64 (1990–1991 II), 1057 ff; *W. T. Burke*, Anadromous Species and the New International Law of the Sea, ODILA 22 (1991), 95 ff; *B. Kwiatkowska*, Creeping Jurisdiction Beyond 200 Miles in the Light of the 1982 Law of the Sea Convention and State Practice, ODILA 22 (1991), 153 ff; *P. H. Pearse*, From Open Access to Private Property: Recent Innovations in Fishing Rights as Instruments of Fisheries Policy, ODILA 23 (1992), 71 ff; *B. Kwiatkowska*, The High Seas Fisheries Regime: At a Point of No Return, International Journal of Maritime Coastal Law 8 (1993), 330 ff; *F. Orrego Vicuña*, Towards an Effective Management of High Seas Fisheries and the Settlement of the Pending Issues of the Law of the Sea, ODILA 24 (1993), 81 ff; *T. A. Clingan*, Mar Presencial (The Presential Sea): Déjà Vu All Over Again, ODILA 24 (1993), 93 ff; *W. T. Burke*, The New International Law of Fisheries: UNCLOS and Beyond, 1994. *E. Meltzer*, Global Overview of Straddling and Highly Migratory Fish Stocks: The Nonsustainable Nature of High Seas Fisheries, ODILA 25 (1994), 255 ff; *T. Gudmundsson*, Cod war on the high seas: Norwegian-Icelandic dispute over „Loophole" fishing in the Barents Sea, Nordic Journal of International Law 64 (1995) 557 ff; *S. N. Nandan*, The Draft Agreement of the Conservation and Management of Straddling Fish Stocks and Highly Migratory Fish Stocks, *M. H. Nordquist/J. N. Moore* (eds), Entry into Force of the Law of the Sea Convention, 1995; *M. Hayashi*, Enforcement by Non-Flag-States on the High Seas under the 1995 Agreement on Straddling and Highly Migratory Fish Stocks, Georgetown International Environmental Law Review 9 (1996) 1 ff; *J. A. Knauss*, The International Whaling Commission: Its Part and Possible Future, ODILA 28 (1997), 79 ff; *A. Kanehara*, A Critical Analysis of Changes and Recent Developments in the Concept of Conservation of Fishery Resources on the High Seas, The Japanese annual of international law 41 (1998) 1 ff; *P. W. Birnie*, New Approaches to Ensuring Compliance at Sea: the FAO Agreement to

[6] Art. 147 Abs. 2 (a) SRÜ.

Promote Compliance with International Conservation and Management Measure by Fishing Vessels on the High Seas, Review of European Community and International Environmental Law 8 (1999), 48 ff; *F. Orrego Vicuña*, The Changing International Law of High Seas Fisheries, 1999; *D. J. Doulman*, Code of Conduct for Responsible Fisheries: development an Implementation Considerations, *M. Nordquist/J. N. Moore* (eds.), The Current Fisheries Issues and the Food and Agricultural Organization of the United Nations, 2000, 307 ff; *G. Moore*, The FAO Compliance Agreement, *M. Nordquist/J. N. Moore* (eds.), The Current Fisheries Issues and the Food and Agricultural Organization of the United Nations, 2000, 77 ff; *J. Ziemer*, Das gemeinsame Interesse an einer Regelung der Hochseefischerei – Dargestellt am Beispiel des Fish Stocking Agreement, 2000; *O. S. Stokke*, Governing High Seas Fisheries: The Interplay of Global and Regional Regimes, 2001.

I. 1. Inhalt dieses Freiheitsrechts in der von *Hugo Grotius* formulierten Form war es, daß die Fischerei auf See den Bürgern aller Staaten auf Dauer offenstehe und es daher keinem Staat gestattet sei, die Fischerei in bestimmten Seegebieten seinen Staatsangehörigen vorzubehalten oder fremde Schiffe mit Abgaben zu belegen.[1] Ebenso wie das Prinzip von der Freiheit der Schiffahrt war der Grundsatz der Fischereifreiheit anfangs daher rein negativ zu verstehen, d. h., er schloß die Reglementierung des Fischfangs auf Hoher See durch andere als den jeweiligen Flaggenstaat aus.[2]
Dieses System war auf die Dauer nicht aufrechtzuerhalten. Die wachsende Zahl von Nutzern und die technische Verbesserung der Fischfanggeräte führten zu einer Intensivierung und Gefährdung der Weltfischbestände. Dies machte die Entwicklung und Einführung eines Bewirtschaftungssystems oder zumindest eines internationalen Kontrollsystems erforderlich, das Nutzungsrechte zuweisen kann und über das sowohl die Gesamtfangmenge sowie deren Verteilung auf die Nutzer gesteuert werden kann. Theoretisch kamen zwei Systeme für die Organisation der Bewirtschaftung in Betracht: Die Verwaltung der Fischbestände durch internationale Gremien oder die Begründung einer küstenstaatlichen Jurisdiktion, mit der die Verwaltung und Bewirtschaftung der Fischbestände den Küstenstaaten überlassen wird. Die 3. VN Seerechtskonferenz hat sich für das zweite Modell entschieden, indem sie die Einrichtung ausschließlicher Wirtschaftszonen vorsah.[3]
Den Fischbeständen der Hohen See kommt gegenüber den in den ausschließlichen Wirtschaftszonen erfaßten Beständen eine geringere wirtschaftliche Bedeutung zu. Allerdings ist zu berücksichtigen, daß eine Schädigung von Fischbeständen der Hohen See negative Auswirkungen auf die Bestände unter küstenstaatlicher Kontrolle haben kann. Die Bewirtschaftung der Bestände der Hohen See erfolgt im wesentlichen durch die Flaggenstaaten, wobei internationale Fischereikommissionen eine gewisse Koordinierungsfunktion ausüben. Das Seerechtsübereinkommen stellt lediglich einen Rechtsrahmen zur Verfügung.

2. Der Schutz der lebenden Ressourcen der Hohen See durch internationale Übereinkommen und die damit zwangsläufig verbundene Beschränkung für deren Ausnutzung setzte mit dem Schutz der Pelzrobben im Jahre 1911 ein.[4] Die am Pelzrobbenfang interessierten Staaten Vereinigtes Königreich (für Kanada) und die Vereinigten Staaten von Amerika vereinbarten Erhaltungsmaßnahmen zum Schutze des Bestandes und regelten gleichzeitig die Verteilung der erlaubten Fangmenge. Sie trugen damit der wirtschaftlichen Erkenntnis Rechnung, daß eine in ihrem Bestand und in der Möglichkeit ihrer natürlichen Erneuerung begrenzte Quelle sowohl der Erhaltung als auch der Regelung des

[1] Die Behinderung der Fischerei wird weit schärfer verurteilt als der Versuch der Portugiesen, die holländische Schiffahrt nach Indien zu unterbinden. So werden die Bestrebungen, Abgaben von ausländischen Fischern für ihre Fänge auf Hoher See zu erheben, als barbarisch und unmenschlich bezeichnet, *Grotius*, Anm. 25 § 116, Kap. V.

[2] *Orrego Vicuña*, 1999, 4 f.

[3] Vgl. dazu Bd. I/1.

[4] Zu der Geschichte der völkerrechtlichen Streitigkeiten um den Fischbestandsschutz und um Fischereivorzugsrechte vgl. vor allem *W. M. Chapman/W. McLoed*, The Theory and Practice of International Fishery Development-Management, San Diego L. Rev. 7 (1970), 408 sowie *Fulton*, 57 und *S. A. Moore/H. S. Moore*, The History in Law of Fisheries, 1903, 173 ff.

Zugangs bedarf, soll die wirtschaftliche Ausbeutung auch für die Zukunft sichergestellt werden. Die Konvention zum Schutze der pazifischen Pelzrobben geht auf den bekannten Pelzrobbenstreit im Jahre 1892 zwischen dem Vereinigten Königreich und den Vereinigten Staaten von Amerika zurück. Nachdem diese Alaska von dem zaristischen Rußland erworben hatten, strebten sie einen Schutz der damals wichtigen Pelzrobbenbestände an. Dabei versuchten sie, die Ausbeutung der Pelzrobben für sich zu monopolisieren, indem sie den Fang auf Hoher See untersagten und das Fangen der Tiere nur auf den Pribilof-Inseln gestatteten. Wegen Verletzung der amerikanischen Gesetze wurden in der Folgezeit einige kanadische Robbenfänger auf Hoher See von amerikanischen Kuttern aufgebracht und deren Schiffe beschlagnahmt. Dies führte zu einem internationalen Schiedsverfahren, wobei es dem Schiedsgericht nicht nur oblag, über die Rechtmäßigkeit der einseitig ergriffenen amerikanischen Schutzmaßnahmen zu entscheiden, sondern ggf. selbst Schutzmaßnahmen zu erlassen.[5] Zur Rechtfertigung ihres unilateralen Vorgehens beriefen sich die Vereinigten Staaten von Amerika vor dem Schiedsgericht auf folgende Gründe: Die Pelzrobben stellten ein bedeutendes Gut dar, und der Schutz liege daher im Interesse der gesamten Menschheit. Dieser Schutz könne nur von einem Staat wahrgenommen werden, der dabei im Interesse der Menschheit handele.[6] Der gleiche Gedankengang wurde sowohl auf der 1. wie auch auf der 3. VN Seerechtskonferenz vertreten. Außerdem trugen die Vereinigten Staaten von Amerika vor, daß eine Fangmethode, die den Bestand der Pelzrobben und ihre weitere Ausnutzung bedrohe, nicht mehr unter dem Prinzip von der Freiheit der See geschützt sei.[7] Dieser Gedankengang hat in allgemein formulierter Form Eingang in Art. 87 Abs. 2 SRÜ gefunden und enthält Elemente des *sustainable development*-Prinzips.

Die Bedeutung des Pelzrobbenstreits für die Entwicklung des internationalen Fischbestandschutzes liegt darin, daß die Entscheidung des Schiedsgerichts der völlig freien Nutzung der marinen Ressourcen eine Absage erteilt und anerkannt hat, daß die Ausbeutung im Interesse der Erhaltung des Bestandes Einschränkungen unterworfen ist. Das Schiedsgericht verneinte jedoch unter der Berufung auf das Prinzip der Freiheit der See jegliche Kompetenz der Vereinigten Staaten von Amerika, einseitig Maßnahmen zum Schutz der pazifischen Pelzrobben auf Hoher See zu ergreifen.[8] Es gestand ihnen nicht das Recht zu, für andere Staaten bindende Maßnahmen auf Hoher See zu ergreifen.

3. Der erste Versuch, die Fischerei allgemein für den Bereich der Hohen See zu regeln, ging von der 1. Genfer Seerechtskonferenz aus[9] und hat sich in der Konvention über die Fischerei und die Erhaltung der biologischen Reichtümer der Hohen See, vom 29. April 1958[10] (Fischereikonvention) niedergeschlagen. Die praktische Bedeutung dieser Konvention ist allerdings gering geblieben, da ihr nur wenige Staaten und vor allem nicht die Hauptfischereinationen beigetreten sind.

Gemäß Art. 1 Fischereikonvention haben alle Staaten das Recht, Staatsangehörige Fischfang auf Hoher See betreiben zu lassen. Sie unterliegen dabei lediglich den durch die Fischereikonvention gesetzten Grenzen; außerdem sind die Interessen der Küstenstaaten zu berücksichtigen, soweit sie in der Konvention einen Niederschlag gefunden haben. Diese sehr allgemein gehaltenen Schranken der Fischereifreiheit werden durch die Konvention nicht näher konkretisiert. Die Konkretisierung lag in der Verantwortung einzelner oder mehrerer Staaten, je nachdem, ob der Fischfang durch einen oder mehrere Staaten in dem betreffenden Gebiet betrieben wurde. Das Ziel aller Fischereibestandsmaßnahmen war es, deren optimale Nutzung im Interesse der Weltnahrungsmittelversorgung sicherzustellen.[11] Eine diese allgemeine Verpflichtung konkretisierende, unmittelbare materielle Beschränkung des Fischfangs auf Hoher See enthält die Fischereikonvention jedoch – abgesehen von einem Hinweis auf die vertraglichen Verpflichtungen – nicht. Die einzige materielle Beschränkung,

---

[5] *Martens*, NRG 2ème serié, Bd. XVII (1882–1893), 587.

[6] *Fur Seal Arbitration*, Bd. II, 295.

[7] *Fur Seal Arbitration*, Bd. II, 295: „*The pelagic sealing is an illegitimate, inproper and wasteful method of killing, is barbarous and inhuman in its immense destruction of the pregnant and nursing female* ...".

[8] *Martens*, NRG 2ème serié, Bd. XXI (1887–1894), 449.

[9] Vgl. allgemein zur geschichtlichen Entwicklung *Fleischer*, in: *Dupuy/Vignes* (eds.), Bd. II, 1017 ff.

[10] UNTS Bd. 559, 285 ff.

[11] Vgl. zu den Konzepten „*optimum sustainable yield*" und „*maximum sustainable yield*" *Wolfrum*, Internationalisierung, 190 mwN.

die in ein Verbot exzessiver Nutzung der Fischbestände ausgelegt werden kann, findet sich damit in Art. 2 Hohe See Konvention. Die Fischereikonvention sieht schließlich auch nicht vor, daß diese immanenten Schranken der Fischereifreiheit durch eine oder mehrere internationale Organisationen präzisiert werden, obwohl bereits zur Zeit ihrer Verabschiedung Fischereikommissionen bestanden. Die Kompetenzen, den Fischfang auf Hoher See zu regeln, verblieben letztlich nach dem Willen der Fischereikonvention bei den Fischfang betreibenden Staaten; lediglich für die Bereiche, in denen Küstenstaaten ein besonderes Interesse an der Erhaltung der Fischbestände hatten, wurde diesen ein Mitspracherecht eingeräumt.[12] Diese Regelung befriedigte diejenigen Küstenstaaten nicht, die Sonderfangrechte in den küstennahen Zonen verlangt hatten.

4. Die Regeln des SRÜ über den Fischfang auf Hoher See sind bestenfalls als rudimentär zu bezeichnen.[13] Art. 87 Abs. 1 (e) SRÜ bestätigt die Freiheit des Fischfangs auf Hoher See, verweist aber gleichzeitig auf die Einschränkungen in Art. 116–120 SRÜ. Art. 116 SRÜ wiederholt den Grundsatz der Fischereifreiheit[14] und verweist auf die Rechte und Pflichten der Vertragsstaaten und die Interessen der Küstenstaaten gemäß Art. 63 Abs. 2, 64–67 SRÜ sowie auf Art. 117 ff SRÜ als Einschränkungen. Die hier angesprochenen Einschränkungen der Fischereifreiheit lassen sich in fünf Gruppen aufteilen: (1) allgemeine Einschränkungen, (2) Einschränkungen zu Gunsten der Küstenstaaten, (3) Sonderregelungen für besondere Fischarten, (4) für weitschwimmende Fischarten und (5) für Meeressäugetiere.

a) Die allgemeinen Einschränkungen der Fischereifreiheit sind sehr weit gefaßt. Sie verpflichten die Staaten gegenüber ihren Fischern, Fischbestandsschutzmaßnahmen zu erlassen und durchzusetzen (Art. 117 SRÜ) sowie zu internationaler Zusammenarbeit bei der Formulierung von Fischbestandsschutzmaßnahmen in Gebieten, die von mehreren Staaten befischt werden. Insoweit wird auch eine Kooperation mit Fischereiorganisationen angesprochen. Bei der Formulierung von Fischbestandsschutzmaßnahmen, vor allem durch die Festlegung jährlicher Höchstfangmengen, aber auch durch sonstige Schutzmaßnahmen wie Schonzeiten, ist es das Ziel, eine bestmögliche Ausnutzung der Fischbestände zu sichern oder wiederherzustellen. Die Bestimmung dieses Ziels soll nach naturwissenschaftlichen Kriterien erfolgen, wobei auf mehrere, schwer miteinander zu vereinbarende Gesichtspunkte Rücksicht zu nehmen ist. Moderne technische Entwicklungen scheinen zu belegen, daß die Restriktionen für die Hochseefischerei nicht ausreichend sind.[15] So hat die Generalversammlung der Vereinten Nationen mit Resolutionen GA Res. 44/225 vom 22. 12. 1989, 45/197 vom 21. 12. 1990 und 46/215 vom 20. 12. 1991 ein völliges Verbot von Treibnetzen empfohlen.[16] Die Staaten des Südpazifik haben eine Konvention geschaffen, die das Fischen mit langen Treibnetzen verbietet.[17]
Ebenso wie für die Seeschiffahrt stellt sich für die Fischerei auf Hoher See das Problem, daß sich Fischereifahrzeuge durch Ausflaggen Bestandsschutzmaßnahmen entziehen. Versuche,

---

[12] Art. 6 Fischereikonvention.

[13] *A. Tahindro*, Conservation and Management of Transboundary Fish Stocks: Comments in the Light of the Adoption of the 1995 Agreement for the Conservation and Management of Straddling Fish Stocks and Highly Migratory Fish Stocks, ODILA 28 (1997), 1 (2).

[14] Art. 6 Fischereikonvention.

[15] *W. T. Burke/M. Freeberg/E. L. Miles*, United Nations Resolutions on Driftnet Fishing: An Unsustainable Precedent for High Seas and Coastal Fisheries Management, ODILA 25 (1994), 127 ff; Report of the Secretary General to the General Assembly, UN Doc. A/48/451 vom 11. 10. 1993.

[16] Vgl. dazu den Bericht des Generalsekretärs zum *„Large-scale pelagic drift-net fishing and its impact on the living marine resources of the world's oceans and seas"*, UN Doc. A/49/469 vom 5. 10. 1994, in dem eine umfassende Darstellung der Staatenpraxis hinsichtlich der Treibnetzfischerei enthalten ist. Vgl. dazu auch *High Seas Driftnet Fisheries Enforcement Act* vom 2. 11. 1992, ILM 32 (1993), 530, das die Ermächtigung enthält, entsprechenden Fischereifahrzeugen den Zugang zu amerikanischen Häfen zu verweigern.

[17] *Convention for the Prohibition of Fishing with Long Driftnets in the South Pacific*, 1989 with Protocol I and II, Burhenne, Internationales Umweltrecht, Multilaterale Verträge, 989:87.

das Ausflaggen durch ein internationales Übereinkommen nachdrücklich einzuschränken, sind bisher gescheitert.[18] Allerdings hat die FAO mittels ihres nicht verbindlichen *Code of Conduct for Responsible Fisheries* 1995 versucht, das Ausflaggen einzuschränken und die Beachtung von Bestands- und Bewirtschaftungsmaßnahmen zu verbessern.[19] Die FAO versucht allerdings diesen *Code of Conduct* gegenüber den Mitgliedstaaten mittels eines Berichtssystems durchzusetzen.

b) Die angesprochenen Sonderregelungen beziehen sich auf *anadrome* (Lachse) und *catadrome* (Aale) Fischarten (Art. 66 und 67 SRÜ) auf die Art. 116 SRÜ unter Erwähnung der küstenstaatlichen Rechte (im Gegensatz zu den Interessen in bezug auf die *straddling stocks*) verweist. Diese Regelungen führen dazu, daß der Bestandschutz und die Nutzung für diese ausschließlich in der Verantwortung der Küstenstaaten liegt. Der Fang von *anadromen* und *catadromen* Fischen auf Hoher See wird durch das Seerechtsübereinkommen damit untersagt. Diesem Grundsatz folgt auch *die Convention for the Conservation of Salmon in the North Atlantic* vom 2. 3. 1982.[20] Danach obliegt der Lachsfang den Ursprungsstaaten, ein Fischfang jenseits der 12 Meilenzone wird ausgeschlossen.

c) Die in Art. 116 (b) SRÜ angesprochenen Interessen der Küstenstaaten beziehen sich auf die sog. *„straddling stocks"*, d. h. Fischbestände, die innerhalb und außerhalb einer ausschließlichen Wirtschaftszone vorkommen.[21] Art. 63 Abs. 2 SRÜ beschränkt sich auf die Aussage, daß der Küstenstaat und die betreffenden auf der Hohen See Fischfang betreibenden Staaten eine Einigung über den Bestandschutz auf der Hohen See erzielen sollen.[22] Diese Vorschrift gibt weder dem betreffenden Küstenstaat Sonderfangrechte für den Bereich der Hohen See, noch den auf der Hohen See Fischfang betreibenden Staaten ein Mitspracherecht bei Formulierung des küstenstaatlichen Bestandsschutzes. Statt dessen erhält der Küstenstaat ein Mitspracherecht bei der Formulierung des Bestandsschutzes für die Hohe See. Dieses Mitspracherecht ist unabhängig davon, ob der Küstenstaat in der Hohen See fischt oder nicht. Die entsprechenden Vereinbarungen können direkt oder im Rahmen von Fischereiorganisationen erfolgen. Diese Vorschrift hat sich in der Praxis als unzureichend erwiesen.[23] Die betroffenen Küstenstaaten, insbesondere Kanada, Chile und Neuseeland, fordern, daß die Schutzmaßnahmen auf Hoher See denen der betreffenden Küstenstaaten zu entsprechen haben. Peru hat 1992 die Geltung einer Fischereiregelung auf die *straddling stocks* außerhalb der ausschließlichen Wirtschaftszone ausgedehnt. Kanada hat am 12. 5. 1994 den Fang von *straddling stocks* in dem Gebiet außerhalb der ausschließlichen Wirtschaftszone durch Gesetz verboten.[24] Die Erklärung eines *Mar Presencial* durch Chile

---

[18] Das unter der Verantwortung der FAO verhandelte *Agreement to Promote Compliance with International Conservation and Management Measures by Fishing Vessels on the High Seas*, 1993, ist bislang nicht in Kraft getreten, vgl. dazu *G. Moore*, 79 f; *Birnie*, 51 f. Dieses Abkommen spezifiziert die flaggenstaatlichen Pflichten; vor allem verpflichtet es die Flaggenstaaten bestehende Abkommen zum Bestandsschutz bei der Fanglizensierung zu achten, auch wenn sie nicht deren Mitglieder sind. Außerdem versucht das Abkommen das Ausflaggen einzuschränken; vgl. dazu *G. Moore*, 79 f, *Birnie*, 51 f.

[19] Vgl. dazu *D. J. Doulman*, 310 f.

[20] Text in: Official Journal of the European Communities (OJ) 1982, L 378, 35; vgl. dazu *Bubier*, ODILA 19 (1988), 35 ff.

[21] Vgl. dazu *Hey*, 55 *Miles/Burke*, ODILA 20 (1989), 343 ff; *Orrego Vicuña*, ODILA 24 (1993) 85 ff; *Meltzer*, ODILA 25 (1994), 255 (262 ff).

[22] Vgl. dazu *Meseguer*, AFDI 28 (1982), 884; *Hey*, 53; *R. Barston*, United Nations Conference on straddling and highly migratory fish stock, Mar. Pol'y 19 (1995), 159 (160); *Tahindro*, ODILA 28 (1997), 1 (3 ff).

[23] Vgl. dazu *Miles/Burke*, ODILA 20 (1989), 343 ff.

[24] In einem Abkommen zwischen Kanada und der Europäischen Gemeinschaft vom Dezember 1992 wurde von der EG akzeptiert, daß Kanada auch für das Gebiet außerhalb seiner ausschließlichen Fischereizone die Höchstfangmenge bestimmt. Vgl. dazu *Wolfrum*, AVR 32 (1994), 330. Nach der Gesetzesänderung vom 12. 5. 1994 können kanadische Behörden fremdflaggige Fischereiboote außerhalb der ausschließlichen kanadischen Wirtschaftszone auf-

reflektiert ebenfalls die Fischereiinteressen jenseits der ausschließlichen Wirtschaftszone.[25]

d) Für weitschwimmende Fischarten[26] wird durch Art. 64 Abs. 1 SRÜ ein eigenes Regime geschaffen. Es verpflichtet die Küstenstaaten und die Fangstaaten bei der Bewirtschaftung dieser Fischarten zusammenzuarbeiten, wobei von der gemeinsamen Bewirtschaftung, anders als nach Art. 63 SRÜ, sowohl die Bestände innerhalb als auch außerhalb der Wirtschaftszonen erfaßt werden.[27] Diese Zusammenarbeit kann unmittelbar oder im Rahmen von Fischereiorganisationen erfolgen. Dem entspricht die Staatenpraxis nicht. Die meisten Küstenstaaten beziehen Thunfische in ihre Regelungs- und Durchsetzungskomptenzen in bezug auf die ausschließliche Wirtschaftszone mit ein.[28] Insoweit ist von der Entwicklung eines Art. 64 SRÜ modifizierenden Gewohnheitsrechtssatzes auszugehen.[29] Eine Zusammenarbeit regeln die *Inter-American Tropical Tuna Convention* vom 31. 5. 1949,[30] *Eastern Pacific Fisheries Agreement* vom 15. 3. 1983,[31] *die International Convention for the Conservation of the Atlantic Tunas* vom 14. 5. 1966,[32] die *South Pacific Forum Fisheries Agency*,[33] *die Indian Ocean Fisheries Commission* der FAO,[34] die einen Ausschuß für die Verwaltung der Thunfischbestände besitzt,[35] die *Eastern Pacific Tuna Fishing Organization*[36] und *die Western Indian Ocean Tuna Organization* (WIOTO).[37] Die

---

bringen, kontrollieren und zwingen, einen kanadischen Hafen anzulaufen. Die EG hatte am 10. 6. 1994 gegen dieses Vorgehen protestiert und sich rechtswahrende Schritte vorbehalten. Der Streit kulminierte letztlich in der Aufbringung des spanischen Trawlers „Estai" und dem entsprechenden Verfahren vor dem IGH. Da der IGH seine Zuständigkeit verneinte, ist bislang nicht entschieden, ob das einseitige kanadische Vorgehen völkerrechtlich zulässig war. Hieran bestehen wesentliche Zweifel. Weder unter dem Recht der NAFO noch aus anderen Gesichtspunkten ist Kanada ermächtigt, gegen Schiffe unter fremder Flagge auf Hoher See vorzugehen; vgl. dazu allerdings *P. G. G. Davies/C. Redgewell*, The International Legal Regulation of Straddling Fish Stocks, BYIL 1996, 199 ff.

25 *Orrego Vicuña*, ODILA 24 (1993), 88; *Meltzer*, ODILA 25 (1994), 255 (270 ff); *Tahindro*, ODILA 28 (1997), 1 (18); *Orrego Vicuña*, Coastal States' Competences over High Seas Fisheries and the Changing Role of International Law, ZaöRV 1995, 523. Es steht bislang nicht fest, was sich genau hinter dem *mar presencial* Ansatz versteckt. Chile nimmt keine Kompetenzen in Anspruch, verlangt aber die Berücksichtigung seiner Interessen.

26 Definiert in Annex I des Seerechtsübereinkommens.

27 Vgl. zur Entstehungsgeschichte dieser Regelungen im einzelnen *Wolfrum*, ZaöRV 38 (1978), 698; eine ausführliche Analyse enthält *Burke*, The New International Law of Fisheries, 218 ff; vgl. auch *Tahindro*, ODILA 28 (1997), 1 (8).

28 Eine Ausnahme bildeten die Vereinigten Staaten und die Bahamas. Vgl. dazu *W. T. Burke*, The Law of the Sea Convention and Fisheries Practice of Non-Signatories, With Special Reference to the U. S., 1984; *S. O'Malley Wade*, A Proposal to Include Tunas in the U.S. Fishery Jurisdiction, ODILA 16 (1986), 255 (266). Die Haltung der Vereinigten Staaten hat sich aber seit Ende der achtziger Jahre gewandelt. Mit dem *Treaty on Fisheries between the Governments of Certain Pacific Island States and the Government of the USA*, 2. 4. 1987, ILM 26 (1987), 1048 ff, erkannten die Vereinigten Staaten praktisch an, daß sich die küstenstaatliche Jurisdiktion auch auf weitschwimmende Fischarten erstreckt. Inzwischen nehmen auch die Vereinigten Staaten die küstenstaatliche Jurisdiktion über weitschwimmende Fischarten in der ausschließlichen Wirtschaftszone in Anspruch *(Aide-mémoire Concerning Amendments to the Magnuson Fishery Conservation and Management Act: Amendment to Include Highly Migratory Tuna as a Species of Fish under United States Jurisdiction*, 22. 5. 1991, in: Law of the Sea Bulletin, No. 19 (1991), 21).

29 So wohl auch *Orrego Vicuña*, ODILA 24 (1993), 81 (85); *Meltzer*, ODILA 25 (1994), 255 (258).

30 UNTS Bd. 80, 4 ff; ursprünglich *Convention between the United States of America and the Republic of Costa Rica for the Establishment of an International American Tropial Tuna Commission*; derzeitige Mitgliedschaft Costa Rica, Frankreich, Japan, Nicaragua, Panama, USA, Venezueala, Vanuatu.

31 FAO Fisheries Report Nr. 293, 189 ff.

32 UNTS Bd. 673, 63 ff; ein ergänzendes Protokoll von 1984 ist bislang nicht in Kraft getreten; eine diplomatische Konferenz 1992 mit dem Ziel, die Konvention zu ergänzen, blieb erfolglos.

33 Text in: *Compendium of Basic Texts Concerning International Management and Development of Tuna Fisheries*, FAO Fisheries Circular No. 842; vgl. dazu *Meltzer*, ODILA 25 (1994), 255 (305 ff).

34 Text in: *Compendium of Basic Texts Concerning International Management and Development of Tuna Fisheries*, FAO Fisheries Circular No. 842; vgl. dazu *Pulvenis*, AFDI 35 (1989), 774 (784 ff).

35 Text in: FAO Fisheries Circular No. 842, 73.

36 Text in: FAO Fisheries Circular, No. 842, 133.

37 Die WIOTO wurde 1991 gegründet; das Gründungsabkommen trat im Dezember 1992 in Kraft. Weitere

Regelung des Fangs muß allerdings nicht notwendigerweise in die Gründung einer Organisation münden.[38]

e) Mit GA Res. 47/192 der Generalversammlung der Vereinten Nationen vom 22. 12. 1992 wurde für 1993 eine *UN Conference on Straddling Stocks and Highly Migratory Fish Stocks* einberufen.[39] Auf der Konferenz[40] standen sich zwei Grundpositionen gegenüber. Während die Küstenstaaten die Nutzung der grenzüberschreitenden und der weitschwimmenden Arten an die Erhaltungsmaßnahmen in ihren ausschließlichen Wirtschaftszonen anknüpfen wollten, forderten andere Staaten, die jeweiligen Bestände als Einheiten zu sehen, die internationaler Verwaltung bedürften. Dies lehnten die Küstenstaaten als Souveränitätseingriff ab.[41] Die Konvention über grenzüberschreitende und weitschwimmende Fischarten[42] stellt einen Kompromiß zwischen beiden Positionen dar; sie geht aber weit hierüber hinaus. Denn sie verwirklicht einen von dem Seerechtsübereinkommen unterschiedlichen Ansatz für die Verwaltung der Fischbestände und greift damit ökologische Entwicklungen auf, die von der VN-Konferenz in Rio de Janeiro über Umwelt und Entwicklung, 1992 ausgingen. Vor allem aber stärkt sie die Durchsetzungskompetenzen der Küstenstaaten.[43] Allerdings scheint es ihr nicht gelungen zu sein, die Wünsche der Küstenstaaten auf Verstärkung ihres Einflusses auf Fischbestände auf Hoher See zufriedenzustellen.[44]
Trotz des Titels der Konvention, der an das Durchführungsübereinkommen zu Teil XI des Seerechtsübereinkommens erinnert, handelt es sich bei ihr um ein selbständiges Abkommen, das auch nicht das Seerechtsübereinkommen modifiziert. Die Konvention ist ein Durchführungsübereinkommen im eigentlichen Sinn des Wortes. Dies wird in der Präambel der Konvention betont, die zudem auf diejenigen Vorschriften des Seerechtsübereinkommens verweist die mit dem Übereinkommen von 1995 durchgeführt werden sollen. Art. 4 des Übereinkommens von 1995 stellt zudem fest, daß das Übereinkommen in Zusammenhang und im Einklang mit dem Seerechtsübereinkommen interpretiert und angewandt werden soll („*... shall be interpreted and applied in the context of and in a manner consistent with the Convention.*"). Inwieweit diese Konkordanzklausel wirklich tragfähig ist wird sich erst noch herauszustellen haben. *De facto* weicht nämlich das Fischereiabkommen von 1995 in wesentlichen Punkten von dem Seerechtsübereinkommen ab. Dies gilt bereits für den gewählten Ansatz, da nach dem Fischereiabkommen von 1995 ein ökologsicher Ansatz dominiert, wohingegen das Seerechtsübereinkommen nutzungsbezogen ist. Letztlich führt

---

Konventionen sind bislang nicht in Kraft getreten, z.B. *Eastern Pacific Ocean Tuna Fishing Agreement*, 1983 und das *Agreement Creating the Eastern Pacific Tuna Organisation*, 1989 (Text in: FAO Fisheries Circular No. 842).

[38] Vgl. insoweit *Convention for the Conservation of Southern Bluefin Tuna*, 10. 5. 1993.

[39] Vgl. dazu auch den Bericht des Generalsekretärs *„Sustainable use and conservation of the marine living resources of the high seas: United Nations Conference on Straddling Fish Stocks and Highly Migratory Fish Stocks"*, UN Doc. A/49/522 vom 14. 10. 1994, der das *Agreement for the Implementation of the Provisions of the United Nations Convention on the Law of the Sea of 10 December 1982 Relating to the Conservation and Management of Straddling Fish Stocks and Highly Migratory Fish Stocks* enthält (7 ff); vgl. auch *Barston*, Mar. Pol'y 19 (1995), 159 ff; *Tahindro*, ODILA 28 (1997), 1 (2 ff).

[40] Vgl. zur Konferenzgeschichte ausführlich *Orrego Vicuña*, 1999, 131 f; *Ziemer*, 91 ff; *van Dyke*, New Initiatives on Governance of High Seas Fisheries, International Journal of Maritime and Coastal Law, 1995, 221 ff.

[41] Vgl. dazu *Orrego Vicuña* Coastal States' Competences over High Seas Fisheries and the Changing Role of International Law, ZaöRV 55 (1995), 520 ff; *B. Oxman*, Coastal States' Competences over High Seas Fisheries and the Changing Role of International Law-Comment, ZaöRV 55 (1995) 536 ff.

[42] Genauer Titel: *Agreement for the Implementation of the Provisions of the United Nations Convention on the Law of the Sea of 10 December 1982 Relating to the Conservation and Management of Straddling Fish Stocks and Highly Migratory Fish Stocks*, 1995, ILM 34 (1995) 1542; das Übereinkommen ist am 11. 12. 2001 in Kraft getreten.

[43] Vgl. dazu unten.

[44] Vgl. hierzu u. a. *Nandan*, 294 f; *Orrego Vicuña*, 1999, 145 f.

das Fischereiabkommen von 1995 zu einer weitgehenden Einschränkung der Fischereifreiheit und zur internationalen Verwaltung der entsprechenden Ressourcen.

Das Fischereiabkommen von 1995 bezieht sich auf grenzüberschreitende Fischarten und weitwandernde Fischarten außerhalb der Meereszonen unter nationaler Jurisdiktion.[45] Damit werden zwei Ansatzpunkte kombiniert, ein artenbezogener Ansatz und ein geographischer Bezug. Dabei dient der geographische Bezug dazu, die küstenstaatlichen Rechte zu schützen. Diese werden durch das Fischereiübereinkommen von 1995 grundsätzlich nicht berührt. Allerdings wird der letztgenannte Ansatz in mehrfacher Hinsicht durchbrochen.

Die erste Durchbrechung bezieht sich auf den Vorsorgegrundsatz[46], die zweite auf den Grundsatz der kompatiblen Schutz- und Managementmaßnahmen.[47] Allerdings erfolgt das Überprüfen dieser internationalen Grundsätze auf die Schutz- und Verwaltungsmaßnahmen der Küstenstaaten in Gewässern unter ihrer Jurisdiktion unter dem Vorbehalt, daß die Unterscheidung der nationalen und internationalen Regelungsbereiche gewahrt bleibt. Schließlich werden die Küstenstaaten verpflichtet, die generellen Prinzipien von Art. 5 des Fischereiübereinkommens von 1995 *mutatis mutandis* anzuwenden.

Die drei angesprochenen Ausnahmen von der Grundregel, daß das Fischereiübereinkommen von 1995 nur für den Bereich der Hohen See Geltung beansprucht, sind dahingehend zu verstehen, daß sie auf die nationalen Regelungen für die ausschließlichen Wirtschaftszonen nur insoweit Anwendung finden als dadurch die Souveränität der Küstenstaaten – soweit sie unter dem Seerechtsübereinkommen besteht – nicht in Frage gestellt wird. Dabei ist an dieser Stelle hervorzuheben, daß das SRÜ für den Schutz und die Verwaltung von Fischereiressourcen in den nationalen ausschließlichen Wirtschaftszonen substantielle Vorgaben enthält.[48] Diese werden durch das Fischereiabkommen von 1995 präzisiert.[49]

Das Fischereiabkommen von 1995 formuliert im Anschluß an die Konferenz über Umwelt und Entwicklung eine Reihe von Prinzipien, die für die Entwicklung des internationalen Umweltrechts von Bedeutung sind. In erster Hinsicht ist insoweit das Vorsorgeprinzip (Art. 6 des Fischereiübereinkommens von 1995 spricht von *„precautionary approach"*)[50] zu nennen. Das Vorsorgeprinzip bestimmt sowohl die Entwicklung von Schutzprogrammen bzw. Bewirtschaftungsprogrammen wie auch Einzelentscheidungen. Es resultiert auch in einer Verstärkung der Fischereiforschung sowie einem umfassenden Austausch von Forschungsergebnissen und Daten. Annex II des Fischereiübereinkommens sieht ein Verfahren vor, wie das Vorsorgeprinzip in der Praxis umgesetzt wird. Danach werden Referenzpunkte für Fischbestände formuliert bie deren Unterschreiten Schutzmaßnahmen zu ergreifen sind.

Das Fischereiübereinkommen von 1995 geht von dem Prinzip der nachhaltigen Entwicklung *(sustainable development)* unter Berücksichtigung des Vorsorgeprinzips aus.[51] Danach sind Bestände grenzüberschreitender bzw. weitschwimmender Fischarten auf einem Niveau zu halten, die ihre langfristige Nutzbarkeit gewährleistet. Soweit dies nicht mehr gegeben ist, sind Bestände durch aktive Erhaltungsmaßnahmen wieder aufzubauen. Der Begriff der nachhaltigen Nutzung bestimmt sich für einen gegebenen Bestand unter Berücksichtigung verschiedener sozialer, wirtschaftlicher und biologischer Faktoren, die schwerlich miteinander vereinbar sind. Wesentlich ist u. a. auch das Verhältnis verschiedener Fischbestände zueinander. Vor allem ist bei der Nutzung eines Bestandes auch auf die Auswirkungen auf von dem befischten Bestand abhängige oder mit diesem verbundene Arten Rücksicht zu nehmen. Insofern folgt das Fischereiübereinkommen von 1995 einem ökosystemaren Ansatz und unterscheidet sich damit von dem Seerechtsübereinkommen.

---

[45] Art. 3, Abs. 2.
[46] Art. 6.
[47] Art. 7.
[48] Vgl. Art. 61 SRÜ; vgl. dazu *Kanchara*, 7.
[49] *Orrego Vicuña*, 1999, 181 f.
[50] Vgl. dazu *Kauchara*, 10 f.
[51] Art. 5 lit. a, b, c.

Wesentlich ist schließlich die Verpflichtung der Vertragsstaaten auf eine Kompatibilität von Erhaltungs- und Bewirtschaftungsmaßnahmen in den ausschließlichen Wirtschaftszonen und auf Hoher See. Diese Kompatibilität soll durch eine entsprechende Kooperation der die betreffenden Bestände bewirtschaftenden Staaten hergestellt werden.[52] Es besteht eine Pflicht zur Kooperation.[53] Darüber hinaus enthält das Fischereiübereinkommen von 1995 aber auch substantielle Vorgaben, die sowohl für Regelungen in den ausschließlichen Wirtschaftszonen als auch für Regelungen für die Hohe See, geschaffen durch Flaggenstaaten oder durch regionale Fischereiorganisationen, gelten. Betont wird die Berücksichtigung der biologischen Einheit und vorliegender völkerrechtlicher sowie nationaler Regelungen. Die Koordination der Regelungen für die ausschließlichen Wirtschaftszonen und die Hohe See erfolgt aber primär in regionalen und subregionalen Fischereiorganisationen.[54] Diese Organisationen erhalten damit eine etwas anders akzentuierte Funktion als Fischereiorganisationen traditionell. Ihre Aufgabe ist nicht mehr nur eine Koordination der Nutzungen eines bestimmten Fischbestandes durch diesen Bestand befischende Staaten sowie die Erhaltung dieses Bestandes, sondern zusätzlich der Ausgleich zwischen internationalen und küstenstaatlichen Bewirtschaftungsmaßnahmen.[55] Von besonderer Bedeutung ist dabei die Mitgliedschaft in den vorgesehenen Fischereiorganisationen. Sie sollen zwischen den Küstenstaaten und den Staaten geschlossen werden, die die betreffenden Bestände auf Hoher See nutzen. Nur die Staaten, die diesen Organisationen angehören bzw. sich deren Regelungen unterwerfen, sollen Zugang zu den betreffenden Beständen haben.[56] Da diese Vorschrift sowohl für die ausschließlichen Wirtschaftszonen, wo sie von den betreffenden Küstenstaaten durchgesetzt werden kann wie auch für die Hohe See gilt, schränkt sie das Prinzip der Fischereifreiheit substantiell ein. Fischereifreiheit reduziert sich daher auf die Freiheit des Fischfangs in einem gegebenen Nutzungsregime. Damit nähert sich das Fischereiregime dem Tiefseebergbauregime an, wobei die Fischereiorganisationen die Rolle der Internationalen Meeresbodenbehörde übernehmen. Die Aufnahme in regionale und subregionale Fischereiorganisationen ist nicht frei; Neuaufnahmen erfolgen nur, soweit die Bestände dies erlauben.[57] Damit wird die Position der traditionellen Nutzer festgeschrieben. Hierfür gibt es im Tiefseebergbauregime keine Parallelität. Wenn man von den intendierten Auswirkungen augeht, stellt sich die Frage nach einer Vereinbarkeit mit der *pacta tertiis* Regelung der Wiener Vertragsrechtskonvention.[58]

Das Fischereiübereinkommen von 1995 enthält weitreichende Durchsetzungsmaßnahmen, die mit dem traditionellen Prinzip teilweise brechen, wonach nur der Flaggenstaat auf Hoher See hoheitliche Maßnahmen gegenüber Schiffen unter seiner Flagge ergreifen darf. Gleichzeitig werden aber auch die Pflichten der Flaggenstaaten verschärft.[59] Hierin liegt eine Parallelität zu den Anforderungen des FAO *Code of Conduct*.[60] Nach Art. 21 Fischereiübereinkommen von 1995 können auch Inspekteure anderer Staaten als der Flaggenstaaten

---

[52] *Orrego Vicuña*, 1999, 183f; *Hayashi*, *Choung Il Chee*, Consistency and compatibility in conservation and management on straddling fish stocks and highly migratory fish stocks between the EEZ and the adjacent seas, Korean Journal of International Law 40 (1995), 171–182.

[53] Art. 5 spricht von „*duty to cooperate*"; Ausführungen enthalten Art. 7 und Teil III des Übereinkommens.

[54] Vgl. insoweit Teil III des Fischereiübereinkommens von 1995.

[55] Zu den Fischereiorganisationen vgl. unten.

[56] Art. 8 Abs. 4 des Fischereiübereinkommens von 1995. Art. 17 enthält hierzu weitere Durchführungsregelungen, so sind Flaggenstaaten generell dazu verpflichtet, keine Lizenz zum Fischfang zu geben, wenn sie entsprechenden Organisationen nicht angehören.

[57] Art. 11 Fischereiübereinkommen von 1995.

[58] Vgl. dazu § 152.

[59] Art. 18, 19 Fischereiübereinkommen von 1995.

[60] S. Anm. 19.

Schiffe auf Hoher See inspizieren. Die Organisationen entwickeln die entsprechenden Verfahren.[61] Die Voraussetzungen für eine derartige Fremdinspektion sind im Detail geregelt.
Besonders ausgebaut werden die Durchsetzungskompetenzen von Hafenstaaten. Sie können nicht nur Fischereifahrzeuge inspizieren, sondern auch das Anlanden und Verfrachten von Fängen verhindern, die die Effektivität regionaler oder subregionaler Bewirtschaftungsregimes beeinträchtigen.[62] Diese weitgehende Kompetenz der Hafenstaaten erlaubt es ihnen, Fischbestandsschutzregeln auch gegenüber Staaten durchzusetzen, die vertraglich nicht gebunden sind. Diese Regelung wirft die Frage nach ihrer Vereinbarkeit mit GATS[63] auf. Unter Zugrundelegung der Rechtsprechung des WTO Appellate Body im *Shrimp and Shrimp Product* Fall[64] ist die Vereinbarkeit zu bejahen.[65] Grundsätzlicher stellt sich aber auch hier die Frage einer Vereinbarkeit mit der pacta tertiis Regelung der Wiener Vertragsrechtskonvention.[66] Wesentlicher Ausgangspunkt ist insoweit Art. 8 Abs. 4 des Fischereiabkommens von 1995. Danach dürfen ausschließlich Mitglieder der betreffenden regionalen oder artenbezogenen Fischereiorganisationen die von diesen verwalteten Ressourcen nutzen.[67] Diese Vorschrift richtet sich an alle Staaten *(„only those states which are members... shall have access to the fishery resources to which those measures apply")*. Liest man *„states"* als *„states parties"*,[68] so liegt kein Versuch einer Drittbindung vor. Dies entspräche aber nicht der Sprachwahl in dem Fischereiabkommen von 1995, das deutlich zwischen Vertragsparteien und Staaten unterscheidet. Intendiert ist daher mit dieser Vorschrift eine Bindung von Nicht-Vertragsstaaten, um die Möglichkeit des Ausflaggens unter die Flagge von nichtgebundenen Staaten zu vermeiden. Denn gerade dies hat zur Ineffektivität aller Versuche geführt, Fischereibestände auf Hoher See im Sinne einer nachhaltigen Entwicklung zu bewirtschaften. Versuchen, diese Bewirtschaftsrechte von regionalen oder artenbezogenen Fischereiorganisationen gewohnheitsrechtlich zu begründen, fehlt die Basis.[69] Eher tragfähig erscheint der Versuch, das Fischereiabkommen von 1995 als objektives Regime zu verstehen. Letztlich rechtfertigt sich aber das Fischereiabkommen von 1995 aus seiner Verbindung mit dem Seerechtsübereinkommen. Ausgangspunkt ist die Pflicht zur Zusammenarbeit, wie sie sich aus Art. 117–119 SRÜ ergibt. Das Fischereiabkommen konkretisiert diese Zusammenarbeit. Zwar sind die Vertragsstaaten nicht verpflichtet, dem Fischereiabkommen von 1995 beizutreten, sie können sich aber nicht der von dem Seerechtsübereinkommen verfügten Pflicht zur Kooperation entziehen und hieraus wirtschaftliche Vorteile ziehen. Dieser Ansatz würde allerdings zur Konsequenz haben, daß unter *„states"* im Sinne des Fischereiabkommens von 1995 lediglich Vertragsstaaten des Seerechtsübereinkommens zu verstehen sind.
Die Fischereikonvention von 1995 wurde zwar auf Fischbestände außerhalb der nationalen Jurisdiktion beschränkt, doch sind die Mitgliedstaaten nach Art. 3 gehalten, wenigstens die in Art. 5 enthaltenen allgemeinen Prinzipien auch in den Gebieten der nationalen Jurisdiktion anzuwenden.[70] Damit erfolgt – zumindest nach den anzuwendenden Grundsätzen –

[61] Wird ein derartiges Verfahren in einer Organisation nicht binnen zwei Jahren nach Annahme des Fischereiübereinkommens von 1995 entwickelt, gilt das Verfahren nach Art. 22 des Fischereiübereinkommens.
[62] Art. 23 Abs. 3.
[63] BGBl. 1994 II, 1643.
[64] Panel Report of 15. 5. 1998, Doc. WT/DS 58/R.
[65] Ebd.
[66] Vgl. dazu § 152.
[67] Das gleiche Recht steht Staaten zu, die sich den entsprechenden Bewirtschaftungsregeln unterworfen haben.
[68] *E. Frankx*, Pacta tertiis and the Agreement for the Implementation of the Straddling and Highly Migratory Fish Stocks Provisions of the United Nations Convention on the Law of the Sea, Tulane Journal of International and Comparative Law 8 (2000), 49 ff.
[69] *Fries*, 211 mwN.
[70] Art. 3 para. 2 des *Agreement for the Implementation of the Provisions of the United Nations Convention on the Law of the Sea of 10 December 1982 Relating*

auch eine Bindung der Fischereipolitik der Küstenstaaten. Diese Regelung spiegelt den ganzheitlichen Ansatz der Konvention wider, dem der *large marine ecosystem approach* zugrunde liegt. Mit diesem Ansatz soll ebenso wie mit der Einführung des *precautionary principle* ein größtmöglicher Schutz[71] der *straddling stocks* erreicht werden.

Auch dem größtmöglichen Schutz der *straddling stocks* gewidmet ist die Einführung eines neuen Systems der Kooperation der Staaten. Nach Art. 8 der Konvention soll diese Kooperation durch regionale und subregionale Fischereiorganisationen ausgeführt werden.[72] Es besteht die Verpflichtung der Mitgliedstaaten, solche Organisationen zu schaffen, diesen beizutreten oder zumindest die von diesen entwickelten Regelungen zur Verwaltung der Fischbestände zu achten.[73] Dabei soll die Mitgliedschaft in den regionalen und subregionalen Organisationen einerseits allen Staaten offenstehen, die in dem betreffenden Gebiet Fischfang betreiben wollen; andererseits soll der Zugang zu den Fischbeständen nur solchen Staaten offenstehen, die Mitglied der jeweiligen Organisationen sind oder deren Regelungen beachten.[74]

Darüber hinaus sind die Mitgliedstaaten nach Art. 8 Abs. 6 der Konvention verpflichtet, jede Maßnahme anderer internationaler Organisationen, die sich auf die Fischschwärme auswirken könnten, mit den Regionalorganisationen iSd Konvention abzustimmen.

f) Für Meeressäugetiere gilt eine weitere Sonderregelung. Ihr Schutz liegt gemäß Art. 65 SRÜ im wesentlichen in der Verantwortung von internationalen Organisationen; für Wale ist dies die Internationale Walfangkommission.[75] Allerdings haben alle Staaten das Recht, schärfere Schutzbestimmungen vorzusehen.

5. Die existierenden Fischereikommissionen und die Internationale Walfangkommission weisen hinsichtlich ihrer Struktur wie auch Aufgabenstellung gewisse Ähnlichkeiten auf.[76] Denn die entsprechenden Abkommen dienen in erster Linie einer Nutzungskoordination und der Erhaltung der betreffenden Fischbestände im Interesse ihrer Nutzung. Eine Managementkompetenz fehlt allerdings. Etwas anderes gilt für die Internationale Walfangkommission; ihr gehören auch Staaten an, die keinen Walfang betreiben. Dies macht deutlich, daß Wale nicht nur im Nutzungsinteresse, sondern aus übergeordneten Gemeinschaftsinteresse erhalten werden sollen.[77]

---

to the Conservation and Management of Straddling Fish Stock and Highly Migratory Fish Stock vom 4. 8. 1995, ILM 34 (1995), 1547 ff; zu Einzelheiten der Regelung vgl. *Tahindro*, ODILA 28 (1997), 1 (4 ff).

[71] Zu dem Schutzansatz der Konvention im Einzelnen, insbesondere zum Verhältnis Hohe See und Ausschließliche Wirtschaftszone, siehe *Tahindro*, ODILA 28 (1997), 1 (17 ff).

[72] Art. 8 Abs. 1.

[73] Art. 8 Abs. 3 und 5; vgl. auch *Vitzthum*, in: *Vitzthum*, 438.

[74] Vgl. *Tahindro*, ODILA 28 (1997), 1 (21/22).

[75] *International Convention for the Regulation of Whaling with Schedule of Whaling Regulations* vom 2. 12. 1946, Text in: UNTS Bd. 161, 72 ff.

[76] Folgende Organisationen existieren zur Zeit: *Commission for the Conservation of Antarctic Marine Living Resources* (CCAMLR); *Commission for the Conservation of Southern Bluefin Tuna* (CCSBT); *Forum Fisheries Agency* (FFA); *Inter-American Tropical Tuna Commission* (I-ATTC); *International Baltic Sea Fishery Commission* (IBSFC); *International Council for the Exploration of the Sea* (ICES); *International Commission for the Conservation of Atlantic Tunas* (ICCAT); *Northwest Atlantic Fisheries Organization* (NAFO); *Comité régional des pêches du Golfe de Guinée* (COREP); *Commission sous-régionale des pêches* (CSRP); *Joint Technical Commission for the Argentina/Uruguay Maritime Front* (CTMFM); *North Atlantic Marine Mammal Commission* (NAMMCO); *North Atlantic Salmon Conservation Organization* (NASCO); *North-East Atlantic Fisheries Commission* (NEAFC); *International Pacific Halibut Commission* (IPHC); *North Pacific Anadromous Fish Commission* (NPAFC); *North Pacific Marine Science Organization* (PICES); *Pacific Salmon Commission* (PSC); *South Pacific Permanent Commission* (CPPS); *Pacific Community* (SPC); *Latin American Organization for the Development of Fisheries* (OLDEPESCA); *International Whaling Commission* (IWC). Daneben gibt es Institutionen für die Fischerei im Rahmen von FAO.

[77] Vgl. zur Tätigkeit der Internationalen Walfangkommission: *J. E. Scarff*, The International Management of Whales, Dolphins, and Porpoises: An interdisciplinary Assessment, Ecology L. Q. 6 (1977), 323; *C. E. Carlson*, The International Regulation of Small Cetaceans, San Diego L. Rev. 21 (1984), 577 ff; *Burke*, The International Law of Fisheries, 282 ff

Das Problem aller bisher existierender regionaler Fischereiorganisationen liegt darin, daß ihre Bewirtschaftungs- und Schutzmaßnahmen durch Nichtmitglieder unterlaufen werden. Die vor dem Internationalen Seegerichtshof verhandelten Fälle zur Schiffsfreigabe der *Camouco (Panama v. France)* vom 7. 2. 2000[78], der *Monte Confurco (Seychelles v. France)* vom 18. 12. 2000[79], und die einstweilige Anordnung in den *Southern Bluefin Tuna Cases (New Zealand/Australia v. Japan)* vom 27. 8. 1999[80] belegen dieses Phänomen. Das Fischereiabkommen von 1995, das Nichtmitglieder von regionalen Fischereikommissionen von der Nutzung der durch diese verwalteten Bestände ausschließt, stellt insofern die Fischereiorganisationen auf eine neue Basis, indem es ihnen regelrechte Bewirtschaftungskompetenzen zuweist.
Problematisch sind die Regelungskompetenzen. Vielfach müssen bestandsschützende Maßnahmen einstimmig erfolgen. Allerdings gibt es auch Fischereiorganisationen, wie die Internationale Walfangkommission, wonach Bestandsschutzmaßnahmen in Kraft treten, soweit die Staaten nicht widersprechen.[81] Keine der Organisationen verfügt über Durchsetzungskompetenzen. Diese liegt bei den einzelnen Vertragsstaaten. Auch insoweit schafft das Übereinkommen über grenzüberschreitende und über weitschwimmende Fischarten neue Grundlagen.

6. Ein weiteres Beispiel für die Regelung des Fischfangs auf Hoher See, allerdings ohne gleichzeitige Gründung einer Fischereiorganisation, ist die Convention on the Conservation and Management of Pollock Resources in the Central Bering Sea vom 16. 6. 1994 zwischen China, Japan, Korea, Polen, der Russischen Föderation und den Vereinigten Staaten von Amerika. Die jährliche Konferenz der Vertragsstaaten setzt nach diesem Abkommen die Gesamtfangmenge in dem von ausschließlichen Wirtschaftszonen umgebenen Gebiet fest und beschließt nationale Quoten. Außerdem räumen sich die Vertragsstaaten weitgehende Inspektionsrechte und Rechte zu Sofortmaßnahmen auch gegenüber Schiffen unter anderer Flagge ein. Die Konvention gilt jedoch nur für die Vertragsstaaten.

§ 125 Freiheit der Meeresforschung

Schrifttum: vor §§ 117, 118–125; ferner: *R. Wolfrum*, Der Schutz der Meeresforschung im Völkerrecht, GYIL 19 (1976), 99 ff; *L. Caflisch/J. Piccard*, The Legal Regime of Marine Scientific Research, ZaöRV 38 (1978), 848 ff; *A. Soons*, Marine Scientific Research and the Law of the Sea, 1982; *A. Borrmann/H. Weber*, Meeresforschung und Meeresfreiheit: Perspektiven nach der dritten UN-Seerechtskonferenz, 1983; *T. Treves*, Marine Research, EPIL III (1997), 295 ff; *A. de Marffy*, Marine Scientific Research, in: R.-J. Dupuy/D. Vignes (eds.), A Handbook on the New Law of the Sea, Vol. II, 1991, 1127 ff; *J. A. Roach*, Marine Scientific Research and the New Law of the Sea, ODILA 27 (1996), 59 ff; *L. Glowka*, Genetic Ressources, Marine Scientific Research and the International Sea-Bed Area, Review of European Community and International Environmental Law 8 (1999), 56 ff.

I. Die Forschung auf Hoher See gehört mit zu den traditionellen Freiheitsrechten.

Art. 2 Hohe See Konvention nannte sie zwar nicht ausdrücklich. Ihre ausdrückliche Erwähnung scheiterte aber lediglich daran, daß versucht wurde, Atomtestversuche auf Hoher See über die Forschungsfreiheit abzusichern.[1] In den Beratungen der ILC war dagegen Einmütigkeit darüber erzielt worden, daß die Meeresforschung in den Katalog der freien Nutzungsformen aufzunehmen sei.[2]

---

und vor allem in dem zweibändigen Werk von *Birnie*, Vol. I, 205–260, 303–359, 407 ff und Bd. II, 575 ff. Vgl. zu dem *„opting out"*-Verfahren der *International Convention for the Regulation of Whaling, Birnie*, Vol. I, 190 ff. Vgl. dazu *Wolfrum*, Internationalisierung, 221 f.

78 Vgl. unter http://www.itlos.org (Januar 2002).
79 Ebd.
80 Ebd.
81 *Birnie*, Vol. I, 194.
1 Vgl. dazu *Wolfrum*, GYIL 19 (1975), 102.
2 YBILC 1956, Vol. II, 265 (278).

Art. 87 SRÜ erwähnt dagegen die Freiheit der Meeresforschung ausdrücklich, wobei hinsichtlich der Einschränkungen für dieses Freiheitsrecht auf Kapitel VI und XIII verwiesen wird. Der Grundsatz der Freiheit der Meeresforschung wird allgemein in Art. 238 SRÜ und für den Bereich des Tiefseebodens in Art. 256 SRÜ wiederholt. Dabei sind insoweit die Einschränkungen von Teil XI zu berücksichtigen.[3]

II. Die Grenzen der Meeresforschung auf Hoher See ergeben sich aus der Notwendigkeit, eine Koordinierung mit den übrigen Nutzungsformen vorzunehmen. Dies gilt in bezug auf die Schiffahrt und den Fischfang (Kapitel XIII), die Ausbeutung des Festlandsockels (Kapitel VI) und die Ausbeutung des Tiefseebodens (Kapitel XI). Außerdem verlangt Kapitel XIII eine Zusammenarbeit der Staaten für den Bereich des Meeresforschung. Die genannten Einschränkungen stellen Konkretisierungen des Gebots des *reasonable use* dar.
Die Einschränkungen für die Meeresforschung auf Hoher See sind von ihrer Substanz her wenig konkretisiert. Art. 238 und 240 SRÜ formulieren folgende einschränkende Kriterien: die Rechte anderer Staaten, die Beschränkung der Forschung auf friedliche Zwecke, Durchführung der Forschung mit angemessenen wissenschaftlichen Methoden, Verbot einer ungerechtfertigten Störung anderer legitimer Nutzungsformen, Berücksichtigung der Regeln über den Schutz der marinen Umwelt. Diese sehr allgemein gehaltenen Kriterien sind nicht geeignet, das Konzept des *reasonable use*[4] näher zu bestimmen. Das gleiche gilt für die Errichtung von Forschungsinstallationen auf Hoher See. Um sie können Sicherheitszonen von bis zu 500 m Durchmesser errichtet werden. Allerdings dürfen derartige Installationen keine Behinderung für herkömmliche Schiffahrtsrouten bilden.
Weitergehenden Einschränkungen unterliegt die Meeresforschung auf dem Meeresboden[5] sowie über dem Festlandsockel. Im letztgenannten Fall ist auf die wirtschaftlichen Interessen der Küstenstaaten Rücksicht zu nehmen.[6]
Auch die Kooperationsverpflichtungen hinsichtlich der Durchführung von Forschungsaktivitäten auf Hoher See sind allgemein gehalten und begründen keine unmittelbare Einschränkung der Forschungsfreiheit. Die Staaten werden zur Zusammenarbeit untereinander und mit internationalen Organisationen aufgefordert. Außerdem sollen Forschungsprogramme und -ergebnisse bekannt bzw. frei zugänglich gemacht werden.[7]

§ 126 Sonstige Nutzungsfreiheiten

Schrifttum: wie vor §§ 117, 118–126; ferner: *B. Johnson*, The Baltic Convention, ICLQ 25 (1976), 1 ff; *C. A. Kiss*, Récents traités régionaux concernant la pollution de la mer, AFDI 22 (1976), 720 ff; *C. O. Okidi*, Towards Regional Arrangements for Regulation of Marine Pollution: an Appraisal of Options, ODILA 4 (1977), 1 ff; *U. Wassermann*, Barcelona-Convention against Pollution of the Mediterranen 1976, JWTL 11 (1977), 379 ff; *P. Ehlers/P. Kunig*, Abfallbeseitigung auf Hoher See – Völkerrecht und Recht der Bundesrepublik Deutschland –, 1978; *H. Welsch*, Die völkerrechtliche Zulässigkeit des Verbringens radioaktiver Stoffe in den Meeresuntergrund, 1986; *P. Ehlers/P. Kunig*, Abfallentsorgung auf See – Gegenwärtiger Stand und Perspektiven der Rechtsentwicklung, NVwZ 6 (1987), 947 ff; *P.-M. Dupuy/M. Rémond-Goulloud*, The Preservation of the Marine Environment, in: *R.-J. Dupuy/ D. Vignes* (eds.), A Handbook on the New Law of the Sea, Vol. II, 1991, 1151 ff; *M. Fitzmaurice*,

[3] Die fehlende Integration von Art. 238 SRÜ über die Hohe See beruht darauf, daß der Komplex Meeresforschung (ebenso wie mariner Umweltschutz) dem 3. Ausschuß der 3. VN Seerechtskonferenz zugewiesen war, während die Nutzung der Hohen See im übrigen im 1. Ausschuß verhandelt wurde.

[4] Vgl. dazu *D. Momtaz*, The High Seas, in: R. Dupuy/ D. Vignes (eds.), A Handbook on the New Law of the Sea, Vol. I, 1991, 343 ff (397 ff).

[5] Vgl. dazu § 128.

[6] Vgl. dazu Bd. I/1.

[7] Art. 242–244 SRÜ.

International Legal Problems of Environmental Protection of the Baltic Sea, 1992; *R. Platzöder*, The Baltic Sea: New Developments in National Policies and International Cooperation, 1996.

I. Der Grundsatz der Freiheit der Hohen See erfaßt nicht nur die in Art. 87 SRÜ entsprechend dem Völkergewohnheitsrecht kodifizierten, im einzelnen dort aufgeführten Freiheitsrechte, sondern geht darüber hinaus. Gestattet wird über das Prinzip von der Freiheit der Hohen See grundsätzlich jede denkbare Nutzung – einschließlich der Abfallbeseitigung – der See, soweit sie sich in den durch das Prinzip des *reasonable use* gezogenen Grenzen hält.[1] Die „angemessene Berücksichtigung des Interesses anderer Staaten an der Freiheit der Hohen See" schließt zumindest *a priori* keine Nutzungsform aus.[2] Diese Situation hat sich auch durch das Seerechtsübereinkommen nicht grundsätzlich geändert.[3] Dennoch bleibt die Tatsache unbestritten, daß die Nutzung der See zur Abfallbeseitigung eher geeignet ist, das ökologische Gleichgewicht der Meere zu stören, als beispielsweise die Schiffahrt. Dem wird bei der völkerrechtlichen Regelung der Abfallbeseitigung auf See Rechnung getragen.

II. Nach Art. 210 SRÜ sind die Staaten verpflichtet, die Abfallbeseitigung auf See zu verhindern, zu reduzieren und zu kontrollieren, soweit diese zu einer Verschmutzung der See führt.

Dabei wird die Abfallbeseitigung auf See in Art. 1 Abs. 1 Ziff. 5 SRÜ als jede absichtliche Beseitigung von Abfall oder von anderen Stoffen von Schiffen, Flugzeugen, Plattformen oder anderen künstlichen Installationen definiert. Eine Verschmutzung liegt dann vor, wenn das Einbringen von Substanzen oder Energie in die marine Umwelt negative Auswirkungen hat, wie die Schädigung der lebenden marinen Ressourcen, die Gefährdung des menschlichen Lebens, die Behinderung meeresbezogener Aktivitäten wie Fischfang oder anderer rechtmäßiger Nutzungen der See, die Einschränkung einer Nutzung des Meerwassers und die Beeinträchtigung der Annehmlichkeiten des Meeres (Art. 1 Abs. 1 Ziff. 4 SRÜ).

III. Die Regelung der Abfallbeseitigung auf See ist in speziellen Abkommen erfolgt, die bis auf das Übereinkommen über die Verhütung der Meeresverschmutzung durch das Einbringen von Abfällen und anderen Stoffen vom 29. 12. 1972[4] (London-Abkommen) regionaler Natur sind. Diese Abkommen weisen insgesamt große Gemeinsamkeiten auf. Sie verbieten nicht das Einbringen von Abfällen generell, sondern nur von bestimmten Stoffen, die als besonders gefährlich für die marine Umwelt gelten. Allerdings verpflichten sie die Vertragsstaaten, die Abfallbeseitigung auf See zu kontrollieren. Dabei erfolgt die Kontrolle durch den Flaggenstaat und den Staat, in dem die Ladung aufgenommen wird.

Das London-Abkommen wurde kurz nach der Stockholmer Umweltschutzkonferenz abgeschlossen und inhaltlich deutlich von dieser geprägt. Erfaßt wird von ihm nur die Abfallbeseitigung von Schiffen, Flugzeugen und künstlichen Plattformen auf See, soweit diese zielgerichtet erfolgt. Nicht mit angesprochen wird die Abfallbeseitigung von Land durch Flüsse und Abwasservorrichtungen und jede unwillentliche Verschmutzung der See im Rahmen der Bordroutine – diese unterfällt der MARPOL-Konvention – und durch Schiffsunfälle. Anwendungsbereich des Londoner Abkommens sind alle Meeresgebiete bis auf die maritimen Eigengewässer. Das Abkommen verpflichtet die Vertragsstaaten, eine effektive Kontrolle aller Formen der Meeresverschmutzung zu fördern und alle geeigneten Maßnahmen zu ergreifen, um eine Verschmutzung der See durch Abfallbeseitigung zu verhüten. Dabei wird jedoch nicht jede Verschmutzung der See durch Abfälle untersagt, sondern nur diejenige, welche die menschliche Gesundheit gefährden, die lebenden Ressourcen des Meeres sowie

1 *Ehmer*, 35 ff; vgl. dazu oben § 125.

2 *Wolfrum*, GYIL 19 (1979), 123 ff.

3 Siehe die Ansicht der englischen Regierung auf eine Anfrage im Unterhaus, H. C. Debates, Vol. 37, Written Answers, col. 428, 28. 2. 1983.

4 BGBl. 1977 II, 180 ff; vgl. dazu *T. L. Leitzell*, The Ocean Dumping Convention – A Hopeful Beginning, San Diego L. Rev. 10 (1973), 502.

die Tier- und Pflanzenwelt des Meeres schädigen, die Annehmlichkeiten der marinen Umwelt beeinträchtigen oder andere rechtmäßige Nutzungen des Meeres behindern könnte.
Verboten ist nach dem London-Abkommen nur die Versenkung der in Annex I genannten Stoffe (schwarze Liste), während die Versenkung der in Annex II genannten Stoffe (graue Liste) von einer speziellen Genehmigung abhängig zu machen ist.[5] Für die Versenkung aller übrigen Stoffe genügt eine allgemeine Genehmigung. Bei der Genehmigungserteilung haben die Staaten die Art und die Menge der zu vernichtenden Stoffe, die Form ihrer Verpackung und die Bedingungen des in Aussicht genommenen Versenkungsortes zu berücksichtigen. Durchgesetzt werden diese Verpflichtungen von den einzelnen Vertragsstaaten gegenüber denjenigen, die Abfallstoffe der genannten Art in dem jeweiligen Staat laden, gleichgültig, welche Flagge das entsprechende Schiff führt und gegenüber den Schiffen und Flugzeugen unter eigener Flagge, soweit diese Abfallstoffe in einem Nichtvertragsstaat aufnehmen. Eine eigene internationale Organisation wurde bislang für das London-Abkommen nicht geschaffen; es finden allerdings Beratende Versammlungen statt, deren Aufgabe es ist, über die Implementierung der Konvention und über deren Fortentwicklung zu beraten.
Schutzziel des London-Abkommens ist nicht der marine Umweltschutz, sondern die wirtschaftliche Nutzung der See. Dem entspricht der Ansatz des VN Seerechtsübereinkommens, das insoweit auf das London-Abkommen abgestimmt ist.
Das Übereinkommen über den Schutz der Meeresumwelt der Ostsee von 1992 (Helsinki-Konvention)[6] – es löst das Abkommen vom 22. März 1974 ab[7] – erfaßt nicht nur die Abfallbeseitigung, sondern alle Formen der Meeresverschmutzung. Es bezieht sich auf den gesamten Ostseeraum einschließlich des Kattegatt, eingeschlossen sind auch die maritimen Eigengewässer. Die grundsätzliche Verpflichtung der Vertragsstaaten zum Umweltschutz ist deutlich schärfer gefaßt als die entsprechenden Postulate in dem Oslo- bzw. London-Abkommen. Denn die Vertragsstaaten werden ohne Einschränkung dazu verpflichtet, alle Maßnahmen zu ergreifen, um eine Verschmutzung der Ostsee nicht nur zu kontrollieren, sondern zu verhindern; sie haben sogar auf eine Verbesserung der ökologischen Situation hinzuwirken. Gemäß Art. 9 ist die Abfallbeseitigung im Ostseeraum untersagt; eine Ausnahme gilt lediglich hinsichtlich von Baggergut und in Notfällen.
Gemäß Art. 3 der Konvention verpflichten sich die Vertragsstaaten, Maßnahmen zu ergreifen, um die Verschmutzung der Ostsee zu verhüten und zu beseitigen. Dies schließt die Pflicht zur Wiederherstellung eines ökologischen Gleichgewichts ein. Es gelten das Vorsorgeprinzip und das Verursacherprinzip, die Pflicht zur Überwachung der Einleitung sowie zur zwischenstaatlichen Zusammenarbeit. Die Konvention verpflichtet zur Verhütung und Beseitigung der Verschmutzung der See von Land, durch Abfallbeseitigung *(dumping)* und durch Meeresbergbauaktivitäten. Die Verpflichtungen sind für die einzelnen Aktivitäten unterschiedlich gefaßt; völlig verboten ist die Abfallbeseitigung bei eng begrenzten Ausnahmen. Auch die Anforderungen an das Einbringen von Baggergut sind verschärft worden. Die Aufgaben der Kommission werden verstärkt. Sie kann Änderungen des Übereinkommens empfehlen und Grundsätze für die Überwachung der Verschmutzung, Ziele für die Verringerung der Verschmutzung sowie Ziele in bezug auf Maßnahmen festlegen, soweit sie in Anlage III hinsichtlich der Verschmutzung zu Land zu treffen sind. Eine Kontrollkompetenz steht der Kommission nicht zu; ebenso wenig vermag sie die Standards eigenständig fortentwickeln. Vorgesehen ist die Entwicklung eines Umwelthaftungssystems durch die Vertragsstaaten.
Das am 16. 2. 1976 zustandegekommene Abkommen zum Schutze des Mittelmeeres gegen Verschmutzung[8] (Barcelona-Abkommen) ähnelt in seiner allgemeinen Zielsetzung und in der Ausgestaltung der den Vertragsstaaten (Anliegern) auferlegten Verpflichtungen weitgehend dem Helsinki-Abkommen. Weniger streng ist das Barcelona-Abkommen allerdings hinsichtlich der Abfallbeseitigung. Insoweit folgt es dem Beispiel des London- und des Oslo-Abkommens.

---

[5] Umstritten ist, ob aus der London-Konvention ein Verbot hergeleitet werden kann, hochradioaktive Stoffe in den Meeresboden einzubringen. Versuche seit der siebten Beratenden Versammlung (1983) führten zu keinem Ergebnis.

[6] BGBl. 1994 II, 1397 ff. Gegenüber der vorherigen Konvention ist sie in ihrem sachlichen Anwendungsbereich erweitert, die Umweltstandards werden verschärft und die Befugnisse der Institutionen ausgebaut. Die Konvention erfaßt nunmehr auch die inneren Gewässer, damit nimmt sie zwangsläufig auf die Abwsasserpolitik der Mitgliedstaaten Einfluß.

[7] BGBl. 1979 II, 1229 ff.

[8] ILM 15(1976), 290; vgl. dazu *Wassermann*, JWTL 11 (1977), 379; *Okidi*, ODILA 4 (1977), 1 (22).

Eine Verpflichtung der Staaten, die Abfallbeseitigung auf Hoher See zu verringern und zu kontrollieren, enthält schließlich auch das Abkommen von Kuwait vom 24.4.1978.[9] Es verweist insoweit allerdings (Art. V) auf bereits bestehende internationale Verpflichtungen und damit auf das London-Abkommen.

Eine Verschärfung und Neuorientierung des marinen Umweltschutzes bedeutet das Abkommen zum Schutze der marinen Umwelt des Nordost-Atlantiks.[10] Es führt das Übereinkommen zur Verhütung der Meeresverschmutzung durch das Einbringen von Abfällen durch Schiffe und Luftfahrzeuge vom 15.2.1972 (Oslo-Abkommen)[11] und das Abkommen zur Verhütung der Verschmutzung der See vom Land (Paris-Abkommen) zusammen, wobei es wesentliche neue Akzente setzt. Danach verpflichten sich die Vertragsstaaten, eine Verschmutzung der See zu verhüten bzw. zu beenden, und die marine Umwelt gegen negative Folgen menschlicher Aktivitäten zu schützen. Ziel des Abkommens ist der Schutz menschlicher Gesundheit, die Bewahrung des marinen Ökosystems und, soweit praktikabel, deren Wiederherstellung. Erfaßt wird sowohl die Abfallbeseitigung auf See als auch die Verschmutzung von Land aus. Die Durchführung des Abkommens und dessen Fortentwicklung liegt bei einer Kommission. Die Vertragsstaaten haben an die Kommission in regelmäßigen Abständen über die Durchführung der Konvention zu berichten. Verstöße gegen das Abkommen können im Rahmen eines Schiedsverfahrens von jeder Vertragspartei geltend gemacht werden.

---

[9] ILM 17 (1978), 511.

[10] Text in: ILM 32 (1993), 1072; vgl. dazu *E. Hey/ T. Ijlstra/A. Nollkaemper*, The 1992 Paris Convention of the Marine Environment of the North-East Atlantic: A Critical Analysis, The International Journal of Marine and Coastal Law 8 (1993), 1 ff; *J. Juste*, La Convention pour la protection du milieu marin de l'Atlantique Nord-Est, RGDIP 97 (1993), 365 ff.

[11] BGBl. 1977 II, 165 ff; ILM 11 (1972), 262 ff; vgl. dazu *Timagenis*, Bd. I, 124 ff. Die den Staaten auferlegten Pflichten unterscheiden sich hier nicht wesentlich von denen des London-Abkommens. Der Hauptunterschied zwischen beiden Konventionen liegt darin, daß das Oslo-Abkommen es einer Expertengruppe überläßt, die Liste der verbotenen Stoffe zu erweitern. Für das Oslo-Abkommen wurde eine Kommission eingerichtet. Die Funktionen dieser Kommission und einer gleichartigen Kommission des Abkommens zur Verhütung der Meeresverschmutzung von Land aus vom 14.6.1974 (Paris-Abkommen), ILM 13 (1974), 352 ff, werden durch ein gemeinsames Sekretariat koordiniert; vgl. dazu *M. Fitzmaurice*, International Legal Problems of the Environmental Protection of the Baltic Sea, 1992, 47 ff.

2. KAPITEL:
Tiefseeboden

Schrifttum: *C. J. Colombos*, Internationales Seerecht, 1963; *S. Gorove*, The Concept of „Common Heritage of Mankind“: A Political, Moral or Legal Innovation?, San Diego L. Rev. 9 (1972), 390 ff; *W. Graf Vitzthum*, Der Rechtsstatus des Meeresbodens, 1972; *A. Pardo*, The Common Heritage: Selected Papers on Oceans and World Order 1967–1974, 1975; *J. Martray*, A qui appartient l'océan?, 1977; *E. Mann-Borgese*, A Constitution for the Oceans, San Diego Law Review 15 (1978), 376 ff; *F. Orrego Vicuña*, Les legislations nationales pour l'exploitation des fonds des mers et leur incompatibilité avec le droit international, AFDI 24 (1978), 810 ff; *P. L. Saffo*, The Common Heritage of Mankind: Has the General Assembly Created Law to Govern Deep Seabed Mining?, Tulane Law Review 53 (1979), 492 ff; *T. G. Kronmiller*, The lawfulness of deep seabed mining, 1980; *A. de Marffy-Mantuano*, La genèse du nouveau droit de la mer: le comité des fonds marins, 1980; *G. De Lacharrière*, La loi française sur l'exploration et l'exploitation des ressources minérales des grands fonds marins, AFDI 27 (1981), 665 ff; *W. Kewenig*, Common Heritage of Mankind – politischer Slogan oder völkerrechtlicher Schlüsselbegriff?, Festschrift für *H.-J. Schlochauer*, 1981, 385 ff; *S. Belaid*, „Communautarisme“ et individualisme dans le nouveau droit de la mer, in: *R.-J. Dupuy* (ed.), The Management of Humanity's Resources, Workshop 1982, 135 ff; *E. D. Brown*, The Impact of Unilateral Legislation on the Future Legal Regime on Deep Sea-Bed Mining, AVR 20 (1982), 145 ff; *H. R. Herrera Caceras*, La sauvegarde du patrimoine commun de l'humanité, in: *R.-J. Dupuy* (ed.), The Management of Humanity's Resources: The Law of the Sea, RdC, Colloque, 1982, 125 ff; *A. C. Kiss*, La notion du patrimoine commun de l'humanité, RdC 175 (1982 II), 99 ff; *J. Van Dyke/C. Yuen*, „Common Heritage“ v. „Freedom of the High Seas“: Which Governs the Seabed?, San Diego L. Rev. 19 (1982), 493 ff; *M. V. White*, The Common Heritage of Mankind: An Assessment, Case W. Res. J. Int'l.L. 14 (1982), 509 ff; *R. Wolfrum*, German National Deep Seabed Mining, in: Marine Mining: A New Beginning, 1982, 236 ff; *G. Apollis*, La loi française sur les fonds marins internationaux, RGDIP 87 (1983), 107 ff; *M. Bennouna*, Les droits d'exploitation des ressources minérales des océans, in: *D. Bardonnet/M. Virally* (éds), Nouveau Droit International de la Mer, 1983, 117 ff; *E. D. Brown*, Freedom of the High Seas Versus the Common Heritage of Mankind: Fundamental Principles in Conflict, San Diego L. Rev. 20 (1983), 521 ff; *A. D'Amato*, An Alternative to the Law of the Sea Convention, AJIL 77 (1983), 281 ff; *S. A. Meese*, The Legal Regime Governing Seafloor Polymetallic Sulfide Deposits, ODILA 13 (1983), 131 ff; *R. Wolfrum*, The Principle of the Common Heritage of Mankind, ZaöRV 43 (1983), 312 ff; *S. A. Bleicher*, The Law Governing Exploitation of Polymetallic Sulfide Deposits from the Seabed, in: *T. Buergenthal* (ed.), Contemporary Issues in International Law, Essays in Honor of Louis B. Sohn, 1984, 209 ff; *R. C. Ogley*, Internationalizing the Seabed, 1984; *R. Wolfrum*, Internationalisierung staatsfreier Räume, 1984; *V. Game der Fontbrune*, L'exploitation des ressources minérales des fonds marins: législation nationales et droit international, 1985; *P. Manin*, The Viability of the Dual Approach: The French Position, in: *R. B. Krueger/S. A. Riesenfeld* (eds.), The Developing Order of the Oceans, 1985, 206 ff; *M. Mashayekhi*, The Present Legal Status of Deep Sea-Bed Mining, JWTL 19 (1985), 229 ff; *M. Ogiso*, Japan and the UN Convention on the Law of the Sea, AVR 25 (1985), 58 ff; *K. Steinacker*, The Legal Principle of the Common Heritage of Mankind and Deep Sea-bed Mining Outside the UN Convention on the Law of the Sea, 1985; *E. D. Brown*, Sea-Bed Energy and Mineral Resources and the Law of the Sea, Bd. II, The Area Beyond the Limits of National Jurisdiction, 1986; *J. L. Gaster*, Der Meeresbodenbergbau unter der Hohen See, 1987; *T. Iguchi*, Japan and the New Law of the Sea: Facing the Challenge of Deep Sea-Bed Mining, VJIL 27 (1987), 527 ff; *S. Mahmoudi*, The Law of Deep Sea-Bed Mining, 1987; *J.-L. Gaster*, Zur Regelung von Überlappungskonflikten im Tiefseebergbau, in: *W. Fiedler* (Hrsg.), Verfassungsrecht und Völkerrecht – Gedächtnisschrift für *W. K. Geck*, 1989, 229 ff; *M. Hayashi*, Registration of the First Group of Pioneer Investors by the Preparatory Commission for the International Sea-Bed Authority and for the Tribunal for the Law of the Sea, ODILA

20 (1989), 1 ff; *M. G. Schmidt*, Common Heritage or Common Burden?: the United States Position on the Development of a Regime for Deep Seabed Mining in the Law of the Sea Convention, 1989; *G. A. French*, Der Tiefseebergbau, 1990; *S. E. Semmar*, Les délimitations internationales de la mer et la questions des fonds marins, 1990; *S. Berge/J. M. Markussen/G. Vigerust*, Environmental Consequences of Deep Seabed Mining: Problem Areas and Regulations, 1991; *R.-J. Dupuy*, The Area as the Common Heritage of Mankind, in: *R.-J. Dupuy/D. Vignes*, (eds), A Handbook on the New Law of the Sea, 1991, 579 ff; *K. J. Hsu/J. Thiede*, (eds), Use and Misuse of the Seafloor, 1991; *J. P. Levy*, The International Sea-Bed Area, in: *R.-J. Dupuy/D. Vignes* (eds), Handbook on the Law of the Sea, 1991, 587 ff; *F. Orrego Vicuña*, The Régime for the Exploration and Exploitation of the Sea-Bed Mineral Resources, in: *R.-J Dupuy/D. Vignes* (eds), A Handbook on the New Law of the Sea, 1991, 635 ff; *R. Wolfrum*, (ed.), The Law of the Sea at the Crossroads: the Continuing Search for a Universally Accepted Régime, 1991; *A.-D. Henchoz*, Réglementations nationales et internationales de l'exploration et de l'exploitation des grands fonds marins, 1992; *W. Stocker*, Das Prinzip des Common Heritage of Mankind als Ausdruck des Staatengemeinschaftsinteresses im Völkerrecht, 1993; *E. D. Brown*, The International Law of the Sea, Vol. I, II, 1994; *J.-P. Levy*, Les bons offices du Sécretaire Général des Nations Unies en faveur de l'universalité de la Convention sur le Droit de la Mer, RGDIP 98 (1994), 871 ff; *Y. Li*, Transfer of Technology for deep sea-bed mining: the Law of the Sea Convention and beyond, 1994; *D. H. Anderson*, Legal Implications of the Entry into Force of the UN Convention on the Law of the Sea, ICLQ 44 (1995), 313 ff; *E. D. Brown*, The 1994 Agreement on the Implementation of Part XI of the UN Convention on the Law of the Sea: Breakthrough to Universality? Marine Policy 19 (1995), 5 ff; *J. A. Duff*, UNCLOS and the New Deep Seabed Mining Regime: The Risks of Refuting the Treaty, Suffolk Transnational Law Review 19 (1995) 1 ff; *G. Jaenicke*, The United Nations Convention on the Law of the Sea and the Agreement Relating to the Implementation of Part XI of the Convention: treaty law problems in the process of revising the deep seabed mining regime of the Convention, in: *U. Beyerlin*, Recht zwischen Umbruch und Bewahrung, 1995, 121 ff; *S. Rosenne*, The United Nations Convention on the Law of the Sea, 1982: the application of Part XI: an element of backround, Israel Law Review (1995), 491 ff; *W. S. Scholz*, Observations on the Draft Agreement Reforming the Deep Seabed Mining Provisions of the Law of the Sea Convention, in: *Nordquist Myron H.*, Entry into Force of the Law of the Sea Convention, 1995; *D. Vignes*, La fin du schisme des fonds marins: A propos de la réunion de l'Assemblée générale des Nations Unies en session extra-ordinaire des 27, 28 et 29 juillet 1994 relative à la Convention sur le Droit de la Mer, in: *J. Salmon* (ed.), Colloque sur la Belgique et la Nouvelle Convention des Nations Unies sur le Droit de la Mer, 1995, 153 ff; *P. H. G. Vrancken*, Southern limit of the international seabed area, SAYIL 20 (1995), 144 ff; *Th. A. Mensah* (ed.), Ocean governance – strategies and approaches for the 21st century, 1996; *M. T. Ponte Iglesias*, La zona internacional de los fondos marinos como patrimonio común de la humanidad : una aspiración truncada, in: Cursos de derecho internacional de Vitoria Gasteiz (1997), 177 ff; *A. Arais-Schreiber Pezet*, Perjuicios por nuestra auscencia en la Regulación de la Mineria Océanica, in: Revista Peruana de derecho international 48 (1998), 105 ff; *K. Baslar*, The Concept of the Common Heritage of Mankind in International Law, 1998; *J. Koch*, Deep seabed mining and the protection of the marine environment, in: *V. Götz*, Liber amicorum *Günther Jaenicke* – zum 85. Geburtstag, 1998, 495 ff; *M. Thamsborg*, Demarcation of the area, NJIL 67 (1998), 215 ff; *H. Strauss*, Deep seabed mining, in: *V. Götz*, Liber amicorum *Günther Jaenicke* – zum 85. Geburtstag, 1998, 605 ff.; *N.-J. Seeberg-Elverfeldt*, The settlement of disputes in deep seabed mining: access, jurisdiction and procedure before the Seabed Disputes Chamber of the International Tribunal for the Law of the Sea, 1998; *M. C. Wood*, International Seabed Authority: the First Four Years, Max Planck Yearbook of United Nations Law 3 (1999), 173 ff; *L. Glowka*, Genetic resources, marine scientific research and the international seabed area; RECIEL 8 (1999), 56 ff; *F. Bastianelli*, L'evoluzione nello sfruffamento degli idrocarburi della plattaforma continentale e l'incerto futuro dell'attività nell'Area Internationale die Fondi Marini, in: Prospettive del diritto del mare all'alba del XXI secolo, 1999, 193 ff; *F. H. Paolilo*, El régimen de explotación de los fondos marinos, in: Prospettive del diritto del mare all'alba del XXI secolo, 1999, 153 ff; *U. Villani*, Il regime di sfruttamento del fondi marini, in: Prospettive del diritto del mare all'alba del XXI secolo, 1999, 149 ff.

§ 127 Ausdehnung und wirtschaftliche Bedeutung

1. In der völkerrechtlichen Terminologie wird unter dem „Tiefseeboden" der Teil des Meeresraumes verstanden, der den Meeresboden und den Meeresuntergrund jenseits der Grenzen des Bereichs nationaler Hoheitsbefugnisse umfaßt.[1]

In horizontaler Hinsicht fällt unter den Begriff des Tiefseebodens der Boden des Atlantischen, Pazifischen und Indischen Ozeans sowie der Randmeere. In vertikaler Hinsicht bezieht sich der Begriff auf den Meeresgrund *(sea-bed and ocean floor)* sowie auf dessen Untergrund *(subsoil thereof)*. Damit ist der Begriff des Tiefseebodens ebenso umfassend wie der des Staatsgebietes, das neben der Erdoberfläche auch den Untergrund erfaßt. Die demgegenüber von *Colombos*[2] vorgenommene Unterscheidung zwischen Tiefseeboden und Untergrund ist inzwischen überholt, Tiefseeboden und Untergrund bilden eine Rechtseinheit.

2. Ausgelöst wurde die Neuordnung des Seerechts durch die 3. Seerechtskonferenz der Vereinten Nationen in Erwartung einer wirtschaftlichen Nutzung der sog. Manganknollen (polymetallische Knollen), deren Existenz zwar seit dem 19. Jahrhundert[3] bekannt war, deren wirtschaftliche Nutzung aber erst wegen der Befürchtung einer Verknappung terrestrischer Ressourcen wirtschaftlich interessant erschien.[4]

Polymetallische Knollen bestehen aus mehreren metallischen und nichtmetallischen Elementen unterschiedlicher Konzentration. Hauptbestandteile sind hydrierte Eisen- und Manganoxide. Dabei sind die Metalle Kobalt, Nickel und Mangan von wirtschaftlichem Interesse, eine geringere Bedeutung kommt den Kupfer- und Eisengehalten zu. Diese Manganknollen bedecken weite Bereiche des Tiefseebodens in Wassertiefen ab 3500 m, in weit geringerem Umfang treten Manganknollen auch in den flacheren küstennahen Gewässern auf.[5] Allerdings kann nur ein geringer Anteil von ihnen wirtschaftlich sinnvoll abgebaut werden. Ein Abbau ist nach derzeitigem Erkenntnisstand allenfalls dann lohnend, wenn der Metallgehalt von Nickel, Kobalt und Kupfer mehr als 2% beträgt,[6] während die Belegungsdichte bei ca. 10 kg Knollen pro Quadratmeter[7] liegen muß. Notwendig ist außerdem, daß das Bodenrelief verhältnismäßig eben ist. Schließlich fordert die Industrie eine Größe der Abbaufelder, die einen Abbau über einen Zeitraum von 20 Jahren erlaubt, um so die erbrachten Investitionen erwirtschaften zu können. Konkrete Pläne zum Abbau polymetallischer Knollen sind zur Zeit nicht bekannt.

Die wirtschaftliche Bedeutung der polymetallischen Knollen, vor allem die Möglichkeiten für einen wirtschaftlichen Abbau sind während der Vorbereitung zu der 3. VN Seerechtskonferenz und auf der Konferenz selbst deutlich überschätzt worden.[8] Dies hat zu unberechtigten Erwartungen hinsichtlich zu erzielender Gewinne und Befürchtungen über die möglichen Auswirkungen des Tiefseebergbaus auf die Weltrohstoffpreise geführt. Diese

---

[1] Vgl. Art. 1 Abs. I Nr. 1 SRÜ: *„Area" means the seabed and ocean floor and subsoil thereof, beyond the limits of national jurisdiction.*

[2] 46 f.

[3] Sie wurden zum ersten Mal von dem britischen Forschungsschiff *Challenger* während der Forschungsreise zwischen den Jahren 1872 und 1876 entdeckt; vgl. *D. S. Cronan*, A Comparative Review of Maganese Nodules from the Indian and the Pacific Ocean, in: *P. Halbach* (ed.), Marine Mineral Deposits, 1982, 86 ff; *C. W. Pinto*, Mineral Resources, in: *R.-J. Dupuy* (ed.), The Management of Humanity's Resources: The Law of the Sea, Academie de Droit International Colloque, The Hague 1982, 25.

[4] *A. Pardo*, Vertreter Maltas bei den Vereinten Nationen, UN Doc. GAOR 22nd Sess. A/6695, 17. 8. 1967.

[5] Zur geographischen Verteilung vgl. *French*, 15.

[6] Vgl. *J. Z. Frazer*, Resources in Seafloor Manganese Nodules, in: *J. T. Kildow* (ed.), Deepsea Mining, 1980, 41 ff (42); *R. L. Wright*, Ocean Mining: An Economic Evaluation, Department of the Interior, 1976, 1 ff; *R. C. Ogley*, 12; *W. Hauser*, Die rechtliche Gestaltung des Tiefseebergbaus nach der Seerechtskonvention, 1982.

[7] *Wolfrum*, Internationalisierung, 110; die Zahlen von *French*, 13, liegen etwas tiefer.

[8] *J. D. Nyhart/L. Antrim/A. E. Capstaff/A. D. Kohler/D. Leshaw*, A Cost Model of Deep Ocean Mining and Associated Regulatory Issues, 1978; dagegen *F. Diederich/W. Müller/W. Schneider*, Analysis of the MIT-Study on Deep Ocean Mining – Critical Remarks on Technology and Cost Estimates, 1979.

Erwartungen und Befürchtungen haben einzelne Regelungen des Tiefseebodenregimes des Seerechtsübereinkommens[9] inhaltlich beeinflußt (Abgabenregelung, Rohstoffpolitik); es sind dies die Regelungen, die später u. a. Gegenstand der Kritik wurden.

3. Das *Agreement Relating to the Implementation of Part XI of the United Nations Convention on the Law of the Sea* vom 29. Juli 1994 (Durchführungsübereinkommen)[10], das in intensiven Verhandlungen unter der Verantwortung des Generalsekretärs der Vereinten Nationen zustande gekommen ist, hat diese Regelungen entweder für nicht anwendbar erklärt oder modifiziert.[11] Dort, ebenso wie in der Resolution der Generalversammlung der Vereinten Nationen,[12] durch die das Durchführungsübereinkommen angenommen worden ist, heißt es:

> *„The provisions of this Agreement and Part XI [UN Convention on the Law of the Sea] shall be interpreted and applied together as a single instrument. In the event of any inconsistency between this Agreement and Part XI, the provisions of this Agreement shall prevail.“*

Damit wurde das Seerechtsübereinkommen noch vor seinem Inkrafttreten geändert, wobei seine Regelungen über seine Änderung – formell allerdings zu diesem Zeitpunkt noch nicht in Kraft getreten – nicht beachtet wurden. Diese Vertragsänderungen lassen sich nicht unter die Wiener Vertragsrechtskonvention fassen. Man muß das Durchführungsabkommen als einen, im Verhältnis zum Seerechtsübereinkommen späteren Vertrag verstehen, der allerdings in bezug auf das Seerechtsübereinkommen geschlossen worden ist. Die Änderungen bzw. die Anordnung der Nichtanwendung des Seerechtsübereinkommens beruhen daher sowohl auf dem *lex posterior*-Grundsatz wie auf dem Willen der Vertragsparteien.[13]
Für die Verabschiedung eines Vertrages durch die Generalversammlung der Vereinten Nationen gibt es Präzedenzfälle.[14]

4. Neben den polymetallischen Knollen besteht möglicherweise ein wirtschaftliches Interesse an dem Abbau von Kobaltkrusten.[15] Sie befinden sich an den Hängen der mittelozeanischen Rücken wie auch der Kuppen der Tiefseeberge.[16] Das Seerechtsübereinkommen enthält allerdings keine besonderen Regelungen für die Ausbeutung dieser Krusten. Eine weitere theoretische Rohstoffquelle stellen polymetallische Sulfide dar, die sich im Zusammenhang mit unterseeischer Vulkantätigkeit entwickelt haben.[17] Die polymetallischen Sulfidlagerstätten enthalten ein breiteres Angebot an Mineralien als die polymetallischen Knollen (Eisen, Kupfer, Zink, Mangan, Aluminium, Selen, Kobalt, Magnesium). Allerdings steht noch nicht fest, ob ein wirtschaftlicher Abbau möglich ist.

---

[9] *UN Convention on the Law of the Sea*, 1982, UN Doc. A/CONF. 62/122 mit Corrigenda; BGBl. 1994 II, 1798.

[10] ILM 33 (1994), 1309; BGBl. 1994 II, 2566. Vgl. dazu *Brown*, Agreement, 5 ff.

[11] Vgl. dazu *D. H. Anderson*, Resolution and Agreement Relating to the Implementation of Part XI of the UN Convention on the Law of the Sea: a General Assessment, ZaöRV 55 (1995), 275 f; *K. Rattray*, Resolution and Agreement Relating to the Implementation of Part IX of the UN Convention on the Law of the Sea: a General Assessment-Comment, ZaöRV 55 (1995), 298, 301 f.

[12] A/RES 48/263 vom 28. 7. 1994.

[13] Vgl. dazu § 153.

[14] Siehe dazu *Anderson*, 278;.

[15] Die Zusammensetzung dieser Krusten variiert stark, sie enthalten ca. 28% Mangan, 14% Eisen, teilweise bis zu 2% Kobalt und u. U. Platin und Titan; vgl. dazu *P. Halbach*, Co-rich ferro manganese seamount deposits of the Central Pacific Basin, in: *P. Halbach* (ed.), Marine Mineral Deposits, 1982, 60 ff (78); vgl. zu Plänen der Meeresbodenbehörde *Wood*, 185.

[16] Vgl. dazu im einzelnen *A. L. Clark/J. Cook Clark*, Marine Metallic Mineral Resources of the Pacific Basin, Marine Resource Economics, Bd. III (1986), 52; *E. Seibold/W. H. Berge*, The Sea Floor, 1982, 243; *P. Halbach* (Anm. 15); *S. A. Meese*, The Legal Regime Governing Seafloor Polymetallic Sulfide Deposits, ODILA 13 (1983), 131 ff.

[17] Vgl. dazu *J. Francheteau et al.*, Massive deapsea sulphide ore deposits discovered on the East Pacific Rise, Nature 277 (1979), 523 ff; *J. M. Edmond/K. von Damm*, Heiße Quellen am Grund der Ozeane, in: Ozeane und Kontinente, 1986, 216 ff.

5. Die makroökonomischen Auswirkungen eines Abbaus der genannten Mineralien des Tiefseebodens sind nur schwer abschätzbar. Es wurde aber im Zusammenhang mit der 3. VN Seerechtskonferenz damit gerechnet, daß ein derartiger Abbau zu einem erhöhten Rohstoffangebot und damit zu einem Preisverfall zumindest bei Kobalt und Nickel führen würde. Ein derartiger Preisverfall würde zwangsläufig negative Konsequenzen für Landproduzenten (Kanada, Demokratische Republik Kongo, Südafrika, Sambia, Australien) haben.[18]

Nicht unmittelbar dem Meeresbodenregime unterfallen biologische Ressourcen des Tiefseebodens, da das Tiefseebodenregime auf mineralische Ressourcen beschränkt ist.[19]

§ 128 Die Regelung von Tiefseebodenaktivitäten durch das Seerechtsübereinkommen

Schrifttum: wie vor § 127.

I. 1. Die Rechtsordnung für den Tiefseeboden bestimmt sich nach Teil XI des Seerechtsübereinkommens sowie nach Annex III und IV in der Form des Durchführungsübereinkommens. Weitere Konkretisierungen enthalten die von der Meeresbodenbehörde erlassenen und noch zu erlassenden Regeln, Vorschriften und Verfahren für die Erforschung und Ausbeutung polymetallischer Knollen (Art. 162 Abs. 2 (o) (ii) SRÜ).[1] Schließlich hat für den einzelnen Bergbauunternehmer sein Arbeitsplan (Art. 153 Abs. 3 SRÜ) normative Qualität.

Das Seerechtsübereinkommen ist am 16. 11. 1994 in Kraft getreten[2]; das Durchführungsübereinkommen am 28. 7. 1996.[3]

2. Dieses Tiefseebodenregime geht nicht von der einzelstaatlichen bzw. individuellen Freiheit der Nutzung aus. Sie soll vielmehr auf der Basis des vorgesehenen völkerrechtlichen

---

[18] *F. Foders*, Who Gains From Deep-Sea Mining?, in: *J. B. Donges* (ed.), The Economics of Deep-Sea Mining, 1985, 336 ff; *W. Prewo et al.*, Die Neuordnung der Meere, 1982, 183 f; vgl. auch die von dem Generalsekretär der Vereinten Nationen für die 3. Seerechtskonferenz erstellte Studie, UN Doc. A/ CONF.62/25 vom 22. 5. 1974, sowie die Studie der Wirtschaftsvereinigung Bergbau, Meeresbergbau und Völkerrecht, 1972; *P. D. Ingham*, The Economic Viability of Deep Sea-Bed Mining of Polymetallic Nodules, 1985; *W. C. Kim*, The Pacific Challenge in International Business, 1987, 116.

[19] Vgl. dazu *R. Wolfrum/N. Matz*, The Interplay of the United Nations Convention on the Law of the Sea and the Convention on Biological Diversity, Max Planck Yearbook of International Law 4 (2000), 445 ff; *Wood*, 185 f.; *L. Glowka*, The Deepest of Ironies: Genetic Resources, Marine Scientific Research and the Area, Ocean Yearbook 12 (1996), 154 (155); *T. Scovazzi*, Biodiversity in the Deep Seabed, Yearbook of International Environmental Law 7 (1996), 481 ff (482); *D. K. Anton*, Law of the Sea's Biological Diversity, Columbia Journal of Transnational Law 36 (1997), 341 ff (342).

[1] *Regulations on Prospecting and Exploration for Polymetallic Nodules in the Area, as approved by the Council on 13 July 2000*, Doc. ISBA/6/A/18; vgl. zur Entstehungsgeschichte *Wood*, 228 f.

[2] Art. 308 SRÜ sieht vor, daß das Seerechtsübereinkommen zwölf Monate nach der Hinterlegung der sechzigsten Ratifikationsurkunde in Kraft tritt, dies erfolgte am 16. November 1993. Allgemein zum Inkrafttreten des Seerechtsübereinkommens und des Durchführungsübereinkommens vgl. *Brown*, Agreement, 6 f; *Anderson*, Legal Implications, 317 f.

[3] Das Durchführungsübereinkommen wurde zunächst vorläufig angewandt (vgl. dazu Art. 7). Die vorläufige Anwendung des Durchführungsübereinkommens endete mit seinem Inkrafttreten bzw. am 16. 11. 1998, wenn ihm bis dahin nicht mindestens sieben der in Resolution II der 3. VN Seerechtskonferenz genannten Staaten (fünf von ihnen mußten Industriestaaten sein) beigetreten waren. Vgl. dazu *Brown*, Agreement, 7 f; *J.-P. Levy*, L'accord du Juillet 1994, 892. Diese ungewöhnliche Klausel diente dem Schutz der Entwicklungsländer. Hierüber sollte eine Beteiligung der Industriestaaten sichergestellt werden, denen die Entwicklungsländer mit ihrer Zustimmung zu dem Durchführungsübereinkommen entgegengekommen waren. Bis zum Abschluß des Durchführungsübereinkommens war Island als einziger Industriestaat beigetreten.

Nutzungsregimes und unter der Kontrolle einer internationalen Organisation, der Meeresbodenbehörde, erfolgen. Angestrebt wird also eine Internationalisierung des Tiefseebodens und seiner Nutzung.[4] Auch wenn Widerstände gegen das Tiefseebergbauregime des Seerechtsübereinkommens bestanden, so waren sich die potentiellen Tiefseebergbaustaaten doch darüber einig, daß Tiefseebergbau nicht unter dem Prinzip der Freiheit der See betrieben werden kann. Denn Tiefseebergbauaktivitäten müssen, um wirtschaftlich zu sein, große Meeresgebiete über viele Jahre hinweg in Anspruch nehmen können, wobei sie darauf angewiesen sind, möglichst wenig durch andere Meeresnutzungen gestört zu werden. Weitgehend ausgeschlossen ist die parallele Durchführung von Tiefseebergbauaktivitäten in demselben Abbaufeld.[5] D. h., die Durchführung von Tiefseebergbauaktivitäten setzt die rechtsverbindliche Zuweisung von Nutzungsrechten in einem bestimmten Gebiet mit Wirkung gegenüber anderen voraus. Eine solche kann nur durch die Entwicklung eines Ordnungsrahmens gewährleistet werden, der eine Nutzungszuweisung mit Ausschließlichkeitscharakter vorsieht und insoweit Investitionssicherheit gewährt. Dies ist nicht über ein Rechtsregime zu erreichen, das, wie das System der Hohen See, auf dem Prinzip der Nutzungsfreiheit beruht.[6]

Für die Ausgestaltung eines derartigen Tiefseebodenregimes standen theoretisch verschiedene Modelle zur Verfügung; das Seerechtsübereinkommen hat sich dabei für ein Modell entschieden, wonach die Verteilung der Nutzungsberechtigungen unmittelbar durch eine internationale Organisation, die Meeresbodenbehörde, erfolgen soll. Allerdings beschränkt sich die Kompetenz der Meeresbodenbehörde nicht nur auf die Verteilung und Gewährleistung der Nutzungsberechtigungen, vielmehr kommt ihr darüber hinaus die Kompetenz zu, Tiefseebergbauaktivitäten unter ökologischen, bergbautechnischen und in begrenztem Umfang unter wirtschaftspolitischen Gesichtspunkten zu kontrollieren bzw. zu steuern. Das Durchführungsübereinkommen enthält allerdings insoweit wesentliche Modifikationen.

II. 1. Der räumliche Geltungsbereich des Tiefseebodenregimes gem. Teil XI des Seerechtsübereinkommens umfaßt das sog. Gebiet *(Area)*. Dieses schließt gemäß Art. 1 Abs. 1 Ziff. 1 SRÜ den Meeresboden und seinen Untergrund jenseits der Grenzen des Bereichs nationaler Hoheitsbefugnisse ein. Es handelt sich hier um eine negative Definition. Die Grenzen des Bereichs, der zum gemeinsamen Erbe erklärt wurde[7], definieren sich nicht aus sich heraus, sondern aus den Außengrenzen der von den Küstenstaaten in Anspruch genommenen Gebiete.[8] Dabei kann es sich sowohl um ausschließliche Wirtschaftszonen als auch um Festlandsockelbereiche handeln; sollten diese nicht gegeben sein, sind die Außengrenzen des Küstenmeeres ausschlaggebend. Die tatsächliche Ausdehnung der jeweiligen nationalen Festlandsockelzonen wird von den betreffenden Staaten unter Mitwirkung der Festlandsockelgrenzkommission festgelegt. Diese Kommission ist 18 Monate nach Inkrafttreten des Seerechtsübereinkommens gebildet worden.[9]

2. Gemäß Art. 134 Abs. 2 SRÜ erfaßt Teil XI des Seerechtsübereinkommens alle Tätigkeiten im Tiefseebereich *(„activities in the Area")*. Dabei definiert Art. 1 Abs. 1 Ziff. 3 SRÜ diese als Tätigkeiten zur Erforschung *(exploration)* und Ausbeutung *(exploitation)* der Ressourcen des Gebiets. Zu den Ressourcen des Meeresbodens gehören wiederum nach Art. 133 SRÜ alle festen, flüssigen oder gasförmigen mineralischen Ressourcen *in situ*, die sich im Gebiet auf oder unter dem Meeresboden befinden. Diese Formulierung schließt beispielsweise die

[4] Vgl. zu diesem Konzept *Wolfrum*, Internationalisierung, 10 ff.

[5] Vgl. zur Fördertechnik *French*, 56 ff mwN.

[6] A. A. *O'Connell*, Bd. I, 458; *Kronmiller*, 226 f; *Bleicher*, 225.

[7] Vgl. dazu unten IV.1.

[8] Kritisch auch *Lévy*, 590; *Wolfrum*, Internationalisierung, 385 f.; unpräzise *Gaster*, 180.

[9] Vgl. Art. 76 Abs. 7 und 8 i.V.m. Annex II Art. 1 und 2 SRÜ.

Gewinnung von Erdöl aus dem Tiefseebereich aus, da es sich hierbei nicht um eine mineralische Ressource handelt. Ebenso ausgeschlossen wird die Gewinnung oder Nutzung von genetischen Ressourcen. Erfaßt werden allerdings Mangankrusten und polymetallische Sulfide.

Die einzelnen Regelungen von Teil XI des Seerechtsübereinkommens belegen jedoch, daß sie primär auf polymetallische Knollen zugeschnitten sind.[10] Es existierten einzelne Vorschriften, die sich auf Mineralien aus anderen Ressourcen beziehen. So sah Art. 151 Abs. 9 SRÜ Produktionsbeschränkungen für Mineralien vor, die nicht aus Manganknollen stammen,[11] und gemäß Art. 162 (o) (ii) SRÜ sollen binnen drei Jahren Regeln für die Erforschung und Ausbeutung von Ressourcen, bei denen es sich nicht um polymetallische Knollen handelt, geschaffen werden. Auch dies erfaßt nicht biologische Ressourcen.

Art. 134 i.V.m. Art. 1 Abs. 1 Ziff. 3 und Art. 133 SRÜ scheinen zudem darauf hinzudeuten, daß sich Teil XI nur auf wirtschaftlich orientierte Tiefseebodenaktivitäten erstrecken soll. Damit steht nicht im Einklang, daß beispielsweise die Erforschung des Tiefseebodens in Art. 143 SRÜ geregelt ist.[12] Mit Rücksicht darauf, daß nicht nur die Tiefseebodenressourcen, sondern dieses Gebiet selbst zum gemeinsamen Erbe der Menschheit erklärt (Art. 136 SRÜ) und der Verwaltung der Meeresbodenbehörde unterstellt wurde, wäre die Einbeziehung der Meeresforschung in das Tiefseebodenregime konsequent. Die allgemeinen Grundsätze von Art. 138 ff SRÜ sind auf die Erforschung des Tiefseebodens anwendbar.[13]
Allerdings erstreckt sich die Regelungskompetenz der Meeresbodenbehörde nicht auf die Meeresforschung; sie kann aber selbst Meeresforschung durchführen und entsprechende Programme entwickeln; sie fördert und ermutigt die Meeresforschung in dem Gebiet; sie koordiniert und verbreitet die verfügbaren Ergebnisse dieser Forschungen und Analysen. Hierin wird bis zum Beginn der Tiefseebergbautätigkeit das Schwergewicht der Aufgaben des behördeneigenen Unternehmens *(Enterprise*, Art. 170 SRÜ) liegen.[14]
Nicht unter den Teil XI des SRÜ fallen militärische Aktivitäten auf dem Tiefseeboden. Hierzu gibt es vertragliche Sonderregelungen.

III. 1. Das völkerrechtliche Regime über den Tiefseeboden wird durch eine Reihe von allgemeinen Grundsätzen determiniert, die sich entweder auf den Status des Tiefseebodens oder seine Nutzung beziehen. Der wichtigste dieser Grundsätze ist das *common heritage*-Prinzip; es bestimmt sowohl den Rechtsstatus des Tiefseebodens wie auch die Ausgestaltung seiner Nutzung. Als weitere Grundsätze sind zu nennen: das Verbot der Okkupation des Tiefseebodens, die Bindung von Tiefseebodenaktivitäten an das allgemeine Völkerrecht, die Beschränkung auf eine Nutzung des Tiefseebodens zu friedlichen Zwecken, der Schutz des menschlichen Lebens, der Schutz der marinen Umwelt, der Schutz traditioneller Nutzungen der See und die Sonderbehandlung für archäologische Funde. Diese Grundsätze sind nicht isoliert, sondern in ihrer Beziehung zueinander zu sehen; sie stehen in enger Beziehung zum *common heritage*-Prinzip bzw. ergeben sich aus diesem. Ein Teil von ihnen ist mit den entsprechenden allgemeinen Grundsätzen für die Nutzung der Hohen See identisch.[15]

2. Bereits vor Inkrafttreten des Seerechtsübereinkommens war anerkannt, daß der Tiefseeboden nicht als *res nullius*, also nicht als national aneignungsfähig anzusehen war.

---

[10] So auch *French*, 205.

[11] Vgl. dazu *Wolfrum*, Internationalisierung, 385; gemäß Anhang, sec. 6 Abs. 7 des Durchführungsübereinkommens ist Art. 151 Abs. 9 SRÜ nicht mehr anwendbar.

[12] Vgl. zu diesem Widerspruch *Wolfrum*, Internationalisierung, 388.

[13] Erhaltung von Frieden und Sicherheit, Förderung der internationalen Zusammenarbeit, gegenseitige Verständigung.

[14] Siehe Anhang, sec. 2 Abs. 1 des Durchführungsübereinkommens.

[15] Zur gewohnheitsrechtlichen Geltung des *common heritage*-Prinzips vgl. unten § 131.

Die Frage einer Anwendung der *res nullius*-Theorie auf den Tiefseeboden hat, obwohl sie in der Wissenschaft vereinzelt vertreten wurde,[16] in den Verhandlungen der 3. VN Seerechtskonferenz und in den Vorbereitungen hierzu praktisch keine Rolle gespielt. Dies gilt gleichfalls für die Theorie, wonach zwar der Meeresboden eine *res communis* darstelle und somit nicht aneignungsfähig sei, jedoch der Meeresuntergrund keinem Aneignungsverbot unterliege.[17]

Ebensowenig unterfällt der Tiefseeboden aber auch dem Prinzip von der Freiheit der Hohen See.[18] Dieser Ansatz würde den Tiefseeboden dem freien Zugang eröffnen und die Zuweisung von ausschließlichen Nutzungsrechten verhindern. Dies entspricht nicht den Gegebenheiten des Tiefseebergbaus.

Seit 1966 hat sich eine Regel des Völkergewohnheitsrechts gebildet, wonach dem Tiefseeboden ein rechtlicher Sonderstatus zukommt. Dieser schließt seine nationale Aneignung aus.

Der den Rechtsstatus des Tiefseebodens beherrschende Grundsatz ist das *common heritage*-Prinzip.[19] Der Gehalt des *common heritage*-Prinzips ist nicht abschließend definiert oder definierbar. Die Absicht seiner inhaltlich exakten Definition war auch nicht mit der Entwicklung dieses Prinzips verknüpft; es ist vielmehr als Rahmenprinzip oder Leitlinie für die zukünftige Entwicklung von völkerrechtlichen Rechtsregimen, vor allem des Regimes für den Tiefseeboden, zu verstehen.[20] Für bestimmte Aspekte enthält aber das *common heritage*-Prinzip unmittelbar anwendbare und inzwischen völkergewohnheitsrechtlich verbindliche Aussagen hinsichtlich des Rechtsstatus des Tiefseebodens und für seine Nutzung, die den Rechtsstatus des Tiefseebodens grundsätzlich von dem der Hohen See unterscheiden. Dabei sind vier Grundelemente des *common heritage*-Prinzips zu unterscheiden: Die Einsetzung der Weltgemeinschaft als Verfügungsberechtigte über den Tiefseeboden und seine Ressourcen (Aspekt des Rechtsstatus), die Sonderrechte für Entwicklungsländer (Privilegierung), die Herbeiführung einer materiellen Gleichheit der Staaten auf Kosten der Staaten, die zum Tiefseebergbau technisch und wirtschaftlich in der Lage sind (Ausgleichsfunktion), und der Aufbau einer internationalen Organisation zur Verwaltung des Tiefseebodens (institutioneller Aspekt).

Die Entwicklung des *common heritage*-Prinzips in den Vereinten Nationen ist das Ergebnis eines längeren Prozesses, der von der Sorge getragen war, die Entwicklungsländer könnten von der technologisch aufwendigen Nutzung staatsfreier Räume, wie Weltraum oder Tiefseeboden, ausgeschlossen werden, wenn nicht ein Ordnungsrahmen geschaffen würde, der ihre gleichberechtigte Beteiligung sicherstellte.[21] Endgültig in die Debatte der Generalversammlung der Vereinten Nationen wurde der Wunsch nach einer Ordnung der Tiefseebodennutzung unter dem *common heritage*-Prinzip durch eine Verbalnote Maltas vom 17. 8. 1967 aufgenommen.[22] Die Malta-Initiative baute auf drei Ideensträngen auf: einer Initiative des ECOSOC, der über die Meeresbodenressourcen eine Förderung der Entwicklungsländer anstrebte,[23] einem Vorschlag der *World Peace through Law Conference*, die eine Verwaltungskompetenz der Vereinten Nationen über den Tiefseeboden

---

[16] *H. Lauterpacht*, Sovereignty over Submarine Areas, BYIL 27 (1950), 376 ff; vgl. dazu im einzelnen *Vitzthum*, 238; *Schmidt*, 31; *French*, 147 f.

[17] *Colombos*, 46 f; *Gidel*, Bd. I, 498; vgl. dazu die Kritik von *Vitzthum*, 239 f.

[18] A. A. *Vitzthum*, 269; nach seiner Ansicht ist der Tiefseeboden in nutzungsrechtlicher Hinsicht eine *res communis*, dem *common heritage*-Prinzip wird eine Bedeutung lediglich *de lege ferenda* beigemessen; *O'Connell/Shearer*, Bd. I, 458; *Brown*, San Diego L. Rev. 20 (1983), 523, scheint hingegen das *common heritage*-Prinzip als eine Variante der *res communis* Theorie anzusehen, auch *Kiss*, 121 ff, betont die Parallelität.

[19] Vgl. zu diesem Konzept aus der fast unüberschaubar gewordenen Literatur *Pardo*, 38; *Gorove*, 390; *Saffo*, 492 ff; *Kewenig*, 385 ff; *Kiss*, 99 ff; *White*, 509 ff; *Wolfrum*, ZaöRV 43 (1983), 312; *Baslar*, 205 f.

[20] Ausführlich zur Anwendung auf weitere Bereiche *Kiss*, 135 ff; *Baslar*, 243 f., 277 f.

[21] Vgl. dazu im einzelnen *Wolfrum*, ZaöRV 43 (1983), 315; *ders.*, Internationalisierung, 331 ff.

[22] UN Doc. A/6695; aufgearbeitet wird die Vorgeschichte der Malta-Initiative durch *Levy*, La Conférence sur le droit de la mer: un atelier international expérimental, RGDIP 84 I (1980), 10; auch *Kronmiller*, 20.

[23] ECOSOC Res. 1112 vom 7. 3. 1966.

begründen wollte[24] und dem Wunsch, die Handlungsfreiheit derjenigen Staaten, die technisch und wirtschaftlich zum Tiefseebergbau in der Lage waren, im Interesse der Entwicklungsländer und der Weltgemeinschaft einzuschränken. Insofern war die Entwicklung des *common heritage*-Prinzips von Anfang an gegen das Prinzip von der Freiheit der Hohen See gerichtet.

Die Beratungen in der Generalversammlung der Vereinten Nationen fanden ihren vorläufigen Abschluß in der Verabschiedung der Meeresbodenprinzipienerklärung.[25]

Die Meeresbodenprinzipienerklärung wurde in der Folgezeit von der Generalversammlung der Vereinten Nationen immer wieder bestätigt.[26]

Der Rechtsstatus des Meeresbodens, wie ihn Art. 136 SRÜ definiert, wird durch Erklärung des Gebietes und seiner Ressourcen zum gemeinsamen Erbe der Menschheit, gemessen an dem für die Hohe See geltenden Recht, in zweierlei Hinsicht beeinflußt. Dabei sind ein negativer wie ein positiver Aspekt zu unterscheiden. Der negative Aspekt liegt darin, daß der Tiefseeboden der Möglichkeit einer nationalen Okkupation entzogen wird. Gleichzeitig wird ausgeschlossen, daß ein Staat Souveränitätsrechte über einen Teil des Meeresbodens oder seine Ressourcen ausübt.[27] Insoweit besteht kein Unterschied zu dem für die Hohe See geltenden Grundsatz von der Freiheit der See. Art. 137 Abs. 1 SRÜ geht aber darüber hinaus. Er verpflichtet die Staaten, die rechtswidrige Okkupation von Teilen des Tiefseebodens und die Ausübung von Souveränitätsrechten über Teile des Tiefseebodens und seine Ressourcen nicht anzuerkennen. Diese Verpflichtung der Staaten zur Nichtanerkennung ist ein Mittel zur Durchsetzung völkerrechtlicher Verpflichtungen;[28] Art. 137 Abs. 1 SRÜ findet seine Parallele in der *Stimson*-Doktrin, welche die Staaten verpflichtet, einer Annexion ihre Anerkennung zu verweigern.[29] Des weiteren schließt Art. 137 Abs. 2, 3 SRÜ auch einen privatrechtlichen Erwerb der aus dem Tiefseeboden gewonnenen Mineralien aus, soweit deren Abbau nicht im Einklang mit den Vorschriften von Teil XI des Seerechtsübereinkommens stattgefunden hat. Einem derartigen Erwerb soll ebenfalls die Anerkennung versagt werden.

Der eingangs angesprochene positive Aspekt des *common heritage*-Prinzips liegt darin, daß die Menschheit in ihrer Gesamtheit *(mankind)* als Verfügungsberechtigte des Meeresbodens und seiner Ressourcen erklärt wird (Art. 136, Art. 137 Abs. 2 SRÜ).[30] Dies bricht völlig mit dem Prinzip der Freiheit der See. Durch die Ausweisung eines ausschließlich Verfügungsberechtigten wird dem Prinzip der Handlungsfreiheit der Staaten in bezug auf die wirtschaftliche Nutzung des Tiefseebodens und seiner Ressourcen eine grundsätzliche Absage erteilt; die Ausbeutung der Tiefseebodenressourcen und ihre Verteilung kann daher nicht im Wege der Wettbewerbsfreiheit erfolgen. In der Zuweisung der ausschließlichen Verfügungsbefugnis an die Menschheit liegt zudem der Rechtfertigungsgrund für das bereits angesprochene Aneignungsverbot gemäß Art. 137 Abs. 2 und 3 SRÜ i.V.m. Art. 1 Annex III.

Die Übertragung der Verfügungsbefugnisse über den Tiefseeboden und seine Ressourcen auf die Menschheit hat nicht zur Entstehung eines neuen Völkerrechtssubjekts „Menschheit" geführt. Denn diese verfügt über keine im Rahmen der internationalen Beziehungen hand-

---

[24] Vgl. dazu *Wolfrum*, Internationalisierung, 334; kritisch zu diesem Ansatz *W. T. Burke*, A Negative View of a Proposal for United Nations Ownership of Ocean Mineral Resources, Natural Resources Lawyer 1, No. 2 (1968), 42 ff.

[25] *Declaration of Principles Governing the Sea-Bed and the Ocean Floor, and the Subsoil Thereof, beyond the Limits of National Jurisdiction*, GA Res. 2749 (XXV) vom 17. 12. 1970; vgl. dazu *Brown*, San Diego L. Rev. 20 (1983), 542 ff.

[26] Z. B. GA Res. 2340 vom 18. 12. 1967; 2467 vom 21. 12. 1968; 2574 vom 15. 12. 1969; 2881 vom 21. 12. 1971; 3029 vom 18. 12. 1972; 3067 vom 16. 11. 1973; 3334 vom 17. 12. 1974; 3483 vom 12. 12. 1975; 31/63 vom 10. 12. 1976.

[27] Vgl. dazu *Vitzthum*, 240 ff; *Kewenig*, 389; *Kronmiller*, 106 ff.

[28] Bd. I/1, S. 96.

[29] Bd. I/1, S. 361.

[30] *Dupuy*, 582, spricht insoweit zutreffend von einem integrativen Effekt des *common heritage*-Prinzips.

lungsfähigen Organe.[31] Als solches kann auch nicht die Meeresbodenbehörde angesehen werden. Dennoch ist die Verwendung des Begriffes „Menschheit" nicht ohne Bedeutung. Sie belegt, daß bei der Durchführung des Tiefseebergbaus nicht allein auf die Interessen der Mitgliedstaaten der Meeresbodenbehörde abgestellt werden kann; Rücksicht zu nehmen ist außerdem auch auf die Interessen zukünftiger Generationen. Dies betont, daß eine Erforschung und Ausbeutung des Tiefseebodens unter Schonung der marinen Umwelt zu erfolgen hat. Allerdings geht die in dem *common heritage*-Prinzip liegende Bezugnahme auf die Interessen und Rechte zukünftiger Generationen über den einen bloßen Umweltschutzansatz hinaus. Gefordert ist auch ein schonender Umgang mit den Ressourcen, der auch späteren Generationen Entwicklungschancen beläßt. Insoweit ist bereits in dem *common heritage*-Prinzip das Konzept des *„sustainable development"* angelegt.[32]

3. Nach Art. 138 SRÜ muß das allgemeine Verhalten der Staaten, soweit es sich auf den internationalen Meeresboden bezieht, im Einklang mit dem allgemeinen Völkerrecht, der VN Charta sowie mit den entsprechenden Vorschriften des Seerechtsübereinkommens stehen. Bei dieser Vorschrift handelt es sich um eine der zentralen Regelungen für den Tiefseebergbau. Durch den Verweis auf das neue Tiefseebodenregime, in dem gleichzeitig ein Verweis auf die Kompetenzen der Meeresbodenbehörde zur Genehmigung und Regelung des Tiefseebergbaus liegt, wird deutlich, daß es eine Freiheit des Tiefseebergbaus im Sinne der Freiheit der See nicht gibt. Tiefseebergbau kann danach nur nach Genehmigung und unter Kontrolle der Meeresbodenbehörde erfolgen.[33]

Art. 138 SRÜ enthält zwei Komponenten. Zunächst bindet er die Vertragsstaaten an das allgemeine Völkerrecht und Teil XI SRÜ. Dabei stellt die Bindung an Teil XI SRÜ nur eine Wiederholung des allgemeinen Grundsatzes dar, daß vertragliche Verpflichtungen einzuhalten sind.

Art. 138 SRÜ richtet sich aber neben den Vertragsstaaten an alle Staaten und beansprucht damit Wirkung *erga omnes*. Vom *common heritage*-Prinzip her gesehen ist dieser Ansatz nur konsequent, denn wenn die Nutzung des Meeresbodens dazu bestimmt ist, der gesamten Menschheit zu dienen, so sollte an sich für keinen Staat mehr die Möglichkeit bestehen, sich den daraus resultierenden Pflichten zu entziehen.[34] Diese Interpretation ist allerdings unter geltendem Vertragsrecht problematisch. Gemäß Art. 34 und 35 der Wiener Vertragsrechtskonvention von 1969[35] ist eine Drittbindung völkerrechtlicher Verträge nur unter der Voraussetzung möglich, daß der betroffene Staat dieser Bindung schriftlich zugestimmt hat, oder daß es sich bei der belastenden Vertragsbestimmung um einen Satz des Völkerge-

---

[31] Wie hier *Gorove*, San Diego L. Rev. 9 (1972), 393; *A. A. Cocca*, The Advances in International Law Through the Law of Outer Space, Journal of Space Law 9 (1981), 13 ff (14).

[32] Zum Erhaltungsgrundsatz des sustainable development Prinzips und dessen Entwicklung ausführlich *F. L. Morrison/R. Wolfrum*, (eds.), International, Regional and National Environmental Law, 2000; *P. B. Payoyo*, Cries of the Sea: World Inequality, Sustainable Development and the Common Heritage of Humanity, 1997; *R. Bartholomäi*, Sustainable Development und Völkerrecht: Nachhaltige Entwicklung und Intergenerative Gerechtigkeit in der Staatenpraxis, 1997; *P. Sands*, International Law in the Field of Sustainable Development, BYIL 65 (1994), 303 ff, jeweils mit weiteren Nachweisen. Vgl. dazu auch *J. Brunée*, „Common Interest" – Echoes from an Empty Shell? Some Thougts on Common Interest and International Environmental Law, ZaöRV 49 (1989), 791 ff; *Kewenig*, 385. Das im *common heritage*-Prinzip angelegte Erhaltungsprinzip kommt auch in Punkt 4 (c) des Memorandums zu der maltesischen Verbalnote vom 17. 8. 1967 (DOC. A/6695 vom 18. 8. 1967) zum Ausdruck, in der es heißt *„The use of the seabed and of the ocean floor... shall be undertaken with the aim of safeguarding the interests of mankind."* *R. Wolfrum*, The Impact of the United Nations Convention on the Law of the Sea on the Progressive Development of International Law, IJIL 39 (1999), 615 f.

[33] Vgl. dazu §§ 130–131.

[34] Mit dieser Begründung vertreten *Van Dyke/Yuen*, San Diego L. Rev. 19 (1982), 535 ff eine Drittbindung des Seerechtsübereinkommens.

[35] UNTS Vol. 1155, 331; BGBl. 1985 II, 926.

wohnheitsrechts handelt. Allerdings wird in der Lehre die These vertreten, daß Verträge, die entweder ein objektives Regime errichten oder im Allgemeininteresse der Völkergemeinschaft liegen, auch Außenstehende binden.[36] Letztlich handelt es sich hierbei um die Problematik, ob das Seerechtsübereinkommen bzw. das *common heritage*-Prinzip ein Moratorium für Tiefseebergbauaktivitäten enthält und zwar für die Zeit, bis die entsprechenden Regelungen und Genehmigungen der Meeresbodenbehörde vorliegen und gegenüber Staaten, die das Seerechtsübereinkommen nicht ratifiziert haben bzw. ihm nicht beigetreten sind, ihre Wirkung entfalten. Hierauf soll gesondert eingegangen werden.[37]

4. Ebenso wie für die Nutzung der Hohen See gilt auch für den Tiefseebereich, daß dieser ausschließlich friedlichen Aktivitäten offensteht (Art. 141 SRÜ). Dieser Vorschrift kommt keine eigenständige Bedeutung zu. Sie stellt lediglich einen Verweis auf Art. 2 Ziff. 4 Charta der Vereinten Nationen und das im übrigen für diesen Komplex geltende Völkervertragsrecht dar.

Maßgeblich ist insoweit der Vertrag über das Verbot der Anbringung von Kernwaffen und anderer Massenvernichtungswaffen auf dem Meeresboden und im Meeresuntergrund.[38] Der Vertrag verbietet die Lagerung und Stationierung von Atom- und Massenvernichtungswaffen auf dem Meeresboden und in seinem Untergrund jenseits der 12 sm.-Grenze und bewirkt damit eine teilweise Demilitarisierung des Tiefseebodens. Die Durchführung dieses Vertrages wird durch ein gemeinsames Inspektionsrecht gesichert.

5. Art. 146 SRÜ verlangt, daß Maßnahmen zum Schutz des menschlichen Lebens bei der Durchführung von Tiefseebergbauaktivitäten ergriffen werden. Damit wird sowohl eine entsprechende Rechtsetzungskompetenz der Meeresbodenbehörde begründet wie auch ein allgemeines Verhaltensprinzip der Staaten festgeschrieben. Die Kompetenzen der Meeresbodenbehörde gehen in bezug auf den Schutz menschlichen Lebens auf See weiter als die der IMO, da dieser insoweit keine Rechtsetzungkompetenzen zukommen.

6. Hinsichtlich der Lösung denkbarer Nutzungskonflikte zwischen dem Tiefseebergbau und den traditionellen Nutzungsformen der See bewegt sich das Seerechtsübereinkommen in traditionellen Bahnen. Gemäß Art. 147 SRÜ haben Tiefseebodenaktivitäten angemessen die Belange anderer Nutzungsformen zu berücksichtigen, während jene in gleicher Weise den Bedürfnissen des Tiefseebergbaus Rechnung tragen. Eine Sonderregelung enthält Art. 147 Abs. 2 SRÜ für die Errichtung fester Installationen.

Die Vorschriften gleichen im Grunde genommen den entsprechenden Bestimmungen von Art. 5 Festlandsockelkonvention.[39] Die dort vorgesehenen Installationen dürfen nur im Einklang mit dem Tiefseebodenregime errichtet und abgebaut werden; sie sind unzulässig, wenn sie wichtige Schifffahrtswege behindern oder Fischgründe beeinträchtigen. Es besteht die Möglichkeit, um sie herum Sicherheitszonen zu errichten und schließlich haben sie nicht den Status von Inseln.[40]

---

[36] Vgl. dazu vor allem *P. Cahier*, Le problème des effets des traités à l'égard des Etats tiers, RdC 143 (1974 III), 589 ff (661); *Rousseau*, Tome I, 192; *E. Klein*, Statusverträge im Völkerrecht, 1980, 210, 345; *W. Rudolf*, Völkerrecht und deutsches Recht, 1967, 63; *C. Tomuschat*, Völkerrechtlicher Vertrag und Drittstaaten, Berichte DGVR 28 (1988), 9 ff (13). Vgl. dazu allgemein unten § 152.

[37] Vgl. dazu unten § 131.

[38] BGBl. 1972 II, 325; vgl. dazu *R. Wolfrum*, Restricting the Use of the Sea to Peaceful Purposes: Demilitarization in Being?, GYIL 24 (1981), 200 ff; *T. Treves*, Military Installations, Structures and Devices on the Sea-Bed, AJIL 74 (1980), 808 (816).

[39] UNTS Bd. 499, 311 ff (315).

[40] Die von der Meeresbodenbehörde hinsichtlich der Errichtung von künstlichen Inseln und Anlagen geforderte Rücksichtnahme auf andere Nutzungen der See geht weiter, als sie von den Küstenstaaten gem. Art. 60 SRÜ verlangt wird. Von diesen wird nur die Rücksichtnahme auf die Schiffahrt verlangt. Dies ist konsequent, da die Küstenstaaten sowohl die wirtschaftliche Nutzung des Festlandsockels als auch der darüber liegenden Wassersäule, soweit es sich um die ausschließliche Wirtschaftszone handelt, kontrollieren. Etwas anderes müßte für künstliche Inseln und Installationen auf dem äußeren Festlandsockel gelten, da insoweit auf das Recht anderer Staaten unter

7. Hintergrund des Gedankens, daß die Nutzung des Tiefseebodens dem Wohle der gesamten Menschheit zu dienen habe, ist auch die Forderung nach einem Schutz der marinen Umwelt gegen Schäden, die sich aus Tiefseebodenaktivitäten ergeben könnten.[41] Diese Forderung hat ihren Niederschlag in Art. 145 SRÜ gefunden. Danach sollen die notwendigen Maßnahmen ergriffen werden, um sicherzustellen, daß von Tiefseebodenaktivitäten keine Gefährdungen für die marine Umwelt ausgehen. Was unter Gefährdung der marinen Umwelt zu verstehen ist, konkretisiert Art. 145 SRÜ näher. Zu verhindern ist die Verunreinigung und Verseuchung oder sonstige Gefährdung der marinen Umwelt einschließlich der Küsten. In gleicher Weise geschützt ist das natürliche Gleichgewicht der marinen Umwelt.[42]
Die in Art. 145 SRÜ enthaltene Verpflichtung richtet sich, was der Verweis auf Teil XII SRÜ belegt, zunächst an die Einzelstaaten. Denn nach Art. 192 und 194 SRÜ besteht eine Verpflichtung der Staaten (nicht nur der Vertragsstaaten), die marine Umwelt gegen Gefährdungen zu schützen, wobei sich diese Verpflichtung ausdrücklich auf alle Aktivitäten bezieht, die unter staatlicher Verantwortung stattfinden. Dies gilt trotz der Einrichtung der Meeresbodenbehörde auch für den Tiefseebergbau, wie Art. 139 SRÜ belegt.
Art. 192 und 194 SRÜ richten sich an alle Staaten, aber nachdem bereits Art. 24 und 25 Genfer Hohe See-Konvention vom 29. 4. 1958, davon ausgingen, daß es die Pflicht der Staaten sei, die marine Umwelt zu schützen[43], kann auf Grund des weltweit gestiegenen Umweltbewußtseins davon ausgegangen werden, daß zumindest die allgemeinen Formulierungen von Art. 192 und 194 SRÜ Bestandteile des geltenden Völkergewohnheitsrechts darstellen. Diese allgemeinen Verpflichtungen werden durch Art. 195 und 197 SRÜ ergänzt, wonach es den Staaten zur Pflicht gemacht wird, gegen eine Ausbreitung von Schäden der marinen Umwelt einzuschreiten und bei der Ausarbeitung von Regeln und Standards global zusammenzuarbeiten.
Die weitere Ausgestaltung des marinen Umweltschutzes gegen negative Folgen des Meeresbergbaus erfolgt durch die Meeresbodenbehörde durch Erlaß von Sekundärrecht.[44, 45]

8. Art. 149 SRÜ unterstellt archäologische Funde auf dem Tiefseeboden einer Sonderbehandlung. Sie sind im Interesse der internationalen Staatengemeinschaft zu bewahren, wobei die Interessen des Ursprungsstaates (kultureller oder historischer Ursprung) besonders berücksichtigt werden müssen. Derartige Funde sind den betreffenden Staaten zur Verfügung zu stellen. Hierin liegt eine Abkehr von dem bisherigen Konzept, wonach archäologische Objekte, soweit sie außerhalb der Jurisdiktion eines Staates geborgen wurden, als herrenlos galten und der Finder bei deren Verwertung keinerlei Restriktionen unterlag.[46]

---

dem Prinzip von der Freiheit der Hohen See Rücksicht zu nehmen ist.

41 Vgl. dazu u. a. die Untersuchungen der *TUSCH Research Group*, Research Perspectives on Protecting the Marine Environment during Deep-Sea Mining, in: *Wolfrum* (ed.), Crossroads, 455 ff; vgl. dazu auch *H. Thiel*, Environmental Impact Resulting from Deep Sea-Bed Mining and Risk Assessment, ebd. 87 ff.

42 Vgl. zur Problematik: *TUSCH Research Group*, in: *Wolfrum* (ed.), Crossroads, 455 ff.

43 Vgl. *Dupuy/Vignes*, 1230.

44 Vgl. zu den ersten Entwürfen *J. E. Harders*, Deep Seabed Mining and the Protection of the Environment: Developments in Pollution Control, Responsibility and Liability, in: *Wolfrum* (ed.), Crossroads, 431 ff.

45 Part V der *Regulations on Prospecting and Exploration for Polymetallic Nodules in the Area* (Anm. 1). Nach para. 16 *Standard Clauses for exploration contract* (Annex 4 der *Regulations)* ist eine Haftung für Umweltschäden vorgesehen. Eine Haftung tritt allerdings nicht ein im Falle höherer Gewalt.

46 Vgl. zur Entstehungsgeschichte dieser Vorschrift *Wolfrum*, Internationalisierung, 414; diese Regelung wird durch die UNESCO Konvention zum Schutz des Unterwasserkulturerbes vom 2. 11. 2001 jetzt konkretisiert. Art. 12 dieser Konvention legt ein Konsultationsverfahren zwsichen denjenigen Vertragsparteien fest, die über ein sog. *„verifiable link"* zu dem zu schützenden Fundobjekt verfügen. Die zwischen diesen Staaten vereinbarten Schutzmaßnahmen werden durch einen von den Parteien ernannten

IV. 1. Das Regime über die Nutzung des Tiefseebodens wird ganz wesentlich durch das *common heritage*-Prinzip bestimmt. Dabei wurde das Nutzungsregime und der Einfluß des *common heritage*-Prinzips auf seine Ausgestaltung auf der 3. VN Seerechtskonferenz kontroverser diskutiert als der Einfluß dieses Prinzips auf den Rechtsstatus des Tiefseebodens. Das Nutzungsregime für den Tiefseeboden ist dadurch charakterisiert, daß es in die Schaffung einer Tiefseebodensolidargemeinschaft einmündet, in der die wirtschaftliche Nutzung des Tiefseebodens in den Dienst aller seiner Mitglieder, vor allem aber der wirtschaftlich schwächeren unter ihnen gestellt wird. Die Nutzung des Tiefseebodens – vor allem die wirtschaftliche Ausbeutung der dort lagernden Ressourcen – hat damit elementar anderen Regeln zu folgen, als sie für die Nutzung der Hohen See im allgemeinen unter dem Prinzip von der Freiheit der Hohen See gelten. Durch die Schaffung des Bezugsobjektes *„mankind"* wird eine Gemeinwohlpflichtigkeit der Tiefseebodenaktivitäten begründet, die weiter geht als die an dem derzeitigen Interesse anderer Staaten ausgerichtete Verpflichtung (due regards clause von Art. 87 Abs. 2 SRÜ). Die Konsequenzen des *common heritage*-Prinzips auf die Ausgestaltung des Nutzungsregimes für den Tiefseeboden haben sich in allgemeinen Regeln, wie in Art. 140 SRÜ, in entsprechenden Kompetenzen der Meeresbodenbehörde sowie in Verpflichtungen der Tiefseebergbau betreibenden Staaten niedergeschlagen.

2. Die für das Nutzungsregime unter dem *common heritage*-Prinzip entscheidende Vorschrift des Seerechtsübereinkommens ist Art. 140; danach haben Tiefseebodenaktivitäten dem Interesse der Menschheit in ihrer Gesamtheit zu dienen. Hieraus ergeben sich grundsätzlich zwei Forderungskomplexe, die streng zu trennen sind.
Der eine zielt auf eine unmittelbare Teilhabe aller Staaten an den Gewinnen aus dem Tiefseebergbau und resultiert in dem Postulat nach Gewinnverteilung. Der andere, bedeutendere, hat eine egalisierende Zielsetzung, die darauf gerichtet ist, für alle Staaten effektiv gleiche Bedingungen bezüglich des Tiefseebergbaus zu schaffen (Ausgleichsfunktion zur Herstellung materieller Gleichheit).[47] Diese Komponente des Gemeinnützigkeitsgebots wird durch die Hinzufügung eines Elements der sozialen Gerechtigkeit weiter verstärkt; Art. 140 Abs. 1 SRÜ erwähnt insoweit die besondere Berücksichtigung der Entwicklungsländer und der Völker, die noch nicht ihre volle Unabhängigkeit errungen haben (Privilegierung).

3. Gemäß Art. 140 Abs. 2 SRÜ ist es Aufgabe der Meeresbodenbehörde, für eine gerechte Verteilung der Gewinne aus dem Tiefseeboden zu sorgen. Durch die Aufnahme dieser behördlichen Verpflichtung in Art. 140 SRÜ, der das Gemeinnützigkeitsgebot des Meeresbergbaus allgemein formuliert, erscheint die Gewinnverteilungspflicht der Behörde als dessen unmittelbare Konsequenz. Dies betont die Bedeutung der Meeresbodenbehörde als Verteilungsorgan und mediatisiert insofern die Rechte der begünstigten Staaten auf Teilhabe. Bei der Gewinnverteilung sind die Entwicklungsländer und -völker gemäß Art. 160 Abs. 2 (f)(i) SRÜ, auf den Art. 140 Abs. 2 SRÜ verweist, besonders zu berücksichtigen. Dies entspricht der Formulierung des Gemeinnützigkeitsgebots, wie es Art. 140 Abs. 1 SRÜ aufstellt.
Begünstigte des von der Meeresbodenbehörde zu entwickelnden Gewinnverteilungsverfahrens sind alle Staaten; Art. 140 Abs. 2 und Art. 160 Abs. 2(f)(i) SRÜ enthalten zwar keinen entsprechenden Hinweis, Art. 140 Abs. 1 SRÜ bezieht sich aber auf alle Staaten, so daß dies auch für die Gewinnverteilung gemäß Art. 140 Abs. 2 SRÜ zu gelten hat.

Staat umgesetzt. Dabei genießt der *in-situ*-Schutz Vorrang.

[47] Dies ist nach *Dupuy*, 581, Ausfluß des integrierenden Effekts des *common heritage*-Prinzips.

Bei den Gewinnen, welche die Meeresbodenbehörde zu verteilen hat, handelt es sich um die finanziellen Mittel, welche die Meeresbodenbehörde selbst durch ihre Beteiligung am Tiefseebergbau erwirtschaftet, die an sie entrichteten Abgaben der Tiefseebergbau betreibenden Staaten und Unternehmen und die Abgaben der Küstenstaaten von den aus dem Außenschelf erzielten Gewinnen (Art. 82 SRÜ). Allerdings sind von diesen Finanzmitteln auch die administrativen Ausgaben der Meeresbodenbehörde und etwaige Leistungen an Entwicklungsländer als Kompensation für durch den Tiefseebergbau bedingte wirtschaftliche Einbußen bei der Gewinnung und Vermarktung terrestrisch gewonnener Rohstoffe (Art. 151 Abs. 10 SRÜ, Anhang, Section 7 des Durchführungsübereinkommens) zu erbringen. Es ist daher nicht absehbar, welche Bedeutung dem Gewinnverteilungsverfahren in der Praxis zukommen wird.

Art. 140 Abs. 1 SRÜ verlangt eine besondere Berücksichtigung der Entwicklungsländer. Insofern wird dem *common heritage*-Prinzip die Funktion zugewiesen, den wirtschaftlichen und technischen Abstand zwischen Entwicklungsländern und Industriestaaten verringern zu helfen. Inwieweit allerdings dem an verschiedenen Stellen von Teil XI zu findenden Bezug auf eine Sonderbehandlung der Entwicklungsländer eine substantielle Bedeutung zukommt, ist fraglich. Denn die Rechte der Entwicklungsländer werden in dem Seerechtsübereinkommen bereits im wesentlichen konkretisiert.

4. Der zweite Komplex, die Herstellung einer materiellen Gleichheit zwischen den Staaten in bezug auf den Tiefseebergbau hat zwei Konsequenzen: die Beschränkung von Tiefseebodenaktivitäten solcher Staaten, die technisch und wirtschaftlich bereits zum Tiefseebergbau in der Lage sind, um Raum für andere Staaten zu lassen und die Förderung von Tiefseebergbauaktivitäten jener anderen Staaten. Auf diesem Ansatz beruht die Errichtung der Meeresbodenbehörde und deren Beteiligung an Tiefseebergbauaktivitäten.

Der Errichtung der Meeresbodenbehörde kommt aus der Sicht des *common heritage*-Prinzips eine doppelte Bedeutung zu. Zum einen dient sie der internationalen Kontrolle der Tiefseebodenaktivitäten und stellt damit sicher, daß diese zum Wohle und im Interesse der gesamten Menschheit durchgeführt werden. Ebenso von Gewicht ist allerdings die Bedeutung, welche die Meeresbodenbehörde bei der Verwirklichung der materiellen Gleichstellung der Staaten in bezug auf Tiefseebodenaktivitäten hat. Denn mit ihr tritt an die Stelle staatlicher Nutzungsfreiheit ein Behördenmonopol, das die Beteiligung am Tiefseebergbau an die Vorbedingung zwischenstaatlicher Kooperation knüpft, und damit die aktive Beteiligungsfreiheit am Tiefseebergbau auf einen Anspruch auf formelle Beteiligung an der Tätigkeit der Meeresbodenbehörde reduziert. Soweit alle Staaten formell gleiche Rechte im Rahmen der Meeresbodenbehörde genießen, ist idealtypisch eine faktische Gleichstellung aller Staaten hinsichtlich der Nutzung des Tiefseebodens – wenn auch mediatisiert durch die Meeresbodenbehörde – erreicht. Allerdings ist darauf hinzuweisen, daß das *common heritage*-Prinzip die Errichtung einer derartigen Behörde nicht zwingend vorsieht; die angestrebte materielle Gleichstellung der Staaten in bezug auf die Nutzung des Tiefseebodens könnte auch durch andere Mechanismen erreicht werden, welche die staatlichen Handlungsfreiheiten weniger einschränken. So sieht der „Weltraumvertrag"[48] nicht die Einrichtung einer solchen Behörde vor. Schließlich hat auch das Seerechtsübereinkommen diesen Ansatz nicht mit letzter Konsequenz verwirklicht, da die Möglichkeit sowohl staatlicher als auch privater Tiefseebodenaktivitäten unter dem Seerechtsübereinkommen besteht.

Die angesprochenen Einschränkungen für die Industriestaaten sind im Grunde genommen die Kehrseite der den übrigen Staaten eingeräumten Präferenzen. Die Einschränkungen liegen insbesondere darin, daß Tiefseebergbau allein in dem von Teil XI des Seerechtsüber-

[48] Vertrag über die Grundsätze zur Regelung der Tätigkeiten von Staaten bei der Erforschung und Nutzung des Weltraums einschließlich des Mondes und anderer Himmelskörper vom 27. 1. 1967, BGBl.1969 II S. 1968.

einkommens geschaffenen Rahmen möglich ist und damit keine Freiheit des Tiefseebergbaus besteht.

5. Auf dem Ausgleichsgedanken beruhen des weiteren auch die Regelungen zum Technologietransfer, zur Weitergabe von Forschungsergebnissen und zur Ausbildung von Technikern und Wissenschaftlern. Die hieraus erwachsenden Verpflichtungen richten sich sowohl an die Vertragsstaaten, die tiefseebergbaubetreibenden Staaten und Unternehmen als auch an das behördeneigene Unternehmen.

Grundnorm für den Technologietransfer[49] hinsichtlich des Tiefseebergbaus ist Art. 144 SRÜ; weitere Regelungen enthalten Art. 150 (d), 155 Abs. 2, 170 Abs. 4 SRÜ sowie Art. 5 Annex III SRÜ. Außerdem ist Teil XIV dem Technologietransfer gewidmet, die entscheidende Vorschrift ist insoweit Art. 273 SRÜ. Hinzu tritt Annex, Section 5 des Durchführungsübereinkommens, 1994. Danach bleibt die Anwendung von Art. 144 SRÜ unberührt, nicht anwendbar ist hingegen Art. 5 Annex III des Seerechtsübereinkommens.

Nach Art. 144 SRÜ ist es Aufgabe der Meeresbodenbehörde, Technologie und wissenschaftliche Erkenntnisse bezüglich des Meeresbergbaus zu erwerben sowie den Transfer an die Entwicklungsländer zu fördern. Dabei haben die Behörde und die Vertragsstaaten mit dem Ziel zusammenzuarbeiten, daß alle Vertragsstaaten sowie das behördeneigene Unternehmen von dem Technologietransfer profitieren. Art. 144 und 273 SRÜ erfassen ausschließlich den Transfer von Technologie, der sich auf Tiefseebodenaktivitäten (Prospektion, Exploration und Abbau) bezieht, nicht erfaßt wird der Transport sowie die Verarbeitung der aus dem Tiefseeboden gewonnenen Rohstoffe. Die Meeresbodenbehörde hat in bezug auf den Technologietransfer nicht nur eine Koordinationsfunktion, sondern ist verpflichtet, Technologie zu erwerben und den Transfer von Technologie an das behördeneigene Unternehmen zu fördern.[50] Daneben macht Art. 150 (c) SRÜ deutlich, daß der Erwerb von Technologie durch die Meeresbodenbehörde gleichfalls den Entwicklungsländern zugute kommen soll. Wie weit diese Verpflichtung im einzelnen geht, ergibt sich aus Art. 144 Abs. 2 SRÜ, danach steht der Meeresbodenbehörde zwar ein Monopol hinsichtlich der Vermittlung von Tiefseebergbautechnologie zu, sie ist aber nicht verpflichtet, die ihr selbst übertragene Technologie weiter zu übertragen.[51]

Das Seerechtsübereinkommen sah insgesamt drei Verfahren zur „Übertragung" von Technologie vor, die durch das Durchführungsübereinkommen wesentlich modifiziert werden. Gemäß Art. 5 Abs. 5 Annex III SRÜ waren diejenigen Vertragsstaaten, die über entsprechende Tiefseebergbautechnologie verfügen, verpflichtet, effektive Maßnahmen zu ergreifen, daß die Technologie Dritten zu fairen und angemessenen kommerziellen Bedingungen zur Verfügung gestellt wurde. Hiermit wurde eine staatliche Verpflichtung begründet; Begünstigter war allein das behördeneigene Unternehmen. Diese Verpflichtung galt allerdings nur für den Fall, daß das behördeneigene Unternehmen nicht in der Lage war, Technologie, die es für den Beginn einer wirtschaftlichen Ausbeutung (Gewinnung und Verarbeitung) von Tiefseebodenmineralien benötigte, zu erwerben. Allerdings begründete diese Vorschrift nur eine einmalige Pflicht, mittels derer der zeitgerechte Beginn der behördlichen wirtschaftlichen Tätigkeit sichergestellt werden sollte. Die Verpflichtung der Vertragsstaaten wurde durch das Durchführungsübereinkommen außer Anwendung gesetzt. Das behördeneigene Unternehmen soll die benötigte Technologie im Rahmen von *joint venture*-Vereinbarungen[52] erwerben.

Ein zweites Verfahren für den behördlichen Erwerb von Technologie (Gewinnungstechnologie) ergab sich aus Art. 144 Abs. 2 SRÜ. Danach sind die Vertragsstaaten verpflichtet, mit der Behörde zusammenzuarbeiten, um Programme für eine Verbesserung der Technologie des behördeneigenen Unternehmens und der Entwicklungsländer zu entwickeln. Allerdings liegt hierin keine aktuelle

---

[49] Den Begriff der Technologie umschreibt Art. 5 Abs. 8 Annex III SRÜ. Daran ändert sich auch nichts durch Anlage Abschnitt 5 para. 2 des Durchführungsübereinkommens.

[50] Vgl. Art. 170 Abs. 4 SRÜ; zweifelnd *N. J. Prill*, Technologietransfer und Meeresnutzung, ZaöRV 38 (1978), 801 (819).

[51] *Wolfrum*, Internationalisierung, 460.

[52] Vgl. zum Konzept der *joint ventures G. Jaenicke*, Joint Ventures for Deep Seabed Mining Operations, ZaöRV 55 (1995), 329.

Verpflichtung zur Übertragung von Technologie. Die durch Art. 144 Abs. 2 SRÜ begründeten Pflichten beschränken sich auf die Kooperation. Diese Verpflichtung wird durch das Durchführungsübereinkommen nicht berührt; Annex, Section 5 des Durchführungsübereinkommens enthält vielmehr eine Bestätigung dieser Pflicht.
Das dritte Verfahren zur Übertragung von Technologie richtet sich an Staaten und Unternehmen, die einen Antrag auf Genehmigung von Bergbauaktivitäten gestellt haben.[53] Auch diese Pflicht wird durch das Durchführungsübereinkommen wesentlich modifiziert.
Auf dem Ausgleichsgedanken beruhte schließlich auch die Pflicht der potentiellen Tiefseebergbaustaaten, zu einer Finanzierung des behördeneigenen Unternehmens beizutragen sowie die Verpflichtung von Staaten und Unternehmen, die eine Explorationsgenehmigung beantragen, dem behördeneigenen Unternehmen ein prospektiertes Feld zur Verfügung zu stellen. Auch diese Pflichten sind teilweise durch das Durchführungsübereinkommen modifiziert worden.[54]

V. 1. Das Seerechtsübereinkommen unterscheidet folgende Nutzungsformen des Tiefseebodens: wissenschaftliche Meeresforschung, Prospektion, Erforschung (Exploration) und Ausbeutung von Ressourcen. Die Regelungsdichte des Seerechtsübereinkommens für die einzelnen Nutzungsformen ist außerordentlich unterschiedlich; unterschiedlich sind insoweit auch die Kompetenzen der Meeresbodenbehörde ausgestaltet.

2. Die wissenschaftliche Forschung hinsichtlich des Tiefseebodens wird durch das Seerechtsübereinkommen sowohl in Teil XI (Tiefseeboden) wie auch in dem speziell der wissenschaftlichen Forschung gewidmeten Teil XIII angesprochen. Grundnorm für die wissenschaftliche Erforschung des Tiefseebodens ist Art. 256 SRÜ, wonach allen Staaten, ohne Rücksicht auf deren geographische Lage, sowie internationalen Organisationen das Recht offen steht, wissenschaftliche Forschung im Gebiet zu betreiben. Eingeschränkt wird diese Grundnorm durch einen Verweis auf Teil XI des Seerechtsübereinkommens, d. h. auf Art. 143 SRÜ.

Zu Art. 256 SRÜ in Widerspruch steht allerdings, daß Art. 143 Abs. 3 SRÜ lediglich von Vertragsstaaten als Begünstigten der Forschungsfreiheit spricht und dabei den Vertragsstaaten Pflichten auferlegt. Die Entstehungsgeschichte beider Vorschriften läßt jedoch deutlich werden, daß Art. 143 Abs. 3 SRÜ nicht als eine Einschränkung der Forschungsfreiheit zu verstehen ist.[55]

Gemäß Art. 143 Abs. 1 SRÜ darf die Erforschung des Tiefseebodens nur zu friedlichen Zwecken erfolgen und muß dem Wohle der gesamten Menschheit dienen, wobei wieder auf Teil XIII des Seerechtsübereinkommens zurückverwiesen wird. Insofern ergeben sich die Bedingungen, unter denen Tiefseebodenforschung betrieben werden kann, aus einem Zusammenspiel der Vorschriften aus Teil XI und XIII des Seerechtsübereinkommens.[56]

Art. 143 Abs. 3 SRÜ erlegt den Vertragsstaaten eine Reihe von Kooperationspflichten untereinander und in bezug auf die Meeresbodenbehörde auf. Außerdem sollen Forschungsergebnisse, soweit wie möglich, anderen Forschungsinstitutionen zugänglich gemacht werden.

3. Bei der Prospektion, die der extensiven großflächigen Untersuchung des Gebiets dient, handelt es sich im Gegensatz zur wissenschaftlichen Erforschung des Tiefseebodens um eine Vorstufe der industriellen Gewinnung von Ressourcen.[57] Die Prospektion auf die mineralischen Ressourcen des Tiefseebodens unterliegt einem Sonderregime und ist von der Erforschung (Exploration – gezielte, intensive Untersuchung eines mittels der Prospektion

[53] Vgl. dazu unten V.6.

[54] Vgl. dazu unten V.7.

[55] *Wolfrum*, Internationalisierung, 443.

[56] Teil XIII wiederholt einige der bereits in Art. 143 SRÜ niedergelegten Grundsätze. Von eigenständiger Bedeutung ist daher lediglich Art. 240 SRÜ, wonach die wissenschaftliche Erforschung unter Beachtung der Umweltschutzvorschriften und unter Berücksichtigung der übrigen Nutzungsformen der See zu erfolgen hat.

[57] Vgl. dazu die Definition in Regulation 1 para. 3 (e) der *Regulations on Prospecting and Exploration for Polymetallic Nodules in the Area*, (Anm. 1).

gefundenen Feldes zur Vorbereitung des Abbaus) und der Ausbeutung des Tiefseebodens zu unterscheiden. Dieses Sonderregime für die Prospektion ist liberaler gestaltet als das Explorations- und Abbauverfahren, da die Prospektion die Ressourcen des Tiefseebodens noch unberührt läßt und auch mehrere Prospektoren in dem gleichen Bereich nebeneinander tätig werden können.[58]

Gemäß Art. 2 Annex III SRÜ ist die Meeresbodenbehörde verpflichtet, die Prospektion zu fördern. Der Prospektor bedarf für die Aufnahme seiner Tätigkeit einer Freigabe seitens der Meeresbodenbehörde. Sie ist zu erteilen, wenn sich der Prospektor zur Einhaltung der Umweltschutzvorschriften[59] verpflichtet hat und einwilligt, im Rahmen von Förderprogrammen für die wissenschaftliche Kooperation und den Technologietransfer mit der Behörde zusammenzuarbeiten. Damit wird auch die Prospektion in den Dienst des Ausgleichsgedankens des *common heritage*-Prinzips gestellt.

4. Die entscheidende Norm für die Regelung der Erforschung und der Ausbeutung der mineralischen Ressourcen des Tiefseebodens ist Art. 153 SRÜ. Nach Art. 153 Abs. 1 SRÜ wird der Tiefseebergbau durch die Behörde organisiert, durchgeführt und kontrolliert, wobei diese im Namen der Menschheit als ganzer handelt und ihrerseits an die einschlägigen Vorschriften des Seerechtsübereinkommens, einschließlich der Annexe, an das Durchführungsübereinkommen sowie an das selbstgeschaffene Sekundärrecht gebunden ist. Ausführende des Tiefseebergbaus sind einerseits das behördeneigene Unternehmen und andererseits, in Verbindung mit der Meeresbodenbehörde, Vertragsstaaten, Staatsunternehmen und natürliche sowie juristische Personen. Die wesentliche Neuheit dieser Zugangsregelung liegt darin, daß einer internationalen Organisation das Recht eingeräumt wird, in Konkurrenz mit anderen Unternehmen selbst wirtschaftlich tätig zu werden. Ebenso von Bedeutung ist, daß nicht nur die Vertragsstaaten als Betreiber von Tiefseebergbau vorgesehen werden, sondern neben ihnen auch private Unternehmen als potentielle Bergbautreibende anerkannt werden. Nach dem Wortlaut von Art. 153 SRÜ liegt bei der Meeresbodenbehörde die primäre Kompetenz zum Tiefseebergbau; sie kann aber Aktivitäten durch Staaten und Unternehmen gestatten. Diese Regelung des Zugangs zu Tiefseebergbauaktivitäten wurde von der 3. VN Seerechtskonferenz als Konsequenz des *common heritage*-Prinzips verstanden.

Die Idee, ein Unternehmen der Meeresbodenbehörde zu schaffen wurde bereits in den Debatten des *UN Committee for the Peaceful Use of the Ocean Floor and the Subsoil Thereof*, dem die Vorbereitung der 3. VN Seerechtskonferenz oblag, entwickelt.[60] Dabei wurde bis zu einem gewissen Umfang auf die Vorbilder von INTELSAT,[61] bzw. EURATOM, die in der Versorgungsagentur über ein nach wirtschaftlichen Gesichtspunkten arbeitendes Hilfsorgan verfügt, zurückgegriffen.[62]

Unter der zweiten Kategorie der potentiell Bergbauberechtigten nennt Art. 153 Abs. 2(b) SRÜ an erster Stelle die Vertragsstaaten. Diese Formulierung steht im Gegensatz zu Art. 141 SRÜ, wonach die friedliche Nutzung des Tiefseebodens allen Staaten, d. h. auch den Nicht-Vertragsstaaten offensteht. Dennoch ist diese Einschränkung konsequent. Das Tiefseebergbauregime versucht die Tiefseebergbauaktivitäten vollständig an die sich aus dem *common heritage*-Prinzip ergebenden Nutzungsbeschränkungen zu binden. Aus diesem Grund werden über Art. 13 SRÜ, der insoweit Art. 141 SRÜ modifiziert, und Art. 153 SRÜ Nicht-Vertragsstaaten von Tiefseebergbauaktivitäten ausgeschlossen.[63]

[58] Vgl. Art. 2 Abs. 1 (c) Annex III SRÜ, abgedruckt in: *R. Platzöder*, The 1994 United Nations Convention on the Law of the Sea, 1995, 131.

[59] Zu Tiefseebodenbergbau und Umweltschutz s.o. III.7 und *J. Koch*, in: Liber amicorum *G. Jaenicke*, 1998, 495 ff.

[60] Vgl. den Vorschlag von 13 lateinamerikanischen Staaten UN Doc. A/AC.138/49 vom 4. 8. 1971.

[61] Vgl. dazu *Wolfrum*, Internationalisierung, 295 ff.

[62] Vgl. dazu *Wolfrum*, Internationalisierung, 591 f.

[63] Vgl. dazu *Wolfrum*, Internationalisierung, 424 ff.

Als weitere potentiell Bergbauberechtigte nennt Art. 153 Abs. 2(b) SRÜ Staatsunternehmen sowie natürliche und juristische Personen. Die besondere Erwähnung von Staatsunternehmen stellte ein Entgegenkommen gegenüber den sozialistischen Staatshandelsländern dar, das heute an Bedeutung verloren hat. Voraussetzung für die Anerkennung von privaten oder juristischen Personen als potentielle Bergbauberechtigte ist, daß sie die Nationalität eines Vertragsstaates besitzen oder effektiv von einem Vertragsstaat oder dessen Staatsangehörigen kontrolliert werden und ein Vertragsstaat die Befürwortung für das betreffende Unternehmen übernommen hat. Durch diese Verbindung zu einem Vertragsstaat soll sichergestellt werden, daß dieser die ihm gemäß Art. 139 SRÜ obliegenden Kontrollfunktionen tatsächlich durchführen kann. Die Notwendigkeit einer staatlichen Befürwortung hat zur Konsequenz, daß die Staaten Einfluß auf die Bewerbung um Tiefseebergbauaktivitäten nehmen können und unter haftungsrechtlichen Gesichtspunkten auch müssen.

Gemäß Art. 139 Abs. 2 SRÜ in Verbindung mit Art. 4 Abs. 4 Annex III haftet ein befürwortender Staat für Fehler bei der Auswahl und Überwachung. Der Verweis auf die Regeln des Völkerrechts zur Staatenhaftung[64] in Art. 139 Abs. 2 SRÜ belegt, daß diese nicht abgeschwächt, sondern verstärkt werden sollten. Im Grunde genommen wird hier durch das Seerechtsübereinkommen auf den Mechanismus der Flaggenzugehörigkeit zurückgegriffen, um die Durchsetzung des Völkerrechts mittels eines Staates gegenüber Unternehmen und Einzelpersonen sicherzustellen. Anders als bei der Flaggenzugehörigkeit von Schiffen[65] stellt aber das Seerechtsübereinkommen für den Tiefseebergbau sicher, daß eine wirkliche Verbindung zwischen dem Staat und den von ihm unterstützten Unternehmen besteht. Der hierfür entscheidende Mechanismus ist die internationale Verantwortlichkeit der befürwortenden Staaten *(sponsoring states)*. Dadurch erhält die Staatenverantwortlichkeit einen zusätzlichen Akzent, indem ihre Steuerfunktion betont und instrumentalisiert wird. Denn über die Staatenverantwortlichkeit wird sichergestellt, daß die Staaten ihre Pflichten gegenüber der Meeresbodenbehörde in bezug auf die Unternehmen unter ihrer Kontrolle, die Tiefseebergbau betreiben, auch wirklich wahrnehmen. Der direktere Weg wäre es gewesen, auf den Mechanismus des *sponsoring state* zu verzichten. Dies ist jedoch nicht geschehen; hierin liegt eine bewußte Absage an die Anerkennung der Unternehmen als selbst- und alleinverantwortliche Akteure. Gleichzeitig wird durch den Mechanismus des *sponsoring state* berücksichtigt, daß die Durchsetzung des Rechts für den Tiefseebergbau der Staaten als ‚Exekutivorgane' bedarf.

5. Keine eigenständige Bedeutung kommt der Formel des Art. 153 Abs. 2 SRÜ mehr zu, wonach Tiefseebergbau nur „unter Einbeziehung der Behörde" betrieben werden kann. Die Einzelheiten hierzu ergaben sich aus Annex III und dem Durchführungsübereinkommen. Annex III machte deutlich, daß eine entsprechende partnerschaftliche Zusammenarbeit zwischen Meeresbodenbehörde, Staaten und Unternehmen vorgesehen war. Dies schloß eine engere Zusammenarbeit im Wege von *joint ventures* nicht aus (vgl. Art. 11, Annex III). Das Durchführungsübereinkommen hatte die Akzente insoweit verschoben.

Insgesamt sah das Seerechtsübereinkommen grundsätzlich drei Formen des Tiefseebergbaus vor: unmittelbar durch das behördeneigene Unternehmen, im Rahmen von *joint ventures* zwischen Meeresbodenbehörde und Staaten oder Unternehmen und schließlich durch Staaten bzw. Unternehmen unter der Kontrolle der Meeresbodenbehörde. Dieses Nebeneinander von Abbauberechtigten (Parallelsystem) war das Ergebnis eines politischen Kompromisses auf der 3. VN Seerechtskonferenz zwischen der Position der Entwicklungsländer, die den Tiefseebergbau bei der Meeresbodenbehörde konzentriert sehen wollten[66] und der

[64] Vgl. dazu *R. Wolfrum/C. Langenfeld*, Umweltschutz durch internationales Haftungsrecht, 1999, 3 ff; und allgemein *Ipsen*, in: *ders.*, Völkerrecht, 4. Aufl., 532 ff.

[65] Vgl. dazu *C. Gloria*, in: *Ipsen* (Anm. 64), 767 ff.

[66] Vgl. dazu *R. P. Anand*, Legal Regime of the Sea-Bed and the Developing Countries, 1975; *H. S. Amera-*

Position einiger Industriestaaten, vor allem der Vereinigten Staaten von Amerika, die der Meeresbodenbehörde lediglich das Recht der Lizenzvergabe zuerkannten.[67] Das Parallelsystem ist vor allem durch das Durchführungsübereinkommen[68] grundlegend modifiziert worden.

Das Parallelsystem diente auch dazu, das behördeneigene Unternehmen finanziell und technisch aufzubauen, um es in die Lage zu versetzen, Tiefseebergbau letztlich allein betreiben zu können. Insofern war das Parallelsystem als ein Übergangssystem konzipiert, das in einer Revisionskonferenz zu Gunsten eines allein von der Meeresbodenbehörde betriebenen Tiefseebergbaus sollte wieder aufgegeben werden können (Art. 155 SRÜ), wobei eine Entscheidung durch eine Dreiviertelmehrheit der Konferenzteilnehmer vorgesehen war. Dies wurde durch das Durchführungsübereinkommen modifiziert.
Die Revisionsklausel war Gegenstand der Kritik von Seiten der Industriestaaten. Denn eine entsprechende Entscheidung hätte letztlich das völlige Verbot eines einzelstaatlich betriebenen Tiefseebergbaus bedeutet. Es war allerdings zweifelhaft, ob diese Revisionsklausel die ihr zugewiesene Bedeutung je erlangen würde.[69] Gemäß Annex, Section 4 Durchführungsübereinkommen ist Art. 155 Abs. 1, 3 und 4 SRÜ nicht anwendbar. Anwendbar bleibt jedoch die Möglichkeit einer Konventionsänderung gemäß Art. 314 ff SRÜ. Insoweit gelten allerdings zwei Einschränkungen. Änderungen von Teil XI SRÜ dürfen nicht die Geltung des *common heritage*-Prinzips[70] oder die nach dem Seerechtsübereinkommen erworbenen Tiefseebergbaurechte berühren.[71] Außerdem treten sie gemäß Art. 316 Abs. 5 SRÜ erst in Kraft – allerdings dann für alle Staaten – wenn sie von drei Vierteln der Vertragsstaaten ratifiziert worden sind.

6. Die Durchführung von Erforschungs- und Ausbeutungtätigkeiten auf dem Tiefseeboden bedarf der Genehmigung durch die Meeresbodenbehörde im Wege eines Arbeitsplans *(plan of work)*. Das entsprechende Antragsverfahren ist durch Annex III des Seerechtsübereinkommens und Teil III Section 2 der *Regulations on Prospecting and Exploration for Polymetallic Nodules in the Area*[72] im Detail geregelt.[73] Über dieses Genehmigungsverfahren soll die Kontrolle der Meeresbodenbehörde über die Tiefseebergbauaktivitäten und die Kooperation zwischen Bergbauunternehmen und Meeresbodenbehörde sichergestellt werden. Das Antragsverfahren des Seerechtsübereinkommens wird durch die Resolution II der 3. VN Seerechtskonferenz (vorbereitender Investitionsschutz) modifiziert.

---

singhe, Key Issues in the Third United Nations Conference on the Law of the Sea, in: *E. Mann Borgese*/*D. Krieger* (eds), Tides of Change: Peace, Pollution and Potential of the Oceans, 1975, 328 ff; *Vitzthum*, 312 ff; *Wolfrum*, Internationalisierung, 365 ff, jeweils mit Nachweisen zu den entsprechenden Staatenvorschlägen.

67 Vgl. dazu *Vitzthum*, 312; *Wolfrum*, Internationalisierung, 363 ff mit Nachweis der entsprechenden Staatenvorschläge; zu der Position der USA im einzelnen vgl. *H. G. Knight*, The Draft United Nations Convention on the International Seabed Area: Background, Description and some Preliminary Thoughts, San Diego L. Rev. 8 (1971), 459 ff; *R. Y. Jennings*, The United States Draft Treaty on the International Sea-Bed Area, ICLQ 20 (1971), 433 ff; *A. L. Hollick*, Seabed makes Strange Politics, Foreign Policy 9 (1972/73), 148 schildert die Hintergründe für das Scheitern des US-Vorschlags; vgl. zu der Haltung der Vereinigten Staaten auf der 3. VN Seerechtskonferenz auch *Schmidt*, 103 ff. Zur Haltung der Industriestaaten allgemeiner *A. L. Danzig*, Draft Treaty Proposals by the the United States, the United Kingdom and France on the Exploitation of the Seabed: An Analysis, Ocean Management 1 (1973), 55; vgl. zu den Staatenvorschlägen allgemein *O. Schachter*, Sharing the World's Resources, 1977, 52 ff; *J. L. Løvald*, In search of an ocean regime, IO 29 (1975), 681 ff mit einer eingehenden Analyse der Staatenpräferenzen; *A. O. Adede*, The System of Exploitation of the „Common Heritage of Mankind" at the Caracas Conference, AJIL 69 (1975), 31 ff (32 ff).

68 Siehe hierzu *D. H. Anderson*, Resolution and Agreement Relating to the Implementation of Part XI of the UN Convention on the Law of the Sea: A General Assessment, ZaöRV 55 (1995), 275 (280).

69 Vgl. dazu *H. J. Kiderlen*, Das vorbereitende Tiefseebergbauregime unter „Resolution II", 38 VN (1990), 7 ff.

70 Vgl. insoweit Art. 155 Abs. 2 SRÜ.

71 Vgl. insoweit Art. 155 Abs. 5 SRÜ.

72 Siehe Anm. 1.

73 Vgl. hierzu *Orrego Vicuña*, in: *Dupuy/Vignes*, 655 ff; *French*, 220 ff; *Wolfrum*, Internationalisierung, 432 ff.

Die Meeresbodenbehörde prüft zunächst, ob die formellen Voraussetzungen für das Antragsverfahren eingehalten und die gemäß Art. 4 Annex III SRÜ geforderten Versicherungen abgegeben worden sind. Danach wird festgestellt, ob bei dem Antragsteller die erforderlichen technischen und finanziellen Qualifikationen vorliegen; in diesem Zusammenhang kann auch das Verhalten des Antragstellers unter früheren Arbeitsplänen berücksichtigt werden.[74] Hierin liegt eine ganz wesentliche Sanktionsmöglichkeit seitens der Meeresbodenbehörde. Die Prüfungskompetenzen sind unterschiedlich, je nachdem ob es sich bei dem Antragsteller um einen Staat, ein Staatsunternehmen, das behördeneigene Unternehmen oder um juristische oder natürliche Personen handelt. Von der finanziellen Leistungsfähigkeit eines Staates z. B. wird ausgegangen. Des weiteren ist zu prüfen, ob das beantragte Gebiet nicht bereits ganz oder teilweise einem anderen Tiefseebergbautreibenden zugewiesen wurde bzw. noch kein anderer Antrag für dieses Gebiet oder einen Teil davon vorliegt. Entscheidend für die Antragspriorität ist der Eingang der Anträge. Das beantragte Gebiet darf zudem nicht als Umweltschutzzone ausgewiesen sein. Die Genehmigung kann schließlich nur einem Staat bzw. dem Unternehmen eines Staates erteilt werden, der, sei es als befürwortender Staat *(sponsor)*, sei es als Unternehmer, nicht unter die Antimonopolklausel von Art. 6 Abs. 3 (c) Annex III SRÜ fällt. Diese soll verhindern, daß ein Staat den Tiefseebergbau weitgehend kontrolliert.

Insgesamt ist festzustellen, daß der Meeresbodenbehörde insoweit nur ein sehr begrenztes Auswahlermessen zuerkannt wird. Neben der Bewertung des Verhaltens des Antragstellers unter einem früheren Arbeitsplan ist die Meeresbodenbehörde darauf beschränkt, objektive Voraussetzungen zu prüfen. Liegen diese vor, ist die Meeresbodenbehörde verpflichtet, ihre Genehmigung zu erteilen.[75] Dies entspricht den Forderungen der Industriestaaten, wohingegen einige Vorschläge der Entwicklungsländer der Meeresbodenbehörde ein weites Auswahlermessen einräumen wollten. Die Entscheidungsmöglichkeiten der Meeresbodenbehörde sind durch das Durchführungsübereinkommen weiter eingeengt worden.[76] Die wesentliche Entscheidung liegt danach bei einem Expertengremium,[77] der *Legal and Technical Commission*, die mit einfacher Mehrheit[78] entscheidet.[79]

Eine der wesentlichen substantiellen Verpflichtungen des Antragstellers auf eine Genehmigung zur Exploration der Tiefsee besteht darin, daß der von ihm vorzulegende Arbeitsplan ein prospektiertes Gebiet umfassen muß, das zwei Bergbauoperationen ermöglicht.[80] Die Meeresbodenbehörde wählt dann eines der Gebiete zur Nutzung durch das Unternehmen *(the Enterprise)* aus *(reserved area)*; in diesen Gebieten konnte ursprünglich nur das behördeneigene Unternehmen allein oder in Zusammenarbeit mit Entwicklungsländern oder ein Entwicklungsland bzw. dessen Unternehmen tätig werden, wenn das behördeneigene Unternehmen keine Bergbautätigkeit in diesem Gebiet entfalten wollte *(banking system)*.[81] Diese Verpflichtung, prospektierte Felder mit den entsprechenden Daten an die Meeresbodenbehörde abzugeben, ist Ausdruck der über das *common heritage*-Prinzip angestrebten materiellen Gleichheit der Staaten in bezug auf den Meeresbergbau.

Dieser Aspekt des Tiefseebergbausystems ist durch das Durchführungsübereinkommen modifiziert worden. Danach erfolgen Tiefseebergbautätigkeiten des behördeneigenen Unternehmens in der Form von *joint ventures*. Auch die Ausbeutung der reservierten Gebiete soll in Form von *joint ventures* erfolgen; dabei hat das Unternehmen bzw. der Staat, der das betreffende Gebiet der Meeresbodenbehörde überlassen hat, das erste Zugriffsrecht. Stellt das behördeneigene Unternehmen nicht binnen fünfzehn Jahren einen Antrag auf Ausbeutung, so fällt das Gebiet an den jeweiligen Staat oder das jeweilige Unternehmen zurück.[82]

Des weiteren hatte sich ein Antragsteller nach den Bestimmungen des Seerechtsübereinkommens gegenüber der Meeresbodenbehörde dazu zu verpflichten, dem behördeneigenen Unternehmen die von ihm selbst zum Tiefseebergbau eingesetzte Technologie zur Verfügung zu stellen, soweit er zu

---

74 Art. 4 Abs. 2 Annex III SRÜ.

75 *Orrego Vicuña*, in: *Dupuy/Vignes*, 657 ff.

76 Dies wird in der *Message from the President of the United States*, Transmitting the United Nations Convention, 103rd Congress, 2nd Session, Treaty Doc. 103–39, 1994, 64, betont.

77 Annex, Section 3, para. 11.

78 Annex, Section 3, para. 13.

79 Ausführlich zum Entscheidungsprozeß *R. Wolfrum*, The Decision-Making Process According to Sec. 3 of the Annex to the Implementation Agreement: A Model to be Followed for Other International Economic Organisations?, ZaöRV 55 (1995), 310.

80 Art. 8 Annex III SRÜ; vgl. dazu *Orrego Vicuña*, in: *Dupuy/Vignes*, 649 ff; diese Verpflichtung gilt nicht für das behördeneigene Unternehmen sowie unter bestimmten Voraussetzungen für Entwicklungsländer.

81 Art. 9 Annex III SRÜ.

82 Section 2, para. 2 und 5 Durchführungsabkommen.

deren Übertragung berechtigt war.[83] Die Übertragung sollte durch Lizenzverträge oder ähnliche Vereinbarungen bewirkt werden, die als Sondervereinbarungen den Arbeitsplan ergänzten. Eine Einschränkung bestand darin, daß dieses Recht seitens der Meeresbodenbehörde nur in Anspruch genommen werden konnte, wenn das behördeneigenen Unternehmen nicht in der Lage war, die gleiche oder eine ebenso effiziente und brauchbare Technologie zu fairen und vernünftigen kommerziellen Bedingungen auf dem freien Markt zu erwerben. Die Übertragung an das behördeneigene Unternehmen hatte ebenfalls zu fairen und vernünftigen kommerziellen Bedingungen zu erfolgen.[84] Ob diese Bedingungen im Einzelfall erfüllt waren, konnte im Rahmen eines „UNCITRAL-Schiedsverfahrens" überprüft werden. Kam das Unternehmen oder der Staat dieser Verpflichtung nicht nach, so konnte ihm die erteilte Explorationsgenehmigung wieder entzogen werden. Dieses Verfahren bezog sich allein auf die Erforschungs- und Ausbeutungstechnologie, Begünstigter war ausschließlich das behördeneigene Unternehmen.
Ein vergleichbarer Anspruch auf die Übertragung von Explorations- und Ausbeutungstechnologie bestand zugunsten von Entwicklungsländern, die in einem reservierten Feld tätig werden wollten. Dabei war es dem Empfänger verwehrt, die so empfangene Technologie weiter zu übertragen.[85] Auch mit dieser Verpflichtung wurde eine materielle Gleichstellung der Staaten in bezug auf den Tiefseebergbau über eine Förderung des behördeneigenen Unternehmens bzw. eine Förderung der Entwicklungsländer angestrebt. Allerdings war dieser Technologietransfer lediglich als Starthilfe anzusehen, denn ein Anspruch auf Übertragung von Technologie erlosch zehn Jahre nachdem das behördeneigene Unternehmen seine Abbautätigkeit aufgenommen hatte.
Diese Vorschriften über den Technologietransfer sind von Seiten der Industriestaaten kritisiert worden, vorwiegend wegen deren möglicher Präzedenzwirkung.[86] Der Grund für die verschiedenen Positionen von Industrie- und Entwicklungsländern ist, daß letztere nur im begrenzten Umfang über Patente verfügen und ihnen der Zugang zur Technologie der Industriestaaten nicht immer offen steht. Daher gehörte die Forderung nach einem erleichterten Zugang zu moderner Technologie zu den zentralen Forderungen nach einer Neuordnung der Weltwirtschaft.[87]
Die Regeln über den Technologietransfer galten nicht, soweit Tiefseebergbau im Rahmen eines *joint ventures* mit dem behördeneigenen Unternehmen betrieben wurde. Hieran knüpft das Durchführungsübereinkommen an.[88] Danach soll Technologietransfer im Rahmen von *joint ventures* erfolgen; im übrigen ist die Verpflichtung der Vertragsstaaten und Unternehmen auf eine Verpflichtung zur Kooperation reduziert.[89] Art. 5 Annex III SRÜ wird für nicht anwendbar erklärt.[90]
7. Von dem Genehmigungsverfahren über die Aufnahme von Explorationsaktivitäten unterschied sich die Produktionsgenehmigung gemäß Art. 7 Annex III SRÜ. Die Entscheidungskompetenz lag bei dem Rat der Meeresbodenbehörde (Auswahl unter den Antragstellern) bzw. der Rechts- und Fachkommission (Produktionsgenehmigung). Über die Regelungen zur Produktionspolitik[91] sollte sichergestellt werden, daß der Tiefseebergbau nicht zu einer wirtschaftlichen Schädigung der Landproduzenten führte und dennoch auch das behördeneigene Unternehmen Tiefseebergbau betreiben konnte. Hieraus resultierten gewisse Einschränkungen für den Tiefseebergbau. Nach

---

[83] Art. 5 Annex III SRÜ; dem Umstand, daß ein Unternehmen nicht unbedingt berechtigt ist, von ihm eingesetzte Technologie zu übertragen, versucht Art. 5 Abs. 3(b) Annex III SRÜ dadurch Rechnung zu tragen, daß der Bergbautreibende nur diejenige Technologie verwenden darf, die er im Verhältnis zu Dritten auch weiterleiten darf.

[84] Vgl. zur Auslegung dieses Begriffes *Wolfrum*, Internationalisierung, 466; die Bedeutung der Vorschriften über den Technologietransfer durch Unternehmen wird durchaus unterschiedlich beurteilt. *M. A. Dubs*, Minerals of the Deep Sea, Myth and Reality, in: *G. Pontecorvo* (ed.), The New Order of the Oceans, 1986, 85 ff (102) mißt ihnen nur geringe praktische Bedeutung bei.

[85] Art. 5 Abs. 3 (e) Annex III SRÜ; vgl. hierzu im einzelnen *Wolfrum*, Internationalisierung, 465 ff.

[86] *Schmidt*, 165; *W. Hauser*, Die rechtliche Gestaltung des Tiefseebergbaus nach der Seerechtskonferenz, 1982, 184 ff.

[87] Vgl. dazu *R. Wolfrum*, Die UN-Seerechtskonferenz in der Perspektive der Neuen Weltwirtschaftsordnung, in: *J. Delbrück* (Hrsg.), Das neue Seerecht, 1984, 97 (109 ff).

[88] Zum Technologietransfer nach dem Durchführungsabkommen *T. Stoll*, The Entry into Force of the Convention on the Law of the Sea: A Redistribution of Competences in Relation to the Management of the International Commons? The Transfer of Technology under the Implementation Agreement, ZaöRV 55 (1995), 391.

[89] Annex, Section 5 para. 1.

[90] Annex, Section 5 para. 2.

[91] Art. 151 Abs. 1–7, 9; 162 Abs. 2 (q); 165 Abs. 2 (n) SRÜ, Annex III, Art. 6 Abs. 5.

der in dem Seerechtsübereinkommen enthaltenen Formel war für den Tiefseebergbau eine Produktionsobergrenze für eine Interimsperiode von 25 Jahren vorgesehen.[92] Diese richtete sich nach der globalen Nachfrage für Nickel.
Auch die Regelungen in bezug auf die Produktionsbeschränkungen sind auf Widerstand potentieller Tiefseebergbaustaaten gestoßen. Gegen die ursprünglich vom Seerechtsübereinkommen vorgesehenen Produktionsbeschränkungen spricht, daß sie das Gesamtinteresse der Staaten an einer wirtschaftlichen Nutzung dieser Ressourcen hinter das Interesse einiger weniger Staaten an der uneingeschränkten Aufrechterhaltung ihrer terrestrischen Produktion zurücktreten läßt. Dies ist mit dem Gesamtkonzept des *common heritage*-Prinzips schwerlich zu vereinbaren.[93] Allerdings ist in diesem Zusammenhang darauf hinzuweisen, daß die Sicherung möglichst hoher Rohstoffpreise ebenfalls ein Bestandteil der Forderung nach einer Neuordnung der Weltwirtschaft war. Insofern waren die rohstoffpolitischen Kompetenzen der Meeresbodenbehörde[94] von diesem Ansatz geprägt.[95] Das Durchführungsübereinkommen hat die gesamten Regelungen zur Produktionspolitik für nicht anwendbar erklärt[96] und damit dem hierin liegenden planwirtschaftlichen Ansatz eine Absage erteilt.[97] Erhalten geblieben sind die Verbote, Tiefseebergbau zu subventionieren[98] und zwischen Mineralien von dem Tiefseeboden und sonstigen Produktionsstätten zu diskriminieren.[99] Diese Verpflichtungen wurden über Verfahren der Streitschlichtung durchgesetzt. Dabei wurde auf die Regeln von GATT und Folgeregelungen verwiesen.[100]
8. Schließlich ist der Staat bzw. das Unternehmen, das Tiefseebergbau betreibt, verpflichtet, an die Meeresbodenbehörde Abgaben zu entrichten.[101] Grundsätzlich beruht das Abgabensystem auf der Überlegung, daß ein wesentlicher Teil der aus dem Tiefseebergbau erzielten Gewinne abzuführen ist. Es handelt sich also um ein Gewinnteilungsverfahren, nicht nur um eine Besteuerung. Dies liegt in der Konsequenz des *common heritage*-Konzeptes, das verlangt, daß alle Staaten zumindest mittelbar an den Gewinnen des Meeresbergbaus beteiligt werden.[102] Die Vorbereitungskommission hatte allerdings das Abgabensystem für Pionierinvestoren bereits modifiziert.[103] Die Gebührenregelung von Annex III, Art. 13, Abs. 3–10 SRÜ wird durch das Durchführungsübereinkommen außer Kraft gesetzt.[104] Das Durchführungsübereinkommen verzichtet auf eine Neuregelung und gibt lediglich einen Rahmen für eine künftige Regelung. Diese wird sich an der Besteuerung des terrestrischen Bergbaus orientieren und daher nicht auf dem Gedanken der Gewinnbeteiligung beruhen.[105] Damit wird ein wesentliches Element des *common heritage*-Konzepts aufgegeben.

VI. 1. Das Antrags- und Genehmigungsverfahren des Seerechtsübereinkommens wurde bereits durch den Schutz vorbereitender Investitionen *(Preparatory Investment in Pioneer Activities Relating to Polymetallic Nodules* – Resolution II der 3. VN Seerechtskonferenz) modifiziert.

---

[92] Art. 151 Abs. 2–4 SRÜ; vgl dazu *K. Brockhoff*, The Production Ceiling according to the United Nations Convention on the Law of the Sea, Weltwirtschaftliches Archiv 120 (1984), 541 ff; *Ogley*, 180 ff; *D. Tytgat*, Aspects économiques, financiers et techniques de l'exploitation des ressources des grands fonds marins, SchwJIR 39 (1983), 133 ff; *L. Filardi*, Canadian Perspectives on Seabed Mining: The Case of the Production Limitation Formula, ODILA 13 (1984), 457 ff; *Gaster*, Meeresbodenbergbau, 205 ff; *Levy*, in: *Dupuy/Vignes*, 624 ff.

[93] *Wolfrum*, Internationalisierung, 505 ff.

[94] Art. 151 Abs. 1 (a) (b) SRÜ übertrug der Meeresbodenbehörde das Recht zur Mitarbeit in internationalen Rohstoffabkommen; auch diese Vorschrift ist nicht mehr anwendbar. Insofern entfällt das Recht auf eine Beteiligung an Rohstoffabkommen und zur Vertretung der Tiefseebodenressourcen durch die Meeresbodenbehörde.

[95] *Wolfrum*, Internationalisierung, 488 ff.; dieser Gesichtspunkt wird von *Bennouna*, 133 betont.

[96] Annex, Section 6, para. 7.

[97] Hierauf wird ausdrücklich in der Präambel von GA Res. 48/263 vom 28. 7. 1994 verwiesen.

[98] Annex, Section 6, para. 1 (c), 4.

[99] Annex, Section 6, para. 1 (d) i.V.m. Art. 150 (j) SRÜ.

[100] Annex, Section 6, para. 1 (f).

[101] Art. 13 Annex III SRÜ.

[102] Zur Kritik vgl. *K. Brockhoff*, Gebührenregelung für den Tiefseebergbau nach der Seerechtskonvention, Zeitschrift für Betriebswirtschaft 1984, 448 ff.

[103] *C. Maquieira*, Statement on the Implementation of Resolution II of the Third United Nations Conference on the Law of the Sea by the Preparatory Commission for the International Sea-Bed Authority, in: *Wolfrum* (ed.), Crossroads, 45 (55 f).

[104] Annex, Section 8, para. 2.

[105] Annex, Section 8, para. 1 (b).

Bei der Resolution II – gleiches gilt für Resolution I – handelt es sich um eigenständige völkerrechtliche Verträge neben dem Seerechtsübereinkommen,[106] über die dieses modifiziert vorläufig inkraftgesetzt wird. Derartige Vereinbarungen sind in Art. 25 der Wiener Vertragsrechtskonvention vorgesehen.[107]

Sinn der Regelungen in Resolution II ist es, die Investitionen derjenigen Staaten und Unternehmen zu schützen, die bereits vor dem Abschluß der Verhandlungen der 3. VN Seerechtskonferenz bestimmte Abbaugebiete erforscht haben. Diesen Staaten und Unternehmen sollte bereits vor Inkrafttreten des Seerechtsübereinkommens ein Anspruch auf diese Gebiete zuerkannt werden. Gleichzeitig sollte dies als ein Anreiz dienen, weitere Investitionen vorzunehmen.

Nach der Regelung von Resolution II waren potentielle Pionierinvestoren Frankreich, Japan, Indien und die UdSSR (nunmehr Rußland), Staatsunternehmen oder eine natürliche bzw. juristische Person, welche die Staatsangehörigkeit der genannten Staaten besaß oder von einem dieser Staaten effektiv kontrolliert wurde. Voraussetzung war, daß die betreffenden Staaten das Seerechtsübereinkommen gezeichnet hatten (dies war bei ihnen allen der Fall) und vor dem 1. 1. 1983 nicht weniger als 30 Mill. US $ investiert hatten. Des weiteren wurden unter den gleichen Bedingungen vier internationale Konsortien als potentielle Pionierinvestoren benannt,[108] die Mitglieder dieser Konsortien mußten die Staatsangehörigkeit der folgenden Staaten besitzen bzw. von einem dieser Staaten effektiv kontrolliert werden: Belgien, Kanada, Bundesrepublik Deutschland, Italien, Japan, Niederlande, Vereinigtes Königreich, Vereinigte Staaten von Amerika. Allerdings mußten diese Staaten das Seerechtsübereinkommen gezeichnet haben, um als Gewährsstaaten *(certifying state)* zu gelten. Schließlich erwarben auch diejenigen Entwicklungsländer der Unterzeichner bzw. Unternehmen aus diesen den Status eines Pionierinvestors, welche die genannten Bedingungen bis zum 1. 1. 1985 erfüllt hatten.

Jeder Pionierinvestor hatte das Recht, über einen Gewährsstaat ein Gebiet von 300 000 km^2 zu benennen, das für ihn zur Hälfte zur Exploration als Pioniergebiet *(poineer area)* registriert werden konnte.[109]

2. Die Registrierung vermittelt dem Pionierinvestor ein ausschließliches Recht, in dem betreffenden Gebiet Erforschungstätigkeiten durchzuführen. Die Erteilung des Arbeitsplanes sollte praktisch automatisch erfolgen, sobald die Meeresbodenbehörde nach Inkrafttreten des Seerechtsübereinkommens ihre Arbeit aufgenommen hatte.[110] Voraussetzung war allerdings, daß der entsprechende Gewährleistungsstaat das Seerechtsübereinkommen zu diesem Zeitpunkt ratifiziert hatte. Schließlich erhielt der Pionierinvestor Priorität bezüglich der Produktionsgenehmigung.[111]

Auf der Basis des Systems zum Schutze der Pionierinvestoren wurden 1987 Indien, Frankreich, Japan und die UdSSR (nunmehr Rußland) als Pionierinvestoren registriert. Voraussetzung für die Registrierung von Frankreich, Japan und der ehemaligen UdSSR war, daß sie die Grenzen der jeweils beanspruchten Tiefseebergbaufelder gegeneinander abgrenzten und damit bestehende Gebietskonkurrenzen auflösten. Des weiteren war es notwendig, auch die Überlappungskonflikte zwischen dem sowjetischen Feld und den Feldern der vier westlichen Konsortien zu lösen, denen die Möglichkeit eingeräumt war, sich als Pionierinvestoren registrieren zu lassen (potentielle Antragsteller). Dies wurde dadurch erschwert, daß drei der betroffenen Staaten, die Vereinigten Staaten von Amerika, das Vereinigte Königreich und Deutschland, das Seerechtsübereinkommen nicht gezeichnet und daher nicht den Status als Pionierinvestoren hatten. Die Verhandlungen erfolgten daher nur zwischen der UdSSR und Belgien, Italien, Kanada und den Niederlanden. Das erzielte Ergebnis wurde in einem Abkommen vom 14. 8. 1987 zwischen der Sowjetunion einerseits sowie Belgien, Italien, Kanada und den Niederlanden andererseits indossiert. Durch bilaterale Notenwechsel haben

[106] A. A. *G. Jaenicke*, Conflicts Between Mine Sites of Signatories and Non-Signatories of the Law of the Sea Convention, in: *T. A. Clingan* (Hrsg.), The Law of the Sea: What Lies Ahead?, 1988, 506 (507).

[107] Vgl. dazu *A. Aust*, Modern Treaty Law and Practice, 2000, 139; sowie *Verdross/Simma*, 459.

[108] Res. II para. 1 (a) (ii).

[109] Für die Einzelheiten der Registriervoraussetzungen vgl. Res. II para. 5 sowie hinsichtlich der daraus erwachsenden Pflichten para. 7.

[110] Zu den Voraussetzungen vgl. Res. II para. 8.

[111] Res. II para. 9; hinfällig geworden durch das Durchführungsübereinkommen.

die Vereinigten Staaten von Amerika, das Vereinigte Königreich und Deutschland erklärt, durch das Abkommen gebunden zu sein.[112] Am 17. 12. 1987 wurden Frankreich, Japan und die Sowjetunion als Pionierinvestoren registriert,[113] nachdem Indien schon am 17. 8. 1987 registriert worden war.[114] Am 5. 3. 1991 wurde China,[115] am 21. 8. 1991 das osteuropäische Konsortium bestehend aus Bulgarien, Kuba, Tschechien, der Slowakei, Polen und Rußland, und am 2. 8. 1994 Südkorea[116] als Pionierinvestor registriert. Zu dem osteuropäischen Konsortium gehörte ursprünglich auch die DDR; diese Beteiligung ist von Deutschland nach der Wiedervereinigung nicht aufrechterhalten worden.

Die Beratungen der Vorbereitungskommission erbrachten weitere Modifikationen des Systems für Pionierinvestoren.[117]

VII. 1. Auch die Regelungen für Pionierinvestoren sind durch das Durchführungsübereinkommen wesentlich modifiziert worden, ohne daß allerdings das System in seinem Grundkonzept in Frage gestellt worden wäre.[118]

Für die registrierten Pionierinvestoren sieht Section 1, para. 6 (a) (ii) des Annexes zum Durchführungsübereinkommen vor, daß sie innerhalb von 36 Monaten nach Inkrafttreten des Seerechtsübereinkommens bei der Meeresbodenbehörde die Genehmigung eines Arbeitsplanes für die Erforschungsphase beantragen müssen. Der Arbeitsplan ergibt sich aus den der Vorbereitungskommission vor und nach der Registrierung eingereichten Unterlagen und der Bescheinigung der Vorbereitungskommission über den Stand der Erfüllung der Pionierinvestorverpflichtungen. Die Antragsgebühr von 250 000 US $ muß von den Pionierinvestoren nicht erneut bezahlt werden. Sie gilt durch die von den Pionierinvestoren in gleicher Höhe bezahlte Registrierungsgebühr als abgegolten.

2. Für die Anträge der Konsortien, die aufgrund der Resolution II der 3. VN Seerechtskonferenz einen Antrag auf Registrierung als Pionierinvestor hätten stellen können, sieht Section 1, para. 6 (a) (i) des Annexes zum Durchführungsübereinkommen keine Begrenzung der Frist für einen Antrag auf Genehmigung eines Arbeitsplanes für die Erforschungsphase vor. Gleichzeitig wird der Kreis der Berechtigten erweitert; er erfaßt jetzt alle Unternehmen, die erhebliche Tätigkeiten im Gebiet vor Inkrafttreten des Seerechtsübereinkommens vorgenommen haben. Das Durchführungsübereinkommen geht davon aus, daß diese Unternehmen die für die Bestätigung des Arbeitsplanes notwendigen finanziellen und technischen Voraussetzungen erfüllen, wenn der befürwortende Staat oder die befürwortenden Staaten bescheinigen, daß der Antragsteller einen Betrag in Höhe von mindestens 30 Mill. US $ in Forschungs- und Explorationstätigkeiten investiert hat, von denen mindestens 10 % für die Auswahl, Untersuchung und Bewertung des im Antrag bezeichneten Feldes ausgegeben wurden.

3. Ein Arbeitsplan für die Erforschungsphase wird gemäß Section 1, para. 9 des Annexes zum Durchführungsübereinkommen für einen Zeitraum von 15 Jahren genehmigt. Er kann um jeweils fünf Jahre verlängert werden, u. a. wenn die wirtschaftlichen Umstände einen Übergang in die Gewinnungsphase nicht rechtfertigen. Damit wird dem Umstand Rechnung getragen, daß noch unsicher ist, wann Tiefseebergbau wirtschaftlich werden wird. Es wird gleichzeitig darauf verzichtet, einen festen zeitlichen Rahmen für die Durchführung von Erforschungstätigkeiten zu setzen. Gemäß para. 7c der Resolution II der 3. VN Seerechtskonferenz sollte jeder registrierte Pionierinvestor in festgelegten Zeiträumen bestimmte

[112] Vgl. dazu unten § 130, I.5.

[113] UN Doc. LOS/PCN 97 (Frankreich); UN Doc. LOS/PCN 98 (Japan); UN Doc. LOS/PCN 99 (Sowjetunion) vom 6. 1. 1988; vgl. hierzu *Hayashi*, 1 ff.

[114] UN Doc. LOS/PCN/94 vom 9. 10. 1987 und Corr. 1 vom 23. 10. 1987.

[115] UN Doc. LOS/PCN 117 vom 7. 3. 1991.

[116] UN Doc. LOS/PCN/115/Rev.1 vom 8. 9. 1994.

[117] So wurde die Frist für eine Registrierung von Entwicklungsländern als Pionierinvestoren bis zum Inkrafttreten des Seerechtsübereinkommens verlängert und der osteuropäischen Staatengruppe ein zweites Pioniergebiet zugestanden.

[118] Vgl. Annex, Section 1, para. 6 (a).

Aufwendungen für Explorationstätigkeiten machen. Diese Vorschrift ist in den Vereinbarungen über die Verpflichtungen der Pionierinvestoren nicht umgesetzt worden. Außerdem hat die Vorbereitungskommission auf ihrer letzten Sitzung im August 1994 beschlossen, die Ausführung der Verpflichtungen von Frankreich, Japan und Rußland sowie die Erforschung eines Behördenfeldes auszusetzen, bis zumindest ein Vertragsstaat mit einer substantiellen Erforschungstätigkeit beginnt.

4. Anträge auf Genehmigung eines Arbeitsplanes müssen gemäß Art. 153 Abs. 2 (b) SRÜ von dem Heimatstaat des Antragstellers und, im Falle von internationalen Konsortien, von allen Heimatstaaten der Konsortialmitglieder befürwortet werden. Voraussetzung ist, daß diese Heimatstaaten Mitglieder des Seerechtsübereinkommens sind. Um dem Umstand Rechnung zu tragen, daß sich die Ratifikation des Seerechtsübereinkommens durch potentielle Tiefseebergbaustaaten verzögert hat, sieht Section 1, para. 12 (c) (ii) des Annexes zum Durchführungsübereinkommen vor, daß Heimatstaaten, sofern sie vorläufige Mitglieder der Meeresbodenbehörde sind, Anträge auf Genehmigung eines Arbeitsplanes befürworten können. Erlischt die vorläufige Mitgliedschaft, ohne in eine endgültige Mitgliedschaft überzugehen, dann erlischt gemäß Section 1, para. 12 (d) des Annexes zum Durchführungsübereinkommen auch der genehmigte Arbeitsplan. Dieses Ereignis konnte eintreten, wenn einer der betroffenen Heimatstaaten nicht bis zum 15. 11. 1998 Mitglied des Seerechtsübereinkommens und des Durchführungsübereinkommens geworden war oder falls dessen vorläufige Anwendung gemäß Art. 7 Abs. 3 des Durchführungsübereinkommens am 16. 11. 1998 geendet hätte, wenn bis dahin nicht sieben Staaten aus der Gruppe der Pionierinvestoren (China, Frankreich, Indien, Japan, Rußland, Südkorea) und der potentiellen Antragsteller (Belgien, Deutschland, Vereinigtes Königreich, Italien, Kanada, Niederlande, Vereinigte Staaten von Amerika) das Seerechtsübereinkommen und das Durchführungsübereinkommen ratifiziert gehabt hätten.

§ 129 Regelungen für eine Nutzung des Tiefseebodens auf der Basis nationaler Tiefseebergbaugesetze

Schrifttum: wie vor § 127.

I. 1. Wegen ihrer Ablehnung der Regelungen über die Nutzung des Tiefseebodens durch Teil XI des Seerechtsübereinkommens haben die Vereinigten Staaten von Amerika,[1] das Vereinigte Königreich,[2] Frankreich,[3] Japan,[4] die ehemalige UdSSR,[5] Italien[6] und Deutschland[7] nationale Tiefseebergbaugesetze erlassen und, auf der Basis der Reziprozität die gegenseitige Anerkennung nationaler Tiefseebergbaugenehmigungen vereinbart.[8] Dabei verstanden sich

[1] *Deep Seabed Hard Mineral Resources Act* vom 28. 6. 1980, U.S. C. S. 1401 ff (1980) sowie die dazu ergangenen Verordnungen, in: *K. R. Simmonds*, New Directions in the Law of the Sea, Bd. V, W. 4, 5 und 6.

[2] *Deep Sea Mining (Temporary Provisions) Act* vom 28. 7. 1981, ILM 20 (1981), 1217; *Simmonds* (Anm. 1), Bd. IV, W. 2.

[3] *Loi 81–1135 du 23 décembre 1981 sur l'exploration et exploitation des ressources minérales des grands fonds marins*, Journal Officiel de la République Française du 24 décembre 1981, 3499.

[4] Gesetz vom 20. 7. 1982, Text in: ILM 22 (1983), 102.

[5] Dekret des Obersten Sowjets vom 17. 4. 1982, Text in: ILM 21 (1982), 551; *Simmonds* (Anm. 1), W. 3.

[6] Gesetz vom 20. 2. 1985, Gazzetta Ufficiale Della Repubblica Italiana, No. 52, 1593; *Simmonds* (Anm. 1), W. 9.

[7] Gesetz zur vorläufigen Regelung des Tiefseebergbaus vom 16. 8. 1980, geändert am 12. 2. 1982, BGBl. 1980 I, 1457. BGBl. 1982 I, 136.

[8] *Agreement concerning Interim Arrangements Relating to Polymetallic Nodules of the Deep Seabed* vom 2. 9. 1982, ILM 21 (1982), 950; BGBl. 1982 II, 984; sowie *Provisional Understanding Regarding Sea-Bed Mining* (Belgien, Frankreich, Bundesrepublik

diese Gesetze lediglich als eine vorläufige Regelung, eine spätere Ratifikation des Seerechtsübereinkommens wurde nicht ausgeschlossen;[9] die betreffenden Staaten haben stets betont, die Gesetzgebung stünde im Einklang mit den Grundsätzen des Seerechtsübereinkommens zum Tiefseebergbau. Die nationalen Lizenzen sind erteilt und den Vereinten Nationen offiziell notifiziert worden.[10]

2. Die nationalen Tiefseebergbaugesetze wiesen eine weitgehende Übereinstimmung auf. Die meisten der Gesetze bezogen sich auf den Abbau polymetallischer Knollen und ließen, wie das Seerechtsübereinkommen, die Nutzung anderer Ressourcen des Tiefseebodens unberührt.[11] Keines der Gesetze beruhte darauf, daß Territorialansprüche für bestimmte Tiefseebereiche geltend gemacht oder daß eine territoriale Jurisdiktion ausgeübt werden sollte; sie knüpfen vielmehr an das Personalitätsprinzip[12] an, indem sie die Tätigkeit ihrer Staatsangehörigen im Tiefseebereich regelten und kontrollierten.[13] Dieser Ansatz ist mit dem Okkupationsverbot, wie es sich aus dem *common heritage*-Prinzip ergibt,[14] vereinbar; in der Bezugnahme auf das Personalitätsprinzip durch die nationalen Tiefseebergbaugesetze ist sogar eine Bestätigung des Okkupationsverbots zu sehen.

Die nationalen Gesetze sahen, ebenso wie das Seerechtsübereinkommen, eine Besteuerung von Tiefseebodenaktivitäten vor. Die daraus gewonnenen Erlöse sollten einem Fonds zur finanziellen Unterstützung der Entwicklungsländer zufließen. Die nationalen Regelungen sind in dieser Hinsicht nicht ganz einheitlich, ihnen allen ist aber gemeinsam, daß sie der aus dem *common heritage*-Prinzip fließenden Forderung nach einer Verteilung der Gewinne aus dem Tiefseebergbau Rechnung trugen.

3. Wenig spezifisch waren bislang die Vorschriften in den nationalen Gesetzen bezüglich eines Schutzes der marinen Umwelt. Eine Ausnahme bildete insoweit der *Deep Sea-Bed Hard Mineral Resources Act*, der den Erlaß von Verordnungen vorsieht und die Aufnahme von Tiefseebodenaktivitäten von der Vorlage einer positiven Umweltverträglichkeitsstudie abhängig machte.[15]

4. Durch die nationalen Tiefseebergbaugesetze konnten den Bergbautreibenden lediglich ausschließliche Zugangs- bzw. Schürfrechte im Verhältnis zu Bergbautreibenden der gleichen Nationalität gewährt werden. Dagegen war es über die einzelnen nationalen Gesetze weder möglich, die Konkurrenz von Gebietsansprüchen zu lösen noch dem Bergbautreibenden ein international gesichertes Zugangs- und Schürfrecht zu sichern. Die Staaten mit nationalen Tiefseebergbaugesetzen (bis auf Japan) haben daher das Abkommen über die vorläufige Regelung für polymetallische Knollen des Tiefseebodens vom 2. 9. 1982[16] geschlossen.

Zweck dieses Abkommens war es, die Identifizierung und Lösung von eventuellen Konflikten bei Anträgen unter nationaler Gesetzgebung zu erleichtern. Die dafür entwickelten Mechanismen ähnelten bis zu einem gewissen Grade denjenigen, die unter der Resolution II der 3. VN See-

---

Deutschland, Italien, Japan, Niederlande, Vereinigtes Königreich, Vereinigte Staaten von Amerika), *Simmonds* (Anm. 1), W. 8.

[9] Sec. 102 (c) *Deep Seabed Hard Mineral Resources Act* (Anm. 1); sec. 2 (4) brit. Tiefseebergbaugesetz (Anm. 2); Art. 7 französiches Tiefseebergbaugesetz (Anm. 3); Art. 6 des sowjetischen Dekrets (Anm. 5); 4 Abs. 3 Tiefseebergbaugesetz der Bundesrepublik Deutschland (Anm. 7).

[10] *Simmonds* (Anm. 1), W. 10, 12 (Vereinigte Staaten von Amerika); W. 13 (Vereinigtes Königreich); W. 14 (Deutschland).

[11] Vgl. dazu *French*, 259 f.

[12] Vgl. dazu Bd. I/1, 320 ff.

[13] Vgl. z. B. sec. 3 (a) *Deep Seabed Hard Mineral Resources Act* (Anm. 1); Art. 1 und 2 des sowjetischen Dekrets (Anm. 5); 1 Abs. 1 Tiefseebergbaugesetz der Bundesrepublik Deutschland (Anm. 7).

[14] Vgl. dazu oben § 129 IV.2.

[15] Vgl. dazu *French*, 263.

[16] BGBl. 1982 II, 983.

rechtskonferenz für den Schutz der Pionierinvestoren eingesetzt werden. Ergänzt wurde dieses Abkommen durch eine Vorläufige Absprache über Fagen des Tiefseebodens (Provisional Understanding Regarding Deep Sea-Bed Mining) vom 3. 8. 1984,[17] wonach kein Vertragsstaat eine Genehmigung für ein Gebiet erteilen durfte, das mit den Gebieten überlappte, die anderen Pionierinvestoren zugeteilt wurden.[18]

5. Eine vorläufige Abgrenzung der im einzelnen beanspruchten Tiefseefelder erfolgte schließlich im Rahmen der Vorbereitungskommission, wobei die Ansprüche der Nichtzeichnerstaaten mit berücksichtigt wurden.

In dem *Arusha Understanding (Understanding Relating to Applications for Registration of Mine Sites Under Resolution II)* vom 5. 2. 1986[19] wurde das Problem der überlappenden Tiefseebodengebiete, die von Frankreich, Japan und der damaligen UdSSR beansprucht wurden, gelöst. Dabei wurden auch die Interessen anderer potentieller Pionierinvestoren mit berücksichtigt. Darüber hinaus wurde die Reservierung von Gebieten für die Meeresbodenbehörde geregelt. Weitere Regelungen finden sich in dem *New York Understanding* vom 5. 9. 1986, das den Pionierinvestoren die Auswahl ihrer Felder in Abweichung von Resolution II und dem Seerechtsübereinkommen überließ. Ein globales Übereinkommen, das die Feldansprüche aller Tiefseebergbaustaaten regelt, gleichgültig, ob es sich um Zeichner- oder Nichtzeichnerstaaten des Seerechtsübereinkommens handelt, kam mit dem *Agreement on the Resolution of Practical Problems with Respect to Deep Sea-Bed Mining Areas* zwischen der UdSSR einerseits und Belgien, Italien, Kanada und den Niederlanden als Signatarstaaten und Heimatstaaten der in Resolution II angesprochenen Konsortien andererseits zustande.[20] Nach diesem Abkommen dürfen die vereinbarten Felder nicht zugunsten anderer Unternehmen registriert werden bzw. einem anderen Unternehmen zugeteilt werden. Die Nichtzeichnerstaaten haben sich durch Notenwechsel mit den Parteien des Abkommens zur Beachtung von dessen Bestimmungen verpflichtet.[21]

II. 1. Mit Erlaß des Gesetzes zur Regelung des Meeresbodenbergbaus[22] ist Deutschland seinen Verpflichtungen aus dem Tiefseebergbauteil des Seerechtsübereinkommens und des Durchführungsübereinkommens nachgekommen und hat vor allem die verwaltungsmäßigen Voraussetzungen für einen deutschen Tiefseebergbau innerhalb des internationalen Rahmens geschaffen. Die Durchführung des Gesetzes wird dem Oberbergamt Clausthal-Zellerfeld übertragen.

2. Da mit dem Beitritt Deutschlands zu dem Seerechtsübereinkommen eine nationale Tiefseebergbauregelung nicht mehr vereinbar ist, war in § 13 Abs. 3 des Gesetzes zur Regelung des Meeresbergbaus das Außerkrafttreten des Gesetzes zur vorläufigen Regelung des Tiefseebergbaus vorgesehen. Dies ist inzwischen geschehen.[23]

---

[17] BGBl. 1984 II, 747.

[18] Vgl. dazu *Gaster*, 259.

[19] UN Doc. LOS/PCN/L.41/Rev.1 (1986).

[20] ILM 26 (1987), 1505; *Simmonds* (Anm. 1), W. 15; vgl. dazu *D. Clarkson*, Agreement on the Resolution of Practical Problems with Respect to Deep Seabed Mining Areas, Belgium-Canada-Italy-Netherlands-USSR, August 14, 1987, Harvard ILJ 30 (1989), 216 ff.

[21] Vgl. dazu *G. Jaenicke*, Conflicts Between Mine Sites of Signatories and Non-Signatories of the Law of the Sea Convention, in: *T. A. Clingan* (Hrsg.), The Law of the Sea: What Lies Ahead?, 1988, 506 (507 f).

[22] BGBl. 1994 II, 1798.

[23] Vgl. dazu BGBl. 2001 I, 164; BGBl. 1995 I, 782.

§ 130 Die Entwicklung von völkergewohnheitsrechtlichen Grundsätzen zur Nutzung des Tiefseebodens

Schrifttum: wie vor § 127.

I. 1. Mit Rücksicht auf die völkerrechtliche Praxis, wie sie in der Arbeit der Vorbereitungskommission, in den nationalen Tiefseebergbaugesetzen und vor allem der Abgrenzung der beanspruchten Tiefseebergbaufelder für Nichtzeichner- und Signatarstaaten des Seerechtsübereinkommens zum Ausdruck kommt, stellt sich die Frage, ob und in welchem Umfang sich völkergewohnheitsrechtliche Grundsätze für eine Nutzung des Tiefseebodens herausgebildet haben. Diese Grundsätze bestünden neben den am 16. 11. 1994 in Kraft getretenen Regelungen des Tiefseebergbauregimes sowie des Durchführungsübereinkommens.
Der Frage kommt selbst nach Inkrafttreten des Seerechtsübereinkommens und des Durchführungsübereinkommens mehr als nur eine theoretische Bedeutung zu. Denn auch danach kann von dem Beitritt aller Staaten, vor allem aller potentiellen Tiefseebergbaustaaten, zu dem Übereinkommen nicht ausgegangen werden. Es stellt sich damit die Frage, ob für Staaten die Möglichkeit besteht, Tiefseebergbau außerhalb des dafür vorgesehenen internationalen Rechtsregimes zu betreiben.

2. Auszugehen ist insoweit von dem *common heritage*-Prinzip in der Ausprägung, die es durch die Vereinten Nationen und in dem Seerechtsübereinkommen erfahren hat. Diese Frage wird in aller Regel unter dem Gesichtspunkt einer gewohnheitsrechtlichen Bindung des *common heritage*-Prinzips diskutiert.[1] Dabei sind zwei Fragen zu unterscheiden, nämlich ob das *common heritage*-Prinzip Tiefseebergbau außerhalb eines internationalen Tiefseebodenregimes generell verbietet oder ob dieser nur unter bestimmten Einschränkungen zulässig ist, die über die Schranken des Prinzips der Freiheit der Hohen See hinausgehen. Die Staatenpraxis deutet darauf hin, daß lediglich letzteres gilt.

II. 1. Als die Generalversammlung der Vereinten Nationen 1970 die Meeresbodenprinzipienerklärung verabschiedete[2] und damit erstmalig den Gehalt des *common heritage*-Prinzips in bezug auf den Tiefseeboden und seine Nutzung konkretisierte, stellte dies nicht den Versuch dar, einen Satz des Völkergewohnheitsrechts zu formulieren.[3] Dennoch bildet die Meeresbodenprinzipienerklärung ein wesentliches Element auf dem Wege zur Entwicklung von Gewohnheitsrecht. Das Seerechtsübereinkommen und das Durchführungsübereinkommen haben den Gehalt des *common heritage*-Prinzips weiter konkretisiert, indem sie dieses in staatliche Rechte und Pflichten ummünzten. Dabei wird über Art. 137 und 138 SRÜ der Versuch unternommen, das Meeresbodenregime auch gegenüber Nichtvertragsstaaten

---

[1] Vgl. dazu *Van Dyke/Yuen*, 529 f.; *Wolfrum*, ZaöRV 43 (1983), 333; *Brown*, San Diego L. Rev. 20 (1983), 557; *Wolfrum*, Internationalisierung, 397 ff; *R. P. Anand*, Legal Regime of the Sea-Bed and the Developing Countries, 1975, 184 ff; *Rotkirch*, The UN Law of the Sea Conference after Caracas, Instant Research on Peace and Violence, 1974, 173 ff (179 ff); *Kronmiller*, Bd. I/1, 516 ff; *Arrow*, The Proposed Regime for the Unilateral Exploitation of Deep Seabed Mineral Resources by the United States, Harvard ILJ 21 (1980), 337 (393 ff); *Hannikainen*, Peremptory Norms (Jus Cogens) in International Law, 1988, 556 ff; *Conforti*, Notes on the Unilateral Exploitation of the Deep Seabed, ItalYBIL 4 (1978/79), 3 ff (18).

[2] GA Res. 2749 (XXV) vom 17. 12. 1970.

[3] *Hannikainen*, (Anm. 1), 545; *Brown*, San Diego L. Rev. 20 (1983), 543 ff; *Brownlie*, 256; *Vitzthum*, 264; die Entwicklungsländer haben allerdings auf der 3. VN Seerechtskonferenz den gegenteiligen Standpunkt vertreten (vgl. die Stellungnahme der Rechtsberater an den Vorsitzenden der Gruppe der 77, UNCLOS III, Bd. 9, 81); hingegen hat der spätere Präsident der 3. VN Seerechtskonferenz, *S. Amerasinghe*, diesen Standpunkt nicht vertreten. Er hat ausgeführt: *„The Declaration cannot claim the binding force of a treaty internationally negotiated and accepted, but it is a definite step in that direction ..."* (UN Doc. A/PV. 1933, para. 245); vgl. dazu *French*, 177.

zur Anwendung zu bringen, indem Tiefseebodenaktivitäten außerhalb dieses Regimes für Vertrags- und Nichtvertragsstaaten untersagt werden.[4] Schließlich ist das *common heritage*-Prinzip gegen eine vertragliche Abänderung im Rahmen des Seerechtsübereinkommens geschützt (vgl. Art. 155 Abs. 2, 311 Abs. 3 SRÜ; Section 4 des Durchführungsübereinkommens). GA Res. 48/263 vom 28. 7. 1994, mit der die Generalversammlung der Vereinten Nationen das Durchführungsübereinkommen akzeptierte, betont übrigens in ihrer Präambel unter Bezugnahme auf GA Res. 2749 erneut, daß der Tiefseeboden und seine Ressourcen das gemeinsame Erbe der Menschheit sind.

Den angesprochenen Regelungen kam zwar bereits vor dem Inkrafttreten des Seerechtsübereinkommens Einfluß auf die Bildung entsprechenden Völkergewohnheitsrechts zu, denn sie waren Ausdruck der Forderung einer Mehrheit der Staatengemeinschaft, daß Tiefseebergbau ausschließlich im Rahmen eines internationalen Regimes und zum Wohle der Staatengemeinschaft stattfinden solle. Art. 138 SRÜ vermag aber weder vor noch nach einem Inkrafttreten des Seerechtsübereinkommens Nichtvertragsstaaten unmittelbar zu binden, obwohl diese Vorschrift allgemeinverbindlich formuliert ist.

2. Bislang ist ein Verbot einer wirtschaftlichen Nutzung des Tiefseebodens und seiner Ressourcen nicht Bestandteil des geltenden Völkergewohnheitsrechts. Ein entsprechender Satz des Völkergewohnheitsrechts ließe sich allenfalls durch einen Rückgriff auf jene Autoren stützen,[5] die für die Entstehung von *„instant customary international law"* auf eine entsprechende Staatenpraxis verzichten und für die Bildung von Völkergewohnheitsrecht eine Rechtsüberzeugung ausreichend sein lassen, die sich bei starker zahlenmäßiger Beteiligung in Erklärungen der Generalversammlung oder einem Konsens auf einer Kodifikationskonferenz manifestieren kann. Begründet wird diese Auffassung damit, daß bei analytischer Betrachtungsweise die bindende Kraft von Rechtsregeln des Völkerrechts letztlich auf der Zustimmung der Staatengemeinschaft beruhe, die Übung daher als konstitutives Element der Gewohnheitsrechtsbildung entbehrlich sei. Demgegenüber wird allerdings im völkerrechtlichen Schrifttum daran festgehalten, daß, um innerhalb der internationalen Gemeinschaft rechtliche Wirkungen zu erzielen, die Entstehung entsprechender Regeln das Vorliegen eines gegliederten rechtserzeugenden Vorgangs voraussetzt und für die Entstehung von Völkergewohnheitsrecht sowohl eine Übung als auch eine Rechtsüberzeugung notwendig ist.[6] Ganz abgesehen davon ist das Seerechtsübereinkommen auch kein Fall, für den sich die Theorie des *„instant customary international law"* fruchtbar machen ließe; denn hier fehlt es gerade an dem dafür notwendigen Konsens.

Ebensowenig läßt sich ein Verbot des Tiefseebergbaus darauf stützen, daß das Seerechtsübereinkommen ein objektives Regime[7] darstellt. Das Vorliegen eines objektiven Regimes setzt voraus, daß sich die Staaten, denen Hoheitsrechte über ein bestimmtes Gebiet zustehen, über dessen Status einigen. Dieses Rechtsinstitut ist kraft Natur der Sache auf den Tiefseeboden nicht anwendbar.[8] Schließlich ist auch ein Rückgriff auf das Institut der Verträge mit

---

[4] Vgl. dazu § 128.

[5] *B. Cheng*, United Nations Resolutions on Outer Space: „Instant" International Customary Law?, IJIL 5 (1965), 23 (36); *J. Delbrück*, SZIER 1/2001, 26 ff mwN.

[6] Vgl. Bd. I/1, S. 56; *U. Scheuner*, Internationale Verträge als Elemente der Bildung von völkerrechtlichem Gewohnheitsrecht, in: Festschrift *F. A. Mann*, 1977, 409 (422); *R. Bernhardt*, Verfall und Neubildung von Gewohnheitsrecht im Meeresvölkerrecht, in: Festschrift *Stödter*, 1979, 155 (156); *Akehurst*, 26 ff; *Verdross/Simma*, § 566, § 571.

[7] Vgl. dazu Bd. I/1, S. 53 ff, sowie grundlegend *A. D. McNair*, Treaties Producing Effects „Erga Omnes", Scritti di dirito internazionale in onore di Tomaso Perassi, Vol. 2 (1957), 21; *E. Klein*, Statusverträge im Völkerrecht, 1980, 209 ff.

[8] Aus diesen Gründen lehnt es auch *Klein* (Anm. 7), 113, ausdrücklich ab, ein Tiefseebodenregime unter die Statusverträge einzuordnen.

Wirkung *erga omnes* nicht möglich.[9] Eine derartige *erga omnes*-Wirkung völkerrechtlicher Verträge wird im Schrifttum für Abkommen gefordert, deren Wirkung von der Universalität oder zumindest der quasi Universalität abhängig ist. Dies gilt vor allem für Verträge, die dazu bestimmt sind, die Nutzung von Gemeinschaftsgütern zu regeln bzw. Interessen der Staatengemeinschaft zu schützen.[10] Als ein Hauptbeispiel hierfür wird in der Literatur Teil XI SRÜ angesehen, wobei als Rechtfertigungsgrund auf das *common heritage*-Prinzip verwiesen wird.[11] So sehr dieser Ansatz in der Konsequenz von völkerrechtlichen Verträgen liegt, die dem Interesse der Staatengemeinschaft dienen, muß doch festgestellt werden, daß die immer noch auf der einzelstaatlichen Souveränität aufbauende Struktur der internationalen Beziehungen eine Gesetzgebungskompetenz einzelner Staaten mit Wirkung für die Gesamtheit nicht zuläßt.[12] Dies gilt auch für das internationale Tiefseebodenregime.[13] Die Einigung auf ein Durchführungsübereinkommen und die überwältigende Zustimmung hierzu in der Generalversammlung der Vereinten Nationen bestätigen diesen Ansatz. Denn wenn das Seerechtsübereinkommen allein ausreichend gewesen wäre, eine abschließende Regelung für die wirtschaftliche Nutzung des Tiefseebodens und seiner Ressourcen mit Wirkung *erga omnes* zu gewährleisten, wäre die Erarbeitung des Durchführungsübereinkommens und die damit erfolgte Einbindung potentieller Tiefseebergbaustaaten überflüssig gewesen.

3. Gestützt wird die bisherige Aussage, daß sich bislang kein gewohnheitsrechtliches Verbot, Tiefseebergbau außerhalb des Meeresbodenregimes des Seerechtsübereinkommens zu betreiben gebildet hat, aber vor allem durch die Praxis der Vorbereitungskommission. Diese hat die Existenz und die Schutzwürdigkeit von Ansprüchen auf Tiefseebergbaugebiete anerkannt, die außerhalb der Vorbereitungskommission national registriert worden waren.[14] Damit hat die Vorbereitungskommission selbst den Mechanismus von Art. 137 und 138 SRÜ außer Kraft gesetzt, wonach keine Rechte und Ansprüche auf Tiefseebergbaugebiete entstehen sollen und ihnen eine Anerkennung zu verweigern ist. Der Versuch, den Interessen aller potentiellen Tiefseebergbaustaaten bei der Registrierung von Pionierinvestoren Rechnung zu tragen, hat in der Praxis zu einer Aufgabe eines denkbaren Ausschließlichkeitsanspruchs des *common heritage*-Prinzips geführt.[15]

III. 1. Die Staatenpraxis belegt aber ebenfalls, daß Tiefseebergbauaktivitäten zwar außerhalb des dafür vorgesehenen internationalen Rechtsregimes völkerrechtlich nicht verboten, ihnen aber durch das *common heritage*-Prinzip Schranken gesetzt werden. Dieses ist zu

---

[9] Vgl. dazu Bd. I/1, S. 53; verwiesen wird in diesem Zusammenhang stets auf das *obiter dictum* des IGH im *Barcelona Traction* Fall, ICJ Reports 1970, 4 ff (32); dazu *E. Brown-Weiss*, Conservation and Equity Between Generations, in: *Th. Buergenthal* (Hrsg.), Contemporary Issues in International Law, Essays in Honor of L. B. Sohn, 1984, 245 ff; *Wolfrum*, Internationalisierung, 408 ff; *C. Tomuschat*, Völkerrechtliche Verträge und Drittstaaten, Berichte DGVR 28 (1988), 25 ff; *Klein* (Anm. 7), 113.

[10] Vgl. dazu *C. Tomuschat*, Völkerrechtliche Verträge und Drittstaaten, Berichte DGVR 28 (1988), 37; *ders.* Obligations Arising for States Without or Against their Will, RdC 241 (1993. IV), 195 ff (268 ff); *B. Simma*, Does the UN Charter Provide an Adequate Legal Basis for Individual or Collective Responses to Violations of Obligations erga omnes?, in: *J. Delbrück* (ed.), The Future of International Law Enforcement, New Scenarios – New Law?, 1992, 125 (131 ff); *G. M. Danilenko*, Law Making in the International Community, 1993, 64 ff.

[11] *A. R. Carnegie*, The Vienna Convention on the Law of Treaties and the Law of the Sea Law-Making, Anu. Jur. Interam. 53 (1984), 57 (77); *S. Rama Rao*, Unilateralism and the Emerging Law of Seabed Exploitation, in: New Horizons of International Law and Developing Countries, 1983, 360; eine Deklaration der Vorbereitungskommission von 1986 erklärte jede Form der wirtschaftlichen Nutzung außerhalb des internationalen Regimes für völkerrechtswidrig.

[12] *Danilenko* (Anm. 10), 67; *J. A. Frowein*, Das Staatengemeinschaftsinteresse – Probleme bei Formulierung und Durchsetzung, in: Festschrift *Doehring*, 1989, 219; dazu allgemein auch unten § 152.

[13] *Danilenko* (Anm. 10), 67 f.

[14] Vgl. dazu § 129.

[15] A. A. *Wood*, 188 f.

Völkergewohnheitsrecht erstarkt. Dabei greift allerdings Völkergewohnheitsrecht nur einige der Schranken auf, die das Seerechtsübereinkommen dem Tiefseebergbau gesetzt hat. Dies stellt jedoch grundsätzlich die völkergewohnheitsrechtliche Geltung des *common heritage*-Prinzips nicht in Frage, denn das Seerechtsübereinkommen ist nicht die einzig denkbare Verwirklichung dieses Prinzips.[16]

2. Es besteht inzwischen eine durch die Staatenpraxis bestätigte Einigkeit darüber, daß die Nutzung des Tiefseebodens nicht dem Prinzip von der Freiheit der Hohen See unterfällt. Dem haben die potentiellen Tiefseebergbaustaaten entweder durch die Registrierung ihrer Pionierfelder durch die Vorbereitungskommission, die nationale Registrierung, die Vereinbarung der Gegenseitigkeit und die Vereinbarungen zwischen Zeichnern und Nichtzeichnern des Seerechtsübereinkommens Ausdruck verliehen. Diese grundsätzliche Bereitschaft, die Nutzung des Tiefseebodens dem *common heritage*-Prinzip zu unterwerfen, datiert aber weiter zurück. So hat der Präsident der Vereinigten Staaten von Amerika bereits 1970 darauf verwiesen, daß Tiefseebergbau nur im Rahmen eines internationalen Rechtsregimes stattfinden könne und daß die Ressourcen der Tiefsee als *common heritage of mankind* anzusehen seien.[17]

3. Völkergewohnheitsrechtlich ebenfalls gesichert ist das Verbot der nationalen Okkupation von Teilen des Tiefseebodens[18] sowie der Ausübung territorial bezogener Souveränitätsrechte.[19] Alle nationalen Tiefseebergbaugesetze gehen übereinstimmend von der Anwendung des Personalitätsprinzips aus und sehen weder eine permanente noch auch nur zeitweise Inanspruchnahme von Territorialitätsrechten vor. Auf diesen Gesichtpunkt haben die Staaten mit nationalen Tiefseebergbaugesetzen stets verwiesen, wenn ihnen eine Verletzung des *common heritage*-Prinzips vorgeworfen wurde. Auch in diesen Reaktionen kommt zum Ausdruck, daß sie sich insoweit an diesen Grundsatz gebunden fühlten.[20]

4. Schließlich besteht Einigkeit bei allen Staaten, einschließlich der potentiellen Tiefseebergbaustaaten, die das Seerechtsübereinkommen nicht gezeichnet haben, daß die Nutzung des Tiefseebodens und seiner Ressourcen dem Wohle der gesamten Menschheit zu dienen hat und demgemäß nicht ausschließlich in nationalem Interesse erfolgen kann.[21] Dies manifestiert sich vor allem bei den Nichtzeichnerstaaten darin, daß sie die Einrichtung eines Fonds vorsehen, der aus der Besteuerung des Tiefseebergbaus gespeist wird und Entwicklungsländern zugute kommt.[22] Damit wird, gleichgültig, ob die für die Entwicklungsländer vorgesehene Summe als ausreichend angesehen wird oder nicht, nicht nur dem Gedanken der Gemeinnützigkeit des Tiefseebergbaus, sondern auch dem der Privilegierung bestimmter Staatengruppen Rechnung getragen und die Akzeptanz dieser Elemente des *common heritage*-Prinzips belegt.

---

[16] *Brown*, San Diego L. Rev. 20 (1983), 558; *Wolfrum*, ZaöRV 43 (1983), 335.

[17] Abgedruckt bei *S. Oda*, International Law of Ocean Development, Bd. I, 1972, 343.

[18] So auch *Wood*, 188; *French*, 185; vgl. dazu aber vor allem *Notice of Discovery and Claim of Exclusive Mining Rights, and Request for Diplomatic Protection and Protection of Investment*, 15. 11. 1974 und die Reaktionen der Staaten hierauf, ILM 14 (1975), 51 f, 795 f.

[19] *Hannikainen* (Anm. 1), 562; *G. Jaenicke*, The Legal Status of the International Seabed, Festschrift *H. Mosler*, 1983, 429 (435); *Van Dyke/Yuen*, San Diego L. Rev. 20 (1982), 539; *Brown*, San Diego L. Rev. 20 (1983), 558.

[20] Nach *Hannikainen* (Anm. 1), 564 handelt es sich bei dem Okkupationsverbot um einen Grundsatz des *ius cogens*.

[21] *T. Treves*, Seabed Mining and the United Nations Law of the Sea Convention, ItalYBIL 5 (1980–81), 22 (28); *Brown*, San Diego L. Rev. 20 (1983), 558; *D'Amato*, 283 ff; *B. Conforti*, Notes on the Unilateral Exploitation of the Deep Seabed, ItalYBIL 4 (1978–79), 3 (18); *Wolfrum*, Internationalisierung, 701 ff; *Anand* (Anm. 1), 184 ff; zurückhaltender aber im Prinzip zustimmend *Kronmiller*, 516; *Arrow*, 393.

[22] *Brown*, San Diego L. Rev. 20 (1983), 557; *Conforti*, (Anm. 21), 18.

5. Gewohnheitsrechtlich gesichert ist schließlich das Gebot der Rücksichtnahme auf konkurrierende marine Nutzungsformen sowie die Verpflichtung, die Meeresumwelt gegenüber negativen Einwirkungen aus dem Tiefseebergbau zu schützen. Vor allem der letztgenannte Gesichtspunkt wird in den nationalen Tiefseebergbaugesetzen (bis auf Japan) angesprochen. Im Recht der Vereinigten Staaten von Amerika hat er eine weitgehende Regelung erfahren.

3. KAPITEL
Weltraum

Schrifttum: *P. C. Jessup/H. J. Taubenfeld*, Controls for Outer Space and the Antarctic Analogy, 1959; *M. S. McDougal/H. D. Lasswell/I. A. Vlasic*, Law and Public Order in Space, 1963; *N. Mateesco Matte*, Traité en Droit Aérien-Aéronautique, 2e édition, 1964; *E. Fasan*, Weltraumrecht, 1965; *C. W. Jenks*, Space Law, 1965; *P. M. Sontag*, Der Weltraum in der Raumordnung des Völkerrechts, 1966; *J. Dutheil de la Rochère*, La Convention sur l'Internationalisation de l'Espace, AFDI 13 (1967), 607 ff; *J. E. S. Fawcett*, International Law and the Uses of Outer Space, 1968; *M. Lachs*, The Law of Outer Space, 1972; *S. Bhatt*, Legal Controls of Outer Space, 1973; *M. G. Marcov*, Traité de droit international public de l'espace, 1973; *M. G. Markov*, Sources du droit international de l'espace; Recueil des cours/Académie de Droit International de la Haye; 168 (1980) 3, 9 ff; *M. A. Dauses*, Das Weltraumrecht im Rechtsgefüge, in: Beiträge zum Luft- und Weltraumrecht: Festschrift zu Ehren von Alex Meyer, 1975, 285 ff.; *O. O. Ogunbanwo*, International Law and Outer Space Activities, 1975; *A. S. Piradov*, International Space Law, translated by Belitzky, 1976; *D. Goedhuis*, The Changing Legal Regime of Air and Outer Space, ICLQ 27 (1978), 576 ff; *G. Haraszti*, Outer Space and Sovereignty, in: Völkerrecht und Rechtsphilosophie: internationale Festschrift für Stephan Verosta, 1980, 127 ff; *A. Górbiel*, Outer Space in International Law, 1981; *C. Q. Christol*, The Modern International Law of Outer Space, 1982; *E. Back Impallomeni*, Spazio Cosmico e Corpi Celesti Nell'Ordinamento Internazionale, 1983; *J. E. S. Fawcett*, Outer Space: New Challenges to Law and Policy, 1984; *R. Wolfrum*, Die Internationalisierung staatsfreier Räume, 1984; *N. Mateesco-Matte*, Le Droit Extra-Atmosphérique et la Course aux Armements, 1984; *M. Benkö/W. de Graaff/G. C. M. Reijnen* (eds.), Space Law in the United Nations, 1985; *K. Kaiser/S. von Welck*, Weltraum und internationale Politik, 1987; *A. Linares*, Derecho Internacional del Espacio Ultraterrestre, 1987; *D. S. Papp*, International space policy: legal, economic, and strategic options for the twentieth century and beyond, 1987; *J. Dutheil de la Rochère* (éd.), Droit de L'Espace, 1988; *T. L. Zwaan* (ed.), Space Law: Views of the Future, 1988; *B. Haugk/M. Müller/R. Müller*, The Contribution of the United Nations to the Further Development of International Law – Using the Example of Outer Space Law, Sri Lanka J. Int'l L. 2 (1990), 89 ff; *K.-H. Böckstiegel* (Hrsg.), Handbuch des Weltraumrechts, 1991; *C. Q. Christol*, Space Law, Past, Present and Future, 1991; *S. Gorove*, Developments in Space Law, Issues and Policies, 1991; *N. Jasentuliyana* (ed.), Space Law: Development and Scope, 1992; *P. M. Martin*, Droit des Activités Spatiales, 1992; *T. L. Masson-Zwaan* (ed.), Air and Space Law: de lege ferenda: Essays in Honour of Henri A. Wassenbergh, 1992; *G. C. M. Reijnen*, The United Nations Space Treaties Analysed, 1992; *G. H. Reynolds*, International Space Law: Into the Twenty-First Century, Vand. J. Transnat'l L., 25 (1992), 225 ff.; *M. Couston*, Droit Spatial Economique – Régimes Applicables à l'Exploitation de l'Espace, 1994; *K. Gorove*, Tensions in the Development of the Law of Outer Space, in: *L. Fisler-Damrosch*, Beyond Confrontation, 1995, 225 ff.; *R. F. A. Goedhart*, The never ending Dispute: The Delimitation of Air Space and Outer Space, 1996; *B. Cheng*, Studies in international space law, 1997; *P. Jankowitsch*, The role of the United Nations in outer space law development: past achievements and new challenges, Journal of space law 26 (1998) 2, 101 ff.; *G. H. Reynolds/R. P. Merges*, Outer space: problems of law and policy, 2nd ed. 1998; *C. Gutiérrez Espada*, La crisis del derecho del espacio, un desafío para el derecho internacional del nuevo siglo, Anuario de derecho internacional 15 (1999), 235 ff.; *I. H. Ph. Diederiks-Verschoor*, An Introduction to Space Law, 2nd ed. 1999; *N. Jasentuliyana*, International Space Law and the United Nations: A Publication on the Occasion of the Third United Nations Conference on the Exploration and Peaceful Uses of Outer Space, 1999; *M. N. Andem*, Implementation of the 1967 Outer Space Treaty in the New Millenium, Proceedings of the Forty-Third Colloquium on the Law of Outer Space, 2001.

§ 131 Einleitung

I. 1 Das Weltraumrecht regelt die internationalen Beziehungen der Staaten durch völkerrechtliche Normen betreffend die Erforschung und Nutzung des Weltraums.[1]

Der Gegenstand des Weltraumrechts, der „Weltraum", hat allerdings bis heute keine eindeutige Definition erhalten. Die Abgrenzung des Weltraums zum Luftraum, für welchen ein anderes, auf Souveränitätsrechten gründendes Regime anwendbar ist, bleibt weiterhin umstritten. Unter den verschiedenen Vorschlägen zur Grenzziehung zwischen Weltraum und Luftraum[2] können besonders der funktionale Ansatz, der allein die Funktion der betroffenen Aktivität als Abgrenzungskriterium anwenden will, und die *von Kármán*'sche Abgrenzungslinie, welche die Grenze zwischen Luftraum und Weltraum dort ansiedelt, wo aufgrund abnehmender Luftdichte kein Flug unter Nutzung des Luftauftriebs mehr möglich ist (d. h. in etwa 83 km über der Erdoberfläche), genannt werden.

2. Aus der Natur der Sachverhalte des Weltraumrechts folgt, daß diese nur durch das Völkerrecht geregelt werden können. Der Weltraum oder Teile hiervon lassen sich nicht einem einzelnen Staat zuordnen. Zudem haben die meisten der Weltraumaktivitäten unmittelbaren Einfluß auf alle Staaten der Erde. Dies gilt vor allem für den Weltraumfunk, die militärische Nutzung des Weltraums und die Erderkundung. Diesem Gesichtspunkt ist bei der Entwicklung des Weltraumrechts von Anfang an Rechnung getragen worden. Es bestand stets Einigkeit darüber, daß der Weltraum einschließlich der Himmelskörper einer einzelstaatlichen Okkupation entzogen sei und daß eine Erforschung und Nutzung des Weltraums die Interessen der Staatengemeinschaft insgesamt berühre. Hierin liegt auch der Unterschied zum Luftrecht[3], das – soweit es sich auf den Luftraum über Staatsgebieten bezieht – einer einzelstaatlichen Regelung zugänglich ist.[4] Die besondere Bedeutung der Weltraumnutzung für alle Staaten hat dazu geführt, daß das Weltraumrecht gegenüber dem allgemeinen Völkerrecht eigene Charakteristika aufweist. Es ist auf Universalität angelegt und betont die zwischenstaatlichen Pflichten zur Kooperation und Rücksichtnahme.

3. Der Grundsatz der Universalität des Weltraumrechts bedeutet nicht nur, daß alle auf den Weltraum bezogenen völkerrechtlichen Verträge dem Beitritt aller Staaten offenstehen, sondern auch, daß die Weltraumnutzung grundsätzlich dem Wohle aller Staaten und damit auch dem Wohle derjenigen Staaten zu dienen hat, die den entsprechenden Verträgen nicht beigetreten sind. Das Weltraumrecht enthält insoweit ein Element der Drittbegünstigung, welches für andere völkerrechtliche Verträge nicht in diesem Maße prägend ist.[5] Ebenfalls charakteristisch für das Weltraumrecht ist, daß es dem Strukturelement der zwischenstaatlichen Kooperation einen besonderen Stellenwert einräumt. Sowohl das Gebot der Gemeinnützigkeit als auch die Verpflichtung zur Kooperation schränken die aus der einzelstaatlichen Souveränität fließende Freiheit der Weltraumnutzung der Staaten substantiell ein.

II. Trotz seiner Besonderheiten ist das Weltraumrecht integraler Bestandteil des Völkerrechts; die allgemeinen Regeln des Völkerrechts bleiben auf den Weltraum anwendbar, werden allerdings durch die speziellen Regeln des Weltraumrechts verdrängt.[6]

---

1 Weitergehend *Fasan*, 16, wonach unter den Begriff Weltraumrecht alle einzelstaatlichen und völkerrechtlichen Regeln in bezug auf die Erforschung und Nutzung des Weltraums fallen; vgl. zu dieser Kontroverse *Marcov*, 5 ff.

2 Siehe hierzu auch unten § 135 sowie *Diederiks-Verschoor*, 18 ff.

3 Für eine Vereinigung von Luft- und Weltraumrecht plädierte vor allem *N. Mateesco-Matte* (Droit Extra-Atmosphérique), 88; a.A. *Lachs*, 21; *Marcov*, 8.

4 Vgl. dazu Band I/1, 437 ff.

5 Vgl. dazu im einzelnen § 134.

6 Vgl. dazu GA Res. 1721 (XVI) vom 20.12.1961, wonach das Völkerrecht einschließlich der Charta der Vereinten Nationen auf den Weltraum und die Himmelskörper anwendbar ist.

§ 132 Die Entwicklung des Weltraumrechts: Der Weltraumvertrag und die ihn ergänzenden internationalen Übereinkommen

Schrifttum: wie vor § 131, sowie: *W. Dettmering*, Die Rechtsstellung von Menschen, Stationen und Niederlassungen auf Himmelskörpern, 1972; *K. Stahl*, Das Verbot der militärischen Nutzung des Weltraums, in: Abschreckung und Entspannung, 1977, 705 ff; *S. Courteix*, L'accord régissant les activités des Etats sur la lune et les autres corps célestes, AFDI 25 (1979), 203 ff; *A. Bueckling*, Der Weltraumvertrag, 1980; *R. Wolfrum*, Der Mondvertrag von 1979 – Weiterentwicklung des Völkerrechts, EA 35 (1980), 665 ff; *E. Vitt*, Die Marskolonie: Rechtsfragen der Planetenbesiedelung, 1989; *C. Q. Christol*, Outer Space Exploitability – International Law and Developing Nations, Space Policy 6 (1990), 146 ff; *ders.*, The Moon and Mars Missions: Can International Law Meet the Challenge?, J. Space L. 19 (1991), 123 ff; *M. Hintz*, Weltraumgegenstände, in: *K.-H. Böckstiegel* (Hrsg.), Handbuch des Weltraumrechts, 1991, 157 ff; *F. G. von der Dunk*, The Minsk Space Agreement: A „Commonwealth in Space?", J. Space L. 20 (1992), 179 ff; *N. Mateesco-Matte*, L'Accord sur la lune: quel avenir?, Ann. Air & Space L. 19 (1992), 283 ff; *M. Benkö/K.-U. Schrogl* (eds), International Space Law in the Making – Current Issues in the UN Committee on the Peaceful Uses of Outer Space, 1993; *I. H. Ph. Diederiks-Verschoor*, Quelques réflexions sur les aspects juridiques des mesures de sécurité relatives aux équipages des vols spatiaux, Annu. de Droit Marit. et Aéro-Spatial 12 (1993), 379 ff; *N. Mateesco-Matte*, The Moon Agreement: What Future?, Annu. de Droit Marit. et Aéro-Spatial, 12 (1993), 345 ff; *H.-J. Heintze*, Entwicklungstendenzen des Weltraumrechts, ZLW 43 (1994), 293 ff; *M. Benkö/K. U. Schrogl*, The UN Committee on the Peaceful Uses of Outer Space: Introducing the agenda item „Review of the Status of the Five Legal Instruments Governing Outer Space" and other recent developments, Zeitschrift für Luft- und Weltraumrecht 47 (1998) 4, 523 ff; *K.-H. Böckstiegel*, Neue weltraumrechtliche Arbeiten der International Law Association (ILA), Zeitschrift für Luft- und Weltraumrecht 47 (1998) 3, 331 ff; *B. Cheng*, The 1967 Outer Space Treaty: thirtieth anniversary, Air and space law 23 (1998) 4/5, 156 ff.

I. 1. Das Weltraumrecht wurde vor allem im Rahmen der Vereinten Nationen entwickelt, wobei die wesentlichen Initiativen von den beiden Hauptinteressenten an der Erforschung und Nutzung des Weltraums, den Vereinigten Staaten und der ehemaligen UdSSR, ausgingen. Auslöser der Bemühungen um die Schaffung eines Weltraumrechts war der erfolgreiche Start von Sputnik 1 am 4. 10. 1957.

Aus dem das Weltraumrecht prägenden Universalitätsprinzip ergibt sich zwangsläufig, daß seine Entwicklung in internationaler Form zu erfolgen hat. Es ist deswegen konsequent, daß die Vereinten Nationen sich dieser Aufgabe unter dem Gesichtspunkt einer Weiterentwicklung des Völkerrechts angenommen haben. Die Willensbildung zu Weltraumfragen vollzieht sich im Rahmen der Vereinten Nationen vor allem in dem 1958 gegründeten Weltraumausschuß,[1] der seit 1959 (formell seit 1962) im Konsensverfahren arbeitet.[2]

Entsprechend dem Ausgangspunkt der Entwicklung des Weltraumrechts standen in den Resolutionen der Vereinten Nationen zu Weltraumaktivitäten zunächst die Aspekte der Abrüstung bzw. der Rüstungskontrolle im Vordergrund. Daneben trat im Laufe der Zeit der

[1] GA Res. 1348 (XIII) vom 13. 12. 1958 (Question of the Peaceful Use of Outer Space) als *ad hoc*-Ausschuß, die Gründung als ständiger Ausschuß erfolgte mit GA Res. 1472 (XIV) vom 12. 12. 1959. Zur Würdigung der Arbeit von UN COPUOS siehe *V. Kopal*, Evolution of the Main Principles of Space Law in the Institutional Framework of the United Nations, J. Space L. 12 (1984), 12 ff; *B. Cheng*, The United Nations and Outer Space, Current Legal Problems 14 (1961), 247 ff; *G. Reintanz*, Weltraumrecht, Stand und Entwicklung, Neue Justiz 28 (1974), 167 ff; *N. Jasentuliyana*, The Law-Making Process in the United Nations, in: *Jasentuliyana* (ed.), Space Law: Development and Scope, 1992, 33 ff; *M. Benkö/K.-H. Schrogl*, The UN Committee on the Peaceful Uses of Outer Space, in: *Benkö/Schrogl* (Hrsg.), 1 ff; *M. M. Hsieh*, The work of the Committee on the Peaceful Uses of Outer Space (COPUOS), Annals of air and space law 23 (1998), 293 ff.

[2] Vgl. das Statement des Vorsitzenden vom 19. 3. 1962, UN Doc. A/5181, 3 f.

Gesichtspunkt einer zwischenstaatlichen Kooperation sowie der Teilhabe aller Staaten an der Erforschung und der Nutzung des Weltraums.[3]

Der erste Anstoß, die Vereinten Nationen mit der Entwicklung des Weltraumrechts zu befassen, ging von den Vereinigten Staaten aus. Um sicherzustellen, daß alle weltraumbezogenen Aktivitäten, vor allem der Einsatz von interkontinentalen Raketen als möglichen Trägern von Kernwaffen, nur friedlichen Zwecken dienten, forderten sie deren internationale Kontrolle.[4] Diese Initiative war Teil eines Abrüstungsvorschlags, der eine internationale Überwachung von spaltbarem Material, das Verbot von Kernexplosionen, eine Truppenreduzierung sowie die Errichtung eines internationalen Warnsystems gegen Überraschungsangriffe vorsah. Trotz dieser Zielsetzung strebten die Vereinigten Staaten auch eine „internationale Beteiligung“ an Weltraumaktivitäten an; dies entsprach den Vorstellungen des sog. Baruch-Plans,[5] der eine internationale Verwaltung der Nutzung von Kernenergie vorsah. Die frühere UdSSR griff den Gedanken einer Kontrolle von Weltraumaktivitäten auf und inkorporierte ihn in ihre Abrüstungsbestrebungen.[6] In diesem Zusammenhang verwandte sie erstmals die Formulierung, daß Weltraumaktivitäten „dem Wohle der Menschheit“ dienen müßten. Zusätzlich forderte die frühere UdSSR eine wissenschaftliche Zusammenarbeit bei Weltraumaktivitäten nach dem Vorbild des Internationalen Geophysikalischen Jahres.[7] Dieser Ansatz wurde wiederum von den Vereinigten Staaten übernommen und weitergeführt.[8] Sie betonten das Interesse der Menschheit an der weiteren Entwicklung der Weltraumaktivitäten und leiteten hieraus die Notwendigkeit einer entsprechenden internationalen Zusammenarbeit im Rahmen der Vereinten Nationen ab. Damit lösten sie sich von den militärisch motivierten Kontrollvorstellungen und leiteten gleichzeitig die Entwicklung des Weltraumrechts von einem Koexistenzrecht zu einer auf dem Grundsatz der Kooperation beruhenden Ordnung ein. Die Beteiligung aller Staaten an Weltraumaktivitäten bzw. deren Ergebnissen wurde damit zu einem bestimmenden Faktor des Weltraumrechts.

Diese Entwicklung spiegelt sich deutlich in den ersten Resolutionen der Vereinten Nationen zur Erforschung und Nutzung des Weltraums wider. Während in der Resolution 1348 (XIII) vom 13. 12. 1958 noch der Aspekt der Friedenssicherung im Vordergrund steht, wird bereits in den Resolutionen 1472 (XIV) vom 12. 12. 1959 und 1721 (XVI) vom 20. 12. 1961 die institutionelle Zusammenarbeit stärker betont.

Die Resolutionen der Generalversammlung bis 1963, als die *Declaration of Legal Principles Governing the Activities of States in the Exploration and Use of Outer Space*[9] verabschiedet wurde, beschäftigten sich mit der Einschränkung gefährlicher Aktivitäten im Weltraum, technischen Empfehlungen an den Weltraumausschuß, die WMO und die ITU sowie mit allgemeinen Rechtsgrundsätzen für die Weltraumnutzung. Besonders betont wurde das gemeinsame Interesse aller Staaten an der Erforschung und Nutzung des Weltraums.

Vollendet wurde diese erste Phase des Kodifikationsprozesses durch die Erarbeitung des Vertrages über die Grundsätze zur Regelung der Tätigkeiten von Staaten bei der Erforschung und Nutzung des Weltraums einschließlich des Mondes und anderer Himmelskörper vom 27. 1. 1967 (Weltraumvertrag).[10] Mit der weiteren Entwicklung der Weltraumtechnik entstand das Bedürfnis nach einer Regelung von Detailkomplexen.[11]

2. Die entscheidenden Prinzipien für die Weltraumnutzung, die später auch Eingang in den Weltraumvertrag gefunden haben, wurden bereits durch die Resolutionen 1721 (XVI) vom

---

[3] Vgl. dazu *Fawcett*, Outer Space, 3 ff; *Lachs*, 27 ff; *Ogunbanwo*, 11 ff; *Fasan*, 22 ff.

[4] Vgl. UN Doc. A/C.1/783 vom 12. 1. 1957.

[5] United Nations Atomic Energy Commission, Official Records of the First Meeting, New York 1946, 4 ff; *N. Pelzer*, IAEA, in: *Wolfrum* (ed.), Handbuch Vereinte Nationen, 1991, 282.

[6] UN Doc. A/3818 vom 17. 3. 1958, 1.

[7] Vgl. dazu *Piradov*, 17.

[8] UN Doc. A/3902 vom 2. 9. 1958, 2 f; vgl. auch GA Res. 1348 (XIII) vom 13. 12. 1958 sowie GA Res. 1472 (XIV) vom 12. 12. 1959.

[9] GA Res. 1962 (XVIII) vom 13. 12. 1963.

[10] BGBl. 1969 II, 1968; 610 UNTS, 205.

[11] *O. M. Ribbelink*, Technological development and the development of the law of outer space, Hague Yearbook of international law 10 (1997), 3 ff.

20.12.1961 und 1802 (XVII) vom 14.12.1962 sowie vor allem durch die *Declaration of Legal Principles Governing the Activities of States in the Exploration and Use of Outer Space*[12] formuliert. Der auf dieser Erklärung aufbauende Weltraumvertrag schrieb die Grundsätze der Weltraumnutzung in einem Zeitpunkt fest, als deren Ausmaß noch nicht voll absehbar war. Insofern hat der Weltraumvertrag den Status einer Rahmenordnung, der in erster Linie, aber nicht ausschließlich, programmatische Bedeutung zukommt.

II. 1. Der Weltraumvertrag ist darauf angewiesen, durch weitere Verträge oder sonstige völkerrechtliche Akte ausgefüllt zu werden. Dennoch darf die rechtliche Bedeutung eines derartigen Rahmenvertrages nicht unterschätzt werden. Indem die allgemeinen Prinzipien für die Weltraumnutzung vertraglich fixiert werden, wird der Wille der vertragschließenden Parteien über Art. 32 der Wiener Vertragsrechtskonvention hinaus objektiviert. Dies hat zwei Konsequenzen. Der Rahmenvertrag bestimmt verbindlich die Entwicklung der folgenden, ihn ausfüllenden Verträge und engt damit die Vertragsfreiheit der Staaten substantiell ein. Außerdem nimmt er gestaltenden Einfluß auf die sich im Anschluß an diesen Vertrag entwickelnde Rechtspraxis. Diese Technik wird nicht nur für die Weltraumnutzung eingesetzt, sondern allgemein in Bereichen, die Sachverhalte regeln, in denen die für eine nähere Regelung erforderlichen Kenntnisse wissenschaftlicher, wirtschaftlicher oder technischer Art noch nicht oder noch nicht gesichert vorliegen, so insbesondere bei der Nutzung staatsfreier Räume oder im internationalen Umweltschutzrecht.

2. Gemäß Art. I Abs. 2 des Weltraumvertrages haben alle Staaten das Recht, den Weltraum, einschließlich aller Himmelskörper, frei, ohne jede Diskriminierung und gleichberechtigt zu erforschen und zu nutzen. Zusätzlich wird in Art. I Abs. 3 des Weltraumvertrages die Freiheit garantiert, den Weltraum und seine Himmelskörper wissenschaftlich zu erforschen. Beide Vorschriften überschneiden sich. Die Realisierung der Weltraumfreiheit wird durch zwei Regelungen abgesichert. Es wird der uneingeschränkte Zugang der Vertragsstaaten zu allen Gebieten auf Himmelskörpern garantiert; Art. XII des Weltraumvertrages gewährt darüber hinaus den freien Zugang zu den auf einem Himmelskörper errichteten Anlagen aller Art auf der Basis der Gegenseitigkeit. Damit wird auch die Möglichkeit einer gegenseitigen Kontrolle der Vertragsstaaten eröffnet. Eine weitere Konsequenz[13] der Weltraumfreiheit ist das Verbot einer nationalen Aneignung des Weltraums, einschließlich des Mondes oder anderer Himmelskörper (dies gilt auch für Teile hiervon) durch Beanspruchung von staatlicher Hoheitsgewalt, Benutzung, Okkupation oder andere Mittel.

3. Gegenpol zur Weltraumfreiheit ist das in Art. I Abs. 1 des Weltraumvertrages verankerte Gebot, daß die Erforschung und Nutzung des Weltraums zum Vorteil und im Interesse aller Länder ohne Ansehen ihres wirtschaftlichen und wissenschaftlichen Entwicklungsstandes durchzuführen und Sache der gesamten Menschheit ist.[14] Diese Gemeinwohlklausel ist als unmittelbares Vorbild für das *common heritage*-Prinzip anzusehen.[15] Sie modifiziert den Gehalt der Weltraumfreiheit in wesentlichen Punkten. Hinsichtlich der wissenschaftlichen Erforschung des Weltraums besteht eine Pflicht der Staaten, die internationale Zusammenarbeit in diesem Bereich zu fördern und zu erleichtern. Hierin liegt eine erste, wenn auch nicht abschließende Konkretisierung der Gemeinwohlklausel.

---

[12] GA Res. 1962 (XVIII) vom 13.12.1963.

[13] A. A. *A. Verdross/B. Simma*, Universelles Völkerrecht, Theorie und Praxis, 3. Aufl. 1984, § 1151, wonach das Aneignungsverbot im Vordergrund steht und sich hieraus reflexartig das Gebot ergibt, den Weltraum nur zum Wohle der Menschheit zu nutzen. Dies wird weder dem Prinzip der Weltraumfreiheit noch der Gemeinwohlverpflichtung des Weltraumvertrages gerecht. Vielmehr ist das Okkupationsverbot wie in Art. 137 SRÜ eine Konsequenz des Nutzungsregimes. Zur Weltraumfreiheit vgl. unten § 134.

[14] Vgl. zur Gemeinwohlklausel unten § 134.

[15] Vgl. dazu § 134, I.5.

4. Schließlich statuiert der Weltraumvertrag eine Reihe von Einschränkungen der Weltraumfreiheit. Gemäß Art. III werden die Staaten verpflichtet, alle Tätigkeiten im Weltraum in Übereinstimmung mit dem Völkerrecht, einschließlich der Charta der Vereinten Nationen, sowie im Interesse der Erhaltung des internationalen Friedens und der Sicherheit und der Förderung der internationalen Zusammenarbeit und Verständigung auszuüben.

5. Art. IV des Weltraumvertrages konkretisiert die Verpflichtung der Vertragsstaaten auf eine ausschließlich friedliche Nutzung des Weltraums zum Wohle der gesamten Menschheit, indem er die Himmelskörper völlig und den Weltraum partiell entmilitarisiert.[16]

6. Die Durchsetzung der Grundsätze des Weltraumvertrages liegt ausschließlich bei den Vertragstaaten selbst; internationale Überwachungsinstitutionen werden vom Weltraumvertrag nicht geschaffen. Insoweit unterscheidet er sich wesentlich von Teil XI des Seerechtsübereinkommens; auch das antarktische Vertragssystem weist stärker ausgeprägte internationale Kontrollmechanismen auf.[17] Gemäß Art. VIII des Weltraumvertrages behält jeder Staat die Hoheitsgewalt und Kontrolle über die bei ihm registrierten, in den Weltraum entsandten Objekte und deren gesamte Besatzung.[18] Korrelat dieser ausschließlich staatlichen Kontrolle von Weltraumaktivitäten ist eine entsprechende Staatenverantwortlichkeit und Staatenhaftung, deren Grundsätze das Weltraumhaftungsabkommen näher präzisiert.[19]

7. Der Weltraumvertrag regelt außerdem die gegenseitige Pflicht zur Hilfeleistung bei Unfällen (Art. V) sowie die Pflicht zur Zusammenarbeit bei der Erforschung des Weltraums (Art. VI und VII). Beide Grundsätze sind ebenfalls in späteren Abkommen präzisiert worden.

III. 1. Die technischen Entwicklungen im Bereich der Weltraumnutzung schufen in der Folgezeit das Bedürfnis nach einer sachlichen Erweiterung des Weltraumrechts; diese wurde vom Weltraumvertrag bereits antizipiert und führte zum Abschluß weiterer, den Weltraumvertrag ergänzender Abkommen zu Raumfahrt, wirtschaftlicher und militärischer Nutzung des Weltraums, Satellitenkommunikation und Weltraumforschung.[20]

2. Für den Bereich Raumfahrt sind als ergänzende Abkommen zu nennen: Das Übereinkommen über die Rettung und Rückführung von Raumfahrern sowie die Rückgabe von in den Weltraum gestarteten Gegenständen vom 22. 4. 1968 (Weltraumrettungsabkommen)[21], das Übereinkommen über die völkerrechtliche Haftung für Schäden durch Weltraumgegenstände vom 29. 3. 1972 (Weltraumhaftungsabkommen)[22] sowie das Übereinkommen über die Registrierung von in den Weltraum gestarteten Gegenständen vom 14. 1. 1975 (Weltraumregistrierungsabkommen).[23]

Das Weltraumrettungsabkommen[24] hat in erster Linie eine humanitäre Komponente. Es dient der Rettung und dem Schutz der Besatzungen von Raumfahrzeugen. Vertragsstaaten, die davon Kenntnis haben, daß sich die Besatzung eines Raumfahrzeuges, sei es in dem Territorium des betreffenden Staates oder in einem staatsfreien Raum, in Not befindet oder eine unbeabsichtigte Notlandung

---

[16] Vgl. dazu im einzelnen § 134.

[17] Vgl. dazu § 129 bzw. § 139.

[18] *Hintz*, 185 ff; *G. Catalano Sgrosso*, Legal status, rights and obligations of the crew in space, Journal of space law 26 (1998) 2, 163 ff.

[19] Vgl. dazu unten III.2.

[20] Einen knappen Überblick gibt u.a. *S. Gorove*, Sources and Principles of Space Law, in: *Jasentuliyana* (ed.), Space Law, 45 ff.

[21] BGBl. 1971 II, 237.

[22] BGBl. 1975 II, 1210; 961 UNTS, 187.

[23] BGBl. 1979 II, 650; *L. Perek*, The 1976 Registration Convention, Zeitschrift für Luft- und Weltraumrecht 47 (1998) 3, 351 ff.

[24] Vgl. dazu *R. S. Lee*, Agreement on the Rescue of Astronauts, the Return of Astronauts and the Return of Objects Launched into Outer Space, in: *Jasentuliyana/Lee* (eds.), Manual on Space Law, 1979, Bd. I, 53; *H. Bittlinger*, Menschen im Weltraum, in: *Böckstiegel* (Hrsg.), 221; *Reijnen*, 157 ff.

vorgenommen hat, unterliegen der Pflicht, darüber die Startbehörde (den für den Start verantwortlichen Staat bzw. eine internationale Organisation, soweit sie die Rechte und Pflichten aus dem Weltraumrettungsabkommen übernommen hat), gegebenenfalls die Öffentlichkeit und den Generalsekretär der Vereinten Nationen zu unterrichten. Gelandeten Astronauten ist Hilfe zu gewähren; Staaten, die dazu in der Lage sind, leisten die erforderliche Hilfe bei der Rettung und Suche. Start- und Landestaat sind verpflichtet, bei Such- und Rettungsaktionen zusammenzuarbeiten; dabei obliegt dem Landestaat die Leitung der Aktion auf seinem Staatsgebiet. Besatzungen von Raumfahrzeugen sind in den Entsendestaat zu überführen. Eine entsprechende Verpflichtung besteht hinsichtlich der Suche nach unbemannten Weltraumobjekten und Teilen davon. Auch insoweit besteht eine Pflicht zur Überführung in den Startstaat.
Das Weltraumhaftungsabkommen[25] ist im Zusammenhang mit Art. VI und VII des Weltraumvertrages zu sehen. Nach Art. VI sind die Vertragsstaaten für nationale Tätigkeiten im Weltraum verantwortlich. Sie haften gem. Art. VII völkerrechtlich für jeden Schaden, den ein Weltraumgegenstand oder dessen Bestandteile im Weltraum oder auf der Erde einem anderen Vertragsstaat oder dessen natürlichen oder juristischen Personen verursacht hat.[26] Wesentlich an dem Weltraumhaftungsabkommen sind zwei Aspekte; es führt partiell eine Gefährdungshaftung ein und es begründet eine Staatshaftung des Startstaates auch für die Handlung privater natürlicher oder juristischer Personen.[27] Es wird unterschieden, ob der Schaden an der Erdoberfläche oder an fliegenden Luftfahrzeugen eintritt oder an Weltraumgegenständen und deren Besatzung, welche sich nicht auf der Erdoberfläche befinden.
Für den erstgenannten Fall sieht Art. II des Abkommens eine absolute Haftung des Startstaates vor, von der Art. VI Abs. 1 nur diejenigen Fälle ausnimmt, in denen der Startstaat beweisen kann, daß der Schaden ganz oder zum Teil durch grobe Fahrlässigkeit oder ein vorsätzliches Tun oder Unterlassen des anspruchstellenden Staates oder einer durch diesen repräsentierten Person verursacht wurde. Gemäß Art. VI Abs. 2 kann dieser Haftungsausschluß allerdings nicht eintreten, soweit der Schaden durch Aktivitäten des Startstaates verursacht wurde, welche im Widerspruch zum Völkerrecht, insbesondere der VN-Charta und des Weltraumvertrags standen.
Für Schäden an sich nicht auf der Erdoberfläche befindenden Weltraumgegenständen sieht Art. III des Abkommens lediglich eine Verschuldenshaftung des Startstaates vor.

3. Der Mondvertrag[28] enthält zwar in weiten Teilen nur eine Wiederholung des Weltraumvertrages, wesentlich ist an ihm jedoch, daß er das Gemeinnützigkeitsgebot von Art. I des Weltraumvertrages konkretisiert und weiter ausbaut, indem er den Mond und seine natürlichen Ressourcen zum gemeinsamen Erbe der Menschheit erklärt.[29] Anders als Teil XI des Seerechtsübereinkommens[30] enthält der Mondvertrag selbst noch keine Nutzungsordnung, sondern verpflichtet die Vertragsstaaten lediglich, Verhandlungen über ein Regime für die wirtschaftliche Ausbeutung der Naturschätze aufzunehmen, sobald hierfür ein praktisches Bedürfnis besteht.[31]

---

25 Vgl. dazu allgemein *E. Wins*, Weltraumhaftung im Völkerrecht, 2000 sowie *B. Cheng*, Convention on International Liability for Damage caused by Space Objects, in: *Jasentuliyana/Lee* (eds.) Bd. I, 83; *P. Malanczuk*, Haftung, in: *Böckstiegel* (Hrsg.), 755; *J.-P. Martin*, 12 ff.

26 Zu Art. VI und VII des Weltraumvertrags *B. Cheng*, Article VI of the Space Treaty revisited: *„international responsibility", „national activities" and „the appropriate state"*, J. Space L. 26 (1998) 1, 7 ff; *P.-M. Martin*, Quel avenir pour les articles VI et VII du Traité sur l'espace?, Zeitschrift für Luft- und Weltraumrecht, 46 (1997) 2, 223 ff.

27 Vgl. zur völkerrechtlichen Staatenhaftung allgemein Teil II Kapitel 1.

28 Der Vertrag hat die völkerrechtliche Literatur intensiv beschäftigt. *B. Léger*, La lune: patrimoine commun de l'humanité, CYIL 17 (1979), 280 ff; *Wolfrum*, Internationalisierung, 665; *C. Q. Christol*, The Common Heritage of Mankind Provision in the 1979 Agreement Governing the Activities of States on the Moon and Other Celestial Bodies, Int'l Lawyer 14 (1980), 429 ff; *P. Jankowitsch*, Mond und Himmelskörper im neuen Völkerrecht des Weltraums, ZLW 30 (1981), 170 ff; *Linares*, 239 ff; *Mateesco- Matte*, L'Accord sur la lune, 283 ff; *ders.*, The Moon Agreement, 345 ff; *Reijnen*, 279 ff; *C. Q. Christol*, The 1979 Moon Agreement: where is it today?, Journal of space law 27 (1999) 1, 1 ff.

29 Vgl. dazu *Mateesco-Matte*, L'Accord sur la lune, 289 ff.

30 Vgl. dazu § 129.

31 *C. Q. Christol*, The Moon Treaty and the allocation of resources, Annals of air and space law 22 (1997) 2,

Als Grundelemente dieser zukünftigen Nutzungsordnung schreibt der Vertrag die geordnete und sichere Entwicklung der natürlichen Ressourcen, deren rationelle Verwaltung, die Ausweitung der Abbaumöglichkeiten und die gerechte Aufteilung des Gewinns auf alle Staaten vor. Unberührt bleibt die Erforschung des Mondes, selbst wenn sie wirtschaftlich orientiert ist. Ein Moratorium für die wirtschaftliche Nutzung des Mondes und seiner Ressourcen läßt sich dem Vertrag nicht entnehmen.[32] Insofern liegen hier deutliche Unterschiede zum Tiefseebodenregime und zum antarktischen Vertragssystem vor.[33] Allerdings ergeben sich aus ihm Einschränkungen hinsichtlich einer wirtschaftlichen Ausbeutung.[34]

IV. Die von Art. X des Weltraumvertrages geforderte zwischenstaatliche Kooperation hinsichtlich der Erforschung und Nutzung des Weltraums vollzieht sich in einer Vielzahl von internationalen Organisationen und bilateralen Verträgen, die vor allem einer Erforschung des Weltraums oder seiner Nutzung zu Kommunikationszwecken dienen. In dieser Hinsicht sind das INTERKOSMOS-Programm,[35] die Europäische Weltraumorganisation (ESA)[36] sowie die weltweiten oder regionalen Satelliten-Betriebsorganisationen zu nennen. Die weltweite Kooperation auf dem Gebiet der Nachrichtenübermittlung über Satelliten erfolgt im Rahmen von INTELSAT und INTERSPUTNIK, während ARABSAT, INMARSAT, EUTELSAT und EUMETSAT entweder regional begrenzt sind oder auf einem Sondergebiet arbeiten.[37]

§ 133 Prinzipien des Weltraumrechts

Schrifttum: Wie vor § 131 und zu § 132 sowie: *D. Goedhuis*, An Evaluation of the Leading Principles of the Treaty on Outer Space of 27th January 1967, NILR 15 (1968), 17 ff; *A. Bueckling*, Bemerkungen zur Deutung der Kommunklauseln des Weltraumvertrages, ZLW 25 (1976) 94 ff; *D. Goedhuis*, Conflicts in the Interpretation of the Leading Principles of the Moon Treaty of 5 December 1979, NILR 28 (1981) 14 ff; *R. Dolzer*, International Co-operation in Outer Space, ZaöRV 45 (1985) 526 ff; *S. M. Williams*, International Law and the Exploitation of Outer Space: A New Market for Private Enterprise, in: *F. E. Snyder/S. Sathirathai* (eds.), Third World Attitudes Toward International Law, 1987, 787 ff; *K.-H. Böckstiegel*, Commercial Space Activities: Their Growing Influence on Space Law, Ann. Air & Space L. 12 (1987), 175 ff; *S. Gorove*, Utilization of Natural Resources of the Space Environment in the Light of the Concept of Common Heritage of Mankind, in: *F. E. Snyder/S. Sathirathai* (eds.), Third World Attitudes Toward International Law, 1987, 775 ff; *N. Mateesco-Matte*, The common heritage of mankind and outer space: Toward a new international order for survival, Ann. Air & Space Law 12 (1987) 313 ff; *M. L. Smith*, The Commercial Exploitation of Mineral Resources in Outer Space, in: *T. L. Zwaan* (ed.), Space Law: Views of the Future, 1988, 45 ff; *C. Q. Christol*, Commercial Uses of Outer Space: Highlights of American Policies, Annu. de Droit Marit. et Aéro-Spatial 10 (1989) 337 ff; *N. Mateesco-Matte*, The Space Station Age: International Cooperation and Legal Implications, Annu. de Droit Marit. et Aéro-Spatial 10 (1989) 311 ff; *C. Driscoll Sullivan*, The Prevention of an Arms Race in Outer Space: An Emerging Principle of International Law, Temp. Int'l & Comp. L. J. 4 (1990), 211 ff; *H. Bittlinger*, Das Gebot der Rücksichtnahme, in: *K.-H. Böckstiegel* (Hrsg.), Handbuch des Weltraumrechts, 1991; 119 ff; *L. Haeck*, Le droit de la guerre spatiale, Ann. Air & Space L. 16 (1991) 307 ff; *K.-U. Schrogl*, „Space Benefits" – A new Aspect of Global Politics, Außenpolitik 42 (1991) 373 ff; *H. A. Wassenbergh*, Principles of Outer Space Law in Hindsight, 1991; *S. Hobe*, Die rechtlichen Rahmen-

31 ff; *O. Dörffer*, Der rechtliche Rahmen für die wirtschaftliche Nutzung der Bodenschätze des Mondes und anderer Himmelskörper: Rechtslage, völkerrechtliche und theoretische Modelle sowie Gedanken zur weiteren Rechtsentwicklung, 1998; *S. E. Doyle*, Using extraterrestrial resources under the Moon Agreement of 1979, Journal of space law 26 (1998) 2, 111 ff.

32 *Wolfrum*, Internationalisierung, 667 f.

33 Vgl. dazu § 129 und § 139.

34 Vgl. dazu § 134.

35 Inzwischen aufgelöst, vgl. unten § 136 VI.

36 Näher zur ESA unten § 136 VI.2.

37 Vgl. dazu im einzelnen § 137.

bedingungen der wirtschaftlichen Nutzung des Weltraums, 1992; *P. Kahn* (ed.), L'exploitation commerciale de l'espace: droit positif, droit prospectif, 1992; *A. D. Roth*, La prohibition de l'appropriation et les régimes d'accès à l'espace extra-terrestre, 1992; C. Q. *Christol*, Scientific and Legal Aspects of Space Debris. Proceedings of the IISL, 1992, Washington D. C., American Institute of Aeronautics and Astronautics, 1993, 368 ff; *E. W. Paxson III*, Sharing the Benefits of Outer Space Exploration: Space Law and Economic Development, Mich. J. Int'l L. 14 (1993), 487 ff; *K. Nyman Metcalf*, Activities in Space – Appropriation or Use?, 1999.

I. 1. Der Weltraumvertrag wird geprägt durch die Bipolarität zweier Prinzipien, der Weltraumfreiheit und des Gebots seiner Erforschung und Nutzung zum Wohle und im Interesse der gesamten Menschheit.

2. Das Prinzip der Weltraumfreiheit ist, entsprechend dem Prinzip der Freiheit der See,[1] umfassend zu verstehen. Neben der ausdrücklich genannten Forschung umfaßt es grundsätzlich jede, auch wirtschaftliche Tätigkeit, soweit dadurch die Tätigkeit anderer Staaten nicht ausgeschlossen wird.[2] Begünstigte dieses Rechts sind Staaten, internationale Organisationen und Privatunternehmen.

Umstritten war zunächst, ob auch private Unternehmen das Recht haben, unmittelbar an Weltraumaktivitäten teilzunehmen. Der Versuch, Weltraumaktivitäten ausschließlich bei Staaten zu monopolisieren, scheiterte bei den Beratungen des Weltraumvertrages. Gemäß Art. VI des Weltraumvertrages bedürfen Tätigkeiten nichtstaatlicher Rechtsträger im Weltraum der Genehmigung und der ständigen Aufsicht. Hiermit wird einerseits das Recht nichtstaatlicher Rechtsträger anerkannt, im Weltraum tätig zu werden, andererseits übernimmt der Vertragsstaat mit der Genehmigungs- und Kontrollpflicht auch die entsprechende Verantwortung gegenüber der Staatengemeinschaft.[3]

Räumlich bezieht sich das Prinzip auf den gesamten Weltraum einschließlich aller Himmelskörper.[4] Das Recht aller Vertragsstaaten auf freien Zugang zu allen Gebieten auf Himmelskörpern gemäß Art. I Abs. 2 des Weltraumvertrages ist im Zusammenhang mit dem Okkupationsverbot zu sehen; kein Vertragsstaat vermag, gestützt auf den Grundsatz der Gebietshoheit, einem anderen Vertragsstaat den Zugang zu bestimmten Gebieten auf den Himmelskörpern zu verwehren. Dem Zugangsrecht kommt jedoch eine weitere Bedeutung zu. Die Entstehungsgeschichte dieser Vorschrift deutet darauf hin, daß angesichts der ungeklärten Abgrenzung zwischen Luft- und Weltraum hierüber auch die freie Entsendung von Weltraumfahrzeugen gesichert wird, selbst wenn diese den äußeren Luftraum eines fremden Staates passieren.[5] Das Zugangsrecht wird schließlich durch Art. XII des Weltraumvertrages auch auf Stationen, Einrichtungen, Geräte und Raumfahrzeuge auf dem Mond und anderen Himmelskörpern ausgedehnt. Voraussetzung ist allerdings, daß insoweit Gegenseitigkeit vereinbart wurde.
Bei der Garantie der Weltraumfreiheit handelt es sich um eines der das Weltraumrecht bestimmenden Grundprinzipien. Anders als nach Art. 87 SRÜ steht sie allerdings in einem

[1] Vgl. dazu § 118; vgl. dazu *H. DeSaussure*, The Freedoms of Outer Space and their Maritime Antecedents, in: *Jasentuliyana* (ed.), Space Law, 1 ff; *J.-P. Martin*, 27 ff.

[2] *Dettmering*, 166; *Christol*, Modern Int. Law, 42; *Marcov*, 30; *Dutheil de la Rochère*, AFDI 13 (1967), 625; zur Auslegung von GA Res. 1962 (XVIII) vom 13. 12. 1963 vgl. *Jenks*, 196; *Hobe*, 64 ff, der von einer gewohnheitsrechtlichen Anerkennung dieses Grundsatzes ausgeht, 67 ff.

[3] Vgl. zu diesem Komplex *W. Heymer*, Rechtsfragen der Nutzung des Weltraums und der Himmelskörper durch Privatunternehmen, in: FS *Meyer*, 1975, 319 ff; *Hobe*, 74.

[4] Vgl. zu der bislang nicht gelösten Frage einer Definition des Weltraums § 135.

[5] Vgl. dazu *Bhatt*, 112; § 1 des Luftverkehrsgesetzes der Bundesrepublik Deutschland steht damit insoweit im Widerspruch, als er Raumfahrzeuge, Raketen etc. Luftfahrzeugen gleichsetzt und sie damit den nationalen luftrechtlichen Bestimmungen unterwirft, vgl. dazu *R. Schleicher/F. Reymann/H. J. Abraham*, Das Recht der Luftfahrt, Kommentar zum LuftVG, Anm. 16 zu § 1.

Spannungsverhältnis zu dem noch zu behandelnden Gemeinnützigkeitsgebot. Das Zusammenspiel dieser beiden Grundsätze führt dazu, daß das Nutzungsregime für den Weltraum mehr ist als eine bloße Koordination einzelstaatlicher Tätigkeiten, allerdings nicht den Grad der Vergemeinschaftung des Meeresbodenregime gemäß Kapitel XI des SRÜ[6] erreicht, dem eine entsprechende Freiheitsverbürgung fehlt.
Träger des Freiheitsrechts sind die einzelnen Staaten.[7] Logische Konsequenz dieses Grundsatzes ist, daß die Kontrolle über die Weltraumaktivitäten jeweils bei demjenigen Staat liegt, bei dem der betreffende Weltraumgegenstand registriert ist (Art. VIII Weltraumvertrag).[8] Diese Regelung entspricht dem Prinzip der Flaggenhoheit über Schiffe auf Hoher See;[9] allerdings ist die völkerrechtliche Verantwortung des Startstaates deutlich ausgeprägter als die Verantwortlichkeit der Flaggenstaaten in bezug auf Schiffe unter ihrer Flagge. Die Kehrseite dieser ausschließlichen Kontrollkompetenzen des Startstaates ist dessen völkerrechtliche Verantwortlichkeit für nationale Tätigkeiten im Weltraum. Dabei haftet der Startstaat sowohl für amtliche wie auch für nichtamtliche Tätigkeiten. Diese Ausweitung der Staatenhaftung gegenüber dem allgemeinen Völkerrecht[10] rechtfertigt sich daraus, daß mit dem ausschließlichen Kontrollrecht des Startstaats auch eine Kontrollpflicht im Verhältnis zu den übrigen Mitgliedern des Weltraumvertrages korrespondiert.

3. Schranke der Weltraumfreiheit ist gemäß Art. III des Weltraumvertrages das Völkerrecht einschließlich der Charta der Vereinten Nationen. Mit dieser Regelung wird zunächst festgestellt, daß der räumliche, persönliche und sachliche Geltungsbereich des Völkerrechts universell ist und damit auch den Weltraum erfaßt. Das heißt jedoch nicht, daß das gesamte Völkerrecht (z. B. das Luftrecht) auf den Weltraum anwendbar wäre. Insoweit gehen die spezifischen weltraumrechtlichen Regeln vor. Anwendbar sind dagegen die allgemeinen völkerrechtlichen Grundsätze. In dieser Hinsicht verweist Art. III des Weltraumvertrages auf Art. 2 der Charta der Vereinten Nationen, auf das Prinzip der souveränen Gleichheit der Staaten, das Gebot der friedlichen Streitbeilegung, das Aggressionsverbot sowie auf den Grundsatz, daß die Staaten ihre inneren Angelegenheiten eigenständig regeln können.[11]

4. Alle Aktivitäten im Weltraum haben den Grundsatz der Demilitarisierung gemäß Art. IV Weltraumvertrag zu beachten. Danach verpflichten sich die Vertragsstaaten, keine Objekte, die Kernwaffen tragen, in eine Erdumlaufbahn zu bringen, derartige Waffen nicht auf Himmelskörpern zu stationieren und den Weltraum nicht damit zu bestücken. Es erfolgt insoweit eine waffenspezifische Demilitarisierung des Weltraums.[12] Der Mond und die anderen Himmelskörper wurden weitergehend demilitarisiert; nach Art. IV Abs. 2 Satz 1 des Weltraumvertrages dürfen sie lediglich für friedliche Zwecke genutzt werden. Die Errichtung militärischer Anlagen, Stützpunkte und Befestigungen, die Erprobung von Waffen gleich welcher Art und die Durchführung militärischer Manöver auf Himmelskörpern sind verboten (Art. IV Abs. 2 Satz 2 Weltraumvertrag).

---

6 Vgl. dazu § 129.

7 Vgl. dazu *Marcov*, 250 ff; *Dutheil de la Rochère*, AFDI 13 (1967) 626; *R. Luther*, Das Prinzip der Weltraumfreiheit, Neue Justiz 31 (1977), 139 ff, weist zutreffend darauf hin, daß Begünstigte nicht nur Vertragsstaaten sind. Dennoch liegt hier kein Vertrag zu Gunsten Dritter vor, da der Weltraumvertrag als eine Kodifikation von Völkergewohnheitsrecht anzusehen ist.

8 Vgl. zu diesem Komplex ausführlich *H. Bittlinger*, Hoheitsgewalt und Kontrolle im Weltraum, 1988; *ders.*, Menschen im Weltraum, in: *Böckstiegel* (Hrsg.), 209.

9 *Verdross/Simma*, § 1151 subsumieren die Kontrolle über Besatzungsmitglieder unter die Personalhoheit; ein Vergleich mit der Flaggenhoheit legt jedoch nahe, von einem eigenständigen Anknüpfungsprinzip zu sprechen, das selbständig neben Personal- und Gebietshoheit steht. Andernfalls unterfiele entgegen Art. VIII des Weltraumvertrages ein Besatzungsmitglied, das nicht die Staatsangehörigkeit des Startstaats hat, nicht dessen Jurisdiktion.

10 Vgl. § 173 ff.

11 Vgl. dazu *Jenks*, 203.

12 Dazu näher *K. Stahl*, in: Abschreckung und Entspannung, 705 ff.

Die Auslegung dieser Bestimmung ist nicht ganz unumstritten. Die Kontroversen entzünden sich dabei an der Auslegung des Begriffes „friedlich“. Er ist hier – wie in der Charta der Vereinten Nationen – im Sinne von „nicht-aggressiv“ zu verstehen. Die Stationierung von Verteidigungswaffen ist also erlaubt.[13] Hierfür spricht bereits die Fassung von Art. IV Abs. 2 Weltraumvertrag selbst. Wäre nämlich bereits jede militärische Nutzung des Mondes und Himmelskörper verboten, hätte es der Aufzählung in Satz 2 nicht bedurft, da die in ihm verbotenen Tätigkeiten alle militärischer Natur sind.[14] Etwas anderes läßt sich auch nicht der allgemeinen Regel des Art. I Abs. 1 des Weltraumvertrages entnehmen, wonach jede Tätigkeit im Weltraum im Interesse der gesamten Menschheit liegen muß. Dies würde eine völlige Demilitarisierung des gesamten Weltraums bedeuten, die – wie sich aus der Regelung des Art. IV Weltraumvertrag ergibt – nicht angestrebt wurde.[15]
Gesichert wird die Demilitarisierung des Weltraumes durch ein den Vertragsstaaten zustehendes Inspektionsrecht gemäß Art. XII des Weltraumvertrages (das Wort Inspektion wird allerdings vermieden), das dem Inspektionssystem des Antarktisvertrages nachgebildet ist. Es wird eingeschränkt durch eine Klausel, die diese Inspektionen dem Gegenseitigkeitsprinzip unterwirft.

Die Bedeutung dieser Einschränkung läßt sich weder aus dem Wortlaut noch aus dem Sinnzusammenhang, in den sie gestellt ist, klären. Es sind verschiedene Interpretationen denkbar. Man könnte die Gegenseitigkeitsklausel einerseits so auslegen, daß Inspektionen bilateral zu vereinbaren sind. Andererseits könnte man sie aber auch so verstehen, daß nur derjenige Staat Inspektionen vornehmen darf, dessen Stationen ebenfalls inspiziert werden können. Nach der engsten Auslegung besagt die Klausel jedoch nicht mehr, als daß derjenige Staat sein Inspektionsrecht verwirkt, der seinerseits eine Inspektion seiner Stationen verweigert hat. Mit Blick auf die Entstehungsgeschichte von Art. XII des Weltraumvertrages ist dieser Auslegung der Vorzug zu geben.[16]

5. Eine weitere Schranke für Weltraumaktivitäten formuliert Art. IX des Weltraumvertrages. Danach sind alle Aktivitäten im Weltraum mit gebührender Rücksichtnahme auf die entsprechenden Interessen der anderen Vertragsstaaten durchzuführen. Diese Verpflichtung findet sich ebenfalls in Art. II des Mondvertrages.[17] Eine entsprechende Klausel enthält auch Art. 87 Abs. 2 SRÜ. Dieser Grundsatz wirkt auf zwei Ebenen. Zum einen gebietet er, die Weltraumaktivitäten anderer Vertragsstaaten nicht zu verhindern (insoweit besteht ein Bezug zum Okkupationsverbot) oder zu stören, zum anderen verbietet er negative Auswirkungen von Weltraumaktivitäten auf andere Staaten. Allerdings sind hierunter nur gravierende Nachteile für die Interessen anderer Staaten zu fassen.[18] Nicht notwendig ist die Beeinträchtigung einer Rechtsposition, vielmehr sind nachteilige Auswirkungen auf Interessen ausreichend. Ein spezieller Aspekt dieser Seite des Rücksichtnahmegebots wird in Art. IX des Weltraumvertrages direkt angesprochen. Danach verpflichten sich die Staaten, eine Kontamination des Weltraums zu vermeiden und eine negative Veränderung der

---

[13] Zum Meinungsstreit vgl. *M. Schweitzer*, Die Entmilitarisierung des Weltraums durch den Weltraumvertrag von 1967, in: FS *Meyer*, 355 ff, sowie *J. H. P. Diederiks-Verschoor*, ibid. 303; *R. Wolfrum*, The Problems of Limitation and Prohibition of Military Use of Outer Space, ZaöRV 44 (1984), 784 ff; *Y. M. Kolosov*, Notions of „Peaceful“ and „Military“ Space Activities, Proceedings of the 25th Colloquium on the Law of Outer Space, 1982, 117 f; *V. Kopal*, Article IV of the 1967 Space Treaty. Its Present Meaning and Possibilities of Further Developments, ebd., 119 ff; *V. S. Vereshchetin*, Against Arbitrary Interpretation of some Important Provisions of International Space Law, ebd., 153 ff; *Goedhuis*, NILR 28 (1981) 27, weist darauf hin, daß sich insoweit die Position der UdSSR geändert hatte; *Sullivan*, 211 ff; *Martin*, 49 ff; *Jasentuliyana*, 105.

[14] Vgl. dazu *Diederiks-Verschoor*, 303.

[15] Vgl. dazu *Wolfrum*, Internationalisierung, 283.

[16] Vgl. dazu die Erklärung der Vereinigten Staaten, UN Doc. A/C.1/SR. 1492, 428.

[17] Vgl. dazu *Bittlinger*, Gebot der Rücksichtnahme, 121 f.

[18] *Bueckling*, ZLW 25 (1976), 100 ff; *Bittlinger*, (Anm. 8), 126.

irdischen Umwelt durch Einbringen außerirdischer Substanzen zu verhindern.[19] Aus dem Grundsatz der gebührenden Rücksichtnahme auf die entsprechenden Interessen anderer Staaten ergibt sich auch das Gebot, eine Störung des terrestrischen Funkverkehrs durch Weltraumfunk zu vermeiden. Art. IX des Weltraumvertrages sieht für den Fall einer zu befürchtenden oder eingetretenen Störung anderer Weltraumaktivitäten Konsultationen zwischen den betroffenen Staaten vor. Diese Konsultationspflichten sind als eine der Konkretisierungen des Rücksichtnahmegebots zu verstehen.

6. Notwendige Konsequenz der Weltraumfreiheit ist das Verbot einer nationalen Aneignung (Okkupation) des Weltraums einschließlich des Mondes und anderer Himmelskörper (Art. II Weltraumvertrag). Dies entspricht Art. IV Abs. 2 des Antarktisvertrages. Ebenfalls ausgeschlossen ist die Beanspruchung territorial bezogener Hoheitsgewalt. Erfaßt wird von diesem Verbot allerdings nur, wie die Verbindung der Worte *„appropriation"* und *„claim of sovereignty"* deutlich macht, der völkerrechtliche Gebietserwerb, nicht jedoch auch eine wirtschaftliche Nutzung, selbst wenn diese in die Substanz eines Himmelskörpers eingreifen sollte.[20] Insoweit unterscheidet der Weltraumvertrag zwischen Gebiets- und Nutzungserwerb und folgt damit einer bereits im römischen Recht wurzelnden Differenzierung.[21] Die nachfolgende Vertragspraxis (z. B. Art. 11 Abs. 3 und 4 des Mondvertrages) greift diese Unterscheidung auf.

Das Okkupationsverbot schließt allerdings die Ausübung von staatlichen Hoheitsrechten im Weltraum nicht aus. Dies ergibt sich u. a. aus Art. VIII, wonach ein Registrierstaat die Hoheitsgewalt und Kontrolle über einen gestarteten Weltraumgegenstand und die Besatzung behält. Dies entspricht dem Haftungsrecht. Selbst durch ein Niedergehen von Weltraumgegenständen in den Territorien eines anderen Staates werden die Eigentumsverhältnisse an diesen Gegenständen nicht berührt. Mit dem Okkupationsverbot vereinbar ist die Errichtung von Sicherheitszonen um Weltraumgegenstände.[22] Allerdings sind derartige Zonen mit Rücksicht auf Art. VIII und IX Weltraumvertrag auf das Notwendige zu begrenzen. Ebenfalls keinen Verstoß gegen das Okkupationsverbot stellt die Positionierung von Satelliten auf dem Geostationären Orbit dar.[23]

II. 1. Einschränkungen der Weltraumfreiheit ergeben sich aus dem Gebot, daß der Weltraum zum Wohle und im Interesse der gesamten Menschheit zu nutzen ist. Darüber hinaus formulieren der Weltraumvertrag sowie die ihn ergänzenden Abkommen weitere Schranken.

2. Nach Art. I Abs. 1 des Weltraumvertrages erfolgen die Erforschung und Nutzung des Weltraums sowie seiner Himmelskörper zum Vorteil und im Interesse aller Länder ungeachtet ihres wirtschaftlichen und wissenschaftlichen Entwicklungsstandes; sie sind ein Anliegen *(province)* der gesamten Menschheit.[24] Dieser Grundsatz wird von dem Weltraumvertrag mehrfach in unterschiedlichem Kontext und mit verschiedenartiger Wortwahl angesprochen (Präambel, Art. V). Die inhaltliche Bedeutung dieses Grundsatzes ist Gegen-

---

[19] Japan hat versucht, dieses Postulat durch eine entsprechende Kontrolle der Vereinten Nationen abzusichern, ist jedoch an dem Widerstand der früheren UdSSR gescheitert (UN Doc. A/AC. 105/C.2/SR. 68, 5 f). Zur Frage des Umweltschutzes im Weltraum vgl. § 135.

[20] Zu diesem Problemkreis *Dettmering*, 169 ff; *Hobe*, 78 ff; *K. Anderson Baca*, Property Rights in Outer Space, J. Air L. & Com. 58 (1992/93), 1041 (1065 ff).

[21] Vgl. dazu *Hobe*, 82 (mwN).

[22] *W. von Kries*, Weltraumrechtliche Aspekte der amerikanischen SDI- und ASAT-Programme, ZLW 34 (1985), 279 ff.

[23] Vgl. dazu § 135.

[24] Hierzu *D. Tan*, Towards a New Regime for the Protection of Outer Space as a „Province of all Mankind", The Yale Journal of International Law 25 (2000), 145 ff.

stand intensiver Diskussionen in der Literatur[25] und im Weltraumausschuß[26] gewesen. Aus der Formulierung „im Interesse aller Länder ohne Ansehen ihres wirtschaftlichen und wissenschaftlichen Entwicklungsstandes" ergibt sich, daß unter „zum Vorteil und im Interesse aller Länder" mehr zu verstehen ist als nur ein Verweis auf das Gebot, den Weltraum ausschließlich zu friedlichen Zwecken zu nutzen.[27] Bei einer derartigen Auslegung wäre die Bezugnahme auf die wissenschaftliche und wirtschaftliche Situation der Staaten unverständlich. Vielmehr soll hierüber die Teilhabe aller Staaten an den Vorteilen der Weltraumaktivitäten sichergestellt werden.[28] Welcher Art dieses Teilhaberecht ist, vor allem was seinen Inhalt betrifft, und wie es zu erfüllen ist, wird durch den Weltraumvertrag lediglich hinsichtlich der Beobachtung von Weltraumobjekten und in bezug auf den Informationsaustausch näher bestimmt. Im übrigen bleibt die Verwirklichung des Teilhaberechts weiteren Abkommen oder dem Völkergewohnheitsrecht vorbehalten. Eine entsprechende Regelung erfolgt für die Nutzung des Geostationären Orbits und des Mondes und ist für die Fernerkundung der Erde durch Satelliten zumindest als Rahmen vorgesehen.[29]
Unmittelbare Konsequenz dieses Grundsatzes ist es jedoch, daß eine einzelstaatliche, rein an nationalen Interessen orientierte Nutzung des Weltraums, z. B. in Form einer nationalen Monopolisierung der Weltraumnutzung, als unzulässig anzusehen ist. Erforderlich ist ein irgendwie gearteter Ausgleich gegenüber der Staatengemeinschaft. Dieser muß sicherstellen, daß die Mitglieder der internationalen Staatengemeinschaft sich entweder an den Aktivitäten selbst beteiligen oder von deren Ergebnissen profitieren. Diese Pflicht, andere Staaten teilhaben zu lassen, erschöpft sich nicht in einer Verpflichtung zur Kooperation, obwohl diese ein wesentlicher Mechanismus für die Verwirklichung des Ausgleichsgedankens ist.[30] In der konkreten Ausgestaltung dieses Interessenausgleichs sind die Weltraumstaaten frei, solange diese Pflicht nicht durch weitere Abkommen konkretisiert wird.[31]

4. Neben diesem Gebot, Mitglieder der Staatengemeinschaft teilhaben zu lassen, enthält die Gemeinwohlklausel zumindest ansatzweise auch einen Förderungsaspekt.[32] Denn wenn eine

---

[25] *Goedhuis*, ILCQ 27 (1978), 582 f; *Dauses*, in: FS *Meyer*, 283 (286 f); *Heymer*, (Anm. 3), 322; *Lachs*, 117; *Wolfrum*, 284 f; *Bueckling*, 66 ff; *Ogunbanwo*, 66 ff; *Bueckling*, Die Freiheiten des Weltraumrechts und ihre Schranken, in: *Böckstiegel* (Hrsg.), 65 ff; *Reijnen*, 9 ff, 87 ff; *Hobe*, 93 ff.

[26] Der Unterausschuß Recht hat 1989 entschieden, eine Arbeitsgruppe *Space Benefits* einzusetzen. Diese Arbeitsgruppe hat sich 1991 erstmals getroffen und an einem Arbeitspapier *„Principles regarding international cooperation in the exploration and utilization of outer space for peaceful purposes"* (UN Doc. A/AC.105/C.2/L.182/Rev. 1) gearbeitet, welches die Staaten zu Kooperation und Technologietransfer aufrief sowie eine gerechte *(equitable)* Verteilung der Vorteile aus Weltraumwissenschaft und -technologie forderte. Die im Jahre 1996 von der Generalversammlung angenommene *„Declaration on International Cooperation in the Exploration and Use of Outer Space for the Benefit and in the Interest of All States, Taking into Particular Account the Needs of Developing Countries"*, UN Doc. A/RES/51/122, konzentrierte sich aber – zurückhaltender – auf Kooperationsfragen. Allerdings enthält auch die im Rahmen der dritten UN-Konferenz zur Erforschung und friedlichen Nutzung des Weltraums (UNISPACE III) 1999 angenommene Erklärung *„The Space Millennium: Vienna Declaration on Space and Human Development"* neben Aufforderungen zu Kooperation den Gedanken, daß wissenschaftliche Erkenntnisse zum Weltraum und dessen Ressourcen geteilt werden sollen, *cf. Report of the Third United Nations Conference on the Exploration and Peaceful Uses of Outer Space, Vienna, 19–30 July 1999, chap. I, resolution 1.* Diese Erklärung wurde von der Generalversammlung durch Resolution 55/122 vom 8. 12. 2000 gebilligt.

[27] So aber *Luther*, 139; *Bhatt*, 103.

[28] *Wolfrum*, Internationalisierung, 285; ausführlich hierzu *Hobe*, 93 ff.

[29] Siehe dazu § 135.

[30] In dem ersten Arbeitspapier zur Frage *Space Benefits* kommt dieser Gesichtspunkt deutlich zum Ausdruck, vgl. insoweit Art. I und II UN Doc. A/AC.105/C.2/L.182 vom 9. 4. 1991.

[31] Insoweit geht *Dettmering*, 177, zu weit, wenn er eine Nutzung des Weltraums von einer Zahlung an die Vereinten Nationen abhängig machen will. Siehe zu diesem Komplex auch *Hobe*, 108 ff. Diese Freiheit wird in dem zweiten Draft des Arbeitspapiers betont (vgl. insoweit Art. I Abs. 3 UN Doc. A/AC.105/C.2/L.182 Rev. 1 vom 31. 3. 1993).

[32] *Goedhuis*, ICLQ 27 (1978), 583.

Teilhabe aller Staaten ungeachtet der wirtschaftlichen und wissenschaftlichen Entwicklung das Leitmotiv aller Weltraumaktivitäten ist, so setzt dies voraus, daß diejenigen Staaten, die selbst nicht Weltraumaktivitäten betreiben, in einen Stand versetzt werden, der es ihnen erlaubt, effektiv Nutzen aus derartigen Aktivitäten zu ziehen.[33] Unterstützt wird diese Argumentation durch den Verweis in Art. I Abs. 2 des Weltraumvertrages sowohl auf das Diskriminierungsverbot wie auch auf das Gleichbehandlungsgebot. Angestrebt wird damit letztlich eine materielle Gleichheit aller Staaten in bezug auf die Weltraumnutzung.[34] Auch hieraus ergibt sich eine Förderpflicht gegenüber den Staaten, die bislang zu eigenen Weltraumaktivitäten nicht in der Lage waren. Welcher Art diese Förderpflicht ist, wird von dem Weltraumvertrag nicht näher konkretisiert.
Darüber hinaus verbietet die Forderung nach einer materiellen Gleichstellung aller Staaten, die Weltraumaktivitäten für einzelstaatliche Belange durch Ausschöpfung der Nutzungsmöglichkeiten in einer Weise zu monopolisieren, daß ein Hinzutreten weiterer Staaten praktisch ausscheidet.[35] Diesem Aspekt der Forderung nach materieller Gleichstellung aller Staaten hinsichtlich der Nutzung des Weltraums kommt erhebliche praktische Bedeutung zu. Angesichts der nur begrenzt zur Verfügung stehenden Satellitenparkstationen auf dem Geostationären Orbit bestand durchaus die Gefahr einer Monopolisierung der Nutzung durch wenige Staaten.[36]

5. Die Gemeinwohlklausel steht einer gewinnorientierten Nutzung des Weltraums nicht entgegen. Allerdings stellt sich in diesen Fällen die Frage nach einer Gewinnverteilung. Eine entsprechende Verpflichtung ist Art. I Abs. 1 des Weltraumvertrages noch nicht zu entnehmen; es fehlt dem Weltraumrecht insoweit eine konkrete Regelung, wie sie dem Tiefseebergbauregime zu eigen ist.[37]

6. Trotz ihrer Unbestimmtheit und ihrer generalklauselartigen Weite entfaltet die Gemeinwohlklausel des Weltraumvertrages bindende Wirkung. Der Wortlaut von Art. I Abs. 2 des Weltraumvertrages kleidet die Gemeinwohlklausel in ein die Vertragsstaaten verpflichtendes Postulat. Die Auslegungsfähigkeit der Begriffe „Vorteil" und „Interesse" nimmt der Formulierung nicht ihre zwingende Schärfe. Es ist dabei zu berücksichtigen, daß fast alle Formulierungen des Weltraumvertrages auslegungsfähig und konkretisierungsbedürftig sind. Dies entspricht seinem Charakter als Rahmenvertrag. Aber unabhängig von einer Konkretisierung der Gemeinwohlklausel, wie sie partiell in dem Mondvertrag und in den Regelungen der ITU zur Verteilung der Satellitenparkpositionen im Geostationären Orbit zum Ausdruck kommt, entfaltet die Gemeinwohlklausel unmittelbare Rechtswirkungen. Sie schränkt die einzelstaatlich orientierte Weltraumfreiheit ein, umschreibt verbindlich die Zielsetzung des Weltraumvertrages und lenkt damit die Weiterentwicklung des Weltraumrechts in bestimmte Bahnen.[38]

7. Obwohl Art. I Abs. 1 des Weltraumvertrages keinen Normadressaten nennt, ergibt sich aus Sinn und Zweck dieser Vorschrift, daß primär Staaten dem Normbefehl unterworfen sind. Begünstigte sind, wie die Formulierung von Art. I Abs. 1 Weltraumvertrag belegt, nicht nur Vertragsstaaten, sondern alle Mitglieder der Staatengemeinschaft.

---

33 Vgl. Art. III des ersten Arbeitspapiers *Space Benefits*.

34 *Wolfrum*, Internationalisierung, 286.

35 Diese Interpretation wird durch die Entstehungsgeschichte der Vorschrift bestätigt. So erklärte der Vertreter der Vereinigten Staaten: „*This provision makes clear the intent of the Treaty that outer space and celestial bodies are open not just to the big powers or the first arrivals but shall be available to all, both now and in future. This principle is a strong safeguard for the interests of those states which have, at the present time, little or no active space programme of their own.*" (UN Doc. A/C.1/SR.1492, 428).

36 Siehe dazu § 135.

37 Vgl. dazu § 129.

38 *Bueckling*, ZLW 25 (1976), 99.

8. Eine erste Konkretisierung der Gemeinwohlklausel des Weltraumvertrages in bezug auf wirtschaftliche Tätigkeiten enthält der Mondvertrag.[39] Gemäß seinem Art. 11 sind der Mond und seine natürlichen Ressourcen gemeinsames Erbe der Menschheit, wobei dieses Prinzip im Mondvertrag, insbesondere in Art. 11 Abs. 5 näher definiert wird.[40]

Folgende Konsequenzen ergeben sich hieraus für eine wirtschaftliche Ausbeutung des Mondes. Verboten ist eine Aneignung des Mondes oder von Teilen desselben durch Staaten oder Privatpersonen. Auch die Errichtung von Anlagen und Stationen begründet keine Eigentumsrechte. Hierin liegt eine Ergänzung des Okkupationsverbots, wie sie Art. II des Weltraumvertrages statuiert. Das privatrechtliche Aneignungsverbot des Mondvertrages ist dem Antarktisvertrag entlehnt.[41] Des weiteren verpflichten sich die Staaten, eine internationale Ordnung einschließlich entsprechender Verfahren zur Regelung der Ausbeutung der Naturschätze des Mondes zu schaffen, sobald sich die praktische Möglichkeit einer Ausbeutung abzeichnet. Ob dieser Fall eingetreten ist, hatte die Generalversammlung der Vereinten Nationen zehn Jahre nach Inkrafttreten des Mondvertrages (1984) zu prüfen. Dieser Punkt wurde in die Tagesordnung der 49. Generalversammlung aufgenommen[42] und von dieser auch behandelt.[43]

Die Grundzüge des zu erarbeitenden Regimes werden bereits im Mondvertrag festgeschrieben (Art. 11 Abs. 7). Hierzu zählen die ordnungsgemäße und sichere Erschließung der natürlichen Ressourcen des Mondes, deren rationelle Verwaltung, die Ausweitung der Möglichkeiten zu deren Abbau und eine Verteilung der erzielten Gewinne. Dieser Verweis auf ein zukünftiges Nutzungsregime ist allerdings nicht als ein Moratorium zu werten. Denn gemäß Art. 11 Abs. 8 des Mondvertrages werden alle Tätigkeiten im Zusammenhang mit den Naturschätzen des Mondes im Einklang mit den Zielen des zukünftigen Nutzungsregimes durchgeführt. Das heißt, eine wirtschaftliche Ausbeutung der Naturschätze des Mondes ist rechtmäßig, allerdings nicht frei, sondern rechtlich gebunden.[44]

Die Beschränkungen für eine wirtschaftliche Nutzung des Mondes und seiner Ressourcen ähneln den Beschränkungen, die Teil XI SRÜ für die wirtschaftliche Nutzung des Tiefseebodens vorsieht. Allerdings wurde dieses Regime nicht in allen seinen Aspekten übernommen. Vor allem sind bei der Gewinnverteilung die Interessen nicht nur der Entwicklungsländer, sondern auch derjenigen Staaten zu berücksichtigen, die einen wesentlichen Beitrag zur Erforschung des Weltraums geleistet haben. Dieser Gedanke ist dem ursprünglich auf Egalisierung technischer und wissenschaftlicher Vorzugsstellungen ausgerichteten Tiefseebodenregime völlig fremd. Der Mondvertrag schreibt den Aufbau einer internationalen Behörde als Verwaltungsstruktur für die Nutzung der Himmelskörper nicht vor; es wird vielmehr offengelassen, wie sich die Verwaltung der Ressourcen vollziehen soll.[45]

Die Beschränkungen der wirtschaftlichen Ausbeutung der natürlichen Ressourcen des Mondes beziehen sich nur auf die Ausbeutungstätigkeit. Die Forschung, selbst die Forschung mit wirtschaftlicher Zielsetzung, bleibt frei. Auch die Entnahme von Bodenproben ist gestattet; es ist ebenfalls zulässig, sie zur Erde zu verbringen und dort zu analysieren. Eine

---

[39] 18 ILM (1979), 1434.

[40] Vgl. dazu *Wolfrum*, Internationalisierung, 289; *G. M. Danilenko*, The Concept of the „Common Heritage of Mankind" in International Law, Ann. Air & Space L. 13 (1988), 247 ff (258 ff); *Christol*, Annu. de Droit Marit. et Aéro-Spatial 10 (1989), 343 ff; allgemein zum *common heritage*-Prinzip: *W. A. Kewenig*, Common Heritage of Mankind – politischer Slogan oder völkerrechtlicher Schlüsselbegriff, in: FS *Schlochauer*, 1981, 385 ff; *R. Wolfrum*, The Principle of the Common Heritage of Mankind, ZaöRV 43 (1983) 312 ff; *ders.*, Common Heritage of Mankind, EPIL 11 (1989) 65 ff; *A. C. Kiss*, La notion de patrimoine commun de l'humanité, RdC 175 (1982), 99 ff; *Nyman Metcalf*, 200 ff.

[41] Vgl. dazu § 139.

[42] Vorschlag des Generalsekretärs der Vereinten Nationen, UN Doc. A/49/141 vom 11.4.1994.

[43] UN Doc. A/49/618 vom 28.11.1994.

[44] Vgl. dazu *Gorove*, 777.

[45] *Wolfrum*, Internationalisierung, 327.

Verpflichtung, die Ergebnisse mit anderen Staaten zu teilen, besteht nicht (vgl. Art. 6 Abs. 2).
Schließlich erfassen die Beschränkungen für eine wirtschaftliche Nutzung der natürlichen Ressourcen des Mondes nur dessen Ressourcen,[46] nicht aber auch die natürlichen Ressourcen des Weltraums.[47] Deren Nutzung unterfällt weiterhin ausschließlich dem Gemeinnützigkeitsgebot des Weltraumvertrages. Die Nutzung von Solarenergie im Weltraum beispielsweise ist unter dieser Prämisse frei.[48]

§ 134 Sonderprobleme

Schrifttum: Wie vor § 131 und zu §§ 132, 133; sowie *I. H. Ph. Diederiks-Verschoor*, Environmental Protection in Outer Space, GYIL 30 (1987), 144 ff; *C. Q. Christol*, Remote Sensing and International Space Law, J. Space L. 16 (1988), 21 ff; *I. Schwartz*, Der gewohnheitsrechtliche Aspekt der Abgrenzung zwischen Luft- und Weltraum, ZLW 37 (1988), 228 ff; *E. Vitt*, Questions of International Liability in the Case of Collisions Suffered by Satellites in the Geostationary Orbit, ZLW 37 (1988), 46 ff; *H. A. Baker*, Space Debris: Legal and Policy Implications, 1989; *N. Jasentuliyana*, Multilateral Negotiations on the Use of Nuclear Power Sources in Outer Space, Ann. of Air & Space L. 14 (1989) 297 ff; *N. Mateesco-Matte*, Environmental Implications and Responsibilities in the Use of Outer Space, Ann. of Air & Space L. 14 (1989), 419 ff; *G. C. M. Reijnen/W. de Graaff*, The Pollution of Outer Space in particular of the Geostationary Orbit, 1989; *C. P. Classen*, Fernerkundung und Völkerrecht, 1987; *T. Klinner*, Satellitenfernerkundung im Völkerrecht: Inwieweit existiert ein völkerrechtlicher Datenschutz?, 1989; *K.-H. Böckstiegel* (ed.), Environmental Aspects of Activitites in Outer Space, 1990; *G. M. Danilenko*, Space Activities and Customary Law of Environmental Protection, in: *Böckstiegel* (ed.), Environmental Aspects of Activities in Outer Space, 1990, 169 ff; *I. Caracciolo*, L'orbita geostazionaria tra pretese di sovranità e libertà di uso, Comunità Internazionale 46 (1991), 164 ff; *P. Fauteux*, Sources d'énergie nucléaire dans l'espace: bilan réglementaire et incertitudes américaines, Ann. Air & Space L. 16 (1991) 267 ff; *B. Frantzen*, Umweltbelastungen durch Weltraumaktivitäten, in: *K.-H. Böckstiegel* (Hrsg.), Handbuch des Weltraumrechts, 1991, 597 ff; *H. J. Heintze*, Schlüsselrolle der Fernerkundungssatelliten im Golfkrieg, ZLW 40 (1991), 408 ff; *V. Kopal*, The Use of Nuclear Power Sources in Outer Space: A New Set of United Nations Principles?, J. Space L. 19 (1991), 103 ff; *N. Pearson-Mackie*, The Need to Know: The Proliferation of Space Based Surveillance, Arms Control 12 (1991), 94 ff; *L. Perek*, Safety in the Geostationary Orbit after 1988, Acta Astronautica (1991), 85 ff; *K. D. Wolf*, Internationale Regimes zur Verteilung globaler Ressourcen: Eine vergleichende Analyse der Grundlagen ihrer Entstehung am Beispiel der Regelung des Zugangs zur wirtschaftlichen Nutzung des Meeresbodens, des Geostationären Orbits, der Antarktis und zu Wissenschaft und Technologie, 1991; *H. J. Heintze* (ed.), Remote Sensing Under Changing Conditions: Proceedings of the Immenstadt Workshop 1992; *J. Pike/S. Lang/E. Stamber*, Military Use of Outer Space, SIPRI Yb. 1992, 121 ff; *P. A. Salin*, Proprietary Aspects of Commercial Remote-Sensing Imagery, Nw. J. Int'l L. & Bus. 13 (1992), 349 ff; *C. Schaerf* (ed.), Space and Nuclear Weaponry in the 1990s, 1992; *M. Benkö/K.-U. Schrogl/G. Gruber*, Space Debris – Legal Problems to be Solved within the United Nations, in: ESA (ed.), Proceedings of the First European Conference on Space Debris, 1993, 679 ff; *J. I. Ezor*, Costs Overhead: Tonga's Claiming of Sixteen Geostationary Orbital Sites and the Implications for U.S. Space Policy, L. & Pol'y Int'l Bus. 24 (1993), 915 ff; *H. J. Heintze*, Rechtsfragen der Nutzung von Fernerkundungssatelliten bei humanitären Hilfsaktionen, ZLW 43 (1993), 278 ff; *P. M. Martin*, Les débris spatiaux: remarques sur le visible et l'invisible en droit, ZLW 44 (1994), 30 ff, *M. Hintz*, Weltraumrechtlicher Umweltschutz im völkerrechtlichen Regelungszusammenhang, 1995, 253; *E. Cocher*, L'avenir du processus américano-russe de limitation et de réduction des armes nucléaires stratégiques après l'adoption des traités ABM et Start II

[46] Vgl. dazu Art. 1 des Mondvertrages, der Mond und alle Himmelskörper gleich behandelt.

[47] *Gorove*, 778; *K.-U. Pritzsche*, Natürliche Ressourcen im Weltraum – das Recht ihrer wirtschaftlichen Nutzung, 1989, 225; *Hobe*, 244.

[48] *Gorove*, 778; *M. Will*, Solar power satellites und Völkerrecht: völkerrechtliche Aspekte von Großprojekten zur Energiegewinnung aus Weltraumressourcen (Solar power satellites, lunar power systems, Helium-3-Projekt), 2000.

par les déclarations d'Helsinki et les accords de New York (26. septembre 1997), A. F. D. I., 1997, 199 ff; *S. Sur* (dir.), Le droit international des armes nucléaires, S. F. D. I., Paris, 1998, Verification of disarmament and Limitation of Armaments: Instruments, Negociations, Proposals, UNIDIR, 1992, *K. Gorove*, Delimitation of outer space and the aerospace object-where is the law?, Journal of space law; 28 (2000) 1, 11 ff; *J. B. Rhinelander*, The ABM Treaty – Past, Present and Future (Part I), Journal of Conflict and Security Law 6 (2001) 1, 91 ff.

I. 1. Obwohl inzwischen eine Reihe völkerrechtlicher Abkommen geschaffen worden sind, die den Weltraumvertrag inhaltlich ergänzen, sind bislang keine Regelungen für die komplexe Abgrenzung von Welt- und Luftraum, Status des Geostationären Orbit, Fernerkundung durch Satelliten und militärische Nutzung des Weltraums entwickelt worden. Entsprechende Verhandlungen finden bzw. fanden in dem Weltraumausschuß und in der Abrüstungskonferenz der Vereinten Nationen sowie bilateral zwischen den Vereinigten Staaten und der Sowjetunion (Rußland) statt. Strittig sind auch Fragen der wirtschaftlichen Nutzung.

2. Trotz seit langem laufender Verhandlungen im Rahmen des Weltraumausschusses der Vereinten Nationen konnte bislang eine Einigung über die Abgrenzung von Luftraum, der nationaler Kontrolle unterliegt, und dem Weltraum nicht erzielt werden.[1] Die weltraumrechtlichen Übereinkommen haben die Frage einer Grenzziehung zwischen Luft- und Weltraum bewußt offen gelassen. Dahinter stand die Befürchtung, die auch eine derzeitige Einigung behindert, eine Grenzziehung könne sich durch die fortschreitende Entwicklung der Weltraumtechnologie schnell als obsolet erweisen oder sich auf die technische Entwicklung hemmend auswirken. Abgesehen davon hat bislang die fehlende Abgrenzung keine wesentlichen Probleme in der Praxis aufgeworfen. Die verstärkte Nutzung des erdnahen Weltraums könnte allerdings den Einigungsprozeß stimulieren.[2]

Bislang liegen eine Reihe von Vorschlägen für die Grenzziehung vor, die auf unterschiedliche Resonanz gestoßen sind. Zu nennen ist in diesem Zusammenhang die *von-Kármán*-Linie (ab einer Höhe von ca. 83 km); sie stellt darauf ab, daß ein Flug wegen der zunehmenden Entfernung von der Erde allein mit Luftantrieb nicht mehr möglich ist.[3] Als ein weiteres Kriterium wurde das tiefstmögliche Perigäum eines Satelliten ohne eigenen Antrieb vorgeschlagen (ca. 100 km).[4] Weitere Grenzvorschläge stellen auf die Obergrenze der Stratosphäre (ca. 80 km) ab oder schlagen statt einer Grenze einen Grenzraum zwischen 40–50 bis 90–130 km vor, in dem ein Recht zum friedlichen Durchflug besteht.[5]

---

[1] Einen umfassenden Überblick über die Verhandlungen geben *Christol*, Modern Int. Law, 435 ff sowie *M. Benkö/W. de Graaff*, Questions Relating to the Definition/Delimitation of Outer Space and Outer Space Activities and the Character and Utilization of the Geostationary Orbit, in: *Benkö/de Graaf/Reijnen* (eds.), 121; *M. Benkö/J. Gebhard*, The Definition/ Delimitation of Outer Space and Outer Space Activities Including Problems Relating to the Free (Innocent) Passage of Spacecraft Through Foreign Airspace for the Purpose of Reaching Orbit and Returning to Earth, in: *M. Benkö/K.-U. Schrogl* (eds.), International Space Law in the Making, 113 ff; allgemein dazu *Linares*, 32 ff.

[2] Die Diskussionen im Unterausschuß Recht zum Weltraumausschuß sind mit der Vorlage eines russischen Papiers zur Abgrenzung von Luft- und Weltraum intensiver geworden (UN Doc. A/AC.105/C.2/ L.189).

[3] Vgl. dazu UN Doc. A/AC.105/C.2/7 vom 7. 5. 1970, 44.

[4] UN Doc. A/AC. 105/C.2/7 vom 7. 5. 1970, 45. Die UdSSR vertritt die Ansicht, daß nach Völkergewohnheitsrecht die Grenze zwischen Welt- und Luftraum bei 100–110 km liegt (vgl. UN Doc. A/AC.105/C.2/ SR.392 vom 7. 4. 1983, 4 ff). In der Tat ist gegen Satelliten mit dieser Flughöhe kein Einspruch erhoben worden. Das besagt aber nicht, daß die Grenze zwischen Welt- und Luftraum nicht noch tiefer gelegt werden könnte.

[5] Vgl. dazu *G. Gál*, The Questions of Delimitation – After Twenty Years, International Institute of Space Law, Colloquium 1979, 128; *P. P. C. Haanappel*, Definition of Outer Space and Outer Space Activities, Proceedings of the 20th Colloquium on the Law of Outer Space, 1977, 53 ff; *C. de Jager/G. C. M. Reijnen*, Mesospace: The Region between Airspace and Outer Space, Proceedings of the 18th Colloquium on the Law of Outer Space, 1975, 107 ff, *M. A. Dauses*,

Eine Einigung über die Abgrenzung von Weltraum und Luftraum wird dadurch erschwert, daß damit gleichzeitig das Recht auf Transit durch fremden Luftraum verankert werden muß.[6]

3. Aber auch wenn Unsicherheit über die Grenzziehung zwischen Welt- und Luftraum besteht, kann nicht davon ausgegangen werden, diese Grenze könne in den Weltraum bis zur Unendlichkeit ausgedehnt werden. Vielmehr belegt die bisherige Raumfahrtpraxis, daß spätestens in einer Höhe von 100–110 km die Grenze zum staatsfreien Weltraum überschritten wird.[7]

II. 1. Acht Äquatorialstaaten (Brasilien, Ecuador, Indonesien, Kenia, Kolumbien, Kongo, Uganda und die Demokratische Republik Kongo (das damalige Zaire) haben in der sog. Bogotá-Erklärung vom 3. 12. 1976[8] geltend gemacht, der über ihrem Territorium befindliche Sektor des Geostationären Orbits sei Teil ihres Staatsgebietes.[9]

Als den Geostationären Orbit bezeichnet man die Satellitenumlaufbahn bei 35 787 km über dem Äquator. Die dort stationierten Satelliten umkreisen die Erde mit einer Geschwindigkeit, die mit derjenigen der Erdumdrehung synchronisiert ist, so daß der Satellit seine Position relativ zur Erde beibehält. Entsprechend ist die Geostationäre Umlaufbahn die bevorzugte Positionierung für Telekommunikationssatelliten geworden.[10]

2. Der Anspruch der Äquatorialstaaten wurde damit begründet, daß die Geostationäre Umlaufbahn ihre Existenz der Erdanziehung verdanke. Deshalb sei sie nicht als Bestandteil des Weltraums anzusehen, sondern mit den entsprechenden Segmenten den jeweiligen Staatsgebieten auf der Erde zuzuordnen. Die Stationierung fremder Satelliten in diesen Segmenten der Geostationären Umlaufbahn bedürfe daher der vorherigen und ausdrücklichen Zustimmung des jeweils berechtigten Äquatorialstaates. Entsprechend könne die Stationierung von Satelliten in dem nationalen Geostationären Umlaufsegment untersagt werden, bis eine entsprechende völkerrechtliche Vereinbarung über die Nutzung zustande gekommen sei.

Die Bogotá-Erklärung wurde 1984 in einem Arbeitspapier[11] der Äquatorialstaaten für den Weltraumausschuß konkretisiert. Die Äquatorialstaaten beriefen sich zur Rechtfertigung ihres Anspruchs auch auf die Resolution der Generalversammlung GA Res. 2692 (XXV) vom 11. 12. 1970 *(Permanent Sovereignty over natural Ressources of Developing Countries and Expansion of Domestic Sources of accumulation for Economic Development)* und auf die Resolution GA Res. 32/81 (XXIX) vom 12. 12. 1974 *(Charter of Economic Rights and Duties of States)*. In der Erklärung von Bogotá wird desgleichen eine Beziehung zum *common heritage*-Prinzip hergestellt;[12] die Segmente der Geostationären Umlaufbahn über der Hohen See sollen als Gemeinsames Erbe der

---

Die Grenze zwischen Luftraum und Weltraum als Gegenstand rechtlicher Regelung, 1969, 230 ff; *H. Qizhi*, The Problem of Definition and Delimitation of Outer Space, J. Space L. 49 (1982), 157 ff; *H. Bittlinger*, Hoheitsgewalt und Kontrolle im Weltraum, 1988, 25 ff; *Linares*, 32 ff; *E. Vitt*, Begriffsdefinitionen, in: *Böckstiegel* (Hrsg.), 37 ff.

[6] Vgl. dazu *Benkö/de Graaff* (Anm. 1), 135.

[7] So auch *Christol*, The Modern Int. Law, 502; *Bittlinger* (Anm. 5) 28; a.A. *H. Graumann*, Luftbildwesen und Luftbildunwesen, ZLW 34 (1985), 217 ff.

[8] Abgedruckt in: *v. Welck/Platzöder*, Weltraumrecht, 1987, 731 ff.

[9] Die Initiative ging von Kolumbien aus; s. UN Doc. A/C.1/PV. 2052, 43 ff, 13. 10. 1975.

[10] Vgl. zur Bedeutung des Geostationären Orbit *Reijnen/de Graaff*, 11 f mwN; *R. Wolfrum*, Geostationäre Umlaufbahn, in: *Böckstiegel* (Hrsg.), 351 ff.

[11] UN Doc. A/AC 105/C 2/L 147 vom 29. 3. 1984.

[12] Vgl. dazu *W. A. Kewenig*, Common Heritage of Mankind – politischer Slogan oder völkerrechtlicher Schlüsselbegriff, in: FS *Schlochauer*, 1981, 385 ff; *I. Brownlie*, Legal Status of Natural Resources in International Law, RdC 162 (1979) 245 ff; *Wolfrum*, Internationalisierung, 312 ff; *ders.*, EPIL 11 (1989), 65 ff; *A. C. Kiss*, La notion de patrimoine commun de l'humanité, RdC 175 (1982), 99 ff; *A. Pardo/C. Q. Christol*, The Common Interest: Tension Between the Whole and the Parts, in: *MacDonald/Johnston* (eds.), The Structure and Process of International Law, 1983, 643 ff.

Menschheit allen Staaten zur gleichberechtigten Nutzung offenstehen und ihre Nutzung durch internationale Organisationen geregelt werden. Insofern hatte die Erklärung eine doppelte Stoßrichtung: Nationalisierung der Geostationären Umlaufbahn im nationalen Eigeninteresse und Internationalisierung, um eine materiell gleiche Stellung aller Staaten in bezug auf die Nutzung der Umlaufbahn sicherzustellen. Diese Politik entspricht der generellen Tendenz der frühen 70er Jahre, die Staatsgebiete seewärts auszudehnen bzw. präferentielle Nutzungsrechte für die küstennahen Seegebiete zu verlangen, die letztlich in die Errichtung Ausschließlicher Wirtschaftszonen einmündeten.[13]

Die Ansprüche der Äquatorialstaaten sind vor allem von den westlichen Industriestaaten und den Staaten des ehemaligen Ostblocks zurückgewiesen worden.[14]

3. Gegen die in der Bogotá-Erklärung erhobenen Ansprüche spricht, daß – auch wenn der Weltraumvertrag eine Abgrenzung zwischen dem nationalen Luftraum und dem Weltraum bislang nicht vorgenommen hat – die Geostationäre Umlaufbahn dennoch bereits jetzt gewohnheitsrechtlich zum Weltraum gehört und daher entsprechend Art. II des Weltraumvertrages nicht aneignungsfähig ist. Bis 1976, als die Äquatorialstaaten ihren Anspruch anmeldeten, hat es keinerlei Proteste, auch nicht von Seiten der Äquatorialstaaten, gegen die Stationierung von Satelliten in der Geostationären Umlaufbahn gegeben. Dabei ist zu berücksichtigen, daß ca. 80 Weltraumobjekte in der Geostationären Umlaufbahn geparkt wurden, bevor die Proteste der Äquatorialstaaten einsetzten.[15] Darüber hinaus bestand in der Diskussion des Weltraumausschusses Einigkeit darüber, daß der Weltraum zumindest dort beginnt, wo Satelliten ohne Fremdantrieb stationiert werden können. Demgegenüber können sich die Äquatorialstaaten nicht darauf berufen, daß die Geostationäre Umlaufbahn von der Schwerkraft der Erde abhängig ist. Denn die Schwerkraft der Erde ist nicht einzelnen Staaten, sondern dieser in ihrer Gesamtheit zuzurechnen.[16] Abgesehen davon würde dies auch noch keinen völkerrechtlichen Gebietserwerbstitel darstellen.

---

[13] Vgl. dazu §§ 81, 116.

[14] So stellte beispielsweise ein U. S.-Repräsentant fest: „The characteristics of the orbit are dependent to a substantial degree not only on the gravitational field of the Earth but also on the velocity, altitude and azimuth of the insertion of the satellite. The gravitational field around the Earth is derived from its total mass and, except for small effects, is independent of the detailed characteristics of the Earth's surface. If gravity were the exclusive force acting on a satellite in geostationary orbit, the flight path of that satellite would be a vertical drop to the surface of the Earth.... The satellite's path through space is not determined by any single factor but rather is affected by a combination of factors, including at least the energy imparted by the launch vehicle, the mass of the spacecraft, the altitude at which it moves above the Earth, the forces of gravity of the Earth, the Moon and the Sun and the radiation pressure of the Sun. Consequently, the geosynchronous orbit is essentially a regime of satellite flight paths, not a physical natural resource (Digest of U.S. Practice in International Law, 1977, 1979, 659 f); vgl. auch die Formulierung des US-amerikanischen Präsidenten vom 20. 6. 1978, Description of a Presidential Directive on National Space Policy, in: Space Law, Selected Basic Documents, 2nd ed., Senate Committee on Commerce, Science, and Transportation, 95th Congress, 2nd Sess., 559; insgesamt dazu *Christol*, Modern. Int. Law, 477 ff. Die UdSSR bezog den gleichen Standpunkt. Sie legte 1977 im Unterausschuß für Rechtsfragen des Weltraumausschusses ein Dokument mit dem Titel „Considerations on the Legal Status of Geostationary Orbit" (A/AC.105/L.94) vor, das allein dem Zweck diente, der Erklärung von Bogotá zu widersprechen. Die entscheidenden Passagen dieses Papiers lauten: „Geostationary orbit is inseparable from outer space and all relevant provisions of the 1967 Treaty of Principles Governing the Activities of States in the Exploration and Use of Outer Space, including the Moon and Other Celestial Bodies are applicable to it. Under that Treaty, geostationary orbit, like outer space as a whole, is not subject to national appropriation by any means whatsoever... The placing of satellites in geostationary orbit by States creates no right of ownership over the respective orbital positions of the satellites or over segments of the orbit... All States enjoy an equal right to the utilization of geostationary orbit. The utilization of geostationary orbit by States must not be detrimental to the interests of other States...".

[15] *Christol*, Modern Int. Law, 479.

[16] Die 2. Weltraumkonferenz über die Exploration und friedliche Nutzung des Weltraums (UNISPACE 82), Wien vom 9.-21. 8. 1982, erklärte den Geostationären Orbit ausdrücklich zum Gegenstand des Weltraumvertrages und verwarf damit den Anspruch der Äquatorialstaaten, UN Doc. A/Conf. 101/10, 23 (1982); s. auch *N. Mateesco-Matte*, Aerospace

Die Äquatorialstaaten können sich zur Begründung ihrer Ansprüche ebenfalls nicht darauf berufen, daß die Plazierung von Satelliten in einer Geostationären Umlaufbahn ihrerseits eine nach Art. II des Weltraumvertrages unzulässige Okkupation darstelle. Denn es handelt sich hier lediglich um eine Form der Nutzung und nicht der ständigen Inbesitznahme. Der Satellit okkupiert keinen festen Platz, sondern bewegt sich auf einer Bahn um die Erde. Die Praxis – auch seitens der ITU – belegt, daß diese Form der Nutzung völkergewohnheitsrechtlich anerkannt ist.[17]

4. Insgesamt kann die gebietsrechtliche Diskussion unter dem Gesichtspunkt des Völkerrechts als abgeschlossen gelten.[18] Nicht abgeschlossen ist allerdings der Versuch, den gleichberechtigten Zugang aller Staaten zum Geostationären Orbit vertraglich zu sichern.[19]

5. Ebenso unstreitig ist dann aber auch, daß die Nutzung der Geostationären Umlaufbahn durch den Weltraumvertrag determiniert[20] und ihr Grenzen gesetzt werden. Dies ergibt sich aus der Gemeinnützigkeitsklausel des Weltraumvertrages, wobei besonders zu berücksichtigen ist, daß es sich bei der Geostationären Umlaufbahn um eine erschöpfbare bzw. begrenzte natürliche Ressource handelt.[21]

Um Interferenzen zu vermeiden, benötigen Satelliten auf der Geostationären Umlaufbahn einen gewissen Sicherheitsabstand; Anfang der 70er Jahre wurde das Maximum der stationierbaren Satelliten mit 100–200 angegeben.[22] Wie hoch diese Zahl wirklich ist, hängt von technischen Entwicklungen und wissenschaftlichen Erkenntnissen über die Umlaufbahn ab. Dabei werfen weniger die physikalischen Gegebenheiten der Umlaufbahn als die Funktechnik Probleme auf.[23] Abgesehen davon gibt es auf der Geostationären Umlaufbahn günstigere und weniger günstige Satellitenparkstationen.[24] Zu den bevorzugten Parkstationen gehören naturgemäß diejenigen über dem Atlantik, da dort der größte Anteil des internationalen Überseemeldeverkehrs anfällt.

Law: Telecommunications Satellites, 1982, 80; *Benkö/de Graaff/Reijnen*, 137 ff mwN.

[17] *S. Gorove*, The Geostationary Orbit: Issues of Law and Policy, AJIL 73 (1979) 444 ff (460 ff).

[18] Der gebietsrechtliche Anspruch der Äquatorialstaaten hat in der völkerrechtlichen Literatur praktisch keine Unterstützung erfahren. Vgl. dazu *E. Galloway*, The Current Status of the Controversy over the Geostationary Orbit, Proceedings of the 21st Colloquium on the Law of Outer Space 1978, 22 ff; *G. P. Zhukov/Y. M. Kolosov*, International Space Law, 1984, 158; *M. Benkö/W. de Graaff*, in: *Benkö/de Graaff/Reijnen* (eds.), 138 f.

[19] Vgl. Arbeitspapier Kolumbiens „Geostationary Satellite Orbit", UN Doc. A/AC.105/C.2/L.192 vom 30. 3. 1993.

[20] Eine interessante Analyse der Demarkationsproblematik findet sich bei *R. S. Jakhu*, The Legal Status of the Geostationary Orbit, Ann. Air & Space L. 7 (1982), 333 ff.

[21] *W. Heymer*, Rechtsfragen der Nutzung des Weltraums und der Himmelskörper durch Privatunternehmen, in: FS *Meyer*, 1975, 43; a.A. *M. A. Ferrer*, The Use of the Geostationary Orbit, Proceedings of the 20th Colloquium on the Law of Outer Space, 1977, 216 ff. In ersterem Sinne hat sich die ITU bereits 1971 geäußert. Sie formulierte in Resolution Spa. 2–1: „... that the radio frequency spectrum and the geostationary satellite orbit are limited natural resources and should be most effectively and economically used."; so auch das Arbeitspapier Kolumbiens (Anm. 19). Vgl. auch GA Res. 38/80 vom 15. 12. 1983, in der die Generalversammlung die geostationäre Umlaufbahn als begrenzte natürliche Ressource bezeichnet und sich für eine rationale und gerechte *(équitable)* Nutzung derselben ausspricht.

[22] Vgl. dazu *W. v. Kries*, The Legal Status of the Geostationary Orbit, Proceedings of the 18th Colloquium on the Law of Outer Space, 1975, 27 ff, *B. Cheng*, Communications Satellites, Current Legal Problems, 1971, Bd. 24, 212 ff; *N. Mateesco-Matte*, Aero-Space Law, 183 f; *Marcov*, Traité de Droit international public de l'espace, 1973, 619.

[23] Vgl. dazu Bericht vor dem Weltraumausschuß „Physical Nature and Technical Attributes of the Geostationary Orbit, U. N. Doc. A/AC. 105/203 vom 29. 8. 1977; *J. J. Gehrig*, Geostationary Orbit – Technology and Law, Proceedings of the 19th Colloquium on the Law of Outer Space, 1976, 267 ff (273); *L. Perek*, Physics, Uses and Regulation of the Geostationary Orbit, or, Ex Facto Sequitur Lex, Proceedings of the 20th Colloquium on the Law of Outer Space, 1977, 400 ff (402 f).

[24] *A. Bueckling*, Rechtsprobleme des Synchronkorridors, ZLW 27 (1978), 76 ff (78).

6. Ausgehend davon, daß es sich bei der Geostationären Umlaufbahn um eine begrenzte Ressource handelt, stellt sich die Frage, welche Restriktionen das Völkerrecht für die Nutzung der Geostationären Umlaufbahn bereit hält.
Gedeckt durch das Prinzip der Weltraumfreiheit steht einer Entsendung von Satelliten in die Geostationäre Umlaufbahn auch zu wirtschaftlichen Zwecken grundsätzlich nichts entgegen. Demgegenüber sind die Schranken, die einer Nutzung durch die in Art. I Abs. 1 des Weltraumvertrages formulierten Gemeinnützigkeitsklauseln[25] gesetzt werden, wenig griffig. Das Kriterium der Rücksichtnahme auf die Interessen anderer Staaten ist in dieser abstrakten Form nicht geeignet, die Interessen anderer Staaten an der Nutzung des Geostationären Orbits hinreichend zu sichern. Diese Interessen haben zwei Aspekte. Zum einen besteht ein Interesse aller Staaten, soweit die technischen und finanziellen Fähigkeiten dazu gegeben sind, an der Nutzung des Geostationären Orbit zu partizipieren (Teilhabeaspekt). Dementsprechend waren diejenigen Staaten, die noch nicht über die entsprechende Technologie verfügen, daran interessiert, daß nicht einzelne Staaten oder eine Staatengruppe die Nutzung des Geostationären Orbits für sich monopolisierten. Die Verwirklichung dieses Ansatzes verlangt die Entwicklung eines Verteilungsverfahrens. Zum anderen waren die Staaten daran interessiert, eine Ausstrahlung von Rundfunk- und Fernsehsendungen von Satelliten in ihr Staatsgebiet zu verhindern, zumindest aber einzuschränken oder inhaltlich zu kontrollieren. Dieser Aspekt berührt die Art der Nutzung des Geostationären Orbits. Insoweit handelt es sich um eine Frage der Ausgestaltung der internationalen Kommunikationsordnung, die von ihrem Kern her menschenrechtlicher Natur ist (Freiheit der grenzüberschreitenden Information). Aus dieser Interessenlage heraus ergibt sich, daß die Nutzung der Geostationären Umlaufbahn inhärenten Schranken unterliegen muß, die über die von dem Weltraumvertrag gesetzten Schranken hinausgehen.
Die *International Telecommunications Union* (ITU) hat die Verteilungsproblematik durch die Einführung eines Planungsverfahrens für die Nutzung der Geostationären Umlaufbahn gelöst und versucht, durch rein technische Regeln über die Sendeleistung von Satelliten die grenzüberschreitende Strahlung von Satelliten einzudämmen. Die entscheidende Frage nach den Schranken eines grenzüberschreitenden Informationsflusses wurde damit aber nicht gelöst.

III. 1. Trotz langjähriger Diskussionen im Weltraumausschuß ist es bislang nicht gelungen, eine vollständige und abschließende Regelung für die Fernerkundung der Erde durch Satelliten zu entwickeln.[26]

Die Fernerkundung der Erde wird zu zivilen und militärischen Zwecken genutzt, wobei die Unterscheidung nicht immer eindeutig zu ziehen ist. Durch die Fernerkundung der Erde *(remote sensing)* werden mit Hilfe der Aufzeichnung elektromagnetischer Strahlen Erkenntnisse über Bodenschätze, Ernteaussichten, Verschmutzungsgrad von Gewässern usw. gewonnen.[27] Erster Anwendungsbereich der *remote sensing* Technik war allerdings die Meteorologie. Eingesetzt wird die Fernerkundung auch zur Verifikation von Abrüstungs- bzw. Rüstungsbeschränkungsabkommen.[28]

2. Die Verhandlungen im Weltraumausschuß konzentrierten sich zunächst darauf, ob eine derartige Erkundung der vorherigen Zustimmung des erkundeten Staates bedarf, der

[25] Vgl. dazu unter B. II.

[26] Vgl. dazu *N. Mateesco-Matte/H. DeSaussure* (eds.), Legal Implications of Remote Sensing from Outer Space, 1976; *DeSaussure*, Remote Sensing by Satellite: What Future for an International Regime?, AJIL 71 (1977), 707 ff; *W. de Graaff/G. C. M. Reijnen*, Remote Sensing by Satellites, in: *Benkö/de Graaff/Reijnen* (eds.), 1 ff; *Classen*, 75 ff; *P. Malanczuk*, Erdfernerkundung, in: *Böckstiegel* (Hrsg.), 439 ff.

[27] Vgl. Definition im Weltraumausschuß UN Doc. A/AC.105/118, 12, das Dokument umschreibt auch die Möglichkeiten eines Einsatzes (32 ff).

[28] Zur Verifikation vgl. *Delbrück*, Friedensdokumente, 1327.

Schwerpunkt der Auseinandersetzungen verlagerte sich später auf die Frage des Datenzugangs der erkundeten Staaten, der Zulässigkeit der Weitergabe von Daten über fremdes Staatsgebiet an Dritte und der völkerrechtlichen Verantwortlichkeit von Staaten für Fernerkundungsaktivitäten von Satelliten.[29]

3. In diesen zentralen Punkten kam es erst 1986 im Weltraumausschuß im Wege des Konsensverfahrens zu einer Einigung über einen Prinzipienkatalog.[30] Dieser wurde am 3. 12. 1986 von der Generalversammlung der Vereinten Nationen im Konsens angenommen.[31]

Der Anwendungsbereich des Prinzipienkatalogs *(Principles relating to Remote Sensing of the Earth from Outer Space)* ist beschränkt. Gemäß der Begriffsdefinition in Prinzip I erfaßt er nur die Erkundung der Erde vom Weltraum aus unter Nutzung elektromagnetischer Wellen mit dem Ziel, die Nutzung der natürlichen Ressourcen bzw. des Bodens zu verbessern oder im Dienste des Umweltschutzes. Der Gesichtspunkt des Umweltschutzes wird in den Prinzipien X und XI gesondert angesprochen. In dieser Hinsicht besteht eine erhöhte Verpflichtung zur Zusammenarbeit und zur Offenlegung von Daten. Mit dieser Umschreibung der Fernerkundung wird die Erkundung der Erde vom Luftraum her ausgeklammert; nicht behandelt wird ebenfalls die Verifikation im militärischen Bereich.

Wesentlich für eine Einigung auf den Prinzipienkatalog war die Differenzierung zwischen den verschiedenen Stufen der Datenerhebung und Datenweiterverarbeitung; es sind zu unterscheiden zwischen Primärdaten, verarbeiteten Daten und analysierten Informationen (Prinzip I(b)-(d)). Fernerkundungsaktivitäten sollen in Übereinstimmung mit dem Völkerrecht einschließlich der Charta der Vereinten Nationen, des Weltraumvertrages und der einschlägigen Vorschriften der ITU erfolgen (Prinzip III). Damit wird der Grundsatz von Art. III des Weltraumvertrages wiederholt und konkretisiert. Ein weiterer Verweis auf den Weltraumvertrag findet sich in Prinzip IV, das auf Art. I des Weltraumvertrages Bezug nimmt und diesen wiederholt. Zusätzlich wird betont, daß Fernerkundungsaktivitäten unter Respektierung der vollen und ständigen Souveränität der Staaten und Völker über ihre natürlichen Ressourcen und ihre Reichtümer und, in Übereinstimmung mit dem Völkerrecht, unter gebührender Berücksichtigung der Rechte und Interessen anderer Staaten und der Unternehmen unter ihrer Jurisdiktion zu erfolgen haben. Fernerkundung darf nicht im Widerspruch zu den legitimen Rechten und Interessen des erkundeten Staates erfolgen. Verfahrensmäßig abgesichert wird dieser Grundsatz durch eine Notifikationspflicht nach Prinzip IX sowie durch die Staatenverantwortlichkeit des erkundenden Staates. Damit wird vor allem das Rücksichtnahmegebot des Weltraumvertrages (Art. IX) inhaltlich konkreter gefaßt. Schließlich wird auch das Gemeinnützigkeitsgebot des Weltraumvertrages (Art. I) aufgegriffen und durch den Zusatz ergänzt, daß die Bedürfnisse der Entwicklungsländer besondere Berücksichtigung zu finden haben (Prinzip II). Ausformungen dieses Grundsatzes sind die Kooperations-, Förderungs- und Beteiligungspflichten der Prinzipien V-VIII sowie das Zugangsrecht des erforschten Staates zu den gewonnenen Daten (Prinzip XII).

4. Der Prinzipienkatalog ist als Resolution der Generalversammlung keine Völkerrechtsquelle und vermag daher aus sich heraus keine Rechte oder Pflichten der Staaten zu begründen. Dennoch kommt ihm im Hinblick auf eine Entwicklung und Formung des

---

[29] Vgl. *de Graaff/Reijnen* (Anm. 26), 19 f; *P. Malanczuk*, Satelliten-Fernerkundung der Erde: politische und rechtliche Aspekte, in: *Kaiser/v. Welck* (Hrsg.), 57 ff; *J. A. Vlasic*, Remote Sensing of the Earth by Satellites; *Jasentuliyana/Lee* (eds.), Bd. I, 303 ff; *G. J. Mossinghoff/L. D. Fuqua*, United Nations Principles on Remote Sensing: Report on Developments, 1970–1980, J. Space L. 8 (1980), 103 ff; *J. L. Magdelénat*, The Major Issues in the „Agreed Principles on Remote Sensing, J. Space L. 9 (1981), 111 ff; *He Qizhi*, Legal Aspects of Monitoring and Protecting Earth Environment by Space Technology, J. Space L. 36 (1992) 111 (113 f).

[30] UN Doc. A/41/20 vom 13. 6. 1986, 24; er beruht auf einem Vorschlag Österreichs. Vgl. dazu *M. Benkö/G. Gruber*, The UN Committee on the Peaceful Uses of Outer Space: Adoption of Principles on Remote Sensing of the Earth from Outer Space and Other Recent Developments, ZLW 36 (1987), 17 ff; *Jasentuliyana*, 314 ff.

[31] GA Res. 41/65 vom 3. 12. 1986, Annex.

Völkergewohnheitsrechts eine Leitfunktion zu. Wesentlich an dem Prinzipienkatalog ist, daß er *a priori* von der Zulässigkeit von Fernerkundungsaktivitäten ausgeht und nicht die vorherige Zustimmung des erforschten Staates verlangt. Dies entspricht dem im Weltraumvertrag verankerten Prinzip der Weltraumfreiheit.

Vor allem die Entwicklungländer haben dagegen eingewandt, bei der Fernerkundung der Erde handele es sich nicht um eine Weltraumaktivität, da sie erdgerichtet sei. Unter Berufung auf den Grundsatz der permanenten Souveränität über die natürlichen Ressourcen[32] forderten sie ein Verbot der Fernerkundung fremder Staaten ohne deren Einwilligung.[33] Dem ist entgegenzuhalten, daß der Weltraumvertrag eine Unterscheidung zwischen erd- und weltraumorientierten Aktivitäten nicht kennt und der Grundsatz der „permanenten Souveränität über natürliche Ressourcen" nicht die Information über diese Ressourcen umfaßt.[34]

5. Als Kompensation für den Verzicht auf die vorherige Zustimmung des erforschten Staates sind die erkundenden Staaten verpflichtet, den Generalsekretär der Vereinten Nationen in Übereinstimmung mit Art. IV des Weltraumregistrierungsabkommens von 1975[35] und Art. XI des Weltraumvertrages zu informieren. Dieser übernimmt dann die Unterrichtung der betroffenen Staaten. Außerdem ist der erkundende Staat auf ein ausdrückliches Ersuchen hin verpflichtet, jedem anderen von dem Programm betroffenen Staat, besonders einem Entwicklungsland, die einschlägigen Informationen soweit wie irgendwie möglich zugänglich zu machen. Von größerer Bedeutung ist die Verpflichtung des erkundenden Staates, auf Ersuchen des erkundeten Staates mit diesem Konsultationen über dessen mögliche Beteiligung an dem Programm aufzunehmen. Zweck dieses Prinzips (Prinzip XIII) ist es, die internationale Zusammenarbeit zu intensivieren und die Entwicklungsländer, die in diesem Kontext besonders genannt werden, zu fördern. Dabei hat dieser Förderungsaspekt eine dreifache Wurzel. Er beruht zum einen auf der Gemeinnützigkeitsklausel des Weltraumvertrages. Die besondere Erwähnung der Entwicklungsländer macht aber deutlich, daß letztlich eine materielle Gleichstellung aller Staaten in bezug auf die Nutzung des Weltraums angestrebt wird. Dieser Gedanke, der in Art. I des Weltraumvertrages zum Ausdruck kommt, ist für die Nutzung des Tiefseebereichs als Konsequenz des *common heritage*-Prinzips anerkannt.[36] Schließlich ist als drittes zu berücksichtigen, daß die Verpflichtung des erkundenden Staates, über Kooperationsmöglichkeiten zu verhandeln, auch die Tatsache widerspiegelt, daß hier die Interessen eines anderen Staates berührt werden. Diese drei Gesichtspunkte haben einen substantiellen Einfluß auf die Verhandlungspflichten des erkundenden Staates. Sie verlangen zumindest eine wohlwollende Prüfung des Ersuchens seitens des erkundeten Staates; seinen Kooperationswünschen ist Vorrang vor den Kooperationswünschen anderer Staaten einzuräumen.

Der Prinzipienkatalog möchte den erkundeten Staaten ein Zugangsrecht zu den Primärdaten und den analysierten Informationen gewährleisten. Eine Einschränkung liegt allerdings darin, daß dieses Zugangsrecht lediglich auf der Basis der Nichtdiskriminierung gewährt wird und damit keinen absoluten Charakter hat. Eine Bestimmung, die spezifisch die Weitergabe von Daten über andere Staaten an Dritte regelt, enthält der Prinzipienkatalog nicht. Dem erkundeten Staat wurde kein Recht eingeräumt, die Weitergabe zu untersagen. Eine wenig präzise Einschränkung hinsichtlich der Weitergabe ergibt sich lediglich aus dem Verbot, die legitimen Interessen und Rechte des erkundeten Staates zu verletzen.

---

[32] GA Res. 1803 (XVII) vom 14. 12. 1962; dazu *Klinner*, 56 ff.

[33] Vgl. dazu *W. v. Kries*, Fernerkundung der Erde aus dem Weltraum: Eine neue Informationsquelle zum Nutzen der Völkergemeinschaft, VN 25 (1977), 111 ff.

[34] A. A. noch ein Arbeitspapier von Frankreich und der UdSSR UN Doc. A/AC.105/133, Annex IV, 9 f.

[35] BGBl. 1979 II, 650.

[36] Siehe dazu § 128.

Die Konkurrenz verschiedener Unternehmen, die Erddaten erheben, hat den Zugang zu diesen Daten in der Praxis erleichtert.[37]

IV. 1. Wie schon angesprochen, verpflichtet Art. IV des Weltraumvertrages die Vertragsstaaten zu einer sachlich eingeschränkten Demilitarisierung des Weltraums und der Himmelskörper. Dies hat aber nicht zu verhindern vermocht, daß der Weltraum ganz wesentlich zu militärischen Zwecken genutzt wird.[38]

Bis Ende 1985 sind mehr als 2300 Satelliten mit militärischer Aufgabenstellung in Umlaufbahnen gebracht worden.[39] Diese Aufgabenstellung kann unterschiedlicher Natur sein. Sie reicht von der militärischen Kommunikation über militärische Aufklärung bis hin zu Anti-Satellitensystemen.

Bislang wurde aber kein einziger Satellit als der militärischen Nutzung dienend registriert. Die wachsende Militarisierung des Weltraums hat zu Besorgnissen in der Staatengemeinschaft geführt, die zwar Ausdruck in einer Reihe von warnenden Resolutionen der Generalversammlung der Vereinten Nationen und der Weltraumkonferenz fanden,[40] aber bislang nicht wesentlich in eine vertragsrechtliche Einschränkung einer militärischen Nutzung des Weltraums einmündeten.

2. Ein Vertrag, der ausschließlich der Demilitarisierung oder Rüstungsbeschränkung für den Weltraum gewidmet ist, existiert nicht. Regelungsansätze bzw. Teilregelungen enthalten neben dem Weltraumvertrag und dem Mondvertrag der Vertrag über das Verbot von Kernwaffenversuchen in der Atmosphäre, im Weltraum und unter Wasser vom 5. 8. 1963 (Partieller Teststopvertrag),[41] das Übereinkommen vom 18. 5. 1977 über das Verbot der militärischen oder einer sonstigen feindseligen Nutzung umweltverändernder Techniken (Umweltkriegsübereinkommen)[42] sowie der zwischen den Vereinigten Staaten und der UdSSR geschlossene Vertrag vom 26. 5. 1972 über die Begrenzung der Systeme zur Abwehr ballistischer Flugkörper (ABM-Vertrag).[43]

3. Nach Art. I des Partiellen Teststopvertrages sind Versuchsexplosionen von Kernwaffen und andere nukleare Explosionen in der Atmosphäre, jenseits der Atmosphäre einschließlich des Weltraums sowie unter Wasser verboten. Der Vertrag sieht keine Ausnahme von diesem Verbot vor. Er betrifft jedoch – was den Einsatz von Kernwaffen im Weltraum betrifft – nur Versuchsexplosionen, nicht aber auch den Einsatz von Kernwaffen im Konfliktfall. Der ABM-Vertrag sowie ein Zusatzprotokoll von 1974 begrenzen den Aufbau von Raketenab-

---

37 Vgl. dazu The White House, Office of the Press Secretary, March 10, 1994, Fact Sheet, Foreign Access to Remote Sensing Capabilities, ZLW 43 (1994), 265 ff.

38 Vgl. dazu *D. Wolf/H. Hoose/M. Dauses*, Die Militarisierung des Weltraums, 1983; *B. M. Jasani*, The Military Use of Outer Space, SIPRI Yb. 1984, 351; *H. G. Brauch*, Angriff aus dem All: Der Rüstungswettlauf im Weltraum, 1984;. *H. Feigl*, Militärisch nutzbare Satelliten: ihre Bedeutung für Sicherheit und Rüstungskontrolle, in: Weltraum und internationale Politik, *Kaiser/v. Welck* (Hrsg.),1987, 189 ff; *H.-H. Weise*, Weltraumgestützte Raketenabwehrsysteme und Antisatelliten-Waffen: ihre Bedeutung für Sicherheit und Verteidigung, ibid., 209 ff; *B. A. Hurwitz*, The Legality of Space Militarization, 1986; *G. Lindström* (Hrsg.), Bewaffnung des Weltraums: Ursachen – Gefahren – Folgen, 1986; *W. v. Kries*, Die militärische Nutzung des Weltraums, in: *Böckstiegel* (Hrsg.), 307 ff; eine Darstellung der U.S. Politik findet sich in *P. B. Stares*, The Militarization of Space, 1985.

39 Vgl. *J. Pike*, Military Use of Outer Space, SIPRI Yb. 1990, 59 ff, mit der dortigen Auflistung, 101 ff.

40 Report of the Second United Nations Conference on the Exploration and Peaceful Uses of Outer Space, Vienna, August 9–21, 1982 (UN Doc. A/Conf. 101/10) and Corr. 1 and 2) paras 13, 14, 426; GA Res.37/99 vom 13. 12. 1982, GA Res. 38/70 vom 15. 12. 1983; GA Res. 39/59 vom 12. 12. 1984; GA Res. 40/87 vom 12. 12. 1985; Declaration adopted by the Ninth Conference of Heads of States or Government of Non-Aligned Countries, held at Belgrade from 4 to 7 September 1989, UN Doc.A/44/551; GA Res.45/55 vom 4. 12. 1990; GA Res. 541.

41 Text in: *Delbrück*, Friedensdokumente, 561 ff; BGBl. 1964 II, 906 ff.

42 BGBl. 1983 II, 125.

43 Text in: *Delbrück*, Friedensdokumente, 700 ff; ILM 11 (1972), 251.

wehrsystemen. Verboten wird die Stationierung eines weltraumgestützten Raketenabwehrsystems (Art. V) bzw. die Schaffung der Grundlage für eine derartige Verteidigung. Die Reichweite dieses Verbots ist allerdings begrenzt. Es ist zumindest unklar, ob von dem Vertrag auch neue auf anderen physikalischen Prinzipien beruhende Systeme – z. B. Laserwaffen – erfaßt werden.[44]

Der Versuch der *Reagan* Administration von 1985, den ABM-Vertrag einseitig so zu interpretieren, daß neue Systeme wie Laserwaffen nicht umfaßt werden, wurde nicht nur von der UdSSR sondern auch vom US Kongreß zurückgewiesen, der die traditionelle Auslegung, die auch neuartige Systeme umfaßt, in ein Gesetz faßte.[45] Allerdings verbietet der ABM-Vertrag nicht entsprechende Forschungsprogramme, so daß die von den Vereinigten Staaten betriebene *„Strategic Defense Initiative"* von 1983, die die Erforschung eines umfassenden Raketenabwehrsystems, das vor von der UdSSR ausgehenden Angriffen schützen sollte, zum Ziel hatte, mangels Umsetzung in die Praxis als mit dem ABM-Vertrag vereinbar anzusehen ist.[46]

Zumindest problematisch ist die Vereinbarkeit des seit 1996 geplanten und 2001 beschlossenen *„National Missile Defense"* (NMD)- Systems der Vereinigten Staaten von Amerika mit verschiedenen Vorschriften des ABM-Vertrages.[47] Dieses System, das zum Ziel hat, begrenzte Raketenangriffe aus „Schurkenstaaten" abzuwehren, ist von der Konzeption her weniger weitreichend als die als umfassende Raketenabwehr gedachte SDI. Die NMD-Architektur ist folgendermaßen geplant[48]: 100 *Ground-Based Interceptors* (GBI), die eigentlichen Waffen des Systems, sollen in Alaska stationiert werden. Ein neuer *X-Band Radar* sowie vier bisher vom ABM-Vertrag nicht erfaßte *early warning radars* sollen aufgerüstet werden. Die zunächst von schon existierenden Satelliten durchzuführenden Frühwarnfunktionen sollen später durch ein weltraumbasiertes Infrarotsystem bestehend aus 24 Satelliten, die auch Funktionen von ABM-Radaren übernehmen ersetzt werden (*Space Based Infrared System*, SPIRS). Die Pläne umfassen auch den Aufbau einer neuen Raketenabwehrtesteinrichtung. Art. I des ABM-Vertrages verbietet den Aufbau eines landesweiten – im Unterschied zu einem regionalen – Raketenabwehrsystems, so daß NMD insgesamt, aber auch schon der Aufbau nur des ABM-Radars in Alaska gegen Art. I verstößt. Art. II verbietet ABM-Systeme in Form von *interceptor missiles*, *launchers* und ABM-Radars. Auch neue Technologie ist vom Verbot umfaßt, wenn sie eine traditionelle Komponente des ABM-Systems ersetzt. Die SPIRS-Satelliten, die auch die Funktion von ABM-Radaren haben, verstoßen gegen Art. II. Schon ABM-Komponenten in Konstruktion verstoßen gegen Art. II. Es ist umstritten, ab welchem Konstruktionsstadium ein solcher Verstoß eintritt. Auch Tests verbotener ABM-Systeme sind verboten. Hier ist fraglich, ab wann die von den Vereinigten Staaten durchgeführten Tests, bei denen zur Zeit noch vieles simuliert wird, gegen Art. II verstoßen. Art. III erlaubt nur den Aufbau von traditioneller ABM-Technologie; Laser, die die Abwehrraketen ersetzen, sind verboten. Jede Vertragspartei darf gem. Art. III in Verbindung mit dem Protokoll von 1973 nur eine ABM-Stätte haben, nämlich entweder zum Schutz der Hauptstadt oder gelegen bei *Intercontinental Ballistic Missile Silos* (ICBMS). Außerdem dürfen Radars und Abwehrraketen nicht mehr als 150 km voneinander entfernt liegen. NMD verstößt also mehrfach gegen Art. III: Alaska ist nicht die Hauptstadt, es fehlen auch ICBMS. Alaska ist als Standort also unzulässig. Außerdem sind die Radars und Abwehrraketen mehr als 150 km auseinander. Die zusätzlichen ABM-Radars, die in späteren Phasen des Projekts durch Aufrüstung entstehen sollen, stellen eine zahlenmäßige Überschreitung der zulässigen ABM-Stätten dar. Art. V verbietet weltraumbasierte ABM-Komponenten. Da auch

---

[44] Vgl. dazu vereinbarte Interpretation „D" zum ABM-Vertrag, abgedruckt in: *v. Welck/Platzöder* (Anm. 8), 66; dazu *Wolfrum*, The Problems of Limitation and Prohibition of Military Use of Outer Space, ZaöRV 44 (1984), 792 ff.

[45] *Rhinelander,* The ABM Treaty – Past, Present and Future (Part I), S. 93.

[46] Dazu *Weise* (Anm. 38), 209 ff sowie *Wolfrum* (Anm. 44), 802 f; a.A. *Jasentuliyana*, 109/110.

[47] Siehe dazu insgesamt *J. B. Rhinelander*, Journal of Conflict and Security Law, Vol. 6, No. 1, 91 ff.

[48] Informationen über den Aufbau der NMD finden sich im Internet unter www.fas.org/spp/starwars/program/nmd/indes.html (Januar 2002). Zur Geschichte und Entwicklung der NMD siehe *Donald R. Baucom*, National Missile Defense: An Overview (1993–2000).

neue Technologie erfaßt ist, verstoßen die geplanten SPIRS-Sensoren gegen diese Bestimmung. Art. IX verbietet ABM-Systeme bzw. Teile davon in anderen Staaten aufzubauen. Wegen der Unvereinbarkeit des NMD-Systems mit dem ABM-Vertrag haben die Vereinigten Staaten von Amerika den ABM-Vertrag im Dezember 2001 einseitig gekündigt.

4. Die genannten Verträge erfassen aber wichtige Bereiche nicht, vor allem fehlt ein Schutz von Satelliten. Durch die fortschreitende technische Entwicklung von Aufklärungssatelliten sind diese zu einem wesentlichen Instrument geworden, mit dem die Einhaltung von Abrüstungs- und Rüstungsbegrenzungsverpflichtungen überwacht wird. Eine Reihe von bilateralen Rüstungskontrollverträgen (ABM-Vertrag, SALT I-Interimsabkommen, SALT II-Vertrag) enthalten Klauseln, durch die sich die Parteien verpflichten, nicht in nationale technische Verifikationsmittel der anderen Seite störend einzugreifen. Zu diesen Verifikationsmitteln gehören vor allem Satelliten.[49] Es gibt bisher jedoch keine allgemeinen Regelungen, die die Entwicklung, Erprobung und Stationierung von Anti-Satellitenwaffen verbietet bzw. beschränkt. Entsprechende Verhandlungen zwischen den Vereinigten Staaten und der UdSSR haben bislang zu keinem greifbaren Ergebnis geführt.[50]

Die damalige UdSSR hatte zwei Entwürfe für ein Abkommen über ein Verbot der Gewaltanwendung im Weltraum vorgelegt.[51] Neben dem Verbot von Raketenabwehrsystemen sollte es vor allem Antisatellitenwaffen erfassen, nach den Vorstellungen der UdSSR jedoch nur die Entwicklung neuer Systeme. Der Besitz von Weltraumwaffen wurde dagegen nicht generell untersagt. Nach dem Wegfall des Ost-West-Konflikts hat diese Frage eine neue Dimension erhalten. Die Entwicklungsländer fordern ein Verbot der Weltraumrüstung, wohingegen die Vereinigten Staaten ein weltraumgestütztes Raketenabwehrsystem aufbauen wollen.

V. **1.** Die sich verstärkenden Weltraumaktivitäten haben Umweltprobleme für den Weltraum entstehen lassen. Außerdem gehen von Weltraumaktivitäten Gefahren für die Erde aus.[52] Es lassen sich drei Komplexe identifizieren: die Verbrennungsrückstände von Raketen haben Auswirkungen auf die äußere Erdatmosphäre; nicht mehr operierende Satelliten und Teilstücke von Weltraumgegenständen behindern Weltraumaktivitäten, vor allem die Nutzung des Geostationären Orbits;[53] die Einführung terrestrischer Chemikalien in den Weltraum hat möglicherweise negative Konsequenzen.[54] Dabei werfen vor allem die nicht mehr operativen Satelliten und Teile von Weltraumgegenständen praktische Probleme auf.

2. Weder der Weltraumvertrag noch die ihn ergänzenden internationalen Übereinkommen enthalten adäquate Regeln, um die aus der immer intensiver werdenden Nutzung des Weltraums resultierenden Umweltprobleme zu lösen. Allerdings sind entsprechende Ansätze vorhanden.

---

[49] *E. Forndran*, Die Bedeutung der Erforschung und Nutzung des Weltraums für Rüstungskontrolle und Abrüstung, in: *Kaiser/v. Welck* (Hrsg.), 1987, 521 ff; zur militärischen Bedeutung von Satelliten allgemein *Feigl* (Anm. 38), 202 f.

[50] Die bisherigen Verhandlungsbemühungen umschreibt *R. Schmidt*, Weltraumgestützte Raketenabwehrsysteme und Antisatelliten-Waffen: Rüstungskontrollpolitische Konzepte und Verhandlungen, in: *Kaiser/v. Welck* (Hrsg.), 225 ff.

[51] Vgl. dazu *R. Wolfrum* (Anm. 44), 798 ff. Die Vertragsentwürfe sind abgedruckt in: *v. Welck/Platzöder* (Anm. 8), 123 und 127 f.

[52] Die bekanntesten Fälle, in denen Weltraumtrümmer wieder in die Erdatmosphäre eingetreten sind, sind COSMOS 954 (Januar 1978), SKYLAB (Juli 1979), COSMOS 1402 (Februar 1983) und SALYUT 7 (Februar 1991). Bei den COSMOS-Abstürzen ging die Gefahr von der an Bord befindlichen nuklearen Energiequelle aus.

[53] Vgl. *Status Report Submitted by the Committee on Space Research*, UN Doc. A/AC.105/403, 6. 1. 1988, 5, der mehrere durch Trümmer verursachte Schadensfälle benennt.

[54] *Reijnen/de Graaff*, Pollution, 33, zählen hierzu auch noch die Übernutzung des Geostationären Orbits und von Funkfrequenzen. Siehe auch *Frantzen*, 598 ff.

3. Gemäß Art. IX des Weltraumvertrages sollen bei der Untersuchung und Erforschung des Weltraums dessen schädliche Kontamination einschließlich einer Schädigung des Mondes und der Himmelskörper sowie negative Veränderungen der terrestrischen Umwelt vermieden werden. Art. IX Satz 2 des Weltraumvertrages stellt an sich nur auf „Untersuchung und Erforschung" ab. Dennoch wird der Anwendungsbereich des Satzes umfassend verstanden; er bezieht die gesamte Nutzung ein.[55] Die Vorschrift beruht auf der Überlegung, daß der Weltraum als ein Laboratorium zu verstehen ist, dessen Arbeitsfähigkeit zu erhalten ist. Hierüber erschließt sich die Auslegung des Begriffs *„harmful contamination"*. Entsprechend liegt eine schädliche Aktivität dann vor, wenn durch deren Effekte eine zukünftige Nutzung des Weltraums einschließlich der Himmelskörper beeinträchtigt wird.[56] Umweltschutz für den Weltraum wäre dementsprechend lediglich ein Reflex des Schutzes von Weltraumaktivitäten. Diese Interpretation von Art. IX Satz 2 des Weltraumvertrages berücksichtigt nicht hinreichend Art. I Abs. 1 Weltraumvertrag. Wenn die Erforschung und Nutzung des Weltraums zum Wohle der gesamten Menschheit erfolgen soll, so kann nicht auf die Schädigung konkreter Aktivitäten abgestellt werden. Entscheidend ist das Gefährdungspotential für die Zukunft.[57]

4. Art. 7 des Mondvertrages verstärkt die Umweltschutzverpflichtung des Weltraumvertrages. Das Verbot, das „bestehende Umweltgleichgewicht durch das Herbeiführen nachteiliger Veränderungen dieser Umwelt, ihre Kontamination infolge des Einbringens umweltfremder Stoffe oder auf andere Weise" zu stören, ist umfassender als das Kontaminierungsverbot des Weltraumvertrages, da es von dem Nutzungsinteresse anderer Staaten gelöst ist. Angesprochen werden auch schädliche Auswirkungen auf die Erde. Außerdem enthält Art. 7 des Mondvertrages einen Auffangtatbestand, der es zuläßt, neuere Erkenntnisse im Sinne des Umweltschutzes zu verwerten.

5. Weitere auf den Umweltschutz bezogene Vorschriften enthalten der Partielle Teststopvertrag und das Übereinkommen über das Verbot der militärischen oder einer sonstigen feindseligen Nutzung umweltverändernder Techniken vom 18. 5. 1977.[58]

6. Das entscheidende Defizit der weltraumrechtlichen Umweltschutzvorschriften und insbesondere von Art. IX des Weltraumvertrages liegt jedoch darin, daß Verstöße nur in Ausnahmefällen sanktioniert werden können. Dies ergibt sich aus dem Weltraumhaftungsrecht. Für nicht mehr genutzte Weltraumgegenstände bleibt zwar der Startstaat international verantwortlich und schadensersatzpflichtig (Art. VI des Weltraumvertrages i.V.m. Art. III, IV des Weltraumhaftungsabkommens).[59] Da aber für Schäden im Weltraum nur die Verschuldenshaftung gilt, dürfte eine Haftung wegen einer Kollision mit nicht mehr genutzten Weltraumgegenständen oder Teilen hiervon der Ausnahmefall bleiben.[60]

7. Versuche, eine Staatenverpflichtung zu formulieren, wonach nicht mehr benötigte Weltraumgegenstände, vor allem Satelliten auf dem Geostationären Orbit, zu beseitigen sind, sind bislang erfolglos geblieben.[61] Es ist vorgeschlagen worden, die ITU solle sich mit diesem

---

[55] *Frantzen*, 611 f; a.A. *Danilenko*, 171.

[56] *H. A. Baker*, The Skylab Perception: Its Impact on Protection of the Outer Space Environment, IISL-Proceedings, 1987, 121 f; *ders.*, Space Debris: Legal and Policy Implications, 1989, 86 ff; zur Definition des Begriffes *„space debris"* vgl. *Jasentuliyana*, 329 ff; Report of the Scientific and Technical Subcommittee on the work of its Thirty-fourth Session UN Doc. A/AC.105/672, 2. 3. 1997.

[57] Zu eng daher *Reijnen/de Graaff*, 50 sowie *Danilenko*, 171.

[58] BGBl. 1983 II, 125.

[59] Vgl. dazu *H. Baker*, Liability for Damage Caused in Outer Space by Space Refuse, Ann. Air & Space L. 13 (1988), 183 ff (202).

[60] Vgl. dazu *H. Baker*, Space Debris: Legal and Policy Implications, 1989, 86.

[61] Vgl. dazu Prinzip VIII des Arbeitspapiers der Äquatorialstaaten (Draft General Principles Governing the

Problem auseinandersetzen.[62] In der Praxis haben sowohl INTELSAT als auch die ESA nicht mehr operierende Satelliten aus der Geostationären Umlaufbahn entfernt.[63]

8. Einen Teilaspekt des Umweltschutzes stellt der Versuch dar, den Einsatz von Satelliten mit Nuklearbetrieb im Weltraum einzuschränken.

Ausgelöst wurden die entsprechenden Debatten im Weltraumausschuß durch den Absturz von Cosmos 954 am 24. 1. 1978 über Kanada.[64]

Der Weltraumausschuß erörterte[65] seit 1978 die Einführung von Sicherheitsmaßnahmen in der Form von internationalen Standards und die Verringerung von Satelliten mit Nuklearantrieb, wobei ebenfalls erwogen wurde, die Startstaaten zu einer detaillierten Berichterstattung über den geplanten Einsatz derartiger Satelliten und zur Hilfeleistung bei Unfällen zu verpflichten. Im Jahre 1992 gelang die Verabschiedung von elf Prinzipien für die Nutzung nuklear angetriebener Satelliten, sog. *Nuclear Power Sources.*[66] Neben dem Verweis auf die Anwendbarkeit des geltenden Völkerrechts (Prinzip I) und Begriffsbestimmungen im Prinzip II werden im Prinzip III Richtlinien und Kriterien für den sicheren Einsatz der nuklearen Energiequellen aufgestellt. Hiernach werden zum einen Obergrenzen für die Strahlungsbelastung bei Unfällen, die Rückwirkung auf die Konstruktion der nuklearen Energiequellen haben, festgesetzt. Des weiteren dürfen Nuklearreaktoren an Bord erst im Orbit aktiviert werden, um Verseuchungen bei Startunfällen vorzubeugen und schließlich wird festgelegt, daß ein Satellit nach Ende seiner aktiven Zeit auf einer ausreichend hohen Umlaufbahn verbleiben bzw. dahin transferiert werden soll. Prinzip IV fordert von Startstaaten die Durchführung einer Sicherheitsüberprüfung vor dem Start. Ist der Wiedereintritt eines nuklear angetriebenen Satelliten aufgrund einer Funktionsstörung zu befürchten, so muß der Startstaat sowohl über festgelegte Systemparameter und radiologische Risiken des Reaktors berichten (Prinzip V), als auch auf weitere Anfragen Auskunft geben (Prinzip VI). Darüber hinaus sind neben dem Startstaat alle technisch dazu befähigten Staaten aufgerufen, von einem Absturz nuklear betriebener Satelliten betroffene Staaten zu unterstützen (Prinzip VII). Folgen Prinzip VIII über Staatenverantwortlichkeit und Prinzip X über Streitbeilegung weitgehend den traditionellen weltraumrechtlichen Formulierungen, so statuiert Prinzip IX zwar zunächst unter Bezugnahme auf Art. VII des Weltraumvertrages die Haftung des Startstaates für die Schadensverursachung; es geht indes bei der Bestimmung des zu zahlenden Schadensersatzes einen Schritt über traditionelles Weltraumrecht hinaus. Zwar konnten sich die Entwicklungsländer mit ihrer Forderung nicht durchsetzen, möglichst auch die potentiell sehr hohen Folge- und Fernwirkungsschäden bei durch nuklear angetriebene

---

Geostationary Orbit, UN Doc. A/AC.105/C.2/L.147 vom 29. 3. 1984); UNISPACE 1982, Efficient Use of the Geostationary Orbit, A/Conf.101/BP/7 (16. 1. 1981) para. 81; UNISPACE 1982 (Report of the Second United Nations Conference on the Exploration and Peaceful Uses of Outer Space, A/Conf. 101/10 (31. 8. 1982, para. 283); gem. GA Res.48/39 vom 10. 12. 1993 werden die Staaten lediglich dazu aufgerufen, diesem Phänomen größere Aufmerksamkeit zu widmen.

62 UN Doc. A/AC.105/C.2/SR.446 para. 34 vom 22. 4. 1986.

63 *Baker* (Anm. 56), 110 f; vgl. zu den nationalen Maßnahmen *Jasentuliyana*, 337 ff.

64 Vgl. zu diesem und weiteren Abstürzen *Benkö/de Graaff*, The Use of Nuclear Power Sources in Outer Space, in: *Benkö/de Graaff/Reijnen* (eds.), 49 ff mwN; zur Schadensersatzforderung Kanadas siehe *Schwartz/Berlin*, After the Fall: An Analysis of Canadian Legal Claims for Damage Caused by Cosmos 954, McGill Law Journal 27 (1982) 676 ff; *D. Goren*, Nuclear Accidents in Space and on Earth: An Analysis of International Law Governing the COSMOS-954 and Chernobyl Accidents, Geo. Int'l Envtl. L. Rev. 5 (1993), 855 ff.

65 Vgl. zu der Diskussion im Weltraumausschuß *C. Q. Christol*, The Use of a Nuclear Power Source (NPS) in Outer Space, ZLW 30 (1981), 47 ff; *Baker* (Anm. 56), 106 ff; *M. Benkö*, Nuklearenergie im Weltraum, in: *Böckstiegel* (Hrsg.), 466 ff; *Kopal*, 103 ff; *Fauteux*, 267 ff; *M. Benkö/J. Gebhard*, The Use of Nuclear Power Sources in Outer Space, in: *Benkö/Schrogl* (eds.), International Law in the Making, 19 ff.

66 GA Res. 47/68 vom 14. 12. 1992.

Satelliten verursachten Unfällen in den zu zahlenden Schadensersatz einzubeziehen. Es gelang ihnen aber, die Kosten, die durch Aufräumen sowie Hilfeleistung durch dritte Staaten entstehen, in den zu zahlenden Schadensersatz mit einzubeziehen.[67] Hintergrund dieser Bestimmung ist die Haltung der damaligen Sowjetunion nach dem Cosmos 954-Unfall. Kanada hatte die angebotene Hilfe abgelehnt, worauf sich die damalige Sowjetunion mit dem Einwand der Schadensminderungspflicht Kanadas weigerte, den vollen Schadensersatzbetrag zu zahlen.

Zeigt namentlich diese Bestimmung eine Fortentwicklung des internationalen Weltraumhaftungsrechts, so ist die Diskussion durch die Verabschiedung der Prinzipien nur zu einem vorläufigen Abschluß gekommen. Prinzip XI sieht die Wiederaufnahme der Verhandlungen in spätestens zwei Jahren nach Annahme durch die Generalversammlung vor.[68]

§ 135 Regelungen für einzelne Nutzungsformen

Schrifttum: *E. McWhinney*, The International Law of Communications, 1971; *N. Mateesco-Matte*, Aerospace Law: Telecommunications Satellites, RdC 166 (1980), 119 ff; *E. W. Ploman*, International Law Governing Communication and Information, 1982; *A. Theis*, The International Legal Code for Geostationary Radio Satellites, GYIL 29 (1986), 227 ff; *M. Böhm*, Satelliten-Kommunikation: technische und wirtschaftliche Aspekte, in: *Kaiser/Frhr. von Welck* (Hrsg.), Weltraum und internationale Politik, 1987, 17 ff; *E. Dahinden*, Die rechtlichen Aspekte des Satellitenrundfunks, 1990; *H. M. White/R. L. White, Jr.*, The Law and Regulation of International Space Communication, 1988; *I. H. Ph. Diederiks-Verschoor*, Quelques observations sur la station spatiale „Mir“, AFDI 36 (1990), 912 ff; *L. Hasse*, Finding a Basis for International Communications Law: The Satellite Broadcasting Example, Case W. Res. J. Int'l L. 22 (1990), 97 ff; Earth Observation Systems: Legal Considerations for the '90s, Amer. Soc. f. Photogrammetr. & Remote Sensing, 1990; *T. A. Brooks*, Regulating International Trade in Launch Services, High Tech. L. J. 6 (1991), 59 ff; *P. F. Cowhey/J. D. Aronson*, The ITU in Transition, Telecommunications Policy (1991) 298 ff; *G. Lafferranderie*, La nouvelle donne de la coopération en matière spatiale entre l'Union soviétique et l'Agence Spatiale Européenne, Ann. Air & Space L. 16 (1991), 381 ff; *S. R. Malpass*, Legal Aspects of the United States/International Space Station, Hous. J. Int'l L. 14 (1991/92), 183 ff; *P. D. Nesgos*, Commercial Space Transportation: A New Industry Emerges, Ann. Air & Space L. 16 (1991), 393 ff; *R. B. Woodrow*, Tilting Towards a Trade Regime: The ITU and the Uruguay Round Services Negotiations, Telecommunications Policy (1991), 323 ff; *N. Jasentuliyana*, The International Regulatory Regime for Satellite Communications: The Meaning for Developing Countries, AYIL (1992), 49 ff; *B. Staudt*, Die transatlantische Raumstationskooperation: Der rechtliche Rahmen einer langfristigen multinationalen Zusammenarbeit, 1992; *B. Stockfish*, Space Transportation and the Need for a New International Legal and Institutional Regime, Ann. Air & Space L. 17 (1992), 323 ff; *K.-H. Böckstiegel* (ed.), Manned Space Flight, 1993; *U. Leanza*, The Future of International Telecommunications, Vol. 1–4, 1992/1993; *K.-U. Schrogl*, Die Strukturreform der ITU. Auswirkungen auf die Entwicklung der Weltraumnutzung und des Weltraumrechts?, ZLW 42 (1993), 182 ff; *M. Bourely*, Les nouvelles relations de l'Agence spatiale européenne avec les pays de l'Est, Annu. de Droit Marit. et Aerospatial 12 (1993), 387 ff; *M. Spude/R.-P. Oesberg*, Die Tagung des ESA-Rates auf Ministerebene in Granada 1992, ZLW 42 (1993), 162 ff; *W. M. Thiebaut/K. J. Madders*, ESA and EC: A Coherent Approach in Space, Proceedings of the IISL, American Institute of Aeronautics and Astronautics, 1993, 163 ff; *W. v. Kries*, The ESA Convention and Europe's Security Interests in Outer Space, ZLW 43 (1994), 203 ff; *G. Lafferanderie/P. H. Tuinder*, The Role of ESA in the Evolution of Space Law, J. Space L. 22 (1994), 97 f; *B. Schmidt-Tedd*, Revidierte LTP-Planung, Etablierung der Europäischen Union: Fragen zur ESA-Standortbestimmung, ZLW 43/1994, 38 ff; *A. Tegge*, Die Inter-

---

[67] Vgl. dazu *Kopal*, 114.

[68] Vgl. dazu *Report of the Legal Subcommittee on the Work of its 33rd Session* (31. 3.–5. 4. 1994), 7.

nationale Telekommunikations-Union: Organisation und Funktion einer Weltorganisation im Wandel, 1994; *H. Dodel*, Satellitenkommunikation, 1999; *M. Will*, Solar Power Satellites und Völkerrecht, 2000.

I. Eine besondere Bedeutung kommt allen weltraumgestützten Tätigkeiten in bezug auf den Fernmeldeverkehr zu. Der Begriff „Telekommunikation" oder „Fernmeldeverkehr" wird in Anlage 2 des Internationalen Fernmeldevertrages[1] als „jede Übermittlung, jede Aussendung oder jeder Empfang von Zeichen, Signalen, Schriftzeichen, Bildern, Tönen oder Nachrichten jeder Art über Draht, Funk, auf optischem Wege oder über andere elektromagnetische Systeme" definiert. Hierunter lassen sich, vereinfachend formuliert, zwei verschiedene Tätigkeitsformen fassen und zwar das Fernmelde- und das Rundfunkwesen.[2] Entsprechend sind Fernmelde- und Rundfunksatelliten zu unterscheiden.

Fernmeldesatelliten dienen zur Verbindung von zwei festen Erdpunkten, zur Verbindung eines festen Erdpunktes mit vielen festen Erdpunkten, zur Verbindung von zwei oder mehreren Satelliten miteinander oder zur Verbindung zwischen der Erde und einem oder mehreren Satelliten. Fernmeldesatelliten haben in aller Regel Sender kleiner Leistung.[3] Grundsätzlich unterscheidet man den Festen Funkdienst über Satelliten, das heißt die Verbindung zwischen Satelliten und festen Bodenstationen und den Mobilen Dienst, die Verbindung von Satelliten zu beweglichen Erdstationen wie Schiffen und Flugzeugen. Ein Beispiel für den Festen Funkdienst ist INTELSAT, für den Mobilen Dienst INMARSAT. Rundfunk erfaßt die nicht gezielte Übermittlung von Informationen an eine unbestimmte Anzahl von Bodenstationen.

Die Unterscheidung zwischen Kommunikationssatelliten und Rundfunksatelliten ist nicht nur von technischer Bedeutung. Denn die grenzüberschreitende Sendung an bestimmte Empfangsstellen unterliegt der Zustimmung des Empfangsstaates,[4] wohingegen Rundfunksendungen grundsätzlich dem Prinzip der Rundfunkfreiheit unterfallen. Entsprechend ergeben sich bei dem Einsatz von Satelliten in den verschiedenen Diensten durchaus unterschiedliche völkerrechtliche Probleme. Die Verwendung von Satelliten zur Telekommunikation wirft vor allem die Frage nach der Verteilung von Frequenzen und Satellitenparkpositionen auf, über die sichergestellt werden soll, daß alle Staaten einen Satellitentelekommunikationsdienst aufbauen können. Die Diskussion dieser Verteilungsproblematik wies eine Parallelität zu den Debatten um eine neue Weltwirtschaftsordnung auf. Für den Einsatz von Satelliten zu Rundfunk- und Fernsehübertragungen stellt sich zusätzlich die Frage, ob – trotz des Prinzips der Rundfunkfreiheit – grenzüberschreitende Sendungen nicht doch einer vorherigen Genehmigung durch den Empfangsstaat bedürfen.[5]

II. 1. Kommunikationssatelliten haben in den vergangenen 30 Jahren die Informations- und Medienstrukturen sowie das militärische und diplomatische Nachrichtenwesen nachhaltig verändert.

Sie sind wesentlicher Bestandteil militärischer Befehls- und Informationsnetze[6]. Die Vereinbarung zwischen den Vereinigten Staaten und der ehemaligen UdSSR von 1971 über Maßnahmen zur Risikoverringerung des Ausbruchs nuklearer Kriege, von 1973 über die Verhütung nuklearer Kriege

[1] Vom 12. 11. 1965, BGBl. 1968 II, 931, so auch Anlage 2 des Internationalen Fernmeldevertrages vom 6. 11. 1982, BGBl. 1985 II, 425.

[2] *N. Mateesco-Matte*, RdC 166 (1980), 138.

[3] Vgl. dazu *Böhm*, 21; *C. F. von Braun*, Die juristische Ausgestaltung eines internationalen Nachrichtensatellitensystems, dargestellt am Falle „INTELSAT", 1972, 4 ff.

[4] *N. Mateesco-Matte*, RdC 166 (1980), 138; diese Differenzierung wird allerdings von ITU Radio Regulations 1998 nicht aufrecht erhalten; (abgedruckt in: *Böckstiegel/Benkö* (eds.), Space Law, C. IV. 2. 1).

[5] *P. Reinert*, Grenzüberschreitender Rundfunk im Spannungsfeld von staatlicher Souveränität und transnationaler Rundfunkfreiheit, 1990, 42 ff., insbes. 56.

[6] Vgl. dazu *v. Welck*, Satelliten in der internationalen Politik, 1989, 10 f mwN.

sowie von 1987 zur Gründung von Zentren für die Verringerung des nuklearen Risikos basieren auf dem Einsatz fernmeldetechnischer Kommunikationssatelliten.[7] Kommunikationssatelliten werden zudem im Bereich der Schiffahrt und des Flugverkehrs, für Seenotrettungsfälle und für meteorologische Datenübermittlung verwendet.

Bei Telekommunikationssatelliten ist der Geostationäre Orbit die bevorzugte Umlaufbahn, da eine Sende- oder Empfangsanlage auf der Erde mit dem Geostationären Kommunikationssatelliten ohne Unterbrechung in Verbindung bleiben kann. Geostationäre Telekommunikationssatelliten können mit Bodenstationen zwischen 70° oder 75° Nord und Süd in Verbindung stehen. Satelliten anderer Systeme wie das MOLNYA-System mit einem stark elliptischen Orbit und einer Inklination von 63° decken auch die äußersten nördlichen und südlichen Bereiche ab.[8]
Da der Platz auf dem Geostationären Orbit[9] sowie die Sende- und Empfangsfrequenzen begrenzt sind,[10] ist für diese ein internationales Verteilungsverfahren entwickelt worden, dessen Durchführung in der Verantwortung der *International Telecommunication Union* (ITU) liegt.[11]

2. Die Fragen des Weltraumrundfunks haben die ITU erst seit 1959 beschäftigt und erst danach ihren Niederschlag in dem Regelwerk der ITU gefunden. Dieses umfaßt den Internationalen Fernmeldevertrag, der durch verschiedene Vollzugsordnungen ergänzt wird[12].

Allgemeines Ziel der ITU war es zunächst lediglich, störende Interferenzen von verschiedenen Funkdiensten zu vermeiden. Diese Aufgabe wurde unter dem Internationalen Fernmeldevertrag von 1965 dadurch erreicht, daß den einzelnen Funkdiensten (nicht den Staaten oder nationalen Funkverwaltungen) bestimmte Frequenzbereiche zugewiesen wurden. Die benötigten Frequenzen wurden den einzelnen Trägern innerhalb der entsprechenden Frequenzbereiche auf nationaler Ebene zugeteilt, sie mußten allerdings bei dem Internationalen Ausschuß zur Frequenzregistrierung (IFRB) registriert werden.[13] Mit der Registrierung erhielten die Frequenzen eine internationale Anerkennung. Auf seiten der Staaten bestand keine Freiheit bei der nationalen Frequenzverteilung. Sie waren verpflichtet, Frequenzen so zuzuweisen, daß schädliche Störungen vermieden wurden. Es handelte sich hierbei um eine strikt bedarfsorientierte Planung.
Die ersten Regelungen für den Weltraumfunk, der bei der Vergabe der Frequenzbereiche bis dahin nicht berücksichtigt worden war, ergingen auf der Funkverwaltungskonferenz in Genf 1959 durch die *„Geneva Radio Regulations of 1959"*. Sie enthielten verbindliche Frequenzbereichszuteilungen für den Weltraumfunkdienst und den Erde-Weltraumfunkdienst, die Definitionen dieser Begriffe, die Nutzungsbedingungen für die Frequenzzuteilungen und Notifizierungsbestimmungen bei der Aufnahme der genannten Dienste. Auch wenn damit der erste Schritt hin zu einer internationalen Verwaltung von Weltraumfunkfrequenzen getan war, wurde hier doch nur ein verhältnismäßig kleiner Aspekt geregelt. Unberücksichtigt blieb die Nutzung von Weltraumfunk für andere Zwecke; d. h. eine Nutzung von Satelliten zur Nachrichtenübermittlung konnte unter diesem System nicht geschützt werden. Außerdem erfolgte keine Planung für die Zukunft. Die Notwendigkeit einer Vorausplanung erkannte erst die Außerordentliche Funkverwaltungskonferenz von 1963 an.[14] Sie stellte in einer Entschließung fest, daß alle Staaten einen Anspruch auf ausgewogene und vernünftige

---

[7] Vgl. dazu *v. Welck*, 4.

[8] Vgl. dazu *R. Chipman* (ed.), The World in Space, 1982, 372.

[9] Vgl. dazu § 133.

[10] Daran zweifeln allerdings *M. Rothblatt*, Satellite Communication and Spectrum Allocation, AJIL 76 (1982), 56 ff (76); *G. C. Staple*, The New World Satellite Order: A Report from Geneva, AJIL 80 (1986), 699 (704 ff).

[11] Vgl. dazu *White/White, Jr.*, 30 ff.

[12] Vgl. zur Funktion von ITU allgemein *White/White, Jr.*; *S. Magiera*, ITU, in: *R. Wolfrum* (ed.), United Nations Law, Policies and Practice, 1995, 821; *A. Tegge*, Die Internationale Telekommunikations-Union, Organisation und Funktion einer Organisation im Wandel, 1994.

[13] Vgl. dazu *D. D. Smith*, International Telecommunication Control, 1969, 29 ff.

[14] V. *Braun*, 27; *Smith*, 161; zur Vorgeschichte dieser Konferenz und zu ihr selbst vgl. *White/White, Jr.*, 116 ff.

Nutzung der Weltraumfrequenzen hätten. Die Frequenzen sollten im gemeinsamen Interesse aller Staaten genutzt werden.[15] Auch wenn diese Empfehlung keinerlei Bindungswirkung entfaltete, so war sie doch ein erster Schritt in Richtung auf eine von Billigkeitsgesichtspunkten determinierte Verteilung von Frequenzen an alle Staaten.

3. Dieser Grundsatz ist inzwischen Bestandteil der *Constitution of the International Telecommunication Union* (Art. 44).[16] Er wurde nach und nach durch die *World Administrative Radio Conference for the Planning of the Broadcasting Satellite Service* (WARC-BS) implementiert.[17] Die Regelungen galten zunächst nur für Europa, Asien und Australien; eine entsprechende Regelung für die Region Amerika scheiterte zunächst am Widerstand der Vereinigten Staaten.

4. Eine wesentliche Neuerung stellt vor allem die Zuweisung von Positionen auf dem Geostationären Orbit dar. Die ITU weitete damit ihre bisherigen Kompetenzen aus. Dies läßt sich von der Sache her insoweit rechtfertigen, als Frequenzbereiche und Stationen auf dem Geostationären Orbit eine Einheit bilden und ohne Zugang hierzu der Aufbau eines weltraumgestützten Fernmeldesystems ausgeschlossen ist. Es ist in der Zuweisung von Satellitenparkstationen auch kein Verstoß gegen das Aneignungsverbot von Art. II des Weltraumvertrages zu sehen[18]. Denn die Zuweisung ist nicht permanent, vor allem begründet sie keine staatliche Souveränität im Raum. Art. II des Weltraumvertrages hingegen schließt lediglich eine einseitige nationale Okkupation, nicht aber eine internationale Nutzungszuweisung aus. Zudem ist diese Nutzungszuweisung Voraussetzung für die Nutzung des Geostationären Orbits zum Vorteil und im Interesse aller Staaten (Art. I Abs. 1 des Weltraumvertrages).[19]

5. Auf der Konferenz der Regierungsbevollmächtigten von Nairobi 1982 erfolgte eine Neufassung des bis dahin geltenden Internationalen Fernmeldevertrages. Er enthält nunmehr auch den Aspekt einer Förderung der Entwicklungsländer und von Staaten mit speziellen geographischen Gegebenheiten.[20] Aus dieser Änderung der rechtlichen Rahmen-

[15] Empfehlung No. 10 A. „... *that the utilization and exploitation of the frequency spectrum for space communications be subject to international agreements based on principles of justice and equity permitting the use and sharing of allocated frequency bands in the mutual interest of all nations.*"

[16] „1. Members shall endeavour to limit the number of frequencies and the spectrum used to the minimum essential to provide in a satisfactory manner the necessary services. To that end, they shall endeavour to apply the latest technical advances as soon as possible. 2. In using frequency bands for radio services, Members shall bear in mind that radio frequencies and the geostationary-satellite orbit are limited natural resources and that they must be used rationally, efficiently and economically, in conformity with the provisions of the Radio Regulations, so that countries or groups of countries may have equitable access to both, taking into account the special needs of the developing countries and the geographical situation of particular countries." (abgedruckt in: *Böckstiegel/Benkö* (eds.), Space Law, C.IV.1. 1. 1). Damit wird eine größere Harmonisierung des Weltraumfunks mit dem Gemeinnützigkeitspostulat in Art. I Abs. 1 des Weltraumvertrages erreicht. Weitergehend *N. Mateesco-Matte*, Aerospace Law. Telecommunications Satellites, 1982, 98, der von einer Verwirklichung des Prinzips des Gemeinsamen Erbes der Menschheit spricht.

[17] Siehe dazu im einzelnen *White/White, Jr.*, 156 ff; *K.-U. Schrogl*, Questions Relating to the Character and Utilization of the Geostationary Orbit, in: *Benkö/Schrogl* (eds.), International Space Law in the Making, 164 ff.

[18] In diese Richtung argumentiert jedoch *C. Q. Christol*, The Geostationary Orbital Position as a Natural Resource of the Space Environment, NILR 26 (1979), 5 ff (11); vgl. zu diesem Komplex insgesamt *K.-W. Pritzsche*, Natürliche Ressourcen im Weltraum – das Recht ihrer wirtschaftlichen Nutzung, 1989, 83 ff und 96 ff; *Hobe*, 89 ff; *R. Wolfrum*, Geostationäre Umlaufbahn, in: *Böckstiegel* (Hrsg.), 354.

[19] In diesem Sinne *N. Mateesco-Matte*, 104 f; *R. E. Butler*, World Administrative Radio Conference for Planning Broadcasting Satellite Service, J. Space L. 5 (1977), 93 ff (98); *C. E. Rankin*, Utilization of the Geostationary Orbit – A Need for Orbital Allocation?, Colum. J. Transnat'l L. 13 (1974), 98 ff (101).

[20] Art. 44 Abs. 2 Constitution of the International Telecommunication, i.d. Fassung von 1992, *Böckstiegel/Benkö* (eds.), Space Law, C.IV.1. 1; BGBl. 1996 II, 1306. Vgl. dazu *Theis*, 241.

bedingungen des Internationalen Fernmeldevertrages resultierten zwei Konsequenzen. Gefordert wurde nicht lediglich ein gleichberechtigter, an den Bedürfnissen ausgerichteter Zugang aller Staaten zum Geostationären Orbit, sondern es wurde eine Priorität bestimmter Staatengruppen eingeführt.[21] Diese Priorität geht zu Lasten der technisch entwickelten Staaten, die ihre Nutzung entsprechend einzuschränken haben. Sie wurden damit zu einem Solidarbeitrag zu Gunsten bestimmter benachteiligter Staaten gezwungen. An dieser Stelle hat sich also ein Grundgedanke der Neuen Weltwirtschaftsordnung durchzusetzen vermocht. Außerdem entsteht durch das Gebot einer Sonderberücksichtigung bestimmter Staaten ein Spannungsverhältnis zu dem Gebot einer wirtschaftlichen Nutzung des Geostationären Orbits. Denn obwohl die Frequenzen und die Geostationäre Umlaufbahn als begrenzte Ressource bezeichnet werden, wird das Gebot einer wirtschaftlichen Nutzung für bestimmte Staatengruppen teilweise außer Kraft gesetzt.

6. Das Planungsverfahren der ITU wurde auf der Weltweiten Funkverwaltungskonferenz über die Nutzung des Orbits für geostationäre Satelliten und die Planung der Weltraumdienste, die ihn benutzen (WARC-ORB 1985/1988)[22], entwickelt und später weiter verfeinert. Die Konferenz schuf unterschiedliche Planungs- bzw. Koordinierungsmethoden für verschiedene Frequenzbänder sowie eine Vorausplanung für Satellitenparkpositionen auf dem Geostationären Orbit.[23] Die Planungsintensität ist für die einzelnen Frequenzbereiche unterschiedlich.

Eine bedarfsunabhängige Vorabplanung, wie sie von den Entwicklungsländern gefordert wurde, gilt lediglich für allgemeine Weltraumfunkdienste. Die Vergabe dieser Frequenzen erfolgt über einen „Verteilungsplan“.

Der Verteilungsplan besteht dabei aus zwei Teilen: Teil A enthält die sog. nationalen Verteilungen *(national allotment)* und Teil B die bereits existierenden Satellitensysteme. In Teil A ist jedem ITU-Mitgliedstaat ein durch östliche und westliche Grenzwerte gekennzeichntes Segment des Geostationären Orbits zugeteilt worden (vorbestimmter Orbitbogen)[24]. In diesem Orbitbogen muß der begünstigte Staat künftig seine Satelliten für den Festen Funkdienst stationieren und dabei die genannten Frequenzbereiche benutzen. Er hat damit aber auch gleichzeitig einen Anspruch, daß andere Staaten diesen ihm zugewiesenen Orbitbogen respektieren.

Teil B erfaßt die sog. existierenden Systeme,[25] worunter diejenigen Satellitensysteme der erfaßten Frequenzbereiche zu verstehen sind, die zumindest schon ein konkretes Planungsstadium erreicht haben.

Ein stärker bedarfsorientiertes Verteilungsverfahren gilt für diejenigen festen Weltraumfunkdienste, die in den hauptsächlich genutzten und besonders begehrten Frequenzbereichen operieren. Die Zuteilung von Orbitpositionen und Frequenzen erfolgt nach einem „verbesserten Koordinierungsverfahren“, das auf dem bereits von der ITU praktizierten Verfahren aufbaut.

Wesentliches Element des verbesserten Koordinierungsverfahrens ist die Durchführung von multilateralen Planungstagungen in unregelmäßigen Abständen. An diesen nehmen diejenigen Staaten oder internationalen Organisationen teil, deren bereits betriebene oder konkret geplante Satelliten durch die Stationierung weiterer Satelliten im Geostationären Orbit gestört werden könnten.

---

[21] Vgl. dazu *White/White, Jr.*, 188 ff.

[22] Zur Vorgeschichte der Konferenz vgl. *A. Bueckling*, Orbitnahmen im Weltraum? Zur weltweiten Funkverwaltungskonferenz über den Orbit 1985 bis 1988, BayVBl. 1987, 296 ff; zum Verlauf der Konferenz vgl. *W. Becker/L. Cremers*, Gleichberechtigter Zugang zum Geostationären Orbit – Bericht von der WARC-ORB 85 Konferenz, Zeitschrift für das Post- und Fernmeldewesen 6 (1986), 57 ff; *Schrogl* (Anm. 17), 166 f; WARC 85 ist am 30. 10. 1986 in Kraft getreten.

[23] Vgl. dazu *v. Welck*, 15 ff; *White/White, Jr.*, 205 ff; *Theis*, 242 ff.

[24] Radio Regulations, Appendix 30 B, Article 2. 3:.

[25] Appendix 30 B, Article F.

Eine dritte Gruppe von Frequenzbereichen des Festen Funkdienstes über Satelliten unterliegt weder dem rigiden Verteilungsplan noch dem „verbesserten Koordinierungsverfahren". Dazu zählen in erster Linie die Frequenzen, die der militärischen Kommunikation dienen.

7. Die völkerrechtlichen Regeln für die Nutzung des Weltraums zu Kommunikationszwekken haben insgesamt eine wesentliche Wandlung erfahren. An die Stelle der Freiheit der Staaten, Satellitenparkpositionen im Weltraum einzunehmen und den Kommunikationssatelliten entsprechende Frequenzen einzusetzen, ist, was die Nutzung des Geostationären Orbits durch Kommunikationssatelliten und die Zuweisung bestimmter Frequenzen betrifft, eine vollständige internationale Planung getreten. Insofern ist von der Entstehung einer internationalen Verwaltung zu sprechen, wie sie z.Zt. nur noch für die Nutzung des internationalen Tiefseebodens angestrebt wird. Diese neu entwickelte Rechtsordnung für die Nutzung des Geostationären Orbits hat zum Ziel, ebenso wie das Tiefseebodenregime nach Teil XI SRÜ, das Recht aller Staaten auf materiell gleichberechtigten Zugang zur Nutzung des Geostationären Orbits zu Kommunikationszwecken zu sichern.[26] Aus der Einführung dieses Regimes resultieren folgende Konsequenzen. Die Freiheit des einzelnen Staates, den Geostationären Orbit zu nutzen, wird deutlich limitiert, und die wirtschaftlich und technisch entwickelten Staaten werden gezwungen, auf die Belange der Entwicklungsländer Rücksicht zu nehmen. Damit korrespondiert ein Rechtsanspruch der Entwicklungsländer. Insofern bewirkt das im Rahmen der ITU entwickelte Planungsverfahren eine institutionelle Absicherung des Prinzips der zwischenstaatlichen Solidarität.[27]

III. 1. Die Möglichkeit eines Einsatzes von Satelliten zu Rundfunk- und Fernsehübertragungen wirft grundsätzlich zwei Probleme auf: das bereits angesprochene Verteilungsproblem in bezug auf Satellitenparkpositionen und Frequenzen und die Frage nach der Zulässigkeit grenzüberschreitender Sendungen. Dieser zweite Problemkomplex berührt Fragen des Menschenrechtsschutzes und der staatlichen Souveränität. Insofern besteht ein Spannungsverhältnis zwischen dem Menschenrecht auf freien Zugang zur Information ohne Rücksicht auf Staatsgrenzen[28] einerseits und dem Anspruch der Staaten auf Informationssouveränität andererseits, wobei das letztgenannte Prinzip aus der souveränen Gleichheit der Staaten entwickelt ist.

Die Vereinten Nationen haben sich bereits frühzeitig mit direktabstrahlenden Rundfunksatelliten beschäftigt, wobei allerdings zunächst nicht der Gehalt der Sendungen oder die Tatsache des Grenzüberschreitens, sondern die gleichberechtigte Teilnahme aller Staaten an dieser Technik im Vordergrund stand. Die Deklaration über *„Principles Governing the Use by States of Artificial Earth Satellites for International Direct Television Broadcasting"*[29] stellte den Schlußpunkt der über zehn Jahre anhaltenden Debatte dar.[30] Ihr ist es aber letztlich nicht gelungen, das beschriebene Spannungsverhältnis aufzulösen.

---

26 Siehe dazu auch *Hobe*, 180 ff, 261 ff.

27 Vgl. dazu allgemein *U. Scheuner*, Solidarität unter den Nationen als Grundsatz in der gegenwärtigen internationalen Gemeinschaft, in: FS *Menzel*, 1975, 251 ff.

28 Art. 19 der Allgemeinen Erklärung der Menschenrechte, 1948 (GA Res. 217 A (III) vom 10. 12. 1948); Art. 19 des Internationalen Paktes über Bürgerliche und Politische Rechte (BGBl. 1973 II, 1534); bekräftigt durch die Deklaration der UNESCO über Richtlinien beim Gebrauch von Übertragungssatelliten und der sog. Mediendeklaration (Erklärung über die Grundprinzipien für den Beitrag der Massenmedien zur Stärkung des Friedens und der internationalen Verständigung, zur Förderung der Menschenrechte und zur Bekämpfung von Rassismus, Apartheid und Kriegshetze) von 1978 (abgedruckt VN 27 (1979), 36 ff).

29 GA Res. 37/92 vom 10. 12. 1982, angenommen mit 102 gegen 12 Stimmen bei 13 Enthaltungen.

30 Vgl. dazu *S. Magiera*, Eine „Neue internationale Informationsordnung": Anfang oder Ende grenzüberschreitender Kommunikationsfreiheit?, EA 21 (1981), 579 ff; *W. Rudolf/K. Abmeier*, Satellitendirektfunk und Informationsfreiheit, AdV 38 (1983), 1 ff; *J. Schönbeck*, Die Resolution der Vereinten Nationen vom 10. 12. 1982 über Prinzipien für das direkte Satellitenfernsehen, ZLW 32 (1983), 16 ff;

2. Die ITU hat sich seit 1959 mit direktabstrahlenden Rundfunksatelliten beschäftigt. Ihre Arbeit – die sich im Ansatz und Ergebnis grundlegend von den Beratungen im Rahmen der Vereinten Nationen unterscheidet – war in bezug auf den Problemkomplex des grenzüberschreitenden Informationsflusses technisch geprägt. Soweit allerdings die Verteilung von Satellitenparkpositionen betroffen war, verfolgte die ITU ordnungspolitische Ziele. Der letztgenannte Komplex stand im Vordergrund, wohingegen die Zulässigkeit von grenzüberschreitenden Sendungen weniger deutlich thematisiert wurde.

IV. Bereits seit 1960 werden Satelliten im Zusammenhang mit der Beobachtung des Wetters eingesetzt. Dabei erfolgt der Einsatz von Satelliten sowohl um gewonnene meteorologische Daten weiterzuleiten als auch um meteorologische Daten selbst zu gewinnen.[31] Aus den gelieferten meteorologischen Satellitendaten können eine Reihe von unterschiedlichen Parametern abgeleitet werden.[32] Ein spezieller Aspekt der Wettervorhersage ist die Entdekkung und Verfolgung tropischer Stürme sowie die Bekämpfung von Naturkatastrophen. Der Einsatz von Wetterbeobachtungssatelliten erfolgt im wesentlichen durch WMO, FAO und UNEP. Wetterbeobachtungssatelliten werden für das *„World Climate Research Programme"* (WMO/UNEP), die *„World Weather Watch"* (WMO), das *„Tropical Cyclone Programme"* (WMO), das *„Integrated Global Ocean Station System"* (WMO/IOC), das *„Hydrology and Water Resources Programme"* (WMO), das *„agro-meteorological Programme"* (WMO) sowie das *„Global Ozone Research and Monitoring Project"* (WMO) eingesetzt.

V. 1. Navigationssatellitensysteme sind bislang ausschließlich national erstellt worden; es fehlt also an der internationalen Kooperation, wie sie für die Nutzung von Satelliten zu meteorologischen Zwecken prägend ist.[33]

In der ersten Hälfte der sechziger Jahre wurde in den Vereinigten Staaten das erste betriebsfähige Navigationssatelliten-System entwickelt und 1954 unter dem Namen TRANSIT oder auch NNSS (Navy Navigation Satellite System) eingeführt. Es stand allerdings zunächst nur für militärische Zwecke zur Verfügung; erst 1967 wurde TRANSIT für die weltweite zivile Nutzung freigegeben.[34]

2. Ein weiteres Anwendungsfeld für Satelliten ist die Seenotrettung. Sie wird im wesentlichen durch die Dienste von INMARSAT *(International Maritime Satellite Organization)* getragen. Die Vereinigten Staaten, Frankreich, Kanada und die ehemalige UdSSR hatten Mitte der siebziger Jahre die Zusammenarbeit im Bereich von insgesamt fünf auf Polarbahnen umlaufenden Satelliten zur Alarmierung im Seenotfall beschlossen.[35] Diese Regelung wurde durch ein COSPAS-SARSAT *Programme Agreement* von 1988 abgelöst. INMARSAT betreibt inzwischen die Einrichtung *Global Maritime Distress and Safety Systems* (GMDSS).

R. Wolfrum, Direct-Broadcasting-Satellites, in: *Böckstiegel* (Hrsg.), 397 ff.

[31] Vgl. dazu Report of the Second United Nations Conference on the Exploration and Peaceful Uses of Outer Space (UN Doc. A/Conf. 101/10) vom 31. 8. 1982, 43 ff; Highlights in Space, UN Office for Outer Space Affairs, 1993, 51 ff.

[32] Vgl. dazu *T. Mohr/W. Hammerschmidt*, Nutzung von Wetterbeobachtungs-, Navigations- und Notfunk-Satelliten, in: Weltraum und internationale Politik, *Kaiser/v. Welck* (Hrsg.), 73 ff; *R. Wolfrum*, Weltbeobachtungssatelliten, in: *Böckstiegel* (Hrsg.), 421.

[33] Siehe dazu *R. Wolfrum*, Navigations- und Notfunksatelliten, in: *Böckstiegel* (Hrsg.), 419.

[34] Vgl. dazu *Mohr/Hammerschmidt* (Anm. 32), 79.

[35] Siehe Memorandum of Understanding Among the Ministry of Merchant Marine of the USSR, the National Oceanic and Atmospheric Administration of the USA, the Department of National Defence of Canada and CNES of France Concerning the Cooperation of the COSAP-SARSAT Search and Rescue Satellite System, in: *v. Welck/Platzöder* (Hrsg.), Weltraumrecht – Law of Outer Space, 1987, 149 ff.

VI. 1. Mit dem Vertrag über die Zusammenarbeit bei der Erforschung und Nutzung des Weltraums[36] zu friedlichen Zwecken (INTERKOSMOS)[37] vereinbarten die damaligen Staaten des Ostblocks die Zusammenarbeit auf dem Gebiet der Weltraumforschung allgemein sowie für die Bereiche der Meteorologie, der Weltraumbiologie und -medizin, der Nachrichtenübermittlung und des Umweltschutzes. Vorgesehen waren gemeinsame Raketenstarts, die Entwicklung von Forschungsinstrumenten, die Durchführung von Experimenten sowie ein Informationsaustausch. INTERKOSMOS ist inzwischen aufgelöst worden; die Weltraumforschung wird nicht mehr von der Polarisierung in Blöcken, sondern von einer allgemeinen Kooperation geprägt.

2. Zweck der ESA *(European Space Agency)*[38] ist es, die Zusammenarbeit europäischer Staaten für ausschließlich friedliche Zwecke auf dem Gebiet der Weltraumforschung, der Weltraumtechnologie und ihrer weltraumtechnischen Anwendung im Hinblick auf deren Nutzung für die Wissenschaft und für operationelle Weltraumanwendungssysteme sicherzustellen und zu entwickeln. Im einzelnen ist es ihre Aufgabe, eine längerfristige europäische Weltraumpolitik auszuarbeiten und durchzuführen. Den Mitgliedstaaten werden Programme, Ziele und Projekte empfohlen, nationale Programme werden harmonisiert und mit dem europäischen Weltraumprogramm koordiniert. ESA führt Weltraumtätigkeiten und Programme sowie die für ihre Programme geeignete Industriepolitik durch. Dabei wird zwischen Pflichtprogrammen (Ausbildung, Dokumentation, Untersuchung künftiger Vorhaben, technologischen Forschungsarbeiten), an denen sich alle Mitgliedstaaten beteiligen, und fakultativen Tätigkeiten, bei denen eine Beteiligung freigestellt ist, unterschieden. Die fakultativen Programme umfassen z. B. die Entwicklung der Trägerrakete ARIANE sowie der Raumstation COLUMBUS.[39]

3. Die Weltraumforschung wird zunehmend durch eine zwischenstaatliche Kooperation geprägt, die auf vertraglicher Basis erfolgt. Die zwischenstaatliche Kooperation kann allgemein oder für bestimmte Projekte der Weltraumforschung vereinbart werden. Grundlage hierfür waren zunächst die zwischen den Vereinigten Staaten und der damaligen UdSSR mit interessierten Staaten abgeschlossenen Forschungsabkommen.[40] Diese Zusammenarbeit ist nach Wegfall des Ost-West-Gegensatzes weiter ausgebaut worden. Die entsprechenden Vereinbarungen sind komplexer Natur.[41]

In den Regelungen erfolgt eine Aufteilung der Nutzungsressourcen bei gleichzeitiger Garantie eines gegenseitigen freien Zugangs. In der Art der Nutzung der von ihnen jeweils bereitgestellten Elemente sind die Partner frei, allerdings darf die Forschung nur friedlichen Zwecken dienen.[42] Jeder Partner hat gemäß Art. VIII des Weltraumvertrages Hoheitsgewalt und Kontrolle über die von ihm gestellten Elemente und über die Mitglieder des Personals in oder an der Raumstation, die seine Staatsan-

---

[36] Siehe zur Weltraumforschung allgemein *v. Kries*, Weltraumforschung, in: *Böckstiegel* (Hrsg.), 245.

[37] Text in: *v. Welck/Platzöder* (Anm. 35), 143 ff; vgl. dazu *V. Vereshchetin*, Agreement on Co-operation in the Exploration and Use of Outer Space for Peaceful Purposes (INTERCOSMOS), in: *Jasentuliyana/Lee* (eds.), Bd. I, 415.

[38] Gegründet durch Übereinkommen vom 30. 5. 1975, BGBl. 1976 II, 1862. Siehe *M. Spude*, Integrierte Zusammenarbeit: Die Europäische Weltraumorganisation ESA, in: *Böckstiegel* (Hrsg.), 667 ff; *Nyman Metcalf*, 316 ff.

[39] Vgl. dazu im einzelnen *C. Patermann*, Weltraumpolitik regionaler und bereichsspezifischer Organisationen, in: *Kaiser/v. Welck* (Hrsg.), 463 ff.

[40] Vgl. dazu *N. S. Hosenball*, Bilateral Agreements, in: *Jasentuliyana/Lee* (eds.), Bd. I, 347 ff, sowie UN Doc. A/Conf. 101/3, 20. 4. 1982, 95 f.

[41] Rußland war, da die Weltraumaktivitäten über die gesamte UdSSR verteilt waren, gezwungen, sich über deren Fortsetzung mit den Nachfolgestaaten der UdSSR zu einigen *(A. Minsk*, Space Agreement, Aero Space Daily, 7. 1. 1992, 31 ff).

[42] Vgl. dazu *Staudt*, 68 f; *S. R. Malpass*, Legal Aspects of the United States/International Space Station, Hous. J. Int'l L. 14 (1992/92), 183 ff; allgemein dazu *K.-H. Böckstiegel* (ed.), Manned Space Flight, 1993.

gehörigkeit besitzen. Hinsichtlich der europäischen Elemente ist die Verantwortung für die Registrierung der europäischen Flugelemente auf die ESA übertragen worden, nicht jedoch die Hoheitsgewalt und Kontrolle.[43] Die Partner haben angesichts des Risikos einen gegenseitigen grundsätzlichen Haftungsverzicht vereinbart.

VII. Im Zuge verstärkter Weltraumaktivitäten hat sich ein Wirtschaftszweig Weltraumtransport entwickelt. Ausgelöst wurde diese Entwicklung durch die Übernahme der Startdienste durch Private in den Vereinigten Staaten.[44] Dieser Entwicklung sind andere Staaten gefolgt oder haben sie wie die ESA bereits früher vollzogen.[45] Um Wettbewerbsverzerrungen zwischen den einzelnen Anbietern zu vermeiden, sind teilweise bilaterale Abkommen abgeschlossen worden.[46]

§ 136 Die institutionelle Kooperation auf dem Gebiet der Telekommunikation

Schrifttum: Wie vor § 131 und zu §§ 132, 133, 134 sowie: *J. F. Galloway*, Worldwide Corporations and International Interpretation: The Case of INTELSAT, IO 24 (1970), 503 ff; *C. F. v. Braun*, Die juristische Ausgestaltung eines internationalen Nachrichtensatellitensystems, 1972; *W. v. Kries*, Organisation internationaler Nutzsatellitensysteme 1977; *S. Gorove*, Arab Corporation Air Space Communications (ARABSAT), in: *Jasentuliyana/Lee* (eds.), Manual on Space Law, vol. I, 1979, 467; *N. Jasentuliyana*, International Maritime Satellite System (INMARSAT), in: *ders./Lee* (eds.), Manual on Space Law, vol. I, 1979, 439 ff; *Y. M. Kolossov*, International System and Organization of Space Communication (Intersputnik), in: *Jasentuliyana/Lee* (eds.), Manual on Space Law, vol. I, 1979, 401; *R. R. Colino*, International Telecommunications Organization (INTELSAT), in: *Jasentuliyana/Lee* (eds.), Manual on Space Law, vol. I, 1979, 363 ff; *D. Sagar*, International Maritime Satellite Organization (INMARSAT), Ann. Air & Space L. 16 (1991) 428 ff; *S. Hobe*, Quo Vadis – Europäische Weltraumfahrt? Anmerkungen zur ESA Ministerratstagung in München, ZLW 41 (1992), 74 ff; *S. Hobe*, The Legal Framework of the Decisions Made at the Ministerial Level ESA Conference in Munich, Ann. Air & Space L. 17 (1992) 237 ff; *G. Lafferranderie*, The European Space Agency in 1991, Ann. Air & Space L. 17 (1992), 511 ff; *K. J. Madders/W. M. Thiebaut*, Two Europes in One Space: The Evolution of Relations Between the European Space Agency and the European Community in Space Affairs, J. Space L. 20 (1992) 117 ff.; *D. Sagar*, International Maritime Satellite Organization (INMARSAT), Ann. Air & Space L. 17 (1992), 500 ff; *C. Zanghi*, Cooperazione spaziale europea e normativa comunitaria, Riv. di Diritto Eur. (1992) 527 ff; *S. Courteix*, Le cadre institutionnel des activités spatiales des Etats, 1997; *M. Bourély*, The institutional framework of space activities in outer space, Journal of space law 26 (1998) 1, 1 ff; SP-442, 3rd ECSL Colloqium „International Organisations and Space Law, ESA, 1999, *F. Lyall*, On the Privatisation of INTELSAT, Journal of Space Law, 28 (2000), 101–119.

I. 1. Die zwischenstaatliche Kooperation bei Weltraumaktivitäten erfolgt zum Teil in hierfür gegründeten internationalen Organisationen oder wird von diesen zumindest koordiniert. Neben den im einzelnen zu behandelnden Organisationen kommt vor allem der ITU[1] eine wesentliche Bedeutung zu. Sie hat im Zusammenhang mit der Weltraumnutzung folgende Funktionen: Sie weist die Frequenzen des Funkfrequenzspektrums zu und registriert die Frequenzzuteilung, damit schädliche Störungen zwischen Funkstellen der verschiedenen Länder vermieden werden; sie fördert die internationale Zusammenarbeit, um den Entwicklungsländern technische Hilfe zu leisten und sicherzustellen, daß die Errichtung

[43] *S. Gorove*, The US/International Space Station: Legal Aspects of Space Objects and Jurisdiction and Control, in: ESA, Manned Space Stations – Legal Issues, 1990, 27 ff.

[44] *Brooks*, 61 ff.

[45] Die ESA hat die Startdienste bereits 1980 auf das französische Unternehmen Arianespace übertragen.

[46] Vgl. dazu *Brooks*, 98; *Nesgos*, 393 ff; *Stockfish*, 323 ff.

[1] *Constitution and Convention of the International Telecommunication Union with Annex*, vom 22. 12. 1992, geändert am 14. 10. 1994, BGBl. 1996 II, 1306; vgl. zur ITU ausführlich *A. Tegge*, Die Internationale Telekommunikations-Union.

und Entwicklung sowie die Verbesserung der Fernmeldeeinrichtungen und -netze in den Entwicklungsländern mit allen ihr zur Verfügung stehenden Mitteln vorangetrieben wird; dazu gehört im Bedarfsfall auch die Teilnahme an den entsprechenden Programmen der Vereinten Nationen und der Einsatz ihrer eigenen Ressourcen. Sie koordiniert die Bemühungen um eine harmonische Entwicklung der Fernmeldeanlagen, besonders derjenigen, die mit den Weltraumfunktechniken in Zusammenhang stehen, damit die Möglichkeiten, die diese Anlagen bieten, bestmöglich ausgenutzt werden können. In jedem der genannten Bereiche hat die ITU aufgrund der Verteilungskonflikte regulatorische Tätigkeiten entfaltet. Sie hat dabei nicht nur technische Vorgaben ausgearbeitet, sondern zudem mit ihrer Regulierungstätigkeit einen wesentlichen Beitrag zur konkreten Ausgestaltung der völkerrechtlichen Ordnung der Weltraumnutzung geleistet. Das erweiterte Aufgabenspektrum hat zu einer völligen Umstrukturierung der ITU geführt.[2]

II. INTELSAT[3] ist eine internationale Organisation, die allerdings gegenüber herkömmlichen internationalen Organisationen Besonderheiten aufweist. Hinsichtlich der Grundlagen für diese Organisation sind zu unterscheiden das Übereinkommen über die Errichtung von INTELSAT (Gründungsabkommen)[4] und das Übereinkommen über die Arbeit der Organisation (Betriebsabkommen)[5] vom 20. 8. 1971. Diese Trennung in zwei allerdings miteinander verknüpfte Abkommen, wobei dem ersten nur Staaten, dem zweiten auch Fernmeldeträger angehören können, ist eine der Besonderheiten von INTELSAT und INMARSAT.[6] Inzwischen wurden sowohl INTELSAT als auch INMARSAT privatisiert.[7]
Die allgemeine Zielsetzung ist es, allen Nationen der Welt eine Nachrichtenübermittlung über Satelliten weltweit und ohne Diskriminierung möglich zu machen (Präambel des Gründungsabkommens). In diesem Sinne übernimmt es INTELSAT, die Planung, Weiterentwicklung und den Betrieb sowie die Unterhaltung des durch die Interimsabkommen geschaffenen Weltraumsegmentes[8] des weltweiten kommerziellen Fernmeldesystems fortzuführen.[9] Das Weltraumsegment soll internationalen wie nationalen öffentlichen Fernmeldediensten zu kommerziellen und nichtdiskriminierenden Bedingungen zur Verfügung gestellt werden.[10]

---

2 Vgl. dazu Bd. II.

3 Die Gründung von INTELSAT geht letztlich auf eine Initiative der Vereinigten Staaten zurück. Mit Gesetz vom 31. 8. 1962 (Public Law 624–87th Congress, 2nd Session HR 11040) schufen die Vereinigten Staaten die innerstaatlichen Voraussetzungen für eine internationale Zusammenarbeit zum Aufbau eines kommerziellen Nachrichtensatellitensystems als Teil eines verbesserten weltweiten Fernmeldenetzes. Die Vereinigten Staaten hatten allerdings zunächst die Vorstellung, es solle ein System mit ausschließlich amerikanischer Ausrüstung errichtet werden, an dem sich andere Staaten durch bilaterale Verträge mit den Vereinigten Staaten beteiligen könnten. Die europäischen Staaten befürworteten jedoch die Schaffung einer internationalen Organisation. Zur Entstehungsgeschichte und Inhalt vgl. *C. F. v. Braun*, Die juristische Ausgestaltung eines internationalen Nachrichtensatellitensystems, dargestellt am Falle „INTELSAT“, 1972, 78 ff sowie *D. D. Smith*, International Telecommunication Control, 1969, 145 ff jeweils mwN.

4 BGBl. 1973 II, 249 f., geändert 1995, BGBl. 1997 II, 357.

5 BGBl. 1973 II, 308, geändert, *Böckstiegel/Benkö* (eds.), Space Law II, C. V.6.

6 Zu den Gründen dieser Trennung vgl. *J. Tegger Kildow*, INTELSAT, 1973, 25; allgemein dazu auch *R. R. Colino*, The INTELSAT definitive Arrangements: Ushering in a new era in satellite telecommunications, 1973, 22.

7 Zu INTELSAT ausführlich, *Ch.H. Kennedy/M. V. Pastor*, An Introduction to International Telecommunications Law, 1996, 63 ff. Zur Privatisierung von INMARSAT am 15. April 1999 vgl. *D. Sagar*, Privatization of Inmarsat-Special Problems, in: SP-442, 3rd Colloqium „International Organisations and Space Law“, ESA, 1999, S. 127 ff.

8 Der Begriff „Weltraumsegment“ bezeichnet den bzw. die Satelliten sowie die für ihren Betrieb erforderlichen Bahnverfolgungs-, Telemetrie-, Befehls-, Steuerungs-, Überwachungs- und zugehörigen Einrichtungen und Ausrüstungsstände, siehe *W. v. Kries*, Organisation internationaler Nutzsatellitensysteme, 1977, 33.

9 Vgl. Art. I des Gründungsabkommens, BGBl. 1973 II, 249 (251 ff).

10 Vgl. Art. III des Gründungsabkommens, BGBl. 1973 II, 249 (253).

Die hierin liegende Betonung einer rein wirtschaftlichen Nutzung des Weltraumsegmentes steht *a priori* im Widerspruch zu dem Gemeinnützigkeitsgebot des Weltraumvertrages (Art. I).[11] Denn die Orientierung auf eine rein wirtschaftliche Nutzung des Weltraumsegmentes schließt, ungeachtet des einschränkungslos geltenden Diskriminierungsverbots des INTELSAT-Abkommens, sowohl jede Sonderbehandlung bestimmter Staatengruppen als auch jede Tätigkeit der Organisation unter entwicklungspolitischen Gesichtspunkten grundsätzlich aus.[12] Insgesamt kann festgestellt werden, daß es sich bei INTELSAT um eine internationale Organisation mit deutlichen Zügen eines wirtschaftlich arbeitenden Unternehmens handelt. Dabei besteht ein Spannungsverhältnis zwischen seiner allgemeinwohlorientierten Aufgabenstellung und der kommerziellen Ausrichtung. Ein gewisser Ausgleich zur Kommerzialisierung ist allenfalls darin zu sehen, daß INTELSAT dem Beitritt aller Staaten offensteht.

III. INTERSPUTNIK entstand auf Grund eines Vertrages vom 15. 11. 1971 zwischen den damaligen sozialistischen Staaten[13] und war als eine Konkurrenzorganisation zu INTELSAT zu verstehen.[14] Deutschland ist inzwischen Mitglied in beiden Organisationen.[15] Die Struktur von INTERSPUTNIK ist 1996 wesentlich verändert worden.[16] In den Zielen unterscheiden sich die beiden Organisationen nicht wesentlich voneinander. Beide sind auf die Errichtung eines weltweiten Satellitenfernmeldesystems angelegt. Doch lassen sich in der Zielsetzung beider Organisationen auch Unterschiede feststellen. Das INTERSPUTNIK-Abkommen betont stärker als der INTELSAT-Vertrag die Notwendigkeit zwischenstaatlicher Zusammenarbeit. Eingeschränkt wird dieser Grundsatz durch die Betonung der einzelstaatlichen Souveränität, das Verbot jeglicher Einmischung in die inneren Angelegenheiten der Mitgliedstaaten und das Prinzip der Gleichheit. Da der Grundsatz der einzelstaatlichen Entscheidungsfreiheit mit einer Pflicht zur Zusammenarbeit unvereinbar wäre, kann das Gebot zwischenstaatlicher Kooperation lediglich einen Programmsatz darstellen. Letztlich sind die der Organisation selbst zugewiesenen Aufgaben gering, auch wenn Art. 1 Abs. 1 des Abkommens von einer durch INTERSPUTNIK institutionalisierten Zusammenarbeit hinsichtlich Entwicklung, Errichtung und Betrieb eines Nachrichtensystems über Satelliten spricht.

IV. Das Abkommen[17] über die Gründung von ARABSAT wurde im Rahmen der Arabischen Liga ausgearbeitet und am 14. 8. 1976 unterzeichnet. Im Gegensatz zu INTERSPUTNIK und INTELSAT strebt ARABSAT nur die Errichtung eines regionalen Nutzsatellitensystems[18] an, das allein den Mitgliedern der Arabischen Liga offensteht. Somit existiert keine Konkurrenz zu INTELSAT, dem fast alle Mitglieder von ARABSAT angehören.

Aufgabe von ARABSAT ist es, ein arabisches Weltraumsegment für allgemeine und Sonderfernmeldesysteme zu entwickeln und zu betreiben, womit es über den Aufgabenbereich von INTELSAT hinausgeht. Daneben hat die Organisation die Aufgabe – und hiermit unterscheidet sie sich

---

[11] Vgl. dazu *R. Wolfrum*, Internationalisierung, 297.

[12] Vgl. dazu *E. Galloway*, 514.

[13] Übereinkommen über die Gründung eines internationalen Systems und der Organisation für Weltraumfernmeldeverbindungen INTERSPUTNIK, Gesetzblatt der DDR 1972 I, 155; vgl. dazu *R. Wolfrum*, 302 ff; *Y. M. Kolosov*, International System and Organization of Space Communication, in: *Jasentuliyana/Lee* (eds.), Bd. I, 401 ff. Die Bundesrepublik Deutschland ist seit Oktober 1990 Miglied von INTERSPUTNIK, siehe dazu *S. Hobe*, Unification of German Space Activities – Legal Implications, ZLW 40 (1991), 174 ff.

[14] Vgl. dazu *v. Braun* (Anm. 3), 217; *v. Kries* (Anm. 8), 55.

[15] Gemäß der Entscheidung des INTERSPUTNIK-Rates auf der XIX Sitzung (15. bis 19. 10. 1990) hat die Bundesrepublik Deutschland die Rechte und Pflichten der früheren DDR übernommen; Rußland ist in die Mitgliedschaft der UdSSR eingetreten.

[16] Vgl. *Protocol on the Amendments to the Agreement on the Establishment of the INTERSPUTNIK International.*

[17] Text in: *Jasentuliyana/Lee* (eds.), Bd. II, 345 ff.

[18] Vgl. dazu *Wolfrum*, Internationalisierung, 304 ff.

grundlegend von INTELSAT und INTERSPUTNIK – arabischen Staaten bei Entwicklung und Betrieb von Bodenstationen finanzielle und technische Hilfe zu gewähren, Weltraumforschung zu betreiben und in den einzelnen Mitgliedstaaten den Aufbau von solchen Industrien zu fördern, die als Zulieferer für Einrichtungen des Weltraumsegmentes und von Bodenstationen dienen können sowie schließlich selbst Radio- und Fernsehsendungen auszustrahlen. Das bedeutet, daß die durch ARABSAT institutionalisierte Zusammenarbeit der arabischen Staaten nicht nur bei Aufbau und Betrieb der technischen Einrichtungen eines Weltraumsegmentes erfolgt (INTELSAT) oder gar nur bezüglich dessen Betrieb (INTERSPUTNIK), sondern alle Bereiche der Nachrichtenübermittlung über Satelliten einschließlich der Programmgestaltung erfaßt.

V. Die Gründung der *International Mobile Satellite Organization* (INMARSAT – früher: International Maritime Satellite Organization) erfolgte 1976.[19] Zu unterscheiden sind für INMARSAT, ebenso wie für INTELSAT, das Gründungsübereinkommen, das allen Staaten offensteht, sowie eine Betriebsvereinbarung,[20] die von den Vertragsstaaten oder von diesen beauftragten staatlichen oder privaten Fernmeldeeinrichtungen unterzeichnet wird. Auch im übrigen weist die Struktur von INMARSAT große Ähnlichkeit mit derjenigen von INTELSAT auf. Die Aufgabe von INMARSAT war es ursprünglich, das zur Verbesserung der Nachrichtenverbindungen für die Schiffahrt erforderliche Weltraumsegment zur Verfügung zu stellen und dadurch zur Verbesserung der Seenot- und Sicherheitsfunkverbindungen zum Schutz des menschlichen Lebens auf See, der Leistungsfähigkeit und des Einsatzes der Schiffe, der öffentlichen Seefunkdienste und der Funkortungsmöglichkeiten beizutragen. 1998 wurde diese Aufgabe ausgeweitet und es erfolgte eine entsprechende Namensänderung. Nunmehr werden mobile Luft-, Land- und See- Funkdienste zur Verfügung gestellt. Ein Schwerpunkt stellt weiterhin das *Global Maritime Distress and Safety System* (GMDSS) dar. Die Nutzung des von INMARSAT betriebenen Weltraumsegmentes steht allen Staaten und nicht nur den Mitgliedern von INMARSAT offen. Die Möglichkeit von Nichtmitgliedern, die Dienste von INMARSAT in Anspruch zu nehmen, geht über die entsprechenden Regelungen des INTELSAT-Abkommens hinaus. Damit wird INMARSAT in höherem Maße als INTELSAT dem Kooperationsgebot des Weltraumvertrages gerecht.

VI. 1. Die Europäische Fernmeldesatellitenorganisation (EUTELSAT) wurde durch das Abkommen vom 15. 7. 1982 gegründet. Die Rechtsgrundlagen der Organisation sind – wie bei INTELSAT – ein Regierungsübereinkommen[21] und eine Betriebsvereinbarung. Aufgabe von EUTELSAT ist es, die Planung und Entwicklung, den Betrieb und die Unterhaltung des Weltraumsegmentes des oder der europäischen Fernmeldesatellitensysteme durchzuführen. Dabei soll primär das für die öffentlichen internationalen Fernmeldedienste in Europa erforderliche Weltraumsegment zur Verfügung gestellt werden.[22] Die Verbesserung des Fernmeldenetzes in Europa erfolgt „unbeschadet" der Rechte und Pflichten der Staaten, die Mitglieder von INTELSAT bzw. INMARSAT sind.

2. Ergänzt wird die Tätigkeit von EUTELSAT durch die *European Organization for the Exploitation of Meteorological Satellites* (EUMETSAT).[23] Ihre Aufgabe ist der Einsatz und die Auswertung von Wettersatelliten. Die Daten, deren Eigentümerin EUMETSAT ist, werden meteorologischen Diensten der Mitgliedstaaten von WMO grundsätzlich zur Verfügung gestellt.

---

[19] Übereinkommen über die Internationale Seefunksatelliten-Organisation, BGBl. 1979 II, 1081.

[20] *Operating Agreement* vom 3. 9. 1976, geändert 1985, 1989, 1994 und 1998; Texte in: *Böckstiegel/Benkö* (eds.), Space Law, C.VI.2; zu INMARSAT allgemein, *F. Lyall*, Law and Space Telecommunications, 1989, 209 ff.

[21] Text in: BGBl. 1984 II, 682.

[22] Art. III des Regierungsübereinkommens, BGBl. 1984 II, 682 (686 f).

[23] Vertrag vom 24. 5. 1983, geändert 1994; Text in: *Böckstiegel/Benkö* (eds.), Space Law, C.III.1.

VII. Der Aufbau universeller und regionaler Systeme zur Nutzung von Satelliten hat die internationale Kooperation in bezug auf die Nutzung des Weltraums zur Kommunikation institutionell verfestigt. Diese Tendenz war zwar bereits im Weltraumvertrag angelegt, wird aber erst durch die beschriebenen Systeme konkretisiert und in die Wirklichkeit umgesetzt.

VIII. Eine europäische Weltraumkooperation erfolgt im Rahmen der ESA, auf die bereits in § 125 eingegangen wurde.

4. KAPITEL
Polargebiete

Schrifttum: *G. Smedal*, Erwerb von Staatshoheit über Polargebiete, 1931; *E. Schmitz/W. Friede*, Souveränitätsrechte in der Antarktis, ZaöRV 9 (1939/40), 219 ff; *H. G. Baare-Schmidt*, Die territorialen Rechtsverhältnisse der Antarktis, 1940; *J. Daniel*, Conflict of Sovereignties in the Antarctic, YBWA 3 (1949), 241 ff; *E. W. Christie*, The Antarctic Problem, 1951; *H. P. Kosack*, Die Antarktis, 1955; *Boetzinger*, Völkerrecht der Antarktis, 1958; *Cole*, Claims of Sovereignty over the Antarctic, 1958; *R. J. Dupuy*, Le Statut de L'Antarctique, AFDI (1958), 196 ff; *P. C. Jessup/H. J. Taubenfeld*, Controls for Outer Space and the Antarctic Analogy, 1959; *J. Hannessian*, The Antarctic Treaty 1959, ICLQ 29 (1960), 436 ff; *R. Jennings*, The Acquisition of Territory in International Law, 1963; *Y. Z. Blum*, Historic Titles in International Law, 1965; *T. Hanevold*, The Antarctic Treaty Consultative Meetings – Form and Procedure, Cooperation and Conflict 6 (1971), 103 ff, 183 ff; *C. Beeby*, The Antarctic Treaty, 1972; *R. E. Guyer*, The Antarctic System, RdC 139 (1973), 149 ff; *F. M. Auburn*, Offshore Oil and Gas in Antarctica, GYIL 20 (1977), 139 ff; *Zegers*, El Sistema Antártico y la Utilización de los Recursos, University of Miami Law Review 33 (1978), 426; *F. M. Auburn*, Consultative Status under the Antarctic Treaty, ICLQ 28 (1979), 514 ff; *R. Lagoni*, Antarctica's Mineral Resources in International Law, ZaöRV 39 (1979), 1 ff; *F. M. Auburn*, The Antarctic Environment, YBWA 35 (1981), 248 ff; *J. J. Charney*, New Nationalism and the Use of Common Spaces, 1982; *Auburn*, Antarctic Law and Politics 1982; *W. M. Bush* (ed.), Antarctica and International Law: A Collection of Inter-State and National Documents, 1982/1988, 3 Volumes; *B. Mitchell*, The Management of Antarctic Mineral Resources, 1982; *R. Rich*, A Minerals Regime for Antarctica, ICLQ 31 (1982), 709 ff; *B. Mitchell*, Frozen States. The Future of Antarctic Minerals, 1983; *F. Orrego Vicuña* (ed.), Antarctic Resources Policy, 1983; *P. W. Quigg*, A Pole Apart: The Emerging Issues of Antarctica, 1983; *Center for Ocean Management Studies*, Antarctic Politics and Marine Resources: Critical Choices for the 1980's, 1984; *W. E. Westermeyer*, The Politics of Mineral Resource Development in Antarctica: Regime for the Future, 1984; *R. Wolfrum* (ed.), Antarctic Challenge, 1984; *R. Wolfrum*, Die Internationalisierung staatsfreier Räume, 1984; *Center for Ocean Management Studies*, Antarctic Politics and Marine Resources: Critical Choices for the 1980s, 1985; *U. J. Nussbaum*, Rohstoffgewinnung in der Antarktis, 1985; *B. Conforti*, Territorial Claims in Antarctica: A Modern Way to Deal with an Old Problem, Cornell International Law Journal 19 (1986), 249 ff; *G. D. Triggs*, International Law and Australian Sovereignty in Antarctica, 1986; *R. Wolfrum* (ed.), Antarctic Challenge II, 1986; *National Research Council/Polar Research Board*, Antarctic Treaty System: An Assessment, 1986; *G. D. Triggs* (ed.), The Antarctic Treaty Regime, 1987; *F. Francioni/F. T. Scovazzi* (eds.), International Law for Antarctica, 1987; *C. C. Joyner/F. S. K. Chopra*, The Antarctic Legal Regime, 1988; *C. J. Moneta* (ed.), La Antartida en el Sistema Internacional de Futuro, 1988; *F. Orrego Vicuña*, Antarctic Mineral Exploitation, 1988; M. J. *Peterson*, Managing the Frozen South: The Creation and Evolution of the Antarctic Treaty System, 1988; *R. Wolfrum* (ed.), Antarctic Challenge III, 1988; *A. Gandolfi*, Le système antarctique, 1989; *S. W. Boggs*, The Polar Regions: Geographical and Historical Data for Consideration in a Study of Claims to Sovereignty in the Arctic and Antarctic Regions, 1990; *E. Sciso*, Le risorse dell'Antartide e il diritto internazionale, 1990; *R. Tucker Scully*, The Antarctic Treaty as a System, in: *R. A. Herr/F. H. R. Hall/M. G. Haward* (eds.), Antarctica's Future, 1990, 95; *J. Stuart*, Antarctica: An Encyclopedia, Bd. I und II, 1990; *W. M. Bush (ed.)*, Antarctica and International Law – A Collection of Inter-State and National Documents, Loose-Leaf edition, 3 Binders, 1991–2000; *J. Couratier*, Le système antarctique, 1991; *Infante*, Maritime Conventions in Antarctica, GYIL 34 (1991), 223 ff; *A. Jörgensen-Dahl/W. Ostreng*, The Antarctic Treaty System in World Politics, 1991; *L. Kimball*, Property Rights of the International Community: Antarctic Regimes, Hague Yearbook of International Law (1991), 223 ff; *R. Wolfrum*, The Convention on the Regulation of Antarctic Mineral Resource Activities, 1991; *C. C. Joyner*, Antarctica and the Law of the Sea, 1992; *E. J. Sahurie*, The International Law of

Antarctica, 1992; *J. Verhoeven* et al. (eds.), The Antarctic Environment and International Law, 1992; *A. Watts*, International Law and the Antarctic Treaty System, 1992; *R. Wolfrum/U.-D. Klemm*, Antarctica, EPIL I (1992), 173 ff; *F. Francioni* (ed.), International Environmental Law for Antarctica, 1992; *P. J. Beck*, Who owns Antarctica? Governing and Managing the Last Continent, 1994; *J. A. Kämmerer*, Die Antarktis in der Raum- und Umweltschutzordnung des Völkerrechts, 1994; *F. Francioni* (ed.), International Law for Antarctica, 2nd. ed., 1996; *S. Pannatier*, Le Protocole de Madrid de 1991 au Traité de 1959 sur l'Antarctique relatif à la protection de l'environnement, in: *I. Rens* (ed.), Le droit international face à l'éthique et à la politique de l'environnement, 1996, 107 ff; *D. R. Rothwell*, The Polar Regions and the Development of International Law, 1996; *O. S. Stokke* (ed.), Governing the Antarctic, 1996; *L. Cordonnery*, Area Protection and Management in Antarctica: a Proposed Strategy for the Implementation of Annex V of the Madrid Protocol Based on Information Management, Environmental and Planning Law Journal 14 (1997), 38 ff; *R. Puri*, Antarctica: a Natural Reserve, 1997; *S. V. Scott*, Universalism and Title to Territory in Antarctica, Nordic Journal of International Law 66 (1997), 33 ff; *C. C. Joyner*, Recommended Measures under the Antarctic Treaty: Hardening Compliance with Soft International Law, Michigan Journal of International Law 19 (1998), 401 ff; *Z. Keyuan*, Environmental Liability and the Antarctic Treaty System, Singapore Journal of International and Comparative Law (1998), 596 ff; *D. J. Bederman*, Theory on Ice: Antarctica in International Law and Relations, VJIL 39 (1999), 467 ff; *P. Butler*, Die Selbstregulierung der Forschung in der Antarktis, Wissenschaftsrecht 31 (1998), 333 ff; *S. B. Kaye/D. R. Rothwell/S. Dando*, The Laws of the Australian Antarctic territory, 1999; *D. R. Rothwell*, UNEP and the Antarctic Treaty System, Environmental Policy and Law 29 (1999), 17 ff; *J. M. Spectar*, Saving the Ice Princess: NGOs, Antarctica and International Law in the New Millennium, Suffolk Transnational Law Review 23 (1999), 57 ff; *C. C. Joyner*, Protection of the Antarctic Environment against Marine Pollution under the 1991 Protocol, *D. Vidas* (ed.), Protecting the Polar Marine Environment: Law and Policy for Pollution Prevention, 2000, 104 ff; *N. Krüger*, Anwendbarkeit von Umweltschutzverträgen in der Antarktis, 2000; *E. Leroux*, La sauvegarde de l'environnement Antarctique, quarante ans après le Traité originel ou l'émergence d'une conscience écologique, Revue juridique de l'environnement (2000), 179 ff; *P. Vigni*, The Interaction between the Antarctic Treaty System and the other Relevant Conventions Applicable to the Antarctic Area: a Practical Approach versus Theoretical Doctrines, Max Planck Yearbook of United Nations Law 4 (2000), 481 ff; *M. Calacrai*, Los regimes de la Antárctica y del Aretico, Rivista di Studi politici internazionali 68 (2001), 278.

§ 137 Staatliche Territorialansprüche auf die Antarktis

Schrifttum: wie vor § 137.

I. 1. Auf Teile des antarktischen Festlandes (d. h. der im wesentlichen von Eis bedeckten Land- und Seegebiete) und ihrer Schelfeisflächen werden von Chile, Argentinien, dem Vereinigten Königreich, Norwegen, Australien, Frankreich und Neuseeland Territorialansprüche erhoben;[1] die Vereinigten Staaten[2] und Rußland,[3] welches insoweit an die Stelle der Sowjetunion getreten ist,[4] erkennen die genannten Ansprüche nicht an, behalten sich aber die Geltendmachung eigener Ansprüche vor. Andere Staaten sind an der Antarktis interessiert, erheben jedoch keine Gebietsansprüche auf diese und bestreiten ebenfalls die Gültigkeit der

[1] Zu den Ansprüchen im einzelnen ausführlich *Sahurie*, The International Law of Antarctica; *Boggs*, 49 ff; der traditionelle Sprachgebrauch verdeckt, daß die Position der „Anspruchsstaaten" nicht identisch ist und auch in bezug auf einzelne Gebiete variiert, *Watts*, 119.

[2] Siehe Letter of the U.S. Secretary of State, abgedruckt bei *Hackworth*, Bd. I, 399: „*... the discovery of lands unknown to civilization, even when coupled with a formal taking of possession, does not support a valid claim of sovereignty unless the discovery is followed by an actual settlement of the discovered country...*".

[3] Vgl. *P. A. Toma*, Soviet Attitude towards the Acquisition of Territorial Sovereignty in the Antarctic, AJIL 50 (1956), 611 (612); *Auburn*, Antarctic Law, 78 ff; *M. Whiteman*, Digest of International Law, Bd. II, 1965, 1254 f.

[4] Bislang gibt es keinerlei Anhaltspunkte dafür, daß Rußland in dieser Frage von der sowjetischen Position abgerückt wäre; vgl. dazu unten.

erhobenen Ansprüche. Einigkeit besteht nur insoweit, als eine faktische Okkupationsfähigkeit der Antarktis nicht grundsätzlich in Frage gestellt wird.[5]
Hinsichtlich der Bewertung der Territorialansprüche ist nicht auf die gegenwärtige Völkerrechtssituation, sondern auf diejenige zur Zeit der Geltendmachung der Ansprüche abzustellen.[6]

2. Die ältesten Ansprüche macht das Vereinigte Königreich geltend.

Bereits 1832 hatte es die Falkland-Inseln seinem Kolonialgebiet als Kronkolonie angegliedert und 1833 auf ihnen eine ständige Niederlassung gegründet.[7] 1908 wurde durch Letters Patent ein bis zum Südpol reichender Sektor, der durch den 50. südlichen Breitenkreis im Norden sowie dem 20. und 80. westlichen Längenkreis begrenzt wird, der Verwaltung des Gouverneurs der Falkland-Inseln unterstellt (sog. Falkland-Inseln-Dependenz).[8] Er umfaßt die Sandwich-Inseln sowie die Inselgruppen Süd-Georgien, Süd-Orkney, Süd-Shetland und das Graham-Land. Da mit dieser Gebietsbeschreibung auch argentinische Gebiete in Anspruch genommen wurden, erfolgte 1917 eine Neufassung der genannten Grenzen. Danach macht das Vereinigte Königreich Souveränitätsrechte über alle Gebiete und Inseln geltend, die südlich des 50. südlichen Breitenkreises zwischen 20° und 50° westlicher Länge bzw. südlich des 58. südlichen Breitenkreises zwischen 50° und 80° westlicher Länge liegen.[9]
Zur Rechtfertigung seiner Gebietsansprüche hatte sich das Vereinigte Königreich zunächst auf keinen bestimmten Erwerbstitel gestützt,[10] in der Folgezeit wurden die Ansprüche zumindest in der Literatur mit der Entdeckung und Erforschung der Falkland-Inseln sowie des entsprechenden antarktischen Sektors durch britische Staatsangehörige begründet.[11] Bei seinem Versuch, eine Entscheidung des IGH über die Falkland-Inseln herbeizuführen, machte das Vereinigte Königreich geltend, die von ihm erhobenen Ansprüche beruhten auf entsprechenden Entdeckungsfahrten britischer Staatsangehöriger und einer damit verbundenen symbolischen Inbesitznahme.[12] Daneben wird auch behauptet, das Vereinigte Königreich habe die betreffenden Gebiete effektiv in Besitz genommen.[13]
Zur Unterstützung dieser These wird darauf hingewiesen, daß das Vereinigte Königreich 1905 auf Süd-Georgien Gryteviken gründete, das sich zeitweise zu der bedeutendsten Niederlassung der Antarktis entwickeln konnte sowie in dem von ihm beanspruchten Sektor seit 1908 zum Schutz des Walfangs (Vergabe von Fangkonzessionen) tätig geworden sei und somit eine permanente Verwaltungstätigkeit ausübe.[14] Schließlich wird die Inanspruchnahme des britischen Sektors mit seiner Nähe zu den Falklandinseln, die ihm verwaltungsmäßig angegliedert waren, begründet.[15]

3. Die Ansprüche Australiens und Neuseelands beruhen auf den gleichen Grundlagen wie diejenigen des Vereinigten Königreichs. Der von Australien beanspruchte Sektor liegt zwischen 45° und 136° bzw. 142° und 160° östlicher Länge und wird im Norden durch den 60. südlichen Breitenkreis begrenzt. Er umfaßt mit ca. 2½ Mill. Quadratmeilen ungefähr die Hälfte des gesamten antarktischen Kontinents.

Bereits die britische Reichskonferenz in London 1926 ging von der Inanspruchnahme eines derartigen Sektors und seiner Eingliederung in das britische Reich aus.[16] Seine formelle Eingliede-

---

5 *Triggs*, International Law.
6 Vgl. dazu *Watts*, 123.
7 Ausführlich zur Geschichte und zum völkerrechtlichen Status der Falkland-Inseln *Dolzer*, The Territorial Status of the Falkland Islands (Malvinas): Past and Present, 1992.
8 Text abgedruckt bei *Baare-Schmidt*, 96; vgl. dazu auch *Schmitz/Friede*, 230 ff.
9 Text abgedruckt bei *Baare-Schmidt*, 102.
10 Vgl. dazu *Christie*, 240.
11 *Christie*, 240 f; *R. Dollot*, Le droit international des espaces polaires, RdC 75 (1949), 121 (181); *Kosack*, 139; *Schmitz/Friede*, 233 f.
12 ICJ, Pleadings, *Antarctica Cases* 1956, 8 f; vgl. *Christie*, 240 f.
13 So *Christie*, 241 ff; *Boetzinger*, 22.
14 Vgl. dazu *Christie*, 242; *Kosack*, 138.
15 Hierauf verweist insbesondere *R. D. Hayton*, The „American" Antarctic, AJIL 50 (1956), 583 (603), der in der Gründung der Falkland-Dependenz die erste praktische Errichtung eines Sektors sieht.
16 *Triggs*, International Law, 106 ff.

rung[17] erfolgte schließlich durch Kabinettsorder vom 7. Februar 1933; das Gebiet wurde der treuhänderischen Verwaltung des australischen Staatenbundes unterstellt,[18] der es 1936 endgültig in seine Verwaltung übernahm.[19] Australien stützt seine Ansprüche auf drei Erwerbstitel: auf die durch britische Staatsangehörige erfolgte Entdeckung, auf Grund derer die britische Reichskonferenz von 1926 das Bestehen von britischen Hoheitsrechten in dem später Australien unterstellten Gebiet bejaht habe, sowie auf die formelle Inbesitznahme und auf eine effektive Okkupation.[20]

4. Neuseeland wurde die Ross-Dependenz durch Kabinettsorder vom 30. Juni 1923 zur treuhänderischen Verwaltung unterstellt.[21] Dieses Gebiet umfaßt die Teile des antarktischen Festlandes, die in dem Sektor zwischen 160° östlicher und 150° westlicher Länge liegen und die im Norden durch den 60. südlichen Breitenkreis begrenzt werden.

Zur Stützung der Ansprüche Neuseelands auf den antarktischen Sektor wird in der Literatur auf die Entdeckung und Erforschung dieses Gebiets durch britische Staatsangehörige verwiesen sowie darauf, daß Neuseeland eine Verwaltungstätigkeit in der Antarktis entfaltet habe.[22]

5. Argentiniens Ansprüche konkurrieren mit denen des Vereinigten Königreichs, und es beansprucht neben den Falkland-Inseln (Malvinas), Süd-Georgien und den Süd-Shetland-Inseln einen Sektor, der zwischen 25° und 74° westlicher Länge liegt und im Norden durch den 60. südlichen Breitenkreis begrenzt wird.[23]

Einem Notenwechsel zwischen dem Vereinigten Königreich und Argentinien aus dem Jahre 1955 ist zu entnehmen, worauf Argentinien seine Gebietsansprüche in der Antarktis stützt. Es sind dies vor allem historisch und geographisch begründete Rechte. Die historischen Rechte stützen sich in erster Linie auf die *uti possidetis*-Doktrin.[24] Ihr Grundgedanke ist, daß Argentinien partieller Rechtsnachfolger der spanischen Krone sei und insoweit die Bulle *Inter Caetera* von 1493 und der Vertrag von Tordesillas von 1494 zwischen Spanien und Portugal sowie das königlich spanische Dekret von 1778 bzw. 1786, die den Walfang im südlichen Eismeer den Spaniern vorbehielten, zugunsten von Argentinien fortwirkten.[25] Auf dieser Basis behauptet Argentinien, daß der beanspruchte Sektor stets zu Argentinien gehört habe. Was die geographische Begründung des Erwerbstitels angeht, beruft sich Argentinien darauf, daß das Graham-Land und die umliegenden Inseln die natürliche Fortsetzung Südamerikas, insbesondere des Andengebietes, darstellten und Argentinien der Antarktis am nächsten gelegen sei. Hierin liegt eine Berufung auf die Kontinuitäts- bzw. Kontiguitätstheorie.[26] Schließlich verweist Argentinien auf die in der Antarktis ergriffenen Verwaltungsmaßnahmen, die eine effektive Inbesitznahme des Gebiets bewirkt hätten.[27]

---

[17] In den Jahren 1930–31 hatte *Mawson* hinsichtlich der Gebiete formelle Okkupationserklärungen abgegeben, vgl. dazu *Triggs*, International Law, 107 ff.

[18] Australia, Commonwealth of Australia Gazette, 1933, No. 15, 365 (16. 3. 1933). Das Territorium wurde definiert als: „*all the islands and territories other than Adelie Land situated south of the 60th degree of south latitude lying between the 160th degree of east longitude and the 45th degree of east longitude.*“

[19] Am 24. August 1936 trat der Australian Antarctic Territory Acceptance Act 1933 in Kraft.

[20] Vgl. dazu im einzelnen *Triggs*, International Law, 110 ff.

[21] Die Kabinettsorder beruhte auf dem *British Settlement Act* von 1887 und sah die Ross-Dependenz als Niederlassung an.

[22] Vgl. dazu *Kosack*, 141.

[23] So *Christie*, 263 f; *Hayton* (Anm. 15), 585 f, der vor allem auf die Auseinandersetzung zwischen Chile und Argentinien eingeht; *I. von Münch*, Völkerrechtsfragen der Antarktis, AVR 7 (1958/59), 226 (230); anders dagegen *Daniel*, YBWA 3 (1949), 272, nach dessen Ansicht der argentinische Sektor im Norden durch den 40. südlichen Breitenkreis begrenzt wird; sowie *H. E. Archdale*, Claims to the Antarctic, YBWA 12 (1958), 242 (254), demzufolge der argentinische Sektor zwischen 25° und 68° 34' westlicher Länge liegt. Die Grenze des argentinischen Sektors wurde erst nach Beendigung des 2. Weltkrieges bekannt. So behauptete noch *Baare-Schmidt*, 84–85, in seiner 1940 erschienenen Dissertation, daß Argentinien keinerlei Gebietsansprüche hinsichtlich der Antarktis geltend mache. Von besonderer Bedeutung für die Haltung Argentiniens ist seine Auffassung, daß die Falkland-Inseln unter Verletzung des Völkerrechts vom Vereinigten Königreich okkupiert worden sind.

[24] Vgl. dazu Bd. I/1, 381.

[25] *Boetzinger*, 26; *von Münch* (Anm. 23), 230 f; *Wolfrum*, Internationalisierung, 40.

[26] Siehe dazu unten.

[27] *Christie*, 266; *Kosack*, 131.

6. Der Anspruch von Chile wird ähnlich wie derjenige von Argentinien, mit dem er konkurriert, begründet. Chile beansprucht einen Sektor zwischen 53° und 90° westlicher Länge, der sich im Norden unmittelbar an das südamerikanische Festland anschließt.[28]

Chile beruft sich ebenso wie Argentinien auf die *uti possidetis*-Doktrin. Karl V. hatte 1539 die Hoheitsgewalt über alle südlich der Magellanstraße gelegenen Gebiete dem Ritter *Sancho de Hoz* übertragen, nach dessen Verzicht sie auf das Generalkapitanat von Chile übergingen.[29] Auch Chile vertritt die Ansicht, daß der beanspruchte Sektor stets Bestandteil des chilenischen Territoriums gewesen sei. Im übrigen stützt Chile seine antarktischen Ansprüche darauf, daß das Graham-Land die Fortsetzung des Andengebiets bilde sowie auf seine administrative Tätigkeit in dem von ihm beanspruchten antarktischen Sektor.[30]

7. Frankreich erhob seine Ansprüche auf das Adélie-Land formell erstmals 1924; die Grenzen dieses Gebiets konnten allerdings erst 1938 nach einer Einigung mit Australien näher umschrieben werden. Es stützt seine Ansprüche auf seine Forschungstätigkeit und die umstrittene Erstentdeckung der Antarktis sowie die Entdeckung und Inbesitznahme der Kerguelen und Crozet-Inseln. Der französische Sektor umfaßt den Bereich von 136° bis 142° östlicher Länge, der im Norden durch den 60. Breitenkreis begrenzt wird.[31] Die Formulierung dieser Grenzen erfolgte in Abstimmung mit dem Vereinigten Königreich.

8. Nachdem Norwegen bereits 1928 die subpolaren Bouvet-Inseln und 1931 die polare Peter I.-Insel für sich in Anspruch genommen hatte, beansprucht es seit 1939 denjenigen Teil der antarktischen Küste, der im Westen von der Falkland-Inseln-Dependenz und im Osten von dem australischen Sektor begrenzt wird (20° West, 45° Ost). Die südliche Grenze dieses Gebietsanspruchs ist bislang undefiniert.

Seine Ansprüche auf die Bouvet- und Peter I.-Inseln stützt Norwegen auf die Erstentdeckung, die formelle Inbesitznahme und die karthographische Vermessung der Inseln. Hinsichtlich seiner antarktischen Ansprüche beruft er sich vor allem auf die Erforschung des Gebietes.

Die Haltung Norwegens ergibt sich besonders deutlich aus einer Antwortnote auf eine Note des Deutschen Reiches, in der Vorbehalte gegenüber dem norwegischen Gebietsanspruch zum Ausdruck gebracht wurden.[32] Norwegen verweist hier vor allem auf den Erwerb der Bouvet-Inseln, die im sog. Atlantischen Sektor der Antarktis liegen; es werden Forschungsarbeiten Norwegens in dem entsprechenden Gebiet hervorgehoben, und es wird seine besondere Bedeutung für die norwegischen Walfanginteressen betont. Diese waren letztlich ausschlaggebend für die Geltendmachung des norwegischen Anspruchs.

9. Die Vereinigten Staaten zählen zu denjenigen Staaten, die sich schon früh an der Antarktis interessiert zeigten. Bei ihnen lag über lange Zeit das Schwergewicht der Antarktisforschung. Im Zusammenhang mit dieser Forschungstätigkeit gab es immer wieder Bestrebungen, die Regierung der Vereinigten Staaten zur Erhebung von territorialen Ansprüchen in der Antarktis zu veranlassen. Dem hat sich diese jedoch stets widersetzt.

Besonders eindeutig in dieser Hinsicht sind die Äußerungen des Außenministers *Hughes* vom 13. 3. 1924;[33] hierin führte er aus, daß nach amerikanischer Auffassung die Entdeckung alleine keinen gültigen Erwerbstitel darstelle, selbst dann nicht, wenn sie mit einer formellen Inbesitznahme

---

[28] *Christie*, 277 f; *R. D. Hayton*, 586 f; vgl. dazu die Karte bei *Daniel*, 272; *Dollot* (Anm. 11), 183. Das chilenische Dekret No. 1,747 vom 6. 11. 1940, durch das der antarktische Sektor zu einem Nebenland des chilenischen Mutterlandes erklärt wird, ist im Original und in englischer Übersetzung abgedruckt bei *Bush*, Volume II, 310 f.

[29] Vgl. dazu vor allem *Pinochet de la Barra*, La Antarctica Chilena, 1948; *Christie*, 277 f.

[30] *Boetzinger*, 30; *Kosack*, 135.

[31] *Dollot* (Anm. 11), 178; *Schmitz/Friede*, ZaöRV 9 (1939/40), 239.

[32] Die Note des Deutschen Reiches sowie die norwegische Antwort sind abgedruckt bei *Schmitz/Friede*, ZaöRV 9 (1939/40), 219 f.

[33] Siehe Anm. 2.

verbunden sei. Erforderlich für die Erlangung von Gebietshoheit ist danach vielmehr eine ständige Besiedelung, die offenbar nach Meinung des State Departments erst das Erfordernis einer effektiven Inbesitznahme erfüllt. Die Vereinigten Staaten erkennen die Gebietsansprüche anderer Staaten daher nicht an. Nach ihrer Ansicht handelt es sich bei der Antarktis um herrenloses Gebiet, allerdings wird die Erhebung von Gebietsansprüchen für die Zukunft nicht völlig ausgeschlossen.[34]
Die Haltung der Vereinigten Staaten in bezug auf die Antarktis hat in der Vergangenheit durchaus gewechselt. So erwogen sie 1948, dieses Gebiet dem Treuhandrat zu unterstellen.[35] Auf die Widerstände der Anspruchsstaaten (mit der Ausnahme Neuseelands) hin gaben sie diesen Ansatz auf und waren bestrebt, das Entstehen eines möglichen Gebietskonflikts durch eine Kooperation der betroffenen Staaten zu verhindern.

10. Die Haltung der ehemaligen Sowjetunion ähnelte derjenigen der Vereinigten Staaten; auch sie hat weder Hoheitsrechte im südpolaren Raum geltend gemacht noch solche dritter Staaten anerkannt.[36] Wie die Vereinigten Staaten war sie aber im hohen Maße an der Antarktis interessiert. In einer Note an das Vereinigte Königreich, Norwegen, Australien, Argentinien, Neuseeland und die Vereinigten Staaten im Jahre 1950 nahm die Sowjetunion für sich das Recht in Anspruch, den rechtlichen Status der von Russen zuerst entdeckten Gebiete zu beurteilen und lehnte jede Entscheidung diesbezüglich ab, die ohne ihre Mitwirkung getroffen worden war.[37] Die russische Föderation als Nachfolgestaat der UdSSR in der Antarktis ist von der sowjetischen Position bislang nicht erkennbar abgerückt.[38]

11. Die anderen an der Erforschung der Antarktis beteiligten Staaten bestreiten die völkerrechtliche Gültigkeit der erhobenen Gebietsansprüche, ohne sich jedoch ausdrücklich die Erhebung eigener Ansprüche vorzubehalten.[39] Japan hat auf die Erhebung derartiger Ansprüche ausdrücklich verzichtet.

II. 1. Den staatlichen Gebietsansprüchen auf Teile der Antarktis ist gemeinsam, daß es sich (mit Ausnahme desjenigen von Norwegen) um Ansprüche auf einzelne Sektoren handelt. Auf einigen karthographischen Darstellungen wird dadurch der Eindruck erweckt, als würden auch Teile der Hohen See beansprucht. Dies ist jedoch nicht der Fall; vielmehr sind die jeweiligen Staaten nur bestrebt, bislang nicht entdeckte Inseln in ihre Ansprüche mit einzubeziehen.[40] Einige der Gebietsansprüche überschneiden sich. Dies gilt für den britischen, den chilenischen und den argentinischen Sektor untereinander. Dagegen werden bislang keinerlei Ansprüche auf den Sektor zwischen 90° und 150° westlicher Länge erhoben. Bei diesem Bereich, ca. 15% des antarktischen Festlandes, handelt es sich also um staatsfreies Gebiet.

2. Die Anspruchsstaaten haben ihre Ansprüche untereinander anerkannt, dies gilt allerdings nicht im Verhältnis von Chile, Argentinien und dem Vereinigten Königreich zueinander.

---

[34] Vgl. hierzu Stellungnahme von *Ray* als Vertreter des State Departments vor dem US-Senat (Hearing before the Sub-Committee on Oceans and International Environment of the Committee of Foreign Relations, US Senate, 94th Congress, 1st Session), sowie die Einladungsnote der Vereinigten Staaten an die Teilnehmer der Antarktis-Konferenz vom 2./3.5.1958, in der die Rechte der Vereinigten Staaten besonders betont werden; die Haltung der Vereinigten Staaten ist dokumentiert in *Hackworth*, Bd. I, 449; gem. der Entscheidung im Falle *Martin v. Commissioners of Inland Revenue*, abgedruckt in AJIL 63 (1969), 141, stellt die Antarktis kein Ausland für die USA dar, da sie von keiner fremden Regierung verwaltet werde.

[35] Vgl. dazu *Wolfrum*, Internationalisierung, 50 ff.

[36] Vgl. zu der Haltung der UdSSR im einzelnen *Toma* (Anm. 3) sowie *W. Leifer*, Wem gehört die Antarktis?, Außenpolitik 9 (1958), 122 (126 f); zur Haltung Rußlands vgl. unten.

[37] Text in AdG 1950, 2428 D; eine Zusammenfassung zur Haltung der UdSSR findet sich in der Note vom 2.5.1958, mit der sie die Einladung zu der Antarktis-Konferenz annahm (abgedruckt bei *Whiteman*, Digest of International Law, Bd. II, 1965, 125 f).

[38] S. bereits oben Anm. 4.

[39] Entgegen der Ansicht von *Oppenheim/Lauterpacht*, 8. Aufl., Bd. I, 556, Anm. 6, hat Deutschland keinen Gebietsanspruch geltend gemacht.

[40] Vgl. dazu *Auburn*, Antarctic Law, 27 f, der auch die Fragwürdigkeit dieser Darstellungsweise diskutiert.

Argentinien und Chile haben sich gegenseitig bestätigt, daß der sog. amerikanische Sektor zwischen ihnen aufzuteilen sei.[41]

3. Die Gültigkeit der erhobenen Gebietsansprüche ist bislang nicht Gegenstand eines internationalen Gerichts- oder Schiedsgerichtsverfahrens geworden. Der Versuch des Vereinigten Königreichs, ein derartiges Verfahren vor dem IGH einzuleiten, scheiterte.[42] 1948 haben Argentinien, Chile und das Vereinigte Königreich vereinbart, keine Kriegsschiffe in Gebiete südlich des 60. südlichen Breitenkreises zu entsenden.

III. 1. Die genannten Gebietsansprüche haben im geltenden Völkerrecht keine Grundlage.

Insbesondere seitens der Dritten Welt ist immer wieder vorgeschlagen worden, auf die Antarktis das Konzept des *„common heritage of mankind"* anzuwenden. Dieses Konzept beruht auf der Vorstellung, daß es bestimmte, für die ganze Welt und für alle Menschen bedeutsame Gebiete gibt, bei denen es sich um ein „gemeinsames Erbe der Menschheit" handelt, welches gemeinsam zu verwalten und zu erhalten ist. Diese Gebiete entziehen sich daher jeglicher einzelstaatlicher Verfügungsgewalt. Mit Blick auf die genannten Gebietsansprüche läßt sich eine solche These für die Antarktis jedoch kaum aufrechterhalten. Die grundsätzliche Möglichkeit der Ausübung staatlicher Hoheitsgewalt über die Antarktis dürfte bislang nicht ernsthaft bestritten worden sein. Hiervon zu trennen ist die Frage, ob die genannten Gebietsansprüche im geltenden Völkerrecht eine Grundlage finden.[43]

Keiner dieser Ansprüche erfüllt die völkerrechtlichen Voraussetzungen, die an eine effektive Okkupation zu stellen sind. Voraussetzung für eine derartige Okkupation ist, und dies galt auch bereits für den Zeitpunkt der Antragstellung, daß mit ihr seitens eines Staates eine effektive Territorialhoheit über ein herrenloses Gebiet begründet und diese von dem Willen getragen wird, das zu erwerbende Gebiet tatsächlich zu beherrschen.[44] Umstritten ist dabei, was unter dem Begriff ‚effektive Ausübung der Territorialhoheit', gerade auch im Hinblick auf die Polargebiete, zu verstehen ist.[45] Selbst wenn man die Ansicht vertritt, daß hinsichtlich der polaren Gebiete eine effektive Herrschaftsausübung nicht notwendigerweise eine Besiedelung verlangt, bleibt doch stets erforderlich, daß der okkupierende Staat das von ihm beanspruchte Gebiet effektiv kontrolliert.[46] Selbst diese Voraussetzung wird von den Staaten, die Gebietsansprüche auf die Antarktis erheben, nicht erfüllt. Keiner der Staaten, die Territorialansprüche geltend machen, ist z. Zt. in der Lage, den jeweils beanspruchten Sektor wirklich zu kontrollieren. Die von ihnen entsandten Expeditionen dienen wissenschaftlichen Zwecken und nicht der staatlichen Kontrolle antarktischer Gebiete im Sinne der Ausübung von Souveränitätsrechten. Darüber hinaus sind die vereinzelt eingerichteten ständigen Stationen nicht in der Lage, die enormen Gebiete der Antarktis im Sinne einer effektiven Herrschaftsausübung zu überwachen. Ganz abgesehen davon wird ein großer Teil dieser ständigen Stationen von Staaten wie den Vereinigten Staaten und Rußland unterhalten, die gerade keine Gebietsansprüche in der Antarktis erheben. Demgegenüber konzentrieren sich die Stationen einiger Anspruchsstaaten auf leicht zugängliche Küstengebiete, wohingegen das Hinterland unberücksichtigt bleibt. Schließlich kann die effektive Gebietsbeherrschung nicht damit begründet werden, daß für das beanspruchte Gebiet besondere

[41] Minute Concerning the Beagle Channel Region, abgedruckt in ILM 17 (1978), 793 f.

[42] ICJ, *Antarctica* Cases *(United Kingdom v. Argentina; United Kingdom v. Chile)* Pleadings 1956, 8 f.

[43] Vgl. Z. *Keyuan*, The Common Heritage of Mankind and the Antarctic Treaty System, NILR 38 (1991), 173 (185) *E. Suy*, Antarctica: Common Heritage of Mankind?, in: *Verhoeven* et al., The Antarctic Environment and International Law, 1992, 93, (94); a. A. *R. Lefeber*, The Exercise of Jurisdiction in the Antarctic Region and the Changing Structure of International Law: The International Community and Common Interests, NYIL 21 (1990), 81 ff, 105 ff.

[44] Siehe dazu im einzelnen Bd. I/1, 348 f mwN.

[45] Vgl. dazu jetzt auch ausführlich *H. Krieger*, Das Effektivitätsprinzip im Völkerrecht, 2000.

[46] Vgl. dazu Bd. I/1, 353.

Gesetze und Verordnungen erlassen werden bzw. dieses in nationalen Gesetzen Berücksichtigung findet, solange eine entsprechende Kontrolle ihrer Durchsetzung fehlt.[47] Nicht ausreichend zur Begründung der Gebietsansprüche ist daher der Verweis auf die Erforschung und Entdeckung der Antarktis, solange diesen nicht eine effektive Okkupation gefolgt ist.[48]

2. Die Gebietsansprüche hinsichtlich der Antarktis können ebensowenig mit anderen im Völkerrecht für den Gebietserwerb entwickelten Rechtsinstituten begründet werden.
Nach der Kontiguitätstheorie, mit der vor allem Argentinien, Chile und bis zu einem gewissen Grad auch das Vereinigte Königreich ihre territorialen Ansprüche in der Antarktis begründen, erwirbt ein Staat, der ein Gebiet okkupiert hat, auch die diesem benachbarten Bereiche, soweit sie mit dem in Besitz genommenen Gebiet in natürlichem Zusammenhang stehen.[49] Abgesehen davon, daß die Gültigkeit dieser Theorie in der völkerrechtlichen Literatur umstritten ist – die herrschende Meinung steht der Theorie ablehnend gegenüber[50] – ist sie auf die Antarktis nicht anwendbar. Zum einen fehlt es an dem geforderten natürlichen Zusammenhang zwischen der Antarktis und beispielsweise dem südamerikanischen Festland, auf den die Kontiguitätstheorie gestützt werden könnte, zum anderen fehlt es großen Teilen des antarktischen Festlandes an einer Gegenküste. Insbesondere ist die Kontiguitätstheorie nicht zur Begründung des britischen Anspruches geeignet; man kann nicht von der Territorialhoheit einer kleinen Inselgruppe auf die Gebietshoheit über einen entfernt gelegenen, großen Kontinent schließen.[51] Ähnliche Überlegungen sprechen auch dagegen, die Sektorentheorie[52] auf die Antarktis anzuwenden,[53] obwohl deren Anwendung auf die polaren Gebiete der Arktis vor allem von Kanada und der vormaligen UdSSR und nunmehr Rußland verfochten wird. Bei der Sektorentheorie handelt es sich im Grunde genommen um eine Abwandlung der Kontiguitätstheorie.[54] Im Unterschied zu der Arktis ragt aber das Territorium keines der Anrainerstaaten über den südlichen Polarkreis hinaus. Selbst wenn daher die Sektorentheorie auf den Nordpolarbereich Anwendung findet, kann daraus noch nicht auf ihre Relevanz für die Aufteilung des antarktischen Gebietes geschlossen werden. Nicht zur Begründung vor allem des argentinischen und chilenischen Anspruches herangezogen werden kann des weiteren die Kontinuitätstheorie. Bei ihr wird das Kriterium der geographischen Nähe der Kontiguitätstheorie durch das Merkmal der morphologischen und geologischen Ähnlichkeit ersetzt. Selbst wenn man die Frage beiseite läßt, warum überhaupt derartige geologische oder morphologische Gesichtspunkte einen

[47] Vgl. dazu Band I/1, 353; a. A. *Triggs*, 115 ff, wobei sie sich auf die australische Praxis konzentriert. Letztlich begründet sie den australischen Anspruch damit, daß bereits das Vereinigte Königreich in der Zeit von 1820 und 1933 die Territorialhoheit über den später von Australien beanspruchten Sektor erlangt habe und gegen die Hoheitsakte Australiens (*Australian Antarctic Territory Act* 1954 sowie die Erstreckung der australischen Ausschließlichen Wirtschaftszone auf die von Australien beanspruchten antarktischen Gewässer) kein internationaler Protest erfolgt sei. Abgesehen davon, daß der Erlaß von Gesetzen und die Durchführung von Forschungsexpeditionen für sich nicht ausreicht, um von einer effektiven Ausübung der Territorialhoheit sprechen zu können, haben sich seit 1983 die Stimmen in der Staatengemeinschaft vermehrt, die generell bestreiten, daß die Antarktis von den Anspruchsstaaten okkupiert worden sei.

[48] So auch *Rousseau*, Tome III, 221, 161 f; *Oppenheim*, 690 geht davon aus, daß die Entdeckung einen *„inchoate title"* vermittelt, der – allerdings nur zeitlich befristet – eine Okkupation durch einen anderen Staat ausschließt; ebenso *C. C. Joyner*, Antarctica and the Law of the Sea, 50 ff.

[49] Detailliert zur Kontiguität *D. Schenk*, Kontiguität als Erwerbstitel im Völkerrecht, 1978, 34 ff; wie *Boetzinger*, 80 ff, nachgewiesen hat, wird die Kontiguitätstheorie in der Literatur nicht stets von der Sektoren- und der Kontinuitätstheorie getrennt; typisch insoweit *Auburn*, Antarctic Law, 23 f.; *Jennings*, The Acquisition of Territory in International Law, 74 ff.

[50] Vgl. dazu *Starke*, 162.

[51] *Leifer* (Anm. 36), 127; *E. Honnold*, Thaw in international law?, Yale Journal 87 (1978), 804, (815); *Conforti*, 255.

[52] Siehe unten.

[53] So auch *Rousseau*, Tome III, 220; *Conforti*, 254.

[54] *Von Münch*, 237.

Gebietsanspruch begründen sollen, ist dieses Kriterium zu ungenau, um die Abgrenzung von Staatsgebieten gegeneinander zu ermöglichen.[55]
Schließlich scheidet auch eine Berufung auf die *uti possidetis*-Doktrin durch Argentinien und Chile aus.[56] Die Antarktis war zur Zeit der spanischen Herrschaft noch nicht entdeckt, so daß von daher ein Gebietserwerb schwerlich begründet werden kann.
Der gesamten Diskussion um die Gebietsansprüche kommt allerdings in der Praxis eine verhältnismäßig geringe Bedeutung zu. Die Zusammenarbeit der Staaten in der Antarktis ist eingespielt und belegt, daß ein Rückgriff auf Souveränitätsrechte entbehrlich ist. Die Gefahr eines Ausbrechens des Souveränitätskonfliktes besteht allerdings dann, wenn wirtschaftliche Interesssen an der Antarktis zunehmen sollten oder die Notwendigkeit eines effektiveren Umweltschutzes aus der Sicht der Anspruchsstaaten deren Kontrollmaßnahmen erforderlich machen.

§ 138 Das antarktische Rechtsregime

Schrifttum: wie vor § 137.

I. 1. Die Rechtsordnung in der Antarktis[1] bestimmt sich nach vier völkerrechtlichen Verträgen, nämlich dem Antarktisvertrag vom 1. 12. 1959,[2] dem Übereinkommen zur Erhaltung der antarktischen Robben vom 1. 6. 1972,[3] dem Übereinkommen zur Erhaltung der lebenden Meeresschätze der Antarktis vom 20. 5. 1980[4] sowie dem Umweltschutzprotokoll zum Antarktis-Vertrag vom 4. 10. 1991,[5] das vor seinem Inkrafttreten in wesentlichen Teilen vorläufig angewandt wurde.[6] Ein weiterer völkerrechtlicher Vertrag, das Übereinkommen über die Regelung von Tätigkeiten im Zusammenhang mit mineralischen Ressourcen der Antarktis vom 2. 6. 1988,[7] ist von einigen Staaten unterzeichnet worden, aber nicht in Kraft getreten.
Der Antarktisvertrag von 1959 war das Ergebnis eines langen, außerordentlich komplexen Entwicklungsprozesses.[8] Er ist die Konsequenz des Internationalen Geophysikalischen Jahres vom 1. Juli 1957 bis zum 31. Dezember 1958 und diente dazu, der in diesem Rahmen erfolgten[9] internationalen wissenschaftlichen Erforschung der Antarktis einen institutionellen Rahmen und eine völkerrechtliche Sicherung zu geben.[10] Die Initiative zu der Vertragskonferenz (vom 15. Oktober bis zum 1. Dezember 1959) ging von den Vereinigten Staaten von Amerika aus. Bereits die Einladungsnote wies darauf hin, daß der künftige

---

[55] Eingehend dazu *von Münch*, 239 f.

[56] *Conforti*, 255; *Wolfrum*, Internationalisierung, 48; *Joyner*, Antarctica and the Law of the Sea, 58 ff.

[1] Von einem antarktischen Rechtsregime gehen auch *A. van der Essen*, Du système Antarctique, origine et développement, in: *Francioni/Scovazzi* (eds.), 7 (17); *Guyer*, RdC 139 (1973), 149 ff; *Watts*, International Law and the Antarctic Treaty System, 1992, 291 ff und *Zegers*, University of Miami Law Review 33 (1978), 426 (433) aus.

[2] *Antarctic Treaty*, UNTS 402, 71; BGBl. 1978 II, 1517; in Kraft seit dem 23. 6. 1961.

[3] *Convention for the Conservation of Antarctic Seals* (CCAS), ILM 11 (1972), 251; BGBl. 1987 II, 90; in Kraft seit dem 11. 3. 1978.

[4] *Convention on the Conservation of Antarctic Marine Living Resources* (CCAMLR), ILM 19 (1980), 841; BGBl. 1982 II, 420; in Kraft seit dem 7. 4. 1982.

[5] *Protocol of Environmental Protection to the Antarctic Treaty* (PEPAT), ILM 30 (1991), 1461; BGBl. 1994 II, 2478; Berichtigung BGBl. 1997 II, 708; in Kraft seit dem 14. 1. 1998.

[6] Vgl. *Final Act of the XIth Anarctic Treaty Special Consultative Meeting* vom 4. 10. 1991, ILM 30 (1991), 1460, Abs. 14, abgedruckt bei *Bush*, Binder II, Booklet AT 91 D (1992), 1.

[7] *Convention on the Regulation of Antarctic Mineral Resource Activities* (CRAMRA), ILM 27 (1988), 865.

[8] Vgl. dazu *Guyer*, RdC 139 (1973), 149 ff; zur Vertragskonferenz vgl. 176 ff; *Peterson*, 67 ff; *Rothwell*, 68 ff.

[9] Vgl. dazu *Wolfrum*, Internationalisierung, 55; *W. Sullivan*, The International Geophysical Year, International Conciliation, Nr. 521 (1959), 257 (263).

[10] *Guyer*, RdC 139 (1973), 149 (169).

Vertrag die geltend gemachten Gebietsansprüche bzw. Rechtspositionen der Anspruchs- oder Nichtanspruchsstaaten weder in Frage stellen noch schmälern sollte.[11] Die Interessenlage der an der Konferenz beteiligten Staaten, neben den sieben Anspruchsstaaten, Argentinien, Australien, Chile, Frankreich, Neuseeland, Norwegen und dem Vereinigten Königreich, befanden sich darunter Belgien, Japan, Südafrika, die UdSSR und die Vereinigten Staaten von Amerika, war außerordentlich unterschiedlich. Aus diesem Grunde stellt der Antarktisvertrag lediglich einen Rahmen dar, der allerdings einige zentrale Fixpunkte umschreibt, wobei er zudem Mechanismen für eine dynamische Weiterentwicklung enthält.

2. Der Antarktisvertrag kennt drei verschiedene Klassen von Mitgliedern: (1) die ursprünglichen, in der Präambel genannten zwölf Signatarstaaten, (2) die Mitglieder, die ihr Interesse an der Antarktis dadurch nachweisen, daß sie einen wesentlichen Beitrag zu der wissenschaftlichen Forschung in der Antarktis leisten und deshalb nach Art. IX Abs. 2 des Antarktisvertrages neben den Signatarstaaten an den Konsultativversammlungen teilnehmen dürfen und (3) die sonstigen Vertragsmitglieder. Dem Antarktisvertrag beitreten kann jedes Mitglied der Vereinten Nationen bzw. ein Staat, der hierzu von Seiten der Staaten aufgefordert wurde, die berechtigt sind, an den Konsultativversammlungen teilzunehmen.

Als Beispiel für einen wesentlichen Beitrag zu der wissenschaftlichen Forschung in der Antarktis nennt Art. IX Abs. 2 des Antarktisvertrages die Errichtung einer ständigen Forschungsstation oder die Durchführung einer wissenschaftlichen Expedition. Diese Aufnahmebedingungen wurden auf einer Sondersitzung der Konsultativversammlung im Juli 1977 näher präzisiert.[12]

Danach genügte offenbar nur noch die Errichtung einer ständigen Station, um die Erfordernisse von Art. IX Abs. 2 des Antarktisvertrages zu erfüllen. Hiervon sind die Konsultativparteien später wieder abgerückt. Der Bau von ständigen Stationen wurde zunehmend vom ökologischen Standpunkt aus als problematisch angesehen, und es sollte von einer weiteren Anregung zu deren Errichtung Abstand genommen werden, ohne deren Notwendigkeit allerdings in Frage zu stellen.

Außerdem wurde von dem Antragsteller verlangt, daß er sich bereit erklärt, alle bisherigen in Kraft getretenen Empfehlungen der Konsultativversammlungen zu akzeptieren. Auf diese Weise wurde eine Lücke des Antarktisvertrages gefüllt, der das Verhältnis von neu in die Konsultativversammlung aufgenommenen Staaten zu den vorher von dieser verabschiedeten Empfehlungen offenläßt.[13]

Stellen die einmal in die Konsultativversammlung aufgenommenen Staaten ihre wissenschaftlichen Tätigkeiten wieder ein, so verlieren sie nach dem Wortlaut von Art. IX Abs. 2 des Antarktisvertrages ihren Sitz in der Konsultativversammlung, im Gegensatz zu den zwölf ursprünglichen Signatarstaaten, deren Status unabhängig von ihren Aktivitäten in der Antarktis ist.[14, 15]

---

[11] Vgl. dazu *van der Essen*, in: *Francioni/Scovazzi* (eds.), 7 (10); *Guyer*, RdC 139 (1973), 149 (181).

[12] Vgl. dazu den *Final Report of the First Special Antarctic Consultative Meeting Concerning the Procedures by which Acceding States may become Consultative Parties* vom 29. Juli 1977 (abgedruckt bei *Bush*, Vol. I, 1982, 331 ff) und den Gesetzesentwurf der Bundesregierung zum Antarktisvertrag, BT-Drucks. 8/1824 vom 24. 5. 1978, 15.

[13] F. *Sollie*, The Duration of the Antarctic Treaty, Study of the Fridtjof Nansen Foundation 1973 (AA/P 108/2 (E)), 23; anders die Denkschrift der Bundesregierung zu dem Antarktisvertrag, BT-Drucks. 8/1824 vom 24. 5. 1978, 18; vgl. zur Problematik um die Aufnahme Polens *Auburn*, Antarctic Law, 149. Er geht auch der Frage nach, ob den Konsultativparteien bei der Aufnahme neuer Mitglieder ein Entscheidungsspielraum zukommt; eine Frage, die die Praxis inzwischen positiv beantwortet hat.

[14] Vgl. dazu *Hanevold*, Cooperation and Conflict 6 (1971), 103 (110); *Watts*, 17; anderer Ansicht offenbar *Lagoni*, ZaöRV 39 (1979), 1 (8); in der Praxis würde es sich als schwierig erweisen, einem Konsultativstaat diesen Status wieder zu nehmen, da er an der entsprechenden beschlußfassenden Konsultativversammlung zu beteiligen wäre.

[15] Nach dem Zusammenbruch der UdSSR nimmt Rußland die sowjetische Position im Rahmen des Antarktisvertrages wahr; vgl. die entsprechende Erklärung Rußlands, die allen in Betracht kommenden Verwahrern von multilateralen völkerrechtlichen Verträgen notifiziert wurde, BGBl. 1992 II, 1017. Dort erklärte Rußland, daß es die Ausübung der Rechte und Pflichten aus den von der UdSSR geschlossenen Verträgen fortsetze.

Der Einteilung in verschiedene Mitgliedergruppen kam in der Vergangenheit ein erhebliches Gewicht zu. Sie führte dazu, daß nur Staaten, die ständige oder nichtständige Mitglieder der Konsultativversammlung sind (Konsultativstaaten; Konsultativparteien), ein Mitsprache- und Mitentscheidungsrecht über die Antarktis hatten. Auch waren nur sie berechtigt, eine Inspektionstätigkeit wahrzunehmen. Dahinter steht die Überlegung, daß nur diejenigen Staaten dazu berufen sein sollen, an der Willensbildung über die Antarktis mitzuwirken, die über unmittelbare Kenntnis und über Erfahrung hinsichtlich dieses Gebietes verfügen. Diese Privilegierung bestimmter Staaten ist seit 1983 in den Vereinten Nationen und innerhalb des antarktischen Rechtssystems kritisiert worden. Die systeminterne Kritik hat dazu geführt, daß seit 1983 die Nichtkonsultativstaaten als Beobachter an den Konsultativverhandlungen teilnehmen und insofern in die Willensbildung über die Antarktis mit einbezogen werden. Die unterschiedlichen Formen der Mitgliedschaft haben in der Praxis etwas von ihrer ursprünglichen Bedeutung eingebüßt.

3. Durch den Antarktisvertrag wird eine Regelung folgender Komplexe angestrebt: Aufrechterhaltung des *status quo* hinsichtlich der Gebietsansprüche, Beschränkung der Nutzung auf eine ausschließlich friedliche Nutzung des antarktischen Gebietes, seine freie wissenschaftliche Erforschung unter dem Postulat der internationalen Zusammenarbeit und der Schutz der antarktischen Umwelt.[16]

4. Geographisch erfaßt der Antarktisvertrag gemäß Art. VI alle Gebiete südlich des 60. südlichen Breitenkreises, also die Süd-Shetland- und Orkney-, nicht aber die Falkland-Inseln (Malvinas), Süd-Georgien und die Süd-Sandwich-Inseln. Der Antarktisvertrag bezieht sich primär auf die Festland- und Schelfeisgebiete; hinsichtlich der hohen See südlich des 60. südlichen Breitenkreises gilt ein Sonderregime.[17]

Die Entscheidung, als nördliche Begrenzung des antarktischen Rechtsregimes den 60. Breitenkreis zu wählen, beruht darauf, daß diese Grenzen für die meisten der Gebietsansprüche gewählt wurde. Das Übereinkommen über die Erhaltung der lebenden Meeresschätze der Antarktis hat sich dagegen für eine weiter nördlich verlaufende Grenzlinie entschieden.[18]

5. Gemäß Art. VI des Antarktisvertrages werden die Rechte der Staaten in bezug auf die hohe See von dem Antarktisvertrag nicht berührt. Dies gilt allerdings nicht, soweit der Antarktisvertrag bereits Einschränkungen dieses Freiheitsrechts enthält – antarktisspezifisches Recht geht also dem Seerecht vor.[19]

Dem entspricht es, daß die *Agreed Measures for the Conservation for Antarctic Fauna and Flora*[20] zahlreiche Regelungen enthielten, die auch die angrenzenden Gewässer erfaßten und sogar vorsahen, daß Schiffsinspektionen vorgenommen werden konnten. Annex IV des Umweltschutzprotokolls zum Antarktisvertrag vom 4. 10. 1991 verbietet das Ablassen von Öl oder Ölgemisch durch Schiffe in dem Gebiet südlich des 60. südlichen Breitengrades. Ebenfalls verboten ist das Ablassen sonstiger Substanzen (flüssig oder fest), die die marine Umwelt gefährden.[21]

Diese unklare Regelung von Art. VI erklärt sich daraus, daß seinerzeit keine Einigung über die

---

[16] *Guyer*, RdC 139 (1973), 149 (179), spricht nur von zwei Grundsätzen (ausschließlich friedliche Nutzung und Kooperation in bezug auf die wissenschaftliche Forschung), wobei er auf die Präambel des Vertrages verweist. Dies wird der Praxis der Konsultativversammlungen nicht gerecht. Das Umweltschutzprotokoll zum Antarktisvertrag vom 4. 10. 1991 reflektiert die Bedeutung, die der Umweltschutz für die Antarktis erlangt hat.

[17] Vgl. dazu *Rothwell*, 80 f.

[18] Siehe § 140, I. 2.

[19] So auch *Joyner*, 161 f; *Infante*, GYIL 34 (1991), 223 (249, 252); nach *Orrego Vicuña*, Antarctic Mineral Exploitation, 101, beschränkt sich der Sinn von Art. VI des Antarktisvertrages darauf, auch die Demilitarisierungsbestimmungen für die hohe See anwendbar zu machen. Dies greift zu kurz; gleiches gilt für Umweltschutzmaßnahmen, auch diese können auf die hohe See erstreckt werden.

[20] Empfehlung III–VIII; abgedruckt bei *Bush*, Vol. I, 1982, 146 ff.

[21] Vgl. *Krüger*, 78 ff, 100 f.

Küstengewässerbreite zu erzielen war und zudem in der Anerkennung von Küstengewässern eine Bestätigung der Gebietsansprüche gesehen wurde.
Stärker in den Regelungsbereich des Antarktisvertrages integriert sind die Schelfeisflächen, obwohl sie als bewegliche Eismassen eher der See als dem Lande zuzurechnen sind. Ihre Gleichstellung mit dem antarktischen Festland rechtfertigt sich zumindest aus ökologischen Erwägungen, zumal der Schutz der antarktischen Umwelt ebenso wie die Sicherung der wissenschaftlichen Erforschung dieses Gebietes eines der tragenden Motive des Antarktisvertrages ist.

6. Der Antarktisvertrag ist, wenn auch einige seiner Bestimmungen auf eine vorläufige Regelung hinzudeuten scheinen, auf unbestimmte Zeit geschlossen.[22] Dies ergibt sich aus seiner Revisionsklausel (Art. XII), die ein Kündigungsrecht einschließt, aber weder eine automatische Vertragsbeendigung noch eine Revision dieses Vertrages zwingend vorsieht.

Art. XII des Antarktisvertrages unterscheidet zwischen dem normalen Ergänzungsverfahren, durch das jederzeit eine Änderung des Vertragstextes eingeleitet werden kann und dem Revisionsverfahren, das für die Zeit nach Ablauf von 30 Jahren nach Inkrafttreten des Vertrages vorgesehen ist.
Mit der seinerzeit heftig umstrittenen Revisionsklausel wird vermieden, daß durch den Zeitablauf ein mühsam ausgehandelter Kompromiß in Frage gestellt wird, obwohl keine Aussichten für eine erneute Einigung bestehen. Die Einberufung einer Revisionskonferenz nach 30 Jahren (d. h. nach 1991) ist keine Pflicht der Vertragsstaaten, sondern lediglich eine Möglichkeit. Von dieser Möglichkeit ist kein Gebrauch gemacht worden. An der Revisionskonferenz nehmen alle Vertragsparteien teil; einberufen werden kann die Konferenz allerdings nur von denjenigen Staaten, die an den Konsultativversammlungen mit Stimmrecht mitwirken können. Die von dieser Konferenz mehrheitlich zu verabschiedenden Vertragsänderungen, denen außerdem die Mehrheit der an den Konsultativversammlungen teilnahmeberechtigten Staaten zustimmen muß, werden allen Vertragsstaaten unterbreitet und bedürfen zu ihrem Inkrafttreten der Zustimmung aller Konsultativstaaten. Macht einer dieser Staaten von seinem Vetorecht Gebrauch, so hat jeder Vertragsstaat das Recht der Kündigung (Art. XII Abs. 2 c). Erst dies führt dann zur Beendigung des Antarktisvertrages.[23] Tritt dagegen eine derartige von der Revisionskonferenz beschlossene Vertragsänderung in Kraft, d. h. haben alle Konsultativstaaten zugestimmt, so scheiden diejenigen der übrigen Staaten aus dem Vertragswerk aus, die diese Änderung nicht binnen zwei Jahren ratifizieren.
Von dem Revisionsverfahren zu unterscheiden ist das normale Vertragsergänzungsverfahren, das ausschließlich in den Händen der Konsultativstaaten liegt. Gemäß Art. XII Abs. 1 kann der Antarktisvertrag durch einstimmigen Beschluß dieser Staaten jederzeit abgeändert oder ergänzt werden. Diese Vertragsänderung tritt ohne Rücksicht auf die übrigen Vertragsstaaten, die keinen Konsultativstatus haben, in Kraft. Ihnen ist freigestellt, ob sie die Vertragsänderung ratifizieren; geschieht dies nicht binnen zwei Jahren, so gelten sie als aus dem Vertrag ausgeschieden.

Bislang hat es keinerlei Ansätze zu einer Vertragsänderung gegeben, die Weiterentwicklung der antarktischen Rechtsordnung erfolgt stattdessen durch den Abschluß weiterer Abkommen, insbesondere des Umweltschutzprotokolls zum Antarktisvertrag vom 4. Oktober 1991, sowie mit Hilfe der Empfehlungen der Konsultativversammlungen.

7. Der Antarktisvertrag enthält keine positive Regelung hinsichtlich der geltend gemachten Gebietsansprüche auf Teile der Antarktis. Der insoweit entscheidende Art. IV des Antarktisvertrages[24] besagt vielmehr, daß hierüber keine Einigung zustande gekommen ist und schreibt den Rechtszustand fest, wie er zur Zeit des Abschlusses des Antarktisvertrages bestand, indem der Bestand der bisher erhobenen Ansprüche und Rechte garantiert und die

---

[22] A. A. *P. Bernhardt*, Sovereignty in Antarctica, Hearing before the Subcommittee on Ocean and International Environment of the Committee on Foreign Relations, US Senate, 94th Congress, 1st Sess.

[23] In diesem Zusammenhang stellt sich die wohl nur akademische Frage, ob die Inhaber fester Stationen in Gebieten, auf die sie keinen Gebietsanspruch erheben, diese bei Beendigung des Antarktisvertrages aufgeben müssen oder ihnen das Recht zusteht, diese weiter zu benutzen. Im letzteren Sinne *Bernhardt*, 92 f.

[24] Vgl. dazu *Orrego Vicuña*, Antarctic Mineral Exploitation, 76 ff; *Kimball*, Hague Yearbook of International Law 4 (1991), 223 (225 ff).

Position der diese Ansprüche ablehnenden Staaten sowie die Entstehung neuer Ansprüche oder die Verfestigung alter Ansprüche verhindert wird. Damit werden die Anspruchsstaaten ebenso geschützt wie diejenigen Staaten, die die bisherigen Ansprüche ablehnen, gleichgültig ob sie sich eigene Rechte vorbehalten oder nicht. Art. IV Abs. 1 des Antarktikvertrages darf jedoch nicht nur unter dem Blickwinkel „Anspruchsstaat/Nichtanspruchsstaat" verstanden werden. Er schützt jede Haltung eines Vertragsstaates in bezug auf Territorialansprüche.
Von besonderer Bedeutung ist in dieser Hinsicht die Formulierung von Art. IV Abs. 2, daß keine der unter dem Antarktisvertrag durchgeführten Tätigkeiten dazu dienen kann, einen Anspruch zu begründen, diesen zu stützen bzw. einen bereits erhobenen Anspruch ganz oder teilweise in Frage zu stellen.
Art. IV des Antarktisvertrages schützt nicht nur „Ansprüche" sondern auch „Rechte". Die Nennung von „Rechten" neben „Ansprüchen" dient dem Schutz der Vereinigten Staaten von Amerika und der ehemaligen UdSSR und jetzt Rußlands, die bislang keine Ansprüche erhoben, sich aber alle entsprechenden Rechte vorbehalten haben.
Art. IV ist die Voraussetzung für das Funktionieren des antarktischen Rechtsregimes. Denn nur das Ausklammern der Frage nach der Gebietshoheit bei gleichzeitiger Sicherung der bisherigen Rechtspositionen eröffnet die Möglichkeit einer künftigen Kooperation,[25] die zwangsläufig zu einer Einschränkung einzelstaatlicher Rechte führt.
Das Übereinkommen über die Erhaltung der lebenden Meeresschätze der Antarktis (Art. IV) hat Art. IV erneut aufgegriffen und seine Gültigkeit für diesen Vertrag bestätigt. Die Vertragspartner des Übereinkommens zur Erhaltung der antarktischen Robben haben erklärt, an Art. IV des Antarktisvertrages gebunden zu sein. Entsprechende Vorschriften fanden sich in dem Entwurf über die Ausbeutung der mineralischen Ressourcen der Antarktis. Das Umweltschutzprotokoll zum Antarktisvertrag enthält zwar keinen ausdrücklichen Hinweis auf Art. IV des Antarktisvertrages; Art. 4 des Protokolls stellt allerdings fest, daß es den Antarktisvertrag weder modifiziere noch ergänze. Hierin liegt eine Bestätigung von Art. IV des Antarktisvertrages. Dennoch führt letztlich jeder weitere völkerrechtliche Ausbau des antarktischen Rechtsregimes zu einer Aushöhlung der Gebietsansprüche. Diese Problematik wurde während der Verhandlungen über einen Vertrag über die Nutzung der mineralischen Ressourcen der Antarktis von den Anspruchsstaaten durchaus erkannt.

8. Außerordentlich umstritten ist, ob und in welchem Umfang die Antarktis völkerrechtlich über ein Küstenmeer, eine ausschließliche Wirtschaftszone oder einen Festlandsockel verfügt. Geht man, in Übereinstimmung mit den Entscheidungen im *Grisbadarna*-Fall,[26] im *britisch-norwegischen Fischereistreit*[27] sowie im *Beagle-Kanal*-Fall[28] davon aus, daß es sich hierbei um einen Annex zur Territorialhoheit handelt, so erscheint die Anerkennung derartiger Zonen aus Sicht der Nichtanspruchsstaaten problematisch.[29] Nach Art. IV des Antarktisvertrages ist es zudem zweifelhaft, ob die Anspruchsstaaten überhaupt eine Erklärung über die Einrichtung einer ausschließlichen Wirtschaftszone abgeben dürfen, da hierin möglicherweise eine Erweiterung bzw. Verfestigung eines bereits erhobenen Anspruchs liegt.[30] Man wird jedoch eine vermittelnde Haltung einnehmen können. Art. IV

[25] *Orrego Vicuña*, Antarctic Mineral Exploitation, 76 ff.

[26] RIAA XI, 159.

[27] ICJ Reports 1951, 116 – *Fisheries Judgment.*

[28] ILM 17 (1978), 644.

[29] Vgl. dazu *T. Scovazzi*, Les zones côtières dans l'Antarctique, in: *Francioni/Scovazzi* (eds.), 291 (293).

[30] Vgl. dazu *R. Lagoni*, Convention on the Conservation of Marine Living Resources: A Model for the Use of a Common Good?, in: *Wolfrum* (ed.), Antarctic Challenge I, 93 (101); *Zegers*, University of Miami Law Review 33 (1978), 426 (459 f); *F. Orrego Vicuña/M. T. Infante*, Le droit de la mer dans l'Antarctique, RGDIP 84 (1980), 340 (345); *R.A. Harry*, The Antarctic Regime and the Law of the Sea Convention: An Australian View, VJIL 21 (1981), 727 (733); *P. Bernhardt*, Sovereignty in Antarctica, California Western International Law Journal 52 (1975), 229 (309); *Joyner*, 96; *A. van der Essen*, L'Antarctique et le droit de la mer, Revue iranienne des relations

des Antarktikvertrages verbietet nur die nationale Erweiterung von Ansprüchen, nicht jedoch eine Erweiterung, die auf einer allgemeinen Rechtsentwicklung beruht.[31] Demzufolge sind die genannten Meereszonen Annexe des Gebietsanspruchs und teilen dessen Schicksal. Das heißt, Art. IV des Antarktisvertrages bezieht sich ebenfalls auf diese Meereszonen; deren völkerrechtliche Existenz wird daher von den Nichtanspruchsstaaten wie diejenige des Gebietsanspruchs selbst bestritten.[32]

9. Ebensowenig im Antarktisvertrag geregelt ist die Frage der Jurisdiktion über Schiffe, Stationen und Personen.[33] Der Vertrag regelt lediglich die Jurisdiktion in bezug auf offiziell bestellte Beobachter und wissenschaftliches Personal, das unter der Geltung des Antarktisvertrages ausgetauscht wurde (Art. VIII). Diese Vorschrift enthält darüber hinaus die Klausel, daß die Verteilung der Jurisdiktion in diesem Fall nicht die Rechtsposition der einzelnen Staaten in bezug auf die Jurisdiktionsfrage in der Antarktis im generellen berührt.

Streitigkeiten zwischen den Staaten über die Ausübung der Jurisdiktion werden nicht einem Schiedsgericht zugewiesen, sondern sollen durch bilaterale Konsultationen beigelegt werden. Der Verzicht auf ein schiedsgerichtliches Verfahren erklärt sich daraus, daß die Staaten alles vermeiden wollten, um ihren Gebietsanspruch in irgendeiner Weise zu erschüttern.

Diese sehr unvollständigen Regelungen über die Jurisdiktion sollen im Rahmen der Konsultativversammlungen weiter ausgebaut werden (Art. IX Abs. 1 lit. e). Diesen Auftrag haben die Konsultativparteien jedoch nicht zu erfüllen vermocht.[34] Eine Einigung wurde lediglich für spezifische Bereiche erzielt, so für die Durchsetzung der *Agreed Measures for the Conservation of Antarctic Fauna and Flora*.[35] Die Regelungen des Übereinkommens über die Erhaltung der lebenden Meeresschätze der Antarktis sind in dieser Beziehung weniger eindeutig. Aber auch hier erfolgt das Inspektionssystem auf der Basis der Personal- bzw. Flaggenhoheit.

Zur Zeit werden Probleme der Jurisdiktion auf einer *ad hoc*-Basis geregelt. Im wesentlichen dominiert in bezug auf Stationen und verankerte Schiffe die Jurisdiktion auf der Basis der Personal- bzw. Flaggenhoheit.

10. Das Hauptaugenmerk des Antarktisvertrages richtet sich – stellt man auf seinen Wortlaut ab – auf das Gebot einer ausschließlich friedlichen Nutzung der Antarktis und dessen

internationales, 1975/76, 89 (96) vertrat die Ansicht, die Konsultativparteien könnten gemeinsam eine küstenstaatliche Jurisdiktion ausüben.
Nach einer Antwort der Regierung Neuseelands vom 23. 8. 1977 auf eine parlamentarische Anfrage bezieht sich der neuseeländische *Territorial Sea and Exclusive Economic Zone Act 1977* nicht auf die an die Antarktis angrenzenden Gewässer (abgedruckt bei *Bush*, Vol. III, 1988, 96); eine andere Haltung hat Australien eingenommen (vgl. *Proclamation Declaring Waters Around the Australian Antarctic Territory to be Excepted Waters under the Fisheries Act 1952* vom 31. 10. 1979, abgedruckt bei *Bush*, Vol. II, 1982, 208). Eine besondere Situation liegt für Chile vor, da dieses eine ausschließliche Wirtschaftszone bereits vor Inkrafttreten des Antarktisvertrages erklärt hatte.

[31] *Watts*, 132.

[32] In der Praxis ist es den Konsultativparteien gelungen, diesem Problem weitgehend seine Relevanz zu nehmen, vgl. dazu *F. Orrego Vicuña*, The Law of the Sea and the Antarctic Treaty System: New Approaches to Offshore Jurisdiction, in: *Joyner/Chopra* (eds.), 97 (104 ff).

[33] Vgl. dazu *R. Wolfrum/U. D. Klemm*, Antarctica, EPIL I (1992), 176 f.

[34] Entsprechende Vorstöße Uruguays auf der XVII. und XVIII. Konsultativversammlung (1993 bzw. 1994) blieben erfolglos.

[35] Empfehlung III-VIII, abgedruckt bei *Bush*, Vol. I, 1982, 146 ff. Gem. Art. VIII i.V.m. Art. IV bedurften danach bestimmte Aktivitäten einer Erlaubnis; diese wurde von den Staaten für ihre Staatsangehörigen ausgestellt. Sie begründeten eine entsprechende Erlaubnis auch gegenüber den anderen Konsultativstaaten. Die Überwachung lag bei den Staaten für ihre Staatsangehörigen. Eine vergleichbare Regelung fehlt dem Umweltschutzprotokoll vom 4. 10. 1991 zum Antarktisvertrag, das die *Agreed Measures* ersetzt, hinsichtlich der Umweltverträglichkeitsprüfung. Im übrigen ist aber die Praxis, daß die Staaten die Genehmigung anderer Staaten anerkennen, erhalten geblieben.

Sicherung. Gemäß Art. I Abs. 1 des Antarktisvertrages sind alle Maßnahmen militärischer Art, wie beispielsweise die Errichtung von Stützpunkten oder Befestigungen, die Durchführung militärischer Manöver oder die Erprobung von Waffen verboten. Die als beispielhaft zu verstehende Umschreibung läßt deutlich werden, daß im Sinne des Antarktisvertrages „friedlich" nicht als Gegensatz zu „aggressiv", sondern als Gegensatz zu „militärisch" zu verstehen ist.[36] Lediglich die Verwendung militärischen Personals und militärischer Ausrüstung zu wissenschaftlichen Zwecken ist gestattet. Die entsprechende Passage von Art. I Abs. 2 des Antarktisvertrages ist als Ausnahmevorschrift zum generellen Gebot der Demilitarisierung zu verstehen und kommt praktischen Bedürfnissen entgegen.

11. Gesichert wird das Prinzip der ausschließlich friedlichen Nutzung der Antarktis durch das in Art. VII des Antarktisvertrages niedergelegte Inspektionssystem.[37] Nach Art. VII des Antarktisvertrages hat jede Konsultativpartei die Möglichkeit, Beobachter zu benennen und Inspektionen durchzuführen.

Die Inspektoren werden national benannt und ihre Namen werden den übrigen Vertragsstaaten mitgeteilt; diese haben nicht die Möglichkeit, einzelne Inspektoren abzulehnen und können auch sonst in keiner Weise auf Art und Ablauf der Inspektion Einfluß nehmen. Damit wird unterstrichen, daß es sich um eine ausschließlich nationale Kontrolle handelt. Diese dient allerdings nicht einzelstaatlichen Interessen, sondern dem Interesse aller Vertragsstaaten an der Durchführung des Antarktisvertrages.

Während der Durchführung ihrer Aufgaben genießen die Inspektoren und ihr Hilfspersonal quasi diplomatische Immunität.[38]

Die Inspektoren haben das Recht, jedes Gebiet der Antarktis aufzusuchen und alle Stationen, Einrichtungen, Flugzeuge und Schiffe zu überprüfen. Außerdem ist jederzeit eine Luftüberwachung möglich. Die Aufgabe der Inspektoren ist außerordentlich weit gefaßt, so daß nicht nur die Einhaltung der Demilitarisierungsbestimmungen Gegenstand der Überprüfung zu sein braucht. Theoretisch ist es auch möglich, Inspektionen in bezug auf die Einhaltung von Umweltschutzbestimmungen durchzuführen. Dies ist in der Praxis durchaus schon geschehen.

12. Art. II und III des Antarktisvertrages sichern die freie wissenschaftliche Forschung und die wissenschaftliche Zusammenarbeit in der Antarktis.[39] Danach unterrichten sich die Parteien gegenseitig über ihre Forschungsprogramme und tauschen wissenschaftliches Personal aus, außerdem haben sie sich verpflichtet, die wissenschaftlichen Ergebnisse allgemein zugänglich zu machen. Daneben sehen die Empfehlungen der Beratenden Versammlung einen Erfahrungsaustausch zu speziellen Fragen vor. Die Forderung nach einer gegenseitigen Unterrichtung über geplante Forschungsprogramme und den Austausch wissenschaftlichen Personals bezieht sich nur auf das Verhältnis der Vertragsstaaten untereinander.

Die wissenschaftliche Forschung in der Antarktis unterliegt derzeit keinen substantiellen Einschränkungen, die sich unmittelbar aus dem Antarktisvertrag ergeben, obwohl derartige

---

[36] Vgl. dazu *G. R. Moncayo*, L'utilisation de l'Antarctique à des fins pacifiques, in: *Francioni/Scovazzi* (eds.), 155 (156); *Wolfrum*, Internationalisierung, 62 ff.

[37] Vgl. dazu *Hanevold*, Cooperation and Conflict 6 (1971), 103 ff; *M. Voelckel*, L'inspection en Antarctique, in: *G. Fischer/D. Vignes* (eds.), L'inspection internationale: Quinze études de la pratique des Etats et des organisations internationales, 1976, 223 ff.

[38] Von 1963–1994 sind insgesamt 30 Inspektionen durchgeführt worden; 181 Stationen oder Schiffe waren dabei Gegenstand der Überprüfung.

[39] Hierzu sind eine Reihe von Empfehlungen der Konsultativversammlungen ergangen, vgl. dazu z. B. Empfehlungen VIII-6 und XIII-3 (abgedruckt bei *Bush*, Vol. I, 1982, 317 ff bzw. Binder I, Booklet AT2 (1991), 48); vgl. dazu im einzelnen: *P. de Cesari*, The Regime of Scientific Research, in: *Francioni/Scovazzi* (eds.), 247 ff.

Einschränkungen durch die Konsultativstaaten vorgesehen werden können. Ein Beispiel hierfür fand sich in den *Agreed Measures for the Conservation of Antarctic Fauna and Flora* vom Juni 1964. Sie erlegten der wissenschaftlichen Forschung im Interesse des Artenschutzes Restriktionen auf.[40] Vergleichbare und darüber hinausgehende Restriktionen ergeben sich aus dem Umweltschutzprotokoll zum Antarktisvertrag vom 4. 10. 1991, wobei allerdings zu berücksichtigen ist, daß das Umweltprotokoll gleichrangig den Schutz der antarktischen Umwelt und der freien wissenschaftlichen Forschung sichert.

13. Obwohl der Schutz der antarktischen Umwelt in Art. IX des Antarktisvertrages nur in bezug auf die „lebenden Schätze" angesprochen wird und nicht als ein allgemeines Prinzip, haben die Konsultativversammlungen diesen Gesichtspunkt doch zu ihrer Hauptaufgabe gemacht.[41] Es sind eine Reihe von Empfehlungen erlassen worden, die negative Auswirkungen auf die am meisten verwundbaren Küstengebiete und eisfreien Zonen der Antarktis verhindern sollen. Besonders in diesem Zusammenhang zu erwähnen sind die *Agreed Measures for the Conservation of Antarctic Fauna and Flora*[42] sowie der *Code of Conduct for Antarctic Expedition and Station Activities*.[43] Die *Agreed Measures* sehen die Einrichtung sog. *Specially Protected Areas*[44] vor, welche nur mit spezieller Genehmigung zu betreten sind und in denen Aktivitäten Restriktionen unterliegen. Die Anzahl der *Specially Protected Areas* hat sich im Laufe der Zeit vergrößert. Außerdem wurden bestimmte Tiere und Pflanzen unter Schutz gestellt.
Als ein Sonderfall des Umweltschutzes ist das Verbot von Nuklearexplosionen und der Lagerung von radioaktivem Material anzusehen (Art. V). Nicht im Vertrag verboten ist dagegen die Errichtung von Kernkraftwerken.
Trotz der wesentlichen Anstrengungen der Konsultativparteien ist immer wieder von verschiedenen Seiten kritisch angemerkt worden, daß Stationen und Expeditionen die Umwelt der Antarktis gefährden oder schädigen. Besonders problematisch ist die Abfallbeseitigung. Hierin finden sich in dem Umweltschutzprotokoll zum Antarktisvertrag umfassende Regelungen.[45]

II. 1. Das System des Antarktisvertrages verfügt über keinen Verwaltungsapparat im eigentlichen Sinne. Hiergegen wandten sich vor allem die südamerikanischen Staaten und Australien[46], die in jeder verfestigten Organisation eine wesentliche Einschränkung ihrer Territorialansprüche sahen. Vorgesehen wird durch Art. IX des Antarktisvertrages lediglich eine Konsultativversammlung, die ihrem Wesen nach eine Staatenkonferenz ist.[47] Die Konsultativversammlung tritt in vom Vertrag nicht näher fixierten zeitlichen Intervallen zusammen. Während sich hierfür bis 1991 prinzipiell ein Zweijahresrhythmus eingebürgert hatte, gilt seither ein jährlicher Rhythmus. Ort der Zusammenkunft ist jeweils die Hauptstadt eines der Konsultativstaaten. Beim Gastland liegen für die Zeit der Zusammenkunft

---

[40] Vgl. dazu *F. Wong/F. Newman*, Restrictions to Freedom of Scientific Research through Environmental Protection, in: *Wolfrum* (ed.), Antarctic Challenge II, 103 ff.

[41] Eine Zusammenfassung geben *J. Barnes*, Legal Aspects of Environmental Protection in Antarctica, in: *Joyner/Chopra* (eds.), 241 ff sowie *J. A. Heap/M. W. Holdgate*, The Antarctic Treaty System as an Environmental Mechanism – An Approach to Environmental Issues, in: Antarctic Treaty System – An Assessment, 1986, 195 ff.

[42] Empfehlung III-VIII; abgedruckt bei *Bush*, Vol. I, 1982, 146 ff.

[43] Annex zu Empfehlung VIII-11; abgedruckt bei *Bush*, Vol. I, 1982, 324 ff.

[44] *B. A. Boczek*, Specially Protected Areas as an Instrument for the Conservation of the Antarctic Nature, in: *Wolfrum* (ed.), Antarctic Challenge II, 65 ff.

[45] Vgl. dazu *Krüger*, 125 ff.

[46] So *Hannessian*, ICLQ 29 (1960), 436 (462).

[47] Vgl. dazu *Hanevold*, Cooperation and Conflict 6 (1971), 103 (197 ff); *R. T. Scully*, Institutionalisation of the Antarctic Treaty Regime, in: *Wolfrum* (ed.), Antarctic Challenge II, 283 (285 ff); *Kämmerer*, 147 ff.

alle Aufgaben eines Sekretariats[48] sowie die Vorbereitung des Treffens.[49] Auf die früher stattfindenden Vorbereitungstreffen wurde seit Einführung des Einjahresrhythmus verzichtet. In der Zukunft wird es zur Einrichtung eines ständigen Sekretariats kommen.

2. Die wesentliche Aufgabe der Konsultativversammlungen besteht darin, den Regierungen der Konsultativparteien Maßnahmen zur Förderung der Ziele und Grundsätze des Antarktisvertrages vorzuschlagen. Daneben sollen sie Informationen austauschen und über gemeinsam interessierende Fragen beraten. Im Vordergrund steht die Ausarbeitung von Empfehlungen. Der Informationsaustausch der Expeditionen erfolgt auf Regierungsebene, während der wissenschaftliche Erfahrungsaustausch im Rahmen von SCAR *(Scientific Committee of Antarctic Research)* stattfindet. In bezug auf den Erlaß von Empfehlungen wird den Konsultativversammlungen ein weiter Spielraum eröffnet, da der Antarktisvertrag nicht näher umschreibt, mit welchen Sachkomplexen sich diese Empfehlungen beschäftigen können. Sinn dieser Empfehlungen ist es, den Antarktisvertrag entsprechend neuen wissenschaftlichen Erkenntnissen und Bedürfnissen weiterzuentwickeln. In der Praxis widmen sich die Empfehlungen in erster Linie Fragen des Umweltschutzes, der Zusammenarbeit und Unterstützung der wissenschaftlichen Forschung sowie dem Informationsaustausch.[50] Insbesondere an dieser Stelle wird deutlich, daß es sich bei dem Antarktisvertrag lediglich um einen auf dynamische Fortentwicklung angelegten Rahmen handelt.

3. Gemäß der Verfahrensordnung der Konsultativversammlung werden Empfehlungen einstimmig verabschiedet. Diese Empfehlungen entfalten keine unmittelbare Bindungswirkung, soweit sie nicht vorläufig in Kraft gesetzt werden. Die Empfehlungen treten in Kraft, sobald ihnen alle Konsultativparteien zugestimmt haben. Demgemäß handelt es sich bei derartigen „Empfehlungen“ um völkerrechtliche Verträge zur Ergänzung des Antarktisvertrages.

§ 139 Schutz der antarktischen Pelzrobben

Schrifttum: wie vor § 138.

I. 1. Im 18. Jahrhundert war der Fang von Pelzrobben eine der wesentlichen wirtschaftlichen Aktivitäten in der Antarktis. Sie führte zu einer fast völligen Ausrottung der Robbenbestände, deren Situation sich erst mit der Verabschiedung der *Agreed Measures for the Conservation of the Antarctic Fauna and Flora* vom Juni 1964[1] und den Empfehlungen III–XI (1964) und IV-21 (1966)[2] zu verbessern begann. Da die Konsultativparteien zunächst davon ausgingen, daß Art. VI des Antarktisvertrages es ihnen verbiete, Umweltschutzmaßnahmen mit Hilfe von Empfehlungen der Konsultativversammlung für die antarktischen Meeresgebiete zu ergreifen, wurde ein gesonderter Vertrag, vom 1. Juni 1972,[3] zwischen den ursprünglichen Signatarstaaten des Antarktisvertrages geschaffen.

2. Obwohl das Abkommen zum Schutz antarktischer Robben weitgehend traditionellen Fischereiabkommen entspricht, weist es doch einige Besonderheiten auf, die sich aus dem

48 Vgl. im einzelnen *R. T. Scully*, The Institutional Development of the Antarctic Treaty System: The Question of a Secretariat, in: *Wolfrum* (ed.), Antarctic Challenge III, 41.

49 Einzelheiten hierzu *Hanevold*, Cooperation and Conflict 6 (1971), 103 (189 ff).

50 Einen Überblick über die bis 1985 gemachten Empfehlungen gibt *Peterson*, 98 f.

1 Empfehlung III-VIII; abgedruckt bei *Bush*, Vol. I, 1982, 146 ff.

2 Abgedruckt bei *Bush*, Vol. I, 1982, 144 und 190 f.

3 Convention for the Conservation of Antarctic Seals (CCAS), ILM 11 (1972), 251; BGBl. 1987 II, 90; in Kraft seit dem 11. 3. 1978; vgl. dazu *Rothwell*, 121 f.

Kontext zum Antarktisvertrag ergeben. Dies kommt vor allem darin zum Ausdruck, daß die ursprünglichen Signatarstaaten des Antarktisvertrages als Signatarstaaten des Abkommens zum Schutze der Robben frei über den Hinzutritt weiterer, dann nicht gleichberechtigter Mitglieder entscheiden.

3. Das Abkommen verbietet den Vertragsstaaten grundsätzlich den Fang von Robben, erlaubt jedoch für drei der sechs Robbenarten einen begrenzten Fang durch Festsetzung einer Jahresfangquote. Diese Jahresfangquote reicht keinesfalls aus, um die wirtschaftliche Nutzung der Robbenbestände aufzunehmen. Gleichzeitig werden Robbenschutzgebiete eingerichtet. Das Abkommen sieht derzeit, anders als vergleichbare Fischereikonventionen, weder die Errichtung einer selbständigen Kommission noch die Möglichkeit der Einhaltung der Fangbeschränkung vor. Eine entsprechende Umgestaltung der Konvention wird in Aussicht gestellt, sollte sich eine wirtschaftliche Nutzung der Robbenbestände als möglich erweisen.

§ 140 Übereinkommen über die Erhaltung der lebenden Meeresschätze der Antarktis

Schrifttum: wie vor § 137, sowie *R. T. Scully*, The Marine Living Resources of the Southern Ocean, University of Miami Law Review 33 (1978), 348 ff; *F. Sollie*, Trends and Prospects for Regimes for Living and Mineral Resources in the Antarctic, in: *J. U. Gamble jr.* (ed.), Law of the Sea; Neglected Issues, Proceedings of the Twelfth Annual Conference, Law of the Sea Institute, Hawaii 1979, 193 ff; *K. H. Kock*, Present Knowledge of Antarctic marine living resources and means of ensuring the compliance with protection measures, in: *R. Wolfrum* (ed.), Antarctic Challenge II, 1986, 47 ff; *R. Lagoni*, Convention on the Conservation of Antarctic Marine Living Resources: A Model for the Use of a Common Good?, in: *R. Wolfrum* (ed.), Antarctic Challenge I, 1984, 93 ff; *D. Sahrhage*, Present Knowledge of Living Marine Resources in the Antarctic, Possibilities for their Exploitation and Scientific Perspectives, in: *R. Wolfrum* (ed.), Antarctic Challenge III, 1988, 67 ff; *J. N. Barnes*, The Emerging Antarctic Living Resources, ASIL, Proceedings of the 73th Annual Meeting, 1979, 272 ff; *B. Mitchell/R. Sandbrook*, The Management of the Southern Ocean, 1980, 127 ff; *T. Nagata*, The Implementation of the Convention on the Conservation of Marine Antarctic Living Resources: needs and problems, in: *F. Orrego Vicuña* (ed.), Antarctic Resources Policy, 1983, 119 ff; *G. A. Nox*, The Living Resources of the Southern Ocean: a scientific overview, in: *F. Orrego Vicuña* (ed.), Antarctic Resources Policy, 1983, 21 ff; *F. Zegers*, The Canberra Convention: objectives and political aspects of its negotiation, in: *F. Orrego Vicuña* (ed.), Antarctic Resources Policy, 1983, 149 ff; *J. Couratier*, The regime for the conservation of Antarctica's living resources, in: *F. Orrego Vicuña* (ed.), Antarctic Resources Policy, 1983, 139 ff; *D. L. Powell*, Antarctic Marine Living Resources and CCAMLR, in: *R. A. Herr/F. H. R. Hall/M. G. Haward* (eds.), Antarctica's Future: Continuity or Change?, 1990, 61 ff; *F. Orrego Vicuña*, The Effectiveness of the Decision-Making Machinery of CCAMLR: An Assessment, in: *A. Jörgensen-Dahl/W. Ostreng*, Antarctic Treaty System in World Politics, 1991, 25 ff; *J. A. Heap*, Has CCAMLR Worked? Management Policies and Ecological Needs, in: *A. Jörgensen-Dahl/W. Ostreng*, Antarctic Treaty System in World Politics, 1991, 43 ff; *M. Basson/J. R. Beddington*, CCAMLR: The Practical Implications of an ECO-System Approach, in: *A. Jörgensen-Dahl/W. Ostreng*, Antarctic Treaty System in World Politics, 1991, 54 ff; *J.-P. Puissochet*, CCAMLR – A Critical Assessment, in: *A. Jörgensen-Dahl/W. Ostreng*, Antarctic Treaty System in World Politics, 1991, 70 ff; *O. S. Stokke*, The Effectiveness of CCAMLR, in: *derselbe*, Governing the Antarctic, 1996, 120 ff; *L. Cordonnery*, Environmental Protection in Antarctica: Drawing Lessons from the CCAMLR Model for the Implementation of the Madrid Protocol, Ocean Development and International Law 29 (1998), 125 ff.

I. 1. Nachdem eine wirtschaftliche Nutzung der Wale und Robben wegen des Rückgangs der Bestände an Bedeutung verlor, entwickelte sich ein Interesse, die Fisch- und Krillbestände[1] der Antarktis zu nutzen.[2] Da der Krill allerdings mittleres Glied der kurzen und daher sehr störungsempfindlichen Nahrungskette Phytoplankton – Krill – Vögel – Fische – Meeressäuger ist und aus diesem Grund eine Schlüsselrolle im antarktischen Ökosystem einnimmt, bestand bei den Konsultativparteien die Befürchtung, daß eine ungeregelte Nutzung der Krillbestände einen negativen Einfluß auf den Bestand der übrigen lebenden Meeresschätze haben könnte. Deshalb strebten sie die Schaffung eines speziellen Regelungswerks an.[3] Die Befürchtungen um den Bestand waren aber nicht der einzige Grund für die Schaffung des Übereinkommens zur Erhaltung der lebenden Meeresschätze der Antarktis.[4] Hinzu trat, daß die Nutzung der Krillbestände teilweise durch Staaten erfolgte oder zu erfolgen drohte, die durch den Antarktisvertrag nicht gebunden waren.[5] Aus diesem Grund war auch eine Regelung durch Empfehlungen der Konsultativversammlung nicht möglich. Ganz abgesehen davon erschien ein gesondertes Übereinkommen auch deshalb notwendig, weil zwischen den Konsultativparteien Uneinigkeit über die Auslegung des territorialen Geltungsbereichs des Antarktisvertrages nach dessen Art. VI bestand und damit darüber, inwieweit Umweltschutzmaßnahmen im Wege von Empfehlungen der Konsultativversammlung auf die hohe See erstreckt werden konnten.

2. Obwohl das Übereinkommen über die Erhaltung der lebenden Meeresschätze der Antarktis im Rahmen des antarktischen Vertragssystems erarbeitet und angenommen wurde, ist sein räumlicher Anwendungsbereich weiter als derjenige des Antarktisvertrages. Das Vertragsgebiet des Übereinkommens erfaßt über das antarktische Vertragsgebiet hinaus die Seegebiete bis zur antarktischen Konvergenz,[6] eine wesentliche antarktische bio-geographische Grenzlinie, wo das kalte, nach Norden drängende antarktische Wasser unter das warme Oberflächenwasser der Ozeane verschwindet, das sich nach Süden bewegt. Aus Gründen der Rechtsklarheit ist diese Grenze durch geographische Koordinaten definiert. Sinn dieser Grenzverschiebung nach Norden ist es, das gesamte antarktische ökologische System zu erfassen. Dies entspricht dem ökologischen Ansatz der Konvention, die anders als andere Umweltschutzabkommen nicht eine bestimmte Tier- oder Pflanzenart, sondern das ökologische System innerhalb eines räumlichen Bereichs erfaßt.

3. Die Vertragsstaaten des Übereinkommens verpflichten sich, alle Aktivitäten in dem Vertragsgebiet zu verbieten, die den Zielen und Prinzipien des Antarktisvertrages widersprechen könnten, insbesondere unterwerfen sie sich dem Prinzip der ausschließlich friedlichen Nutzung, dem Verbot von Atomexplosionen und der Lagerung von radioaktiven Abfällen sowie Art. IV des Antarktisvertrages.

---

[1] Der Krill (lat.: *euphausia superba)* ist ein zu den Leuchtkrebsen gehörender Kleinkrebs, der im Südpolarmeer, insbesondere im atlantischen Sektor, verbreitet ist, vgl. *J. Stewart*, Antarctica – An Encyclopedia, Vol. I, 1990, 542 (Stichwort: Krill).

[2] Vgl. dazu *Kock*, in: *Wolfrum* (ed.), Antarctic Challenge II, 47 ff; *Sahrhage*, in: *Wolfrum* (ed.), Antarctic Challenge III, 67 ff; *ders.*, Fisheries Overview, in: *Center for Ocean Management Studies*, 101 ff; zur wirtschaftlichen Seite vgl. *V. M. Kaczynski*, Economic Aspects of Antarctic Fisheries, in: Center for Ocean Management Studies, 141 ff; *E. Sciso*, Le Risorse dell' Antartide e il Diritto internazionale, 48 ff.

[3] Vgl. dazu *R. J. Hofman*, The Convention on the Conservation of Antarctic Marine Living Resources, in: *Center for Ocean Management Studies*, 113 ff (116 ff); die biologische Erforschung von Krill wurde stark durch das BIOMASS (Biological Investigations of Marine Antarctic Systems and Stocks), initiiert von SCAR, gefördert, vgl. dazu *M. C. Macaulay*, First and Second International BIOMASS Experiments and Recent Research on the Abundance of Krill (Euphausia superba) in the Southern Ocean, in: *Center for Ocean Management Studies*, 159 ff.

[4] *Convention on the Conservation of Antarctic Marine Living Resources (CCAMLR)*, ILM 19 (1980), 841; BGBl. 1982 II, 420; in Kraft seit dem 7. 4. 1982.

[5] Vgl. dazu im einzelnen *Lagoni*, in: *Wolfrum* (ed.), Antarctic Challenge I, 93 (96).

[6] Dies hatte auch Konsequenzen für territoriale Ansprüche auf Meereszonen. Anders als der Antarktisvertrag bestätigt Art. IV des Übereinkommens über die Erhaltung der lebenden Meeresschätze unter dem Vorbehalt von Art. IV des Antarktisvertrages küstenstaatliche Jurisdiktionsbefugnisse, soweit diese in Einklang mit dem Völkerrecht stehen.

4. Ziel des Übereinkommens ist die Erhaltung der lebenden Meeresschätze der Antarktis, ohne deren wirtschaftliche Nutzung völlig ausschließen zu wollen. Jede Nutzung hat vielmehr so zu erfolgen, daß weder der genutzte Bestand einer Art noch davon abhängige Bestände anderer Arten in ihrer Nutzbarkeit oder Existenz gefährdet werden.[7] Dieser globale ökologische Ansatz des Übereinkommens über die Erhaltung der lebenden Meeresschätze der Antarktis stellte im internationalen Umweltrecht eine wesentliche Neuerung dar.[8]

5. Die Durchführung dieses Übereinkommens ist einer Kommission mit Sitz in Hobart (Australien) anvertraut, die über einen eigenen Verwaltungsapparat und über einen eigenen Haushalt verfügt. Ständige Mitglieder der Kommission sind die Staaten, die an der Vertragskonferenz für diese Konvention teilgenommen haben, hierzu zählten neben den Konsultativparteien des Antarktisvertrages die ehemalige DDR, die Bundesrepublik Deutschland sowie Polen. Die Kommission hat Kompetenzen, die denjenigen von Fischereikommissionen gleichen; sie hat allerdings nicht das Recht, nationale Fangquoten festzusetzen. Die nationalen Quoten innerhalb der zulässigen Jahresfangmenge werden zwischen den Nutzern unmittelbar ausgehandelt. Die Einhaltung der Konvention sowie die Durchsetzung der von der Kommission erlassenen Empfehlungen wird über ein nationales Inspektionssystem gesichert.

6. Ob es der Kommission gelungen ist, die lebenden Meeresressourcen der Antarktis zu schützen, ist allerdings fraglich, obwohl eine wirtschaftliche Nutzung von Krill bislang nicht stattfindet.[9] Ein Problem stellt der wilde Fischfang durch Schiffe dar, die nicht unter der Flagge eines Vertragsstaats stehen.[10]

§ 141 Die Weiterentwicklung des antarktischen Rechtsregimes

Schrifttum: wie vor § 138 sowie *F. Orrego Vicuña*, El Derecho del Mar en el Sistema del Tratado Antártico: su evolución a la luz de los regimes de recursos, Temas de Derecho Internacional, in: Festschrift Frida M. Pfirter de Armas Barea, 1989, 139 ff; *R. Bermejo*, L'Antarctique et ses Ressources Minérales: Le Nouveau Cadre Juridique, 1990; *A. Watts*, The Convention on the Regulation of Antarctic Mineral Resource Activities, International and Comparative Law Quarterly 39 (1990), 169 ff; *B. W. Davis*, Protecting Antarctica: Will a Minerals Agreement Guard the Door Open or Open the Door to Commercial Exploitation?, George Washington Journal of International Law and

---

[7] Die entscheidenden, in Art. II des Übereinkommens festgelegten Prinzipien lauten: „... 3 (a) prevention of decrease in the size of any harvested population to levels below those which ensure its stable recruitment. For this purpose its size should not be allowed to fall below a level close to that which ensures the greatest net annual increment; (b) maintenance of the ecological relationships between harvested, dependent and related populations of Antarctic marine living resources and the restoration of depleted populations to the levels defined in sub-paragraph (a) above; and (c) prevention of changes or minimization of the risk of changes in the marine ecosystem which are not potentially reversible over two or three decades, taking into account the state of available knowledge of the direct and indirect impact of harvesting, the effect of the introduction of alien species, the effects of associated activities on the marine ecosystem and of the effects of environmental changes, with the aim of making possible the sustained conservation of Antarctic marine living resources." Vgl. zu Art. II des Übereinkommens *G. Parkes*, Precautionary Fisheries Management: the CCAMLR Approach, Marine Policy 24 (2000), 83 ff; *R. Baird*, Fishing the Southern Ocean: the Development of Fisheries and the Role of CCAMLR in their Management, University of Tasmania Law Review 16 (1997), 160 ff.

[8] *Lagoni*, in: *Wolfrum* (ed.), Antarctic Challenge I, 93 (98); *Kämmerer*, 196 f; *Cordonnery*, Ocean Development and International Law 29 (1998), 125 (126 ff).

[9] Vgl. dazu im einzelnen *Powell*, 61 ff; *Kämmerer*, 202 ff; *Stokke*, 123 ff.

[10] Vgl. in diesem Zusammenhang die Fälle *Camouco*, Urteil vom 7.2.2000; ILM 39 (2000), 666, und *Monte Confurco*, Urteil vom 18.12.2000; unter http://www.itlos.org vor dem Internationalen Seegerichtshof.

Economics 23 (1990), 733 ff; *R. Lefeber*, The Exercise of Jurisdiction and the Changing Structure of International Law: The International Community and Common Interests, Netherlands Yearbook of International Law 21 (1990), 81 ff; C. *Tenenbaum*, A World Park in Antarctica: the Common Heritage of Mankind and the Antarctic Treaty System, Netherlands International Law Review 38 (1991), 173 ff; R. *Zang*, Frozen in Time: the Antarctic Mineral Resource Convention, Cornell Law Review 76 (1991), 722 ff; *J. A. Kämmerer*, Das Umweltschutzprotokoll zum Antarktisvertrag, Europa Archiv 46 (1991), 632 ff; *M. T. Kyriak*, The Future of the Antarctic Treaty System: an Examination and Evaluation of the „Common Heritage“ and „World Park“ Proposals for an Alternative Antarctic Regime, Auckland University Law Review 7 (1992), 105 ff; I. *McColloch*, Protocol on Environmental Protection to the Antarctic Treaty – The Antarctic Treaty – Antarctic Minerals Convention – Wellington Convention – Convention on the Regulation of Antarctic Mineral Resource Activities, Georgia Journal of International and Comparative Law 22 (1992), 211 ff; *M. Poole*, Liability for Environmental Damage in Antarctica, Journal of Energy and Natural Resources Law 10 (1992), 246 ff; *W. M. Welch*, The Antarctic Treaty System: Is It Adequate to Regulate or Eliminate the Environmental Exploitation of the Globe's Last Wilderness?, Houston Journal of International Law 14 (1992), 597 ff; *S. K. N. Blay*, New Trends in the Protection of the Antarctic Environment: The 1991 Madrid Protocol, American Journal of International Law 86 (1992), 377 ff; *F. Francioni*, The Madrid Protocol on the Protection of the Antarctic Environment, Texas International Law Journal 28 (1993), 47 ff; *J. Podehl*, Das Umweltschutzprotokoll zum Antarktisvertrag als Ergebnis der Verhandlungen über die Rohstoffnutzung in der Antarktis, 1993.

I. Der Antarktisvertrag enthält keine spezifischen Regelungen hinsichtlich einer wirtschaftlichen Nutzung der Antarktis. Dies wirft vor allem Probleme in bezug auf eine in der Zukunft technisch möglich werdende Nutzung der mineralischen Ressourcen der Antarktis auf. Probleme bestehen aber auch in bezug auf die Nutzung der Antarktis durch Tourismus[1] oder durch Ausbeutung des antarktischen Eises. Politische Probleme ergeben sich vor allem daraus, daß die Staatengemeinschaft nicht mehr uneingeschränkt bereit ist zu akzeptieren, daß die Verwaltung der Antarktis ausschließlich in den Händen der Konsultativparteien liegt.

II. 1. Die Konsultativparteien haben die Nutzung der antarktischen mineralischen Ressourcen erstmalig 1970 diskutiert und hierzu in der Folgezeit verschiedene Empfehlungen erlassen.[2] Mit Empfehlung XI-1 beschlossen die Konsultativparteien eine Sonderkonsultativversammlung einzuberufen, um einen Vertrag für die Nutzung der mineralischen Ressourcen der Antarktis zu entwerfen, sollte diese Nutzung je technisch möglich werden.[3] Dabei enthielt die Empfehlung XI-1 bereits einen Rahmen für diese Verhandlungen. Dieser umfaßte fünf Prinzipien: Fortführung der aktiven und verantwortlichen Rolle der Konsultativparteien, Aufrechterhaltung des Antarktisvertrages in seiner Gesamtheit, Schutz der antarktischen Umwelt und der davon abhängigen Ökosysteme, Nichtbeeinträchtigung der Interessen der Menschheit an der Antarktis sowie die weitere Anwendung von Art. IV des Antarktisvertrages. Die Verhandlungen begannen 1983 und endeten am 2. Juni 1988; der im Konsens beschlossene Vertragsentwurf[4] wird allerdings nicht in Kraft treten, da ihm zwei der Staaten (Australien und Frankreich), deren Ratifikation zu seinem Inkrafttreten notwendig ist, die Zeichnung verweigert haben. Dennoch bleibt dieser gescheiterte Vertragsentwurf für die Weiterentwicklung des antarktischen Rechtssystems von Bedeutung.

---

[1] Vgl. dazu *J. E. Nicholson*, Antarctic Tourism – The Need for a Legal Regime?, in: Jörgensen-Dahl/Ostreng (ed.), Antarctic Treaty System in World Politics, 1991, 415 ff.

[2] Empfehlung VII-6, VIII-14, IX-1, X-1, XI-1, abgedruckt bei *Bush*, Vol. I, 1982, 146 ff; zum Problem der Nutzung der mineralischen Ressourcen in der Antarktis vgl. auch *B. Mitchell*, Frozen States, The Future of Antarctic Minerals, 1983.

[3] Zur Verhandlungsgeschichte vgl. *A. D. Watts*, Lessons to be Learned from the Mineral Resources Negotiations, in: *Wolfrum* (ed.), Antarctic Challenge III, 319 ff sowie *Bermejo*, 37 ff.

[4] ILM 27 (1988), 865; Handbook of the Antarctic Treaty System, 8th ed., April 1994, 199.

2. Die Konvention weist einige der Charakteristika des Antarktisvertrages auf, wobei diese sehr viel deutlicher zum Ausdruck kommen, als in den anderen Verträgen über die Antarktis. Dies erklärt sich daraus, daß jedes Regime für eine wirtschaftliche Nutzung der Antarktis die Frage nach der territorialen Zuordnung dieses Gebiets betont und entsprechende Kompromisse der Konsultativparteien verlangt.

3. Das Vertragsgebiet (Art. 5 des Vertragsentwurfs) bezieht sich im wesentlichen auf das Gebiet des Antarktisvertrages, d. h. auf das Gebiet südlich des 60. südlichen Breitenkreises. Mineralische Ressourcenaktivitäten, die außerhalb dieses Bereiches auf dem Festlandsockel des antarktischen Kontinentes stattfinden, werden allerdings ebenfalls von dieser Konvention erfaßt. Nicht erfaßt wird hingegen der Tiefseebodenbereich, selbst wenn er südlich des 60. südlichen Breitenkreises liegt. Die Konsultativparteien waren bestrebt, einen Kompetenzkonflikt mit der Internationalen Meeresbodenbehörde[5] zu vermeiden. Ebensowenig erfaßt werden Aktivitäten auf dem Festlandsockelbereich innerhalb des antarktischen Vertragsgebietes soweit dieser Festlandsockel zu antarktischen Inseln gehört.
Der Konventionsentwurf bestätigt erneut Art. IV des Antarktisvertrages, wobei er auch auf die vom Antarktisvertrag nicht erfaßten Gebiete ausgedehnt wird.
Keine Einigung kam in bezug auf die Ausübung der Jurisdiktion zustande. Der entsprechende Art. 7 des Vertragsentwurfes enthält einen Formelkompromiß. Danach muß jeder Vertragsstaat die notwendigen Maßnahmen innerhalb seiner Kompetenz ergreifen, um sicherzustellen, daß die Aktivitäten sich im Einklang mit der Konvention befinden. Es bleibt offen, ob sich dies auf die Ausübung der Personal- oder der Territorialhoheit bezieht. Grundsätzlich allerdings geht diese Konvention davon aus, daß die Jurisdiktion auf der Basis der Personalhoheit erfolgt.[6]
Die in dem Konventionsentwurf vorgesehenen Institutionen[7] sind im Recht der internationalen Organisationen einmalig. Die Art ihrer Zusammensetzung und ihre Kompetenzen erklären sich aus den verschiedenen Rechtsstandpunkten in bezug auf den territorialen Status der Antarktis.
Der Vertrag sieht die Gründung einer Kommission, von Regelungsausschüssen, eines Beratungsausschusses und eines *‚Special Meeting of Parties'* vor. Die Kommission sollte aus den Konsultativparteien bestehen, die diesen Status innehatten, als die Konvention zur Zeichnung aufgelegt wurde. Später hinzutretende Staaten erhalten den Konsultativstatus nur für die Zeit, in der sie wesentliche wissenschaftliche, technische oder umweltbezogene Forschung in bezug auf die Antarktis durchführen oder entsprechende Bergbauaktivitäten fördern. Der Beratende Ausschuß besteht aus Wissenschaftlern und steht allen Vertragsstaaten offen. Ebenso allen Vertragsstaaten offen steht das *‚Special Meeting'*, das beratende Funktionen hat. Zusammensetzung und Funktion der beiden letztgenannten Gremien stellte einen Versuch dar, Konsultativparteien stärker in den Willensbildungsprozeß um die Antarktis einzubinden. Die Zusammensetzung der Regelungsausschüsse dient vor allem dazu, die Rechtspositionen der Anspruchsstaaten zu wahren, gleichzeitig aber wurde auch den Interessen der Entwicklungsländer Rechnung getragen. Jeder Regelungsausschuß besteht aus höchstens zehn Mitgliedern, von denen vier Anspruchsstaaten, zwei die Vereinigten Staaten und Rußland und vier Nichtanspruchsstaaten sein sollten; drei Mitglieder jedes Regelungsausschusses haben Entwicklungsländer zu sein. Die Auswahl der Anspruchsstaa-

[5] Vgl. dazu § 128; spezifisch zu diesem Problem *F. Orrego Vicuña*, in: Joyner/Chopra (eds.) 117 ff; *Watts*, 179 f.

[6] Vgl. dazu *R. Wolfrum*, Means of Ensuring Compliance with an Antarctic Mineral Resources Regime, in: *Wolfrum* (ed.), Antarctic Challenge II, 177, (182 ff); *Orrego Vicuña*, 159 f.

[7] Vgl. dazu *Bermejo*, 109 ff; *R. Wolfrum*, The Convention on the Regulation of Antarctic Mineral Resource Activities, 38 ff; *E. Sciso*, Le Risorse dell' Antartide e il Diritto internazionale, 111 ff; *Watts*, 172 ff.

ten ist praktisch fixiert. Hinsichtlich der Auswahl der Nichtanspruchsstaaten hat die Kommission bzw. ihr Vorsitzender eine gewisses Auswahlrecht. Bei den Regelungsausschüssen liegt weitestgehend die Regelung und Überwachung von mineralischen Ressourcenaktivitäten. Sie sind allerdings an den Rechtsrahmen der Konvention und das durch die Kommission erlassene allgemeine Recht gebunden.
Mineralische Ressourcenaktivitäten sollten von Staaten oder Unternehmen durchgeführt werden können, vorausgesetzt für letztere wurde von einer Vertragspartei gebürgt. Die Konvention eröffnete allerdings noch nicht die Möglichkeit einer mineralischen Nutzung der Antarktis. Voraussetzung hierfür ist ein einstimmiger Beschluß der Kommission. Dieser Beschluß ist an die Bedingung geknüpft, daß sowohl die Technik für die Nutzung der mineralischen Ressourcen der Antarktis, wie auch die Technik, den Gefahren einer solchen Nutzung zu begegnen, vorhanden ist.
Trotz dieses Moratoriums wurde der Vertrag als eine Aufforderung, die Antarktis wirtschaftlich zu nutzen, verstanden und von Umweltschutzverbänden nachdrücklich abgelehnt. Diese befürworten, jede wirtschaftliche Ausbeutung der Antarktis für unbegrenzte Zeit zu verbieten.[8]

4. Keine umfassenden Regelungen existieren für den Tourismus in der Antarktis, obwohl von diesem ökologische Gefahren für die Antarktis ausgehen können. Die Vertragsstaaten sind allerdings gem. Art. VII Abs. 5 des Antarktisvertrages sowie nach der Robbenkonvention und der Konvention zur Erhaltung der marinen lebenden Meeresschätze der Antarktis verpflichtet, sicherzustellen, daß touristische Aktivitäten weder den Prinzipien des Antarktisvertrages noch den Grundsätzen der beiden genannten Übereinkommen widersprechen. Darüber hinaus legen auch die ‚*Agreed Measures for the Conservation of Antarctic Fauna and Flora*'[9] und die weiteren Maßnahmen hinsichtlich der Errichtung von *Specially Protected Areas*, von *Sites of Special Scientific Interest*[10] und von *Historic Monuments*[11] dem Tourismus Grenzen auf.[12] Weitere Einschränkungen enthält das Umweltschutzprotokoll vom 4. Oktober 1991 zum Antarktisvertrag.[13] Dennoch wird von einzelnen Konsultativstaaten die Ansicht vertreten, das antarktische Rechtssystem müsse in dieser Hinsicht weiter ausgebaut werden.[14] Auf der XVIII. Konsultativtagung (1994) wurde eine Empfehlung zu Tourismus und Aktivitäten, die nicht von der öffentlichen Hand getragen werden, verabschiedet. Sie enthält Richtlinien, die von den Organisatoren von Touren und Besuchern der Antarktis befolgt werden müssen.

5. Auf der XV. antarktischen Konsultativverhandlung im Oktober 1989 empfahlen die Konsultativparteien die Erarbeitung eines umfassenden Umweltschutzsystems für die Antarktis durch eine Sonderkonsultativverhandlung, die im November 1990 begann[15] und im

---

8 Vgl. dazu *Davis*, 733 ff.

9 Empfehlungen III-8, Handbook of the Antarctic Treaty System, Part 2, 8th ed., April 1994, 2048 ff.

10 Empfehlung VII-3, VIII-3, VIII-4, X-5, X-6, XII-5, XIII-7, XIII-9, XIV-4, XIV-5, XIV-6, Handbook of the Antarctic Treaty System, Part 2, 6th ed., April 1989, 2421 ff.

11 Empfehlungen I-IX, V-4, VI-14, VII-9, XIV-8, Handbook of the Antarctic Treaty System, Part 2, 6th ed., April 1989, 2405 ff.

12 Vgl. dazu die Empfehlungen IV-27; VI-7; VII-4; VIII-9 mit den Richtlinien für Tourismus.

13 Text siehe ILM 30 (1991), 1455.

14 Vgl. zu diesem Komplex *J. E. Nicholson*, Antarctic Tourism – The Need for a Legal Regime, in: *Wolfrum* (ed.), Antarctic Challenge II, 1986, 191 ff.

15 Empfehlung XV 1: „... as a priority objective the further elaboration, maintenance and effective implementation of a comprehensive system for the protection of the Antarctic environment and its dependent and associated ecosystems aimed at ensuring that human activity does not have adverse impacts on the Antarctic environment or its dependent or associated ecosystems or compromise the scientific, aesthetic or wilderness values of Antarctica ...".

April 1991 endete.[16] Im Oktober desselben Jahres wurde der Entwurf des Protokolls zum Schutze der antarktischen Umwelt[17] offiziell angenommen.[18]
Das Vertragsgebiet des Protokolls bezieht sich auf das Gebiet des Antarktisvertrages, d. h. auf das Gebiet südlich des 60. südlichen Breitenkreises. Es ist also enger als das Gebiet des Vertrages über den Schutz der marinen lebenden Ressourcen. Dies hat zur Konsequenz, daß der Umweltschutz in diesem Vertragsgebiet nicht einheitlich ist.
Das Protokoll stellt einen Zusatz zum Antarktisvertrag dar. Art. 4 des Protokolls bestimmt ausdrücklich, daß die inhaltlichen Vorgaben des Antarktisvertrages wie auch der übrigen rechtlich verbindlichen Instrumente des antarktischen Rechtsregimes nicht berührt werden. Dies gilt insbesondere für Art. IV und VI des Antarktisvertrages.
Das Verhältnis zwischen dem Protokoll und anderen auf die Antarktis anwendbaren Abkommen erschließt sich allerdings nicht nur aus Art. 5 des Protokolls sondern aus der Schlußakte zu der XI. Konsultativversammlung. Aus deren Ziff. 7, 8 ergibt sich, daß Fisch-, Robben- und Walfang nicht von dem Protokoll erfaßt werden, jedoch Aktivitäten, die bei Gelegenheit dieser Tätigkeiten ausgeübt werden. Dies wird für den Anwendungsbereich eines noch zu erarbeitenden Instruments über die Haftung für Umweltschäden[19] von Bedeutung sein.
Das Inkrafttreten des Protokolls setzte die Ratifikation durch alle Konsultativstaaten voraus (Art. 22 i.V.m. Art. 21 Abs. 1). Änderungen des Protokolls sind entsprechend dem im Antarktisvertrag vorgesehenen Verfahren möglich (Art. 25 des Protokolls i.V.m. Art. XII Abs. 1 a) und b) des Antarktisvertrages). Integraler Bestandteil des Protokolls sind seine fünf Anlagen[20] (Art. 9 Abs. 1) zur Umweltverträglichkeitsprüfung, zur Erhaltung der antarktischen Tier- und Pflanzenwelt,[21] zur Beseitigung und Behandlung von Abfällen, zur Verhütung der Meeresverschmutzung und zum Schutz und der Verwaltung von Gebieten.[22] Die ersten vier Anlagen wurden zusammen mit dem Protokollentwurf, die fünfte Anlage im Rahmen einer Konsultativtagung zum Antarktisvertrag am 17. Oktober 1991 angenommen. Für die Annahme der Anlagen verweist das Protokoll auf Art. IX des Antarktisvertrages. Abweichungen, die allerdings gesondert zu vereinbaren sind, sind möglich.
Ziel des Protokolls ist es, abweichend von dem bisherigen System allgemeine Regelungen zu schaffen, die allen menschlichen Aktivitäten in der Antarktis in bezug auf den Umweltschutz Beschränkungen auferlegen.[23] Im Gegensatz zu der im Konventionsentwurf zur Nutzung der mineralischen Ressourcen der Antarktis getroffenen Regelung enthält Art. 7 des Protokolls ein absolutes Verbot jeglicher im Zusammenhang mit der Nutzung mineralischer Ressourcen stehender Aktivitäten.[24] Eine Aufhebung dieses Verbotes kommt nur in Betracht, sofern ein rechtlich verbindliches und umfassendes Regime für die Nutzung der mineralischen

16 Zur Verhandlungsgeschichte ausführlich *McColloch*, 211 ff; *Blay*, 384 ff; *Kämmerer*, 632 ff.

17 ILM 30 (1991), 1455 ff.

18 Zur Entstehungsgeschichte vgl. *Rothwell*, 139 f und *C. Redgewell*, Environmental Protection in Antarctica: the 1991 Protocol, BYIL (1994), 599 ff.

19 Vgl. dazu *C. Langenfeld*, Verhandlungen über ein neues Umwelthaftungsregime für die Antarktis – Innovationen für ein internationales Haftungsrecht, Natur und Recht 7 (1994), 338 ff; *A. Aust/J. Shears*, Liability for Environmental Damage in Antarctica, RECIEL 5 (1996), 312 ff.

20 ILM 30 (1991), 14 (Text der ersten vier Anlagen); Yearbook of International Environmental Law, Vol. II, Part IV (1991), 560 (Anlage V).

21 Diese Anlage wird wohl die *Agreed Measures for the Conservation of Antarctic Fauna and Flora* (Empfehlung III-VIII, abgedruckt bei *Bush*, Vol. I, 1982, 146 ff) ersetzen.

22 Diese Anlage wurde auf der 16. ordentlichen Konsultativtagung am 17. 10. 1991 aufgenommen.

23 Vgl. dazu *G. D. Triggs*, A Comprehensive Environmental Regime for Antarctica: A New Way Forward –, in: *Herr/Hall/Haward* (eds.), 103 ff; *Goldworthy*, World Park Antarctica: An Environmentalist's Vision, 90 ff.

24 Zum Hintergrund dieser Regelung ausführlich *Kämmerer*, 632 ff; vgl. auch *Wolfrum*, The Convention on the Regulation of Mineral Ressources Activities, 88; *Watts*, International Law and the Antarctic Treaty System, 286 f.

Ressourcen der Antarktis in Kraft ist (Art. 25 Abs. 5 lit. a). Eine solche Regelung wäre von drei Viertel der Vertragsparteien, darunter sämtlichen Konsultativparteien des Antarktisvertrages einschließlich derjenigen, die diesen Status zum Zeitpunkt der Annahme des Protokolls innehatten, zu ratifizieren (Art. 25 Abs. 4).

Art. 2 des Protokolls bezeichnet die Antarktis als ein dem Frieden und der Wissenschaft gewidmetes Naturreservat.[25] Dieser sehr weite Begriff wird in Art. 3 Abs. 1 näher ausgefüllt. Danach zielt das Protokoll auf den Schutz der antarktischen Umwelt einschließlich der an sie angrenzenden Ökosysteme wie auch auf die Bewahrung der ursprünglichen Eigenart und Schönheit der Antarktis. Der wissenschaftlichen Forschung in der Antarktis, insbesondere derjenigen, die für das Verständnis der globalen Umwelt wesentlich ist, wird Vorrang vor anderen menschlichen Aktivitäten eingeräumt. Wesentliches Gebot bleibt freilich auch insoweit der Schutz der antarktischen Umwelt i.S. des Art. 3 Abs. 1 des Protokolls. Um dieses Ziel zu erreichen, sind sämtliche Aktivitäten im Gebiet des Antarktisvertrages so zu planen und durchzuführen, daß Beeinträchtigungen der antarktischen Umwelt und der ihr verbundenen Ökosysteme begrenzt werden. Zu vermeiden sind nachteilige Auswirkungen auf die Klima- oder Wetterverhältnisse, erhebliche nachteilige Auswirkungen auf die Luft- und Wasserqualität, bedeutende Veränderungen in der atmosphärischen und terrestrischen (einschließlich der aquatischen, glazialen oder maritimen) Umwelt, schädliche Veränderungen und Risiken für Fauna und Flora sowie eine erhebliche Gefährdung von Gebieten, die in biologischer, wissenschaftlicher oder historischer Hinsicht oder wegen ihrer Schönheit oder Ursprünglichkeit von Bedeutung sind (Art. 3 Abs. 2). Vor der Durchführung einer Maßnahme in der Antarktis hat auf der Grundlage entsprechender Informationen eine Umweltverträglichkeitsprüfung[26] zu erfolgen (Art. 3 Abs. 2 lit. c). Hierfür sind entsprechende innerstaatliche Verfahren von den Vertragsstaaten bereitzustellen (Art. 1 Abs. 1 der Anlage I).[27] Auch während der Durchführung der Maßnahme ist eine dauernde Beobachtung ihrer umweltrelevanten Auswirkungen vorgesehen. Die Ergebnisse der Umweltverträglichkeitsprüfung sind der Öffentlichkeit zugänglich zu machen, sofern nicht nur eine unbedeutende und vorübergehende Beeinträchtigung der Umwelt zu befürchten ist.[28] Allerdings wird die Durchführung von Maßnahmen in der Antarktis nicht von einer vorherigen internationalen Zustimmung abhängig gemacht; ausreichend ist eine nationale Genehmigung. Ebensowenig sind Sanktionen für den Fall vorgesehen, daß eine Maßnahme die

---

[25] Hierin und insbesondere im Bergbauverbot wird in der Literatur eine gewisse Annäherung an das Konzept des *„common heritage of mankind"* gesehen, vgl. *Keyuan*, 198; *Welch*, 650, in diesem Sinne bereits vor der Annahme des Umweltschutzprotokolls *Suy*, 96; *A. Brown*, New Proposal: The Natural Park, in: *Verhoeven* et al., The Antarctic Environment and International Law, 1992, 97 ff; *Tenenbaum*, 126 ff und ausführlich C. C. *Joyner*, Governing the Frozen Commons, 1998, 220 ff.

[26] Die Einzelheiten der Umweltverträglichkeitsprüfung sind in der Anlage I zum Protokoll niedergelegt. In den Anlagen III und IV des Protokolls zur Beseitigung und Behandlung von Abfällen bzw. zur Verhütung der Meeresverschmutzung finden sich zusätzliche, den Anwendungsbereich der jeweiligen Anlagen betreffende Bestimmungen zur Feststellung schädlicher Auswirkungen auf die antarktische Umwelt.

[27] Eine Reihe von nationalen Regelungen sehen für Aktivitäten in der Antarktis ein Genehmigungsverfahren vor. Dies gilt beispielsweise generell für britische Expeditionen (sec. 3 und 4 Antarctic Act) sowie Tätigkeiten von Personen deutscher Staatsangehörigkeit bzw. mit Wohnsitz oder gewöhnlichem Aufenthalt in Deutschland (§ 3 Gesetz zur Ausführung des Umweltschutzprotokolls vom 4. Oktober 1991 zum Antarktis-Vertag, BR-Drucks. 287/94 vom 8. 4. 1994). Dagegen muß gemäß dem *Antarctic Treaty (Environment Protection) Act* von Australien lediglich eine Aktivität genehmigt werden, die mehr als eine geringfügige oder vorübergehende Auswirkung auf die antarktische Umwelt hat.

[28] Bereits der Entwurf der umfassenden Umweltverträglichkeitsprüfung, die dann stattzufinden hat, wenn eine mehr als geringfügige oder vorübergehende Beeinträchtigung der Umwelt zu befürchten ist (Art. 3 Abs. 1 der Anlage I), ist der Öffentlichkeit zugänglich zu machen sowie allen Vertragsparteien zuzuleiten (Art. 3 Abs. 3 der Anlage I). Die endgültige Umweltverträglichkeitsprüfung hat die zum Entwurf eingegangenen Stellungnahmen zu berücksichtigen und ist den Vertragsparteien ebenfalls zuzuleiten, die sie ihrerseits der Öffentlichkeit zugänglich machen.

antarktische Umwelt trotz vorangegangener Umweltverträglichkeitsprüfung beeinträchtigt. Abgestellt wird allein auf die ordnungsgemäße Durchführung jener Prüfung und die insoweit herzustellende Öffentlichkeit. Ob diese Verfahrensweise Ziel und Zweck des Protokolls gerecht wird, wird die Zukunft zeigen müssen.[29]

Im Gegensatz zu den klaren Regelungen für die Durchführung menschlicher Aktivitäten in der Antarktis ist das Protokoll wenig eindeutig im Hinblick auf die Durchsetzung des von ihm errichteten Regimes.[30] So fehlt es an einem voll ausgebildeten Inspektionssystem. Art. 14 des Protokolls sieht die Möglichkeit der Benennung von Beobachtern auf einer Konsultativtagung zum Antarktisvertrag bzw. durch die Konsultativparteien entsprechend Art. VII des Antarktisvertrages vor. Gemäß dem dort vorgesehenen Verfahren können Beobachter weiterhin nur im Konsens benannt werden.

Schließlich bleibt ungeklärt, wer die Verantwortung für die Planung menschlicher Aktivitäten in der Antarktis zu tragen hat. Art. 8 Abs. 2 erlegt den Vertragsstaaten zumindest die Verpflichtung auf, für die ordnungsgemäße Durchführung der Umweltverträglichkeitsprüfung Sorge zu tragen. Gemäß Art. 13 ist jeder Vertragsstaat verpflichtet, innerhalb seiner Kompetenz Maßnahmen zu ergreifen, um sicherzustellen, daß sich die Aktivitäten in der Antarktis im Einklang mit dem Protokoll befinden.[31] Diesen Verpflichtungen steht bislang kein spezielles Haftungsregime gegenüber. Art. 16 des Protokolls überläßt die Ausarbeitung entsprechender Regelungen einem noch zu beschließenden Annex zum Protokoll.[32] Bis zu diesem Zeitpunkt bestimmt sich die völkerrechtliche Verantwortlichkeit der Vertragsstaaten nach allgemeinem Völkerrecht.[33] Die Haftung wird ausgelöst, sobald ein Vertragsstaat die sich aus den Art. 2, 3, 8 Abs. 2 und 13 des Protokolls ergebende Verpflichtung zur effektiven Verhinderung von Umweltschäden bzw. zur Ergreifung der dort vorgesehenen Maßnahmen verletzt.[34] Freilich kann sich eine solche Haftung – entsprechend den Grundsätzen des allgemeinen Völkerrechts – nur auf den Ersatz von Vermögens- und Körperschäden Dritter beziehen, soweit diese unmittelbar auf einer Beschädigung der antarktischen Umwelt beruhen. Ein darüber hinausgehender Ausgleich von Umweltschäden kommt jedenfalls gegenwärtig noch nicht in Betracht.[35]

---

[29] Zweifelnd *Watts*, 282 f.

[30] *Wolfrum*, The Convention on the Regulation of Antarctic Mineral Ressources Activities, 91 ff.

[31] Dabei bleibt bewußt offen, ob sich diese Verpflichtung auf die Ausübung der Personal- oder Territorialhoheit stützt, vgl. *Wolfrum*, The Convention on the Regulation of Antarctic Mineral Resources Activities, 92; *Welch*, 649 f.

[32] Es ist nicht ganz eindeutig, ob sich das Mandat des Art. 16 nur auf die Haftung derjenigen, die Maßnahmen in der Antarktis durchführen, oder auch auf die Verantwortlichkeit der Vertragsstaaten bezieht; vgl. zu dem Stand der Verhandlungen *Langenfeld* (Anm. 19).

[33] Siehe §§ 173 ff.

[34] Davon abgesehen enthält das Protokoll keine dem Art. 8 des Konventionsentwurfes über die Nutzung der mineralischen Ressourcen der Antarktis entsprechende Bestimmung, wonach diejenigen, die Maßnahmen in der Antarktis durchführen, zur Beseitigung der dadurch verursachten Schäden verpflichtet sind. Lediglich Art. 15 des Protokolls sieht eine Verpflichtung der Vertragsparteien zur Ergreifung von Gegenmaßnahmen in Notfällen vor.

[35] *Wolfrum*, The Convention on the Regulation of Antarctic Mineral Resources Activities, 93. Auf dem Hintergrund der verstärkten Bemühungen um einen internationalen Umweltschutz sind freilich gegenläufige Tendenzen im Völkerrecht dahingehend erkennbar, den ökologischen Schaden als einen Sonderfall des immateriellen Schadens anzuerkennen, vgl. dazu Teil 2, Kap. 1, § V.1. Da das Protokoll den Vertragsstaaten klare Verhaltenspflichten in bezug auf den Umweltschutz auferlegt, deren Verletzung zu einer internationalen Verantwortlichkeit führt, können gegen die Anerkennung eines ökologischen Schadens keine grundsätzlichen Bedenken erhoben werden, vgl. dazu auch *H. U. Erichsen*, Der ökologische Schaden im Umwelthaftungsrecht, 1983, 138. Problematisch kann allerdings die Bestimmung des Geschädigten sein. Dies ist etwa der Fall bei der Verletzung von Umweltkomponenten außerhalb staatlicher Jurisdiktion wie in der Antarktis. Es ist fraglich, ob derartige Schäden von der Staaten- bzw. Vertragsgemeinschaft als solcher oder von einzelnen Mitgliedern geltend gemacht werden können. Ohne ausdrückliche völkerrechtliche Regelungen ist ein entsprechendes Haftungssystem wohl

Das Protokoll sieht die Gründung eines Ausschusses für Umweltschutz vor,[36] dem alle Vertragsparteien angehören (Art. 11). Der Ausschuß nimmt beratende Aufgaben gegenüber den Konsultativtagungen zum Antarktisvertrag wahr (Art. 12). Alle Versuche, im Rahmen des Protokolls Institutionen mit eigenständigen rechtsetzenden Kompetenzen zu schaffen, scheiterten am Widerstand der Staaten, die in solchen Institutionen eine Bedrohung ihrer Territorialansprüche auf die Antarktis sahen.
Schließlich enthält das Protokoll einen Streitbeilegungsmechanismus (Art. 18–20). Obligatorisch ist das Verfahren allerdings nur, wenn die Auslegung der Art. 7, 8, 15 und 13, sofern sich letzterer auf die genannten Bestimmungen bezieht, im Streit steht. In diesen Fällen sind entweder ein Schiedsgericht[37] oder der Internationale Gerichtshof anzurufen. Der Zugang zum Gericht steht nur den Vertragsparteien, nicht aber Privaten offen.

III. 1. Die weitere Entwicklung des antarktischen Rechtssystems hängt davon ab, ob die Konsultativparteien ihre Kooperation erfolgreich fortzusetzen vermögen. Während der Beratungen der Konvention über die Nutzung der mineralischen Ressourcen der Antarktis ist in der Generalversammlung der Vereinten Nationen mehrfach betont worden, diese sei – wie der Tiefseeboden – gemeinsames Erbe der Menschheit und müsse durch die Vereinten Nationen und nicht durch eine privilegierte Staatengruppe verwaltet werden.[38] Gegen diesen Ansatz spricht, daß kein Gebiet kraft Natur der Sache als gemeinsames Erbe angesehen werden muß, sondern daß es hierzu eines entsprechenden Vertrages bedarf. Zudem besteht auch ohne die Einschaltung der Vereinten Nationen die Möglichkeit, die Antarktis im Interesse der Menschheit zu verwalten.[39] Es liegt an den Konsultativparteien, insoweit bei der Staatengemeinschaft, eine Akzeptanz des antarktischen Rechtsregimes herbeizuführen.

2. Die Schwäche des antarktischen Rechtsregimes besteht darin, daß es allein die Vertragsparteien bindet und nach deren Sicht keine Wirkungen *erga omnes* erzeugt; der Antarktisvertrag stellt keinen Statusvertrag dar.[40] Dies ergibt sich z. B. aus Art. 13 Abs. 5 des Umweltschutzprotokolls. Danach kann die Konsultativversammlung Nichtvertragsstaaten lediglich darauf aufmerksam machen, daß ihre Aktivitäten oder Aktivitäten ihrer Staatsangehörigen (einschließlich der Schiffe unter der Flagge des betreffenden Staates) den Zielen des Protokolls zuwiderlaufen. Die Konsultativparteien nehmen nicht für sich in Anspruch, das von ihnen zum Schutze der antarktischen Umwelt entwickelte Recht allgemein durchzusetzen. Hierin liegt ein Durchsetzungsdefizit des antarktischen Rechtsregimes, das bei wachsendem Interesse an einer wirtschaftlichen Nutzung der Antarktis relevant werden könnte. Dieses Durchsetzungsdefizit ist aber nicht ein Wesensmerkmal des antarktischen

kaum denkbar. Zur Problematik vgl. auch *Poole*, 249 ff; *Watts*, 192 ff.

36 Vgl. dazu *Rothwell*, 145 f.

37 Die Einzelheiten des Schiedsverfahrens sind in einem Anhang zum Protokoll geregelt.

38 Vgl. dazu *Bermejo*, 61 ff; *R. Woolcott*, The Legitimacy of the United Nations' Challenge to the Antarctic Treaty, in: *Wolfrum* (ed.), Antarctic Challenge III, 229 ff; *A. Koroma*, Safeguarding the Interests of Mankind in the Use of Antarctic, ebenda, 243; *A. Maquieira*, The Questions of Antarctica at the United Nations: The End of Consensus?, ebenda, 253 ff; *Kyriak*, 116 ff; *J. Couratier*, Le système antarctique, 205 ff; *Zang*, 766; *M. J. Peterson*, Managing the Frozen South, 118 ff.

39 *R. Wolfrum*, The Use of Antarctic Non-Living Resources: The Search for a Trustee?, in: *Wolfrum* (ed.), Antarctic Challenge, 143 ff; *C. C. Joyner*, Antarctica and the Law of the Sea, 271.

40 So *Wolfrum*, Internationalisierung, 95 f.; *P. Birnie*, The Antarctic Regime and Third States, in: *Wolfrum* (ed.), Antarctic Challenge II, 239 ff; *Guyer*, RdC 139 (1973), 224; *B. Simma*, The Antarctic Treaty as a Treaty Providing for an „Objective Regime", Cornell International Law Journal 19 (1986), 189 ff; *C. Tomuschat*, Völkerrechtlicher Vertrag und Drittstaaten, Berichte der Deutschen Gesellschaft für Völkerrecht, Heft 28, 9 (14); a. A. *S. Bastid*, Les traités dans la vie internationale, 1985, 153; *Nussbaum*, 29 f; vorsichtiger *E. Klein*, Statusverträge im Völkerrecht, 1980, 153.

Rechtsregimes, sondern gilt generell für Verträge, die dem Allgemeininteresse der Staaten dienen.[41]

§ 142 Arktis

Schrifttum: wie vor § 136 sowie *W. Lakhtine*, Rights over the Arctic, AJIL 24 (1930), 703 ff; P. *Brown*, Political Claims in the Arctic, World Affairs 1947, 393; *B. J. Feder*, A Legal Regime for the Arctic, Ecology Law Quarterly 6 (1978), 785; *D. Pharand*, The Legal Status of the Arctic Regions, RdC 163 (1979), 49 ff; *J. Molde*, The Status of Ice in International Law, NordTIR 51 (1982), 164 ff; *J. Theutenberg*, The Arctic Law of the Sea, NordTIR 52 (1983), 3; *U. Jenisch*, Der arktische Ozean und das Neue Seerecht, Außenpolitik 35 (1984), 204 ff; *J. W. Kindt/T. J. Parriott*, Ice-covered Areas: The Competing Interests of Conservation and Resource Exploitation, San Diego Law Review 21 (1984), 941; *D. Pharand*, The Legal Regime of the Arctic: Some Outstanding Issues, International Journal 39 (1984), 742; *B. A. Boczek*, The Arctic Ocean and the New Law of the Sea, GYIL 29 (1986), 154 ff; *K. Möttöölä* (ed.), The Arctic Challenge: Nordic and Canadian Approaches to Security and Cooperation in an Emerging International Region, 1988; *J. E. Harders*, The Arctic Ocean: Environmental Protection and Circumpolar Co-operation – An Assessment and a Proposal for a Legal Regime, in: Energy Law 1986, Proceedings of the International Bar Association Seminar Munich (1986), 493 ff; *D. Pharand*, Canada's Sovereignty over the Newly Enclosed Arctic Waters, CanYBIL 25 (1987), 325; *P. Kunig*, Arctic, in: EPIL I (1992), 244 ff; The Arctic. Choices for Peace & Security, 1989; *E. J. Dosman* (ed.), Sovereignty and Security in the Arctic, 1989; *S. W. Boggs*, The Polar regions: geographical and historical data for consideration in a study of claims to sovereignty in the Arctic and Antarctic regions, 1990; J. *Roth*, Sovereignty and Jurisdiction over Arctic waters, Alberta Law Review 28 (1990), 845 ff; *E. Franckx*, The Soviet maritime Arctic Summer 1991: a Western Account, Journal of Transnational Law and Policy 1 (1992), 131 ff; *G. Osherenko/O. R. Young*, The Age of the Arctic: Hot Conflicts and Cold Realities, 1992; *M. D. Rogniko/La Mourie*, Emerging Marine environmental protection strategies for the Arctic, Marine Policy 16 (1992), 259 ff; *E. Franckx*, Maritime Claims in the Arctic: Canadian & Russian Perspectives, 1993; *D. R. Rothwell*, The Arctic Environmental Protection Strategy and International Environmental Cooperation in the Far North, Yearbook of International Environmental Law 6 (1995), 65 ff; *D. R. Rothwell*, The Polar Regions and the Development of International Law, 1996, *Z. Keyuan*, An Environmental Regime for the Arctic and the Antarctic Analogy, Asian Yearbook of International Law 6 (1996), 29 ff, *D. VanderZwaag*, International Law and Arctic Marine Conservation and Protection: a Slushy, Shifting Seascape, Georgetown International Environmental Law Review 9 (1997), 303 ff; *R. J. Ansson*, The North American Agreement on Environmental Protection and the Arctic Council Agreement: Will these Multinational Agreements Adequately Protect the Environment?, California Western International Law Journal 29 (1998), 101 ff; *O. R. Young*, Creating regimes: Arctic Accords and International Governance, 1998; *E. T. Bloom*, Current Developments: Establishment of the Arctic Council, The American Journal of International Law 93 (1999), 712 ff.

I. 1. Bereits die Umschreibung des Begriffes Arktis[1] ist umstritten. Als Grenze der Arktis werden genannt die nördliche Grenze des Baumwuchses, die ungefähr mit der 10 Grad Isotherme des Juli als dem wärmsten Monat des Jahres zusammenfällt[2], bzw. der Polarkreis (66.5° nördliche Breite).

Die so umschriebene Region besteht aus verschiedenen Komponenten: Festlandstreifen und Inseln, die zum Teil von Eis und Meeresgebiete, die ganzjährig oder während eines Teils des Jahres von Eis bedeckt sind. Außerhalb dieser Regionen, die den Nordpol umgrenzen, befindet sich ein zentrales, mit Eisschollen und Eisfeldern bedecktes Meeresbecken, welches mehr als die Hälfte der Arktis einnimmt. Diese Eisflächen befinden sich in ständiger, langsamer Bewegung.

---

[41] Vgl. § 152.

[1] Von griechisch „*árktos*" = Bär; Land unter dem Sternbild Großer Bär.

[2] *Brown*, Political Claims in the Arctic, World Affairs 1947, 393.

2. Seit Beginn des 20. Jahrhunderts sind von einzelnen Staaten Territorialansprüche auf die Arktis erhoben worden, die ursprünglich teilweise von dem Sektorenprinzip ausgingen. Danach wäre jeder arktische Anrainerstaat berechtigt, das Gebiet für sich zu beanspruchen, das sich nördlich seiner Staatsgrenzen von den äußersten westlichen und östlichen Punkten seines Gebiets entlang den Meridianen bis zum Nordpol erstreckt. Die Ansprüche auf Teile der Arktis werden derzeit aber differenzierter begründet. Das Sektorprinzip ist lediglich im Verhältnis von Kanada zu den Vereinigten Staaten und von Seiten Rußlands zu Norwegen noch von Relevanz.

Der Schöpfer des Sektorenprinzips ist der kanadische Senator *Pascal Poirier*[3], der im Jahre 1907 im Parlament von Ottawa den Vorschlag machte, daß der Senat die Einbeziehung aller Länder und Inseln im Norden von Kanada bis zum Nordpol zum Gegenstand einer Deklaration machen sollte. Er führte aus, daß die Eisregionen des nördlichen Polarmeeres nichts anderes seien als die Fortsetzung des Territoriums, welches den europäischen und amerikanischen Anrainerstaaten gehöre und daß sie daher der Gebietshoheit dieser Staaten unterlägen. Die endgültige Grenzziehung erfolgte jedoch erst 1925. Der Senat erkannte als kanadisches Hoheitsgebiet den polaren Sektor an, begrenzt im Westen durch den Meridian 141° westlicher Länge und im Osten durch den Meridian 60° westlicher Länge und durch eine Linie inmitten der Gewässer zwischen Grönland einerseits und Grant-, Grinnell- und Ellesmore-Land andererseits.[4]
Die ehemalige Sowjetunion folgte diesem Beispiel mit einer Note vom 15. 4. 1926. „... Sont déclarées territoire d'Union des SSR toutes terres et îles découvertes ou qui pourraient être découvertes à l'avenir qui ne sont point reconnues par le Gouvernement de l'Union des SSR territoires d'Etats étrangers quelconques à la date de la promulgation du présent Arrêté et qui se trouvent entre le littoral septentrional de l'Union des SSR et le pôle Nord, dans la région limitée par le méridien 32° 4' 35" de longitude d'est (Greenwich), qui passe par la côte orientale de la baise de Vaida traversant la marque triangulaire du Cap Kekursky, et par le méridien 168° 49' 30" de longitude d'ouest (Greenwich), qui passe au milieu du détroit séparant les îles Ratmanoff et Krusenstern, toutes deux appartenant au groupe des îles Diomide, situé dans le détroit de Bering."[5]

Gebietsansprüche auf die Arktis erheben derzeit die Vereinigten Staaten, Rußland, Kanada[6] sowie Dänemark (Grönland) und Norwegen.
Das Sektorenprinzip allgemein und die arktischen Ansprüche, die sich hierauf stützen, haben bislang keine Anerkennung im Völkerrecht gefunden.[7] Die Verfechter dieses Prinzips in der Lehre[8] gehen davon aus, daß die Voraussetzungen der vom Völkerrecht geforderten effektiven Okkupation in den arktischen Gebieten nicht vorhanden seien und gelangen zu dem Ergebnis, daß die angrenzenden Staaten dank ihrer geographischen Lage automatisch die territoriale Gebietshoheit in dem betreffenden Sektor erwerben. Dem ist entgegenzuhalten, daß sich aus Zweifeln an der Anwendung der Okkupationstheorie noch nicht eine Rechtfertigung des Sektorenprinzips ergibt. Auch unter Berücksichtigung dessen, daß die Arktis unbewohnt ist und daher an das Kriterium der effektiven Herrschaftsausübung[9] geringere Anforderungen zu stellen sind, erscheint es nicht möglich, völlig auf eine effektive Herrschaftsausübung als Voraussetzung des Gebietserwerbs zu verzichten. Dies würde dem

---

[3] Vgl. dazu *Rousseau*, Tome III, 207; nach *Hackworth*, Bd. I, 463 ff haben sowohl Norwegen wie auch die Vereinigten Staaten der Anwendung des Sektorprinzips in der Arktis widersprochen; nach *Rothwell*, The Polar Regions, 166, steht nicht fest, daß die kanadische Regierung die Sektorentheorie vertritt.

[4] EA (1948), 1106; *Breitfuß*, Das Nordpolargebiet, 1943, 132; allerdings bezieht sich dieser Anspruch nur auf die Inseln und den Festlandsockel, die Bereiche der hohen See werden in den Sektoranspruch nicht mit einbezogen. Die Abgrenzung zu Grönland ist weitgehend vertraglich geregelt.

[5] Abgedruckt bei: *W. Lakhtine*, Rights over the Arctic, 1928, Appendix; vgl. dazu *Hackworth*, Bd. I, 461.

[6] *D. Pharand*, Canada's Arctic Waters in International Law, 1988; *Roth*, Alberta Law Review 28 (1990), 850 ff.

[7] Vgl. dazu *Rousseau*, Tome III, 208; *P. Kunig*, EPIL I (1992), 244 f.

[8] *Lakhtine*, Rights over the Arctic, 703 ff.

[9] Vgl. dazu PCIJ Ser. A/B No. 53.

Grundsatz widersprechen, daß das Staatsgebiet den Raum umschreibt, in dem der betreffende Staat die Geltung des Völkerrechts verbürgt, und insoweit eine entsprechende Verantwortlichkeit des betreffenden Territorialstaates besteht. Soweit sich die Sektoransprüche auf die ganz oder teilweise mit Treibeis bedeckten Meeresflächen erstrecken, stehen diese Ansprüche in Widerspruch zum Grundsatz der Freiheit der hohen See.

Abgesehen von der Sektortheorie stützen Kanada und Rußland ihre Souveränitätsansprüche auf eine effektive Verwaltungstätigkeit.[10]

Eine zunehmende Bedeutung für die Arktis haben die zwischen einzelnen Staaten geschlossenen Verträge (Vertrag zwischen dem Vereinigten Königreich und Rußland vom 28. 2. 1825[11] sowie der Vertrag zwischen Rußland und den Vereinigten Staaten über die Zession Alaskas vom 30. 3. 1867[12]), insbesondere die Verträge über eine wissenschaftliche Kooperation bzw. eine Kooperation generell.[13] Diese Verträge bereiteten eine intensivere arktische Kooperation vor. Erste Pläne gehen sogar bis in die Zeit unmittelbar nach dem 2. Weltkrieg zurück.[14] Die derzeitige arktische Kooperation geht auf eine Initiative von Präsident Gorbatschov im Oktober 1987 in Murmansk zurück.[15] Hier wurde vorgeschlagen, eine Friedenszone zu errichten und im Bereich von Forschung und Umweltschutz zusammenzuarbeiten. Dieser Initiative folgte die Gründung eines *International Arctic Science Committee*, das die vereinbarte Kooperation institutionell absichern sollte. Eine weitere inhaltliche Verfestigung erfuhr die arktische Kooperation durch die Verabschiedung der *Arctic Environmental Protection Strategy.*[16] Die Verwirklichung dieses Programms mit weitgesteckten Zielen (Schutz des arktischen Ökosystems; Schutz, Management, Förderung und Wiederherstellung der Umwelt einschließlich der nachhaltigen Nutzung natürlicher Ressourcen; Schutz der traditionellen Nutzungsformen; Identifikation, Verminderung und möglichst endgültiger Ausschluß von Verschmutzungen) wird von den Vertragsparteien überwacht.

Ebenfalls umweltpolitische Ziele verfolgt der im Januar 1993 in Kirkenes/Norwegen errichtete Rat für die euro-arktische Barentssee.[17] Neben einer engeren Kooperation im Bereich des Umweltschutzes wurde auch die Intensivierung der wirtschaftlichen, wissenschaftlichen, technologischen und kulturellen Zusammenarbeit vereinbart. Schließlich sollen die Bemühungen um die Verbesserung der Situation der in der Region lebenden eingeborenen Bevölkerung verstärkt werden. Am 10. und 11. 1. 1993 verabschiedete eine Außenministerkonferenz der europäischen Arktisstaaten eine gemeinsame Erklärung, mit der die Schaffung eines Rates der euro-arktischen Zusammenarbeit beschlossen wurde.[18] Die institutionelle Zusammenarbeit bezieht sich auf den Umweltschutz, eine wirtschaftliche sowie technisch-wissenschaftliche Zusammenarbeit, Infrastruktur, die Förderung der Urbevölkerung sowie kulturelle Fragen.

---

[10] *Rothwell*, 163 ff, 167 ff.

[11] *Russian/British Convention of St. Petersburg*, 28./16. 2. 1825, British Foreign State Papers, Vol. 38 (1824–1825), 110.

[12] UST No. 301.

[13] *Agreement between the Government of Canada and the Government of the USSR on Cooperation in the Arctic and the North*, 1989; *Agreement between the Government of Canada and the Government of the Russian Federation on Cooperation in the Arctic and the North*, 1992; *Agreement between the Government of Canada and the Government of the United States of America on Arctic Cooperation*, 1988.

[14] Vgl. dazu eingehend *Rothwell*, The Polar Regions, 224 mwN.

[15] Abgedruckt in *T. E. Armstrong*, Soviet Proposals for the Arctic: A Policy Declaration by Gorbachev, Polar Record 24 (1988), 68 ff.

[16] ILM 30 (1991) 1624; vgl. dazu *D. Caron*, Towards an Arctic Environmental Regime, DILA 24 (1993), 377 ff; zur Genesis vgl. *Rothwell*, The Polar Regions, 231 f.; sowie ausführlich dazu *ders.*, YIEL 6 (1995), 65 ff.

[17] Mitglieder sind Dänemark, Finnland, Island, Norwegen, Rußland, Schweden und die EG.

[18] Vgl. dazu *Bloom*, AJIL 93 (1999), 712 ff.

II. 1. Problematisch ist theoretisch die räumliche Abgrenzung der von den einzelnen Staaten beanspruchten Meeresgebiete in der arktischen See. Derartige Abgrenzungsprobleme existieren zwischen Norwegen und der UdSSR bzw. Rußland (Abgrenzung des Festlandsockels in der Barentssee),[19] den Vereinigten Staaten und der Sowjetunion bzw. Rußland (Bering- und Tschuktschen See)[20] und den Vereinigten Staaten und Kanada (Beaufort-See). Zwischen Norwegen und Island wurde über die Abgrenzung der gegenseitigen Wirtschaftszonen ein Übereinkommen erreicht.[21] Ein weiteres Abkommen besteht zwischen Kanada und Dänemark in bezug auf die Festlandsockelabgrenzung zwischen beiden Staaten.[22] Der Abgrenzungsstreit zwischen Norwegen und Dänemark (Jan Mayen und Grönland) wurde durch ein Urteil des Internationalen Gerichtshofs vom 14. 6. 1993[23] beendet.

2. Ein besonderes Regime gilt zudem für Spitzbergen (Svalbard).

Die Inselgruppe Spitzbergen wurde wahrscheinlich schon um das Jahr 1194 von norwegischen Seefahrern entdeckt;[24] erst durch den holländischen Entdecker *Barents*, der die Inselgruppe 1596 auf seiner Suche nach der Nordostpassage aufsuchte, wurde das Interesse an den Fisch- und Walfanggründen geweckt. Im Laufe des 17. Jahrhunderts kam es zwischen den Staaten zu einer Einigung über den Walfang in diesem Gebiet. Die Inselgruppe selbst galt aber bis zum Ende des 19. Jahrhunderts als *terra nullius*. Der von dem schwedischen Polarforscher *Nordensskjörd* verfolgte Plan, eine Kolonie auf Spitzbergen zu gründen, führte zu einem Aufleben der Diskussion um die territoriale Zugehörigkeit der Inselgruppe. 1907 schlug Norwegen, das 1905 seine Unabhängigkeit von Schweden erlangt hatte, eine Staatenkonferenz zur Lösung der Spitzbergenfrage vor. Eine Einigung über den Vertragsentwurf vom 26. 1. 1912[25] kam jedoch wegen des Ausbruchs des I. Weltkriegs nicht zustande.

Der Spitzbergenvertrag vom 9. 2. 1920[26] überträgt die territoriale Gebietshoheit über Spitzbergen[27] Norwegen; diese unterliegt allerdings wesentlichen Einschränkungen. Gemäß Art. 2 des Vertrages haben alle Mitgliedstaaten ein gleichberechtigtes Nutzungsrecht in bezug auf die marinen lebenden Ressourcen des Archipels sowie gem. Art. 3 ein gleichberechtigtes Zugangsrecht zu Häfen und Fjorden. Norwegen kann allerdings Gesetze zur Nutzungsregelung erlassen. Des weiteren haben alle Vertragsstaaten einen gleichberechtigten Zugang zur Nutzung der terrestrischen Ressourcen des Archipels. Von Norwegen erhobene Steuern sind auf dem Archipel zu verwenden. Die bergrechtlichen Regelungen ergehen durch Norwegen. Schließlich ist Spitzbergen gem. Art. 9 des Vertrages demilitarisiert; die Errichtung von Befestigungen oder einer Flottenbasis sind ausgeschlossen. Mit erfaßt von dem Vertrag ist das Küstenmeer; umstritten ist die Situation in bezug auf den Festlandsockel um Spitzbergen. So ist zweifelhaft, ob allein Norwegen oder allen Vertragsstaaten gemeinschaftlich die wirtschaftliche Nutzung des die Inseln umgebenden Festlandsockels zusteht. Da sich der Spitzbergenvertrag von 1920 nicht ausdrücklich auf den Festlandsockel bezieht, könnte argumentiert werden, daß nach Art. 2 der Genfer Konvention über den Festlandsockel vom 29. April 1958 Norwegen als Küstenstaat alleine zur Erforschung und Ausbeutung des Sockels berechtigt ist.

---

[19] Vgl. dazu *W. Ostreng*, Norwegen und die Sowjetunion in der Barentssee, EA 35 (1980), 711 ff; *ders.*, Delimitation Arrangements in the Arctic Seas, Marine Policy 10 (1986), 132; *K. M. Shusterich*, International Jurisdictional Issues in the Arctic Ocean, ODILA 14 (1984), 235.

[20] Vgl. dazu *C. M. Antinori*, The Bering Sea: A Maritime Delimitation Dispute between the United States and the Soviet Union, ODILA 18 (1987), 1.

[21] *Agreement on the Continental Shelf between Iceland and Jan Mayen*, 22. 10. 1981, ILM 21 (1982), 1222.

[22] *Agreement Relating to the Delimitation of the Continental Shelf between Greenland and Canada*, 17. 12. 1973, UNTS 950, 147.

[23] Vgl. das Communiqué des IGH Nr. 93/14 vom 14. Juni 1993.

[24] Vgl. dazu *G. Smedal*, Souveränitätsfragen der Polargebiete, 27 f; ausführlich über die Geschichte Spitzbergens *R. Waultrin*, La question de la souveraineté des terres arctiques, RGDIP 15 (1908), 185 ff; *B. Kempen*, Der völkerrechtliche Status der Inselgruppe Spitzbergen, 1995.

[25] Text in: Jahrbuch des Völkerrechts I (1913), 142 ff; vgl. dazu *Hackworth*, Bd. I, 466.

[26] RGBl. 1925 II, 763 ff; LNTS Vol. 2, 7.

[27] Hierzu gehören mit der Bären-Insel alle Inseln zwischen 10° und 35 E sowie 74° und 81° N. Der Vertrag erwähnt nicht die Existenz eines Küstenmeeres; der Status des Festlandsockels von Spitzbergen ist umstritten.

Norwegen selbst vertritt die Ansicht, daß Spitzbergen keinen eigenen Festlandsockel besitze, sondern auf dem norwegischen Sockel liege, der sich von der norwegischen Küste über den Spitzbergen-Archipel bis zur polaren Tiefsee erstrecke.[28]

3. Weitgehend geregelt ist die Festlandsockelabgrenzung zwischen Kanada und Grönland; eine entsprechende Vereinbarung kam bereits 1973[29] zustande.

Die Abgrenzung folgt grundsätzlich dem Äquidistanzprinzip. Ungeklärt ist lediglich die Grenzziehung im Bereich der Hans-Insel.

Ungeklärt ist der Verlauf der Seegrenze zwischen den Vereinigten Staaten und Kanada in der Beaufort-See. Kanada geht – insoweit der Sektortheorie folgend – von einer Begrenzung durch den 141. westlichen Meridian aus, die Vereinigten Staaten hingegen verlangen unter Berufung auf das Äquidistanzprinzip eine teilweise Verschiebung der Grenze nach Osten.[30]
Abgrenzungsprobleme bestehen auch im Verhältnis der Vereinigten Staaten und der UdSSR bzw. Rußland in der Beringsee. Die Unklarheiten beruhen auf einer unterschiedlichen Auslegung und Anwendung des Zessionsvertrages über Alaska von 1867.[31]

4. Ungeklärt ist schließlich noch die Festlandsockelabgrenzung zwischen Norwegen und der UdSSR bzw. Rußland in der Barentssee.
Die Abgrenzungsproblematik beruht auf einer Anwendung unterschiedlicher Abgrenzungsprinzipien durch beide Staaten (Norwegen verweist grundsätzlich auf die Mittellinie bzw. das Äquidistanzprinzip und die UdSSR bzw. Rußland auf das Sektorprinzip) sowie auf die Tatsache, daß der Rechtsstatus des Festlandsockels von Spitzbergen umstritten ist. Norwegen vertritt die Ansicht, der Festlandsockel sei norwegisch und werde nicht vom Spitzbergenvertrag erfaßt.[32] Diese Ansicht wird nicht von den Vertragsparteien des Spitzbergenvertrages geteilt.

5. Abgrenzungsprobleme bestanden in bezug auf die Insel Jan Mayen. Die Insel wurde am 8. Mai 1929 von Norwegen okkupiert.[33] Die Ausweisung einer ausschließlichen Wirtschaftszone durch Island und Norwegen machte eine vertragliche Abgrenzung zwischen Island und Jan Mayen und Grönland und Jan Mayen notwendig. Zu einem derartigen Vertrag ist es zwischen Island und Norwegen gekommen.[34] Diese Verträge erkennen der Insel eine eigene Wirtschaftszone und einen eigenen Festlandsockel zu, obwohl Jan Mayen unbevölkert ist und keine eigenständigen Wirtschaftsaktivitäten aufweist. Der Konflikt zwischen Dänemark und Norwegen um die Abgrenzung der Festlandsockel und der Fischereizonen zwischen der Ostküste Grönlands und der Insel Jan Mayen wurde durch

---

[28] Dazu und allgemein zu dieser Streitfrage, *Kempen*, 103 ff, 107 ff.

[29] Agreement on the Delimitation of the Continental Shelf between Greenland and Canada, 17. 12. 1973, ILM 13 (1974), 506.

[30] Vgl. dazu *D. Pharand*, The Legal Regime of the Arctic: Some Outstanding Issues, International Journal 34 (1984), 742 (745 ff); Kanada stützt sich hierbei auf die Russian-British Convention of St. Petersburg vom Februar 1825, British Foreign State Papers, Vol. 38 (1824 f), 110 und die Vereinigten Staaten auf den Zessionsvertrag über Alaska vom 30. 3. 1867, UST No. 301; vgl. dazu *K. L. Lawson*, Delimiting Continental Shelf Boundaries in the Arctic: The United States – Canada Beaufort Sea Boundary, VJIL 22 (1981), 221 (222 ff).

[31] Vgl. dazu *Antinori* (Anm. 20), 1 ff.

[32] *J. C. Ausland*, Norway, Oil and Foreign Policy, 1979, 104; *W. Ostreng*, Norway's Law of the Sea Policy in the 1970's, ODILA 11 (1982), 69 (81); umfassend hierzu *R. R. Churchill*, The Maritime Zones of Spitsbergen, in: W. E. Butler (ed.), The Law of the Sea and International Shipping: Anglo-Soviet Post – UNCLOS Perspectives, 1985, 189 ff.

[33] *Hackworth*, Bd. I, 475.

[34] *Agreement concerning Fishery and Continental Shelf Questions between Norway and Iceland*, 28. 5. 1980, Overenkomster med fremede stater (1980), 912; *Agreement on the Continental Shelf between Iceland and Jan Mayen*, 22. 10. 1981, ILM 21 (1982) 1222; vgl. dazu *R. R. Churchill*, Maritime Delimitation in the Jan Mayen Area, Marine Policy 9 (1985), 16.

ein Urteil des IGH vom 14. Juni 1993 beigelegt.[35] Danach richtet sich die Abgrenzung weder nach der von Dänemark beanspruchten 200 sm-Fischereizone noch nach dem Äquidistanzprinzip entsprechend der Forderung Norwegens. Angesichts der sehr unterschiedlichen Längen der Küsten Ostgrönlands und Jan Mayens sowie der Verteilung der Fischbestände in dem betroffenen Seeabschnitt hielt es der IGH für angemessen, die Grenzziehung zwischen der 200 sm-Linie und der Mittellinie vorzunehmen.

III. 1. Der Rest des Arktischen Ozeans ist als Hohe See anzusehen, auch wenn die UdSSR und nunmehr Rußland Teile als eigenes Staatsgebiet beanspruchen.[36] Trotz der ständigen Eisbedeckung der See haben alle Staaten die Freiheiten, die ihnen auf der Hohen See gemäß dem Seerechtsübereinkommen zustehen. Allerdings erlaubt das Seerechtsübereinkommen (Art. 197), besondere ökologische Schutzmaßnahmen zu ergreifen.

---

[35] Anm. 23.

[36] Zu den Anzeichen eines vorsichtigen Abrückens Rußlands von der sowjetischen Position vgl. *Franckx*, Journal of Transnational Law and Policy 1 (1992), 131 ff.

www.ingramcontent.com/pod-product-compliance
Lightning Source LLC
LaVergne TN
LVHW081355011026
849161LV00013BA/2819